图书在版编目(CIP)数据

北京东城年鉴.2012/北京市东城区地方志编纂委员会编.—北京:中华书局,2012.12
ISBN 978-7-101-09104-5

Ⅰ.北… Ⅱ.北… Ⅲ.东城区—2012—年鉴Ⅳ.Z521.3

中国版本图书馆CIP数据核字(2012)第294491号

责任编辑:朱 慧

北京东城年鉴2012

编　　者:北京市东城区地方志编纂委员会编

出版发行:中华书局出版
地　　址:北京市丰台区太平桥西里38号
邮　　编:100073
经　　销:新华书店总店北京发行所
http://www.zhbc.com.cn
E-mail:zhbc@zhbc.com.cn
排　　版:北京和平印刷有限公司
印　　刷:北京和平印刷有限公司

开　　本:889×1194mm　1/16
印　　张:26.5
插　　页:4　印张
字　　数:1065千字
版　　次:2012年12月第1版　2012年12月第1次印刷
印　　数:0001－2000册

ISBN 978-7-101-09104-5　定价:180.00元

北京东城年鉴

2012

（总第十六卷）

北京市东城区地方志编纂委员会

中华书局

东城区地方志编纂委员会

《北京东城年鉴》编辑部

顾　　问	杨柳荫
主　　编	牛青山
常务副主编	吴松元　颜　华
副 主 编	彭积冬　焦利亭　王钦双
编　　辑	叶玉枝　刘　婷　李焕巧　杨　帅　胡　澄
	范建铭　高云彩　孙太红　周宝龙　刘　朔
	何定岚　常美华　黄丽梅　杨明智

编辑说明

一、《北京东城年鉴》是一部综合性资料性工具书，在中共北京市东城区委和北京市东城区人民政府的领导下，由区地方志编纂委员会主持编纂。自1996年开始，逐年编辑出版，2012年为总第十六卷。

二、《北京东城年鉴》以马克思列宁主义、毛泽东思想、邓小平理论和“三个代表”重要思想为指导，落实科学发展观，坚持实事求是的原则，与时俱进，开拓创新，科学地反映客观情况。

三、《北京东城年鉴》(2012)全面、系统地记载上一年度(2011年度)东城区在政治、经济、文化、社会等各个领域、各项事业发展变化的基本情况和发生的大事、要事、新事与有影响的事，记载取得的新成就、新进展、新经验，为各行各业、各方面人士了解东城、研究东城、建设东城提供信息和资料。

四、《北京东城年鉴》(2012)设有综述、大事记、特载、政党·团体、政权·政协、政法·军事、综合经济管理、工商·旅游·对外经济、财税·金融、城市建设、城市管理、科学·教育·文化、医药·卫生·体育、社会生活、街道、人物、统计资料、附录共18个一级栏目。一级栏目下设二级栏目，二级栏目下设分目，分目下设条目。采用文章、条目、表格等体裁，以条目体为主。

五、《北京东城年鉴》(2012)收有东城区党、政、军、各民主党派、团体、街道和部分企业负责人名录，以及部分区域单位负责人名录。所列均以2011年内任职为限。还收有获得国家、国务院部委和市、区奖励与荣誉称号的单位和个人名单，获得高级职称的人员名单。

六、《北京东城年鉴》所选文章、条目，均由各部门、单位确定专人撰写或提供，并经主管负责人审核。统计资料由区统计局提供。照片由各有关单位提供。

领导考察

4月29日，中共中央政治局常委、国务院副总理李克强接见吴裕泰公司总经理孙丹威

8月30日，中共中央政治局常委、中央纪委书记贺国强调研“全国加强廉政风险防控规范权力运行现场会”东城观摩点工作

2月1日，中共中央政治局常委、中央政法委书记、中央社会治安综合治理委员会主任周永康到区法院慰问基层干警

1月26日，全国人大常委会副委员长、全国妇联主席陈至立到崇文第二幼儿园看望慰问师生

2月2日，国务委员、公安部部长孟建柱慰问北京站公安派出所民警

4月13日，全国政协副主席、中共中央统战部部长杜青林到东花市街道调研社会领域统战网格化工作

5月13日，卫生部副部长、国家中医药管理局局长王国强出席第四届北京中医药文化宣传周暨第三届地坛中医药健康文化节活动

11月17日，全国人大常委会委员、财经委主任委员石秀诗带队考察玉河、南锣鼓巷地区

7月27日，公安部副部长黄明到天安门广场东侧路北口岗慰问值勤干警

1月24日，中共中央政治局委员、北京市委书记刘淇到东四街道看望81岁优秀党员刘家宸

2月2日（除夕），市委书记刘淇、市长郭金龙到环卫一中心机械清扫队慰问一线职工

9月3日，刘淇、郭金龙到花市社区博物馆视察基层文化建设工作

9月3日，市长郭金龙、商务部副部长姜增伟、区委书记杨柳荫共同启动第二届北京王府井国际品牌节开幕式特效装置

11月10日，市委副书记、市政协主席王安顺到建国门街道调研

4月2日，全国政协常委、市政协副主席傅惠民、北京军区空军副政委刘健参加“弘扬生态文明 共建绿色东城”主题植树活动

8月24日，区领导出席廉政风险防范管理工作展览开幕式

6月14日，区委书记、区人武部党委第一书记杨柳荫在福建某军营过军事日活动

8月25日，区人大常委会主任冯熙向区国家机关工作人员颁发任命书

9月16日，区长牛青山调研玉河文物保护区修缮工程

7月28日，区政协主席徐鸿达慰问区交通支队长安街执勤干警

学总规 讲总规 用总规

东城区总体发展战略规划新闻发布会

学总规看成就谋发展宣讲活动

宣传总规文艺演出

武警官兵加入到学总规的行列

总规知识问答

展板宣传总规

总规导读

深入落实素质教育

召开区教育大会

教育督导室对区妇联落实教育执法职责情况进行督导检查

区特教学校首届中职课程班开课

“学习e网通”网络平台

实施“蓝天工程”后，已有300余万人次学生享受社会实践活动乐趣

探索“小幼一体化衔接”办学模式，将幼儿园大班附设于小学校内，开发衔接教育课程

景山—东华门学区的学生跨校开展科技活动，全区共有6个学区

中小学生展示素质教育成果

引导创意潮流　繁荣全区文化

国内最权威的版权交易综合服务平台——国际版权交易中心

国家版权贸易基地核心建筑——歌华大厦

南锣鼓巷创意文化节为创意人才提供展示作品、交易产品的平台

9月22日，第二届“创意点亮北京”文化艺术周在地坛公园启动

11月，中国国际展览中心举办的第六届中国北京国际文化创意产业博览会东城展区

11月11日，举行东城区文化创意产业发展专项资金政策兑现会

2月16日，在京城百工坊举行新春非遗庙会暨非物质文化遗产代表性传承人技艺交流大展开幕仪式

4月8日，第一届“美食东城”美食文化节在万龙洲皇家海鲜南新仓店开幕

7月8～15日，区文联组织民间文艺家赴台湾进行文化考察、采风、交流

8月7日，第二届前门历史文化节开幕

9月12日，第二届智化寺音乐节“丝竹咏月”主题音乐会举行

9月16日，体育馆路街道举行文化活动中心揭牌仪式

9月28日，永定门外街道举办“中方杯”老年文化节闭幕式专场演出

10月26日，区政府与北京控股集团有限公司在北京饭店举行历史文化名城保护与文化发展战略合作框架协议签约仪式

中医药服务为百姓健康护航

5月13日，地坛公园“第四届北京中医药文化宣传周暨第三届地坛中医药健康文化节”活动开幕式现场

2008年5月，北京首家社区视频会诊中心试运行

4月28日，在朝阳门地区“银河SOHO三期项目”工地开展职业卫生现场宣传咨询活动

社区卫生服务中心全部配备全科医师、社区护士、防保医生、中医人员，实行24小时服务

专家下社区普及中医养生保健知识

双拥谱写鱼水情

驻区部队官兵与社区居民共同参与双拥服务开放空间讨论

龙潭地区军地共助贫困生暨新春军政座谈会

驻区部队战士在居民区清扫垃圾

北京周末相声俱乐部到公安部边防管理局慰问演出

区领导走访慰问驻区部队

驻区部队官兵为辖区老人过生日

东华门街道南池子社区居民邀请国旗护卫队战士一起过端午节

优抚对象和战士一起登长城

喜迎建党90周年

东城区纪念建党90周年主题党日活动暨展览开幕式

群众参加东城区纪念建党90周年展览党史知识拼图活动

党员群众参观"东城区纪念中国共产党成立90周年展览"

"红色讲坛"百场理论宣讲活动启动仪式

东城区统一战线纪念中国共产党建党90周年座谈会

庆祝中国共产党成立90周年万人唱红歌汇报演出

党员干部重温入党誓词

党员用鲜花拼党旗

召开全区党史工作会

区直机关工委在地坛公园举办“坚定信念跟党走，创先争优铸党魂”主题党日活动

北京建远投资经营有限公司第一次党员代表大会

百货大楼开展庆祝建党90周年党史知识竞赛

工行王府井支行召开行长讲党课暨党员发展宣誓大会

前门街道庆祝建党90周年表彰会上新党员入党宣誓

东城区纪念建党 90 周年系列活动总结会

区级领导班子换届

中国共产党北京市东城区第十一次代表大会

代表举手通过区委决议报告和区纪委决议报告

区第十五届人民代表大会第一次会议

代表投票选举区委委员、区委候补委员、区纪委委员及区纪委候补委员

区政协第十三届委员会第一次会议

各民主党派、民宗侨界代表大会

7月2日，召开中国国民党革命委员会北京市东城区第一次代表大会

6月11日，召开中国民主促进会北京市东城区第一次代表大会

6月19日，召开中国民主同盟北京市东城区第一次代表大会

6月12日，召开中国农工民主党北京市东城区第一次代表大会

6月18日，召开中国民主建国会北京市东城区第一次代表大会

6月25日，召开中国致公党北京市东城区第一次代表大会

7月3日，召开九三学社北京市东城区第一次代表大会

6月26日，召开台湾自治民主同盟北京市东城区第一次盟员代表大会

6月10日，召开第一次归侨侨眷代表大会

9月7日，召开伊斯兰教协会第一届一次全体委员会

创先争优 开拓前进

5月9日，举行“道德的传承：文明北京·爱涌东城——全国道德模范与身边好人现场交流活动”

5月12日，召开区委对台工作领导小组（扩大）会议

3月3～4日，区委研究室举办东城区调研干部培训班

9月28日，市老干部局领导与东直门街道新中西里社区第28网格老干部学习小组共同学习座谈胡锦涛总书记“七一”讲话精神

3月24日，召开区委保密委员会全体会议

4月12日，举办社区建设工作专题研讨会

2月28日，区委党校春季主体班开学典礼

2月12日，召开区纪委全会暨全区党风廉政建设工作会议

12月16日，召开区第十一届纪律检查委员会第一次全体会议

4月15日，团区委举办“100365 首善行动·布逸昊温暖行动”助学金发放仪式

4月28日，召开区庆祝“五一”国际劳动节暨表彰先进大会

3月13日，香港妇女代表团考察区妇女创业再就业以及社区建设工作

1月6日，区工商联组织的非公经济人士“为双千户家庭送温暖活动”启动仪式在东花市街道东花市南里社区举行

9月13日，区行政服务中心召开区优化经济发展环境工作培训会

4月27日，区网格化社会服务管理信息系统V1.0版上线运行动员会召开

9月20日，区政府研究室到上海市黄浦区调研思南公寓改造项目

8月2日，区档案局召开家庭建档工作推进会

8月9日，召开区第二轮修志研讨会

9月28日，东城公安分局民警深入社区宣传安全防范工作

4月15日，天安门地区公安分局组织开展“警营开放日”活动

9月21日，法律援助武警六支队工作站成立

12月6日，新兵参观优秀现役军人事迹展览

10月12日，第二十四中学师生参与“防灾减灾、从我做起”主题教育活动

6月17日，区发改委在南馆低碳生活示范园举办北京市节能宣传周低碳社区日活动

10月28日，“金秋送岗位　携手促就业”大型招聘洽谈会

6月25～26日，区产业投资促进局举行主题为“绿色金融与可持续发展”的第二届地坛论坛

6月22日，特种设备监察人员在新怡家园小区开展特种设备安全知识进社区宣传活动

9月26日，区审计局举行业务培训

7月15日，东城烟草、崇西社区结对共建签字仪式

北京市珐琅厂有限责任公司承接的景泰蓝装饰工程——景泰蓝聚宝盆

工艺木刻厂制作的翡翠《江山如此多娇》获中国玉（石）器百花奖金奖、北京市第五届工艺美术展北京工美杯金奖

1月4日，东安市场举办和田特产进京过大年活动

1月11日，前门全聚德请消费者免费品尝腊八粥

9月17日至10月7日，北京东方奥天举行“多彩金秋　真情回报”第二届购物节

1月3日，北京稻香村“幸福一家人”2011新年party在北京国际饭店举行

8月2日，俄罗斯夏令营营员在百工坊学习面塑制作技艺

3月18日，由北京华江文化发展有限公司投资建造的“奥林匹克体育文化产业园”在顺义区空港经济技术开发区金马工业园区开工

2月17日，东城老字号企业亮相台湾北京特色周

7月6日，区街财政管理体制培训会

4月22日，区国税局在百荣世贸商城开展“税收宣传进市场”活动

4月8日，区地税局联合国税局、雍和园管委会共同举办以“科技引领创新　税企共谋发展”为主题的税收宣传活动

11月2日，建行东四支行参加中国共青团中央“青年文明号”创先争优活动座谈会

9月，中行崇文支行参加中行北京市分行第七届职工运动会

9月28日，召开东二环专项规划领导小组研讨会

9月1日，召开区“十二五”土地资源开发利用规划评审会

1月11日，北京东兴建设有限责任公司召开二届四次职代工暨优秀员工表彰大会

7月20～21日，召开区城市管理监督工作半年总结会

4月2日，区召开爱国卫生运动委员会议

9月6日，城管大队开展“您身边的城管”进社区活动

9月26日，北京站地区开展“十一”国庆节前食品安全检查

2月1日，区领导慰问环卫二中心前门清扫班

6月2日， 在簋街举办六五世界环境日宣传绿色环保

7月27～28日，区科委举办高新技术企业资格复审工作培训班

5月14日，区科协组织青少年参加区科技周活动

9月6日，药监东城分局在东华门街道开展安全用药宣传活动

6月25日，东城区举行全民健身体育节开幕式

9月30日，召开“孝行当下、情暖重阳”孝星命名大会

5月13日，区残联举办庆祝第21次全国助残日暨“改善残疾人生活 保障残疾人权益”康复服务和技能培训进社区活动

10月20日，东华门街道在普度寺大庙广场举行千人太极拳展示活动

12月28日，东华门地区举行弘扬传承践行“北京精神”动员大会

9月22日，景山街道开展“仲秋墨韵”后街美术馆社区百姓书画展活动

区领导到五道营特色商业街调研

3月31日，北新桥街道清明文明祭扫宣传活动

2月1日，东四街道举办“迎新春、送祝福、过大年”首届东四奥林匹克社区新春游乐会

5月18日，朝阳门街道组织老革命、老干部访问“国旗班”，并向“国旗班”赠送国旗

2月17日，东直门街道召开社区自治“6631”工程专题研讨会

5月6日，和平里街道举办第四届“民族团结活动日”

5月23日，崇文门外街道在新景家园、国瑞城两个小区试运行社区便民服务车

8月10日，崇文门外街道举办第二届社区健身操舞大赛

在北京市第五届（2011年度）魅力社区评选活动中，龙潭街道光明北里社区获得“北京市十大魅力社区”殊荣

9月18日，天坛街道举办首届社区趣味运动会

新一届区级领导班子成员基本情况简介

一、区委领导班子成员

杨柳荫，男，汉族，1955年8月生，山西天镇人，1972年8月参加工作，1974年3月加入中国共产党，大学毕业（北京外国语学院英语专业），翻译。现任东城区委书记，区武装部党委第一书记（兼）。

牛青山，男，汉族，1960年12月生，河北定州人，1976年12月参加工作，1979年7月加入中国共产党，中央党校研究生毕业（法学专业），高级政工师。现任东城区委副书记，区政府党组书记、区长，区行政学院院长（兼）。

常卫，男，汉族，1966年9月生，河南偃师人，1991年8月参加工作，1985年12月加入中国共产党，研究生毕业（中央党校理论部科学社会主义专业），管理学博士（北京工业大学管理科学与工程专业）。现任东城区委副书记、政法委书记（兼）（正局级）。

徐熙，男，汉族，1961年7月生，北京市人，1984年8月参加工作，1984年7月加入中国共产党，大学毕业（中国人民大学一分校财会专业），经济学学士，高级会计师。现任东城区委常委，区政府党组副书记、常务副区长。

金晖，女，汉族，1969年5月生，浙江绍兴人，1992年7月参加工作，1991年5月加入中国共产党，在职研究生毕业（中国石油大学马克思主义与思想政治教育专业），法学硕士，公共管理硕士（北京大学公共管理专业），讲师。现任东城区委常委、宣传部部长。

吴松元，男，汉族，1964年9月生，江苏靖江人，1984年7月参加工作，1987年6月加入中国共产党，研究生毕业（北京师范大学高等教育管理专业），管理学硕士（中国科学院研究生院管理科学与工程专业），研究员。现任东城区委常委、组织部部长，区委党校校长（兼）、社会主义学院院长（兼）。

左海星，男，汉族，1957年4月生，江苏苏州人，1976年2月参加工作，1978年3月加入中国共产党，在职大学毕业（解放军国际关系学院英语语言专业）。现任东城区委常委，区武装部部长。

谢世龙，男，汉族，1955年4月生，北京市人，1970年12月参加工作，1974年11月加入中国共产党，中央党校大学毕业（政法专业）。现任东城区委常委、政法委副书记（兼），公安分局党委书记、分局长。

夏树军，男，汉族，1963年10月生，湖北武穴人，1982年4月参加工作，1990年12月加入中国共产党，在职研究生毕业（中国科学院研究生院管理科学与工程专业），管理学硕士，高级政工师。现任东城区委常委、区纪委书记。

朴学东，男，汉族，1970年2月生，辽宁沈阳人，1992年7月参加工作，1991年10月加入中国共产党，大学毕业（首都师范大学生物教育专业），理学学士。现任东城区委常委，区政府党组成员、副区长。

周永明，男，汉族，1958年9月生，北京市人，1978年9月参加工作，1984年11月加入中国共产党，在职大学毕业（首都师范大学夜大学政法专业）。现任东城区委常委、统战部部长。

宋甘澍，男，汉族，1966年11月生，江西丰城人，1988年7月参加工作，1993年5月加入中国共产党，研究生毕业（北京大学政治学理论专业），法学硕士。现任东城区委常委。

毛炯，男，汉族，1961年3月生，江苏泰兴人，1976年7月参加工作，1989年11月加入中国共产党，中央党校大学毕业（政法专业），高级政工师、讲师。现任东城区委常委、区委办主任、区直机关工委书记（兼）。

二、区人大领导班子成员

冯熙，男，汉族，1954年6月生，河北蠡县人，1974年5月参加工作，1976年6月加入中国共产党，中央党校研究生毕业（经济管理专业），高级政工师。现任东城区人大常委会党组书记、主任。

赵中原，男，汉族，1956年6月生，河北三河人，1975年9月参加工作，1977年6月加入中国共产党，中央党校大学毕业（经济管理专业），副研究员、高级政工师。现任东城区人大常委会党组副书记、副主任。

高桂强，女，汉族，1954年6月生，北京市人，1970年7月参加工作，1978年12月加入中国共产党，中央党校大学毕业（经济管理专业），主治医师。现任东城区人大常委会党组成员、副主任。

王佩立，男，汉族，1954年1月生，上海市人，1969年8月参加工作，1986年5月加入中国共产党，中央党校大学毕业（经济管理专业）。现任东城区人大常委会党组成员、副主任。

蔡福全，男，汉族，1955年8月生，北京市人，1971年12月参加工作，1977年6月加入中国共产党，在职大学毕业（北京师范大学夜大学体育专业），中学高级教师。现任东城区人大常委会党组成员、副主任。

于静，女，汉族，1962年10月生，山东即墨人，1981年10月参加工作，1984年6月加入中国共产党，市委党校研究生毕业（经济管理专业），高级政工师。现任东城区人大常委会党组成员、副主任。

王兆康，男，汉族，1963年10月生，河北冀县人，1982年9月参加工作，1986年7月加入中国共产党，在职大学毕业（首都师范大学夜大学政法专业），政工师。现任东城区人大常委会党组成员、副主任。

何厚夫，男，汉族，1959年8月生，山东郓城人，1983年8月参加工作，1996年3月加入九三学社，大学毕业（北京中医药大学中医专业），医学学士，副教授、副主任医师。现任东城区人大常委会副主任（不驻会）。

三、区政府领导班子成员

牛青山，男，汉族，1960年12月生，河北定州人，1976年12月参加工作，1979年7月加入中国共产党，中央党校研究生毕业（法学专业），高级政工师。现任东城区委副书记，区政府党组书记、区长，区行政学院院长（兼）。

徐熙，男，汉族，1961年7月生，北京市人，1984年8月参加工作，1984年7月加入中国共产党，大学毕业（中国人民大学一分校财会专业），经济学学士，高级会计师。现任东城区委常委，区政府党组副书记、常务副区长。

朴学东，男，汉族，1970年2月生，辽宁沈阳人，1992年7月参加工作，1991年10月加入中国共产党，大学毕业（首都师范大学生物教育专业），理学学士。现任东城区委常委，区政府党组成员、副区长。

陈之常，男，汉族，1974年12月生，四川大竹人，1996年7月参加工作，1996年5月加入中国共产党，大学毕业（中国政法大学行政管理专业），法学学士，高级政工师。现任东城区政府党组成员、副区长，王府井建管办党组书记、主任（兼）。

王中华，男，汉族，1962年8月生，天津市人，1985年8月参加工作，1994年9月加入中国共产党，大学毕业（北京农学院果树专业），农学学士，工程师。现任东城区政府党组成员、副区长，区委政法委副书记（兼），北京站地区管理处主任（兼）。

颜华，女，汉族，1961年6月生，浙江宁波人，1979年12月参加工作，无党派，市委党校大学毕业（会计学专业），统计师。现任东城区政府副区长。

许汇，男，汉族，1962年9月生，河北饶阳人，1982年3月参加工作，1986年9月加入中国共产党，中央党校大学毕业（经济管理专业），会计师。现任东城区政府党组成员、副区长。

汤钦飞，男，汉族，1967年2月生，河南新县人，1989年7月参加工作，1988年10月加入中国共产党，研究生毕业（北京大学中国近现代史专业），历史学硕士，高级政工师。现任东城区政府党组成员、副区长。

四、区政协领导班子成员

徐鸿达，男，汉族，1954年6月生，北京市人，1970年6月参加工作，1984年6月加入中国共产党，在职大学毕业（南开大学工商管理专业），高级管理人员工商管理硕士（EMBA），高级政工师。现任东城区政协党组书记、主席。

邵鹏，男，汉族，1958年7月生，浙江慈溪人，1977年3月参加工作，1985年12月加入中国共产党，中央党校大学毕业（经济管理专业）。现任东城区政协党组副书记、副主席。

乔世怀，男，汉族，1955年7月生，河北深县人，1972年1月参加工作，1980年11月加入中国共产党，中央党校大学毕业（经济管理专业），高级经济师。现任东城区政协党组成员、副主席。

王红，女，汉族，1959年3月生，北京市人，1978年9月参加工作，1985年5月加入中国共产党，市委党校研究生毕业（经济管理专业），政工师。现任东城区政协党组成员、副主席。

孙占军，男，汉族，1961年4月生，河北肃宁人，1983年8月参加工作，1998年6月加入中国民主建国会，研究生毕业（北京科技大学冶金机械专业），工学硕士，工程师。现任东城区政协副主席（不驻会）。

姚卫海，男，汉族，1963年11月生，河北乐亭人，1986年8月参加工作，2000年11月加入中国国民党革命委员会，大学毕业（首都医科大学中医药学院中医医学专业），医学学士，主任医师。现任东城区政协副主席（不驻会）。

罗强，男，汉族，1959年6月生，北京市人，1978年9月参加工作，1995年10月加入中国民主促进会，1999年12月加入中国共产党，大学毕业（北京师范学院二分院地理专业），理学学士，中学高级教师。现任东城区政协副主席（不驻会）。

王钢，男，汉族，1956年10月生，北京市人，1975年1月参加工作，1995年1月加入中国民主同盟，大学毕业（北京师范学院物理专业），理学硕士（北京大学光学专业），中学高级教师。现任东城区政协副主席（不驻会）。

五、区法院院长

孟祥，男，汉族，1965年2月生，河北顺平人，1984年3月参加工作，1988年12月加入中国共产党，在职大学毕业（首都师范大学成人教育学院政法专业），法律硕士（北京大学法律专业）。现任东城区法院党组书记、院长。

六、区检察院检察长

殷健，男，汉族，1963年6月生，辽宁丹东人，1981年12月参加工作，1986年6月加入中国共产党，市委党校研究生毕业（经济管理专业）。现任东城区检察院党组书记、检察长。

目　录

综　述

大事记

特　载

政党・团体

·宣传工作·

·精神文明·

·统一战线·

政权·政协

政法·军事

政法

综合经济管理

工商·旅游·对外经济

城市管理

城市管理监督

城市综合管理

城市管理监察

北京站地区管理

环境卫生

环境保护

医药卫生·体育

卫生

药品监督管理

体育

社会生活

民政

居民生活

计划生育

老龄工作

残疾人事业

街　　道

东华门街道

景山街道

交道口街道

安定门街道

人　物

统计资料

附 录

主题索引

综　述

区情综述

概　况

东城区位于北京市中心城区东部，面积41.84平方公里。设东华门、景山、交道口、安定门、北新桥、东四、朝阳门、建国门、东直门、和平里、前门、崇文门外、东花市、天坛、体育馆路、龙潭、永定门外17个街道办事处，217个社区居民委员会。另外设有北京站地区管理处、王府井建设管理办公室和东二环建管办3个重点街区管理机构。截至2011年底，全区常住人口96.12万人，其中女性48.55万人。人口密度为每平方千米2.32万人。暂住人口15.1万人。全年户籍人口出生7217人，出生率为7.53‰；死亡6138人，死亡率为6.40‰；人口自然增长率为1.13‰；计划生育率为98.73%。全区有少数民族48个、4.4万人，占全区总人口的4.8%。

年内，地区生产总值1322.2亿元，年均增长8.1%；人均GDP达到2.30万美元。实际利用外资5.5亿美元。年单位GDP能耗降至0.20吨标准煤。年财政收入122.3亿元，同比增长19%。圆满完成市政府下达的投资任务，社会消费品零售额同口径同比增长18.5%。旅游收入和接待人数增长21%。文化创意产业优势地位进一步确立，增加值占GDP比重超过10%。

国民经济和社会发展

全区深入贯彻落实科学发展观，以创先争优活动为契机，立足当前，谋划长远，统筹推进经济、政治、文化、社会以及生态文明建设，各项工作取得新进展。

经济建设

新的东城区组建以来，着力抓“规划体系建设年”工作，编制完成69项规划和行动计划，形成以总体发展战略规划为龙头，“十二五”规划和“三个东城”行动计划相互衔接的科学规划体系。

产业结构调整。第三产业增加值年增长8.2%，文化创意、商业服务等6个重点产业增加值已占GDP的64%。区内国家级高新技术企业达148家，技术交易额近300亿元。重点功能区建设成效明显。王府井、百货大楼北厦、澳门中心、乐天银泰等5个项目竣工，新增商业商务面积30万平方米。建设中关村科技园区雍和园，打造国内领先的文化金融服务平台，开创“胡同里的创意工厂”发展模式；国际版权交易中心累计实现交易额13亿元，荣获“中国最佳创意产业园区奖”。东二环交通商务区，以总部企业为特点，以金融、商务服务和信息服务为主要业态的产业发展格局基本形成。龙潭湖体育产业园成为全市唯一的“国家级体育产业基地”，国际体育交流中心等重点项目建设稳步推进。

优化发展环境。搭建起综合服务统一平台。招大选强，引进中外大企业入驻。区内跨国公司地区总部数量达到14家，位居全市第二。楼宇经济监测工作持续推进，税收超亿元楼宇已达31座。增强区属国有企业综合竞争力。积极促进非公经济和中小企业健康发展，从资金保障、贷款平台、银企对接方面提供有力支持，发挥其促进增长、增加就业等方面作用。改革区街财政管理体制，建立促进街道服务经济发展的激励机制。对外开放交流取得新进展，国际友城达到18个。

人民生活　民政工作

坚持以保障改善民生为根本，办实事，抓落实。城镇居民人均可支配收入达到3.4万元。推进“场地对接”蔬菜流通模式，建成10家天镇蔬菜直营店和15家新发地直营菜店。1800户廉租房家庭实现配租入住。

推进“创业带动就业‘六个一’工程”，发挥“创业者俱乐部”作用，完善9项就业政策，建立“4050创业者专项资金”，扶持1972个创业项目，带动4650名失业人员实现就业。建立“创业孵化园”，形成“周主题、月特色”就业服务模式，针对“零就业家庭”和就业特困人员开展“一对一”帮扶。开发公益性岗位，对就业特困人员实行托底安置。完善三级就业服务网络，开通“社区就业信息发布直通车”，搭建社区失业人员动态服务管理平台。实现“零就业家庭”动态为零。

扩展社会保险覆盖面，推进社会保障由“制度覆盖”向“人群覆盖”转变。贯彻“一老一小”医疗保险等惠民政策，圆满完成市、区机关事业单位公费医疗信息采集和持卡就医工作。社会保险基金收缴率达到98%以上，累计收缴123.23亿元，累计支付119.58亿元。社会救助实现全覆盖，全区累计支出最低生活救助保障金和专项救助资金4亿元。落实居家养老(助残)“九养”办法,形成了覆盖全区的服务网络体系,共有3.40万名老年人、3687名残疾人享受政府补贴的居家养老(助残)服务。建成北苑区级养老院。推行数字化社会救助体系,基本实现社会救助无盲点。不断完善劳动关系协调机制,纳入监控企业的劳动合同签订率达到97.71%,为2.71万名劳动者追讨工资5471.95万元,维护劳动者合法权益。

截至年底,全区城镇登记失业率为0.95%,城镇登记失业人员就业率为72.15%。开发社区就业岗位2.36万个,安置失业人员1.70万人。

改善群众居住条件。实施“危改战役”,加强住房保障,提出“菜单式”搬迁政策,平稳搬迁安置居民4.24万户。通过房屋修缮,2万户居民改善了居住环境。实施了2.23万户用水“一户一表”改造、1.4万户老旧楼房通天然气、7.12万户平房区“煤改电”等工程,全面完成文保区煤改清洁能源工作。

科技 教育 文化 卫生 体育

科技与信息化事业。实施《数字东城行动计划(2011—2015年)》。创建21个“北京市科普教育基地”、16个“北京市创新型科普社区”。信息化工作在城市管理、社会管理、公共安全、公共服务等方面取得显著成效。

教育改革。实施“学区化管理”、“学校联盟”、“蓝天工程”、“学习e网通”建设,推动优质资源共享。全面实施素质教育。东城区成为国家级基础教育综合改革试验区。深化“名师名校长工作室”建设,进一步提升优秀教育人才综合素质。职业教育不断加强。加强教育基础设施建设,扩建了汇文中学、五中分校、一师附小等一批中小学校,全面推进“校安工程”,累计加固翻建34.9万平方米学校建筑。进一步加大优质教育资源向外区发展辐射力度,通过合作办学等方式,在通州区等地设立二中、史家胡同小学分校。教育对口支援工作取得重要成果,汇文中学援青助教“黄南班”培养出第一批高中毕业生,高考本科上线率达到100%。

医药卫生体制改革。初步建立双向转诊制度,率先实施药品零差率、收支两条线管理。公共卫生服务体系进一步完善,主要健康指标居全市领先水平,全区人均期望寿命达到82.5岁。推行居民健康责任制管理,社区卫生服务中心实现24小时服务。推进“国家中医药发展综合改革试验区”建设,开展中医药科普知识“六进”活动,地坛中医药养生文化园成为中医药文化传播的窗口。推进以中医药为特色的“健康管理社区”建设,创建“全国中医药特色社区卫生服务示范区”。

实施“文化强区”战略。挖掘区域文化资源,逐步形成王府井国际品牌节、前门历史文化节等高端文化品牌;着力打造皇城文化国际旅游节、中华民族艺术珍品文化节等旅游文化品牌;扶持发展“功夫传奇”等演艺文化品牌,创造同一剧目在国内外连续演出近5000场的全国纪录;持续推动地坛庙会、龙潭庙会等民俗文化品牌;不断拓展南锣鼓巷胡同节、蟠桃宫庙会、金鱼池社区节等社区文化品牌。推动驻区单位内部文化设施对居民开放,构建“一刻钟服务圈”。

在探索历史文化名城保护新模式、打造文化航母等方面取得进展。幸福大剧院奠基,标志着天坛演艺区暨首都核心演艺区建设正式启动;天街控股集团公司成立,为前门历史文化展示区搭建起集投资、建设、运营管理为一体的平台;与北京控股集团签订战略合作框架协议,共同设立“历史文化名城保护基金”,并引入中信产业投资基金,为引进社会资本参与历史文化名城保护和发展搭建起融资平台。“十大保护项目”建设取得重要成果,玉河北区再现京城“水穿街巷”的历史景观;完成台湾文化商业街、鲜鱼口老字号美食街的修缮建设,鲜鱼口大街被评为全国第一条“中华老字号商业街”。前门地区近20万平方米地下空间建设取得重要成果,市政基础设施实现现代化,地上全面保护、地下设施现代的空间格局已经形成,为历史文化名城的保护与发展积累重要经验。

群众体育事业,全区新增6个“体育生活化社区”,总数达到35个。推进“奥林匹克·体育生活化社区”建设,打造全民健身体育节、中国北京国际体育舞蹈公开赛及“快乐周末”等品牌活动。

民宗侨、红十字、档案、地方志、妇女儿童等工作都按计划完成并取得较好成绩。区地方志被评为市地方志系统先进单位。

城市建设和城市管理

融合网格化、信息化、信访代理、综合执法等理念和经验,把城市网格化管理经验向社会管理领域拓展创新,形成“天上有云,地上有格,空中有网”、“三级平台、四级管理”的社会管理“东城模式”,得到中央和市委市政府的充分肯定和社会各界广泛称赞,经验在全市和全国推广。以“九横八纵”主干路网为重点,综合整治城市环境秩序,“八个明显提升”效果彰显。获全国首个“国家级城市公共服务标准化示范区”称号。

历史文化保护,探索形成“保护风貌、疏解人口、发展产业、改善民生”四位一体的总体思路和“四个百分之百”的保护经验,实施一批具有重大影响力的文化保护工程。统筹规划地上地下空间,推动全方位立体化发展,开展前门地区600年来最大规模、最全面、最彻底的修缮整治工程,累计投入140多亿元,搬迁居民近1.7万户5万余人、企业534家。前门大街荣获第二届中国环境艺术奖(综合类)最佳范例奖,成为继王府井大街之后,北京市第二条“中国著名商业街”。完成南中轴路综合整治,再现宏伟大气的中轴气象。完成台湾会馆、阳平会馆、蔡元培故居、于谦祠、欧美同学会等一批文物抢险修缮。修缮前门草厂地区533个院落、5000余间房屋,整治东四三条等近百条胡同。南锣鼓巷市政改造项目荣获“国际花园城市与社区”市政项目全球金奖和“2011亚洲都市景观奖”,国子监街入选首批十大“中国历史文化名街”。推出区级非物质文化遗产名录,建成中华民族艺术珍品馆,本区被命名为“全国文化先进区”和“中国民间文化艺术之乡”。

完善市政设施。完成东南二环辅路、龙潭路、北京南站外部路网、东直门交通枢纽外部路网等一批道路建设，推动微循环改造，城市路网级配关系更加合理。探索解决停车难问题，在26条胡同试行机动车"单行单停"，利用市政空地建设立体停车设施。崇雍大街环境提升工程完成。推进地铁5、6、7、8和14号线拆迁工作，统筹站点用地综合利用和地下空间开发。完成108个垃圾分类试点小区建设。建成北二环城市公园、东二环景观带、南二环二十四节气公园等一批精品，实现辖区内二环绿色环绕。全区绿化覆盖率达到31.33%。圆满完成控制大气污染任务，区域空气质量连年提高，全年二级和好于二级天数比例达到75%。

党的建设　精神文明建设　民主法制建设

党的先进性建设。开展纪念建党90周年主题教育活动，突出东城特色、基层特色、党员特色、实践特色，发扬敢于担当、敢于碰硬、敢于创新的精神，各级党组织凝聚力、创造力和战斗力不断增强，党员干部先锋模范作用得到充分发挥。制定并实施思想理论建设五年规划，深入推进学习型党组织建设，积极推行"规定＋自选"培训模式，党员干部学以致用能力显著增强。坚持德才兼备、以德为先的用人标准，加大竞争性选拔干部和优秀人才培养力度，探索实施差额公开推荐正处实职领导干部、新任领导干部媒体公示、杰出人才评选表彰等制度，健全考核评价和干部监督机制，领导班子和干部人才队伍建设取得重要进展。以实施"凝聚工程"为抓手，创新基层党建工作，推广网格化党组织设置模式，推进商务楼宇工作站建设，实现"两新"组织党的组织和工作全覆盖，构建区域化党建格局。扎实推进惩治和预防腐败体系建设，进一步落实党风廉政建设责任制，加强廉政文化建设，健全反腐倡廉各项制度，在全国首创廉政风险防控机制，开展专项治理和纠正行业不正之风，全面推行党务公开，实施网上监察和绩效管理，查办违纪违法案件，促进党员干部廉政勤政。区委坚持总揽全局、协调各方，制定"三重一大"事项集体决策、干部任免票决、专家咨询论证等多项制度，支持人大、政府和政协依法履行职能，分别召开人大、政协工作会议，协助8个民主党派成立区级组织，出台相关工作意见。统一战线和多党合作事业健康发展，党管武装、工青妇等工作取得新成果。

精神文明建设。完成全国文明城区复查迎检工作，城市文明水平和市民文明素质明显提升。继续保持"全国文明城区"称号。被评为"全国未成年人思想道德建设工作先进城市"。开展"道德风尚我传承"、"公共秩序我示范"、"排队日"等群众性精神文明创建活动。

民主法制建设。政府认真执行人大及其常委会决议，自觉接受人大及其常委会的法律监督、工作监督和政协的民主监督，按时完成全国、市、区人大代表议案、建议和政协委员提案办理工作，听取各民主党派、工商联、无党派人士、人民团体的意见，主动接受社会各界监督。贯彻落实《国务院关于加强法治政府建设的意见》，推行依法行政考核评价新机制，加强行政规范性文件管理，做好行政复议工作，加强行政执法监督，提升依法行政工作水平。

行政执行力建设。健全完善年度工作任务书制度，加强督查考核，严格责任制和责任追究制。加大人才引进力度，开展科级公务员跨部门交流。政务信息化建设水平进一步提升，在全市率先完成政府信息公开场所建设。推行"一会制"改革，行政效能明显提高。

开展廉政建设。提高"一岗双责"意识和风险防范意识，筑牢廉政风险防控的"三道防线"。积极开展源头治理，强化审计监督，政风行风建设取得新进展。　　（胡澄）

大 事 记

2011年大事记

1 月

4日 市交通委主任刘小明到区行政服务中心调研“小客车指标申请”窗口工作进展情况。

6日 区委常委、宣传部长赵中原主持召开《东城区总体发展战略规划(2011—2030年)》新闻发布会。区委常委、常务副区长徐熙介绍规划编制情况和基本内容,并回答记者提问。

☆ 《东二环高端服务业发展带》规划编制工作启动。

☆ 区“双千户家庭送温暖工程”启动仪式举行。

7日 区委书记杨柳荫、区长牛青山会见青海省黄南州委副书记、州长多杰才让和州委常委、副州长李青林带队的黄南州党政友好访问团。

8日 首届龙潭(国际)冰雪文化节开幕。

9~11日 区政协临时会议第二次会议在京东宾馆召开。

10~12日 区人大(临时)第二次会议在保利剧院和京东宾馆召开。

12日 东城区人民代表大会(临时)第二次会议审议通过《北京市东城区国民经济和社会发展第十二个五年规划纲要(草案)》。

13日 区第24次老干部座谈会暨新春团拜会召开。

☆ 市编办主任黄强调研区法检两院内设机构设置工作。

14日 副市长蔡赴朝调研南锣鼓巷地区蓬蒿剧场、涵珍园戏楼、台湾文化商务区、台湾会馆、邓丽君音乐生活馆运行情况。

☆ 区街道党政负责人会议召开。

18日 区深化社会服务管理创新推进社区网格党组织建设工作会召开。

☆ 区政法委员会第一次全体会议召开。

☆ 区老字号企业新春联谊会暨第一次老字号企业沙龙召开。

20日 上年区级领导班子和领导干部年度考核民主测评会召开。杨柳荫、牛青山分别代表区委、区政府领导班子作上年工作报告并进行个人述职述廉。

☆ “故宫历代文物珍品展”开幕式在中华民族艺术珍品馆举行。

☆ 区信访工作联席会议第一次全体会议召开。

21日 国家安监总局副局长王德学带队检查区安全工作。

24日 市委书记刘淇慰问区优秀老党员刘家宸。

☆ 市政府侨办主任李印泽走访区困侨代表和侨界代表人士。

☆ 区领导杨柳荫、牛青山、冯熙、徐鸿达、常卫、刘云斋等春节前分别走访慰问离休老干部、优秀老党员、困难党员、困难劳模及困难群众。

25日 市委副书记、市政法委书记王安顺慰问区政法干警和教育工作者。

☆ 区四套班子领导分别走访慰问民革中央、共青团中央、民政部、商务部、最高人民检察院等驻区中央机关单位。

☆ 区春节军政座谈会召开。

☆ 区级领导与四套班子老领导新春联谊会举行。

☆ 区政协领导徐鸿达、郭瑞敏、冯藏淑、刘忠胜走访慰问驻区部队。

☆ “我的北京我的家·红红火火过大年”北京市春节系列文化活动启动仪式在王府井举行。

26日 全国人大副委员长、全国妇联主席陈至立慰问崇文二幼师生,并为二幼成为“中国儿童少年基金会智慧培养基金——关爱学前教育行动示范园”揭牌。

☆ 市人大主任杜德印到区慰问优秀老党员。

☆ 前门天街年市开市。

☆ 市委政法委副书记、首都综治办主任李万钧到建国门街道检查指导工作。

27日 副市长程红到花市清真寺检查安全工作。

☆ 蔡赴朝到区检查春节期间文化市场安全工作。

28日 区工作部署会在区委、区政府1号楼地下二层礼堂举行。

☆ 区精神文明建设委员会全会、精神文明建设暨全国文明城区建设动员部署大会召开。

☆ 国内第一家绿色金融行业协会成立并落户东城区。

☆ 副市长陈刚到区检查安全生产工作。

30日 “2011吃在北京—在北京过年,享京华美食”活动启动仪式在前门大街举行。

☆ 副市长丁向阳到区检查春节假日旅游安全工作。

☆ 区全面部署政法维稳信访工作会议召开。

31 日 市公安局党委书记、局长傅政华,区领导杨柳荫、牛青山、刘云斋、章冬梅、谢世龙等出席区社区网格化警务模式启动仪式。

☆ 区委常委、常务副区长徐熙主持召开公共安全部署会。区领导牛青山、刘云斋、谢世龙、朴学东、宋甘澍、毛炯分别就公共安全工作进行部署。

2 月

1 日 中共中央政治局常委、中央政法委书记周永康慰问区政法系统一线干部职工。

☆ 区领导杨柳荫、牛青山等分别慰问信访干部、纪检监察干部及春节期间坚守工作岗位的干部职工。

☆ 首届东四奥林匹克社区新春游乐会开幕。

2 日 市领导刘淇、郭金龙、王安顺除夕慰问坚守在工作一线的区干部职工。

☆ 公安部部长孟建柱、市长郭金龙慰问区一线民警、协警和治保积极分子。

☆ 除夕夜区领导杨柳荫、牛青山等到东直门敬老院看望慰问老人,并与老人们一道包饺子吃年夜饭。

☆ 第二十六届地坛庙会、第二十八届龙潭庙会开幕式举行。

10 日 牛青山主持召开区政府专题会,讨论招聘网格助理员工作有关情况、区政府折子工程编制情况及人事任免等事项。

☆ 杨柳荫、牛青山与中国北京同仁堂(集团)有限责任公司负责人座谈。

12 日 区纪律检查委员会全体会议暨全区党风廉政建设工作会议召开。

☆ 财政部国际司副司长王忠晶到区指导世行贷款申报工作。

14 日 市民政局局长吴世民到东四街道调研社区民主自治建设。

16 日 市发改委副主任张远调研区城市功能疏解工作。

☆ 区新春非遗庙会暨非物质文化遗产代表性传承人技艺交流大展在京城百工坊举行。

17 日 副市长苟仲文等到区调研交通工作。

☆ "上元灯会"点灯仪式在前门大街举行。区领导杨柳荫、冯熙、徐鸿达等出席。

☆ 区领导分别带队检查元宵节禁限放工作。

☆ 国家体育总局局长刘鹏、副局长蔡振华,教育部体卫艺司司长杨贵仁一行到广渠门中学调研北京市青少年足球工作。

☆ 东直门街道召开社区自治"6631 工程"专题研讨会。民政部基层政权和社区建设司副司长王金华及区领导常卫、宋甘澍出席。

19 日 首届京沪"国家中医药发展综合改革试验区"合作论坛在北京国际饭店举办。

21 日 区环境建设部署动员大会召开。

22 日 区医学会第一届会员代表大会召开。

23 日 区网格化社会服务管理信息系统试运行启动仪式举行。

24~25 日 区政府第一次全体(扩大)会议召开,总结上年工作,部署本年工作。

28 日 区委党校春季开学典礼举行。

☆ 市司法行政系统法律服务进社区启动仪式在和平里街道举行。

3 月

1 日 区领导杨柳荫、牛青山带队检查全国"两会"代表、委员驻地及周边安全服务保障工作。

2 日 全区加强全国"两会"期间信访工作紧急部署会召开。

3 日 区纪念"三八"国际劳动妇女节 101 周年暨风采展示大会举行。

4 日 区重点地区维稳安保工作会议召开。

☆ 区检察院创先争优誓师大会召开。

6 日 刘敬民检查慰问景山街道参与全国"两会"安全维稳工作的守桥民兵。

10 日 副市长陈刚调研前门东区试点四合院、台湾会馆、台湾文化商务区、鲜鱼口街和钟鼓楼地区规划建设情况。

☆ 副区长毛炯主持召开区绿化委员会第一次全体会议。

☆ 市委政法委副书记、首都综治办主任滕盛萍慰问区治安志愿者。

11 日 《关于创新网格化社会服务管理模式的研究》课题开题会暨专家研讨会召开。

☆ 区私营个体经济协会第一次会员代表大会举行。

☆ 贵州省毕节地委委员、地委政法委书记、公安局局长阳成俊率队到区学习考察社会服务管理创新工作。

12 日 牛青山分别致电日本国际友好区东京都新宿区区长中山弘子和目黑区区长青木英二,对日本发生强烈地震并造成人员伤亡和重大财产损失表示深切慰问,对罹难人员表示沉痛哀悼。

☆ 市政府副秘书长鲁勇检查区旅游市场秩序建设工作。

15 日 全国文明城区复查迎检工作第一次联席会议召开。

☆ 市委统战部常务副部长闵克调研区社会领域统战工作开展情况。

☆ 牛青山到区发展改革委调研。

17 日 区红十字会第八次会员代表大会召开。

☆ 区"精细管理、美化市容"工作暨环境秩序百日整治"春风行动"动员部署会召开。

19 日 "3.11"日本强烈地震引发核泄漏后,中国一些地区出现抢购食盐风波,朴学东带队检查区超市和便利店食盐销售情况。

21 日 牛青山主持召开区重点工程汇报会。

☆ 冯熙到二中调研地下空间开发利用情况。

22日 安徽省委常委、省纪委书记王宾宜率队学习考察区廉政风险防范管理工作。

☆ 市交通委领导谷胜利、刘缙到朝阳门街道调研公共自行车免费租用工作。

23日 区民兵工作会议召开。

☆ 龙潭湖体育产业园建设座谈会召开。

☆ 上海浦东新区区委副书记赵卫星率队学习考察区社会服务管理创新工作。

24日 市政协常委、社会和法制委员会主任吴玉华率队到区调研基层执法工作。

☆ 牛青山参加北京城市服务管理广播“市民对话一把手”直播节目。

☆ 区委保密委员会工作会议召开。

☆ 陈刚带队检查地铁8号线轨道交通建设情况。

25~26日 区“两员(党风党纪监督员、特邀监察员)”工作会议召开。

26日 刘淇围绕“创新社会管理服务 推进首都社会建设”主题到东直门街道、朝阳门街道等地调研。

27日 东城美术家协会第一次会员代表大会召开。

28日 市委调研组调研区网格化社会服务管理创新工作。

29日 市政协教文卫体委员会主任牛继升带领“整合资源,打造文化旅游之都”调研组40余名市政协委员到区调研。

☆ 牛青山、宋甘澍等到东华门街道调研。

30日 牛青山、徐熙等到区国税局调研。

30~31日 区总工会第一次代表大会召开。

4 月

1日 区委外事工作领导小组会议召开。

☆ 市政府法制办考察调研组调研区网格化管理与综合执法工作开展情况

2日 开展“弘扬生态文明,共建绿色东城”为主题的第27个首都全民义务植树日活动。

6日 朝阳区党政领导到东城区学习考察社会服务管理创新工作。

7日 市科委主任闫傲霜到南馆公园调研低碳生活示范园升级改造工作。

☆ “共创东城新辉煌——‘总规’宣传文艺演出”举行。

☆ 第五届蟠桃宫庙会暨花市社区文化节开幕。

8日 区深入推进创先争优活动大会召开。

☆ 2011·北京国际美食盛典——第一届“美食东城”美食文化节开幕。

☆ 皇城国际文化节在天坛启动。

9日 区天主教爱国会一届一次全体委员会召开。

11~15日 市旅游发展委副主任安金明带队检查区地下旅馆的安全生产情况。

13日 十一届全国政协副主席、中央统战部部长杜青林调研区社会领域统战工作。

14日 市纪委副书记王荣军率队调研区案件检查工作。

☆ 牛青山为“东城区‘一把手’素质培训工程”主题研修班作“‘十二五’时期新东城新发展——对实施‘十二五’规划的几点认识”辅导报告。

☆ 全区领导干部民主推荐大会召开,首次差额民主推荐正处职领导干部人选。

15日 市人大常委会副主任赵凤山,副秘书长、人事室主任高岩辉等一行到区人大常委会调研区县换届选举工作。

☆ 第三届“知产雍和行”活动启动仪式暨“4.26”知识产权宣传月大型宣传活动举行。

16日 中联部部长助理贺钧一行26人考察区社会服务管理创新和历史文化保护工作。

18日 刘敬民到区“阳光中途之家”检查指导工作。

☆ 第八届金鱼池社区节开幕。

19日 刘淇调研区社会服务管理创新工作。

☆ 大型原创话剧《王府井》在国家大剧院首演。

☆ 区加强和改进工商联工作会议召开。

☆ 区食品安全委员会第一次会议暨迎接文明城区复查食品安全工作动员会召开。

20日 牛青山、徐熙、宋甘澍等出席“九横八纵”主干路绿化景观建设专题会。

☆ 以“法援助残保权益,辅具相伴促和谐”为主题的盲文版法援条例捐赠暨残疾儿童辅具配发仪式举行。

21日 区教育工作大会召开。

☆ 区直属机关创先争优活动暨结对共建工作推进会召开。

22日 区召开中国驰名商标、中华老字号、北京市著名商标战略论坛暨品牌经济发展研讨会。

23日 刘淇到中华民族艺术珍品馆、金台夕照会馆调研。

☆ “区长杯”长跑比赛举行。

27日 皇城文化国际旅游节系列活动——新东城“壮丽中轴游”暨“东方文化之旅”皇城休闲游活动在安定门启动。

☆ 牛青山主持召开区政府专题会,讨论南锣鼓巷社区用房项目对接房源、追加环卫短期合同工最低工资标准、“向日葵社区”创建工作相关经费等事项。

28日 市领导刘淇、郭金龙考察观看区优秀青年创业项目“形影互动”新媒体。

☆ 区庆祝“五一”国际劳动节暨表彰先进大会召开。

29日 区领导冯熙、徐鸿达、徐熙、夏树军慰问城管、环卫系统一线工作人员。

☆ 区全国文明城区复查迎检现场会在和平里街道召开。

☆ 国家文物局局长单霁翔带队调研中轴线申报世界文化遗产工作。

☆ 刘淇、郭金龙参观时传祥纪念馆并向全市劳动者致以节日问候。

☆ 区安全生产工作会召开。

☆ 刘敬民到景山街道黄化门社区调研环境秩序问题。

5 月

3日 牛青山主持召开区政府专题会，讨论区长分工调整并通报有关事项。

4日 市专项保密检查组检查区保密工作。

5日 傅政华检查区交通支队夜查工作并慰问一线民警。

☆ 市政府副秘书长张玉平带领市名城委专家组视察前门地区修缮整治工作。

5～6日 冯熙等30余名市人大(东城团)代表到北京市民主法制培训基地参加市十三届人大代表培训班。

6日 牛青山为团市委系统干部作专题讲座。团市委书记王少峰出席。

☆ 和平里街道第四届民族团结活动日。市委统战部副部长张洋，区领导杨柳荫、冯熙、徐鸿达等出席。

8日 鲜鱼口老字号美食街开街。

9日 文明北京·爱涌东城——全国道德模范与身边好人现场交流活动在区少年宫举行。

10日 第二届北京南锣鼓巷戏剧节开幕式举行。

11～12日 共青团北京市东城区第十次代表大会召开。

12日 区对台工作领导小组(扩大)会议召开。

13日 第四届北京中医药文化宣传周暨第三届地坛中医药健康文化节开幕。

☆ 区第二十一次"全国助残日"宣传活动启动。市残联党组书记马大军及副区长宋甘澍出席。

☆ 东城特教学校举行"放飞心灵文化——学生艺术科技制作展示及义卖活动"。

☆ 区落实"菜篮子"工程责任制暨社区商业体系建设大会召开。

14日 东城科技周启动。市科协党组副书记景晓东、副区长宋甘澍等出席仪式。

16日 区领导杨柳荫、徐熙、朴学东与诺基亚西门子(中国)有限公司等9家在区跨国公司地区总部负责人座谈。

☆ 中国国际贸易促进委员会东城区支会、中国国际商会东城区商会、北京市东城外商投资企业协会(三会)成立大会暨第一届会员大会召开。

☆ 区"红色讲坛"百场理论宣讲活动启动仪式暨首场报告会举行。

18日 区委、区政府理论中心组举行《全国文明城区测评体系》专题报告会。

☆ 东城与韩国首尔市瑞草区签署《友好交流备忘录》，缔结国际友好交流关系。

19日 中国旅游日主题活动(北京)在天坛祈年殿前举行启动仪式。国务院副总理王岐山，市区领导郭金龙、杨柳荫等出席。

☆ "企业家共话新东城发展"第九次沙龙系列活动举办。

☆ 杨柳荫会见日本大阪市商业代表团。

20日 召开严肃换届纪律主题学习活动启动大会。

☆ 区文联第一次代表大会召开。

23日 民政部部长李立国到区调研社会组织培育发展工作。

☆ 牛青山主持召开区政府专题会，讨论全国"两会"维稳及安保经费、追加环卫职业危害岗位补助资金、区人民武装部办公位置调整、首都交通文明行方案等事项。

24日 市政协港澳委员、港澳台侨工作顾问到区视察基础教育情况。

☆ 香港特别行政区政府民政事务局常任秘书长杨立门、民政事务总署副署长陈积志率队考察区社区服务管理工作。

25日 区老干部系统"喜迎建党90周年"书画摄影手工作品展开幕。

26日 北京市残疾人群众体育项目展示比赛在地坛体育馆举行。

28日 中央统战部秘书长、办公厅主任安七一等领导调研区网格化社会领域统战工作。

30日 区庆祝"六一"国际儿童节表彰大会举行。

31日 杜德印率队调研区"推进全国文化中心建设"工作。

☆ 区残疾人联合会第一次代表大会召开。

6 月

1日 市委常委、市委教育工委书记赵凤桐到花市小学和大地幼儿园慰问小学生和儿童。区领导杨柳荫等陪同。

☆ 中共中央统战部办公厅副主任沈全荣到东花市街道调研社会领域统战网格化工作。

☆ 牛青山到府学小学、东华门幼儿园慰问。

2日 国家国防教育办公室副主任郭增奎到东花市街道视察国防教育基地。

☆ 国家国防教育法执法检查组检查区《国防教育法》施行情况。

☆ "倡导绿色餐饮 提升簋街品质——东城区'六·五'世界环境日"主题宣传活动举办。

3日 区双拥工作领导小组会议召开。

8日 "颂歌献给党——东城区直属机关纪念建党90周年歌咏比赛"举行。

☆ 区商业联合会成立大会暨第一届会员大会召开。

☆ 豆各庄对接房和保障房项目签订土地移交协议。

9日 区科协第一次代表大会召开。

☆ 市纪委副书记隋秀梅调研区廉政风险防范管理工作。

10日 区非物质文化遗产保护成果展在中华民族艺术珍品馆揭幕。

☆ "传播先进事迹 展示模范风采——首都道德模范故事汇"首场基层巡演在区举行。

☆ 区反腐倡廉宣传教育工作暨廉政文化建设经验交流会召开。

11日　中国民主促进会北京市东城区委第一次代表大会召开。

☆　市人大内司委“首都公共文明建设”专项调研组到安定门地区调研社会公共文明工作。

12日　中国农工民主党北京市东城区第一次代表大会召开。

☆　“落实企业主题责任,保障城市运行安全”安全生产月宣传咨询日活动启动。

14日　杜德印率部分市人大代表调研中轴线和历史文化名城保护工作。

16日　“低碳社区日”启动仪式暨北京市节能宣传周闭幕式在南馆公园举行。

18日　中国民主建国会北京市东城区委第一次代表大会召开。

19日　中国民主同盟北京市东城区委第一次代表大会召开。

20日　市委常委、统战部部长牛有成到区检查统一战线服务社会管理全国交流研讨会北京社会领域统战工作现场观摩活动筹备工作情况。

☆　杨柳荫到区特殊教育学校慰问党员教师。

☆　“光辉岁月、壮丽东城——东城区纪念中国共产党成立90周年展览”举行。

21日　全国戏剧文化奖·2011小剧场优秀戏剧展演季首演典礼在区风尚剧场举行。

☆　区第十二次妇女代表大会召开。

☆　区委、区政府主办的《心中绿洲》——杨善洲先进事迹报告剧首场演出举行。

22日　杜德印到东花市南里社区慰问市“群众心目中的好党员”杨立新。

☆　区上半年综合经济分析会召开。

23日　司法部部长吴爱英考察区“阳光中途之家”。

☆　区政协纪念中国共产党成立90周年大会暨文艺演出举行。

☆　区“颂歌献给党”双拥专场红歌会举行。

24日　区旅游协会分会成立会召开。

25日　中国致公党北京市东城区委第一次代表大会召开。

☆　区全民健身体育节启动仪式暨区全民健身体育中心揭牌仪式举行。

25～26日　“聚焦绿色金融,助力产业升级”第二届地坛论坛举行。

26日　台湾民主自治同盟北京市东城区委第一次代表大会召开。

27日　“光辉岁月、壮丽东城”纪念建党90周年主题党日活动在中华世纪坛开展。

☆　市“安全在我身边”巡回演讲活动启动仪式在区举行。

☆　区创建全国双拥模范城迎检工作动员部署会召开。

28日　统一战线服务社会管理全国交流研讨会社会领域统战工作北京现场观摩活动在区举办。

☆　牛青山到东华门街道南池子社区慰问市“群众心目中的好党员”刘立新。

☆　市政法委副书记、市610办公室主任闫满成一行到景山街道钟鼓社区调研敏感期防控工作。

29日　庆祝中国共产党成立90周年暨第二届“五月的鲜花”群众歌咏活动汇报演出举行。

☆　杨柳荫、牛青山检查区环境整治、景观布置工作。

☆　区环境秩序百日整治“春风行动”总结暨“夏季攻势”动员部署会召开。

30日　“魅力新东城 颂歌献给党”庆祝中国共产党成立90周年万人唱红歌汇报演出暨年度群众文化展演季开幕式举行。

☆　文化东城——书法美术精品展在区文化馆风尚美术馆开幕。

7　月

2日　民革北京东城区委第一次代表大会召开。

3日　九三学社北京东城区委第一次代表大会召开。

4日　牛青山主持召开区政府专题会,讨论保障性住房及对接安置房工作情况、确定区实物廉租住房产权单位和管理单位、金宝街8号东城区综合业务服务楼项目推进情况等事项。

☆　“艺术画廊中的中国传统民间展览——北京市东城区民间手工艺展览展示活动”在罗马尼亚布加勒斯特市二区举办。

☆　区党建带团建暨深入推进共青团系统创先争优活动工作会议召开。

8～15日　区民间文艺家台湾文化行考察团赴台湾进行文化考察、采风、交流活动。

9日　刘淇调研区“深化文化体制改革,加快推动文化建设”情况。

☆　第二届北京南锣鼓巷戏剧节艺术家沙龙在区文化馆举办。

12日　杨柳荫率区域合作交流代表团访问内蒙古乌兰察布市集宁区。

☆　第一届前门台湾夜市开幕式在前门台湾印象区阿里山广场举行。

☆　“北京台资企业协会东城台商服务部”揭牌仪式在前门台湾文化商务区举行。

13日　区法制宣传教育领导小组会召开。

16日　中央综治办协调室主任陈显辉调研区社会管理创新工作。

☆　首届中国儿童戏剧节在区举行。

20日　冯熙率“加强城市环境综合整治和管理”议案办理调研组视察区城市环境整治和管理工作。

21日　副市长鲁炜慰问区公共文明引导员。

22日　《新东城报》一周年座谈会暨网络版发布会召开。

27日　区领导杨柳荫、牛青山、冯熙、徐鸿达等走访慰问驻区部队。

☆ 杨柳荫与北控集团负责人座谈文化名城保护战略合作事宜。

☆ 区委召开党派团体协商通报会。

28 日 区“八一”军政座谈会召开。

☆ 区政协开展“政协委员慰问交通干警”活动。

8 月

2 日 市安委会办公室副主任、市安监局副局长常纪文带队督查区有限空间作业安全生产工作。

☆ 区人大(临时)常委会组织东城团市人大代表开展年中活动。北京市原副市长翟鸿祥等 34 名市人大代表参加活动。

4 日 冯熙率队到区交通支队慰问全体干警并听取工作汇报。

5 日 区委领导与新一届民主党派负责人谈心会召开。

☆ 冯熙率队到区司法局调研并听取工作汇报。

☆ 首都社会治安综合治理委员会办公室主任滕盛萍调研区社会服务管理创新工作。

☆ 前门历史文化展示区商会成立暨第一届会员大会召开。

7 日 第二届北京前门历史文化节开幕。

9 日 市委统战部领导闵克调研区政协换届准备工作。

☆ 区纪委全会召开。

☆ 中华老字号发展前门论坛举行。

☆ 中医药试验区重点项目——京城名医馆建设专家论证会召开。

10 日 北京市 999 社区综合服务站东城和平里站揭牌仪式举行。

12 日 严肃换届纪律区级领导班子专题谈话会召开。

13 日 北京市健身秧歌、健身腰鼓大赛暨区残疾人“体育健身进家庭”启动仪式举行。

15 日 牛青山主持召开区政府专题会,讨论“数字东城”行动计划项目及资金安排情况、第二届孔庙国子监国学文化节活动方案等事项。

16 日 第二届前门历史文化节闭幕暨刘老根会馆开业仪式举行。

☆ 区领导干部大会在北京国际会议中心召开,部署换届考察工作。

17 日 刘敬民调研体育馆路街道垃圾分类工作。

18 日 丁向阳调研区旅游产业发展情况。

19 ~ 20 日 区顺利通过国家级公共服务标准化示范区考核验收。

21 日 滕盛萍带队考察东直门街道网格化社会服务管理创新试点工作。

22 日 国家预防腐败局副局长崔海容调研区“全国加强廉政风险防控规范权力运行现场会”(东城区)观摩点工作。

23 日 冯熙会见日本东京都区市町村议会代表团。

24 日 区廉政风险防范管理工作展览开幕。

26 日 区党务公开工作推进大会召开。

☆ 区商务楼宇“五站合一”规范化建设工作推进会举行。

29 日 教育部基础教育一司司长高洪到区调研区域义务教育均衡发展工作。

☆ 牛青山主持召开区政府专题会,讨论第四届“创意雍和”文化艺术活动总方案、首届中国北京国际体育舞蹈公开赛筹备工作情况、人事任免等事项。

30 日 全国加强廉政风险防控规范权力运行现场会(东城)观摩会召开。

☆ 区第二届青年体育节在地坛体育中心开幕。

31 日 牛有成、邵鹏等市、区领导到区清真寺向穆斯林群众祝贺开斋节。

9 月

1 日 市长郭金龙、教育部基础教育一司司长王定华、中国红十字会基金会书记王志,区领导杨柳荫、牛青山、冯熙、徐鸿达等分别参加区各中小学开学典礼。

☆ 京台文化节在前门台湾文化商务区开幕。

2 日 区人大代表换届选举工作部署大会在区委、区政府 1 号楼地下二层礼堂召开。

3 日 市领导刘淇、郭金龙调研区“整合首都文化资源,提升首都文化竞争力”情况。

3 日 “品牌发展与服务创新”主题论坛举行。徐熙主持论坛。

5 日 杨柳荫走访《求是》杂志社领导。

6 日 区教师节暨“师德标兵”表彰大会召开。

☆ 徐熙主持召开区属机关“三定”工作动员部署会。

☆ 区妇儿工委工作会暨“十二五”妇女儿童发展规划启动大会召开。

7 日 区伊斯兰教协会一届一次全体委员会召开。

☆ “数字东城”无障碍门户网开通运行仪式举行。

8 日 区工商业联合会第九次会员代表大会暨东城区民间商会成立大会召开。

☆ 全国教育家成长论坛暨北京市东城区“教育家成长工程”启动仪式在国子监举行。

☆ 最高法院党组成员、纪检组组长张建南率队到区法院调研廉政风险防范管理工作。

9 日 区政协在中山公园举办纪念辛亥革命 100 周年活动。

☆ “东城区网格化社会服务管理信息系统”V2.4 版媒体发布会召开。

10 日 第二届北京孔庙国子监国学文化节开幕。

14 日 杨柳荫、牛青山等调研重点工程项目建设进展情况。

16 日 牛青山调研区历史名城保护项目推进情况。

☆ 区统一战线纪念辛亥革命 100 周年座谈会召开。

☆ 世界商会联合会副主席穆斯塔法·曼苏尔率 2011 北京国际友好商会大会代表团到区前门大街和台湾商务区

考察。

17 日 第十三届北京国际旅游节在前门大街开幕。

19 日 牛青山主持召开区政府专题会,讨论国庆环境布置、花卉布置方案、保留北京游乐园三处建筑物及摩天轮有关情况等事项。

20 日 杨柳荫会见澳门特区政府驻京办主任康伟女士。

☆ 杨柳荫会见日本大阪市地下街代表团。

☆ 中国残联等四部委在区开展全国残疾人状况监测综合试点工作。

21 日 中央政法委副秘书长、综治办主任陈冀平率队到区调研社会管理创新综合试点工作。

☆ 市政府督查室(绩效办)主任续栋率队调研区政府绩效考评指标体系建设工作。

22 日 区国家级城市公共服务标准化示范区建设总结表彰大会暨授牌仪式举行。

☆ 北京国际设计周"设计之旅"暨"创意点亮北京"文化艺术周启动仪式举行。

23 日 张秉贵纪念馆开馆仪式举行。

☆ "感动东城道德模范"评选活动启动暨第五届"好邻居"表彰活动举行。

☆ 市民委主任池维生到和平里街道检查指导民族工作。

24~25 日 首届中国北京国际舞蹈公开赛在区举行。

26 日 牛青山主持召开区政府专题会,讨论加强安全生产工作实施意见和定安里、金天坛、和平里南街地块入市交易及人事任免等事项。

27 日 王安顺到区检查国庆期间安全保障工作。

☆ 区领导杨柳荫、牛青山等检查区国庆环境布置工作。

☆ 区维稳工作领导小组(扩大)会召开。

☆ 区社会矛盾多元调解工作协调委员会第一次全体(扩大)会议召开。

29 日 刘淇、郭金龙到区检查国庆期间公共安全工作。

30 日 区"孝星"命名大会举行。

☆ 区领导杨柳荫、牛青山、冯熙、徐鸿达等慰问节日期间坚守一线的干部职工。

10 月

8 日 区统一战线纪念辛亥革命 100 周年笔会暨书画展活动举办。

9 日 中央维稳办副主任夏诚华调研区创新网格化社会服务管理模式工作。

10 日 区精神文明建设工作推进会召开。

14 日 市委常委、组织部部长、市委换届选举工作领导小组组长吕锡文检查指导区换届选举工作。

☆ 区"五五"普法总结暨"六五"普法启动大会召开。

16 日 人力社保部副部长杨志明调研区家政服务业工作。

17 日 王安顺到区视察十七届六中全会安全维稳工作。

17~18 日 杨柳荫主持召开区级领导班子工作务虚会。

18 日 区组织史资料编纂工作总结会召开。

18~19 日 区领导冯熙、常卫等到各选举分会检查指导换届选举工作。

19 日 区社区社会组织孵化培育工程启动仪式举行。

☆ 市名城委专家到区视察玉河风貌保护工程。

20 日 牛青山、徐熙等出席第 15 届北京·香港经济合作洽谈会。

21 日 刘淇、郭金龙调研区历史文化名城保护工作。

24 日 牛青山主持召开区政府专题会,讨论全面推进东城区旅游示范区建设、参加第六届中国北京国际文化创意产业博览会工作方案、地铁八号线盾构施工周转工作方案等事项。

☆ 区网格化社会服务管理标准化建设工作会召开。

26 日 东城区与北控集团签约历史文化名城保护与文化发展战略合作框架协议。

☆ 刘淇调研东城区演艺区规划建设工作。

27 日 民政部基层政权与社区建设司副司长王金华到安定门街道调研社区建设工作。

28 日 北京天坛演艺区启动暨幸福大剧院奠基仪式举行。

30 日 江苏省南通市崇川区区委书记、人大主任吴旭率党政考察团到区考察文化创意产业发展情况和历史文化街区开发利用工作。

11 月

1 日 开展人口抽样调查首日登记日宣传活动。

2 日 区践行"北京精神"动员大会召开。

☆ 牛青山调研弘善家园建设工程。

4 日 市残联理事长吴文彦检查指导区残疾人职业康复工作。

8 日 投票选举日。全区 17 个选举分会的选民参加投票,选举新一届人大代表 339 名。

☆ 孟建柱、王安顺到区消防二支队龙潭湖中队调研首都消防现代化建设工作。

☆ 刘敬民检查区供暖运行情况。

9 日 区党史工作会在区委、区政府 1 号楼地下二层礼堂召开。

10 日 王安顺调研区网格化社会服务管理创新工作。

☆ 杨柳荫察看第六届中国北京国际文化创意产业博览会东城区展厅。

11 日 "东城区文化创意产业发展专项资金"政策兑现会在歌华大厦举行。

☆ 区实有人口服务管理全覆盖体系建设试点工作部署会议召开。

12 日 第六届中国北京国际文化创意产业博览会之第五届文化创意产业集聚区发展论坛在东城举办。

14 日 市信访办主任薄钢率市联席会议督导组检查区信访工作。

17日　市建委副主任、市住保办主任李荣庆到区调研首都功能核心区人口疏解工作。

☆　全国人大常委会委员、财经委主任委员石秀诗带队调研区旅游业发展情况。

☆　宋甘澍主持召开区、街财政体制改革专题座谈会。

18日　第四届中华民族艺术珍品文化节在中华民族艺术珍品馆开幕。

21日　牛青山主持召开区政府专题会，讨论区公共自行车服务系统试点建设运营工作方案、第二十七届地坛和第二十九届龙潭春节文化庙会筹备方案、停车场管理公司组建情况、人事任免等事项。

22日　牛青山到景山学校调研。

23日　市城管执法局局长李润华到区城管大队调研。

24日　区纪律检查委员会全体会议召开。

☆　刘敬民调研区重点大街环境整治工作。

29日　区社区志愿服务工作总结暨“晒时数——社区志愿服务有我”展示大会召开。

☆　牛青山到中国医药卫生事业发展基金会调研。

30日　区“博爱在京城”募捐工作表彰会召开。

12　月

1日　市纪委领导王海平调研区党风廉政建设和反腐败工作。

☆　周永康、刘淇、马凯等领导和全国加强与创新社会管理工作座谈会代表120余人考察区社会管理创新工作。

☆　牛青山主持召开老旧小区综合改造专题会。

2日　奥林匹克社区文化论坛暨奥林匹克社区大讲堂启动仪式举行。

☆　市住房和城乡建设委员会副主任孙乾率市“无拖欠工资”工作督查组到区督查工作落实情况。

5日　牛青山主持召开区政府专题会，讨论环境整治情况、区政府折子工程和为民拟办重要实事进展情况、小剧场改造引导专项资金使用情况、对原东城房地中心李大新违纪问题给予行政开除处分等事项。

☆　区未成年人思想道德建设工作会召开。

7日　傅政华参加交道口街道驻社区民警年度工作述职述廉报告会。

☆　市社会建设工作领导小组检查验收区社会服务管理创新工作。

☆　市“宝贝计划工程”早教示范基地在区妇幼保健院(南址)启动仪式举行。

8日　牛青山到北京一中调研。

9日　国务院副秘书长、国家信访局局长王学军率中央信访工作督导组检查指导区信访工作。

12~16日　区第十一次党代会召开，听取和审查区委工作报告，审查区纪检委工作报告，选举第十一届区委员会和纪检委员会。

13日　民进中央调研组到区调研文化创意产业发展情况。

☆　副区长颜华参加首届北京中医药文化博览会暨北京中医药文化产业论坛。

14日　刘敬民到簋街检查区餐厨废弃油脂收集运输工作。

15日　南锣鼓巷在第五届“北京影响力”评选活动中荣获2011“影响百姓生活十大品牌”大奖。

17日　区全民健身体育节总结表彰大会暨优秀全民健身团队展示活动举行。

19~21日　区政协十三届一次会议召开。

20~23日　区人大十五届一次会议召开。

21日　徐熙主持召开教育系统基建工程专题会。

22日　东城区与集宁区区域合作远程教育项目启动仪式暨北京二中——集宁二中签约仪式举行。

24日　公安部副部长陈志敏、市公安局长傅政华等市、区有关领导平安夜到区内教堂走访慰问。

26日　区政府召开专题会研究班子自身建设问题。

☆　区戏剧文化工作年会暨小剧场改造引导专项资金发放仪式举行。

28日　区领导徐熙、周永明、汤钦飞等慰问区党代会、人代会、政协会维稳信访干部和公安干警。

☆　市安监局副局长陈清考核区安全生产工作。

☆　区青少年国际教育学院启动仪式举行。

29日　青海省政协副主席、黄南州委书记李选生率自治州党政考察团考察汇文中学。

☆　市房屋建筑抗震节能综合改造工作领导小组办公室到区调研抗震加固工作。

30日　区贯彻落实党风廉政建设责任制推进惩防体系建设主要任务牵头单位汇报会召开。

31日　“2012北京新年倒计时庆典暨北京旅游推广活动”在天坛举行。市领导刘淇、郭金龙等出席。

☆　区经济工作总结表彰会召开。

☆　刘敬民带队检查区元旦烟花爆竹禁放工作。

特 载

文 件 (节选)

深入实施“两新四化”发展战略 为圆满完成开局之年目标任务而努力奋斗

在中共东城区委员会全体会议上的报告

中共东城区委书记 杨柳荫

一、上半年工作回顾

2011年是我区总体发展战略规划和“十二五”规划开局之年,也是新区完整运行的第一年。半年来,常委会以迎接建党90周年和新区成立一周年为契机,团结带领广大党员干部群众,锐意改革创新,奋力攻坚克难,着力推进“十大保护项目”、“十大重点工程”、文明城区复查等重点工作,区域文化特色和发展优势进一步强化,经济运行实现“开门红”,网格化社会服务管理创新取得初步成效,城市环境品质显著提升,发展成果更多惠及人民群众,充分展现了新东城的新形象、新作风、新水平和新活力。

(一)扎实做好“规划体系建设年”各项工作

常委会切实抓好“总规”的实施和宣传工作,制定了“规划体系建设年”工作方案,颁布实施了东城区《空间发展战略规划(2011—2030年)》《人才发展战略规划(2011—2030年)》《“十二五”规划纲要》,率先在全市编制并实施“人文东城、数字东城、绿色东城”五年行动计划,启动了“一轴两带五区”等专项规划的前期研究并取得阶段性进展,初步形成了以“总规”为龙头、各项规划相互衔接的规划体系。组织广大党员干部群众深入开展“学总规、看成就、谋发展”活动,通过编写导读、创作文艺作品、组建宣讲团等生动活泼的形式,切实提高各项规划的知晓率,为实现“总规”和“十二五”规划的良好开局奠定了坚实基础。

(二)“首都文化中心区”建设统筹推进

常委会把打造文化新引擎、提升文化软实力作为实施“两新四化”发展战略的首要任务,全面推进“首都文化中心区”建设。一是切实加大历史文化名城整体保护力度。配合北京市全力做好中轴线申遗相关工作,分类引导18.5片文保区差异化发展并启动控制性详规编制工作。“十大保护项目”有序推进,钟鼓楼广场环境整治完成了启动前的各项准备工作,南锣鼓巷市政改造基本完成,天坛周边、玉河恢复整治等项目进展顺利。美国使馆旧址、惠王府等文物修缮工程积极推进。成功举办首届非遗保护成果大展、京城百工坊新春非遗庙会、故宫历代文物珍品展等活动,非物质文化遗产保护传承工作继续走在全市前列。二是文化创意产业发展态势良好。出台促进文化创意产业发展的办法,加快建设“胡同创意工厂”,产业集聚逐步形成,北京国家音乐产业基地项目获新闻出版总署正式批准,艺术品交易、戏剧演艺等行业在全市居于领先位置。率先启动了文化金融创新,设立了国内第一支项目权益类基金“中关村新媒体版权基金”。三是公共文化事业繁荣发展。加速推进区文化活动中心建设工程,健全区、街道、社区三级文化服务网络,启动了“群众文化展演季”活动,继续打造“一刻钟文化圈”,公共文化服务体系不断完善。深入推进“戏剧东城”建设,组织开展了“全国首届小剧场优秀戏剧展演季”、“南锣鼓巷戏剧节”等活动。积极培育“功夫传奇”、“幻境极光”等优秀文化品牌,搭建了国内外文化交流的重要平台。四是全力以赴做好“全国文明城区”复查迎检工作。突出创建惠民、共建共享,着力加强社会主义核心价值体系和未成年人思想道德建设,广泛动员社会各方面力量参与“讲文明树新风——做文明有礼的北京人”、“全国双拥模范城”等创建活动,圆满承办了中宣部、中央文明办主办的“爱国歌曲大家唱”、“道德的传承”两项大型活动,顺利通过了首都文明委复查,市民文明素质和城区文明程度不断提升。

(三)区域经济实现平稳较快发展

常委会加强对经济形势的分析研判,紧紧抓住加快转变经济发展方式这一主线调结构、上水平,区域经济质量显著提升。上半年,区级财政收入完成67.3亿元,同比增长15%,提前44天完成半年任务,主要经济指标实现了“时间过半、任务过半”的目标。一是着力促进产业高端化发展。按照“二四三”高端产业发展方向,建立了统筹协调产业发展的机制,继续落实主导产业鼓励政策,商业、旅游、商务服务等重点产业保持平稳增长。加快培育三大新兴产业,启动中医药产业和体育产业发展规划编制工作,开展低碳产业楼宇、绿色社区试点工作,成功举办第二届“地坛论坛”,着力促进“绿色金融商务区”和低碳服务业在高起点上稳步发展。统筹推进王府井、东二环、雍和园、前门、龙潭湖、永外等重点功能区建设和发展。整合资源,调整国有经济布局,积极推动国企改革改制。全力抓好招大引强工作,中国教育出版传媒集团、体育赛事版权中心等一批优势企业先后落户我区。二是继续扩大消费、狠抓项目攻坚。通过举办皇城文化国际旅游节、美食文化节等特色活动,增强消费拉动力,上半年全区社会消费品零售额同比增长26.8%,增速位居各区县之首。大力推动特色商业街区建设,鲜鱼口老字号美食街正式开街,簋街环境整治和业态提升工作进展顺利,南锣鼓巷、红桥市场等5条大街(市场)荣获“市级特色商业街”称号。加快重点项目规划设计、立项审批、统筹调度等各项工作,新世界酒店三期、银河SOHO中心、东华广场商务区、王家园社区卫生服务中心等“十大重点工程”进展顺利,国盛时尚盛大开幕。三是着力优化发展环境。研究制定了关于优化经济发展环境的意见和区街财政管理体制改革方案,建立了部门和街道上下联动、合力促进区域经济发展的机制。认真做好服务企业政策的清理整合工作,努力为企业提供优质服务,推进中小企业转型升级,促进非公经济健康发展。四是扩大对外开放、促进区域合作。积极参加札幌冰雪节、亚太旅游协会成立60周年庆典等活动,利用多种渠道全方位宣传推介东城,扩大了我区国际影响力。利用外资成效显著,国际友城增至18个,对口帮扶内蒙古集宁区工作有序推进。

(四)“和谐社会首善之区”建设取得新进展

常委会深入贯彻市委十届九次全会精神,全面推进社会建设各项工作,进一步促进了社会和谐稳定。一是注重统筹解决民生问题。加快推进旧城人口疏解工作,积极争取外迁用地,创造条件推进保障房和对接安置房项目建设,西革新里等危改项目取得实质性进展,为进一步改善居民居住条件奠定了基础。就业形势稳中向好,社会救助体系进一步完善,社保惠民和养老服务“九养”政策落实到位。积极推进“国家级基础教育综合改革实验区”建设,进一步扩大优质教育资源的覆盖面,制定学前教育三年行动计划,一师附小、五中分校等重点工程和7所市立园的新建改扩建工程进展顺利。成功举办“首届京沪国家中医药发展综合改革试验区合作论坛”和“第三届地坛中医药健康文化节”,启动了39个中医药特色“健康管理社区”建设,积极开展家庭医生式服务。“奥林匹克·体育生活化社区”建设有序推进,我区作为全市唯一城区参评全国“全民健身示范城(区)”,目前创建工作已全面展开。二是网格化社会服务管理创新试点工作初见成效。在3个街道试点的基础上全面推进综合试点工作,进一步优化完善顶层设计和“三级平台、四级管理”体制,信息系统全面上线运行,初步实现上延下联、整体运转;网格“七种力量”基本实现配置到位,初步形成“一格多员、一员多能、一岗多责”的工作机制;深入推进“一刻钟社区服务圈”建设,完善社区治理模式,积极培育和发展社会组织。半年来,试点工作得到中央、市领导的高度肯定,各大主流媒体集中报道了我区的经验,中央统战部在我区召开现场会,实地观摩了网格化社会领域统战工作模式,“网格化社会服务管理体系”、“社区居民会议常务会模式”被全市推广。三是城市环境品质不断优化。以“九横八纵”主干路和胡同街巷、老旧小区等为重点,从环境卫生、绿化美化、广告牌匾、夜景照明等八方面入手,实施环境综合整治工程,精心布置春节、七一等城市景观,为建党90周年营造了整洁优美的城市环境。全面推行综合执法机制,深入推进交通疏堵综合改造、静态交通管理和胡同“单行单停”微循环建设,车辇店胡同停车试点工作进展顺利,交通秩序明显改善,年初荣获“中国最佳城市管理奖”。四是“平安东城”建设继续深化。切实履行维稳“第一责任”,主动出击,连续奋战,充分运用网格化管理模式的作用和专群结合群防群治的力量,妥善应对煽动非法聚集以及重点人、敏感期等问题,为首都社会安全稳定做出了贡献。全面推广信访代理制,广泛开展矛盾纠纷排查化解,解决了一批群众关心的突出问题。深入开展安全生产专项整治、地下空间综合整治等行动,制定了维护安全稳定工作方案,加大隐患排查力度,截至目前拆除违法建设1.7万平方米,安全生产形势总体平稳。

(五)以纪念建党90周年为契机,继续深化创先争优活动,进一步加强党的建设

组织开展了“光辉岁月、壮丽东城”专题展览和主题党日、党员演讲比赛、万人唱红歌、先进典型评选表彰等一系列丰富多彩的纪念活动,引导广大党员立足岗位创先争优,营造了“热爱共产党、建设新东城”的浓厚氛围。制定了加强和改进党委(党组)中心组学习的实施意见,深入开展“红色讲坛”、“党在百姓心中”等理论宣讲活动。完善了“规定+自选”培训模式,举办党政“一把手”、基层党组织书记等各类培训班15期,培训干部3000多人次,切实提高了党员干部学以致用的能力。不断创新干部选拔任用方式,积极开展干部交流调整工作,面向街道和基层加大竞争性选拔干部力度,首次通过新闻媒体发布干部任前公示,首次探索运用两轮推荐、差额考察、差额酝酿的方式选拔处级正职,提升了干部工作的公开度与透明度。认真做好严肃换届纪律主题学习教育活动,全区2548名相关人员签订承诺书。深入实施人才发展战略规划,人才工作得到进一步推进。制定了关于实施“凝聚工程”、深入推进基层党建工作创新的意见,坚持“支部建在网格上”的工作思路,在全区推广网格化党组织设置模式。扎实推进区域化党建工作,全区73个机关党组织与200个社区党组织全部结成共建对子。继续深化党风廉政建设责任制,深入推进廉政风险防范管理工作,开展形式多样的反腐倡廉宣传教育,加大对各项政策措施落实情况的监督检查,认真开展公务用车、“小金库”治理和清理规范庆典、研讨会、论坛活动等专项工作,严肃查办违纪违法案件,反腐倡廉建设不断加强。

半年来,常委会始终坚持总揽全局、协调各方,不断推进民主政治建设,区四套班子团结协作的政治局面进一步巩固。围绕"总规"和"十二五"规划的实施,区人大依法行使重大事项决定权、人事任免权和监督权,密切了代表与群众的联系;区政协汇聚力量、建言献策,有效履行了政治协商、民主监督、参政议政职能。制定了关于进一步完善同民主党派、无党派人士合作共事的若干制度以及加强和改进新形势下工商联工作的具体措施,协助8个民主党派和工青妇等人民团体圆满完成区级组织成立工作。深入推进依法治区工作,荣获全国"五五"普法先进区。工作中,常委会注重加强自身建设,坚持民主集中制,严格执行党风廉政建设责任制,制定并落实"三重一大"事项集体决策制度,提高了科学民主决策和领导科学发展的能力。

二、以"七一"讲话精神为指导,全力以赴完成下半年各项工作任务

下半年,我们要圆满完成"十二五"开局之年经济社会发展各项指标,同时还要做好区级四套班子的换届工作,任务十分繁重。面对复杂的国际国内形势,我们既要增强忧患意识和紧迫感,更要增强机遇意识和责任感,进一步坚定发展的信心和实干的决心。要把胡锦涛总书记"七一"重要讲话精神贯彻落实到改革发展稳定各项工作中去,紧紧抓住首都率先形成科技创新和文化创新"双轮驱动"发展格局的有利契机,充分发挥我区得天独厚的区位优势、文化优势、产业优势以及各种资源集中、综合服务领先的优势,牢牢把握科学发展的主动权,在全市发展大局中赢得主动、走在前列。要充分发挥"总规"的引领作用,抓紧编制"一轴两带五区"等专项规划,全面落实"人文东城、数字东城、绿色东城"五年行动计划,继续解放思想、坚持改革开放、推动科学发展、促进社会和谐、巩固新区成果,努力实现新起点上的新跨越。

下半年全区工作的指导思想是:深入学习贯彻科学发展观,以胡锦涛总书记"七一"重要讲话精神为指导,全面落实市委十届九次全会和全市上半年经济形势分析会精神,立足"首都文化中心区、世界城市窗口区"总体定位,深入实施"两新四化"发展战略,抢抓机遇、乘势而上,圆满完成总体发展战略规划、"十二五"规划开局之年和区级领导班子换届之年的各项目标任务,不断提高党的建设科学化水平,全面推进"国际化、现代化新东城"建设,以各项工作的优异成绩迎接区第十一次党代会的胜利召开。重点抓好以下五个方面的工作:

(一)深入推进"首都文化中心区"建设,进一步提升区域文化软实力

创新文化资源挖掘、传承、整合、利用的体制机制,积极争取"国家文化创新发展综合改革试验区"试点任务,努力在首都建设"全国文化中心"和"中国特色社会主义先进文化之都"进程中走在前列。一是继续推动历史文化名城保护与发展。二是继续打造首都高端文化市场。三是继续提升公共文化服务水平。

(二)切实加快经济发展方式转变,进一步提升区域经济综合实力

进一步提高综合经济分析的科学性、预见性和针对性,加大政策集成、资源整合力度,巩固存量、吸引增量、提高质量,不断增强经济增长内生动力。一是着力促进产业高端化、低碳化、集约化发展。二是完善扩大消费需求的长效机制。三是全力抓好地铁6号和8号线扩拆区建设、王府井国际品牌中心、东外地下商城、新市民中心等"十大重点工程"的项目协调、集中调度,及时跟踪项目进展情况,科学倒排工期,确保各项目按计划有序推进。四是健全职能部门、功能区、街道三位一体服务经济发展的长效机制,进一步优化区域发展环境。

(三)全面推进网格化社会服务管理创新工作,进一步提高社会建设水平

按照市委十届九次全会的部署,坚持"以人为本、服务为先、寓管理于服务之中"的理念,切实使群众从网格化创新工作中得到实惠,努力构建"和谐社会首善之区"。一是着力提升社会管理的精细化、科学化水平,不断提高人民群众的安全感。二是着力推动公共服务优质均衡发展,不断提高人民群众的幸福感。三是着力健全社会协同机制,不断提高人民群众的参与度。

(四)持续推进全国文明城区建设,进一步提升市民文明素质和城市文明程度

把文明城区创建有机融于各项工作之中,以最好的状态、最高的标准圆满完成中央文明委复查任务,确保实现全国文明城区"二连冠"、全国双拥模范城"六连冠",推动"软环境"和"硬环境"建设不断迈上更高的台阶。一是健全文明城区建设长效机制。二是切实提高城市管理常态化、精细化水平。

(五)确保各项换届工作顺利完成,进一步加强民主政治建设

全力配合市委考察组做好换届考察;扎实做好区党代表、人大代表的选举和政协委员的协商提名以及其他各项筹备工作,确保党代会、人代会、政协会顺利召开;严格执行换届纪律,营造风清气正的换届环境。

三、不断提高党的建设科学化水平,为圆满完成全年任务提供根本保证

各级党组织要按照胡锦涛总书记"七一"重要讲话关于提高党的建设科学化水平"五个必须坚持"的总体要求,切实加强党的执政能力建设和先进性建设,进一步突出创先争优活动"四个特色",为全面完成"十二五"规划开局之年的各项任务提供坚强的政治和组织保障。

(一)切实抓好"七一"讲话精神的学习宣传工作

(二)切实抓好干部队伍建设和人才工作

(三)切实抓好基层党建工作创新

(四)切实抓好党风廉政建设

东城区人民代表大会(临时)常务委员会工作报告

2011年1月11日在东城区人民代表大会(临时)第二次会议上

东城区人大(临时)常委会主任　冯　熙

2010年工作回顾

2010年是区"十一五"规划的完成之年,是首都功能核心区行政区划调整的特殊之年,也是科学谋划新东城区未来发展的奠基之年。一年来,常委会在区委的领导和市人大常委会的指导下,全面贯彻党的十七大和十七届四中、五中全会精神以及市、区委人大工作会议精神,深入贯彻落实科学发展观,按照建设"人文北京、科技北京、绿色北京"的发展战略,围绕全区工作大局,认真履行宪法和法律赋予的各项职权,自觉坚持和完善人民代表大会制度,坚持党的领导、人民当家作主和依法治国的有机统一,积极推进民主法制建设,为促进我区经济社会科学发展做出了积极贡献。

一、原两区人大常委会依法履行职能,各项工作有效开展

2010年上半年,原两区人大常委会按照年初确定的主要任务,坚持依法履行职能,积极进取,扎实工作,各项工作取得明显成效。

(一)围绕全区中心,有效开展监督工作

常委会坚持围绕中心、服务大局,严格执行《监督法》,扎实有效地开展法律监督和工作监督,不断深化监督内容,突出监督重点,完善监督方式,增强监督实效,努力做到寓支持于监督之中。

有效推进计划和预算监督工作。常委会致力于加强对计划和预算的监督,听取和审议了区政府关于2009年预算执行和其他财政收支的审计工作报告,审查和批准了2009年决算,听取和审议了2010年上半年计划、预算执行情况的报告。常委会为增强监督的质量和实效,增补了预算监督顾问,增强了顾问提出咨询意见的广泛性。将区财政收支预算执行情况通过区人大网站逐月向代表公开,保障了代表的知情权。首次要求区政府提供了区教委等五个使用财政资金较多的单位决算支出情况表,加强了对财政资金绩效监督。

认真开展监督司法工作。常委会坚持促进司法公正,深化和谐社会建设,听取和审议了区法院审理未成年人刑事案件工作情况的报告和区检察院加强民事检察监督工作情况的报告,并形成了审议意见书。"两院"高度重视审议意见,采取措施切实整改,有关方面的工作得到进一步的改进。常委会加强跟踪监督,安排主任会议听取了区法院落实2009年常委会关于审判监督工作审议意见书情况的报告,促使常委会监督见实效、见成果。组织市、区代表到市女子监狱、市未成年人管教所进行视察,并听取有关情况介绍,促进了相关法律的正确实施。为深化"平安东城"建设,维护社会稳定,常委会听取了区政府关于社会治安情况的汇报。

协助市人大各有关部门,完成了10余部法律法规草案的征求意见、立法调研、立法后评估工作,并积极提出建议,为市人大决策提供有益参考。

推进社会事业全面协调发展。为不断完善和提升公共文化服务能力,常委会分别听取和审议了区政府关于提高我区公共文化服务能力、推进东城区公共文化建设情况的报告和关于加快推进区、街、社区三级文化设施标准化建设工作情况的报告,从进一步健全和完善公共文化服务体制机制、加强公共文化场地建设等方面形成了审议意见书。为推进"体育生活化",听取了区政府关于贯彻实施《全民健身条例》情况的汇报。安排主任会议听取了区政府关于非物质文化遗产保护和关于积极争取市级科技专项资金、支持区经济社会发展情况的汇报。还对区政府落实食品安全审议意见书情况进行了跟踪检查。

加强对城市建设与管理的监督。为进一步推进城市建设和管理,开展了抓好重点项目建设的监督调研,提出了关于实行项目公司化、定位市场化、国企带动化等推进东城区国际化、现代化进程工作的建议。为加强环境建设和城市管理,举办了"城市环境建设专题培训会",围绕北京市建设世界城市和我区的战略目标,就城市环境建设的管理体制、运行机制、保障体系等方面,提出了建设性意见。为不断加大对住房保障工作的监督,围绕区、街两级住房保障工作流程、市调配房源的建设进度及存在的问题进行视察调研,并对限价房、经适房摇号和选房活动进行监督,积极推动住房保障工作有序开展。

(二)加大议案建议督办力度,促进重点难点问题解决

坚持和完善常委会主任、副主任牵头,代表联络室协调,有关工委会负责的议案督办机制,完善督办方式,抓好责任落实,对各项议案进行了认真督办。为力促关于加快幼儿园(所)建设与发展、解决入托难问题议案办理,实行有关工委会联合督办,促使办理工作取得明显成效。目前,计划选址、新建五所幼儿园的建设工程基本完成,能够确保新学期新生入园,预计可增加学位近500个。为促进关于加强社区工作者队伍建设,推进社区服务工作议案的办理,常委会会议听取了相关工作进展情况的汇报。在督办以国际化、现代化为标准,全面提升王府井商业区建设管理水平议案中,组织代表召

开座谈会和进行视察,代表们认真提出意见建议,承办单位积极采纳。常委会加强跟踪督办,继续对2009年关于逐步对我区老旧居民楼实施供暖设施改造的议案办理情况进行监督,促使区政府在该项议案办理的第二阶段,对28栋老旧居民楼进行了改造,1103户居民告别了煤炉取暖,群众非常满意。

常委会不断完善建议督办工作格局,强化"办前沟通、办中督办、办后验收"督办环节,提高办理质量。坚持向代表通报承办单位联系方式制度,方便代表与承办单位沟通;坚持零距离督办制度,把督办工作贯穿建议办理全过程;坚持开展跟踪督办,组织代表多次到承办单位进行督办;坚持督办与听取部门重点工作汇报相结合制度,为代表知情知政提供服务;坚持办结复查制度,对办理报告进行认真复查,并向领衔代表发函征求意见。在关于推进北京市五十五中学国际化校园环境整体改扩建项目建议办理中,注重对难点问题的协调解决,推进了改扩建工程进展,目前二期教学楼工程已启用,三期国际部改造工程正抓紧施工。认真做好关于香饵胡同道路交通设施建设管理建议的督办工作,组织代表多次实地调研视察、与政府相关部门进行沟通,推进了胡同内环境秩序和停车管理工作的有效改善。

(三)完善工作格局,提升代表工作水平

常委会认真贯彻落实中央9号文件、市委23号文件和市委第三次人大工作会议以及区委24、31号文件精神,以"巩固基础、创新方式、提高素质、提升水平"为主题,完善为代表履职服务的工作格局,不断提高代表工作水平。

常委会精心安排代表培训内容,不断增强培训工作的实效性,通过代表集中培训、代表联组活动、代表为民服务月等活动,进一步丰富和活跃了代表培训交流的形式,为提高代表履职能力创造了条件。

常委会继续坚持代表列席常委会、主任会会议制度,不断扩大代表对常委会各项活动的参与。进一步完善代表履职台账、代表小组活动、主题活动等多种服务方式,调动代表履职的积极性。搭建代表履职平台,通过组织代表向选民述职、在社区定期接待群众、旁听"两院"案件审理等活动,进一步密切了代表与群众的联系。注重发挥不同领域代表作用,率先在北京市区、县人大常委会中成立少数民族人大代表小组,开启了代表组织活动的新形式。

常委会有效发挥人大街工委作用,拓展人大各工委会与人大街工委的互动机制,促进了资源共享、优势互补。坚持人大街工委办公室主任例会制度,研究部署各项工作,为代表履职提供优质服务和坚实保障。各人大街工委不断丰富代表活动内容、增强活动实效,组织代表联组活动,开展代表履职个性化服务,促进了代表积极有效履职,得到了代表们的广泛认可。

充分发挥市代表联络处作用,为市代表履职搭建平台、提供服务。组织市代表参加集中培训、年中活动、会前集中视察,以及市代表定期联系和接待群众、市区代表互动等活动,进一步发挥了市代表的主体作用。

二、在行政区划调整大局中充分发挥人大作用,积极促融合促发展

区人大作为地方国家权力机关,面对行政区划调整大局,认真贯彻中央指示精神、国务院批复和市委决策部署、市人大常委会有关决定,坚决落实区委统一安排和各项工作要求,坚持把"促融合、促发展"作为指导思想,积极谋划、精心组织、主动工作,有效发挥了区人大在全区工作中的重要作用。

(一)围绕行政区划调整,统一思想促进融合

加强对两区人大合并工作的领导。根据市、区委决定,成立了区人大筹备组和筹备组临时党组,并及时召开会议,建立了分工负责、统一协调的领导工作机制,明确了工作思路和工作重点,迅速实现了人大机关合署办公,召开了机关干部动员会,提出具体工作要求,为人大合并工作有序高效推进提供了思想组织保障,确保了"队伍不散、工作不断、管理不松、秩序不乱、标准不降"。筹备组加强对人大街工委的领导,走访了各街工委,听取街工委工作和代表工作情况汇报,为筹备召开区人大(临时)第一次会议做好思想和组织准备。

传达落实行政区划调整精神和工作部署。先后通过区委召开的人大代表情况通报会,人大常委会组成人员联席会,各工作委员会委员见面会,各人大街工委主任、办公室主任联系会,市人大代表通报会等一系列会议,及时传达市、区委有关会议精神,通报人大筹备工作进展情况,使全体代表和人大各部门充分认识行政区划调整的重大战略意义,自觉将思想和行动统一到中央、国务院的指示精神上来,统一到市委、市政府的决策部署上来,切实把市、区委部署和各项工作要求落到实处。

通过多种形式尽快熟悉了解新区区情。组织常委会委员和代表相互参观了南北区域经济建设和社会发展成就。各工作委员会围绕全区产业发展、城市建设、文教卫生、公正司法等方面重点工作,开展了调研视察,并主动走访对口联系单位,"认人、认门",加强沟通,增进了解。各人大街工委相互走访,交流经验,研讨工作,坚持开展各具特色、富有成效的代表履职活动。通过以上各项工作和活动,使人大及其各工作机构尽快熟悉了解新区区情,促进了人大与"一府两院"工作联系,在思想、工作、文化上的深入融合,为顺利开展工作打下了良好的基础。

(二)积极筹备,依法组织召开区人大(临时)第一次会议

根据市人大常委会有关决定和区委总体工作安排,区人大筹备组把筹备、组织、召开好区人大(临时)第一次会议作为一项重要任务。在区委的统一领导下,精心组织,周密安排,充分认识本次会议的重要性与特殊性,加强向市人大常委会请示与沟通,认真细致做好各项前期准备工作。大会期间,与会代表充分发扬民主、严格依法办事,以对人民高度负责的精神行使好各项权利,审议通过了区人大(临时)议事规则,表决通过了区人大(临时)常委会组成人员人选名单,选举产生了区政府区长、副区长和法院院长、检察院检察长。会议取得了圆满成功,确保了市、区委的决策在人代会上的贯彻落实,得到了全区上下的一致认可和高度评价,这为区人大(临时)及其常委会和"一府两院"依法履行职责创造了条件。区人大(临时)第一次会议的圆满结束,标志着新区筹备工作顺利完成。

（三）行使好人事任免权，依法任命国家机关工作人员

在区人大（临时）第一次会议胜利闭幕之后，根据有关法律规定，区人大（临时）常委会抓紧筹备，先后召开了三次会议，依法做好有关人事任命工作。会议审议通过了《区人大（临时）常委会议事规则》；表决通过了常委会机关各委室负责人、各人大街工委主任和副主任，代表资格审查委员会和各工作委员会组成人员名单；决定任命了区政府30个组成部门主要负责人，区法院副院长、审判委员会委员、审判员、人民陪审员，区检察院副检察长、检察委员会委员、检察员等807人次，为常委会和"一府两院"依法、有序开展工作提供了重要支持和组织保障。

（四）围绕全区工作大局，促进新区经济社会科学发展

行政区划调整后，全区集中力量高起点、高水平地研究编制东城区总体发展战略规划和东城区"十二五"规划纲要。常委会坚持服务全区工作大局，围绕规划编制工作，汇聚民意、集中民智，为区委科学民主决策提供参考，为"一府两院"推进工作提供支持，努力把思想统一到加快发展上来，把力量凝聚到促进发展上来。一是就规划编制内容向全体代表征求意见，代表们集思广益、建言献策，提出了许多有针对性、建设性、前瞻性的意见和建议。二是通过代表联组活动、人大街工委与市区代表联动等，就进一步修改完善规划提出了建议。三是各工作委员会组织委员就规划编制中关乎东城科学发展的重大问题和事关人民群众切身利益的热点难点问题，到对口联系单位认真开展调研视察。四是组织召开工作委员会会议，对规划相关内容深入进行研究，并综合各方面意见，为常委会审议规划做好发言准备。区人大（临时）常委会第三次会议审议通过了东城区总体发展战略规划，并作出了相关决议，使总规成为引领新东城未来发展的行动纲领；同时，会议听取了区"十二五"规划纲要编制工作情况的报告，提出了意见和建议，为本次大会审查批准区"十二五"规划纲要做了充分准备。

三、认真贯彻市委人大工作会议精神，努力提高人大工作水平增强工作实效

常委会把贯彻落实市委人大工作会议精神作为全年人大工作的统领和重要任务，结合工作实际，积极发挥人大及其常委会和人大代表在我区建设发展中的作用，切实把人大工作会议精神落到实处。

思想高度重视，认真学习宣传会议精神。常委会开展了多层次多方面多角度的学习宣传，相继在区委常委会、区人大常委会会议、各工作委员会会议、人大代表培训会、人大街工委工作会、人大代表联组活动、人大机关干部会等会议和活动上，分别组织领导干部、人大代表、机关干部等人员认真学习会议精神。通过不同形式的学习宣传，进一步提高了全区各方面对坚持和完善人民代表大会制度重要意义、充分发挥人大职能作用重要性的认识，进一步增强了区人大及其常委会做好人大工作的政治责任感和历史使命感，也增强了"一府两院"接受人大监督的主动性和自觉性。

围绕坚持和完善人民代表大会制度做好宣传工作。2010年是常委会设立30周年，常委会组织代表开展了一系列的调查研究和交流活动。通过向常委会组成人员、部分市区代表、街工委主任、"一府两院"及其组成部门等多层面人员发放调研问卷、交流座谈的形式，认真听取意见，深入总结经验，积极探讨进一步改进监督方式、增强监督实效，切实发挥区人大及其常委会作为地方国家权力机关在我区改革发展中的积极作用。并以"地方人大常委会设立30周年"为主题，开展征文活动，编辑了《回顾与展望》一书，进一步宣传人大工作和市委人大工作会议精神。

在实际工作中贯彻落实市委人大工作会议精神。一是常委会在年初制定工作要点时，以市委第三次人大工作会议精神为指导，围绕"提高人民代表大会会议的质量与实效、保证人民代表大会充分行使职权，增强监督实效，提升代表工作"等方面确定工作重点，深入体现、积极落实会议精神。二是根据代表出缺情况，为保证区人民代表大会的完整性，常委会决定在2010年5月至6月期间依法进行代表补选工作，8位同志顺利当选为区代表，从中积累了经验，锻炼了队伍，为今年开展代表换届选举工作奠定了良好基础。三是通过召开多层次会议和加强不同范围的调查研究，熟悉和掌握区情政情民情，积极有序推进人大各项工作，保证了各项工作不脱节、不落空。

抓住机遇推进自身建设。常委会通过举办学习研讨班、收看专题录像等形式，抓好常委会组成人员对人大制度和有关法律法规、专业知识的学习，不断提升履职能力。坚持把调查研究作为人大的基础工作，先后就王府井商业中心区国际化现代化建设、代表议案建议工作、住房保障工作、司法监督工作、公共文化服务能力现状等课题开展调研，并形成调研报告，为区委科学决策和推进"一府两院"工作提出建议、提供参考。抓住市委召开人大工作会议有利契机，进一步健全了工作机构，落实了人员编制，为常委会高效有序开展工作奠定了组织基础。进一步加强常委会及机关工作制度建设，不断完善工作机制、程序和方式方法，有效提高常委会及机关工作质量和水平。充分利用新东城报、人大网站以及《东城人大信息》《代表通讯》《东城人大研究》等载体，深入宣传人大履职情况和代表风采。

配合区委筹备召开人大工作会议。常委会把"贯彻落实市委人大工作会议精神，发挥好人大及其常委会职能作用"作为一项重点课题，深入进行调研，进一步了解当前影响和制约人大及其常委会职能作用发挥的因素，提出改进意见建议，并在广泛征求各方面意见的基础上，配合区委为开好人大工作会议起草了有关文件。区委高度重视，听取了常委会党组有关工作情况汇报，对会议组织、文件内容进行了专题研究。2010年11月18日，区委召开了人大工作会议。会议对常委会设立30年来特别是近年来在坚持正确政治方向、完善工作方式、努力有所作为等方面的成功经验和有效做法进行总结，同时对加强和改进人大工作提出了具体的目标和要求，并于会后以区委的名义向全区转发了《中共东城区人大（临时）常委会党组关于加强和改进人大工作的若干意见》。会议取得了重要成果，充分体现了区委对人大工作的领导和支持，进一步明确了人大今后的发展方向，解决了人大工作中的实际问题，为提高常委会履职水平提供了坚实保障。

2011年工作思路

2011年是东城区总体发展战略规划和“十二五”规划纲要实施的开局之年，是区人大及其常委会工作的届末之年，也是区人大代表的换届之年。常委会要在区委领导下，认真贯彻党的十七届五中全会、中央经济工作会议精神和市委十届八次全会、区委全会精神，以及市、区委人大工作会议精神，深入贯彻落实科学发展观，围绕“首都文化中心区、世界城市窗口区”总体定位和“两新四化”发展战略，充分发挥人大及其常委会的职能作用，坚持和完善人民代表大会制度，进一步提高人大工作的质量和水平，不断满足人民群众对人大工作的新期待，为促进全区经济社会科学发展，全面推进“国际化、现代化新东城”建设做出更大贡献。在新的一年里，常委会面临的工作任务繁重而艰巨。考虑今年的工作形势和特点，主要有以下五个方面工作建议：

第一，围绕全区中心工作行使好监督权。

第二，认真行使重大事项决定权和人事任免权。

第三，依法做好人大代表换届选举工作。

第四，进一步做好代表工作。

第五，加强常委会及其机关自身建设。

东城区人民政府工作报告

2011年1月10日在东城区人民代表大会(临时)第二次会议上

东城区区长　牛青山

2010年工作回顾

——新区组建，区划调整历史任务顺利完成

迅速落实国务院批复精神和市委市政府整体部署，平稳高效推进新区组建工作。7月1日全市动员部署会后，第2天就确定了区政府筹备组成员分工及区级机关驻地选址等重要事项，实现政府各项工作迅速衔接。在随后的45天时间里，实现了机构整合到位、工作对接到位、人员安排到位、办公地址调整到位。9月15日新东城区政府正式揭牌。

新东城的成立，实现了发展战略的统筹推进，编制了《东城区总体发展战略规划(2011—2030年)》，明确了“首都文化中心区、世界城市窗口区”的总体定位、“两新四化”发展战略和“一轴两带五区”的整体空间格局，描绘出新东城未来20年的宏伟发展蓝图；新东城的成立，实现了文化资源的完美融合，中轴文脉贯通一线，天地两坛南北相望，皇家、民俗，国学、宗教等文化资源高度聚集、多元融合；新东城的成立，实现了社会管理的发展创新，南北融合，形成了城市管理“东城模式”，进一步推广信访代理制，积极探索并逐步形成了社会服务管理的新体系。

新东城成立后，全区上下立足新起点，“一手抓筹备、一手抓发展”，实现了各项工作良好开局。9至10月，先后成功举办了第一届王府井国际品牌节和第一届前门历史文化节等重大文化活动，实现了新东城的精彩亮相。11月，获得联合国“国际花园城市”称号，荣获两项全球金奖和一个单项第一名，向国际社会展示了新东城的新形象。

——平稳向好，区域经济持续发展

全区地区生产总值预计突破1200亿元，其中重点产业增加值预计增长9.4%；区财政收入突破100亿元，预计完成100.32亿元，增长10%；区域税收预计完成937亿元；城镇居民人均可支配收入预计达到3.06万元，同比增长8.2%。万元GDP能耗预计下降4.2%，圆满完成节能减排任务。

产业结构不断优化。生产性服务业所占比重持续增大。全年文化创意产业预计实现增加值125亿元，同比增长12.6%。中华民族艺术珍品馆“北京礼物”旗舰店、北京皇城艺术品交易中心开业运营。大力培育消费热点，全年预计实现社会消费品零售额610亿元，同比增长15%，消费拉动作用明显增强。区旅游接待人次、旅游收入同比增长均超过20%，位居全市第二位。全社会固定资产投资预计完成180亿元，完成市政府下达的指标任务。

功能区建设有序推进。继续实施王府井升级战略，协调推进北京饭店二期、王府国际商城等项目建设，优化升级地区业态，软硬件环境得到明显提升。前门地区建设取得重大成果，累计投入130多亿元，搬迁居民近1.7万户、企业534家。这是近600年来前门地区最大规模、最全面、最彻底的修缮整治工程，也是新中国成立以来北京市最大的历史文化保护工程。继前门大街全面开市后，鲜鱼口美食街修缮一新，台湾会馆重张，台湾文化商务区建成开街。前门大街被命名为“中国著名商业街”，是王府井大街之后，北京市第二条获此殊荣的商业街。东二环交通商务区产业调整进一步深化，以总部企业为特点，以金融、商务服务和信息服务为主要业态的产业发展格局初步成型，区域内已入驻总部型企业33家，现有金融业法人单位60家，被北京市确定为“绿色金融商务区”。中关村科技园区雍和园发展态势良好，国际版权交易中心实现交易额近5亿元，新增3个区级文化创意产业示范基地，64家文化创意企业获得区财政扶持资金3146

万元。龙潭湖体育产业园区基础设施条件进一步改善，北京市青少年活动中心主体完工，国际体育交流中心开工建设，龙潭湖体育馆正式启用。

招大引强工作成效明显。中银国际、北银消费金融公司等82家高端企业办妥工商、税务、统计登记手续，英大泰和、国都证券等32家企业新增税源入库7.2亿元。1～11月实际利用外资5.31亿美元，利用外资规模和水平进一步提高。

发展环境继续优化。进一步完善产业发展政策体系，强化金融对主导产业和新兴产业的支撑作用，启动了北京文化金融中介服务平台，推动文化产业与各类金融机构对接。设立新兴产业发展专项资金6600万元、中小企业专项资金7300万元，鼓励引导符合我区产业发展方向的中医药、体育、低碳企业落户东城。

——成果共享，人民生活进一步改善

就业形势保持平稳。完善三级就业服务网络，搭建社区失业人员动态服务管理平台，开通"社区就业信息发布直通车"，开展"就业援助月"、"春风行动"等公共就业服务系列活动，各类就业困难人员及时得到帮扶。深入推进"完善一批政策、建立一个专项资金、聚集一批企业带头人、提供一批发展资源、扶持一批优秀项目和带动一批失业人员就业"的"创业带动就业六个一工程"，发挥"创业者俱乐部"作用，开展创业体验服务、创业孵化服务、创业全程跟踪服务和创业项目进社区等活动，有力促进了就业。在全市率先制定促进就业资金监督细则，为提高资金使用效率提供制度保障。截至2010年11月底，全区城镇登记失业率为1.07%，城镇登记失业人员就业率为72.58%。开发社区就业岗位23563个，安置失业人员15749人。

社会保障不断加强。积极推进社会保障卡工程，发卡率达99%。全区128家定点医疗机构全部开通实时结算系统。基本完成区级公费医疗改革工作，促进公费医疗向基本医疗保险制度并轨。稳步推进社会保险扩面征缴工作，1～11月五项社保基金共计收缴89.55亿元，增长23.92%；支付86.28亿元，增长22.38%；各项社会保险基金收缴率均达到98%以上。社会救助实现全覆盖，全区低保金等各项社会救助资金累计支出1.05亿元。全面落实居家养老（助残）"九养"办法，全区251家养老（助残）餐桌、183家托老所全部挂牌参与居家养老服务。评选表彰市级"孝星"501名，区级"孝星"699名。全市首家区县级残疾人职业康复中心实现良性运转。

群众居住条件不断改善。"危改战役"取得新的重要进展，粉厂胡同东侧、幸福北里南区、文章胡同东口、定安里、彭庄、金鱼池二期西、祈年大街西、花市三期遗留地块、崇外6号地、宝华里等10个既有危旧房改造项目加快实施，新启动西革新里项目，"菜单式"惠民政策得到居民的普遍欢迎，全年平稳搬迁居民2771户。积极争取到朝阳区定福庄南区、豆各庄和通州区"两站一街"地块作为我区对接安置房和保障性住房建设用地，规划建设规模298万平方米，定福庄南区项目已经启动。前门、祈西等项目2694户搬迁居民如期入住弘善家园。加强政策性住房配租配售，累计向廉租家庭发放租房补贴4344.5万元，廉租房实物配租1912户居民，配售经适房1729套、限价房2785套。完成7300户平房院居民用水"一户一表"改造工程。

社区和社会建设深入推进。先后投入1.9亿元为29个社区购置服务用房，除拆迁区外全区80%的社区达标。社区建设和社区服务"双百"工程取得成效。着力推行"一刻钟社区服务圈"，建立老年饭桌等一大批满足群众需求的生活服务项目。公开招录207名社区工作者，提高社区工作者待遇。加强社工人才培养"双基地"建设。健全完善"听民意、访民情、解民难"长效机制，畅通民意表达和利益诉求渠道，解决群众反映强烈的突出问题200余件。继续加大社会组织培育扶持工作力度，培育公益性社会组织55家。在全市率先实施政府向社会组织统一、批量购买公共服务，初步形成了公共服务的社会参与机制和竞争机制。利用市民中心平台，支持社会组织开展各项公益活动222场。

——安全有序，社会保持和谐稳定

全面推进信访代理制度。信访风险评估工作不断加强，信访总量下降24.3%。我区创造的信访代理制度得到中央、市委市政府和社会各界的高度评价，经验在全市和全国推广。

继续巩固社会管理工作成效。出台了《关于社会服务管理创新工作的实施意见》，我区被确定为全国社会管理创新综合试点区。有效提升社会治安管理能力，万人发案率为20.12，保持全市最低水平。

继续巩固安全监管工作成绩。交通、消防、安全生产事故均控制在市政府下达的考核指标范围内。全年食品、药品安全抽检合格率预计分别达到97.8%和98.3%，均高于全市平均水平。

——全面协调，社会事业加快发展

教育事业不断发展。积极推广"学区化管理"、"蓝天工程"等经验，8对16所中小学结为深度联盟校，着力打造东城教育的特色与品牌。动态整合教育资源，在全市首创"小幼一体化衔接"办学模式。完成5所幼儿园建设。全区教学质量进一步提升，中考成绩位居全市前列，高考本科上线率达到90%以上。强化素质教育，学生综合能力明显提升。成立青少年科技学院和艺术学院，建立科技特色项目基地26个，获得2010年全国天文奥林匹克竞赛一等奖2个，第30届北京青少年科技创新大赛一等奖12个。深化"名师名校长工作室"建设，进一步提升优秀教育人才专业素质。全面推进"校安工程"，全年加固改造教学楼房89栋。为所有学校配备了保安，提升校园自护能力。

公共卫生事业加速发展。全面启动"国家中医药发展综合改革试验区"建设。开展中医药科普知识"六进"活动，地坛中医药养生文化园成为中医药文化传播的窗口。进一步推进国家中医药特色社区卫生服务示范区建设和健康管理社区工作。引进东阿阿胶等10家中医药企业入驻东城。推行辖区居民健康管理，社区卫生服务中心实现24小时服务。强化卫生应急机制建设，组建了应急处理小分队，卫生应急处置能力不断提高。传染病继续保持低发态势。普仁医院、建国门医院、鼓楼中医院等改扩建项目进展顺利。

文化事业繁荣发展。高水平打造品牌节、文化节、戏剧节、庙会等大型特色品牌文化活动。发挥国家话剧院、北京人艺、中央戏剧学院等专业艺术院团和首都剧场、刘老根大舞台等剧场资源聚集优势,着力推动剧场群和首都戏剧文化城建设。全年各类公益性演出500余场,观众达到500余万人次。基本完成第三次全国文物普查。清末邮局、隆安寺二期等文物修缮工程全面竣工。非物质文化遗产保护工作继续保持在全国先进行列,20个项目进入国家级、49个项目进入市级非物质文化遗产名录。孔庙和国子监博物馆、龙潭公园、明城墙遗址公园被评为4A级旅游景区。

科技与信息化事业显著发展。制定实施《数字东城行动计划(2011—2015年)》,数字城市建设逐步展开。全区高新技术企业发展迅速,国家级高新技术企业突破百家。技术交易额达到50.67亿元,同比增长151%,专利申请2647项,同比增长51%,授权1650项,同比增长68%。完成"科技促进北京(永外)时尚创意产业"等科技提升传统产业项目。承担国家级公共服务标准化示范区试点、国家数字城市地理空间框架试点、"电梯卫士"物联网试点等项目,继续建设楼宇经济监测平台,服务经济与社会发展。

其他社会事业同步发展。文明城区建设成效明显,在全国城市公共文明指数测评中取得好成绩。在北京市第13届运动会上,东城区代表团获得总成绩第二名。全区新增7个"体育生活化社区",总数达到29个。与纽约市皇后区签署《友好交流备忘录》,填补了我区在美国友好城市的空白。计划生育利益导向机制建设取得新突破。圆满完成创建全国双拥模范城试点考评和"五五"普法任务。民宗侨、红十字、档案、地方志、妇女儿童等工作也都取得较好成绩。

——建管并重,城市服务管理不断进步

重点工程进展良好。地铁8号线拆迁全面完成,地铁6、7、14号线拆迁工作进展顺利。国盛中心项目获得"国际地产大奖"世界最佳综合体大奖,成为中国首个获奖项目。玉河国际总部基地工程全面开工,钟鼓楼广场环境整治及市政道路改造、五道营整治及地下空间建设、国子监文化生态区等风貌保护项目有序推进。东南二环内滨河路建成通车,一师附小新建工程、既有建筑节能改造等社会事业项目稳步推进。

城市管理创新发展。中国"2010城市管理经验交流会"在我区召开,我区创造的"城管模式"得到社会各界的广泛关注和高度认可,并在全国推广。我区获得"中国最佳管理城市奖"和"中国和谐管理城市奖",中央和国家部委、省市领导先后100余次到我区考察调研。成立区环境建设委员会,城市环境建设共建共享工作机制进一步健全。全面推行综合执法机制,所有街道、地区挂牌成立综合执法组。大力开展"黑车"整治、校园周边环境集中整治、夏季市容环境"百日整治"和环境秩序"百日整治"等综合执法专项行动。

城市环境不断改善。崇雍大街改造提升工程竣工,全线面貌焕然一新。老旧小区、胡同和驻区中央党政机关周边环境整治改造效果明显。鼓楼桥、光明桥夜景照明工程完成。东直门外斜街、珠市口东大街等9条道路的绿化改造提升工程完工,全区共改造扩大绿地18.3万平方米。建成区级餐厨垃圾处理中心,实现餐厨垃圾统一收运和集中处理,45个居住小区生活垃圾分类工作和29个垃圾楼改造工程全部完成。东四子站、天坛子站空气质量全部完成二级和好于二级天数达到73%的目标。

静态交通管理工作取得新进展。启动"九横八纵"静态交通从严管理工作,实施香饵胡同西段道路微循环改造和板厂南里社区静态交通管理,积极推进车辇店胡同临时停车场等胡同停车试点工程。

——规范高效,政府自身建设进一步加强

坚持依法行政。自觉接受人大及其常委会法律监督和工作监督、政协民主监督和社会各界监督,积极听取各民主党派、工商联、无党派人士、人民团体的意见。深化区长领衔办理制,办理各级人大代表议案、建议和政协委员提案、政协建议案706件,办结率为100%。制定《东城区依法行政考核办法》,进一步夯实了全区依法行政工作的基础。行政复议工作水平进一步提升。扎实推进政府信息公开工作,主动公开信息4494条。

坚持改革创新。按照"大城管"理念成立城市综合管理委员会,对城市管理各部门实施统一组织协调。积极推进公共财政改革,进一步完善公共财政体系。强化国有资产监管,出台《重大事项决策咨询委员会管理暂行办法》,国有企业重大事项决策进一步规范。

积极加强执行力建设。深入开展"政府规范化建设年活动",扎实推进执法监察、政风行风建设等各项工作,切实保障了政府行政效能提高。

2011年工作安排

今年区政府工作总体要求是:认真贯彻落实党的十七届五中全会、中央经济工作会议和市委十届八次全会精神,深入贯彻落实科学发展观,以科学发展为主题,以加快转变经济发展方式为主线,立足"国际化、现代化新东城"战略目标和"首都文化中心区、世界城市窗口区"总体定位,深入实施"两新四化"发展战略,促进经济社会全面协调可持续发展,为总体发展战略规划和"十二五"规划实施奠定坚实基础,努力在建设人文北京、科技北京、绿色北京和中国特色世界城市进程中走在全市的前列。

今年政府工作的基本立足点是:全面贯彻落实区委关于"规划是生产力,是落实科学发展观的重要支撑,没有规划不决策,规划不超前不决策"的理念,以规划为龙头,将总体发展战略规划和"十二五"规划的目标任务作为各项工作的基本依据贯彻始终,认真开展规划体系建设年工作,在抓好专项规划研究和编制工作的同时,着力推进规划的落实,确保开好局、起好步、高标准、重实效。

2011年经济和社会发展的主要预期目标是:地区生产总值增长8%,财政收入增长9%,重点产业增加值占GDP比重达到64%,城镇居民人均可支配收入增长8%,城镇登记失业率控制在2.3%以内。

一、以历史文化保护与发展为第一任务,实现文化综合实力新突破

文化是经济发展的核心因素,是首都经济的重要支柱,也是实现可持续发展的生命力所在。我们要立足“首都文化中心区”定位,认真贯彻落实北京市《关于大力推动首都功能核心区文化发展的意见》,推动文化大发展大繁荣。

全力以赴推动历史文化名城保护工作。全力以赴推动文化创意产业快速发展。全力以赴推动公共文化服务水平提升。

二、以加快转变经济发展方式为主线,实现区域经济高端化发展新突破

大力推进重点功能街区和产业园区建设。大力推进产业结构调整,进一步完善产业布局。大力促进消费结构升级,进一步扩大消费需求。

三、以危旧房改造为前提,实现城市建设新突破

加大危旧房改造力度。高水平推进重点项目建设。

四、以深化城市管理“东城模式”为抓手,实现社会管理工作新突破

着力提升社会服务管理水平。着力提升城市管理水平。全面实施城市环境秩序综合整治,以整洁优美的城市面貌迎接建党90周年。

五、以保障改善民生为根本,实现社会和谐发展新突破

进一步巩固推广信访代理工作。进一步做好就业促进工作。进一步完善社会保障体系。进一步维护社会安全稳定。

六、以促进人的全面发展为目标,实现社会事业发展新突破

促进教育事业优质均衡发展。促进公共卫生服务体系完善。促进体育事业进步。促进科技和信息化水平提升。促进各项社会事业繁荣。

七、以资源整合优化为突破口,实现改革创新新突破

继续深化国企改革。大力推进投融资改革。大力推进国际交流与合作。

八、以争创一流为标准,实现政府自身建设新突破

提升依法行政能力,打造法治型政府。切实转变工作作风,打造服务型政府。坚持与时俱进,打造创新型政府。推进廉政文化建设,打造廉洁型政府。加强公务员队伍建设,打造学习型政府。

关于东城区国民经济和社会发展第十二个五年规划纲要(草案)的报告

2011年1月10日在东城区人民代表大会(临时)第二次会议上

东城区区长　牛青山

一、“十一五”时期的回顾

过去五年,东城区在市委、市政府和区委的坚强领导下,以科学发展观为指导,大力实施“二三六三”核心发展战略和“天坛文化圈”发展战略,顺利完成了2008年北京奥运会、残奥会和新中国成立60周年庆典的服务保障工作,成功应对了国际金融危机,圆满完成了“十一五”规划确定的主要目标和任务。过去五年,是东城区经济实力显著增强、社会事业全面进步、城市面貌变化最大、全区人民得到实惠最多的时期,为国际化、现代化新东城建设奠定了良好基础。

(一)经济发展跃上新台阶,综合实力大幅提升

“十一五”期间,全区经济保持平稳较快增长,预计2010年地区生产总值突破1200亿元,是“十五”末的1.89倍;人均GDP达到2.04万美元,是“十五”末的2.27倍;区财政收入预计完成100.32亿元,是“十五”末的1.83倍;社会消费品零售额达到610亿元,是“十五”末的2.12倍。节能减排任务圆满完成,单位GDP能耗降至0.2386吨标准煤,较2005年下降37.68%。成功举办了“王府井国际品牌节”、“前门历史文化节”等大型文化活动。王府井等功能区建设成效显著,前门大街、南锣鼓巷等特色街区影响力和知名度不断提升。

(二)历史文化名城保护取得重要进展,文化魅力进一步彰显

探索形成“四个百分之百”的保护经验,完成600年来前门地区最大规模、最全面、最彻底的修缮整治工程,该工程也是新中国成立以来北京市最大的历史文化保护工程。实施南锣鼓巷改造提升工程,完成蔡元培故居、于谦祠等一批文物保护单位的修缮工作。在全市范围内率先推出区级非物质文化遗产名录,启动实施非物质文化遗产管理人才和传承人培养项目,成功举办了“北京老字号非物质文化遗产展”。出台《关于保护和振兴老字号的实施意见》,在全国率先设立老字号专项基金,鼓励支持老字号企业发展,形成了王府井、前门等老字号企业重点集聚区。

(三)城市建设扎实推进,城市管理水平不断提高

基础设施改造升级取得积极进展,完成东直门交通枢纽2号路、龙潭路等道路建设以及国子监街、南锣鼓巷等近百条胡同道路改造。城市环境建设和整治工作稳步推进,建成北二环城市公园、二十四节气公园等一批绿化精品工程;完成地坛北里、长青园等一批老旧小区和长安街等重点街道及周边环境整治,“国家卫生区”成果进一步巩固。城市管理“东城模式”不断完善,先后获得“中国最佳管理城市奖”、“中国人居环境范例奖”和“数字化城市管理示范区”等荣誉,成为我国华北地区第一个被联合国授予“国际花园城市”称号的城市(区)。

(四)社会各项事业全面进步,和谐社会建设成效显著

教育优质均衡发展水平进一步提高，被评为“全国推进义务教育均衡发展工作先进区”和“全国社区教育示范区”，荣获“首届全国教育改革创新特别奖”。公共卫生和基本医疗服务工作扎实推进，建立了以“网格化管理、信息化支撑”为特色的社区卫生服务新模式，实现社区中医药服务全覆盖，成为全国首批“国家中医药发展综合改革试验区”。公共文体事业蓬勃发展，构建了“一刻钟文化圈”，基本实现三级文体组织网络体系全覆盖。科技、信息化事业发展迅速，公共安全体系不断健全。社会管理创新取得重大进展，成为“全国社会管理创新综合试点区”。创建信访代理工作机制，经验在全国推广。精神文明建设工作稳步推进，2009 年荣膺“全国文明城区”称号。档案、地方志、外事侨务、民族宗教、民防、妇女儿童、老龄、残疾人等方面工作均取得新的进展。

(五)改革发展成果社会共享，人民生活持续改善

居民收入实现快速增长，预计 2010 年城镇居民人均可支配收入达到 3.06 万元，是“十五”末的 1.68 倍。大力推进危旧房改造，居民生活环境和居住条件不断改善，人均住宅建筑面积达 22.9 平方米。全面启动创业同奔小康工程、创业者俱乐部等，就业服务体系不断完善。积极推行数字化社会救助体系，不断提高社会保障能力，形成了“7 + X”居家养老(助残)服务模式，基本养老保险、失业保险、基本医疗保险实现制度全覆盖。

(六)体制机制创新逐步深化，服务型政府建设取得新成果

政府机构改革稳步推进，顺利完成新区组建各项工作，部门职责体系进一步整合优化。实行“大城管”模式，将市政管委调整为城市综合管理委员会，提升了城市管理综合协调能力。组建行政服务中心，行政效率显著提高。成立专家库管理办公室，政府依法决策、科学决策、民主决策的能力得到进一步加强。财政管理改革不断深化，设立公共应急资金财政专户，进一步增强政府应对突发事件的保障能力。首创廉政风险防控机制，廉政勤政建设不断强化。

二、“十二五”时期的发展思路和发展目标

“十二五”时期是首都行政区划调整后新东城区迎来的第一个五年，也是启动实施《东城区总体发展战略规划(2011—2030 年)》，夯实“首都文化中心区，世界城市窗口区”发展基础的关键五年。我们要高举中国特色社会主义伟大旗帜，以邓小平理论和“三个代表”重要思想为指导，深入贯彻落实科学发展观，按照建设世界城市的战略部署，围绕“国际化、现代化新东城”发展目标，不断推动全区经济社会全面协调可持续发展，努力在推进“人文北京、科技北京、绿色北京”和建设中国特色世界城市进程中走在全市的前列。

按照构建和谐社会、推动科学发展的总体要求，“十二五”时期经济社会发展要切实把握好以下基本原则：一是要坚持文化引领，提升区域核心竞争力；二是要坚持高端发展，加快转变经济发展方式；三是要坚持民生为本，构建“和谐社会首善之区”；四是要坚持高效精细，创造一流的城市环境；五是要坚持改革创新，增强区域发展活力；六是要坚持整合资源，实现互利共赢发展。

围绕“十二五”时期发展思路和指导原则，在综合分析各方面因素的基础上，《纲要(草案)》提出了“十二五”期间的主要奋斗目标，即：文化软实力实现新提升，历史文化名城保护取得显著成效，文化资源挖掘利用能力显著增强；经济实力跃上新台阶，文化创意等重点产业支撑作用进一步凸显，经济发展质量显著提高；城市品质达到新水平，基础设施承载能力和城市管理精细化水平进一步提升；“和谐社会首善之区”建设取得新成效，公共服务优质均衡水平进一步提高，就业和社会保障体系更加完善，人民生活品质不断提高；改革开放迈出新步伐，区域国际影响力显著提升。到 2015 年，将我区建设成文化魅力彰显、经济高端集约、城市运行有序、人民富裕安康的国际化中心城区，初步形成“首都文化中心区，世界城市窗口区”的基本框架。

三、关于指标体系的说明

《纲要(草案)》选择 5 个方面的 26 项指标构成“十二五”期间的经济社会发展指标体系。其中，包括 5 项经济发展指标、6 项民生改善指标、5 项社会管理指标、4 项文化影响力指标、6 项生态文明指标。

指标体系构建过程中综合考虑了以下几个方面因素：一是参照北京市“十二五”规划指标体系、首都功能核心区评价指标体系，北京市对区县的绩效考核指标体系以及东城区总体发展战略规划指标体系。二是充分体现东城区发展的时代要求和政府的执政理念，以推进“首都文化中心区、世界城市窗口区”建设为目标，全面部署“十二五”期间各领域的阶段性任务和工作目标。三是紧密结合东城区的发展阶段和实际情况，选取特定的评价指标，如常住人口下降率、历史文化名城保护与发展财政投入增长率等，更有指向性、更为明确地发挥指标体系的评价功能。

“十二五”期间，我区主要经济社会发展指标确定为：地区生产总值年均增长 8%；人均 GDP 达到 3 万美元以上；地方财政收入年均增长 9%；文化创意产业、商业服务业等重点产业实现增加值占地区生产总值比重达到 68%；城镇居民人均可支配收入年均增长 8%；人均住宅建筑面积达到 25 平方米；城镇登记失业率控制在 3% 以下；常住人口下降率达到 10%；历史文化名城保护与发展财政投入增长率不低于财政收入增长率；万元 GDP 能耗下降率、单位 GDP 二氧化碳排放量达到市级要求；城镇生活垃圾分类达标率达到 70%。规划目标的确定，综合考虑了我区发展的现实基础、支撑条件、发展趋势等因素，既体现一定的速度与质量要求，又适当留有余地，是符合我区实际的，经过全区人民的共同努力完全能够实现。

四、“十二五”时期重点工作

(一)实施文化强区战略，强化首都文化中心区功能

紧紧围绕北京建设“中国特色社会主义先进文化之都”目标，把历史文化保护与发展作为第一任务，推动“首都文化传承、文化经济融合、文化服务提升”三位一体发展。

一是加强首都文化传承融合。二是促进文化经济大发展。三是增强公共文化服务能力。

(二)实施高端升级战略，构筑经济高效发展新格局

把经济结构战略性调整作为加快转变经济发展方式的主攻方向，走“高端化、低碳化、集约化”发展之路。

一是打造有竞争力的高端产业体系。二是加快重点产业功能区集约发展。三是着力提升区域经济创新发展活力。

（三）实施优质均衡战略，建设社会公共服务示范城区

一是全面提升教育现代化水平。二是努力增强医疗卫生服务能力。三是积极推进公共体育发展。四是加快科技发展和信息化建设。

（四）实施管理创新战略，开创社会和谐稳定新局面

一是促进人口疏解和健康发展。二是千方百计稳定与扩大就业。三是继续完善社会保障体系。四是加快构建新型社会服务管理体系。五是切实维护社会公共安全。六是加强精神文明和民主法治建设。

（五）实施品质提升战略，营造便捷舒适的城市环境

一是完善城市基础设施体系。二是提升城市管理精细化水平。三是扎实推进重点区域改造升级。四是加快地下空间开发利用。五是加强生态文明建设。

中国人民政治协商会议北京市东城区委员会(临时)常务委员会工作报告

2011年1月9日在政协北京市东城区委员会(临时)第二次会议上

东城区政协主席　徐鸿达

一年来，区政协常委会在区委的领导和市政协的指导下，在区人大和区政府的支持下，牢牢把握团结、民主两大主题，团结和依靠各界委员，紧紧围绕全区中心工作和发展大局，认真履行政治协商、民主监督、参政议政职能，以区划调整为契机，切实加强自身建设，高效有序地推进政协各项工作。

一、坚持学习，提高认识，增强践行科学发展观的思想动力

及时召开学习十七届五中全会精神座谈会，委员们结合我区正在编制的20年总体发展战略规划和“十二五”规划，结合推动我区科学发展的重大问题畅谈学习体会和收获。各专委会、界别也分别联系工作实际开展学习活动。深入贯彻落实市、区政协工作会议精神。区委及时召开政协工作会议，传达贯彻市政协工作会议精神，印发《关于加强人民政协政治协商制度建设的意见》。结合工作实际开展多项学习活动。邀请全国政协文史和学习委员会有关领导就全国“两会”精神作专题报告。先后举办“宏观经济发展”“台海形势”“城南行动计划”“关注2010年教育改革发展”“公共安全教育”等报告会，举办民族宗教界人士学习培训班和10余次专题讲座。组织常委、部分委员赴本市兄弟区县和广东、福建、贵州等地考察，学习当地政协工作经验。

二、围绕中心，积极履职，助推全区经济社会又好又快发展

针对我区经济和社会发展中的重大问题，认真组织协商议政。围绕政府工作报告和全区经济社会发展中的重大问题，集中协商，与区领导面对面共商发展大计。先后组织召开4次协商会，委员们就打造高端产业体系、完善城市基础设施建设、社会服务和管理创新、教育均衡发展、古都风貌保护等问题提出许多建设性意见，为完善“两个规划”起到积极作用。聚焦社会热点难点问题，发挥民主监督作用。161名特约监督员深入实际，采取明查暗访、民主评议、参与执法检查等形式，积极开展民主监督。发挥社会治安综合治理民主监督小组、财政预算民主监督小组作用。充分发挥提案在政协履职中的重要作用，狠抓提案的提出、办理和服务三个环节。利用网站拓宽提案征集渠道，交流提案拟选题目。通过培训、点评和提案分析等形式，提高提案工作质量。加强社情民意反映工作，定期开展信息工作培训，召开热点问题座谈会，发布信息报送要点，信息数量和质量明显提升。关注区域发展和群众切身利益问题，积极参政议政。形成《关于王府井商业中心区发展问题的调研报告》，并以常委会建议案形式报送区委、区政府参考。各专委会积极开展视察、调研活动，分别形成“提升我区商贸产业规模和水平”“加强教师队伍建设”“流动人口服务管理”“区域医疗中心定位与发展”等调研成果，为区委、区政府决策提供了有价值的参考。

三、团结各界，凝心聚力，营造团结民主、和谐有序的社会氛围

切实发挥党派、团体在政协中的重要作用。通过召开党派联席会、专题通报会等形式，就一些重要工作及时协商通报，认真听取和采纳党派、团体的意见建议。在提案工作中，加大对党派、团体提案的征集和督办力度，开展民主党派提案分析观摩活动，借鉴推广好做法。突出政协特色，发挥界别、街道活动小组作用。各界别和街道活动小组坚持注重体现界别特色、注重联系基层群众、注重与专委会工作互联互动，开展形式多样的讲座、参观、视察、交流、联谊活动。广泛开展联谊，不断增强凝聚力。举行东城区各界人士“新春团拜会”“中秋联欢会”“新春送温暖、关爱促和谐”座谈会，组织委员慰问交通干警和参加市运会的我区运动员，走访医院、学校、幼儿园。加强同少数民族、宗教界人士的联系，视

察雍和宫,听取"和谐寺观教堂"创建工作情况通报,举办民族宗教界新春联谊会和"端午节"联谊活动。密切联系港澳台侨胞,通过组织"中秋赏月话发展座谈会"和参观学习等活动。开展《皇城医事》和《文史选刊》编辑工作,出版《我们见证2008》一书,发挥文史资料"存史、资政、团结、育人"的作用。

四、统一思想,平稳过渡,顺利实现新区政协的良好开局

认真贯彻上级指示精神,迅速实现组织融合。区政协坚决贯彻国务院和市、区委关于首都功能核心区区划调整的部署和要求,提高认识,形成共识,建立统一领导、职责清晰、协调顺畅、运转高效的工作机制。及时调整机关处室,明确职责分工,顺利实现机构整合。根据政协章程和有关规定,组成政协临时会议常务委员会,调整专委会和界别设置,明确专委会主任、副主任和界别召集人,做到思想不散、工作不断、秩序不乱。加强与委员的感情沟通,有效促进思想融合。通过拜访委员单位、走访委员,召开座谈会、通报会、联谊会等形式加强与委员沟通交流,积极宣传区划调整的重大意义。区划调整以来,共开展拜访委员单位、走访委员、召开座谈会、组织联谊活动88次,参加的政协委员达512人次。围绕新区各项建设,积极推进工作融合。各专委会、界别纷纷组织委员围绕新区经济和社会各项事业发展,开展一系列视察考察、协商通报、民主监督、参政议政活动。

五、夯实基础,健全制度,推进政协工作制度化、规范化、程序化

加强专委会建设,推动专委会与界别工作有机结合。落实专委会组织建设,完善工作规则,定期召开专委会主任会议,增强专委会围绕常委会议题开展活动的成效。加强专委会与区对口部门的联系,理顺知情明政渠道。强化专委会与界别的互联互动,使界别委员在专委会活动中找到关注点和履职面。加强委员队伍建设,发挥委员的主体作用。在全体委员中开展"三个一"活动,组织开展优秀政协委员、优秀提案、优秀社情民意信息工作者评比表彰。坚持委员履职的相关制度,促进委员履职管理的制度化和规范化。坚持走访委员和接待委员日制度。按照建设"学习型、服务型、和谐型、创新型"政协机关的目标,加强机关的思想建设、组织建设和作风建设。在全体党员干部中开展"创先争优"主题教育和"党员作风年"建设活动。在制定规章制度、理顺部门职能、完善工作机制的基础上,强化服务功能,不断增强服务委员、做好政协工作的自觉性和主动性。加强与全国政协、市政协的工作联系,密切与兄弟政协的交往。加强政协网站建设,创办《新东城政协》报,编发《东城政协简报》,宣传政协工作和委员风采,扩大政协工作的影响力。

围绕中心　创新求实
努力推进党风廉政建设和反腐败斗争取得新成效

2011年2月12日在中共东城区纪律检查委员会全体会议暨全区党风廉政建设工作会议上的报告

中共东城区委常委、纪委书记　周京生

2010年工作回顾

一、监督检查工作全面加强

围绕全区经济社会发展重点加强监督检查。加强对区划调整"六个严禁"规定执行情况的监督,及时纠正了机构整合、工作对接过程中出现的执法不力、服务不周等问题;加强对行政服务工作的监督,推进服务代表制、全程代办制有效落实。对政府投资项目的立项审批、工程建设等进行专项检查;对保障性住房建设与管理、社会保障等民生工程实施效能监察;对食品、医药等关系群众切身利益的工作开展专项检查。对2008年以来立项、在建、竣工的200多个区属重点工程项目展开排查,督促整改排查出的问题;对"校安"工程建设进行检查,校舍工程安全质量明显提高。有序推进网上监察,已完成一期工程包括行政审批、政务公开、公共安全和政府折子工程四个重点项目的建设;正在筹建二期工程包括民生工作、行政执法、政府投资等六个模块的网上监察系统。积极推进政府绩效管理工作,探索绩效评估工作模式,初步形成绩效考核指标体系。

二、惩防体系建设稳步推进

积极推进廉政风险防范管理"向上""向下"延伸,区级领导班子和领导干部分别对照民主集中制、"一岗双责"和《廉政准则》要求,查找风险点,公示防控措施;基层科、队、站、所的风险防控工作进展顺利。工程建设、社保基金、公款消费、保障性住房和低保审核五个重点领域廉政风险防范项目化管理工作取得初步成效。纵向区、处、科三级,横向重点领域的廉政风险防控工作基本实现了全覆盖。制发《关于加强反腐倡廉制度建设的意见》,有效推动防控制度建设。进一步完善社区党风廉政建设责任制,全面推进社区党务公开和居务公开;进一步完善党风廉政建设责任制检查考核机制,由区领导带队,对19个单位党风廉政建设责任制落实情况进行了重点检查,并将检查结果纳入对该单位领导班子和领导干部年终考核的重要内容，有效促进了惩防体系建设年度任务完成。

三、侵害群众利益的不正之风得到有效纠正

强化"政风行风热线"办理，坚持督办、考核、分析和定期通报制度。年内共受理"热线"来信401件，受理行政投诉47件。组织人大代表、政协委员、社区居民、服务对象等，对全区17个街道以及教育、卫生、公安、工商、国税、地税等157个基层重点服务窗口，以明察暗访、调查问卷、网上测评等方式进行评议，促进了被评议单位工作作风的好转。对教育领域的收费情况、财务管理以及中小学招生考试工作开展监督检查，有效规范了教育收费等行为；实行药品网上集中采购，严防商业贿赂等腐败行为发生；对社保基金、住房公积金、扶贫资金和救灾资金实施专项监管，确保资金运行平稳、使用正当；对社保卡发放工作实施现场监督，确保群众利益不受损失。

四、查办案件力度进一步加大

全年，共受理信访举报278件次，新立案6件，其中大要案4件，结案14件，给予党纪政纪处分13人，严厉查办了一批有影响的案件。健全办案工作制度，努力做到查办案件各个环节有章可循、规范高效；加强与巡视、审计等工作的协调配合，与司法机关、行政执法机关的联系与沟通，增强办案合力；加强对基层办案工作的指导，协调解决基层办案工作中遇到的疑难问题，对基层重大、复杂的案件进行直查。加强案件审理和申诉复查，积案清理工作如期完成。加强案件剖析，深入查找案发单位在管理制度、内控机制等方面的薄弱环节与漏洞，积极帮助发案单位改进工作，有效发挥查办案件的治本功能。

五、党员干部廉洁从政意识不断增强

以报刊、网络为载体，积极宣传我区新时期反腐倡廉建设形势，《中国纪检监察报》和廉政北京频道，分别对我区基层民主建设、区划调整中监督保障工作以及行政投诉制度改革等情况进行了深入报道；以举办知识竞赛、制作《党员领导干部廉洁从政教育手册》和漫画图解台历等形式，重点宣传了《廉政准则》等党纪法规；以先进典型引导、警示教育、廉政谈话和民主生活会等方式，在全区各级党组织中深入开展"扬清风正气、树公仆形象"主题教育，广大党员干部尤其是领导干部的廉洁从政意识进一步增强。积极开展群众性廉政书画展和文娱演出活动，努力营造崇尚廉洁的社会氛围。开展厉行节约活动，压缩因公出国（境）、公务接待、会议、车辆购置及运行等一般性支出费用2000余万元；积极开展治理党政机关"小金库"问题回头看活动，重点整治国有及国有控股企业、社团组织的"小金库"和假发票问题，取得了明显成效。对66名新任处级干部进行廉政谈话和警示教育；全区处级以上干部全部进行了述职述廉，并报告了个人有关事项。对城管大队、市政市容委、北新桥街道进行了巡视，促进领导干部廉洁从政。

六、纪检监察干部队伍建设步伐加快

认真落实中央纪委、市纪委关于加强基层纪检监察组织建设的要求，制发了《关于加强区属党政群机关和事业单位纪检监察组织建设的实施意见》，在全区63个党委、工委、党组设立了纪委、纪工委和纪检组，占总数的87.5%；结合区划调整实际，健全了区纪委监察局机关内设机构，优化了领导班子配备，完善领导班子工作机制、议事规则和决策程序，民主决策能力显著增强。以开展创先争优活动为契机，大力开展党课教育、专题讲座和业务培训等活动，学习党的重要理论、纪检监察业务知识，学习王瑛、沈浩等优秀干部的公仆情怀，培训新时期反腐倡廉建设必备的执纪执法技能，干部队伍素质和业务能力不断提高。

2011年主要任务

一、以保障全区"两新四化"发展战略顺利实施为出发点，加强监督检查，严明党纪政纪

一是围绕"首都文化中心区"建设，会同有关部门，加强对历史文化名城保护、公共文化服务体系构建、文化创意产业发展以及文明城区建设等政策措施落实情况的监督检查。二是围绕转变经济发展方式，加强对高端产业促进、扩大消费需求及其行政配套服务等一系列政策措施执行情况的监督检查。三是对政府投资与合作的重点工程项目的立项、审批和执行情况实施监督，继续对"校安"工程开展检查。四是围绕改善民生，重点推进保障性住房、社会保障、医疗卫生和教育收费等领域政务信息公开。对涉及群众切身利益的重大事项，逐步引入现场听证制度。五是围绕提高政府效能，认真执行新修改的行政监察法，充分发挥行政监察各项职能作用。继续推进网上监察，建立完善政府绩效管理工作模式和指标评估体系，在试点的基础上逐步向全区推开，大力推进行政效能建设。

严明党的纪律特别是政治纪律，坚决维护党的集中统一。

严肃组织人事纪律，坚决整治换届选举和干部调整工作中的不正之风。

二、以制度建设为重点，扎实推进惩治和预防腐败体系建设

认真贯彻落实《关于加强反腐倡廉制度建设的意见》，将反腐倡廉制度建设作为推进惩治和预防腐败体系建设的重要内容，重点做好现有制度系统梳理和完善，结合廉政风险防范管理工作针对腐败现象易发多发的重要领域、权力运行的关键环节和重要工作岗位，建成相互配套、全面系统的防控制度体系。将制度建设及执行情况纳入党风廉政建设责任内容，加强检查考核。

进一步规范、精简行政审批事项，优化工作流程，下放审批权限，强化过程监管。

认真贯彻落实中央新修订的《关于实行党风廉政建设责任制的规定》。各级领导班子和领导干部要切实增强"一岗双责"意识，担负起党风廉政建设第一责任人的责任。

三、以防控机制建设为核心，深入推进廉政风险防范管理

一是积极构建廉政风险防范管理"理论研究、指导推进和考核评估"三个体系。建立廉政风险防范管理工作展览，成为对外交流的窗口和平台。二是继续推进廉政风险防控向区级领导班子和领导干部及基层拥有公共权力的部门和岗位延伸,重点抓好有业务处置权的一线工作人员和社区、学校、医院、国有企业的风险防范工作。三是实施廉政风险防控项目化管理。建立区级廉政风险防控项目库,将区级领导干部防控重点项目纳入惩防体系建设任务分工,重点抓好"三重一大"决策和工程建设、社保基金、保障性住房等重点领域的风险防控。

四、以查办案件为抓手,继续保持惩治腐败的高压态势

一是坚决查处违纪违法案件。二是加强违纪违法案件线索排查和沟通移送。三是强化案件审理和案件管理,严格依纪依法、安全文明办案。加大对基层办案工作的指导和支持力度。

五、以群众反映强烈的突出问题为突破口,集中力量进行专项治理

一是对在建重大工程实施全程监督,严格执行"公开"、"公示"制度。继续推进工程建设领域突出问题集中整治。加强对中小工程建设的规范化管理。二是巩固"小金库"治理成果,建立防治"小金库"长效工作机制。三是继续推进保障性住房、社会保障、医疗卫生和教育收费等领域专项治理,建立政务公开监督考核和社会评价机制。加大力度治理群众反映强烈的拆迁补偿、食品药品安全、环境卫生、安全生产等方面的突出问题。四是深入开展庆典、研讨会、论坛过多过滥问题的专项治理,严格审批程序,加强监管。五是严格落实中央和北京市关于党政机关公务用车配备使用管理办法,重点纠正超编制、超标准配备公务用车和违规换车、借车、摊派款项购车、豪华装饰及公车私用等问题。

六、以党性党风党纪为主要内容,不断加强党员干部的教育和监督

一是加强宣传教育。二是在继续学习宣传《廉政准则》基础上,重点解决以下问题:(1)认真落实《关于领导干部报告个人有关事项的规定》和《关于对配偶子女均已移居国(境)外的国家工作人员加强管理的暂行规定》两项制度。(2)坚决整治领导干部违规收受礼金问题。对违反规定构成违纪的,严肃追究党纪政纪责任;涉嫌犯罪的,移送司法机关处理。(3)完善因公出国(境)管理制度,严格控制人数和经费。三是坚持领导干部诫勉谈话、函询、罢免或撤换等党内监督制度。

七、以密切党同人民群众血肉联系为根本,大力加强作风建设

一是认真落实中央关于加强和改进群众工作的各项要求。二是认真落实中央《关于建立促进科学发展的党政领导班子和领导干部考核评价机制的意见》。三是畅通群众反映问题、表达合理诉求的渠道,不断完善"网络热线"、行政投诉等服务群众工作机制,加强对网络信息的收集、研判和处置,注意核查网络舆情反映的案件线索,抓紧解决群众反映的热点难点问题。

八、以深入开展创先争优活动为契机,切实加强纪检监察干部队伍建设

一是认真贯彻落实《关于加强区属党政群机关和事业单位纪检监察组织建设的实施意见》,统筹推进全区纪检监察组织设置和人员落实,积极推进派驻纪检监察组织的统一管理。二是以创先争优活动为契机,积极开展"学习型、服务型、廉洁型"纪检监察组织建设,切实把握全区经济社会发展形势对纪检监察工作提出的新要求,用科学的观点和方法谋划和推进纪检监察各项工作。建立健全干部队伍关爱机制,切实增强凝聚力和战斗力。三是严格纪检监察工作纪律,坚持原则,秉公执纪,模范遵守党纪国法和廉洁自律各项规定,自觉履行"做党的忠诚卫士,当群众的贴心人"的神圣职责。

东城区2010年国民经济和社会发展计划执行情况与2011年计划(草案)的报告

2011年1月10日在东城区人民代表大会(临时)第二次会议上

东城区发展和改革委员会主任　许　汇

一、2010年国民经济和社会发展计划执行情况

2010年是东城区发展历程中极不平凡的一年。经国务院批复,市委市政府正式调整首都功能核心区行政区划,原东城区、崇文区合并成立新的东城区。在区委的坚强领导下,全区上下同心协力,圆满高效实现了经济、文化、社会全方位的统筹融合,明确了"两新四化"发展战略和"一轴两带五区"的整体空间格局,实现了中轴文脉南北贯通、文化资源高度聚集、皇家、民俗文化相互辉映,全区经济社会发展步入了一个新的历史阶段。一年来,区域经济平稳发展,民生状况持续改善,城市建设和管理进一步加强,实现了新东城各项工作的良好开端。

(一)经济总量进一步增大,区域经济保持平稳增长

通过一系列保增长措施的有效实施,区域经济规模进一步扩大,全区地区生产总值预计突破1200亿元,其中重点产业增加值预计增长9.4%。强化部门协同联动长效机制,坚持财税组收,发挥楼宇信息系统监测作用,区财政收入预计

完成100.32亿元，增长10%；区域税收预计完成937亿元。多形式开展商业促销活动，推介区域文化旅游资源，举办崇外商圈购物节、皇城文化国际旅游节等主题活动，拉动消费快速增长，全区社会消费品零售额预计实现610亿元，同比增长15%；旅游收入和旅游接待人次预计增长20%，继续在全市保持第二位水平。加大投资项目立项审批、协调调度、跟踪服务和监督检查力度，地铁8号线完成拆迁，地铁6、7、14号线拆迁及定安里、西革新里等重点项目顺利推进，中华民族艺术珍品馆"北京礼物"旗舰店、北京皇城艺术品交易中心正式营业，北京文化创意大厦等项目建设稳步推进，全区预计完成固定资产投资180亿元。强化保障机制，提高待遇标准，多措并举实现居民收入稳步增长，城镇居民人均可支配收入预计达到30600元，同比增长8.2%。积极利用外资，1～11月实际利用外资5.31亿美元，利用外资规模和水平得到进一步提高。

（二）经济发展方式积极转变，功能区发展步伐加快

产业结构不断优化。以区域合并为契机，在"二四三"产业发展战略指引下，着力整合优势资源，调整优化产业结构。一是大力发展重点产业。整合区域产业优惠政策，对重点产业联系单位强化服务，文化创意、商务服务、金融等重点产业增加值已占全区地区生产总值比重的63%。二是积极培育新兴产业。着力推动中医药、体育、低碳产业发展，制定并落实国家中医药发展综合改革试验区建设方案、绿色东城行动计划和龙潭湖体育产业园区建设方案，出台新兴产业扶持政策，设立新兴产业发展专项资金6600万元。借助全国节能服务企业峰会、地坛论坛、中日低碳城市论坛、第二届地坛中医药文化节等平台，为新兴产业发展造势，西尼亚（北京）环境科技有限公司等一批符合我区产业发展方向的企业陆续进驻，产业聚集度和影响力不断增强。

功能区建设实现特色发展。一是王府井现代化商业中心区实施升级发展战略。二商综合楼、王府国际商城工程竣工筹备开业，北京饭店二期结构封顶进入装修阶段，皇都艺术中心等项目筹备开工，百货大楼南馆重装开业，融入更多购物中心元素，王府井高端商业发展空间进一步扩宽。成功举办"第一届北京王府井国际品牌节"等系列活动，引进GAP、ZARA等国际知名品牌，国际品牌形象和影响力进一步提升。

二是前门历史文化展示区建设成就显著。累计投入130多亿元，实施了前门地区自明清以来最大规模的修缮整治工程。继前门大街全面开市后，鲜鱼口美食街基本完成修缮，修缮一新的台湾会馆在隆重开馆后，台湾文化商务区正式开街。前门大街率先将文化创意与电子商务结合，推出前门大街消费门户网站及3D虚拟购物街。成功举办了前门历史文化节、第十二届北京国际旅游节开幕式及盛装行进表演等大型活动，前门大街继王府井大街之后获得"中国著名商业街"称号，影响力不断扩大。

三是东二环交通商务区产业层级不断提升。完善服务跟踪工作机制，区域内新注册、登记企业预计达400户，其中10家注册资金5000万以上大型企业相继落户。商务区总部型企业已达33个，预计实现收入8亿元。北京市绿色金融商务区获批设立，金融企业已达60家，新兴产业金融功能区地位逐步确立。成功举办第三届东二环交通商务区高峰论坛，进一步宣传和展示区域聚集企业总部、高端人才的发展成果。国盛中心项目荣获"国际地产大奖"世界最佳综合体大奖，区域吸引力、竞争力不断增强。

四是中关村科技园雍和园优势凸显。成功引进网尚院线、天脉聚源等重点企业，新增3个区级文化创意产业示范基地，园区国家高新技术企业达到32家，纳入中关村高新技术产业统计体系企业113家。国际版权交易中心运转良好，吸引动漫、影视、图书、音乐等版权交易项目近千个，版权交易额近5亿元。举办创意雍和艺术节等品牌活动，营造创新创意环境。

五是龙潭湖体育产业园区项目建设积极推进。编制了2010—2012年园区重点项目实施方案，国际体育交流中心已完成一期基础层工程和二期前期工作，北京青少年活动中心基本完成工程建设任务，东南二环内滨河路、体育馆西路南段等园区规划道路改造基本完成，幸福南里危改项目已完成土地预审，龙潭湖雨水方沟改造工程前期工作顺利推进。

六是永外现代商贸区发展基础进一步夯实。结合《促进城市南部地区加快发展行动计划》，梳理规划区域内相关项目，有效整合利用区域内资源，完成区域内6条主要待建道路的前期手续等相关基础性工作。明确商贸区发展定位及思路，开展"十二五"期间永外现代商贸区开发建设及发展战略研究，科学编制相关规划。

特色街区建设水平不断提升。推进崇雍大街、南锣鼓巷商业业态调整，举办南新仓国际美食节、南锣鼓巷胡同节、红桥珍珠文化节等各式特色街区活动，簋街、南新仓、南锣鼓巷等特色街区商业品位、品牌影响力和知名度得到提升。五道营创意文化和休闲产业发展定位进一步明确，举办元宵节灯会、创意文化节等活动，特色胡同发展已初具规模。

低碳城区建设稳步推进。出台了《东城区关于鼓励企业上市的若干意见》，制定了《绿色商务区建设高峰论坛方案》，拨付各类节能资金2.19亿元，我区41万平方米既有建筑节能改造全面完成、重点地区办公楼节能改造等工作的顺利推进。推进绿色建筑示范项目，实施新市民活动中心等六大绿色建筑示范工程，北京二中校园节能改造项目现已竣工并交付使用，南馆低碳生活示范园竣工开园。完成便宜坊集团等4家单位能源审计及区建委等3家公共机构节能改造工作。与瑞士联邦外交部发展合作署签订《气候变化合作与对话谅解备忘录》，成为中瑞低碳城市项目北京唯一试点城区。开展公共机构能源资源消耗统计工作，对重点用能单位节能工作实施年度考核，严格监管重点难点节能领域，全区万元GDP能耗预计下降4.2%。组织节能宣传进校园、进机关、进社区，结合为民办实事活动，赠送残疾特困家庭节能插座，取得了良好效果。制定了《绿色东城行动计划（2011—2015年）》，倡导绿色生活理念和方式。

（三）经济活力逐步增强，各项经济改革稳步推进

规划编制取得丰硕成果。一是《东城区总体发展战略规划（2011—2030年）》编制工作基本完成。率先在全市编制了未来20年总体发展战略规划，明确了发展定位、发展目标、

发展战略,从历史文化名城保护、经济可持续发展、人民生活改善等方面进行了重点规划,描绘了东城区未来二十年的宏伟发展蓝图。二是“十二五”规划编制工作有序开展。“十二五”规划是在北京市行政区划调整新形势下的第一个五年规划,规划对“十二五”时期东城区经济社会发展的目标、方向、重点任务作了总体部署,提出了“以科学发展为主题,以加快转变经济发展方式为主线,以保障和改善民生、加强社会服务管理创新为重点、以改革开放为动力,进一步提升区域文化软实力和综合实力,促进经济长期平稳较快发展和社会和谐稳定,为实现‘国际化、现代化新东城’战略目标和‘首都文化中心区、世界城市窗口区’总体定位打下具有决定性意义的发展基础”的发展思路,目前规划纲要已基本完成,各专项规划按工作方案有序推进。

国企改革稳步推进。进一步健全国资监管体制,理顺监管层级,积极推动国资系统资产经营公司企业内部业务整合、机制创新与文化融合,逐步规范资产经营公司运作主体;完善监管机制,组建重大事项决策咨询委员会,提升决策程序合理性和科学性,切实维护国有资产权益;组建区国有资本经营管理中心,增强国有资本投融资能力,为全区重点工程建设和国有企业改革发展提供资金保障。

中小企业得到进一步发展。加大对中小企业的扶持力度,推进中小企业服务体系建设,出台新的鼓励措施引导企业转型升级,依托中小企业政企银融资服务平台为105家中小企业进行融资;累计办理中小企业小额担保贷款39项,筹措拨付中小企业发展等专项资金916万元,引导银行贷款5亿元,促进区域内中小企业发展。

(四)城市管理“东城模式”继续深化,城市生态环境逐步改善

城市管理体制继续完善。网格化社会管理模式不断深化,中国“2010城市管理经验交流会”在我区召开,荣获“中国最佳管理城市奖”和“中国和谐管理城市奖”。稳步推进我区国家级城市公共服务标准化示范区建设,研究探索城市公共服务的标准化管理。不断深化综合执法机制,在街道、地区成立综合执法组。全力建设城管监督、公共安全、应急指挥“三中心一体化”城市运行管理体系。依托网格化城管新模式提高城市管理水平,城市管理问题处理率达到97.4%。流动人口管理继续加强,出租房屋登记率、出租房屋合格率、来京务工人员登记率保持在95%以上。

历史文化名城保护取得重要进展。有序推进风貌保护项目,玉河国际总部基地全面开工建设,钟鼓楼广场环境整治及市政道路改造项目已完成立项审批,五道营整治及地下空间建设、国子监文化生态区项目有序推进,南锣鼓巷西区、鲜鱼口等历史街区风貌保护有序开展。着力推动人口疏解工作,朝阳、通州共三处对接安置房项目加快推进。加大文物修缮力度,清末邮局修缮工程、通教寺主体工程、隆安寺二期修缮工程等已完工;钟楼防渗加固抢险修缮工程动工;欧美同学会、大佛寺东街6号院、清末自来水厂旧址、北京站和北京西站地下直径线迁建保护等工程有序推进。第三次文物普查工作取得阶段性成果。

城市生态建设稳步推进。城市综合形象不断提升,我区荣获联合国环境署“国际花园城市”全球总决赛D类金奖、环境可持续类南锣鼓巷项目金奖和艺术、文化、遗产管理单项第一名,总计三大奖项,展示了新东城的崭新形象。基础设施改造升级取得积极进展,先期试点启动车辇店胡同临时停车场建设,实施了41条道路中修工程、8项下水中修工程、9项污水改造工程。城市环境整治取得积极成效,崇雍大街改造提升工程全面竣工,草厂十条路面硬化等5项老旧小区和胡同整治任务园满完成。城市绿化美化工作扎实推进,全年共完成扩大改造绿地18.3万平方米、屋顶绿化6500平方米,完成东外斜街、珠市口东大街等9条道路绿化改造和东南二环城市休闲公园建设。环保工作取得实效,建成区餐厨垃圾处理中心,生活垃圾无害化处理率、公共厕所达标率(危改拆迁区除外)、城市道路可机扫率保持100%,空气质量二级和好于二级天气达到计划要求,降尘量控制在8.4吨/平方公里·月以内,区域环境噪声平均值保持在55分贝以下。

(五)社会事业全面发展,民生持续改善

科技和信息化应用不断扩展。制定《数字东城行动计划(2011—2015年)》,数字城市建设逐步展开。完成公共安全新体系信息化系统的建设;创新性开展网格化社会管理体系建设,创新设计社会管理网格的编码标准。实施基础网络、协同办公、图像信息、视频会议、政务网站整合,全力保障行政区划调整平稳进行。积极承担“电梯卫士”物联网试点、国家级公共服务标准化示范区试点、国家数字城市地理空间框架试点等项目,信息化先锋作用显著提升。以工艺美术数字设计平台建设为重点,全面服务社会经济发展。技术交易继续保持大幅增长态势,合同成交额68.32亿元,其中技术交易50.67亿元;申请专利2647项,专利授权1650项。《科技促进北京(永外)国际时尚创意产业基地建设》等重大项目顺利结题。在全区5所中小学安装了“多点触摸科普互动平台”。创新型科普社区建设继续推进。

教育优质均衡发展水平进一步提高。教育优质资源更加均衡,“学区化管理”、“蓝天工程”、“学习e网通”等特色教育品牌继续深入拓展。深化课程改革,加强监控,教育质量稳步提高。深化职业教育改革,加强社区教育,市民终身学习服务体系进一步完善。深化名校长、名教师工作室建设,加强干部教师队伍培训,干部教师队伍管理水平和专业素养整体提升。校安工程扎实推进,对89栋教学楼房进行加固,一师附小等重点工程建设有序开展。完成5所新建、改扩建幼儿园建设,学前教育供给能力逐步提高。

文体事业蓬勃发展。举办第二十五届地坛庙会、第二十七届龙潭庙会,举办第三届中华民族艺术珍品文化节,组织第五届龙潭灯会、南锣鼓巷戏剧节、金鱼池社区节、蟠桃宫庙会,广泛开展夏日广场系列文化活动。加快推进了街道文化活动中心、社区文化活动室等基础设施现代化建设,积极构建“一刻钟文化圈”,东城图书馆获得“2010年全民阅读推广先进单位”荣誉称号。非物质文化遗产保护工作取得积极成效,已拥有国家级非遗项目20个,市级非遗项目49个,区级非遗项目115个;拥有国家级传承人18人,市级传承人47人,区级传承人112人,建成220平方米的非遗展示中心。在全市成立了首家区级博物馆协会。启动全民健身月活动,80

万人次参与各种体育健身活动。全区29个社区成为“奥林匹克·体育生活化社区”。

卫生改革深入推进。制定《东城区深化医药卫生体制改革工作方案》,进一步落实国家、北京市医药卫生体制改革部署。国家中医药发展综合改革试验区建设获重要进展。开展中医药科普知识“六进”活动,地坛中医药养生文化园成为中医药文化传播的窗口。进一步推进国家中医药特色社区卫生服务示范区建设和健康管理社区工作。引进东阿阿胶等10家中医药企业入驻东城。推进京城名医馆建设,中医药产业聚集初见成效。基本医疗服务均等化程度进一步提高,深入开展“中医名家社区师带徒工程”,开展社区健康管理实验基地建设,5家社区卫生服务中心正式挂牌,推行辖区居民健康管理,社区卫生服务中心实现24小时服务。中医药特色社区建设和社区健康之家建设积极推进;建成25个星级辅助器具服务站,实现残疾人“人人享有康复服务”目标。积极推进公共卫生基础设施建设,强化卫生应急机制,组建了应急处理小分队,卫生应急处置能力不断提高。建国门医院等工程按计划实施。传染病继续保持低发态势,甲乙类传染病发病率均在219.8/10万人以下,居全市较低水平。

惠民工作取得实效。就业形势稳定向好,1~11月全区城镇登记失业率为1.07%,城镇登记失业人员就业率为72.58%。加大困难群体就业帮扶力度,1~11月就业困难人员就业率达到70.42%,实现了无“零就业家庭”目标。社会保障力度加大,1~11月全区社会保险基金累计征缴89.55亿元,同比增长23.92%;累计支出86.28亿元,同比增长22.38%;五险收缴率均达98%以上。稳步推进社保卡工程建设,社保卡发放率达99%,全区128家定点医疗机构开通实时结算系统,减轻居民医疗费用垫付负担。基本完成区级公费医疗改革工作,实现公费医疗向基本医疗保险制度并轨。认真落实城市最低生活保障和各项专项救助政策,1~11月拨付低保等各类社会救助资金1.05亿元。落实计划生育家庭特别扶助政策,拨付资金436万元。全面贯彻落实北京市民居家养老(助残)“九养”办法,着力推进“夕阳红”安康工程和“九大助残服务”工程,1~11月为36901名符合条件的高龄老年人和特殊老年人发放居家养老服务券3265.3万元,全年为3566名残疾人发放居家助残服务券369.2万元,全市首家区县级残疾人职业康复中心实现良性运转,努力改善社会特殊群体的社会福利待遇。扎实推进住房保障工作,累计配售经适房1729套、限价房2785套,配租实物廉租房1912套,向廉租家庭发放租房补贴4344.5万元。全区7300户平房院居民用水“一户一表”改造等为民办实事工程扎实推进。

社会建设和社区管理深入推进。出台了《关于社会服务管理创新工作的实施意见》,东城区被确定为全国社会管理创新综合试点区,稳步开展网格化社会服务管理综合试点工作。深入推进社区规范化建设,投资1.9亿元为29个社区购置服务用房,除拆迁区外,全区80%的社区达到规范化建设标准。建立健全社区服务站标准化体系,着力打造“一刻钟社区服务圈”,老年饭桌、托老所等一大批群众需要的服务设施和项目覆盖到每个社区。探索政府购买社会组织服务项目,提升社会组织服务能力。加强社区工作者队伍建设,提高社区工作者工资待遇。创新多元参与社区治理模式,健全完善“听民意、访民情、解民难”长效机制,畅通民意表达和利益诉求渠道,解决群众反映强烈的突出问题200余件。

社会公共安全保持稳定。应急指挥技术平台建设完成。建立健全公共安全监管新体系,社会治安治理水平显著提高。加强学校幼儿园安全保卫工作。深入开展矛盾纠纷排查化解工作,深化信访代理制和领导接访制,全年无重点地区非正常集体访,无新的重大重复上访户。安全生产指标控制在北京市下达指标以内。加大食品、药品安全监管力度,食品安全抽查合格率预计达到97.8%,药品抽验合格率预计达到98.3%。

在经济社会发展取得可喜成绩的同时,仍然存在需破解的难题:一是历史文化名城保护与发展工作任重道远,作为全区第一位的任务,仍面临着保护与发展的巨大压力,仍需进一步统一思想,创新机制,建立稳固的政策和资金保障;二是区域空间依然狭小,发展空间不足,实现投资平稳增长压力较大;同时,增量企业引入任务繁重,稳固存量企业还需做好综合服务等大量工作,区域经济增长内生动力有待增强;三是公共服务水平需进一步提高。

二、2011年国民经济和社会发展计划草案

根据“十二五”规划指标体系,2011年经济社会发展主要指标是:

——地区生产总值增长8%

——财政收入增长9%

——重点产业增加值占GDP比重达到64%

——人均GDP达到2.23万美元

——实际利用外商直接投资额3亿美元

——城镇居民人均可支配收入增长8%

——城镇登记失业率控制在2.3%以内

——万元GDP能耗下降率达到市级要求

为确保上述目标的实现,主要做好以下几方面工作。

(一)“总规”引领,着眼长远,实现“十二五”规划的良好开局

加强规划宣传。加快制定实施专项规划。加强规划的实施保障。

(二)统一认识,突出重点,大力推进历史文化名城保护与发展

明确工作定位及思路。建立组织及保障制度。实施重点保护工程。积极推进文保工作。

(三)转变方式,优化结构,实现区域经济平稳增长

确保经济平稳增长。优化发展环境。推进国有企业改革。

(四)政策引导,立足高端,强化重点功能区建设

积极推进王府井商业发展带建设。积极推进东二环高端服务业发展带建设。积极推进前门历史文化展示区发展。积极推进雍和文化创意集聚区发展。积极推进龙潭湖体育产业园区发展。积极推进永外现代商贸区发展。同时,加强

和平里地区的规划研究和编制工作,明确发展任务,整合区域资源,强化基础工作,掌握数据资源,积极推进和平里商务新区建设。积极推进特色商业街区发展。

(五)改革创新,提升能力,实现公共服务优质均衡发展

大力发展文化事业。大力发展优质均衡教育。大力开展群众体育运动。大力提升科技创新和信息化服务能力。大力提升公共卫生服务水平。大力提升人口管理水平。大力维护社会安全稳定。

(六)综合保障,提升品质,提高城市运行保障能力

加强综合整治和环境建设。加快重点项目建设。加大节能减排力度。

(七)以人为本,成果共享,全面落实各项惠民工程

继续扩大就业。完善社会保障体系。加强社会管理和服务。

东城区2010年财政预算执行情况和2011年财政预算(草案)的报告

2011年1月10日在东城区人民代表大会(临时)第二次会议上

东城区财政局局长 陈 虹

一、2010年预算执行情况

2010年是"十一五"规划完成之年,也是首都功能核心区行政区划调整的特殊之年。面对复杂严峻的财政经济形势,区财税部门在区委的坚强领导下,在区人大的监督、支持和帮助下,以科学发展观为指导,积极协调落实组收任务,围绕统筹狠抓增收节支,突出效益保障重点工作,深化改革创新理财机制,全力以赴完成财政任务,为全区社会重点事业发展提供了坚实保障。新区成立以来,区财政围绕区委的工作部署,及时梳理统一管理方式,研究完善管理制度,组织全区预算单位扎实做好基础工作,实现了全区财政财务管理工作的平稳衔接,保证了行政区划调整后部门预算的平稳执行。全年财政收支预算执行情况良好,各项工作任务圆满完成。

(一)全年财政收支总体情况

2010年,原两区人民代表大会审议批准的区财政收入预算为998600万元,经过全区各部门的共同努力,区财政收入预计完成1003200万元,为年度预算的100.5%,同比增长10%,其中:北片预计完成778500万元,南片预计完成224700万元。基金预算收入预计完成10200万元。其中:北片预计完成8170万元,南片预计完成2030万元。

2010年,原两区人民代表大会审议批准的区财政支出预算为1039413万元。当年预算执行中,由于上年专项结转资金数额增加、市追加专项支出预算、区级财力预计超收以及动用预算稳定调节基金等因素影响,2010年区财政支出预算预计变化为1215144万元。

2010年区财政支出预计完成1166591万元,为变化后年度预算的96%,同比增长6.6%。其中:北片预计完成711205万元,南片预计完成455386万元。基金预算支出预计完成131426万元。其中:北片预计完成64461万元,南片预计完成66965万元。

需要说明的是:行政区划调整后,按照市财政局预算列报方式以及对区县财政收支预算的考核要求,区财政收支预算按照一般预算和基金预算分别列示、各自平衡。此外,市财政局下发了《关于印发首都功能核心区行政区划调整加强财政财务管理工作意见的通知》(京财预〔2010〕1635号),明确要求新区2010年财政收支预算和各预算单位的部门预算仍按"原预算、原计划、原渠道"执行。因此,以上全区财政收支预算执行数字是将原两区数字按照相同口径相加汇总而成,原两区财政收支预算执行的情况在附表中分别列示。

鉴于2010年预算执行尚未完成,目前列报的财政收支数字均为预计数,待2010年市区财政结算和财政决算编制完成后,有关预算执行的数字和内容会有所变化,届时将另行向区人大常委会报告。

(二)2010年为完成预算任务所做的主要工作

1.落实科学发展观,千方百计完成财政组收任务

2010年,受财政经济形势复杂严峻等多种因素影响,完成全年财政组收任务的难度较大:

一是受国家压缩信贷规模、控制房地产市场过热等宏观调控的影响,我区重点利税行业金融业税收增长放缓、房地产业税收持续负增长,难以持续拉动财政收入较快增长。

二是尽管宏观经济形势向好发展,但受原材料、人力资源价格上涨、国内消费不足、外需恢复乏力等因素影响,企业经营效益尚未根本扭转,经济增长对财政增收的拉动依然不足。

三是财税政策调整影响较大,如跨省市总分机构企业所得税征管调整政策适用范围扩大,交强险营业税调整为市级收入,规范印花税统一代征、代售方式,以及国家继续实施的结构性减税等政策,为以总部型、外向型为主的区财政经济带来了政策性减收和波动性风险。

四是由于上年实施企业所得税按月预缴和提高企业所得税预缴比例等政策,形成今年企业所得税汇算清缴减收;

同时，上年一次性非常规增收因素较多，也为2010年财政组收工作带来了较大困难。

面对复杂困难的形势，区财税部门积极努力开展工作，特别是抓住行政区划调整的契机，采取有效措施，进一步强化组收协调和税收征管，扎实推进联动服务和税源建设工作，经过艰苦努力，圆满完成了区人代会批准的财政收入预算任务。

一是围绕辖区楼宇资源健全税源建设工作机制，鼓励街道充分发挥基层基础工作优势，配合相关部门开展楼宇税源建设工作，进一步完善楼宇经济监测工作机制，建立健全覆盖全区的税源建设工作机制和联动网络，提升税源建设的常态化、精细化、成效化水平，提高楼宇经济质量及对财政增收的贡献度。

二是充分发挥政策和资金的引导作用，投入44527万元支持总部经济以及主导产业、文化创意、中医药、低碳、体育、旅游等产业发展，积极培育和涵养财源；累计办理中小企业小额担保贷款39项，筹措拨付中小企业发展等专项资金916万元，引导银行贷款50391万元，促进区域内中小企业发展；协调总部企业建立符合地方税收利益框架的经营治理结构，将财政政策、资金与促进经济发展和调整产业结构相结合，探索发展空间不足条件下促进经济发展的新思路。

三是继续强化财政收入目标责任制管理，组织、协调各征管部门全力以赴落实年度组收计划，确保财政收入按计划完成；结合市国税局直属分局的征管体制调整，进一步完善目标管理责任制，将财政减收影响降到最低；健全完善对重点行业、重点企业的实时分析监测机制，为收入预期和决策措施提供数据支撑；加强宏观经济形势和财税政策研究，为领导决策提供依据。

四是继续强化财政、国税、地税、工商四部门联动组收工作机制，完善数据信息共享和交换机制，提高清理欠税、稽查检查、纳税评估的质量和效率，将联动机制向税收征管环节拓展；挖掘辖区内总部企业的税收增长潜力，采取联动措施促使总部企业提高企业所得税预缴比例和驻京分支机构的有税率；加强非税收入征管，确保非税收入及时足额入库。

2. 提升财政保障能力，积极支持各项重点事业发展

积极推进全区和谐社会建设。足额安排各项社会保障政策性资金38161万元，确保就业再就业、养老、社会救助、医疗、为民办实事等各项社会保障政策落实到位。其中：拨付就业再就业资金6725万元，保障全区就业形势基本稳定；投入3000万元，支持区级养老服务机构建设，完善养老服务体系；及时发放低保和粮油帮困补贴等各项社救经费10466万元，保障低收入群体基本生活，维护社会稳定；足额安排资金保障"一老一小"和无业居民大病医疗保险、退养人员医疗待遇、优抚对象医疗减免等各项医疗保险政策落实。足额安排矛盾纠纷排查化解专项经费，维护全区政治安定和社会稳定。全年社会保障支出预计193615万元，同比增长7.9%。

依法支持各项公共事业发展。落实教育法律法规和各项教育方针政策，拨付251705万元支持义务教育经费保障机制体系建设、义务教育教师绩效工资改革、中小学校舍安全工程建设、校园安全工程以及各类中小学校改造和建设项目；继续安排各类文化体育产业事业等专项资金，积极扶持戏剧文化等产业发展，推动公共文化服务建设，深入实施"文化强区"战略；依法足额安排卫生事业经费，健全社区卫生服务网络，支持妇幼保健院和鼓楼中医院改扩建工程，提升疾病防治和医疗救治水平，进一步完善公共卫生服务体系；安排医药卫生体制改革经费和中医药综合改革试验区建设经费7957万元，制定我区公费医疗人员进入基本医疗保险的实施办法，积极推进医药卫生体制改革；继续加大科学普及和科技创新投入力度，全面加强科普能力建设，促进科技文化成果推广应用。实现重点事业法定支出依法增长。

进一步促进城市建设与管理水平提升。投入77206万元支持了煤改电、"一户一表"改造、历史风貌保护区胡同整治、广渠门南街危改、旧城区房屋修缮、老旧小区管网及锅炉改造、老旧楼房通天然气等为民办实事工程；拨付安装高清交互机顶盒专项补助资金2073万元，确保市政府2010年为民办实事工程顺利推进；拨付126326万元保障了崇雍大街环境提升工程、前门修缮整治工程以及南锣鼓巷、北极阁、方家等胡同基础设施、市政改造工程稳步推进；保障了地铁6、8号线建设的顺利推进，进一步强化项目资金管理，防范融资风险；拨付21944万元支持既有建筑节能改造以及新建节能环保绿色项目；拨付各类城市管理经费120628万元，维护了良好的市容环境；及时拨付资金保障黄标车淘汰、汽车及家电以旧换新工作顺利开展。全年城市管理与建设支出预计359266万元。

保障政权建设和政法部门履行职能需要。全年公共安全支出预计78565万元，着力支持科技强警标准化建设，保证政法部门重大活动安保、社会治安综合防控治理以及办案经费的足额到位，继续深化"平安东城"建设；安排资金2900万元保障区总体发展战略规划及"十二五"规划编制工作稳步推进；拨付2947万元支持全国第六次人口普查工作；安排资金保障党政干部和人才培养以及基层党建工作，不断提高党的执政能力；拨付7254万元，推进电子政务信息平台、"数字东城"网站、东城区图像信息管理系统等信息化项目建设；投入2180万元支持举办绿色金融论坛、王府井国际品牌节、前门历史文化节、申报联合国国际花园城市等工作，进一步提升新东城影响力；在确保正常运转的前提下，压缩区属各预算单位公用经费10%用于支持抗震救灾以及援疆等工作。

3. 规范财政管理，努力提高财政管理和服务水平

一是认真贯彻市财政局指导性意见，严格按照"原预算、原计划、原渠道"的要求统筹2010年预算执行管理，将精简、统一、效能的原则落到实处；制定2010年调整过渡期间财政财务管理工作的指导意见，指导预算单位对合并后单位的预算管理模式、会计核算方式、资金支付方式、工作和政策安排标准等差异进行梳理，强化财政财务管理基础工作；加强对各预算单位行政区划调整过程中国有资产管理的指导和监督，增强单位国有资产调配管理的统筹力度；积极做好过渡期间统筹组收工作进度、统筹支出预算管理、统筹推进各项改革、统筹统计分析预测等预算基础管理工作，确保2010年财政预算的平稳执行。

二是借鉴南北两片以及兄弟区县财政性资金使用和管理的经验,结合新区实际研究制定《东城区财政性资金使用和管理办法》《东城区区长工作应急经费管理办法》,明确动用财政性资金的审批流程和权限,提高财政资金使用的规范化、效益化水平。在此基础上,对南北两片各项财政财务管理制度进行比对和调整、完善,确保行政区划调整后全区财政财务管理制度的统一、规范,为进一步提升财政财务管理水平打好基础。

三是认真落实市区财政体制完善后划转事权支出责任,充分发挥市区两级财政的合力作用和市划转资金的使用效益。积极协助市财政局做好市对新区财政管理体制的测算工作,最大限度地争取有利于新区发展的财政管理体制。围绕新区中心工作,进一步完善街道预算编制和执行管理方式,保障街道履行社会管理和公共服务职能的资金需要。积极加强与区人大、政协、审计等部门的沟通,主动接受监督,确保依法履职。

四是进一步深化公共财政改革。结合新区实际统一部门预算编制方式、编制标准和编报程序,进一步提高预算编制的科学化、精细化、效益化水平;落实中央厉行节约工作要求,着力控制和压缩行政成本,提高资金使用的统筹性和效益性;努力推进财政国库集中收付改革,进一步扩大改革覆盖范围;严格编制和执行政府采购预算,积极支持优先采购自主创新产品和节能环保产品,全年政府采购规模预计达到67500万元;完成对全区56个财政支出项目的绩效考评,进一步完善财政预算支出绩效评价工作机制;结合市、区要求,指导各预算单位做好行政区划调整后财政、财务决算的编制、合并以及相关基础工作,确保预、决算管理工作的平稳衔接;深入推进"小金库"专项治理工作,完成年度会计信息质量、市追加专项资金的检查工作,巩固财政财务管理基础;拟定国有资本经营预算实施方案,促进国有资本的合理配置;建立健全政府债务规模管理和风险预警机制,探索建立与市场经济相适应、管理规范、运行高效的地方政府举债融资机制;推进"金财工程"建设,完善财政业务系统体系和网络通信平台,加大信息安全建设和风险防范力度;强化对各行政事业单位国有资产管理的监督和指导,完善新区行政事业单位日常办公设备配置和部分固定资产最低使用年限标准,为合理编制预算、实现全区行政事业单位国有资产的均衡配置奠定了基础。

各位代表:"十一五"的五年是东城财政经济取得辉煌成绩的五年。在区委的领导下,在区人大、区政协的监督和帮助下,经过全区各部门的共同努力,"十一五"规划确定的各项财政任务已经圆满完成,全区财政实力成倍增长,公共财政体系更加完善,财政工作在科学化、精细化发展的轨道上快速推进,为在更高的起点上全面谋划和推进"国际化、现代化新东城"建设奠定了良好的基础。

一是财政收入快速增长。全区财政收入保持了较快的增长速度。2006年-2010年,全区财政收入由54.79亿元增加到100.32亿元,五年预计完成财政收入402.43亿元,年均增长15.3%,为"十五"期间的2倍。

二是财政保障能力显著提升。全区财政支出结构进一步优化,保障了全区经济建设和各项事业发展的资金需要。2006年-2010年,全区财政支出由60.24亿元增加到116.66亿元,五年预计完成财政支出448.44亿元,年均增长16.4%。

三是公共财政体系进一步完善。建立了以部门预算、国库集中收付、政府采购、财政投资评审和财政预算绩效评价等改革为主要内容,以"金财工程"为技术支撑的公共财政管理机制;健全了行政事业单位国有资产管理制度,形成了行政事业单位国有资产动态管理机制;全区"金财工程"建设全面推进,"数字化理财机制"初具规模,财政管理的科学化、精细化水平显著提升。

面对新区发展的全新形势,我们深感工作中还有很多方面需要进一步努力:一是财政组收更加艰巨,需要各部门共同创新思路、完善手段、加大力度,形成全区共同推进区域经济全面协调可持续发展的良好氛围;二是新区加速发展的新形势和更加尖锐的财政收支矛盾,需要进一步增强围绕全区中心工作的财政整体保障能力;三是实现财政管理科学化、精细化发展的目标,需要进一步深化公共财政改革,构建完整的预算管理体系,推进新区财政财务管理水平再上新台阶。

二、2011年预算草案

按照国务院和我市关于编制2011年预算工作的总体要求,结合全市、新区经济社会发展和财政工作面临的新形势,确定我区2011年预算草案编制的指导思想是:以科学发展观为统领,全面贯彻落实中央、市、区重要会议精神,围绕"国际化、现代化新东城"战略目标和"首都文化中心区、世界城市窗口区"总体定位、历史文化名城保护的第一位任务以及建立完善公共财政体制的要求,充分发挥财政职能,加强财政科学化、精细化、效益化管理,进一步统筹优化财政支出结构,以一流的标准全力支持全区重点工作推进,促进经济社会平稳协调发展。

根据上述指导思想,综合考虑2011年经济社会发展和财政预算管理面临的各方面因素,按照围绕中心、突出重点、收支平衡、留有余地的原则,2011年区财政收入安排1093500万元,比上年增长9%;基金预算收入安排10300万元。2011年区财政支出安排1152717万元,其中:区本级财力安排1108000万元,比上年年初预算增长6.6%,市财政追加专项补助预计44717万元;基金预算支出安排30600万元,其中:区本级财力安排30300万元,市财政追加专项补助预计300万元。

2011年区财政收入安排1093500万元,加基金预算收入10300万元、市财政转移支付补助预计176125万元、市财政追加专项补助预计45017万元、上年专项结转资金预计140873万元后,收入总计1465815万元。2011年区财政支出安排1152717万元,加基金预算支出30600万元、预计上解市财政支出263000万元、预计结转下年19498万元后,支出总计1465815万元。2011年预算做到了收支平衡。

2011年预算安排主要考虑以下几方面因素:

(一)根据经济社会发展形势,积极稳妥安排财政收入预算

(二)按照"四保一促"的预算安排原则,集中财力、保障

重点，科学合理安排财政支出预算

三、2011 年财政主要工作安排情况

（一）努力挖掘增收潜力，保持财政收入平稳较快增长

（二）深入贯彻“两新四化”发展战略，促进发展方式转变

（三）加强统筹和优化财政支出结构，推动“首都文化中心区、世界城市窗口区”建设

（四）全面推进财政科学化精细化管理，完善公共财政体系，构建完整的预算管理体系

东城区人民法院工作报告

2011 年 1 月 11 日在东城区人民代表大会（临时）第二次会议上

东城区人民法院院长　董建中

2010 年的主要工作

一、立足服务大局，认真履行审判执行工作职能

全年共受理各类案件 23194 件，旧存 977 件，审结 22970 件，结案率 95%；执结案件 5930 件，执结标的金额 14.2 亿元。

（一）严厉打击各类违法犯罪活动，维护社会稳定

刑事审判将快速高效打击犯罪、维护社会安全稳定作为首要职责，共受理刑事案件 712 件，审结 708 件，判处罪犯 941 人。对严重危害社会治安犯罪保持高压态势，审结抢劫、盗窃、绑架、故意伤害、毒品犯罪等严重危害人民群众生命财产安全的案件 402 件；深入开展“打黑除恶”专项斗争，审结涉“严打”罪名案件 209 件，对 71 名犯罪分子判处十年以上重刑；维护经济社会平稳健康发展，审结合同诈骗、信用卡诈骗、非法经营、非法吸收公众存款等案件 57 件；依法惩处涉贪涉腐犯罪分子，审结贪污、贿赂、渎职等职务犯罪案件 29 件，涉及处级以上干部 6 人。准确把握“宽严相济”刑事政策，共宣告缓刑 104 人，单处罚金 13 人，免予刑事处罚 17 人；加强法庭教育，引入心理辅导机制，息诉服判率达 84%；开展“依法快速办理认罪轻微刑事案件”试点工作，探索实施认罪轻微刑事案件快速办理机制。积极参与社会治安综合治理，针对案件审理过程中发现的公司、企业等单位在法制教育、安全防范意识、制度管理方面存在的漏洞，主动以司法建议等形式促进整改，加强犯罪预防。

（二）主动延伸审判职能，加大未成年人权益保护力度

未成年人案件审判坚持“教育、感化、挽救”工作方针，共审结涉未成年人刑事案件 52 件，判处未成年犯 49 人，其中宣告缓刑 11 人，免予刑事处罚 7 人。注重保护未成年人权益，共审结涉未成年人民事案件 92 件，其中 73% 的案件以调解方式结案。延伸审判职能，积极参与社会治安综合治理，采取多种形式加强青少年法制宣传教育，举办少年法庭开放日活动，到中小学校法制宣讲 19 场，受教育达 10000 余人次；加强校园安全防范，与区教委合作对全区中小学政治课教师进行校园伤害案件法律问题培训，组织召开校园伤害案件预防与对策专题研讨会；举办“关爱少年、构建和谐”帮教会，申请专项基金送家境困难的失足少年返乡；认真做好未成年人犯罪矫治和预防工作，继续探索未成年人犯罪社会调查制度，完善失足少年复学安置工作机制，回访未成年缓刑犯 55 人次。

（三）妥善化解各类纠纷，促进社会经济和谐发展

民商事审判将平息利益纠纷、实现案结事了作为首要目标，共审结各类民商事、知识产权案件 15901 件。高度重视涉及民生案件，审结离婚、抚养、赡养、继承、相邻关系等案件 2247 件。注重维护家庭、邻里关系和谐融洽，70% 的案件以调解方式结案；切实保障劳动者合法权益，促进劳动关系稳定发展，审结劳动争议案件 1610 件，涉案标的额达 1500 余万元；加大当庭执结力度，共当庭即时执结案件 384 件，执结案款共 3000 余万元，收到良好社会效果。加强疑难复杂、新类型案件审理工作，依法审结肯德基违约案、国十条实施后首例买方解除房屋买卖合同案等一批社会广泛关注的焦点热点案件。积极发挥商事审判促进区域经济平稳健康发展的重要作用，审结买卖、租赁、运输、服务等合同纠纷 518 件，涉案标的额达 1.8 亿元；保障金融业健康发展，审结借款、信用卡、保险等金融案件 1159 件，涉案标的额 5.4 亿元；服务区域经济结构调整大局，审结涉及企业破产、公司解散清算、公司股东权益等案件 145 件；探索类型化案件调解工作机制，总结供暖、贷款类案件调解经验，联系居委会作为物业服务纠纷的第三方调解人，有效提升调解效率。发挥知识产权审判职能，服务文化强区战略。审结假冒同仁堂面膜案等一批具有较大社会影响的案件。继续深入开展“知产雍和行”活动，建立与区知识产权局、科委、雍和园管委会等部门联动机制，促进文化创意产业良性发展；加强与区工商局、区文委的交流，探索建立行政执法、司法认定的法律适用统一衔接机制；采取多种形式提供法律服务，提高辖区企事业单位的知识产权保护意识和能力。

（四）加大行政协调工作力度，支持和促进依法行政

行政审判坚持保护公民合法权益与监督、支持行政机关依法行政相统一，妥善化解行政争议，共审结行政案件 376 件，审查行政非诉执行案件 47 件。加大行政案件协调解决

力度,原告与行政机关达成和解并自愿撤诉共计87件;圆满审结了市锦旗套垫厂要求市住房公积金管理中心撤销责令限期缴存通知书案等敏感性强、关注度高的案件。该案不仅当庭协调成功,化解了纠纷,还避免了与此案类型相同的二十余人再次起诉。建立行政案件司法审判通报制度,组织召开全区行政案件司法审判通报会,向区委、区人大报告和区政府及区属各行政机关通报2009年行政案件司法审判情况。有效延伸审判职能,与行政机关加强交流,先后组织市国土局、区公安分局、区房管局、区交通支队等单位一线执法人员旁听数起典型行政案件的审理。同时采取法制讲座、业务研讨、司法建议等多种方式,统一行政执法标准,促进行政执法水平提高。

(五)全力开展执行工作,努力实现当事人合法权益

执行工作以"无执行积案先进法院"创建活动为契机,加大执行力度,创新工作机制,努力缓解"执行难",依法实现当事人权益。加大执行威慑力度,采取强制执行措施1288件次,拘留62人次,限制出境14人次,公布拒执人名单6人,发放执行款4.22亿元;加强执行流程管理,成立大要案组和快速反应执行小组,探索财产查询和评估拍卖的集约化执行,建立涉案财产拍卖、变卖审查机制,制定执行案款发放管理办法,提高执行质量和效率;规范执行行为,建立执行异议类案件审查及评估、拍卖工作季报制度;建立立案、审判、执行相互衔接的内部协调机制,从源头上预防和减少新的积案;继续落实"紧急执行无假日"制度,申请执行人提供被执行人财产线索时,不分节假日,均及时采取执行强制措施,受到当事人广泛赞誉;建立执行案件司法救助长效机制,在区委政法委的帮助和协调下,会同区相关部门制定《执行案件司法救助专项基金管理办法》,化解43件执行信访积案,解决了当事人的实际困难。

二、立足司法为民,最大限度维护人民群众利益

以扎实推进"社会矛盾化解,社会管理创新,公正廉洁执法"三项重点工作为契机,从解决审判工作中的实际问题入手,努力创新工作机制,着力规范司法行为,不断提升审判质量与效率,切实保障当事人诉讼权益。

(一)加强审判质量和流程管理,确保审判公正高效

不断强化承办法官、审判长和庭院长的质量意识、责任意识,严把案件诉讼程序关、事实认定关和法律适用关。认真落实最高人民法院关于开展"万件案件评查"活动的工作部署,检查各类案件700件,检查庭审光盘631张,同时将检查中发现的卷宗不规范问题进行展示,起到警示作用。实行《拟定差错案件申辩规定》,严格落实错案责任申辩与追究制度。强化对法定审限内结案率的考核,加强审限跟踪监管,杜绝人为拖延办案。编发《东城法院审判动态》,加强对审判工作的分析研判,定期统计和通报审判质效数据,督促各庭室准确掌握审判情况,努力实现全年收结案均衡。

(二)加强调解工作,确保案结事了人和

按照最高人民法院"调解优先,调判结合"的要求,在坚持依法判决的同时,充分运用多元化的调解手段化解矛盾,民商事案件调撤率达58.3%。一是不断深化联合调解机制的推广运用。加大诉调对接力度,把握一切有利于调解的机会和积极因素,妥善调节各类利益关系、平复社会矛盾。二是完善"全程、全员、全面"的调解工作模式,将调解贯穿于立案、审判、执行、再审、信访等各个环节,加强诉前调解,提高调解书的自动履行率,确保调解效果。三是严格落实调判结合。准确把握调解与判决的基础和条件,尽可能运用调解手段化解当事人的矛盾,对不宜调解、调解不成的及时判决,加强文书论理,做好判后答疑,切实提高服判息诉率,实现案结事了。四是积极参与多元化矛盾纠纷解决机制的构建。继续完善联合调解工作机制,发挥社会力量参与调解的优势,主动加强与司法局、街道社区、行业协会等单位合作,探索引入人民调解、行业调解等纠纷解决方式,形成共同化解矛盾纠纷的整体合力。

(三)加强审判事务管理,方便群众诉讼

认真开展立案窗口规范化接待试点工作,以公正高效、便民利民、化解矛盾和管理创新为基本原则,从规范接待纪律、接待流程、接待行为和接待用语入手,进一步健全法官值班、预约立案、诉讼指导制度。推行立案一次性告知,探索开展网上预约立案、网上材料审查工作,得到了人民群众和社会各界的一致好评,相关经验被市高级法院推广。充分发挥审判服务办公室的职能作用,实施诉讼引导、案件查询、诉讼材料收转、服务接待等9项工作规范,实现上诉案件移转集中办理;制定《保全提示工作细则》《司法鉴定工作细则》等规范,实现保全提示、司法鉴定集中处理、流程化运作;推行导诉台"一站式"服务,共接待85048人次,收转材料5193件,解答问题9301人次。此外,发挥信息化优势服务当事人诉讼。一是利用多媒体方式,进行诉讼引导。在立案大厅设置触摸查询系统,使当事人能获知相关法律法规、案件流程、诉讼风险以及各驻区医院、银行名录等公共信息。二是引进诉讼档案电子借阅系统。借阅人凭借档案管理人员授权的口令,登陆系统浏览指定卷宗,实现阅览、复制、打印一条龙服务,避免了多人同时利用卷宗的矛盾,提高了工作效率,实现了便民、利民的工作宗旨。三是尝试运用数字法庭信息设备实现证人的远程作证。省却当事人奔波之苦,方便当事人参与诉讼。

(四)加强涉诉矛盾化解,预防和减少信访案件

积极开展"涉法涉诉信访积案化解年"活动,在区委的领导下,通过上下共同努力,改变了被动局面,我院排查确认的152件涉诉信访积案全部办结。联合社会力量共同化解涉诉信访案件,动员相关基层组织、企事业单位开展说服教育、协调帮助等稳控化解工作,妥善处理涉诉来信来访970件。实行承办法官、庭长、院长三级递进式接谈,全年院领导接待273人次,庭长接待1257人次。坚持能动司法,探索建立符合区情的"网格联动"矛盾化解模式,建立多元参与、联动协同的纠纷解决机制。通过法官进社区、法制讲座、建立"司法为民工作站"等多种形式深入街道、社区等单元网格开展法制宣传、综合治理和纠纷化解等工作,努力将矛盾纠纷化解在萌芽状态。

三、立足公正廉洁,大力加强法官队伍建设

坚持以政治思想建设为根本,以提高司法能力为核心,以人才培养为重点,突出法院文化建设和机关党的建设,全

力打造高素质法官队伍。一是深化思想政治建设。以“学习型领导集体”创建、党组理论中心组学习为龙头,加强全院政治理论学习。巩固和扩大学习实践科学发展观活动成果,扎实开展“人民法官为人民”和“听呼声、走百家、送服务”主题活动,教育和引导干警牢固树立政治意识、大局意识和服务意识。二是深化机关党的建设。扎实开展创先争优活动,积极推进党员承诺制工作,召开支部组织生活会和党员民主评议。先后组织开展了“五好党支部、优秀党务工作者、群众心目中好党员”表彰及创先争优先进事迹宣讲活动,党组织的凝聚力和战斗力进一步增强。三是深入开展创先争优活动。加强对先进典型的发现、培养、树立和宣传,建立先进典型储备库。未成年人案件审判庭庭长岳慧青荣获“全国先进工作者”荣誉称号,行政庭陈志杰荣获“北京市先进工作者”称号,两位80后青年干警分别获评“北京市先进工作者”和“北京市青年五四奖章”,两个审判业务庭被记集体一等功。四是深化人才培养管理工作。新录用重点院校硕士研究生54名,干部队伍结构进一步优化。对新录用青年干警采取“入职集中培训、轮岗实践、优秀法官带教培养、交流锻炼”四项措施,提高化解社会矛盾、做群众工作的能力,解决“高学历低能力”等问题。五是深化反腐倡廉建设。严格落实领导干部党风廉政建设责任制,通过举办主题党课、廉政征文、警示展览等活动,加强党员领导干部廉洁自律意识教育。被区纪委确定为我区廉政教育基地后,依托审判资源,挖掘自身优势,以组织旁听贪污贿赂典型案件、举办职务犯罪警示教育展等多种形式积极参与到全区的廉政建设工作之中。六是深化法院文化建设。建立“天平式”法院文化模式,以文化建设为依托开展人民法官“公正、廉洁、为民”的司法核心价值观教育。搭建“法院文化日”平台,开展党团活动、政治理论学习、业务研讨、读书活动和文体团队活动,被授予“全国法院文化建设示范单位”荣誉称号。

四、立足司法公开,主动接受人大及社会各界监督

高度重视人大及政协的监督作用,完善民意沟通机制,充分听取人民群众和社会各界对法院工作的意见和建议。一是主动接受区人大及其常委会的监督。贯彻落实《中华人民共和国各级人民代表大会常务委员会监督法》,定期向人大及其常委会汇报工作,进一步加强与代表间的联络与沟通,将各项工作置于人大代表监督之下,全年人大代表来院旁听案件、视察工作187人次。二是主动接受特邀监督员、人民陪审员的监督。向特邀监督员通报重要工作情况,听取监督员提出的意见和建议,全年召开特邀监督员座谈会9次。发挥人民陪审员在监督审判活动、化解社会矛盾中的作用,邀请人民陪审员参与陪审刑事、民事和行政等各类案件961件。三是主动接受检察机关的法律监督。积极贯彻市人大常委会《关于加强人民检察院对诉讼活动的法律监督工作的决定》,邀请检察长列席审判委员会会议。四是主动接受社会监督。充分利用媒体展示法院审判执行工作动态,增强法院工作的透明度,以更加开放的姿态接受群众监督。扩大社会公众监督渠道,组织案件庭审视频、图文网络直播90余次,使审判更加公开透明。

五、立足平稳有序,稳步推进两院整合工作

按照区委有关合并工作的要求和部署,我院党组团结协作,科学统筹合并事宜,精密部署工作方案,本着细致、务实、公正、平稳的原则,全力确保各项工作平稳有序运行。

(一)统一干警思想,确保认识到位

教育和引导干警树立大局意识,充分认识区划调整的重要意义,自觉将思想和行动统一到上级的重大决策和部署上来,统一到新东城法院的发展上来,为首都“世界城市”建设和“国际化、现代化新东城”建设提供坚实的司法保障。特别强调院领导班子和中层干部要率先垂范,以身作则,统一全院干警的思想,稳定人心。

(二)统筹岗位安排,确保人员到位

综合部门合并强调“快”。办公室、政治处、研究室和监察室率先完成机构和人员整合,为顺利完成全年工作任务提供了服务及保障。审判业务部门合并强调“稳”。为保证审判工作平稳运行,各审判业务部门的合并工作按照方案分阶段进行,做到“标准不降、工作不断、队伍不乱”,全力确保高效优质地完成全年审判工作任务。

(三)推进信息化建设,确保硬件到位

完善办公系统建设,安装即时通讯工具、接入数字专线、运行新的内部网络系统。加快审判信息系统数据合并,启用电子签章系统。贯彻“科技强院”的要求,南北两区视频网络专线的搭建以及设备安装、调试等工作已进行完毕。

(四)完善管理规定,确保制度到位

制定《关于行政区划调整后案号管理工作的若干规定》,建立并正在完善各项印章、财务、人事、档案、考勤、调宣信息、目标考核管理、审判委员会议事规则等工作制度和规范意见,保证合并期间各项工作有章可循。

2011年工作任务

一、坚持能动司法,为“十二五”时期经济长期平稳较快发展提供更加有力的司法保障

二、坚持司法为民,主动适应人民群众的新期待、新需求

三、坚持求真务实,全面提高法官队伍整体素质

四、坚持党的领导,自觉接受人大及社会各界的监督

东城区人民检察院工作报告

2011 年 1 月 11 日在东城区人民代表大会(临时)第二次会议上

东城区人民检察院检察长 殷 健

2010 年工作情况

一、紧紧围绕经济社会和谐稳定大局,正确履行审查批捕和起诉职责

充分认清维护大局稳定、服务经济发展的新形势和新任务,坚持把维护稳定作为首要责任、把服务发展作为第一要务,共批准逮捕各类刑事犯罪682件836人,提起公诉739件981人。

严厉打击影响和谐稳定的犯罪。依法严厉打击黑恶势力犯罪、严重暴力犯罪以及影响群众安全感的多发性侵财犯罪。全年共批准逮捕绑架、强奸、贩毒等严重刑事犯罪91件101人,提起公诉117件136人;批准逮捕"两抢一盗"、诈骗等多发性犯罪373件444人,提起公诉362件490人。成功办理了上级交办的以赵某、张某为首的恶势力团伙非法采矿、聚众斗殴案,受害者逾百人的"碰瓷"诈骗案等,增强了群众安全感。

全力维护经济发展秩序。按照关于加快转变经济发展方式、保障经济平稳较快发展的部署,重点审查集资诈骗、制假售假等严重破坏经济秩序和损害群众利益的犯罪活动,切实发挥法律监督在维护市场经济秩序中的作用;共批准逮捕该类犯罪46件61人,提起公诉51件67人,为东城经济发展营造了良好的法治环境,依法保障了人民群众共享发展成果。

认真贯彻宽严相济刑事政策。在严惩严重刑事犯罪的同时,积极探索刑事和解工作机制,对主观恶性较小、犯罪情节轻微的初犯、偶犯、过失犯和未成年人、老年人犯罪案件,以及因家庭邻里纠纷引发、犯罪嫌疑人真诚悔过并取得被害人谅解的轻微犯罪案件,依法妥善适用不捕、不诉或建议法院从轻从宽处理,体现司法人文关怀。

进一步改进和加强审查批捕、审查起诉工作。在审查批捕环节,全面推行听取犯罪嫌疑人供述和辩解制度,依法保护诉讼参与人的合法权益,并借助信息化手段推进和完善远程听取举措,缩短办案周期、节约诉讼资源。在审查起诉环节,专门成立专业化办案组,对不同类别的案件实行分类审理;建立公诉案件督导检查机制,由资深检察官组成督导组专门负责备案监督等工作,促使案件质量进一步提高。

二、紧紧围绕反腐败斗争总体部署,积极发挥检察机关在惩防体系建设中的作用

查办职务犯罪是检察机关的重大政治责任,也是中国特色司法制度关于检察职权配置的重要特点。我院始终把查办职务犯罪放在突出位置来抓,努力以查办和预防职务犯罪的实际成效服务发展、取信于民。

反贪污贿赂工作稳步推进。全年共立案侦查贪污贿赂案件35件37人,其中涉案金额在百万元以上的16件、千万元以上的2件,查办局级干部4人、处级干部4人。通过办案,共挽回经济损失2700余万元。一是积极参与侦查一体化机制建设。通过连续十个月的艰苦奋战,成功侦破了北京市地税局局长王某、副巡视员任某、财务处处长彭某特大受贿案等一批有影响、有震动的大案、要案。二是继续开展治理商业贿赂专项工作。坚决惩治官商勾结、权钱交易的商业贿赂犯罪,依法查处了国家食品药品监督管理局正处级调研员卫某等七人受贿窝案。三是结合区域特点,明确办案重点。集中力量查办金融、司法等重点领域、重点行业的案件,分别查办了中国工商银行总行市场部副总经理宋某受贿千万元案,以及最高人民法院两名工作人员斡旋受贿案。四是不断加大追逃工作力度。会同有关部门抓获在逃职务犯罪嫌疑人6人,追逃数量创历史之最,其中贪污上千万元潜逃外埠六年之久的原北京外文书店统计员蔡某被抓获归案。

反渎职侵权工作力度不断加大。针对案件线索少、发现难、查证难等实际情况,进一步健全举报宣传、线索管理、内外部协作等工作机制,疏通案件线索来源渠道。全年共立案侦查渎职侵权犯罪10件11人,立案数量大幅超过往年,位居全市第一。工作中,坚持抓住影响发展的突出问题和人民群众关注的热点问题展开调查,先后在城市拆迁、考试泄密、司法行政等领域获得突破,立案侦查了原北京市房屋土地经营管理中心前门分中心房管员滥用职权案、国家医学考试中心秘书叶某等人泄露医师资格考试试题案等,依法保障了城市拆迁改造的顺利进行,成功堵塞了执业资格考试制度的执行漏洞,有效维护了司法公正和社会公平正义。与此同时,密切关注重大责任事故背后的渎职犯罪,主动介入事故调查3起。

职务犯罪预防工作进一步深化。探索"预防同步介入侦查"的工作模式,推进侦防一体化机制建设,研究职务犯罪侦查与预防在信息共享、线索移送等层面的衔接与配合,实现侦防并举、合理衔接、优势互补。加强重点工程职务犯罪预防工作,坚持预防关口前移,主动与发改委、建委、规划局等多家单位联系,对我区正在建设的重点项目开展预防调查,探索流程风险防控办法,确保政府投资重大项目专项资金"阳光运行"。注重抓好系统预防,在金融、药监、教育等领域搭建预防网络，先后在商务部、中海油集团等驻区部委和企业举办警示教育案例巡展。进一步完善行贿犯罪档案查询系统，将查询范围从工程建设、政府采购等五个领域扩大到所有领域的行贿犯罪，共向工程招标单位等提供查询80次。

三、紧紧围绕“强化法律监督，维护公平正义”工作主题，切实强化诉讼监督

秉承维护社会主义法制统一、尊严和权威的目标，切实履行法律监督职能，继续深入贯彻市人大常委会《关于加强人民检察院对诉讼活动的法律监督工作的决议》，强化诉讼监督工作，促进严格执法和公正司法。

加大刑事立案和侦查活动监督力度。既注重对侦查机关应当逮捕而未提请逮捕、应当起诉而未移送起诉情形的监督，共纠正漏捕15人，纠正漏诉20人，又注重对不符合法定逮捕、起诉案件情形的监督，依法决定不批准逮捕86人，不起诉14人。坚持完善证据复核、主诉检察官责任制等各项办案工作制度，不断强化对案件证据，特别是证据合法性的甄别和审查力度，确保不枉不纵，共改变原侦查定性28件，增定犯罪事实223起。坚持对立案监督案件实行逐案登记，督促侦查机关积极开展工作，跟踪了解起诉、判决情况，切实保证立案监督案件的质量和效果；全年共向侦查机关发出《要求说明不立案理由通知书》14份，监督侦查机关立案12件。

提升刑事审判和民行诉讼监督水平。在刑事审判监督方面，落实检察长列席法院审判委员会制度，共列席审委会5次；继续深化量刑建议改革，在法庭辩论阶段增设量刑答辩程序，促进量刑建议与审判监督的有效衔接；积极创新监督方式，建立刑事案件量刑档案，研究类案量刑规律，注意纠正量刑不均现象。一年来，共出庭支持公诉369件，审查刑事判决549份，对认定事实有误、量刑不当的，依法提起刑事抗诉4件。在民事行政诉讼监督方面，以解决人民群众最关心、最直接、最现实的利益问题为重点，高度重视涉及房屋拆迁、劳动争议、医疗保险等案件的监督，切实维护人民群众合法利益。全年共受理民事行政申诉案件174件，对认为确有错误的民事和行政判决、裁定，依法提请抗诉和建议提请抗诉6件，向法院提出再审建议8件，法院现已改判或调解结案7件。

突出刑罚执行和监管活动监督重点。以保障监管场所安全，监督纠正违法减刑、假释、保外就医、不依法交付执行等情形为重点，扎实推进监所检察工作。积极开展看守所监管执法、安全防范、刑罚变更执行等各种专项检查，及时消除隐患，确保刑罚正确执行和监管场所安全。坚持每周参加在押人员家属和人民群众来访接待活动，每月参加在押人员思想动态分析会，全年主动与在押人员开展谈话教育上百人次，促使3名在押人员分别检举揭发了他人的犯罪行为，促使1名在押人员主动交代了办案部门还不掌握的案件线索。其中，我院开展的诉讼时限专项监督工作还被市检系统监所部门评为法律监督精品事项。

四、紧紧围绕“创造经验、作出表率”工作要求，全面落实三项重点工作任务

按照周永康同志对首都政法机关提出的“创造经验、作出表率”的要求，认真贯彻落实关于深入推进社会矛盾化解、社会管理创新、公正廉洁执法三项重点工作部署，增强工作主动性、创造性，努力打造具有东城检察特色的新经验、新亮点。

着力推进社会矛盾化解。一是健全涉检信访工作机制。建立检察长每周接待制和日常接访工作机制，形成齐抓共管化解矛盾的合力；规范维稳信访工作考核机制，将信访化解率、接待态度等指标纳入目标量化体系；完善评估预警机制和应急处置机制，提高应对突发事件和复杂问题的能力。二是制定并落实《在检察工作中推广应用心理学知识的意见》，通过分析申诉人性格、心理方面的特点，增强息诉工作针对性。三是全面推行释法说理，出台开展释法说理工作的意见和规范，明确不受理、不立案、不批捕、不起诉、不抗诉等关键环节释法说理的内容、标准和程序。四是积极探索“检调对接”，成立社会矛盾化解工作委员会，首次聘任辖区街道、司法局推荐的17人作为特约调解员，将犯罪嫌疑人认罪悔过、积极赔偿道歉、社会危害性不大的轻微刑事案件委托矛盾化解工作委员会进行调解，主动把检察工作融入到社会大调解的工作格局，共同化解矛盾纠纷。全年，我们共处理群众信访信件254封，接待人民群众上门来访900余批1700余人次，妥善处理集体访17批600余人次。

积极参与社会管理创新。第一、构建检察官社区服务网络。启动百名检察官下社区活动，建立检察官社区服务站，了解社情民意，为人民群众提供法律咨询，促进平安社区、和谐社区建设。第二、开展重点人群的帮教、稳控和保护工作。制定《关于规范监外执行（社区矫正）检察工作的暂行规定》，进一步规范深入公安派出所、司法所的日常检察工作，加强对监外执行执法环节的法律监督和内部核查与管理；深入推进兼职法制校长工作，通过创办“检察官与孩子们”博客界面、与首都政法网联合开展“和谐使者在行动”活动，不断丰富青少年法制宣传和法制教育的内容和形式，全力协助区政府完成被判处非监禁刑的未成年犯复学安置任务。第三、加强社会治安综合治理。结合执法办案发现的影响社会稳定和管理的突出问题，及时向有关部门提出预防建议、对策，制发检察建议149份，形成相关调研报告30余篇；其中向全国数十家医药单位制发的检察建议，对于打击和预防药监系统“潜规则”起到了积极促进作用，分析撰写的《组织上访人员聚众扰乱社会秩序等犯罪应引起重视》等四篇调研报告受到了中央领导关注。第四、参与“网络社会”建设管理。坚决打击利用网络实施的盗窃、诈骗、违禁品交易、传播淫秽色情信息等各类犯罪，依法查办了迄今为止涉案人员最多的“太阳城”网络赌博案，有效净化了网络环境。

大力促进公正廉洁执法。一是认真开展信访积案化解和案件评查活动。查找司法机关执法中的薄弱环节和制度漏洞，逐案提出对策、建议，总结经验教训、解决突出问题、完善办案机制，不断提高维护司法公正和权威的水平。二是深入推进检务公开。通过举办检察开放日活动，率先启用触摸屏式案件查询系统，增进社会各界对检察工作了解，实现执法办案信息公开。三是抓好自身教育与督察。充分发挥检务督察等内部监督机制的作用，不断强化对领导干部的监督,对执法办案活动特别是重点执法岗位、执法环节、执法人员的监督;部署开展“反特权思想、反霸道作风”专项教育,组织干警观看检察机关自身反腐败展览,加强党风廉政和纪律作风建设,承办全国检察机关廉政风险防控机制建设现场会,深入推动和完善廉政风险防范管理工作。四是完善接受人大监督、政协民主监督和社会各界监督机制。坚持定期向人大汇报工作,主动邀请人大代表参与重大工作部署和执法活动,认真研究人大代表提出的批评和建议;全面推行人民监督员、特约监督员制度,先后就4件拟作撤案、不起诉处理的职务犯罪案件进行评议,并首次邀请特约监督员就民事行政检察工作进行专项检查;召开发布会通报检察工作,自觉接受舆论监督,实现以监督促公正、保廉洁。

五、紧紧围绕专业化建设方向,大力加强检察队伍建设与管理

坚持把检察队伍建设与管理作为基础性、全局性、战略性任务常抓不懈,努力建设一支政治坚定、业务精通、作风优良、执法公正的高素质专业化检察队伍。

树立典型,推进检察职业道德建设。深入开展“恪守检察职业道德,促进公正廉洁执法”主题实践活动,掀起向北京市政法系统“群众心目中的好党员”、控告申诉处干警——段勇等身边典型学习的热潮,营造学习先进、争当先进的良好氛围;通过举办“成长、成才、成功”演讲比赛、开展“家庭美德、社会公德、职业道德”主题教育等,增强干警的职业荣誉感和归属感,进一步提升检察机关执法形象和公信力。

以人为本,大力加强检察文化建设。积极践行“关注健康、快乐工作”文化建设主题,开通“想说就说”信箱,搭建干警与院领导沟通交流的桥梁;全力打造“东检论坛”、《东城检察》刊物等文化品牌,构筑思想交流平台,激发队伍工作热情与活力;定期开展文艺、体育等社团活动,活跃干警文化生活,增强队伍凝聚力和向心力;及时启动“创建学习型检察院、争当学习型检察官”活动,在全院树立创先争优的良好风尚。

勇于创新,探索科学化干部管理机制。进一步探索完成绩效考核、基层院考评、职业信用档案和干警执法档案等体系间的整合衔接工作,形成符合科学发展观和正确政绩观要求的考核评价体系;深入推进高层次人才队伍建设,在为高层次人才成长提供政策支持的同时,实现高层次人才常态化、动态化管理;制定出台《精细化管理实施意见》,初步建立由全员参与、覆盖所有办案环节的精细化管理模式;积极展开人才梯次结构、人才成长规律调研,全力培养一支在规模、结构和质量方面都位于全市检察机关前列、与东城地位相适应的检察人才队伍。

六、紧紧围绕东城总体发展战略规划,高起点、高标准完成新院组建

为进一步合理配置资源,提升首都功能核心区的规划建设和整体管理水平,北京市对首都功能核心区的行政区划进行调整,由原东城、崇文区联合组建成立新的东城区。面对机遇和挑战,我们主动适应构建首都文化中心区、世界城市窗口区的新东城总体定位,认真谋划并完成了新东城检察院筹备组建任务。

深入开展前期调研,科学完成机构设置及人员调整。加强对原两院人员情况、机构设置情况、固定资产情况的调研,制作完成新院人力资源分析报告;积极落实干部调整政策,全面开展机构及人员调配工作,明确各部门中层职数、干警编制数以及具体职责,并对干警、中层干部进行调整。经过南北互迁,各业务处室均已实现合署办公。

积极开展基础建设,科学搭建符合新院特点的制度体系。认真研究原东城、崇文两院管理模式的特点和规律,充分发挥两院原有管理机制的长处与优势,逐步建立一套涵盖领导工作、业务工作、队伍建设和检务保障等检察工作各个方面,适应新东城检察院发展的综合管理体系,解决各内设处室由于重组在配合衔接方面出现的问题与瑕疵,促进各项检察工作科学发展。

组织开展系列活动,科学管理检察队伍、提升干警士气。采取问卷与座谈相结合的方式,就组建期间干警思想状况展开专项调查,掌握干警的关注焦点和现实需求;积极策划院领导与干警面对面谈心活动,及时消除干警负面情绪;全面启动“我为新院献一策”主题活动,广泛征求干警对组建新院的意见、建议,发挥干警主观能动性和主人翁精神,服务参与新院建设。

组建期间,区委、区政府对我院各项工作给予了大力支持。10月13日,区人大(临时)常委会第二次会议召开,专题任命了我院副检察长、检委会委员以及121名检察员。随着新任检察官依法履行职责,新的东城检察院正式组建完毕。

各位代表,在总结工作成绩的同时,我们也清醒地认识到,我们的工作还存在一些问题与不足:一是履行法律监督职责的能力需要进一步增强。办理重大复杂案件特别是新型、涉众型经济犯罪案件的能力不太强;查办和预防职务犯罪工作与上级要求和人民群众的期待相比还有一定差距;诉讼监督工作还存在薄弱环节。二是三项重点工作需要进一步推进。对三项重点工作的重要性、长期性认识有待进一步提高,整体工作上有待进一步巩固和深化。三是队伍的素质能力需要进一步提升。高层次、领军型、骨干型人才数量不足,新形势下做群众工作的本领不强,还不能完全适应开放、透明、信息化条件下执法办案的新要求。四是检察队伍及一些基础工作需要进一步磨合。新院成立伊始,检察业务、队伍、保障等工作机制还不尽完善,各项基础工作发展还不均衡。对于这些问题,我们将高度重视,以求真务实、开拓创新的精神,认真努力加以解决。

2011年工作思路

2011年是中国共产党成立九十周年,是贯彻落实党的十七届五中全会、中央经济工作会议精神的关键之年,也是我区全面实施总体发展战略规划和“十二五”规划的开局之年。我院将以党的十七届五中全会精神为指导,牢牢把握科学发展的主题,以创先争优为目标,着力深化三项重点工作,全面履行法律监督职责,不断提高检察工作水平,更好维护社会和谐稳定、维护人民群众利益、维护社会公平正义,为实现我区“十二五”时期经济社会发展良好开局提供有力的司法保障。

一是抓方向，以五中全会精神统揽检察工作。二是抓业务，全面履行各项法律监督职责。三是抓重点，全力深化三项重点工作。四是抓队伍，确保理性、平和、文明、规范执法。五是抓融合，夯实检察事业长远发展基础。

深入实施“两新四化”发展战略 为全面建设“国际化现代化新东城”而努力奋斗

2011年12月13日在中共东城区第十一次代表大会上的报告

中共东城区委书记　杨柳荫

一、过去五年的工作回顾

过去五年，是我区发展历程中极不平凡、具有里程碑意义的五年，也是经济实力明显增强、社会事业全面进步、城市面貌显著变化、人民群众得到更多实惠的五年。五年来，我们圆满完成北京奥运会和新中国成立60周年庆祝活动的服务保障及新区组建等重大任务，经受住国际金融危机冲击等重大考验。面对复杂多变的国内外环境和艰巨繁重的改革发展稳定任务，我们凝心聚力谋发展，创新克难求突破，抢抓机遇促跨越，实现了“十一五”规划的圆满收官和“十二五”规划的良好开局，光荣进入“全国文明城区”的行列，谱写了科学发展新的历史篇章。

五年来，我们圆满完成三大历史性任务，极大地激发了全区上下推动科学发展的热情。作为唯一独立承办奥运赛事的中心城区和奥运会、残奥会总部饭店所在地，我们按照举办一届“有特色、高水平”的奥运会和确保“两个奥运同样精彩”的要求，科学领导、统筹推进、广泛动员、全民参与，全力提升城市环境品质，圆满完成奥运服务保障任务，得到国际奥委会、残奥委会和市委市政府等各方面的高度赞誉。作为国庆60周年庆典的核心地区，我们圆满完成游行方阵、背景组字、联欢晚会表演等繁重任务，实现了“高质量、有创新”的目标，荣获全市“最佳服务保障奖”。我们坚决贯彻落实国务院和北京市关于首都功能核心区区划调整的重大决策部署，以“四个有利于”为标准，以“1+1>2”为目标，坚持“一手抓筹备、一手抓发展”，顺利完成新区组建任务，各项资源得到有效整合，两区优势和特色做法实现有机融合。同时以新区成立为契机，立足当前，着眼长远，牢固树立“规划也是生产力”、“没有规划不决策、规划不超前不实施”的理念，在全市率先颁布实施20年总体发展战略规划、空间发展战略规划、人才发展战略规划和“人文东城、数字东城、绿色东城”五年行动计划，扎实推进“规划体系建设年”工作，形成了以“总规”为龙头、各项规划相互衔接的规划体系，明确了未来科学发展的新蓝图，有效凝聚起全区各方面的智慧力量。

五年来，我们加快经济转型升级步伐，区域综合实力持续增强。面对错综复杂的经济形势特别是国际金融危机的严峻挑战，我们坚持不懈地调结构、转方式，突出创新驱动，构建了“二四三”高端产业体系，全力抓好招大引强工作，优化区域发展环境，区域经济实现了平稳较快发展并再上新台阶。2011年，预计地区生产总值突破1300亿元、区级财政收入达到120亿元，分别是2006年的1.86倍、2.19倍；人均GDP超过2.2万美元，居全市第二；第三产业比重由2006年的91.88%上升到96%，居全市第一；社会消费品零售额按同口径计算是2006年的2倍以上；重点产业增加值占GDP比重达到64%。功能区建设统筹推进，王府井、前门大街成为全市仅有的两条“中国著名商业街”，东二环商务区总部经济聚集效应不断增强并被确定为“首都新兴产业金融功能区”，雍和园荣获“中国最佳创意产业园区奖”，龙潭湖园区成为全市唯一的“国家级体育产业基地”。簋街、红桥市场等5条大街（市场）荣获“市级特色商业街”称号。对外开放交流实现新突破，国际友城增至18个，实际利用外资21.4亿美元；跨国公司地区总部数量达到14家，位居全市第二，区域国际影响力和知名度显著提升。

五年来，我们始终坚持“文化强区”理念，充分展现了传统文化与现代文明交相辉映的新形象。我们把历史文化名城保护和发展作为第一任务，探索形成了“保护风貌、疏解人口、发展产业、改善民生”四位一体的总体思路和“四个百分之百”的经验。完成了前门地区600多年来最大规模的修缮整治。台湾会馆、阳平会馆、欧美同学会等一批重点文物完成抢险修缮，玉河、南新仓、鲜鱼口等历史文化街区焕发出勃勃生机，南锣鼓巷荣获联合国“国际花园城市与社区”决赛市政项目全球金奖，国子监街成为首批“中国历史文化名街”。扎实推进“一刻钟文化圈”、“奥林匹克·体育生活化社区”建设，三级文体组织网络体系基本实现全覆盖，非物质文化遗产保护传承工作走在全市前列，被评为“全国文化先进区”和“中国民间文化艺术之乡”。积极培育“功夫传奇”、“幻境极光”等民族文化品牌，成功举办“王府井国际品牌节”、“前门历史文化节”、“皇城文化国际旅游节”等活动，搭建了国内外文化交流的重要平台。率先启动文化金融创新，积极推动雍和园、前门、龙潭湖等文化产业园区和“胡同创意工厂”创意产业示范基地建设，文化创意产业增加值占GDP比重突破10%，其中艺术品交易、戏剧演艺、全媒体出版等行业在全市居领先地位。切实加强社会主义核心价值体系建设，广泛开展“迎奥运、讲文明、树新风”、“做文明有礼的北京人”等精神文明创建活动,健全文明城区建设长效机制,顺利完成“全国文明城区”、“全国未成年人思想道德建设工作先进城市”和“全国双拥模范城”的复查,市民文明素质和城市文明程度显著提高。

五年来,我们着力提高民生福祉,社会服务管理水平不断提升。居民收入实现快速增长,预计2011年人均可支配收入达到3.4万元,是2006年的1.65倍。在全市创造性提出“菜单式”搬迁政策,全面推动定向安置房与保障性住房建设。通过解危排险、民居修缮以及2.23万户用水“一户一表”改造、1.4万户老旧楼房通天然气、7.12万户平房区“煤改电”等工程,全面完成文保区煤改清洁能源工作,居民居住环境进一步改善。社会保障体系基本形成,就业形势、就业服务稳中向好。扎实推进国家级“城市公共服务标准化示范区”、“基础教育综合改革实验区”、“中医药发展综合改革试验区”建设,教育、卫生等优质资源覆盖面不断扩大,先后荣获“全国推进义务教育均衡发展工作先进地区”、“全国中医药特色社区卫生服务示范区”等称号。以“九横八纵”主干路和胡同小区等为重点,实施市政设施升级、环境综合整治、胡同停车试点等工程,建成了北二环城市公园、永定门广场、崇雍大街等一批城市景观精品,为市民营造了舒适优美的良好环境,荣获“国家卫生区”、“中国最佳管理城市奖”等称号,并成为华北地区第一个获得联合国环境署授予的“国际花园城市”称号的城区。创新社会管理体制,以提高群众安全感、幸福感和参与度为主线的网格化社会服务管理模式被全市推广,并被列为全国和全市社会管理创新综合试点区。率先在全市形成行政服务中心、市民中心和社会组织指导服务中心“三位一体”的政府服务模式,建立健全“一委三会一站、多元参与共建”的社区治理模式。健全“平安东城”建设长效机制,有效化解了一批社会矛盾,圆满完成奥运会、国庆60周年、建党90周年等重大活动和重要敏感时期的安保维稳任务,“信访代理制”经验在全国推广,荣获全国“五五”普法先进区等称号,群众安全感始终位居全市前列。

五年来,我们全面加强党的先进性建设,进一步提高了执政能力和水平。广泛开展解放思想大讨论、学习实践科学发展观、党员作风建设年、创先争优、纪念建党90周年等主题教育活动,突出东城特色、基层特色、党员特色、实践特色,发扬敢于担当、敢于碰硬、敢于创新的精神,各级党组织的凝聚力、创造力和战斗力不断增强,党员干部的先锋模范作用得到充分发挥。制定并实施思想理论建设五年规划,深入推进学习型党组织建设,积极推行“规定+自选”培训模式,党员干部学以致用的能力显著增强。坚持德才兼备、以德为先的用人标准,加大竞争性选拔干部和优秀人才培养力度,探索实施差额公开推荐正处实职领导干部、新任领导干部媒体公示、杰出人才评选表彰等制度,健全考核评价和干部监督机制,领导班子和干部人才队伍建设取得重要进展。以实施“凝聚工程”为抓手,创新基层党建工作,推广网格化党组织设置模式,推进商务楼宇工作站建设,实现了“两新”组织党的组织和工作全覆盖,构建了区域化党建格局。扎实推进惩治和预防腐败体系建设,进一步落实党风廉政建设责任制,加强廉政文化建设,健全反腐倡廉各项制度,在全国首创廉政风险防控机制,认真开展专项治理和纠正行业不正之风,全面推行党务公开,实施网上监察和绩效管理,坚决查办违纪违法案件,促进了党员干部廉政勤政。区委坚持总揽全局、协调各方,制定了“三重一大”事项集体决策、干部任免票决、专家咨询论证等多项制度,支持人大、政府和政协依法履行职能,分别召开人大、政协工作会议,协助8个民主党派成立区级组织,出台相关工作意见。统一战线和多党合作事业健康发展,党管武装、工青妇等工作取得新成果。

各位代表、同志们,五年的奋斗历历在目,五年的成绩来之不易。这是市委市政府正确领导的结果,是全区各级党组织、广大党员干部群众开拓进取的结果,是历届区委传承接力、区级领导班子团结拼搏、离退休老同志关心帮助和社会各界共同努力的结果。在此,我代表区委向所有为区域发展倾注心血、作出贡献的同志们、朋友们,表示衷心的感谢,并致以崇高的敬意!

五年来的生动实践给予我们丰富的启示,值得我们认真总结并发扬光大:必须坚持把科学发展作为第一要务,始终坚持科学发展不动摇、加快发展不松劲,坚持规划先行,在做好“四个服务”、融入首都大局中坚定不移地走高端化、精品化、品牌化、差异化发展之路;必须坚持把和谐稳定作为第一责任,牢记以人为本、执政为民的宗旨,深入做好新形势下的群众工作,不断创新社会服务管理模式,以人民群众共享改革发展成果来促进社会和谐稳定;必须坚持把改革创新作为第一动力,解放思想,创新体制,善于用新的思维破解难题、谋划发展,勇当改革的先行者和试验区,努力闯出发展的新天地,持续增添发展的新动力;必须坚持把真抓实干作为第一要求,始终保持奋发有为、昂扬向上的精神状态和工作作风,以“建首善、创一流”为标准,不断提高各级党组织和党员干部的执行力、创造力,推动我区各项事业又好又快发展。

在充分肯定成绩的同时,我们还必须清醒地看到存在的突出问题:整合利用区域各种资源的能力仍有待增强;统筹推进风貌保护、人口疏解、产业发展与民生改善等工作还需要付出更大努力;区域发展的软环境和文化软实力仍有待提升;部分党员干部的创新精神和工作作风,与建设中国特色世界城市和“国际化现代化新东城”的要求还不够适应;影响科学发展的体制机制需进一步完善。对此,我们必须采取有效措施,切实加以解决。

二、未来五年的发展形势和奋斗目标

未来五年,是我区全面完成“十二五”规划、科学谋划“十三五”规划的关键时期,也是在更高起点、以更高标准全面推进“国际化现代化新东城”建设、夯实“首都文化中心区、世界城市窗口区”发展基础的重要战略机遇期。站在新起点、实现新跨越,我们要牢固树立机遇意识和忧患意识,强化竞争思维和辩证思维,自觉地把全区的工作放到国际、国内和全市的大背景中去思考,放到20年总体发展战略规划明确的“三步走”的大目标中去谋划,奋力开创东城科学发展的新局面。

站在新起点、实现新跨越,必须准确把握国内外发展的新趋势。站在新起点、实现新跨越,必须准确把握首都发展的新格局。站在新起点、实现新跨越,必须准确把握东城发展的新特点。

今后五年全区工作的指导思想是：坚持以邓小平理论和“三个代表”重要思想为指导，深入贯彻落实科学发展观和党的十八大精神，弘扬践行“北京精神”，立足“首都文化中心区、世界城市窗口区”总体定位，深入实施“两新四化”发展战略，以科学发展为主题，以加快转变经济发展方式为主线，以总体发展战略规划为引领，以提高人民生活水平为根本目的，更加注重特色发展、集约发展、和谐发展、创新发展，在更高起点、以更高标准全面推进“国际化现代化新东城”建设，不断提高党的建设科学化水平，努力在首都建设中国特色世界城市和“人文北京、科技北京、绿色北京”的进程中走在前列。

今后五年全区发展的奋斗目标是：全面完成“十二五”规划各项目标任务，在此基础上，进一步巩固、提升“国内一流中心城区”建设成果。到2016年，将我区建设成文化魅力更加彰显、经济实力更加雄厚、城市运行更加高效、城市品位更加凸显、人民生活更加幸福的“国际知名中心城区”，全面构建起“首都文化中心区、世界城市窗口区”的基本框架。主要预期目标是：地区生产总值年均增长8%；人均GDP达到3万美元以上；财政收入年均增长9%；重点产业实现增加值占GDP比重达到69%左右；常住人口规模比2011年下降10%左右；城镇居民人均可支配收入年均增长8%。

今后五年全区发展必须坚持的四项原则是：

——瞄准战略目标，立足总体定位，坚定不移地实施总体发展战略规划。

——坚持民生优先，推动成果共享，努力建设和谐幸福城区。

——有效整合资源，强化项目支撑，切实增强可持续发展能力。

——树立国际视野，坚持一流标准，充分发挥首都功能核心区的引领示范作用。

三、未来五年的主要任务

实现未来五年的新目标新要求，必须突出重点、统筹兼顾，着力抓好特色发展、集约发展、和谐发展、创新发展四大任务，不断增强发展的全面性、协调性、可持续性，使人民群众在“国际化现代化新东城”建设中共享改革发展成果。

（一）以文化创新为驱动实现特色发展，进一步提升文化软实力

文化是我区的最大特色和优势，文化的生命力在于创新。要认真贯彻落实十七届六中全会精神，始终坚持“文化强区”理念，提高文化自觉，增强文化自信，进一步彰显城市个性，提升区域核心竞争力，努力为首都建设中国特色社会主义先进文化之都和具有重大国际影响力的文化中心提供强有力支撑。

积极探索保护与发展双赢的新模式，展现历史文化名城的独特魅力。打造文化产业的有机链条，提升文化经济核心竞争力。完善公共文化服务体系，提升文化品牌国际影响力。深化文化体制机制改革，解放和发展文化生产力。

（二）以优化升级为主线实现集约发展，进一步拓展区域发展新空间

把经济结构战略性调整作为加快转变经济发展方式的主攻方向，坚持旧城内有机更新与旧城外集约利用相结合、地上地下空间联动发展相结合，最大限度地提高单位面积的综合效益。

优化经济结构，着力促进产业高端化发展。优化产业布局，统筹推进“两带五区”建设和发展。加大地下空间和地上“二次”开发力度，提高资源集约利用水平。

（三）以共建共享为基础实现和谐发展，进一步提升人民生活新品质

秉承“城市让生活更美好”的理念，大力加强“和谐社会首善之区”建设，全面提高人民群众的安全感、幸福感、参与度，努力让全区人民业有所就、学有优教、病有良医、老有善养、住有宜居、难有众助、居有平安，享受高品质的幸福生活。

持续深化社会管理创新工作，推进“平安东城”常态化建设。持续改善和保障民生，推进公共服务优质均衡发展。持续深化和谐社区建设，形成共建共享良好局面。持续提升城市管理精细化水平，建设文明宜居城区。

（四）以改革开放为动力实现创新发展，进一步增强区域发展新活力

改革创新是经济社会发展的动力和源泉。我们要以改革破除体制障碍，以开放整合各种资源，为推动科学发展、加快转变经济发展方式提供制度保障。

大力推进创新型城区建设，激发全社会创造活力。深化重点领域和关键环节改革，加强对外交流与合作。

四、努力提高党的建设科学化水平

实现未来五年的目标任务，关键在党，关键在干部。必须紧扣执政能力建设和先进性建设这条主线，以改革创新精神全面加强党的建设，把党的政治优势和组织优势转化为推动发展的强大力量，为建设“国际化现代化新东城”提供坚强的政治保障。

（一）大力加强思想理论建设，着力推进新的思想解放

（二）大力加强干部队伍建设，切实提高选人用人满意度

（三）大力加强基层党组织建设，探索基层党建新途径

（四）大力加强党的作风建设，增强党员干部服务群众的能力

（五）大力加强反腐倡廉建设，永葆为民务实清廉的本色

（六）大力加强党的制度建设，不断提高科学执政、民主执政、依法执政的水平

东城区人民代表大会常务委员会工作报告

2011年12月21日在东城区第十五届人民代表大会第一次会议上

东城区人大(临时)常委会主任　冯　熙

过去五年工作回顾

一、围绕全区发展大局,依法行使重大事项决定权和人事任免权

五年来,区人大常委会精心组织召集人民代表大会和召开常委会会议,围绕中心,服务大局,依法行使职权,不断推进全区民主法治进程。

(一)注重提高审议质量,行使好重大事项决定权

原东城区和原崇文区人大常委会各召集人民代表大会4次,东城区人大(临时)常委会召集东城区人民代表大会(临时)会议2次。在历次会议主席团主持下,区人大代表认真听取和审议区人大常委会和"一府两院"工作报告并形成决议,审查批准国民经济和社会发展计划及计划执行情况的报告、预算及预算执行情况的报告、东城区国民经济和社会发展第十二个五年规划纲要及其报告等。

区人大常委会始终坚持对区人民代表大会负责并报告工作,根据代表大会决议和法定职能制定工作计划,开展各项工作,确保大会决议的落实。五年来,共召开常委会会议63次,召开主任会议100次,听取和审议"一府两院"专项工作报告116项,做出决议、决定、审议意见书55项。在工作中,注重发挥常委会组成人员和代表的专业优势,对有关重大事项进行广泛深入的调研,及时进行审议,做出相应决议、决定或审议意见。2010年,人大代表广泛参与东城区总体发展战略规划和"十二五"规划的制定,常委会主任、副主任带领调研组深入基层,广泛听取代表和群众的意见,汇集民意,集中民智,人大(临时)常委会第三次会议审议通过了《东城区总体发展战略规划》,并作出决议,使其成为全区人民一致的行动纲领。

(二)注重严格法律程序,认真行使人事任免权

实际工作中,常委会进一步规范和完善人事监督程序,通过任前公示、任前考试、任前谈话、任前供职发言、无记名表决、颁发任命书等有效做法,使接受任命的国家机关工作人员牢固树立宪法意识和公仆意识。尤其是区划调整中,区人大(临时)常委会依法及时做好有关人事任免,为常委会和"一府两院"依法、有序开展工作提供有力保障。五年来共任免国家机关工作人员1455人次,依法选举北京市人大代表93人,补选区人大代表22人,暂时停止代表职务1人,代表资格终止35人。

2008年,常委会根据有关规定,授予6位同志"东城区优秀法官"、5位同志"东城区优秀检察官"、10位同志"东城区优秀公安民警"荣誉称号,激励政法系统广大干警依法行政、公正司法。

(三)注重发挥职能作用,全力支持中心工作

常委会主任、副主任牵头承担重点事项督察保障任务,深入一线,靠前指导,为北京奥运会成功举办和建国六十周年庆典活动顺利进行发挥应有的作用。

2008年,常委会紧紧围绕举办一届有特色高水平奥运会的工作要求,先后听取区政府关于奥运环境整治、奥运应急预案等涉奥议题的报告或汇报,组织市、区人大代表开展视察和调研;采取市、区、街联动的形式,成立执法检查组,人大机关成立奥运督察组,全力以赴地完成我区执法检查、总督察、专项工作指挥部等各项任务,实践了"我参与、我奉献、我快乐"。

2009年,为营造祥和、安定、文明、有序的社会环境,听取区政府"关于国庆60周年安全保卫工作的报告"和"关于国庆60周年安全生产监督工作情况的汇报",组织工委会委员和代表调研安全保卫和重点环境建设项目,积极督促各项工作的落实。

服务区划调整大局,全力促融合促发展。区人大及其常委会认真学习贯彻落实有关文件精神,组织代表相互参观南北区域经济建设和社会发展成就;各工委会先后围绕新东城的产业发展、城市建设、文教卫生和司法公正等问题开展调查研究,主动走访对口联系单位;各人大街工委相互实地考察,交流经验,努力促进思想、文化和工作的融合统一,齐心协力建设新东城。

另外,积极开展纪念区县地方人大常委会设立30周年活动,广泛深入宣传人民代表大会制度。

(四)依法保障公民选举权利,圆满完成人大代表换届工作

常委会紧紧依靠区委的坚强领导,依法组建选举工作机构,严格按照法定程序,切实保障选民的民主权利。面对复杂的选举形势,全区17个分会和驻军指导组周密布署,精心组织,扎实工作,登记选民537207人,选民登记率达到99.6%,参加投票选民527555人,占选民人数的98.2%,164个选区一次成功选举产生339名东城区新一届人大代表,顺利圆满地完成选举任务。当选代表结构进一步优化,整体素质进一步提高,达到"人大代表应具有先进性、广泛性、代表性"的总体要求。

二、着力提高监督实效,依法行使监督权

常委会认真贯彻落实《监督法》,全面加强和改进人大监

督工作。

（一）以提高政府效能为目标，加强对计划和预算工作的监督

国民经济和社会发展计划、财政预算集中体现了我区发展的方针、政策、措施，是历年来群众比较关心，代表比较重视的监督内容。五年来，常委会认真履行初审国民经济和社会发展计划、预算，审查、批准决算，听取、审议国民经济和社会发展计划、预算的执行情况报告，听取、审议审计工作报告等职责，完成法定议题53项，其他议题15项。监督工作逐年进步，有所突破。一是促进计划、预算工作公开透明。要求区政府进一步扩大向代表大会提交的部门预算范围，做到全区一级预算单位的部门预算全部提交人代会供代表审阅；为使代表能够及时便捷地了解计划、预算执行情况，做到每月将计划、预算执行情况通过区人大网站向代表公开，进一步保障代表知情权。二是提升预算监督专业性。聘请清华大学、北京大学和市人大等单位相关领域的专家担任人大常委会预算监督顾问，制定预算监督顾问工作规则，为常委会开展相关议题提供顾问咨询意见。三是推进预算科学化、精细化管理。推动建立预算稳定调节基金，规范预算超收收入的安排使用；支持政府加强财政资金绩效考评工作和绩效审计，健全绩效考评管理制度，提高财政资金的使用效益；督促政府不断规范和细化预算编制，改进和完善预决算报告，进一步提升预算管理水平。四是修订《东城区预算监督办法》，对预算、决算和预算变更情况的审查批准，预算执行情况监督等内容进行较为详细的规定。

（二）以促进依法行政、公正执法为目标，加强法律执行情况的监督

为完善司法系统内部监督，常委会听取、审议了区法院“关于开展审判监督工作情况的报告”和区检察院“关于开展诉讼监督工作的报告”，促进区法院建立健全审监庭、监察室、纪检三位一体的内部审判工作制约监督机制，促进区检察院把诉讼监督工作中的重点放在检察机关体制内，将法律监督职能作用体现在事前、事中、事后和跟踪监督的各个环节。协调“两院”签署《关于加强民事执行活动法律监督的若干意见》，建立诉讼监督工作的长效沟通机制，在全市发挥了典型示范作用。同时，为促进司法工作进一步公开、公正、公平，提高法官审判质量和检察官公诉水平，先后组织市、区人大代表1270人次旁听区法院公开庭审和检察官公诉活动，组织市、区人大代表视察市女子监狱、市未成年人管教所、区看守所等活动。积极参与和协助市人大立法调研和相关司法监督工作，完成137部法律法规清理和25个立法建议项目的征求意见工作。还重点对区政府贯彻实施防震减灾法、道路交通安全法以及国防、教育、宗教、侨务、征兵等方面的法律法规情况进行了执法检查。

（三）以改善民生、促进发展为目标，加强公共服务、社会管理监督

教育科技、医疗卫生、文化体育、城市建设、住房和社会保障等社会发展事业与人民群众的生活息息相关，是政府的重要工作职责，也是备受代表和委员关注的监督内容。

五年来，我们把加快推进雍和科技园区建设、龙潭湖体育产业园区建设、卫生事业发展状况、社区卫生服务、食品安全监督管理现状、公共文化服务能力现状和国家中医药发展综合改革试验区建设情况等内容作为常委会议题，开展专题调研，为常委会审议和政府决策提供依据，促进工作。把“扩大学前教育规模，缓解幼儿入园难”等代表普遍关注的议案作为工作重点，积极督促落实，区政府高度重视，通过新建和改扩建等方式，增加学位3000余个，得到代表的普遍认可。对代表多年提出的“加强精神疾病预防和康复工作”的建议进行连续督办，提出要将精保院的管理实质性地纳入公共卫生体系，区政府积极采纳代表建议，大力改善精保院的设施设备和精神疾病患者的就医条件。同时我们还先后听取关于推进“体育生活化”社区建设、非物质文化遗产保护、争取市级科技专项资金、残疾人、老年人权益保护、社区工作者待遇等方面的相关议题汇报，努力促进社会事业的全面协调发展。

加强对城市建设与管理监督，组织调研和研讨，针对城市环境建设的管理体制、运行机制、保障体系等方面提出建设性意见建议，针对重点项目建设，提出实行项目公司化、定位市场化等工作建议，推动城市建设管理现代化进程。我们还加大对住房保障工作的监督，围绕区、街两级住房保障工作流程、加快房源建设及存在的问题进行视察调研，并对保障性住房摇号和选房活动进行监督，积极推动住房保障工作有序开展。常委会高度重视改善居民居住条件，加大对历史文化保护区煤改电和老旧居民楼实施供暖设施改造的议案督办力度，区政府高度重视，完成4647个平房院的3.2万户居民煤改电工程，改造居民楼供热面积83.3万平米，惠及居民1.5万户，居民们告别了煤炉取暖的历史，代表和群众非常满意。

（四）以提高监督实效为目标，不断改进监督工作方式

常委会立足法律赋予的职责和职权，以提高监督实效为目标，积极探索新形势下监督工作的新机制、新方法。一是探索建立全过程监督机制。在听取汇报做出审议之前，制定详细工作方案，组织代表、委员开展视察、座谈，充分听取各方面意见；在监督工作之中，加强与区政府相关部门联系沟通，充分发挥工委会和代表的作用，严格依法监督，指导区政府完善报告；在作出审议之后，加强跟踪督办，注重调研成果转化，切实做到监督有用，监督有效。二是根据新形势、新问题拓展监督内容。常委会首次听取和审议了区政府关于东城区“十一五”规划实施情况的中期评估报告，提出了为完成好“十一五”规划后期任务、科学编制“十二五”规划和促进东城区经济社会发展的可行性建议。三是综合运用多种方式，增强监督效果。在实际工作中，把视察、执法检查与审议专项工作报告结合起来，与代表建议督办结合起来，把调查研究与促进“一府两院”加强工作中的薄弱环节结合起来，与解决群众反映的“老大难”问题结合起来，综合运用多种方式，形成监督合力。

三、着力提升代表工作水平，增强履职实效

五年来，常委会围绕保证代表依法行使职权、履行义务和发挥作用认真开展工作，努力提升代表工作水平。

（一）代表履职能力进一步提高

逐步建立起多层次、多形式的代表学习培训机制，通过组织代表集中学习《代表法》《监督法》等法律法规和市、区人大工作会议精神，增强依法监督的使命感和责任感；通过组织代表参观、考察、旁听、视察、专题调研等活动，有针对性地参与全区经济社会发展进程；通过开展"建议提交、监督方式、报告审议"等专题培训，提高代表依法履职的综合能力。

(二)代表与常委会的联系进一步密切

采取多种方式增强与代表的联系，建立和完善常委会主任、副主任接待代表日制度；坚持定期开展代表联组和小组活动，成立少数民族人大代表小组，创造性地开展代表论坛活动；成立市人大代表联络处，创办《市代表活动专刊》，进一步完善服务市人大代表的工作机制。五年来，人大代表列席人大常委会会议、主任会议590人次，组织各类活动481次，参与代表5160人次。

(三)代表联系群众机制进一步完善

为加强人大代表与人民群众的联系，在社区设立"东城人大公示栏"，设置代表信箱，在部分街道设立社区代表联络站。建全社区人大代表联络员制度和重大事项定期通报制度，建立代表履职登记手册和帮扶群众台账，依托网络开设"百姓直通车"，深入开展"代表帮扶群众"工作，坚持开展代表在社区定期接待群众日、代表集中走访选民周和代表向选民述职等活动。五年来，市、区人大代表在社区开展接待群众活动1450余人次，反映各类问题3000余件，直接形成建议、批评和意见217件。

我们始终把接待来信来访作为联系群众的重要渠道和接受监督的重要方式，认真做好信访案件的接待、转办、交办、督办工作。五年共受理群众来信、来访2718人次。

(四)代表议案、建议督办机制进一步健全

坚持"主任、副主任牵头督办、代表联络室统筹督办、工委会分类督办"的议案督办机制，提高议案、建议办理实效。坚持推动区政府办理议案建议报告初审制度，组织代表对重点建议办理情况开展检查验收，增强议案建议办理透明度。进一步健全督办工作体系，完善向代表通报承办单位联系方式、零距离督办、督办与听取部门重点工作汇报相结合以及办结复查等一系列工作制度，形成"办前沟通、办中检查、办后验收"的规范化督办模式。

五年来，代表提出的议案、建议更加有利于保障群众利益，更加有利于推动全区中心工作，更加有利于解决社会热点、难点问题。在会议及闭会期间共提交代表议案、建议、意见1938项，办结率100%，代表满意率达到66.7%。

(五)人大街工委整体作用进一步增强

有效发挥区人大常委会街道工作委员会的整体作用，坚持街工委工作会议、工作研讨会、办公室主任例会制度，定期听取街工委工作汇报和意见建议。坚持驻会主任联系人大街工委制度，加强工作指导，建立人大代表履职个性化服务机制。人大街工委自身建设不断加强，运行机制不断健全，在服务代表和促进代表依法履职方面发挥积极作用。

四、着力加强自身建设，提高工作效能

全面贯彻落实市委、区委三次人大工作会议精神，努力加强常委会及其机关自身建设，为依法履行职责提供坚实的保障。

(一)加强思想政治建设

通过举办学习班、专题研讨等形式，加强学习，创建学习型党组织，保持奋发有为的精神状态，为做好人大及其常委会工作提供坚强的思想保证。

(二)加强组织机构和机关干部队伍建设

2011年，根据形势发展需要，区人大常委会增设了研究室、预算工作室和信访工作室，常委会组织机构进一步健全，工作委员会的作用进一步增强。按照建设政治坚定、业务精通、作风过硬、勤政廉政的高素质干部队伍要求，全体党员干部深入开展创先争优活动，创建学习型组织，动员和组织机关干部积极参与奥运安保、抗震救灾、文明城区创建等全区重大活动，在实践中经受历练。加大人大与党政机关干部的双向交流，干部年龄结构和专业结构进一步优化。

(三)扎实抓好基础工作

先后制定和修订了22项规章制度，进一步促进常委会工作制度化、规范化、科学化。把调查研究工作作为改进工作作风，提高监督实效，丰富监督方式的重要手段，完成有关财政经济、教科文卫、内务司法、城建环保等领域的重点调研课题50多项，为解决重点难点问题提出意见建议，为区委和"一府两院"科学决策提供参考。加大人大常委会工作和代表履职的宣传，出版人大信息等刊物，丰富网站内容，增强人大工作的公开性和透明度，为代表知情知政和区人大常委会履职提供良好服务。不断提高办文、办事、办会质量，保障人代会、常委会成功召开。

各位代表，总结五年来区人大及其常委会的工作，我们倍感欣慰，对坚持和完善人民代表大会制度，做好东城区人大工作，有了更加深切的认识和体会。

坚持党的领导是做好人大工作的根本保证。区人大及其常委会始终把坚持党的领导、人民当家作主和依法治国的有机统一贯穿于人大各项工作当中，坚持重大问题、重要事项向区委请示报告制度，坚持人大常委会主任列席区委常委会、参加每周召开的区委、人大、政府、政协领导碰头会，及时了解区委工作意图，沟通全局性信息，取得区委对人大工作的领导和支持。同时，注重发挥常委会党组领导核心作用，机关党组织战斗堡垒作用，党员先锋模范作用。区委高度重视人大工作，去年召开了区委人大三次工作会议，转发《关于加强和改进人大工作的若干意见》，增设工作机构、增加人员编制，调整干部结构，为推动人大及其常委会更好地发挥职能作用奠定坚实基础。实践证明，只有坚持党的领导，才能更好地发挥区人大的职能作用，才能维护好广大人民群众的利益，才能保证人民当家作主。

坚持服务全区发展稳定大局是做好人大工作的重要前提。做好人大工作，就要坚持围绕中心，服务大局，找准人大工作与区域经济社会发展的结合点和着力点。常委会围绕区委确定的战略目标和重点任务，围绕全区历史文化名城保护、危旧房改造、人口疏解、文明城区创建、信访代理等改革发展稳定中的热点难点问题和事关群众切身利益的重点问题，妥善安排工作任务，突出重点，注重实效，努力为全区经济社会健康发展提供民主法治保障。

依法开展监督工作是做好人大工作的重要途径。在区委统一领导下，区人大及其常委会对"一府两院"工作进行监督，是法律赋予的重要职责，是统一工作目标基础上的监督，是维护人民群众根本利益，保证人民当家作主的重要手段。区人大及其常委会既要敢于监督，又要善于监督，寓支持于监督之中。通过人大代表议案建议、代表视察、常委会审议、决议、检查、督促等一系列监督工作，促进"一府两院"改进内部监督，支持、协调、帮助解决工作中的困难和问题，确保宪法和法律得到正确实施，确保行政权和司法权得到正确行使，确保公民、法人和其他社会组织的合法权益得到尊重和维护，确保区委重大决策部署、人大决议决定和审议意见得到贯彻落实。

发挥人大代表主体作用是做好人大工作的重要基础。人大工作的主体是代表，水平看代表，实效靠代表。只有把充分发挥代表作用作为坚持和完善人民代表大会制度的重要内容和基础性工作，保证代表依法行使职权，支持和保障代表履行职责，通过增强代表议案建议办理实效、畅通代表知情知政渠道、搭建代表帮扶群众平台等一系列工作措施，才能不断提升代表工作水平，增强履职实效。

维护最广大人民的根本利益是做好人大工作的出发点和落脚点。区人大及其常委会作为人民选举产生的地方国家权力机关，必须始终坚持从最广大人民的根本利益出发，注重保持同人民群众的密切联系，更好地代表人民意愿，自觉地接受人民监督。我们深知，只有这样，才能保持人大工作旺盛的生命力。几年来，人大及其常委会对事关人民切身利益方面的问题，紧抓不放，连续跟踪督办，促使问题得到切实解决，把人民群众的根本利益实现好、维护好、发展好，最大限度地调动人民群众的积极性、主动性、创造性，共同建设富裕、文明、和谐新东城。

不断提高履职能力和工作质量是做好人大工作的重要保障。宪法和法律赋予人大及其常委会崇高的使命和责任，我们要时刻牢记自己的使命和责任，加强自身建设，奋发有为，在提高服务保障能力和工作质量上下功夫。通过开展创先争优活动，不断提高服务能力；通过建立健全规章制度，不断提高民主议事、科学议事能力；通过认真筹备、精心组织，不断提高代表大会和常委会会议的服务保障能力和会议质量；通过转变观念、改进工作方式，创新工作机制，不断提高解决复杂问题的能力。要重视人大代表和干部群众的创造活力，重视人大各委室和街工委的开拓性工作，把坚持依法行使职权与不断开拓创新有机结合起来，全面提高干部的民主法治素养和能力，形成干部培养、交流、使用的长效机制，把人大及其常委会机关塑造成为培养民主法治干部的重要基地。

在肯定成绩和总结经验的同时，我们也清醒地认识到，常委会的工作同宪法和法律赋予的职责，同区委的部署和要求，同人大代表和人民群众的期望相比还有差距。主要是：对"一府两院"的监督工作实效有待进一步提高，代表议案建议督办机制有待进一步健全，人大代表主体作用有待进一步增强，常委会自身建设有待进一步加强。我们要高度重视这些问题，虚心听取代表意见，采取有效措施认真加以解决。

未来五年所面临的形势和任务

未来五年是全面实施东城区总体发展战略规划，全面完成"十二五"规划各项目标任务，构建起"首都文化中心区，世界城市窗口区"基本框架的关键时期。面对不断发展变化的新形势，我们要清醒地认识到，东城区地处首都功能核心区，具有得天独厚的区位优势，同时，所肩负的任务艰巨、责任重大；在总体发展战略规划的引领下，我区的规划体系基本形成，同时，在实施过程中将不可避免地遇到许多不确定因素，需要加强对规划实施的监督、评价和调整，特别是要做好"十二五"规划的中期评估和"十三五"规划的调研、审议等工作；人民代表大会制度不断完善，对"一府两院"的监督工作取得明显进步，同时，随着经济的不断发展，人大代表和人民群众对监督权力运行有了新要求和新期望；中国特色社会主义法律体系基本形成，同时，有法必依、执法必严、违法必究的问题就显得更为突出、更加紧迫，这也是广大人民群众普遍关注、各方面反映强烈的问题。对于新东城区来说，紧紧抓住历史机遇期，加强民主法治建设，不断优化区域发展环境，是一项全局性、紧迫性、长期性的艰巨任务。未来五年，我们要在区委的坚强领导下，认真学习贯彻落实中共十七届六中全会、十八大和市、区党代会精神，以邓小平理论和"三个代表"重要思想为指导，深入贯彻落实科学发展观，紧紧围绕全区发展大局依法行使职权，充分发挥新一届人大代表作用，密切联系人民群众，紧紧围绕区委全会确定的工作目标和大会形成的决议，进一步加强和改进监督工作，推动区委重大决策部署贯彻落实，努力把人大各项工作提高到一个新水平，为实现"国际化、现代化新东城"的战略目标，促进文化大发展大繁荣做出积极的贡献。

2012年工作建议

2012年是十五届东城区人大及其常委会依法履职的第一年，我们将迎来党的十八大胜利召开。做好今年的工作，意义十分重大。

一、坚持党的领导，保持人大工作正确政治方向

二、认真行使重大事项决定权和人事任免权

三、尊重代表主体地位，进一步提升代表工作水平

四、加强监督工作，进一步提高监督实效

五、加强自身建设，进一步提高履职能力和工作水平

东城区人民政府工作报告

2011年12月20日在东城区第十五届人民代表大会第一次会议上

东城区区长　牛青山

过去五年工作回顾

2007年以来的五年,是东城区历史发展进程中继往开来,成果丰硕,具有里程碑意义的五年,是东城区经济实力明显增强、社会事业全面进步、城市面貌显著变化、全区人民得到更多实惠的五年。在市委、市政府和区委的坚强领导下,在区人大、区政协的监督支持下,区政府始终坚持以邓小平理论和“三个代表”重要思想为指导,深入贯彻落实科学发展观,大力实施“二三六三”核心发展战略和“天坛文化圈”发展战略,为北京奥运会、残奥会和新中国成立60周年庆祝活动做出了重要贡献,胜利完成了首都功能核心区行政区划调整历史性重大任务,实现了“十一五”规划的圆满收官和“十二五”规划的良好开局,经济社会发展迈上了新台阶,为全面推进“国际化、现代化新东城”建设奠定了坚实基础。

一、经济实力不断增强,发展质量明显提升

面对国际金融危机,全区上下坚决贯彻落实中央宏观调控决策及市委市政府部署,坚持“调结构、转方式、上水平”,全力以赴推进经济发展方式转变。2011年地区生产总值预计突破1300亿元,年均增长10%以上;人均GDP突破2万美元,预计达到2.25万美元。2011年财政收入预计达到120亿元,是2006年的2.19倍。节能减排任务圆满完成,2011年单位GDP能耗预计降至0.22吨标准煤,较2006年下降30%。

产业结构更加合理。第三产业增加值预计年均增长14%,文化创意、商业服务等六个重点产业增加值已占GDP的64%。区内国家级高新技术企业达148家,技术交易额近300亿元。重点功能区建设成效明显。王府井升级战略稳步推进,百货大楼北厦、澳门中心、乐天银泰等5个项目竣工,新增商业商务面积30万平方米。中关村科技园区雍和园快速发展,打造了国内领先的文化金融服务平台,开创了“胡同里的创意工厂”发展模式,国际版权交易中心累计实现交易额13亿元,荣获“中国最佳创意产业园区奖”。东二环交通商务区建设取得重大成果,以总部企业为特点,以金融、商务服务和信息服务为主要业态的产业发展格局基本形成。龙潭湖体育产业园成为全市唯一的“国家级体育产业基地”,国际体育交流中心等重点项目建设稳步推进。

发展环境不断优化。在城六区率先组建区级行政服务中心,搭建起综合服务统一平台。招大选强取得重要成果,成功引进中国投资有限责任公司、诺西通信公司、京港地铁有限公司等中外企业入驻。区内跨国公司地区总部数量达到14家,位居全市第二。楼宇经济监测工作持续推进,税收超亿元的楼宇已达31座。做大做强区属国有企业,国资委直接监管的企业由90家整合调整为6家,增强了区属国有企业的综合竞争力。积极促进非公经济和中小企业健康发展,从资金保障、贷款平台、银企对接方面提供有力支持,发挥其在促进增长、增加就业等方面作用。改革区街财政管理体制,建立促进街道服务经济发展的激励机制。对外开放交流取得新进展,实际利用外资21.9亿美元,国际友城达到18个。

二、城市建设与管理整体推进,城市面貌明显提升

坚持把历史文化保护与发展作为第一任务,探索形成了“保护风貌、疏解人口、发展产业、改善民生”四位一体的总体思路和“四个百分之百”的保护经验,实施了一批具有重大影响力的文化保护工程。统筹规划地上地下空间,推动全方位立体化发展,以空前的胆识和力度开展了前门地区600年来最大规模、最全面、最彻底的修缮整治工程,累计投入140多亿元,搬迁居民近1.7万户5万余人、企业534家。前门大街荣获第二届中国环境艺术奖(综合类)最佳范例奖,成为继王府井大街之后,北京市第二条“中国著名商业街”。胜利完成了南中轴路综合整治,再现了宏伟大气的中轴气象。完成台湾会馆、阳平会馆、蔡元培故居、于谦祠、欧美同学会等一批文物抢险修缮。高标准修缮了前门草厂地区533个院落、5000余间房屋,整治了东四三至七条等近百条胡同。南锣鼓巷市政改造项目荣获“国际花园城市与社区”市政项目全球金奖和“2011亚洲都市景观奖”,国子监街入选首批十大“中国历史文化名街”。率先推出了区级非物质文化遗产名录,建成中华民族艺术珍品馆,我区被命名为“全国文化先进区”和“中国民间文化艺术之乡”。

大力实施“危改战役”,着力加强住房保障,创造性提出“菜单式”搬迁政策,平稳搬迁安置居民42376户。通过房屋修缮,2万户居民改善了居住环境。实施了2.23万户用水“一户一表”改造、1.4万户老旧楼房通天然气、7.12万户平房区“煤改电”等工程,全面完成文保区煤改清洁能源工作。

市政设施进一步完善。完成了东南二环辅路、龙潭路、北京南站外部路网、东直门交通枢纽外部路网等一批道路建设,推动微循环改造,城市路网级配关系更加合理。积极探索解决停车难问题,在26条胡同试行机动车“单行单停”,利用市政空地建设立体停车设施。崇雍大街环境提升工程圆满完成,全线面貌焕然一新。积极推进地铁5、6、7、8和14号线拆迁工作，统筹站点用地综合利用和地下空间开发。完成108个垃圾分类试点小区建设。建成了北二环城市公园、东二环景观带、南二环二十四节气公园等一批精品，实现辖区内二环绿色环绕。全区绿化覆盖率预计达到31.25%。圆满完成控制大气污染任务，区域空气质量连年提高，2011年二级和好于二级天数比例预计达到75%。

三、社会管理全面加强，群众安全感、幸福感和参与度明显提升

创建了"以网格化为手段、以文化为灵魂、以历史文化名城保护为前提、以民生改善为根本、以综合执法为保障、以一流为标准"的城市管理"东城模式"。实行"大城管"体制，将市政管委调整为城市综合管理委员会，明显提升了城市管理综合协调能力。大力推进综合执法改革，所有街道、地区均成立了综合执法组，实行"统一办公、统一装备、统一执法、统一考核"，较好地实现了"法律法规的综合，执法力量的综合和执法手段的综合"，全区的法治水平明显提升。东城区在全市市容环境卫生综合考评和城管执法考核中一直位居前列，获得了"国际花园城市"、"国家卫生区"、"中国最佳管理城市奖"、"数字城市建设杰出贡献奖"等荣誉称号，全国城市管理经验现场会在我区召开。

社会管理创新取得显著成效，东城区被中央政法委、中央综治委确定为"全国社会管理创新综合试点区"，初步形成了网格化社会服务管理新模式。创建了"信访代理制度"，信访代理工作实现了全覆盖。区、处级领导代理的重点矛盾纠纷稳控化解率达84.3%，17个街道和各社区代理11192件，案结事了9435件，解决了一大批群众最关心、最直接、最迫切的民生问题。"信访代理制度"得到中央及市委市政府和社会各界的高度评价，经验在全市和全国推广。

坚持专群结合、群防群治，完善社会治安防控体系，开展地下空间综合整治行动，严厉打击违法犯罪活动，深入推进"平安东城"建设，百户居民及万人发案率连续五年在全市保持最低水平。把消防安全作为公共安全的首要任务，建立消防安全新体系，把消防力量下沉至街道、社区，形成了"1+2+X"消防工作机制，取得了明显成效。2011年春节期间火灾同比下降了84%。切实加强食品药品安全监管，保障人民健康安全。

成立了市民中心、社会组织指导服务中心，与区行政服务中心形成了"三位一体"的政府服务模式。深入推进和谐社区建设，建立健全"一委三会一站，多元参与共建"的社区治理模式，"社区居民会议常务会"等居民自治经验在全市推广。

四、民生持续改善，公共服务明显提升

深化教育改革，实施了"学区化管理"、"学校联盟"、"蓝天工程"、"学习e网通"建设，推动了优质资源共享。全面实施素质教育，教育质量明显提高。我区成为国家级基础教育综合改革试验区。深化"名师名校长工作室"建设，进一步提升优秀教育人才综合素质。职业教育不断加强。加强教育基础设施建设，扩建了汇文中学、五中分校、一师附小等一批中小学校，全面推进"校安工程"，累计加固翻建34.9万平方米学校建筑。进一步加大优质教育资源向外区发展辐射力度，通过合作办学等方式，在通州区等地设立二中、史家胡同小学分校。教育对口支援工作取得重要成果，汇文中学"黄南班"培养出第一批高中毕业生，高考本科上线率达到100%。

深化医药卫生体制改革，初步建立双向转诊制度，率先实施药品零差率、收支两条线管理。公共卫生服务体系进一步完善，主要健康指标居全市领先水平，全区人均期望寿命达到82.5岁。推行居民健康责任制管理，社区卫生服务中心实现24小时服务。推进"国家中医药发展综合改革试验区"建设，开展中医药科普知识"六进"活动，地坛中医药养生文化园成为中医药文化传播的窗口。大力推进以中医药为特色的"健康管理社区"建设，成功创建"全国中医药特色社区卫生服务示范区"。

不断挖掘区域文化资源，逐步形成了王府井国际品牌节、前门历史文化节等高端文化品牌；着力打造皇城文化国际旅游节、中华民族艺术珍品文化节等旅游文化品牌；扶持发展"功夫传奇"等演艺文化品牌，创造了同一剧目在国内外连续演出近5000场的全国纪录；持续推动地坛庙会、龙潭庙会等民俗文化品牌；不断拓展南锣鼓巷胡同节、蟠桃宫庙会、金鱼池社区节等社区文化品牌。推动驻区单位内部文化设施对居民开放，构建"一刻钟服务圈"。

积极推进"奥林匹克·体育生活化社区"建设，打造全民健身体育节、中国北京国际体育舞蹈公开赛及"快乐周末"等品牌活动。东城区培养输送的运动员在第29届奥运会、第16届亚运会上分别取得了5枚金牌和8枚金牌的好成绩。创建了21个"北京市科普教育基地"、16个"北京市创新型科普社区"。全面实施"数字东城"行动计划，信息化工作在城市管理、社会管理、公共安全、公共服务等方面取得显著成效。精神文明建设工作取得重大成果，荣获"全国文明城区"光荣称号。东城区还被评为"全国未成年人思想道德建设工作先进城市"、"全国'五五'普法先进区"和"全国计划生育优质服务先进区"。"全国双拥模范城"六连冠创建工作进展顺利。民族宗教侨务工作扎实推进。档案、地方志、残疾人、妇女儿童等方面工作均取得新的进展。

深入推进"创业带动就业'六个一'工程"，发挥"创业者俱乐部"作用，完善了9项就业政策，建立了"4050创业者专项资金"，扶持了1972个创业项目，带动了4650名失业人员实现就业。建立"创业孵化园"，形成"周主题、月特色"的就业服务模式，针对"零就业家庭"和就业特困人员开展"一对一"帮扶。开发公益性岗位，对就业特困人员实行托底安置。完善三级就业服务网络，开通"社区就业信息发布直通车"，搭建社区失业人员动态服务管理平台。开发社区就业岗位143661个，安置失业人员100197人。实现了"零就业家庭"动态为零。

大力扩展社会保险覆盖面，全面推进社会保障由"制度覆盖"向"人群覆盖"转变。认真贯彻"一老一小"医疗保险等惠民政策，圆满完成市、区机关事业单位公费医疗信息采集和持卡就医工作。社会保险基金收缴率达到98%以上，累计收缴415.9亿元，累计支付400.81亿元。社会救助实现全覆盖，全区累计支出最低生活救助保障金和专项救助资金4

亿元。全面落实居家养老(助残)“九养”办法,形成了覆盖全区的服务网络体系,共有33977名老年人、3687名残疾人享受政府补贴的居家养老(助残)服务。建成北苑区级养老院。推行数字化社会救助体系,基本实现社会救助无盲点。不断完善劳动关系协调机制,纳入监控企业的劳动合同签订率达到97.71%,为27147名劳动者追讨工资5471.95万元,切实维护了劳动者合法权益。

五、政府自身建设继续加强,履职能力明显提升

认真执行人大及其常委会决议,自觉接受人大及其常委会的法律监督、工作监督和政协的民主监督,按时完成全国、市、区人大代表议案、建议和政协委员提案办理工作,积极听取各民主党派、工商联、无党派人士、人民团体的意见,主动接受社会各界监督。深入贯彻落实《国务院关于加强法治政府建设的意见》,推行依法行政考核评价新机制,加强行政规范性文件管理,认真做好行政复议工作,不断加强行政执法监督,全面提升依法行政工作水平。

推行行政执行力建设,健全完善年度工作任务书制度,加强督查考核,严格责任制和责任追究制。加大人才引进力度,开展科级公务员跨部门交流。政务信息化建设水平进一步提升,在全市率先完成政府信息公开场所建设。通过推行“一会制”改革,五年来精简会议500多个,节约经费2000余万元,行政效能明显提高。

深入开展廉政建设。提高“一岗双责”意识和风险防范意识,筑牢廉政风险防控的“三道防线”。积极开展源头治理,强化审计监督,政风行风建设取得新进展。

未来五年的工作目标

今后五年政府工作的总体要求是:坚持以邓小平理论和“三个代表”重要思想为指导,深入贯彻落实科学发展观和党的十八大精神,立足“首都文化中心区、世界城市窗口区”总体定位,深入实施“两新四化”发展战略,以科学发展为主题,以加快转变经济发展方式为主线,以总体发展战略规划为引领,以提高人民生活水平为根本目的,在更高起点、以更高标准全面推进“国际化现代化新东城”建设,努力在首都建设中国特色世界城市和“人文北京、科技北京、绿色北京”进程中走在前列。

今后五年全区经济社会发展的主要任务是:

——突出文化引领,实现创新驱动。

——加快经济转型,实现高端发展。

——坚持建管并重,实现宜居和谐。

——狠抓民生保障,实现成果共享。

2012年工作任务的建议

一、以保护与传承为第一位任务,大力推动文化大发展大繁荣

全面推进历史文化名城保护。大力推动文化产业跨越式发展。继续完善公共文化服务体系。

二、以结构调整为主线,着力加快经济发展

加快调整升级,实现产业结构进一步优化。加快规模聚集,实现功能布局进一步优化。加快招大选强,实现发展环境进一步优化。

三、以提升品质为重点,统筹推进城市建设管理

进一步树立“让文化成为城市的灵魂,让城市成为文化的载体”的理念,提高城市建设水平。加大整治美化力度,提高城市环境质量。加大综合治理力度,提高城市出行效率。

四、以加强网格化管理为基础,全面提升社会建设水平

全面深化“网格化社会服务管理模式”。全面推动教育事业优质均衡发展。全面推进健康城区建设。全面维护团结和谐局面。

五、以群众利益为导向,全力保障和改善民生

坚持政府主导,采取多种措施,加快推进老旧小区综合改造。以群众工作统揽信访工作,继续做好信访矛盾的源头预防和排查化解工作。进一步完善区、街、社区就业服务网络,建立人力资源市场信息服务系统。进一步完善社会救助和社会福利体系建设。继续把消防安全作为公共安全的首要任务。

六、以提高执行力为目标,切实加强政府自身建设

认真执行人大及其常委会的决议、决定,主动接受人大法律监督、工作监督和政协民主监督,高质量办理人大代表议案、建议和政协委员提案。加强服务型政府建设,强化社会管理和公共服务职能,推进政府管理机制、制度和服务方式创新,更好地为基层、企业和社会公众服务。坚持为民、务实、清廉,把全部心思用在干事创业上,把满腔热情倾注在为民造福上。深入开展调查研究,了解工作中的突出问题和群众最关心的利益问题,总结推广实践中创造的好经验好办法。深入推进廉政风险防控管理,加强对权力运行,特别是对领导干部、人财物管理使用、关键岗位的监督和制约。

中国人民政治协商会议
北京市东城区委员会(临时)常务委员会工作报告

2011年12月19日在政协北京市东城区第十三届委员会第一次会议上

东城区政协主席　徐鸿达

五年来,在区委的领导和市政协的指导下,在区人大和区政府的支持下,高举爱国主义和社会主义两面旗帜,牢牢把握团结和民主两大主题,坚持"服务大局、履职为民、创新发展"的工作理念,团结和依靠各界委员,紧紧围绕全区中心工作和发展大局,认真履行政治协商、民主监督、参政议政职能,人民政协工作在服务科学发展和实现自身科学发展上取得新的进展,为实现"十一五"规划的圆满收官和"十二五"规划的良好开局,为建设"国际化、现代化新东城"作出了重要贡献。

一、围绕中心,服务大局,认真搞好政治协商

全体会议谋大局。在全体会议上,各界委员把握重点、聚焦难点,通过委员提案、专题座谈、小组讨论等形式进行协商讨论,为我区"十一五"规划的顺利完成提供了强有力的智力支持。在编制"十二五"规划过程中,通过举办大会论坛,发挥政协整体优势。五年来,各界委员在全体会议上对我区经济建设和社会各项事业发展提出意见建议千余条,有效地促进了决策的科学化、民主化。常委会会议议大事。围绕公共文化服务体系建设、生产性服务业发展、加快特色街区建设和建立公共危机管理体系等重大问题,提出了24份建议案,得到区委、区政府主要领导批示,要求相关部门抓好协调,全力促进调研成果及时转化。专委会对口协商求实效。围绕促进隆福寺商业街发展、曹雪芹故居纪念馆建设、区域医疗中心定位与发展等全区重点工作和群众关注的热点问题,与区政府职能部门开展对口协商,对优化发展环境起到了积极作用。

二、关注热点,拓宽渠道,积极推进民主监督

畅通民主监督渠道。制定《关于进一步加强区政协特约监督工作的实施意见》,修订《关于聘请区政协委员担任监督员的管理办法》,举办培训班和座谈会、编辑《东城区政协特约监督员工作总结交流材料汇编》,交流特约监督工作的经验和体会。发挥社会治安综合治理民主监督小组、财政预算民主监督小组作用。163名特约监督员深入实际,采取明察暗访、民主评议、专项视察、参与执法检查等形式,积极开展民主监督,切实体现了政协工作的监督和促进作用。加大提案工作力度。坚持全体会议、常委会会议和主席会议听取提案工作报告制度和主席、副主席、秘书长领衔督办重点提案制度,各专委会在重点调研课题中积极吸纳有关提案的亮点,各党派团体和委员积极开展调研并提出提案。通过提案培训、点评、分析与交流,拓宽提案征集渠道,开展提案"双评双促"工作。五年来,共征集提案1995件,审查立案1852件,截止目前提案全部办复。加强反映社情民意工作。围绕落实科学发展观、编制"十二五"规划、办好2008年奥运会、构建和谐社会首善之区等重点工作,以及群众普遍关心的问题,向市、区及有关部门报送信息1770余篇,其中,全国政协采用9篇,市委、市政府、市政协采用215篇,得到市、区领导批示533条。

三、深入实际,精心调研,提高参政议政实效

围绕中心工作开展专题调研。坚持"口子小、内涵大、可操作"的原则,组织委员和专家学者深入实际、深入基层,相继开展了"王府井商业中心区发展问题""东城区文物保护与利用""推进政府购买公共服务""文化创意产业发展""学前教育资源优化配置"等10余项重点调研,以及"东城区地下空间开发利用""提升我区商贸产业规模和水平""流动人口服务管理"等30余项专题调研,为区委、区政府科学决策和制定全区总体发展战略规划提供了重要依据。围绕民生改善开展专题议政。召开食品安全问题、社区卫生服务工作、城市垃圾收集管理和转变经济发展方式等方面议政会;举办文化产业发展论坛、"奥运·人文·风尚"论坛、"保增长、促发展、建首善"科学发展论坛;组织京城"老字号"继承与发展问题研讨等活动,在全市率先出台《关于保护和振兴"老字号"的实施意见》。围绕区域发展开展专题研讨。围绕"东城区产业发展规划之我见""企业上市融资大家谈""走进电子商务新时代"等主题,相继组织了9次"企业家共话东城新发展"沙龙活动,积极搭建政府与企业界沟通交流桥梁,共同寻找企业壮大和区域科学发展的有效途径和方法。开展"抱团取暖、共渡难关"活动,委员企业通过产品调整、技术创新、扩大内需等途径,在促进全区经济平稳较快发展中发挥了积极作用。落实区委、区政府"引企促税、招大引强"工作部署,举办"崇外商圈发展战略"研讨会,扩大区域影响力,推动多元化招商,引进项目20余个,引资总额达3亿元,为全区经济发展作出贡献。

四、突出主题,凝心聚力,营造和谐东城氛围

重视发挥民主党派和无党派人士在政协组织中的作用。在全体会议、常委会会议、主席会议、专委会会议以及调研、视察等经常性活动中,尊重民主党派、人民团体和各族各界人士的平等协商地位,表达意愿诉求。高度重视党派团体提案,为民主党派和无党派人士在政协组织中发挥作用创造条件。注重发挥委员的主体作用和政协的整体功能,做好协调关系、化解矛盾、理顺情绪、鼓舞士气的工作。协助区委、区政府做好民族和宗教工作。加强与少数民族、宗教界人士的联系与交流,组织视察民族教育学校、民族团结示范基地、清真饮副食商业网点、民族宗教场所等。注重团结归侨侨眷和海外侨胞,广泛开展联谊联欢、走访慰问活动。围绕重要历史节点举办重大活动,大力弘扬爱国主义精神。抓住举办奥运会、残奥会这一历史性机遇,组织委员重点从完善基础设施、提高环境质量、做好奥运服务等方面献计出力。举办改革开放30周年、新中国成立60周年、人民政协成立60周年、中国共产党成立90周年、辛亥革命100周年等庆祝、纪念活动,组织广大委员认真回顾总结坚持和完善中国共产党领导的多党合作和政治协商制度的宝贵经验,探索新形势下人民政协工作的特点和规律。关注民情民生办实事。制定《关于政协委员街道活动小组的工作意见》,积极开展"贴近百姓、关注民生"活动。五年来,先后对近400位特困家庭学生、特殊教育学校学生和867位困难党员、失业及低保人员等实行资助。注重文史和政协宣传工作。开展近现代及新中国成立后文史资料的征集整理工作,相继编辑出版了《皇城文化系列丛书》《崇文文史拾萃》《崇文梨园史料》《我们见证2008》等书刊,发挥文史资料"存史、资政、团结、育人"的作用。加大《新东城政协》报的宣传力度和东城政协网站的建设与管理,编辑《政协委员话履职》《民声民情民意》《我们共同走过》等资料,大力宣传政协履职成效和委员履职风采。

五、适应形势,注重实效,强化政协自身建设

充分发挥政协党组核心作用,顺利实现新区政协的良好开局。坚决贯彻国务院和市委、区委关于首都功能核心区行政区划调整的部署和要求,高效有序地实现了政协机关机构整合、工作融合和人员融合。2010年8月成功召开的政协东城区委员会(临时)第一次全体会议。及时调整年度工作计划,研究确定重点工作,体现出人民政协组织在整合资源、凝聚力量、推动科学发展中的重要作用。加强政协常委会建设。通过邀请专家讲座、举办专题培训等形式,学习中共十七大和十七届历次全会精神、胡锦涛同志在人民政协成立60周年大会上的讲话和在庆祝中国共产党成立90周年大会上的讲话,形成"以知情促履职"的局面。加强专委会建设和界别工作。落实专委会组织建设,完善工作规则,加强专委会与区对口部门的联系,坚持把界别活动纳入专委会工作整体计划。加强委员履职动态管理,促进委员履职管理的制度化和规范化。制定《区政协领导走访委员制度》《区政协领导接待委员日制度》《关于政协委员履行职责的管理办法》,全面掌握委员履职情况,增强委员履职意识。开展委员履职"三个一"活动,评选表彰优秀政协委员。加强政协机关建设,不断提高服务能力和水平。按照"学习型、服务型、和谐型、创新型"的目标,加强机关的思想建设、组织建设和作风建设。在全体党员干部中开展"创先争优"主题教育和"党员作风年"建设活动,增强科学发展、永葆先进的坚定性和自觉性。

东城区2011年国民经济和社会发展计划执行情况与2012年计划(草案)的报告

2011年12月20日在东城区第十五届人民代表大会第一次会议上

东城区发展和改革委员会主任　许　汇

一、2011年国民经济和社会发展计划执行情况

过去五年,是东城区经济社会实现跨越式发展的五年。在区委的坚强领导下,在区人大和政协的监督与支持下,全区上下以科学发展为主题,高水平完成了奥运会和国庆60周年的服务保障任务,统筹实施了"24条"等一系列服务经济发展措施成功应对国际金融危机的冲击,以高度的政治责任感在最短时间内完成了新区组建任务,"十一五"规划目标圆满完成,"十二五"规划实现了良好开局,区域文化、经济、社会、生态建设在更大范围、更广空间、更高标准上实现了统筹发展、融合发展、跨越发展。五年来,地区生产总值年均增长10%以上;财政收入是2006年的2.19倍;社会消费品零售额按同口径计算是2006年的2倍以上;固定资产投资累计达到1200亿元;实际利用外资累计达到21.9亿美元;人均可支配收入年均增长10%以上;第三产业比重由2006年的91.88%上升到2011年的96%,居全市第一。

2011年,在国家宏观经济总体向好和北京市实施有保有压的经济调控形势下,全区主要经济社会发展指标预计均达到计划目标要求,经济实力显著增强,社会发展基础进一步坚实。

(一)引领区域经济社会科学发展的规划体系基本建立,"十二五"实现良好开局

在全市率先形成科学发展的规划体系。全区上下牢固树立"规划也是生产力"、"没有规划不决策、规划不超前不实施"的科学理念,加强组织协调,密切部门协作,共编制完成69项规划和行动计划,形成了以总体发展战略规划为龙头,"十二五"规划和"三个东城"行动计划相互衔接的科学规划

体系。随着各类规划的综合实施，对区域经济社会科学发展的引领作用正逐步显现。

区域经济在高起点上实现了新发展。在东城区总体发展战略规划和"十二五"规划的引领下，形成了始终坚持高端发展的经济发展思路，建立了新区区街财政管理体制等一系列统筹区域经济发展的工作机制，优化了全方位、跟踪式、个性化的行政服务模式。一年来，区域经济规模不断壮大，预计地区生产总值突破1300亿元，同比增长8%；人均GDP达到2.25万美元。财政实力进一步增强，预计区级财政收入达到120亿元，同比增长16.7%；预计财政支出129.1亿元，同比增长11.7%，重点保障了历史文化名城保护、民生改善等事业发展。社会消费稳步增长，预计社会消费品零售额639亿元，同口径同比增长22%。圆满完成市政府下达的投资任务。旅游市场持续繁荣，预计旅游收入和接待人数均增长20%左右。区域经济国际合作更加密切，跨国公司地区总部已达14家。

（二）具有带动示范效应的重点项目稳步推进，历史文化名城保护与发展取得良好成效

历史文化名城保护工作全面开展。实施文化强区战略，把历史文化名城保护与发展作为第一任务。制定实施《东城区历史文化传承发展轴规划》和《东城区"十二五"时期历史文化名城保护发展规划》，在全市率先设立了历史文化名城保护专项资金，每年安排1亿元用于名城保护；与北京控股集团有限公司签署了历史文化名城保护与发展战略合作框架协议，引进社会资本，有效解决风貌保护、修缮、利用和项目建设的资金来源及持续发展问题。

"十项历史文化保护修缮整治工程"取得积极进展。鲜鱼口美食街修缮整治完成并开街，钟鼓楼广场环境整治工程已经启动，玉河北区建成亮相，南锣鼓巷市政改造项目基本完成，北京外城东南角楼（左安门角楼）复建正在积极推进，天坛周边环境整治项目稳步推进，前门月亮湾景观和曹雪芹故居纪念馆均已完成设计方案，雍和宫柏林寺周边修缮整治和孔庙、国子监周边修缮整治项目规划设计均已完成。

"十项文物抢救和保护修缮工程"已初见成效。明城墙遗址西段抢险工程、欧美同学会和美国使馆旧址修缮工程已完工；北京钟鼓楼大修工程已报国家文物局立项审批；方家胡同15号院正在修缮；清末自来水厂旧址、前鼓楼苑7号、9号院修缮工程方案均已通过审批，正在筹备开工；地坛宰牲亭油饰、国祥胡同2号消防水改造正在办理相关手续。

"十个会馆抢救和保护利用工程"稳步实施。晋翼会馆、贵州会馆和吉州会馆已修缮完成。安徽旌德会馆、广东惠州会馆及平镇会馆修缮方案已审批，安排了3457万元专项修缮资金；湖北会馆施工许可证已办理，拟迁建于前门西区C4地块。江西庐陵会馆、湖北黄安会馆、广东粤东会馆居民动迁工作接近尾声。

（三）经济结构向高端转型升级，区域经济内涵显著提升

经济发展更趋高端。积极扩大内需，更加注重消费拉动，通过举办崇外商圈购物季、消夏节等商业促销活动和发展电子商务等新型消费形式，社会消费品零售额保持20%以上的快速增长。投资结构逐步优化，房地产投资比例逐步下降，支持历史文化名城保护与发展和文创、信息服务业等重点产业发展的投资逐步加大，一批重点项目相继竣工。建成南馆低碳生活示范园，细化分解节能指标，加强节能评估审查，推进能源审计和合同能源管理，预计完成万元GDP能耗下降4%的年度目标任务。

产业结构更趋优化。在"二四三"产业发展战略指引下，坚持"高端化、低碳化、集约化"产业发展方向，进一步完善了投资促进体系，整合产业政策和优势资源，出台《东城区关于促进产业加快发展的鼓励措施》等8项政策和配套实施细则，建成覆盖全区的楼宇经济监测信息系统。254座商务楼宇区级税收已占区财政收入4成以上；产业结构不断优化，重点产业增加值占GDP比重达到64%。文创产业快速发展，成立了首期规模达两亿元的国内第一支项目权益类基金"中关村新媒体版权基金"，通过"版银宝"系列银行信贷服务产品实现银行放贷1.6亿元，推动5000万元"雍和园文化创意企业集合信托"发行，国际版权交易中心年内实现交易额10亿元，中网视讯、网尚院线等文化创意企业相继落户，彰显新东城深厚历史文化资源和文创产业亮点的东城馆亮相文博会并受到各界广泛关注，全区文创产业增加值已占GDP比重10%以上。商业服务业、商务服务业、信息服务业发展平稳。旅游业加快发展，前门大街手机导游导购平台等一批旅游产业项目相继启动，2011皇城文化国际旅游节等一批有影响的品牌活动相继举办。金融业发展更具特色，由传统银行业向投资基金、风险投资公司等其他金融业发展，英大国际信托、中诚信托、兵器财务等信托财务公司税收贡献突出。积极培育新兴产业，确定了中医药、体育产业统计口径和标准，建立起含有1426家企业信息的基础数据库，固生堂、中碳创投等一批符合新兴产业发展方向的上规模、有影响的企业落户东城。

经济功能区发展各具特色。第二届王府井国际品牌节完美谢幕，呈现出高端化、品牌化、国际化、时尚化、节庆化特点；成功吸引国际品牌入驻，苹果品牌在北京apm设立美国直营旗舰店，Forever21品牌在王府井开设中国首家旗舰店，王府井商圈国际品牌形象更加突出。东二环商务区内楼宇经济带动作用增强，商务楼宇企业实现区级税收已超商务区总体区级税收的八成以上。累计投资140亿元推进前门地区整体保护，前门历史文化节、"上元灯会"等品牌活动相继开展，前门地区国际知名度不断提升。雍和文化创意聚集区内文创企业聚集度和产业辐射力显著增强，当当网、光线传媒、易生创新科技等高新企业和文创企业相继通过审核挂牌上市。龙潭湖体育产业园规划建设进一步推进，国际体育交流中心开工建设，北京市青少年活动中心完成建设，龙潭中西湖一体联动升级改造前期工作取得进展，体育产业产权交易中心筹备工作有序推进。永外现代商贸区、和平里商务新区发展规划如期完成，发展方向更加明确。特色商业街品牌效应不断彰显，南锣鼓巷、南新仓、前门大街、簋街、红桥市场成为市级特色商业街（市场），南锣鼓巷荣获2011亚洲都市景观奖。鲜鱼口美食街老字号企业已入驻70%以上，和台湾会馆商务区、五道营文化休闲街共同成为本年度北京市重点支持的特色商业街项目。

经济发展环境更具吸引力。招大引强工作机制不断完善,在健全产业促进工作体系、强化产业政策宣传、创新利用社会中介机构开展招商等工作。吸引外资力度不断加大,新设外商投资企业130家,在国盛投资、中粮肉食投资等大项目的带动下,预计实际利用外资达到5.5亿美元。行政服务环境日益优化,统筹全区行政服务资源,完善事项转办、部门会商、督查考核等工作机制,打造功能明确、服务联动、覆盖全区的综合性服务平台。完善驻区重点企业信息库建设,履行绿卡企业服务承诺,积极探索个性化服务措施,继续坚持"企业家日"、集中年检等工作制度。发挥行政服务呼叫中心贴近群众、贴近企业的作用,行政事项即时办结率为95.8%,行政办事效率明显提高,区行政服务大厅被评选为"国家级城市公共服务标准化示范区示范窗口单位"。促进中小企业加快发展,出台《东城区关于促进中小企业发展的鼓励措施》,建立4000万元额度的中小企业发展专项资金,引导中小企业转型升级;加快推进中小企业"政银企"合作平台建设,累计为137家中小企业融资2.78亿元;组织中小企业申报国家和市区扶持资金,汉潮大成、星空电讯等57家中小企业获得资金支持4316万元。在我区鼓励企业做大做强的产业政策引导下,中文在线、光线传媒等一批中小企业已经初步成为业内领军企业。

经济体制改革力度加大。积极推进区街财政体制改革,出台了《东城区区街财政管理体制改革方案》《东城区街道税源建设奖励审核认证实施细则》《东城区关于加强街道预算管理和执行的指导性意见》等一系列配套制度,实现区街深度融合、合力发展。以清理地方融资平台为抓手,稳步推进投融资体制改革,举办区县融资平台沟通协调会,梳理融资平台承担的重大建设项目目录,充分挖掘区属融资平台融资潜力,确保项目资金落到实处。与国开行等金融机构合作,积极探索地方政府投融资模式,不断探索社会资本参与保障房建设模式。国企改革步伐加快,国有资本逐渐向优势企业集中,政府所出资的企业由15家整合为6家,其中揭牌成立的天街控股集团有限公司成为东城区国资系统内规模最大的国有独资企业集团;区属企业吴裕泰上市稳步推进;与北京市资产经营公司合作开发隆福寺项目,与北京首旅集团合作成立晨钟暮鼓置业有限责任公司,合力推进历史文化名城保护与发展。

(四)公共服务资源配置与供给模式逐步优化,公共服务实现优质均衡发展

文化活动丰富多彩。贯彻落实《北京市关于推动首都功能核心区文化发展意见》,形成了区域文化事业精品化、品牌化、特色化发展。成功举办第四届中华民族艺术珍品文化节、地坛庙会、龙潭庙会、龙潭灯会、金鱼池社区节、首届新东城文化艺术节、南锣鼓巷胡同节,突出了公益性特色文化品牌,丰富了群众文化生活,"一街道一品牌,一社区一特色"的文化活动格局正在形成。刘老根大舞台等民间艺术品牌和"功夫传奇"、"幻境极光"等一批优秀文化剧目提升了区域文化魅力。深入推动了"戏剧东城"建设,成功举办了"南锣鼓巷戏剧节"、"北京国际青年戏剧节"。

教育事业优质均衡发展。国家级基础教育综合改革试验区工作稳步推进。巩固、发展学区化管理、学校联盟、"学习e网通"等教育特色品牌,深化"名师名校长工作室"建设提升了教育质量和现代化水平。165中学、曙光小学等50余所学校经过校安工程建设已投入使用。通过改造、新建和恢复,新增7所幼儿园,入园难现象得到有效缓解。教育人才建设工程、名师名家打造工程稳步实施,师资力量和教管水平不断提升。成立了城乡一体化合作办学领导小组,通过合作办学等方式,增强优质教育资源向外区辐射的力度。

公共卫生服务的均衡便利与中医特色更加突出。全面落实中央及北京市医药卫生体制改革任务,优化区域医疗资源配置,圆满完成医改阶段性任务,得到了市级部门和专家的一致认可。制定发布了"社区卫生服务体系建设意见"、"社区卫生家庭医生式服务工作实施方案",顺利完成区精神卫生资源、区社区卫生服务管理中心的整合,朝阳门医院顺利转型为社区卫生服务中心,社区卫生服务的规范化、网络化、便捷化特征更加明显。发布了东城区居民健康白皮书。国家中医药发展综合改革试验区建设取得阶段性成果,中西医结合医院及二、三级综合医院中医科建设得到积极推进。39个社区启动中医药特色健康管理社区创建工作,体育馆路社区卫生服务中心获得卫生部2011年度全国示范社区卫生服务中心称号。成功举办了第三届地坛中医药健康文化节,完成了地坛公园中医药养生文化园二期改造,"京城名医馆"软硬件建设加快推进。区卫生局获得国家中医药管理局"全国中医药文化建设先进单位"荣誉称号。加强了与同仁堂(集团)、国药、桂龙药业等国内著名中医药龙头企业合作,合力促进中医药的发展。加大传染病防控力度,甲乙类传染病发病率始终控制在300/10万人以下。

人口工作统筹发展。制定了《关于"十二五"时期统筹解决区域人口问题的指导意见》,建立了"五项基本战略、四项长效机制、三个重点项目"为核心的机制框架,确定了与历史文化名城保护、产业结构调整、城市环境整治、居民住房改善等工作有机结合的功能核心区人口疏解工作模式,形成了统筹解决人口问题工作的合力。

群众体育广泛开展。积极创建国家级全民健身示范区,新增20个"奥林匹克·体育生活化社区"。成功举办了中国北京国际体育舞蹈公开赛和第一届全民健身体育节。"一刻钟健身圈"稳步推进。对5000余人进行国民体质测试,合格率达到88%。中小学校和社会单位文体设施进一步开放。培训了614名社会体育指导员。完成了区体育文化中心项目前期调研和设计,东单体育中心项目建设方案已报待批,天坛体育中心足球场及田径场附属设施建设完成并投入使用。

科技创新能力显著增强。投入149万元科技资金支持34项科技创新项目。争取市级科技创新支持资金700余万元,完成了"东城区科技资源共享、科技成果转化服务体系"项目建设。全区高新技术企业已达148家,预计全年输出技术首次突破2000项,成交额首次突破100亿元。预计全年专利申请4800件,专利授权2800件,均居全市第三位,形成了一批信息技术、低碳节能等科技成果应用技术,区域内企事业单位自主创新能力大幅提升。新增4家北京市科普教育

基地，面向社会积极开展科技周、科普之夏等科教宣传活动，“创新型科普社区”建设稳步推进。

信息化建设取得显著成果。启动实施“数字东城”行动计划第一批十二项重点工程，全国标准化示范区信息化体系建设取得成效。网格化社会服务管理信息系统有效支撑了社会管理示范区试点创新。国家“数字城市”地理空间框架试点和电梯运行安全物联网应用试点顺利完成。完成政务网实名制接入工作，数字政务、数字监测等一批信息化建设项目取得积极进展。

（五）综合管理服务机制不断创新，精品城区建设成效显著

深入推进城市管理精细化。充分发挥网格平台功能，进一步完善综合执法工作机制，深化城市管理“东城模式”，以“九横八纵”主干路网及周边环境为重点巡视范围，采取细化网格化城市管理立结案标准，开设专题图层，通过建立专项考核办法、组织专项普查等措施提升城市精细化管理能力。实施“九横八纵”重点大街综合提升工程，投入7523万元对安定门内大街等三条重点大街实施综合提升。

环境秩序整治扎实推进。大力开展百日整治“春风行动”、环境秩序“灭死角”行动、重点地区环境秩序整治等多项专项整治行动，有效打击各类违法行为，净化环境秩序。研究制定了《东城区禁止违法建设实施办法》，拆除违法建设千余处、2万余平方米。集中整治了朝阳门南小街等五条重点大街、钟鼓楼周边地区等五个重点地区及东四十一条等18条街巷胡同和白桥大街12号楼院等五个老旧小区。以清理大街废弃物、清除暴露垃圾、清洗粉饰建筑外立面及绿化美化环境为整治重点，在35条主要大街实施亮点提升工程，已初见成效。广告牌匾整治、夜景照明效果明显。簋街环境提升工程稳步推进。

绿化美化效果全面提升。重点完成“九横八纵”主干路网绿化景观提升工程，分别对平安大街、崇文门外大街、南二环辅路等道路进行绿化改造，完善了道路绿化的生态、景观、隔离功能，打造更加和谐优美的环境。丰富绿化形式，拓展绿色空间，在天雅红桥市场、龙潭湖体育馆和国家博物馆等处完成屋顶绿化2.13万平方米。重点完成了以“祝福生日”、“光辉历程”为主题的建党90周年及17组国庆花坛布置工作，形成“一环、一轴、多节点”的布置格局。完成扩大改造绿地26.02公顷，人均公共绿地面积预计达到6.0平方米。积极探索“区内减量化处理，区外资源化利用”的垃圾处理新途径，建设自然生态循环基地并实现运行，在全市率先探索生活垃圾循环再生利用的新路径。

交通秩序明显改善。启动车辇店胡同临时停车场改造项目，在26条胡同开展“单行单停”试点，推进公共自行车接驳服务，通过增设机动车入口、增加车道、道路改造、实施架空线入地等措施，缓解胡同停车压力，提高道路通行能力。

（六）以人为本、成果共享的各项民生工程全面落实

就业和社会保障工作取得新成效。通过开展就业帮扶系列活动，推广建立“创业者俱乐部”，促进创业带动就业。开发社区就业岗位25355个，安置失业人员17405人，城镇登记失业人员就业率68.48%，就业困难人员就业率64.99%；城镇登记失业率为1.13%，继续控制在较低水平。发挥创业者俱乐部作用，建立“创业孵化园”，实现创业2673人，带动就业5248人。贯彻实施《社会保险法》，五项社会保险基金累计收缴111.58亿元，累计支付104.23亿元，同比分别增长24.59%和19.64%，各项基金收缴率均达到98%以上。以建立工资协商机制为重点，不断完善劳动关系协调机制，纳入监控企业的劳动合同签订率达到97.71%，劳动关系保持和谐稳定；为1341名劳动者追讨工资670.04万元，切实维护了劳动者合法权益。全面落实“九养”政策，居家养老服务形成标准化体系，发放居家养老（助残）券3763.9万元、高龄津贴395.75万元。北苑区级养老院已完成装修改造，9家养老服务机构正常运行，新增养老床位578张。建立养老（助残）餐桌246个、托老（残）所186家，签约非餐饮类居家养老服务商221家。社会救助体系进一步完善，低保标准经两次调整由430元提高到500元，共保障低保对象及生活困难补助人员9740户、17516人，累计支出低保及生活困难补助资金7933.68万元，惠民政策已覆盖所有困难群众。

社区建设和管理机制不断创新。扎实推进国家级“城市公共服务标准化示范区”、“社会管理创新综合试点区”建设，不断完善“一委三会一站、多元参与共建”的社区治理体系，形成了网格化社会服务管理模式，除待改造社区外，所有社区已全部实现规范化的目标。制定《社区服务站服务标准》，加强社区服务站服务标准化建设。积极推进社区民主自治建设，出台《东城区关于建立社区多元参与机制的工作意见》，建立社区多元参与工作机制，“社区居民会议常务会”等经验在全市推广。社会工作者和志愿者队伍不断壮大，专业社工已达2000人，占常住人口的2.18‰；注册志愿者已达10.59万人，占常住人口的11.5%。

便民惠民工程加快实施。加快流通体系建设，强化货源供应，推进“场地对接”蔬菜流通模式，建成10家天镇蔬菜直营店和15家新发地直营菜店，确保生活必需品市场稳定。建立了富平家政服务培训基地，培训家政人员1130名，培训合格率90%以上。完成21个再生资源回收网点建设，基本实现全区43个垃圾分类试点小区再生资源回收站点的全覆盖。积极推动63个居住小区垃圾分类达标建设，完成96栋居民楼既有建筑节能改造项目立项，完成4.57万户高清交互数字电视用户推广任务，居民生活条件进一步改善。扎实推进住房保障工作，组织完成874户经适房选房、廉租房实物配租入住1800户、1180户限价房摇号配售，启动1394套公共租赁住房配租工作，预计全年向廉租家庭发放租房补贴4700万元。

社会公共安全保持稳定。把消防安全作为公共安全的第一任务，街道、社区消防安全环境全面改善。“网格化”社会治安管理模式逐步完善，重点区域治安防范得到全面加强。深入开展矛盾纠纷排查化解工作，深化信访代理制和领导接访制，全年无重点地区非正常集体访，无新的重大重复上访户。安全生产指标控制在北京市下达指标以内。食品安全抽查合格率预计达到98.47%，药品抽验合格率预计达到98%。

二、2012年国民经济和社会发展计划安排

2012年是实施“十二五”规划的关键一年。东城区国民

经济和社会发展工作的总体要求是:深入贯彻党的十七届六中全会和党的十八大精神,落实市委、市政府以及区委的总体部署,以科学发展为主题,着眼中国特色世界城市建设,立足"国际化、现代化新东城"战略目标和"首都文化中心区、世界城市窗口区"总体定位,深入实施"两新四化"战略,以规划为引领,以加快转变经济发展方式为主线,以历史文化名城保护与发展为第一任务,以实施经济高端发展战略为中心任务,以优化配置公共服务资源为第一原则,以城区品质提升为第一要求,以保障和改善民生为第一目标,加快实施"人文东城、数字东城、绿色东城"行动计划,坚持高端化、精品化、品牌化、特色化发展,实现区域经济社会在新起点上的新突破。

根据"十二五"规划指标体系,2012 年经济社会发展主要指标是:

——地区生产总值增长 8%;

——财政收入增长 9%;

——重点产业增加值占 GDP 比重达到 65%(其中,文化创意产业增加值占 GDP 比重达到 12%);

——城镇居民人均可支配收入增长 8%;

——社会消费品零售额增长 12%;

——实际利用外商直接投资额 4 亿美元;

——城镇登记失业率控制在 2% 以内;

——万元 GDP 能耗下降率达到市级要求。

为确保上述目标的实现,主要做好以下几方面工作。

(一)以历史文化名城保护与发展为第一任务,增强经济发展的文化驱动力

以项目建设为抓手,全面推进历史文化名城保护与发展。做大文创优势产业,加快发展文化经济。实施文化品牌工程,增强公共文化服务能力。深化文化体制改革,促进文化大发展。

(二)以实施经济高端发展战略为中心任务,实现区域经济增量、增质、增效

优化产业结构,实现经济高端发展。优化经济布局,统筹推进"两带五区"建设。充分发挥国企主导作用,深化区属国企改革重组。激发企业活力,促进中小企业发展。加快工作进度,推动重点项目建设。

(三)以优化配置公共服务资源为第一原则,提升公共服务效率和水平

强化优质均衡发展,推进素质教育。加强公共体育服务体系建设,推进群众体育发展。营造卫生服务新格局,增强公共卫生服务能力。突出科技创新支撑,加快信息化建设步伐。知识产权宣传、保护和管理力度。提升人口素质,统筹人口管理。

(四)以品质提升为第一要求,提高城市运行保障能力

实施创新工程,大力推进创新型城区建设。实施环境提升工程,加大环境整治力度。完善东城模式,深度推进城市综合管理。实施立体绿化,全面提升绿化美化水平。实施疏堵工程,加强交通管理工作。

(五)以民生改善为第一目标,推进社会和谐建设

坚持就业为本,提升社会保障水平。坚持民生为先,继续实施一批惠民工程。突出东城特色,深化社会管理服务创新。打造平安东城,营造和谐稳定的社会氛围。

东城区 2011 年财政预算执行情况和 2012 年财政预算(草案)的报告

2011 年 12 月 20 日在东城区第十五届人民代表大会第一次会议上

东城区财政局局长　陈　虹

一、2011 年预算执行情况

(一)全年财政收支情况

1. 财政收支总体情况

2011 年,经过全区各部门的共同努力,区公共财政预算收入预计完成 1200000 万元,为年度预算的 109.7%,同比增长 16.7%;政府性基金预算收入预计完成 12711 万元。

2011 年,区公共财政预算支出预计完成 1291050 万元,为调整后年度预算的 94%,同比增长 11.7%;政府性基金预算支出预计完成 116250 万元。

2. 主要税种完成情况

增值税预计 68500 万元,同比增长 15.9%。主要是消费增长和物价上涨等因素带动增收。

营业税预计 529000 万元,同比增长 21.8%。金融业、房地产业、租赁和商务服务业以及住宿和餐饮业为营业税的增收主体力量。

企业所得税预计 230000 万元,同比增长 6.7%。主要是企业效益增长带动增收。

房产税预计 131000 万元,同比增长 17.5%,主要是房产原值和房租收益增加带动增收。

城镇土地使用税预计 8300 万元,同比增长 7.3%。

土地增值税预计 49000 万元,同比下降 1.7%。主要是上年部分房地产项目集中清算,形成一次性入库税款的

影响。

印花税预计40000万元,同比增长13.5%。

车船税预计13000万元,同比下降2.3%。

城市维护建设税预计98500万元,同比增长64.3%;教育费附加收入预计25000万元,同比增长65.6%,主要是开征外资企业城建税和教育费附加所致。

3.主要支出项目情况

一般公共服务支出预计123135万元,同比增长6%。主要是积极探索政府职能转变新思路,打造服务型、高效型、廉洁型政府,提升政府公共服务水平。

国防支出预计1420万元,同比增长3.8%。主要是确保人防工程维护,开展国防教育,做好民兵征集、管理等工作经费。

公共安全支出预计87852万元,同比增长10.9%。主要是继续深化"平安东城"建设,进一步健全对突发公共事件的预防预警和应急处理。严厉打击违法犯罪活动,完善社会治安防控及公共安全监管体系。

教育支出预计254955万元。2011年对教育事业的投入预计达到352328万元,比上年增长11.8%,实现了依法增长。

科学技术支出预计8431万元。2011年对科学事业的投入预计达到7845万元,比上年增长14.2%,实现了依法增长。

文化体育与传媒支出预计27464万元,同比增长22.9%。2011年对文化事业的投入预计达到7660万元,增长16.8%,实现了依法增长。

社会保障和就业支出预计244055万元,同比增长29.7%。主要是落实各项社保惠民和养老服务政策,扩大就业再就业补助范围,加大对弱势群体的补助支出。

医疗卫生支出预计108342万元,同比增长41.4%。2011年对卫生事业的投入预计达到53200万元,比上年增长14.3%,实现了依法增长。

节能环保支出预计19531万元,同比增长5.3%。主要是拨付采暖季供热燃料补贴,确保全区居民冬季供暖工作顺利进行。

城乡社区事务支出预计304646万元,同比增长63.4%。主要是进一步完善城市基础设施体系,深化拓展网格化城市管理新模式,提升城市管理精细化水平,营造优美整洁的城市环境。

资源勘探电力信息等事务支出预计2327万元,同比增长16.2%。主要是落实中小企业发展扶持政策,支持一批有发展潜力的老字号企业提高市场竞争力。

商业服务业等事务支出预计2576万元,同比增长77.5%。主要是促进旅游产业发展,支持便民菜市场改造支出;拨付家电以旧换新、汽车以旧换新等各项补贴资金,促进消费市场活跃。

住房保障支出预计40471万元,同比增长267.1%。主要是落实各项保障性住房政策,安排专项资金支持廉租房建设,及时足额发放公租房、廉租房等专项补贴,切实解决百姓住房困难。

粮油物资储备管理事务支出预计2318万元。主要是上交市财政粮食风险基金。

其他支出预计63527万元。主要是优化发展环境,促进区域经济良性发展,落实各项产业结构调整政策补贴,偿还政府债务本息支出等。

政府性基金预算支出预计116250万元。其中:文化事业建设费支出35万元,残疾人就业保障金支出7646万元,国有土地使用权出让金支出105692万元,城市公用事业附加支出314万元,城市基础设施配套费支出993万元,其他政府性基金支出20万元。

4.实现全年财政收支平衡

按照现行市区财政管理体制,2011年区公共财政预算收入预计1200000万元,政府性基金预算收入预计12711万元,市对区转移支付补助预计219244万元,市财政追加专项补助及国有土地使用权出让金返还129352万元,政法转移支付补助4670万元,上年专项结转235764万元,收入总计1801741万元;2011年区公共财政预算支出预计1291050万元,政府性基金预算支出预计116250万元,上解市财政支出预计244168万元,结转下年预计108527万元,安排预算稳定调节基金41746万元,支出总计1801741万元,实现收支平衡。

鉴于2011年预算执行尚未完成,目前列报的财政收支数字均为预计数,待2011年市区财政结算和财政预算执行完毕后,有关数字和内容会有所变化,届时将通过财政决算向区人大常委会报告。

(二)2011年为完成预算任务所做的主要工作

1.深入挖潜、联动协作,全力确保财政收入目标顺利实现

2011年,区财税部门积极开展工作,采取有效措施,扎实推进税源建设,进一步强化税收征管,充分发挥联动组收机制的积极作用,经过艰苦努力,圆满完成了区人代会批准的财政收入预算任务,为实现全年预算收支平衡奠定了坚实的基础。

一是深入挖掘辖区楼宇资源,健全税源建设工作机制。通过调整区街财政体制,充分发挥街道在楼宇税源建设工作中的基层基础工作优势;继续完善楼宇经济监测工作机制,加强招商引资和税源建设工作力度,提高楼宇资源对经济增长和财政增收的贡献度,切实提升税源建设的常态化、精细化、成效化水平。

二是充分发挥政策和资金的引导作用,投入55000万元支持总部经济以及主导产业、文化创意、中医药、低碳等产业发展,积极培育和涵养财源;积极完善融资担保体系建设,累计办理中小企业小额担保贷款40项,拨付中小企业发展等专项资金,引导银行贷款,促进区域内中小企业发展;协调总部企业建立符合地方税收利益框架的经营治理结构,将财政政策、资金与促进经济发展和调整产业结构相结合,探索发展空间不足条件下促进经济发展的新思路。

三是继续强化财政收入目标责任制管理,组织、协调各征管部门全力以赴落实年度组收计划,确保财政收入按计划完成;加强收入预警,完善重点行业、重点企业实时分析监测机制,为财政收入预测和决策制定提供数据支撑,及时防范

组收风险;加强宏观经济形势和财税政策研究,分析政策影响,寻找应对措施,提供决策依据。

四是继续强化财政、国税、地税、工商四部门联动组收工作机制,完善数据信息共享和交换机制,提高清理欠税、稽查检查、纳税评估的质量和效率,将联动机制向税收征管环节拓展;稳步推进预算外资金纳入预算管理工作,努力挖掘非税收入增收潜力,确保非税收入及时足额入库,为区财政收入持续平稳增长提供了保障。

2. 突出重点、加强统筹,全力支持新东城经济社会平稳较快发展

一是加大投入保障和改善民生。足额安排各项社会保障政策性资金21581万元,确保就业再就业、城镇居民养老、医疗保险、残疾人保障等各项社会保障政策落实到位,其中:安排就业再就业资金7000万元,积极推动就业保障工作,保障全区就业形势基本稳定。投入3000万元,支持区级养老服务机构建设,完善养老服务体系。及时发放低保和粮油帮困补贴等各项社救经费9816万元,保障低收入群体基本生活,维护社会稳定。拨付1998万元,确保廉租户及时入住廉租房及低保户按时领取廉租房租赁补贴。足额安排资金保障城镇居民基本医疗保险、退养人员医疗待遇、优抚对象医疗补助等各项医疗保险政策落实。全年社会保障支出预计306485万元,同比增长15.8%。

二是依法支持各项公共事业发展。落实教育法律法规和各项教育方针政策,积极推动国家级基础教育综合改革实验区建设工作,支持教育均衡化发展,健全义务教育经费保障机制,推进义务教育教职工绩效工资改革,安排15000万元支持中小学校舍安全工程建设;继续安排各类文化体育产业事业等专项资金,"十二五"期间每年安排文化创意产业发展专项资金5000万元,推进文化创意产业发展,推动公共文化服务建设,支持2011年新东城文化艺术节、"创意点亮北京"等大型文化活动举办,加强街道文体中心、社区文化室等基础设施达标建设,深入实施"文化强区"战略;设立专项资金支持我区学校(单位)体育文化设施面向社会开放,投入专项经费举办第二届东城区体育节、国际舞蹈大赛等活动,推进"体育社区生活化"建设,提升了东城区体育产业品牌的知名度;依法足额安排卫生事业经费,健全社区卫生服务网络,提升疾病防治和医疗救治水平,进一步完善公共卫生服务体系;推进"国家中医药发展综合改革试验区"建设,促进中医药行业"七位一体"综合发展;继续加大科学普及和科技创新投入力度,全面加强科普能力建设,促进科技文化成果推广应用;加大对人口和计划生育事业的投入力度,有力实现了各项重点事业支出依法增长。

三是着力促进城市建设与管理水平提升。设立历史文化名城保护专项资金10000万元,推进历史文化传承发展轴建设。加大旧城改造工作投入力度,着力支持旧城房屋修缮、对接安置房建设等为民办实事工程,努力改善居民居住条件。安排资金14958万元,确保全区既有建筑节能改造、低碳生活示范园等节能环保项目顺利开展;拨付资金56977万元,深化"网格化管理"、城市管理综合执法运行模式,打造有东城特色的城市管理新模式,努力实现城市文化内涵、环境卫生、绿化美化、广告牌匾、夜景照明、公共设施、交通秩序、公共安全等"八个明显提升",进一步增强城市精细化管理能力,体现新东城、新标准、新形象。

四是保障政权建设和政法部门履行职能需要。拨付资金1074万元,确保两会、重大节日及重大活动安保任务圆满完成;安排足额经费,支持网格化社会服务管理创新、文明乘车、维稳等专项工作的顺利推进;拨付专项资金,开展社区矫正及安置帮教、普法宣传、法律援助等工作;足额安排矛盾纠纷排查化解专项经费,支持科技强警标准化建设,维护全区政治安定和社会稳定;安排资金保障公务员培训体系建设,全面提升公务员队伍的整体素质和综合能力;投入1440万元支持举办王府井国际品牌节、前门历史文化节等工作,进一步提升新东城影响力;积极筹集援建新疆、西藏、青海、内蒙古专项资金6543万元,完成了2011年援建资金上交任务。

五是强化财政支出管理,提高资金保障能力。在确保正常运转的前提下,压缩区属各预算单位公用经费10%,努力保障全区重点工作资金需要;切实推进预算外资金纳入预算管理工作,出台《东城区行政事业单位财政结余资金管理办法》,进一步加大统筹力度,提高财政资金使用效益;严格落实厉行节约工作要求,大力开展节支工作,严格控制预算追加,强化预算硬约束,统筹发挥资金合力支持区域经济社会发展;积极参与完善投融资平台建设,更广泛的调动和筹集社会资本支持区域经济发展;狠抓资金安全管理,进一步提高各单位安全理财意识,规范业务操作,化解财政资金安全风险。

3. 强化基础、积极创新,全力提升财政服务保障能力

一是认真落实市对区县财政管理体制,并根据新区的实际情况,研究制定了新的区街财政管理体制。一方面,建立了街道事业发展支出正常增长机制,梳理统一了街道三大类三十九项事权,按照"政策与标准统一、事权与财权匹配"的原则,充分保障了街道事业发展和履行职能的资金需要;另一方面,建立了街道税源建设激励机制,将街道辖区企业缴纳区级税收纳入街道财政收入统计范围,强化街道办事处税源管理责任,促进形成区街共同组收,共促发展的长效机制。新的区街财政管理体制实施以来,全区各街道办事处事业发展和履行职能的资金需求得到了充分保障,服务辖区发展的积极性进一步提高,对区财政增收的贡献度不断提升,区街两级上下联动组收机制得到了进一步的完善和发展。

二是积极推进国有资本经营预算工作,进一步完善政府预算体系。按照《预算法》《企业国有资产法》等法律、法规的要求,在充分调研、深入研究的基础上,会同区有关部门制定了《东城区国有资本经营预算管理暂行办法》和《东城区国有资本收益收缴管理暂行办法》,初步构建起了我区国有资本经营预算的制度框架,并按照两个办法的要求,组织了2012年国有资本经营预算的编制工作,力求完整、准确、科学、合理地编制2012年国有资本经营预算。

三是进一步完善绩效评价工作机制,着力提高财政资金使用效益。以绩效评价操作流程、考评指标体系、考评标准和考评方法为重点,进一步完善绩效评价工作机制;深化绩效评价全过程监管模式,为项目单位规划资金预算、规范资

金运行和提高资金使用效益提供了有效的制度保障；以财政项目资金绩效评价为载体，发挥以点带面的示范效应，促进了项目单位财务管理水平的整体提升。2011年，区财政共对全区75个预算支出项目开展绩效考评，涉及财政资金28000万元，并通过考评结果的有效运用，促进了我区财政支出绩效激励与约束机制的建立。

四是切实增强统筹能力，提升财政工作科学化、精细化管理水平。创新预算管理机制，完善基本支出预算定额标准，细化基础资料数据库指标体系，提高2012年预算编制水平和服务保障能力；全面梳理财政国库管理制度和业务流程，继续扩大财政授权支付和直接支付范围，强化预算执行监控，提高预算执行效率和资金使用效益；加强政府采购预算管理，开展公务用车问题专项治理工作，继续扩大政府采购规模，提高公开招标比重；出台《东城区行政事业单位国有资产管理办法》，完善行政事业单位国有资产集中公开处置机制，完成资产动态系统的合并升级工作，为进一步摸清全区资产家底奠定基础；强化财政监督工作，对拨付预算单位的专项资金进行全程跟踪检查，完成全区757个行政事业单位、社会团体及国有企业的“小金库”专项治理复查工作；积极推进“金财工程”建设，整合现有业务系统模块，推进“大平台”建设，确保全区财政财务工作有序运行。

二、2012年预算草案

按照国务院和我市关于编制2012年预算工作的总体要求，结合全市、东城区经济社会发展和财政工作面临的新形势，确定我区2012年预算草案编制的指导思想是：以科学发展观为统领，深入贯彻十七届六中全会精神和“两新四化”发展战略，扎实推进“十二五”各项工作，统筹优化财政资源配置，努力打造“首都文化中心区、世界城市窗口区”，促进全区经济社会全面协调可持续发展；进一步优化财政收支结构，积极培育涵养税源、严格控制一般性支出，保障依法增长和全区重点工作资金需求；完善公共财政体制，积极深化财政改革，提升财政财务管理科学化精细化水平，稳步推进各项财政信息公开工作，在更高起点上全面推进“国际化、现代化新东城”建设。

根据上述指导思想，综合考虑2012年经济社会发展和财政预算管理面临的各方面因素，按照围绕中心、突出重点、收支平衡、留有余地的原则，2012年区公共财政预算收入安排1308000万元，比上年增长9%；政府性基金预算收入安排11000万元。2012年区公共财政预算支出安排1402870万元，比上年年初预算增长21.7%，其中：区本级财力安排1338500万元，市财政追加专项补助预计64370万元；政府性基金预算支出安排37027万元。

2012年区公共财政预算收入安排1308000万元，加政府性基金预算收入11000万元、市财政转移支付补助预计223914万元、市财政追加专项补助预计64370万元，上年专项结转资金预计108527万元，动用预算稳定调节基金26000万元后，收入总计1741811万元。2012年区公共财政预算支出安排1402870万元，加政府性基金预算支出37027万元、预计上解市财政支出301914万元，支出总计1741811万元。2012年预算做到了收支平衡。

2012年预算安排主要考虑以下几方面：

（一）立足形势、科学分析，积极稳妥安排财政收入预算

（二）集中财力、保障重点，科学合理安排财政支出预算

随着新区“十二五”规划以及未来20年宏伟发展蓝图的出台，新区的战略目标、总体定位和发展战略更加明确，历史文化名城保护的任务更加艰巨，对区财政的保障能力提出了更高的要求。为集中财力保障全区重点工作，确保实现全年财政收支平衡，2012年区财政支出预算遵循“保重点、保民生、保稳定、保运转、促发展”的预算安排原则，统筹利用各种资金资源，调整优化支出结构，集中财力确保区委、区政府重点工作的资金需要和施政方针的实现。

一是加大投入力度，促进东城区文化大发展大繁荣。二是坚持以人为本，着力保障和改善民生。三是保障社会重点事业投入依法增长，促进基本公共服务优质化和均等化。四是继续提升城市建设与管理水平，加快宜居和谐城区建设。五是继续加大对经济结构调整的投入力度，促进财政经济发展。六是控制和压缩一般性支出，进一步降低行政成本。

三、2012年财政主要工作安排情况

2012年是全面落实《东城区总体发展战略规划（2011—2030年）》和“十二五”规划的关键之年，也是新一届区政府的起步之年。区财税部门将认真贯彻落实区委全会精神，围绕“两新四化”发展战略，充分发挥财政职能作用，全力以赴组织收入，统筹高效安排支出，科学创新深化改革，进一步提升科学化、精细化理财水平，为推进“国际化、现代化新东城”建设，全面实现新东城的新标准、新形象、新发展提供坚实的财力保障。

（一）挖潜增收、涵养税源，努力实现“保增长、调结构、促发展”工作目标

（二）保障重点、强化统筹，积极推动文化发展，切实保障民生需求

（三）突出效益、健全机制，积极构建预算绩效管理体系

（四）夯实基础，深化改革，切实提升财政监督管理和服务保障能力

东城区人民法院工作报告

2011年12月21日在东城区第十五届人民代表大会第一次会议上

东城区人民法院代院长 孟 祥

过去五年工作回顾

一、努力发挥审判职能,积极应对经济社会发展对审判工作的新挑战

随着首都经济社会快速发展,大量的社会矛盾纠纷以案件的形式涌入法院。特别是作为首都中心城区法院,审判工作面临着新类型案件不断涌现,案件处理难度越来越大等新挑战。对此,我院充分发挥审判职能作用,全力维护社会稳定,促进社会和谐,保障经济发展。五年来共受理各类案件117811件,审结115072件,结案率97.7%。其中,审结刑事案件3964件,判处4854人;审结民商事案件77180件,调撤率62.9%;审结知识产权案件2202件;审结行政案件1564件,审查非诉行政案件406件;执结案件29756件,执结标的额63.6亿元。

(一)依法严厉打击各类刑事犯罪,维护社会秩序稳定

刑事审判从切实保护人民群众生命财产安全,维护社会稳定出发,依法对利用邪教组织破坏法律实施案、东直门爆炸案等严重影响首都政治稳定和社会安定的犯罪分子予以严惩;严厉打击多发性侵财犯罪,努力增强群众安全感,审结抢劫、盗窃、故意伤害、毒品犯罪等案件2252件,对219名犯罪分子判处五年以上重刑;严惩金融、财税、商业等领域的经济犯罪,审结合同诈骗、信用卡诈骗、网络赌博、商业贿赂、非法吸收公众存款等案件200件;加大食品、药品等重点领域违法犯罪活动的打击力度,对制售"黑心烤鸭"的孔某等五人予以严惩。依法惩治职务犯罪,审结贪污、贿赂、渎职、挪用公款等案件116件,涉及处级以上干部20余人。准确把握"宽严相济"刑事政策,对主观恶性不深、社会危害不大的犯罪分子,依法从宽处理,宣告缓刑436人,单处罚金35人,免予刑事处罚81人;准确适用新法,先后审理了《刑法修正案(八)》实施后我市首例公交扒窃案和危险驾驶案;积极推进量刑规范化改革,作为最高人民法院确定的试点法院,在全国试点总结会议上作主题发言。加强对未成年人合法权益的综合保护,成立未成年人刑事、民事案件综合审判庭;在全市法院首次适用量刑答辩程序审理涉未成年人刑事案件,促进量刑公正透明;探索涉少刑事案件社会调查机制,彰显对失足少年的特殊保护;延伸审判职能,积极开展复学安置、跟踪帮教等工作。此外,我院负责审理全市的"公交扒窃案",共审理此类案件334件。

(二)依法妥善审理民商事和知识产权案件,促进经济社会发展

民事审判将保障民生作为着力点,以化解社会矛盾为主线,以定纷止争为目标,妥善处理各种矛盾纠纷。公正高效审理事关人民群众切身利益的医疗纠纷、婚姻家庭、人身损害赔偿等案件15736件;慎重处理涉政策调整、市政工程建设、企业改制纠纷等群体性案件或社会热点案件,审理了"国十条"实施后首例房屋买卖合同案,化解了涉及200余名商户的"秀雅缘"租赁合同案等一批群体性纠纷;妥善处理涉奥运会、世博会等敏感性案件,立案前化解世博特许产品著作权纠纷,维护了世博会特许品牌的形象,上海世博会事务协调局专门致信表示感谢;正确处理劳动者合法权益与企业健康发展之间的关系,妥善审结劳动争议案件6831件,涉案标的额4656万元。同时,受市高级法院指定管辖,负责审理北京市经济技术开发区的劳动争议案件;创新彻底化解纠纷工作法,加大即调即执工作力度,及时实现当事人合法权益,彻底化解案件6960件,当庭或现场交付现金共计1.14亿元,最高法院《法院情况反映》《中国审判》专刊予以推介;加大对新类型案件研判力度,审理了北京首例行人负全责交通事故索赔案、首例无固定期限劳动合同员工被解雇案等新类型案件。商事审判注重发挥促进经济发展的职能作用,依法化解金融风险,保障金融行业健康发展,审结借款纠纷、信用卡结算、保险证券等金融案件11889件,涉案标的额15.9亿元;服务区域经济结构调整大局,审结涉及企业破产、公司解散清算、公司股东权益等案件466件;探索推出"双主动"审判模式,努力实现"引和谐进诉讼,变诉讼为和谐"的目标,受到最高法院、市人大、市高院的高度评价。充分发挥知识产权审判服务文化创新的作用,"北京鬃人"著作权侵权案等入选北京市知识产权诉讼十大案例;注重奥运知识产权保护,依法审结奥运福娃设计者署名权等涉奥纠纷案;打造"知产雍和行"品牌活动,与区知识产权局、雍和园管委会等建立联动机制,促进文化创意产业发展;同时,加大对老字号企业的法律服务和保障力度。

(三)依法化解行政争议,确保维护权益与促进依法行政相统一

通过司法审查对行政机关合法行政行为及时予以确认和支持。依法纠正违法行政行为,促进依法行政,切实维护行政相对人的合法权益;追求法律效果和社会效果相统一,妥善审理涉"亿霖木业"上访人员因非正常访引发的治安行政案件及附带赔偿案件;依法审查、协调地铁14号线(崇文段)项目建设、西革新里危改项目、东交民巷20、31号院联合

储备开发项目等涉及市、区重点工程项目的非诉行政执行案件；妥善审结全市首例政府信息公开行政案和涉及企业名称权的行政许可案；利用诉前沟通、诉中协调、诉外调解的方式化解了一批矛盾尖锐的案件；作为全国首批试点法院，积极开展行政诉讼简易程序试点工作；定期发布《行政案件司法审判报告》并向区委、区人大、区政府报送，同时将案件审理中发现的问题向行政机关通报，推动依法行政。

（四）依法加大执行威慑力度，努力破解执行难

执行工作准确适用反规避执行的20项措施加大执行力度，五年来共司法拘留141人，限制出境65人，公布拒执人名单58人，追究刑事责任6人；坚持服务大局，顺利执结涉及北京南站、东二环内滨河路市政工程、前门市政改造、南锣鼓巷道路改建等市、区重点工程建设的案件。圆满执结历时五年、涉及181家商户的“大天坛”柜台租赁纠纷案；规范执行行为，强化执行监督，进一步落实分段集约执行工作机制，不断完善执行裁决权和实施权分离、执行流程管理等举措；深化执行便民措施，实行“紧急执行无假日”制度，节假日执行937人次；完善评估、拍卖案件“日志提示”制度，确保当事人及时实现权益；加强执行工作的协调配合，与公安、检察、工商、银行等相关部门建立执行联动机制。

二、努力践行司法为民，积极回应人民群众对法院工作的新期待

随着经济社会的全面进步，物质文化生活水平的提高，人民群众对法院工作提出了一系列新要求、新期待。五年来，我院充分发挥并延伸审判职能，积极参与社会管理创新，认真落实司法为民各项举措。

（一）加强审判管理，在促进公正高效上下功夫

公正高效司法是司法为民的基础和前提。为此，我院成立审判管理办公室，统筹组织实施审判质量、审判流程、审判效率、审判绩效考核等工作；先后组织开展“审判质量年”和“审判规范年”活动，提高审判质量和效率，规范审判活动。在审判质量管理方面，以案件评查为重点，将案件差错初评、申辩、确认、处理和展示制度化；为提高裁判文书质量，设立裁判文书校核室，由专人对裁判文书进行校对；在审判效率管理方面，加强责任落实，实行承办法官、审判长、庭长逐级负责制，对延审案件、长期未结诉讼案件进行逐案汇报、逐案研究、逐案清理，建立定期通报和督促反馈机制；在审判流程管理方面，利用信息管理系统实时监控并警示临近审限的案件，严格延审报批条件和程序。实施案件繁简分流，切实提高均衡结案率。

（二）加强能动司法，在创新社会管理上下功夫

充分发挥司法的主观能动性，努力创新社会管理的形式，服务东城区稳定发展大局。加强司法调解，建立“全程、全员、全面”的司法调解工作模式，将调解贯穿于立案、审判、执行、再审、信访等各个环节，开展“先行调解、调判分流”工作，提高案件调撤率；积极参与“3+X”多元调解体系构建，深入推进“网格联动”矛盾化解模式，选派法官进入社区网格开展诉前调解、普法宣传和综合治理等工作；加强联合调解，与中国互联网协会、北京保险行业协会建立联合调解机制，探索医疗纠纷案件引入专家咨询；开展“讲诚信、促公信”主题实践活动，在规范法官庭审活动的同时，惩治虚假陈述等不诚信诉讼行为，引导全社会增强诚信意识。此项举措取得良好社会效果，人民法院报、北京电视台等进行了深入报道。

（三）加强诉讼服务，在方便群众诉讼上下功夫

完善便民立案工作机制，“九个统一”立案工作模式被市高级法院在全市推广，2010年被评为“全国法院立案窗口建设工作先进单位”；在全市法院率先开展电话预约上门立案工作；对拖欠员工工资等可能引发社会不稳定因素的案件启动快速立案绿色通道；落实诉讼服务各项举措，推行导诉台“一站式”服务，确保当事人来到法院有人接待、咨询问题有人回答、提交材料有人接收、诉讼活动有人引导。2010年国务院拍摄的国家形象宣传片中，我院法官导诉工作相关内容被采用。引进诉讼档案电子借阅系统，方便当事人查询卷宗材料；尝试运用数字法庭信息设备实现证人的远程作证，方便当事人参与诉讼。落实司法救助制度，对经济上确有困难的当事人缓、减、免交诉讼费700余万元。

（四）加强信访化解，在平复涉诉矛盾上下功夫

在涉诉信访化解工作中，我院坚持一手抓办案质量，努力从源头上预防和减少涉诉信访案件的发生，一手抓信访案件的处理，层层落实承办人、庭长、院长的化解责任，建立日常院、庭长接待日和特殊时期涉诉信访庭长值班机制。五年来共组织院长、庭长接待上访人员8000余人次；不断完善信访案件的接待、分流、处理工作机制，积极争取党委、政府和相关单位的支持，妥善处理涉诉来信来访400余件，按期完成227件信访积案的交办任务，完成政务网交办案件214件，受理“政法民生热线”转办案件408件，回复率100%；在全市法院率先尝试以召开信访听证会的方式处理重点信访案件，邀请人大代表、政协委员、廉政监督员、社区群众参加信访听证会20余次，收到良好效果。

（五）主动接受监督，在改进各项工作上下功夫

先后就执行、信访、审判监督和涉少刑事案件审理等工作向人大常委会作专题工作汇报，并及时通报法院重要工作情况。办理人大代表关注和督办案件170余件，邀请代表、委员视察工作45次，旁听案件681人次。主动接受特邀监督员、人民陪审员的监督。经常性听取监督员提出的意见和建议，邀请人民陪审员参与审理和执行各类案件8762件。主动接受检察机关的法律监督，制定并落实人民检察院检察长列席人民法院审判委员会会议制度，支持、配合检察机关依法履行法律监督职责。主动接受社会监督，开通国际互联网民意沟通邮箱，组织案件庭审视频、图文网络直播200余次，使审判更加公开透明。

三、努力提升司法能力，积极应对形势任务对队伍建设的新要求

以思想政治建设为主线，全面加强司法能力建设、工作作风建设、反腐倡廉和文化建设，着力打造一支高素质的法官队伍。

一是强化思想政治建设。以开展“社会主义法治理念”、“群众观点再教育”等各项主题教育活动为契机，引导干警在审判工作中自觉践行“公正、廉洁、为民”司法核心价值观。坚持“以党建带队建促审判”工作思路，加强党性修养、理想

信念和职业道德教育,培养良好的审判作风和工作作风。创新党建工作方法,“八大样板工程”建设工作经验引起了广泛关注,被市委组织部确定为“贯彻落实十七届四中全会精神,推动人文北京、科技北京、绿色北京建设”的典型。“支部样板化”被评为北京市政法系统“优秀基层党建工作创新项目”。

二是强化司法能力建设。加强审判实务和理论研究,以组织审判长观摩庭测评、法学家讲座、专题研讨、业务培训等形式提升法官审判能力;注重青年人才培养,建立“四步联动”培养模式,对新录用的180名硕士研究生采取入职培训、轮岗实践、带教培养和交流锻炼的方式进行全方位培训,帮助青年干警尽快提升综合素质和能力;积极开展学习型庭室建设,增强法官理论功底和调研能力,我院干警撰写的论文荣获全国法院系统第二十二届学术讨论会一等奖。

三是强化反腐倡廉建设。以“自己审的案子自己听、自己结的案件自己看”的方式,开展有法院特色的廉政教育;探索建立纪检监察、信访接待、审判监督“三位一体”举报投诉查办机制,以科技防控为重点推进廉政风险防控工作,以严格纪律、化解矛盾、确保公正为重点,全面处理举报投诉,建立为受到不实举报干警正名制度;率先研发并应用诉讼费、案款管理软件,最高法院于2011年10月在我院召开现场会,对此项工作在全国法院进行推广;依托资源优势推进区廉政教育基地建设,以审结的职务犯罪案件为素材举办“职务犯罪警示教育展”,中央办公厅等多家单位1000余名干部前来参观;多年未发生重大违法违纪事件,连续三年被评为区党风廉政建设先进单位。

四是强化法院文化建设。将法院文化建设作为新时期思想政治工作的有效载体,全力打造“天平式”法院文化建设模式,开展司法核心价值观教育,不断提升干警的凝聚力和战斗力;推进廉政文化建设,以清新、活泼的形式,结合严肃、深刻的内容,引导干警自尊自律;丰富文化建设载体,搭建“法院文化日”平台,开展法官文化节等丰富多彩的文化活动,使干警在参与中提升职业情操,在参与中感受集体精神。2010年我院被最高法院命名为“全国法院文化建设示范单位”。

各位代表:五年来,我院先后被授予“北京市先进法院”、“北京市人民满意的政法单位标兵”、“首都文明单位标兵”等荣誉称号。2011年春节前夕,周永康、刘淇、王胜俊等领导同志视察我院并慰问全体干警。成绩的取得,离不开区委、人大、政府、政协以及社会各界的领导、监督和支持。区人大常委会的领导多次深入法院指导工作,各位代表就加强审判管理、提高队伍素质等方面提出了许多诚恳的意见建议,促进了法院工作。在此,我代表全院干警向各位代表表示衷心的感谢和崇高的敬意!

五年的工作实践,我们深刻体会到,东城法院的发展进步必须始终坚持党的领导;必须始终坚持以科学发展观为指导;必须始终坚持“为大局服务,为人民司法”工作主题;必须始终坚持主动接受监督。同时,我们也清醒地认识到,工作中还存在着不足和问题:一是审判管理机制还不够完善,审判质量和效率还需进一步提高;二是个别法官在处理复杂社会矛盾、做群众工作等方面的能力还需进一步加强;三是创新和加强社会管理的各项工作举措还需进一步落实;四是主动应对新形势下各类新情况、敏感事件、热点问题的能力还需进一步提升。对于以上问题,我院将在今后的工作中采取有效措施努力加以解决。也衷心期待,各位代表和社会各界更加关注和支持东城法院的工作。

今后五年工作思路和2012年工作任务

按照总体要求,未来五年我院的发展目标:一是服务大局的能力显著增强,审判职能作用充分发挥,切实为维护社会稳定和谐、加快转变经济发展方式提供有力的司法保障;二是审判管理体系更加健全,符合我区特点的专业化审判模式更趋完善,审判权力运行更加规范、高效、透明,内外部监督机制更加健全;三是队伍整体素质全面提升,司法能力显著提高,审判作风明显改进;四是司法为民措施更加完善并得以全面落实,人民群众对法院工作更加满意,司法公信力显著提升,法院整体工作力争在全市乃至全国走在前列。

2012年,是我区落实“十二五”规划的关键之年,也是东城法院实现未来发展目标的基础之年。我院将在区委的领导下,在区人大及其常委会的有力监督下,认真落实党的十七届六中全会、党的十八大、全国和北京市政法工作会议精神,充分履行审判职能,为首都和东城区的发展稳定提供有力的司法保障。重点做好以下工作:

一是充分发挥审判职能,服务发展大局。二是积极践行司法为民,方便群众诉讼。三是努力加强队伍建设,提高司法能力。四是主动接受各界监督,改进法院工作。

东城区人民检察院工作报告

2011年12月21日在东城区第十五届人民代表大会第一次会议上

东城区人民检察院检察长 殷 健

过去五年工作回顾

一、着眼于推进平安东城建设，全力维护社会和谐稳定

紧紧围绕平安奥运、平安国庆、庆祝建党九十周年等首要政治任务，依法履行刑事检察职责，扎实推进三项重点工作，共批准逮捕各类刑事犯罪3720件4754人，提起公诉3916件5151人。

严厉查办影响和谐稳定的犯罪。突出打击严重危害群众生命财产安全的暴力犯罪、扰乱社会秩序的黑恶势力犯罪、影响群众安全感的多发性侵财犯罪、危及公共安全的突发犯罪；按照指定管辖的要求，依法办理了“3·23”特大组织卖淫案、“太阳城”网络赌博案等，完成了全市公交扒窃案件的审查任务；结合《刑法修正案（八）》的颁布实施，不断加大对危险驾驶等热点犯罪的研究和审查力度；严格把好案件事实关、证据关、程序关和法律适用关，通过推行远程听取犯罪嫌疑人供述和辩解、成立专业化办案组、建立公诉案件督导检查机制等举措，不断提高办案质量和效率，案件有罪判决率达99.96%。

认真贯彻宽严相济刑事政策。在严厉打击严重刑事犯罪的同时，积极探索刑事和解、轻微刑事案件快速办理等工作机制，对主观恶性较小、犯罪情节轻微的初犯、偶犯、过失犯和未成年人、老年人犯罪等案件，依法妥善适用不捕、不诉或建议法院从轻从宽处理。对涉嫌犯罪但无逮捕必要的，决定不批准逮捕157人；对犯罪情节轻微，依照刑法规定不需要判处刑罚或免除刑罚的，决定不起诉53人；同时注意做好教育、感化和挽救工作，最大限度增加和谐因素、减少不和谐因素。

扎实有效化解社会矛盾。不断完善首办责任制、领导包案制、检察长接待日制度及执法办案风险评估预警等机制，综合运用联合接访、公开听证、公开答复等多种手段，全面开展涉检信访矛盾排查化解专项工作；认真开展信访积案化解和案件评查活动，不断提高维护司法公正和权威的水平；积极探索“检调对接”，尝试选聘街道干部担任特约调解员，主动把检察工作融入社会大调解的工作格局，实现检察环节调解与其他各类调解方式的横向联动；不断创新检务接待模式，全面推行中层干部每日轮值接待。五年来，共处理群众信访信件1500余封，接待人民群众上门来访4200余批7400余人次，妥善处理集体访90余批2500余人次。2011年，我院蝉联“全国检察机关文明接待室”荣誉称号。

积极参与社会管理创新。认真落实检察环节社会管理综合治理责任，全面开展“听呼声、走百家、送服务”为民实践活动；主动联系街道建立“法律服务热线”，构建检察机关与基层组织、社区群众的联系机制和互动平台；积极融入东城区网格化社会管理大格局，选派全体中层干部走进网格为居民提供法律咨询，并在东直门、天坛街道成立检察联络室，健全检察官社区服务网络；大力配合党委、政府开展重点地区集中整治，积极参与社区服刑人员、未成年人、流动人口、“两新”组织、网络虚拟社会服务和管理，推动完善社会治安防控体系；针对相关单位监管措施不到位等问题，共向409家单位发出检察建议，帮助其整章建制、加强管理；结合执法办案情况，深入分析犯罪趋势、发案原因、预防对策，共撰写调研报告220余篇。

二、着眼于服务经济平稳较快发展，积极发挥好保障作用

按照关于加快转变经济发展方式、保障经济平稳较快发展的部署，主动把法律监督职能融入东城经济社会发展大局，努力为经济社会发展提供有力的司法保障和法律服务。

着力维护市场经济秩序。高度重视经济结构调整、优化产业布局过程中经济犯罪的新特点和新趋向，严厉打击金融诈骗、非法吸收公众存款、制售假冒伪劣商品等严重破坏经济秩序的犯罪活动，提高打击金融、证券、房地产等领域犯罪活动的能力，共批准逮捕破坏社会主义市场经济秩序犯罪315件409人，提起公诉307件392人，按照指定管辖依法办理了涉案金额达数十亿的虚开增值税专用发票案、曾某等四十余人特大跨国电信诈骗案及孔某等五人生产销售“黑心烤鸭”案。

着力服务创新型城市建设。坚持围绕率先形成创新驱动的发展格局，积极服务雍和文化创意集聚区、前门历史文化展示区建设，不断加强对知识产权和文化创意产业的司法保护，积极参与打击侵犯知识产权专项行动，加大对知识产权案件的监督力度，努力为创新型城市建设营造良好的司法环境。成功办理了郑某销售假冒国际高端品牌商品案等社会影响较大的案件。

着力提升服务经济发展水平。充分认识经济领域各类案件矛盾的复杂性，对执法办案中遇到的突出问题，积极协调配合政府各部门综合运用法律、经济、行政等手段妥善解决；坚持把有利于促进经济社会秩序稳定作为衡量执法办案水平的重要标准，努力克服就案办案的思想，针对本辖区涉众型诈骗犯罪多以写字楼为犯罪地的特点，组织十余家写字楼经营者召开新闻通气会，规范办公楼宇的出租管理，保障

企业合法权益;进一步改进执法办案方式,慎重选择办案时机,慎重使用查封、扣押、冻结、拘留、逮捕等措施,最大限度帮助涉案企业和被害人挽回经济损失,依法妥善处理转变经济发展方式中出现的新型案件。

三、着眼于促进反腐倡廉建设,坚决查办和预防职务犯罪

坚决贯彻落实中央关于惩治和预防腐败的重大部署,秉持"有力遏制职务犯罪、有效降低腐败机会"的价值追求,充分发挥检察机关在建设惩防体系中的职能作用。

深入查办贪污贿赂职务犯罪。准确把握办案工作在法律监督和服务党和国家工作大局中的定位,始终保持查办贪污贿赂犯罪的高压态势,以发生在危改拆迁、城镇建设、医药购销、政府采购等重点领域和重点行业中的职务犯罪活动为打击重点,集中优势力量突破大案、要案,依法办理了铁道部运输局专案、原北京市地税局局长王某等人特大受贿窝案等多起在全国、全市有影响有震动的案件。不断完善侦查一体化机制,全力配合中纪委、高检院等单位办理专案,共立案侦查贪污贿赂案件192件205人,其中涉案金额在百万元以上的63件、千万元以上的6件,查办局级干部14人、处级干部28人,为国家挽回经济损失9400余万元。不断加大追逃工作力度,12名潜逃外省的犯罪嫌疑人被抓获归案。

加强和改进反渎职侵权工作。认真贯彻落实中央关于加大惩治和预防渎职侵权违法犯罪工作力度的意见,主动向区人大主任会议作专题汇报,争取人大的理解和支持。针对案件线索少、发现难、查证难等实际情况,进一步健全举报宣传、线索管理、内外部协作等工作机制,不断拓宽案件线索来源渠道,共立案侦查渎职侵权类职务犯罪案件27件29人,位居全市前列。工作中,我们紧紧围绕影响发展的突出问题和人民群众关注的热点问题查办案件,先后在考试泄密、城市拆迁、司法行政等领域获得突破,立案侦查了原上海市城市管理职业技术学院副教授叶某等人故意泄露全国造价工程师执业资格考试试题案,有效维护了执业资格考试的公平公正。

全力深化职务犯罪预防工作。坚持标本兼治、综合治理、惩防并举、注重预防的方针,积极探索预防同步介入侦查的工作模式;坚持预防关口前移,针对重点项目开展预防调查,确保政府投资重大项目专项资金"阳光运行";充分运用报刊、电视、网络、专题讲座、警示教育巡展等形式,扎实开展预防职务犯罪宣传;进一步完善行贿犯罪档案查询系统,共向工程招标单位等提供查询327次,大力推动社会诚信体系建设;首次探索运用心理学知识进行职务犯罪分析与防控,通过研究人的认知与意识、情绪与意志、成长与人格形成等,完善廉政风险防控中的心理防控机制,实现职务犯罪预防工作的系统管理。

四、着眼于严格执法和公正司法,全力深化诉讼监督工作

深入贯彻市人大常委会《决议》及高检院《意见》,把强化诉讼监督作为推进公正廉洁执法的着力点,维护社会公平正义,维护社会主义法制统一、尊严和权威。

立案和侦查活动监督全面开展。与区法制办会签《关于建立行政执法与刑事司法工作衔接机制的实施意见》,采取搭建刑事案件信息共享平台、重大案件提前介入、案件汇报协调会商等措施,依法纠正有案不立、有案不查、不该立案而立案等违法行为;创发《检警交流》专刊,参与区公安分局制定《办案质量考评办法》、建立内部纠错机制。共要求说明不立案理由40件,监督立案23件,纠正漏捕79人,纠正漏诉64人,增减犯罪事实432起,改变侦查定性137件,纠正侦查活动违法19件。

刑事审判监督稳步推进。认真开展刑事审判法律监督专项检查活动,对近年所有刑事判决进行全面复查;积极推行检察长列席同级法院审判委员会制度,共列席审委会8次;继续深化量刑建议改革,在法庭辩论阶段增设量刑答辩程序,促进量刑建议与审判监督的有效衔接;不断创新监督方式,建立刑事案件量刑档案,研究类案量刑规律,注意纠正量刑不均现象;严格执行修订后国家赔偿法和高检院工作规定,积极稳妥履行赔偿监督职责。共出庭支持公诉1959件,审查刑事判决3539份,对认定事实有误、量刑不当的,依法提起刑事抗诉27件。

民事审判和行政诉讼监督不断强化。准确把握职能定位,以解决人民群众最关心、最直接、最现实的利益问题为重点,高度重视涉及房屋拆迁、劳动争议、医疗保险等民事行政案件的监督;敢于突破监督空白,探索对民事执行活动的监督,与区法院会签《关于加强民事执行活动法律监督的若干意见》。共办理民行申诉案532件,依法提请抗诉和建议提请抗诉22件,向法院提出再审检察建议16件;坚持抗诉与息诉并重,积极做好释法说理工作,引导申诉人息诉服判,维护司法权威。

刑罚执行和监管活动监督进一步加强。认真开展在押人员羁押期限、看守所监管执法等专项检查活动,开展减刑、假释、保外就医及羁押期限检察41次,进行执法监管、交付执行等各类检查242次,纠正违法情形4次,提出纠正意见165次;牵头起草《北京市检察机关社区矫正(监外执行)检察监督规则》,进一步规范社区矫正工作;与区法院、区公安分局共同签署《加强延期审理案件法律监督工作的联系办法》,促进监管机关依法开展刑罚执行和监管工作;推出在押人员约见检察长、向羁押释放人员发放驻所检察官联系卡等举措,拓宽发现监管活动中违法犯罪线索的渠道,维护在押人员的合法权益;积极推进驻所检察室与看守所监控联网,实行同步、动态监督。

五、着眼于夯实检察工作发展基础,全面加强检察队伍建设

坚持把队伍建设作为战略任务常抓不懈,以公正执法为核心,以专业化为方向,严格教育、严格管理、严格监督,努力建设政治坚定、业务精通、作风优良、执法公正的检察队伍。

坚定信念,不断加强思想政治和职业道德素质建设。深入开展社会主义法治理念教育及"恪守检察职业道德、促进公正廉洁执法"主题实践活动,扎实开展"大学习、大讨论"和"发扬传统、坚定信念、执法为民"等主题教育活动,认真部署推进创先争优工作,系统总结区划调整、新院组建历程,积极宣传北京市政法系统"群众心目中的好党员"段勇等身边典型,努力营造奋发向上的氛围,引导干警践行忠诚、公正、清廉、文明的检察官职业道德。2011年,我院重点打造的"新东检创先争优示范工程"被评为全市政法系统"十个重大党建创新项目”。

以人为本，不断强化队伍专业化建设。通过举办检察发展论坛、组建检察文化兴趣组织、编辑出版系列丛书等方式，积极探索检察文化建设，充分发挥文化吸引人、影响人、塑造人的作用。高度重视专业化人才建设工程，创新尝试人才培养模式，大力开展正规化分类培训，全面启动高层次人才和资深检察官的选拔工作。结合技能大比武涌现出的各类人才，建立起以管理人才、专业人才和技术保障人才为主体的专业化人才库。五年来，共有2人被提名全国检察业务专家、2人被评为全国检察理论研究人才、11人在全市检察机关第四届技能比武中获得十佳称号。

科学管理，不断探索创新体制机制建设。坚持向管理要质量、向管理求效益的工作思路，全面推行规范化管理机制试点工作；制定出台《精细化管理实施意见》，尝试建立全员参与、覆盖所有办案环节的精细化管理模式；针对区划调整后现行制度尚不统一等情况，组织开展专项活动，及时创建具有新东检特色的综合管理体系；全面推行全员工作日志制度，引导干警不断加强自我管理；探索实行助理检察员分级管理，搭建相互竞争的平台，促进全体助理检察员提升业务能力和水平。2011年，我院在充分论证的基础上，制定完成《检察工作体系建设纲要》，对未来五年检察工作发展进行了科学设计与展望。

六、着眼于检察权依法正确行使，主动接受人大及社会各界监督

牢固树立监督者更要自觉接受监督的权力观，把强化自身监督放在与强化法律监督同等重要的位置，不断完善内外部监督制约机制，努力保障执法办案严格依法进行。

自觉接受人大及其常委会的监督。积极拓展与人大代表的沟通交流平台，坚持为代表订阅法律刊物，努力为代表履行职责、了解检察工作提供便利；坚持以定期汇报、专题汇报等形式，主动向区人大及其常委会报告工作，通过召开座谈会、组织代表视察、参加举报宣传周、观摩出庭公诉等途径，邀请代表参与重大工作部署和执法活动；积极配合人大常委会组织的各项专题调研和检查，高度重视代表建议的办理工作，务求将代表建议的办理过程转化为加强和改进检察工作的具体行动。

自觉接受政协民主监督和社会监督。有效开展人民监督员试点工作，并协助市院全面推行人民监督员制度，共提请监督自侦案件14件；积极邀请政协委员和民主党派、工商联、无党派人士来院座谈，在检察决策中充分听取意见；深入推进检务公开，率先研发使用触摸屏式案件查询系统，依法保障人民群众的知情权、参与权和监督权；积极利用媒体宣传检察工作情况，主动寻求群众监督和舆论监督。

自觉完善内部监督制约机制。组织开展“兴优良作风、促科学发展”反腐倡廉主题教育及“反特权思想、反霸道作风”专项教育活动；大力推进执法规范化建设，出台《检务督察工作办法》，建立检察官执法档案，全面推进廉政风险防范建设；积极落实讯问职务犯罪嫌疑人全程同步录音录像制度和职务犯罪案件逮捕报上一级检察院审查决定制度；探索实行扣押冻结款物网络动态管理，严格执行高检院各项纪律要求。

未来五年总体思路和2012年具体任务

未来五年，是我国全面建设小康社会的关键时期，也是我们检察事业迎来重要机遇、加快改革发展的关键时期。我院未来五年的总体思路是：高举中国特色社会主义伟大旗帜，以邓小平理论和“三个代表”重要思想为指导，深入贯彻落实科学发展观，紧紧围绕科学发展的主题和加快转变经济发展方式的主线，深入推进三项重点工作，全面落实强化法律监督、强化自身监督、强化队伍建设的总要求，统筹推进各项检察工作走在全市乃至全国检察机关前列，为推动东城经济社会向更高层次、更高水平迈进提供优质的法律服务和保障。

按照这个总体思路，未来五年我院将努力实现以下四个发展目标：一是服务大局的意识和能力明显提高，围绕“四个维护、两个促进”，努力实现打击、预防、监督、教育、保护职能的有机统一；二是法律监督职能充分发挥，监督程序更加完善，薄弱环节得到明显加强，各项法律监督工作统筹推进；三是检察工作管理更加科学，检察工作机制更加完善，内部职权配置更趋合理，内外部监督力度明显增强；四是队伍建设显著加强，思想政治、职业道德素养、整体专业素能明显提升，领导水平不断提高，执法公信力明显增强。

2012年，是党的十八大召开之年，也是实施“十二五”规划承上启下的重要一年。我院将以党的十七届六中全会、第十三次全国检察工作会议及全市检察工作会议精神为指导，以执法办案为中心，以深化三项重点工作为着力点，以改革创新为动力，全面履行法律监督职能，以优异的工作业绩迎接党的十八大胜利召开。

一是坚持服务立检，为国际化现代化新东城建设提供有力司法保障。二是坚持业务强检，不断提升执法水平和执法公信力。三是坚持管理塑检，不断提高管理科学化水平。四是坚持人才兴检，努力锻造一支高素质的检察官队伍。五是坚持文化育检，着力构建具有东检特色的检察文化体系。

专　文

关于创新网格化社会服务管理模式的研究

中共东城区委书记　杨柳荫

加强和创新社会管理,是新形势下重大而紧迫的战略任务。2010 年 8 月,东城区被中央政法委和北京市确定为全国和北京市社会管理创新综合试点区。一年多来,我们立足新区实际,积极探索网格化社会服务管理模式,着力提高社会服务管理科学化水平,走出了一条具有时代特征、首都功能核心区特色、东城特点的社会服务管理新路径,取得了初步成效。

一、东城区创建网格化社会服务管理模式的背景和意义

(一)社会服务管理创新是构建社会主义和谐社会的必然要求

社会管理属于公共管理的范畴,通常是指以政府为主导的包括其他社会组织和公众在内的社会管理主体,在法律、法规、政策的框架内,通过各种方式对社会领域的各个环节进行组织、协调、服务、监督和控制的过程。就内涵而言,社会管理和社会服务是密不可分、相互促进的,创新社会管理的体制机制、方式方法等都需要在社会服务的实践中不断调整和完善。一些国家的发展历程表明,国民收入从中等收入向高收入提升的时期,往往是经济容易失调、社会容易失序、人们心理容易失衡的时期。在我国改革发展的关键时期,如何避免落入所谓"中等收入陷阱",是我们面临的重大挑战。西方发达国家进入后工业社会之后,将社会福利和公共服务视作政府的重要职责,发挥"三只手"(即政府之手、上帝之手和民众之手)的立体管理优势和特点,形成了全方位多渠道的社会管理体系。改革开放以来,随着我国社会主义市场经济体制逐步完善,社会结构、社会组织形式、社会价值理念等都已经和正在发生深刻变化,"经济一条腿长、社会一条腿短"所引发的社会问题越来越突出。为此,我们党对加强和创新社会管理进行了长期探索和实践,进一步明确了经济、政治、文化和社会建设"四位一体"的中国特色社会主义事业总体布局,初步形成了"党委领导、政府负责、社会协同、公众参与"的社会管理格局。特别是胡锦涛总书记在 2011 年省部级主要领导干部研讨班和纪念建党 90 周年上的重要讲话,全面阐述了加强和创新社会管理的总体思路和重点任务,强调要"牢牢把握最大限度激发社会活力、最大限度增加和谐因素、最大限度减少不和谐因素的总要求","提高社会管理科学化水平",标志着我们党对人类社会发展规律、社会主义建设规律、共产党执政规律的认识进入一个新阶段。纵观国内外发展形势,加强和创新社会管理,是继续抓住和用好我国发展重要战略机遇期、构建社会主义和谐社会的必然要求,对实现全面建设小康社会宏伟目标、实现党和国家长治久安具有重大战略意义。

(二)社会服务管理创新是实现"国际化、现代化新东城"战略目标的必由之路

2010 年 7 月,新东城区成立后,区委、区政府按照首都建设中国特色世界城市的高标准要求,提出了建设"国际化、现代化新东城"的战略目标和"首都文化中心区、世界城市窗口区"的总体定位,这对我区的社会服务管理创新工作提出了更高的要求。从区位特点上看,新区集中了众多的首脑机关、首长驻地、重要敏感地区和繁华地段。辖区内的天安门广场是党和国家重要的政治活动场所,30 多个中央部委机关、100 多个国家局级单位和北京市委市政府及其所属 200 多个单位云集于此,王府井、前门大街、北京站、天坛公园等是人流、信息流的重要交汇地和集散地。做好"四个服务",维护首都的和谐稳定,始终是我们的第一责任。从经济发展水平上看,目前全区人均 GDP 已经突破 2 万美元,第三产业比重达到 96%,进入了国内一流中心城区的行列。在这个发展阶段,人们将更加重视提高生活质量,更加注重维护自身的合法权益,更加珍惜和谐稳定的社会环境,更加呈现出多层次、多元化的利益需求。与首都建设中国特色世界城市和我区打造"国际化、现代化新东城"高标准要求相比,我们在社会矛盾化解、流动人口和"两新"组织服务管理等方面还存在不少薄弱环节,一些制约社会建设发展的体制性障碍和机制性束缚还没有得到根本解决,如何建立起一个包容多样性的社会治理结构,将是我们今后面临的永恒主题。

(三)社会服务管理创新是更好地满足人民群众新期待的重要举措

区划调整后,新东城区管辖 17 个街道、205 个社区,常住人口 91.9 万人。区内 18.5 片文保区带来的危旧房改造、人口疏解等任务异常繁重,极易引发社会矛盾。特别是原两区的历史沿革、经济社会发展状况的差异,带来了不同阶层、不同群体的多样化需求,新区老百姓对实现基本公共服务均等化、推进社会管理创新寄予更高的期待。根据问卷调查显示,有 40% 左右的被访居民希望在社会治安防范和公共服务方面进一步有所改善;在民生领域,居民对物业服务质量、小

区环境、文体教育资源分配、交通拥堵等方面尤其关注。只有从广大人民群众最迫切的要求出发,从推进社会管理最薄弱的环节着力,切实加大社会服务管理创新力度,才能从源头上维护社会的和谐稳定,使改革发展成果更好地惠及新区群众,不断巩固党领导和执政的群众基础和社会基础。

二、东城区网格化社会服务管理模式的主要做法

网格化社会服务管理模式是在充分总结原东城全国首创的“网格化城市管理新模式”和原崇文“信访代理制”、“城管综合执法机制”的理念及实践经验的基础上,针对当前社会安全稳定存在的薄弱环节和重点难点问题,充分运用网格理念和现代信息技术,以责任制为依托,以对社会各类人的管理为重点,合理划分网格管理单元,综合考虑“地、物、事、组织”等因素,进行精细化管理的一种常态方式。总体目标是:坚持“区委政府领导、街道牵头统管、各方履行职责、社区落地解决、网格无缝覆盖、信息联通共享”的原则,实现社会服务管理“责任化、综合化、精细化、信息化、实效化”,努力做到“社会建设服务优化完善,社会公平正义长治久安,社会协同多元有序参与,社会和谐稳定充满活力”。

(一)合理划分社会服务管理网格单元

以城市管理网格为借鉴,将全区17个街道、205个社区划分为589个网格,平均每个社区2.8个网格。网格划分遵循四个原则,即:完整性——范围明确,不突破一个社区的范围并与现有城管网格相匹配;便利性——与现有的物业管理体制相结合,有利于管理;均衡性——每个网格内管理工作量大致均衡;差异性——特殊情况区别对待。根据人、地、物、事、情、组织等基本情况,将所有网格划分为住宅、商务商业、企事业单位、人员密集场所四种类型;根据社会管理秩序、治安环境状况,将所有网格划分为日常管理、一般防范、重点关注、综合治理四种等级。以网格为单位,围绕社会服务管理的具体工作,逐人、逐地、逐事明确工作任务,责任到人,做到精确定位、精选定人、精准定责,实现网格全覆盖、工作零缝隙。

(二)科学构建“三级平台、四级服务管理”的组织体系

成立了由区委书记、区长为组长的区社会服务管理创新试点领导小组和各单位(部门、街道)领导小组。按照将社会管理重心前移、下移的总体要求,对现有社会管理流程进行再造和优化,搭建“三级平台、四级服务管理”的组织体系。

“三级平台”,即区、街、社区三级行政体系。其中,区里设立网格化社会服务管理综合指挥中心,设“一办五组一中心”(办公室、社会服务组、社会治安防控组、矛盾纠纷排查调解组、社会管理综合执法组、社会服务管理工作督导组、社会服务管理综合事务中心);17个街道均成立社会服务管理综合指挥分中心,按“一办四组”(办公室、社会服务组、社会治安防控组、矛盾纠纷排查调解组、社会管理综合执法组)设置开展工作;205个社区的社会管理综合工作站与现有的社区服务站合署办公。

“四级服务管理”,即:区、街道、社区、网格四级工作体系。区级社会服务管理综合指挥中心主要负责提出指导工作意见,进行监督协调,开展考核评价,指挥重大事件处置。街道社会服务管理综合指挥分中心完成区委、区政府交办的社会服务管理各项任务,统管街道辖区内社会建设服务、社会面防控、矛盾纠纷化解、社区工作指导、重点地区整治等,确保一方安全稳定。各街道根据实际将街道城市管理综合执法组与综治维稳工作中心进行人员力量资源整合,成立街道社会管理综合执法组,主要承担社会治安防控、环境秩序治理、矛盾纠纷化解、维稳社会稳定、专业专项执法、基层平安建设等工作职责。社区社会服务管理综合工作站充分发挥社区党委、社区居委会和社区服务站的作用,搭建社会管理信息平台,将社区人、地、物、事、组织等社会管理基础电子台账纳入其中,形成下联网格基础数据、上接街道社会管理信息平台的动态管理机制,组织调配力量,发挥各方合力。网格的主要任务是及时了解掌握网格内的重点人员、重点部位、突发事件、社会组织、群众意见需求等情况,将相关情况报送社区社会服务管理综合工作站,努力在第一时间、第一地点发现问题,上报信息,调解矛盾,妥善处置,稳控事态,并将矛盾纠纷化解在网格内。

通过“三级平台、四级服务管理”体系,实现了全区社会服务管理创新的规范化、制度化,特别是明确了网格单元的社会管理对象、工作职责、办事流程和时效,为“精细化管理、零距离服务”打下了坚实基础。

(三)积极构建“天上有云、地上有格、中间有网”的社会服务管理信息化支撑体系

现代信息技术手段是推行网格化社会服务管理工作的重要支撑和有力保障。自试点工作开展以来,我区以信息技术创新推进服务管理的业务创新,完成了区、街道、社区、网格四级信息系统的研发和上线,建设业务办公、基础数据库、基础地理、社会管理、社会服务、政民互动、综合分析展示和信息产品开发八大系统;为社区综合工作站配备必要的办公设备,每个网格都配备PDA终端,网格管理员可及时将发现的情况分类上报社区和街道并进行处理;梳理29个部门的300多项业务和事项,将每个事项的工作流程都纳入“采集上报—指挥派遣—处置反馈—任务核查—入库评价—结单归档”六步闭环结构;建立7大类、32小类、170项信息、2043项指标的基础信息数据库,实现了“人进户、户进房、房进网格、网格进图”的动态化管理。通过构建一个符合东城区社区现状并可扩展的“天上有云(云计算中心)、地上有格(社会管理网格)、中间有网(物联网)”的信息化支撑体系,规范了全区社会服务管理的工作流程,明细了各环节的工作职责,提高了社会管理的效能和服务质量。

(四)系统优化社会服务管理“7+X”力量配置

对全区社区工作者、街道干部、公安司法队伍等按网格化服务管理要求进行重新整合与配置,在每个网格内配置七种力量,建立考评体系,按照职责分工承担网格内的社会服务管理各项事务。(1)网格管理员是网格管理第一责任人,由社区干部(副书记或副主任)担任,负责组织其他网格力量做好各项工作,指导网格助理员工作,对网格助理员采集、排查的信息进行核实确认,对网格排查出的不稳定因素做好先期调处稳控工作。(2)网格助理员每个网格配备一名,对网格管理员负责,具体落实人、地、物、事、组织等基础数据的收集,以及流管、劳动、司法、工会、计生等协管类工作;每日进

行网格巡查,入户登记,对发现的不稳定因素做好上报和先期处置工作。(3)网格警员按照一格一警的标准配备,主要负责开展群众工作,掌握社情民意,管理实有人口,组织安全防范,维护网格内的治安秩序以及各类突发事件的先期应急处置。(4)网格督导员是每个网格内配备的一名街道处科级干部,负责每周不少于一次的网格巡查,做好督促、指导、协调网格社会服务管理工作。(5)网格司法员由区司法局负责牵头组织,从区检察院、区法院、区司法局选派,每个网格配备一名,主要负责网格内的司法调解、法律援助、"两劳"人员安置帮教等工作。(6)网格消防员是从区消防支队选派的人员,主要负责网格内的消防安全宣传、火灾隐患排查等工作。(7)网格党支部书记组织党员发挥基层党组织的战斗堡垒作用。

目前,全区600名的网格助理员队伍已基本整合选拔到位;2个试点街道、2个试点社区的66个网格已落实"一格一警";822名网格党支部书记、205名司法力量、38名消防干警也均已实名制配置到各网格。同时,将区域党建、社会保障、计划生育、统战、工会、妇联、残联等工作逐步充实、整合到网格中,形成了"一格多员、一员多能、一岗多责"的"7+X"工作机制,构建了专群(专业力量与社区群众)结合、条块(职能部门与属地)结合、社群(社会力量与社区群众)结合的社会服务管理格局,实现了社会服务管理政策集成、资源集聚、力量集合,发挥了"单兵是尖刀、整合是拳头"的工作效果。

(五)按照"党组织建在格上"原则全面创新基层党组织设置模式

把社区党员调整划分到网格中,逐格建立党支部,选举产生支部书记,在全区589个网格中建立822个网格党组织(其中,党总支187个,党支部635个)。建立"四级体系、两个确保"工作机制,即:构建"区党委—街道工委—社区党组织—网格党组织"四级党组织网络体系,确保每个网格都有党组织、确保每名党员都在网格中,注重发挥网格党组织的领导核心作用,把党组织的工作触角延伸到最基层,既充分发挥党员的先锋模范作用,又牢牢引领着全区社会管理创新方向。

三、东城区网格化社会服务管理模式实践中取得的初步成效

网格化社会服务管理模式重在实效,要经得起实践和群众的检验,实现政治效果和社会效果的统一。实践中,我们充分发挥模式精细化、责任化的优势,进一步促进了群众工作理念、工作方式、工作作风的转变,进一步提高了基层化解矛盾、维护稳定、服务群众的工作水平,进一步密切了党群干群关系,促进了"和谐社会首善之区"建设。

(一)通过信息化支撑、精细化管理,实现了快速发现和解决问题,促进了社会和谐稳定

网格化社会服务管理模式引入了"云计算"、"物联网"、"3G"等最先进的现代技术,借助网络科技优势,有效地节约了社会服务管理人力和物力成本,提高了政府的行政管理效能,实现"精确定位、精选定人、精准定责、精细管理"。从2011年4月28日信息化系统上线,截至2011年11月底,共采集基础数据130万余条、上报事件10万余件、记录"民情日志"46万余件,化解突出矛盾纠纷2000余件,消除各类安全隐患2800余起,切实做到了社情民意"早知道、早化解、早回复",85%的问题解决在社区网格,真正实现了"小事不出社区、身边事不出网格、矛盾纠纷不上交"。结合人民调解、行政调解、司法调解和信访代理体系有效衔接的"3+1"大调解工作格局,努力将矛盾纠纷发现、化解在最基层。在对试点社区安全感的调查中,其中认为居住社区"基本安全"、"比较安全"及"非常安全"的人员占96.17%;认为社区不安全的人员仅占3.84%。今年以来,全区信访总量同比下降13.7%,万人发案率、百户发案率均保持全市城六区最低水平,火灾警情同比去年下降15.9%;果断处置了"2.20""2.27"等13次王府井街头非法煽动聚集活动,圆满完成了"两节"、"两会"、"6.4"等一系列安保任务。特别是今年国庆期间,东城区将国庆安保工作作为网格化社会服务管理模式的一次重大检验,充分运用网格化精细管理的成果,落实各项维稳工作机制、工作责任和工作措施,实现了重点人"零失控"、火灾和安全监管"零事故"、首都政治中心区"零警情",确保了节日期间的安定有序和欢乐祥和。

(二)通过工作重心下移,实现了"零距离服务",提高了各级党组织做好新形势下群众工作的能力

社会管理主要是对人的服务和管理,说到底是做群众的工作。我们本着"以人为本、服务为先"、"寓管理于服务之中"的理念,着力解决群众关心的就业、医疗、住房、社会保障等民生问题,坚持"管理网格化、服务零距离"的思路,依托街道行政服务大厅和社区服务站等服务窗口,完善96156社区服务信息平台,为居民提供优质服务,培育了一批便民、利民的服务品牌。如"1510便利生活服务圈",通过农超对接、社区卫生服务双向转诊、单位文体设施开放等多种方式,居民步行15分钟以内就可以解决买菜、就医、文体活动等10种最基本的生活需求。在对试点社区生活便利度的调查中,其中认为社区便利程度为"比较方便"、"非常方便"的人员占接近70%。网格党组织和党员把网格作为服务群众的"责任田",广泛开展"党员公开承诺进网格"和"党心连民心、亲情进万家"活动,将"党员先锋岗"设到网格、急难险重任务落实在网格、帮扶对子结到网格、志愿服务开展到网格。建立了网格基础数据库,把低保、空巢、残疾等群体纳入数据库之中,同时还增加了依托资源和服务资源的基本情况,把邻里互助、关爱弱势群体、监督服务商等服务职能纳入日常工作,提高了做好新形势下群众工作的能力。社会公众也可以通过居民议事大厅、民情博客、互动微博、热线电话等形式参与社会管理和反映社会问题。社会公众更广泛地参与社会管理,有效提升了居民参与社区建设的积极性和能动性,提高了群众参与度。

(三)通过个性化服务,对重点人群服务管理更加有效,消除了社会管理的盲点

做好对特殊、重点人群的服务管理,是当前社会管理的重点和难点,关系社会的安宁和谐。我们以网格为基础,通过动态掌握各类特殊、重点人群的不同情况、不同需求,逐一匹配相应的工作力量,逐一落实针对性的服务管理措施,逐一形成定向服务、分别管控的工作历史记录,真正做到了"管

理精细化，服务个性化，工作科学化”。如：对流动人口积极落实“以税管房、以房管人、以业控人、以证管人”的出租房屋管理工作机制，今年出租房屋综合税收同比上升了31%，基本做到了“出租房屋数量心中有数、服务管理的流动人口心中有数”，解决了流动人口失控、漏管问题。对刑释解教、社区矫正“两类人员”，探索建立了“1+X”阳光中途之家模式，将日常管理、教育帮扶和工作人员下沉到网格中，以网格为基础开展针对性的管理和服务，引导社区矫正、刑释解教人员回归社会、回归网格、回归家庭。今年以来，临时安置困难“两类”人员387人次，开展就业指导783人次，协助办理户口114人，协调解决住房82人。一年来，“两类”重点人实现了无脱管、无漏管、无重新犯罪、无影响安全稳定事件的“四无”佳绩，重点人转化率始终保持在80%以上。此项工作得到司法部的充分认可，专门召开现场会，在全国进行推广。通过个性化的服务管理，进一步扩大了社会服务管理的覆盖面，消除了原有的工作盲点和空白点。

（四）通过整合资源、条块结合，促进了管理体制由分割向融合的转变

网格化社会服务管理新模式实现了管理由单兵作战转向齐抓共管，由推诿扯皮转向权责分明转变，在完善考核评价和监督检查机制、构建管理长效机制的基础上，通过党委领导、政府负责、社会协同、公众参与的新型工作格局，避免了以往社会管理体制机制存在的“条块”彼此分割、“条条”相互掣肘的弊端。通过设立区、街两级综合执法机构，做到了“四个统一”：即统一办公、统一执法、统一装备和统一考核，实现了“三个综合”：即法律法规的综合、执法手段的综合和执法力量的综合，将管理方式从过去的突击式、被动式管理，变为了日常性和主动的管理，很多社会管理问题得到了有效解决，真正实现了“条块结合、以块为主、属地管理”。例如，东四街道通过发挥网格化优势，由街道统一指挥，各部门配合，分阶段开展工作，三天时间成功解决胡同平房区私装“地锁”问题，将东四地区285个地锁、地桩强制拆除，得到了东四地区广大老百姓和驻街单位的一致认可和支持。

（五）通过探索实践、积累经验，切实发挥了“综合试点区”先行先试的作用

试点一年来，按照周永康同志提出的“创造经验、作出表率”的指示精神和刘淇同志提出的“建首善、创一流”的工作要求，我们在实践中探索完善新模式，得到周永康、刘淇等领导的高度肯定。中央综治委、中央统战部分别在我区召开现场会，实地观摩了网格化社会服务管理模式、网格化社会领域统战工作模式，我区先后在全国加强和创新社会管理座谈会、做好新形势下群众工作座谈会上介绍了典型经验，网格化社会服务管理模式、社区居民会议常务会模式和民情日志在市委十届九次全会上向全市推广。《人民日报》《求是》、中央电视台“焦点访谈”和北京电视台等新闻媒体集中报道了网格化模式的运行机制和显著成效，宣传“凡事不出网格”的先进经验。专家学者对网格化社会服务管理模式创新工作进行了深入细致的研究，给予了高度评价，认为北京东城模式是信息化时代社会服务管理的一次革命。自试点以来，中央政法委、中央综治委、中央维稳办等部委和市委市政府领导先后来我区视察调研，上海、天津、重庆等省市领导前来学习考察，网格化社会管理创新得到各级领导和社会各界的广泛关注和认可。

四、关于进一步完善网格化社会服务管理模式的思考与建议

网格化社会服务管理模式立足当前社会管理的工作实际、准确把握时代脉搏、用改革创新的方法解决问题，把群众工作渗透到社会服务管理的各个方面，始终做到“四个坚持”，即：始终坚持以人为本的工作理念，将重点放在对人的服务管理上，各项工作都紧紧围绕群众意愿和需求来审视、来设计、来推进；始终坚持把群众满不满意作为衡量社会管理成效的根本标准，为维护好、实现好、发展好人民群众的根本利益作为出发点和落脚点，围绕群众所思所盼来加强和创新社会管理；始终坚持把群众作为参与社会管理的主体，充分调动群众参与管理的积极性、主动性和创造性，加快构建党委领导、政府负责、社会协同、公众参与的社会管理新格局；始终坚持注重运用协商协调、综合施治的方法手段，探索群众工作新思路、新方法，把群众工作的成效作为社会管理创新考核的重要内容，将群众安全感、满意度作为考核的重要依据，组织群众参与社会管理考核评价监督。一年来的实践证明，这一模式坚持党的领导，具有坚强的政治保障；坚持政府负责，具有坚实的组织保证；坚持社会协同，具有广泛的社会基础；坚持公众参与，具有扎实的群众支持；坚持开拓创新，具有深厚的动力源泉。

社会管理创新是一项长期艰巨的任务，不可能一蹴而就，需要不断改革探索。下一步，我们要进一步完善网格化社会服务管理模式，全面推进新模式的标准化、规范化建设，着重在以下四个方面狠下功夫：

（一）以提高群众安全感为核心，进一步健全社会管理服务体制机制

进一步配齐、配强网格“七种力量”，明确工作职责，制定工作标准，加强培训考核，提高其融入群众、服务群众、做好群众工作的能力和水平，使其成为推进社会管理创新的骨干力量，形成整体合力，为网格化新模式提供强大支撑。同时，充分发挥各级综治组织的统筹协调作用，有效整合公安、司法、劳动、民政、统战等相关职能部门及工会、妇联、共青团等组织的资源和力量，健全区、街两级综合执法机构，促进综合执法与工作网格之间的有机结合，加快由突击式被动管理向常态性主动管理的长效综合执法机制转变。积极探索综治工作力量向末端延伸，真正形成横向到边、纵向到底的社会治安综合治理组织网络，全面推进“平安东城”建设。

（二）以提高群众幸福感为重点，进一步提高公共服务优质化水平

以保障和改善民生为重点，进一步完善公共服务体系，努力提高公共服务效率和水平，满足居民多层次、多样化需求，切实做到服务到位、管理有力，不断提高人民群众的幸福感。充分利用东城区建设国家级城市公共服务标准化示范区、国家级基础教育综合改革实验区、中医药发展综合改革试验区等契机，推动公共服务优质均等化发展，保证群众就近享受方便快捷的商业、医疗、教育、文体等服务。健全以扶

老、助残、救孤、济困为重点,以家庭为基础、社区为依托、机构为补充,与区域经济发展相适应的广覆盖、多层次适度普惠型社会福利服务保障体系。深化推广"1510便利生活服务圈"建设经验,不断整合服务资源、丰富服务内容,扩大服务范围,提升服务质量,健全服务机制,构建功能完备、服务高效的社区服务体系。

(三)以提高群众参与度为基础,进一步巩固广泛动员、共建共享的良好局面

完善现代社区治理结构,深入推进社区民主自治,健全社区共建共享机制,不断夯实社会服务管理的基层基础,努力实现广泛动员、共建共享。深化"一委三会一站、多元参与共建"的社区治理格局,深入推广"社区居民会议常务会"、"社区开放空间"等自治经验,形成共驻共建、资源共享、合作共赢的和谐氛围。建立健全"枢纽型"社会组织工作体系和运行机制,充分发挥社会组织指导服务中心功能,促进行业性社会组织、公益性社会组织发展,鼓励和支持社会各界参与网格化社会服务管理,努力形成共建共享的良好局面。

(四)以区域化党建工作为保障,进一步加强党对社会服务管理创新的领导

以社会领域党建工作创新推动社会服务管理创新,以社会领域党组织和党的工作全覆盖引领和推动社会服务管理全覆盖。进一步规范街道社会工作党委工作职责和运行机制,实现对社会领域党建工作的统筹、协调和指导。以区域建、楼宇建、行业建、片区建、挂靠建、孵化建、团队建等方式,加强商务楼宇党建工作站、社会服务站、工会工作站、共青团工作站、妇联工作站"五站合一"建设,努力提高"两新"组织党组织全覆盖水平,不断提高社会领域党组织引领社会、组织社会、管理社会、服务社会的能力。

通过一年多的实践,网格化社会服务管理模式已经成为东城区统筹社会建设和社会管理的有效机制,网格工作力量已经成为维护区域安全稳定的基础力量,网格化社会服务管理已经成为构建和谐社会首善之区的重要举措。下一步,我们将认真贯彻中央关于加强和创新社会管理的意见精神,立足"首都文化中心区、世界城市窗口区"总体定位,着眼人民群众的新期待,将服务群众作为基层党组织的核心任务和基层干部的基本职责,进一步提高公共服务优质化、社会管理科学化水平,为首都建设中国特色世界城市和打造"国际化、现代化新东城"营造和谐稳定的社会环境!

东城区历史文化名城保护与发展的实践与思考

中共东城区委副书记、区长　牛青山

城市是人类社会进入文明时代的鲜明标志,每个城市在发展过程中必然形成自己独特的历史和文化,这些悠久的历史文化是人类社会向前发展的宝贵财富。保护、传承、发展好城市的历史文化,是全世界每一个人必然的责任和应有的义务。随着经济社会的发展,特别是第二次世界大战以后复兴以来,对历史文化名城的保护越来越受到世界各国的重视。虽然我国在历史文化名城保护方面起步较晚,走了一些弯路,但是发展很快,取得了明显的成效;目前已经形成了以《文物保护法》和《历史文化名城名镇名村保护条例》为首的法律和政策体系,对各地的历史文化名城保护起到指导作用。北京市作为1982年全国首批24个历史文化名城之一,上个世纪80年代以来,相继出台了《北京旧城25片历史文化保护区保护规划》《北京历史文化名城保护规划》《北京历史文化名城保护条例》《北京城市总体规划》等一系列的政策和法规,逐步确立旧城整体保护的宏观思路,为北京的城市现代化建设和历史文化名城保护提供了法律依据。

东城区作为首都核心功能区,独特的区域位置和丰富的历史遗存,最大程度的集中展现了五千年中国历史文化和中华文明的精华,因此,保护好历史文化是东城区必然担当的责任、必须履行的义务、必定肩负的使命。从上个世纪80年代开始,东城区在市委市政府的领导下,在历史文化名城保护方面进行了积极的探索,取得了一些成效。但随着社会的向前发展,新情况新问题的不断出现,还需要继续深入破解历史文化名城保护这个世界性难题,探索新的保护思路和保护模式。

一、科学认识历史文化名城保护的重要意义

(一)文化保护是延续历史、传承文明,实现首都城市功能的必然要求

保护城市的传统文化和建筑遗产对于发展一个民族或一个地区的先进文化是不可或缺的基础和源泉之一。北京作为享誉世界的历史文化名城,文源深、文脉广、文气足、文运盛。《北京城市总体规划》(2004—2020年)对首都的城市功能进行了定位:国家首都、世界城市、文化名城、宜居城市。实现北京"文化名城"城市功能的重要内容就是要加强文化保护工作,展示北京作为历史文化名城的文化底蕴。作为首都北京的两个中心城区之一,东城区面积41.84平方公里,文化资源丰富,历史底蕴深厚,是全市历史文化遗存和四合院保存最完好和最密集的地区,是古都北京的集中缩影。据统计,全区国家级、市级文物共计96处,占全市总数的1/3,历史文化保护区18.5片,占全市旧城内历史文保区总数的56%。挂牌保护院落413处,占全市总数的62.7%。旧城仅有的两处世界文化遗产——故宫、天坛都位于东城区,从永定门到钟鼓楼7.8公里的传统中轴线贯穿全区,天坛、地坛交相辉映。同时,皇室、佛教、儒家、国学、会馆等文化多元,底蕴深厚,还具有丰厚的非物质文化遗产。大量的历史遗存,丰富的文化资源,既是东城区的宝贵财富,也意味着我们必须承担起不可推卸的保护责任。正确处理文化保护与现代化建设的关系,展示古都北京的历史脉络,传承魅力东城

的现代文化,实现首都"文化名城"和东城区"首都文化中心区、世界城市窗口区"的发展目标,是历史赋予我们的责任。

(二)文化保护是实施"文化强区"战略,实现东城区可持续发展的战略要求

东城区地域狭小,尤其是可利用空间不足,简单依靠土地资源来扩张发展规模既不现实,也有很大的难度,大面积的平房保护区是我们不得不面对的现实。保护古都风貌与我们近期的发展目标存在着时空上和整体上与局部上的矛盾,可谓"地窄天低"。近些年的发展,东城区可供开发的用地已经基本用完,剩下的只有平房保护区,现代化建设必须从高楼大厦的建设向平房保护区的保护与利用转变。平房保护区的特点就是规划控制严格,文保要求高,同时文化底蕴深厚、文化氛围浓郁、文化院团集中、人文资源丰富。区委区政府从突出东城特色,建设首都功能核心区的全局高度,率先在全市制定了二十年总体战略发展规划,提出了未来二十年的发展目标是建设"国际化、现代化新东城",总体发展定位是打造"首都文化中心区,世界城市窗口区",同时着力实施"两新四化"发展战略,即打造文化新引擎,拓展发展新空间,着力推进产业发展高端化、公共服务优质化、城市运行智能化、区域发展均衡化。作为首都文化中心区的一个重要内容就是挖掘、整合、利用历史文化资源。因此,加大文化保护,有效保护和利用历史文化资源,是东城区今后经济和社会可持续发展,从而实现现代化的战略要求。

(三)文化保护是落实科学发展观,解决民生问题,改善旧城居民生活环境的客观要求

随着城市的发展,旧城和新城在居住环境上的差距日益明显,旧城基础设施滞后,人口密度大,危旧房众多,居民的居住状况急需改善。从宏观上来讲,东城区的现代化建设取得了显著成绩,但深入到平房区,却存在很多与现代化不相适应的反差。主要表现为:①人口密度过高。东城区涉及旧城的10个街道人口密度平均为23210人/平方公里,居住用地人口密度为62260人/平方公里,远远超过了世界其他国际大都市中心城区。(比如伦敦是5437人/平方公里、东京是5984人/平方公里)②危旧房比例高。其中三、四、五类危旧房占到总量的70%。③安全隐患多。平房区居民集中,危旧房和自建房众多,胡同道路狭窄,院内拥挤,存在消防、防汛安全、居住安全的隐患。④居民居住条件差。根据区统计局人口"六普"数据,东城区平均每个家庭2.25人,按1.53人/间、13平米/间的数据粗略计算,3口之家平房居住面积大约26平米,5口之家平房居住面积大约48平米,远远低于北京市的平均水平。⑤平房区贫民化趋势明显。目前部分平房区居住的人口年龄普遍偏大,收入偏低,初步显现"贫民化"现象,部分地区已出现衰败的趋势。⑥市政基础设施落后。主要问题是市政基础设施不够完善,不能满足文化保护区居民、单位对市政条件的要求,不利于文化保护区可持续发展,急需改进和完善。

二、东城区历史文化名城保护工作的探索实践

近年来,东城区旧城文化保护和危改工作大致可以分为三个阶段:1990年至2000年主要是开发带危改、市政带危改模式;2001年至2003年主要是房改带危改模式;2004年以来,探索了以"微循环"方式实施平房院落改造的工作思路,为旧城小规模、渐进式有机更新打开了新局面。

一是坚持以人为本,民生优先。相比其他区县,东城区"住房难"的问题更加突出,区委区政府始终把危旧房改造作为最大的民生任务,把改善群众居住条件放在第一位。在2000年至2003年的几年中,东城区先后实施完成了海运仓、民安、交东、东四、建内、崇外、金鱼池、安化北里、两广路、明城墙遗址腾退等成片危改,动迁居民数万户,超过历史上的前十年,有效缓解了老旧平房区居民住房困难问题。2004年以来,又根据古都文化保护政策的变化和旧城区的特点,通过微循环、危改、土地一级开发、解危排险等多种形式,改善了前门、四块玉、定安里、彭庄、金鱼池二期等地区5万余户居民的住房条件,城市面貌发生巨大变化,受到了群众的欢迎和市委、市政府的高度肯定。

二是坚持服务大局,严格保护。按照北京城市总体规划确定发展方向、发展重点和发展思路,坚持把全区的发展与全市古都文化保护的发展大局联系起来。当北京市公布了古都文化保护政策、对旧城内的建筑高度进行限制以后,区委区政府本着对历史负责、对人民负责的精神,重新调整完善了相关危改项目,并通过大量艰苦深入的思想工作,取得了平房区居民的理解,严格执行北京市的各项规定,杜绝了"推平头"式的大拆迁,有效保护了旧城古都风貌。

三是坚持改革创新、积极探索。旧城文化保护是一个世界级难题,也是制约首都中心城区发展的现实课题。在难题面前,东城区一直坚持不懈地积极探索创新。从20年前的"立体四合院"菊儿小区改建工程荣获联合国"世界人居奖",到10年前的南池子历史文化保护区试点,再到近年来前门地区修缮改造、皇城根遗址公园、菖蒲河公园、北二环城市公园、鼓楼东大街、南锣鼓巷、国子监街、玉河等整治修缮项目,东城区先后探索出历史文化街区"文化性修复"、有机更新、危楼"解危排险"、平房院落"微循环"、菜单式搬迁等多种模式方法。

以菊儿小区为例,是"有机更新"理论在北京旧城改造中的第一次尝试,吴良镛先生采取了低层高密度的"立体四合院"住宅设计,实现了历史环境保护与居民住房水平改善的双赢。菊儿胡同新四合院工程也成为我国获得国内外大奖最多的建筑作品。

以南池子为例,该小区位于皇城内,是全市历史文化保护区的第一片试点区,改造前一般破损房和严重破损危房达91%。工程实施后,在维持胡同走向和格局不变的情况下,将保留的31个院落以外的房屋全部推倒重建成49个两层四合楼院落,并新建了17个高档四合院用于资金平衡。经过改造,70%以上人口得到疏散,居民住房条件达到人均60平方米,相当于原来的3倍。

以前门地区为例,修缮前该地区是全市房子最旧、道路最窄、市政设施最差、人口密度最大的地区之一。经过600年来最大规模、最全面、最彻底的修缮整治,该地区累计投入140多亿元,搬迁居民近1.7万户5万余人,企业534家。工程实施过程中,先后探索出了集"解危排险"、"修缮整治"和"文化保护"于一体的旧城改造新思路,首创"解危排险、人房

分离"新模式,提出"人走房空,腾而不拆"的新思路,在全市率先推出"菜单式"搬迁新政策,即提供定向安置、经济适用房对接、市场评估给予货币补偿、产权共有、就地修缮和异地承租等多种方式供居民自愿选择。在修缮过程中,遵循了"现代商业功能与古都风貌相结合"、"保护历史遗存与恢复历史记忆相结合"的原则。经过此番修缮整治,前门地区的市政基础设施彻底实现了现代化,文化文物遗存得到有效保护,前门大街古都风貌彰显。

以南锣鼓巷为例,作为元代鱼骨式格局保存完好的南北走向胡同,该地区是北京最古老的街区之一,也是目前北京旧城保存最完整、四合院最集中的历史文化保护区之一。该地区通过政府的积极主导和规划,以做好市政基础设施为前提,充分调动居民参与的积极性,引入市场力量,吸引创意性文化产业进入,使居民拥有的居住性文化资源在市场机制下得到了互换,实现了街区发展与居民利益的统一。南锣鼓巷在自下而上参与机制,在利用性保护方面走出了一条新的探索之路。通过商业与住宅之间的空间置换,有机更新了历史文保区,疏解了部分人口,改善了周边环境。

回顾过去20多年走过的道路,这些积极的探索和实践,实事求是地讲,在实施过程中各个方面认识并不统一,有的自始至终伴随着争议,有的甚至是完全相互对立的意见,有的因为争议太多,不得不放弃了后续的二期、三期工程。10年、20年过去了,时间积淀成了历史。尽管仍有些许遗憾,曾经"标新立异"的立体四合院、二层四合楼,也已经有了历史的斑驳和沧桑。这些当年所谓新式四合院,静静矗立在胡同、街巷中,也渐渐成了这座城市的一段历史,却更融入了城市的肌理。

三、推动东城区历史文化名城保护与发展存在的突出问题

名城保护中存在的问题既有老问题,又有新情况;既有资金制约,又有法制瓶颈;既要坚持旧城整体保护,又要确保产业发展和升级优化;既要疏解人口,又要留住原住民;还有商业、交通、流动人口管理等城市与社会管理问题交织在一起。总体来看主要问题有以下几个方面。

(一)资金缺乏是最大制约因素

历史文化名城保护包括人口疏解、搬迁安置、市政设施建设、风貌保护、文物和房屋修缮等多项工作,资金需求量巨大,难以实现平衡。从地域范围看,仅前门鲜鱼口一片历史文化保护区,8年就投入了140多亿,而东城区除前门鲜鱼口外,尚有17.5片文保区,资金的缺口是很大的。从人口疏解看,东城区计划在"十二五"期间完成约10万人的疏解目标,力争到2030年,旧城常住人口规模控制在40万人左右,在现有的基础上减少27万。按照现行政策保守估计,每疏解1万人,仅安置费用平均就在15亿元以上,还将面临市政设施引入、环境的恢复改造、房屋维护以及其他配套设施建设等多项费用。"巧妇难为无米之炊",资金的缺乏已经成为旧城改造的"瓶颈",成为名城保护最大的制约因素。

出现资金困难的原因,一是资金来源单一化,没有上级政府在资金方面的支持和补助,仅仅依靠区级财政投入是远远不足以支撑名城保护这一涉及面广而复杂的系统工程的。二是社会资本进入的渠道不畅通。由于受到控高、容积率、土地出让金、搬迁安置等政策的限制,缺乏可操作的融资、筹资、投资模式,名城保护项目往往资金投入大,成本回收慢,利润收益小,很多社会资本即使想参与其中,但很少能负担起。三是政策不统一、不稳定。文保区改造缺乏一个长期连续的明朗政策,也导致社会资本不愿投入到文化保护和危旧房改造项目中去。

(二)人口疏解难是最困难问题

一是单一货币安置方式无法满足居民多样化需求。由于旧城内居民家庭就业状况、人口结构、居住条件、收入水平等存在一定差别,造成不同类型的家庭对安置的期望值也不尽一致。根据2008年原东城区的调查显示,近1/3的居民愿意货币补偿,近1/4希望政府提供廉租房或者公租房,近1/4的居民向往购买两限房或商品房,还有近1/4的居民则倾向于公房置换。而现行主要实施的单一货币安置政策,显然和居民的多元化、个性化需求有很大差距,使许多居民既"盼搬迁"又"怕搬迁",很大程度上遏制了居民有效搬迁的积极性,使居民的个性化需求根本没有得到完全释放。尤其一些特困户既住房困难,又缺少经济来源,没有能力承担搬迁后的购房压力;以东城区为例,根据最新统计数据,全区共有低保对象及生活困难补助人员户9740户,约占平房区总户数的12%。目前建立在平均概念上的安置政策,无法兼顾到他们不同的承受能力。

二是保障性房源少、门槛高制约了居民外迁的进程。按照东城区"十二五"期间需要外迁10万人口的指标,根据北京市人均20平方米居住用地的指标,至少需约200公顷或者约300万平方米以上的外迁安置用房。虽然目前经过东城区的努力,北京市已经配备了一些安置房源,如朝阳豆各庄、通州两站一街以及原北京染料厂,但是要达到疏解10万人口的目标要求还有不少距离;同时保障性房源由于门槛过高、位置偏远、交通不便、教育医疗等服务配套设施不完善、生活成本高,对旧城居民来说也不是具有太大吸引力。"十一五"首年实施的三眼井文保试点项目,现今仍处于停滞状态,一个重要的原因就是旧城居民的保障性安置房源严重不足。

(三)政策法规不健全是最现实制约

现行法规政策缺少可操作性的实施细则和具体规定。近年来,北京市相继出台了《北京城市总体规划(2004—2020年)》《北京历史文化名城保护条例》《北京旧城25片历史文化保护区保护规划》《北京皇城保护规划》以及今年公布的《北京十二五时期历史文化名城保护规划》等一系列法规文件,明确了旧城文化保护、危旧房改造和人口疏解的总体格局和要求。但文化保护到什么程度、出现与风貌不协调的情况下如何统筹协调、疏解人口的范围标准、补偿安置、疏解后自建房的拆除、腾退房的使用等尚无具体的政策规定,文保区内有关土地、市政、交通、环保、绿化等综合配套政策、规划审批以及改造方法也缺乏一个统一的规范和流程,致使许多项目陷入困境,社会单位和企业参与文化保护的积极性不高。

(四)居民心态是最需要引导的问题

具体而言,当前平房院居民对外迁有3种不同的心态:

第一种是愿意外迁的。这一部分人一般属于人户分离、人房分离或者人口较少、住房面积较大、经济条件相对较好的家庭。只要补偿合理并且能够及时到位，他们愿意在外购房，改善居住条件。第二种是持观望态度的。这部分人家庭收入不高，居住面积小，生活较困难，自身承受能力较差，心态比较复杂。一方面他们盼望拆迁，希望能够一次性解决住房困难，对拆迁补偿的期望值很高；另一方面又担心补偿金额不够买房，也担心在未来居住区域就医、上班、上学困难，无法享受到现有平房院房租低、生活便利等优越条件，反而造成生活质量下降等情形。这部分家庭在保护区中所占比例最大。第三种是不愿意外迁的。他们大部分是经济条件较好的老年人和居住条件较好的私房主等，对目前所居住的环境比较满意，外迁政策和货币补偿对他们没有太大的吸引力。据2008年原东城区的调查，只有35%的愿意外迁，不愿意外迁的居民除了经济因素外，还有“故土难离”等情感因素。

（五）居住环境差是最迫切问题

目前，旧城人均居住面积为12平方米，远远低于北京市2009年城镇居民人均21.61平方米的水平，而且旧城内居民人口年龄偏大、收入偏低，已呈现出弱势群体比例上升的趋势，初步显现“贫民化”现象。由于文保区内房屋年久失修、危旧房屋多，胡同道路狭窄，公共服务设施分配不均，市政基础配套设施薄弱，私搭乱建现象普遍，不仅存在严重的安全隐患，也使居民面临洗澡难、如厕难、停车难等诸多难题，与楼房区居民形成强烈反差，客观上对传统风貌也造成了持续的破坏。

由于市场机制、房屋产权制度不完善等诸多因素，旧城部分地区已出现衰败的趋势，一些有价值的文物和四合院得不到有效地保护和利用。在调查中我们发现，像崇礼住宅这样的全国重点文物保护单位属于单位自管房，产权单位是原轻工业部。随着大部分原单位职工的去世或者搬迁，其子女或其他家属依然继续居住，客观上造成实际住户和原产权单位之间关系的松弛，产权单位作为“经济人”，自然不情愿投入过多的资金对房屋进行管理和维修。从上世纪90年代开始，产权单位20多年没有对崇礼住宅进行过大规模的修缮，房顶和墙面出现了不同程度的破损，显然是没有做到合理利用文物设施并造成了一定程度的损坏。

（六）流动人口管理是最新压力

据东城区流管办2011年10月底的最新调查数据显示，全区共登记流动人口26.4万人，出租房屋41673户，其中平房户15456，约占总数的37%。其中18～35岁人员比例最高，是161869人，超过总数的61%；居住时间一年以上的占总数的82%。高中以下文化程度的约有17万人，占总数的62%。从事第三产业人员约20万人，占总数的85%，其中大多数从事餐饮服务业、批发和零售业、居民服务等其他服务业。

从以上数据可以看出，东城区的流动人口存在以下特点：一是流动人口在京滞留时间明显延长，流动人口不流动、常住化倾向日益明显；二是流动人口来源地广泛、中青年居多、就业结构以第三产业为主，其中从事批发、零售贸易、餐饮业者、社会服务业流动人口比例较高；三是流动人口受教育程度普遍偏低，必然导致在历史文化保护方面缺乏法律意识；四是流动人口虽然总量和规模少于城市功能拓展区，但是流动人口的密度最大。如果不对流动人口进行有效引导、疏解、管理，“十二五”时期，随着东城区流动人口保持惯性增长，必将对历史文化名城保护、社会管理、城市建设等工作带来不小的压力，也为城市发展带来了诸多的不确定因素。

四、创新历史文化名城保护模式的思考和探索

立足于当前实际，积极稳妥地推进历史文化名城保护，是科学发展的应有之义，也是落实首都功能核心区定位要求，实现城市有机发展的要求。历史文化名城保护是个系统的概念，需要全方位配套解决。它不仅仅是城市管理和规划的内容，还涉及到经济社会文化等各个方面，所以要进行多元化的保护和发展。

（一）目标

保护文化。保持原有的整体风貌、建筑格局和胡同肌理；挖掘和发扬历史文化底蕴；保护文物、保护院落、有价值的四合院等元素。

疏解人口。结合保护工程实施旧城人口疏解，达到合理的、适宜的居住生活的人口密度。

发展产业。积极发展能促进旧城保护和有机更新的产业，比如旅游业、文化创意产业等，做到既能保护历史文化名城，又能适当解决就业。

改善民生。改善市政条件，消除火灾和防汛隐患，解决公共安全方面的“危”；结合住房保障体系建设，改善居民居住条件，解决居住方面的“危”。

（二）原则

1.四个百分之百原则。在历史文化名城保护工作中，要以百分之百高度负责的态度保护历史文化名城，百分之百地抢救保护所有有价值的文物与建筑，百分之百地抢救保护老字号与非物质文化遗产，百分之百地保护历史文化街区和胡同肌理。

2.政府主导原则。保护历史文化遗产，政府是关键。历史文化保护区保护与发展更应突出政府统筹主导作用。对于北京旧城历史文化保护区的保护与发展，也必然由市政府站在全市的高度，站在历史的高度，在统筹旧城保护与新区开发、统筹政府投入、统筹市场化运作、统筹市政基础设施建设、统筹保护与改造政策的前提下，由各级政府主导进行。

3.有机更新原则。传统风貌的形成是悠久历史的积淀，文化保护过程的实施也将是一个长期的过程，需要本着循序渐进、有机更新的要求，积极稳妥地组织推进。只有将保护与更新对象的划定“微型化”，让新旧建筑物更替的过程“微型化”，那么对于整个大街区的形象来说，就会做到在有序循环的更新过程中对街区整体风貌的持续保护。

4.统筹规划原则。要确保文化保护、修缮房屋、疏解人口、调整土地用途、安置居民等诸多目标的实现，必须加强统筹规划，坚持规划先行、市政先行，整体协调推进。

5.空间综合利用原则。把地下空间作为可利用的重要资源，统筹地下地上空间的利用，通过地下空间的发展实现地上空间的优化，同时注意避让文物和地下有价值埋藏等历史资源,实现立体化发展,把文保区居民带入现代化生活。

6. 合理利用原则。合理利用是对文物或历史建筑最好的保护,这在当代文物及遗产保护界已经成为一条共识。由于历史等原因,目前东城区内的大量文物建筑和有价值的历史建筑仍被一些单位和社会组织占用,有的是国家级或市级文物保护单位,现阶段进行完全腾退的难度很大。所以只有在保护的基础上加以合理的利用才是对文物及历史建筑最好的保护。

(三)两个重要环节

历史文化名城保护与发展是一个世界性难题。北京旧城作为"世界都市计划的无比杰作",二十年来的探索实践为我们创新保护与发展的模式澄清了认识,积累了经验,开拓了思路,奠定了理论基础。关于这方面的研究已经汗牛充栋,在这里就不一一赘述。本报告重点从"上"与"下"两个环节提出建议。

1. "上",即必须提高历史文化名城保护工作的统筹层次。

北京历史文化名城保护与发展的重要性、特殊性、复杂性和艰巨性,决定了单纯依靠一区之力、甚至一市之力,很难实现保护与发展的基本目标,更遑论"四位一体"目标的实现。从更高层次上看,解决不好北京历史文化名城的保护与发展问题,建设有中国特色世界城市和"中国特色社会主义先进文化之都"的目标也都无从谈起。党的十七届六中全会提出"增强国家文化软实力,弘扬中华文化,努力建设社会主义文化强国"的目标,特别提出要发挥首都全国文化中心示范作用,对做好北京历史文化名城保护与发展工作提出了更高的标准和要求。因此,加强北京历史文化名城保护与发展,必须建立起高层次、有力度的工作统筹体制和机制,从政策法规、土地和资金三大方面,站在维护中华民族利益的高度,在全市范围内给予统筹解决。

(1)政策法规方面

建议市委市政府加快历史文化名城的政策法规及规划体系建设。关于这方面工作,十年多来取得很大成绩。但是,与高标准推进历史文化名城保护与发展的要求相比,还有不小差距。当前,亟需解决针对性政策缺乏,规划及法规体系不健全,法律效力不够的问题。

一是建议在《北京历史文化名城保护规划》及《北京历史文化名城保护条例》的基础上,加快编制每个旧城保护区的控制性和修建性详细规划,并同步编制保护区房屋修缮、市政设施改造建设,特别是地下空间开发等方面的技术规范、建设标准及操作规程,确保保护区的每间房屋修缮、每项市政工程实施都有规划可依,有标准指导,有规则监督。

二是加快研究制定《北京市历史文化名城保护区管理规定》等更加细化、具体的管理性法规,对涉及保护区内房屋建设的规划、投资、开发、使用、保护、税收、管理、旅游、防灾、色彩、广告等各个方面作出明确的约束性规定,比如明确文化保护工程立项和审批程序等内容,统筹明确胡同宽度、市政条件、交通设施、院落布局、建筑风格等指标,确保保护区的每项管理行为有法可依。

三是要切实推进旧城的保护,必须要有特殊政策。实践表明,一些普适政策并不适合保护工作推进。建议市政府相关职能部门尽快研究制定适合历史文化保护区保护工作的特殊管理规定,建立旧城历史文化保护区的政策特区,包括人口疏解、土地和房屋产权交易、房屋管理、文物修缮和开放、市政基础设施等方面。

(2)土地方面

市委市政府统筹解决土地问题,涉及两个方面。

一是旧城历史文化保护区的土地问题,包括了土地开发利用、土地市场交易、土地收入返还,以及土地管理权限等问题。建议在旧城区特别是文保区,改变现行的建立在大规模、大地块整体开发模式基础上的土地管理制度,针对文保区小地块、渐近式、个体性、修缮型的土地利用特点,制定特殊的土地政策,重点是土地的市场出让等政策,积极有效地推动个人或更多的市场主体进入文保区开展小规模、渐近式、微循环式的开发建设。

二是人口疏解的土地问题。可以说人口疏解成功与否关系到整个历史文化名城保护与发展的成败。从东城区现有两块用于人口疏解的用地看,均存在着位置不理想、后期配套投入巨大、外迁居民接受程度低的问题。这与由人口输出区与输入区自行谈判、市级统筹力度不足有关。建议市委市政府从市级层面加大外迁安置用地的统筹力度,切实考虑到首都功能核心区居民的心理需求,照顾到居民的现实需要,在中心城区的外围,结合近期市级及区级重点功能区的规划建设,从位于朝阳区的边缘集团和通州等重点新城,选取若干交通便利(特别是已建成或近期建设的轨道交通沿线)、功能齐全的成规模土地,规划建设大型的疏解人口安置房小区。只有这样,位于东城区的优质公共服务资源,也才便于与居住区同步规划、同步建设、同步疏解;只有这样,这些重点功能区也才能加快开发建设步伐,尽快形成城市活力;也只有这样,才会实现人口输出区与输入区的双赢。

(3)资金方面

实现历史文化名城的科学保护与发展,资金是关键。这些年来,东城区的经济发展速度和质量不断提升,已经具备了相当的经济实力。但在扣除了为保持较高的公共服务和社会管理水平而投入的资金外,剩余财力与做好历史文化名城保护工作的需求相比,仍然是杯水车薪。尽管如此,区委区政府还是决策设立名城保护专项资金,确定在"十二五"期间,每年用于推进名城保护工作的专项资金不得少于1亿元,且保持长期投入。

一是建议市委市政府比照《关于促进生态涵养发展区协调发展的意见》,制定出台关于历史文化保护区发展的措施,在加大对历史文化保护区的财政转移支付和补偿力度方面制定措施,更好的保护首都功能核心区的历史文化。具体地讲,今后可将东城区每年的土地出让金全部返还区财政,专项用于实施区内文保工程。

二是建议设立北京市级的"历史文化名城保护基金"。由市财政投入主要资金作为该基金的发起方,接受国内外公益组织、企事业单位、社会团体和个人的捐赠。按照基金的运作方式,按照公开、合法、安全、有效的原则,对于各区县符合要求的文化保护工程给予相应的资金支持。

三是建议市委市政府统筹协调中央及市级财政和金融部门,为文化保护工程的实施提供无息或低息贷款。

2.“下”,即必须充分下放事权

特别重要的是规划管理审批权的下放。目前北京市在城市规划领域,采取的是垂直管理的体制模式。这种模式对加强规划上的市级宏观统筹有积极作用,但同时也产生了在规划管理中重大轻小、重新建轻更新的问题。特别是针对旧城文保区内以居民个体为实施主体的微小型改造更新行为,现行规划审批体制无法满足居民对房屋的改造需求,导致目前旧城平房区包括文保区内居民自发的房屋改扩建行为处于没有规划管理的无序状态。

改变这种状态,可在不改变现行垂直管理大体制的基础上,针对历史文保区修缮、改建等行为个体化、微小型的特点,在市级规划管理部门把握大的保护规划及各类修缮标准和规范的同时,将这类小型规划审批权下放到区县,简化流程、缩短时间、优化服务。只有这样,才能真正将各类建设行为纳入规划管理,才能保证历史文化名城各项规划的落实。

(四)具体政策建议

1.多途径筹措资金

综合国内外在破解历史文化名城保护的资金难题方面的做法,随着社会的不断发展,那种单独依靠政府财政投入做好保护工作的做法越来越难以为继了。意大利罗马角斗士广场就是一个明显的例子,因为政府缺乏资金,意大利制鞋企业 Tod's 打算捐资 2500 万欧元修缮广场,虽然可能要面临政府的一系列审批,不过标志着在意大利这个严格限制私人资金进行保护的国家在引入私有资本进行文物保护方面也开了先例。国内在引入社会资本尤其是国有企业参与保护方面的例子相对比较普遍。上海城投与当地政府一起参与了思南公馆的改造,成都文旅集团打造了成都的宽窄巷和水井坊,上述两个企业都是当地具有较强实力的国有企业。

东城区也在引入社会资本、用好国有资本,搭建资金平台方面进行了积极探索。一是重组前门 4 家公司成立了天街控股集团公司,为前门历史文化展示区建设搭建起了统一投资、建设、运营管理的体制平台。二是与北控集团签署了战略合作框架协议,筹建区历史文化名城保护基金。并计划组建投融资平台,成立基金管理中心,通过发行债券、海内外公开募股等多种方式,筹集社会资本和企业资金,定向用于东城辖区内历史文保区的修缮保护、旧城改造及发展建设项目。东城区政府和北控集团的合作,可以看做是北京市拓宽资金渠道,吸引社会资本,整合政府资金,共同参与历史文化保护、传承、发展的首步探索和试验。下一步应积极探索多种形式的融资渠道,搭建融资平台,坚持国有资本和社会资本并重,为深入推进历史文化名城保护提供资金支持和发展动力。

2.疏解人口与优化结构并重

降低人口密度,保持人口适度,是实现旧城保护更新的前提,也是难点所在。这在国内和国际上都是通行的作法。世界大都市中心城区在改造中一般有 50% 以上的居民搬迁出去。但人口的集聚从来与城市功能的集聚分不开,尤其旧城承担着教育、医疗、商业、就业等各项功能。调查显示,在旧城不愿意外迁居民中,有一半是因为“平房生活成本较低”,有一大半是因为“平房区生活便利,上班、上学、就医方便”。

当前,要逐步实现“强制性疏散”向“申请式疏解”转变。在深入调研的基础上,摸清哪些人愿意走,哪些人不愿意走,哪些人有搬迁能力但无力买房等,然后在尊重群众意愿的背景下,分别采取针对性措施,从直管公房入手,针对那些没有强烈归属感,存在房屋变现愿望的住户多做工作,循序渐进疏解人口,不要搞“一刀切”。留住居民应承担相应的文化保护义务,如按照总体规划方案和改造标准自行对房屋进行修缮和改造。

北京旧城以砖木结构为主的传统历史建筑,包括四合院形式的民居,其设计、用材及建筑方式等先天因素,决定了在使用中需要定期进行较大规模的维修,因此其后期的使用成本比较高。由于各种历史原因,维修不及时也是造成今天北京历史文化保护区危旧房比例过高的重要原因。因此,在疏解保护区过于稠密的人口,实现人口绝对迁出的同时,应该考虑对保护区人口结构进行优化调整,即在保留一部分原住民的基础上,吸引具有一定经济条件和历史文化保护意识、爱好北京传统文化和胡同生活的人群居住。只有这样,才能建立起保护区未来良性发展的循环,一方面避免保护区出现贫民化趋势,另一方面减轻政府在保护区维护投入方面的财政支出压力。

3.加快推进产业结构调整

经济是基础。在旧城区特别是历史文化保护区也概莫能外。旧城区(文保区)的产业结构、经营业态,与其人口结构、生活工作成本、经济活动聚集程度等密切相关,进而也直接影响着文保区的保护与发展。在北京旧城文保区的价值日益彰显的同时,这些地区有限资源的低端使用进一步加剧了人口资源环境与历史文化保护之间的矛盾。因此,必须加快推进旧城文保区的产业结构调整步伐,充分发挥市场倒逼机制,淘汰初级服务业、印刷业、手工业、游商、废品收购和“五小”行业等与旧城文化保护不相符的一些低端产业和经营业态。在这个过程中,要善于发挥国有资本的作用,利用市场调控手段,通过国有资本的市场介入来引导产业结构的优化调整。东城区已经在这方面做出了积极探索,今后需要不断加大力度,扩大规模。

4.加强地下空间综合利用

北京旧城寸土寸金,为满足停车、会议、商业、展示等新增功能的需要,可在条件允许情况下,最大限度利用地下空间。充分发挥地下空间在引导产业调整、疏解人口、商业配置以及优化空间结构方面的作用。国外大都市和世界城市中心区在利用地下空间方面提供了很好的例子。比如国土面积狭小而且人口众多的日本,城市用地十分紧张,地下空间的综合利用虽然比北欧等国起步晚,但是地下街道、地下车站、地下铁道、地下商场、地下共同沟的建设规模,成熟程度已居世界领先地位。在国土面积有限、地下商业发达的新加坡,两家相邻的购物中心、写字楼之间大多都有地下通道连接,通道内的餐厅很好地满足了附近消费者的需求。

东城区在利用地下空间方面已经取得了一些成功的经

验,比如台湾会馆,合理利用了地下空间,完美地整合了周边资源,原有的建筑面积仅391平方米,修缮后的建筑面积达到了近4000平方米。比如夕照寺的复建,使地下空间和寺庙两侧非文物地段的充分整合,无论从外部风貌还是从内部功能上都结合的十分巧妙。目前,前门地区近20万平方米地下空间建设取得重要成果,市政基础设施实现了现代化,其中前门西区的地下空间,规划了近10万平米停车面积,可以停车1800多辆,在中心城区的文保区又创下一个奇迹,可以说地上全面保护、地下设施现代的空间格局已经形成,为历史文化名城的保护与发展探索了重要经验。

下一步,要积极拓展地下发展空间,借鉴东京、大阪、香港、新加坡等城市成功经验,实现地上地下"立体化"发展。以主要交通节点为发展源,以地铁网络为骨架,以重点功能区为核心,分层开发,构建系统化、现代化、网络化的地下空间格局。着力推进地铁、地下隧道、停车库、步道等地下交通设施建设,缓解中心城区交通拥堵问题。同时要加快王府井、东二环、前门—崇文门地区、龙潭湖园区等重点功能区地下空间开发,积极发展地下商业设施、地下交通、地下公共服务设施等,促进城市部分功能由地上转入地下。

5.适度复建文物建筑

关于古建筑遗址和残存建筑的保存,在西方砖石特别是石构建筑中从理论和实践上,都实行残状遗址和残状构件的现状保存,而以木材为主的东方建筑体系则有所不同。东方木结构的古建筑一旦毁坏,原先的建筑形态根本看不出来。因此从上世纪80年代开始,以日本为代表的亚洲国家在世界遗产大会上,提出复建的原则,并最终在上世纪90年代获得国际上的肯定,即经过发掘的遗址仍然将其覆盖,而在其上复制一个与地下埋存遗址相同的"复制品",既解决了保护的问题,又满足了地面参观的需要。

随着经济和社会的发展,人民物质生活水平的不断提升,在精神层面也必然有更高的需求和追求。在历史遗迹的原址复建地标性文物建筑,即可以更好地传承和保护历史文化遗产,重现历史文脉,使普通民众更好地了解古代建筑的辉煌,也能够进一步推动城市功能的进展。特别是我国已经成为第三大世界遗产国,复建正成为各地世界文化遗产利用的现实需要。目前国内复建文物建筑比较成功的案例也比较多,比如西安通过复建大明宫国家遗址公园实现了城市现代化发展的需求和历史文化遗产保护的结合,促进了城市文化复兴。

东城区范围内有不少著名历史遗存已经在历史中湮灭,我们提出建设"首都文化中心区",在中轴线申遗综合整治过程中,完全可以选择一些重要的景观节点,采取复建的形式予以恢复。只要是科学、严谨和建立在考古发掘基础上的复建,体现了历史景观和古都风貌的恢复,都应该得到支持。

6.探索产权制度创新

东城区现有平房19.7万间,其中公房占61.1%,私房占23.3%,自建房占15.6%。"十一五"期间东城区大约共出售平房13.7万平米、约占私有平房面积的26%。2008年以后平均每年有近13万平米的私有产权平房处于出租状态。可以看出市场机制在私有住房领域发挥着重要的调节资源配置的作用。但由于东城区近2/3的房屋是公有住房,无法利用房地产交易市场的力量实现人口流动。同时缺少政府的引导与监管,公房承租人违规私自出租现象十分普遍,为低素质人群的聚集提供了条件。通过调查我们也发现,像南池子、南锣鼓巷等旅游景点周边的社区,已经出现了本地人口与外来人口倒挂的现象,给名城保护带来了新的压力。

由于历史因素,旧城内平房的产权关系比较复杂,现今必须对旧城内平房进行切合实际的产权制度创新,调动居民参与的积极性,确保旧城有机更新的和谐发展。一是盘活旧城直管公房这个最大房源的交易,加快研究直管公房产权置换方式,有条件地选择一些具有经营性的直管公房(由房管中心收取房租的工商业用房)探索上市交易,引进带动地区发展的高水平经营实体;探索直管公房采取政府回购、整院拍卖出售等方式进行交易。二是鼓励私房、单位自管房入市交易,政府职能部门给予协助。三是鼓励平房居民优先购买相邻房屋产权,确保旧城保护的稳定和文化的延续。四是由政府搭建二手房、四合院产权交易平台,为居民外迁购房、买卖、调剂住房等提供交易信息和服务。

政党·团体

中国共产党北京市东城区委员会

概　　述

年内,中国共产党北京市东城区委员会(简称区委)深入贯彻落实科学发展观,以迎接建党90周年和新区成立一周年为契机,带领广大党员干部群众,改革创新,攻坚克难,统筹推进经济、政治、文化、社会以及生态文明和党的建设,强化区域文化特色和发展优势,网格化社会服务管理创新取得初步成效,城市环境品质显著提升,发展成果更多惠及人民群众,充分展现新东城的新形象、新作风、新水平和新活力。

"规划体系建设年"工作。加强"总规"实施和宣传工作,制定"规划体系建设年"工作方案,颁布实施东城区《空间发展战略规划(2011—2030年)》《人才发展战略规划(2011—2030年)》《信息化发展战略(2011—2030年)》《"十二五"规划纲要》,率先在全市编制并实施"人文东城、数字东城、绿色东城"五年行动计划,形成以"总规"为龙头、各项规划相互衔接的规划体系。开展"学总规、看成就、谋发展"活动,切实提高各项规划知晓率,为实现"总规"和"十二五"规划良好开局奠定坚实基础。

"首都文化中心区"建设。加大历史文化名城保护力度,做好中轴线申遗相关工作,分类引导18.5片文保区差异化发展。开展"十大保护项目"工程,推进钟鼓楼广场环境整治,天坛周边、玉河恢复整治,美国使馆旧址、惠王府等文物修缮工程。举办首届非遗保护成果大展等活动,非物质文化遗产保护传承工作走在全市前列。促进文化创意产业发展,加快"胡同创意工厂"建设,产业集聚逐步形成。启动文化金融创新,设立"中关村新媒体版权基金"。推进公共文化事业发展。加快区文化活动中心建设,健全区、街道、社区三级文化服务网络,打造"一刻钟文化圈"。推进"戏剧东城"建设,开展"全国首届小剧场优秀戏剧展演季"等活动,培育"功夫传奇"等优秀文化品牌。完成"全国文明城区"、"全国未成年人思想道德建设工作先进城市"和"全国双拥模范城"复查工作,市民文明素质和城市文明程度提高。

区域经济平稳较快发展。促进产业高端化发展,建立统筹协调产业发展机制,商业、旅游、商务服务等重点产业保持平稳增长。培育三大新兴产业,开展低碳产业楼宇、绿色社区试点工作,举办第二届"地坛论坛"。推进王府井、东二环、雍和园、前门、龙潭湖、永外等重点功能区建设。深化招大引强工作,中国教育出版传媒集团、体育赛事版权中心等一批优势企业落户东城。优化发展环境,制定关于优化经济发展环境的意见和区街财政管理体制改革方案。加强服务企业政策清理整合,推进中小企业转型升级。扩大对外开放、促进区域合作,多渠道宣传推介东城,扩大国际影响力。

"和谐社会首善之区"建设。注重统筹解决民生问题,加快推进旧城人口疏解工作,开展保障房和对接安置房项目建设。完善社会救助体系,社保惠民和养老服务"九养"政策落实到位。推进"国家级基础教育综合改革实验区"建设,扩大优质教育资源覆盖面。举办"首届京沪国家中医药发展综合改革试验区合作论坛"和"第三届地坛中医药健康文化节",启动"健康管理社区"建设。深化网格化社会服务管理创新试点工作,健全"三级平台、四级管理"体制,强化网格"七种力量"配置,完善社区治理模式,试点工作得到中央、市领导高度肯定,"网格化社会服务管理体系"、"社区居民会议常务会模式"被全市推广。优化城市环境,从环境卫生、绿化美化、广告牌匾、夜景照明等8个方面入手,实施环境综合整治工程。推行综合执法机制,推进交通疏堵综合改造和胡同"单行单停"微循环建设,荣获"中国最佳城市管理奖"。加强"平安东城"建设,推广信访代理制,科学运用网格化管理模式的作用和专群结合群防群治力量,确保社会安全稳定。

党的建设。以纪念建党90周年为契机,深化创先争优活动,开展"光辉岁月、壮丽东城"专题展览和党员演讲比赛等纪念活动。制定加强和改进党委(党组)中心组学习实施意见,开展"红色讲坛"、"党在百姓心中"等理论宣讲活动。完善"规定+自选"培训模式,举办党政"一把手"等培训班,提高党员干部学以致用能力。创新干部选拔任用方式,面向街道和基层加大竞争性选拔干部力度,探索运用两轮推荐、差额考察、差额酝酿方式选拔处级正职。实施"凝聚工程"、落实基层党建工作创新意见,推广网格化党组织设置模式。深化党风廉政建设责任制,推进廉政风险防范管理工作,开展反腐倡廉宣传教育,开展公务用车、"小金库"治理和清理规范庆典、研讨会、论坛活动等专项工作,加强反腐倡廉建设。

单位地址:东城区钱粮胡同3号

联系电话:64002596　邮政编码:100010

(王家岩)

主要工作和重大活动

【街道党政负责人会议】 1月14日,区街道党政负责人会议召开。区领导杨柳荫、牛青山、冯熙、常卫、刘云斋、徐熙、章冬梅、夏树军、宋甘澍、郭瑞敏参加。牛青山主持会议。会议听取各街道关于上年工作情况和本年工作计划汇报,研究部署下阶段各项重点任务。杨柳荫就做好本年工作发表讲话。（王家岩）

【年度考核民主测评会】 1月20日,区级领导班子和领导干部年度考核民主测评会召开。杨柳荫主持会议。杨柳荫、牛青山分别代表区委、区政府领导班子作上年工作报告并进行个人述职述廉。区级领导班子成员参加。参会人员以无记名投票方式对区委、人大、政府、政协四套班子和32名区级领导干部进行民主测评。（王家岩）

【换届考察部署大会】 8月16日,区领导干部大会召开。杨柳荫主持会议。会议传达市委关于区县领导班子换届工作的有关要求,部署换届考察工作。杨柳荫代表区委领导班子总结工作,进行个人述职述德述廉。牛青山代表区政府领导班子总结工作,进行个人述职述德述廉。市委第七考察组组长强新,区级领导班子成员参加。（王家岩）

【领导其他活动】 1月26日,区领导杨柳荫、牛青山、冯熙、徐鸿达参加前门天街年市开市。6月21日,文化部原副部长、中国戏剧文学学会总顾问艾青春,中华文化促进会副主席于广华,文化部社团办主任王吉,区领导杨柳荫、牛青山、冯熙、徐鸿达参加全国戏剧文化奖·2011小剧场优秀戏剧展演季首演典礼。6月25~26日,全国政协副主席郑万通、厉无畏,全国政协提案委员会副主任阳安江,国际展览局名誉主席吴建民,全国社保基金理事会副理事长王忠民,市金融服务工作领导小组常务副组长黎晓宏,国家发改委气候司副司长孙翠华,区领导杨柳荫、牛青山、冯熙、徐鸿达、徐熙、夏树军参加"聚焦绿色金融,助力产业升级"第二届地坛论坛。8月26日,杨柳荫、吴松元等区领导出席区党务公开工作推进大会。9月6日,区领导杨柳荫、牛青山、冯熙、徐鸿达、常卫、夏树军、金旭、刘忠胜参加区教师节暨"师德标兵"表彰大会。9月28日,中共中央政治局委员王刚,全国政协原副主席张思卿,最高人民检察院原检察长贾春旺,市领导王安顺,中共中央党史研究室副主任龙新民,全国工商联常务副主席孙安民、副主席李路,文化部副部长欧阳坚,区领导杨柳荫、牛青山、夏树军、冯藏淑参加陈广文梅花作品展在皇城艺术馆开幕式。10月14日,区领导杨柳荫、牛青山等参加区"五五"普法总结暨"六五"普法启动大会。10月27日,区学习贯彻中共十七届六中全会精神专题报告会召开。文化部国家文化产业创新与发展研究基地副主任陈少峰就"文化体制改革与文化产业发展"作专题报告。杨柳荫、牛青山、冯熙、徐鸿达等区委、区政府理论中心组成员参加。10月28日,北京天坛演艺区启动暨幸福大剧院奠基仪式举行。牛青山主持。杨柳荫致辞。鲁炜宣布北京天坛演艺区暨幸福大剧院开工。市领导陈刚、市文化局局长肖培、市委宣传部常务副部长王海平,区领导冯熙、徐鸿达、赵中原、夏树军、朴学东、周永明参加。（王家岩）

【走访慰问】 1月24日,市领导刘淇慰问东城区优秀老党员,送去慰问金和慰问品,并向优秀老党员及其家人祝贺新春。市领导吕锡文、丁向阳,区领导杨柳荫、牛青山、常卫、吴松元、夏树军参加。1月25日,区领导杨柳荫、牛青山、冯熙、徐鸿达走访慰问驻区中央机关单位。民政部部长李立国、民革中央主席周铁农、共青团中央书记陆昊、中央编办副主任吴知论、最高人民检察院常务副检察长胡泽君、公安部副部长黄明、商务部部长陈德铭、国家林业局副局长祝列克、国家安监总局党组成员黄毅、农工民主党副主席汪纪戎、中央政法委副秘书长鲍绍坤、台盟中央常务副主席汪毅夫等领导接待,并与区领导进行座谈。区领导常卫、刘云斋、徐熙、章冬梅、谢世龙、夏树军等参加。1月31日,区领导杨柳荫、冯熙到宝南、北锣社区慰问社区工作者。询问社区工作者的工作和生活情况,并祝福社区干部们"过年大吉、幸福安康"。2月1日,中央领导周永康慰问区政法系统一线干部职工。中央政法委副书记王乐泉、市委书记刘淇、公安部部长孟建柱、最高人民法院院长王胜俊、市领导郭金龙、王安顺、李士祥、傅政华、刘敬民,区领导杨柳荫、牛青山、刘云斋、谢世龙、夏树军参加。同日,区领导杨柳荫、牛青山先后慰问信访干部及纪检监察干部,对全体干部一年来的辛勤工作表示感谢并致新春祝福。区领导常卫、刘云斋、周京生、夏树军、周永明参加。同日,区领导杨柳荫、牛青山、冯熙、徐鸿达慰问春节期间坚守工作岗位的干部职工。先后到北新桥派出所、区环卫一中心五所、第一消防支队王府井消防中队、城管大队东华门分队、第一交通支队天安门广场东侧路北口岗、区环卫二中心前门清扫班、东城第二交通支队崇文门岗、第二消防支队花市消防中队和山西省天镇县蔬菜直营店慰问。区领导常卫、刘云斋、徐熙、谢世龙、夏树军、朴学东、宋甘澍、毛炯参加。2月2日,市领导刘淇、郭金龙、王安顺慰问东城区一线干部职工。先后到东直门交通枢纽、区环卫服务一中心机械清扫队慰问。市领导李士祥、梁伟、刘敬民、苟仲文,区领导杨柳荫、牛青山、夏树军参加。6月22日,市领导杜德印到东花市南里社区慰问"群众心目中的好党员"杨立新。送上慰问金和慰问品。市领导梁伟、唐龙、王翔,区领导杨柳荫、冯熙、吴松元、夏树军参加。7月27日,区领导杨柳荫、牛青山、冯熙、徐鸿达走访慰问驻区部队。分别慰问北京军区空军、总参二部、总政群工办、北京卫戍区、公安部边防管理局、海军92609部队等13支驻区部队。区领导常卫、刘云斋、徐熙、左海星、夏树军、费文勇、金旭、宋甘澍、郭瑞敏、冯藏淑参加。9月30日,区领导杨柳荫、牛青山、冯熙、徐鸿达慰问一线干部职工。先后到区消防一支队金宝街中队、区公安分局中心区巡特警支队、区交通支队机关、区环卫二中心二所、区第二消防支队龙潭湖中队、区城管大队王府井南口执法岗和区环卫一中心王府井所慰问节日期间坚守一线的干部职工,并送去慰问品。区领导常卫、徐熙、谢世龙、夏树军参加。（王家岩）

【军政座谈会】 1月25日，区春节军政座谈会召开。全国双拥工作领导小组成员兼双拥办副主任、总政群工办主任汤奋，全国双拥办副主任、总政群工办副主任李辉，市双拥办副主任、市民政局副巡视员由世钧，首都军（警）民共建指导小组副组长戚玉桥，杨柳荫、牛青山、冯熙、徐鸿达等区四套班子领导参加。7月28日，区“八一”军政座谈会召开。全国双拥办、总政群工办、市双拥办、市民政局、市政府外联办、首都军（警）民共建指导小组、驻区部队有关领导，区领导杨柳荫、牛青山、冯熙、徐鸿达等区四套班子领导参加。 （王家岩）

【中央领导考察】 6月23日，司法部部长吴爱英考察区阳光中途之家。参观阳光中途之家的各个功能区、矫正帮教工作成果展和信息指挥平台，对区“1＋X”矫正帮教工作模式予以充分肯定。司法部副部长郝赤勇、政治部主任张彦珍，办公厅主任郭庆良、基层工作指导司司长王珏，中央综治办巡视员季勤，市领导刘敬民，区领导杨柳荫、牛青山、夏树军、毛炯参加。9月21日，中央政法委副秘书长、综治办主任陈冀平率队到东城调研社会管理创新综合试点工作。考察东直门街道清水苑社区社会管理综合工作站，察看网格室、警务室、社区电视监控室，听取社区网格化社会管理创新工作汇报。中央综治办督导室主任胡增印，长安杂志社副社长丁后盾，编辑部副主任要建春，市委副秘书长、市委政法委常务副书记李伟，市委政法委副书记、首都综治办主任滕盛萍，区领导杨柳荫、牛青山、常卫、夏树军、宋甘澍参加。12月1日，中央政法委书记周永康到东城考察网格化社会服务管理创新工作。杨柳荫作“创新网格化社会服务管理模式探索具有东城特色的社会管理服务之路”汇报。市委书记刘淇，国务委员兼国务院秘书长马凯，中央政法委秘书长周本顺、副秘书长陈训秋、王其江、鲍绍坤等，市领导郭金龙、王安顺、李士祥、梁伟等及区领导牛青山、常卫、夏树军参加。 （王家岩）

【市领导调研】 4月23日，市领导刘淇到中华民族艺术珍品馆、金台夕照会馆调研。在中华民族艺术珍品馆察看故宫历代文物珍品展，听取珍品馆馆长汇报；在金台夕照会馆参观天物馆和鸡血石博物馆，了解会馆运营情况。故宫博物院院长郑欣淼，区领导杨柳荫、牛青山、夏树军参加。5月31日，市人大主任杜德印到区开展“推进全国文化中心建设”专题调研。考察雍和大厦内两家从事新媒体产业的公司——中文在线公司和天脉聚源公司，察看国际版权交易中心。市人大副主任吴世雄，秘书长唐龙、副秘书长刘维林等及区领导杨柳荫、牛青山、冯熙、赵中原、夏树军、李力、朴学东参加。6月14日，市领导杜德印就中轴线和历史文化名城保护工作到区调研。察看设在鼓楼楼顶的古代计时仪器，观看传统鼓乐文化表演，听取区历史文化名城保护工作情况汇报。市领导刘晓晨、唐龙，区领导牛青山、周永明参加。7月9日，市领导刘淇到区就“深化文化体制改革，加快推动文化建设”主题进行调研。先后考察北京皇城艺术品交易中心和天脉聚源传媒科技有限公司。市领导鲁炜，区领导杨柳荫、牛青山、夏树军、朴学东参加。9月3日，市领导刘淇、郭金龙就“整合首都文化资源，提升首都文化竞争力”到区开展主题调研。考察北京华江文化发展有限公司、红剧场和东花市街道社区文化服务中心。市领导李士祥、鲁炜、陈平，区领导杨柳荫、牛青山、赵中原、夏树军、朴学东参加。9月29日，市领导刘淇、郭金龙到东城检查国庆期间公共安全工作。先后到天安门广场、东花市街道富贵园社区乐家菜市场检查。市领导李士祥、陈刚、程红、夏占义，区领导杨柳荫、牛青山、夏树军、朴学东参加。10月21日，市领导刘淇、郭金龙调研东城历史文化名城保护工作。先后察看玉河遗址、前门历史文化展示区。市领导吉林、李士祥、鲁炜、陈刚，区领导牛青山、徐熙、周永明参加。10月26日，市领导刘淇到区调研演艺区规划建设工作。先后考察孔庙、国子监博物馆和幸福剧场。市领导李士祥、鲁炜、陈刚、陈平，区领导杨柳荫、牛青山、赵中原、夏树军、周永明参加。 （王家岩）

【外省市领导考察】 3月22日，安徽省委常委、省纪委书记王宾宜率团到区学习考察廉政风险防范管理工作。考察团听取区廉政风险防范管理工作情况介绍，围绕工作中的难点问题进行座谈交流。市领导叶青纯，区领导杨柳荫参加。3月23日，上海浦东新区区委副书记赵卫星率团到区学习考察社会服务管理创新工作。考察团听取区网格化社会服务管理模式总体情况和工作进展介绍，实地察看东直门街道社会服务管理信息系统平台演示，围绕社会服务管理创新工作中的难点问题与区有关部门进行座谈交流。区领导杨柳荫、刘云斋、徐熙、宋甘澍参加。3月25日，广东省委副书记朱明国率考察团到区参观考察。考察团察看应急监控中心建设运行情况，了解中心创新社会服务管理，依托网格化管理平台，加强城市综合管理、联合执法、矛盾排查化解等工作情况。市领导梁伟、王翔，区领导杨柳荫、夏树军、宋甘澍参加。7月12日，东城区区域合作交流代表团到内蒙古乌兰察布市集宁区进行友好交流访问。考察集宁综合现代物流园区、白泉山生态公园、集宁战役纪念馆、霸王河综合治理项目、内蒙古三信实业有限公司。区领导杨柳荫、冯熙、徐鸿达、徐熙、夏树军、宋甘澍参加。乌兰察布市市委书记王学丰，代市长陶淑菊热烈欢迎代表团。10月25日，江苏省南京市秦淮区区委书记郑跃奇率考察团考察古建保护利用和特色餐饮工作。先后考察北京皇家粮仓、国子监和孔庙，区领导杨柳荫、赵中原、夏树军、朴学东参加。11月16日，沈阳市沈河区区委书记庞洪波率队考察网格化社会服务管理创新工作。察看东直门街道社会服务管理综合指挥分中心。区领导杨柳荫、常卫、夏树军、宋甘澍参加。 （王家岩）

【区委专题会】 7月7日召开。区领导杨柳荫、牛青山、徐鸿达、常卫、刘云斋、赵中原、徐熙、夏树军、金旭、朴学东参加。杨柳荫主持会议。会议研究《国家文化创新发展综合改革试验区建设方案》，围绕区文化事业建设、试验区申报等工作进行研讨。 （王家岩）

【区委全会】 8月3日召开。区委常委会主持会议。会议传达北京市上半年经济形势分析会精神。杨柳荫代表区委常委会作题为《深入实施“两新四化”发展战略为圆满完成开局之年目标任务而努力奋斗》工作报告,牛青山作关于区经济社会发展工作报告。会议传达市委关于做好年度区县领导班子换届工作有关文件精神。审议通过《中共东城区委关于进一步深化网格化社会服务管理全面推进社会建设的实施意见》《中共东城区委员会全体会议关于召开中共北京市东城区第十一次代表大会的决议》和《中共北京市东城区委员会全体会议决议》。就如何做好下半年工作提出要求。11月25日,召开区委全会。区委常委会主持会议。会议对区委常委会干部选拔任用工作进行民主评议,对本年新提拔的党政主要领导干部进行民主测评;审议通过题为《深入实施"两新四化"发展战略为全面建设"国际化现代化新东城"而努力奋斗》的区委工作报告和题为《以加强惩治和预防腐败体系建设为重点努力取得党风廉政建设和反腐败工作新成效》的纪委工作报告;酝酿中共北京市东城区第十一届委员会委员、候补委员和第十一届纪委委员候选人预备人选建议名单;审议通过中共北京市东城区第十一次代表大会主席团组成人员、主席团常务委员会委员及召集人、大会主持人建议名单,中共北京市东城区第十一次代表大会秘书长、副秘书长建议名单,中共北京市东城区第十一次代表大会代表资格审查委员会组成人员建议名单,中共北京市东城区第十一次代表大会代表团划分及召集人建议名单;通过中共北京市东城区委员会全体会议关于中共北京市东城区第十一次代表大会召开时间和大会议程决议。 (王家岩)

【区第十一次党代会】 12月12~16日,中共北京市东城区第十一次代表大会召开。牛青山主持会议。杨柳荫代表区委作题为《深入实施"两新四化"发展战略为全面建设"国际化现代化新东城"而努力奋斗》的报告。大会以书面形式作题为《以加强惩治和预防腐败体系建设为重点努力取得党风廉政建设和反腐败工作新成效》工作报告、《关于全区党费收缴、使用和管理情况的报告》。大会酝酿、选举产生中共北京市东城区第十一届委员会和纪律检查委员会,其中中共北京市东城区第十一届委员会委员42名,候补委员8名,区纪委委员29名。大会表决通过《中共北京市东城区第十一次代表大会关于中共北京市东城区第十届委员会工作报告的决议》和《中共北京市东城区第十一次代表大会关于中共北京市东城区纪律检查委员会工作报告的决议》。12月16日上午,大会举行闭幕式,杨柳荫致闭幕词并讲话,号召全区各级党组织和全体共产党员要认真贯彻落实科学发展观,立足"首都文化中心区、世界城市窗口区"总体定位,深入实施"两新四化"发展战略,动员全区人民,凝聚各方力量,为共同开启国际化现代化新东城建设新征程、胜利实现未来五年的宏伟蓝图而奋斗! (王家岩)

【区委十一届一次全会】 12月16日召开。会议选举产生新一届区委常务委员会,由13人组成,区委书记杨柳荫,区委副书记牛青山、常卫。会议选举产生新一届区纪律检查委员会常务委员会委员11人,区纪委书记夏树军,副书记3人。杨柳荫主持会议并作重要讲话。

(王家岩)

【区委常委会会议】 全年区委召开常委会30次,研究决定议题220个。常委会在实施各项规划,引领新区全面发展方面,研究"一轴两带五区"各个功能区专项规划、东城区人才发展战略规划(2011—2030年)、"人文东城"行动计划(2011—2015年)、"数字东城"行动计划(2011—2015年);在实施国际化战略,提升东城国际影响力方面,研究第三届皇城文化国际旅游节活动方案、第二届王府井国际品牌节筹备方案;在坚持"文化强区"战略,推进"首都文化中心区"建设方面,研究东城文化创意产业发展工作、"十大保护项目"等历史文化名城整体保护工作;在突出高端发展,提高区域经济发展质量方面,研究"十大重点工程"建设情况、东城区产业发展情况;在提升城市环境品质,为建党90周年营造整洁优美环境方面,研究"城中村"整治用地收储情况、胡同停车试点工程推进情况;在统筹兼顾各方利益,努力构建"和谐社会首善之区"方面,研究就业和社会保障工作、社区卫生服务体系建设工作;在加强民主法制建设,发展社会主义民主政治方面,研究中共北京市东城区代表大会代表选举工作、党代会日程安排;在深化创先争优活动,提升党的建设科学化水平方面,研究迎接建党90周年工作安排及区委区政府理论学习中心组学习安排等议题。 (王家岩)

【公文制发】 全年印发《中共东城区委常委会关于"三重一大"事项集体决策的实施办法》《北京市东城区人才发展战略规划(2011—2030年)》等各类文件115期,其中东发27期、东文58期、东办发18期、东办通报12期。 (王家岩)

【服务与保障工作】 全年服务保障区委主要领导调研、考察、交流等各类活动330次,服务保障区委其他领导出席各类活动500余次。完成领导干部大会、工作部署会等全区性重要会议及区委全委会等各类会议的组织协调服务160次。

(王家岩)

【督查工作】 全年办理领导批示件569件,编发《东城督查》11期、《督查专报》28期。区委副书记批示件48件,批示信2件,报送并流转上级批示件12件。

【信息工作】 全年编发信息普刊249期,专报124期,增刊178期,专刊54期,总体发展战略规划编制工作专刊2期,业务通讯9期,提供各类信息6000余条。 (王家岩)

组织工作

【概况】 中共北京市东城区委组织部(简称区委组织部)是区委主管党的组织建设、干部人才队伍建设的工作部门。内设干部一组、干部二组、干部调配组、干部教育培训组、干部监督组、组织组、组织指导组、党员教育管理组、党员电教组、人才工作协调组、调研信息组和办公室。

年内,开展庆祝中国共产党成立90周年活动,完成区级领导班子换届工作。深化干部人事制度改革,提升干部工作公信度和科学化水平。改进干部选拔初始提名方式,完善干部任前公示制度，在全市率先推行干部任前“媒体公示”。创新干部考核评价机制，对全区97家单位处级干部950余人进行年度考核。加强干部交流任职工作。举办各类培训项目65个，培训人员6.56万人次，其中重点培训项目22个，培训4092人次。选派局处级干部139人参加中央、市委有关培训班学习。推动人才规划落实，为区域经济社会发展提供人才支撑。制定落实《东城区人才工作领导小组实施〈北京市东城区人才发展战略规划（2011—2030年）〉任务分解方案》，将规划中5项人才发展主要任务、7项重点人才政策和10项重大人才工程细化为141项工作任务。组织制定党政人才等8支人才队伍发展子规划，启动“文化名家聚集发展工程”等十大人才工程。推进“东城国际人才金港”项目，建设高度整合政府政策、高校教育、企业需求三大资源，实现中高端人才引进和孵化、主导产业人才联合培养和人才创新成果转化服务等功能的政产学研一体化平台，制定《东城区杰出人才奖评选表彰办法》等5个政策性文件。实施“凝聚工程”，下发《中共东城区委关于实施“凝聚工程”深入推进基层党建工作创新的意见》。以组织网络、党员队伍管理、党内民主建设、组织工作、服务群众工作、工作评价、共驻共建和支持保障等8大体系建设为重点，全面推进各领域基层党建创新。制作完成《服务、凝聚、和谐——东城区基层党建创新工作纪实》专题片。推动建立社区网格党组织，形成“街道工委—社区党组织—网格党组织—党小组”四级社区党建组织网络体系。全面启动实施“东城区非公有制企业党建提升工程”，年底，实现非公企业党建工作覆盖面100%。强化示范，树立一批党建工作典型。推进“五星级”社区党组织考评、商务楼宇“五站合一”规范化建设和非公经济组织党组织“五个好”示范点创建活动。加强组织部自身建设。健全完善22项部内规章制度。实施部内办公系统网站整合工作。实现区政务网、区远程教育网、部内办公系统、组织部外宣网站的互联互通。健全完善《区委组织部组工信息计分考核办法（试行）》。研究起草《关于加强全区组织工作重点宣传的工作方案》和《<新东城报>“组织工作宣传季”工作方案》，加强对组织工作的整体、集中宣传。积极研究探索全区网络宣传和舆情应对工作，组建领导和工作机构，在区委组织部设“新闻办公室”，负责组织新闻宣传和舆情应对各项日常工作；建立全区网宣员和网评员队伍，有网宣员85人，建立健全网络信息宣传和舆情应对工作运行制度、预案制度及保障制度等，编印网宣工作和网宣员系列工作手册。举办4次“组织部长文化日”活动，加强全区组工干部队伍建设。对部内四个正科级职位进行竞争上岗。组织部荣获北京市公务员统计“全优报表”和“优秀统计分析”单位。

单位地址：东城区钱粮胡同3号
联系电话：64040940　邮政编码：100010　（王辉耀）

【处级干部基本情况】　截至年底，全区党政机关、事业单位有处级干部922名。其中领导职务663名（正处职174名、副处职489名）；非领导职务259名。有处级女干部257名，占处级干部总数的27.9%，其中女领导干部196名（正处40名、副处156名），占领导干部总数的29.6%；处级少数民族干部52名，占处级干部总数的5.6%；党外干部33名，占处级干部总数的3.6%。处级干部年龄结构：30岁及以下8名、31～35岁33名、36～40岁105名、41～45岁175名、46～50岁316名、51～54岁168名、55岁及以上117名，平均年龄47.28岁。处级干部学历结构：研究生学历211名，大学学历630名，大专学历81名。

（王辉耀）

【处级干部调整】　调整处级干部430人次，其中提职129人，因到龄退休、达到最高任职年限及调出等原因免职83人，交流59人，试用期满正式任职39人，兼职任免31人，其他调整89人。

（王辉耀）

【任前公示工作】　5月，在全市范围内率先推行干部任前“媒体公示”和干部任免动态媒体公开，创办东城组织工作手机报，加大媒体宣传报道力度。全年处级干部任前公示42期，公示人数131人，其中正处15人、副处116人。

（王辉耀）

【区第十一届党代会选举结果】　12月16日，正式选举东城区第十一届委员会委员、候补委员。大会应到代表400名，实到代表398名。选举产生区委委员42名、候补委员8名。其中：上一届区委委员、候补委员32名，占64%；新提名的人选18名，占36%；平均年龄49.39岁，其中50岁以下的29名，占58%；具有大专以上文化程度的50名（含全日制大学本科12名，硕士7名，博士2名），占100%；妇女7名，占14%；少数民族3名，占6%。同时，正式选举东城区第十一届纪律检查委员会委员。大会选举产生区纪委委员29名。其中：上一届纪委委员15名，占51.72%；新提名的人选14名，占48.28%；纪委机关的人选11名，占37.93%。平均年龄46.8岁，其中50岁以下的24名，占82.76%；具有大专以上文化程度的29名（含全日制大学本科7名，硕士3名，博士0名），占100%；妇女11名，占37.93%；少数民族2名，占6.90%。

（王辉耀）

【干部挂职锻炼工作】　组织153名后备干部参与“两会”维稳、第二届王府井国际品牌节、文明城区复检、钟鼓楼环境整治、人大代表选举等区内重点任务和重点工程。参与全市干部交流工程，选送2名处级干部到上级机关任职，安排6名处级干部到发达地区、市级机关、国有企业和中央金融机构挂职锻炼，接收13名中央、市级机关处级干部和10名市级机关年轻干部到区交流任职或挂职锻炼。选派4名优秀处级和年轻干部赴西藏拉萨指挥部工作，选派1名干部赴新疆乌鲁木齐市天山区工作。为做好对口支援新疆和西藏工作，区领导常卫、徐熙分别带队赴西藏、新疆慰问援藏、援疆干部。

（王辉耀）

【干部选拔初始提名】　探索干部选拔初始提名方式。以区民宗侨办主任和3个街道办事处主任职位为试点，首次探索运用两轮推荐、差额考察、差额酝酿方式选拔处级正职，在区建委和区总工会开展副处级干部“非定向”推荐。逐步形成主体清晰、程序科学、责任明确的干部选拔任用提名制度。
(王辉耀)

【团职军转干部安置】 接收安置团职军转干部档案31份。坚持妥善安置、公正公开、人岗相宜原则,根据干部履历和特点,完成5名担任团职3年以上军转干部安置工作。
(王辉耀)

【完成市首批选调生初选】 根据市委组织部有关通知精神,东城区从2011届本科及以上学历应届毕业生中选调优秀者到基层工作。确定选调生24名,其中公务员17名、国有企事业3名、社区工作者4名。
(王辉耀)

【干部档案管理工作】 重新整理区委各部门科级以下221本干部档案并移交相关部门。下发《干部人事档案培训材料》和《干部档案装具材料》,明确各部门档案管理负责人。全年管理档案2834卷,新接收档案76卷,追要新接收处级领导档案材料381份。日常接收档案处级年度考核表950份、工资表451份、区第十一次党代会代表登记表252份、干部任免表513份、其它材料2053份。上报市委组织部局级领导档案11卷,追要局级领导档案材料94份,转出档案55人(卷),并为转出档案追要档案材料101份。重新整理局级后备领导档案,重新码放在职档案科级、退休干部档案库和局级副卷档案库。干部酝酿考察、换届考察提供查借阅3405人次;区第十一次党代会代表简历确定提供查借阅504人次;办理干部退休提供查借阅35人次;在职干部调资、调动工作核资提供查借阅561人次,住房补贴发放提供查借阅101人次;交流干部、调出干部政审提供查借阅22人次,去世干部办理房产公证提供查借阅25人次,干部子女入党、干部独生子女费领取、老干部医疗待遇、出国政审等其他工作提供查借阅179人次。
(王辉耀)

【干部综合考核评价工作】 1月,根据《东城区党政领导班子和领导干部综合考核评价办法(试行)》和《东城区处级党政领导班子和领导干部年度考核工作办法(试行)》等文件精神,对党政工作部门、街道、区属事业单位、区属国有企业和中小学校、医疗卫生机构领导班子90个和处级以上领导干部994人分别进行考核。
(王辉耀)

【处级领导干部竞争上岗工作】 3月,政府委、办、局14个副处级领导职位面向全区各单位招考,181名干部报名。经过笔试、面试等环节,确定22名作为考察人选,最终提拔任用11名。还结合岗位需求,选拔在竞争上岗中表现突出的6名提拔任用到其他副处级领导岗位上。年内,面向街道系统竞争选拔副处级领导干部,经研究确定10个街道办事处副主任职位和2个街道武装部长职位进行竞争上岗,全区17个街道139人经过胜任度测评和资格复审,报名人员与职位比例达到10:1以上。
(王辉耀)

【干部考察工作】 8月15日至9月22日,协助市委考察组安排领导干部谈话300余人次,其中区领导近100人次,完成16家单位拟新提拔进班子人选19人考察工作。受到考察组好评。
(王辉耀)

【两委委员考察】 10月下旬,按照换届工作有关要求,对全区41家单位的45名区委委员、候补委员和区纪委委员候选人初步人选进行考察。
(王辉耀)

【集体谈话会】 6月19日,组织部召开区划调整后街道首批竞争上岗选拔的副主任、武装部长集体谈话会。8月16日,组织部部长吴松元,对街道系统新任街道办事处主任进行集体谈话。9月14日,召开街道系统试用期满正式任职"80后"副主任集体谈话会。11月3日,召开公选干部试用期满集体谈话会,宣布副处级领导干部13人试用期满正式任职,并对今后工作提出要求。
(王辉耀)

【代表委员信息核实工作】 11月至12月,对区党代表候选人、部分人大代表、政协委员候选人基本情况进行核实,并撰写现实表现情况材料,为新一届党代会、人代会、政协会召开做好准备。
(王辉耀)

【处级干部考核】 按照区委考核工作部署和《东城区处级党政领导班子和领导干部年度考核办法(试行)》的相关要求,开展处级党政领导班子和领导干部考核工作。
(王辉耀)

【干部任免】 全年任免干部246人次。调整交流干部128人次,其中提拔任用处级干部69人(领导职务51人,非领导职务18人),交流领导干部41人(正处级19人、副处级22人),达到最高任职年限改任非领导职务18人。兼职任免、企业任免、军转安置、免职调出、到龄退休等118人次。
(王辉耀)

【民意调查会】 8月16日,召开区级现任班子成员民意调查会,对本届四套班子现任成员,法、检"两长"和纪委副书记进行民意调查。部分党代表、人大代表、政协委员和基层群众约200人参加。
(王辉耀)

【党派民主协商会】 12月8日,召开党派民主协商会,区委主要领导,区各民主党派主委、专职副主委参会,商讨换届工作具体事项并达成一致意见。
(王辉耀)

【落实两项法规】 1月,转发《中共北京市纪委、市委组织部关于转发中央纪委、中央组织部〈关于进一步做好两项法规贯彻实施工作的意见〉的通知》,并召开部署大会,进行政策讲解和宣传。1月30日,向市委组织部上报区上年度《领导干部报告个人有关事项》情况。全区局级干部应报54人,实报54人;处级干部应报877人,实报877人。本年度有新任处级干部115人进行首次报告。《配偶子女均已移居国(境)外的国家工作人员有关情况》全区无上报人员。
(王辉耀)

【街道派驻公安副主任宣布会】 12月8日，召开街道派驻公安副主任集体宣布会，区委组织部、东城公安分局、区综治办、信访办和11个街道主要负责人以及东城公安分局新派驻干部参会。 （王辉耀）

【组织工作满意度】 3月28日，依照中组部调查项目，委托区统计局入户进行组织工作满意度民意调查。对全区111家单位进行全覆盖式测评，抽样人员达到1639人。制定《关于提高组织工作满意度不断推进组织工作科学化的意见》，经区委常委会审议通过向全区下发。4月27日，召开《东城区组织工作满意度讲评分析会》，全区97家党政机关和事业单位党委主要领导参加。 （王辉耀）

【处级干部体检】 4月18～26日，组织全区党政机关和企事业单位829名处级干部分别在北京市普仁医院、北京市第六医院进行健康体检。 （王辉耀）

【严肃换届纪律】 5月20日，召开区严肃换届纪律主题学习活动启动大会，对严肃换届纪律，保证换届风清气正工作进行全面部署，区四套班子领导干部、各单位党政正职、主管书记、纪检书记、部分“两代表一委员”以及组织纪检科（部）长450人参加。下发《中共东城区纪委、中共东城区委组织部关于严肃换届纪律主题学习的通知》。签订《东城区遵守换届纪律承诺书》2548份，发放《严肃换届纪律学习读本》2300余册，通过报刊发放宣传知识材料16万余份。6月，接受市委换届风气督查组检查，得到充分肯定。参加中央严肃换届纪律工作实物展览，中央政治局委员、中央书记处书记、中央组织部长李源潮阅览东城区参展材料。 （王辉耀）

【保龄球比赛】 10月25日，举办区处级以上干部第六届“健康杯”保龄球比赛，区领导及22家单位的153名处级以上干部参加。 （王辉耀）

【干部任用条例检查】 10月13日，成立4个检查组通过听取各单位汇报、对照档案材料、查阅历史记录、与人事干部谈话等方式，对20个处级单位执行《党政领导干部选拔任用工作条例》的情况进行检查，对12名离任的党（工）委（党组）书记进行任职期间履行干部选拔任用工作职责情况检查，将检查结果向每个被检查单位和每名被检查的书记进行反馈。 （王辉耀）

【干部任用条例培训会】 11月21～22日，召开区干部选拔任用工作交流培训会。会议通报对20个处级单位执行《党政领导干部选拔任用工作条例》情况的检查结果，3个单位作经验交流发言，对干部选拔任用政策、法规进行培训。各单位党委（党组）书记参加。 （王辉耀）

【开展“一报告两评议”】 11月25日，区委书记杨柳荫在区委全委（扩大）会上，代表区委常委会作本年度干部选拔任用工作专题报告，区委委员、候补委员、区级领导、纪委常委及各单位主要领导，对干部选拔任用工作和新选拔任用的40人（41人次）正处级领导干部进行现场评议。11月，结合年度考核工作派出11个工作组，在全区97家处级单位开展干部选拔任用“一报告两评议”工作。 （王辉耀）

【民主生活会】 11月9日，向全区下发通知部署民主生活会工作。收集汇总四套班子征求意见情况，汇编区委、区政府领导发言提纲，11月30日，筹备召开区委、区政府领导班子民主生活会，市领导刘淇、吕锡文、李士祥等出席会议。民主生活会由杨柳荫主持，区委、区政府16名领导班子成员参加，区人大（临时）党组书记、主任冯熙和区政协（临时）党组书记、主席徐鸿达列席。至12月底全区局、处级领导班子民主生活会全部召开。 （王辉耀）

【干部教育培训】 2月28日至4月28日，举办第一期中青年干部培训班。3月1～19日，举办第一期副处级领导干部进修班，副处级领导干部50余人参加。3月16日至6月8日，举办北京大学公共管理高级研修班。4月11～15日，举办“一把手”素质培训工程主题研修班。本期班首次增加现场教学环节，通过参观其他区县区域经济社会发展典型成功案例，对推动区未来发展起到借鉴作用。全区各党政机关、事业单位、群团组织正职领导干部近200人参加。6月4～24日，举办赴新加坡“低碳发展与城市生态建设”专题培训班，学习新加坡在低碳城市发展方面先进理念。6月28～30日，举办新任“80后”副职领导干部专题培训班。7月11～15日，与区委宣传部联合举办学习贯彻胡锦涛总书记“七一”讲话精神轮训班。8月1～28日，举办清华大学领导力提升高级研修班。9月5～29日，举办新任处级领导干部培训班。9月5～30日，举办“社区服务与管理”专题研究班。9月26日至12月1日，举办基层信访工作专题（行动学习法）培训班。9月26日至12月2日，举办“区域经济发展”专题（行动学习法）培训班。11月15～24日，与区财政局、党校联合举办新疆和田地区财政系统干部赴东城培训班。 （王辉耀）

【干部教育培训工作领导小组会】 3月2日，召开区干部教育培训工作领导小组第一次会议。会议讨论《东城区干部教育培训工作领导小组成员建议名单》，审议通过《东城区关于推进干部教育培训改革（2010—2020年）的意见（征求意见稿）》，总结上年干部教育培训工作，部署本年干部教育培训工作，审议通过《2011年东城区干部教育培训重点项目折子工程》。 （王辉耀）

【春季开学典礼举行】 2月28日，区委党校春季开学典礼举行。区领导吴松元出席并作重要讲话。区委党校校委、副处级领导干部进修班、中青年干部培训班和“首都文化中心区”专题研究班全体学员150余人参加。 （王辉耀）

【秋季开学典礼举行】 9月3日，区委党校秋季开学典礼举行。吴松元出席并作重要讲话，新任处级领导干部培训班、第二期副处级领导干部进修班、“政府职能提升与区域发展”

专题研究班,社区治理模式(行动学习法)专题培训班等学员160余人参加。（王辉耀）

【在线学习】　组织处级以上干部参加在线学习。通过网上公示、电话督促、短信提示等多种形式保障在线学习工作稳步推进。全区842名局、处级干部参加在线学习考核,全部完成40学时考核任务,完成率100%。（王辉耀）

【举办区纪念建党90周年展览】　3月9日,区委常委会审议通过《东城区纪念中国共产党成立90周年展览工作方案》,成立展览工作领导小组,展览筹备工作正式启动。6月20日,在地坛公园正式开展。展览以“光辉岁月　壮丽东城”为主题,由85块展板、593幅照片(图片)组成,展线340米。在一月余的展期里,组织全区120余个单位的党员7万余人参观展览,每天前来参观的游人约6000人次。北京电视台、人民网及美联社、读卖新闻等国内外媒体进行报道。为扩大展览影响,将展览内容放置在东城政务网上供网民浏览,制作画册免费向区内外发放,同时将此次展览所用素材汇总成数据库加以保存。落实市委纪念建党90周年展览任务,向市委报送40余张照片及《民情日记本》、网格PDA移动终端、网格图等实物。6月27日至8月31日展览期间,组织35场次党员1.75万人团体参观和6000人次个人参观。（王辉耀）

【纪念建党90周年活动】　5月12日,在区图书馆举办纪念中国共产党成立90周年系列活动启动仪式暨党员演讲比赛。区领导常卫、周京生出席。区委各党(工)委主管副书记、组织部部长及部分党员代表参加启动仪式。启动仪式结束后,进行党员演讲比赛。6月21日,与北京人艺联合创作推出杨善洲先进事迹多场次话剧《心中绿洲》首演仪式举行。6月21~28日集中演出10场,近4000名党员群众观看。6月24日,召开区庆祝中国共产党成立90周年暨表彰大会。对50个区先进基层党组织、100名优秀共产党员、50名优秀党务工作者、50个优秀基层党建工作创新项目、50个共驻共建先进党组织和50名奉献东城好党员进行表彰。先进基层党组织、优秀共产党员、优秀党务工作者、优秀基层党建工作创新项目、共驻共建先进党组织代表发言。杨柳荫作重要讲话。区级领导班子成员,全区各单位党政主要领导,主管书记,组、宣、办、纪负责人,受表彰的区先进基层党组织、优秀共产党员、优秀党务工作者、优秀基层党建工作创新项目及共驻共建先进党组织、奉献东城好党员,以及各单位党员代表参加。区部分离退休老领导、老干部,各民主党派、工商联主要负责人应邀出席。6月下旬,在中华世纪坛和地坛公园分别开展“光辉岁月、壮丽东城”——东城区纪念建党90周年主题党日活动。同时组织区委30个直属党(工)委在地坛公园举办各具特色主题党日活动。在中华世纪坛开展的活动荣获北京市纪念建党90周年最佳活动奖。（王辉耀）

【社区党建】　1月12日,与区委社会工委共同召开区深化社会服务管理创新推进社区网格党组织建设工作会,下发《关于推进社区网格党组织建设的意见(试行)》,在全区推广社区网格化党组织设置模式。10月14日,与区委社会工委联合下发《东城区社区党建工作考评办法(试行)》,部署2010—2011年度社区党建考评工作。11月11~18日,与社会工委组成考评组,对各街道工委申报的2010—2011年度五星级社区党组织的党建工作进行复评。征求相关部门意见并经区委组织部部务会研究,最终确定五星级社区党组织36个。12月2日,对考评情况进行通报。每季度对全区街道社区党建“三有一化”工作进展情况进行统计,建立全区社区党建基础信息数据库和党建亮点信息库。（王辉耀）

【国企党建】　10月10日,联合区国资委党委召开区国资系统党建考评工作研讨会,征求国资系统党组织负责人意见,对国企党建考评办法进行修改完善。每月向市委组织部上报区国资系统争创“四强四优”活动报表、总结。（王辉耀）

【非公企业党建】　9月15日,由东城区推荐的安利(中国)日用品有限公司北京分公司党委获得全国党建研究会评选的非公企业“双强百佳党组织”称号,成为全市获得该荣誉的五家企业之一。10月14日,与区委社会工委联合下发《关于开展2010—2011年度非公有制经济组织党建“五个好”示范点创建工作的通知》,经各街道自评自查及区委组织部、区委社会工委研究,确定北京恒基中心中海物业党支部等50个非公有制经济组织党组织为党建“五个好”示范点,并进行表彰。11月24日,召开全区非公有制企业党建提升工程部署会,对区非公党建工作进行部署。11月,印发《关于实施非公有制企业党建提升工程的意见》和《东城区非公有制企业党建工作联席会议成员单位及职责分工》。年内,组织开展非公有制企业党建工作调研,提交调研报告《关于非公经济组织党建全覆盖工作的思考与探索》,被全国党建研究会评为优秀调研成果二等奖。每月向市委组织部上报区非公企业创先争优报表、总结。（王辉耀）

【党建带团建工作】　7月6日,召开党建带团建暨深入推进共青团系统创先争优活动工作会议,制定下发“1+4”系列文件,即《中共北京市东城区委关于加强新形势下全市党建带团建工作的意见》以及加强基层团组织建设、团干部队伍建设、青年人才工作和区域化团建4个配套实施意见。10月9日,联合团区委下发《关于开展全区党建带团建工作会议精神落实情况督察的通知》,加强对有关情况督查。（王辉耀）

【基层党建创新项目评比】　3月18日,召开区优秀基层党建工作创新项目评审会,票决产生50个区优秀基层党建工作创新项目建议名单。12月2日,在市优秀基层党建工作创新项目表彰大会上,北新桥街道党工委“‘365’阳光驿站”、交道口街道党工委“公众参与社区治理模式”、景山街道钟鼓社区党委“‘家和万事兴’群众调解之家”、龙潭街道左安浦园社区党委“‘情暖五色土’党员服务队”和天坛街道党工委“‘五共’党建格局”被评为“北京市优秀基层党建工作创新项目”。（王辉耀）

【区域化党建】　4月25日,与区委社会工委一起召开社会领域创先争优活动暨区域化党建工作推进会,研究下发《中共东城区委关于在创先争优活动中进一步推进区域化党建工作的意见》。与区直机关工委共同研究实施机关党组织与社区党组织开展结对共建活动。按照"六个一"目标要求,全区73个机关党组织与200个社区党组织全部结成共建对子。

（王辉耀）

【党组织负责人队伍建设】　4月11日、9月15日,启动全区基层党组织书记培训月活动,先后2次在红剧场举办集中培训班,区委直属30个党(工)委所属1000名基层党组织书记参加培训。8月22~26日,组织区17名街道工委书记参加市委组织部、市委社会工委举办的全市街道党工委书记集中培训班(全脱产学习)。8月29日至9月2日,组织区17名社区党委书记参加市委组织部、市委社会工委举办的全市社区党组织书记集中培训班(全脱产学习)。10月31日至11月4日,组织区16名街道办事处主任参加市委组织部、市委社会工委举办的全市街道办事处主任轮训班(全脱产学习)。11月22~24日,选派5名非公企业党组织负责人参加全市"两新"组织党组织负责人示范培训班。（王辉耀）

【接待工作】　5月27日,接待全国基层党组织书记加强社会管理集中轮训街道、社区示范培训班到区参观学习。8月24日,接待全市街道党工委书记集中培训班学员到区参观学习。全年,接待中组部部务委员、组织二局局长陈向群等领导及四川广元、河北唐山、宁波海署、山西长治、吉林长春等多批省市区到区调研指导和学习考察。（王辉耀）

【手机号码采集】　9月28日至10月20日,向全区各党(工)委开展基层党组织书记手机号码采集工作,共采集并上报基层党组织书记、各党(工)委组织部门党员干部手机号码信息2948条。（王辉耀）

【落实党代表任期制】　3月31日至4月1日,结合《东城区党代表大会代表任期制实施办法(试行)》。举办东城区党代表大会基层代表培训班,140余名区党代表参加。12月6日,召开区第十一次党代表大会基层一线代表培训会,134名代表参加培训。全年安排50名区党代表列席区委全会,100余名区党代表参与区委领导班子评议以及全区领导干部推荐评议工作。（王辉耀）

【组织指导】　1月至4月,完成区直机关系统部分离退休干部党组织关系调整工作,涉及全区原有10个离退休党支部,6个新成立的离退休党支部,372名离退休干部。6月21日,将国资委党委所属北京兴隆置业有限公司党总支调整为由崇文门外街道工委管理。7月6日,成立区侨联党组。9月20日,成立区律协党委,隶属于区委社会工委;撤销区司法局机关党委,成立区司法局机关党总支,隶属于区直机关工委。12月28日,撤销区人大(临时)党组和区政协(临时)党组,成立区人大党组和区政协党组。（王辉耀）

【换届选举】　组织指导基层选举单位选举、提名产生400名党代表、339名人大代表和496名政协委员。完成区级领导班子换届选举工作。区党代会选举产生区委委员42名、区委候补委员8名、区纪委委员29名。区纪委一次全会选举产生区纪委常委11名、纪委书记1名、副书记3名。区委一次全会选举产生区委常委13名、区委书记1名、副书记2名。区十五届人大一次会选举产生区人大主任1名、副主任7名、人大常委27名。区长1名、副区长7名。法院院长1名、检察院检察长1名。区政协十三届一次会选举产生区政协主席1名、副主席7名、秘书长1名、政协常委80名。

（王辉耀）

【党员关怀帮扶】　春节期间,全区各级领导干部开展走访慰问优秀党员、老党员及生活困难党员群众的"党心连民心、亲情进万家"活动。1月24日,杨柳荫看望建国门街道抽屉胡同困难党员;常卫看望和平里街道小黄庄社区困难党员。1月25日,吴松元慰问景山街道钟鼓社区困难党员。2月2日除夕夜,区领导杨柳荫、牛青山、常卫、刘云斋、吴松元、夏树军等到东直门敬老院参加"亲情陪伴大年夜"活动。6月20日,杨柳荫慰问全国先进基层党组织东城区特殊教育学校。6月23日,吴松元慰问东直门街道胡家园社区困难党员。6月中下旬,区各级党组织集中开展"共产党员献爱心"捐献活动。全区61952名党员、8033名群众,捐出人民币172万余元。10月8~21日,组织区本年受表彰的全国和北京市先进基层党组织负责人、北京市优秀共产党员、北京市优秀党务工作者、北京市优秀基层党建工作创新项目党组织负责人代表及上年北京市"群众心目中的好党员"、2009—2010年度东城区五星级社区党组织负责人代表35人,到遵义会议会址等红色教育基地开展红色之旅。全年下拨80万元生活困难党员帮扶资金,发放市级生活困难党员帮扶专项资金6.5万元,老党员补贴15.78万元。（王辉耀）

【推进创先争优活动】　1月6日,召开区领导点评创先争优工作交流会,对开展好领导点评工作提出具体要求。2月24日,召开区委创先争优领导小组会,通报上年全区创先争优活动情况,审议通过《中共东城区委深入开展创先争优活动领导小组2011年工作要点》。4月8日,召开区深入推进创先争优活动大会,就推进创先争优活动进行部署,市委副秘书长、市委创先争优活动领导小组办公室主任张建明和区领导杨柳荫讲话。4月21日,召开区直属机关创先争优活动暨结对共建工作推进会,同日,召开国资委系统创先争优活动推进会。4月25日,召开区社会领域创先争优活动暨区域化党建工作推进会。6月2日,召开区妇联系统推进创先争优活动大会。7月19日,召开区党建带团建暨深入推进共青团系统创先争优活动工作会议。7月22日,召开区工会系统创先争优活动交流推进会。8月31日,召开区委党的建设工作领导小组年中扩大会,会议通报上半年全区创先争优活动情况。9月8日,召开区窗口单位和服务行业为民服务创先争优工作部署会。常卫主持会议并作重要讲话。吴松元对全区窗口单位和服务行业深入开展为民服务创先争优活动进行部署。地税局机关党委等4个党(工)委作交流发言。夏树军及区委各党(工)委、全区窗口单位和服务行业党组织负责人参会。9月27日至10月24日,面向30个党(工)委3.39万名群众对全区窗口单位和服务行业服务水平进行广泛调查,总体评价满意率为93.7%,收到意见建议82条。（王辉耀）

【党员教育培训】 3月24～25日,举办区新党员示范培训班。5月27日,全国基层党组织书记加强社会管理集中轮训街道、社区示范培训班到区现场教学。来自全国各省、市、区的180余名基层党组织书记到东直门街道、建国门街道、东华门街道南池子社区三个教学点进行参观学习。（王辉耀）

【党费收缴使用管理】 8月中旬,对全区30个党(工)委党费收缴、管理和使用情况进行检查。10月26日至11月3日,在区政务网和区委组织部内网首页向全区基层党组织和党员公示上年度区管党费收支情况;11月30日至12月7日,向全区基层党组织和党员公示上年度市管党费收支情况。12月,完成区第十一次党代会《关于全区党费收缴、使用和管理情况的报告》。（王辉耀）

【党员电化教育】 组织开展以“凝聚党员群众,建设国际化、现代化新东城”为主题的区第一届党员教育电视片观摩评比活动,收到参评作品41部,对29部优秀电教片、6个党(工)委和2个党建网站进行表彰。围绕纪念中国共产党成立90周年和创先争优活动,开展“党员电教播放月”、“我眼中的共产党员”DV作品大赛征集展示活动。（王辉耀）

【党员干部现代远程教育】 全面推进党员干部现代远程教育进社区工作。投入资金近200万元,完成远程教育区级平台——东城区党员干部现代远程教育网和全区各街道社区终端站点建设。党员干部现代远程教育进社区工作全面完成。（王辉耀）

【党组织状况】 全年发展党员691人,其中35岁以下416人,占60.2%。截至年末,全区基层党组织3211个,其中党委266个,党总支158个,党支部2787个。全区党员总数为76270人,比上年增加1088人。其中女党员35511名,占党员总数46.56%;35岁及以下党员9877人,占党员总数12.95%;60岁及以上党员31740人,占党员总数41.62%;具有高中、中技及以上学历57559人,占党员总数75.47%,其中大学专科学历15634人,占党员总数20.5%,大学本科及以上学历23296人,占党员总数30.54%。（王辉耀）

【人才工作】 3月21日,《东城区人才发展战略规划(2011—2030年)》正式下发。3月31日,召开人才工作领导小组第一次会议,吴松元主持会议并讲话。朴学东、毛桂芬出席会议。区人才工作领导小组成员听取上年全区人才工作总结和本年重点工作安排的汇报,审议并原则通过《2011年东城区人才工作要点》《<东城区人才发展战略规划(2011—2030年)>任务分解书》。8月2日,召开人才工作领导小组第二次会议,吴松元主持会议并讲话。朴学东、毛桂芬出席会议。会议审议并原则通过《东城区人才发展专项资金使用管理办法(试行)》《东城区人才工作创新项目评选表彰办法(试行)》《东城区杰出人才奖评选表彰办法(试行)》《东城区有突出贡献的优秀人才评选表彰办法(试行)》《东城区优秀青年人才评选表彰办法(试行)》五项人才发展战略规划的配套政策。会议部署建设“中关村雍和文化人才特区”、“国际人才金港”等区人才工作领导小组近期人才工作重点任务。（王辉耀）

【人才培养资助】 组织全区各类优秀人才参与市、区各类人才资助项目和人才奖项申报。经专家评审,有1个集体项目和2个个人项目获得北京市优秀人才培养资助,资助金额26万元;4个集体项目和22个个人项目获得区优秀人才培养资助,资助金额83万元。（王辉耀）

【博士后工作实践基地】 接收北大、清华、中国传媒大学、人大等10余所高校的26名优秀青年人才到区进行为期半年实践锻炼,承担区十二五规划编制等中心任务。（王辉耀）

【政工职评工作】 先后召开初评委会5次、中高级论文答辩会1次、中评委会1次。56人取得各级政工专业职称,其中,7人取得高级政工师职称,38人取得中级政工师职称,11人取得初级政工师职称。（王辉耀）

【优秀人才联络工作】 1月27日,区举办“迎新春慰问专家、优秀人才相声专场”,吴松元出席活动并致辞。区教育、卫生、科技、文化、体育等领域的100余名优秀人才参加活动。9月,组织30余名优秀专家赴华东考察疗养。（王辉耀）

宣传工作

【概况】 中共北京市东城区委宣传部(简称区委宣传部)是主管宣传思想文化工作的区委工作部门。负责贯彻执行市委宣传部和区委有关部署,研究制定并组织实施区宣传思想文化工作规划、计划和措施;协调、指导宣传文化系统各单位和区属单位宣传部门的工作;负责组织、指导区理论学习、理论研究、理论宣传工作;管理东城区新闻报道工作;负责组织党的中心任务和方针、政策的宣传,以及政治、经济、文化活动的社会宣传;搜集、汇集、分析社会舆情;负责协调、指导区精神文明办的工作;完成市委宣传部和区委交办的其他工作。有干部17人,下设办公室、理论科、宣传科、舆情科、外宣科。北京市东城区新闻报道中心(简称新闻中心),是全额拨款事业单位。负责区各系统、各单位的新闻采访,向北京市各新闻单位提供新闻、专题、通讯等稿件;协助区各系统、各单位筹备召开新闻发布会,接受新闻单位布置的任务,参与突发新闻事件应急处置工作;承担电视资料片、专题片、广告片的制作和新闻图片的拍摄任务;负责北京电视台等相关栏目的拍摄、制作工作;负责《新东城报》采访、编辑、出版、发行等工作;负责区网络信息发布工作及区政府官方微博运营维护工作。有干部37人,下设办公室、总编室、文字科、网络科、采访科、编辑科、摄影科、电视编辑科、摄像科。

年内,以十七届五中、六中全会精神为指导,深入贯彻落实科学发展观,宣传践行"北京精神",面临新形势、新挑战,唱响主旋律、打好主动仗、扩大覆盖面、增强影响力,为建设国际化、现代化新东城提供精神动力和舆论氛围。

单位地址:东城区钱粮胡同3号

联系电话:64031118-2513 邮政编码:100010 (温莹)

【庙会宣传工作】 2月2~9日(农历腊月三十至正月初七),第二十六届地坛庙会、第二十八届龙潭庙会开幕。两大庙会各有风格、各有特色、发掘庙会文化内涵,做好宣传,开幕当天,《人民日报》《经济日报》《北京日报》《北京晚报》《北京青年报》《北京晨报》《京华时报》《新京报》《千龙网》和新华社、北京电台等媒体对地坛、龙潭两大庙会进行集中报道。(姜敏)

【宣传干部队伍建设】 5月、10月,以学习型党组织建设为主题,举办宣传文化干部培训班两期,调训基层宣传干部84人。邀请中央党校、北京师范大学等高校知名专家学者及市委宣传部、北京日报社领导,分别围绕"学习型党组织建设"、"新兴媒体与新闻宣传"、"心理健康与调适"、"典型挖掘与培养"等内容授课,并组织赴青岛、上海等城市调研考察。围绕学习宣传贯彻胡锦涛总书记"七一"讲话等主题,举办宣传部长系列论坛4次。以"欢歌笑语迎兔年,团结奉献新东城"为主题,举行全区宣传干部新春联欢会,各单位主管领导及宣传干部200余人参加。(温莹)

【理论中心组学习】 围绕实现建设"国际化现代化新东城"这一中心,坚持"学习—调研—决策"三位一体学习机制,在单元内做好学习主题、辅导报告、参观研讨、个人自学四个环节,完善制度和组织服务两项保障,使学习富有成效。该模式被评为北京市学习型党组织建设优秀品牌活动。围绕学习贯彻中共十七届五中、六中全会精神和"十二五"规划、纪念中国共产党成立90周年、社会服务管理创新、文明城区创建等内容组织学习12次;以区委、区政府中心组扩大学习的形式,举办报告会4场,组织参加市委、市政府中心组扩大学习6次,组织参观调研2次。配合区委理论中心组学习发放《中共中央关于深化文化体制改革推动社会主义文化大发展大繁荣若干重大问题的决定》辅导读本,《中国共产党党史第二卷》《论党的群众工作要论摘编》《领导干部半日读》等学习书籍。(温莹)

【学习型党组织建设】 成立建设学习型党组织工作协调小组,制定下发《关于进一步加强和改进党委(党组)中心组学习的实施意见》,深化"3+2"学习模式,明确"3+2"学习要求。通过"听学"和"评学"方式,抓好对基层党委(党组)中心组学习的督查。全年"巡听"单位8家,征集评选上年度处级领导党课报告37场,处级理论文章、调研报告和创先争优征文近400篇,评比产生优秀党课报告18场,优秀文章60篇,20个单位获组织奖。报送30余篇文章参选上年北京市"丹柯杯"优秀调研文章评比,获奖成果数量居全市前列。在全区范围征选学习型党组织建设先进单位和优秀品牌活动材料及实物,涌现出安利北京分公司党委、景山街道工委等先进单位,以及区纪委青年学习小组、北新桥街道大众读书会、建国门街道干面社区党委星潭课堂等品牌活动。区法院、东直门街道被评为市学习型党组织建设示范点,安定门街道"群言堂"学习活动被评为市学习型党组织建设优秀品牌活动,获奖数量居全市16个区县之首。全年编发《学习月报》12期,《理论学习手机报》32期,下发《马列主义经典著作选编》等理论书籍近万本。(温莹)

【理论研究】 建立"北京市哲学社会科学应用对策研究东城区基地",探索开展理论研究。与市政研会合作开展《东城区学习型党组织建设考核评价指标体系》课题研究,被确立为市级重点课题。采取实地走访、问卷调查、召开征求意见会等方式,在32家单位开展调查研究。在《市思政要报》上专题宣传东花市街道创新实践"网格化思想政治工作"新模式,与市政研会联合在景山街道举办全市学习型党组织建设现场经验交流会。(温莹)

【理论宣传】 胡锦涛总书记"七一"讲话发表后,下发学习通知、召开工作部署会、组织处级干部轮训963次。中共十七届六中全会召开后,制定印发学习贯彻具体意见,通过组织"四项活动"(专题学习、主题宣讲、学习研讨、宣传报道),传达贯彻落实全会精神。参与组织《从怎么看到怎么办——理论热点面对面》出版发行及交流活动,承办中宣部组织召开的专家学者与读者座谈会,参与中宣部召开的出版发行座谈会。开展"红色讲坛"、"周末社区大讲堂"系列讲座等理论宣讲活动,全年围绕"人文北京"、"党史知识"、"健康卫生"、"家庭教育"等主题举办讲座100余场。(温莹)

【《新东城报》网络版开通】 7月22日,《新东城报》网络版实现传统报纸版式内容在网络平台全貌展现,导航、搜索、语音读报、离线下载等众多功能,给读者带来新的阅读体验。不仅可以在网上及时阅读最新报纸,搜索资料,还可以让电脑"读报"。并注册独立域名 www. xdcb. net 方便读者查找。10月18日,在《新东城报》创刊100期时,开通《新东城报》新浪微博。@新东城报的开通,扩展报纸的阅读面和社会影响力。(姜敏)

【区政务官方微博正式上线】 12月22日,区新浪官方微博正式上线,并作为北京市第二批成员单位加入"北京微博发布厅",名称为"北京市东城"。已有5000余名"粉丝"关注。"北京市东城"作为区官方微博,立足于打造政务信息、生活信息、服务信息的发布平台,搭建起政府与市民沟通的新桥梁,实现"了解民情多角度、沟通民意零距离、解决民忧面对面、改善民生全天候"的宗旨。(姜敏)

【"走转改"活动】 下发《关于在全区宣传思想文化战线集中开展群众路线教育活动的通知》,在全区宣传文化干部中开展"走基层、转作风、改文风"群众路线教育活动,调研和收集基层意见撰写分析检查报告,提出今后一个时期的努力方向。做好《求是》杂志社在区开展宣传文化战线群众路线教育基层调研活动联络工作。宣传部机关干部分别与各街道建立基层联系点。 (温莹)

【宣传教育阵地建设】 全年编发《东城宣传信息》93 期、《东城宣传》杂志 12 期。加强对全区精神文明建设宣传栏建设和管理,在 198 个社区完成 200 个宣传栏建设,每季度展板内容更换一次。结合全国文明城区创建、身边好人等主题,开展宣传教育。依托市民学校、文化馆(站)、图书馆(室)、社区文化广场等各种阵地,推进宣传思想文化建设。 (温莹)

【区情宣讲】 印发区总体发展战略规划学习宣传工作意见,编印《"总规"导读》,撰写"总规"宣传提纲,制作"总规"宣传台历和展板,编印《"总规"宣传成果集萃》图书,组建"学'总规'、看成就、谋发展——东城区形势政策宣讲暨总体发展战略规划宣讲队",启动"百千万'总规'宣讲活动":即成立百人宣讲队伍,开展千场宣讲活动,让数万群众知晓"总规"精神和主要内容。全区开展宣讲活动 1200 余场,10 万余人次参与。举办"共创东城新辉煌——'总规'宣传文艺演出"及社区巡演活动,演出 17 场。 (温莹)

【"北京精神"宣传】 做好"北京精神"表述语征集评选工作,发动全区干部群众 30 万人次参与投票。贯彻落实"北京精神",召开全区动员大会,铺设宣传标语和公益广告,邀请专家作辅导报告,指导各单位开展践行"北京精神"主题教育活动。各街道依托市民学校、聊天会、群言堂多种平台,面对面开展"北京精神大家谈"宣传教育活动。结合社会形势,组织干部群众参加《中央苏区革命传统展》、"党在百姓心中"报告会、十七届六中全会报告会、《人民科学家钱学森事迹展》等形势政策教育活动。做好全年重大主题及时间节点的政治环境布置和氛围营造,取得良好社会宣传效果。 (温莹)

【建党 90 周年活动】 起草《中共东城区委纪念中国共产党成立 90 周年活动方案》,在全区策划开展"热爱共产党、建设新东城"主题教育活动,通过"讲、展、唱、游、访、谈、赞"等活动形式,唱响"五个好"时代主旋律。组织"学理论、坚信念、促发展"为主题的"红色讲坛"宣讲 105 场,围绕时政热点、形势政策、党的历史、党的知识,中央、市委及区委重要会议和重要讲话精神等方面开展专题讲座,组建区"党在百姓心中"百姓宣讲团,在全区开展宣讲活动 22 场,组织干部群众收看"宣讲家"网站视频,5 万余人次参与,实现群众自我教育。推荐宣讲员 1 人参与市百姓宣讲团,在全市开展巡回宣讲工作。组建百姓宣讲员微博队伍,引起网民关注。参与举办"光辉岁月、壮丽东城——东城区纪念中国共产党成立 90 周年展览",以党(工)委为单位开展主题党日活动。举办"魅力新东城 颂歌献给党"万人红歌演唱活动 30 余场,参与人数达 30 余万人次。组织"爱国歌曲大家唱——激情广场·东城篇"大型演唱会。组建"我爱我唱"北京市纪念建党 90 周年大型群众歌咏活动演唱方阵,展示新东城区干部群众精神面貌。联合区域内爱国主义教育基地设计推出 4 条参观线路 11 个参观景点,组织党员干部 1 万余人开展"红色之旅"主题参观活动,重温革命历史,见证发展成就。开展"向党说句心里话——百万党员寄心语活动",向 30 个党(工)委发放 3.3 万张明信片,利用《新东城报》征集选登最佳心语,营造"念党恩,颂党情"的舆论氛围。 (温莹)

【学习宣传区"三会"精神】 运用多种宣传手段,认真做好区第十一次党代会、区人大第十五届一次会议、区政协第十三届一次会议精神的学习宣传贯彻工作。区"三会"召开期间,区委宣传部、区新闻报道中心分别承担会议简报印发、影像资料留存、新闻媒体报道等工作。编印党代会简报 33 期,《新东城报》7 期 29 个版,《魅力东城》栏目制作专题片 2 部,发放《新东城报》"光辉历程"专刊、专题片《创想 2030》光盘、2012 年台历等宣传品。在中央、市属媒体发稿 50 余篇(条),专版(专题)2 个,网络转载 500 万余条,北京电视台《北京新闻》栏目制作、播发 5 条相关报道。区"三会"结束后,区委宣传部编写印发《<区党代会报告>、<区政府工作报告>导读》一书,编印 1 万册。启动区形势政策教育暨"三会"精神宣讲活动,各单位、各街道通过报告会、聊天会、社区论坛等多种形式开展宣传活动。创作诗朗诵《超凡东城》、京韵大鼓《宏伟东城》、相声《北京精神要弘扬》等多部文艺作品。 (温莹)

【爱国主义教育】 加强爱国主义教育基地管理,修订《东城区爱国主义教育基地管理办法》,统一为全区教育基地更换牌匾,举办工作论坛。结合文明城区创建开展市区级爱国主义教育基地工作考评。举办天坛街道"金鱼池社区节",并在学生中开展"道德实践月"、争当"六小"模范、"童心向党"歌咏活动、网上祭先烈等主题教育活动,促进未成年人思想道德建设。 (温莹)

【"我们的节日"主题活动】 抓好"我们的节日"主题教育活动。组织开展春节文化庙会、交道口街道"四合院里闹花灯"、东四街道"家训堂"、永定门广场清明节风筝放飞、龙潭公园端午文化节、"孝行当下 情暖重阳"孝星命名大会等区街级重点文化活动近千场,弘扬民族优秀文化和传统美德。编辑《"我们的节日"东城剪影》一书,展示区特色节日活动成果。 (温莹)

【道德模范】 结合践行"北京精神"活动要求,挖掘、培育身边典型人物,段勇、孟建设、童建红等荣登"中国好人榜"。车亚华被评为第三届首都道德模范。举行"道德的传承:文明北京·爱涌东城——全国道德模范与身边好人现场交流活动",承办"首都道德模范故事汇"基层巡演。举办纪念《公民道德建设实施纲要》颁布 10 周年暨第五届"好邻居"表彰活动,启动本年度"感动东城"道德模范评选。围绕"讲文明树新风——做文明有礼的北京人"，推进"六大文明引导"行动。利用市民学校、群言堂、社区论坛等形式开展"做文明有礼的北京人大家谈"活动，组建网络文明传播志愿者队伍，加强"共铸诚信东城"宣传教育。（温莹）

【研判舆情】 健全完善舆情信息机制和舆情监测网络，成立舆情信息科，制定《中共东城区委宣传部关于进一步加强和改进舆情信息工作的实施意见》，聘请特约舆情信息员和舆情信息直报点，开展多场专题培训和业务辅导。做好常规舆情信息报送工作，全年收集网络单位舆情信息500余篇。围绕全国"两会"、日本地震、房价调控、燃气安全、停车收费标准调整等社会热点事件，向市委宣传部报送舆情信息180余篇。围绕学习践行"北京精神"等编辑《舆情动态》专报8期。做好专题舆情调研和季度舆情分析，向区委常委会作全区社会舆情形势分析报告，受到区领导关注。加强网络舆情监督，围绕相关热点问题，出刊"网络舆情"20余期。（温莹）

【新闻报道】 全年在《人民日报》、新华社、中央电视台及市属新闻媒体发稿2000余篇，刊发新闻图片200余张，整版宣传20个，电视媒体发稿115条。其中《人民日报》刊发整版《凡事不出网格》《传承文化铸造前门辉煌》，在《北京日报》发表整版、专版《"格长"金大姐》《鲜鱼口美食节重张　三万多人尝鲜捧场》《延续历史彰显天街古韵　传承文化铸造前门辉煌》《托起明天的太阳》《东城：新起点上实现科学发展新跨越》《夯实基层党建基础　服务经济社会发展》《文明东城让生活更幸福》《古韵前门　焕发青春》《第二届王府井国际品牌节盛大落幕》《2011年东城区群众文化展演季圆满落幕》《新东城　新文化》《东城区垃圾分类一日游》《东城：打造"国际化现代化"首善之区》《东城：奋力开创科学发展新局面》等大篇幅文章。（姜敏）

【重大活动宣传】 围绕"皇城文化国际旅游节"、"第二届王府井国际品牌节"、"第二届前门历史文化节"等重大活动，策划、举办新闻发布会20余场，在中央、市属主流媒体重要版面和重要时段发稿1400余篇，其中中央媒体发稿达190篇。北京电视台还对第二届前门历史文化节"盛世前门、天街亮宝"和第二届王府井国际品牌节金宝街巡游进行直播。（姜敏）

【《新东城报》专题报道】 《新东城报》运用专栏、专版等形式，全方位、多层次宣传报道庆祝建党90周年。用8个版面从新闻报道、专题报道、图片新闻等角度作全方位报道并开设专栏。头版陆续开设《东城先锋》《纪念建党90周年》《学讲话　创先进　争优秀》专栏，报道近年来区涌现出来的先进基层党组织、优秀共产党员和优秀党务工作者，各单位纪念建党90周年举办的重大活动和贯彻落实学习"七一"讲话精神。开设庆祝建党90周年专版，对全区纪念建党90周年活动进行集纳式专题报道。（姜敏）

【《都市阳光·魅力东城》影响扩大】 与北京电视台合办的电视栏目《都市阳光·魅力东城》由每周一期改为两期，节目时间增长，内容更加贴近观众，形式更为生动。全年，完成该栏目80期节目的拍摄、编辑工作；完成8集"总规"系列专题片、18集《民生》专题节目；开设"党在我们心中"栏目，宣传区优秀党员先进事迹；完成《北京市东城区文明城区建设纪实》等13部电视专题片制作。北京电视台《北京新闻》《早间新闻》《特别关注》等节目中播出各类新闻115条。（姜敏）

精神文明

【概况】 东城区精神文明建设委员会办公室（简称区文明办），负责协调、指导全区精神文明建设工作。内设创建科、综合科、未成年人工作科，工作人员13人。

年内，区精神文明建设工作坚持以邓小平理论和"三个代表"重要思想为指导，深入贯彻落实科学发展观和中共十七届六中全会精神，以社会主义核心价值体系为根本，以"讲文明树新风——做文明有礼的北京人"为主线，以纪念建党90周年为契机，抓好"六大文明"引导行动，推进未成年人思想道德建设，深化群众性精神文明创建活动，在中央文明委组织的"全国文明城区"复查评选中荣获两连冠，被中央文明委评为"全国未成年人思想道德建设工作先进单位"，完成各项精神文明建设工作任务。

单位地址：东城区东四十一条83号
联系电话：64075483　邮政编码：100007（王伟巍　何英华）

【领导慰问】 1月28日，首都文明办副主任陈建文及市乘办有关领导慰问区公共文明引导员，送去慰问金和慰问品。2月2日，市领导刘淇、郭金龙等到东直门交通枢纽和地铁13号线东直门站慰问引导员。7月21日，市领导鲁炜冒雨到北京站和东单地区站台视察工作并慰问区公共文明引导员，首都文明办及协调办领导陈冬、卜秀均、孙平、王树智，区领导赵中原、宋甘澍陪同。（王伟巍　何英华）

【文明乘车从我做起】 全年围绕"树品牌团队、创十年辉煌"主题，开展"十个一"纪念活动，即：开展一次公共文明引导服务心语和团队精神征集活动，创作一首公共文明引导员队歌，讨论、提炼东城区公共文明引导员大队团队精神，举办一场"我这十年"先进典型事迹报告会，编辑出版一本反映东城区公共文明引导十年成果的专集《东城靓影》，召开一次纪念公共文明引导行动开展十周年座谈会，举办一场公共文明引导员风采展示活动，举办"我身边最感人的故事"故事会，举办"永远跟党走"红歌演唱会，举办"站台服务我最优"站台服务技能百日竞赛活动。在做好全区314个公交地铁站台公共文明引导工作基础上，把服务延伸到交通路口、社区、中超足球赛场等，完成北京站"春运"、"两会"、"中超"、"五一"和文明城区复查期间公交站台文明引导等任务。开展争创"自觉排队达标竞赛"和"站台服务我最优"服务技能竞赛活动，全区90个公交站台被首都文明办命名为"自觉排队示范站台"，天安门东东行站等2个站台被命名为"品牌站台"。在市公共文明引导员服务技能年度总决赛中获得冠军。

（王伟巍　何英华）

【文明乘车工作年会】 1月20日,召开区文明乘车工作年会,总结上年工作情况,部署本年工作任务,表彰文明乘车工作先进集体和先进个人。市文明乘车办公室有关领导及区领导宋甘澍、刘忠胜出席,500余名引导员参加。

(王伟巍　何英华)

【精神文明建设大会】 1月28日召开。牛青山主持会议。会上,播放回顾电视片《倡导文明新风　建设人文东城》,赵中原宣读精神文明建设工作先进单位和先进个人名单。首都文明办主任陈冬讲话,对精神文明建设和创建全国文明城区工作给予肯定。区领导杨柳荫讲话,强调要坚定做好精神文明建设和创建工作的信心和决心,不断提升精神文明建设的总体水平,确保全国文明城区复查任务完成。文化部、人力资源和社会保障部、国家林业总局、团中央、民政部、市政府办公厅、天安门地区管委会、驻区部队、公安部边防管理局等有关领导及区领导冯熙、徐鸿达、常卫、刘云斋,区精神文明建设委员会全体委员,驻区中央、市属单位、驻区部队代表,各街道、各系统主要领导及获奖代表、群众600余人参会。

(王伟巍　何英华)

【群众性创建活动】 1月至6月,印发《关于社区精神文明宣传栏设置和管理的通知》《关于开展"真情献社会　诚信促发展"宣传教育实践活动的通知》《东城区2011年群众性精神文明创建工作安排》《关于评选推荐2011年精神文明创建工作先进单位的工作方案》《关于开展"文明单位大看台"活动的通知》《关于及时更换精神文明宣传栏宣传展板的通知》《东城区关于做好第三批全国文明单位推荐工作的安排》《关于开展文明社区"金点子"征集活动的通知》。5月至6月,对荣获2009年第二批全国文明单位荣誉称号的区民政局、崇文图书馆、东华门街道南池子社区、天坛公园及申报第三批全国文明单位的地税局、广渠门中学、天坛街道金鱼池中区社区征求意见,通过集中听汇报、查阅档案资料、实地考察、问卷调查等方式进行检查。6月9日,上报第三批全国文明单位推荐名单。7月18日,召开群众性精神文明创建工作会,传达相关工作精神,部署评选推荐首都精神文明创建工作先进单位。10月10日,召开精神文明建设工作推进会。会上,就群众性创建工作、未成年人思想道德建设工作和宣教工作进行总结,对下阶段工作任务进行布置安排。区领导赵中原、宋甘澍,各街道、4个地区和委办局主管领导、科长80余人参加。10月17日,印发《关于征求文明社区一票否决单位意见的通知》,对申报首都文明街道和首都文明社区的街道和社区提出意见。11月2日,印发《关于征求2011年度首都文明街道推荐意见的通知》,征求争创首都文明街道的17个街道意见。12月,检查"北京精神"宣传环境布置情况。

(王伟巍　何英华)

【未成年人思想道德建设】 寒假期间,与区教委、团区委和区妇联开展"快乐假期——争当'社区文明小使者'"主题教育实践活动,推荐社区文明小使者826名。3月25日至4月25日,在未成年人中开展"网上祭英烈"活动,组织未成年人上网祭奠英烈,网上献花,寄语留言,表达心声。5月至7月,与区委宣传部、区委教工委、团区委、区妇联联合开展"童心向党"歌咏活动,各单位、各学校就近就便组织歌咏汇演,形成热潮。暑假期间,开展"快乐暑假·红心向党——争当社区文明小使者"主题教育实践活动、"未成年人思想道德建设实践月"主题教育实践活动,推荐上报社区文明小使者835名。10月12日,开展"首都未成年人思想道德建设创新案例"征集评选推荐工作,上报优秀案例4篇,《美好童年　经典同行》荣获案例奖。国庆期间,组织未成年人开展"向国旗敬礼、做一个有道德的人"网上签名寄语活动,引导未成年人参与爱国主义教育活动。10月19日,首都文明办到府学胡同小学调研未成年人经典诵读活动情况。12月5日,召开未成年人思想道德建设工作会,总结部署工作。12月15日,召开未成年人思想道德建设调研工作座谈会,总结部署调研工作。

(王伟巍　何英华)

【讲文明树新风】 春节期间,开展文明环境布置工作,各楼宇、楼门院、沿街门店插挂国旗约16万面,在重点地段拉挂宣传横幅1500余条,营造良好节日氛围。2月28日,印发《"做文明有礼的北京人——绿色出行文明交通从我做起"主题宣传实践活动工作方案》,开展"绿色出行文明交通从我做起"五大引导行动。4月6日,下发《开展"做文明有礼的北京人——绿色出行文明交通时尚达人"征集活动》通知,宣传树立绿色出行文明交通先进典型。5月9日,"道德的传承:文明北京·爱涌东城——全国道德模范与身边好人现场交流活动"举行。中央文明办秘书组组长蒋希伟、副组长杨武军、首都文明办领导陈冬、陈建文及区领导杨柳荫、牛青山、冯熙、徐鸿达、常卫、赵中原、夏树军、宋甘澍,全国道德模范与身边好人代表及其他区县有关领导、媒体记者、观众1000余人参加。6月10日,首都文明办、北京市文联、北京曲协及区委、区政府主办,区文明办承办的"首都道德模范故事汇"基层巡演活动首场演出举行。中央文明办协调组、首都文明办、市文联及区有关领导和区干部群众500余人观看演出。12月,走访慰问区全国道德模范提名奖、首都道德模范及提名奖5名获奖者。

(王伟巍　何英华)

【志愿者服务】 3月10日,下发《关于发展第一批东城区网络文明传播志愿者队伍的通知》,发展第一批网络文明传播志愿者,在网民中传播文明、引领风尚。5月18日,下发《关于组织网络文明传播志愿者建立使用博客和微博的通知》,组织网络文明传播志愿者建立博客,开通微博,加入文明博客圈,撰写博文和微博,转载优秀文章,参与讨论。6月16日,召开网络文明传播志愿者第一次工作会,传达相关工作精神,部署工作。7月27日,启动"帮助他人·提升自己——关爱农民工志愿服务活动",在全区营造理解、尊重和关爱农民工的氛围。赵中原主持。中国志愿服务基金会副理事长曹分田,首都文明办及区有关领导,北京城建集团、区文明办、社会工委、住建委主要领导,关爱农民工志愿服务队和农民工代表200余人参加启动仪式。9月至12月,网络文明传播志愿者积极参与道德模范网上微博访谈宣传活动、网上全

国道德模范评选活动、“暖冬北京”微博活动，传播文明风尚和传统美德。（王伟巍　何英华）

【文明城区建设】 3月15日，召开全国文明城区复查迎检工作第一次联席会议。部署文明城区复查迎检工作。区领导常卫、赵中原、周京生、徐熙等及各单位主要领导参加。3月，制定《东城区关于迎接2011年全国文明城区复查测评工作方案》，成立区迎检指挥部，牛青山任总指挥，冯熙、徐鸿达任顾问，常卫、刘云斋任常务副总指挥，区相关领导任副总指挥，组建迎检指挥部办公室，指挥部下设7个工作组，并组成10个专业组、17个街道组和4个重点地区组。4月29日，召开全国文明城区复查迎检现场会，就迎检工作中涉及街道、社区的指标进行观摩学习，区领导常卫、赵中原，区迎检指挥部办公室各组负责人，各街道工委书记、主管精神文明领导等70余人参加。6月22日，召开全国文明城区复查迎检工作第二次联席会议，区领导牛青山、徐鸿达、常卫、赵中原、徐熙、宋甘澍、毛炯等领导及全区各单位、各街道主要领导参加，动员部署迎接北京市全国文明城区复查测评工作。6月28～30日，市全国文明城区复查测评工作组到区，通过审核材料、听取汇报、实地考察、问卷调查等形式进行复查测评。同日，召开全国文明城区复查工作汇报会，首都文明办主任陈冬及复查测评组成员以及测评组专家出席。7月8日，召开全国文明城区复查迎检工作第三次联席会议，区领导牛青山、冯熙、常卫、徐熙等及区主要责任单位、各街道、地区主要领导参加，总结部署迎检工作。7月25日，向中央文明办申报区实地考察地点。8月8日，召开全国文明区复查迎检工作第四次联席会，动员全区迅速行动起来，全力投入到迎接复查工作中，冯熙、徐鸿达、常卫等区领导及区迎检办、各工作组负责人，各街道书记、主任、各责任单位主要领导出席。8月9日，区领导常卫、赵中原、金晖、宋甘澍一行分别到东城公安分局、环卫一中心、城管大队、交通支队、环卫二中心慰问坚守在一线的执法人员和环卫工人。8月15～17日，中央文明办全国文明城区测评组到区通过审核材料、实地考察、问卷调查、整体观察等形式进行复查测评。8月16日，中央测评组到区10个街道的14个社区进行问卷调查，抽查200户居民。（王伟巍　何英华）

【市民教育】 6月13日，印发《关于广泛深入开展“做文明有礼的北京人大家谈”活动的通知》，要求以“做文明有礼的北京人”为主线，围绕公共文明行为规范体系和群众普遍关注的热点难点问题，广泛开展大家谈、大家议、大家评活动。11月2～3日，召开街道系统市民学校教育工作座谈会，17个街道文明办主任、文教科长参加。各单位就市民学校与市民学习基地（中心）建设，市民学校教育机制提出意见建议。12月27日，举办“‘建设人文东城，共享和谐生活——做文明有礼的北京人’主题活动”成果展示观摩会，展示观摩各单位特色活动。（王伟巍　何英华）

【军（警）民共建】 8月11日，首都军（警）民共建工作指导小组副组长曹卫平、戚玉桥一行到区调研，区领导赵中原、宋甘澍陪同。调研会上，区文明办、教委、武装部分别就军（警）民共建工作，少年军校建设，国防教育工作情况及区卫生局与第二炮兵工程设计研究院，龙潭街道与北空司令部两组共建对子交流活动开展情况进行汇报。曹卫平、戚玉桥对区军（警）民共建工作给予肯定，强调要依靠当地党政部门，发动部队响应，社会单位参与，实行双向互动，双向发展，互惠共赢，促进军地精神文明建设共同发展。（王伟巍　何英华）

【城乡统筹　文明先行】 制定《关于进一步深入开展“城乡统筹，文明先行”主题社会实践活动的通知》。上报首都文明办区“城乡统筹　文明先行”主题社会实践活动结对情况、“城乡统筹，文明先行”主题社会实践活动统计情况。（王伟巍　何英华）

统一战线

【概况】 中共东城区委统一战线工作部（简称区委统战部）是负责区统一战线工作的区委工作机构。下设办公室、党派组、民族宗教组、联络组、调研室。台办与统战部合署办公。行政编制19名。

年内，以中共十七届五中、六中全会、全国和北京市统战工作会议以及区委全会精神为指导，坚持围绕发展凝聚力量，围绕稳定促进和谐，围绕改革创新统战工作，发挥统一战线人才优势，服务区科学发展和实现自身科学发展，为全面建设“国际化、现代化新东城”目标做出贡献。

单位地址：东城区钱粮胡同3号

联系电话：64027838　邮政编码：100010　（曹帅）

【走访慰问】 1月11日，区领导毛桂芬、王佩立分别到雍和宫和通教寺走访慰问，代表区四套班子领导向教职人员和信教群众致以问候。2月11日，北京市委统战部相关处室负责人到东四清真寺拜访全国政协常委、中国伊斯兰教协会会长陈广元大阿訇，就区5月6日“民族团结日”的相关工作座谈交流。8月31日，市领导牛有成、马振川、赵文芝、马林等到区东四清真寺看望陈广元阿訇及全体阿訇和穆斯林群众，祝贺开斋节并表示慰问。区领导邵鹏、王佩立、宋甘澍陪同。随后，区委、区政府举行开斋节招待会，宴请区伊协领导班子成员及区内清真寺阿訇及民管会负责人。11月7日，统战部相关领导到清真寺走访，向穆斯林群众致以古尔邦节的美好祝愿。（曹帅）

【团拜联谊】 1月13日，举办统一战线各界人士新春电影招待会，区领导吴松元、邵鹏、王佩立、毛桂芬、冯藏淑出席，全区统一战线各界人士300余人参加。1月18日，举行民族宗教界新春团拜会。副区长毛桂芬出席。区天主教、基督教、伊斯兰教、佛教界人士以及各街道民族工作干部、民族教育、民族经济等相关单位负责人等近200人参加。2月15日，与区委组织部召开区党外处级干部新春团拜会。区领导吴松元、邵鹏出席会议并讲话。全区处级以上党外干部参加。（曹帅）

【领导调研】 2月14日，区领导邵鹏到区工商联调研，听取区工商联贯彻落实中央16号文件和市委17号文件精神情况汇报，了解区工商联近期工作安排以及换届工作筹备情况。4月13日，全国政协副主席、中央统战部部长杜青林一行到东花市街道调研社会领域统战工作。邵鹏汇报"立足新东城、瞄准新领域、探索新模式"情况。市领导牛有成、熊大新、肖培，区领导杨柳荫、徐鸿达、夏树军等陪同调研。8月9日，市委统战部常务副部长闵克带队到区调研政协换届工作开展情况。区领导杨柳荫、邵鹏参加。9月1日，中央统战部《中国统一战线》杂志社社长兼总编李岩伶、副社长吴宝通等到区就社会领域统战工作网格化服务管理新模式调研。邵鹏等陪同。 (曹帅)

【指导换届工作】 2月28日，召开第一届天主教三自爱国会成立协商会，与区天主教三自爱国会负责人研究成立新一届天主教三自爱国会有关事宜。3月18日，召开各民主党派筹委会负责人工作研讨会，就成立新一届各党派区级组织有关情况进行交流。各民主党派筹委会主任、副主任13人参加，邵鹏出席并讲话。4月9日，区(新)天主教爱国会成立，召开一届一次全体委员会议，市天主教两会负责人、市宗教局领导出席，区领导邵鹏、王佩立、毛桂芬、郭瑞敏等出席。4月19日，召开各民主党派成立区级组织工作第一次推进会，就民主党派成立区级组织工作实施方案进行说明。邵鹏出席，各民主党派筹委会主任、副主任及专职副主委20人参加。5月11日，召开民主党派成立区级组织工作第二次推进会，交流筹备成立区级组织工作进展情况以及下一阶段工作安排。各民主党派筹委会负责人及专职干部36人参加。6月8日，召开民主党派成立区级组织工作第三次推进会，就各民主党派筹委会召开第一次代表大会各项筹备工作进展情况进行交流。各民主党派筹委会全体专职干部22人参加。8月26日，召开党派团体协商通报会，就《关于做好2011年东城区政协换届工作的意见》文件精神及政协换届工作方案及有关工作情况进行通报。邵鹏出席，全区各民主党派人民团体主要负责人、无党派代表人士及宗教界代表人士参加。10月11日、11月10日，召开两次政协换届工作部署大会。会议下发《关于做好2011年区县政协换届工作的意见》，并就相关工作进行部署。区领导常卫、吴松元、邵鹏分别出席。8月27日，东城区(新)基督教三自爱国运动委员会第一届一次全体委员会召开。市相关领导及市基督教两会负责人，区领导邵鹏、王佩立、郭瑞敏等出席。会议审议通过《北京市东城区基督教三自爱国运动委员章程》(草案)，选举产生第一届委员会常务委员和领导集体。9月7日，东城区(新)伊斯兰教协会委员会成立，并召开第一届一次全体委员会。市领导马中瑛、区领导邵鹏、王佩立、毛桂芬、郭瑞敏出席。会议审议通过《北京市东城区伊斯兰教协会章程》(草案)，选举产生第一届委员会常务委员和领导集体。 (曹帅)

【座谈交流】 2月28日，与区民族宗教侨务办公室举办天主教神职人员座谈会。会上，区领导邵鹏与天主教各堂神父亲切交谈，并对年内北京教区神父进行调整以来区内调出神父工作表示感谢，对新调入的神父表示欢迎。 (曹帅)

【学习培训】 3月10～11日，举办基层统战工作部署会暨基层统战干部培训班。邵鹏出席并作培训班开班动员。各街道、有关职能局、事业单位、团体主管统战工作领导和统战干部，区统战系统负责人，各民主党派专职干部120余人参加。8月11～12日，与区委组织部共同举办党外处级干部和后备干部培训班，就做好新形势下党外干部工作，努力建设一支高素质党外干部队伍进行培训。邵鹏出席培训班并作开班动员。10月26日，举办宗教界人士培训班。全区天主教、基督教、伊斯兰教3个爱国宗教团体领导班子成员、工作人员、14座宗教活动场所管理组织成员和宗教教职人员130余人参加。 (曹帅)

【宣传信息与调研】 3月4日，召开各民主党派、无党派人士调研信息工作总结表彰会。会议总结上年区各民主党派、团体调研与信息工作情况，对调研与信息工作优秀单位、优秀信息员表彰，并对做好本年调研、信息工作进行安排。邵鹏出席会议并讲话。各民主党派筹委会负责人、专职干部、调研信息骨干60余人参加。 (曹帅)

【民族团结创建】 5月6日，区民族宗教侨务办公室在和平里街道召开区民族团结进步创建活动现场会。市委统战部副部长张洋、牛颂、张建平、民族画报社社长车文龙、民族出版社副总编艾尔肯、区领导杨柳荫、冯熙、徐鸿达、常卫、赵中原、邵鹏、夏树军、毛桂芬、刘忠胜出席，和平里街道和其他街道群众代表1000余人参加。 (曹帅)

【纪念建党90周年座谈会】 6月22日，召开区统一战线纪念中国共产党建党90周年座谈会。区领导杨柳荫、牛青山、冯熙、徐鸿达、常卫、夏树军出席，各民主党派、工商联、侨联主要负责人、无党派代表人士和民族宗教界代表人士参加。 (曹帅)

【社会领域统战工作会】 6月28日，区举办统一战线服务社会管理全国交流研讨会社会领域统战工作北京现场观摩活动，市领导牛有成主持，杨柳荫向与会人员介绍区网格化社会领域统战工作模式。中央统战部常务副部长朱维群，副部长尤兰田、斯塔，市领导及市有关部门领导肖培、宋贵伦、闵克、张洋、王文杰，区领导牛青山、常卫出席。各省(自治区)、直辖市和新疆生产建设兵团党委统战部部长、各副省级城市和省会城市党委统战部部长及中央统战部各部门有关负责人100余人参加。9月2日，召开基层统战工作现场会，向全区17个街道推广网格化社会领域统战工作新模式，邵鹏出席。区各街道主管统战工作书记、统战部长、统战干部50余人参加。 (曹帅)

【协商通报会】 7月27日，召开党派团体协商通报会，就"中共东城区委员会报告"草稿、"东城区经济社会发展工作的报告"草稿、"进一步深化网格化社会服务管理，全面推进社会建设的实施意见”,征求党外人士意见。邵鹏主持。区领导牛青山、徐鸿达、常卫出席。全区各民主党派、工商联主要负责人及无党派代表人士参加。11月21日,召开党派团体协商会,就区委党代会报告和区政协第十三届委员、常务委员及第一次会议主席团、秘书长建议名单进行协商。常卫主持。区领导杨柳荫、吴松元、邵鹏出席。各民主党派、人民团体负责人、无党派代表人士25人参加会议。12月8日,召开党派团体协商会,就区政府工作报告和区人大常委会、政府、政协领导班子及检法“两长”换届人事安排与党外人士进行协商。常卫主持。区领导杨柳荫、徐熙、吴松元、邵鹏出席会议。各民主党派、人民团体负责人、无党派代表人士25人参加。 (曹帅)

【纪念辛亥革命100周年】 9月16日,召开统一战线纪念辛亥革命100周年座谈会。区领导邵鹏、李力、冯藏淑出席。各民主党派主要负责人、无党派代表人士,工商联、侨联主要负责人,民族宗教界代表人士等统一战线各界人士80余人参加。9月29日,区举办统一战线各界人士电影招待会,纪念辛亥革命100周年,共同缅怀孙中山先生等民主革命先驱的丰功伟绩。区领导邵鹏、冯藏淑、王佩立出席,全区统一战线各界人士300余人参加。10月8日,举办统一战线纪念辛亥革命100周年笔会暨书画展活动。邵鹏致开幕词。区领导杨柳荫,牛青山,冯熙,徐鸿达,夏树军出席,全区各界统战代表人士近150人参加。 (曹帅)

对台工作

【概况】 中共东城区委台湾工作办公室、东城区人民政府台湾事务办公室(简称区台办)是区委、区政府主管对台工作的职能部门,与区委统战部合署办公,承担组织、指导、管理、协调有关对台工作职能。

年内,以邓小平理论和“三个代表”重要思想为指导,坚定不移地贯彻“和平统一、一国两制”基本方针、推进祖国和平统一进程的八项主张,以“做台湾人民工作”为目标,综合运用全区对台工作资源和力量,建立健全工作机制,全面提升“组织、指导、管理、协调”八字职能。围绕全区中心工作,开展涉台经济工作,全力打造台湾会馆、台湾文化商务区成为对台工作的平台和窗口;积极扩大对台交往交流工作面,与岛内形成多层次、多角度深层互动;以报告会、座谈会、走访等形式宣传贯彻党的对台方针政策;深入走访台资企业,沟通思想、了解情况,提高服务台商、台胞工作能力;通过联谊会、座谈会、茶话会、外出参观等形式加强与台属联系。全年上报市台办信息68期。

单位地址:东城区钱粮胡同3号
联系电话:64069079 邮政编码:100010 (周薇)

【对台工作领导小组会】 5月,区召开对台工作领导小组(扩大)会议。会议由牛青山主持。会上,通报区委对台工作领导小组成员调整情况并传达市委对台工作会议精神,总结上年对台工作、通报本年工作要点。前门大街管委会、区商务委、教工委主要负责人在会上专题发言,杨柳荫讲话。他指出,对台工作事关国家统一,非常敏感,要把中央、市委精神学习好、贯彻好,工作安排好。东城区对台工作资源丰沛,条件得天独厚,台湾会馆和台湾商务区的建成、开街,为东城区、全市乃至全国对台工作搭建了平台,要利用好这个平台,多做宣传,开发台湾会馆功能,承载各种形式的两岸交流活动,提升会馆活力,扩大会馆影响。对于台湾商务区投资、经营环境要精心培育,各相关部门要高度重视台商诉求,在第一时间予以解决。要切实加大与岛内的经贸交流和人员往来,让区内知名老字号品牌“走出去”,提高这些品牌在岛内的知名度。通过加强彼此了解增进两岸普通民众感情,争取政治认同,达到“绿地开红花”效果,提升对台工作层次和水平。邵鹏、夏树军、高桂强、刘忠胜出席会议,对台工作领导小组成员单位及17个街道主管对台工作领导参加。 (周薇)

【对台联络】 邀请台胞台属参加国庆节前夕电影招待会,观看影片《辛亥革命》。深入街道社区调查台胞台属实际底数,加强区台胞台属联谊会对各街道分会的交流和指导,坚持传统节日看望、慰问、联谊、座谈等活动,加强与台胞台属联系。全年区台办走访重点台胞、台属、台资企业和台商50余户,送去慰问品万余元,各街道台胞台属联谊会分会走访台属200余人,送去慰问品4万余元。会同区委统战部、区侨联、文联、文委共同举办“统一战线纪念辛亥革命100周年笔会暨书画展”活动,邀请台胞台属、对台干部参加。组织开展台胞台商拜谒孙中山先生衣冠冢活动、驻区台胞台商迎中秋联谊会活动,组织驻区台商赴铁岭考察投资环境等活动。 (周薇)

【涉台教育】 结合两岸关系形势和岛内动态,在全区范围内召开形势报告会,组织“社区干部对台工作培训会”,推进区基层对台工作;在区党校处级干部学习培训班上开设有关台海形势讲座;在全区理论中心组学习中安排涉台宣传教育内容,向全区领导干部广泛宣传党的对台方针政策。召开全区教育系统涉台教育工作会议,加强与教委联系沟通,通过“树典型、建基地、结对子”等形式,强化教育系统对台工作。认真开展涉台刊物征订工作。全区各单位踊跃订阅《两岸关系》《台湾工作通讯》300本。精心编辑《东城·台办之声》电子季刊,全年成稿4期,每期按时挂入“数字东城”首页专栏,供网络下载,4期合集刻录成碟,发至区领导以及台商、台胞、台属,宣传区对台工作开展情况。 (周薇)

【台商及台湾文化商务区工作】 区台办、前门大街管委会、前门天和公司与台湾文化商务区内台湾商户建立定期“恳谈会例会”制度,了解需求,反馈意见,应急处置。成立“北京台资企业协会东城台商服务部”,区台办设专人在服务部办公,处理台商事宜,方便台商间开展联谊和交流活动。由北京市台办、文化局、东城区政府共同主办以“交流融合”为主题的“2011年京台文化节”大型涉台活动在台湾商务区举办。区台办、商委支持台湾商务区主办首届“前门台湾夜市”。协助市台协在商务区内阿里山广场举办“在京台胞中秋联谊晚会”,200名在京台胞参加。国台办、市台办合作网站“北京台湾在线”多次采用区台办汇编信息,为区台办宣传工作提供有力平台。协调、鼓励、支持台湾商务区参与“年度东城区文化创意产业发展专项资金”申报,多次与区领导沟通,争取政策支持,台湾商务区建设获得100余万元专项资金扶持,并被授牌“东城区文创产业示范基地”。区台办特向区政府申请50万元支持商务区建设。（周蕨）

【对台交流】 组织办理16个公职人员团组赴台考察,与岛内业界开展社区、城市建设、环境保护、文化、财务税收等方面交流座谈活动。深入岛内中南部开展京台基层交流工作,拜会台中部县市,寻找合作机会。区领导徐鸿达带队赴台考察,专程与南投县主要领导座谈,就旅游、经贸、文化等方面建立合作关系议题交换意见,并邀请南投有关方面适时到区实地考察。严格遵照《东城区赴台交流审批工作暂行规定》对赴台团组、个人进行行政审批,严肃赴台纪律,加强赴台交流服务管理工作,保证审批职能的严肃性和程序性。全年,审核赴台人员155批,公职人员336人次,非公职人员256人次赴台交流。协助市台办接待高雄市三民区里长参访团一行47人,到区东花市街道南里社区参访座谈。（周蕨）

政策研究

【概况】 中共东城区委研究室(简称区委研究室)是区委综合性政策研究部门,是为区委科学决策和工作服务的参谋机构。区委研究室有编制13人,其中主任1人,副主任2人。内设科室3个:办公室、调研科、文稿科。

年内,围绕“区总体发展战略规划”与“十二五”规划实施中关系全局的重大问题开展调查研究,统筹推进重点课题调研。组织召开参加多项专题调研会、座谈会、协调会、论证会及其他形式的调研活动,完成各类文稿的撰写及修改140余篇约80余万字;完成总体发展战略规划的宣传及研究资料的编辑工作;编发《东城调研》33期、《领导参阅》13期、《调研工作动态》49期;加强与国务院发展研究中心、中国社会科学院、党建研究会、《前线》杂志社以及市委研究室、市社科院、首都社会经济发展研究所等相关单位的业务交往,为区委、区政府科学决策和日常工作提供服务。

单位地址:东城区钱粮胡同3号
联系电话:64031118-3201　邮政编码:100010（闫喆）

【统筹全区调查研究工作】 年初,制定并经区委常委会审议通过《2011年东城区调查研究工作要点》,确定30个区级重点课题、156个区委关注课题。其中区领导杨柳荫的《关于创新网格化社会服务管理模式研究》、牛青山的《关于加大历史文化名城保护、积极探索历史文化名城保护新模式的研究》被列为市委重点关注课题。3月3~4日,举办区调研干部培训班。围绕如何开展调研、世界城市建设、解读“总规”内涵等内容作报告,全区100余名调研干部参加。到城管监督中心、东花市街道、老干部局等单位指导调研工作,围绕文稿写作、调研决策等开展专项培训辅导。参加参评全市调研工作先进单位活动。总结上年区委、区政府在调研工作开展、成果转化、制度完善、队伍建设中的先进经验,统计413项各单位市级以上荣誉奖励、330篇在市级以上刊物刊登的调研报告,推选杨柳荫《关于东城区未来20年发展定位和发展战略的研究》《关于创新网格化社会服务管理模式研究》和牛青山《关于加大历史文化名城保护、积极探索历史文化名城保护新模式的研究》3篇调研报告参与全市优秀调查研究成果评比。先后接待市委研究室、天津南开区委研究室到区调研考察。健全专家咨询论证制度。确定“研究东城区关于促进会议产业发展的鼓励办法(试行)”、“研究‘一轴两带五区’各个功能区专项规划的编制工作”、“听取‘十大保护项目’等历史文化名城整体保护工作推进情况的汇报”等6个议题在提交区委常委会审议前进行专家咨询论证。“人文东城”、“数字东城”五年行动计划、雍和园“文化创意产业主园区”实施方案在经专家研讨论证后正式颁布实施。创新调研交流平台。与市社科院签订合作协议书,建立调查研究基地,协助市委研究室建立社情民意基地。（闫喆）

【重点调研课题研究】 年初,确定重点调研课题为《关于创新网格化社会服务管理模式研究》。3月,举办课题开题会,邀请北京市社科院首都社会治安综合治理研究所所长殷星辰、北京大学政府管理学院赵成根、北京市管理科学院马仲良3名专家对该研究领域重点、难点进行分析,提出创新重点;4月,到东直门、建国门、东花市街道实地调研,听取网格化社会服务管理创新工作经验、进展、打算及试点中的瓶颈问题等;起草设计调查问卷,向试点街道发放A卷370份、B卷130份,进行对比分析,形成初步调查结论;召开多次课题撰写研讨会、座谈会及协调会,与区信息办、社会办和综治办密切配合,形成报告初稿;提炼总结出“网格化社会服务管理新模式”的概念内涵、运行机制和显著成效,课题研究为提升辖区群众的安全感、幸福感和参与度,顺利推进创新试点工作提供决策支持,先后在全国、全市作典型发言。（闫喆）

【调研报告理论文章发表】 8月8日,区领导杨柳荫《以改革创新为动力推进新东城建设》一文在《北京日报》理论版上刊登。杨柳荫上年调研课题《关于东城区未来20年发展定位和发展战略的研究》在本年第4期《北京调研》、第3期《工作研究》特刊上刊发;周永明《旧城保护中商业街区发展模式的探索》一文在第3期《工作研究》特刊上刊发;金旭《关于东城区公共文化服务能力现状的调研》一文在第7期《北京调研》上刊发。区旅游局《新东城:打造世界城市“都市旅游”高端体验区》一文在第10期《北京调研》上刊发;区委研究室《立足“首都功能核心区”定位　努力打造“国际化、现代化新东城”》一文在《东城党建研究》第4期上刊发。完成区领导杨柳荫接受新华社对区总体发展战略规划的采访提纲、接受北京电视台采访发言提纲,徐熙接受《中国青年报》关于历史文化保护与发展的采访提纲。（闫喆）

【“总规”研究及解读】 做好《北京市东城区总体发展战略

规划(2011—2030年)》(简称"总规")、《北京市东城区空间发展战略规划(2011—2030年)》(简称"空间规划")规划读本及各类规划研究报告、资料汇编的编辑印发工作。修改、编辑校对"总规"研究报告,"空间规划"研究报告及《东城区发展定位及总体战略思路研究》《东城区开放与国际化发展战略研究》《东城区历史文化名城保护与发展战略研究》《东城区产业发展重点领域及功能区建设研究》《东城区人口结构优化及变化趋势分析》《"国际化、现代化新东城"指标体系构建研究》《东城区社会建设发展战略研究》7个专项研究报告约200万字;整理各类领导、专家讲话,收录编制过程中的相关文件和媒体报道,约26万字;印刷《<北京市东城区总体发展战略规划(2011—2030年)>资料汇编》3000册,向重点相关部门下发规划读本1000册,为社会各界了解"总规"编制过程及研究成果提供翔实的史料。配合"总规"的宣传工作,开展编制背景及核心观点解读会20余场。 (闫喆)

【起草重要文稿】 年内,完成区第十一次党代会的区委工作报告、决议、起草说明等。起草本年度区委半年全会报告及会议决议等。起草东城区在全国文明城区复查迎检工作汇报和围绕廉政风险防范,历史文化名城保护、网格化社会服务管理创新等中心工作起草工作汇报及典型发言。 (闫喆)

老干部工作

【概况】 中共东城区委老干部局(简称区委老干部局)由原中共东城区委老干部局和原中共崇文区委老干部局合并组成,有行政在编人员13名,机关工勤人员3名,参公管理人员29名,工勤人员4名。内设科室6个:即办公室、调研科、宣传科、政治待遇科、生活待遇科、企管科。下设老干部活动一中心和活动二中心(正科级参公事业单位)。区委老干部局负责贯彻落实党的老干部政策,组织开展为离休和副处级以上退休干部服务管理工作。全区有离退休干部3328人,其中离休干部1447人,易地安置离休干部116人,副处级以上退休干部1765人。

年内,按照中共十七大关于"全面做好离退休干部工作"的要求,深入贯彻落实科学发展观,围绕重点工作任务主线,理顺老干部管理服务工作,及时解决面临的重点难点问题,创新老干部工作方法和途径,离退休干部各项工作取得新成绩。

单位地址:东城区府学胡同37号

联系电话:64019715 邮政编码:100007 (王娜)

【老干部座谈会】 1月13日,召开区第二十四次老干部座谈会暨新春团拜会。牛青山主持。会上,杨柳荫通报新东城区组建以来全区各项工作开展情况,介绍区总体发展战略规划和"十二五"规划内容以及全年重点工作任务和目标,并对老干部工作提出新要求。传达市第二十四次老干部座谈会精神,回顾总结上年区老干部工作,安排部署本年工作任务。市老干部局副局长马为平出席会议并讲话。市、区领导集体向老干部及工作人员拜年,并一起观看"齐心协力谋发展 欢歌笑语迎新春"文艺演出。区领导冯熙、徐鸿达、常卫、赵中原、吴松元等,区委老干部工作领导小组成员、离退休干部党支部书记、各单位主管老干部工作领导及工作人员400余人参加。 (王娜)

【老干部关怀工作】 春节、"十一"召开新老区级领导联欢会。9月6日,市老干部局副局长刘向东及生活待遇处有关领导和区委老干部局、和平里街道工委与办事处领导到和平里街道1名百岁离休干部家中祝贺百岁寿辰。5月至10月,组织全区离退休干部开展健康体检,精选南北两个体检中心,方便老干部就近参加。10月27日,在区图书馆举办老干部健康知识讲座。邀请北京世纪坛医院神经内科主任医师,结合老干部在体检中检查出的排名前十种疾病,重点讲解如何做好疾病防治和日常保健,200余名离退休干部参加。组织和指导全区各单位开展"我看新北京"一日参观活动。 (王娜)

【队伍建设】 2月16日,组织召开街道老干部工作人员会,研讨交流贯彻落实北京市《关于利用社区资源做好离退休干部服务工作的实施意见》。3月22~23日,召开老干部工作培训会。区领导吴松元和市老干部局综合处有关领导出席并讲话,各单位老干部工作主管领导、工作人员近240人参会。4月,组织工作人员参加全市"我心目中的老干部工作者"演讲比赛,和平里医院老干部工作人员获一等奖。5月5~6日,举办机关干部"努力提高老干部工作政治水平"研讨会,市老干部局综合处有关领导出席。6月20~25日,开展"共产党员献爱心"捐献活动,为困难党员、低保老人、贫困学生等募集捐款,奉献爱心。7月8日,召开老干部工作人员例会。观看由区委老干部局制作的宣传片"夕阳映党旗",听取和平里医院和区法院典型发言。66个单位老干部工作人员参加。9月2日,召开部分老干部工作人员研讨会,围绕"如何做好新形势下老干部工作"开展讨论,全区65个单位80余名老干部工作人员参加。10月24日,市老干部局巡视员张庆朝率队检查区关于《北京市离退休干部工作领导责任制》贯彻落实情况,部分老干部代表参加。张庆朝对区贯彻落实责任制工作表示肯定,并指出:东城区老干部工作领导重视、认识到位、目标明确、措施得力,尤其是在区划调整后,老干部工作在最短时间实现平稳过渡,得到老干部的认可。 (王娜)

【离退休干部党支部建设】 年初,印发《2011年东城区离退休干部党支部学习的意见》。3月2日,召开离退休干部党支部工作会。会议传达《东城区委老干部局关于2011年离退休干部党支部学习的意见》精神,安排部署"颂党恩抒豪情 添光彩乐晚年"主题实践活动。3月29日,组织离退休干部收看杨善洲事迹报告会直播。4月7日,召开离退休干部党支部联席会议,传达全国离退休干部党组织和党员创先争优活动推进会精神,并按照市老干部局要求,就全区开展创先争优活动再认识、再提高、再部署。离退休干部党支部书记近120人参加。6月2~3日,区老干部党校举办学习班,指导各级老干部党组织开展特色党日活动,近200名离退休干部党支部书记、理论骨干参加培训。朝阳门街道离退休干部党支部以"传承革命精神,为党旗增辉"为主题,与天安门国旗护卫队官兵联合开展的党日活动,获北京市优秀党日活动一等奖。 (王娜)

【形势报告会】 4月2日,邀请区委研究室主任作"东城区总体发展战略规划"专题辅导,全区离退休干部及工作人员近400人参加。下旬,召开局职离退休干部情况通报会,通报全区老干部创先争优活动开展情况和近期主要工作任务,解答问题,征求意见建议。8月9日,区召开组织工作通报会及老干部学习贯彻"七一"讲话精神辅导报告会,离休干部、副处级以上退休干部和老干部工作人员400余人参加。 (王娜)

【离退休干部服务工作】 4月15日,召开利用社区资源做好离退休干部服务工作会。龙潭街道光明北里社区党委与和平里街道灯市口社区党委作典型发言。区民政局介绍区老龄人口现状和本年为老服务重点工作。市老干部局副巡视员刘冰就北京市新出台的《关于利用社区资源做好离退休干部服务工作的实施意见》讲解。区委老干部局、区民政局有关领导以及17个街道老干部工作人员和205个社区党委书记参加。5月9日,在东直门街道新中西里社区成立社区第28网格老干部学习小组,市、区老干部局有关领导参加。9月,全区评选出25个"社区离退休干部服务工作示范点",并制作经验手册,下发全区。在东华门街道正义路社区、银闸社区、甘雨社区,和平里街道兴化社区建立4个社区离退休干部临时党支部,探索"双高期"离退休干部党组织设置和党员学习活动新模式。全年坚持为80岁以上、配偶无工作和有特殊困难的离休干部发放送温暖经费,为易地安置离休干部发放一次性生活补贴,组织健康体检、上门慰问等工作,加大对老干部办实事、解难事等方面的投入和帮扶力度。关注改制企业离休干部的服务管理工作,新接收原金环压缩机厂和二开万博特公司的6名离休干部,确保其安置、待遇、管理、服务四到位。 (王娜)

【调研工作】 4月15日,区委老干部局到区社会服务管理创新综合试点东直门街道调研,在社区建立离退休干部党组织。调研中,就如何将离退休干部服务管理纳入街道网格化党建工作格局,组织老干部在网格中就近学习、活动、参加组织生活和发挥作用进行研讨。10月12~13日,到顺义区怡馨家园第一社区学习考察利用社区资源做好离退休干部服务工作。东城、顺义区委老干部局领导及本区各街道老干部工作人员20余人参加。 (王娜)

【老干部发挥作用】 5月20日,联合区直机关工委举办庆祝建党90周年老少同堂文艺演出。区妇联、教工委、文明办、团区委有关领导出席,离退休干部代表、中小学师生代表100余人参加。引导和鼓励老干部在维护社会稳定、参与社区建设等各个领域,为新东城建设做出新贡献,争当"四好老干部"。东四街道离休干部党支部书记常年坚持奉献社区,他倡导的社区民主自治模式得到市、区领导肯定,并在全区推广。 (王娜)

【思想政治建设】 7月1日,组织区部分离退休干部收听收看胡锦涛总书记在庆祝中国共产党成立90周年大会上的重要讲话。9月20日,区老干部读书会举办胡锦涛总书记"七一"讲话专题辅导,50余名老干部观看学习辅导报告录像光盘。9月27日,区老干部思想政治工作研究会围绕"利用社区资源做好离退休干部服务工作"主题召开研讨会,区老干部思政会会员、离退休干部党支部书记和社区书记代表参加研讨。年内,以学习实践科学发展观和十七届五中全会重要精神为重点,定期组织区老干部理论小组、老干部思政会学习活动;组织老干部和工作人员收看北京电视台《晚晴》节目;按期将《北京老干部》《今日东城》《东城老干部》报刊邮寄至每名老干部家中。 (王娜)

【领导小组成员调整会】 12月27日,区领导常卫主持召开区老干部工作领导小组会议。会议调整了区老干部工作领导小组成员,新一届领导小组成员由28人组成,会议还听取本年全区老干部工作和区划调整以来老干部融合情况的汇报,研究下年工作思路。老干部工作领导小组成员参加。 (王娜)

【主题实践活动】 围绕"颂党恩抒豪情,添光彩乐晚年"主题,在全区离退休干部和老干部工作人员中开展庆祝建党90周年书画手工摄影展和文艺汇演,拍摄党建宣传片、邀请老党员讲党课、组织参观座谈讨论、开展征文、主题党日和普遍走访慰问"九个一"系列活动,同时,围绕重要节庆日开展文体活动,举办"迎新年、展风采"演唱会、"迎国庆、庆重阳"棋牌赛、健身表演和书画笔会等活动。整合老干部教学场所和教学内容,新开办电脑学习班,推动老干部信息化建设。40个老干部活动组、队,通过开展文体活动,增加活动频率,增设兴趣课程和改造楼宇环境,发挥南北两个活动中心主阵地作用。 (王娜)

保密工作

【概况】 中共东城区委保密委员会办公室(简称区委保密办)是中共东城区委保密委员会(简称区委保密委)办事机构。区委保密办和东城区国家保密局,是一个机构两块牌子,既是区委保密委办事机构,又是区政府管理保密工作职能部门,由区委办公室管理。区划调整后设宣传法规科和技术检查科。

年内,落实中央和市、区委关于加强新形势下保密工作的重要指示,以学习贯彻保密法为主线,以完善工作制度、规范保密管理、严格督促检查、加强队伍建设为着力点,采取有效措施,提高保密工作科学化、保密管理法制化、保密技术现代化和保密队伍专业化水平。

单位地址:东城区育群胡同1号

联系电话:64031118-8522 邮政编码:100010 (赵午卓)

【保密宣传教育】 2月,制发《关于学习贯彻市委及区委领导同志对加强新形势下保密工作重要批示的实施意见》,并组织各单位学习。9月,开展以"学习贯彻保密法,保国家安全、保家庭幸福、保个人前途"为主题的"一学三保"保密法宣传月活动。各单位以保密法专题学习讲座、报告会、张贴宣传挂图、播放保密宣传警示片等多种形式,开展保密宣传教育活动。12月,制发《东城区"六五"保密法制宣传教育规划》。年内,编发《东城保密工作》8期,1600余册。

(赵午卓)

【区委保密委会议】 3月24日召开。会上,徐熙传达中央保密委员会全体会议和市委保密委员会全体会议主要精神;总结上年保密工作,审议通过本年保密工作要点;夏树军提出加强区保密工作具体要求。区委保密委成员参加会议。

(赵午卓)

【区县保密工作协作组会议】 4月7日召开。会上,围绕贯彻落实中央保密委全体会议和市保密工作会议精神及开展专项保密检查工作情况交流和研讨。市保密局局长陈静出席会议并讲话。区领导徐熙、夏树军出席会议。市保密局有关部门及相关区县保密局负责人参加。(赵午卓)

【保密监督检查】 4月,以自查和重点抽查、巡查相结合方式开展专项保密检查。在各单位自查基础上,区专项保密检查组重点抽查25个单位。市委保密委联合检查组对工作给予肯定。5月,依照印刷、复制等行业复制国家秘密载体规定和武器装备科研生产单位保密资格审查认证管理办法,完成辖区内北京交通印务实业公司等5家涉密载体定点复制单位年检工作,以及2家民营企业申请军工保密资格审核工作。检查区高考试卷保密室启用前安全保密硬件和软件设施情况,确保人防、物防、技防符合相关保密规定和要求。6月,对高考、中考保密工作进行督促和检查。在高考期间,检查试卷保密室启用后的保密管理情况,对高考试卷领取、运送等各环节全程监督;并指定专人到区高考指挥中心全天值守。在中考期间,重点检查中考阅卷工作区的安全保密工作情况。10月,开展成人高考保密监督检查,重点检查试卷保密室的保密管理情况。12月,开展地坛书市保密执法检查工作。(赵午卓)

【计算机信息系统保密管理】 6月,研究制发《关于加强党政机关和涉密单位网络保密管理》等规范性文件,具体涉密网络建设和使用工作规范及技术标准,规范互联网和其它公共网络发布信息保密审查,建立使用管理台账,对涉密、非涉密计算机及现代化办公设备实施分类分级管理。(赵午卓)

【网络安全保密管理】 6月,建立"数字东城网站"保密巡查工作机制。开展区政务外网用户接入、政务信息系统用户变更、数字证书开通、废止、网站开设、栏目更新等有关项目的保密审核。年内,审核涉及单位127个,涉及人员2585人次。

(赵午卓)

【保密警示标识】 11月,统一设计、制作适用于涉密计算机、非涉密计算机等6类现代化办公设备的保密警示标识。12月,组织各单位按照每类办公设备的保密管理标准和要求,粘贴保密警示标识4万余张。(赵午卓)

【重要会议保密管理】 区重要会议期间,以组织签订《保密承诺书》等形式,将保密管理工作融入到会议组织筹备、召开全过程,确保会议文件材料的制作、印发、传递、使用、保管和销毁等环节符合相关保密管理规定。(赵午卓)

【文件销毁保密管理】 依照相关保密规定和要求,组织各单位2次集中清理涉密文件材料,并将需要销毁的涉密文件材料集中押运至定点销毁单位实施监销。(赵午卓)

【保密行政管理】 修订完善立(销)案审批表、谈话通知书、询问笔录、现场检查笔录、责令限期改正通知书、行政处罚决定书等25项保密行政执法文书。制定《东城区保密工作手册》,具体保密工作内容,量化保密工作标准和具体要求,指导和规范各单位的日常保密管理工作。(赵午卓)

社会建设

【概况】 中共北京市东城区委社会工作委员会(简称区委社会工委)、北京市东城区社会建设工作办公室(简称区社会办),区委社会工委与区社会办合署办公。区委社会工委是负责全区社会建设工作的区委派出机构,列入区委机构序列。区社会办是负责全区社会建设工作的区政府工作部门。下设6个科室,即办公室、综合科、党建一科、党建二科、社区建设科、社会队伍科和社会组织科,在编24人。

年内,区委社会工委(区社会办)深入贯彻落实科学发展观,围绕全区中心工作,以网格化社会服务管理模式为总抓手,召开区街道党政负责人会议,完成各项社会建设工作任务,在社区建设、社会队伍建设、社会组织工作以及社会领域党建等方面迈出新步伐。全年刊发《东城社会建设》38期。其中普刊27期,专刊11期。召开信息员工作交流会2次。

单位地址:东城区什锦花园胡同23号

联系电话:64031118-8748　邮政编码:100007　(曹俊仙)

【献爱心活动】 元旦、春节、"七一"期间,做好走访慰问区级、市级困难党员工作,发放帮扶专项资金1.5万元。6月23日,在机关及所属党组织中开展"共产党员献爱心"、"党心连民心　亲情进万家"活动,以支部为单位举行捐款仪式,捐款2.68万元。(曹俊仙)

【党员教育管理】 7月7日,开展"坚定信念跟党走　携手并肩建和谐"庆祝建党90周年主题党日专场纪念活动,获区主题党日活动最佳活动奖。年内,组织理论学习10余次。完成东城律协党委700余名党员党组织关系接转工作。完成党内统计年报工作。制作完成《春风化雨润长安——长安责任保险股份有限公司党员教育管理掠影》,并参加第一届

党员教育电视片观摩评比活动,获优秀奖,区委社会工委荣获优秀组织奖。9月19日,举办社区党组织书记培训班。（曹俊仙）

【社会领域党建工作】 1月18日,召开区深化社会服务管理创新推进社区网格党组织建设工作会。区社区党建星级工作考评法获“北京市党建工作创新项目”称号。8月26日,召开区商务楼宇“五站合一”规范化建设工作推进会,制定《关于加强商务楼宇“五站合一”规范化建设的意见》(“五站”指商务楼宇内的社会服务站、党建工作站、工会工作站、共青团工作站、妇联工作站),指导街道所辖商务楼宇工作站制作统一标识和职责,下拨商务楼宇专项资金210万元改善基础设施。云南省、重庆市、上海市浦东区等到区参观考察20余次,400余人。与人民大学合作开展商务楼宇工作站专项调查,形成《东城区商务楼宇“五站合一”建设现状分析与对策》调研报告,制定《商务楼宇工作站考评体系》。11月18日,召开非公企业创先争优活动信息工作交流会。11月24日,召开区非公有制企业党建提升工程部署会。（曹俊仙）

【社区建设】 1月19日,全区推进社区多元参与工作机制建设工作会议在区图书馆召开,出台《东城区关于建立社区多元参与机制的工作意见》,市委社会工委副书记周开让,区领导常卫、章冬梅、宋甘澍参加。3月26日,市领导刘淇调研朝阳门街道史家社区南小街商会和社区规范化建设工作。4月12日,社区建设工作专题会议在燕龙生态园召开,部署社区居民会议常务会工作和“一刻钟社区服务圈”建设工作。8月5日,召开社区服务站服务标准化建设工作推进会,部署《东城区关于推进社区服务站服务标准化建设工作的实施方案》。9月4日至11月27日,开展第五届“魅力社区”评选活动,龙潭街道光明北里社区、永定门外街道安乐林社区、崇文门外街道新怡家园社区获新一届“魅力社区”称号,交道口街道鼓楼苑社区、龙潭街道左安漪园社区分别获“安全服务有保障”和“环保措施见成效”单项奖。11月2日,市政府办公厅督查室督察办实事项目,抽查天坛街道金鱼池西区社区基本公共服务全覆盖建设。11月23日,云南省委考察团到东直门街道清水苑社区学习考察社会建设工作。12月5日,西宁市政府考察团到龙潭街道光明北里社区考察社区管理和服务工作。12月22日,在西山实创培训中心召开社区建设总结研讨暨“魅力社区”评选活动表彰会。（曹俊仙）

【创新社会服务管理工作】 2月22日,召开网格化社会服务管理创新综合试点工作第三次专家研讨会。3月2日,上海长宁区委副书记夏永泰,区委常委、政法委书记刘玉鹏一行到区就网格化社会服务管理创新工作考察交流。3月9日,河北省委副秘书长王国发一行到区学习考察社会服务管理创新工作。市委副秘书长王翔,市委社会工委领导周开让及相关区领导参加。3月17日,区社会办督察区社会服务管理创新综合试点折子工程实施情况。3月26日,刘淇就“创新社会管理服务　推进首都社会建设”的主题到区调研,肯定全区试点单位在社会服务管理创新方面的工作,并提出工作要求,市、区相关领导陪同调研。3月28日,市委网格化社会服务管理调研组调研区网格化社会服务管理创新工作。4月14日,北京顺义区副区长车克欣率考察团到东直门街道调研社会服务管理创新工作。5月16日,国家行政学院司局级干部班一行45人参观考察东直门街道社会服务管理创新工作。8月17日,《中共东城区委关于进一步深化网格化社会服务管理全面推进社会建设的实施意见》正式下发。11月11日,通州区处级干部培训班学员到东直门街道考察网格化社会服务管理工作。12月7日,北京市社会服务管理创新检查组到区检查指导社会服务管理创新工作。（曹俊仙）

【社会建设调研】 3月1日,区领导常卫到区委社会工委(区社会办)调研社会建设工作。4月19日,重庆市委“两新”工委综合处率重庆市社会建设考察团一行35人到大成律师事务所党委和东直门街道清水苑社区学习考察。5月31日,台湾基层民众参观团到区参观社会建设工作。6月27日,常卫对《东城社会建设》专刊第9期做出批示:“东直门街道‘星星之火’志愿者协会开展网格志愿服务的做法有创新意义,请区社会办和团区委注意跟踪指导和总结推广”。（曹俊仙）

【社会组织工作】 3月23日,召开政府购买社会组织服务工作部署会。4月15日,组织巧娘工作室、社会生活心理咨询中心、书画协会等社会组织参加第二届北京社会公益活动周展览展示活动,区委社会工委在此次活动周中获优秀组织奖。（曹俊仙）

【志愿者工作】 8月16日,第二届前门历史文化节闭幕式暨刘老根会馆开业庆典仪式,2000名志愿者参与。9月4日,第二届北京王府井国际品牌节金宝街嘉年华巡游活动,800名志愿者参与。9月17日,前门大街举行第十三届北京国际旅游文化节盛装行进表演活动,1600名志愿者参与。（曹俊仙）

直属机关工委工作

【概况】 中共东城区委区直属机关工作委员会(简称区直机关工委)主要负责本区直属党政群机关单位党的建设和党员管理、监督、教育与思想政治工作及工、青、妇等群众组织工作。内设办公室、组织部(纪工委)、宣传部(团工委、工会),有编制13人。下设(所属)党组织78个,其中机关党委24个,党总支30个,党支部24个;区属机关党组织63个,离退休党组织5个,双管单位党组织9个,军队离退休干部党组织1个。有党员1.47万余人,其中在职党员4900余人,离退休党员1900余人,流动党员6200余人。

年内,以纪念建党90周年为契机,以加强和改进新形势下机关党的建设为重点,围绕中心、服务大局,不断开创机关党建工作新局面,为打造国际化、现代化新东城提供坚强的组织保证。

单位地址:东城区钱粮胡同3号

联系电话:64031118－2604　邮政编码:100010　（陈燕燕）

【献爱心活动】 春节、"七一"前夕，对特困党员、建国前入党老党员、党务干部、离退休老干部走访慰问，慰问款项9.3万余元，受助人员达153人次。此外，组织机关党员干部开展"博爱在京城"募捐活动，募集善款15.75万元。国庆节后，在机关干部中开展募集衣被活动。举行"共产党员献爱心"启动仪式，党员干部踊跃捐款27.32万余元。 （陈燕燕）

【维稳工作】 在全国人大、政协"两会"期间，抽调机关干部参与维稳工作，针对非法聚集活动，区直机关工委先后召开数次紧急协调会，从区法院、人力社保局等10个党组织中抽调机关党员干部60人，参与王府井地区的维稳、处理突发事件任务，确保"两会"期间全区安全稳定。组织区直机关20余个党组织的党员1000余人，完成前门历史文化节闭幕式、王府井金宝街嘉年华巡游活动的安保工作。 （陈燕燕）

【志愿者服务活动】 6月，参与创建文明城区复检工作，开展文明交通志愿者服务活动。区直机关所属72个基层党组织负责66个路口的交通引导、协管，7000余人次参加文明交通志愿者服务。 （陈燕燕）

【主题党日活动】 6月28日，举办"坚定信念跟党走，创先争优铸党魂"主题党日活动，来自境内外20余家媒体的记者30余人采访报道。 （陈燕燕）

【组织建设】 10月28日，召开区直机关党代表会议，区直机关系统78个党组织代表126人出席，选举产生参加区第十一次党代表大会代表97人。年内，理顺和调整区直机关系统近30个单位离退休干部372人的党组织隶属关系。召开工委会，审批由党支部调整为党总支的党组织16个。全年发展党员39人，转正41人，接转党员关系273人次。完善"中共东城区直属机关党建联组工作制度"，调整党建联组组长，完善活动制度，并做到经费保障到位，促进机关系统党组织之间沟通与交流。调整制定《区直机关党组织与社区党组织结对共建》制度，召开"东城区直属机关创先争优活动暨结对共建工作推进会"。区直机关系统直属72个党组织与200个社区党组织签署结对共建协议。 （陈燕燕）

【党员教育】 以纪念建党90周年为契机，以"热爱党、信赖党、坚定跟党走"为主题，开展以"开展一次主题教育，组织一次主题党日活动，表彰一批先进典型，举办一次主题歌咏比赛，组织一次主题演讲比赛，参观一次成就展览"为内容的"六个一"主题活动。推进"北京精神"评比及践行，组织机关党员干部8000余人参加"北京精神"网上投票。11月，组织机关干部学习践行"北京精神"实质，建立长效机制。抓好机关工委班子成员的学习，继续抓好机关党建网、《东城机关党建》刊物和机关宣传栏等理论阵地建设。围绕中共十七届六中全会提出的"文化强国"主题，推进学习型党组织建设。制定"总规"宣讲方案，下发"总规"读本，组建党员干部75人参与区直机关宣讲队伍，举办"总规"宣讲员培训班。区直机关各党组织先后开展宣讲活动100余场次，受众人数达3000余人。 （陈燕燕）

【党风廉政建设】 加强《干部任免条例四项监督制度》的宣传教育，学习研讨《党内监督条例》《党员处分条例》等，开展廉政风险防范管理工作，提高党员廉洁自律自觉性。落实《中国共产党党员领导干部廉洁从政准则》精神，做好党风廉政责任制建设和推进惩防体系建设工作。通过参加辅导报告会、学习交流会、知识问答等形式，加深对《廉政准则》基本内容和主要精神的理解，把学习与党风廉政责任制和预防职务犯罪教育结合起来，开展廉政教育书画展、征文活动等。坚持以党务公开栏的形式，对于需要公开的重要事项随时公开，确保党员的知情权、参与权、监督权的落实。协助区委组织部和纪委做好信访工作。 （陈燕燕）

【群团工作】 组织机关青年到区三合老年公寓开展"学雷锋，关爱老人"志愿服务活动。在机关团员青年中开展争创"五四"红旗团支部、优秀团干部、优秀团员和争创青年文明号活动。做好优秀团员"推优入党"工作，4名团员青年被推优入党。先后组织"我和春天有个约会"等单身联谊活动2次。落实全区党建带团建工作会议精神，推荐机关青年参加区地坛公园党史展览讲解员活动，组织机关青年参加团区委举办的"学党史、知总规、明团情"红色讲坛理论宣讲活动及知识竞赛活动，区直机关团工委代表队获得第三名。区直机关团工委在北京市共青团"达标创优"竞赛活动中获"五四红旗团委"称号。开展多种文体活动，"三八"节期间机关女干部开展"走新东城　看新东城　爱新东城"活动；参观前门商业街和台湾会馆；参加唱红歌文化广场活动；庆祝建党90周年文化艺术节活动等。结合建党90周年，先后组织400余名机关工会会员开展红色之旅，分批到河南爱国主义教育基地参观学习，开展爱国主义教育。 （陈燕燕）

【调查研究】 结合新区成立和区总体发展战略规划的实施，召开基层党组织书记座谈会、对党员群众个别访谈及编印发放500份《机关党员思想状况调查问卷》等，了解掌握机关干部的思想状况和对机关党建的看法，梳理、分析和研究了解的有关问题，并以此为依据撰写《努力打造一支高素质的机关党员队伍》等2篇调研报告。全年通过不同形式，了解党员思想状况，形成机关干部思想状况调查报告4篇，得到区领导及党员的认可。 （陈燕燕）

【创先争优工作】 在窗口单位和服务行业中开展创先争优活动，召开深入开展为民服务创先争优活动座谈会，与会单位作经验交流，就如何促进窗口单位和服务行业党组织、党员以一流的作风和一流的形象为驻区单位及群众提供更加优质的服务进行探索与研讨。 （陈燕燕）

党校工作

【概况】 中共北京市东城区委党校（简称区委党校）兼有区行政学院、区社会主义学院、区干部法律培训中心，实行四块牌子、一套机构。区委党校是培养党员领导干部和理论干部的学校,同时也是区委哲学社会科学研究机构。设15个科室,有教职工72人,其中列入参照《中华人民共和国公务员法》管理范围人员46人,事业编制人员26人。在事业编制人员中,具有专业技术职称的教师18人,其中高级职称7人、中级职称8人、初级职称3人。

年内,完成各项培训任务。"规定+自选"培训模式全面深化,取得成果;开展党员培训、学历培训、对外培训和教辅教务等工作;建立教学科研管理体制和激励机制,行政管理和服务工作规范化水平提高;机关党建工作、校园文化建设加强。

单位地址:东城区干面胡同10号

联系电话:65258768　邮政编码:100010　(谢殿军)

【行动学习法研讨会】 3月10日,召开区干部教育培训行动学习法交流研讨会。中组部干部学院一处、市委组织部干教处、区委组织部、区委党校等有关领导和区委党校"行动学习法项目管理组"人员参加交流研讨。区委党校基本理论教研室负责人汇报"规定+自选"培训模式探索情况,副校长汇报行动学习法专题培训班情况。中组部有关领导对"规定+自选"培训模式给予肯定,并对如何深化行动学习法培训方式提出意见。　(谢殿军)

【现场教学基地揭牌】 4月21日,区看守所干部教育培训现场教学基地揭牌。区委组织部、区委党校、区纪委、东城公安分局等有关领导,区看守所部分干警和区第一期中青年干部培训班学员参加揭牌仪式。11月16日,区南锣鼓巷干部教育培训现场教学基地揭牌。区委组织部、区委党校、交道口街道工委及街道办事处有关领导共同为教学基地揭牌。南锣鼓巷具有鲜明的区域特色,该现场教学基地有助于提升干部引领文化发展的能力。　(谢殿军)

【干部培训】 全年举办各类培训班48期,培训学员5831人次。其中,主体培训班18期,培训学员1182人次。主要有:"区'一把手'素质培训工程"主题研修班1期220人、副处级领导干部进修班1期59人、社区服务与管理专题研究班1期57人、首都文化中心区专题研究班1期53人、区域经济发展(行动学习法)培训班1期17人、基层信访专题(行动学习法)培训班1期19人、新任处级干部培训班1期49人、中青年干部培训班2期67人、公务员科级任职培训班2期97人、公务员初任培训班2期173人、事业单位新招聘人员初任培训班1期74人、军队转业干部培训班1期60人、老科长知识更新培训班3期237人。基层党员教育培训班19期,培训党员4174人次。主要有:入党积极分子班6期484人、组织部新党员示范班1期500人、机关工委宣传员信息员培训班1期70人、组织部党代表培训班1期113人、综治办初任培训班2期429人、宣传部宣传干部培训班2期83人、东直门街道党员培训1期50人、组织部基层党组织书记培训班2期2000人、东方文化管理公司中高层管理人员培训班1期90人、社区党组织书记专题培训班1期205人、国资委企业领导干部培训班1期150人。对外培训班3期,培训学员103人次。主要有:新疆和田地委党校县处级领导干部赴京进修班1期37人、新疆和田地区财政系统干部赴京培训班1期23人、湖北巴东县党政领导干部赴京培训班1期43人。学历班8期,培训372人。另外,举办迎接中国共产党建党90周年系列讲座8讲,听讲人数893人。　(谢殿军)

【科研工作】 从建立健全科研制度入手,强调科研质量和成果转化。制定《中共北京市东城区委党校科研管理实施细则》《中共北京市东城区委党校科研成果公开发表的一次性奖励标准》《中共北京市东城区委党校关于教职工进修学习学费报销的规定》(试行),制定《中共北京市东城区委党校"十二五"规划》,明确未来五年区委党校发展方向和发展思路。年内,教师公开发表学术论文10篇,参与编写论著3本,50余万字。其中,1名教师的文章《'规定+自选'教学模式的理论探索》发表在国家核心期刊《理论探讨》,1名教师的文章《行动学习法培训流程六要素》发表在中央党校的《学习时报》上。　(谢殿军)

【校刊《培训主阵地》】 编印校刊《培训主阵地》4期,校刊内设"经典导读"、"理论研究"、"东城视窗"、"教师专栏"、"经验交流"、"史海撷英"、"环球风采"、"视野"等10余个栏目,全年刊登文章124篇,26万余字,向区内各部门及区外相关部门发送校刊3200余册。　(谢殿军)

【教务保障工作】 重新改版党校OA系统,调整外网版面的栏目设置、功能和版面布局;完成对腾讯通系统、全校电教设备和网络设施的维护管理;改造课程录播系统,全年录课、制作教学光盘150余套;为展示、宣传党校优秀教师和优秀课程,创建优秀视频课程交流平台,发布高质量、有特色的视频课程;与中国移动合作,在校园内实施无线网络全覆盖工程,推动"无线校园"建设。　(谢殿军)

【党建工作】 选举产生新区委党校第一届机关党委,调整设置5个党支部,完成各党支部的改选工作。制定《中共北京市东城区委党校机关党委关于加强和改进党建工作的意见》;坚持中心组学习制度、"三课一会"制度,坚持党员学习考勤制度;各党小组开展丰富多彩的主题党日活动,组织参观"光辉岁月　壮丽东城——东城区纪念建党90周年展览"、"文化强区,魅力东城"展览等活动。参加"我身边好党员"和"我身边好人"投票活动;开展"党心连民心,亲情进万家"、"共产党员献爱心",为困难群众、低保老人、贫困学子捐款5700余元,向贫困地区捐献衣物200余件。建立党员励志墙,开展"热爱共产党、建设新东城"主题教育活动;参加"颂歌献给党"歌咏比赛;召开"七一"庆祝大会,表彰先进党支部、优秀共产党员和优秀党务工作者,并宣传先进事迹;与干面社区、天坛东里北社区、北官厅社区党委结对共建,向干面社区老党员开放校图书馆。　(谢殿军)

【校际交流】 7月底至8月初,组织教职工分两批赴四川成都市委党校、乐山市委党校学习考察。成都市委党校、乐山市委党校有关领导介绍教学培训工作做法和经验。10月31日,陕西省宝鸡市委党校一行11人到校参观考察,进行工作座谈交流。校领导介绍"规定+自选"培训模式、课程库师资库建设及优秀师资培养推介平台。宝鸡市委党校负责人介绍"三统一推"(即:市辖各区县党校统一教学计划、统一师资力量、统一培训时间,推进干部教育培训工作)培训管理做法。（谢殿军）

党史工作

【概况】 中共东城区委党史资料征集办公室(简称区委党史办)负责贯彻落实区委有关党史工作精神,制定区党史工作规划并组织实施;负责区党史资料的征集、编纂、研究工作;负责区党史宣传学习教育工作、咨询开发利用工作;承办区委和上级党史部门交办的其他工作。与区地方志编纂委员会办公室合署办公。内设综合科、党研科、方志科、编辑部4个科室;编制16名,其中主任1名、副主任2名、科级5名。

年内,收集区委主要工作和重大举措等有关资料、政府折子工程、政府在直接关系群众生活方面办的重要实事进展与落实情况等资料,以为存史。完成《中国共产党北京市组织史资料》东城卷和崇文卷(1987年10月至2010年6月)的编辑出版工作;北京市委党史研究室纪念建党90周年红色电视剧《旗帜北京》(东城部分)脚本编写工作;《光辉岁月 壮丽东城》图片展脚本和解说词编写工作。给《新东城报》撰写纪念建党90周年撰文20余篇,接受北京、南京等电视台纪念建党90周年系列采访工作。筹划召开全区党史工作会议和组织资料编纂工作总结会。出版发行4期《东城史志》刊物,启动《中共东城区历史大事记》《中共崇文区历史大事记》增(续)编工作。

单位地址:东城区东四十一条83号
联系电话:84037892 邮政编码:100007 （杨帅）

【区常委会议研究党史工作】 4月20日,区委第25次常委会议研究区党史工作。会上,听取并通过区党史工作情况汇报及召开全区党史工作会议方案。区领导杨柳荫充分肯定全区党史工作所取得的成绩,同时提出要向中央、市委一样召开高规格、大规模的区党史工作会议,并强调要把全区党史工作会议组织好、把过去党史工作总结好、把未来党史工作部署好。在建党90周年之际召开全区党史工作会议,对于加强党史工作很有意义,全区党员干部要学好党史,要把党史工作真正作为党的一项事业抓好落实。（杨帅）

【编纂出版组织史资料】 6月,《中国共产党北京市组织史资料·东城卷》《中国共产党北京市组织史资料·崇文卷》由中央文献出版社出版发行。《中国共产党北京市组织史资料·东城卷》主要收录1987年10月至2010年6月间原东城区党组织以及人大、政府、政协、地方军事、群众团体各系统组织机构沿革和领导干部名录,全书设6篇、39章、146节,约424千字。《中国共产党北京市组织史资料·崇文卷》主要收录1987年10月至2010年6月间原崇文区党组织以及人大、政府、政协、地方军事、群众团体各系统组织机构沿革和领导干部名录,全书设6篇、35章、107节,约338千字。向区属各单位发放两书各1700册。（杨帅）

【组织史资料编纂工作总结会】 10月18日,在北京郁金香温泉花园度假村召开区组织史资料编纂工作总结会。会议总结区组织史资料编撰出版工作经验,代表作点评发言,市委党史研究室副主任陈志楣及区领导吴松元出席并讲话。（杨帅）

【党史工作会议】 11月9日,召开区党史工作会议,总结和部署全区党史工作。区领导常卫主持会议并传达中央、北京市党史工作会精神。市委党史研究室主任谢荫明出席会议并对东城区党史工作取得的成绩给予肯定。区领导杨柳荫肯定区党史工作取得成绩的同时,就如何做好党史工作提出要求:认真学习贯彻全国和全市党史工作会议精神,进一步增强做好党史工作使命感和责任感;认真学习党的历史,加强党史的宣传普及工作;切实加强对党史工作领导,进一步提高东城党史工作的科学化水平。区领导颜华、李力、郭瑞敏,以及区级机关各部、委、办、主要负责人,区属各单位党政主要负责人,各街道党政主要负责人200余人参加。（杨帅）

【史志季刊】 年内,出版《东城史志》4期,刊载文章史料54篇,32万字,并编辑"纪念中国共产党成立90周年专刊"。邓力群、何载等老革命为刊物题词。每期向区域内各单位发放1000册,向市委党史研究室、市地方志编纂委员会、北京党史学会、各区县史志等部门赠送100余册。被国家图书馆、国家博物馆、首都图书馆等文博单位列为馆藏刊物。（杨帅）

【理论研究】 年内,在全国各级报刊杂志上发表考证性、史论性、资政性文章30余篇,其中《北京大学红楼》获市网管主办的"走笔京华征文"一等奖,入选《寻访北京红色足迹征文作品选》;出版学术专著《往事回眸——共和国成长记事》(人民出版社2011年3月版,40万字);完成《领导群体结构与当代中国发展研究——以中共七届至十届中央委员会人员构成变化为对象的分析》(30万字)书稿撰写工作。（杨帅）

纪检监察

【概况】 东城区纪律检查委员会、东城区监察局(简称区纪委监察局)实行一套工作机构,两个机关名称体制。区纪委履行党的纪律检查和行政监察职能,对市纪委和区委全面负责。监察局属政府序列,接受区政府领导。现内设机构:办公室、干部室(机关党委)、研究室(政策法规室)、宣传教育室、信访室(区人民政府举报站)、案件审理室、案件检查室(案件管理监督室)、执法监察室、纠正部门和行业不正之风工作室(区纠正行业不正之风办公室)、党风廉政建设室(区领导干部廉洁自律办公室)、绩效管理监察室(区绩效管理评估办公室)和区行政投诉中心。承担区委巡视工作领导小组办公室的日常工作。

年内,召开区纪委全会暨全区党风廉政建设工作会议。印发《东城区2011年纪检监察工作要点》,对全区党风廉政建设和反腐败工作分为9大部分29项具体任务进行部署。区第十一次党代会选举产生区纪律检查委员会委员29人。全区各单位及纪检监察组织按照中央纪委、市纪委要求和区委、区政府工作部署,以科学发展观为统领,围绕全区经济社会发展大局,推进党风廉政建设和反腐败工作,在深化廉政风险防控管理、加强反腐倡廉制度建设、解决人民群众反映强烈的突出问题、提高政府行政效能等方面,取得成效。

单位地址:东城区钱粮胡同3号

联系电话:64013321　邮政编码:100010　　(彭军荣)

【烟花爆竹安全管理行政监察】 元旦、春节期间,区监察局联合区政府督查室,邀请区"两员"组成9个专项检查组,对17个街道可燃物清理工作进行联合检查。围绕各部门履职情况、街道和社区关于"八个规定动作"落实情况以及销售网点安全监管责任落实情况集中开展互查,对发现的36项问题提出工作建议4大项36条,在全市火情火警上升情况下,使区因燃放烟花爆竹引起的火警数、火灾数、致伤人数同比分别下降62%、84%、56.7%,实现"三下降50%"目标。1月26日,召开春节期间烟花爆竹安全管理行政检查工作部署会,印发《2011年元旦春节期间烟花爆竹安全管理工作开展行政检查的实施方案》。1月31日,区纪委书记周京生率队到前门街道检查春节期间的安全生产及燃放烟花爆竹安全管理工作。　　(彭军荣)

【网上监察】 1月,网上监察系统开始试运行,监察12.5万笔业务数据,其中行政审批9万笔、政府信息公开2万笔、公共安全1.5万笔;监察出违规业务23笔,预警业务38笔,对相关委办局进行督办,对违规业务及时纠正。网上监察综合平台建设纳入"数字东城"行动计划(2010－2015年)中。6月,建成网上监察系统运行、视频会议召开、全区视频监控等多功能于一体的区综合电子监察中心,丰富监督手段,拓宽监察领域,是市纪委监察局首批试点单位。　　(彭军荣)

【廉政风险防控管理】 年初,制发《关于东城区2011年推进廉政风险防控管理工作的通知》,重新确定16个区级重点联系单位。年中,组织召开重点联系单位工作汇报会,发挥重点联系单位在推进廉政风险防控管理工作中试点和示范作用。继续推进廉政风险防控管理"向上向下"延伸;组织各单位开展好"回头看"活动,充实完善廉政风险防控管理相关制度和工作手册,提高规范化水平;建立区、处级重点防控项目库,明确区级风险防控项目20项、处级单位重点防控项目328项,对小型工程、社保基金、保障性住房建设与管理等重点领域进行专项风险防控,取得良好效果。按照中央和市、区领导要求,承办包括展板、宣传片、宣传手册、实物展、多媒体电子资料等内容的廉政风险防控管理工作展览。8月24日,区廉政风险防范管理工作展览开幕。杨柳荫致开幕词,夏树军主持,隋秀梅出席并讲话,区领导牛青山、冯熙、徐鸿达、常卫、刘云斋、徐熙、金晖、吴松元、邵鹏、左海星等参加。8月30日,该展览作为"全国加强廉政风险防控规范权力运行现场会"观摩点,受到贺国强充分肯定。8月至9月间,组织全区90余家单位党员干部近5000人参观展览。制作廉政风险防控管理工作展览网络版,挂在"东城区电子政务平台",加强对全区各单位及党员干部的宣传培训。10月26日,全国法院加强廉政风险防控、规范司法权力运行现场会在区召开。最高法院纪检组组长张建南,市高级法院党组书记、院长池强,中纪委三室副主任袁久强,市委政法委副书记李万钧,全国中级以上法院纪检组长、监察室主任,区领导杨柳荫、常卫、夏树军参加。11月25日,北京市召开深入推进廉政风险防控管理工作大会,东城区在会上作经验介绍。积极与国内同行进行工作交流和研讨,年内,接待安徽省纪委等全国各级纪检监察机关15批215人来访观展与座谈交流。　　(彭军荣)

【效能监察】 4月20日,印发《2011年东城区行政效能监察工作方案》,对全区保障性住房管理和建设、社会保障、社会管理和中关村国家自主创新示范区等重点工作进行统一立项效能监察,对全区委、办、局及街道办事处进行指定立项效能监察71项。7月27日至8月25日,联合区房管局组织全区住保部门,开展限价房大病优先认购资格专项复核工作。11月22～25日,分为三个检查组,引入特约监察员,对住建委、园林局、天坛街道、东直门街道、环卫一中心、房地产经营二中心等6家单位效能监察工作进行专项检查,对发现的问题、不规范的程序核实、纠正。12月9日,组织区26家单位开展效能监察工作座谈会,研究行政效能监察工作。　　(彭军荣)

【监督检查】 以保障全区“两新四化”发展战略顺利实施为出发点,围绕“首都文化中心区”建设、转变经济发展方式、改善民生等一系列政策措施执行情况进行监督检查。重点对政府投资21亿余元的校安工程进行检查,及时发现并纠正个别项目中施工用料、工程验收等环节出现的问题,促使工程质量提高;督查全国文明城区复查迎检工作,督促整治商户经营、交通秩序等方面问题,确保迎检工作顺利完成;对换届工作加强监督,认真审核1216名“两委委员”和党代表、人大代表、政协委员候选人人选廉洁情况,确保换届选举风清气正;督查违章建筑整治工作,协调督促有关部门对违法建设进行拆除,督促建立查处违法建设联动工作机制和巡查控制机制。 (彭军荣)

【领导调研】 1月13日、6月9日,市纪委副书记隋秀梅到区调研廉政风险防范管理工作,市纪委常委张同生等陪同,区领导周京生参加。2月1日,杨柳荫、牛青山率队慰问纪检监察干部,区领导常卫、刘云斋、周京生、夏树军参加。4月14日,市纪委副书记王荣军到区调研案件检查工作,市纪委常委马燕军等陪同,周京生参加。4月18日,市监察局副局长刘东波到区调研行政审批工作,王红兵参加。6月22日,市纪委副书记王海平到区检查指导行政审批权下放后续监管工作。1月至7月,周京生到中关村科技园区雍和园、安定门街道、纪委监察局机关13个室(中心)、朝阳门街道、东华门街道、东花市街道、北新桥街道、区残联、区慈善协会、崇文门外街道、天坛街道、体育馆路街道、龙潭街道、司法局等单位和部门调研指导工作。8月2日,隋秀梅到区调研全国加强廉政风险防控规范权力运行现场会观摩点准备工作,张同生等陪同,周京生参加。8月17日,杨柳荫调研“全国加强廉政风险防控规范权力运行现场会”(东城区)观摩点工作,夏树军参加。8月22日,中央纪委、市纪委领导到区调研“全国加强廉政风险防控规范权力运行现场会”(东城区)观摩点工作,国家预防腐败局副局长崔海容,市纪委书记叶青纯、副书记隋秀梅,国家预防腐败局办公室副局级专员韩平满,张同生,市预防腐败局副局长张岚,区领导杨柳荫、牛青山、夏树军参加。9月21日,市政府督查室(绩效办)主任续栋到区调研政府绩效考评指标体系建设工作,夏树军参加。10月10日,张岚到区调研廉政风险防控管理和廉政风险防控信息化建设工作,夏树军参加。12月1日,王海平到区调研指导纪检监察工作,夏树军参加。12月23日,市纪委监察局电子监察中心主任刘泽清到区电子监察中心进行调研。 (彭军荣)

【巡视工作】 1月20日,召开区委巡视工作领导小组第一次会议,总结上年工作,部署本年安排。会议听取巡视组对北新桥街道巡视情况及安定门街道回巡情况的汇报,审议并通报巡视工作领导小组成员变更及巡视组成员调整情况。区领导周京生、吴松元出席并讲话。3月14日和5月13日,巡视组分别入驻交道口街道和景山街道开展巡视。7月8日,召开区委巡视工作领导小组第二次会议,会议听取巡视组对交道口街道和景山街道巡视情况汇报,听取巡视工作领导小组成员调整情况的说明,研讨巡视工作急需解决的相关问题。区领导周京生、吴松元出席并讲话。8月1日至10月9日,巡视一组、巡视二组分别入驻区房屋土地经营管理二中心、区住房和城市建设委员会、东花市街道、天坛街道开展巡视。11月18日,召开区委巡视工作领导小组第三次工作会议,会议听取区委巡视组对区房屋土地经营管理二中心、区住房和城市建设委员会巡视工作情况汇报,部署下一阶段巡视工作计划。区领导吴松元、夏树军出席并讲话。(彭军荣)

【“两员”工作】 1月25日,召开区特邀监察员、党风廉政监督员(简称“两员”)新春茶话会,周京生出席。3月25~26日,召开“两员”工作会议。总结上年工作,部署本年主要任务,周京生出席。4月8日,下发《关于做好区“两员”监督工作的通知》并将“两员”分为6个组,分别联系62家单位。4月20日,印发《东城区特邀监察员、党风廉政监督员工作实施细则》,五章12条,对“两员”监督工作内容和要求,联系单位工作要求,“两员”工作制度等明确和规范。8月23日,召开区政协特邀监督员工作总结交流会,总结本届政协特邀监督员工作开展情况,区领导徐鸿达、夏树军、郭瑞敏、危天倪参加。12月26日,召开“两员”组长工作例会,夏树军出席,总结“两员”小组五年来工作情况,讨论第六届优秀“两员”和先进小组名单,征求相关意见建议。 (彭军荣)

【惩治和预防腐败体系建设】 年初,下发《2011年东城区贯彻落实党风廉政建设责任制推进惩治和预防腐败体系建设主要任务分工》,将31项主要任务、115项具体工作,分解落实到区委、区政府20名领导干部和36个牵头单位。2月14日,下发《关于填报〈2011年度落实惩防体系任务分解书〉的通知》,要求各单位提出本年牵头工作任务,明确责任领导、责任部门、完成时限、协办单位、联系人以及联系方式。11月16日,下发《关于开展2011年全区贯彻落实党风廉政建设责任制、推进惩防体系建设情况专项检查的通知》,对全区各单位、各部门落实党风廉政建设责任制、完成惩防体系牵头任务、实行党务公开、推进廉政风险防控机制建设、开展专项治理工作、执行换届纪律和查办违纪违法案件等七个方面重点工作情况开展检查。11月,区委常委会研究区下年党风廉政建设责任制专项检查方案。12月,召开贯彻落实党风廉政建设责任制推进惩防体系建设主要任务牵头单位汇报会。夏树军主持。杨柳荫提出工作要求。区领导牛青山、常卫、徐熙、吴松元、朴学东等出席。年底,区领导杨柳荫、牛青山、常卫、徐熙、金晖、吴松元、夏树军分别带队对全区14个单位贯彻落实党风廉政建设责任制、推进惩防体系建设工作情况重点抽查。区纪委联合国资委对18家区属国有企业贯彻党风廉政建设责任制、推进惩防体系建设工作检查。区委常委会研究区贯彻落实党风廉政建设责任制推进惩防体系建设情况自查报告。 (彭军荣)

【绩效管理】 年初,制定《关于东城区开展政府绩效管理工作的说明和建议》《东城区政府绩效管理实施办法(试行)》《实施细则(试行)》《综合评定表》等全套工作方案,向区领导作专题汇报。3月初至5月底,组织区民政局、文化委、行政服务中心、朝阳门和崇文门外街道开展绩效管理先期试点工作,修改完善相关文件。8月13日,下发全区征求意见。9月21日,迎接北京市绩效办检查,东城区被指定为北京市区县政府绩效管理工作试点之一。9月底,重新核定绩效评估室职责,名称由绩效评估室变更为绩效管理监察室。（彭军荣）

【廉洁自律】 年初,对领导干部元旦、春节期间落实廉洁自律要求和厉行节约情况进行专项检查。8月19日,印发《关于开展<中国共产党党员领导干部廉洁从政若干准则>贯彻执行情况专项检查工作的通知》,组织各单位各部门对照“八个严禁”、“52个不准”逐项开展自查自纠,提交自查报告。组织区34名局级领导干部,1000余名处级党员领导干部填写《北京市党员领导干部遵守<廉政准则>承诺书》。8月26日,召开区党务公开工作推进大会。杨柳荫出席并讲话,吴松元主持会议,夏树军宣读区委《关于实行党务公开的意见》,部署推进党务公开工作。开展厉行节约工作,严格控制出国(境)、公务接待、会议、车辆购置及运行等支出,压缩公用经费预算10%。10月27日,夏树军与133名新任处级领导干部进行集体廉政谈话。年内,全区3854名处科级干部进行述职述廉述德,1072名处级干部报告个人有关事项,对16名领导干部进行经济责任审计,对169名拟提拔干部进行廉政考察,对14名干部实施信访谈话,对1名干部实施诫勉谈话。（彭军荣）

【查办案件工作】 年初,对上年度结案的14起案件进行质量检查,对检查出的问题,按不同性质分别采取不同纠正方式,并形成《2011年案件质量自查报告》上报市纪委。6月10日,召开区纪检监察案件(信访)工作培训会。会议传达市纪委信访、案件、审理工作会精神,通报上年全区查办案件、信访举报和案件审理工作情况,部署下一阶段查办案件工作任务,请市纪委案管室对纪检监察案件线索管理和查办案件初核工作进行专题培训,区纪委监察局相关科室对信访件办理等工作进行讲解。市纪委常委马燕军,区领导周京生出席。全年,纪检监察组织初核线索37件,新初核案件线索22件;立案27件,新立案15件;大要案13件;直查案5件;结案12件,给予党纪政纪处分16人,挽回直接经济损失200余万元。新立案件中,违反廉洁自律类4件,贪污贿赂类3件,失职渎职类2件,严重违反社会主义道德类3件,妨害社会管理秩序类3件。已办结的12件案件中,给予开除党籍处分的6人,其中处级领导干部1人,其他人员5人;留党察看处分的1人,其中处级领导干部1人;党内严重警告处分6人;党内警告处分3人;免于党纪处分2人。年内,完成案件处分执行18件,案件处分执行落到实处。（彭军荣）

【纪委全会】 2月12日,召开区纪委全会暨全区党风廉政建设工作会议。总结上年工作,部署本年党风廉政建设和反腐败工作任务,听取和审议原区纪委书记周京生代表区纪委常委会所作《围绕中心创新求实努力推进党风廉政建设和反腐败斗争取得新成效》工作报告,通过《中共北京市东城区纪律检查委员会全体会议决议》以及《中共北京市东城区纪律检查委员会全委会工作规则》《中共北京市东城区纪律检查委员会常务委员会工作规则》。牛青山主持会议。杨柳荫及市纪委常委刘经宇出席会议并讲话。冯熙、徐鸿达出席。8月9日,召开区纪委全会。总结上半年工作,部署下半年党风廉政建设和反腐败主要任务,听取和审议周京生代表区纪委常委会所作《坚持惩防并举更加注重预防努力提高反腐倡廉建设科学化水平》工作报告,通过《中共北京市东城区纪律检查委员会全体会议决议》。11月24日,召开区纪委全会。听取区纪委提交区第十一次党代会审议的工作报告起草说明的汇报,审议通过工作报告。夏树军作重要讲话。12月16日,召开区第十一届纪律检查委员会第一次全体会议。夏树军主持会议。新当选的29名十一届区纪委委员出席。选举产生十一届区纪委常委11名。选举产生十一届区纪委书记夏树军,区纪委副书记3名。（彭军荣）

【纠风工作】 “两会”期间,与区食品办、卫生局等部门联合检查宾馆、餐馆、超市、药店、农副产品市场,严厉打击各类制售假冒伪劣食品、药品的违法犯罪行为。与区发改委、监察局、卫生局等部门组成联合检查组,对辖区内药品生产经营企业、医疗机构以及与医药卫生服务有关的部门和收费单位进行检查,重点直查6所医院。开展教育收费领域专项治理,集中开展对本学年教育收费情况的检查工作,严肃查处教育乱收费举报件,纠正错误行为。2月,组织召开区解决损害群众利益突出问题联系协调机制成员单位会,印发《2011年关于解决损害群众利益突出问题组织协调工作机制有关事项的通知》,明确各成员单位工作任务和职责。13个成员单位参加。4月27日,组织召开区民主评议基层站所工作动员会,制发《2011年东城区民主评议基层站所(服务窗口)工作实施方案》,对参评单位提出要求。17个街道办事处和18个行业主管单位对在区域及所属的391个基层站所开展民主评议,委托第三方机构对辖区基层站所政风行风进行调查测评,对“数字东城”网站群74家成员单位网站进行评议及考核,解决群众反映的热点难点问题。5月10日,组织召开区清理和规范庆典、论坛、研讨会领导小组成员单位会,明确各成员单位职责,对各单位开展庆典、论坛、研讨会情况进行摸底统计,有101个单位填写统计表,全区上报庆典类活动21项。10月18日,区领导徐熙参加“首都之窗”政风行风热线直播访谈,在线交流90分钟,全面回答网友们提出的旧城人口疏解、保障房摇号配售、停车难等群众关心的问题。（彭军荣）

【反腐倡廉制度建设】 3月22日和4月13日,分别召开街道系统和各职能局反腐倡廉制度建设座谈会,落实区《关于加强反腐倡廉制度建设的意见》。周京生参加。年内,全区各单位梳理完善反腐倡廉制度2000余项,建立局、处两级党政领导班子执行“三重一大”事项集体决策制度实施办法,完善群众参与、专家咨询和集体决策相结合的决策机制,初步形成监督和制约权力运行长效机制。（彭军荣）

【宣教工作】 3月28日,与区委组织部、宣传部联合下发

《关于组织开展"以人为本,执政为民"主题教育活动的意见》,在各级党组织和党员干部中,开展"以人为本,执政为民"主题教育活动,强化党员干部的廉洁从政意识。6月10日,召开区反腐倡廉宣传教育工作暨廉政文化建设经验交流会,会议传达市纪委宣教工作和廉政文化建设工作会精神,部署区反腐倡廉宣传教育工作,区教工委、国资委、民政局、北新桥街道、建国门街道总结交流工作经验。市纪委常委张才雄出席并讲话,区领导周京生参加。8月26日,与宣传部、监察局、文化委联合下发《关于进一步深化廉政文化建设的实施意见》,深入推进廉政文化进机关、进社区、进学校、进企业、进家庭活动,组织开展群众性勤廉文艺演出、文明家庭创建和廉洁教育进校园等活动,拓展廉政文化教育基地。年末,编印《廉政台历》2000余本,发至区处以上领导干部和部分重要岗位人员。(彭军荣)

【"三型"机关创建】 4月22日,印发《关于在全区纪检监察系统深入开展创建学习型、服务型、廉洁型组织活动的实施方案》,成立区组织活动领导小组及办公室,对组织活动进行分组、部署。5月4～6日,举办纪委书记、监察科长培训班。中纪委监察专员王嘉岩,市纪委常委张同生,市监察局副局长刘东波,区领导周京生、徐熙出席并讲话。区纪委、监察局领导及机关干部,全区各单位纪(工)委书记、纪检组长、监察科长约210人参加。5月6日,召开开展创建"三型"组织活动动员会,部署活动实施方案,周京生出席并讲话。7月28日,举办全区纪检监察干部学习胡锦涛总书记"七一"重要讲话专题报告会,邀请中国纪检监察学院副院长李永忠作专题辅导报告。年内,选派区机关和基层单位纪检监察干部20人参加中央纪委培训班;选派18人参加市纪委、区委各类培训或调训学习;选送1人参加清华大学领导力提升高级研修班学习、科级干部2人参加区委党校中青年干部培训班;选派博士生1人到纪委挂职。组织参加市纪委监察局"以人为本、执政为民"主题征文活动,7篇征文获奖并入选市纪委监察局创建"三型"机关活动办公室编印的《以人为本执政为民主题征文选编》一书。区纪委干部1人撰写的《坚持以人为本执政为民,提高行政效能监察水平》获一等奖;区政府法制办干部1人撰写的《浅谈以人为本执政为民》获二等奖;区残联干部1人撰写的《牢记使命,履行职责,践行理念,争做表率》、区地税局干部1人创作的歌词《廉政之光,税徽闪亮》获三等奖;北新桥街道、天街控股集团有限公司、区城管委撰写的征文均获优秀奖。(彭军荣)

【党政机关公务用车专项治理】 5月10日,召开区党政机关公务用车问题专项治理工作领导小组会。会议讨论开展党政机关公务用车治理工作有关情况,研究《东城区开展党政机关公务用车问题专项治理工作的实施办法》。周京生出席并提要求。17家成员单位负责人参加。5月18日,区纪委、监察局、财政局、审计局、国资委、民政局联合下发《东城区2011年"小金库"专项治理工作实施方案》,继续推进党政机关、事业单位、社会团体和国有及国有控股企业"小金库"治理工作。5月26日,召开区专项治理工作部署培训会。周京生出席并讲话。区公务用车问题专项治理,清理和规范庆典、研讨会、论坛活动及治理"小金库"工作领导小组及办公室成员,各单位主要领导、主管领导,各单位纪检、财务、车辆管理负责人300余人参加。年内,对全区2261辆公务用车情况进行清理,对查出的违规问题进行纠正,对757家单位开展"小金库"专项治理复查。(彭军荣)

【小型工程建设专项治理】 5月12日,召开小型建设工程专项检查工作动员部署会。周京生出席。区发改委、住建委、监察局、财政局、审计局、统计局等检查组成员单位,房地一中心、房地二中心、城管委、教委、卫生局、园林局及17个街道主要负责人参加。6月14日,召开小型建设工程系统填报工作业务培训会,围绕填报系统工作业务、工作流程、重点内容等进行专业培训,提出上报时限。经统计,2008—2010年使用政府资金建设投资额在100万元以下的小型建设工程包括房屋建筑、市政基础设施、设备安装、管道敷设、装饰装修、园林绿化及拆除工程等1493项,涉及金额3.18亿元。7月11日,召开小型建设工程专项检查工作培训会,印发《关于对全区小型建设工程管理情况开展行政检查的工作方案》,区监察局联合区发改委、住建委、财政局、审计局,分5个检查组,按照30万元至100万元的工程抽查50%、30万元以下抽查20%比例,对23家单位进行重点检查,查找出项目决策、工程质量和资金使用等不规范问题,撰写《东城区小型工程监督检查报告》,通过区政府第19次常务会议,研究提出防范建议,促进区小型工程建设规范化。(彭军荣)

【调研工作】 5月19日,印发《关于做好2011年东城区纪检监察系统调研工作的通知》,部署调研工作。重点围绕规范小型工程管理、行政审批权监管、网上监察、失职渎职过错追究、廉政风险防控管理等方面工作开展调研。全区纪检监察组织形成调研报告60余篇。年底,向市纪委、区委研究室报送调研报告5篇。(彭军荣)

【文明城区复查迎检】 6月7日,召开文明城区复查迎检督查工作部署暨业务培训会,部署《东城区关于迎接2011年全国文明城区复查迎检督查工作方案》。区领导周京生、吴松元出席,区复查迎检督查考评工作领导小组成员单位、区迎检运行体系专业工作组牵头单位主管领导以及17个街道办事处纪工委书记和4个重点地区的主管领导参加。6月27日,周京生到前门街道检查指导文明城区复查迎检工作。6月29日、30日,周京生率队到前门、天坛、体育馆路、朝阳门等街道实地察看,并听取景山、建国门、东华门等街道落实复查迎检工作指标情况汇报,提出迎检工作要求。同时,区监察局先后暗访和平里、北新桥等8个街道,实地检查市场经营管理秩序、人文环境、城市环境等迎检情况,对发现"五小"单位存在的15个问题,下发督办单,督促限时整改。(彭军荣)

【全国廉政现场会观摩(东城)会】 8月30日,举行全国加强廉政风险防控规范权力运行现场会观摩(东城)会。中央政治局常委、中纪委书记贺国强,市委书记刘淇,中纪委副书记何勇、张惠新,监察部部长兼国家预防腐败局局长马馼,市长郭金龙出席。杨柳荫致辞并简要介绍区情及区开展廉政风险防范管理工作情况,观看宣传片《新机制新起点新篇章》,参观区廉政风险防范管理工作展览。贺国强对东城区观摩点工作给予高度肯定,认为东城区廉政风险防范管理工作为全国做出示范。中纪委副书记干以胜、黄树贤、李玉赋、吴玉良、监察部副部长王伟、屈万祥、姚增科、郝明金,国家预防腐败局副局长崔海容,中央纪委秘书长崔少鹏,市纪委书记叶青纯,市委秘书长李士祥,中纪委监察部有关领导及各省区市纪委副书记、相关室主任、预防腐败局局长,中央国家机关纪检组组长,副省级城市纪委书记,部分中央企业纪委书记等出席全国加强廉政风险防控规范权力运行现场会代表220余人参加观摩会。市监察局局长张厚崑等市纪委监察局领导,区领导牛青山、常卫、夏树军等陪同。　(彭军荣)

【举报、投诉、热线办理】　全年区纪委信访室(区政府举报站)接待来访群众424批次,427人次,受理属纪检监察受理的群众举报310件次,反映比较集中的主要有违反廉洁自律有关规定和违反组织人事纪律行为两大类。办结187件次,其中属实3件次,基本属实1件次,批评教育1人次,纠正3件次。召开信访排查会27次,研究信访件302件,移交案件线索33件次。为区委组织部、宣传部、文明办、司法局、文化委、环保局等单位提供相关干部廉洁自律情况16次。行政投诉中心接到行政投诉案件303件,受理74件,已办结74件(直查件8件),办结率100%。其中反映态度恶劣的5件,反映行政不履职、乱作为34件,反映推诿扯皮3件,反映其他违法问题32件。研究设计区热线网络平台的形式和功能,实现与市级热线系统无缝对接,受理政风行风热线313件,内容涉及环境卫生、私搭乱建、小区停车位不足及教育乱收费等问题,办结率100%,满意度98%。　(彭军荣)

【信息工作】　编辑印发《东城纪检监察信息》40期。向市纪委监察局报送信息103余条(篇),采用27条(篇);向区委办、政府办分别报送150条(篇)信息,《东城信息》采用64条(篇),《昨日区情》及《东城政务手机报》采用42条,被市政府编发的《昨日市情》采用1条。《中共北京市纪委办公厅关于2011年度北京市纪检监察信息工作情况的通报》中,东城区列入成绩突出的单位和个人通报表扬。　(彭军荣)

中国共产党北京市东城区委员会

书记、副书记、常务委员

书　　记　杨柳荫

副 书 记　牛青山　常　卫　刘云斋(8月免)

常务委员　杨柳荫　牛青山　常　卫
周京生(8月免)　金　晖(女,7月任)
吴松元　邵　鹏(12月免)
左海星　谢世龙　夏树军
朴学东(12月任)　周永明(12月任)
宋甘澍(12月任)　毛　炯(12月任)
章冬梅(1月免)

工作机构负责人

办公室主任　夏树军(12月免)
毛　炯(12月任)

区委保密委员会办公室主任　暴　剑(8月任)

组织部部长　吴松元

老干部局局长　张智敏(女)

宣传部部长　赵中原(12月免)
金　晖(女,12月任)

新闻中心主任　李卫华

统战部部长　邵　鹏(12月免)
周永明(12月任)

台湾工作办公室主任　王宝祥

政法委员会书记　刘云斋(兼,9月免)
常　卫(兼,9月任)

综合治理委员会办公室主任　刘宗琦

研究室主任　石利生

直属机关工委书记　夏树军(兼,12月免)
毛　炯(兼,12月任)

精神文明建设委员会办公室　周桂芳(女)

社会工作委员会书记　朱占勋

党校校长　吴松元(兼)

社会主义学院院长　吴松元(兼)

党史资料征集办公室主任　彭积冬

中国共产党北京市东城区纪律检查委员会

书　　记　周京生(8月免)　夏树军(8月任)

副 书 记　杨春发　杨　新(9月免)
李连喜　侯　瑾(女,4月免)
翟　军(女,3月免)　陈　岗
章奕奕(女,12月任)

区政府、人民团体党政分设工作机构党委(组)书记

侨联党组书记　李冬娟(女,7月任)

团区委党组书记　韩新星(2月任)

妇女联合会党组书记　赵　健(女,8月免)
杨立萍(女,8月任)

残疾人联合会党组书记	晋　鹏
工商业联合会党组书记	颜宪国(6月免)
	侯文渊(6月任)
文学艺术界联合会党组书记	周晓沪
科学技术协会党组书记	吴金涛(10月免)
	李小康(10月任)
红十字会党组书记	刘京生
政府办公室党组书记	牟玉宪
发展和改革委员会党组书记	陈军义(6月任)
区委教工委书记	蔡福全
科学技术委员会党组书记	邱少军
住房和城市建设委员会党组书记	刘景地(10月任)
城市综合管理委员会党组书记	赵鹏锦(回族)
商务委员会党组书记	王　健(6月免)
文化委员会党委书记	程永涛(8月免)
	杨　新(9月任)
人口和计划生育委员会党组书记	王力宇(6月免)
	王建华(7月任)
国有资产监督管理委员会党委书记	乔世怀
民族宗教侨务办公室党组书记	陈孝康
外事办公室党组书记	王贵忠
法制办公室党组书记	周秋来(9月免)
信访办公室党组书记	张维和(6月免)
	周秋来(9月任)
信息化工作办公室党组书记	谢霄鹏
危旧房改造办公室党组书记	杨金魁
产业和投资促进局党组书记	戴开宏
民政局党组书记	张卫合(4月免)
	王　健(6月任)
司法局党组书记	郭树楠
财政局党组书记	王兆康
人力资源和社会保障局党组书记	王志亮
环境保护局党组书记	张维和(7月任)
卫生局党委书记	张　明(10月免)
	赵茂杰(10月任)
审计局党组书记	许　健
安全生产监督管理局党组书记	刘建平(4月免)
体育局党委书记	赵建忠(4月免)
	李　丽(女,6月任)
统计局党组书记	陈　平(9月免)
园林绿化局党委书记	陈晓梅(女)
旅游局党组书记	尹广枢
民防局(地震局)党组书记	刘　方
房屋管理局党组书记	刘海军
行政服务中心党组书记	刘　健(女)
雍和园管理委员会党组书记	贾红梅(女)
前门大街管理委员会党组书记	隗冬燕(女,9月免)
北京站地区管理处党组书记	姜长林
城市管理监察大队党组书记	王建华(7月免)
	郭立峰(7月任)
城市管理监督中心党组书记	王建平(12月免)
东二环交通商务区建设管理办公室党组书记	李　强
档案局(馆)党组书记	王敬新(7月免)
环境卫生服务一中心党委书记	锡梓荣(满族)
环境卫生服务二中心党委书记	李庆君(女)
房屋土地经营管理一中心党委书记	张和平
房屋土地经营管理二中心党委书记	陈时雨
王府井建管办党组书记	朴学东(兼,3月任,12月免)
	陈之常(兼,12月任)

民　主　党　派

民革东城区委

【概况】 中国国民党革命委员会北京市东城区委员会(简称民革区委)。民革是具有政治联盟性质的、致力于建设中国特色社会主义和祖国统一事业的政党,是中国共产党领导的多党合作和政治协商制度中的参政党。7月2日,民革东城区第一次代表大会召开。大会选举产生由21名委员组成的第一届委员会,并召开一届一次全委会选举产生以姚卫海为主委的领导班子。民革区委有8个专项委员会,19个基层支部,党员675人,其中全国政协委员2人,市政协委员4人,民革市委委员8人,民革中央专委会委员4人,区人大代表3人,区政协委员19人(其中政协副主席1人、政协常委4人),担任各级特约监察员、监督员11人,各级人民法院人民陪审员3人,本年度新发展党员39人。党员中具有台胞、港澳同胞和海外侨胞(简称三胞)关系的党员400余人。

年内,学习贯彻中共十七届六中全会精神和统一战线政治理论,参加民革中央、民革市委报告会,民主党派多党合作专题研究班,统战部党派干部骨干培训班等多种形式的学习教育活动,加强党员政治理论学习,坚定走中国特色社会主义道路的信心和决心。

单位地址:东城区幸福大街32号
联系电话:64015225　邮政编码:100061　　(张妍)

【参政议政】 3月,在区民主党派调研评比中,民革区委上年撰写的调研报告《关于全面推动历史文化名城保护,切实加快经济发展方式转变》获一等奖,《关于进一步促进东城区中医药事业发展的调研与建议》《关于东城区居家养老"九养"政策实施状况的调研报告》获二等奖,《关于加快东城区教育资源均衡化的建议》《关于前门戏曲文化创意产业发展的建议》获三等奖。9月17日、11月17日、12月7日,民革区委分别召开调研研讨会。9月23日、10月19日民革区委调研组到区文化委、发改委调研,撰写《加大节能降耗力度,推进东城绿色增长——东城区节能降耗工作》《关于东城区小剧场建设发展》《关于完善全区人民陪审员工作》的调研报告。11月,在政协东城区委员会(临时)表彰会上,《关于进一步发展东城区文化旅游产业和文化创意产业的建议》被评为优秀党派团体提案,2件个人提案被评为优秀委员提案,5人被评为优秀政协委员。在区政协十三届一次会议上,提交党派提案2件,委员提案20件。 (张妍)

【组织纪念活动】 6月22日,民革区委部分骨干党员参加东城区统一战线纪念中国共产党建党90周年座谈会,并作"重温历史颂华章,同心同行奔前程"的发言。在民革党员中开展征文活动,部分文章选登在《民革东城通讯》上。9月26日,民革区委召开纪念辛亥革命100周年座谈会,民革老党员、首都博物馆近代史研究员作题为《辛亥革命——中国近现代历史的拐点》发言;民革区委副主委作题为《从历史中反思——纪念辛亥革命100周年》发言。区委统战部副部长结合民革工作提希望。10月8日,区委统战部和东城区书画协会联合举办"统一战线纪念辛亥革命100周年笔会暨书画展活动",民革党员递交10幅书画作品,部分作品和文章刊登在《民革东城通讯》上。10月9日,民革区委18名党员参加在人民大会堂举行的纪念辛亥革命100周年大会。 (张妍)

【第一次代表大会召开】 7月2日,民革东城区第一次代表大会召开。大会审议通过区筹备委员会工作报告;选举产生第一届委员会;召开一届一次全委会,选举产生主委、副主委,通过大会决议并完成大会各项议程。大会希望第一届区委会认真履行民革章程,继承和发扬民革老一辈领导人自觉接受中国共产党的领导,与中国共产党亲密合作的优良传统,积极履行参政党职能,带领全区党员立足"国际化、现代化新东城"的战略目标和"首都文化中心区、世界城市窗口区"的总体定位,拓展新思路,取得新成绩,开创民革区委工作新局面。民革市委主委傅惠民、驻会副主委于雷鹰、副主委兼秘书长李霭君莅临大会。区领导杨柳荫、牛青山、徐鸿达、李力等出席大会。 (张妍)

【组织建设】 民革区委成立后,健全完善各项规章制度,包括委员会会议制度、主委会议制度、专门委员会工作条例、基层工作条例、机关日常工作条例、委员会工作条例及组织工作办法等。 (张妍)

【学习活动】 7月29~30日,民革区委参加区委统战部举办的民主党派新一届领导班子及骨干成员学习班。8月19~20日,民革区委召开第一次扩大会暨干部培训会,傅惠民结合胡锦涛总书记"七一"重要讲话,作"如何做好党派工作"专题报告;区委统战部副部长作"坚持和完善中国共产党领导的多党合作和政治协商制度"理论专题报告;民革区委主委姚卫海结合工作向全体参会人员宣讲胡锦涛总书记"七一"重要讲话要点;两名副主委分别作"浅谈参政议政工作"和"做厚积薄发的有心人——如何做好信息工作"报告。各专委会主任和各支部主委结合民革区委工作安排和要求,汇报下半年工作思路和活动安排。 (张妍)

【祖国统一工作】 9月8日,民革区委召开"三胞"联谊会暨民革东城区委祖国统一委员会成立大会。会上,民革中央联络部处长作台情分析报告。区台办主任介绍区对台工作情况,区委统战部副部长就两区合并后民主党派换届情况及现阶段工作任务及如何更好地发挥参政党作用作说明。年内,组织党员参加各级部门举办的台情报告会。 (张妍)

【民主监督】 围绕东城区第十一次党代会区委工作报告和区领导有关人事安排以及区政府工作报告,在中共东城区委召开的"政治协商会议"前,召集有关协商工作小组成员对所协商内容讨论研究,提出意见和建议,得到区委、区政府领导重视。民革区委选派的各级监察员、监督员等特邀人员参加各种形式的民主监督活动近100次。 (张妍)

【信息工作】 党员围绕科学发展、"十二五"规划、促进社会和谐、加强海峡两岸交流合作、东城区建设与发展等方面工作,报送100余条社情民意信息,提出有价值意见、建议。经整理上报,近90%信息被各级部门采纳,有的还得到有关领导批示。 (张妍)

【社会服务】 民革区委利用党员智力优势,积极开展社会服务活动。在前门街道开展义诊、书法表演活动并慰问空巢老人;同仁医院支部到中粮集团总部为员工义诊及医疗咨询;第五支部继续发挥学习、树立和践行社会主义核心价值体系活动示范点作用,多次利用休息日到街道社区为居民开展义诊咨询活动。 (张妍)

【《民革东城通讯》改版】 《民革东城通讯》全新改版后出版第一期,刊登新民革区委成立的专门报道、各级部门培训的内容摘要、近期工作动态以及党员学习体会等内容,比较全面地反映民革区委成立以来的精神面貌和工作状态,起到广泛宣传作用,有利于党员间互相学习和交流。 (张妍)

民盟东城区委

【概况】 中国民主同盟北京市东城区委员会(简称民盟区委)。民盟主要由从事教育以及科学技术工作的高中级知识分子组成,是具有政治联盟特点,致力于建设中国特色社会主义事业的参政党。2010年8月,因行政区划调整,撤销原民盟东城区委,原民盟崇文区工委,成立民盟东城区筹备委员会。6月19日,召开民盟东城区第一届代表大会,产生新一届领导班子。民盟区委下设组织部、参政议政部、宣传部、社会服务部、专委会工作部。有民盟基层委员会2个,基层总支1个,基层支部55个(区属单位支部22个,市属单位支部4个,中央单位支部29个),盟员1416人。全年发展新盟员35人,其中本科以上30人,中高级职称24人。盟员中任全国政协委员5人,市人大代表2人,市政协委员4人,区人大代表2人,区政协副主席1人、政协常委9人、政协委员23人,任区委、区政府特约监察员5人。

年内,民盟区委围绕区大事、要事开展调查研究、了解和反映群众的要求,积极参政议政,履行政党职能,组织盟员开展服务社会、联谊、慰问等活动。

单位地址:东城区幸福大街32号

联系电话:64023777　邮政编码:100007　(李辉　严冬)

【社会服务】 2月12日,民盟东城法律支部盟员向河北宽城满族自治县捐赠《法制文萃报》和《民主与法制》杂志等报刊。民盟中央副主席李重庵出席捐赠仪式。　(李辉　严冬)

【民盟东城区委代表大会】 6月19日,民盟东城区委第一次代表大会召开。大会审议通过民盟东城区筹备委员会工作报告,选举产生民盟东城区第一届委员会,召开民盟东城区委员会一届一次全委会,选举王钢为主委、副主委6名、委员14名。通过大会决议,完成各项议程。　(李辉　严冬)

【支部活动】 7月8日,二十二中学民盟支部组织参观雍和宫活动。7月5日民盟中央美院支部盟员到河南洛阳孟津县下乡写生基地,召开座谈会并看望在当地下乡写生的学生。9月18日,民盟区委旅游支部、工业支部、纺织支部近20名老中青盟员在北京广播电视大学东城区分校会议室,举办纪念"九·一八"活动。11月5日,中央戏剧学院支部赴河北蓟县召开座谈会,就学院"十二五"发展规划进行讨论。11月20日,民盟财贸职业学院支部到昌平区流村镇人民政府养老院开展慰问活动。12月9日,法律支部在国子监和雍和宫两地举行支部活动。12月30日,民盟教师研修中心支部组织摄影培训活动。　(李辉　严冬)

【主委会议】 8月17日,民盟区委召开主委会议,7名主委、副主委全部出席,王钢主持会议。会议讨论通过民盟区委组织机构建立及工作职责。11月18日,民盟东城区委召开主委会议,讨论通过东城区第十三届政协委员民盟界别委员推荐候选人名单;讨论通过民盟市委新一届市委委员东城区候选人提名名单;讨论通过出席下年民盟市委代表大会东城区出席会议代表建议名单。　(李辉　严冬)

【全委会活动】 9月17日,民盟区委召开一届二次全委会。会议讨论决定民盟区委下设"五部""八委"及"三会一团"工作机构。"五部"为组织部、参政议政部、宣传部、社会服务部、专委会工作部。"八委"为8个专门工作委员会,即教育、文化、卫生、体育、经济、科技、妇女、老龄委员会。"三会一团"是统战理论研究会、信息工作委员会、《东城盟讯》编委会、民盟东城区委艺术团。10月18日,召开一届三次全委会议。会议选举产生民盟东城区委出席民盟市委十一次代表大会35名代表。　(李辉　严冬)

【参政议政】 12月17日,民盟区委33名盟员参加政协区十三届一次会议。民盟区委14名盟员当选为民盟界别政协委员,19名盟员当选为其他界别政协委员。5名盟员评为优秀社情民意工作者,16名盟员评为优秀委员。民盟界别14名政协委员向区政协提交提案18件。在区委统战部举办的党派调研报告评比中,民盟东城区筹委会党派调研《充分利用中轴线文化引领东城区文化经济发展》获上年区统战系统党派调研一等奖,《充分发挥东城区的资源优势提升旅游购物与旅游商品开发》获二等奖,《关于筹备东城区区域博物馆的调研报告》获三等奖。全年,报送信息124条,涉及经济发展、城市管理、文化医疗改革等多个方面。　(李辉　严冬)

民建东城区委

【概况】 中国民主建国会北京市东城区委员会(简称民建区委)。民建是主要由经济界人士组成的、具有政治联盟特点的、致力于建设中国特色社会主义事业的政党。6月18日,民建东城区第一次代表大会召开。民建东城区委有9个专委会,即组织发展、参政议政、宣传、信息、学习、社会服务、会员活动、老龄关爱等。有会员1424人,支部39个。委员中有区政协副主席1人、常委3人、委员28人,海淀区政协委员1人,区人大常委3人、代表5人。

年内,统一思想,平稳过渡,顺利实现新区委工作良好开局;发挥各方力量,提高参政议政水平;凝心聚力,积极履职,宣传工作取得成果;团结各界,社会服务创出品牌;认真学习,提高认识,开展多样化活动。

单位地址:东城区幸福大街32号

联系电话:64023933　87556406　邮政编码:100061　(王林洪)

【组织建设】 1月,民建区委评选12个先进支部,128名优秀会员。在新会员发展方面,组织建设专委会分别于9月16日、10月14日两次召开会议,研究部署新会员发展和基层支部建设工作。新区委成立以后,健全完善各项规章制度。发展新会员78名,并对新会员进行会史、会章的教育培训。

(王林洪)

【参政议政】 3月,在区委统战部上年度各民主党派调研评比中,民建区委5篇调研报告获奖,其中一等奖1篇、二等奖3篇、三等奖1篇。经过转化,形成4份党派提案报送区政协(临时)第二次全会。组织会员参与民建市委调研工作,有多篇调研报告被民建市委采用,其中1篇被市统战部评选为上年市民主党派优秀调研成果三等奖、2篇被列为民建市委课题、2篇以民建市委名义报送民建中央、2篇被转为民建界别政协委员提案。另外,1篇调研报告《关于推进中国特色社区矫正工作的调研报告》刊登在《中国司法》(2011.02)杂志上，同时，获得区各民主党派调研成果一等奖。《关于以餐厨、厨余垃圾为突破口促进垃圾分类的建议》《关于解决“社区养老”问题的对策和建议》等分获区各民主党派调研成果二等奖和三等奖。民建区委会员撰写的《提高民建成员反映社情民意能力的若干思考》获民建中央理论研究优秀成果一等奖，《民建的思想理论和宣传教育工作：原则、经验与作法》《民建开展自我教育的思想理念》均获优秀成果二等奖。《民主党派学习和践行社会主义核心价值：目标、重点与途径》获统战系统理论研究优秀调研成果一等奖。民建区委提案《东城区信息产业发展现状及措施建议》被评为政协年度党派团体优秀提案奖。（王林洪）

【社会服务】 4月，组织首次大型植树活动200余名会员参与。7月，民建市委召开社会服务工作会议，民建区委社会服务委员会获全国先进集体，2名会员获全国先进个人称号。“专家百姓零距离，民建真情在社区”主题活动继续开展，专家的足迹已遍布3个街道的32个社区，每个月都有医疗咨询或法律服务进入1个或2个社区，此项活动得到区委统战部以及街道领导的支持和居民的欢迎。（王林洪）

【多样化活动】 5月31日，永外支部会员到北京SOS儿童村慰问，送去9台电脑及学习用品、玩具等，共同庆祝六一儿童节。7月14日，科二支部对长期捐助的5名贫困学生捐款5700元，从2006年至今已经陆续为7名贫困学生捐款超过2.25万元。8月5日，综二(2)支部到内蒙古自治区乌兰察布盟四子王旗县的大井坡乡学校捐赠图书。8月16日，综二(1)支部主任以个人名义向黔西县100名贫困大学生捐赠40万元。9月7~14日，直属支部派代表到贵州省安顺地区么铺镇上头铺村上头铺小学捐助数百本图书，并了解山区学校需求。民建区委组织会员参加市台联、民建市委“台情通报会”，参加民建市委“杨佳事迹报告会”，参加区委统战部举办的“台海形势报告会”等活动。组织纪念辛亥革命100周年活动。（王林洪）

【第一次代表大会召开】 6月18日，民建东城区第一次代表大会在区人大四层礼堂召开。民建北京市委主委王永庆，市委统战部副部长李卫东，东城区主要领导杨柳荫、牛青山、冯熙、徐鸿达出席开幕式。杨柳荫和民建市委秘书长李申虹向大会表示祝贺。会议投票选举产生由23人组成的民建东城区第一届委员会。选举孙占军为主委，副主委7人、秘书长1人。大会闭幕式上，孙占军代表新班子讲话，表示不辜负全区会员的期望，把民建区委工作推上新台阶。王永庆主委对新一届领导班子寄予希望，勉励大家提高自身素质、做好组织建设、发扬会员作用，为参政议政、民主监督，为区域经济与社会发展做出贡献。民建市委常务副主委任学良、中共东城区委常委夏树军等市、区有关领导及民建区委代表110人参加。区各民主党派、工商联代表应邀参加。（王林洪）

【宣传信息】 上半年，组织会员向市委网站投稿。被市委网站选登稿件22篇，并荣获三等奖。4名会员荣获优秀宣传通讯员。新区委成立后，报送区委活动类稿件43篇，会员风采、参政议政建议信息、社会服务经验交流类文章10余篇。民建区委荣获民建市委、区政协、区委统战部优秀信息工作先进单位奖。在民建市委本年信息工作会上，民建区委筹备委员会获得上年度信息工作先进集体一等奖，多人荣获优秀信息员和优秀信息工作者称号。信息《警惕人口普查中暴露的问题的建议》《关于消除奥林匹克森林公园内安全隐患的建议》获优秀信息。在区政协(临时)二次全会上，7人获得区政协优秀社情民意信息工作者称号。（王林洪）

【走访慰问】 重阳节前夕，永外支部20余名会员、会友到东城区永外颐和园敬老院慰问。9月28日，永外支部和海淀妇委会以及科三支部会员到北京龙泉老年公寓慰问老年朋友。（王林洪）

民进东城区委

【概况】 中国民主促进会东城区委员会(简称民进区委)。民进是以教育文化出版工作的高中级知识分子为主的、具有政治联盟性质的、致力于建设有中国特色社会主义事业的政党。6月11日，成立第一届民进东城区委员会，罗强当选民进区委主委。有基层支部59个，会员1246人。会员中全国人大代表1人，市人大常委1人、代表1人，区人大代表7人，全国政协委员1人，市政协常委1人、委员2人，区政协副主席1人、常委4人、委员28人。担任中共东城区委、区政府特约监察员4人。

年内，认真学习胡锦涛总书记“七一”重要讲话精神，筹备召开民进东城区委第一次代表大会，努力发挥自身特点和优势，认真履行参政党职能，开展社会服务、建言献策和反映社情民意活动。

单位地址：东城区幸福大街32号

联系电话：64008408　邮政编码：100061（苑晓红）

【专题活动】 1月21日，民进区委在青蓝大厦举行迎新春联欢会，这是行政区划调整后民进区委第一次大型活动，300名会员参加。7月7日，民进区委与区教育工委召开沟通会。会上，罗强介绍民进区委第一次代表大会召开情况，通报教育系统当选区委委员人员名单，并对教工委多年来对民进区委工作的支持和帮助表示感谢。教工委负责人表示要落实中国共产党的统战政策，支持民进区委各项工作，希望民进区委团结引领广大会员，发挥党派会员的聪明才智，为区教育事业发挥积极作用。双方都表示作为对口联系单位，要加强联系和沟通，共同为促进区教育事业发展做出贡献。8月5日，召开提案工作研究会，讨论确定调研和提案工作选题。8月23日，民进区委到雍和宫管委会调研，管委会主任介绍雍和园基本情况，民进会员参观雍和园部分入驻企业，并座谈。（苑晓红）

【社会服务】 春节前夕，民进区委慰问安定门街道分司厅社区4户低保贫困户，五中分校支部慰问鼓楼苑社区困难居民。7月18日，民进景山学校支部3名教师，到贵州省金沙县参加民进中央组织的"同心·彩虹行动"——寻找党的足迹暨贵州帮扶支教活动。为金沙县教师举办3场教学报告会，金沙县人民政府、统战部、县教育局等相关部门给予全力配合。金沙县有关部门领导参加活动。9月，民进北京二中分校支部与全国第一所公益学校百年职校开展支教助学活动。支部会员义务为学校所在地竹竿社区居民教授美术课。财经学校支部会员义务为社区居民讲授英语课。人教社支部与区教委合作在小学里开展捐出一元压岁钱，给贫困地区小学生买一本字典活动，并将字典送到河南省贫困地区学生手中。 （苑晓红）

【组织建设】 6月11日，召开民进东城区第一次代表大会。会员代表99人出席。民进市委主委刘新成，中共市委统战部副部长李卫东，区领导牛青山、冯熙、常卫、关连宝、郭瑞敏等，以及民进朝阳区委、区各民主党派、工商联、侨联领导，区教育工委、教委领导及各学校党支部书记出席大会。大会听取民进区委筹备委员会工作报告，选举产生由21人组成的民进东城区第一届委员会，通过大会决议，顺利完成各项议程。随后，民进区委一届一次会议召开，经过选举，罗强当选区委主委，副主委6人，秘书长1人。7月22日，民进区委召开二次全会。罗强部署区委工作及年内工作重点，并宣布成立参政议政、学习宣传、活动服务、组织建设四个工作组，对区委委员的工作提出具体要求。10月13日，民进区委到北京二中分校民进支部走访调研，了解会员情况，与部分会员座谈如何做好党派工作。11月9日，民进区委召开区委委员和支部主任扩大会议，布置民进北京市第十一次代表大会代表候选人推荐工作。14日，召开全委会，选举产生民进区委参加民进北京市第十一次代表大会代表49人。12月26日，民进区委到五中分校民进支部走访调研，就民进区委和支部工作与五中分校领导及部分民进会员座谈。五中分校校长介绍民进支部会员对学校工作的贡献，希望民进区委对基层支部工作开展给予指导。五中分校支部、五中支部、景山学校支部、二十七中支部、二中分校支部获本年度民进市委组织建设先进单位称号。全年发展会员20人，其中研究生学历5人，大学本科学历15人，全部具有中级以上职称。 （苑晓红）

【协商通报会】 7月27日，区委、区政府召开区党派团体协商通报会，征求对区委区政府上半年工作总结的意见，民进区委提前召开主副委会汇总意见。3名副主委及1名秘书长参加。8月5日，中共东城区委主要领导与新一届民主党派负责人谈心会，罗强代表民进区委介绍基本情况和年内工作安排。8月26日，党派团体协商通报会，通报关于做好区政协换届工作的意见方案。11月21日，区委、区政府召开党派团体有关人大、政协换届工作协商会，罗强等参加。12月8日，区委、区政府召开党派团体协商会，讨论政府年度工作报告，罗强等参加。 （苑晓红）

【支部活动】 6月17日，民进景山学校支部举行庆祝支部成立30周年纪念活动。民进中央副秘书长兼组织部部长王建国、民进中央地方处副处长、民进北京市委秘书长王报换及有关民进市委、区委领导到会祝贺。支部主任回顾支部走过的30年历程，倡议民进会员参与民进中央的"彩虹行动"，发挥支部优秀教师的优势和特长，帮扶贵州金沙县学校，为振兴祖国教育事业做出努力和贡献。6月23日，退休支部十几名会员到平谷挂甲峪村开展"纪念建党90周年，体验新农村生活"支部活动。6月28日，五十四中学党政工团和民进支部联合召开庆祝中国共产党成立90周年大会暨"红色历程、健康人生"主题活动。7月9日，民进五中支部到斋堂原八路军办事处和爨底下村参观，重温中国共产党领导的抗日军民英雄事迹，增强历史感和责任感。暑假组织教职工子女暑期亲子博物馆游览活动。9月27日，民进回民小学支部带领学校志愿服务队与树仁打工子弟小学师生代表，到中华民族园举行"共绘民族画卷，献礼伟大祖国"活动。11月，退休支部组织会员到职工大学参加电脑学习班。 （苑晓红）

【纪念活动】 6月22日，罗强在区统一战线纪念建党90周年座谈会上，代表民进区委作《风雨一程路，肝胆同路人》主题发言。7月6日，民进区委召开纪念中国共产党建党90周年座谈会。罗强介绍民进区委第一次代表大会召开情况。参会老会员纷纷发言，畅谈自己对中国共产党的深厚感情，希望民进区委事业充满活力，蓬勃发展。1名区委委员送来一幅大写意国画《金色收获》，为纪念活动助兴。7月17日，民进区委组织会员排练舞蹈《我和我的祖国》，参加民进市委举行的庆祝中国共产党成立90周年文艺演出。9月18日，区纪念辛亥革命100周年座谈会召开。罗强代表民进区委作《一条艰辛而光明的探索道路——对辛亥百年来中国民主政治建设的认识》的主题发言。10月8日，民进区委组织爱好书画的会员积极创作书画作品，参加区统一战线纪念辛亥革命100周年书画展。景山学校支部、二中分校支部、成人教育支部、小教联支部、小学联合二支部等会员作品入选书画展。 （苑晓红）

【学习培训】 7月12日，民进区委5名委员参加市民主党派"学习胡锦涛总书记'七一'重要讲话大讲堂"报告会。7月15日，民进区委1名专职副主任和秘书长参加区委统战部召开的区各民主党派学习胡锦涛总书记"七一"重要讲话精神座谈会，并在会上发言畅谈学习体会。7月29～30日，区委统战部在昌平举办东城区各民主党派新一届领导班子及骨干成员学习班。民进新一届区委委员及部分骨干会员19名参加。8月10日，民进区委在昌平召开由新一届区委委员、支部主任和支委参加的暑期培训班。民进市委秘书长王报换作《学习贯彻"七一"讲话精神，做好区级组织建设》报告。罗强作民进区委工作思路报告，民进区委2名副主委分别部署下半年工作计划，讲解议政调研，提出信息工作要求。

（苑晓红）

【参政议政提案】 区政协总结表彰大会上，民进区委提案《关于创新机制推进旧城人口疏解工作的建议》获党派团体优秀提案,2名会员撰写的提案《关于加强(南片)学区化管理,促进区域教育深度融合的建议》《关于新东城进一步完善学区化管理制度的建议》获委员优秀提案。在区政协十三届一次会议上,民进区委提交《关于建设公共阅读网络平台,进一步完善东城区公共文化服务体系的建议》《关于进一步加强东城区社区教育工作的建议》2件党派提案,民进会员提交20件委员提案。在区委统战部组织的党派调研评比中,民进区委《关于建设公共阅读网络平台,进一步完善东城区公共文化服务体系的调研报告》获二等奖,《关于进一步加强东城区社区教育工作的建议》和《关于"加快永外地区文化建设,努力践行文化民生"的建议》获三等奖。　(苑晓红)

【信息工作】　民进区委上报社情民意信息被民进市委采用17篇,民进中央、市政协、市委统战部、市政府办公厅采用6篇,获市级领导批示1篇,被民进市委转化为"两会"推荐提案6篇。民进区委获民进市委信息工作先进单位称号。3名会员被区政协评为优秀社情民意信息员。　(苑晓红)

农工党东城区委

【概况】　中国农工民主党北京市东城区委员会(简称农工党区委)。农工党是以医药卫生界高中级知识分子为主、具有政治联盟特点、致力于建设中国特色社会主义事业的政党,是同中国共产党通力合作的参政党。6月12日召开农工党东城区第一次代表大会。成立农工党东城区委员会。主要职责:加强自身建设,履行参政党职能,参加政治协商,加强民主监督,组织农工党员开展公益活动。有党员701名,其中医药卫生界506名。全年发展新党员9名。党员中有全国政协委员1名,市政协委员2名,区政协常委3名、委员18名,农工党市委常委1名、委员4名,市人大代表2名,区人大常委1名、代表5名。下设基层支部21个,其中医院支部13个、综合支部8个。

年内,农工党区委围绕市、区中心工作,加强自身建设,积极履行参政党职能,组织党员开展社会服务等活动,为区域经济发展献计出力。

单位地址:东城区幸福大街32号

联系电话:64023993　邮编:100061　(陈芃)

【新春联欢会】　1月27日,农工党筹委会召开新春联欢会,邀请农工党市委秘书长刘迎,区委统战部、区卫生局有关领导出席。近400名党员参加。　(陈芃)

【新一届委员会成立】　3月11日,区筹委会召开第二次(扩大)会议,按照农工市委《关于开展基层组织换届的通知》要求,布置基层支部换届工作,细化支部换届流程,规范换届程序,并对支部委员会的构成做出说明。4月,全区所属19个支部全部按要求完成换届,为成立新一届委员会工作打下组织基础。4月15日,召开区筹委会第三次全体会议,研究制定换届相关文件,成立区级组织调整工作领导小组,并召开包括19个支部负责人在内的筹委会第三次(扩大)会议,对换届工作进行宣传动员。4月15日至5月31日,按照《中国农工民主党章程》及《中国农工民主党北京市东城区第一次代表大会代表产生办法》,经民主选举、领导小组提名产生出95名出席农工党东城区第一次代表大会代表;按照《中国农工民主党北京市委员会关于做好区级组织换届工作的意见》及《中国农工民主党北京市东城区第一届委员会委员候选人民主推荐办法》相关规定,完成农工党东城区第一届委员会委员候选人民主推荐、综合考察评价、公示、代表培训暨协商等工作。6月12日,召开农工党东城区第一次代表大会。大会审议通过农工党东城区筹备委员会工作报告,选举产生农工党东城区第一届委员会。李亚兰为主任委员,副主任委员4名,委员16名。11月李亚兰调任,一届三次会议增补危天倪为主任委员。又因人事变动,一届四次会议增补1名驻会副主委。　(陈芃)

【社会服务】　5月31日,由区农工党筹委会主办,永外社区卫生服务中心支部承办的"第四届中国环境与健康周"主题活动在永外街心公园举办。在"人居环境与健康"义诊宣传活动中,为200余名社区居民宣传义诊、对100余名社区居民进行控烟、环境健康等知识的调查问卷并发放宣传资料600余份,环保小礼品200余份,制作宣传展板3块,活动受到社区居民欢迎。11月18日,贯彻落实农工党中央《关于开展第二十三届中国"国际科学与和平周"活动的通知》精神,在区交道口街道交东社区举办"防治糖尿病,合理膳食"为主题的健康讲座。农工党员、朝阳门卫生服务中心内科主任为社区居民作健康讲座。　(陈芃)

【参政议政】　8月,成立3个课题组展开调研。完成调研报告3个,分别是《关于推进东城区社区卫生服务中心(站)标准化建设的调研报告》《关于东城区临终关怀服务现状的调研报告》《关于东城区中医药进社区的调研报告》,农工党区委将调研报告整理作为政协提案上报。其中《关于东城区临终关怀服务现状的调研报告》获区各民主党派调研评比二等奖,其余2篇获三等奖。　(陈芃)

【思想建设】　9月14日,举办理论学习报告会。邀请区委党校教授作题为《学习党的历史,领会'七一'讲话精神》专题报告。教授结合中共党史解读"七一"讲话,使党员理解和掌握讲话精髓。　(陈芃)

【信息培训】　10月21日,在军都旅游度假村,举办信息工作培训班。邀请区政协研究室负责人讲授"如何撰写社情民意信息"的相关知识。提高党员的思想认识水平,为履行民主党派职能提供思想保证。　(陈芃)

致公党东城区委

【概况】　中国致公党北京市东城区委员会(简称致公党区委)。致公党是以归侨、侨眷中的中上层人士为主组成,具有政治联盟特点的,致力于发展中国特色社会主义的政党。6

月25日，召开致公党东城区第一次代表大会，成立致公党东城区委员会。有基层支部9个，党员341人。党员中有全国人大代表1人，市人大副主任1人、代表3人，区人大常委1人；全国政协委员1人，市政协常委1人、委员4人，区政协常委6人、委员13人；区侨联副主席4人、委员5人；致公党中央委员2人，市委主委1人、副主委1人、常委2人、委员5人；市委各专委会主任3人、副主任16人及委员53人。致公党区委设置参政议政、宣传信息、组织联络、乐龄组四个专委会。

年内，深入开展树立和践行社会主义核心价值体系活动，认真学习胡锦涛总书记"七一"重要讲话和贯彻中共十七届六中全会精神，参加致公市委、中共区委专题报告会；参加致公市委、区委统战部组织的专职干部培训班；组织党员围绕东城区的中心工作开展调研，建言献策，履行参政党职责。华夏董氏兄弟商贸集团被民政部评为全国十大慈善企业；集团董事长（本党党员）获第六届中华慈善奖最具爱心慈善捐助个人奖。党员1人被中国致公党中央委员会授予先进工作者称号。6月，党员1人获第二十一届中国新闻奖报纸副刊类作品铜奖。党员1人被评为中国中医科学院3级教授，同时被国家中医药管理局评为全国中医药文化建设先进个人。党员1人获中国旅游商品大赛铜奖、中国创新设计红星奖、第八届北京礼物旅游商品征集大赛金奖及游客心中北京十大必购旅游商品称号。党员1人获市司法局优秀奖。

单位地址：东城区幸福大街32号
联系电话：87556403　邮政编码：100061　（李辉）

【联谊活动】 1月23日，在北京市民主党派团体大楼多功能厅举行工作总结表彰暨迎新春联谊会，此次联谊会是原东城区工委和原崇文区工委合并后第一次全体党员活动。会议表彰优秀党员37名，联谊会上党员们自编自演文艺节目。致公党市委、主委李昭玲与中共区委统战部有关领导及140余名致公党党员参加。春节前夕，筹委会委员和支部委员分别到老党员家中慰问，送去慰问品及组织的关心和温暖。

（李辉）

【社会服务】 5月8～18日，1名党员参加"相约北京—中医针灸展"大型科普活动，作题为"刮痧拔罐保健"科普讲座；在区卫生局主办的地坛中医药文化节和国家图书馆主办的非物质文化遗产宣传周活动中作健康讲座；在北京电视台养生堂栏目、北京人民广播电台等媒体先后7次作健康科普讲座；出版《中国标准刮痧》《中医针灸健康指南》等图书。1名党员参加卫生部主办的"脑卒中筛查与防治走进医院、走进社区、走进乡村"大型义诊和健康宣教活动。1名党员赴四川扶贫义诊。

（李辉）

【爱心捐助】 开展"一对一帮扶"活动，6名党员为贵州省大方县星宿乡中心小学10名小学生捐款3000元。1名党员参加各种公益活动，全年捐款20.9万元。1名医疗专家党员参加"服务民生行动计划"赴新疆进行大型义诊和培训活动，捐献心脏用医疗器械和现金等20余万元。

（李辉）

【组织活动】 6月19日，党员40人参加致公市委承办的"侨心向党心"——首都侨界纪念建党90周年千人大联唱活动。7月2日，党员60人参加致公中央和致公市委联合主办的"献上心中最美的歌——庆祝中国共产党成立90周年红色经典歌曲演唱会"。7月9日，致公党区委委员参加致公市委举办"光辉的历程"书画展览开幕式。9月28日、29日，分别组织致公党党员参加《辛亥革命》电影招待会。10月8日，致公党党员7人参加中共区委统战部举办的纪念辛亥革命100周年书画笔会展，1名党员的两幅书法作品参展。10月9日，组织老党员20人参加市委老龄组和妇委会承办的"重阳节健康运河行活动"。10月25日，举办"乐龄党员"生日联谊会，为60岁以上的老党员祝寿。市委主委李昭玲等出席联谊会并讲话。11月13日，组织党员40余人到首都博物馆参观"大千世界——张大千的艺术人生和艺术魅力"画展。

（李辉）

【第一次代表大会召开】 6月25日，致公党东城区第一次代表大会召开。会议听取并通过区委筹委会工作报告，选举产生第一届委员会委员17人，通过《致公党东城区第一次代表大会决议》，并选举出以刘超英为主任委员的新一届领导班子。其中主委1人、副主委5人（专职1人）、秘书长1人。中国致公党中央常务副主席王钦敏，致公市委主委李昭玲，致公党中央组织部部长李刚，区领导杨柳荫、牛青山、冯熙、徐鸿达、常卫、夏树军及致公党市委秘书长、东城区委有关部门领导出席。区各民主党派、工商联、侨办和侨联负责人，致公党各区（工）委负责人到会致贺。

（李辉）

【思想建设】 上半年，致公党区委开展树立和践行社会主义核心价值体系活动，加强党员思想建设。7月5日，组织新一届领导班子成员，学习胡锦涛总书记"七一"重要讲话。10月19日，召开扩大会议，组织委员和各支部委员集体学习中共十七届六中全会公报。12月3日，举办党员干部及新党员培训班，学习中共十七届六中全会精神和"北京精神"，传达对台工作会议精神。组织多名委员分别参加各类培训班。

（李辉）

【参政议政提案】 10月，政协东城区委员会（临时）第八次会上表彰优秀提案，《关于加强东城区城市精细规划和功能定位的建议》获优秀提案奖；3名政协委员获区政协优秀个人提案奖；3名委员提出3件以上提案，受到区政协通报表彰；4名委员获优秀政协委员称号；2名委员被评为区政协优秀社情民意信息工作者。12月，区政协第十三届一次全会，致公党区委提交党派提案《关于东城区打造"食品安全区"的建议》《关于加强东城区历史文化保护区管理的建议》《关于进一步体现首都功能核心区定位提升政府公共管理的建议》和《关于完善城市环境　打造世界文化窗口形象的建议》4件。提交委员提案14件。在区委统战部各民主党派调研成果评比中，《关于加强东城区历史文化保护区管理的建议》和《健全社会矛盾纠纷行政调解机制的研究与分析》获二等奖；《文化北京之人行道问题的调研》和《关于东城区完善行政决策的研究与分析》获三等奖。1名委员撰写的《关于加快文化出口产业的发展,提升首都文化国际影响力的调研报告》被评为北京市统一战线理论研究和调查研究优秀成果二等奖,1名委员撰写的《健全社会矛盾纠纷行政调解机制的研究》被评为致公党市委调研成果优秀奖,1名委员撰写的《关于参政党民主监督问题的思考》被评为区统战系统理论研究一等奖。 (李辉)

【组织建设】 年内,发展新党员20人,组织关系从东城区调出27人,外区转入党员3人,去世党员1人。党员平均年龄52.2岁。具有高中级职称党员占全体党员总数的72%,其中博士后1人、博士22人、硕士研究生93人、大学生162人。归侨、侨眷、海归占总数的78%。 (李辉)

【信息工作】 全年致公党区委上报工作信息10篇,被致公党市委采用3篇;报送个人信息43篇,致公党市委采用20篇。其中被致公党中央采用5篇次,全国政协采用1篇次,市政协采用3篇,中共北京市委采用2篇,中共市委统战部采用2篇。1名委员被评为区统战系统优秀信息员一等奖,撰写的《加快文化出口产业的发展提升首都文化国际影响力》,分别被致公党中央、政协北京市委员会、中共北京市委采用,并被中共市委办公厅评为优秀信息。1名委员撰写的《要加强对北京市基督教聚会点的管理》一文得到市领导牛有成批示,被中共北京市委采用。1名委员撰写的《要尽快制止轿车加长的趋势》一文得到市领导苟仲文批示,被全国政协采用。1名委员撰写的《关于北京世界城市建设的几点建议》被致公党中央采用并评为上年度参政议政优秀成果奖。 (李辉)

【夏令营活动】 北京环球拓业教育咨询有限公司董事长(致公党党员)出资17万元,承办"第二届海外留学人员子女夏令营"活动,旨在让海外留学人员子女近距离感受中国魅力,体会中国的深厚文化底蕴,增进他们对中华文化的了解和热爱。夏令营营员近30名,包括海外留学人员子女以及部分北京青少年。 (李辉)

九三学社东城区委

【概况】 九三学社北京市东城区委员会(简称九三学社区委)。九三学社是以科学技术界高、中级知识分子为主的具有政治联盟特点的政党。是接受中国共产党领导、同中国共产党通力合作的亲密友党,是进步性与广泛性相统一、致力于中国特色社会主义事业的参政党。上年9月18日,首都区划调整后,由九三学社原东城区工委和原崇文区工委合并成立九三学社东城区筹备委员会。下设第一工作委员会和第二工作委员会。筹备委员会由主任何厚夫、副主任1名和委员8名组成。第一工作委员会由主任1名、副主任5名和委员10名组成,第二工作委员会由主任1名、副主任4名和委员4名组成。7月3日,九三学社东城区第一届委员会成立。

年内,在九三学社市委和中共东城区委领导下,履行参政议政、民主监督和社会服务职能。有支社18个,社员670人(全年发展新社员11人)。社员中有区人大代表4人、区政协委员15人、特约监察员3人。上半年以九三学社区委筹备工作为主,下半年主要召开第一次代表大会,开展2次大型义诊活动及召开工作总结暨调研报告研讨会。

单位地址:东城区幸福大街32号

单位电话:64023773 邮政编码:100061 (高文杰)

【总结联谊】 1月17日,在区东宫影剧院召开"九三学社东城区委年终总结暨迎新年电影招待会",100余名社员参加。九三学社北京市委秘书长刘永泰等有关领导出席。何厚夫总结九三学社区委工作,同时表彰年度优秀支社和优秀社员。 (高文杰)

【第一次代表大会召开】 7月3日,九三学社北京市东城区第一次代表大会召开。筹委会主任何厚夫作题为《弘扬民主科学 团结进取 认真履职 努力开创九三学社东城区工作新局面》的工作报告。九三学社中央副主席、社市委主委马大龙,社市委常务副主委王琳,区领导杨柳荫、牛青山、徐鸿达、常卫、关连宝、夏树军、李力,九三学社市委及区委、区工委,区各民主党派,工商联、侨联负责人和56名社员代表出席大会开幕式。大会选举产生由19名委员组成的第一届委员会。选举何厚夫任主委、副主委6名、秘书长1名。 (高文杰)

【思想建设】 组织社员参加"中国的政党制度及社会主义核心价值体系知识答题"。参加"统一战线树立和践行社会主义核心价值体系学习报告会"、"区民主党派、无党派人士树立和践行社会主义核心价值体系座谈会"、"学习中共十七届六中全会精神报告会"和"建设世界城市学习报告会"、"低碳经济、绿色东城报告会"。观看电影《辛亥革命》、参加区统战系统纪念辛亥革命100周年书画展。在区统战系统开展的"纪念辛亥革命100周年征文"活动中投稿12篇。第二综合支社1名社员撰写的《最好的纪念—辛亥革命有感》一文被《北京九三社讯》刊登。 (高文杰)

【参政议政】 组织社员参加中共东城区委召开的党派团体负责人协商会、情况通报会和座谈会,就中共东城区委工作报告和政府工作报告、人士任免等相关事宜进行协商。在区委统战部主持召开的民主党派调研工作总结表彰会上,九三学社区委的3篇调研报告全部获奖。其中1名副主委撰写的《关于加快推进东城区文化创意产业发展的调研报告》获一等奖,何厚夫主委撰写的《关于进一步加强中医适宜技术在社区卫生服务中推广应用的调研报告》及1名副主委撰写的《关于加强民主党派自身建设,提升党派事务管理水平的调研报告》获二等奖。23名社员获市级参政议政工作先进个人。 (高文杰)

【信息工作】 报送各类社情民意15篇、信息72篇。多条得到市、区有关领导的批示。中研院支社1名社员撰写的《警惕公民的电话信息遭出卖,造成严重危害社会的后果》得到区领导常卫的批示。第二综合支社1名社员撰写的《关于发挥优势,整合王府井大街、金宝街,打造东城区高端商业中心区的建议》得到区领导朴学东批示。九三学社区委、中国药品生物制品检定所支社、东城综合支社获市级信息工作先进集体。 (高文杰)

【社会服务】 在东直门街道清水苑社区和天坛街道金鱼池社区分别举办大型义诊活动。来自同仁、天坛、北京中医医院、口腔医院等8所医院的内科等10余个科别,近40名专家、主任医师,为社区居民提供近300余次健康咨询、免费义诊服务。组织社员继续开展对培智学校和敬老院的慰问活动。 (高文杰)

台盟东城区委

【概况】 台湾民主自治同盟北京市东城区委员会(简称台盟东城区委)。台盟是由台湾省人士组成的社会主义劳动者和拥护社会主义爱国者政治联盟,是为社会主义服务的政党,是与中国共产党通力合作的参政党。台盟东城区委有盟员90人,内设台盟中央、全国台联、在职、乐龄四个支部。主任委员1人、副主任委员3人,其中专职副主委1人,区委委员9人。盟员中有市政协委员5人、区政协委员7人,区人大代表1人。

年内,召开台盟东城区委会议3次,主委会议4次。台盟东城区委充分发挥团队力量,及时做到信息沟通,集体决策,充分协商。全年上报信息34条。在区人大、区政协、台盟市委换届选举中,领导班子严把政治关,深入推进政治交接,以社会主义核心价值体系引领,走中国特色社会主义道路,传承台盟与中国共产党团结合作的优良传统,把巩固发展民主团结、和谐稳定的政治局面作为首要任务。

单位地址:东城区幸福大街32号

联系电话:64023833 邮政编码:100061 (周旭辉)

【第一次代表大会召开】 6月26日,台湾民主自治同盟北京市东城区第一次代表大会召开。台盟中央副主席黄志贤、台盟市委常务副主任陈军、区领导牛青山对台盟东城区第一次盟员代表大会召开表示祝贺并讲话。农工民主党东城区委主委李亚兰代表区各民主党派、工商联、无党派人士向大会致贺词。台盟市委副主委杨晓东、蔡国斌,秘书长彭京玉、区领导冯熙、徐鸿达,区委统战部、区台办有关领导,各民主党派、工商联、无党派人士和台盟区级组织负责人出席开幕式。大会听取筹委会主任肖燚代表台盟东城区筹委会所作的《筹备工作报告》,并通过《关于筹备工作报告的决议》《大会选举办法》。会议选举台盟东城区第一届委员会委员9人。之后召开第一届委员会第一次全体会议,选举肖燚为主任委员、副主任委员3人。 (周旭辉)

【"两岸交流与共享"论坛】 8月25日,由台盟北京市委主办、台盟东城区委协办的"两岸交流与共享"论坛在北京举行。8月26日,应东城区台办、台盟东城区委的邀请,参加"两岸交流与共享"的台湾嘉宾到北京雍和宫、国子监、前门大街鲜鱼口胡同参观访问。了解雍和宫的深远历史和管理状况,并向来访嘉宾赠送雍和宫相关书籍和纪念品。

(周旭辉)

【思想建设】 7月29~30日,在北京西御园会议中心举办东城区各民主党派领导班子及骨干成员学习班,台盟东城区委委员以及部分盟员参加学习。10月16日,台盟东城区委与朝阳区工委在怀柔北京市民政局培训中心联合举办"台盟区级组织中青年学习班",深入学习胡锦涛总书记"七一"讲话精神,贯彻"同心"思想,传承台盟光荣传统,学习班邀请中央社会主义学院郑宪教授作题为"学习胡锦涛书记'七一'讲话精神、加强民主党派自身建设"报告,全国台联部长杨毅周对近期台湾政情作形势报告。台盟市委领导杨晓东出席,盟员23人参加。年内,重视组织建设、制度建设,强化中青年骨干和基层盟员的思想建设工作,安排盟员34人参加中共东城区委、台盟市委、北京社院组织的各种学习培训,57人次参加中共十七届六中全会精神、胡锦涛总书记"七一"讲话精神的学习和纪念辛亥革命100周年等多项活动。 (周旭辉)

【金秋登山比赛】 10月29日,由台盟北京市委举办台盟东城区委承办的第三届"同心怀"金秋登山赛在北京西山国家森林公园举办。东城区台盟部分盟员参加,并获得第三名。

(周旭辉)

【参政议政提案】 在区政协十三届一次会议上提交党派提案4件,个人提案2件。其中《依托台湾文化商务区建设,促进前门地区国际影响力的提升》被台盟市委评为区级组织优秀调研二等奖,《关于促进台湾文化商务区建设,提升前门地区产业优势的建议》被区政协评为优秀提案,《加强交流与合作,促进东城区文化创意产业发展》获区各民主党派调研成果二等奖。 (周旭辉)

东城区民主党派负责人

中国国民党革命委员会北京市东城区新一届委员会筹备委员会主任	李霭君(女,7月免)
中国国民党革命委员会北京市东城区委员会主委	姚卫海(7月任)
中国民主同盟北京市东城区新一届委员会筹备委员会主任	王 钢(6月免)
中国民主同盟北京市东城区委员会主委	王 钢(6月任)
中国民主建国会北京市东城区新一届委员会筹备委员会主任	赵亚洲(6月免)

中国民主建国会北京市东城区委员会主委	孙占军(6月任)
中国民主促进会北京市东城区新一届委员会筹备委员会主任	程 华(女,6月免)
中国民主促进会北京市东城区委员会主委	罗 强(6月任)
中国农工民主党北京市委员会东城区新一届委员会筹备委员会主任	李亚兰(女,6月免)
中国农工民主党北京市委员会东城区委员会主委	李亚兰(女,6月任,10月免)
中国农工民主党北京市委员会东城区委员会主委	危天倪(女,10月任)
中国致公党北京市委员会东城区新一届委员会筹备委员会主任	范承玲(女,6月免)
中国致公党北京市委员会东城区委员会主委	刘超英(女,6月任)
九三学社北京市委员会东城区新一届委员会筹备委员会主任	何厚夫(7月免)
九三学社北京市委员会东城区委员会主委	何厚夫(7月任)
台湾民主自治同盟北京市委员会东城区新一届委员会筹备委员会主任	肖 燚(6月免)
台湾民主自治同盟北京市委员会东城区委员会主委	肖 燚(6月任)

团 体

东城区总工会

【概况】 东城区总工会(简称区总工会)是在区委领导下的人民团体,是党联系职工群众的桥梁和纽带。区总工会有行政在编人员33人,部室9个:人事部、财务部、基层组织建设部、经审办公室、办公室、宣教部、劳动生产和劳模工作部、权益部、法律部。有下属事业单位8个,编制225人。全区职工24.43万余人,工会会员23.59万余人,基层工会1825个(涵盖单位12650个)。

年内,区总工会围绕中心,服务大局,高标准谋划工会工作,探索新工作思路和方式方法,各项工作均取得进展。区总工会被全总评为"职工互助保障先进单位"和"全国职工职业安全卫生知识普及教育及安康杯活动"优秀组织单位,区职工服务(帮扶)中心获全国工会帮扶工作先进集体称号。在市总工会对区县总工会考核中,区总工会以各项指标均为满分的成绩被评为优秀单位。

单位地址:东城区后永康胡同17号

联系电话:67111821 邮政编码:100007 (赵丽娟)

【工资集体协商】 1月5日,召开深入推进"工资集体协商三年行动"工作会。会议由区总工会主席张晓林主持。市总工会副主席王北平出席并讲话,他强调开展工资集体协商的必要性,提出具体指导意见。区领导常卫介绍区"十二五"规划基本框架,并对工作提出明确要求。张晓林就贯彻落实三年行动计划和区委、市总工会领导讲话精神提出具体要求。会上,下发《东城区总工会"深入推进工资集体协商三年行动"实施方案》。市总工会、区工商联、区人力社保局有关领导和区深入推进工资集体协商工作领导小组成员出席。全区各街道、直属企业单位主管书记、工会主席、主管主任、人力资源(劳资)负责人等近300人参加。3月15日,召开17个街道工资集体协商工作汇报会。各街道汇报一季度开展工作基本情况及下步工作重点。区总工会领导提出要求。4月12~14日,举办区工资集体协商工作培训班,全区各街道、直属企业工会主席、副主席以及负责工资集体协商工作的工会干部近100人参加。6月24日,落实《北京市总工会深入推进工资集体协商三年行动计划》,推进区工资集体协商工作,区总工会聘请的工资集体协商指导员正式上岗。9月底前,基本完成工资专项集体合同的签(续)订、备案工作,实现已建工会企业集体合同、工资专项协议签(续)订率分别达到95%、90%以上。11月24日,联合区工商联召开非公企业推进工资集体协商工作座谈会。区委统战部、区总工会、区工商联有关领导出席。23家非公企业董事长、人事主管、工会主席参加。 (赵丽娟)

【建会工作】 1月7日,永外街道总工会成立。至此,全区17个街道全部建立总工会。6月17日,区总工会召开第二季度建会工作研讨会,了解全区各街道和相关单位建会任务指标完成情况,总结建会工作中好的经验、做法。会上,各参会单位工会主席分别汇报本辖区、本系统建会任务指标完成情况及建会工作中存在重点、难点问题和建议。区总工会提出解决意见。全区17个街道总工会和区卫生局工会主席参加。 (赵丽娟)

【工作培训】 1月10日,举办工会法人资格办理工作培训,对法人资格办理意义、程序及填表方法详细解释。张晓林出席并提出三点要求。11月10~11日,制定《东城区工会会计核算服务中心内部控制暂行管理办法》《东城区工会会计核算服务中心预算执行暂行管理办法》《东城区工会会计核算服务中心会计核算管理暂行办法》《东城区工会会计核算服务中心出纳管理暂行办法》,召开区总工会会计核算服务中心财务培训会。各街道总工会主席、经审主任、会计、出纳近80人参加。11月18日,举办区职工代表培训班。邀请市总工会工运理论研究所所长,从认识职工民主管理、开好职工代表大会、掌握职工代表方式进行讲解。全区企事业单位职工代表360人参加。 (赵丽娟)

【经费审查委员会会议】 1月10日,召开区总工会(临时)经费审查委员会第二次会议,会议审议通过区总工会本级上年预算执行情况(决算)和本年预算安排,审议通过《关于东城区总工会2010年经费审查工作情况和2011年经费审查工作意见的报告》。3月7日,召开(临时)经费审查委员会第三次会议,审议《东城区总工会(临时)委员会财务工作报告(草案)》和《东城区总工会(临时)经费审查委员会工作报告(草案)》。与会委员对区总工会财务工作报告和经审工作报告充分发表意见,并提出修改建议。3月31日,召开区总工会第一届经费审查委员会第一次会议,会议选举区总工会第一届工会经费审查委员会主任1名。8月12日,区总工会四措并举开展经审工作,创新审计方式确保工会经费合规性和效益性。11月28日,召开第一届经费审查委员会第四次会议。按照《工会预算管理办法》中相关规定结合市总工会下半年工作安排,以及增加工作任务,经费审查委员会针对经费总收支与预算发生的变化,审议并通过区总工会本级预算调整方案。12月22日,召开第一届经费审查委员会第五次会议,审议通过年度经审工作报告。 (赵丽娟)

【互助保险】 1月20日,中国职工保险互助会北京办事处主任马淑琴到区1名患卵巢癌职工家中慰问,并送去职工互助保险赔付金3万余元。2月25日,在市总工会职工互助保障工作会上,区职工互助保险工作受到全总和市总表彰,区总工会被全总评为"职工互助保障先进单位",区职工互助保险代办处被市总评为"职工互助保障工作优秀代办处"。会上,区总工会代表作典型发言。年内,实现互助保险各项工作目标。全年新增职工互助保险会员1.32万人,同比增长173.14%;新增投保金额305.61万元,同比增长203.57%;赔付金168.07万元,受益职工887人,最高受益达6万元,人均受益1895元。以"立足职工,服务职工"为宗旨的职工互助保障计划为职工提供安全与健康保障作用日益突出。3月2~3日,召开在职职工互助保障工作经验交流会。会上,总结上年互助保障工作成绩和经验,提出本年工作目标和任务。8个单位进行经验交流。市、区总工会相关领导出席,区总工会直属基层工会主席、保险经办人员130余人参加。11月3日,区总工会到朝阳门街道军转干部1人妻子单位慰问,送去在职职工重大疾病互助保险慰问金6500元。年内,采取组织培训、深入宣传、消灭"空白点"、主动服务等多项措施,扩大职工互助保险覆盖面。 (赵丽娟)

【送温暖工作】 1月24日,区领导杨柳荫看望困难劳模王铁生,询问一家人生活状况,送去慰问品和慰问金。常卫、吴松元、夏树军、张晓林等参加。常卫看望万福大厦1名困难职工,送去慰问金和慰问品。徐鸿达到区1名困难单亲女职工家中慰问,送上慰问金、慰问品和节日问候。张晓林到区恒达工贸公司1名困难单亲女职工家中慰问,送上慰问金和慰问品。年初,区总工会开展"心系职工情、温暖进万家,互助促和谐、欢乐过佳节"送温暖活动,对纳入区职工困难档案的607名职工每户给予1000元慰问金。区总工会领导和机关干部深入机关、企事业单位、社区,走访慰问特困、残疾、重病职工及单亲女职工,困难企业和坚守在岗位劳动模范、环卫职工、公安民警、医务人员、建筑工地农民工等。投入128万余元用于送温暖活动,实现送温暖活动全覆盖。区领导徐鸿达、周京生、章冬梅、李力等分别看望困难职工和困难劳模。全区各级工会组织结合实际开展形式多样送温暖活动,为职工群众送去党和政府的关怀和温暖。6月13~16日,支出近6万元,组织全区298名困难职工进行健康体检。6月22日,张晓林到医院看望生病住院的机关1名离休老干部,为他送上慰问品和节日问候。"七一"前夕,区总工会领导带领老干部工作人员走访机关离休干部,送去慰问品,听取老干部意见和建议,帮助老干部解决实际困难。 (赵丽娟)

【劳模团拜会】 1月31日,召开迎新春劳模团拜会。常卫代表区四套班子向全区劳模致以崇高敬意和新春问候。常卫在讲话中回顾过去一年新东城发展取得的成绩,传达区委全会和区"两会"精神,并希望全区劳动模范传承和发扬劳模精神,发挥劳模的示范引领作用,积极投入到区总体发展战略规划和"十二五"规划实施中,团结带动全区职工群众为推动新东城区又好又快发展贡献智慧与力量,以优异成绩向建党90周年献礼。常卫表示区委、区政府继续加大对劳模的关爱力度,在已出台相关政策基础上不断增加和完善。区领导冯熙、徐鸿达、朴学东等与160余名在职劳模共同欣赏精彩的文艺节目。 (赵丽娟)

【职工素质教育培训班】 年初,接到市素质办下达区职工通用能力培训6350人次的任务后,区总工会宣教部下发《东城区职工素质教育培训现状和需求调查问卷》,全面了解区职工对素质教育包括通识课程培训的需求,为开展通识课程培训提供依据和参考;分别召开街道与企事业单位职工素质教育推进会,下发《东城区总工会关于做好2011年职工素质教育工作的通知》,对指标进行分解,提出具体工作要求;8月中下旬至10月底全区开设8门课程,分为21个班次,进行集中培训和考试,完成全年培训任务。7月26日,举办主题为"学习礼仪,强化素质"公益大讲堂,邀请市职工大学副教授讲授礼仪知识。全区工会主席、工会干部近500人参加。9月1日,区职工素质教育通识课程首个培训班在东城工人文化宫多功能厅开班。市总工会职工大学教师结合现实生活实例,讲授《职业礼仪》课程,234人参加培训。

(赵丽娟)

【聘请时传祥纪念馆顾问】 2月15日,全国人大代表、原崇文环卫三队队长关阔山被聘为时传祥纪念馆顾问。区园林绿化局局长为其颁发聘书。区总工会、区园林绿化局有关领导出席仪式。 (赵丽娟)

【招聘会】 3月2日,联合区职介二中心举办“就业帮扶送春风”专场招聘会,提供就业岗位353个,涉及行政管理、财务、工程技术、营销、餐饮服务等27个工种,求职者180余人参会,当场达成就业意向78人。10月28日,联合区人力资源和社会保障局举办“金秋送岗位携手促就业”招聘会。组织50余家企业和单位参会,涉及质检、财务、企业管理人员等134个工种,集中推出3279个就业岗位。1300余人参加应聘,200余人现场达成就业意向。区领导牛青山、宋甘澍、张晓林及区人力资源和社会保障局局长到会指导。

(赵丽娟)

【国际劳动妇女节活动】 2月底,区总工会女职工委员会组织各街道工会开展以“关爱健康,幸福生活”为主题关爱街道女保洁员健康活动,为140名已婚女保洁员进行免费妇科检查。并将区总工会精心准备的慰问品发到她们手中。“三八”国际劳动妇女节101周年前夕,区总工会以“建魅力新东城、展女职工风采”为主题,以关爱女职工、服务女职工为重点,开展系列特色活动。3月3日,召开以“建功‘十二五’贡献新东城”为主题的在职女劳模座谈会,26名在职女劳模参加座谈。与会劳模围绕推动区域经济发展、加强新时期女工工作、发挥劳模作用等内容交流体会,畅所欲言,坚定做好工作的信心。女劳模在发言中表示:要与时俱进,发挥劳模精神,带领企业员工在平凡的岗位上发挥光和热。同日,召开“情暖姐妹心”特困单亲女职工座谈会。19名特困单亲女职工参加。区总工会有关领导出席并讲话。3月4日,组织全区女职工干部参加“快乐工作,健康生活”女职工环地坛健步走活动。近100名女职工干部参加。 (赵丽娟)

【区总工会第一次代表大会】 3月30~31日,区总工会第一次代表大会在总参第一招待所召开。有正式代表260人,特邀代表9人,列席代表2人。张晓林代表区总工会(临时)委员会向大会作题为《立足新起点、实现新跨越,团结动员全区职工为建设“国际化、现代化新东城”而努力奋斗》工作报告。市总工会副主席曾繁新代表市总工会对大会的召开表示祝贺并提出三点意见:统一思想认识,打造工会工作新模式;提高履职能力,立足东城发展多作贡献;加强自身建设,推动工会工作创新发展。牛青山代表区四套班子向大会召开表示祝贺,并提出三点要求:要高度重视工会工作;要做好新形势下的工会工作;要切实为工会工作营造良好环境。常卫代表区四套班子向新当选的新一届工会委员会委员和经费审查委员会委员表示祝贺,并对新一届委员会和全区各级工会组织提出要求。大会选举产生区总工会第一届委员会委员39人,第一届经费审查委员会委员7人。区领导牛青山、冯熙、徐鸿达、王红兵及市总工会副巡视员、组织部部长韦江,原东城区总工会、原崇文区总工会历届主席,15个区县和经济开发区工会主席及区群团组织党政领导,出席开幕式。在第一届委员会第一次全体会议上,选举产生常务委员23人,选举产生区总工会主席、常务副主席、副主席。第一届经费审查委员会第一次全体会议还选举产生经费审查委员会主任。区领导常卫、李力、王红兵、冯藏淑出席大会闭幕式。 (赵丽娟)

【领导调研】 3月31日,全国总工会保障部部长邹震等领导到区职工服务中心考察指导工作。市、区总工会相关领导陪同。4月26日,全国总工会副主席王炯率全国工会保障工作高级研讨班领导到区调研指导。王炯一行参观区职工服务中心并详细询问和了解职工服务中心的职能及工作情况。王炯对区工会工作给予肯定,他指出,工会三级服务体系是工会工作理念和方式的创新,对组织职工、服务职工、维护职工的合法权益发挥了积极作用,切实帮助职工解决实际困难,促进社会和谐,提高工会的吸引力和凝聚力。全国和市、区总工会有关领导邹震、王北平、王玉英、张晓林等陪同。4月29日,市领导刘淇、郭金龙到时传祥纪念馆参观,缅怀全国著名劳动模范。并向全市各行各业劳动者致以节日的问候。市总工会主席梁伟,区领导牛青山、常卫、夏树军、张晓林陪同。5月10日,全总副主席陈豪带领全总办公厅、基层组织建设部、保障工作部、经济技术部等相关部门负责人一行8人到区东花市街道工会服务站调研、指导工会工作。陈豪对市总工会“京卡·互助服务卡”和东花市街道工会服务站工作给予高度评价和充分肯定。市总工会主席梁伟,副主席曾繁新、王北平、时纯利、霍连明、王玉英、余俊生,市总工会党组成员贾炯协和区领导牛青山、宋甘澍、张晓林等陪同。6月1日,上海市人大常委会副主任、总工会主席钟燕群率上海市各区县总工会主席一行到区调研。调研组参观区职工服务中心,并详细询问和了解职工服务中心的职能及工作开展情况。市总工会领导曾繁新、王北平、王玉英陪同。

(赵丽娟)

【学习交流】 6月16日,黑龙江省哈尔滨市南岗区工会一行到区职工服务中心学习交流。6月23日,南昌市总工会副主席李美珍带领新一届劳动模范一行54人到区时传祥纪念馆参观学习,缅怀老一代劳动模范时传祥“宁愿一人脏,换来万家净”的拼搏奉献精神。7月14日,江西省总工会党组成员、副主席柯进水带队一行12人到区职工服务中心学习交流。10月26日,张晓林率部分劳模代表及北京市时传祥纪念馆顾问、工作人员一行,赴山东省齐河县时传祥纪念馆参观考察。两地纪念馆负责人就纪念馆工作情况进行交流;对加强时传祥纪念馆建设提出建议。12月7日,江苏省南通市崇川区总工会到区考察调研职工文体活动等工作,在区挂职锻炼的区长助理田桦陪同调研。 (赵丽娟)

【单身交友会】 4月17日,举办“浪漫之春,期许一生之约”单身职工趣味交友会。为单身职工搭建安全可靠、健康良好的交友服务平台,切实解决单身职工婚恋关系中的实际问题。区机关、企事业单位的100余名优秀单身职工参加。5月21日,与海淀区总工会在圆明园共同举办单身职工交友联谊会,为来自两区机关、企事业单位200余名优秀单身职工牵线搭桥。 (赵丽娟)

【文体活动】 4月22日,为期一天半的“快乐工作,健康生活”东城区工会系统干部职工羽毛球比赛在地坛体育馆落下帷幕。全区51个机关、企事业单位的63支代表队,500余名干部职工参加。市总工会副主席余俊生出席开幕式并与张晓林共同为比赛开球,市、区有关部门领导出席开幕仪式。5月31日,区工会系统职工"三对三"篮球比赛开赛。区领导常卫、宋甘澍及市区总工会有关领导出席开幕式,并为比赛开球。46个单位的66支代表队,约300余名职工参加。该项活动得到广渠门中学大力支持。10月24日,改造后的东宫影剧院隆福剧场全新亮相,举办首演典礼暨话剧《说客》演出活动。区领导杨柳荫、冯熙、徐鸿达、常卫、朴学东、宋甘澍及张晓林出席。张晓林为首演活动致辞。全国工商联副主席、著名企业家柳传志,中国联通董事长常小兵,中国电信董事长王晓初,中国移动总经理李跃,清华大学公共管理学院教授、文化部公共文化服务体系专家组主任王有强等观看演出。10月25日,与区体育局在东单体育馆共同举办区第九套广播操小教员培训班。全区各委办局、企事业单位、各街道近150名工会积极分子参加。11月17日,在地坛体育馆举办区首届女工干部、第二届非公企业职工趣味运动会。区领导常卫、宋甘澍共同为运动会比赛开球。全区57个单位的1200余名职工参加。 (赵丽娟)

【帮扶工作】 4月26日,开展助学帮扶活动,张晓林向将参加高考的20名困难职工子女每人发放1000元助学金并与受助职工座谈。5月31日,举行庆"六一"慰问困难职工子女活动,为124名14周岁以下困难职工子女分别送上400元购书卡和100元儿童食品。6月1日,联合北京红桥天乐玩具市场有限公司举行为困难职工子女捐助爱心眼镜仪式,免费为100名困难职工子女配眼镜,为部分困难职工子女现场发放爱心眼镜以及学习文具。受到困难职工子女的欢迎和好评。6月13~16日,组织298名困难职工体检,支出6万元。 (赵丽娟)

【庆祝"五一"节大会】 4月28日,区庆祝"五一"国际劳动节暨表彰先进大会举行。常卫主持大会。张晓林宣读获得全国五一劳动奖状等先进集体和先进个人名单。与会领导为获奖集体和个人颁奖。史家胡同小学校长和北京稻香村食品有限责任公司总经理分别代表获奖个人和集体在会上发言。牛青山代表区四套班子,向受表彰先进集体和个人表示祝贺,向全区各条战线上广大职工和全体劳动者致以节日的问候和敬意。他在讲话中强调:要固本强基,科学发展。区领导徐鸿达、市总工会副主席王玉英等出席大会。有关单位领导、工会主席、先进个人和先进集体代表300余人参加。 (赵丽娟)

【职工摄影工作】 5月13日,与佳能公司共同举办摄影基础知识讲座,邀请北京工业大学艺术设计学院摄影教授授课。同时,还安排由部分参会摄影爱好者进行摄影体验环节并当场进行讲评,近500名工会主席、工会干部及摄影爱好者参加。10月21日,区总工会召开职工摄影协会第一届会员大会第一次会议,审议通过《东城区总工会职工摄影协会章程》,选举产生第一届职工摄影协会领导集体。会议结束后,与会领导为第二届"挥笔聚焦新东城"职工书画摄影比赛获奖者颁奖,并观看职工书画摄影作品。市总工会党组成员潘建新,区领导常卫、赵中原、宋甘澍、张晓林出席。协会会员50余名,区总工会领导班子成员,各有关单位工会主席、副主席、工会干部及比赛获奖者参加。 (赵丽娟)

【法律工作】 5月22日,开展以"了解社会保险权益,增强职工维权意识"为主题的《社会保险法》工会宣传日活动。区总工会、区职工帮扶中心在地坛东门设立3个宣传点。区总工会领导亲临活动现场,为职工群众发放宣传材料,同时邀请公益律师为职工群众提供现场咨询服务,职工近300人参加。7月至9月,17个街道针对本地区特点积极组织具有特色的法律服务活动50次,计44.5天。其中,小型咨询活动平均1次10人,大型讲座等活动平均1次30人,收到较好社会效果。截至11月30日,各级劳动调解组织受理劳动争议案件1498件,结案1277件,调解成功1011件,涉及职工1011人,金额526.19万元,调解成功率为79.17%,调解成功率较上年同期相比增长20%。11月30日,召开劳动争议调解联动机制领导小组会。会议对本年工作进行总结,对下年工作进行研讨。区总工会、人力资源和社会保障局、司法局、信访办、中淇律所、中银律所相关领导及负责人参加。12月15日,召开17个街道联络员会议。会上,传达《北京市全力确保"两节"期间工资无拖欠》电视电话会议精神,要求各街道工会按照"不出系统,化解在萌芽的"工作要求,切实做好"两节"期间劳动争议矛盾的梳理、监督、排查等预警工作,保证信息及时有效报送。切实提高工会组织依法维权能力和工作效果。会议还对劳动争议调解案卷归档工作和法人资格登记办理工作进行部署。12月22日,召开劳动争议调解律师座谈会。市、区总工会相关负责人出席。中淇律所和中银律所相关负责律师参加。 (赵丽娟)

【"五月的鲜花"活动】 6月7~9日,区第二届"五月的鲜花"群众歌咏活动专场选拔赛在崇文工人文化宫红剧场举行。歌咏活动以"歌颂共产党,赞美新东城"为主题,全区400余个机关、企事业单位参加活动,组织演出400余场,演出节目3000余个,观众13万余人,自创作品380余个,整个活动体现出贴近职工,形式多样,覆盖面广,参与度高的特点。选拔赛分为舞蹈、歌唱、综合以及大合唱4个专场进行,经过街道、教育、卫生及区直机关工会等系统选拔推荐,88个节目入围各项专场比赛。在"红歌会"合唱比赛中,各代表队倾情演绎区总工会策划创作的指定歌曲《母亲永远在我心中》,抒发全区广大职工对党热爱之情,对新东城建设美好祝愿。专场比赛优秀作品参加区第二届"五月的鲜花"群众歌咏活动汇报演出。6月29日,区总工会庆祝中国共产党成立90周年暨第二届"五月的鲜花"群众歌咏活动汇报演出在崇文工人文化宫红剧场举行。区领导杨柳荫、牛青山、徐鸿达、常卫、夏树军、费文勇、张晓林及市总工会宣教部有关领导出席。区有关单位领导及各界代表900余人观看演出。 (赵丽娟)

【挂职锻炼】 6月9日,张家口市桥西区总工会9名工会干部到区总工会系统挂职锻炼,为期1个月。挂职干部分别安排到区总工会组织部、区职工服务中心和3个街道总工会工作。挂职干部与区工会干部一起结合党工共建、创先争优活动共同开展工会组建、职工帮扶、推进工资集体协商及其他各项工会工作。 (赵丽娟)

【创新工作室创建】 7月19日,区总工会在稻香村食品有限公司举行区职工创新工作室经验交流会暨职工创新工作室创建工作启动仪式。会上,对创新工作室创建工作进行部署,下发《东城区总工会关于建立职工创新工作室的意见》,稻香村"张云涛创新工作室",珐琅厂"钟连盛创新工作室",天元利生"杜永利创新工作室"作经验交流。全区各街道及企事业单位工会主席40余人参加。年内,建立区创建职工创新工作室6个,其中北京珐琅厂"钟连盛创新工作室",北京稻香村食品有限公司"张云涛创新工作室"和北京市京能电源技术研究所有限责任公司"王金鹏创新工作室"先后被挂牌为北京市级职工创新工作室。 (赵丽娟)

【创先争优】 7月22日,区总工会系统创先争优活动交流推进会在东四工人文化宫召开。吴松元主持会议。会上,总结上一阶段全区工会组织开展创先争优活动的进展情况,部署下一步工作。建国门街道总工会和龙潭街道总工会主席交流发言。常卫出席并讲话。市、区总工会领导王玉英、张晓林及区总工会领导班子成员、各有关单位主管书记、工会主席和基层工会干部近400人参加。 (赵丽娟)

【女职工组织规范化】 7月28日,区总工会女职工委员会召开第一届二次委员(扩大)会议,布置工会女职工组织建设规范化工作和女职工"关爱行动"等相关工作。全区各街道、直属单位工会女职工委员会主任、委员100余人参加。 (赵丽娟)

【助学帮扶】 区总工会物质与情感相结合深化"金秋助学"活动。开展受助在校大学生暑期教育活动,组织参观北大红楼和时传祥纪念馆;举办受助在校大学生座谈会;向每名受助大学生发放2000元助学金。受助大学生感谢工会组织关爱给予他们的希望和动力,表示一定会用实际行动报效祖国、回馈社会、回报父母。区总工会"金秋助学"活动还对困难职工子女中的幼儿园新生、义务教育新生、高一新生、大一新生、大学二至四年级在读学生给予不同标准的经济补助,切实减轻困难职工家庭负担。 (赵丽娟)

共青团东城区委员会

【概况】 共青团东城区委员会(简称团区委)是在区委领导下的先进青年群众组织,是党联系青年的桥梁和纽带。团区委设办公室、组织部、宣传部、统战权益部、社会工作部,有在岗在编人员16人。全区有14~28周岁适龄青年3.86万人,其中团员2.72万人,占青年总数的70.52%。团员中有女团员1.63万人,少数民族团员1535人,分别占团员总数的59.69%和5.64%。全年发展新团员3341人,占适龄青年总数的8.65%。有245名团员超龄离团,占团员总数的0.89%。有基层团委73个,团工委19个,团总支58个,团支部1941个。直属团组织中团干部49人,其中专职团干部21人,占42.86%;党员44人,占89.80%;全部具有大学(含大专)以上学历;女团干部35人,占71.43%。

年内,共青团北京市东城区第十次代表大会召开,选举产生新一届领导集体。团区委夯实基础、突出重点、突破难点,深入开展"党团共建创先争优"活动,推进"社区青年汇"建设,全方位开展志愿服务工作,深化"阳光·成长"青少年公益行动,履行共青团组织、引导、服务、维权四项基本职能,团结带领全区团员青年为"国际化现代化新东城"建设做出贡献。区预防协调委和区未委会以促进青少年健康成长为立足点,履行工作职能,以提升青少年法律素养为落脚点,创新载体,丰富活动内涵,开展法制宣传、法制实践活动。

单位地址:东城区后永康胡同17号
联系电话:84039238 邮编:100007 (翁东杰)

【青少年社团工作】 1月19日,举办"我眼中的新东城"青年摄影大赛评审会。大赛通过集中采风、作品征集和评审颁奖三个阶段,历时3个月征集300余幅作品。会上,评出一等奖5名、二等奖10名、三等奖15名和优秀奖30名。4月22日,联合朝阳门街道团工委共同开展"3510倡环保 绿色骑行划总规"主题活动,骑行队伍从朝阳门桥出发,途径东二环高端服务业发展带、王府井商业发展带、历史文化传承发展轴,最终抵达前门历史文化展示区。团市委、团区委、朝阳门街道相关领导和来自社区的50余名团员青年、志愿者代表参加。8月12日,在第二届北京前门历史文化节举办期间,依托"青年摄影爱好者联盟"组织开展"我眼中的新东城"之古韵前门集体采风活动,并于10月21日邀请摄影大师集中点评,选出50幅优秀作品。10月24日,组织开展"我眼中的新东城"之科技北京——自然博物馆采风活动,140余名青年摄影爱好者参加。 (翁东杰)

【青年志愿者工作】 1月,以"新春佳节七天乐,志愿足迹印东城"为主题开展春节服务周志愿服务活动,重点开展庙会志愿服务、重点区域志愿服务、社区志愿服务等三类服务工作,组织上岗志愿者521人次,服务人群超过5万余人次。2月2日,农历除夕,市领导刘淇、郭金龙、王安顺等到区东直门交通枢纽城市志愿者服务站点视察站点运行情况,并慰问在站点参加城市志愿服务的志愿者。志愿者汇报站点坚持长期化服务的相关情况,展示站点的志愿服务经典照片,并详细介绍站点配备的服务材料。刘淇对东直门交通枢纽站点志愿服务给与肯定,并为志愿者送上新年的祝愿。团市委书记王少锋,区领导杨柳荫、牛青山等陪同。3月,召开关爱农民工子女志愿服务工作专项推进会,组织全区基层团组织共同参与,开展"志愿北京 蓝天行动"关爱农民工子女志愿服务活动。4月15日,在景山街道织染局小学开展"阳光成长——知心宝贝 阳光心语"关爱农民工子女志愿服务活动,区领导常卫现场观摩并听取工作汇报。6月10日,组织50余名志愿服务负责人开展青年志愿服务项目培训,围绕志愿服务项目管理目的、实施计划、项目评估等几方面内容,共同探讨区青年志愿服务规范化服务工作模式。9月4～17日,组织41名志愿者参与毛主席纪念堂志愿服务。开展“忆主席革命征程、励青年成长成才”座谈会、“感动青春年华、践行志愿精神”主题演讲等多项团队活动,让志愿者在服务的同时,增强政治素养,提高团队意识。9月22日,与东直门街道团工委、星星之火志愿者协会联合开展东直门交通枢纽义务指路队成立10周年纪念庆典活动,团市委机关党委书记、市志愿服务指导中心领导与东直门交通枢纽义务指路队20余名志愿者参与活动。指路队从10年前“北京指路大王”谢亮在东直门交通枢纽空场上为行人义务指路开始,志愿服务不曾间断,志愿者队伍不断壮大,服务设施、服务内容日趋完善。团市委领导向十年如一日付出辛勤劳动的志愿者表示感谢,并希望继续弘扬志愿精神,带动更多的人参与志愿服务,在全社会营造出良好的志愿氛围。11月11日,开展区关爱农民工子女志愿服务示范活动,组织30余名来自织染局小学的农民工子女代表与北京青年政治学院志愿者一同参观国家动物博物馆。全年,开展各类关爱农民工子女志愿服务活动100余次,帮助服务农民工子女1500余人。

(翁东杰)

【重点青少年群体管理】 1月,组织各街道团工委开展服刑人员未成年子女、社区闲散青少年等重点青少年群体情况摸排工作,将其纳入网格化规范管理,确定专人帮扶。4月26日,联合区综治办、法院、司法局、人力社保局等单位就判处非监禁刑失足未成年人职业培训和就业援助等方面问题专题研讨,完善和修正《关于进一步深化对判处非监禁刑失足未成年人一体化安置的实施意见》,形成失足未成年人教育、帮教、安置一体化管理机制。5月,以“全国助残日”、“国际残疾人日”等重要时间节点为依托,开展“改善残疾人民生 保障残疾人权益”主题活动,组织志愿者成立帮扶小组,为重残青少年提供学业成长、能力发展、心理关怀、社会融入等多方面帮助。11月29日,组织召开“重点闲散青少年服务管理会议”,加强对重点闲散青少年的教育、帮助和管理,完善预防青少年违法犯罪工作机制。(翁东杰)

【两节送温暖】 1月至2月,以“青春送温暖 和谐进万家”为主题开展两节送温暖慰问活动,推出由3个市级示范项目、8个区级示范项目、53个基层项目组成的三级项目群,65家单位参与。区委、区政府对活动给与支持,区领导邵鹏、谢世龙、李力、王佩立、刘忠胜等参加慰问贫困青少年。各街道、机关、企事业单位党政领导和团区委领导多次参与送温暖活动。活动筹集各类款物资金271.51万元(其中,团市委支持12.4万元,团区委自筹259.11万元),服务对象6858人。(翁东杰)

【星光青春自护行动】 2月11日,启动区寒假星光自护小卫士万人培训活动,以辖区内6家星光自护学校为单位,面向辖区内小学1至6年级学生,开展星光自护培训,提高青少年自护意识。2月12日至3月7日,依托北新桥街道、建国门街道等6家星光自护学校,开展“杜绝安全隐患,从小做起”主题教育活动、“低碳生活,从我做起”环保讲座和“远离毒品,享受阳光生活”禁毒讲座等活动22场,覆盖青少年群体1100余人次。7月至8月,组织各街道未委会办公室利用暑假时间,针对紧急避险、意外伤害、卫生救护、法律心理等方面内容,开展符合青少年实际需求的自护教育活动,提高青少年安全意识和应对突发事件避险自救能力,预防和减少各种事故发生。8月,组织区部分街道8名学生参加“珍爱生命 远离毒品——2011年北京市青少年禁毒教育夏令营”活动。通过参与绘画、团队游戏、参观禁毒基地等活动,对青少年进行毒品预防知识宣传教育。9月,对法律援助中心共青团工作站与法律援助热线工作人员进行培训,使其熟悉工作职责、工作流程,并能依据“两法一条例”及有关法律、法规,详细解答来访来电者提出的问题,并提出处理意见。10月,联合公、检、法、司、文化委、工商等系统的两委成员单位,开展校园周边环境整治行动,消除诱发青少年违法犯罪因素,保护未成年人合法权益,为青少年健康成长营造良好环境。

(翁东杰)

【青年创业就业工作】 2月24日,召开共青团创业青年沙龙暨东城区第一届青年创业大赛总结会,会上,表彰19个优秀创业项目,其中现场展示2个创业项目。全区100余名创业就业青年参加。4月28日,市领导刘淇、郭金龙等视察区优秀青年创业项目“形影互动”新媒体,并听取该项技术的应用及发展情况介绍。6月8日,团市委事业部到区调研青年创业就业工作,就服务、促进青年创业整体思路、推进情况和具体措施交流。10月,在北京现代职业学校开展“创业五方谈”进校园活动,通过讲座专题介绍公司、个体、合伙等各种经济体的登记注册流程。11月11日,组织17个街道团工委负责人召开青年就业创业见习基地工作研讨会,研讨青年就业创业见习基地相关政策和工作要点。12月25日,针对永外地区商贸批发零售业聚集、流动青年较多的特点,组织“青檬夜校走进永外流动青年”活动,50余名流动青年代表参加。

(翁东杰)

【希望工程工作站】 3月,希望工程东城区工作站首批希望之星(1+1)奖学金发放,全区18名家庭经济困难中小学生获得社会各界的1.06万元助学款资助。同月,正式启动本年度希望之星(1+1)奖学金项目申报工作。4月15日,举办“100365首善行动·布逸昊温暖行动”助学金发放仪式,为北京宏志中学100名家庭贫困、品学兼优的学生发放10万元善款,提供学业和生活扶助。5月31日,组织区250名贫困家庭青少年、外来务工子女观看由北京市希望工程、北京电视台联合举办的大型公益演出《红孩子》,丰富精神文化生活。7月,联合区青联委员、北京一中100名教师开展“献爱心 手拉手”主题活动,将募集到的2300余册图书和10台电脑送到结对的贵州省三穗县长吉乡赤瓦小学学生手中。10月,希望工程东城区工作站第二批希望之星(1+1)奖学金发放,为22名中小学生发放奖学金1.86万元。11月,为60名品学兼优的家庭贫困青少年申报中南海爱心基金,并组织

10名贫困家庭学生参加中南海爱心基金现场发放仪式。12月,希望工程东城区工作站中南海爱心基金发放,全区60名家庭经济困难中小学生获得社会各界2.40万元助学款资助。（翁东杰）

【青少年法制宣传教育】 3月,根据区划调整后部分法制校长工作变动情况,对全区各中小学法制校长重新调整,落实各项管理制度,推动规范化管理,确保法制校长配备率100%,入校授课率100%,学生懂法率100%。4月25日,与和平里街道举行禁毒工作调研座谈会,详细了解和平里街道"向日葵社区"创建情况,并对"禁毒宣传进校园、加强流动人口禁毒宣传和对吸毒人员关爱与帮教"等重点工作进行交流。9月24日,联合区法院、司法局、工商分局、人力社保局等系统5家优秀"青少年维权岗"在崇文门外街道国瑞城广场开展集中宣传活动。通过活动,引导青少年认识"青少年维权岗",在自身权益受到侵害时及时利用"青少年维权岗"维护自身合法权益。10月14日,在"'五五'普法总结暨'六五'普法启动大会"上,团区委获法制宣传教育先进集体荣誉称号。12月1日,联合东城公安分局、区人口计生委、卫生局、疾控中心等单位在东直门交通枢纽大厅内举办第24个"世界艾滋病日"主题宣传活动,倡导"关爱生命　共筑和谐"的理念。活动发放印有艾滋病科普知识的扑克牌、手提袋、宣传折页等宣传材料1万余份。12月,联合团教工委以"践行北京精神,弘扬法治文化"为主题,开展系列法制宣传教育活动。教委系统1.3万余名教职员工和近12万名学生参与。（翁东杰）

【青少年思想道德教育】 4月,以"携手迈进十二五　青春建功新东城"为主题,全面推进青少年思想教育活动。在吴裕泰举办"树远大理想　促成长成才"团区委倾听日活动,细致了解外来务工青年工作、生活、思想情况,就企业青年面临的人生理想、创业就业、企业后备人才培养、青年党团员先进性等问题进行主题讨论。5月,推出"寻访党的足迹"主题实践活动,发布10余条红色寻访路线,教育引导团员青年感受党的光辉历史,树立远大奋斗目标。7月,以"提高党性修养,增强团员意识"为目标,学习胡锦涛总书记"七一"重要讲话和十七届六中全会精神,引导团员青年加强理论学习、提升理论素养、强化理论实践。8月,启动区首届"青春榜样"评选活动,围绕"励志与成长"、"品格与风尚"、"坚守与奉献"三大板块,培养青年典型,通过"青春榜样大课堂"、"主题实践寻访"、"青春榜样评选"等方式,引导团员青年树立正确的成才观。（翁东杰）

【组织建设】 4月1日,以提高整合资源能力、拓展联系青年渠道、增强团的工作力量为目标,全面推进区各街道团组织格局创新工作。开展专兼职团干部选配和调整工作,6月底17个街道全部配齐编制外副书记,并调整委员结构充实街道团工委领导班子。调整后街道团工委配备书记17名、编制外副书记51名,委员143名。书记均为街道行政事业编制内人员,副书记、委员涵盖户籍民警、工商税务人员、教师、非公有制企业或社会组织负责人、青年社团负责人,其中大专以上学历208人,占98.6%,平均年龄28.6岁。8月22日,下发《关于深化东城区街道团的组织格局创新工作制度建设的通知》,各街道初步形成团工委合理运行机制,工作和活动载体更加丰富。4月18日,制定《2011年非公有制企业和社会组织团建工作方案》,以岗位建功为重要着力点,推动在非公经济组织、社区、楼宇等领域团建工作。依托党建带团建,依托行业协会、商会,推动行业团建、区域商会团建,推行"同区域联建"、"兴趣趋向团建"等做法开展团建工作。全年实现新增非公企业建团302家,新社会组织建团32家,超额完成团市委制定的"两新"建团任务。探索网格化团建、"1+X"团建等社区团建新模式,17个街道社区团组织覆盖率达到100%。（翁东杰）

【社区青年汇】 4月19日,市领导刘淇、王安顺到区"方家46号·社区青年汇"就"创新社会管理服务,推进首都社会建设"主题专题调研,现场观看"给力青春"——东城区2011年社区青年汇交流展示活动,并对区社区青年汇工作予以肯定,市委宣传部、市统计局、市民政局、团市委等有关部门负责人,区领导杨柳荫、牛青山、常卫、夏树军陪同调研。6月23日,团市委副书记姜泽廷带队到区开展年中专项工作联查调研,调研组一行参观考察兴化社区"快乐驿站·社区青年汇",肯定该青年汇通过"七站合一"模式服务社区青少年的做法,团中央城市青年工作部,团市委社区部、青农部、统战部、中少部及东城、通州、丰台、大兴团区委主要负责人参加。12月,团区委从基础设施入手,强化社区青年汇基础建设,为具备安装条件的20家社区青年汇配备安装"LED动态公告栏"。截至年底,全区有市级社区青年汇39家,覆盖和影响各类青年群体7万余人次。（翁东杰）

【团区委第十次代表大会】 5月10~12日,召开共青团北京市东城区第十次代表大会。会上,通过《立足新起点,实现新跨越,为"国际化、现代化新东城"建设贡献青春力量》工作报告,回顾和总结区划调整后的工作,明确未来五年团区委工作任务。会议民主选举产生共青团东城区第十届委员会。出席大会的正式代表209名,列席代表39名,通过充分讨论,采取无记名投票方式,选举产生共青团北京市东城区第十届委员会委员29名,候补委员15名。5月12日,团区委第十届委员会召开第一次全体会议,民主选举产生团区委第十届委员会常务委员会委员7名、书记1名、副书记2名。（翁东杰）

【团区委全体会议】 1月21日,共青团东城区委员会全体会议在区行政服务中心召开。会上,通过《青春东城——2010年东城共青团工作纪实片》;总结回顾上年工作;表彰上年获得北京共青团"达标创优"竞赛活动的先进集体和个人;传达市共青团工作会议精神;对进一步推进团区委项目化工作作说明;团区委书记作工作要点说明。区领导常卫、宋甘澍到会并讲话,团区委委员、各基层团干部140余人参加。（翁东杰）

【庆祝建党90周年活动】 5月至7月，在全区各单位选拔12名青年干部担任区纪念建党90周年展览讲解员，在40余天展览中讲解员为120余个单位的7万余名干部群众提供优质讲解服务。6月9日，举办“学党史、知总规、明团情”红色讲坛理论宣讲活动，邀请区党史办主任从区域发展历史角度对“总规”进行解读，团干部和青年骨干100余人参加。6月29日，举行“学党史、知总规、明团情”青年知识竞赛初赛，24支代表队的72名青年参加。7月1日，团区委“高举团旗跟党走 青春建功新东城”主题党日活动举行，期间开展“我和我的团代会”青年干部演讲比赛。7月6日，下发《关于组织引导全区广大团员青年和团干部认真学习贯彻胡锦涛总书记在庆祝中国共产党成立90周年大会上重要讲话的通知》，要求团员青年学习、领会、贯彻落实好讲话精神。7月19日，区“学党史、知总规、明团情”青年知识竞赛决赛举行，朝阳门街道代表队获得一等奖，北新桥街道代表队、区法院代表队获得二等奖，区教育系统、区卫生系统和区统计局三支代表队获得三等奖，团市委领导姜泽廷、区领导常卫出席活动并为获奖单位颁奖。 （翁东杰）

【党建带团建工作】 7月6日，召开区党建带团建暨深入推进共青团系统创先争优活动工作会。会议以区委名义下发《关于加强新形势下全区党建带团建工作的意见》及4个配套文件（简称“1+4”文件）并部署工作。会议由区领导吴松元主持，区委副书记常卫、团市委副书记杨立宪出席并讲话。区委各直属党（工）委、相关单位党组织主管共青团工作领导、组织部长及各单位团组织负责人100余人参加。年底，与区委组织部对46家直属团组织所属单位的党建带团建工作情况进行专项督察考核。 （翁东杰）

【青年人才工作】 7月至12月，分别推荐中国人民大学、中央财经大学、北京师范大学等高校的40余名优秀大学生到区委宣传部、和平里街道等9家单位学习实践。8月至12月，借助“东城—高校人才直通车”平台，引入人民大学和中央财经大学博士、硕士研究生，参与《东城区青年人才队伍发展规划（2011—2030年）》（简称“规划”）和《东城区青年英才开发工程实施方案》（简称“方案”）的编撰策划工作。年底，通过调研形成“规划”和“方案”（讨论稿），紧密结合国际化、现代化新东城建设和“两新四化”战略对青年人才的需求，对区青年人才结构、体制机制、政策环境、支撑体系等方面深入分析，以东城发展急需青年人才为重点，确定青年人才队伍建设工程，为区青年人才工作和人才发展确立方向和重点。 （翁东杰）

【团干部“思想汇”活动】 8月25日，举办第一期团青干部“思想汇”活动。团区委以团青干部“思想汇”活动为主要载体，推进团干部队伍建设。“思想汇”以4S（暨学习 study、展示 show、支持 suport、服务 service）建设为中心，充分发挥思想教育工作在团结、凝聚、教育、引导、服务青年上的作用。团干部就参与文明城区复检工作和体会，怎样发挥团的独特作用等方面进行交流。团区委机关基层团组织负责人30余人参加。10月28日，结合“团干部魅力提升12法”，在朝阳门街道举办第二期团青干部“思想汇”活动。基层团干部根据书本推荐的团工作方法，结合立足自身工作，就如何做好团的工作，加强团干部综合素质培养等方面进行交流。团青干部“思想汇”活动为团青干部提供展示、交流平台，团干部20余人参加。 （翁东杰）

【第二届青年体育节】 8月至10月，举办以“低碳健康 环保时尚”为主题的区第二届青年体育节。设置男子篮球、男子足球、羽毛球、乒乓球、登高爬楼等五项赛事。其中青年男子篮球赛有21支队伍参赛，青年男子足球赛有20支队伍参赛，青年羽毛球团体挑战赛有34支队伍参赛，青年乒乓球团体赛有30支队伍参赛，登高爬楼比赛有近200人参加。体育节直接参与活动青年达3000人次。副区长宋甘澍出席体育节开幕式，并为青年男子篮球赛分组抽签。 （翁东杰）

【青年学习节】 9月至12月，开展区青年学习节系列活动。9月27日，对新任团干部80余人进行培训，提高新任团干部业务水平。团区委各部室负责人就基层组织建设、青少年思想教育引导、维护青少年合法权益及志愿者工作等部室重点工作向新任团干部作介绍。9月28～29日，联合区委组织部举办第二期团干部调训班，培训包括党、团中央重要精神、区情区况、团干部素质培养等多方面内容。团区委委员、各基层团组织负责人、“两新”团组织负责人等120余人参加。11月17～18日，举办区团干部高级研修班，研修班结合建党90周年纪念活动，在狼牙山、冉庄地道战红色教育基地开展实地互动体验式教学，使团干部从感性到理性、从学习到实践得到全方位提高。各直属团组织负责人及团区委机关50余人参加。学习节举办期间，开展创建学习型团组织“五个一”教育活动，包括组织一次参观学习，帮助团员青年了解新东城区情区况；开展“我向团员推荐一本书”活动，引导团员青年多读书、读好书；组织开展一次志愿服务活动，提高团员青年服务意识和责任意识；举办一次艺术赏析活动，提高团员青年的文化水平和艺术素养；组织团员青年开展“我为东城谋发展”征文活动，写一篇文章，为区建设发展汇聚智慧和力量。通过主题教育活动，在团员青年中营造良好的学习氛围，全面提升团干部综合素质。 （翁东杰）

【与人大代表和政协委员交流】 10月17日，指导龙潭街道团工委召开以“关注新生代农民工精神文化生活”为主题的人大代表与新生代农民工面对面座谈会，为新生代农民工与人大代表、政协委员搭建交流平台，更直接地反映首都新市民的愿望。11月8日，指导和平里街道团工委在乙十六商务会所开展以“关注精神文化生活营造心灵栖息家园”为主题“共青团与人大代表、政协委员面对面”活动，倾听新生代农民工心声，反映新生代农民工意愿。12月6日，在龙潭街道开展“共青团与人大代表、政协委员面对面集中日活动”，人大代表、政协委员与30余名新生代农民工进行座谈，倾听心声，了解诉求。活动中，《蚁族》作者廉思被团区委聘为“东城共青团青年流动人口专项工作顾问”。 （翁东杰）

【综治考核】 12月初,团区委根据《年度东城区综治委预防青少年违法犯罪工作考核评分实施细则》,部署区综治考核工作。17个街道预防青少年违法犯罪工作协调委员会对照细则,查找不足,完善工作,为区综治考核做好准备。12月29日,参加首都综治委预防青少年违法犯罪工作协调委员会,接受考评小组的考核。团区委在预防青少年违法犯罪工作中采取的措施和实际成效得到团市委肯定,以满分成绩通过考核。 (翁东杰)

东城区青年联合会

【概况】 东城区青年联合会(简称区青联)是以共青团为核心的青年统战组织。有区各族各界及有关单位的委员423人。由公务员、经济、科教、政法、体育卫生、港澳台民宗侨、文化新闻7个界别组组成。

年内,贯彻落实中共十七大和第二十次全国统战工作会议精神,团结和引领区各族各界青年,提升统战青联组织的战斗力、感召力、影响力和凝聚力,深化为大局服务、为社会服务、为青年服务、为委员服务的工作理念,推动区各界青年统战工作开展,为"国际化现代化"新东城建设贡献青春力量。

单位地址:东城区后永康胡同17号

联系电话:84039237　邮政编码:100007 (杨柳)

【搭建委员沟通平台】 元旦、春节期间,区青联走访慰问部分委员,与委员探讨青联工作发展思路与未来规划。同时,针对委员数量多、信息变动频繁等特点,建立423名委员基本信息及资料库,实行动态跟踪、动态更新、动态管理,方便委员间沟通交流。2月16日,在首都大酒店举办"心相约"新春大联欢。通过现场互动、界别交流、文艺表演等方式展示委员风采,增进委员交流融合。7个界别的300余名委员参加。3月16日,下发《关于上报界别活动项目的通知》,要求各界别组上报工作和活动计划。最终征集优秀界别项目16个,加强青联界别组建设及各界别组之间的横向联系和委员之间的沟通。12月22日,开通"东城青联"新浪微博,以新媒介搭起宣传和沟通平台。同时,制定《微博信息上传办法》《微博信息发布和审核制度》及《微博信息发布审批单》,加强微博管理和规范发展。 (杨柳　刘凯)

【文体活动】 3月8日,与中央歌剧院联合开展"迎'三八' 美丽大变身"活动,邀请区青联委员中的著名化妆师,为女委员传授实用美丽秘方,现场为委员设计全新造型。5月26日,组织青联常委及各界别委员50余人赴长安大戏院,为文化新闻界别委员、北京京剧院青年团参加"魅力春天"的青年演员擂台赛助力,送去青联组织的关心和问候。9月10日,开展文体沙龙活动,来自公务员、港澳台、体育卫生等界别的委员组成东城青联足球队与朝阳门街道机关足球队举行友谊赛,提高青联凝聚力。11月3日,与中国体育报业总社联合在顺义区顺鑫绿色度假村举办"2011定向越野比赛"。区青联50余名委员组成11支队伍,与75个中央国家机关、媒体代表队同场竞技。通过活动与有关单位建立沟通合作机制,延伸区青联的对外交流领域,加强内部各界别交流。 (杨柳　刘凯)

【外事接待】 5月19日,接待应全国青联邀请到京访问的韩国青年代表团一行参观访问朝阳门街道史家社区和东四街道奥林匹克社区。中国国际青年交流中心有关部门领导出席。7月20日,接待应全国青联邀请到京访问的摩洛哥青年与体育监察部代表团一行10余人。代表团在团长摩洛哥青年与体育部监察长拉希德·马尼努带领下参观东四奥林匹克社区体育文化中心。8月10日,接待韩国女性家族部代表团一行40余人,参观访问东四奥林匹克社区体育文化中心。8月28日,蒙古国青年代表团一行33人到东四奥林匹克社区体育文化中心参观交流,团中央国际联络部领导陪同。 (杨柳　刘凯)

【学习交流】 10月13日,组织青联政法界别20余名委员赴怀柔区渤海镇北沟村开展新农村建设考察及座谈活动。参观村容村貌,听取北沟村基本情况以及未来规划介绍。11月24日,组织青联经济二组20余名委员赴通州区张家湾保罗生物园科技股份有限公司参观交流,了解保罗生物园生产经营状况。 (杨柳　刘凯)

【推优荐才】 通过开展青年榜样评选、青年风采展示等活动,多渠道培养和发现优秀青年人才:推荐1名委员参加北京市"五四"奖章评选;推荐10名委员参与区委组织部优秀人才培养资助;推荐1名委员参加首届"东城杰出人才奖"、4名委员参加第六届"东城区有突出贡献的优秀人才"、5名委员参加第六届"东城区优秀青年人才"评选;推荐6名委员为第十三届东城区政协委员人选。同时,加强对委员的培养服务和教育引导,建立与委员联系沟通长效机制,实时掌握委员近况,对委员事业发展、专业领域研究项目进展以及所获荣誉等情况及时跟踪、更新、宣传。 (杨柳　刘凯)

东城区妇女联合会

【概况】 东城区妇女联合会(简称区妇联)是区委领导下的群众团体,是党联系妇女群众的桥梁和纽带。职能是:代表和维护妇女权益,促进男女平等。区妇联设办公室、组宣部、权益部、儿童部(区妇儿工委办)、研究室,有机关人员20人,其中机关行政编制17人,机关工勤事业编制3人。6月,召开东城区第十二次妇女代表大会,选举产生新一届领导班子。全区有街道妇联17个,社区妇联199个,机关妇委会65个,党派机关妇委会8个。

年内,围绕庆祝建党90周年,在妇女和家庭中开展265场次系列文化活动。以巾帼建功20周年为契机,在全区各系统表彰巾帼建功标兵。推动落实巧娘工作室品牌建设、妇女创业小额贷款担保工作,拓宽妇女创业就业渠道。完成区"十一五"时期妇女儿童发展规划终期评估工作,妇女、儿童发展规划可量化指标达标率分别为100%和96.88%。制定

《东城区“十二五”时期妇女、儿童发展规划》。开展妇女维权工作,举办普法活动162次,发放资料1.5万份,参与群众达1.6万人次。三级信访窗口全年接待信访案件2773件,回复率达100%。走访特困妇女儿童1473人,社区流动儿童活动站15个,发放慰问款物67万余元。开展“关爱母亲　真情援助”为贫困母亲献爱心行动。筹得善款26.4万元。关注家庭和谐建设,开展“好邻居”评选表彰、“六一”慰问、家教讲座进社区活动,儿童道德教育等系列活动。17个家庭评为好邻居标兵,182个家庭评为好邻居。举办女干部培训班、基层妇女工作者培训班,100余名处级女干部,240余名妇联主任接受培训。与中外妇女组织开展妇女文化交流活动。获全国妇联系统先进集体、全国妇联党史知识网络竞赛优秀组织奖、首都全民义务植树先进单位、北京市第八届全民健身节精神文明奖。

单位地址:东城区后永康胡同17号

联系电话:84039243　邮政编码:100007　（王惠）

【创先争优活动】 1月6日,区妇联党组成员到东花市街道南里社区和朝阳门街道鸿安国际商务大厦,围绕“党群共建、创先争优”和建设“坚强阵地”、“温暖之家”总体目标,现场点评“妇女之家”、“妇女工作站”建设及为妇女群众办实事情况,并分别与“妇女之家”和“妇女工作站”负责人座谈。4月20日,区妇联到东直门街道调研、学习社会服务网格化管理工作。参观考察社会服务管理综合指挥分中心、东环社区实行网格化管理及平台对接的情况。与街道妇联就妇联工作进网格的内容和重点达成初步共识。5月13日,区妇联党总支与北新桥街道炮局社区党委举行结对共建签约仪式。5月17日,在市妇联召开的深入推进创先争优活动大会上,区妇联主席以创建巧娘工作室为载体,在创先争优活动中发挥妇联组织的独特作用为题作典型发言。市领导出席会议并对东城区巧娘工作室发展协会工作给予肯定。6月2日,区妇联召开系统创先争优推进大会。东直门街道妇联、东花市街道南里社区“妇女之家”、和平里街道环球贸易中心“妇女工作站”分别发言。17个街道妇联主管领导、妇联主席和部分楼宇妇女工作站代表近70人参加。　（王惠）

【扶贫助困活动】 1月14日,举办“姐妹情深　共享和谐”送温暖启动仪式。与会领导为困难单亲母亲发放慰问金,困难儿童领取“爱心妈妈”编织的爱心毛衣及爱慕公司捐赠的助学款。市、区领导及困难单亲母亲代表、特困儿童代表、爱心妈妈代表等50余人参加。年内,区妇联争取市、区资金支持,并获得“恒爱行动”、“爱慕希望女孩中国行”等扶困助学项目,以450户低收入单亲母亲为主要慰问对象,将困难儿童、老妇救会主任、贫困“三八”红旗奖章获得者、两癌筛查中患癌症的困难妇女纳入走访慰问范围,把党和政府的温暖切实送到更多的困难妇女儿童家中。1月26日,区领导冯熙、常卫、刘云斋、周永明、生敏、高桂强分别走访慰问6户特困单亲母亲,送去慰问品和慰问金。9月1日,区妇联走访慰问安定门街道品学兼优的贫困学生,送去书包和慰问金。　（王惠）

【执委会会议】 1月18日,召开执委(扩大)会议。会上,传达全国妇联召开的党群共建创先争优、推动妇联基层组织建设创新发展座谈会精神。大会讨论并通过区妇联主席作的题为《扎实工作,创先争优,团结引领广大妇女在新东城建设中再立新功》工作报告。东花市街道妇联、朝阳门街道鸿安大厦妇女工作站作社会服务管理创新和妇女工作站建设经验介绍。区领导常卫到会并讲话。6月3日,召开执委会会议。通报讨论东城区第十二次妇女代表大会有关事项。执委讨论并通过第十二次妇女代表大会特邀代表名单和大会工作报告(审议稿)。　（王惠）

【第十二次妇女代表大会】 3月18日,区妇联召开第十二次妇女代表大会代表推选工作部署会,对区第十二次妇女代表大会代表推选和执委候选人推荐工作具体部署,区有关单位近30人参加。6月21日,区第十二次妇女代表大会开幕。大会审议通过区妇联主席作的题为《建坚强阵地、筑温暖之家,为建设“国际化、现代化新东城”而努力奋斗》工作报告,通过大会各项决议、决定,选举产生妇联新一届执委55名、常委11名和主席1名、副主席3名。杨柳荫、李彦梅在开幕式上讲话。区领导徐鸿达、常卫、高桂强、金旭、宋甘澍、郭瑞敏,全区209名正式代表和22名特邀代表,部分委、办、局,街道主管领导以及群众团体代表和全市15个区县妇联领导出席开幕式,常卫出席大会闭幕式并讲话。　（王惠）

【家庭教育】 1月20日,区家庭教育研究会召开区划调整后的第一次研讨会。在总结上年家教工作基础上,围绕如何将传统文化融入家庭教育、流动人口家庭儿童心理健康、预防未成年人犯罪等社会热点问题进行研讨。5月26日,与区卫生局、人口计生委、妇幼保健院(南址)联合举办区第四届“健康　快乐　我成长”宝宝大赛,活动对加强母婴间沟通交流,促进婴幼儿智力与身心发育起到一定作用,受到家长们好评。8月27日,举办“家教专家进社区”暨家庭道德教育实践宣传月启动式。邀请著名心理专家张梅玲教授作“智慧型家长的建构”讲座。向8名家教专家颁发“家教专家进社区”活动聘书,每个专家联系2个街道,并根据需求开展有针对性的家教服务。11月3日,区政府教育督导组一行8人到区妇联督导检查落实教育法律法规及实施素质教育职责情况。通过听汇报、座谈、查阅档案,督导组领导对区妇联落实教育法和实施素质教育工作给予较高评价。12月9日,在体育馆路小学召开儿童伤害干预项目工作启动大会。会上,明确相关责任单位和具体工作职责,宣布首批20个试点单位名单。　（王惠）

【和谐家庭建设】 5月12日,与区环保局、区园林局在南馆公园联合举行“低碳生活　和谐家庭在行动”启动式,全面启动和谐家庭“六个一”系列活动。全区近100户家庭代表参观南馆公园低碳小屋、中水处理站、厨余垃圾处理等。5月15日,区和谐家庭代表近50人参加“和谐家庭　健走北京”活动。8月2日,与档案局在建国门街道联合召开“珍藏岁月痕迹,品味幸福人生”家庭建档工作推进会。帮助家庭建立家庭档案,是区妇联和谐家庭建设中一项有意尝试,借助档案局专业技术力量帮助家庭成员以档案形式,整理保存家庭中具有价值的文字、音像等历史记录,促进家庭文化传承,记录家庭生活变迁。9月15日,以“婆媳同游新东城 共庆中秋促和谐”为主题,组织15户“首都和谐家庭”婆媳代表参观中国铁道博物馆,游览前门大街。 (王惠)

【领导考察调研】 1月26日,全国人大常委会副委员长、全国妇联主席陈至立到区崇文第二幼儿园,为该园成为“中国儿童少年基金会智慧培养基金——关爱学前教育行动示范园”揭牌,并向孩子们赠送新年礼物。全国妇联领导宋秀岩、范继英、张静,市领导梁伟、侯玉兰,市妇联主席赵津芳,中国儿童少年基金会秘书长陈晓霞,区领导牛青山、常卫、毛桂芬陪同慰问。1月31日,市妇联副主席李彦梅等到景山街道黄化门社区和和平里街道“流动妇女平安之家”慰问来自各地的流动妇女代表,向留京过年的流动妇女表示节日祝福,并赠送新春礼物。4月19日,市领导刘淇等到区调研社会管理创新工作,参观区巧娘工作室发展协会,现场观看巧娘手工编织、风筝制作等,刘淇高度评价区巧娘工作室发展协会成立3年来取得的成绩,并要求市委、市政府相关部门给予巧娘工作室相关政策的帮助和扶持。区领导杨柳荫、牛青山、常卫、夏树军陪同调研。5月23日,国家民政部部长李立国、副部长姜力,副市长丁向阳等民政部及市有关部门领导到区调研社会组织培育发展工作。李立国了解巧娘工作室发展情况后,肯定工作室发展协会带动下岗、流动、残疾等社区妇女实现居家、灵活就业的发展模式。区领导杨柳荫、夏树军、宋甘澍陪同调研。9月7日,市妇联社会工作部部长到东直门街道调研社会服务管理创新工作,就妇联工作如何纳入网格化建设进行交流,并考察香河园北社区实行网格化管理及平台对接情况。10月31日,区人大妇女代表考察区商务楼宇“姐妹驿站”建设工作情况,并与鸿安大厦的企业代表座谈。代表们提出“姐妹驿站”要拓展工作领域,在企业与社会资源上不断吸纳利用,在服务内容上不断更新等工作意见和建议。 (王惠)

【考察交流】 3月13日,香港妇女联合协进会访问团一行41人到区就妇女创业、再就业以及社区建设进行交流。全国妇联组联部港澳台处处长、市妇联副主席刘颖、区领导常卫陪同参观交流。3月31日,吉林省妇联考察团一行11人到区学习、交流“妇女之家”和“姐妹驿站”(妇女工作站)阵地建设情况。考察团参观东花市街道社区妇女之家、朝阳门街道鸿安国际商务大厦妇女工作站,就社区工作者、社区建设等问题进行交流。市妇联副主席周志军、区妇联及东花市街道相关领导陪同参观。6月11日,厄立特里亚妇女代表团一行6人到东四街道奥林匹克社区参观交流。参观社区便民服务设施,了解巧娘工作室发展情况。9月15日,唐山市妇联考察团一行70人到区考察交流妇联组织参与社会服务管理创新工作。10月14日,柬埔寨国家妇女部代表团一行10人到区巧娘工作室发展协会参观交流。11月16日,日本志愿者代表团一行8人到区参观交流妇女民生工作。11月30日,澳门妇女培训班一行24人到区交流社区妇女工作。 (王惠)

【巧娘工作室】 2月2~9日,区10个巧娘工作室在地坛、龙潭、翠微、文化馆新春庙会中创下20万元销售业绩,为逐步走向市场奠定基础。10月18日,20个巧娘工作室获得美国圣徒慈善协会价值10万余元的电脑、相机等物品捐助。10月22日,全区巧娘工作室负责人到前门大街,实地考察旅游手工艺产品市场,拓宽作品设计研发思路。全年开展各类培训95期,3000余人次参加。巧娘参加社会公益活动,先后走进敬老院、市女子监狱、医院开展义务培训服务、义卖捐款等活动,用巧手回报社会。 (王惠)

【“姐妹驿站”工作】 3月17日,召开“姐妹驿站”工作交流会。鸿安大厦、环球贸易中心“姐妹驿站”分别介绍工作经验。14个“姐妹驿站”负责人及15个街道妇联主席参加。5月19日,北京市商务楼宇“姐妹驿站”建设工作推进会在本区召开。区妇联主席以“发挥妇女组织作用助力社会服务网络”为题作区商务楼宇“姐妹驿站”工作建设情况典型发言。全区有商务楼宇“姐妹驿站”35个,街道、社区“姐妹驿站”23个,覆盖108座楼宇、23个社区。楼宇“姐妹驿站”站长由社区专职工作者、街道优秀科级干部、企业负责人担任。“姐妹驿站”成立以来,开展政策咨询、法律援助、就业培训、调节纠纷、心理疏导、联谊交友等活动74次,为企业员工解决各类问题803件,其中女员工问题638件。 (王惠)

【“规划”落实工作】 2月16日,区妇儿工委办公室召开“十二五”妇女儿童发展规划征求意见座谈会,征求各委员单位对相关重点指标和措施的意见和建议,修改完善意见稿。4月12日,联合区统计局召开区“十一五”妇女儿童发展规划监测统计培训会,就统计指标工作对23个妇儿工委成员单位的联络员培训。9月7日,召开区妇儿工委工作会暨“十二五”妇女儿童发展规划启动大会,区“十二五”妇女儿童规划正式实施。10月20日,召开区妇儿工委各成员单位联络员培训会,针对“十二五”妇女儿童规划具体指标内容对各委员单位培训。副区长宋甘澍到会并讲话。 (王惠)

【“三八”节庆祝活动】 3月3日,以“岗位争优秀 建功新东城”为主题,召开纪念“三八”国际劳动妇女节101周年暨风采展示大会。区领导常卫致辞,表彰23个区“巾帼文明岗”和20名区“巾帼建功标兵”。各行业女性代表以歌唱、快板、宣誓等多种形式展示女性风采。市妇联副主席尹玲珍,区领导冯熙、徐鸿达、常卫、李力、高桂强、金旭、王红兵、郭瑞敏、冯藏淑出席会议。巾帼建功协调领导小组成员及全区各界妇女代表500余人参加大会。3月8日,慰问“巾帼文明岗”代表;区财政局教科文科、中国移动王府井营业厅;全国“三八”红旗手代表北京京地人和文化艺术发展有限公司董事长王水霞、北京市“三八”红旗手东花市街道东花市南里社区党委书记兼主任杨立新。与东城公安分局联合评选表彰第五届十佳“女民警标兵”和“好警嫂标兵”。 (王惠)

【庆"六一"活动】 5月30日,区妇联与区妇女儿童事业发展协会一行6人走访慰问华丰幼儿园。5月31日,与区教委、方家胡同小学共同举办"经典润心灵,国学伴成长"主题教育实践暨庆"六一"儿童风采展示活动。市妇联副主席周志军、区领导常卫参加。6月1日,区妇联走访慰问崇文托儿所,观摩"创意畅想百米长卷"绘画活动,并为孩子们送去节日礼物。"六一"前夕,在全区开展"阳光六月传递关爱"慰问活动。区妇联机关干部入户走访慰问10户单亲、贫困儿童家庭。（王惠）

【干部联谊活动】 3月7日,与区委组织部、文化委联合举办"沐浴党的阳光、奉献魅力东城"——东城区女领导干部庆"三八"联谊活动。东之花东城区女干部艺术团成员、区文化馆及区委老干部局退休老干部们共同表演了精彩的文艺节目。区领导常卫、吴松元、李力、高桂强、金旭、郭瑞敏、冯藏淑、张晓林以及全区处级女领导干部和各有关单位主要领导300余人参加。（王惠）

【素质培训】 6月23~24日,与区委组织部联合举办"品味文学艺术·塑造魅力女性"女领导干部专题培训班。培训安排《诗歌赏析与人文素养的提升》《语言艺术与沟通》《职场魅力女性形象塑造》等课程,同时结合建党90周年,组织女干部到国家博物馆参观,全区处级女领导干部100余人参加。9月13日,举办社区妇联主席培训班。围绕网格化社会服务管理创新、摄影技术、如何做好社区妇联主席等内容培训。全区街道、社区妇联主席240余人参加。（王惠）

【未成年人思想道德教育】 6月30日,与区流管办联合在定安里小学举办"童心向党　快乐成长"——庆祝建党90周年暨关爱流动儿童健康成长主题活动。向15个社区流动儿童活动站赠送价值1.5万元的活动设备,孩子们用歌声、舞蹈向建党90周年献礼。8月15日,与区科协联合开展"走进博物馆感受新科技"暑期一日营活动,来自街道社区贫困家庭的中小学生40余人,走进中国铁道博物馆,体验科技力量。9月起,联合区残联、教委等部门面向全区儿童开展"感悟国学精粹　爱心共筑文明"绘画作品征集活动,并印制"感恩·孝道"台历画册,宣传推广公平教育和关注残疾儿童成长理念。（王惠）

【妇女创业就业工作】 9月8日,与全国妇联直属机构华瑛女性创业发展中心相继在朝阳门、龙潭街道举办"东研——康基女性就业岗位推介会",优先为社区失业女性及未就业女大学生提供就业岗位。由于岗位具备依照就业妇女居住区域就近安排且工作时间灵活等条件,受到参会妇女的欢迎,当场达成就业意向40余人。（王惠）

【维权工作】 9月8日,召开区妇女维权联席会议。区委政法委、区人大内务司法室、东城公安分局、区法院、检察院、司法局、民政局、人力社保局、区总工会及区妇联相关领导参加会议。11月12日,与市妇联婚姻家庭咨询服务中心共同举办"爱,从这里起航"交友联谊活动,为来自区卫生系统、街道办事处、驻区国有企业等单位的近50名女性与北京武警总队军官180余名单身青年搭建相识、相知的交流平台。（王惠）

【评选182个"好邻居"家庭】 9月23日,第五届"好邻居"评选活动颁奖,17个家庭被评为区"好邻居"标兵,182个家庭被评为区"好邻居"。（王惠）

【评选优秀"妇女之家"】 10月8日,举办区优秀"妇女之家"评选展示会。17个社区"妇女之家"采用PPT的方式,从制度完善、主题突出、创意新颖、参与广泛四部分进行汇报。评选小组根据得分高低,评选出示范妇女之家2个,优秀"妇女之家"15个。活动为了解区"妇女之家"建设情况 ,"妇女之家"建设创品牌,树典型,办实事打下基础。（王惠）

【调研】 10月11日,区妇儿工委举办"关注关怀　促进和谐"暨关注社会转型期的中老年妇女问题研讨会,针对中老年妇女生存与发展等问题展开研讨,剖析问题根源,寻找解决问题办法,实现部门联动,维护社会稳定。区领导宋甘澍出席并作重要发言。区人大、司法局、信访办、610办公室、各街道负责人、中华女子学院、北京市婚姻家庭协会、区教育研修学院专家学者、区人力社保局、民政局、法院、老龄委、社工委等相关单位参加研讨。（王惠）

东城区工商业联合会

【概况】 东城区工商业联合会(简称区工商联)。工商业联合会是中国共产党领导的中国工商界组成的人民团体和商会组织,是党和政府联系非公有制经济人士的桥梁纽带,是政府管理非公有制经济的助手。该会具有统战性、经济性、民间性相统一的特征。区工商联内设办公室、会员科和经济服务科,有工作人员20人。区工商联有17个街道工商联分会、3家特色街区分会(南锣鼓巷分会、五道营分会、前门大街分会)、1家重点地区分会(北京站地区分会)、1家科技园区分会(雍和园分会)、1家楼宇分会(东方燕都分会)、1家异地驻京分会(天台北京分会)。有会员2191人,其中:全国政协委员1人,市政协委员9人,区政协常委11人、委员62人;市人大代表7人,区人大常委4人、代表25人。

年内,区工商联以邓小平理论和"三个代表"重要思想为指导,全面贯彻科学发展观,围绕全区中心工作,按照"六大平台、六大员"的工作模式,不断提高履职尽责和发挥"五个作用"的能力,制定11大类82项《折子工程》,较好地完成各项工作任务,特别是换届工作、分会组织建设、教育培训等居全市工商联系统前列。获得北京市工商联系统对外联络工作奖、教育培训工作奖及会员组织工作奖。

单位地址:东城区内务部街27号

联系电话:65255187　邮政编码:100010　（潘媛媛）

【光彩事业】 元旦、春节期间,组织21家分会开展多种形式的“送温暖活动”,参加活动的捐款会员企业249家,捐款捐物折合人民币50.19万元,受助贫困户1712户。6月,部分会员企业为东直门敬老院捐赠10台空调和电视。7月,区工商联副主席、北京宏源餐饮管理有限公司董事长出资购买7000箱矿泉水,分别慰问工作在一线的区公安民警、交通干警和城管大队队员。在北京市“光彩惠农”活动中,组织会员企业北京中和珍贝科技有限公司与门头沟区王平镇南港村建立结对帮扶,投入6万元用于南港村困难户发展养蜂产业,取得成效。与区人力社保局、区总工会等单位联合开展民营企业招聘周活动,联系和组织36家会员企业进场招聘,提供就业岗位300个,近50人达成初步就业意向。

(潘媛媛)

【会员联谊】 1月25日,区工商联非公经济人士迎新春联谊会在北京银丰商务酒店举行。区工商联主席致新春贺词。区委领导邵鹏出席并向为区经济和社会发展做出突出贡献的企业家表示感谢,向非公经济人士拜年,对区工商联发挥桥梁和纽带作用,履行各项职责,围绕中心、服务大局,促进区非公经济发展所作的工作表示肯定,并提出新的工作要求。市工商联党组书记、第一副主席吴杰,以及市工商联有关处室、区政府有关委、办、局领导出席。与会领导与来宾共同观看文艺演出。 (潘媛媛)

【参政议政】 年初,区政协全会上,区工商联提交《关于贯彻落实〈意见〉精神　加强工商联工作的建议》《关于优化区域发展环境　加快民营企业转型升级的建议》2件团体提案,其中1件被评为优秀提案。在调研走访基础上,完成调研课题,形成《贯彻落实“三个文件”精神,加强和改进工商联经济服务工作》《关于换届工作的思考》《关于东城商会发展几点思考》3篇调研报告。11月,配合区委统战部及有关部门,新推荐26名非公经济代表人士作为工商联届别政协委员候选人,并向其他界别推荐优秀非公经济代表人士。组织召开工作协调会,与工商、税务、劳动等9个部门协调沟通,配合区委统战部对26名工商联界别的委员候选人和18名经济、特邀界别候选人进行提名公示、综合评价和组织考察工作。

(潘媛媛)

【老会员工作】 春节、“五一”、“十一”,对178名老会员及遗孀给予困难补助,补助金额25.37万元。按照北京市工商联要求,做好原工商业者(三小)和遗孀身份认定工作,把握原则,摸清底数,对涉及人员进行认真审核、申报,对重点人员入户调查走访,认真了解、及时掌握原工商业者的生活困难状况和困难程度。 (潘媛媛)

【领导调研】 2月14日,区领导邵鹏到区工商联调研,在听取区工商联领导汇报贯彻落实中央16号文件、市委17号文件精神和区工商联换届筹备情况后,肯定工商联工作,对下阶段工作提出意见。3月7日,区领导刘忠胜一行到区工商联走访看望政协委员并与部分区工商联系统政协委员座谈。刘忠胜对工商联基层分会全覆盖、为千户家庭送温暖等重点工作给予肯定。8月19日,市工商联领导吴杰一行到区工商联调研考察换届筹备工作。吴杰要求区工商联要以换届为契机,选好配强工商联领导班子和商会领导班子;要认真细致地做好思想政治工作,增强非公有制经济代表人士的政治意识、大局意识,确保换届工作顺利完成。市委统战部工商经济处等有关负责人参加。邵鹏及区委统战部、区工商联有关领导陪同。10月19日,邵鹏到安定门街道调研工商联分会建设工作,走访五道营商会,并实地考察五道营胡同部分特色门店。邵鹏要求工商联分会要为五道营特色胡同的发展创造良好环境,加强对商会的管理与服务,发挥工商联基层分会和商会优势,为促进地区经济社会发展作贡献。

(潘媛媛)

【换届工作】 3月,研究制定工商联《年度换届工作实施方案》,多次召开换届工作领导小组会、区委统战部部长办公会、区工商联党组会,研究部署换届工作,成立区工商联换届工作领导小组。6月,组织编印《东城区“十二五”期间工商联事业发展规划》和《风采》换届纪念画册,编制《盛世华章　你我共铸》换届纪念光盘。9月8日,召开区工商联第九次会员代表大会暨东城区民间商会成立大会。会议审议通过区工商联执行委员会(临时)工作报告,选举产生由90人组成的区工商联第九届执行委员会和常务委员50人以及25人组成的新一届领导班子,同时表决产生区民间商会领导班子,聘请34家区政府有关部门负责人担任区工商联、区民间商会特邀席位制顾问。市工商联领导吴杰,区领导杨柳荫出席大会并讲话。吴杰肯定区工商联取得的成绩,并强调:要深入贯彻落实中央、市委、区委关于加强和改进新形势下工商联工作的有关意见精神,以这次换届为新契机,探索创新,团结引导非公有制经济人士,为促进首都经济社会发展,促进社会和谐稳定做出贡献。杨柳荫肯定近年来区工商联取得的成绩,并提出三点工作意见:要站在战略高度,增强做好工商联工作的责任感和使命感,团结非公有制经济人士投身区域各项建设,为打造“首都文化中心区、世界城市窗口区”汇集更加强大的力量;要围绕中心,服务大局,发挥工商联在推动“国际化现代化新东城”建设中的重要作用,在科学发展上找准结合点,在促进社会和谐上凝聚各方力量,在发展壮大爱国统一战线上发挥优势;要切实加强领导,营造做好工商联工作的良好环境,努力促进非公有制经济健康发展和非公有制经济人士健康成长,为建设“国际化现代化新东城”做出新贡献。市工商联副主席王克林,区领导冯熙、徐鸿达、徐熙、吴松元、邵鹏、夏树军、何厚夫、孙占军出席开幕式。市委统战部、市工商联、有关区县工商联负责人及区各有关部门负责人参加。 (潘媛媛)

【会员服务】 4月,组织5家会员企业参与与内蒙古乌兰察布市集宁区对口援助帮扶项目,签约2000亩房地产项目,把当地的土豆等蔬菜引入城区,并与集宁区工商联建立友好商会。4月,组织20余家会员企业参加天津河西区、武清区商贸交流等活动,为会员企业发展寻找商机。5月,组织30家会员企业参加河北承德“碧峰门民俗文化街招商”活动,有3

家企业签订合作意向书。8月，组织7家会员企业参加张家口市沽源县、怀来县经贸洽谈和招商引资活动，北京全福德有限公司签约2项旅游开发和房地产项目。年内，建立企业融资贷款数据库，实行台账跟踪管理，及时掌握贷款进度，提高信贷效率。加强与民生银行、北京银行、工商银行、招商银行、浦发银行、杭州银行和首创投资担保、瀚华投资担保的经常性联系与沟通，50家中小企业分别与银行对接。有40余家会员企业获得商业银行贷款2亿余元。利用“网站与信息机”捆绑互联，把网站集中发布、系统解读功能与信息机短信平台快速传递功能有机结合起来。网站发布信息52条，图片25张，信息机发送短信120余次、8万余条，服务会员万余人次，为会员企业及时提供政策、金融等方面信息。

（潘媛媛）

【执委常委会议】 7月29日，先后召开常务委员会（临时）第二次会议、执行委员会（临时）第三次会议。会议表决通过区工商联副主席届中调整和增补人员事项，审议通过《关于提请区工商联执行委员会确认侯文渊同志担任区工商联副主席职务的决定》（草案）和《东城区工商业联合会执行委员会（临时）第三次会议议程》。市工商联领导王克林，区领导邵鹏出席会议。区委组织部、统战部有关负责人和各基层分会秘书长及区工商联49名常委参加。（潘媛媛）

【分会建设】 8月18日，召开分会工作会议。会上，传达市委统战部有关市区县工商联换届工作文件精神，通报区工商联换届工作前期筹备情况，并就做好换届工作提出要求。东华门街道工委书记介绍东华门分会开展活动情况。区工商联领导作换届动员讲话。市工商联领导王克林、区领导邵鹏出席并作总结讲话。21家基层分会主管领导、分会主席、分会秘书长80余人参会。8月，建立前门大街分会和五道营分会两个特色街区分会，扩大分会覆盖面。12月27日，北京天台分会正式成立。会上，宣布《关于同意成立东城区工商业联合会北京天台分会的批复》，并举行揭牌仪式。北京天台分会的成立，是区工商联首家以异地驻京企业组成的地域性分会，是在新时期加强工商联基层组织建设的探索和实践，具有示范作用。天台分会会员及嘉宾200余人参加。

（潘媛媛）

【合作交流】 8月24～26日，内蒙古乌兰察布市集宁区委统战部、区工商联与东城区工商联就开展区域合作，加强工商联自身建设，发挥各自优势促进企业发展等交流座谈。双方对《关于进一步促进北京东城区工商联与集宁区工商联对口区域合作的意见》进行磋商，初步达成一致意见。同时参观考察区会员企业——北京晶珠医药企业管理有限责任公司。9月19日，区工商联一行14人与湖南省长沙市工商联座谈交流。会上，双方介绍两地工商联和非公有制经济发展的总体情况及开展工商联工作的做法与经验，就如何做好新时期工商联工作，更好地服务会员，促进两地非公有制经济健康发展交换意见。双方均表示要加强沟通联系，保持友好往来，特别是加强非公有制经济企业的合作与交流，开展经贸合作。（潘媛媛）

【教育培训】 11月3～4日，举办第十五期非公经济人士培训班。培训班以学习贯彻胡锦涛总书记“七一”重要讲话精神和“倡导阳光健康工作方式和生活方式”为主题，围绕宏观经济形势、非公经济党建工作、养生医学和健康知识等课题授课和讲解。市工商联副主席郑勇男，区委领导邵鹏，市委统战部、市工商联及区委组织部、社会工委、区总工会相关领导出席培训班。区工商联会员、街道分会主管领导、秘书长等400余人参加。（潘媛媛）

【荣誉工程评比】 组织和推荐会员申报、参评市区各项荣誉工程评比。做好1家“首都精神文明单位”，7家“精神文明标兵单位”，52家“精神文明单位”的复查、申报工作。新推荐通利达等3家会员企业为“首都精神文明单位”。区工商联有各级各类精神文明称号单位85家。经过区工商联推荐和申报，2家会员企业获北京市工商联“十佳标兵”会员企业称号；2家会员企业员工分别获巾帼文明岗和巾帼建功标兵荣誉称号。同时，推荐上报7家会员企业参加北京市劳动就业先进民营企业评选，推荐9家会员企业的内报内刊参加市联评选。做好人才推荐工作，组织优秀会员参加“东城区有突出贡献的优秀人才”、“东城杰出人才奖”、“2011·感动东城”道德模范等评选活动，2名企业家被评为第六届东城区有突出贡献的优秀人才。（潘媛媛）

东城区归国华侨联合会

【概况】 东城区归国华侨联合会（简称区侨联）。原东城区侨联和原崇文区侨联均成立于1985年6月，是由归侨侨眷组成的人民团体，是党和政府联系归侨侨眷的桥梁和纽带。工作职能是参政议政、群众工作、维护权益、海外联谊。区划调整后，有归侨226人，侨眷6734人，新华侨4391人，新移民、留学人员亲属4389人。东南亚归侨占85%以上，归侨原侨居国分布20余个国家。新华侨分布57个国家，基本上在发达国家。基层侨联19个，其中街道侨联17个，教委、卫生局系统2个。

年内，召开区第一次归侨侨眷代表大会，开展第五届首都新侨乡文化节系列活动，接待市侨联领导到区侨联调研，召开区侨联委员会（临时）第二次会议，选举新主席，召开基层侨联组织工作会议，推荐11名侨界代表性人士为区政协第十三届委员会委员。区侨联获年度北京侨联系统理论研究和调查研究优秀成果三等奖，首都第五届新侨乡文化节最佳组织奖。

单位地址：东城区幸福大街32号

联系电话：64023999　邮政编码：100061　（窦跃斌　苏国治）

【侨联委员会（临时）第二次会议】 1月7日召开。会议选举区侨联主席。市侨联副主席苏建敏出席并希望新领导班子以学习贯彻落实北京市《关于加强新形势下侨联工作的意见》文件精神为契机，按照侨联章程，充分发挥四项职能，在

工作中保持在各区侨联的领先地位,为首都建设世界城市贡献力量。（窦跃斌　苏国治）

【参政议政】　1月9日,参加区政协(临时)二次全会,提交《关于加强东城区文化旅游产业发展的建议》团体提案1个,侨联界别委员个人提案17个。10月10日,参加区政协第十三届委员会委员推荐工作第一次部署会。10月20日,参加区各民主党派团体协商会,协商推荐区第十五届人民代表大会代表候选人人选。11月10日,参加区政协第十三届委员会委员推荐工作第二次部署会。提案《关于加强东城区文化旅游产业发展的建议》在11月11日,区政协临时委员会总结表彰会上获优秀提案。12月8日,参加区各民主党派团体协商会,协商区人大、区政府人事安排。12月19～21日,参加区政协第十三届委员会第一次全体会议,大会上提交《关于做好引进海外留学人员回国创业的建议》《关于大力推进我区中医药进社区的建议》团体提案2件,侨联界别委员个人提案10件。（窦跃斌　苏国治）

【区侨界新春电影招待会】　1月21日,区侨界新春电影招待会在搜秀影城举行。邵鹏代表区四套班子领导向全区归侨侨眷并通过他们向远在海外的亲人表示节日问候和祝愿。区领导高桂强、冯藏淑出席。区侨联委员、老归侨、区街道侨联主席17人及专兼职干部和侨务工作者280人参加。（窦跃斌　苏国治）

【慰问活动】　春节前夕,开展走访慰问活动。区侨联主席带队走访原东城区和原崇文区侨联老领导5人,送去慰问品。活动中,走访慰问侨界代表性人士、困难归侨和部分街道归侨侨眷17户,送去慰问金7600元和价值6500元的慰问品。5月17日,区侨联接待德意志银行大中华区首席经济学家马骏博士,向他介绍区发展格局及发展目标,并向他通报区侨联聘任其为海外顾问的情况。8月,区侨联走访新侨联委员4人。（窦跃斌　苏国治）

【全委(扩大)会议】　2月15日,区侨联召开(临时)第三次全委(扩大)会议。区侨联主席作题为《凝聚侨心、汇集侨智,为加快推进"国际化、现代化新东城"建设作出新的贡献》工作报告。会议审议通过区侨联常委会工作报告,传达中国侨联八届三次全委会议、北京市侨联十三届八次全委会议精神,区委全会、区人大和区政协全会会议精神。市侨联副主席马坚出席会议并讲话,他肯定区侨联上年工作所取得的成绩,对本年工作提出要求。区侨联委员、全区17个街道及区教委、区卫生局系统侨联主席、秘书长60余人参加。（窦跃斌　苏国治）

【投资权益保护座谈会】　10月26日,市人大常委会民宗侨办公室与市侨联"在京投资权益保护问题座谈会"在区召开。会上,就加强知识产权保护、落实中央扶持微小型企业金融政策、搭建华商企业和政府交流平台、拓宽沟通渠道等方面提出有针对性的意见和建议。邵鹏对市人大常委会民宗侨办和市侨联到区调研表示欢迎和感谢,希望华商企业家能为市实施国际化战略、深化国际交流合作、提升国际影响力和知名度发挥独特的优势和作用,为加强和完善市侨务法制建设做出贡献。市侨联领导李昭玲表示要梳理好座谈会提出的意见和建议,向政府有关职能部门反映;要拓展侨联工作思路,为侨界群体做好服务工作,发挥好侨联的职能,凝聚华商企业这个群体为北京的经济社会发展发挥更大作用;希望华商企业家能够按照中共十七届六中全会和国务院侨务工作会议精神为指导,结合北京形势,在首都文化中心建设中发挥更大作用。市人大常委会民宗侨办公室主任席文启,市侨联领导李冬娟、李红军,区领导冯熙、邵鹏、李力等出席。来自东城区和西城区的10名华商企业家参加。（窦跃斌　苏国治）

【基层侨联工作会】　11月29日召开。会议交流各基层侨联组织本年开展的各项工作、经验体会及下年工作设想。会上,全区17个街道、教委、卫生局系统基层侨联组织实事求是总结成绩,明确规划发展目标。区侨联负责人肯定各基层侨联组织的工作,并对下年工作提出希望。（窦跃斌　苏国治）

【历届侨联主席座谈会】　4月26日召开。会上,区侨联主席向与会人员介绍行政区划调整后侨联开展的主要工作、第一次归侨侨眷代表大会筹备情况及侨联下一步工作打算。与会人员就侨联围绕全区中心工作发挥优势和作用,围绕如何召开好第一次归侨侨眷代表大会提出合理化建议。区领导邵鹏代表区委向老归侨在区发展中做出的贡献表示感谢,并提出三点要求:发挥侨联作为党和政府联系归侨侨眷和海外侨胞的桥梁纽带作用,依法维护侨益,积极参政议政,并把政治素质好、政策把握能力强、具有一定社会影响力的侨界代表推荐到人大、政协组织中,为全区的发展贡献侨界的智慧和力量;在为侨服务工作中,要特别关注侨界弱势群体,关心帮助他们的生活,为他们做好事、办实事,凝聚侨心,以侨界的和谐促进全区的和谐,为全区发展创造和谐稳定的良好环境;要摸清侨情,有针对性地开展工作,开创侨联工作新局面。20余名曾担任区侨联主席、副主席的老归侨参加。（窦跃斌　苏国治）

【"三八"妇女节活动】　3月4日,区侨联组织侨界女士参观台湾会馆和邓丽君音乐生活馆。这次活动,增强区侨界女委员之间了解、沟通和融合,受到大家欢迎。区侨联委员和17个街道、卫生局、教委的侨联女委员60余人参加。（窦跃斌　苏国治）

【区领导调研】　4月7日,区领导毛桂芬到区侨联调研指导工作。在听取区侨联负责人有关侨情资源、侨联基本职能和侨联工作开展情况以及换届工作筹备情况汇报后,对区侨联工作给予肯定,同时提出三点工作要求:要加强与区政府、人大、政协、区致公党等"五侨"部门的沟通与联系,发挥各自优势,共享侨界资源,共同做好侨务工作;要扩大与侨界群众的联系范围,并根据归侨侨眷特点和背景,分别研究他们关注和关心的问题,为维护社会和谐稳定发挥积极作用;在做好老侨工作的同时做好新侨工作,发挥新侨资金和智力优势,引导他们积极参与全区社会各项事业建设。（窦跃斌 苏国治）

【与社区结对共建】 4月,区侨联与北新桥街道藏经馆社区党委签署结对共建协议书。5月18日,区侨联党支部到北新桥街道藏经馆社区走访2名老党员,给他们送去慰问品。

（窦跃斌 苏国治）

【第一次归侨侨眷代表大会】 6月10日召开。会议审议通过区侨联委员会(临时)《凝聚侨心、汇集侨智、发挥侨力、维护侨益,为建设国际化、现代化新东城努力奋斗》的报告。选举产生第一届区侨联委员会,委员37人、常务委员15人,主席1人,副主席6人。聘请区侨联第一届委员会顾问10人,聘请区侨联第一届委员会荣誉委员21人。市侨联主席李昭玲、副主席马坚,区领导牛青山、冯熙、常卫、吴松元、毛桂芬、冯藏淑等出席。李昭玲代表市侨联对大会的召开表示祝贺,希望区侨联围绕新东城区20年总体发展战略规划和"十二五"规划,团结联系归侨侨眷和海外侨胞,为首都政治、经济、文化、生态文明建设服务,以改革创新精神不断加强侨联组织自身建设。牛青山代表区四套班子向大会表示祝贺,他强调,侨联组织要站在战略高度,增强做好侨联工作的责任感和使命感;要围绕中心大局,提高侨联工作的针对性和实效性;要加强党的领导,营造做好侨联工作良好环境。常卫代表区委对新一届侨联委员会和全区各级侨联组织提出希望。区总工会主席张晓林代表区人民团体向大会致贺词。西城、海淀、朝阳、丰台、石景山区侨联负责人,区属人民团体负责人,区17个街道、卫生局、教委、民宗侨办等有关方面负责人出席开幕式。全区134名归侨侨眷代表参加。

（窦跃斌 苏国治）

【承办乒乓球邀请赛】 7月23日,由区侨联承办的第五届首都新侨乡文化节系列活动乒乓球邀请赛在东四奥林匹克社区文化体育活动中心举行。市侨联领导苏建敏出席开幕式并致贺词。来自北京市部分城区、高等院校侨联和侨界社团的9支代表队、40余名运动员参加。经过激烈角逐,东城区侨联代表队获冠军,北京大学医学部侨联和清华大学侨联代表队分别获得亚军和第三名。（窦跃斌 苏国治）

【学习"七一"重要讲话】 8月9日,组织区侨联委员学习胡锦涛总书记"七一"重要讲话。委员们表示要落实讲话精神,坚持理论学习,发挥侨界优势,服务全区中心工作,深入探索侨联工作运行机制,扩大组织覆盖面,坚持侨联工作国内、海外并重,坚持老侨、新侨工作全面统筹,提高侨联干部队伍素质。（窦跃斌 苏国治）

【培训工作】 8月9日,区侨联举办"侨法"知识学习讲座,邀请中国侨联联络维权部政策法规处领导为侨界政协委员和区侨联委员讲解《中华人民共和国归侨侨眷权益保护法》相关知识。区政协副主席冯藏淑出席,20余名侨联委员参加。8月11日,举办侨联委员培训班,邀请中央社会主义学院教授作题为"同心同德、再续辉煌——认真学习胡锦涛总书记七一讲话"辅导报告和区委研究室主任作区情和总体发展规划讲座,20余名委员参加。（窦跃斌 苏国治）

【中秋科普乐园活动】 9月11日,与区崇文青少年科技馆,区政协港澳台侨专委会共同举办"同为阳光少年 共享科技快乐"中秋科普乐园活动。来自红桥市场的50名进京打工子弟参加。（窦跃斌 苏国治）

【推荐侨界政协委员】 9月至11月,按照相关要求,把具有政治素质高、参政议政能力强、社会工作水平高、热心为侨服务的11名优秀侨界人士推荐为区政协第十三届委员会委员。（窦跃斌 苏国治）

【参观书画摄影展】 10月8日,组织区部分侨界人士参加区举办的统一战线纪念辛亥革命100周年笔会暨书画展开幕式。10月10日,组织50余名归侨侨眷参观书画展。10月12日,组织近100名归侨侨眷参加市侨联在北京台湾会馆举办的"金水桥之恋——海外华裔青少年书画作品展"暨"追寻辛亥革命足迹"侨界群众摄影作品展开幕式,展览展出侨界群众200余幅摄影作品。（窦跃斌 苏国治）

东城区红十字会

【概况】 东城区红十字会(简称区红十字会)是区级从事人道主义工作的社会救助团体。其宗旨是:保护人的生命和健康,发扬人道主义精神,促进和平进步事业。主要任务:在区域内开展人道主义救灾救助,群众性卫生救护培训,社区红十字志愿服务,红十字青少年活动等项工作。有红十字会基层组织315个,会员总数10.15万人。区红十字会机关行政人员10人,其中常务副会长1人、副会长1人、秘书长1人、正科级3人。依据市红十字会有关文件精神率先成立应急救护培训中心,东城区红十字会应急救护培训中心是全额拨款的事业单位,行政人员4人、正科级1人。

年内,开展"博爱在京城"募捐活动,收到募捐款160余万元。在全区开展少儿大病医疗救助,在重点行业开展应急救护培训和演练等活动。

单位地址:东城区幸福大街32号906室

联系电话:87556906 邮政编码:100061 （范有余 杨鑫）

【第八次会员代表大会】 3月17日,召开区红十字会第八次会员代表大会。全面总结过去五年开展救灾备灾、救护培训、志愿服务、红十字青少年等工作和积极发挥政府人道救助领域的助手作用情况。同时,制定《北京市东城区红十字事业2011—2015年发展规划》。选举产生新一届理事会。200余人参加。（范有余 杨鑫）

【群众性初级急救工作】 5月,举办社区、校园避险逃生应急演练。以“5.12 防灾减灾日”及“5.8”世界红十字日为契机,在东华门街道韶九社区举办“应对灾难、人人参与”为主题的社区防灾减灾、避险逃生演练。依托国际减灾日,在二十四中学开展以“防灾减灾、从我做起——999 安全校园行”为主题的系列宣传教育活动。以“5.8”世界红十字日、急救日等宣传日为契机,动员各街道红十字会、各红十字工作委员会在社区居民、在校学生中开展现场初级救护知识的宣传普及,全年完成普及救护培训 8.26 万人次。与区应急办联合召开区应急救护培训工作部署会,对全区持证初级急救员培训 1.2 万人的任务进行分解。年内,完成初级急救员培训取证 1.29 万人,超额完成市会下达培训任务。通过区教委组织所属中学未取得“救护培训师资证书”的校医,参加北京市红十字会举办的培训班,按照每所中学至少配备 1 名“救护培训师资”要求,分 3 期选派 93 名老师参加为期 6 天的师资培训。 (范有余 杨鑫)

【红十字青少年工作】 7 月,与区教委共同组织部分中学生参加由市红十字会学校工委组织的“中日韩首都红十字青少年国际夏令营”及北京安徽两地红十字青少年夏令营活动。与区教委共同组织红十字青少年参加市红十字会举办的上年“百优十佳”评比活动,区 17 名学生被评为优秀红十字青少年,6 所学校,被授予红十字青少年活动组织奖。5 所中、小学校获健康促进学校窗口校称号。对 17 所健康促进学校进行区级复验,对古城职高进行非健康促进学校评审工作。

(范有余 杨鑫)

【创建东城首家“红立方”】 8 月 10 日,区红十字会 999 社区综合服务站和平里站开业,这是中心城区建立的第一家(全市第二家)999 社区综合服务站,简称为“红立方”。截至 12 月,999 综合服务站为和平里街道社区群众举办健康教育、应急救护等知识讲座 5 场,130 人次参加;各项咨询达到 71 人次;LED 播放宣传 70 余次,1.4 万余人次观看。

(范有余 杨鑫)

【红十字志愿者服务】 组建区红十字会应急志愿服务队。招募应急志愿者纳入区应急志愿者队伍,按照全市统一招募模式网上登记注册,在 17 个街道招募红十字应急志愿者 103 人,在 206 个社区居委会配备红十字急救箱。

(范有余 杨鑫)

【大病困难家庭救助】 对全区 5 种大病致困家庭摸底,经初步筛查,有 136 名患者(成人 113 名、患儿 23 名)因大病导致家庭困难。区红十字会分别对成人、儿童大病进行细致的二次筛查,对符合条件的 12 名 0～18 岁大病患儿实施救助,发放救助金 21 万余元;对家庭年收入 6 万元以下,自费医疗支出 3 万元以上的 63 户因大病致困家庭救助,发放救助款 30 余万元。全年对 119 户因病致困家庭救助,发放救助金 70 余万元,分别是上年的 2.1 倍和 1.6 倍。 (范有余 杨鑫)

【宣传传播工作】 区红十字会对网站进行改版,拓展网站功能,增设募捐公示、领导介绍及红十字知识等板块。募捐公示板块适时对西南旱灾、玉树地震、博爱在京城的募捐情况进行网上公示,捐赠工作更加透明、规范。上报信息多次被中国红十字总会、北京市红十字会及区内报纸、网站采登。为每名理事订阅两报一刊。全年编辑工作信息 20 期。按时完成年鉴的编撰工作。加强培训,邀请专家讲课提升基层干部文化素养。参与市红十字会举办的“我的红十字——第三届红十字电视知识竞赛”获全市冠军。接待来自亚非欧发展中国家红十字会(红新月会)的 25 名学员到区考察社区服务及红十字建设工作。开展“创建国际安全型社区宣传进校园——暨 65 中学校园防艾知识宣传系列活动”,400 名共青团员在“遏制艾滋、履行承诺”横幅上签名并向到场学生发放安全健康知识宣传手册和防艾志愿者红丝带标志。

(范有余 杨鑫)

东城区文学艺术界联合会

【概况】 东城区文学艺术界联合会(简称区文联)是东城区各艺术家协会组成的人民团体,是党和政府联系文艺界的桥梁和纽带,是北京市文学艺术界联合会的团体会员。负责全区艺术家协会的联络、协调、服务和管理工作及组织、推动本地区文学艺术活动开展。区文联编制 8 人(现有 9 人),其中常务副主席 1 人,党组书记 1 人,驻会副主席 1 人,秘书长人,干部 5 人。内设办公室、组织联络科 2 个职能科室。有个艺术门类 12 个协(学、研究)会,分别是:东城作家协会、东城戏剧家协会、东城书画家协会、东城美术家协会、东城摄影家协会、东城民间文艺家协会、东城民间艺术家协会、东城音乐家协会、东城舞蹈家协会、东城曲艺家协会、北京广角摄影学会、东城书画研究会,会员总数 2600 余人。

年内,贯彻落实科学发展观,围绕东城区建设“首都文化中心区、世界城市窗口区”的目标定位,开展一系列有影响有特色的文艺活动。先后被市委宣传部评为“北京市纪念建党 90 周年宣传工作先进集体”,被市文联评为“年度文联系统信息工作先进单位”。在市文联主办的“党的光辉照我心——2011 年北京市区县行业文联优秀文艺节目展演”活动中获组织奖,选送的京韵大鼓《长征》、配乐诗朗诵《我的南方和北方》分获二等奖和优秀奖。

单位地址:东城区崇外大街 7 号正仁大厦 2 段 9 层

联系电话:67087442 邮政编码:100062 (刘菁)

【新春团拜会】 1 月 26 日,新春团拜会在首都大酒店举行。区文联常务副主席汇报本年工作安排,市文联副主席、区文联主席致辞,市文联主席金铁霖,区领导赵中原分别讲话。市文联常务副主席朱明德、驻会副主席黎晶、党组副书记王德新,区领导杨柳荫、牛青山、冯熙、徐鸿达、常卫、夏树军、毛桂芬、刘忠胜出席。市文联有关部门、区县文联及部分区属单位负责人,区文联顾问、副主席及各艺术家协会代表近 400 人参加。朱明德、黎晶、著名书法家张仲愈、著名画家吴东魁分别向区四套班子赠送各自创作的书画作品。东城美术家协会向区文联赠送画家集体创作的山水画《晴川揽胜》。著名主持人瞿弦和、阚丽君主持团拜会。著名京剧表演艺术家于魁智、李胜素,著名表演艺术家曹灿等表演精彩的文艺节目。1月,区美术家协会、区作家协会分别举办新春团拜会,270名会员参加。（刘菁）

【"非遗项目"展示】 2月15日,区民间文艺家协会会员,受邀参加北京市政协民族和宗教委员会元宵节联欢会。联欢会上,区民间文艺家协会向委员展示风筝、料器、篆刻、脸谱、绒鸟、雕漆、面塑、内画鼻烟壶、原生态书画、剪纸剪影10项非物质文化遗产保护项目的代表作品。赵书介绍各项目保护情况及传承人现状。会员们向委员赠送手工艺作品,并介绍作品的寓意和文化内涵。委员表示,通过这种活动形式,深入了解北京,特别是区非物质文化遗产项目及传承人的现状,为联欢会增添民俗文化气息。（刘菁）

【领导调研】 2月17日,区领导赵中原、王红兵到区文联调研指导工作,听取关于区文联第一次代表大会筹备工作情况及相关工作安排的汇报后提出具体要求。12月29日,区领导金晖到区文联调研指导工作。区文联常务副主席介绍区划调整后区文联的基本情况,汇报今后五年工作思路、本年主要工作和工作中面临的难点问题以及近期重点工作。金晖听取汇报后,对文联工作提出要求。（刘菁）

【工作会议】 2月23日召开。会议研究部署本年工作,传达区在打造"首都文化中心区"方面的指导精神和工作安排,通报《东城区文联年度工作要点》《东城区文联关于筹备召开各艺术家协会第一次会员代表大会工作的通知》。各协会围绕如何做好第一次会员代表大会筹备工作和协会工作进行讨论,赵书出席并讲话,区文联全体人员及所属12个艺术家协会主席、秘书长参加。（刘菁）

【各艺术家协会召开第一次代表大会】 3月24日至4月29日,区文联所属的12个协(学、研究)会分别召开第一次代表大会。会议通过各协(学、研究)会理事会工作报告及协会章程等,选举产生理事和主席团成员及新任主席、副主席、秘书长等人选。（刘菁）

【第一次代表大会】 5月20日,区文联第一次代表大会在培新宾馆举行。区文联主席代表主席团致开幕词。市文联领导张占琴及区领导杨柳荫对大会的召开表示祝贺,并作重要讲话。会议审议通过《东城文联理事会工作报告》和《东城区文学艺术界联合会章程》,选举产生区文联第一届理事会和主席团成员,聘任区文联名誉主席、艺术家顾问和特邀顾问。赵书当选为区文联第一届主席团主席。杨柳荫、牛青山被聘为区文联第一届理事会名誉主席。全区文艺界118名代表参加。北京曲艺家协会主席李金斗,区领导杨柳荫、冯熙、徐鸿达、赵中原、夏树军、朴学东出席开幕式。西城区、朝阳区、海淀区、丰台区文联及东城区人民团体领导到会祝贺。（刘菁）

【主席团会暨上半年工作会】 7月22日,区文联召开第一次主席团会议暨上半年工作会议。会议通报《东城区文联年度上半年工作总结》,讨论通过《东城区文联主席团成员工作分工》,部署下半年主要工作。与会人员就如何做好文联工作和协会工作展开深入交流,就戏剧文化建设、知识产权保护等问题发表意见。东城民间艺术家协会主席作经验发言。区文联主席作总结发言。赵中原出席并提出工作意见。（刘菁）

【民协理事扩大会议】 9月6日,东城民间艺术家协会召开理事扩大会议。会议回顾总结协会自成立以来的主要工作,宣读并通过新入会的195名会员名单。区领导赵中原、朴学东出席并讲话。市、区有关部门负责人及60余名协会主席团成员、理事、顾问代表参加。（刘菁）

【民协全体会员大会】 11月19日,东城民间艺术家协会全体会员大会在汇文中学召开。协会新成立民间工艺、风筝、民间花会、雕塑、剪纸、刻绘、编绣7个门类的专业委员会。会上宣读并通过各专委会负责人名单(草案),与会领导为会员代表颁发会员证。会议通报首届"同仁堂杯"民间工艺美术大赛工作总结。协会主席回顾总结协会成立以来完成的主要工作,部署下一阶段工作任务。北京民间文艺家协会、区文联有关领导出席并讲话。300余名会员参加。（刘菁）

【民间工艺美术大赛】 3月15日,由区文联、民间艺术家协会、区非物质文化遗产保护中心、中国北京同仁堂集团有限责任公司联合主办的首届"同仁堂杯"民间工艺美术大赛举行。此次大赛是北京市首个邀请广大群众参与的大赛,历时近3个月,设金奖、银奖、铜奖、新苗奖和创新奖五个奖项。赛后获奖作品于6月9~12日在区文化馆风尚美术馆展览。（刘菁）

【第二届北京·南锣鼓巷戏剧节】 5月10日,以"感受东城戏剧 品味文化生活"为主题的第二届北京·南锣鼓巷戏剧节在中央戏剧学院实验剧场拉开帷幕。区领导牛青山、市文联常务副主席朱明德、市文化局副局长吴然分别致辞。中宣部文艺局副局长梁鸿鹰、文化部产业司司长刘玉珠、市文联党组书记陈启刚、市文化局局长降巩民及区领导杨柳荫共同触动水晶球,启动第二届南锣鼓巷戏剧节开幕式。中国作家协会、中国文化传媒集团、中央戏剧学院等国家及市有关方面领导,区领导杨柳荫、牛青山、冯熙、徐鸿达、常卫、赵中原、夏树军、徐熙、金旭、朴学东、刘忠胜等和众多戏剧界专家、著名演员出席开幕式。《中国文化报》、北京电视台、人民网、千龙网等20余家媒体到场采访。第二届北京南锣鼓巷戏剧节历时50余天,其间推出国内外优秀剧目40部在15个剧场演出180场次。（刘菁）

【区民间文艺家台湾文化行】 7月8~15日,以区领导赵中原为团长的"北京市东城区民间文艺家台湾文化行"考察团一行16人赴台湾进行为期8天的文化考察、采风、交流活动。考察团先后参观台北故宫博物院、南投县水里蛇窑陶艺文化园区,应邀参加台中市雕塑学会举办的北、中、南部地区会员联展开幕式,赵中原在雕塑展开幕式上致辞。考察团观看雕塑展,并与台中县文艺作家协会进行座谈和笔会活动。

(刘菁)

【华夏文化巴基斯坦行】 10月21~30日,应中国驻巴基斯坦使馆邀请,东城民间文艺家协会组团赴巴基斯坦,参加由中国华夏文化遗产基金会举办的“东方之韵——华夏文化巴基斯坦行”活动开幕式及美术作品展。开幕式现场,国家非物质文化遗产——“金马”派风筝、“面人彭”、内画鼻烟壶、京戏脸谱4个项目的传承人吕铁智、彭小平、郑旭晔、林爱幸现场展示民间手工艺制作工艺和作品,向巴基斯坦人民展示华夏文化独特的“东方之韵”。期间,中央电视台及巴基斯坦《每日时报》《黎明报》等媒体和当地报纸对此次文化交流活动跟踪报道。中国驻巴基斯坦大使刘健和巴基斯坦外交部、新闻广播部、国会等政府机构官员接见东城民间文艺家协会的艺术家。中国华夏文化遗产基金会特向东城区文联发来致谢函,高度评价东城民间艺术家在此次活动中的出色表现。 (刘菁)

【参加北京奥运城市体育文化节】 8月8~21日,东城民间文艺家协会受邀参加由国家体育总局、北京市政府、北京奥运城市发展促进会等单位主办的第二届北京奥运城市体育文化节活动。活动历时14天,东城民间文艺家协会在奥林匹克公园中心广场的文化展卖区,现场展示该协会艺术家亲手制作的风筝、面塑、脸谱、剪纸、风车、毛猴、木雕、布艺等创意礼品、奥运纪念品和民俗旅游品。活动期间,全国政协教科文卫体委员会副主任、北京奥运城市发展促进会副会长蒋效愚,北京市副市长、第二届北京奥运城市体育文化节组委会主席刘敬民先后到现场看望会员,感谢会员的努力工作,表扬他们为传承奥林匹克精神和北京奥运精神做出贡献。

(刘菁)

【交流与合作】 8月24日,区文联到怀柔区文联交流座谈。作为“手拉手友好区县”文联,两区文联分别介绍近年来文联及各艺术家协会基本情况和组织开展的主要活动,就建立两区互助互动机制,发挥自身优势,促进文艺资源共享,继续加强两区文联交流、合作、发展,创新工作思路、探索交流新模式等问题进行探讨,达成共识。8月29日,区文联与青岛市文联建立友好市区文联签约仪式在培新宾馆举行。区领导刘忠胜,青岛市委宣传部常务副部长、市文联主席吕振宇等及艺术家代表出席签约仪式。区文联常务副主席主持签约仪式并介绍区文联基本情况。市、区文联及青岛市文联领导分别致辞。 (刘菁)

【北京书画精品展】 10月16~19日,“庆祝中国共产党建党90周年、纪念辛亥革命100周年北京书画精品展”在区文化馆风尚美术馆举行。展出国画、油画及书法作品120余幅。本次展览由市文联、区文联、永外街道办事处、北京九洲书画艺术研究会和东城美术家协会共同主办。文化部离退休中心主任、老艺术家书画院院长陆耀荣,市文联领导陈启刚,北京美术家协会驻会副秘书长张亮京,区领导赵中原、刘忠胜等出席开幕式。 (刘菁)

【咏物抒情书法展】 11月26日,咏物抒情——李福祥书法展在区第一文化馆开幕。开幕式由中国美协副秘书长、著名书法家张旭光主持。中国书协副秘书长潘文海、区委副书记常卫、北京书协主席林岫先后致辞。市政协原副主席陈广文宣布书法展开幕。中共中央办公厅、全国政协、中国书法家协会、中国美术家协会及市有关领导毛林坤、仝广成、赵长青、许海峰、吴世雄,区领导杨柳荫、赵中原、夏树军、马战校,国际书法家协会主席刘正成及嘉宾近300人出席开幕式。书法展由区文联、北京书法家协会和中国书协展览中心联合主办,展览为期3天,展出李福祥近两年来创作的书法佳作60余幅。 (刘菁)

【优秀曲艺节目走基层】 12月12日,与市文联、北京曲艺家协会和北京市第十一中学合作,将曲艺文化送进校园,宣传、弘扬北京精神,丰富师生课余生活。全校师生观看曲艺家的精彩节目,新创编的单弦作品《北京精神鼓舞人》使师生加深对北京精神理解。市、区文联相关领导及第十一中学负责人与师生共同观看演出。 (刘菁)

【民艺协为会员举办拜师会】 12月22日,北京内画鼻烟壶艺术大师收徒仪式在区第一文化馆举行。仪式由东城民间文艺家协会主办,著名内画鼻烟壶艺术大师——京马派传人马增荃、京叶派传人叶澍英正式收东城民间文艺家协会会员王志江为徒。市、区有关领导和嘉宾出席仪式并表示祝贺。北京内画工艺美术大师刘守本,北京著名面塑艺术大师、“面人郎”传承人郎志丽,北京著名面塑艺术大师、“面人彭”创始人彭小平,京剧脸谱大师杨玉栋等众多民间工艺美术大师到场祝贺。 (刘菁)

【民间文艺进社区】 区文联与东城民间文艺家协会共同组织举办公益知识讲座65期,免费教授社区居民制作风筝、剪纸、毛、面人等手工技艺。开办残疾学员专场,普及传统文化知识。 (刘菁)

【特色作品展】 各协(学、研究)会分别举办有特色的作品展览活动,先后举办手工艺术作品展、书法美术精品展、京味画与新书联展、书画作品展等,推进艺术交流、发展与繁荣。 (刘菁)

东城区团体负责人

东城区总工会主席	张晓林
共青团东城区委书记	韩新星
东城区青年联合会主席	韩新星(兼)
东城区妇女联合会主席	杨立萍(女)
东城区科学技术协会主席	曹洪欣(兼)
东城区工商业联合会常务副主席	郝国信
东城区老龄协会会长	徐维江
东城区残疾人联合会理事长	从艳梅(女)
东城区红十字会会长	宋甘澍(兼,3月免)
	毛桂芬(女,兼,10月免)
东城区文学艺术界联合会主席	赵　书
东城区归国华侨联合会主席	李冬娟(女,8月免)

政权·政协

北京市东城区人民代表大会常务委员会

【概况】 北京市东城区人民代表大会(临时)常务委员会(简称区人大(临时)常委会)。年内,召开常委会会议7次,主任会议9次。听取和审议“一府两院”工作报告13项;做出决议、决定7项;依法任免国家机关工作人员134人次,其中区人大(临时)常委会工作机构负责人21人,区政府部门组成人员15人,法检两院工作人员96人,人大街工委组成人员2人。依法选举产生区新一届人民代表大会代表339人;组织并召开区十五届人大一次会议,依法选举产生新一届东城区人民代表大会常务委员会组成人员,东城区政府区长、副区长,区人民法院院长,区人民检察院检察长。接待群众来信来访来电280件人次。其中来信66件,来访来电214件,一批集体访200余人,听取相关单位负责人关于文明城区复检准备工作情况汇报,督导“全国文明城区”复检工作。

单位地址:东城区幸福大街32号
联系电话:87556606 邮政编码:100061 (刘国栋)

【市区人大领导调研】 市人大主任杜德印,市委常委、市总工会主席梁伟,市人大副主任赵凤山、马振川、吴世雄等领导先后到区调研9次。区领导杨柳荫、牛青山、冯熙等陪同。1月5日至11月24日,区人大领导冯熙、李力、费文勇、生敏、金旭等先后40余次到区级机关、社会单位、学校、医院、社区调研。完成区级调查研究报告7篇,分别是:《关于加强民主法治建设 优化区域发展环境的研究》《关于推进基层民主建设 创新社区治理机制的研究》《关于东城区促进旅游产业发展情况的调研报告》《围绕创先争优 建设学习型人大机关的研究》《东城区2011年人大代表换届选举前期调研情况的报告》《对东城区法制宣传教育工作的调研和建议》《东城区人大常委会城建环保工作委员会在监督工作中发挥专业性作用的实践与思考》。 (刘国栋)

【区人大常委会(临时)会议】 1月10~12日,区人大(临时)第二会议召开。应出席代表439名,实出席代表398名。审议《关于东城区国民经济和社会发展第十二个五年规划纲要草案的报告》《东城区人民政府工作报告》《东城区2010年国民经济和社会发展计划执行情况与2011年计划(草案)的报告》《东城区2010年预算执行情况和2011年预算(草案)的报告》《东城区人大(临时)常委会工作报告》《东城区人民法院工作报告》《东城区人民检察院工作报告》等,并通过上述报告的各项决议。2月23日,区人大(临时)常委会第四次会议召开。区人大(临时)常委会主任、副主任及委员共42人出席,缺席7人。会上,传达北京市第十三届人大四次会议精神;审议通过东城区人大(临时)常委会2011年工作要点和主要议题安排;听取区人大常委会建国门街道工委、景山街道工委和体育馆路街道工委2010年工作报告,其他14个街道工委的工作报告以书面形式向会议报告;审议通过《东城区人大(临时)常委会人事任免暂行办法》《东城区人民代表大会(临时)常务委员会代表资格审查委员会关于个别代表的代表资格的报告》;表决通过有关人事任免事项。4月28日,区人大(临时)常委会第五次会议召开。主任、副主任、委员等39人出席,缺席10人。会议听取《区政府关于2010年社会治安情况的汇报》《区政府关于扩大学前教育规模,缓解幼儿入园难问题情况的汇报》,表决通过有关人事任免事项。6月23日,区人大(临时)常委会第六次会议召开。主任、副主任、委员等44人出席,缺席5人。会议听取和审议《关于东城区2010年预算执行和其他财政收支的审计工作报告》《关于东城区2010年财政决算草案的报告》,审查批准《东城区2010年财政决算及决算的报告》;听取和审议区政府办理第33、38、45号议案《关于深入推进国家中医药发展综合改革试验区建设,促进中医药产业发展情况的报告》;表决通过有关人事任免事项。8月4日,区人大(临时)常委会第七次会议召开,主任、副主任、委员等44人出席,缺席5人。冯熙、费文勇分别主持会议。会议表决通过有关人事任免事项。8月25日,区人大(临时)常委会第八次会议召开。主任、副主任、委员等38人出席,缺席11人。冯熙、李力、费文勇、生敏分别主持会议。会议听取和审议区政府《关于东城区2011年1~7月份财政预算执行情况》《东城区2011年1~7月份国民经济和社会发展计划执行情况》、区政府办理议案《“关于加强城市环境综合整治和治理”情况》、区政府《关于实施“五五”普法规划和制定“六五”普法规划情况的报告》,区政府《关于促进旅游产业发展的工作报告》。作出《区人大(临时)常委会关于新一届区人民代表大会代表换届选举工作的决定》,表决通过东城区选举委员会组成人员名单;作出关于进一步加强法制宣传教育,推进法治建设的决议。表决通过有关人事任免事项。10月27日,区人大(临时)常委会第九次会议召开。主任、副主任、委员等44人出席，缺席5人。冯熙、李力、费文勇分别主持会议。会议听取区政府《关于东城区2011年财政预算变动情况的报告》。经审议表决，作出《北京市东城区人民代表大会（临时）常务委员会关于停止罗少杰东城区人大代表职务的决定》《关于接受毛桂芬辞去北京市东城区人民政府副区长职务请求的决定》《北京市东城区人民代表大会（临时）常务委员会关于接受董建中辞去北京市东城区人民法院院长职务请求的决定》和《北京市东城区人民代表大会（临时）常务委员会关于孟祥为北京市东城区人民法院代理院长的决定》。表决通过有关人事任免事项。11月24日，区人大（临时）常委会第十次会议召开，主任、副主任、委员38人出席，缺席11人。冯熙、李力、费文勇分别主持。会议听取和初审区政府《关于东城区2011年预算执行情况和2012年预算草案的报告》；听取和审议区政府办理东城区人大（临时）二次会议代表议案、建议工作情况的报告和区人大（临时）常委会代表联络室关于督办、检查区人大（临时）二次会议代表议案、建议的工作报告；听取东城区新一届人民代表大会代表换届选举工作总结和东城区人民代表大会（临时）常务委员会代表资格审查委员会关于东城区第十五届人民代表大会代表资格的审查报告；讨论《北京市东城区人民代表大会常务委员会工作报告（草案）》和东城区第十五届人大一次会议有关事宜。作出召开区十五届人大一次会议的决定，通过东城区第十五届人大一次会议预备会议议程和列席人员名单。表决通过有关人事任免事项。（刘国栋）

【第十五届人大第一次会议】 12月20～23日，第十五届人大第一次会议召开。应出席代表339名，实出席代表328名。大会选举产生新一届区人大常委会主任1名、副主任7名、委员27名，区人民政府区长1名、副区长7名，以及区人民法院院长、区人民检察院检察长。根据大会选举结果，冯熙当选区人大常委会主任，牛青山当选区人民政府区长，孟祥当选区人民法院院长，殷健当选区人民检察院检察长。审议《关于东城区人民政府工作报告》《东城区2011年国民经济和社会发展计划执行情况与2012年计划（草案）的报告》《东城区2011年预算执行情况和2012年预算（草案）的报告》《东城区人大常委会工作报告》《东城区人民法院工作报告》《东城区人民检察院工作报告》，并通过上述报告的各项决议。代表们共提出47件议案和164件建议、批评和意见。冯熙主持大会开幕式。杨柳荫主持大会闭幕式。（刘国栋）

【主任会议】 全年召开区人大（临时）常委会主任会议9次。主要研究召开各次区人大（临时）常委会会议有关事宜，区人大（临时）常委会本年工作要点和主要议题安排，区人大常委会、区政府、区人民法院和区人民检察院提请的有关人事任免事项，换届选举工作有关事宜及关于个别代表停止职务的建议。听取《东城区人民代表大会（临时）常务委员会代表资格审查委员会关于个别代表的代表资格的报告（草案）》；区政府关于体育生活化社区建设、保障房和对接房建设、贯彻执行《北京市老年人权益保障条例》、“十二五”时期教育改革与发展专项规划工作情况的汇报，防震减灾法律法规执法检查组关于东城区贯彻执行《中华人民共和国防震减灾法》及《北京市实施 < 中华人民共和国防震减灾法 > 办法》情况的检查报告；区人民法院关于执行工作情况的报告；区人民检察院关于加强和改进反渎职侵权工作情况的报告。讨论《东城区人民代表大会（临时）常务委员会人事任免暂行办法（草案）》《北京市东城区人民代表大会常务委员会工作报告（草案）》、区十五届人大一次会议有关事宜。讨论通过《东城区人大（临时）常委会第六次会议关于对区政府 < 关于深入推进国家中医药发展综合改革试验区建设，促进中医药产业发展情况的报告 > 的审议意见书》（草案），《北京市东城区人民代表大会（临时）常务委员会关于进一步加强法制宣传教育，推进法治建设的决议》（草案），《东城区人大（临时）常委会第八次会议对区政府 < 关于加强城市环境综合整治和管理议案办理情况报告 > 的审议意见书》等。（刘国栋）

【区人大代表换届选举】 2月14日，召开人大街道工委办公室主任会议，费文勇参加。就“关于2011年区县、乡镇两级人大代表换届选举有关问题的调研提纲”进行说明，布置相关调研工作。区人大代表换届选举工作拉开序幕。9月1日，东城区选举委员会召开第一次会议，区选委会主任冯熙，副主任李力、费文勇、生敏、金旭，区选委会委员、区选委会办公室各组组长、副组长，地区选委会各分会主任参加会议。传达市委区县、乡镇人大换届选举工作领导小组会议精神和领导讲话，宣读区人大（临时）常委会关于新一届区人民代表大会代表选举工作的决定和区选委会组成人员名单，讨论通过《东城区人民代表大会代表选举工作计划》和区选委会办公室、各地区分会、驻军指导组组长名单，确定新一届人民代表大会代表投票日为11月8日，通过区新一届人民代表大会代表名额分配方案。11月1日，全区17个选举分会164个选区（含驻军）共设置选举站183个，安排选举站负责人175人，由选民推选产生的总监票人158人、副总监票人450人、监票人1742人。11月2～5日，各地区分会组织正式代表候选人与选民见面。正式代表候选人452人在159个选区与选民10296人见面。正式代表候选人向选民介绍自己的基本情况，针对选民提出的各类问题，进行解答。11月8日，登记选民537207人，其中527555人参加投票选举新一届人大代表，投票率为98.2%。选出区人大代表339人，其中，中共党员代表230人，占67.8%；妇女代表126人，占37.2%；少数民族代表32人，占9.4%；一线代表241人，占71.1%；中央、市属单位代表136人，占40.1%；连任代表154人，占45.4%。代表中，研究生124人，占36.6%；大专及高职以上334人，占98.5%。区领导杨柳荫、冯熙、常卫、徐熙、费文勇等分别到全区17个选举分会和驻军指导组的投票站视察人大代表换届选举投票工作。11月14日，区选委会召开第五次会议。依法确定并决定公布东城区第十五届人民代表大会代表选举结果，通过《东城选举委员会关于第十五届人民代表大会代表选举工作报告》。会后，冯熙、李力、费文勇、生敏、高桂强、王佩立分别参加各地区分会召开的选举工作总结暨公布人大代表选举结果大会，向新当选的人大代表颁发当选通知书。

（刘国栋）

【代表考察】　2月14日,金旭带队到南池子社区居委会、前东社区居委会考察、走访。4月13日,生敏到地坛体育馆考察本区廉租房选房活动,实地了解房源分布、户型、配套设施建设、租金等相关情况。4月18日,生敏带领执法组考察区《中华人民共和国防震减灾法》及《北京市实施〈中华人民共和国防震减灾法〉办法》落实情况,先后察看了区应急物资储备库、北京市第65中学抗震加固工程、皇城根遗址公园应急避难场所、安定门防震减灾宣教指挥中心。7月8日,生敏带队考察区城市环境秩序整治工作情况,实地考察前门步行街、景山玉河南片、安定门内大街的环境秩序整治情况。7月20日,冯熙、生敏带队考察区城市环境整治和管理工作情况,实地考察鼓楼东大街广告牌匾治理、东华门外立面整治、崇文门西大街公共服务设施整治等情况,听取区城管委负责人的相关情况汇报。全国人大代表、北京市人大代表关阔山、"加强城市环境综合整治和管理"议案办理调研组成员参加活动。7月29日,区人大(临时)常委会内务司法室组织市、区人大代表考察法制宣传工作。8月5日,李力与部分财经工委委员考察国家博物馆和前门23号院等区新的特色旅游资源。10月31日,李力及部分区人大妇女代表考察东城区商务楼宇"姐妹驿站"。（刘国栋）

【议案建议督办工作】　2月15日,生敏到区城管委就"关于加强城市环境综合整治和管理"的议案办理工作以及市人大有关市、区联动缓解交通拥堵及垃圾处理等城市管理工作议案办理等相关工作进行督促检查。4月11日,区城管委负责人到景山街道与联组代表就推进非文保区"煤改电"工作议案办理情况进行交流。4月20日,李力到区产促局督办第148号代表建议"关于加强和改善新时期工商联工作的意见"。5月4日,李力到区社会办督办第8号代表建议"将部分基础薄弱街道硬件建设纳入'十二五'规划"。5月17日,东城区房管局负责人到豆瓣社区就牛怡平、穆芳代表提出的"关于东四豆瓣地区2、3、5号楼地下空间急需整治问题"的建议进行当面答复。6月2日,王佩立到区社会办就相关议案建议办理情况进行督促检查,了解区人大(临时)常委会重点督办的第21号建议"关于社会专职工作者享受煤火费、清洁能源补贴、报销"和第34号议案"关于建立完善社区专职工作者定期体检制度"办理工作的具体情况。6月3日,生敏到新世界北京项目管理中心就"加强城市环境综合整治和管理"议案办理情况进行督促检查,重点了解了法华寺路拆迁改造进展情况。6月10日,区人大(临时)常委会城建环保工委召开议案督办工作协调会,与政府相关部门就办理"关于加强城市环境综合整治和管理"议案进行了沟通。生敏、任继明出席会议。6月15日,生敏、任继明到北京建新市政工程管理有限公司就"加强城市环境综合整治和管理"议案办理情况进行调研。7月19日,费文勇带领部分人大代表到区城管委评议建议办理工作。8月11日,生敏到和平里街道督办人大代表建议办理工作,听取提出"关于尽快为安定路20号院2号楼业主办理产权证的建议"的代表及和平里街道有关领导的情况介绍。

（刘国栋）

【人事任免】　2月23日召开的区人大(临时)常委会第四次会议决定免去:姜在昉的北京市东城区人大(临时)常委会财政经济工作委员会主任委员职务;郑礼的北京市东城区人大(临时)常委会内务司法工作委员会主任委员职务;沈卫建的北京市东城区人大(临时)常委会教科文卫工作委员会主任委员职务;陈守海的北京市东城区人大(临时)常委会城建环保工作委员会主任委员职务;袁燕生的东城区人大(临时)常委会东四街道工作委员会主任职务;赵凌云的北京市东城区民政局局长职务;田大农的北京市东城区人民法院审判委员会委员、审判员职务;刘景芳、白韧、张会娟、李泉泓、邓家鹤、李虎、陈世红、韩敏、李勇等9名同志的北京市东城区人民法院审判员职务;尹立勇、王琼、邓小芳、刘英、齐林、张涛、李月珠、陈玲玲、尚岳明、高文斌、魏有信、邓新军、朱军琴等13名同志北京市东城区人民检察院检察员职务。决定任命:张国熙为北京市东城区人大(临时)常委会财政经济工作委员会主任委员;魏敏德为北京市东城区人大(临时)常委会内务司法工作委员会主任委员;侯文渊为北京市东城区人大(临时)常委会教科文卫工作委员会主任委员;毛惠华为北京市东城区人大(临时)常委会城建环保工作委员会主任委员;袁燕生为东城区人大(临时)常委会东华门街道工作委员会主任;马云为北京市东城区人民法院立案一庭庭长;姜红为北京市东城区人民法院立案二庭庭长;马志星为北京市东城区人民法院立案二庭副庭长、审判员;佟永英为北京市东城区人民法院刑事审判第一庭庭长;马晓宇为北京市东城区人民法院刑事审判第一庭副庭长;狄启骋为北京市东城区人民法院刑事审判第二庭庭长;岳慧青为北京市东城区人民法院未成年人案件审判庭庭长;姬广胜为北京市东城区人民法院未成年人案件审判庭副庭长;全玉海为北京市东城区人民法院民事审判第一庭庭长;韩毅兵为北京市东城区人民法院民事审判第一庭副庭长;陈锦新为北京市东城区人民法院民事审判第二庭庭长;王朔为北京市东城区人民法院民事审判第二庭副庭长;王红为北京市东城区人民法院民事审判第二庭副庭长;姜在斌为北京市东城区人民法院民事审判第三庭庭长;岑翀为北京市东城区人民法院民事审判第四庭庭长;孟卫明为北京市东城区人民法院民事审判第四庭副庭长;孙京瑞为北京市东城区人民法院民事审判第四庭副庭长;曾进为北京市东城区人民法院民事审判第五庭庭长;曹英为北京市东城区人民法院民事审判第五庭副庭长;胡秉义为北京市东城区人民法院民事审判第六庭庭长;徐静为北京市东城区人民法院民事审判第六庭副庭长;赵庆为北京市东城区人民法院民事审判第六庭副庭长;王强为北京市东城区人民法院民事审判第七庭庭长;尹宏伟为北京市东城区人民法院民事审判第七庭副庭长;刘润华为北京市东城区人民法院行政审判庭庭长;赵志刚为北京市东城区人民法院行政审判庭副庭长;张立鹏为北京市东城区人民法院行政审判庭副庭长;邵金常为北京市东城区人民法院审判监督庭庭长;刘平为北京市东城区人民法院审判监督庭副庭长;田国庆为北京市东城区人民法院执行局执行一庭庭长;胡建光为北京市东城区人民法院执行局执行一庭副庭长;刘峰为北京市东城区人民法院执行局执行二庭庭长;张旭川为北京市东城区人民法院执行局执行二庭副庭长;赵连海为北京市东城区人民法院执行局执行三庭庭长;刘晶为北京市东城区人民法院执行局执行三庭副庭长。经无记名投票表决,决定任命:魏慧明为北京市东城区民政局局长。

4月28日召开的区人大(临时)常委会第五次会议决定任命:倪东为北京市东城区信息化工作办公室主任;田宏杰为北京市东城区人民检察院副检察长、检察委员会委员。

6月23日召开的区人大(临时)常委会第六次会议经审议表决通过了《关于接受王红兵辞去所担任职务请求的决定(草案)》,王红兵辞去副区长职务。决定免去:侯文渊的东城区人大(临时)常委会教科文卫室主任、教科文卫工作委员会主任委员职务;赵志刚的东城区人民法院行政审判庭副庭长、审判员职务;尹宏伟的东城区人民法院民事审判庭第七庭副庭长、审判员职务。决定任命:王志丹为东城区人大(临时)常委会信访办公室主任。任命:王力宇为东城区人大(临时)常委会教科文卫室主任;赵宏松为东城区人民政府民族宗教侨务办公室主任。

8月4日召开的区人大(临时)常委会第七次会议决定任命:王中华为东城区人民政府副区长;耿学森为东城区人大(临时)常委会办公室副主任(正处职)。免去:赵晓恒的东城区人民法院副院长、审判委员会委员职务。

8月25日召开的区人大(临时)常委会第八次会议决定任命:鲍亚范为北京市东城区人口和计划生育委员会主任。免去:李评修的北京市东城区人口和计划生育委员会主任职务;孙博光、过兴祖的北京市东城区人民检察院检察委员会委员、检察员职务;张红、张国成、南淑丽、游小琴的北京市东城区人民检察院检察员职务。

10月27日召开的区人大(临时)常委会第九次会议,接受毛桂芬辞去北京市东城区人民政府副区长职务的请求和董建中辞去北京市东城区人民法院院长职务的请求,作出《关于接受毛桂芬辞去北京市东城区人民政府副区长职务请求的决定》《北京市东城区人民代表大会(临时)常务委员会关于接受董建中辞去北京市东城区人民法院院长职务请求的决定》和《北京市东城区人民代表大会(临时)常务委员会关于孟祥为北京市东城区人民法院代理院长的决定》。决定任命:陈之常为北京市东城区人民政府副区长;颜华为北京市东城区人民政府副区长;孟祥为北京市东城区人民法院副院长、审判委员会委员、审判员;许金玉为北京市东城区人大(临时)常委会预算工作室主任;张明为北京市东城区卫生局局长;陈平为北京市东城区统计局局长;曹庆龙、田亚新、王匀、徐保红、崔健、庞建、赵秀权、赵艳丽、柴杨、陈新、陈剑华、张明、钟梅、宋旭阳、刘彩霞、刘钧强、林梅梅、王岩、陶悦迪、谭北川、王芳、宋晓鹏、王黎、王轶楠为北京市东城区人民法院审判员。免去:岳慧青的北京市东城区人民法院审判委员会委员、未成年人案件审判庭庭长、审判员职务。

11月24日召开的区人大(临时)常委会第十次会议决定任命:耿学森为北京市东城区人大(临时)常委会办公室主任;杨向弘为北京市东城区人大(临时)常委会代表联络室主任。免去:蒲文献的北京市东城区人大(临时)常委会办公室主任职务;原东群的北京市东城区人大(临时)常委会代表联络室主任职务;杨向弘的北京市东城区人大(临时)常委会研究室主任、办公室副主任职务;辛尚民的北京市东城区人民法院副院长、审判委员会委员、审判员职务。

【执法检查工作】 3月23日,组织召开《中华人民共和国防震减灾法》及《北京市实施〈中华人民共和国防震减灾法〉办法》执法检查组会议,生敏、任继明参加会议。4月7日,生敏、任继明带领执法检查组到区民防局检查《中华人民共和国防震减灾法》及《北京市实施〈中华人民共和国防震减灾法〉办法》落实情况,听取相关情况汇报。5月9日,生敏参加《中华人民共和国防震减灾法》及《北京市实施〈中华人民共和国防震减灾法〉办法》执法检查组座谈会,讨论《关于东城区贯彻执行〈中华人民共和国防震减灾法〉及〈北京市实施〈中华人民共和国防震减灾法〉办法〉情况的检查报告》(讨论稿)。

(刘国栋)

【工作交流】 3月25日,生敏参加城六区人大城建环保工作联席会。4月19日至22日,冯熙到郑州市中原区出席全国十四城区人大工作研讨会。4月25~27日,生敏、区人大(临时)常委会党组成员、副巡视员高桂强,出席在江苏省常州市钟楼区召开的全国十二城市城区人大工作研讨会第十八次会议。4月28日,重庆市渝中区人大常委会一行14人到本区就社会管理创新工作情况进行调研,冯熙等领导参加。区民政局、区社会办、区综治办、区信息办等部门负责人介绍东城区网格化社会管理模式、数字化技术支持、居民自治等工作情况。5月11~13日,李力到天津市河东区出席全国十三城市区级人大常委会工作联席会第四十二次会议。5月20日,冯熙、生敏参加市人大常委会城建环保办公室在区召开的缓解交通拥堵工作座谈会,市人大城建环保办公室主任赵义等领导出席会议。城六区交通主管部门负责同志分别就相关情况进行汇报,马曙光介绍"进一步缓解交通拥堵"议案办理的相关工作情况。6月16日,召开北京市东部七区县代表工作联席会,就如何做好届末代表履职的服务工作、换届选举及新一届代表的培训等工作进行交流研讨。8月23日,冯熙、李力接待以日本东京都足立区议会议长吉冈茂为团长的日本东京都区市町村议会代表团一行11人。9月9日,生敏主持召开城六区城建环保工委联席会议。10月11日,第六次四直辖市人大财经工作座谈会在区召开,市人大常委会主任杜德印、全国人大财经委领导以及四直辖市人大主管财经工作的领导出席会议。杨柳荫、牛青山、冯熙、徐熙、夏树军等区领导到场看望。李力陪同与会代表考察王府井商业中心街区、前门历史文化展示区、台湾会馆文化商务区、南新仓文化休闲街区。

(刘国栋)

【代表培训】 5月5~6日,冯熙、费文勇等30余名市人大常委会代表参加2011年市十三届人大代表培训班。6月29日,组织近40名市、区人大代表到区法院旁听公开案件审理。11月18日,费文勇参加东城区第十五届人大代表培训会,近150名首次当选的区人大代表参加培训。

(刘国栋)

【代表座谈会】 11月4日,区人大(临时)常委会代表联络室组织召开部分市、区人大代表座谈会。就区政府下年拟办重要实事提出意见建议,征集到城建城管、民生工程、教育教学、医疗卫生等方面的10余条建议。11月17日,部分区人大代表参加和平里商务新区规划编制工作座谈会,听取《和平里商务新区专项规划(2011~2030)》(评审稿)的汇报,对规划评审稿提出意见和建议。 (刘国栋)

【座谈走访慰问】 7月29日,冯熙参加人大机关庆"八一"复转军人联谊会。8月4日,冯熙率队到区交通支队慰问干警,李力、生敏,副巡视员高桂强、王佩立参加。听取东城交通支队的工作和内部建设情况介绍。8月4日,金旭到区文明城区复查迎检指挥部进行慰问。8月31日,副巡视员王佩立先后走访东四、东外、安外、南豆芽、沙子口和花市等清真寺慰问。9月7日,冯熙、金旭到北京市第五幼儿园慰问干部教师,听取幼儿园园长关于办园理念、育人目标和加强教育科研情况的介绍,参观班级教室。9月8日,区人大(临时)常委会教科文卫工委、区教委、区教工委联合组织教育系统人大代表教师节庆祝活动。冯熙、金旭及30余位教育系统市、区人大代表参加活动。12月2日,区人大(临时)常委会召开区人大(临时)常委会领导与区公安分局领导座谈会。区人大领导冯熙、费文勇、生敏、金旭,副巡视员高桂强、王佩立参加座谈会。听取区公安分局领导相关工作汇报。12月5日,区法院召开区人大(临时)常委会领导与区法院领导座谈会。区人大领导冯熙、李力、费文勇、生敏、金旭,副巡视员高桂强、王佩立参加,区法院代院长孟祥作工作汇报。冯熙提出:区法院一要以中国社会主义法律体系基本形成为契机,深化社会主义法治理念教育,教育干警牢固树立执法为民的理念;二要以东城区"两新四化"发展战略为中心,为东城区乃至首都的发展营造和谐稳定的社会环境和公正高效的法治环境;三要自觉接受人大监督。 (刘国栋)

【代表活动】 8月2日,组织34名东城团市人大代表开展活动,冯熙主持。费文勇传达市委书记刘淇在北京市2011年上半年经济形势分析会上的讲话精神、市长郭金龙所作的关于上半年经济工作情况和下半年重点工作任务的报告、北京市人大常委会2011年上半年工作情况的报告;副区长徐熙向代表们通报东城区上半年经济社会发展情况。 (刘国栋)

【预算监督顾问会召开】 11月21日,李力主持召开预算监督顾问会议,听取预算监督顾问对《关于2011年国民经济和社会发展计划执行情况与2012年国民经济和社会发展计划(草案)的报告》和《关于2011年预算执行情况和2012年预算(草案)的报告》的意见和建议。 (刘国栋)

【行使重大事项决定权】 区人大(临时)常委会作出批准本区上年决算,召开东城区十五届人大一次会议等决议;根据《代表法》第四十九条第二项的规定,终止朱宪一的东城区人大代表资格;根据《代表法》第四十八条第一项的规定,作出《关于罗少杰暂时停止执行东城区人大代表职务的决定》。 (刘国栋)

东城区人民代表大会(临时)常务委员会成员及工作机构负责人

主任、副主任、委员

主　任 冯　熙

副主任 段志国　李　力(女)　费文勇　生　敏(女)　金　旭(女,回族)　任继明　何厚夫

委　员 (以姓氏笔画为序)

马　龙　王秀海　王英民　王　钢　王惠民　王　曦　牛怡平　毛惠华　田永林　田　耘　冯建军(女)　许丽桦(女)　严　岩(女)　李平喜　李永红(女)　李　强　杨杰孚　肖　燚　沈卫建　张明光　张　跃　陈守海　陈国安　陈爱玉(女)　陈　靖(女)　武建军　岳秉飞　周焕奇　郑　礼　赵明杰　侯文渊　姜在昉　原东群(女)　郭东瑞　席　明(女)　盛继洪　康哲才　蒲文献　蒲　丛　蔡建伟　魏敏德

东城区第十五届人民代表大会常务委员会

主　任 冯　熙

副主任 赵中原　高桂强(女)　王佩立　蔡福全　于　静(女)　王兆康　何厚夫

委　员 (以姓氏笔画为序)

马　龙　王力宇　王小英　王先勇　王衍臻　王振淮　王　曦　毛惠华　石庆萍(女)　白京涛　冯远征　危天倪(女)　刘超英(女)　许金玉(女)　杨立萍(女)

杨永强　杨向弘(女)　杨冠军
肖　燚　张国熙　张　跃
陈爱玉(女)　苗　谦　郑　毅
袁燕生　耿学森　魏敏德

北京市东城区第十五届人民代表大会代表名单

东直门代表团

肖　刚　张建康　程晓宇　王　炼　王　斌
王　曦　毛　炯　田利民　刘　璐　张均生
张　雷　赵　莉　侯世军　宣　佳　崔燕珍
韩秀花

北新桥代表团

武建军　孙丹威　李澎涛　马志德　王先勇
王志勇　王衍臻　申春澈　毕国才　齐　斌
吴治民　何厚夫　张希红　陈　宇　金　晖
赵　敏　姜　蕾　殷　浩　黄　博　童之磊
普丽霞

东四代表团

赵凌云　潘友民　乐　波　马泽龙　王佩立
刘　博　孙建生　杨　波　吴　燕　张贵霞
陈慧华　范汝梅　郎海鹏　殷　健　蒋迎春
韩万通

朝阳门代表团

周　彤　方国根　郑红强　王　丹　王成荣
王兆康　王学军　王　毅　任　青　吴　彤
张　跃　陈笛语　苗　谦　孟　艳　臧新军
穆小平

建国门代表团

高　琦　杨金山　张　艳　王丽娟　车　军
李向东　李　彬　何　玲　张凯亮　张雪梅
陈　方　赵　赳　赵桂林　胡方友　柳翠敏
段小燕　徐　熙　郭　华　龚怡怡　梁　岩
彭德成　甄　贞　魏敏德

和平里代表团

王小英　王永海　赵　伟　王立坤　刘丛生
刘　静　刘增金　许　苓　孙绍明　李洪广
李燕飞　杨学东　吴克胜　吴宝春　张　忱
陈爱玉　邵伟民　卓玛吉　周剑平　周　晔
周德春　孟宪利　饶余波　秦龙生　耿丽丽
耿学森　翁　锋　黄　芳　曹淑杰　常　卫

安定门代表团

张长有　刘惠兰　谢宝明　刘源泉　闫玉凤
安　莉　李向明　杨永强　杨柳荫　吴志友
宋海良　赵　京　姜翠美　郭　艳　康文杰
谢　京

交道口代表团

严　岩　王志明　赵金俊　马丁一　王　颖
艾　均　白晓红　刘超英　杜　军　杨景旺
宋　英　尚金华　孟凡彪　孟立新　孟　祥
谢世龙

景山代表团

赵明杰　孟卫东　肖　放　王新立　卢艳丽
冯远征　危天倪　那非丁　杨虹珍　杨　震
陈　誩　林泉萍　金玉珍　高建荣　曹西达
蔡福全

东华门代表团

袁燕生　靳志伟　张京明　马书林　王　齐
王泉生　王蒀荣　王　强　东嘉生　田文明
田新平　叶晓颖　毕晓明　刘良翠　许先辉
许崇伟　许　锋　孙忠诚　孙继文　吴松元
吴　浩　宋纪蓉　张利民　武力泉　范禄燕
范　瑜　金　馨　孟宪武　梁启通　蔡丽枫

前门地区代表团

隗冬燕　田　耘　匡桂申　刘利民　刘燕明
关晓鹏　宋泽川　赵中原　寇向利　景月宏
熊　艳

崇文门外地区代表团

白京涛　蔡　放　肖广义　马宝珠　左海星
兰凌燕　冯永刚　杨立萍　陈绍枢　林　曦
保　然　顾雪村　高桂强　海　群　麻向朝
黑红震　黎　霞

东花市地区代表团

李评修　郭长华　田水泉　王　祺　牛青山
石景旺　司会军　李金舟　李春阳　杨立新
杨冠军　延　洲　宋甘澍　岳玉龙　郝海鸥
贺　庆　郭建利

天坛地区代表团

郝　斌　果淑兰　宋茂民　马　龙　牛建忠
刘东亮　刘　敬　李永红　李湘涛　邱淦清
沈　斌　宋莉筠　宋　莹　张国熙　张　娅
张振庭　林明杰　岳秉飞　周永明　周建林
洪　斌　徐鸿达　巢仰云　谢夫海

体育馆路地区代表团

毕博闻　李玉营　李庆君　丁新萍　王怀宇
王振淮　石庆萍　朴学东　刘　芬　许金玉
孙为民　李利中　张建萍　张曦丹　陈炜祯
陈泽兰　房长海　倪会忠　解文生　魏　欣

龙潭地区代表团

杜　娟　周克强　彭爱国　王力宇　王艳平
化唯强　从艳梅　冯　熙　刘玉一　杜润忠
李　莹　张卫民　张本智　张争法　张　经
陈维嘉　周　曦　郑　毅　孟　红　夏树军
席　明　曹桂菊　董雪平　程秋菊

永定门外地区代表团

韩焕岭	佟春明	高　平	于　静	王义华
王金海	毛惠华	孔祥义	孙振泉	苏志民
杜　鹃	李　昌	杨向弘	杨　斌	肖　燚
张长谦	张亚芬	张　军	张忠萍	范宝英
周元立	郑　虹	奎胜利	侯广库	康怀海
熊卫红				

工作机构负责人

办公室主任　蒲文献(11月免)
　　耿学森(11月任)
研究室主任　杨向弘(女,11月免)
代表联络室主任　原东群(女,11月免)
　　杨向弘(女,11月任)
财政经济室主任　张国熙
内务司法室主任　魏敏德
教科文卫室主任　侯文渊(6月免)
　　王力宇(6月任)
城建环保室主任　毛惠华
预算工作室主任　许金玉(女,10月任)

东城区人民政府

概　述

东城区人民政府(简称区政府),完成首都功能核心区行政区划调整后,完成"十一五"规划,"十二五"规划正式开局,经济社会发展迈上新台阶,为全面推进"国际化、现代化新东城"建设奠定基础。

经济实力。年内全区生产总值突破1300亿元,年均增长10%以上;人均GDP2.25万美元。财政收入120亿元,是2006年的2.19倍。完成节能减排任务,单位GDP能耗降至0.22吨标准煤,较2006年下降30%。产业结构合理。第三产业增加值年均增长14%,文化创意、商业服务等6个重点产业增加值占GDP64%。区内国家级高新技术企业148家,技术交易额近300亿元。重点功能区建设已见成效。王府井升级战略稳步推进,乐天银泰等5个项目竣工,新增商业商务面积30万平方米。中关村科技园区雍和园快速发展,打造国内领先文化金融服务平台,开创"胡同里的创意工厂"发展模式,国际版权交易中心累计实现交易额13亿元,获"中国最佳创意产业园区奖"。东二环交通商务区建设取得成果。龙潭湖体育产业园成为国家级体育产业基地。发展环境不断优化。在城6区率先组建区级行政服务中心,搭建综合服务统一平台。区内跨国公司地区总部数量14家,位居全市第二。楼宇经济监测工作持续推进,税收超亿元楼宇31座。国资委直接监管企业由90家整合调整为6家。促进非公经济和中小企业健康发展。改革区街财政管理体制,建立促进街道服务经济发展激励机制。对外开放交流取得进展,实际利用外资21.9亿美元,国际友城达18个。

城市建设与管理。历史文化保护与发展作为第一任务,开展前门地区600年来最大规模修缮整治工程,累计投入140余亿元,搬迁居民近1.7万户5万余人、企业534家。前门大街获第二届中国环境艺术奖(综合类)最佳范例奖,成为北京市第二条"中国著名商业街"。完成永定门城楼复建和南中轴路综合整治,再现宏伟大气的中轴气象。完成台湾会馆、阳平会馆等一批文物抢险修缮。修缮前门草厂地区533个院落、5000余间房屋,整治东四三至七条等近百条胡同。南锣鼓巷市政改造项目获"国际花园城市与社区"市政项目全球金奖和"2011亚洲都市景观奖",国子监街入选十大"中国历史文化名街"。率先推出区级非物质文化遗产名录,建成中华民族艺术珍品馆,东城区被命名为"全国文化先进区"和"中国民间文化艺术之乡"。实施"危改战役",加强住房保障,提出"菜单式"搬迁政策,平稳搬迁安置居民4.24万户。通过房屋修缮,2万户居民改善居住环境。实施2.23万户用水"一户一表"改造、1.4万户老旧楼房通天然气、7.12万户平房区"煤改电"等工程,完成文保区煤改清洁能源工作。市政设施进一步完善。完成东南二环辅路、东直门交通枢纽外部路网等一批道路建设。在26条胡同试行机动车"单行单停",利用市政空地建设立体停车设施。崇雍大街环境提升工程完成。推进地铁5、6、7、8和14号线拆迁工作,统筹站点用地综合利用和地下空间开发。完成108个垃圾分类试点小区建设。建成北二环城市公园、南二环24节气公园,全区绿化覆盖率31.25%。

社会管理。创建"以网格化为手段、以文化为灵魂、以历史文化名城保护为前提、以民生改善为根本、以综合执法为保障、以一流为标准"的城市管理"东城模式"。推进综合执法改革,街道、地区成立综合执法组。在全市市容环境卫生综合考评和城管执法考核中位居前列,获"国际花园城市"、"国家卫生区"、"中国最佳管理城市奖"、"数字城市建设杰出贡献奖"等荣誉称号,全国城市管理经验现场会在区召开。社会管理创新取得显著成效,东城区被中央政法委、中央综治委确定为"全国社会管理创新综合试点区"。创建"信访代理制度",信访代理工作实现全覆盖。区、处级领导代理重点矛盾纠纷稳控化解率达84.3%,17个街道和各社区代理

1.12 万件,案结事了 9435 件。“信访代理制度”得到中央及市委市政府和社会各界高度评价,经验在全市和全国推广。推进“平安东城”建设,百户居民及万人发案率连续 5 年在全市保持最低水平。建立消防安全新体系,把消防力量下沉至街道、社区,形成“1+2+X”消防工作机制。春节期间火灾同比下降 84%。加强食品药品安全监管,保障人民健康安全。推进和谐社区建设,建立健全“一委三会一站,多元参与共建”的社区治理模式,“社区居民会议常务会”等居民自治经验在全市推广。

民生工作与公共服务。实施“学区化管理”、“学校联盟”、“蓝天工程”、“学习 e 网通”建设,推动优质资源共享。本区成为国家级基础教育综合改革试验区。扩建汇文中学、五中分校、一师附小等一批中小学校,推进“校安工程”,加固翻建 34.9 万平方米学校建筑。教育对口支援工作取得成果,汇文中学“黄南班”培养出第一批高中毕业生,高考本科上线率达 100%。实施药品零差率、收支两条线管理。主要健康指标居全市领先水平,全区人均期望寿命达 82.5 岁。推行居民健康责任制管理,社区卫生服务中心实现 24 小时服务。推进国家中医药发展综合改革试验区建设,创建全国中医药特色社区卫生服务示范区。挖掘区域文化资源,逐步形成王府井国际品牌节、前门历史文化节等高端文化品牌;打造皇城文化国际旅游节、中华民族艺术珍品文化节等旅游文化品牌;扶持发展“功夫传奇”等演艺文化品牌,创造同一剧目在国内外连续演出近 5000 场的全国纪录;推动地坛庙会、龙潭庙会等民俗文化品牌;拓展南锣鼓巷胡同节、蟠桃宫庙会、金鱼池社区节等社区文化品牌。推进“奥林匹克·体育生活化社区”建设,打造全民健身体育节、中国北京国际体育舞蹈公开赛等品牌活动。培养输送的运动员在第二十九届奥运会、第十六届亚运会上分别取得 5 枚金牌和 8 枚金牌的成绩。创建 21 个北京市科普教育基地、16 个北京市创新型科普社区。全面实施“数字东城”行动计划。精神文明建设工作获全国文明城区称号。东城区被评为全国未成年人思想道德建设工作先进城市、全国“五五”普法先进区和全国计划生育优质服务先进区和全国双拥模范城六连冠。民族宗教侨务工作扎实推进。档案、地方志、残疾人、妇女儿童等方面工作取得新进展。推进“创业带动就业‘六个一’工程”,发挥“创业者俱乐部”作用,建立“4050 创业者专项资金”,扶持 1972 个创业项目,带动 4650 名失业人员就业。建立“创业孵化园”,开发公益性岗位,对就业特困人员实行托底安置。开通“社区就业信息发布直通车”,开发社区就业岗位 14.37 万个,安置失业人员 10.02 万人。实现“零就业家庭”动态为零。扩展社会保险覆盖面,完成市、区机关事业单位公费医疗信息采集和持卡就医工作。社会保险基金收缴率 98%,累计收缴 415.9 亿元,支付 400.81 亿元。社会救助实现全覆盖,全区累计支出最低生活救助保障金和专项救助资金 4 亿元。落实居家养老(助残)“九养”办法,形成覆盖全区服务网络体系,有 3.40 万名老年人、3687 名残疾人享受政府补贴的居家养老(助残)服务。建成北苑区级养老院。纳入监控企业劳动合同签订率 97.71%,为 2.71 万名劳动者追讨工资 5471.95 万元。

政府自身建设。执行人大及其常委会决议,接受人大及其常委会法律监督、工作监督和政协民主监督,听取各民主党派、工商联、无党派人士、人民团体意见,接受社会各界监督。提升依法行政工作水平,推行行政执行力建设,健全完善年度工作任务书制度,加强督查考核,严格责任制和责任追究制。政务信息化建设水平进一步提升,在全市率先完成政府信息公开场所建设。推行“一会制”改革,行政效能提高。开展廉政建设,提高“一岗双责”意识和风险防范意识,筑牢廉政风险防控“三道防线”。

单位地址:东城区育群胡同 1 号

联系电话:64032061　邮政编码:100010　(曹玮鸿)

主要工作和重大活动

【全国文明城区建设部署会】 1 月 28 日召开。牛青山主持。常卫对全国文明城区复查工作进行动员部署。赵中原宣读上年度精神文明建设工作先进单位和先进个人名单。杨柳荫强调:本年是全面实施总体发展战略规划和“十二五”规划开局之年,也是区全国文明城区复查之年,要深入贯彻落实科学发展观,抓住契机,进一步推动精神文明建设内容创新、方法创新、手段创新和机制创新,为实现“国际化、现代化新东城”战略目标和“首都文化中心区、世界城市窗口区”提供精神动力,营造文明环境。文化部、人力资源和社会保障部、国家林业总局、团中央、民政部、总参、总政、市委宣传部、市政府办公厅等有关部门负责人,区领导冯熙、徐鸿达、刘云斋等出席。　(曹玮鸿)

【区政府全会】 2 月 24 日召开。区领导杨柳荫、牛青山、冯熙、徐鸿达、常卫、刘云斋、徐熙、夏树军、朴学东、王红兵、毛桂芬、周永明、宋甘澍、毛炯,区法院院长董建中,区检察院检察长殷健,区总工会主席张晓林出席。牛青山要求:认识新形势。明确新使命,一是首都文化保护、传承与发展的中心;二是建设中国特色世界城市的窗口;三是做好“四个服务”的标兵;四是和谐社会首善之区的典范。把保障和改善民生作为和谐建设的根本。树立新标准,要树立一流标准,推动新东城跨越式发展。强化新作风。一是团结统一;二是改革创新;三是求真务实;四是高效清廉。　(曹玮鸿)

【绿化景观专题会】 4 月 20 日召开。牛青山、徐熙、宋甘澍出席。牛青山强调:要将“九横八纵”主干路绿化景观建设作为全区大事高度重视。要实施生态建设战略,追求生态文明一流水平:一是以文化为灵魂,东城绿化要充分体现文化气息和皇家气派;二是古都特色。绿化要跟古建筑、文物保护、文化建设、雕塑等相协调,与文化中心区建设相一致;三是要在可能空间内最大限度增加绿植;四是实施科学管理。要有综合配套措施,由城管委统筹协调,妥善处理好绿化与交通管理、市属单位、城市家居、道路设施、搬迁改造的关系。要有经费保障。经费要服从服务于事业发展,同时厉行节约。

(曹玮鸿)

【鲜鱼口美食街开街】 5 月 8 日开街。杨柳荫、牛青山出席。

牛青山指出,鲜鱼口老字号美食街是前门地区整体文化风貌保护的重大成果,修缮整治后的鲜鱼口街充分体现出古朴典雅的建筑韵味和文化氛围。鲜鱼口老字号美食街是老北京文化韵味体现,开业的老字号商户比例达到90%以上。商务部、市文化局、市文物局有关领导,区领导冯熙、徐鸿达等出席。为鲜鱼口街修缮保护工作做出贡献的专家顾问、著名文物保护专家王世仁,北京老字号协会、北京烹饪协会会长、中国商业史学会会长等也出席仪式。（曹玮鸿）

【刘淇调研文化创意产业】 7月9日,中央政治局委员、市委书记刘淇到区就“深化文化体制改革,加快推动文化建设”进行调研。听取朴学东就区“十二五”期间建设历史文化资源保护工程工作汇报。刘淇指出,北京是全国文化中心,具有发展和繁荣艺术品市场优势。要充分发挥首都顶级专家人才聚集优势,打造权威的、被行业认可的艺术品评估机构,并通过制定行业规则和艺术品鉴定标准,做大做强首都文化品牌,增强首都文化辐射力。在北京蜂巢剧场,刘淇等市领导了解东城区把区域特有戏剧优势转化实现为差异化发展的竞争力,形成南锣鼓巷、东二环等多个演艺聚集区,蜂巢剧场就是其中1个实验小剧场有关情况。在天脉公司,刘淇详细观看多点触摸展示系统、海量电视实时录制与采集系统和新媒体政务电视系统研发应用情况,询问公司在发展中有什么困难,并勉励他们不断创新,努力占领科技创新制高点,为推动首都文化创意产业发展作出贡献。市领导鲁炜,区领导杨柳荫、牛青山、夏树军陪同调研。（曹玮鸿）

【第二届前门历史文化节】 8月7日开幕。民政部、商务部、文化部、国家体育总局、中国商联会等有关领导,北京卫戍区、北京军区空军政治部、公安部边防管理局等驻军首长,市商委、市旅发委有关负责人,区领导杨柳荫、牛青山、冯熙、徐鸿达等出席。杨柳荫宣布第二届前门历史文化节开幕,牛青山致辞,指出:前门历史文化展示区作为新东城区“首都文化中心区、世界城市窗口区”和“一轴两带五区”的重要组成部分,赋予保护古都风貌、传承民族传统文化神圣使命,又肩负着挖掘特色文化内涵、促进文化资源优势转化为区域发展动力重要责任,要把前门历史文化节做成品牌、办成特色,使之成为一个展示前门文化、展示东城文化和首都文化的重要平台。开幕仪式上,全聚德、都一处、便宜坊等14家店被授予诚信经营示范店,鲜鱼口老字号美食街被中国商业联合会中华老字号工作委员会授予“中华老字号商业街”称号(全国第一条老字号商业街)。此届前门历史文化节历时10天。（曹玮鸿）

【国家级示范区授牌仪式】 9月22日,举行国家级城市公共服务标准化示范区建设总结表彰大会暨授牌仪式。市质监局局长赵长山,区领导杨柳荫、牛青山、夏树军、朴学东参加。会议观看标准化示范区建设专题片,通报国家标准化示范区考核评估意见,表彰13个示范窗口单位和38名先进个人,区信息办、区社会办等4个示范项目承担单位发言,市质监局局长赵长山代表国家标准化管理委员会授予东城区“国家级城市公共服务标准化示范区”牌匾,杨柳荫向受表彰的示范窗口单位授牌匾。牛青山指出:东城区成为全国第一个国家级城市公共服务标准化示范区,是新东城融合发展的新形象和新品牌,具有示范意义和引领作用。提出3点要求:一流统领。一流工作标准必须实施标准化管理,需要若干标准、具体指标进行固化。深化推广。取得国家级示范区称号,只是工作起点,建立长效机制,不断开创各项工作的新局面;落实标准。公共服务标准化要持续改进,把标准化建设落实到具体工作之中、开创区标准化建设新局面。（曹玮鸿）

【市领导调研历史文化名城保护】 10月21日,市领导刘淇、郭金龙、吉林、李士祥、鲁炜、陈刚调研区历史文化名城保护工作。了解玉河作为古代漕运河道的发展历史,察看玉河古河道“水穿街巷”历史景观、沿岸明清风格建筑和鲜鱼口美食街、鸿庆楼旧址,听取牛青山有关玉河整治、前门地区古都风貌修缮整治工作汇报。徐熙、周永明陪同。（曹玮鸿）

【艺术珍品文化节】 11月18日,第四届中华民族艺术珍品文化节在中华民族艺术珍品馆开幕。全国人大常委会副委员长司马义・铁力瓦尔地,全国政协副主席孙家正,全国人大常委会原副委员长何鲁丽,全国政协原副主席李蒙等中央、国家机关有关部门负责人,区领导牛青山、冯熙、徐鸿达、赵中原出席,徐熙主持。周郑生、马自树先后致辞,司马义・铁力瓦尔地宣布文化节开幕。牛青山代表区领导对参加开幕式的领导和嘉宾表示欢迎。本届文化节为期8天,以“守望民族传统,传承经典艺术,推动文化繁荣”为主题,由“北京礼物”推介会、中华民族艺术珍品展、非物质文化遗产技艺展、中国非物质文化遗产保护发展论坛等9大活动版块组成。文化节推介20余款“北京礼物”新系列产品,展出146件清代皇宫御用文物精品,并从1000余件全国工艺美术大师高水平作品展览中评选出50件“中华民族艺术珍品”。（曹玮鸿）

【中央领导考察社会工作】 12月1日,全国加强和创新社会管理工作座谈会现场考察在本区举行。中央政治局常委、中央政法委书记、中央综治委主任周永康,中央政治局委员、北京市委书记刘淇,国务委员兼国务院秘书长马凯,中央政法委秘书长周本顺,中央政法委副秘书长、中央综治办主任陈训秋,中央政法委副秘书长王其江、鲍绍坤,北京市委副书记、市长郭金龙,市委副书记、市政协主席、市委政法委书记王安顺,以及参加全国加强和创新社会管理工作座谈会的代表120余人到区考察社会管理创新工作。区领导杨柳荫、牛青山、常卫、夏树军陪同。王安顺主持。杨柳荫汇报区创新网格化社会服务管理模式,探索具有东城特色社会管理之路具体做法、取得初步成效,并与东直门街道社会服务管理综合指挥分中心负责人、朝阳门街道大方家社区网格助理员进行现场连线,展示街道分中心运行和网格工作情况。区信息办现场演示区网格化社会服务管理信息系统运行情况,介绍系统数据库、“民情日志”、重点人的管理和服务、流动人口和出租房屋管理业务流程、社会面防控点位图等内容。（曹玮鸿）

【办公室文秘工作】 区政府下发文件55件(东政发)、会议纪要84件。政府办下发文件24件(东政办发),区政府向市有关单位的请示、报告、函260件(东政文34件,东政办文11件、东政函191件、无号文17号,东政办函7),办理基层请示、报告和函1028件;办理市政府及市各委办局文件1466件;处理涉密文件1538件。区委、区政府领导批示文件737件。筹办各种会议40次。 (曹玮鸿)

【办公室信息督查】 编发《昨日区情》普刊、专刊、特刊和交流刊264期,刊稿2300余条。累计编写报市信息700余条,上报370余条,被《昨日市情》普刊、专刊采用121条,特刊采用7篇,政务交流采用1条,获得市领导批示4条。编发《督查反馈》41期。督办区政府折子工程171项、实事24件。承办全国、市级人大代表议案、政协委员建议案36件,办复区人大代表建议及政协委员提案466件。 (曹玮鸿)

法制工作

【概况】 东城区政府法制办公室(简称区法制办),是区政府综合管理法制工作的职能部门。主要职责:负责组织《国务院全面推进依法行政实施纲要》的贯彻落实;制定依法行政实施方案,指导街道办事处、区政府工作部门依法行政工作;督促、检查、考核各部门对依法行政实施方案任务分解书的落实情况。负责为区政府重要决策提供法律、政策依据和意见。负责审核区政府工作部门报区政府审议的规范性文件;办理街道办事处和区政府工作部门规范性文件的备案审查工作;承办法律、法规和规章草案征求意见工作。负责审查、确认行政执法主体资格;组织指导区行政执法队伍的法制建设,负责执法人员资格认证管理工作。负责管理和指导行政执法监督队的工作,监督行政执法情况;组织推进行政执法监督责任制和评议考核制,开展行政执法监督巡查,确认行政处罚主体,评查行政处罚案卷和行政许可案卷。承办区政府行政复议、行政赔偿案件;组织承办区政府行政诉讼的应诉代理工作;负责指导全区行政复议和行政诉讼应诉工作,培训复议应诉人员;负责本区行政处罚、行政复议、行政赔偿、行政诉讼统计工作。协调重大违法案件的处理和执法中的矛盾和问题,组织或参与重大疑难行政案件的研究和处理。负责有关法制方面的议案、建议和提案的办理。开展政府法制理论、政府法制工作研究和交流。

年内,以增强依法行政意识和能力、提高制度建设质量、规范行政权力运行、保证法律法规严格执行为着力点,加强政府法制工作规范化建设,履行政府法制机构职能。全年接待行政复议申请70余人次,受理行政复议申请23件,办结21件。制发《东城区人民政府加强和改善行政执法工作的实施意见》。推行行政执法人员资格认证制度,组织400余名行政执法人员参加行政处罚资格公共法律知识考试。完成《行政调解基础理论及运行机制研究》调研报告。推行“行政强制法”的执行。并出台《东城区人民政府贯彻实施<中华人民共和国行政强制法>工作方案》。

单位地址:东城区幸福大街32号

联系电话:87556312 邮政编码:100061 (周环 王宇)

【政府常务会学法】 年初,下发《关于继续开展领导干部学法活动的通知》,安排政府常务会学法4次,在第13次、15次、23次政府常务会上结合审议的议题,学习政府财政预算决算及财政审计监督、加强法治政府建设、行政强制法等基本法律制度。组织区政府法制业务培训,对《国务院关于加强法治政府建设的意见》进行解读。通过专题法制讲座方式培训行政机关工作人员和行政执法人员,并将培训情况纳入全年考评,以保障培训效果和质量。 (周环 王宇)

【法律服务】 在关系改善民生、环境整治、处理历史遗留问题等方面提供法律服务,参与三辰商贸公司集体访、恒达工贸总公司退休女职工集体访、辰宇公司集体访、政府投资建设项目等重大问题的论证和法律分析,出具法律分析报告8份。审核区重点工作协议,全年审核商品房买卖协议,违章户外广告拆除工程合同书10余份。 (周环 王宇)

【依法审查违建强拆案件】 严格审查违建拆除和行政强迁项目,全年审查城管大队报送的违法建设强制拆除案件69件,审查并报送区政府批准拆除的违法建设案件66件,退回城管大队案件补正3件。配合重点地区的专项集中整治工作,制定《东城区预防违法建设长效管理机制实施方案》《查处违法建设工作需要明确的若干事项》,为执法工作提供保障。 (周环 王宇)

【清理行政规范性文件】 全面清理区划调整后原两区的行政规范性文件,清理以区政府或以区政府办名义下发的行政规范性文件126件,保留24件,修改3件,废止69件,失效16件,原认定为行政规范性文件,归类为其他文件管理的14件。审核提交区政府会议审议的相关材料36件,其中规范性文件9件。 (周环 王宇)

对外事务

【概况】 东城区人民政府外事办公室(简称区外事办),是区政府主管外事工作的职能部门。行政编制12人,设综合科、国际交流科和因公出入境管理科。主要职责:制定区外事、涉外工作计划,协调各部门、各单位的外事、涉外工作;配合有关部门处理涉外事件;接待外宾、外国记者参观访问;负责审核、申报区因公出国(境)任务和邀请外国人来华工作事宜;负责本区因公出国(境)人员办理护照、签证手续及护照管理工作;负责审批区重点对外参观单位的设立、调整;负责对区外事干部和涉外人员进行对外政策和外事纪律的教育及业务培训工作;配合有关部门检查区外事纪律和外事保密规定的执行情况。

年内,完成制定外事规划、举办重要涉外活动、公务员外语人才库建设、因公出国境管理等工作。

单位地址:东城区幸福大街32号

联系电话:87556315 邮政编码:100061 (严露)

【境外媒体采访与活动】　1月11日,西班牙巴斯克电视台对东直门街道敬老院中国社会如何照顾老人等进行采访。1月31日,举行外国驻华记者新春招待会,境外驻华记者和驻华使馆新闻官等450余人出席。2月,美联社、路透社、法新社、共同社、俄罗斯电视一台、日本广播协会、韩国广播公司、土耳其世界新闻社等30余家境外媒体记者60余人采访报道第二十六届北京地坛庙会和第二十八届龙潭庙会。芬兰广播电视三台、日本读卖新闻、韩国联合有限新闻台、印度报业托拉斯、印度时报、西班牙埃菲社、土耳其世界新闻社和伊朗声像组织等8家境外媒体驻京记者及家属20人到京城百工坊参加中国传统文化体验活动。3月7日,日本《每日新闻》驻中国总局局长成泽健一采访便宜坊烤鸭店,了解品牌文化和环保、健康、放心和营养等理念推广及市场拓展情况。6月28日,美联社、英国广播公司、彭博社、日本读卖新闻、法国电视台等11个国家和地区的境外媒体19家、境外记者33人采访区党员群众迎接建党90周年各项庆祝活动。7月5日,韩国《首尔日报》、韩联社、《韩国日报》等境外媒体记者7人对韩国民主党党首、国会议员孙鹤圭率代表团访问东直门街道进行现场报道。　(严露)

【外交外事服务】　1月18日,英国王储威尔士亲王(即查尔斯王子)首席私人秘书迈克尔·皮特爵士参观老北京胡同文化博物馆的核心展区——史家胡同24号院和史家社区居委会。3月7日,英国王储传统艺术学校校长海罗德·阿扎姆先生、高级讲师安娜·里基兹女士,到史家胡同社区教授居民设计史家胡同24号院胡同博物馆标志性图案。4月21日,毛里求斯社会保障部长卢丘曼女士率代表团5人访问区东直门街道,了解街道居家养老服务工作情况。5月5日,蒙古国人民党社会民主青联考察团参观"花市文化中心共享·青年汇"。5月25日,德国柏林市司法部部长拉尔夫罗尔特一行8人参观区法院。6月26日至7月24日,鲍里斯·波德莱卡/斯洛文尼亚当代建筑展举办,庆祝斯洛文尼亚共和国国庆和中斯建交20周年。6月28日,阿尔及利亚、贝宁、布隆迪、几内亚、喀麦隆、乍得等18个非洲国家的41名外交官参观北京市珐琅厂,了解景泰蓝制作工艺。6月29日,加纳国家信息中心官员及国家行政学院电子政务专家委员会代表12人参观城管监督中心,学习考察东城区信息化建设和网格化城市管理新模式。7月26日,英国外交部中国局官员 Nick Mellors 先生一行到区法院参观,并就刑事审判中辩护人指定、被告人刑事责任能力的鉴定以及附带民事责任的赔偿等问题进行交流。8月11日,牙买加、特立尼达和多巴哥执政党干部考察团13人到东直门街道参观访问,听取街道党建工作、社区党委换届"差额直选"、社区民主自治等情况。8月30日,吉尔吉斯共和国国会法律公平政策和反腐败委员会主席特雷布科·马多利科夫率欧盟中亚毒品行动项目代表团到区考察艾滋病防控工作。9月16日,世界商会联合会副主席穆斯塔法·曼苏尔率代表团考察前门大街和台湾商务区。10月18日,北京同仁堂迪拜分店开业,阿联酋副总统兼总理、迪拜酋长夫人哈雅·宾特·侯赛因公主为开业典礼剪彩。11月11日,美国北卡罗来纳州参议员彼得·布朗斯泰特率议员代表团18人,参观访问国子监中学,了解中国教育体系及学生学习生活情况。11月16日,中法社保协定谈判法方代表团到区调研社会保险经办工作,参观社保一中心服务大厅,了解社保经办流程,并咨询在中国境内就业的外国人参保情况。同日,联合国志愿者协会(IAVE)日本分会理事长佐佐木照子女士等8人参观访问区幼儿园和巧娘工作室。12月8日,国际残奥委会会议在国家会议中心举行,区残疾人文体团队代表北京市展示轮椅舞蹈、柔力球、太极拳、空竹、健身操。国际残奥会主席菲利普·克雷文与轮椅舞蹈演员交流并合影留念。12月9日,以美国手术室注册护士协会马萨诸塞州第一分会理事长伊丽莎白·诺顿女士为团长的美国手术及围手术期安全专业代表团6人,访问北京市第六医院,并进行医学交流。12月26日,越南卫生官员考察团到区考察社区健康管理工作,了解 WHO 城市卫生发展合作中心(北京·东城)工作开展情况。　(严露)

【市民讲外语活动】　1月25日,2名东城区人和柳荫公园外语角分获北京市民讲外语创优先锋和创优先锋团体奖。区外办获首都窗口行业及外事干部外语服务展示赛的优秀组织奖。6月,举办《我的低碳绿色生活》(《My low-carbon green living》)英语征文比赛。11月,在北京市民讲外语网络评选活动中,区公务员外语人才库和东城交警支队天坛大队1名民警分获优秀团体奖和个人奖。3月25日,区公务员外语人才库启动仪式及首次授课活动举办,全区52家单位的100余名入库人员参加。4月21日,区首批公务员外语人才高级英语培训班开班,24个单位的25名优秀外语人才(其中包括5名处级干部)参加环球美联英语培训,完成为期3个月高级英语培训课程。5月11日、6月17日,外语人才库10名公务员分别听取澳大利亚资深咨询师鲍勃·塞尔登先生就领导力提升、团队文化建设、时间管理等方面英语讲座;听取美国拉文大学的罗伦·迪克博士就领导管理中的共鸣、成功案例以及如何建立共鸣渠道英语讲座。10月15~16日,由市政府外办和区政府联合主办"年度北京外语游园会",东城区设立以"提升国际语言环境、建设首都文化中心、打造世界城市窗口"为主题的分会场,并举办"我的绿色低碳生活"——东城区公务员英语征文比赛颁奖仪式。　(严露)

【涉外活动】　2月7日,区领导参加在日本札幌举办的第六十二届国际冰雪节。区代表团在"魅力北京小屋"前举行东城区旅游大福包赠送活动,多位中国民间手工艺大师为游客们展示中国传统民间手工制作技艺,讲解北京民俗文化内涵,现场教授制作手工艺品。6月,"聚焦绿色金融,助力产业升级"第二届地坛论坛举行,原中国驻法大使吴建民、国际排放贸易协会主席亨利·德文特,区领导杨柳荫、牛青山、冯熙、徐鸿达等出席。论坛包括主论坛和10个专题论坛,德国复兴信贷银行、亚洲开发银行、中国光大银行、中国民生银行、兴业银行、北京银行、中信证券、天平保险等国内外重要金融机构,BlueNext 交易所、太平洋碳交易所、欧洲气候行动、荷兰气候焦点、大自然保护协会、美国环保协会等著名环保机构,国家电网、大唐集团等大型企业负责人参加论坛。10

月,庆祝中国比利时建交40周年"璀璨之约·珍艺共赏艺术展"在明城墙遗址公园举办。（严露）

【友好交往】 3月12日,区长牛青山向日本东京都新宿区区长中山弘子和目黑区区长青木英二致慰问电,对日本发生强烈地震并造成重大人员伤亡和财产损失向两区民众表示深切慰问,对不幸遇难人员表示沉痛哀悼。3月16日,日本东京都目黑区区长青木英二致信牛青山区长,感谢牛青山区长代表东城区人民政府就日本3.11大地震给予目黑区政府和人民的慰问,并通报目黑区当前情况和工作任务。5月3日,区领导杨柳荫访问智利首都圣地亚哥市圣华金区时,与其签署《联谊说明》。两区开始友好交流。5月18日,杨柳荫会见友好区韩国首尔特别市瑞草区区长陈翼喆一行,双方签署《友好交流备忘录》。5月19日,杨柳荫会见大阪商工会议所会长、京阪电铁董事长佐藤茂雄先生,表示欢迎大阪市相关机构参与区地下空间建设与管理。大阪市规划协调局为区举办日本大阪市地下空间建设专题讲座,相关部门干部近40人参加。7月4日,区领导牛青山和罗马尼亚布加勒斯特市二区区长尼古拉·翁察努共同倡议举办的"艺术画廊中的中国传统民间展览——北京市东城区民间手工艺展览展示活动"在布加勒斯特市二区举办,民族手工艺大师6人向二区市民展示手工制作技艺,中国驻罗马尼亚大使刘增文、布加勒斯特市二区区长尼古拉·翁察努分别在开幕式上致辞并参观展览。7月,区领导冯熙率团访问英国伦敦格林尼治市,双方就城市规划建设与管理、环境卫生、市政管理等进行交流。8月2日,区领导牛青山致电慰问韩国首尔特别市瑞草区区长陈翼喆,对瑞草区因暴雨引发泥石流造成重大人员伤亡和财产损失表示深切慰问,祝愿瑞草区早日重建美好家园。8月10日,韩国首尔特别市瑞草区区长陈翼喆致信区长牛青山,衷心感谢东城区的慰问。8月23日,区领导冯熙会见日本东京都区市町村议会议长吉冈茂一行,对日本近期发生的自然灾害表示慰问,并就中医药产业发展、人大代表选举等方面问题进行交流。代表团实地参观东花市街道社区博物馆和前门大街。9月2日,日本东京都新宿区区长中山弘子、韩国首尔特别市中浪区区长文秉权、韩国首尔特别市钟路区区长金永樱、罗马尼亚布加勒斯特市二区区长尼古拉·翁察努及意大利切塞纳市投资及旅游事务部部长康徊·皮尔马西莫率代表团出席第二届北京王府井国际品牌节。杨柳荫、牛青山会见各代表团团长,牛青山分别与韩国首尔特别市中浪区区长文秉权、罗马尼亚布加勒斯特市二区区长尼古拉·翁察努签订友好交流协议书。9月20日,区领导杨柳荫会见日本大阪市地下街代表团,交流区地下空间的设计、投资和运营等情况。10月13日,区领导会见法国使馆文化教育处文化专员柯立业,洽谈法方参与第三届南锣鼓巷戏剧节合作事宜。（严露）

【因公出国(境)管理】 严格执行计划和量化管理,控制计划外团组报批,杜绝一般性考察团组出访。全年为153个出访团组、527人次办理因公出国(境)手续,其中自组团80个(含局级自组团组24个)、403人次。（严露）

【规范公共场所英语标识】 完成前门大街老字号景泰蓝标识牌、工美大厦水牌等600余条英文标识和5万说明文字的翻译、校对和规范化建设工作。（严露）

行政服务中心工作

【概况】 东城区行政服务中心(简称区行政服务中心),是区政府正处级行政机构,设综合协调科、宣传教育科、监察室3个行政科室和行政事务保障中心(下设代理服务部、对外联络部、运行维护部)、政府采购中心2个事业单位,工作人员34人;进驻部门窗口17个,工作人员130人,审批事项266项。承担企业和市民事务办理、优化发展环境、政府采购、宣传展示、会议接待等职能。

年内,重新调整优化经济发展环境领导小组成员单位,组织召开优化发展环境领导小组联席会。修订和完善《东城区委、东城区人民政府关于优化经济发展环境的意见》《关于进一步加强企业服务工作办法》,兑现年度主导产业扶持政策。全年受理各类事项26万余件,好评率达99.93%,无有效投诉。收到锦旗36面,表扬信47封。落实区财政统一支付新入驻企业行政事业性登记注册费用的政策,为2942家新入驻企业代缴注册费420.1万元。政府采购中心完成政府采购立项17项,中标资金1290万元。接待参观访问12批次,各类会议及重大会务保障共797场次,接待人数约1.6万人次。实施行政服务中心、民间组织指导服务中心、市民中心"三位一体"的公共服务体系,全年,市民中心举办活动100余场次,1万余人次。

单位地址:东城区金宝街52号
联系电话:65594781 传真电话:65594781
邮政编码:100005
（徐玮）

【行政服务标准化工作】 推进国家级城市公共服务标准化示范区建设,编制完成行政服务标准化手册,形成三大主体系及18个子体系的行政服务体系。修订工作制度3类78篇,编制《东城区行政服务中心制度汇编》。8月19日,通过国家级城市公共服务标准化示范区验收小组测评。9月,授予中心国家级城市公共服务标准化示范区示范窗口单位称号。（车晓文 李菲）

【党建工作】 签订《东城区行政服务中心党风廉政责任书》。编制《东城区行政服务中心廉政风险防范管理手册》,完善廉政风险防范管理工作机制。完成党支部换届选举工作。中心机关党委、中心机关党支部和中心工商窗口党支部被评为先进基层党组织;2名党员被评为优秀党务工作者,其中1名被评为区级优秀党务工作者,3名党员被评为优秀党员。年内,组织6名入党积极分子参加区直机关工委组织的积极分子培训班,发展新党员2名,转正2名。（孙昕）

【行政审批】 受理企业、市民行政许可和服务类事项申请10.43万件。办结10.38万件,办结率99.58%,提高工效69.1%。其中:个人事项4508件,占总办件的4.3%;企业事项99747件,占总办件的95.7%。护照办理15.76万件、申请入户办理638件。咨询台上半年接待日咨询1400人次,日咨询电话400余个。（李菲）

【重点项目绿色通道】 联合工商、卫生、环保、消防等相关窗口,为鲜鱼口餐饮特色街7家商户、台湾商务区27家商户开辟绿色审批通道。做到服务联动及时跟进,提前介入现场办公,全程代办"一条龙"服务。联合区工商分局为驻区绿卡企业举办集中年检专场,集中为33户绿卡企业办理年检手续。（李菲）

【接待活动】 接待各区县行政服务中心、韩国首尔市代表团、巴基斯坦国家管理学院代表团、中山市领导干部考察团等参观访问12批次,完成各类会议及重大会务保障共797场次,接待人数约1.6万人次。（吴丽涛　许华）

安全生产监督管理

【概况】 东城区安全生产监督管理局(简称区安全监管局),负责区安全生产综合监督管理。行政编制35名,参照公务员管理事业编制20名,工勤编制1名。内设办公室,综合协调科,法制宣传科,安全生产监察科,危险化学品管理科,职业安全监督科和安全执法监察队。

年内,坚持落实科学发展观,落实市、区政府安全生产工作部署,全区未发生较大以上安全事故,各类事故死亡人数均控制在市政府下达的控制考核指标以内,安全形势总体平稳。制定《东城区安全生产综合考核办法》,设立100万元安全生产综合考核专项资金。先后获市安全生产月活动优秀组织奖等7个奖项,并在国家安监总局、全国总工会举办的"落实企业安全生产主体责任知识竞赛"活动中取得优胜奖。

单位地址:东城区东四十一条83号

联系电话:64055528　邮政编码:100007　（李辉）

【安全生产大检查】 1月1日至2月28日、11月1~30日开展安全生产大检查,对道路交通运输、建筑施工、消防、危险化学品、市政保障设施、工商贸易单位、人员密集场所等行业和领域安全进行执法大检查。组成检查组1901个,检查生产经营单位9218家次,发现隐患2877处,下达执法文书1460份,罚款229.6万元,依法停业整顿5家,隐患整改率为100%。（李辉）

【烟花爆竹安全监管】 1月24日,对区域内42个烟花爆竹零售网点的从业人员270余人进行安全知识教育培训,学习有关烟花爆竹管理法律法规、安全管理基础知识;烟花爆竹事故预防和应急救援的安全管理技能;以及对烟花爆竹安全的新要求、新规定和烟花爆竹典型事故案例分析等内容。1月27日,召开烟花爆竹销售许可颁证大会。辖区烟花爆竹销售网点负责人及3家烟花爆竹批发单位负责人参加会议。会议贯彻市安全生产监督管理局《关于加强春节期间烟花爆竹零售单位安全生产工作的通知》,与各销售网点主要负责人签订《烟花爆竹经营单位安全生产承诺书》,并向烟花爆竹销售点颁发销售许可证、销售标识牌、安全要求张贴画等材料。1月27日,在部分烟花爆竹点张贴《烟花爆竹零售点安全管理要求》《禁止燃放烟花爆竹地点提示》等宣传海报,现场宣传烟花爆竹安全。区烟花爆竹销售点春节销售烟花爆竹13997箱、563万元,未发生因烟花爆竹经营引发安全生产事故。（李辉）

【专项执法检查】 2月25日至3月10日,对13家工业企业和9家地热使用单位进行安全生产检查。重点检查各单位"两会"安全保障落实情况、重点部位及设施安全情况、事故隐患排查整改情况、应急预案及演练情况、应急值守情况等。指导相关企业当场进行整改。4月11~14日,配合民防局等相关部门对31个地下人员密集场所开展安全生产执法检查。发现安全疏散通道被堵占、部分消防器材缺失损坏、安全生产责任制未健全等问题,执法部门下达责令改正指令书。5月18日,联合市安全监管局、区消防支队对3个美廉美超市进行检查。发现库房货物码放不符合规定,货物码放过高;安全疏散通道指示标识不足;安全疏散通道内堆放杂物;外包单位安全管理欠缺,安全管理职责不明等问题。下达责令改正指令书。8月15日,会同房管局、消防二支队、东花市街道办事处、东花市街道派出所等单位对广渠家园地下空间进行检查。发现广渠家园一地下空间的部分房间内,存在严重安全隐患。检查组要求该小区的物业管理部门立即整改,消除安全隐患。（李辉）

【安全教育】 4月12日,召开特种培训、考核工作责任书签订会,与7家特种作业培训机构签订工作责任书。制定《特种作业培训、考核工作责任书》,明确对考生报名、培训教育以及考务工作,规范区特种作业人员培训、考核工作。6月12日,在区图书馆举行以"落实企业主题责任,保障城市运行安全"为主题的年度安全生产月宣传咨询日活动。区领导生敏、毛炯、刘忠胜、安全生产委员会成员单位负责人出席。部署安全生产月工作,播放安全生产专题电影《金牌班长》;各街道办事处、地区管理处设立安全生产月活动分站点,区安全生产月宣传咨询日活动设主会场1个,分会场20个,发放宣传材料12万余份,受教育群众10万余人。6月27日、7月29日,分别举办区安全生产知识竞赛、《北京市安全生产条例》宣传咨询日活动,发放宣传材料300余份,向公众宣传安全生产法律法规,普及安全生产知识。各街道设立分会场,发放宣传品2500余份。12月27日,局领导、执法人员37人,参加区法制办、人力社保局组织的《行政强制法》考试。区内7家特种作业培训机构共培训电工、焊工、制冷、登高作业、场内车辆驾驶等工种特种作业人员19383名,合格率71%,从源头上严把持证上岗作业关。（李辉）

【安全检查】 4月26日,朴学东带领区有关部门领导、执法人员组成联合执法检查组,对美廉美和平新城超市、国林宾馆、苏宁电器安贞桥东店、七彩云南安贞分公司4家人员密集场所进行"五一"节前安全检查。听取各单位安全生产工作汇报,现场检查各单位消防中控室、配电室值守、应急广播系统运行、疏散通道、消防卷帘门应急开启、特种设备运行、电气设备安全、安全生产责任制、安全管理制度及突发事件应急救援预案等情况,对在岗员工应急跑位、消防安全知识和设备使用进行抽查。9月19~30日,区领导徐熙等组成6个安全生产执法检查组,对建筑施工、文化娱乐场所、商(市)场、餐饮企业、宾馆饭店、经营性人防工程、危化企业、旅游景点等28家生产经营单位进行安全执法检查。发现36处安全隐患,各执法部门分别下达执法文书。12月28日,颜华带领有关部门组成的安全检查队,对新怡家园、西花市南里顺天府超市、新景家园小区等地下空间人员密集场所和消防重点控制场所进行突击检查,重点检查使用单位消防设备设施及相关措施落实情况,对发现问题现场发出整改通知,明确整改标准和要求。 (李辉)

【危险品经营管理】 5月,对辖区13家加油站全面检查,特别是对自助加油业务进行检查。摸清本区自助加油机设置底数,建立台账,整理自助加油机位置平面图,掌握第一手资料。6月17日,召开区危险化学品安全生产标准化工作动员部署会。13家加油站主要负责人以及中石油、中石化主管片区经理参加会议。会议贯彻《东城区危险化学品企业安全生产标准化工作方案》,结合《北京市危险化学品企业安全生产标准化三级评审标准》,向各站负责人提出培训标准化工作主要内容、程序和要求。9月2日,召开安全生产标准化工作会。全区中石油、中石化加油站上级主管片区经理及北汽加油站、北邮加油站负责人参加会议。会议贯彻市安全监管局《关于调整危险化学品安全生产标准化工作有关事项的通知》,要求各加油站在10月31日前完成安全生产标准化体系建设并开始运行;安全生产标准化启用国家安全监管总局评审标准,原北京市三级评审标准废止。全年办理危险化学品行政许可事项33件,其中:危险化学品乙证新办证13件,换证6件;危险化学品甲证初审12件,易制毒化学品经营备案换证、变更审批2件。 (李辉)

【排查治理安全隐患】 6月下旬至12月底,开展隐患排查治理专项行动和"百日"安全生产专项整治行动。期间,出动检查组9134个次,执法人员1.8万余人次。监督检查生产经营单位1.2万余个次,排查整治隐患6137处,罚款294.35万元。6月份连续发生亡人事故,区安全生产委员会组织开展夏季"百日"安全生产专项整治行动,各部门、各单位按照《东城区夏季"百日"安全生产专项整治行动工作方案》要求,遏制事故多发、高发的势头。出台《东城区禁止违法建设实施办法》,建立"打非"工作长效机制。拘留违法人员176人,传唤146人,"三停"企业62家,临时查封违法违规单位99个,媒体曝光6起,行政处罚354起,罚款345.75万元,拆除违章建筑257处2.26万平方米,非法违法建设和经营行为得到遏制。开展燃气安全隐患排查治理百日行动,重点加强液化石油气供应、储存和居民户燃气管道安全检查,消除潜在燃气安全隐患。对全区市政、环卫、电力、物业等领域21家有限空间单位开展专项执法检查,消除有限空间各类安全隐患。加强职业卫生企业安全隐患专项治理。对36家有作业场所的职业卫生企业执法检查。制定《东城区废品回收站点安全隐患专项整治工作方案》,组织协调有关部门排查、登记废品回收站点407家并建立台账,依法取缔和规范无照经营、违规经营站点。 (李辉)

【安全生产综合工作会议】 11月10日召开,部署年度安全生产综合考核工作和下年烟花爆竹经营许可工作和企业事故隐患自查自报工作,区安全生产委员会44家成员单位负责人参加。区安全生产委员会提出3点意见:加强领导,统筹安排,组织好安全生产综合考核工作;依法依规,严格程序,做好烟花爆竹经营许可工作;突出重点,强化责任,抓好企业事故隐患自查自报工作。 (李辉)

【控制指标管理】 市安全生产委员会下达区的安全生产事故死亡控制指标总数是21人,指标总数比上年减少5人。区发生安全亡人事故16起,亡16人,占全年总控制指标76.2%。 (李辉)

【"安全生产年"活动】 制发活动实施方案,明确各行业、专业、属地和综合监管部门安全监管(管理)职责。全年,区"安全生产年"活动共开展各行业执法检查4.6万余人次,排查治理隐患企业、单位4.7万余个次,行政处罚427起,罚款662.19万元,处理责任人206人。 (李辉)

【安全生产网格化管理】 将安全生产日常执法检查、隐患排查治理、发现补强等纳入网格化管理,对各类事故隐患实行发现—立案—派遣—结案闭环管理。出版《东城区公共安全监管标准体系》文件汇编,内容涵盖制度规范、企业安全自查、风险源监管三大类87小项标准,为各行业(领域)的安全监管工作提供统一、规范的指导标准。开展事故隐患自查自报工作,制发实施方案和自查自报工作管理办法,对区公共安全信息管理平台系统升级改造,实现与市局安全监管系统的对接。完成企业信息采集1.03万家。区安全生产委员会办公室共编发《安全生产简报》47期。 (李辉)

民族・宗教・侨务

【概况】 东城区民族宗教侨务办公室(简称民宗侨办),在编人员13人(公务员11人及工勤2人)。

年内,全区有48个少数民族,少数民族人口4.4万人,占全区常住人口4.8%。和平里街道、北新桥街道、东四街道、东花市街道、永定门外街道为市级民族工作重点街道,朝阳门街道为区级民族工作重点街道;东四街道豆瓣社区、和平里街道交通社区、东花市街道南里社区、永定门外街道天天家园社区为市级民族工作重点社区,少数民族人口占社区总人口的20%。全区有宗教活动场所14座,其中天主教3座(王府井教堂、东交民巷教堂,南岗子教堂)、基督教3座(崇文门教堂,宽街教堂,珠市口教堂)、佛教2座(雍和宫,通教寺)、伊斯兰教6座(东四清真寺,东外清真寺,南豆芽清真寺,安外清真寺,花市清真寺、沙子口清真寺)。有区级宗教团体3个:区天主教爱国会、区基督教三自爱国运动委员会和区伊斯兰教协会。教职人员192人,其中阿訇21人、牧师和传道员22人、神父7人、僧尼及佛学研究人员142人。市基督教三自爱国运动委员会、市基督教青年会、女青年会办公地点在本区。有归侨220人,侨眷约2800人,新华侨华人和留学人员4400余人,在国内的眷属约6400人。新华侨主要分布在57个国家,以发达国家居多。东城区北片侨商会(原名侨资企业协会)有会员近50家。全年办理更改民族成分55人,其中满族32人、回族9人、蒙古族5人等。有清真饮副食网点181家,其中挂牌企业154家、自挂27家。办理清真标志牌25个。为区属民族企业争取国家和市扶持资金12个项目330万元,22.3万元资金用于扶持区属清真专柜升级改造等项目。为工美集团办理贴息贷款1600万元。办理朝觐报名审核7人。办理提案、建议5件。为"三侨"子女开具升学证明20人,其中高考8人、中考6人、小学升初中6人。归侨、侨眷身份认证11人(归侨3人、侨眷8人)。完成区划调整后3个宗教团体合并整合工作,分别成立区天主教爱国会、区基督教三自爱国运动委员会、区伊斯兰教协会。区天主教王府井堂、基督教崇文门堂、佛教雍和宫、东直门外清真寺、沙子口清真寺5个宗教场所被评为首批和谐寺观教堂创建活动先进宗教活动场所,原东城区天主教爱国会被评为创建先进宗教团体,9名个人被评为创建活动先进宗教界人士。区民宗侨办被评为年度北京市侨务工作先进单位。

单位地址:东城区金宝大街52号

联系电话:65131487 邮政编码:100005 (胡沛哲)

【宗教节日庆典】 农历腊八节,通教寺、藏传佛教雍和宫举行宗教节日庆祝活动。区领导王佩立、毛桂芬等分别到2座寺庙慰问。4月24日是天主教、基督教重要节日之一——"复活节"。王府井天主教堂、东交民巷天主教堂、南岗子天主教堂、崇文门基督教堂、珠市口基督教堂分别举行"复活节"活动。东正教在东交民巷天主教堂举行活动,36人参加。8月15日,是天主教"圣母升天"瞻礼,王府井教堂、东交民巷教堂、南岗子教堂分别举行宗教活动,3200人参加(其中110人为外宾)。8月31日是伊斯兰教开斋节,东四清真寺、东直门外清真寺、安定门外清真寺、南豆芽清真寺、沙子口清真寺、花市清真寺举行宗教活动,穆斯林群众4100人参加活动(其中外宾约45人)。11月7日是伊斯兰教"古尔邦(宰牲)节",东四清真寺、东直门外清真寺、南豆芽清真寺、安定门外清真寺、花市清真寺、沙子口清真寺举行宗教活动。穆斯林群众2300余人参加宗教活动(其中外宾155人)。 (马专)

【抽查清真食品网点】 1月13日,通知17个街道对辖区内清真饮副食网点执行民族政策情况自查。1月25日,重点抽查和平里、东四、北新桥街道辖区内的清真饮副食网点,未发现违反民族政策问题。 (王艳 苏会军)

【慰问活动】 1月18日,举办民族宗教界新春团拜会。区领导毛桂芬出席。区天主教、基督教、伊斯兰教、佛教界人士及各街道民族工作干部、民族教育、民族经济等相关单位负责人等近200人参加。1月21日,与区侨联举行侨界电影招待会,侨界代表300余人参加,区领导邵鹏、高桂强、冯藏淑出席。元旦、春节期间,慰问归侨35户、困难侨眷7户,送慰问金3万余元。5月9日,组织归侨代表、侨务干部50余人参观顺义鲜花港。"六一"儿童节前夕,到区属4所民族教育重点校回民小学、回民幼儿园慰问教职员工,送去慰问款1.2万元。8月31日,伊斯兰教开斋节,市委常委、统战部部长牛有成、市人大常委会副主任马振川、市政协副主席赵文芝等,到东四清真寺看望慰问中国伊协会长、市伊协名誉会长陈广元等全体阿訇和穆斯林群众。同日,区领导到东直门外清真寺、安定门外清真寺、南豆芽清真寺、沙子口清真寺、花市清真寺走访慰问。当晚,举办开斋节招待会,宴请区伊协领导班子成员、6座清真寺阿訇及民管会主要负责人。宋甘澍致词,向穆斯林群众表示节日问候。 (许孝萍 王艳)

【领导调研】 1月27日至9月23日,副市长程红、市宗教局、市侨办、市民委等有关领导到区清真寺、基督教堂、天主教堂检查调研和谐教堂创建和民族工作。3月13日,区领导杨柳荫、牛青山、常卫、刘云斋、邵鹏等分别到崇文门基督教堂、宽街基督教堂、王府井天主教堂检查维稳工作,听取各宗教活动场所负责人关于宗教活动安排、安全保卫工作情况汇报。9月26日,毛桂芬到花市清真寺检查安全工作。

(马专 王艳)

【宗教团体建设】 4月9日,召开区天主教爱国会第一届一次全体委员会,原东城区、崇文区天主教爱国会合并。市宗教局有关领导、市天主教两会主席北京教区主教等、区领导邵鹏、王佩立、毛桂芬、郭瑞敏等出席。4月27日,召开宗教活动场所安全工作会,14座宗教活动场所负责人、宗教团体秘书长参加。8月27日,召开区基督教三自爱国运动委员会第一届一次全体委员会,原东城区、崇文区基督教三自爱国运动委员会合并。赵宏生及市基督教教务委员会主席于新粒、市基督教三自爱国运动委员会主席蔡葵,区领导邵鹏、王佩立、郭瑞敏等出席。9月7日,召开东城区伊斯兰教协会委员会第一届一次全体委员会,原东城区、崇文区伊斯兰教协会合并。马中璞、市伊斯兰教协会会长薛天利,区领导邵鹏、王佩立、毛桂芬、郭瑞敏等出席会议。 (马专)

【民族团结日活动】 5月6日,在地坛体育馆,欢庆区和平里地区第四届5·6民族团结日。市委统战部、市民委有关领导,区领导杨柳荫、冯熙、徐鸿达等与群众代表1000余人,欣赏少数民族兄弟展示的书法和诗歌作品,民族器乐演奏和民族舞蹈。 (王艳 苏会军)

【外事接待】 5月15日,美国葛培理布道会会长、撒玛利亚救援会总裁葛福临访问团一行12人到区崇文门堂访问,参加崇文门教堂主日崇拜会并讲道。8月7日,接待西班牙、蒙古、斐济、美国等四个国家"寻根之旅"夏令营的华裔青少年

40余人。8月10日，接待美加参政华人访问团。

（马专　许孝萍）

【培训工作】 6月28日，召开清真食品社会监督员培训会，为监督员颁发聘书，并学习相关政策。区商务委、卫生局，工商分局、公安分局、各街道及区伊协的部分阿訇40余人参加。10月26～27日，举办区宗教界人士培训班。全区天主教、基督教、伊斯兰教三个爱国宗教团体领导班子成员、工作人员、14座宗教活动场所管理组织成员和宗教教职人员130余人参加。

（张琳琳　苏会军）

信息化管理

【概况】 东城区信息化工作办公室（简称区信息办）是区信息化工作领导小组的办事机构和本区信息化工作的政府工作部门。内设综合管理科、应用推广科、电子政务科。下设东城区信息中心和东城区信息资源管理服务中心2个科级事业单位。主要职责是统筹规划、综合协调、监督管理全区信息化工作，推进电子政务、电子商务、电子社区建设和信息资源开发利用，组织有关信息化工作行业管理、宣传、培训、技术服务和国内外交流合作。

年内，立足"首都文化中心区、世界城市窗口区"总体定位，以建设"数字东城"应用框架为目标，以标准化为手段，以创建网格化社会服务管理模式为先导，按照科学发展观要求，完成工作任务。年内，启动数字东城网格化信息系统。信息系统V1.0版、V2.0版上线运行。区门户网站在中国政府网站绩效评估中荣获第一名，并在第三届中国政府网站绩效评估暨第六届特色政府网站评选发布会上，获中国科学院信息化研究中心颁发的"用户满意奖"。

单位地址：东城区钱粮胡同3号

联系电话：64031118－2301　邮政编码：100010　（崔燕楠）

【领导调研】 2月21日、5月20日，市经信委负责人俞慈声、姜贵平等先后到区信息办调研网格化社会服务管理信息化工作进展情况。5月19日，工信部一行6人到区调研信息安全保障工作。7月23日、8月3日，市委组织部、市经信委、市民政局、市社会办负责人就社区信息化创新应用到区调研，分别听取东花市街道、建国门街道和东直门街道工作汇报，参观街道网格化社会服务管理综合指挥分中心。10月28日，广西柳州市柳南区考察团到区考察网格化社会服务管理创新工作，听取区信息办关于网格化社会服务管理信息化建设工作介绍，就社会管理、社会服务和社工队伍建设等具体工作座谈交流。12月29日，市经信委副主任王学军到区调研信息安全保障工作，对区信息安全保障工作给予肯定，认为东城区以信息安全保障业务应用发展，以"网格化"管理为主线，用信息技术推进政府管理创新，特别是在社会管理、社区卫生和城市管理等领域取得重大信息化应用效果，实名制身份认证、互联网安全接入和信息系统等级保护方面的工作成效大，在全国具有推广意义。

（崔燕楠）

【皇城旅游网上线运行】 3月18日，联合区旅游局承建的北京皇城旅游网（http://tour.bjdch.gov.cn）正式上线开通。网站分成印象东城、乐享东城、会展东城、京味东城、活力东城以及活动东城6大板块，从食、游、宿、购、娱等多个层面展现新东城旅游资源与城市风貌，显示东城皇城文化和老北京特有风土人情。

（崔燕楠）

【流动人口管理信息化】 截至4月28日，区内122家用于出租居住的地下空间安装地下空间管理系统，累计录入流动人员信息近1万条，比对出在逃人员信息3条，抓获在逃人员2名。通过前端预警提示，查处持假身份证人员50名，系统内登记在住人员6672余名。

（崔燕楠）

【前门大街官方网站开通】 8月7日，第二届前门历史文化节在前门大街开幕，"数字东城"网站与"首都之窗"网站联合在前门大街官方网站（qianmenstreet.cn）上，对历史文化节开幕式进行现场图文直播。直播期间有186位网民通过网络观看开幕式。同时前门大街官方网站设立百姓留言栏目。

（崔燕楠）

【"数字东城"网站无障碍门户】 8月11日，"数字东城"网站无障碍门户正式上线运行。网站从残疾人实际需求出发，有针对性地提供区内相关服务内容，设置东城动态、图片新闻、通知公告、残联动态、康复服务、政策法规6个栏目，使残疾人平等共享网站信息，网站还专门设立温馨提示，为特殊人群访问网站提供保障。

（崔燕楠）

【管理信息系统应用培训】 9月9日，区信息办、创新办、司法局联合组织各街道、社区、职能局及移动终端试点用户系统培训工作。帮助系统操作员和网格助理员熟悉掌握2.4版系统新增的矛盾调解、矫正帮教和治安防控三大业务板块操作方法及相关业务流程规范。培训覆盖18个职能单位及下设机构、17个街道、205个社区和589个网格，1500余名相关人员接受培训。

（崔燕楠）

【机关软件正版化并获奖】 10月12日，市使用正版软件工作检查组对区政府机关软件正版化工作进行检查验收。检查组现场检查区部分政府机关的软硬件资产台账、授权证明、合同和票据等材料，正版率达到100%。副区长朴学东参加。11月23日，在全市市政府机关软件正版化工作总结表彰会上，东城区被评为软件正版化工作先进集体。区信息办作为先进集体代表在会上发言。

（崔燕楠）

【京港交流会介绍经验】 10月23日，京港"智慧城市"建设交流会在京召开。东城区作为全市区县代表发言，介绍区网格化模式在公共服务、城市管理、经济运行、公共安全等方面拓展应用，汇报区在社会管理创新综合试点工作中探索实践"网格化社会服务管理模式"取得的成绩，介绍信息化20年发展规划和《"数字东城"行动计划（2011—2015年）》的发展方向和重点工程。

（崔燕楠）

【网格化管理获全国创新奖】 11月3日,在"中国城市信息化发展大会暨成果评选"中,区网格化社会服务管理项目由于在打造"精细化管理、人性化服务、规范化运行、信息化支撑"的城市管理新模式上做出尝试,为全国城市管理工作提供可参考示范,获得活动评选专家一致认可,取得本年度中国城市信息化管理创新奖。全国655个城市以及推进城市信息化发展的信息技术厂商参加此次评选。 (崔燕楠)

【全国创新社会管理会在区召开】 12月1日,中共中央政治局常委、中央政法委书记、中央综治委主任周永康,中共中央政治局委员、中共北京市委书记刘淇,国务委员兼国务院秘书长、国家行政学院院长、国务院西部地区开发领导小组办公室主任马凯等到区参加全国加强和创新社会管理工作座谈会。杨柳荫汇报东城区社会服务管理工作开展情况,区信息办对网格化社会服务管理信息监督平台进行演示汇报。东城区开展的网格化社会服务管理创新工作得到各位领导及与会者认可和关注。 (崔燕楠)

信访工作

【概况】 中共东城区委、区政府信访办公室(简称区信访办),是区委、区政府受理人民群众来信来访的职能部门,设接访科、办信科、综合科、排查复查科,有工作人员23人。

全年受理群众诉求类初信初访4709件,比上年同期下降11.1%;集体访96批,同比下降32.3%;上级交办件104件,按期办结率100%。区领导接待群众来访87批693人次,涉及问题70件;全区处级领导"下访、约访、接访"2081次,涉及问题1000余件,化解率达85%以上;区领导代理重大疑难信访问题21件,化解17件;各委办局、街道代理信访问题898件;社区网格代理878件。全年开展1次全面排查,4次专项排查,排查出54件矛盾隐患,对排查出的重点矛盾纠纷全部落实代理责任,并通过电话督查、实地督查、暗中走访等方式加强督办。牵头召开协调会议30余次,运用资金1000余万元,化解一批遗留时间长、解决难度大的信访问题。全区589个社区网格受理群众信访3616件,办结率91.7%;排查出矛盾纠纷3341件,稳控化解率96.3%。

单位地址:东城区什锦花园胡同23号

联系电话:64041552 邮政编码:100007 (陈娟)

【市信访办领导调研】 1月18日、3月23日、6月14日、9月9日、9月23日,市信访办领导先后到区调研信访工作。到韶九社区、东四六条等社区了解信访工作情况及存在突出问题,听取信访工作情况汇报。就信访工作如何更好融入社会服务管理创新工作提出具体意见和要求,并就信访复查复核、信访事项备案和一批疑难信访积案的结案进行交流探讨。 (陈娟)

【信访联席会议】 1月20日,召开年度信访工作联席会议第一次全体会,刘云斋、周永明及联席会议全体成员单位领导参加会议。会议总结上年工作,部署本年任务,通报上年排查、信访代理化解情况和本年排查出的重点矛盾纠纷。人力社保局、房管局、永外街道等3家单位发言。6月15日,召开处理信访突出问题及群体性事件第二次联席会议,刘云斋主持,重点研究区存在的重点信访问题。8月11日,召开联席会议第三次全体会议,刘云斋出席。通报1月至7月份全区信访工作情况,部署下阶段工作任务,刘云斋讲话。8月25日,周永明主持召开区联席会议领导小组会议,对李某涉诉信访案及刑满释放人员段某信访问题进行研究。9月22日,周永明主持召开区联席会议领导小组会,常卫、高桂强等区领导出席会议,研究6件信访积案化解措施和结案意见。 (陈娟)

【政法维稳信访工作会】 1月30日,召开政法维稳信访工作会议,杨柳荫出席会议并讲话,牛青山主持会议,刘云斋作工作报告,全区政法、维稳、信访等系统主管领导400余人参加。刘云斋在报告中围绕行政区划调整、社会管理创新、深化矛盾纠纷排查化解、强化基层基础工作等方面总结回顾了上年工作,部署本年政法维稳信访工作。 (陈娟)

【外省市交流】 3月29日,拉萨市信访局局长央金卓嘎带队到区学习参观信访代理制度。观看《焦点访谈》专题节目"信访有了代理人",座谈交流信访代理工作。区信访办与拉萨市信访局领导就信访代理相关问题进行沟通,并对区社会化网格管理、信访制度创新和群众工作等方面进行深入交流。4月8日,大连市甘井子区信访系统20人到区学习参观信访代理制,并与区信访办领导就信访代理制运行中存在问题及改进措施进行交流。10月13日,国家信访局办信司和天津市信访办一行30余人,到区实地视察接访大厅,了解具体信访工作情况,与区信访办领导座谈,常卫副书记出席座谈。11月14日,青海省县级新任政法委书记、综治办主任等60余人到区学习交流信访代理工作。 (陈娟)

【区领导调研调度信访工作】 8月11日、9月1日,徐熙、周永明召开专题调度会,重点研究建工大地信访问题。12月27日、12月30日,朴学东主持召开上龙西里危改回迁项目协调会,周永明、汤钦飞出席,区住建委、房地一中心、信访办及和平里街道等单位负责人参加。 (陈娟)

【督导检查信访工作】 11月14日,市信访督导组到区督导检查信访工作,区领导杨柳荫、常卫、徐熙、夏树军、周永明陪同。督导组到东华门街道听取信访问题汇报,了解信访风险评估工作情况,并与区领导座谈。12月9日,国家信访局局长王学军率领的中央信访工作督导组、市信访办主任薄钢等领导,与常卫、周永明等区领导座谈,听取常卫代表区委区政府就东城区信访积案化解、领导干部接访和网格化信访工作的汇报。 (陈娟)

调查研究

【概况】 东城区人民政府研究室(简称区政府研究室),是承担综合性政策研究和咨询任务的区政府工作部门。主要职能:对全区经济社会发展全局性、战略性问题和重点、难点、热点问题开展调查研究,提出政策性建议和咨询意见;承担《政府工作报告》、区政府领导在区委区政府重要会议上的报告等重要文稿起草工作;组织协调、参与完成区政府主要领导的调研课题,推进成果转化;搜集、整理、研究和提供国内外具有重要参考价值的信息,供区领导参考等。

年内,围绕中心工作,完成政府工作报告、领导重要讲话文稿等40余篇、20余万字。组织专题座谈会、实地走访等调研活动,完成区级重点课题"东城区历史文化名城保护与发展的实践与思考",为区政府的科学决策提供服务。

单位地址:东城区什锦花园胡同23号

联系电话:64031118-8711 邮政编码:100007 （唐志立）

【起草区政府重要文稿】 完成《2011年北京市东城区人民政府工作报告》及专有名词解释、会议决议等相关材料的起草工作和区委全会上《关于东城区经济社会发展工作的报告》等重要文稿的起草工作;完成区政府领导在区委区政府工作部署会、区政府全体(扩大)会、区领导干部大会等重要会议上的讲话;起草、修改区政府领导在各类会议、论坛、采访中的讲话和致辞,配合区政府各部门做好文稿服务工作。

（唐志立）

【重点调研课题】 牛青山主持的调研课题《东城区历史文化名城保护与发展的实践与思考》,区政府研究室牵头10个成员单位组成课题组,召开座谈会、组织研讨、搜集整理国内外研究资料、到文保区实地考察、到沪苏杭调研、听取专家意见,多次论证与反复斟改,形成题为《东城区历史文化名城保护与发展的实践与思考》的调研报告。 （唐志立）

档案管理

【概况】 东城区档案局、馆(简称区档案局、馆),是政府负责档案工作的主管部门。主要职责:制定档案事业发展规划、规章制度,并组织实施;依法行使档案执法监督检查权,对违反"档案法"的行为进行查处;对全区各单位和其他组织形成的档案材料的科学有效的收集、整理、鉴定、统计、保管、检索、编研及开发利用等业务工作进行监督、指导与检查;对全区档案干部进行专业知识培训,指导区档案学会开展活动。区档案馆是科学文化事业机构,是档案安全保管基地、爱国主义教育基地,政府信息公开查阅中心和档案信息服务中心。档案局、馆为参照《公务员法》管理的事业单位。内设:办公室、法制科、业务指导科、管理科、接收征集科、编研科、社会教育科、信息技术科、纪检监察科、人事财务科。其中,纪检监察科、人事财务科为本年度新建机构。

年内,区档案学会和2名工作人员分别获市档案学会先进集体和先进工作者。报送工作动态信息184条,被各级信息刊物采用159条。制定《东城区"十二五"时期档案事业发展规划》。

单位地址:东城区幸福大街32号

联系电话:87556343 邮编:100061 （朱凤荣）

【档案基础建设】 1月17日,向区属各单位制发《关于印发<东城区文书档案案卷质量执行标准>等6个标准的通知》,对档案的分类方法、收集时间和范围、整理原则和程序、装订规格和方法、装具的选用等案卷质量的各个环节提出统一要求。2月14日,印发《关于东城区档案馆设定区属各单位全宗号的通知》。11月21日,制发《北京市东城区机关文件材料归档范围和文书档案保管期限规定实施细则》。

（朱凤荣）

【档案法制宣传】 3月4日,与建国门街道在外交部社区开展档案法制宣传日活动。展出《新东城风貌展》,开展政府信息公开、档案法律法规及家庭建档知识的宣传,设置档案咨询台,向社区居民发放《中华人民共和国档案法》《东城区档案局政府信息公开指南》《档案法小知识》《家庭建档宣传册》等宣传材料300余份,接待群众咨询60余人次。12月2日,与北新桥街道小菊社区联合举办档案法制宣传进社区活动。向社区居民发放宣传材料800余份。组织居民参观"档案就在您身边"展览。12月20日制发《东城区档案系统开展法制宣传教育的第六个五年规划》。举办第二届"档案法宣传月"和以"档案为您服务"为主题的第三届档案馆日活动,推出"参观交流、互动体验、成果展示、咨询服务"4个板块,举办《红色足迹在东城》、奥运精品展、婚姻档案变迁展、档案编研成果展等展览,举行档案捐赠仪式,播放《前进中的新东城档案事业》专题片,发放宣传材料5900余份。 （朱凤荣）

【爱国主义教育基地工作】 3月至5月,参与东城区纪念建党90周年展览的筹备工作,提供文书档案、图书和声像资料。开展"爱党、爱国、爱区"宣传教育活动。庆祝中华人民共和国成立62周年,举办"红色足迹在东城"展览,运用大量的历史档案和图片,介绍毛泽东、陈独秀、李大钊等在东城区的革命活动。 （朱凤荣）

【档案开放和鉴定】 3月至12月,完成审查鉴定馆藏1980年52个全宗759卷,开放571卷。开放鉴定馆藏满30年2815卷文书档案,对外开放档案898卷。文件级鉴定馆藏1961年形成的1158卷1.41万件到期档案的保管期限。经审,保管期限重新定为永久的650件、30年的3356件、15年的1.01万件。 （朱凤荣）

【学会工作】 完成会员登记、会费收缴及社团年检工作,有团体会员单位57个,个人会员5名。4月13日,召开学会第四次会员代表大会,86名会员参加会议,听取和审议《东城区档案学会章程》等文件,选举产生第四届理事会、监事会机构。理事会、监事会四届一次会议选举产生理事长、副理事长、监事长。年内,学会组织会员参加"档案见证北京"档案文化系列讲座和"电子文件管理发展趋势与探索"等多场学术报告会,举办档案知识有奖答题活动。开展论文征集活

动,3篇论文入选《第十二次京津沪渝档案学会学术讨论会论文集》。 (朱凤荣)

【教育培训】 4月19~20日,举办档案专题培训班,全区各立档单位的专兼职档案员125人参加。讲授《东城区文书档案案卷质量执行标准》等6个案卷质量执行标准。5月16~20日,举办档案专业知识培训班,89人参加,77人参加考试取得结业证书。组织全区档案人员参加市档案工作者教育培训网学习,111人完成20学时的在线学习并通过考试。10月12日,对处、科级干部20余人进行档案法律法规知识的培训。 (朱凤荣)

【家庭建档】 8月2日,召开全区家庭建档工作推进会。在17个街道开展家庭档案知识系列讲座,为256户建档家庭免费发放专用档案盒、档案夹、照片档案册等档案装具,通过集中指导培训和入户指导等多种方式,实现家庭建档256户。10月16日,举办家庭档案成果展览。 (朱凤荣)

【政府信息公开查阅】 补充市委、市政府已公开现行文件材料9种900余份。接收区属各单位文件49种147份,向社会公众提供查阅服务。全年向社会提供和更换法规规章文件文本67种、1500份,向社会提供利用人次1379人次、67种、1050份。 (朱凤荣)

【档案接收征集】 全年接收区创建国际花园城市重大活动文书档案94件、光盘20张、照片档案2册75张、实物档案6件、图册资料26册及相应电子目录和电子文件。接收3家单位文书档案5850卷。接收各单位获国家级集体荣誉实物档案11件和原崇文区委印模1枚。启动城市记忆工程,对13次重大活动进行拍照,形成照片620张。对危改区天坛东里进行跟踪拍照,形成照片33张。征集区庆祝建党90周年大型展览等历史档案资料28件。 (朱凤荣)

【档案信息化工作】 全年完成232.45万页档案的全文扫描工作,著录档案目录71.66万条,对全部数字化成品进行质检,保证图像清晰完整、数据准确、系统数据对接。开展数据整理工作,整理馆藏原东城区、原崇文区婚姻登记档案的电子数据45万余条。扫描馆藏照片档案12册520张,完善照片档案数据库,录入数据411条。 (朱凤荣)

【安全管理工作】 修订完善档案整理、统计、销毁、利用、库房管理等8项工作制度,投入4万余元购置温湿度记录仪、去湿机、库房推车等设备。对档案进行全面清查,修复2597卷、7791页破损、掉页档案。在档案数字化加工过程中,检查4万卷入库档案,确保档案实体安全。例行检查馆藏档案存储设备,排查故障,保证电子数据存储安全。对视频监控系统安装工程进行前期准备。 (朱凤荣)

【档案利用】 接待查档8268人次,其中实际利用6568人次,调阅档案1.12万卷次,接待咨询电话2.59万个,减免各项费用2.63万元。与区民政局联合制发《东城区婚姻登记档案利用办法》,解决婚姻档案利用工作中的难点问题。12月19日将区档案馆馆藏婚姻登记档案电子信息移交给区民政局,实现东城区域内婚姻登记档案信息共享。 (朱凤荣)

地方志工作

【概况】 东城区地方志编纂委员会办公室(简称区地方志办),负责组织、指导、督促和检查区地方志工作;负责国务院《地方志工作条例》和北京市《实施〈地方志工作条例〉办法》的落实与执法检查;负责拟定区地方志工作规划和编纂方案;负责组织编纂区地方志书、地方综合年鉴;负责搜集、保存区地方志文献和资料,组织整理旧志,推动方志理论研究;负责组织开发利用区地方志资源,提供地情咨询服务;承办区委、区政府和上级地方志部门交办的其他工作。与区委党史资料征集办公室合署办公。内设综合科、党研科、方志科、编辑部4个科室,编制16名,设主任1名,副主任2名,科级领导4正1副。

年内,调整年鉴编辑部,完善周例会制度,修定年鉴框架,对年鉴主笔进行撰稿业务培训1次,召开业务研讨会2次,组织年鉴撰稿人员赴外省市学习交流2批次。二轮修志工作完成收集资料、填写资料卡片、编写资料长编工作,进入撰写初稿阶段。

单位地址:东城区东四十一条83号

联系电话:84037892 邮政编码:100007 (杨帅)

【区志培训会】 4月1日,召开《北京市崇文区志》主笔培训会。约150人参会。会上,对提高志书资料重要性认识,志书资料搜集范围和原则,志书资料来源,搜集资料步骤和方法,资料鉴别和核实,怎样编写资料长编等6个问题进行培训。4月22日,召开《北京市崇文区志》部分承编单位资料长编点评研讨会,31个单位55名主笔参会。会上,对5份资料长编进行点评,并对资料长编普遍存在资料来源不明、未和资料卡片挂钩衔接等12个问题进行说明。5月10日,召开《北京东城区志》主笔培训会,150人参加,副区长毛桂芬作培训动员。会上,从资料收集时段、范围、内容、种类、要求等进行培训,与会人员对二轮修志工作组织落实、工作进度、主要做法、需要协调解决问题等内容分6个组进行座谈。11月11日,召开《北京市崇文区志》撰写初稿和分纂培训会,100人参加。会议从检验资料夯实基础、细分门类确定单元、写好两头划准阶段、抓住重点突出特色、以事系人人随事出、运用图表彰显内容、适当回溯搞好衔接、述而不论寓论于述、行文规范记述准确、概括提炼写好简述等10个方面,做好初稿撰写和分纂工作进行研究。12月29日,召开《北京市崇文区志》试写初稿点评会,29人参加。会上,就试写初稿:《大绿地建设》《创建国家卫生区》和专记《明城墙遗址公园》提出建设性修改意见。区地方志编委会副主任、《北京市崇文区志》主编王文竹总结上年修志工作,部署年度工作。 (杨帅)

【年鉴研讨培训】 4月2日,召开区年鉴编写研讨会。市年鉴社及区年鉴责任编辑就编写《北京东城年鉴》(2011 卷)进行专题研讨。市年鉴社要求新东城年鉴全面反映新东城区域面貌,注意突出新东城区域特点和年度特色,并对东城年鉴框架提出修改意见。4 月 12 日,召开区年鉴工作培训会,170 人参加。市年鉴社负责人结合两区合并前后资料收集工作、年鉴资料选取、条目撰写和条目标题等内容进行授课。12 月 21 ~ 22 日,召开区年鉴工作研讨会。责任编辑就编写年鉴中的问题和感受进行交流和研讨,并提出工作建议。市地方志办领导提出 3 点意见:依法修志鉴,实行分层次指导;加强队伍建设,确保年鉴质量;加强培训和指导,提高业务水平。并从规范条目、要素齐全、特点突出、详略适当、平衡内容、人物排列、数据精准等方面提出具体要求。（杨帅）

【区二轮修志研讨会】 8 月 9 ~ 10 日,召开二轮修志研讨会,市地方志办领导及区志编辑 30 余人参加。《北京市东城区志》《北京市崇文区志》编辑部常务副主编分别对修志工作进行总结;对收集资料难点、志书格式、编写方法、区县志书与专业志书的一致性等问题进行研讨;市地方志办领导对问题进行解答并提出解决办法。市地方志办主任王铁鹏讲话,建议修志工作应该把主要力量放在收集资料上,把基础工作做扎实,篇目调整要慎重,确需调整,及时与市地方志办沟通,如果某一部分资料比较齐全可以试写,但不主张全面试写。区地方志编委会副主任、《北京市东城区志》主编刘朋庆作总结。（杨帅）

【年鉴编辑】 《北京东城年鉴·2011 卷》为新东城区第一部年鉴,但仍沿用原《北京东城年鉴》序列,为总第十五卷,12 月编辑完成。全书设综述、大事记、特载、政党·团体、政权·政协、政法·军事、综合经济管理、工商·旅游·对外经济、财税·金融、城市建设、城市管理、科学·教育·文化、医药·卫生·体育、社会生活、街道、人物、统计资料、附录 18 个一级栏目,一级栏目下设二级栏目,二级栏目下设分目,分目下设条目。年鉴设 2507 个条目,约 1155 千字,彩页 48 面,照片 232 幅,全面、系统地记载上一年度(2010 年度)新东城区在政治、经济、文化、社会等各个领域、各项事业发展变化的基本情况和大事、要事、新事与有影响事,记载取得的新成就、新进展、新经验,为各行各业、各方面人士了解东城、研究东城、建设东城提供信息和资料。（杨帅）

【地情资料咨询服务】 为区属各单位提供区志、年鉴等地情资料书籍 45 册;对区各单位年鉴、修志工作进行业务指导 56 次;为区属有关单位讲区情、党课 4 次;为外省市史志部门提供史志材料 1 次;为人民群众和新闻媒体提供史志咨询服务约 34 人次。（杨帅）

机关事务管理

【概况】 东城区机关事务管理服务中心前身为东城区人民政府行政处,1996 年 8 月,更名为东城区机关事务管理处,2001 年 9 月,转为事业单位,更名为北京市东城区机关事务管理服务中心(简称“中心”)。经费全额拨款正处级事业单位,工资纳入公务员规范管理。主要承担区委、区人大、区政府、区政协机关及部分行政事业单位的事务管理及后勤服务保障工作。编制 75 名,内设办公室、人事科、财务科、国有资产监督管理科、房管基建科、安全保卫科、车辆管理科、膳食科、接待科、综合服务科、管理一科、管理二科、管理三科等 13 个科室,下辖差额拨款事业单位东城区人民政府机关服务中心。

年内,坚持规范管理、优质服务、高效保障,完成区划调整各项后勤保障任务。

单位地址:东城区钱粮胡同 3 号

联系电话:64077648　邮政编码:100010　（关丽丽）

【财政经费管理】 完成 2.3 亿元财政预算资金的收支管理,审批程序严格、支出操作规范零差错。按照“零余额”账户管理要求,完成各委办结余资金的归并。为局级领导 40 余人和在职及退休职工 800 余人办理医疗保障卡。人员工资、加值班费、节日补贴、供暖费等按时发放。完成 400 余人的住房补贴申报审核及数据录入上报工作。（关丽丽）

【国有资产管理】 完成 11 家一级预算和 32 家二级预算单位的国有资产清查与账目转移。资产处置审核做到程序合法、手续完备、管理严格,维护资产的安全完整。完成 5 家单位 300 余件约合 290 万元的固定资产清查,25 家单位上报资产自查结果。保障市委考察组等临时机构办公资产 30 余件,价值 18 万元。审批、审核 22 家一级预算单位 4354 件 1559 万元资产的处置申请。（关丽丽）

【工程项目建设】 完成金宝街 8 号地综合服务业务楼项目的设计方案及总体投资概算,落实拆迁安置房源。珠市口东大街南四楼 A 座等 18 项基建维修改造如期完工,车辇店立体停车设备改造、打磨厂 3 号办公楼改造进展顺利,安全生产管理实现“大事不出、小事减少、安全稳定”的工作目标。（关丽丽）

【安全维稳工作】 实行安全责任制考核,完善《区机关突发事件应急工作总方案》和设备设施、餐饮膳食、公务用车等 10 余项分预案。全年处理集体访、个人访等各类突发事件 75 起,合理疏导疏散信访人员 2600 余人次。开展季节性重大节日、重要活动联合检查 18 次,排查出安全漏洞 30 余处。（关丽丽）

【服务保障】 中心管理 9 个办公区 12 个食堂,日就餐人数约 2100 人。本年,机关食堂被市卫生局确定为全市健康食堂试点单位之一。开展交通安全主题教育 8 次,维修、保养车辆 650 余台次,安全行驶 220 万公里,未发生重大交通事故。全年完成机关会议接待任务 2700 次、7 万人次,提供门诊治疗 4000 余人次,组织机关干部健康体检 1000 余人次。组建机关文印室,印制各类文件 42 万份。完成 15 万平方米办公区的卫生清扫,电路、管道、空调等各类设备设施日常维护

6500余次、接转电话36万次,收发报纸、信件等约11万份,完成机关大院中央空调系统的节能改造,实施用电分类计量改造,综合业务服务楼被列入区绿色示范建筑之一。

(关丽丽)

【重大任务保障】 12月12～16日,完成区第十一次党代会后勤保障任务。中心成立领导小组,设立组织联络、经费保障、食宿生活、会议综合服务、信访维稳、车辆交通保障、安保、物资保障等7个工作小组,明确7名联络员,分别与秘书处各工作组对接,形成周密的工作体系,确保了各个环节无缝隙对接,各项任务落到实处。完成14个会议室的会场布置,摆放茶杯、纸、笔等900余份,鲜花和绿植1000余盆。会议期间保障区领导生活服务,为大会300余名工作人员提供食品。与总参一所联系,了解食谱情况 ,在食品花色品种、营养搭配上提出参考意见,并做好食品留样,确保食品卫生安全。会议期间,中心派驻20余名安保人员,形成四道安全防线,对进出大院的人员、车辆等严格的验证放行,从严控制外来人员进入会场内,确保会场及周边安全。同时,加强车辆停放管理,合理分流车辆,做到了秩序不乱、安全有序。

(关丽丽)

东城区人民政府

区长、副区长

区　长	牛青山	
副区长	徐　熙	朴学东
	王红兵(6月免)	毛桂芬(女,10月免)
	周永明(12月免)	宋甘澍(12月免)
	毛　炯(12月免)	陈之常(10月任)
	王中华(8月任)	颜　华(女,10月任)
	许　汇(12月任)	汤钦飞(12月任)

工作机构负责人

政府办公室主任	袁秀江
国家保密局局长	綦　剑(8月任)
发展和改革委员会主任	许　汇
教育委员会主任	冯洪荣
区政府教育督导室主任	张京明
科学技术委员会主任	孙占军
住房和城市建设委员会主任	于　静(女)
城市综合管理委员会主任	谢　申
商务委员会主任	孟志军
文化委员会主任	李承刚
人口和计划生育委员会主任	李评修(女,8月免)
	鲍亚范(女,8月任)
国有资产监督管理委员会主任	杨博贤
社会建设工作办公室主任	赵小平
民族宗教侨务办公室主任	赵宏松(回族,6月任)
外事办公室主任	陈大鹏
法制办公室主任	李凌波
信访办公室主任	吕瑞丽(女)
信息化工作办公室主任	倪　东(女,4月任)
对外联络服务办公室主任	曲　力(女)
金融服务办公室主任	陈　勇(1月免)
	吴东方(6月任)
危旧房改造办公室主任	刘俊彩(女)
台湾事务办公室主任	王宝祥
防范和处理邪教问题办公室主任	王伟民
政府研究室主任	郝留亮
产业和投资促进局局长	李照宏
监察局局长	杨春发
民政局局长	赵凌云(女,2月免)
	魏慧明(2月任)
司法局局长	李利平(女)
财政局局长	陈　虹(女)
人力资源和社会保障局局长	梁　岩(女)
环境保护局局长	韩小平(女)
卫生局局长	李亚兰(女,10月免)
	张　明(满族,10月任)
审计局局长	王淑云(女)
安全生产监督管理局局长	韩卫国
体育局局长	吕德成
统计局局长	赵　刚(10月免)
	陈　平(10月任)
园林绿化局局长	梁成才
旅游局局长	李雪敏(女)
民防局(地震局)局长	袁　银
房屋管理局局长	隗功林
东城公安分局局长	谢世龙
东城安全分局局长	李丹江
市国土资源局东城分局局长	李　伟
市规划委员会东城分局局长	宋志红(女)
国家税务局局长	王炯东
地方税务局局长	刘春林
市工商行政管理局东城分局局长	孙建生
质量技术监督局局长	张　勇
市药品监督管理局东城分局局长	王厚廷
经济社会调查队队长	孙书振
行政服务中心主任	朱　捷
雍和园管理委员会主任	彭　湘
前门大街管理委员会主任	葛俊凯
北京站地区管理处主任	毛　炯(兼,4月免)
	宋甘澍(兼,4月任,12月免)
	王中华(兼,12月任)

城市管理监察大队队长	耿学森(8月免) 郭立峰(8月任)
城市管理监督中心主任	朱传芳
东二环交通商务区建设管理办公室主任	李　强
王府井地区建设管理办公室主任	朴学东(兼,12月免) 陈之常(兼,12月任)
地方志编纂委员会办公室主任	彭积冬
老龄工作委员会办公室主任	徐维江
档案局(馆)局(馆)长	胡家文
机关事务管理服务中心主任	路秀桥
住宅发展中心主任	赵春军
环境卫生服务一中心主任	范辉(女,10月免) 李勇泉(10月任)
环境卫生服务二中心主任	郑青云(兼)
房屋土地经营一中心主任	张和平
房屋土地经营二中心主任	康哲才
龙潭湖体育产业办公室主任	任继明
永外商贸办公室主任	陈军义(6月免)

中国人民政治协商会议北京市东城区委员会

【概况】 中国人民政治协商会议北京市东城区委员会(简称区政协),设有提案委员会、学习和文史委员会、经济科技委员会、城建城管环保委员会、教文卫体委员会、社会法制委员会、民族和宗教委员会、港澳台侨委员会。区政协常务委员会主持日常工作,并设办公室、研究室、专委会工作一室、专委会工作二室、专委会工作三室、专委会工作四室、专委会工作五室为办事机构。在区政协十三届一次会议选举前为:中国人民政治协商会议北京市东城区(临时)委员会。

年内,坚持"服务大局、履职为民、创新发展"的工作理念,团结和依靠各界委员,围绕全区中心工作和发展大局,履行政治协商、民主监督、参政议政职能,人民政协工作在服务科学发展和实现自身科学发展上取得新的进展,为实现"十一五"规划的圆满收官和"十二五"规划的良好开局,为建设"国际化现代化新东城"作出重要贡献。

单位地址:东城区幸福大街32号
联系电话:67114619　邮政编码:100061　(张重)

【政协(临时)第二次全体会议】 1月9~11日,区政协委员会(临时)第二次全体会议在京东宾馆举行。市政协副主席陈平,区领导杨柳荫、牛青山、冯熙出席。区政协(临时)副主席郭瑞敏和政协(临时)主席徐鸿达分别主持大会开幕式和闭幕式。徐鸿达作政协东城区委员会(临时)常务委员会工作报告;区政协(临时)副主席冯藏淑作常务委员会关于提案工作情况的报告;列席区人民代表大会(临时)第二次会议,听取并讨论东城区人民政府工作报告,听取并讨论关于东城区上年国民经济和社会发展计划执行情况、本年国民经济和社会发展计划(草案)的报告、关于区上年财政预算执行情况和本年财政预算(草案)的报告、区人民法院工作报告、区人民检察院工作报告;听取中国人民政治协商会议北京市东城区委员会(临时)提案委员会关于二次会议期间提案征集情况的报告;审议并通过区政协委员会(临时)第二次会议决议。闭幕式上杨柳萌、徐鸿达作重要讲话。　(张重)

【常委会会议】 1月10日,徐鸿达主持召开第四次(临时)会议。听取二次全会期间委员分组讨论情况的汇报;审议《政协东城区委员会(临时)第二次会议决议(草案)》;听取《提案委员会关于政协东城区委员会(临时)第二次会议期间提案征集情况的报告》;决定大会闭幕有关事宜。3月9日,郭瑞敏主持召开第五次(临时)会议。听取关于区本年重点工程和城市建设情况的通报;审议通过《政协北京市东城区委员会(临时)常务委员会2011年工作要点(草案)》;书面汇报区政协各专门委员会本年工作计划。8月25日,郭瑞敏、刘忠胜分别主持召开第六次(临时)(扩大)会议。听取徐熙关于上半年经济运行情况的通报;听取邵鹏关于做好区政协换届工作意见和换届方案的说明;听取区委统战部常务副部长关于做好区政协换届工作意见和换届方案的通报;审议通过《关于加快推进东城区文化创意产业发展的建议案》《关于科学有效利用文物,为区域经济发展服务的建议案》《关于进一步推进东城区有关政府购买公共服务工作的建议案》;听取冯藏淑作区政协机关机构调整和人事任免情况的通报。10月13日,郭瑞敏主持召开第七次(临时)会议。对《历史文化传承发展轴控制性详细规划》进行政治协商,副区长朴学东出席。10月27日,郭瑞敏主持召开第八次(临时)会议。审议通过《关于召开政协北京市东城区第十三届委员会第一次会议的决定(草案)》《政协北京市东城区常务委员会委托主席会议主持政协北京市东城区第十三届一次会议预备会议的决定(草案)》《建议议程(草案)》《建议日程(草案)》《关于表彰2011年度优秀委员的决定(草案)》《关于表彰2011年度优秀提案的决定(草案)》《关于通报表扬2011年度提出3件以上提案政协委员的决定(草案)》《关于政协北京市东城区第十三届一次会议大会秘书处各组负责人名单(草案)》;通报《2011年度优秀社情民意信息工作者表彰名单》。11月24日,冯藏淑主持召开第九次(临时)会议。邵鹏、朴学东出席会议。听取区政府关于政协提案办理情况和建议案落实情况的通报;审议通过《政协北京市东城区第十三届委员会委员建议名单(草案)》《主席团成员建议名单(草案)》《秘书长建议名单(草案)》《副秘书长建议名单(草案)》《决议起草委员会委员建议名单(草案)》《提案审查委员会委员建议名单(草案)》《委员分组办法和各组召集人建议名单(草案)》《选举办法(草案)》《常务委员会工作报告(草案)》《提案工作情况的报告(草案)》;书面通报区政协关于"扶困助学"、"回报社会、关爱百姓"资金使用情况。12月21日,徐鸿达主持召开区政协第十三届委员会第一次常委会议。审议通过《中国人民政治协商会议北京市东城区第十三届委员会副秘书长名单(草案)》;审议通过《中国人民政治协商会议北京市东城区第十三届委员会常务委员会2012年工作要点(草案)》。　(张重)

【主席会议】　2月28日,徐鸿达主持召开第六次(临时)主席会议。会议听取区政协(临时)二次会议以来工作情况的汇报;审议《区政协常务委员会2011年工作要点(草案)》;书面审议区政协各专门委员会本年工作计划(草案);研究确定召开政协东城区委员会(临时)常务委员会第五次会议有关事宜。5月17日,徐鸿达主持召开第七次(临时)主席会议。与会主席听取区政协(临时)常务委员会第五次会议以来工作情况的汇报;听取区政协各专委会工作室关于各专委会调研情况的汇报;听取"永远跟党走　颂歌献给党"区政协纪念建党90周年大会暨文艺演出筹备情况的汇报。8月8日,徐鸿达主持召开第八次(临时)主席会议。会议听取《关于加快推进东城区文化创意产业发展的调研》情况的汇报,审议《关于加快推进东城区文化创意产业发展的建议案》;听取《关于科学有效利用文物　为区域经济发展服务的调研》情况的汇报,审议《关于科学有效利用文物　为区域经济发展服务的建议案》;听取《关于东城区"政府购买公共服务"的调研》情况的汇报,审议《关于进一步推进东城区有关政府购买公共服务工作的建议案》;听取区政协委员会(临时)第七次主席会议以来工作情况汇报。10月13日,徐鸿达主持召开第九次(临时)主席会议。会议听取区住房和城市建设委员会主任对《历史文化传承发展轴控制性详细规划(审议稿)》编制工作情况、主要观点和整体框架的说明,协商讨论《历史文化传承发展轴控制性详细规划(审议稿)》;审议通过《提案工作的回顾与思考(草案)》调研报告;审议通过区政协人事任免有关事宜。10月27日,郭瑞敏主持召开第十次(临时)主席会议。审议《关于召开中国人民政治协商会议北京市东城区第十三届委员会第一次会议的决定(草案)》《关于政协北京市东城区委员会(临时)常务委员会委托主席会议主持政协东城区第十三届委员会第一次会议预备会议的决定(草案)》《中国人民政治协商会议北京市东城区第十三届委员会第一次会议建议议程(草案)》《中国人民政治协商会议北京市东城区第十三届委员会第一次会议建议日程(草案)》《中国人民政治协商会议北京市东城区委员会(临时)关于表彰2011年优秀委员的决定(草案)》《中国人民政治协商会议北京市东城区委员会(临时)关于表彰2011年度优秀提案的决定(草案)》《中国人民政治协商会议北京市东城区委员会(临时)关于通报表扬2011年度提出3件以上提案政协委员的决定(草案)》《中国人民政治协商会议北京市东城区委员会(临时)2011年度优秀社情民意信息工作者表彰名单(草案)》《中国人民政治协商会议北京市东城区第十三届委员会第一次会议大会秘书处各组负责人名单(草案)》。11月24日,徐鸿达主持召开第11次(临时)主席会议。会议审议《中国人民政治协商会议北京市东城区第十三届委员会委员建议名单(草案)》《中国人民政治协商会议北京市东城区第十三届委员会第一次会议主席团成员建议名单(草案)》《中国人民政治协商会议北京市东城区第十三届委员会第一次会议秘书长建议名单(草案)》《中国人民政治协商会议北京市东城区第十三届委员会第一次会议副秘书长建议名单(草案)》《中国人民政治协商会议北京市东城区第十三届委员会第一次会议决议起草委员会委员建议名单(草案)》《中国人民政治协商会议北京市东城区第十三届委员会第一次会议提案审查委员会委员建议名单(草案)》《中国人民政治协商会议北京市东城区第十三届委员会第一次会议委员分组办法和各组召集人建议名单(草案)》《中国人民政治协商会议北京市东城区第十三届委员会第一次会议选举办法(草案)》《中国人民政治协商会议北京市东城区委员会(临时)常务委员会工作报告(草案)》和《中国人民政治协商会议北京市东城区委员会(临时)常务委员会关于提案工作情况的报告(草案)》,会议决定,将以上文件提交政协东城区委员会(临时)常务委员会第九次会议审议通过。会议通报区政协关于"扶困助学"、"回报社会、关爱百姓"资金使用情况。12月21日,徐鸿达主持召开区政协第十三届委员会第一次主席会议。会议审议《中国人民政治协商会议北京市东城区第十三届委员会副秘书长名单(草案)》。会议决定,将该《名单(草案)》提交政协北京市东城区第十三届委员会常务委员会第一次会议审议通过;会议审议《中国人民政治协商会议北京市东城区第十三届委员会常务委员会2012年工作要点(草案)》。会议决定,将该《工作要点(草案)》提交区政协第十三届委员会常务委员会第一次会议审议通过。　(张重)

【关爱百姓送温暖】　1月25日,与区职介中心在金台夕照会馆联合举办"关爱百姓送温暖　回报社会促和谐"座谈会。观看《新春送温暖　关爱促和谐》纪录片;与会领导和政协委员向困难群众发放慰问品和慰问金。区政协委员、北京朝隆达新科技有限公司董事长代表向"关爱基金"捐款的40家企业、民主党派团体发言,表示继续奉献爱心,为社会和谐贡献力量。　(张重)

【专题座谈会】　5月27日,围绕促进区域发展召开专题座谈会。6位委员围绕区域产业发展定位、王府井地区发展、文化中心区建设等专题,提出理顺产业关系,大力发展金融创新产业;集中区域优势资源,发展高端产业;抓住我国向消费大国转型的机遇,使王府井地区重点向品牌化、高端化、国际化方向发展;在重点地区发展创意产业市场;把区内的非物质文化遗产留存好、保护好、展示好,形成区域文化特色等许多前瞻性、有针对性、可操作性的意见建议。　(张重)

【工作交流】 3月17日,宁波市海曙区政协主席王黎明带领海曙区政协考察组9人到区学习交流。区城管委副书记和海曙区政协主席代表各自城区介绍近年来城市综合管理工作情况。徐鸿达、刘忠胜出席。12月9日,内蒙古自治区乌兰察布市集宁区政协主席一行来访。两区政协主要领导交流履职方面的经验和做法,互相汲取经验,致力于共同为政协建设增添活力,为两区经济社会发展贡献力量。两区发改委(局)主要领导,就经济、教育等方面的对接项目进行洽商,深化双方的合作意向。集宁区政协考察团一行,实地了解非物质文化遗产景泰蓝的生产制作工艺,参观雍和宫、国子监等文物保护单位。徐鸿达、郭瑞敏、冯藏淑、刘忠胜出席。 (张重)

【市政协调研】 3月29日,市政协教文卫体委员会主任牛继升带领"整合资源,打造文化旅游之都"调研组40余人到区调研。调研组赴北京珐琅厂和中华民族艺术珍品博物馆参观,听取区文化委、旅游局关于区文物资源现状和旅游业发展情况的汇报,并到红剧场调研旅游驻场演出情况。徐鸿达、冯藏淑、刘忠胜陪同。4月1日,市政协提案委主任董瑞龙、专职副主任李春增等到区座谈交流提案工作,听取区政协基本情况和提案立案审查、提案分析、提案"双评双促"等工作的具体做法,并就提案工作中存在的问题进行探讨、交流。冯藏淑、程华陪同。 (张重)

【社情民意信息工作】 4月21~22日,召开区政协社情民意信息工作会议暨《新东城政协》报编委会议。市政协有关部门负责人,区领导郭瑞敏出席。区政协委员、主管信息工作的党派成员、区政协特邀信息员、《新东城政协》报编委50余人参加会议。会议总结上年社情民意信息工作和《新东城政协》报编发工作;部分委员结合工作实际,就如何做好反映社情民意信息工作,畅谈经验和体会。完善反映社情民意工作情况通报制度,通过召开热点问题座谈会、举办信息工作会、健全报送网络等形式,扩大信息来源,增强信息实效。全年编报《社情民意》104期,连续五年被市政协、区委、区政府评为信息工作先进单位。 (张重)

【区领导调研】 5月17日,杨柳荫到区政协调研。看望参加区政协组织的为庆祝建党90周年活动排练节目的政协委员;参加社会与法制委员会组织的"基本医疗保险"政策解读座谈会,与政协委员一同听取关于"基本医疗保险"政策的情况通报;观看《惠风和畅谱新曲——区政协委员活动纪实》专题片;并与区政协领导座谈。区领导夏树军及相关部门负责人陪同。 (张重)

【企业家沙龙】 5月19日,以"走进电子商务新时代"为主题,举办"企业家共话新东城发展"第九次沙龙系列活动。杨柳荫、冯熙、徐鸿达、朴学东出席。区相关职能部门负责人及委员150余人参加活动。活动采用全息触摸屏技术和服务作为会议内容的展示方式。沙龙活动由区政协委员、北京保罗科贸发展集团公司副总裁主持。区政协委员、北京中欣安泰投资有限公司董事长,北京当当信息技术有限公司执行公关总监,北京商银信商业信息服务公司董事长,区政协委员、CBS Interactive 国际媒体副总裁、中国区总裁分别围绕从颠覆传统企业商业模式提升区域竞争力、当当网的成功IPO带给我们的快乐分享、展望未来电子时代新生活、电子商务的未来趋势及挑战等方面进行演讲。企业家们围绕主题,针对企业自身发展与主讲嘉宾进行现场互动。朴学东结合区情从区未来电子商务发展整体思路、区产业发展"243"战略及相关产业政策等方面向企业家做介绍。 (张重)

【纪念中国共产党成立90周年】 6月23日,区政协(临时)举行大会,隆重纪念中国共产党成立90周年。市政协党组副书记、副主席沈宝昌,区领导杨柳荫、牛青山、冯熙出席。徐鸿达致辞。会后,举办文艺演出。来自各界别的政协委员300余人歌颂中国共产党的丰功伟绩,表达对党、对祖国的无限忠诚和热爱。 (张重)

【纪念辛亥革命100周年】 9月9日,区政协(临时)在中山公园举办纪念辛亥革命100周年活动。杨柳荫、牛青山、徐鸿达、邵鹏和政协委员80余人出席活动。郭瑞敏主持。与会人员参观《孙中山与北京》展览,并向孙中山先生塑像敬献花篮,深切缅怀这位中国近代民主革命的伟大先行者。区政协举行座谈会,民革东城区委主委、台盟中央联络部副部长、广渠门中学校长、北京紫禁城影业公司艺术总监、一级编制、电影《辛亥革命》总制片人重点发言,并观看电影《辛亥革命》片花。 (张重)

【总结表彰】 11月11日,区政协在首都大酒店召开总结表彰大会。徐鸿达致辞。会上,对在政协各项工作中履职突出的政协委员进行表彰。印发《永远跟党走,颂歌献给党——东城区政协纪念中国共产党成立90周年大会暨文艺演出视频集和照片集》《我们共同走过2007—2011年东城区政协工作纪实》光盘和《民生 民情 民意——2007—2010年社情民意信息集锦》等,送给区政协委员。 (张重)

【专委会工作】 提案委员会二次(临时)会议收到提案325件,经审查立案285件,立案率80.7%,办复率100%。十三届一次会议收到提案292件,经审查立案284件,立案率97.3%。召开提案工作会议,部署本年度优秀提案评选工作和各党派团体提案征集工作;总结全年工作、评选优秀委员和优秀提案。11月,讨论《政协东城区委员会(临时)常务委员会关于提案工作情况的报告(草案)》。学习和文史委员会组织调研组成员进行专题调研视察活动,到河道总督麟庆旧宅、粤海关俊启旧宅、金台夕照会馆实地调研。邀请中国人民大学马克思主义学院副院长兼中共党史系主任杨凤城教授作关于学习贯彻胡锦涛总书记在庆祝建党90周年大会上的讲话精神的专题辅导报告。经济科技委员会组织委员赴前门文化创意产业集聚区开展调研筹备工作,与前门大街管委会座谈,赴台湾文化商业区"台湾映像"街区实地考察。组织调研组委员视察中关村科技园雍和园的发展建设情况。

召开调研座谈会,与雍和园文化创意产业企业负责人进行座谈。组织科技界别委员参观朝阳规划艺术馆,参观主题规划展示区、历史长廊等。城建城管环保委员会听取区房管中心关于区上年供暖改造工程的情况通报。视察龙潭湖,参观K11环保体验馆。赴城管委,检查东城区广告牌匾和夜景照明提升工作。组织委员视察大龙建设集团八公司在天津宝坻的开发项目—龙熙帝景花园住宅小区。教文卫体委员会组织部分委员赴国家体育总局训练局,参观荣誉馆、体操馆、体能训练馆、花样游泳馆以及运动员康复中心。社会法制委员会召开调研开题会,就《关于进一步推进政府购买公共服务的调研》研讨座谈,组织委员参观青少年法律与心理咨询服务中心、巧娘工作室、北京协作者文化传播中心和区助人社会工作事务所;组织委员参加区法院公开审理行政诉讼案件的庭审旁听。社会治安综合治理民主监督小组对区社区矫正工作开展监督视察活动。民族和宗教委员会讨论通过《2011年东城区政协民族和宗教委员会工作计划》和各项工作的责任分工;组织委员参观视察崇文回民幼儿园、东花市街道社区民俗博物馆和花市清真寺等民族宗教场所。在春节、中秋节等传统节日和开斋节、圣诞节等宗教节日,走访、联谊、慰问,构建和谐民族关系、宗教关系。港澳台侨委员会邀请海峡两岸关系协会副会长、全国知名台湾问题专家王在希就台湾问题和当前的两岸关系作专题报告。组织委员参观紫檀博物馆。会同区台办、民革东城区委、台盟东城区委联合召开涉台部门台情研讨会,就当前的台海形势、下年台湾"大选"前瞻、如何进一步做好对台工作等进行研讨。召开主任会和全体委员会议,总结本年工作,协商推选本年度优秀政协委员。(张重)

【第十三届委员会第一次全体会议】 12月19~22日,区政协第十三届委员会第一次全体会议在北京五洲大酒店举行。市政协副主席傅惠民,区领导杨柳荫、冯熙出席。副主席邵鹏和乔世怀分别主持大会开幕式和闭幕式。徐鸿达作政协东城区委员会(临时)常务委员会工作报告;孙占军作区政协(临时)常务委员会关于提案工作情况的报告;听取并讨论区人民政府工作报告,讨论关于区本年国民经济和社会发展计划执行情况与下年国民经济和社会发展计划草案的报告、关于区本年财政预算执行情况和下年财政预算草案的报告、区人民法院工作报告、区人民检察院工作报告;选举中国人民政治协商会议北京市东城区第十三届委员会主席、副主席、秘书长、常务委员,80名政协委员当选政协常务委员;听取区政协第十三届委员会第一次会议期间提案征集情况的报告;通过区政协第十三届委员会第一次会议决议。闭幕式上杨柳荫作重要讲话。(张重)

【重点调研课题】 常委会《关于加快推进东城区文化创意产业发展的建议案》《关于科学有效利用文物,为区域经济发展服务的建议案》《关于进一步推进东城区有关政府购买公共服务工作的建议案》的3个调研报告,作为政协常委会建议案送交区委、区政府参考。(张重)

【民主监督】 制定《关于进一步加强区政协特约监督工作的实施意见》,修订《关于聘请区政协委员担任监督员的管理办法》,举办培训班和座谈会、编辑《东城区政协特约监督员工作总结交流材料汇编》,交流特约监督工作的经验和体会。发挥社会治安综合治理民主监督小组、财政预算民主监督小组作用,增强民主监督实效。特约监督员163人以明察暗访、民主评议、专项视察、参与执法检查等形式,开展民主监督,体现政协工作的监督和促进作用。(张重)

【宣传工作】 召开政协宣传工作座谈会,密切与各新闻单位的联系与合作,加大《新东城政协》报的宣传力度和东城政协网站的建设与管理,编辑《政协委员话履职》《民声民情民意》《我们共同走过》等资料,宣传政协履职成效和委员履职风采。(张重)

中国人民政治协商会议北京市东城区委员会(临时)成员及工作机构负责人

主席、副主席、秘书长、常务委员

主　　席　徐鸿达

副 主 席　郭瑞敏(女)　冯藏淑(女)　刘忠胜　赵亚洲　李亚兰(女,10月免)　危天倪(女)　孙占军　李霭君(女)　张志萍(女)　程　华(女)　黄慧南(女)

秘 书 长　姚　维

常务委员(以姓氏笔画为序)

丁迪红(女)　于永香　马宝刚(回族)
王　涛(女)　王　炜　王　灏
王永德　王伟东　王建荣(女)
王建川　王继珍(女,满族)　匡跃春(女)
王跃锋　邓泽敏　尹向敏(女)
尹铁铮　石　勇　曲运宏
冯慧敏(女)　吕志斌　乔世怀
任　蕾(女)　乔自宏　刘　冰
刘希俊　刘昆玉(女)　刘继春
刘景地　庄再强　闫　燕(女,回族)
孙　阳　纪常伟　杨　壮
杨　玲(女)　杨　科　杨文玉
杨立萍(女)　杨金生　杨春林(女)
杨博贤　杨智敏(回族)　苏荣誉

苏振芳(女) 李　宪(女) 李文苏(女)
李礼强 李其威 李学会
李建华(女) 李庭寿 李瑞芬(女)
邱长乐 张为红(女) 张志勇
张俊国(回族) 张树槐 张章笋
陈子云(女) 陈　刚 武志良
林　阳 范文华(女) 范承玲(女)
郑海发 孟和乌力吉(蒙古族)
赵　勇(满) 赵北亭 赵青仲
段书安 姜宏志 徐工学
徐建胜 徐鹏程 郭凤书(女)
郭新光 高崇耀 陶　洪(女)
常　崴(女,满族) 崔奇铭
董　骛 董化端 董立元
蒋柏荣 程宝义 童　卫
蔡晓美(女) 蔡福全 谭　非(女)
滕亚杰(女)

专门委员会负责人

提案委员会主任 程　华(女)
学习和文史委员会主任 李亚兰(女)
经济科技委员会主任 赵亚洲
城建环保委员会主任 孙占军
教文卫体委员会主任 张志萍(女)
社会和法制委员会主任 危天倪(女)
民族和宗教委员会主任 李霭君(女)
港澳台侨委员会主任 黄慧南(女)

工作机构负责人

办　公　室　主　任 徐　龙
研　究　室　主　任 李　华(女)
专委会工作一室主任 鲍亚范(女,8月免)
肖利明(9月任)
专委会工作二室主任 赵其瑜
专委会工作三室主任 张锦东(女)
专委会工作四室主任 侯文君
专委会工作五室主任 高秀文(女,8月任)

中国人民政治协商会议北京市东城区第十三届委员会

主席、副主席、秘书长、常务委员

主　席 徐鸿达
副 主 席 邵　鹏 乔世怀 王　红(女)
孙占军 姚卫海 罗　强
王　钢
秘 书 长 赵汶柏
常务委员(以姓氏笔画为序)
丁迪红(女) 卜天月(女) 于鸿雁
马水清 马宝刚(回) 王　涛(女)
王　清(女、满) 王成祥 王林洪(女)
王富国(满) 尹向敏(女) 田　华(女)
田振清 冯　燕(女) 冯洪荣
吕志斌 吕德成 曲运宏
朱　捷 刘　冰(满) 刘京生
刘海江 刘继春 庄再强
关　卫(满) 关连宝 许睢宁
纪常伟 杨　梅(女) 李　辉(女)
李　焱 李小康 李金梅(女)
李建安 李照宏 吴之越
何志才 沈　明 张　东
张　伟(女、回) 张　杰(女) 张　明
张　蕊(女) 张秀丽(女) 张京京(女)
张晶晶(女) 陈　工(女) 陈　靖(女)
陈本宇 陈凯贤 林余存
林美龄(女) 苑晓红(女) 罗东川
周旭辉 周丽霞(女) 郑　欣(女)
宗绪毅 郝国信 郝金明
赵元立 赵宏松(回) 赵青仲
钟连盛(满) 贺　征 秦　斌
徐工学 徐建胜 郭凤书(女)
高　阳 高　萍(女) 黄　晔
康玉杰(蒙古) 彭　湘 董化端
蒲　丛 谭　非(女) 滕　健
滕亚杰(女) 薛晓鸥(女)

东城区第十三届政协委员名单

中共界
尹广枢 刘　健 曲　力 李卫华 李丹江
李利平 芦永良 陈　艳 陈晓梅 赵鹏锦
徐金孝 葛俊凯 韩小平 暴　剑

民革界
王志成 刘　峥 吕新伟 孙殿来 李海生
陈　揆 赵安丽 谢　晨

民盟界

刘　权　张明祥　李　卫　苏　然　陈　斌
陈　雷　陈志扬　柳学全　曹文全

民建界

毛　艳　王文勇　王希平　王继华　李艳军
周明刚　周继海　林　鑫　苗大森　韩　旗

民进界

王　敏　王　薇　刘　玲　江　涛　吴　镝
李　峰　李世维　杜建平　姚　晖　郭小武
崔立新

农工界

刘　郁　刘俊英　张　萍　李玉涛　陈　芃
罗　涛　涂远华　王　琪

致公界

丁冀伟　李　辉　李世红　李拥军　陈国忠
郭　韧　隋大立

九三界

朱岩石　朱建平　许山鹰　杨秀敏　肖新月
邹忆怀　周秋瑞　俞晓红　隋一秀

台盟界

田　靖　孟　凡　高　伟

无党派人士界

王剑男　李晓英　杨东梅　陈　伊　骆　桦
唐　勇　高崇耀

青年团界

王　师　刘　育　张雪妮　李凌云　杨　凯
杨　雷　郭秋彤

工会界

于　忠　毛秀程　王　路　王明明　关　洁
李　钧　李　滨　杨　军　季　茹　郑燕平
赵忠红　龚海英　谢家驹　廖京潮　蔡燕霞
戴文红

妇联界

卜海燕　于西蔓　马　可　马永平　孔建平
王水霞　王全立　张晓娟　赵晓阳　赵燕玲
徐蕾蕾　栾艳秋　袁玉芳　黄良清　裔　萼
翟明嵩

青联界

王　慧　吴国清　武　庆　葛　乐

工商联界

王保强　刘昆玉　许春静　吴　毅　张志利
张宝明　李忠孝　李健秋　李海顺　苏　平
陈　锋　陈元华　郑树岭　郑淑芬　赵　松
赵　珀　徐　岩　谈国民　郭　强　彭小平
裴　兵

科协界

马成奎　王汉光　边宝林　李　竹　肖　健
周京旭　俞　渝　贾　岛　高付元　阎　辉
韩广荣

侨联界

田文氢　何家龙　张子锰　张锦玲　李　胜
李宇清　金成一　黄纪凯

文化艺术界

王亚彬　王建成　田伯平　任　鸣　吴东魁
宋德全　张凯丽　张铁成　李承刚　李铁成
杨　菲　杨振海　陈四光　信敬东　姜文斌
胡海泉　徐丽桥　郭宝庆　薛　白

科技界

邱少军　倪　东　唐云娟　高　明　彭宝仓

经济界

丁　杰　王　显　王小灵　王生生　王灿平
王金乔　王炯东　邓　峰　叶根金　刘　杰
刘　智　刘春林　刘博华　孙志家　衣福成
许　康　吴　晖　吴　海　宋玉春　张东航
张玉玲　张金静　张健增　张振秀　张紫云
李　萌　李玉峰　李晓东　李维东　杜　丰
杨　永　杨　杰　杨安龄　杨博贤　陈　伟
陈　融　周　红　季　巍　林训干　罗华呈
侯兴福　赵春军　唐人虎　徐玉高　徐建兵
涂志亮　郭立峰　钱文胜　高国良　焦正军
童　卫　韩　颖　蒙士洪

教育界

万　平　方重枝　王　越　王凤岭　王爱桢
冯雅男　甘维仪　关　伟　刘金玉　刘顺利
孙　彤　朱小娟　许世新　吴颖筠　张　颖
李　志　李春莲　杨秋文　陈文静　陈茹珊
陈培荣　孟　明　柳小兵　荆金山　赵　霞
徐　泓　高宇军　董京京　韩玉娟　熊　伟
薛丽霞

体育界

马喜梅　毛　芬　金静美　崔国庆　黄　强
韩新会

医疗卫生界

马文斌　王建辉　王厚廷　王善文　石广志
刘　东　刘　琦　李雷鸣　陈　靖　周　兵
罗增刚　姜宏志　赵性泉　翁习生　贾　斌
郭　静　高巍巍　崔述生　康国荣　曹春婷
黄丽萍　曾文军　鲁纯智　蔡　丽

社会福利与社会保障界

尹志远　王　健　李　娜　赵小平

少数民族界

才让加　马长江　冯　珊　白　明　刘　泉
刘兰荣　向　愚　何立群　李　飙　杨红文
沙艳杰　芦　超　松福魁　普　照　黑德昆
雷新隆

宗教界

王一平　王和平　任力军　张国旺　杨智敏
宗　玄　赵永强

特别邀请人士界

马振星　王　岩　王　森　王　磊　王云龙
王宝祥　王品军　王炳南　冯建国　厉彦虎

石　勇	刘　燕	刘金庄	吕裕国	孙　正
孙书振	朱传芳	许利平	何　斌	吴志辉
宋云锋	宋志红	张　伟	张　玮	张　剑
张　勇	张永新	张宏海	张恩东	李　伟
李　华	李　嘉	李光升	李雪敏	杨　信
杨　滨	杨宗满	杨金魁	杨振辉	杨跃华
汪凯燕	肖利明	肖基昌	轩少平	连　艳
邱宝昌	陈大鹏	陈子荣	陈志坚	陈国安
陈悦明	林乐相	郑青云	侯文君	段金梅
贺　山	赵其瑜	赵秋洁	钟　晖	徐　龙
贾英涛	高秀文	崔　浩	常　青	康哲才
曹兴成	彭　俐	温长军	董　玮	董嘉升
谢广才	鲍亚范	李　强		

专门委员会负责人

提案委员会主任 王　涛(女)
学习和文史委员会主任 李承刚
经济科技委员会主任 李照宏
城建环保委员会主任 许利平
教文卫体委员会主任 冯洪荣
社会和法制委员会主任 陈本宇
民族和宗教委员会主任 赵宏松(回)
港澳台侨委员会主任 谭　菲(女)

工作机构负责人

办公室主任 徐　龙
研究室主任 李　华(女)
专委会工作一室主任 肖利明
专委会工作二室主任 赵其瑜
专委会工作三室主任 张锦东(女)
专委会工作四室主任 侯文君
专委会工作五室主任 高秀文(女)

政法·军事

政　法

政法委员会工作

【概况】 中共东城区委政法委员会(简称区委政法委),是区委领导和管理政法工作部门。内设办公室、法制科、政治部3个机构,行政编制38人。

年内,以推进三项重点工作为载体,落实维稳第一责任为保障,做好群众工作,争创一流,解决好影响社会和谐稳定源头性、根本性、基础性问题,夯实基层基础,提高队伍素质,创新社会管理,提升社会服务管理水平,确保全区社会安全稳定,为完成"十二五"规划创造安全稳定的社会环境和公正高效的法治环境。

单位地址:东城区钱粮胡同3号

联系电话:64071736　邮政编码:100010　(姜云飞)

【维稳信访工作会】 1月30日召开,区领导杨柳荫、牛青山、谢世龙等出席,区政法、维稳、综治、反邪教、信访系统及各街道(地区)400余人参加。会议播放东城公安分局、区检察院、法院、司法局、民政局、信访办上年工作总结专题片。刘云斋总结上年全区政法维稳信访工作,分析本年政法维稳信访工作形势,部署政法维稳信访工作任务。会议要求:统一思想,认清形势,增强做好政法维稳信访工作责任感、紧迫感和使命感;加强领导,强化责任,以更高标准做好"平安东城"建设各项工作;固本强基,开拓创新,确保首善之区安全稳定和谐。抓好春节和全国"两会"期间安全稳定工作。(姜云飞)

【维稳领导小组会】 5月30日召开,刘云斋主持,毛炯讲话,区维稳领导小组成员单位、相关部门负责人90余人参加。会议传达贯彻中央、北京市维稳领导小组会议精神,部署全区维稳工作。会议要求:保持高度警惕,关注敏感期各种动向;认真排查情况,做到底数清、情况明;加强情报信息搜集研判,掌握维稳工作主动权;加强社会面防控,确保社会安全有序。(姜云飞)

【区政法委书记(扩大)会】 12月6日召开,常卫主持。传达学习中央政法委书记周永康在全国加强和创新社会管理工作座谈(北京片会)上的讲话,传达学习市委书记刘淇参加东城区委区政府民主生活会的重要讲话精神,通报周永康到区考察网格化社会服务管理创新工作情况。常卫强调,社会管理创新工作要加强整体规划设计,统筹发展民生和稳定,要服务百姓,使老百姓得到实惠,社会管理创新最终落脚点在网格和社区,要把钱往基层花、物往基层用、利益往基层去、劲往基层使,发挥居民主体作用,推进社会管理创新要有项目保障和相关政策支持,要破解制约加强社会管理创新的体制和机制问题,区网格化社会服务管理创新工作要抓紧完善社会服务管理创新平台数据库建设,加快标准化、制度化工作。(姜云飞)

【"两会"期间维稳工作】 3月1日,区领导杨柳荫、牛青山检查代表委员驻地及周边安全保障工作。实地察看北京国际饭店、北京饭店、贵宾楼、首都大酒店等全国"两会"代表、委员驻地及其周边安全服务保障工作,听取驻地工作组负责人汇报,询问安保、消防、用餐、应急疏散等工作准备情况。召开区"两会"期间维稳工作座谈会,区政法委、综治办、信访办、东华门街道、建国门街道、城管大队,东城公安分局、公安交通支队、武警六支队等单位负责人汇报前期各项工作安排情况和应急处置措施。领导要求:明确任务目标;加强社会面防控;全力做好信访重点人的管控工作。周密部署,发挥专群结合、群防群治及网格化社会服务管理工作优势,做好防范和应对突发事件的准备,确保区内平安稳定。(姜云飞)

【领导调研】 9月27日,市委政法委书记王安顺检查新世界百货商场安全防范工作,慰问商场外围执勤民警和社会治安巡逻志愿者,区领导杨柳荫、牛青山、常卫等陪同。10月1日,常卫、朴学东、毛炯、王中华等到建国门、东华门、前门、王府井、北京站、天安门周边地区检查指导国庆期间安全保障工作和旅游市场安全工作。10月9日,中央维稳办副主任夏诚华一行4人到区考察调研,杨柳荫、常卫、夏树军陪同。常卫汇报"创新网格化社会服务管理模式,努力做好新时期群众工作"。夏诚华肯定区推进社会管理创新,加强群众工作的做法,指出:要进一步强化群众观念,完善群众工作方法,发挥基层党组织和党员的作用。10月17日,王安顺到区检查维稳安保工作,慰问区应急值班人员,听取区委政法委(维稳办)、区应急办安全稳定情况汇报,通过大屏幕察看东城区重点部位实时监控情况。王安顺对东城维稳安保工作给予肯定,并要求继续实施社会面等级防控机制,加大矛盾纠纷

化解力度，落实好重点人管控措施，确保万无一失。 （姜云飞）

【涉军维权工作】 区委政法委、区人武部联合相关部门制定《关于落实<北京市维护国防利益和军人军属合法权益工作若干规定>实施意见》，成立区维护国防利益和军人军属合法权益工作领导小组，设立领导小组办公室、法律援助工作站、驻区部队法律援助联络点。7月28日，召开领导小组会议，宋甘澍讲话。领导小组成员单位负责人、法律援助工作站、驻区部队涉军维权联络点负责人参加会议。会议强调按照中央、北京市以及区《实施意见》要求，利用网格化管理平台，健全工作机构，完善工作制度，规范工作程序。加强组织领导，保证涉军维权工作有效落实。 （姜云飞）

社会治安综合治理

【概况】 东城区社会治安综合治理委员会办公室（简称区综治办），是区社会治安综合治理委员会（简称综治委）办事机构。设置4个科室：综合科、联络科、指导科、督导科，行政编制23人。主要职责：调查研究，督促检查，指导协调各单位实施社会治安综合治理领导责任制。

年内，立足首都功能核心区定位，将综治工作重心放在加强和创新社会管理工作和加强综治基层基础建设上，探索建立"精细化管理、人性化服务、多元化参与、信息化支撑"网格化社会服务管理模式，综治基层工作进一步强化，人民群众安全感、幸福感和参与度不断提升，为建设"国际化、现代化新东城"创造一流社会环境。在全市综治工作考评中，得分95.99分，位全市第二名。连续14年被首都综治委授予"首都社会治安综合治理先进区县"称号。开展"双十"、"双百"评选表彰活动，表彰奖励17名优秀社区民警、优秀社区综治委主任（治保主任）和208名优秀治安志愿者、208名优秀治保积极分子及12名铁路护路优秀治安者。全年评选出11个区级社会治安综合治理先进街道（地区），24个社会治安综合治理先进单位。

单位地址：东城区钱粮胡同3号
联系电话：64031118－3211　传真：64032067
邮政编码：100010 （王义红）

【领导调研】 1月19日、1月26日，市委教育工委、市委政法委、首都综治办负责同志到安定门、建国门街道进行调研慰问。2月1日，中共中央政治局常委、中央政法委书记周永康，中央政治局委员、中央政法委副书记王乐泉，国务委员、公安部部长孟建柱到东直门街道社会管理综合执法组和王府井大街南口东方新天地广场，慰问基层综治干部和治安志愿者，市领导刘淇、郭金龙、王安顺，区领导杨柳荫、牛青山、刘云斋等陪同。3月10日，市委政法委副书记滕盛萍到北京饭店全国人大、政协代表驻地周边，慰问正在执勤的东华门街道治安志愿者。3月26日，刘淇围绕"创新社会管理服务推进首都社会建设"主题到区调研，在北京中医医院门诊楼特需医疗区，察看诊疗室和药房等地，详细了解中医特色医疗服务情况。3月28日，市委网格化社会服务管理体系调研组到区调研，滕盛萍等领导参加。4月12日，杨柳荫到东花市街道调研，实地察看街道机关办公楼和东花市南里社区居委会，了解社区公共服务协会工作运行状况，听取街道整体工作及地区经济发展情况的汇报。4月13日、8月5日，滕盛萍到区调研社会服务管理创新工作，市、区有关部门负责人参加调研。4月19日，刘淇到区调研社会服务管理创新工作。在"方家46号·社区青年汇"，听取团市委发挥"枢纽型"社会组织作用，做好新时期青年群体和青年社会组织服务管理工作汇报；观看北京共青团社会建设工作展览，听取社区青年汇工作汇报。到园区内的红方剧场，与正在排演话剧的青年社团负责人进行交流，详细了解社区青年汇搭建平台、服务青年情况，观看减压话剧片段。9月21日，中央政法委副秘书长、综治办主任陈冀平到区调研社会管理创新综合试点工作。10月9日，中央维稳办副主任夏诚华到区调研，市委政法委副书记、市维稳办主任闫满成，区领导杨柳荫、常卫、夏树军陪同调研，常卫汇报"创新网格化社会服务管理模式，努力做好新时期群众工作"的专题工作。11月10日，市委副书记王安顺到清水苑社区调研社会服务管理创新试点工作，听取社区网格化社会服务管理创新试点工作情况的汇报，观看街道"管理网格化，服务零距离"信息平台演示，了解社区重点人管控、人、房关联等情况。 （王义红）

【启动社区民警驻区制】 1月31日，举行网格化警务模式暨社区民警驻区制启动仪式，市公安局局长傅政华、区领导杨柳荫、牛青山等出席。 （王义红）

【网格化信息系统上线】 2月23日，举行区网格化社会服务管理信息系统启动仪式，区领导杨柳荫、牛青山，市有关部门负责人出席。4月27日，召开网格化社会服务管理信息系统V1.0版上线运行动员会，区领导刘云斋、宋甘澍出席，区综治办等部门和17个街道的主管领导参加会议。7月28日，召开网格化社会服务管理信息系统v2.0版上线动员会，刘云斋、宋甘澍参加会议并对v2.0版上线工作提出要求。11月29日，常卫部署全区网格化社会服务管理信息系统数据库建设和信息录入工作，17个街道和区信访办、社会办、司法局等单位负责人参加。 （王义红）

【重点地区排查整治】 3月23日，召开推进社会治安重点地区排查整治工作会。6月21日，召开全区城市秩序百日整治打防管控一体化专项行动动员部署会。集中对"黑车""黑摩的"、散发小广告、拎包扒窃、酒后驾车、偷盗自行车、流浪乞讨、犬类管理、无照游商等8类问题进行专项整治。区综治委确定对1个高发案地区和25个高发案社区挂账整治。对8类问题开展为期4个月的集中整治。期间，组织联合执法261次，专项执法行动189次，专业力量3.56万人次，查扣"黑车"、"黑摩的"464辆次，查扣酒后驾驶车219次，打击拎包扒窃行动45次，破获盗窃自行车案件122起，抓获犯罪嫌疑人168人，拘留各类扰序人员39人；查处非法小广告651起，没收18.95万张；查处无照经营6598起，罚款3.77万元；

救助流浪乞讨行动93次。市级挂账的4个重点点位,全部销账。 (王义红)

【地下空间综合整治】 4月18日,地下空间综合整治领导小组召开专题会议,部署地下空间综合整治工作。排查安全隐患,摸清地下空间底数,建立重点整治工作台账;制定区地下空间综合整治工作检查验收标准和内容,组织协调民防、房管、公安、消防等11个部门联合检查验收2批,检查验收合格251处。截至,区挂账整治地下空间833处,完成整治364处,建筑面积58.58万平方米,验收合格251处,街道自查合格113处,完成整治总进度43.7%。 (王义红)

【培训工作】 3月29日至4月1日,举办网格化社会服务管理网格助理员培训班,196人参加。4月27日,举办综治干部培训班。5月4~11日举办第二期社会服务管理网格助理员培训班,404名网格助理员参加。6月15日,召开司法力量进网格工作培训会,进社区网格的法官、检察官、司法行政干部240余人参加会议。11月2日,区创新办举办网格化社会服务管理标准化建设培训班,全区创新成员单位及东直门、东花市、建国门等3个试点街道,主管领导及工作人员近50人参加培训。12月7日,举办第三批网格助理员培训班,网格助理员100人参加为期2天的集中培训。 (王义红)

【建设网格化社会面防控体系】 9月9日进行部署。将205个社区划分589个网格单元,每个网格内都配置网格党支部书记、网格管理员、网格助理员、网格警员、网格督导员、网格司法员、网格消防员7种力量,并对网格助理员进行业务技能培训。年内,600名助理员配置到位;网格警员队伍在试点街道和社区落实"一格一警",其他网格按照"一警多格"标准配置到位;589名网格督导员、822名网格党支部书记、205名网格"司法力量"、38名消防干警全部按照实名制要求配置到各网格。并对防控网格分级分类管理。将589个防控网格划分为住宅、商务商业、企事业单位、人员密集场所四种类型;根据社会管理秩序、治安环境状况,将所有网格分为日常管理型、一般防范型、重点关注型和严密管控型4个等级,实施分类管理。截至年底,日常管理型网格96个、一般防范型网格307个、重点关注型网格145个、严密防范型网格41个。区三、二、一级防控体系的守望岗点位分别有1198个、2452个、3650个。通过制定群防群治力量参与社会面防控工作方案,科学设置3650个治安志愿者守望岗点位,实名制管理,勤务化巡控,实现社会面防控工作的精细化;通过启动区委安全稳定督查工作机制及社会面防控工作督查组,加强检查督导,逐级落实防控责任,实现社会面防控工作的责任化;通过积极发动社会力量,加大工作保障力度,拓宽群众参与防控工作路径,激发工作热情,实现社会面防控工作的社会化。 (李伟)

【流动人口和出租房屋管理】 协同有关部门共同开展流动人口中的重点人员排查、出租房屋安全隐患排查等工作。截至10月底,在重点人员排查中,发现来自敏感地区人员218人,精神病人员20人,在重点出租房屋隐患排查中,发现拒不接受检查或暂住人员情况不明的出租房屋116户,人员居住混杂的429户,重点人员暂住319户,年轻大学毕业生居住较为集中的1975户,存在治安、火灾等各类安全隐患333户。涉外出租房屋234户,无人居住易于藏身12户。走访慰问流动人口中生活困难群体6755人,了解掌握存在就业困难的261人,存在居住困难的872人,存在其他困难的43人,协助相关部门帮助244名流动人口,解决实际困难178件。发现涉及流动人口和出租房屋的各类矛盾纠纷116件,上报相关部门调处解决。 (王义红)

【铁路护路联防工作】 组织涉路矛盾纠纷排查,开展联合执法,建立北京站、北京南站周边治安秩序管控长效机制。北京站地区建立网格化管控机制做法被《中央护路联防》刊发。北京南站周边地区建立长效管控机制做法受到市领导肯定。 (王义红)

【综治基层基础工作】 在首都综治办20年"感悟综治"征文活动中,区征集"感悟综治"文章115篇,报送16篇,采用13篇。在"首都社会治安综合治理优秀新闻作品"征文活动中征集作品36篇,采用6篇。制定《关于加强综治基层基础工作规范建设的通知》,规范综治基层基础工作。明确对街道地区16项日常综治工作主要内容、完成时限和工作要求。落实安全通报制度。制定《关于进一步加强东城区社会治安综合治理工作经费保障的实施意见》《安全稳定信息员奖励实施办法》,建立对街道地区综治工作以奖代补和对安全稳定信息员奖励工作机制。 (王义红)

司法行政

【概况】 东城区司法局(简称区司法局),设法制宣传教育科、法制工作科、基层指导科、矫正帮教工作科、律师工作管理科、法律援助指导科、矛盾调解科、公证工作管理科、办公室、人事科、监察科、机关党委办公室等12个内设机构,在编106人。主要承担组织指导社区矫正和刑释解教人员的帮教安置工作,指导、监督和管理律师、公证、法律援助、基层法律服务和人民调解工作,组织开展法制宣传教育和基层依法治理等工作。在各街道设17个司法所,承担所在街道的司法行政工作。下辖法律援助中心、东方公证处、信德公证处3个事业单位。

年内,开展"六五"法制宣传、实施阳光助残法律援助等区政府折子工程和市司法局法律服务"三进""双执法"创建、规范化建设等项活动。中央组织部、统战部,司法部和市司法局分别在区召开3个现场会,推广区大成和中闻两个律所的党建和统战、"1+X"阳光中途之家矫正帮教和"青春船长在起航"青少年法制宣传教育工作经验;协调成立区多元矛盾调解工作协调委员会。区各级人民调解组织全年成功调解矛盾纠纷1.26万件,成功率95.6%。召开区律师协会第一次党员代表大会,选举产生区律协第一届党委。区律师协会与区综合经济部门联系沟通机制,法律服务进网格新机制荣获司法行政社会管理创新奖。在全国首家推出盲文版法律援助条例。区法律援助中心共受理承办各类法律援助案件172件,接待来电来访6924余人次;开展创先争优和"发扬传统、坚定信念、执法为民"主题教育实践活动。"五五"普法获全国先进区称号,2人获"全国模范人民调解员"称号,23个集体和21名个人被市司法局授予先进集体和先进个人荣誉称号。

单位地址:东城区和平里六区16号

联系电话:84228050　邮政编码:100013　（张成雷）

【法律服务进社区】 2月28日,市司法行政系统法律服务进社区启动仪式在和平里街道礼堂举行。副市长刘敬民,市司法局局长于泓源,区领导杨柳荫、毛炯等出席仪式。区司法局局长发言。各区县司法局长等300余人参加。（张成雷）

【司法力量进网格】 3月29日,举行司法力量进网格启动仪式,区领导刘云斋,董建中、殷健出席。区司法局局长宣读《关于建立东城区司法力量进社区网格开展社会服务管理的实施方案》,区法院、区检察院分别就法官、检察官进社区网格进行专项部署,明确进网格开展法律咨询、法律服务、法制宣传的时间、内容和方式。向进社区网格的法官、检察官、司法行政代表颁发聘书。区社会管理创新综合试点领导小组成员单位,17个街道主管领导,法官、检察官和司法行政干部代表260余人参加仪式。（张成雷）

【司法行政开放日活动】 4月15日,区有关部门领导、人大代表、政协委员、人民监督员、企事业单位、社区居民、人民团体以及新闻媒体代表300余人到区司法局,了解司法行政工作,现场感受司法行政工作流程。区司法局以"开放日"活动为契机,开展群众观点、群众立场再教育,强化为民宗旨,深化便民措施,把服务群众贯穿于司法行政工作的全过程,把司法行政机关建设成保护群众的机关、服务群众的机关,促进司法行政工作科学发展,维护人民群众利益、服务区经济社会发展。（张成雷）

【法律援助条例盲文版发行】 4月20日,司法部法援司副司长王军益、市司法局副局长郑振远、副区长宋甘澍、市残联秘书长李雪梅、区司法局局长等领导及采信律师事务所律师和20名盲人代表参加发行仪式。区司法局与中国盲文出版社联系出版《北京市法律援助条例》盲文版,是加大对特殊群体法律援助宣传的一项创新举措,体现区法律援助宣传工作朝着专业化、细致化的方向发展,也体现区司法局贯彻落实"法律援助阳光助残"民生工程的决心。仪式结束后,采信律师事务所律师为残疾人讲解相关法律法规,现场解答残疾人提出的各类法律问题。（张成雷）

【打击违法建设法制宣传活动】 5月30日,区召开打击违法建设法制宣传工作会,成立由区委副书记刘云斋任组长、副区长周永明、毛炯任副组长,35家单位为成员的打击违法建设法制宣传教育工作领导小组,办公室设在区司法局。在区司法局的组织协调下,各部门按照各自职责采取多种方式,开展法制宣传工作。（张成雷）

【交通事故与消费纠纷调委会成立】 5月31日,区道路交通事故人民调解委员会在区交通支队挂牌成立,特聘北京市京德律师事务所6名律师担任首批人民调解员。6月30日,区消费纠纷调解委员会揭牌,市消费者协会有关领导出席。区工商分局、司法局干部、消费者和经营者代表150余人参加活动。（张成雷）

【专题研究"六五"普法工作】 7月18日、8月10日、8月23日,区政府第15次常务会、区委常委会和区人大(临时)常委会第八次会议分别听取区司法局《关于东城区实施"五五"普法规划和制定"六五"普法规划情况的汇报》,并审议通过了《关于在全区开展法制宣传教育的第六个五年规划(2011—2015年)》。区人大(临时)常委会还做出了《关于开展"六五"普法工作的决议》,要求贯彻落实"六五"普法规划,以中国特色社会主义法律体系形成为契机,学习宣传中国特色社会主义法律,推进依法治区建设,坚持法制宣传教育与法治实践相结合,提高全社会法治化管理水平,并要求国家机关及其工作人员发挥表率作用,提高依法办事能力和水平。（张成雷）

【领导调研】 7月21日、7月22日、8月5日,区领导周京生、毛炯、冯熙等先后到司法局调研,要求司法工作在服务民生、保障发展中发挥作用。总结"五五"普法经验,做好"六五"普法,以生动的普法形式,强化依法办事、有法必依的理念,提高人民群众整体法律素养,在全社会营造尊崇法律氛围。（张成雷）

【全国文明城区复查迎检工作】 8月,按照文明城区迎检测评指标认真准备迎检材料,组织17个司法所深入社区,督察指导人民调解工作规范化管理和"两类"人员网格化社会服务管理录入工作。专人专岗负责法律援助和"148"热线工作,扎实做好交通文明志愿服务工作。累计上岗688人次,保质保量地完成了交通文明志愿服务工作。（张成雷）

【于泓源视察北新桥司法所】 9月7日,市司法局局长于泓源视察北新桥司法所,重点了解司法所"创先争优、服务为民"活动开展情况。区司法局领导首先介绍东城区司法行政系统创先争优、服务为民工作的开展情况。北新桥街道司法所所长介绍在"法律服务三进"方面开展的特色工作、重点工作及司法所在规范化建设方面的做法、成果。于泓源对北新桥街道支持司法所建设以及北新桥司法所在"创先争优、服务为民"中发挥职能作用、服务社区百姓所取得的成绩给予肯定,希望司法所加强规范性建设,结合职能突出工作特点、工作亮点,在"创先争优、服务为民"活动中作出更大贡献。（张成雷）

【公正廉洁执法警示教育动员大会】 9月14日召开，局党组书记主持会议。局长传达北京市委政法委党建带队建暨公正廉洁执法警示教育活动会议精神。局纪检组长宣读《东城区司法局开展公正廉洁执法警示教育活动方案》。局党组书记提出3点要求:充分认识党建在队伍建设中的重要性;充分认识司法行政系统作为执政基础抓好党建、队建的重要意义;充分认识司法行政系统依法行政、公正廉洁的必要性。全体参会人员观看市委政法委拍摄的五集警示教育专题片。局领导班子成员,局机关各科室、各司法所、局属事业单位、驻区狱警129人参加会议。 (张成雷)

【法律援助武警六支队工作站成立】 9月21日，区司法局、市司法局法律援助工作处、武警第六支队等领导出席授牌仪式。法律援助武警六支队工作站的成立,对于指导军人、军属合理运用法律手段处理问题、提高军人法律素养、加强部队建设具有重要意义,标志区法律援助覆盖面的拓展,为区司法行政“为民服务、创先争优”工作提供了新的内容。工作站成立后,区司法局选派优秀律师定期到六支队开展法律服务活动。 (张成雷)

【“青春船长启航”仪式】 9月23日举行。“青春船长在启航”活动发起人就新近发生的案例故事通过与台下学生交流互动,用诙谐、幽默、生动的语言对学生进行普法教育,展示“青春船长”普法教育活动独特的理念和模式。司法部、市教委、司法局有关负责人,区领导常卫等参加仪式。 (张成雷)

【区“六五”普法启动大会举行】 10月14日，区委书记杨柳荫,区长牛青山,区人大(临时)常委会主任冯熙,区政协主席徐鸿达,区委副书记、政法委书记、区法宣领导小组组长常卫,区委常委、区委办公室主任夏树军,区委常委、区委宣传部部长、区法宣领导小组副组长赵中原,副区长王中华和市司法局副局长吴庆宝等领导出席区六五普法启动大会。牛青山主持大会,常卫部署区“六五”普法工作。吴庆宝肯定东城区“五五”普法工作成绩,并介绍全市“六五”普法工作的有关情况。杨柳荫感谢市司法局对本区法制宣传教育工作的支持,对“六五”普法工作提出要求。区法宣领导小组成员、各单位主管领导、法宣干部、法制宣传先进集体、先进个人、优秀法制宣传志愿者等近400人参加会议。 (张成雷)

【法律服务进网格获社会管理创新奖】 11月24日召开北京市司法行政系统社会管理创新颁奖仪式暨经验交流会,区开展的“法律服务进网格”工作获“社会服务管理创新奖”,区司法局局长作《创新机制、满足需求,扎实开展法律服务进网格活动》典型发言,介绍将业务工作纳入网格,开展全方位法律服务;工作力量沉入网格,开展组团式法律服务;联动机制融入网格,开展常态化法律服务情况。 (张成雷)

【律师执业纪律专项教育】 11月,按照全市开展律师队伍执业纪律和组织观念专项教育活动安排,开展为期2个月的律师专项教育系列活动。先后召开会长会、理事会和监事会,制定教育方案。召开动员部署会,组织2批观摩团参访大成和尚公律师事务所。召开3次专题座谈会。对10个重点律师事务所就内部规范制度建设、委托代理协议、收费情况和档案管理、案件处理及善后工作等进行专项检查。 (张成雷)

【法制宣传志愿者分队】 12月3日成立,市司法局副局长吴庆宝等出席。到会领导为19支分队授旗,普法志愿者代表发言。区“12·4”法制宣传志愿服务活动同时开幕。律师、法官志愿者为市民解答法律问题。区17个街道志愿服务分队代表、律师及高校志愿服务分队代表100余人参加启动仪式。 (张成雷)

【区律协第一次党代会】 12月6日召开,89名律师党员代表参加,于泓源、杨柳荫、常卫、吴松元、毛炯等市区领导出席。大会通过《中共东城区律师协会第一次党员代表大会选举办法》,选举产生第一届中共东城区律师协会党委。 (张成雷)

【完成“十二五”司法行政发展规划】 召开近10次调研会、研讨会,反复研究,广泛征求40多个单位和部门以及专家学者、人大代表、政协委员等社会各界的意见和建议,完成区“十二五”司法行政事业发展规划、“六五”普法规划、队伍建设规划,确定今后五年的工作方向和主要任务。同时,制定完成“六五”普法规划和干部队伍五年发展规划。(张成雷)

【网格化社会服务管理】 在589个网格中建立法律讲堂、法律咨询台、网上咨询等形式的“法律服务岗”。组建589名律师组成的“律师网格法律服务团”,选派205名法官、检察官、司法行政人员和3883名人民调解员、信息员、104名法制宣传志愿者到网格,与社区和网格签订协议,为居民提供法律服务。 (张成雷)

【建立“1+X”阳光中途之家】 以网格化社会管理为依托,形成“1+X”(即“一个中心、多个基地”)阳光中途之家矫正帮教工作新模式。“1”是在永外街道定安里社区建“两类”人员服务管理综合指挥平台和集中教育、社会适应指导、心理咨询辅导、技能培训等多功能为一体的矫正帮教服务管理中心,组织协调区“两类”人员的服务管理。“X”是依托本区职业技术学校等企事业单位建立的技能培训基地,金穗麦动休闲农场建立的公益劳动基地,与中华女子学院、北京城市学院等首都高校合作建立的科研实训基地以及17个街道开辟的临时安置基地、公益劳动基地等基地群。4月18日,副市长刘敬民察看区阳光中途之家,听取区阳光中途之家建设情况工作汇报,实地检查各项工作进展情况。刘敬民指出,东城区的阳光中途之家建设一定要符合城区的特点,要体现专家科研专长,体现社会广泛参与,体现现代信息技术。6月23日,司法部长吴爱英一行实地参观区阳光中途之家各个功能区、矫正帮教工作和信息指挥平台。司法部副部长郝赤勇、中央综治办巡视员等,区领导杨柳荫、牛青山陪同视察。

各省、直辖市司法局(厅)长100余人参观视察。 (张成雷)

【律师服务区经济建设发展】 出台律师事务所与有关部门联系沟通工作方案，建立与区发改委、产促局和国资委等区综合经济管理部门的定期沟通机制，明确联系沟通的方式、内容和途径，实现区律师协会与区有关部门的双向互动、有效对接。通过定期沟通机制，使有关部门能够利用律师资源，筛选事项、按需下单，邀请律师定期开展法律咨询、信访接待；律师也通过沟通了解经济发展动态，掌握信息，有针对性地为区域经济提供法律服务。整合律师人才资源，组建区律师顾问团。 (张成雷)

【“两类”人员网格化服务管理】 对“两类”人员的户籍、低保、廉租房等合理诉求、异常动向等管理服务事项进行业务分类和工作流程梳理，通过标准化网格信息采集，将近2000名“两类”人员全部纳入网格工作范围。网格工作人员发现“两类”人员个人基本信息发生变化、提出诉求、出现异常动向等问题，及时上传社区、街道分指挥中心，街道分指挥中心在职权范围内及时处置，不能处理的，原则上传区指挥中心，由区指挥中心派遣相关职能部门予以处置。 (张成雷)

【网格化调解工作模式】 将人民调解工作纳入区社会服务管理综合指挥中心、街道社会服务管理综合指挥分中心、社区社会服务管理综合工作站三级指挥平台和区级、街道、社区级、网格级管理系统。589个社会管理网格中配备600余名网格助理员，及时了解民情、解决矛盾，为“小事调解不出网格，大事化解不出社区、街道”目标的实现提供保障。加强基层力量配置，建立司法力量进网格工作制度，精选203名助理员定期到网格开展矛盾化解、法制宣传等工作。建立网格化矛盾化解机制，及时化解矛盾纠纷。 (张成雷)

【信息宣传和调研工作】 撰写《东城区律师党建工作的实践与思考》，在《中国司法》《北京司法行政》《东城宣传》上发表，《网格化法律服务模式》在《法制日报》发表。全年撰写信息普刊78期，专刊36期，向上级信息报送395篇，采纳158篇。在《法制日报》《中国日报》《首都综治研究》、新华网等各类报刊杂志和广播电视等新闻媒体发表新闻稿件246篇。 (张成雷)

东城公安分局

【概况】 北京市公安局东城分局(简称东城公安分局)，受北京市公安局和东城区委、区政府双重领导。设25个业务部门，下设户籍派出所20个，治安派出所5个。干部职工2783人，其中局、支队、处、队、所领导665人，党员2367人。

年内，以维护政治稳定大局为根本点，以增强群众安全感为落脚点，完成全国“两会”、建党90周年、国庆敬献花篮、十七届六中全会等重大专项维稳工作；防范境内外敌对势力非法聚集活动，确保党和国家领导人、重要外宾涉足本区以及首长住地的绝对安全。按照打造创新型警务工作思路，践行“民意主导、情报先行”及“四减四责”理念，推进打防管控一体化工作机制，发挥网络监控优势，总结出网上舆情导控反制技战法五则，创新实践“网格化”社会管理警务模式，提升动态社会管控能力和复杂局势驾驭能力。开展“大走访”及全警大讨论活动，构建覆盖全地域、全时空的立体管控格局，全区万人和百户发案率在全市始终保持最低，破案、刑拘数均实现两位数上升，八类危害严重的刑事犯罪同比下降20.1%，命案破案率连续7年达100%。依托打防管控一体化各专项行动，树立打击主业工作思路，狠抓刑侦专业化建设，坚持整体联动捆绑执法合成作战，有效净化治安环境。推进动态巡逻防控，健全社会面立体防控体系。全年梳理上报市局各类情报信息7587件，优化联勤联动指挥运行机制，启动调整防控等级53次，实地检查社会面防控警力1.98万人次。执行各类警卫勤务2263起，投入警力8.96万人次。立刑事案件4548起，破获各类刑事案件2942起，抓获违法犯罪人员4636人，其中刑拘1516人，打击处理1159人。专案攻坚破大案，侦破“3.04”新景家园疑似爆炸装置案、“8.27”抢劫杀人案等113起危害严重的八类重特大敏感案件，先后打掉宁夏籍系列扒窃犯罪、QQ盗号网络诈骗等18个犯罪团伙。发生在本区的16起命案全部告破。确保监所绝对安全，扩大第二战场战果，健全线索转递、侦审管配合联动机制，深挖各类违法犯罪线索1384件，从中破案541起，抓获违法犯罪人员215人。加大警用装备和交通工具投入，确保各项警务活动的顺利进行。实施“领航工程”，先后成立青年先锋队36支，交道口派出所被评为全国青年文明号；8个集体、7人立二等功，21个集体、157人立三等功，521人记个人嘉奖。1个集体、2人获省部级荣誉称号，5个集体、39人获区级荣誉称号，18个集体、47人获市局荣誉称号。

单位地址：东城区大兴胡同45号

联系电话：84081033　邮政编码：100007 (李露云)

【110主题宣传日活动】 1月10日，举行“情系民生，110与您同行”主题宣传日活动。局属各有关单位及派出所分别采取设立分会场集中宣传、现场调查问卷、民警下社区开展警民互动、巡逻车定点停靠发放宣传材料等不同形式开展宣传活动，接待各界群众咨询3200人次，发放110宣传品2.1万余份。 (李露云)

【领导慰问】 2月2日(农历“除夕”)，国务委员、公安部部长孟建柱到东城公安分局北京站派出所检查指导春节安保工作，慰问派出所民警、辅警力量和治安志愿者。 (李露云)

【安保工作】 2月3日(正月初一)，到雍和宫觐香人数增至6.6万人次。以“保安全、防拥挤、零事故”为目标，本着“划区、打段、截流、疏导、以外护内”的工作思路，出动各类安保力量1243人次，其中民警656人次(含支援警力170人)，保安467人次，武警120人次，实现“秩序良好、控制严密、群众满意”的工作目标。2月2～9日，第二十六届地坛庙会和第二十八届龙潭庙会分别在地坛和龙潭公园举办。两个庙会设743个摊位，接待游客135.8万人次。在现场成立安全监管指挥部,抽调民警441人检查、监督、指导和协助主办单位做好秩序维护工作,填写检查记录单8份,消除安全隐患10处,完成庙会安全保卫任务。10月1~7日,投入各专项勤务和巡逻防控警力3048人次;投入各项安保勤务和日常巡控警力累计达1.43万人次。在岗民警2409名,确保国庆期间各专项活动顺利进行,保持刑事发案稳中有降的良好态势;实现火灾和安全监管"零事故"、首都政治中心区"零火情"、"零警情"。 (李露云)

【破案案例】 3月5日,第一和第二刑侦支队在市局刑侦总队、十二总队、网安处和情报信息中心等单位的大力配合下,破获"3.04"新景家园疑似爆炸装置案,抓获陈某、吴某2名涉案嫌疑人,起获硝铵类炸药868克,及作案用的手机、雷管、电线、起爆器等物品,为"两会"安保工作消除一大隐患。4月1日,接事主杨某报案称:3月30日9时许,看到表妹通过QQ号与其联系,称手机和钱包丢失,要求汇款。杨通过网上银行,4次向对方指定的银行账号转入1.7万元,后与表妹核实情况发现被骗。经工作,侦查员抓获涉案人员曹某,通过讯问,曹某利用本人身份证或租用他人身份证多次开户,将银行卡转卖他人进行诈骗活动,自己从中获利。刑侦支队成立专案组,历经50余天破获"4.01"系列QQ盗号网络诈骗案。抓获涉案犯罪嫌疑人21名,起获银行卡150余张、口令卡42个、口令密码卡14个、身份证25张、电话卡17张、账本4个、电话主机3台及涉案赃款4万余元等大量赃证物,初步核实案件90余起。5月25日,经侦支队民警先后将涉嫌销售不符合卫生标准食品的犯罪嫌疑人张某、孔某、刘某、王某等4人抓获,捣毁销售窝点2个,查获不符合卫生标准的各种品牌袋装烤鸭383箱1.20万只,甜面酱280箱,涉案价值30余万元;5月26日,民警赴河北省保定市将涉嫌生产不符合卫生标准食品的犯罪嫌疑人王某抓获,捣毁生产窝点2个。6月16日,经侦支队在摸排工作中获取线索,以郑某、陈某、黄某等人为首的浙江籍人员,在天雅红桥市场三层、四层,假借经商之名销售假冒路易威登、古驰等品牌商品。联合区工商局、属地派出所,抓获以犯罪嫌疑人郑某等人为首的违法犯罪嫌疑人员11人,查获假冒路易威登、古驰等30余个国际、国内知名商标的箱包、皮带、皮鞋7000件,初步估算市场价值人民币1000万余元。7月4日,接事主于某报案称:7月4日凌晨1时左右,其与男友李某在地坛公园东门外街心花园内遭3名男子抢劫,其中2名男子将其拖入树林内轮奸。7月8日15时许,专案组在安德路东口肯德基餐厅内将犯罪嫌疑人张某抓获。张对7月4日伙同陈某、左某实施抢劫强奸的犯罪事实供认不讳,同时供述伙同陈冲等人多次实施抢劫出租车司机的犯罪事实。7月8日、9日专案组在东城、朝阳、西城等地将犯罪嫌疑人陈某、刘某、李某、孙某、左某抓获。6名犯罪嫌疑人供述交叉结伙作案3起的犯罪情况。8月15日,药监东城分局通报,有群众举报永定门内东街中里小区有人加工分装药品,并往外地邮购。11月9日,经侦支队会同法制处、治安支队、天坛派出所,联合药监东城分局,打掉以蔡某、吴某、黄某为首的福建莆田籍和安徽亳州籍在京生产、销售假药犯罪团伙,捣毁非法生产、销售药品窝点3个,抓获违法犯罪嫌疑人21名,刑事拘留12人,查获各类中草药、中成药等药品价值100余万元,销售金额193万余元,汽车2台,作案用电脑6台。 (李露云)

【驻(社)区民警涉外警务试点】 5月25日,东城公安分局启动开展驻(社)区民警涉外警务试点工作。严格落实《驻(社)区民警涉外警务工作规范》,制定符合本辖区实际情况的措施办法,推进驻(社)区民警涉外警务工作,提升外国人管理服务水平。 (李露云)

【"清网行动"专项战役】 5月27日至12月15日,开展"清网行动"专项战役。期间,落实科技信息应用、区域协作缉捕等措施,清网逃犯106名,"清网率"达到66.7%,清网命案逃犯8名。"清网行动"专项战役中,分局"清网率"在16分县局率先达到50%、第三个达到60%。 (李露云)

【摩托车巡逻防控】 9月15日,70部警用巡逻摩托车配发到基层派出所,投入街面巡逻防控。与街头巡逻警务站"动静结合",进一步提高街面巡逻民警快速反应能力,为查控、拦截"113"可疑车以及打击"两抢一盗"等街头突出犯罪奠定基础。 (李露云)

【6个社区评为平安社区】 11月1日至12月25日,居民通过登陆京华网投票专题页面以及手机发送短信等方式参与全市平安社区评选活动。区域内6个社区(礼士社区、革新西里社区、正义路社区、人定湖社区、永内东街社区、光明北里社区)社区评选为平安社区。 (李露云)

【社区民警述职述廉】 12月1~20日,组织20个户籍派出所和全体社区民警,向辖区居民开展述职述廉报告活动。发放收回述职述廉群众测评表9054张。对户籍派出所评价:满意占97.4%,基本满意占2.6%。对社区民警评价:满意占98.3%,基本满意占1.7%。市委常委、市公安局局长傅政华等出席交道口菊儿社区驻区女民警述职述廉报告会。

(李露云)

【督察工作】 全年出动督察警力1900余人次,督察车辆900余台次,执行各类重大警务部署、社会活动及现场督察217次,检查民警2.2万余人次。现场督察发现和纠正各类问题201件,提出工作建议52件,实施禁闭措施3起4人,受理市局"110"批转群众投诉197件,信访核查督办事项18件,分局领导交办倒查事项10件,上报督察信息62份(市局转发6份),工作材料55份,依法维护民警正当执法权益案件5件。

(李露云)

【信访工作】 开展信访工作绩效考评和专项检查。全年受理信访投诉请求2916件,办理重点信62封,撰写信息、简报、调研材料18篇。组织基层单位研究化解矛盾会议21个,为区政法委、市局信访处汇报化解矛盾成果制作光盘15张。

(李露云)

【宣传报道】 创新新闻宣传工作办法,围绕中心工作开展宣传活动,全年组织新闻媒体记者70余次对分局各项活动进行采访;在中央级媒体上发表稿件137篇;在市级媒体上发稿500余篇;完成11部影视片的制作;编写每日舆情提示300余期;外发新闻口径41次,解答热线记者143次。 (李露云)

【执法规范化建设】 推进执法规范化和完善执法办案平台建设,梳理收案流程,统一收案标准,全面推行网上收案审批机制。投入资金700余万元完成执法办案场所硬件达标建设及功能分区工作。在公安部及市局执法规范化检查工作中,获满分,并获得加分。 (李露云)

【发挥情报主导作用】 以"按需搜集、注重实效、分类应用"为原则,全年获取涉稳信息3093件,其中21件被市局评为十佳情报信息。上报市局预警信息415件,被采纳229件。 (李露云)

【妥善处置上访人员】 针对部分上访人员"逢节、逢会、逢重大活动必活动"的特点,以四防("防滋事、防极端、防聚集、防激化")为主要目标,全力做好驻区17处重点信访接待部门处置工作。全年处置各类群体访3117批7.21万人次,个人访11万人次;组织集中劝返外地进京非正常上访人员6533人次。 (李露云)

【手段多元抓经侦】 行动充分依托"四大战役"、"天网"等专项,采取多种查控手段、社区监控等方法,健全经侦专业化打击联动机制,全年破获各类经济案件276起,同比上升32%,刑拘115人,同比上升29%。 (李露云)

【顺线延伸打涉毒】 落实"一破两追打三手"的侦查思路,共破获涉毒案件144起,查获涉毒犯罪嫌疑人770人,收缴毒品6.9公斤。打掉一涉外吸贩毒团伙,抓获成员8人,收缴毒品大麻2.6公斤。 (李露云)

【严控行业场所】 落实全区1933家行业场所查控机制,保持歌舞娱乐场所高压管控态势,查获涉黄违法犯罪嫌疑人1055人,关停非法营业发廊足疗场所241家。 (李露云)

【整治秩序净化环境】 开展"城市秩序百日整治"、打击"黑车"、打"四黑"除"四害"等专项行动,以8类问题、4处市级点位及21处"黑车"整治市级重点部位为重心,全年组织各种力量1.62万人次,不间断开展联合执法清理无照商贩1628人次,端掉各类"黑窝点"70个,查获"黑摩的"、"黑三轮"622辆次。 (李露云)

【稳定涉外秩序】 加大对"三非"、"违住"人员的查处力度。全年涉外留宿单位登记外国人13.8万人次,处理涉外案件64起(刑事案件35起),刑拘7人,处罚违反住宿登记规定的境外人员1066人。 (李露云)

【网格化警务模式工作】 结合"合成执法责任单元"和社区民警驻区制建设工作,在东直门、东花市、北京站3个派出所试行网格化社会服务管理警务模式,在22个社区66个网格,按照网格类型配齐62名"网格民警",初步实现"三降三升"(即基层民警工作强度下降,警务工作精细程度上升;110警情下降,社区居民见警率上升;刑事立案下降,群众安全感和满意度上升)。社区居民见警率提高1.8倍,有效带动社区群众安全感和满意度提升。3个试点地区110手段类警情同比下降16.9%,破案率上升115%。 (李露云)

【创建"向日葵社区"工作】 开展"向日葵社区"活动是建立禁毒长效机制的重要举措。区财政拨款300万元,设立"向日葵"社区创建工作专项经费,在17个户籍派出所全面展开。全区吸毒人员管控率大幅提高,未发现新滋生吸毒人员,为14名有吸毒史人员解决生活保障,有效化解社会矛盾、促进社会和谐稳定。 (李露云)

天安门地区公安分局

【概况】 北京市天安门地区公安分局(简称天安门公安分局),内设副处级机构4个,正科级机构7个,巡警中队5个,派出所3个(故宫派出所、中山公园派出所、劳动人民文化宫派出所)。主要职责:负责天安门地区治安、消防、侦查、内保、外事管理、警卫工作等。

年内,完成全国"两会"、"五一"、国庆、辛亥革命100周年纪念大会、党的十七届六中全会等安全保卫工作;完成重大国事活动和首长、外宾的警卫活动1838起;妥善处置精神异常人员2651人、327起432人次个人极端行为,以及4000余万境内外游客观光游览服务管理。4人获全国政法系统优秀党务工作者、北京市政法系统群众心目中的好党员、北京市公安局爱民模范等荣誉称号,14人立个人功。4个集体立集体功,分局及内设机构被评为全国执法示范单位、北京市政法系统五好党支部、北京市政法系统基层党建创新项目、"两节两会"安保先进单位。

单位地址:东城区东交民巷37号

联系电话:85222687 邮政编码:100006 (董岩 库周乾)

【建立"中小幼"观旗区】 寒假期间,观看升国旗仪式学生增加,分局党委做出建立"中小幼"专门观旗区决定。1月26日早升旗期间,"中小幼"专用观旗区工作机制首次启动,接待河北保定前进小学等6个学校团队2000余人,现场秩序良好。 (董岩 库周乾)

【开展"警营开放日"活动】 4月15日,开展"警营开放日"活动,分局领导现场与群众对话交流,办公室、纪委、治安大队民警发放宣传材料100余份,解答群众问答咨询80余次,收到群众意见反馈10余条。 (董岩 库周乾)

【立案公开宣传活动】 6月22日,在国家博物馆西门小广场组织开展"立案公开"集中宣传活动。分局领导现场与群众对话交流并发放宣传材料。干部民警边发宣传材料,边解答群众疑问。发放宣传材料2000余份,解答群众问答咨询300余次。 (董岩 库周乾)

【首都警察家属日活动】 9月14日,举办庆祝“首都警察家属日”暨年度“和谐家庭”表彰慰问活动。分局领导与评选出的15个市局和分局和谐家庭座谈。 (董岩 库周乾)

【完成外围警卫工作】 10月1日,中央领导集体向人民英雄纪念碑敬献花篮。分局按照现场外围安全警卫工作部署,落实各项任务,勤务现场投入警力273人,完成制高点管控、场地清场、场地安检、现场外围控制、路线警卫等工作,累积出勤345人次,完成现场外围安全警卫工作。(董岩 库周乾)

【“为民服务黄金周”活动】 国庆期间,启动“为民服务黄金周”活动,10月1日,在天安门广场和端门小广场,增设“为民服务车”、“便民服务站”,专门印制天安门地区“乘车指南”和“游览指南”指示标牌,详细介绍周边景点行走路线、开放时间和门票价格,为群众提供服务6941次。

(董岩 库周乾)

【应对故宫客流高峰】 10月4日,故宫博物院迎来游览客流高峰,游客大量滞留聚集午门,分局安保指挥部协调故宫博物院领导、保卫处,开放东、西华门,作为团队临时参观入口,缓解午门地区人流压力,确保参观游览秩序正常,全天天安门长安街以北地区客流21万人次,未发生治安灾害事故。

(董岩 库周乾)

【自行车赛安保工作】 10月5~9日,举办年度首届环北京职业公路自行车赛,天安门广场是比赛第5赛段起点,比赛有18支世界职业公路自行车顶级车队144名外国运动员参加。分局投入安保力量900余人、出动机动车4辆处理突发情况,确保勤务现场和比赛线路安全,完成专项安保工作。

(董岩 库周乾)

【业务培训】 组织警卫路线、射击技能、反扒技能、警务礼仪等业务培训,归纳整理近年工作中发生的典型案例,聘请北京市公安局专业教官,开展以分队、组为建制的3级业务培训工作,培训2000余人次。 (董岩 库周乾)

【为民排忧解难】 到28家驻区单位及113家商铺,面对面交流1668人次,征求民意391条,开展民意分析6期。为群众办好事、解难事28件,便民助民达3.2万余人次。

(董岩 库周乾)

【打击违法行为】 组织地区综治、交通、城管等部门,开展专项战役20个,查处黑车11辆,打掉小广告窝点11个,收缴非法印制小广告3万余张,打击处理扰秩人员1.5万人次,其中治安拘留566人次,当场处罚1.18万人次51.57万元。

(董岩 库周乾)

【内部安全监管】 到驻区单位、施工工地、临建设施现场,督导落实工作规范、管理措施和安全防范措施,开展安全大检查30次,检查单位3304家次,查出安全隐患912处,填写安全检查记录385份,传唤91人,发出整改通知单252份。查封9处、16栋建筑,确保地区内部安全。 (董岩 库周乾)

【指挥体系建设规范化】 建立情报预警信息挂账督办制度,规范现场应急指挥处置流程,加强情报预警信息处理督办,各建制单位3级值班室建设规范化。基层上报各类信息9579件,传达落实领导指示要求1403件,接处“110”警情3040件,各类情况预警通报1207件,上报各类勤务信息351次,情报信息零差错。 (董岩 库周乾)

【国外领导人访华警卫工作】 年内,多国领导人来华访问,其中有美国副总统拜登、日本首相野田佳彦等。为确保警卫工作万无一失,分局在勤务前期制定专项方案。投入警力2585人次,完成多次重大警卫工作。 (董岩 库周乾)

东城交通支队

【概况】 北京市公安局公安交通管理局东城交通支队(简称东城交通支队),是全员行政执法单位,在编民警637人。下设12个行政办公机构,由办公室、勤务指挥处、交通秩序管理大队、事故处理大队、安全监督管理大队5个职能科室和帅府园大队、东单大队、东四大队、和平里大队、天坛大队、前门大队、机动大队7个值勤队组成。主要担负东城区42.02平方公里的道路交通管理及交通秩序维护、特勤交通保卫、交通事故处理、交通安全宣传等项工作。全区主要交通干路79条、“九横八纵”大街62条,道路总长度线路总长637公里。

年内,紧密围绕“创建世界城市,打造一流警务”和“平安北京交通,微笑北京交警”奋斗目标,创新综合管理措施,提高交通管理工作的效率和水平,全力营造安全和谐畅通的交通环境。按照职责分工,制定方案,确保任务明确、目标明确、重点明确、责任明确。对管界内主要大街、重点地区、旅游景点周边道路交通设施、路面破损等隐患问题认真勘察,在东北二环路增设禁停标志,调整广场东侧路北口南进口地面标线。加强路面施工监管,严把施工审批关、修补破损路面等一系列措施,创造一流道路交通环境。启动文明交通行动、加强社会化宣传工作、加大安全监督力度。加大交通指挥调度系统管理,规范管理模式和工作流程,对路面各种问题和交通意外、突发事件做到及时发现、及时部警、及时处置。确保界内交通秩序安全稳定、运行正常。

单位地址:北京市东城区广渠门南小街5号

联系电话:68399100 邮政编码:100061 (恒雅娟)

【重大事故案例】 2月1日11时37分,在平安大街113路公交车(东行)东四十条站前人行横道处,王某在人行横道内南端等待由南向北横过道路,适有蔡某驾驶小客车(京MV9710)在最内侧车道由西向东驶来,其所驾车辆失控在向道路南侧侧滑过程中,小客车左前侧与王某身体及公交车站护栏接触,造成王某受伤,公交车站护栏及小客车损坏。王某经医院抢救无效于当日死亡。蔡某负事故全部责任,王某无责任。3月4日19时46分,在幸福大街北口迤南76米处,行人赵某由西向东横过道路,适有林某驾驶小型客车(京N3NE66)在第一条机动车道由北向南行驶,小客车前部与赵某身体接触,造成赵某受伤,抢救无效于当日死亡,小型客车损坏。赵某负事故主要责任,林某负事故次要责任。

(恒雅娟)

【文明交通志愿者服务】 2月24日,深入辖区单位、学校、社区动员社会力量参与文明交通行动志愿者服务工作,早晚高峰期间,在长安街、平安大街、地铁路口、两广路等主要路口及单位、学校门前,组织180名交通志愿者和154名文明乘车引导员,开展文明交通宣传活动。 (恒雅娟)

【查获在逃通缉人员】 3月26日凌晨,和平里大队夜查执勤组民警在东直门桥南地区,发现车号为京N0E105的黑色小客车行驶异常,对其拦截,经查发现驾驶人母某某存在酒后驾车嫌疑,且未携带驾驶证。经网上核对,发现该驾驶人2001年4月28日22时,在河北邯郸市与人发生纠纷,将人捅成重伤,在逃近10年。对驾驶人母某某饮酒后驾驶机动车的违法行为处理后,将在逃嫌疑人移交北新桥派出所审查。 (恒雅娟)

【领导慰问】 4月29日,区领导冯熙、徐鸿达、徐熙、夏树军等到支队慰问全体干警,并赠送慰问品。6月24日,市委有关部门负责人到东四大队慰问身患重病的党员民警,并赠送慰问金。7月27日,公安部副部长黄明到广场东侧路北口岗检查指导工作并慰问干警。7月28日,8月4日,8月9日,9月30日,杨柳荫、牛青山、冯熙、徐鸿达等区领导先后到支队慰问干警,并赠送慰问品、慰问金。 (恒雅娟)

【"醉驾入刑"案】 5月1日,李某某酒后驾驶被当场查获,其血液酒精测试结果为159.6mg/100ml。5月9日,高某某酒后驾驶发生4辆车追尾事故,经检测其血液酒精测试结果为243.04mg/100ml。5月17日,区法院公开审理李某某、高某某醉酒驾车案,并当庭认定李某某、高某某犯危险驾驶罪,分别判处拘役2个月并处罚金1000元和判处拘役6个月并处罚金4000元。上述两起案件分别是北京"醉驾入刑"第一人和全国公众人物"醉驾入刑"第一人。 (恒雅娟)

【交通警卫】 全年完成交通警卫任务6384次,出动警力12.54万人次,同比上年警卫任务6322次和出动警力11.43万人次分别上升1%和9%,其中一级259次、二级1665次、三级3686次、改线44次、升降旗730次。 (恒雅娟)

【交通安全宣传】 组织挂图巡展、发放宣传材料、讲授安全课等形式开展交通安全宣传教育活动324场次;会同区城管委印制文明交通行动宣传横幅1200条,分别在平安大街、地铁路、两广路等重点大街和社区悬挂,插彩旗500面,张贴宣传海报1500余张,发放一封信等宣传材料5万余份;区属9000辆出租车全部粘贴印有"系好安全带,路上防意外"、"礼让斑马线,和谐保平安"标识不干胶。发放"两会"安保工作的便携式标志36面,调整朝内小街路口、东四路口主要大街信号灯配时。增设机非和便道护栏21780米,增设、调整禁停标志401面。拓展交通安全宣传范围,推进"交通文明行动计划","一月一主题",针对不同时间、不同人群,开展社会化交通安全宣传活动。组织大型社会化宣传活动18次,制作"和谐邻里,有序停车提示卡"、"中小学生交通安全反光标识"、"文明行车提示卡"等宣传品21种、40余万件向社会发放,建立海晟名苑小区、东直门公交枢纽、永定门长途汽车站等交通安全教育基地18个,深入驻区单位宣传、讲授安全课,受教育群众近百万人次。 (恒雅娟)

【122处警服务】 全年接各类"122"报警14004次,其中事故报警3814次,拥堵报警1132次,情况反映报警9058次。进行"122"事故报警回访3814起,回访率100%,处警合格率97.4%。用电视监控发现并提示有关队,准确、快速处置交通事故现场、故障车辆等情况656起。 (恒雅娟)

【交通秩序管理】 组织联合执法行动6次,处罚"摩的"、"残三"156起,处罚酒后471起,拘留醉酒30起、拘留非司机32起,处罚机动车违法行为22186起,处罚非机动车、行人违法行为5297起,处罚涉牌违法行为917起。支队组织各街道安办对发生酒后驾车、非司机、涉牌、闯红灯等严重违法行为358起进行追查,下发禁驶通知书254份,责令单位整改,采取禁驶措施104次,停驶车辆97辆。 (恒雅娟)

【交通事故处理】 全年发生交通事故1.12万余起,伤4150人,亡8人,比上年事故起数减少1499起,下降11.8%,伤人数减少361人,下降8%,亡人数持平。事故结案率98%,群众满意率100%。本区管界事故死亡8人,与年初下达11人的指标减少3人;安全监管事故死亡11人,与年初下达19人的指标减少8人。排除市、区挂账交通安全隐患13处。

(恒雅娟)

【警情联动机制】 与东城公安分局、天安门公安分局建立紧急警情联动机制,明确区域巡控防控、警情跟进指挥、多警种协同作战等职责任务,在防控区内全天上岗72岗次,实现全天候巡逻防控,并借助电视监控系统,实时监测中心区的交通状况;同时强化干部民警敏感政治意识、责任意识、大局意识教育,牢固树立"东城无小事"的理念,本年处置中心区内抛散传单、上访等突发事件187余起。 (恒雅娟)

【实时警情研判机制】 对"122"接处警工作实时研判,突出扁平化指挥的优势,接警后,指挥室人员利用单兵定位系统调派就近警力,利用管界大队的信道电台直接布控到现场民警,减少中间环节,缩短突发事件处置工作的处警时间;同时,将警情研判引入动态勤务岗位管理系统,对于因路线警卫勤务引发的拥堵警情突出路段,即时增加警力配置,加大

疏导力度,对于拥堵警情平稳路段,采取以巡代定的方法,灵活掌握警力投量投向,实现警力使用效率最大化。(恒雅娟)

【立体管控机制】　创建"人防,物防,技防"立体管控机制,解决因乱停车影响道路畅通问题,实现路面管理效果最大化。"人防"是组织执勤大队成立专门整顿小组,在重点时段安排协管员在民警带领下管理违法停车行为,同时协调城管分队、派出所、街道办事处等相关部门联合执法,发挥综合执法效能。"物防"是增设隔离护栏、禁停标志等综合管控。"技防"是支队协调利用公安分局摄像头对违法停车行为进行摄录,增加120处分局监控摄像头拍摄违法停车行为,增加录入违法停车电脑7台,对部分秩序乱点实现全天候值守,本年粘贴违法通知单242614张,同比增加55.4%。(恒雅娟)

【"绿色救治通道"机制】　协作医疗单位,深化先救助、后付费的"绿色通道"紧急救助机制,推行"道路交通事故救助基金"工作机制,确保事故伤者及时救治,有效减少死亡事故发生。本年抢救伤者230人,挽回重伤者生命14人,经抢救延缓生命27人。管界发生肇事逃逸交通案件10起,均得以成功侦破,实现支队逃逸案件侦破率100%。(恒雅娟)

东城区第一公安消防支队

【概况】　东城区第一公安消防支队(简称区消防一支队),又称中国人民武装警察部队北京市东城区消防支队,为武警现役体制(正团职建制)。下设司令部、政治处、后勤处、防火处4个职能部门,以及北新桥中队、故宫中队、王府井中队、金宝街中队、地坛中队5个执勤备防中队和正义路中队1个勤务中队,担负着原东城区域内消防监督管理、灭火救援、应急处突、消防宣传和重大活动消防保卫等职责。

年内,以科学发展观为统领,以落实"十二五"消防事业发展建设规划为牵动,围绕北京建设"世界城市"发展定位和"平安北京"战略要求,构筑高标准社会消防安全"防火墙",打造综合灭火应急救援消防铁军,推进社会消防事业和部队建设上一流。完成全年消防保卫任务,有效预防和减少火灾,为区经济发展、社会稳定和构建和谐社会首善之区创造良好的消防安全环境。

单位地址:东城区外交部街2号

联系电话:85119935　邮政编码:100005　(李博)

【领导慰问调研】　2月1日,区领导杨柳荫、牛青山、冯熙、徐鸿达等到一支队王府井中队,慰问在春节保卫一线的消防官兵,并送慰问品。3月24日,副市长陈刚到轨道交通八号线二期南锣鼓巷站工程施工现场检查消防安全工作。5月11日,公安部消防局副局长于建华率工作组到区消防一支队调研,对区地下出租房、区级挂账火灾隐患单位、老旧居民社区等火灾隐患突出场所进行检查指导。7月7日、8月25日市消防总队总队长张高潮先后到一支队金街消防服务站检查指导工作。9月30日,市委常委、市公安局党委书记、局长傅政华到王府井金街消防服务站调研指导工作,慰问执勤官兵。12月31日,副市长刘敬民、苟仲文检查指导本区元旦烟花禁放工作。区领导牛青山、刘云斋、宋甘澍陪同。(李博)

【考核验收】　2月24日,公安部消防局,河北、山西、广东总队考评组领导对区消防一支队构筑社会消防安全"防火墙"工程、消防安全大排查大整治工作进行检查考评。总队防火部、区消防一支队领导陪同检查。9月16日,由公安部消防局法规标准处领导、江西总队防火部技术处、福建总队防火部指导处领导组成的公安部消防局执法质量考评组对区消防一支队消防执法质量工作进行考评。总队、支队有关领导、区消防一支队领导陪同检查。12月22日,市公安局纪委、总队政治部考核组对支队领导班子及领导干部进行年度考核测评。(李博)

【安全工作会议】　4月25日,牛青山主持召开安全工作紧急会议。区领导刘云斋、谢世龙,各委办局主要领导,各街道办事处书记、主任等近百人参加会议。牛青山对做好消防工作提出要求:一是提高"火险重于盗抢,隐患险于明火"的认识;二是细化责任;三是全面排查,督促整改;四是强力执法,综合执法;五是加强宣传。(李博)

【火灾隐患情报信息中心成立】　5月,成立火灾隐患情报信息中心,全面收集汇总辖区火灾隐患,查找普遍性问题和火灾防控薄弱环节,确定突出、重大火灾隐患,履行上报、移送程序,实现与总队火灾隐患情报信息中心的对接。中心由支队领导任总负责人,下设举报受理组、数据管理组、分析研判组和综合指导组,配有工作人员5名,支队防火处领导负责火灾隐患情报信息中心工作。(李博)

【宣传消防条例】　6月17日,区《北京市消防条例》宣传活动启动仪式暨中心区单位初期火灾扑救能力比武活动在地坛体育中心举办。市消防总队副总队长李进、区领导毛炯出席仪式。10个街道办事处、北京站管委会、王府井监管办主管领导、各派出所主管副所长及中心区63家重点单位的参赛选手参加活动。(李博)

【金街消防服务站】　6月28日,在王府井大街举行金街消防服务站启动仪式。区领导毛炯,区公安分局、王府井建管办领导及金街服务分队代表等60余人参加活动。(李博)

【正义路消防勤务中队上勤】　6月29日,市消防总队举行正义路消防勤务中队上勤仪式。公安部警务保障局、总队有关领导安铁军、张高潮等出席。总队长张高潮主持仪式。(李博)

【部署冬防工作】　11月16日,区防火安全委员会组织召开年度冬春季火灾防控工作部署暨防火安全委员会扩大会议,区领导王中华主持。区领导毛炯,区公安分局、安监局、消防一支队、二支队领导,区属相关委办局、街道办事处、地区管委会、派出所主管领导,消防安全重点单位负责人等1000余

人参加。（李博）

【创新灭火救援操法器材】 区消防一支队故宫中队在创新汽车自燃细水雾消防车灭火操和自焚人员紧急救援操两大操法的基础上，推出以“贴近实战、便捷实用、提升战斗力”为主要特点的重叠式水带推车、便携式大闸钥匙、便携式水带收卷机、肘式水枪等多项器材革新小发明、小创造，参加市消防总队“创新体制机制，争创一流警务”创新成果展示。（李博）

东城区第二公安消防支队

【概况】 东城区第二公安消防支队（简称消防二支队），为武警现役编制单位。在编官兵145人（干部46人、战士99人），下设2个部门（综合办公室、防火监督处），2个中队（花市中队、龙潭湖中队）。担负公安消防保卫和社会抢险、救援双重职能。

年内，消防二支队完成重大节日和重要活动消防保卫工作，出动执勤警力1100余人次。

单位地址：东城区左安门西街

联系电话：67125343　邮政编码：1000061　（崔金松）

【共建单位赠送训练器材】 1月8日，国家体育总局训练局赠送10余套价值数10万元的国际知名品牌训练器材，其中包括弧形健腹板、多功能举重床、综合训练器、跑步机、四肢力量训练器等种类。训练局还专门指派国家级的教练员现场指导官兵们器材的使用方法、日常维护保养和训练中的注意事项，明确各个器材对人体的训练重点和训练技巧。（崔金松）

【开通灭火救援“绿色通道”】 5月22日，消防二支队与区交通支队建立交通信息共享、交通事故灭火救援“绿色通道”，由花市中队为区交通支队提供街道消防水源基本信息，交通支队为中队灭火救援工作提供服务，畅通灭火救援“绿色通道”。（崔金松）

【制作消防便民卡】 6月，制作万余张消防便民卡，向社会单位、群众发放。便民卡片正面印有支队地址、支队消防监督执法人员姓名、职务和联系方式，背面印有请您“关注消防、参与消防”宣传字样，印有火警电话119、火灾隐患举报电话及消防监督投诉举报电话等。（崔金松）

【军民联欢会】 7月29日，与区文化委、龙潭街道办事处联合举办庆“八一”军民联欢晚会。市消防总队长张高潮、区领导赵中原及相关委办局领导以及支队全体官兵、驻区群众代表300余人参加。（崔金松）

【公共关系活动基地】 8月1日，市公安局召开公共关系电视电话会议，宣读《关于在全局建立公共关系活动基地的决定》，命名东城第二消防支队龙潭湖中队在内的6个单位为市公安局警察公共关系活动基地。龙潭湖中队是全市唯一一个消防方面公共关系基地。（崔金松）

【消防胡同自管会】 8月1日，前门街道草西社区消防胡同自管会成立。消防胡同自管会由居民自发组成，会长从消防安全知识丰富的志愿者中挑选。自管会配合社区居委会通过对居民进行消防培训、演练，开展防火巡查等活动，增强消防胡同内全体居民的消防安全意识，共同消火灭隐患。（崔金松）

【中队消防警营开放日】 9月6日，20余家单位的300余人到花市消防中队参加消防警营开放日活动。学习日常消防常识，参观中队车辆器材，观看中队官兵业务技能表演。通过活动了解和掌握消防知识和技能，提高消防安全意识。消防二支队以花市消防中队和龙潭湖消防中队为消防宣传阵地，将中队消防警营开放日常态化。（崔金松）

【孟建柱调研龙潭湖消防中队】 11月8日，孟建柱到龙潭湖消防中队视察并慰问首都公安消防部队。市委、公安部、市政府、市、区有关部门领导，王安顺、刘金国、傅政华、苟仲文等，陪同视察。孟建柱对首都消防工作给予高度肯定并要求消防官兵正确处理好灭火救援与火灾预防的关系；处理好消防部门发挥职能作用与社会单位自防自救的关系；处理好保护国家和人民群众生命财产安全与爱护消防官兵生命之间的关系。坚持预防在先、消防并重的工作理念，做到最大限度的减少火灾事故发生、减少火灾造成的损失，保护人民生命安全和财产安全，也保证消防官兵的生命安全。（崔金松）

检　察

【概况】 东城区人民检察院（简称区检察院），是国家的法律监督机关，行使检察权，对区人民代表大会及其常委会负责并报告工作，受市人民检察院领导，设有：办公室、政治处、侦查监督处、公诉一处二处、反渎职侵权局、反贪局等20个处室部门。在编干警250人，事业编人员15人。

年内，受理公安机关提请审查批准逮捕各类刑事犯罪

1064件1346人,比上年分别上升42.4%和43.6%。经审查批准逮捕903件1133人;受理立案监督案件9件,纠正漏捕22人;发出纠正违法通知书1份。受理公安机关移送审查起诉案件963件1256人,比上年分别上升16.9%和13.3%,经审查提起公诉907件1154人。纠正漏诉32人,提起抗诉4件7人,全部获二审改判,改判率全市第一。在统一办理全市公交系统扒窃案件和网络赌博案件中,受理全市公交扒窃案件205件239人。反贪局立案23件27人,其中百万元以上21件、千万元以上4件,查处正局级干部3人、正处级干部1人,为国家挽回经济损失1830万元。配合中纪委办理以铁道部运输局正厅级干部张某受贿上千万案为代表的铁道部运输局"2·25"专案。该案已立案侦查行、受贿案件18件21人,其中正局级干部3名,处级干部1名,涉案金额超过千万元以上3件,百万元以上2件,铁路系统系列案件涉案金额总体突破亿元。反渎局侦破原上海市城市管理职业技术学院副教授叶某等6人故意泄露全国造价工程师执业资格考试试题串案。出台《运用心理学进行职务犯罪防控的实施方案》《关于设立检察联络室实施办法》,与北京住房公积金管理中心东城、崇文管理部,签订《"手拉手"预防职务犯罪工作制度》。全年撰写个案分析172件,预防调查报告143份。对看守所进行安全防范检察232次,交付执行检察367人次,收押释放检察208次,羁押期限检察208人次,提出口头建议30次,发出纠正违法通知书3次,全年未发生正常死亡和非正常死亡事故记录。制定出台《在押人员人文关怀档案制度》,防止和纠正脱管、漏管等问题。受理民事、行政申诉案件105件,提请或建议提请民事行政抗诉4件、再审检察建议1件;结合办案中发现行政执法机关在公房管理、房屋拆迁工作中存在制度漏洞及公安机关执法瑕疵等问题,发出9份书面检察建议,均收到整改回函,与区司法局签署《关于推进"检调对接"工作的实施意见》。全年处理群众信访信件210余封,接待人民群众上门来访1200批1900余人次,处理集体访30批430余人次。先后制定出台《信访事项领导包案制度》《检察长接待日制度》等规章制度。出台《2011年度参与社会管理创新暨综治工作要点》,完成了绩效管理体系和协调机制构建并正式运行,同时制定《关于检察官进社区网格开展社会服务管理的实施办法》,成立派驻东直门街道、天坛街道检察联络室。完成《检察工作体系建设纲要》和"三足"大讨论方案等重要文件起草及打造"新东检创先争优示范工程"等相关宣传。编辑《东城区人民检察院风险防控工作手册》,加强廉政风险防范管理工作,纪检监察部门获评全国检察机关纪检监察工作先进集体。参与起草《关于"十二五"时期服务和保障国际化现代化新东城建设的实施意见》《检察工作体系建设纲要》。24篇信息被中办、高检、市委转发或批示,53篇被市检察院转发。在《检察日报》《北京日报》等刊发文章、稿件近1000篇。制定出台《检察工作体系建设纲要(2011—2015)》。在市检察机关第四届检察业务技能大比武中东检院取得全市区县院金牌榜第二名,总分榜第三名,十佳榜第四名的成绩。公诉一处涉黑涉恶案件专案组被市院授予集体二等功。区检察院参评的原崇文区前门房管分中心管理组组长王某涉嫌滥用职权案文书,代表北京院参加全国评比,获全国优秀电子笔录作品奖。

单位地址:东城区东四北大街265号(北区)

东城区珠市口东大街10-3号(南区)

联系电话:59115813　邮政编码:100007(北区)100062(南区)

(钱连生)

【量刑建议示范庭成为主题宣传内容】　2月24日,中央政法委决定在全国政法机关组织开展"司法改革带来政法机关新风貌"主题宣传周活动,区检察院量刑建议改革被市检院选为主题宣传内容之一。《人民日报》《法制日报》《检察日报》等20余家媒体记者,全程观摩一起合同诈骗案庭审过程。示范庭审理体现量刑建议改革的经验做法。此项检察改革工作强化对法院量刑裁判的监督制约,提高审判监督能力。

(孙雪明)

【中层干部接待制】　3月1日起,正式实行中层干部轮守值班接待制,负责组织管理当天检务接待大厅的各项业务工作。主要承担接待来访、归口分流、案件查询、法律帮助、民意沟通、安全保卫等职责。此项举措对深化重点工作、化解社会矛盾、做好基层群众工作不仅有益,而且也是锻炼和培养中层干部、提升综合素质的培训模式。　(孙雪明)

【参与网格化社会管理】　3月29日,为开展社会治安综合治理,增强检察机关在维护社会稳定中的作用,探索建立检察机关联系基层人民群众的长效机制,推行网格化社会服务管理模式,启动检察官进社区网格工作。60余名中层干部作为社区网格司法力量,每月脱产一天走进网格,为基层群众提供法律服务,参与社会管理。　(孙雪明)

【检察建议】　4月7日,检察院办案中发现,被告人郭某于2007—2010年,多次冒用他人名义,提供伪造收入证明等材料,向7家银行骗领信用卡共计23张,透支消费人民币17万余元。该案暴露出发案银行在信用卡管理中存在核卡程序不规范、违反信用卡"亲访亲签"要求等问题。对此,向7家发案银行发出检察建议,银行收到建议后,提出整改方案。中国银行北京分行还专程邀请承办人到单位对存在的问题进行深入探讨。6月28日,区检察院针对中国国家博物馆(简称"国博")原展览一部地图研究室主任黄某贪污案中暴露出来的"签订《地图制作合同书》中没有约定价格;签订、履行合同过程均由其一人完成,任其虚报合同价格;国博对其申领支票缺少必要审查,使其顺利领到支票,造成国有财产损失"等单位财务管理漏洞,及时发出检察建议。该馆重新修订《中国国家博物馆党风廉政建设责任实施细则》,制定《中国国家博物馆所属部、处(室)、中心政府采购工作规则》《中国国家博物馆关于贯彻执行"三重一大"制度和议事决策规则的暂行规定》等规章制度。8月31日,在协助办理一起行政申诉案中,认为东城公安分局办理该案存在未全面、及时收集、调取证据材料问题。依法发出检察建议。分局收到建议后,调查、制定整改措施,书面回复落实检察建议。该案系东检院民行部门首次向公安机关发出检察建议,实现民事行政检察对审判机关和行政机关进行监督的目的和要求,也督促公安机关完善社会管理创新举措,取得法律效果和社会效果统一。9月20日,在办理6人故意泄露国家秘密案中,发现单位存在管理漏洞,向中国建设工程造价管理协会发出检察建议。得到该单位回应。(孙雪明)

【涉检信访工作】 4月21日,召开涉检信访工作领导小组会议,听取一季度涉检信访工作情况汇报。对38件涉检信访案件基本情况、办理进度、信访人状态以及化解稳控方案进行详细说明。院党组书记、检察长就如何化解社会矛盾、作好信访工作提出要求,一是坚持中层干部轮值接待制;二是妥善处置上访老户、集体访;三是做好释法说理、心理疏导工作;四是关注敏感案件舆情信息。(孙雪明)

【公诉醉驾第一人】 北京市第一位因醉酒驾车被刑事拘留的犯罪嫌疑人李某被依法提起公诉。经审查查明:5月1日0时44分,犯罪嫌疑人李某醉酒驾驶黑色奔驰越野车(车牌号:蒙ABZ799)时,其血液酒精含量为159.6mg/100ml。根据国家刑法第133条规定,其行为已经构成危险驾驶罪,区检察院于5月13日将此案依法提起公诉。(孙雪明)

【反渎局介入"6.15"事故调查】 6月15日,区东方新天地商场内因照明发生故障,北京路源物业有限公司1名电工在天花板吊顶层内检修电路时,不慎坠落地面,经抢救无效死亡。接到事故报告后,立即组织反渎部门介入事故调查、了解事故情况、听取事故单位汇报,与调查组成员实地调查事故现场。重点调查事故背后是否存在相关国家机关工作人员的监管责任或其他渎职行为,并对事故单位提出意见和要求。(孙雪明)

【专项整治联合活动】 6月21日,区检察院与市检二分院干警30余人在王府井大街乐天银泰百货门前举办以"加强渎职侵权检察工作,促进依法行政和公正司法"为主题的举报宣传咨询活动。接待和解答群众法律咨询40余人次,发放《人民检察院反渎职侵权宣传手册》《渎职侵权犯罪案件立案标准宣传手册》《东城区人民检察院系列宣传资料》1000余份;摆放以渎职侵权犯罪宣传为主要内容展板28块。高检院领导柯汉民等,市检院有关领导、区领导牛青山、费文勇及检察长等参加活动。北京电视台、北京广播电台、《检察日报》《法制日报》《中国青年报》、区新闻中心等多家媒体采访报道。(孙雪明)

【监控联网系统升级改造】 7月,区检察院对驻所检察室与看守所监控联网系统的升级改造工作进行验收,达到对看守所208个点进行24小时不间断监控。独立硬盘录像设备和光盘刻录设备,存储量达到45天左右的技术标准。符合高检院关于《人民检察院派驻看守所检察室与看守所监控系统联网建设规范》要求和区检院驻所检察实际工作需要。(孙雪明)

【劝导潜逃11年犯罪嫌疑人投案】 9月,区检察院办案人员在得知潜逃11年的犯罪嫌疑人王某,其父(2000年因犯贪污罪、挪用公款罪、玩忽职守罪被判有期徒刑16年)已经被假释且半身不遂后,主动与其家属联系,在干警劝导后,王某由其家属陪同投案自首。东检院查办的原崇文区人防办主任王某、副处级调研员马某(另案处理、均已判决)等人防系统窝案全部结案。(孙雪明)

【扣缴涉案款物1000万元】 10月19日,突破犯罪嫌疑人梁某某口供,掌握到涉案款项已被转移的线索。通过对相关犯罪嫌疑人家属重点布控,防止其外逃和转移案款;劝导犯罪嫌疑人认清形势等多方工作,最终,动员家属,犯罪嫌疑人家属从山西携巨额案款到院上缴。院行装处联系银行工作人员及时办理清点、转存手续,一次性成功扣缴人民币、外币等涉案款物1000万元。(孙雪明)

【设立驻派出所检察官办公室】 10月,与东城公安分局在和平里、建国门2家派出所内部设立检察官办公室,选派精通业务、经验丰富检察官每月定期进驻派出所工作,实地掌握派出所案件受理、立案、案件处理等情况,改变原有检察机关事后监督、被动监督工作局面。设立驻所办公室既延伸检察监督范围,又有助于提高公安机关办案质量和效率。(孙雪明)

【人大代表听取工作汇报】 12月2日,与市院联合召开年度检察工作情况通报会,邀请23名市人大代表进行座谈。市院领导和东检院领导分别向出席会议的市人大代表通报年度全市检察工作情况及下年工作思路。人大代表对全市检察机关以及东检院年度检察工作给予肯定。(孙雪明)

【保外就医专项检察活动】 确保诉讼活动和刑罚执行顺利进行,全面启动保外就医专项检察活动。摸清保外就医服刑人员底数,掌握保外就医适用情况以及相关部门对保外就医服刑人员的监管、考察、矫正情况;堵塞关于保外就医人员的管理漏洞。(孙雪明)

【追诉漏犯漏罪工作】 在办理各类刑事案件中,注重发现犯罪线索,引导侦查方向,补充证据材料,追诉漏犯漏罪,全年共追诉漏罪82件、追诉漏犯40人。(孙雪明)

审　　判

【概况】 东城区人民法院(简称区法院),是国家审判机关,审判刑事、民事、行政等第一审案件,设刑事审判庭、民事审判庭和行政审判庭等29个庭室,工作人员556人。

年内,受理各类案件2.01万件,旧存1201件,审结2.03万件,结案率95.4%;执结案件5053件,执结标的金额9.29亿元。被评为"全国法院立案窗口建设工作先进单位"、"北京市先进法院",民三庭被评为"北京市政法系统五好党支部",立案一庭、执行一庭被评为"北京市法院先进集体",1名干警被评为"全国法院先进个人"。

单位地址:东城区交道口东大街1号(北区)
东城区永外定安里10号(南区)
联系电话:84190172　邮政编码:100007(北区)　100075(南区)

(余亚宇)

【领导考察】 2月1日,中共中央政治局常委、中央政法委书记周永康到院慰问干警。中共中央政治局委员、中央政法委副书记王乐泉,中央政治局委员、北京市委书记刘淇,国务委员、公安部部长孟建柱,最高人民法院院长王胜俊,北京市委副书记、市长郭金龙,北京市委副书记、市政协主席、市委政法委书记王安顺等领导陪同慰问。10月13日,最高法院审判管理办公室主任周建平率检查组检查"百万案件评查"和"长期未结诉讼案件专项清理"工作开展情况。(余亚宇)

【外事接待】 5月4日,阿根廷最高法院院长洛伦塞蒂和大法官马克达一行到区法院参观。就法院工作人员任用和选拔、庭审规范化问题双方进行深层次交流。8月22日,泰国大理院即最高法院院长颂超·素卡龙一行9人到院参观交流。双方就案件调解程序、人民陪审员产生及任期、审级审限等问题进行深入交流。10月12日,德国联邦议会法律委员会代表团在团长、德国法律委员会主席西格弗里德·考德尔带领下,到院参观交流。双方就案件审理程序、劳动争议案件情况、法官的交流和培训、公开审理等问题作具体交流。(余亚宇)

【刑事审判】 全年审结各类刑事案件890件,判处罪犯1178人。审结抢劫、盗窃、故意伤害、毒品犯罪等案件592件,116名犯罪分子被判处5年以上重刑,密云涉恶犯罪集团首犯等32名犯罪分子判处10年以上重刑。依法惩治职务犯罪,审结贪污、贿赂、渎职、挪用公款等案件20件,涉及处级以上干部7人。快速审理轻刑案件123件,全年宣告缓刑97人,单处罚金12人,免予刑事处罚6人。对8月1日后受理的案件全部进行规范化量刑。审理著名音乐人高某某危险驾驶案、黑心烤鸭案等社会关注案件。(余亚宇)

【未成年人案件审判】 审结涉及少年犯案件213件。对38名未成年被告人进行社会调查,为准确适用刑罚及判后帮教工作提供依据。将涉及未成年人25种案由纳入受理范围。创立"判处非监禁刑未成年犯复学安置举措",成功帮扶失足未成年人就业,被首都精神文明建设委员会评为"首都未成年人思想道德建设创新案例"。(余亚宇)

【民商事审判】 审理房产案件990件,审结离婚、抚养、赡养、继承、相邻关系等案件2123件。73.8%案件以调解方式结案。审结劳动争议案件1219件,涉案标的额达1202余万元。全年调解结案5623件。审理91名农民工讨薪维权案、达芬奇家具合同纠纷案等一批社会关注案件。全年审结商事案件3578件,涉案标的额6亿元。审结借款、信用卡、保险等金融案件1367件。审结涉及企业破产、公司解散清算、公司股东权益等案件123件。创刊商事审判动态,全年编发7期专刊。被评为市商事诉调对接工作先进单位。(余亚宇)

【知识产权审判】 全年审结知识产权案件656件。与中国互联网协会调解中心、北京市知识产权援助中心及北京市7家行业协会分别建立委托调解合作关系,化解纠纷200余件。(余亚宇)

【行政审判】 全年审结行政案件304件,审查行政非诉执行案件76件,协调化解行政案件99件。依法审查、协调东交民巷20、31号院联合储备开发项目等涉及市重点工程项目非诉行政执行案件,审理涉保障房资格等新类型案件、涉"亿霖木业"上访人员因非正常访引发的社会关注案件。全年适用简易程序审结行政案件30件,协调撤诉率达28.6%。被告人高某某于5月9日22时许,违反法律规定,在道路上醉酒驾驶机动车致人损害,其行为危害公共安全,已构成危险驾驶罪。5月17日,区法院依法判决被告人高某某犯危险驾驶罪,判处拘役6个月,并处罚金人民币4000元。被告人孔某与苑某合谋,于上年至本年间,由河北省博野县三利肉食制品厂为孔某生产无标签真空包装劣质鸭架产品。被告人孔某购买印有"全居德"、"福聚斋"等标识外包装袋,将鸭架产品进行包装后,冒充"北京烤鸭"销售。被告人张某于上年至本年间,从河北省博野县华香肉食制品厂及被告人孔某处购进无标签真空包装劣质鸭架产品,从被告人孔某、王某处购进印有"全居德"等标识外包装袋,伙同被告人刘某进行包装后,冒充"北京烤鸭"销售。5名被告人的行为均构成生产、销售不符合安全标准的食品罪。11月8日,区法院依法判决,被告人孔某犯生产、销售不符合安全标准的食品罪,判处有期徒刑6年,并处罚金人民币6万元;被告人苑某犯生产、销售不符合安全标准的食品罪,判处有期徒刑6年,并处罚金人民币6万元;被告人张某犯生产、销售不符合安全标准食品罪,判处有期徒刑4年6个月,并处罚金人民币5万元;被告人王某犯生产、销售不符合安全标准食品罪,判处有期徒刑4年,并处罚金人民币4万元;被告人刘某犯生产、销售不符合安全标准的食品罪,判处有期徒刑1年,并处罚金人民币1万元。一审宣判后,被告人上诉至第二中级法院,二审法院维持原判,判决生效。成立审判管理办公室,统筹组织实施审判质量、审判流程、审判效率、审判绩效考核等工作。起草《关于加强审限管理的规定》《均衡结案办法》等8个规范审判管理办法。编发《均衡结案周报》与《审判运行态势月报》,通报各审判庭均衡结案率、上诉改判比等7项考核指标完成情况。 (余亚宇)

【执行工作】 全年执结案件5053件,发还案款9.29亿元。全年限制出境24人,拘留31人。执结“两会”期间南锣鼓巷房屋拆迁案;解决606件建工大地群体性案件,为266名职工发放工资。执结涉刑事执行案件479件,执结率达98.97%。 (余亚宇)

【涉诉信访工作】 全年,院长、庭长接待上访人员1800余人次,信访部门接待来访人员1200余人次,转办来函来信400余封,办理各类交办案件103件,办理中央联席会挂账案件21件,化解11件,未化解案件均落实稳控责任,按期办结率100%。办理政法民声热线43批194件,均按期答复,办结率100%。制定实施《东城法院院、庭长值班接待规定》《涉诉信访工作考核实施细则》等规章制度。完成19件中政委挂账进京重复访案件及给中央领导来信案件化解任务。信访小红门甄别合议庭被市高级法院授予“优秀甄别合议庭”称号,接访法官荣获“信访化解能手”称号。 (余亚宇)

【调研宣传工作】 在全国及北京市法院第二十三届学术讨论比赛中,报送6篇论文,被评为北京市法院学术讨论组织工作先进奖。全年发送司法建议46篇,收到回函14份。司法宣传工作,发表稿件5200余篇,日均发稿14.4篇。区法院获北京市法院年度新闻宣传工作优秀组织单位、《人民司法》新闻宣传先进单位、东城区2006—2010年法制宣传教育先进集体。《人民法院报》整版报道该院工作。 (余亚宇)

【司法为民工作】 全年进行诉讼引导7501人次,收转诉讼材料3907件,收转上诉材料401件,办理案件查询5718次,委托司法鉴定670件,办理立案登记、开庭登记、信访接待登记、审判庭谈话登记6.08万人次。设计该院南北两区地图,制作南北区路线指引,便利当事人诉讼。出台《司法鉴定细则》,对司法鉴定卷宗立卷归档。 (余亚宇)

【立案诉讼服务改革】 合并立案一庭与立案二庭,制定《关于立案审查汇报制度的规定》《关于立案审判审批制度的规定》,出台《立案诉讼服务改革工作实施细则(试行)》,完善重大敏感案件请示汇报和信息沟通机制。诉前化解涉世博会著作权纠纷等一批敏感性案件。 (余亚宇)

【彻底化解纠纷工作法】 创立“彻底化解纠纷工作法”,以“调解优先、调判结合”为工作原则,通过“阅卷了情、约谈指导、证据论证、确认事实、释明适用、判后释法、实现权益”7步流程,全程促调解、随时促履行,从源头上及时彻底化解纠纷。全年运用该工作法化解传统民事纠纷3214件,当庭或现场交付现金9712万元。该工作法被最高法院以专刊形式推介。 (余亚宇)

军　事

人民武装

【概况】 东城区人民武装部(简称区人武部),在北京卫戍区和中共东城区委、区政府双重领导下,发挥区委军事部和区政府兵役机关作用。区人武部党委按照“抓思想带作风、抓班子带队伍、抓学习强素质、抓重点保中心、抓经常打基础、抓管理保安全、有作为起作用”的工作思路,着力提升民兵遂行多样化任务能力,加强党委班子和干部队伍思想作风建设,突出基层规范化建设,严格管理,狠抓落实,固强补弱谋求可持续发展,完成各项工作任务。

年内,北京市地铁运营有限公司武装部被评为全国民兵工作先进单位,1人被北京军区评为“十一五”期间国防动员先进个人,区人武部连续6年被北京市、卫戍区评为先进人武部,被军区政治部评为“订刊用刊先进单位”,被卫戍区政治部评为“政工网建设先进单位”。

单位地址:东城区龙潭路12号

联系电话:64030768　邮政编码:100061 (陈文君　曹剑)

【赴外地慰问新兵】 1月10日,区人武部组织街道专武干部赴外地慰问上年冬季入伍的东城籍新兵。实地察看新兵工作、学习、训练、生活情况,与全体新兵座谈,鼓励新兵安心服役,与部队领导交谈,了解新兵思想动态,配合部队做好新兵思想稳定工作。 (陈文君　曹剑)

【军地领导座谈】 1月20日,区领导与北京卫戍区首长举行年度迎新春军地座谈会。卫戍区司令员郑传福,政委高东璐,副司令员李建设,副政委郭志刚,政治部主任马誉炜,后勤部部长王东等与区领导杨柳荫、牛青山、徐鸿达、常卫、宋甘澍及区人武部领导参加座谈。（陈文君　曹剑）

【"两会"民兵值勤】　2月23日,区人武部召开全国"两会"期间民兵值勤工作任务部署会。17个街道武装部部长参加会议。传达学习卫戍区就全国"两会"期间民兵值勤工作指示精神,部署全区民兵值勤任务,并对人员选调、值勤规定、精神状态、情况处置等提出具体要求。3月1日,区210名民兵守护辖区内35处桥梁涵洞,确保全国"两会"期间代表安全。（陈文君　曹剑）

【部队首长调研】　3月18日,北京军区政委刘福连到区人武部就区划调整后工作开展情况、后备力量建设情况调研。军区政治部有关部门领导及卫戍区副政委郭志刚陪同调研。刘福连察看人武部值班室,询问监控系统情况,听取工作情况汇报,了解区划调整后人武部工作开展情况和近年来征兵工作情况。与团以上干部座谈后指示:充分认清区划调整后自身建设面临的新情况新变化,高标准地开展好各项工作;切实发挥主观能动性,下大力解决好工作中遇到的重点难点问题;进一步密切与地方党委政府关系,充分发挥好人武部桥梁纽带作用。5月11日,卫戍区司令员郑传福围绕解决中心城区"征兵难"、加强民兵应急力量建设和人武部如何发挥好军地桥梁纽带作用等问题到区人武部调研,杨柳荫陪同。郑传福详细了解年度工作开展情况及存在主要问题和原因,与区人武部研究探讨解决问题、推动工作的办法和措施。9月21日,郑传福带领机关工作组检查指导国防后备力量建设和正规化建设。听取区人武部关于民兵应急力量建设、民兵训练和整组工作、班子自身建设、现役军人管理系统使用等汇报,并实地拉动民兵应急连,就应知应会内容考查部分民兵,机关工作组认真清点人数和装备。（陈文君　曹剑）

【国防教育联席会议】　5月19日,区国防教育委员会办公室组织召开联席会议,调整区国防教育委员会办公室成员,传达学习中共中央、国务院、中央军委《关于加强新形势下国防教育工作的意见》,分析研究区国防教育工作形势,制定贯彻落实措施,促进区国防教育工作的创新发展。（陈文君　曹剑）

【民兵预备役工作会议】　3月23日,区召开年度民兵工作会议。区领导杨柳荫、吴松元、夏树军、宋甘澍及区人武部领导出席。宣读基层专武干部任职命令,听取东直门街道、安定门街道、崇文门外街道工委书记党管武装工作述职。表彰10个先进基层武装部和15名优秀专武干部。街道工委书记、武装部干部、市属公司专武干部60余人参加会议。（陈文君　曹剑）

【"八一"军政座谈会】　7月28日,以"军政军民齐努力、共创双拥模范城"为主题的"八一"军政座谈会在国际饭店召开。全国双拥办、市双拥办、空后、北京军区空军、北京卫戍区、总政直工部、公安部边防管理局等有关部门首长,区领导牛青山、冯熙、徐鸿达、左海星等出席。空军后勤部政委刘健少将代表驻区部队发言,杨柳荫代表区委、区人大、区政府、区政协和区双拥工作领导小组向多年来支持和参与东城区建设的驻区部队领导和官兵致以节日的问候。（陈文君　曹剑）

【冬季征兵动员大会】　10月21日,召开年度冬季征兵动员大会,宋甘澍出席会议并讲话。会议传达学习市征兵工作会议精神,通报表彰年度征兵工作先进单位,总结上年征兵工作。部署年度冬季征兵工作实施方案,就征兵宣传教育、提升征兵质量和征兵廉政建设等方面提出要求。（陈文君　曹剑）

【欢送新兵大会】　12月5日,召开欢送新兵入伍大会。副区长陈之常、区人武部部长左海星等参加。会议通报表彰东城区籍优秀现役军人和优秀军属17人,并为优秀现役军人和优秀军属、被批准入伍的新兵颁发奖牌、发放奖金和佩戴光荣花。新兵代表表决心,家长代表发言,陈之常强调:珍惜荣誉,牢记使命;严格锻炼,献身国防;建功立业,为家乡争光。区征兵工作领导小组成员,街道、市属公司、学校专(兼)职武装干部和新兵家长500余人参加欢送活动。（陈文君　曹剑）

【国防教育法检查】　6月2日,国家国防教育办公室副主任郭增奎率国家国防教育法执法检查组到区检查国防教育法施行情况,听取区10年来开展国防教育工作情况汇报,并实地查看东花市街道国防教育宣教中心和景山学校开展国防教育工作情况。北京军区、北京市及卫戍区有关领导,区领导常卫,宋甘澍及有关部门领导陪同检查。（陈文君　曹剑）

【国防教育进党校】　3月31日,国防大学教授到区委党校为中青班学员作主题为《国家安全与军事问题》国防形势报告。涉及抵御外部势力的战略围堵、捍卫国家主权和领导完整、保护海外资源和战略通道、维护政治稳定和社会稳定、应对周边热点的安全挑战等内容。（陈文君　曹剑）

【宣传国防教育法】　4月28日,为纪念"国防教育法"公布施行10周年,全区17个街道国教办工作人员向居民宣传国防教育知识。在《新东城报》刊登国防教育征文、国防法规网络知识竞赛活动通知,区理论学习手机报向区副处级以上机关干部发送国防教育法规短信,各街道利用《社区报》用专版刊登国防教育有关内容,推动全民国防教育开展。（陈文君　曹剑）

【民兵工作】　4月,组织完成民兵应急分队150人实弹射击。5月,完成基干民兵7500人组织整顿和数据汇总工作,接受卫戍区检查;完成民兵高炮分队赴预备役高炮一团集中训练;组织专武干部5人参加卫戍区业务集训与比武竞赛,取

得较好成绩。（陈文君 曹剑）

【心理授课到军营】 5月11日，区人武部安排区民兵心理干预中心主任到卫戍区66114部队作心理辅导授课，以“快乐的战士、快乐的心”为主题，从8个方面阐述心理对官兵实际影响，及如何用健康快乐的心态迎接军营生活，尤其是运用“许三多”的故事和对情商、智商、胆商的分析，受到听课官兵欢迎。（陈文君 曹剑）

【区领导慰问驻区部队】 7月27日，区领导杨柳荫、牛青山、冯熙、徐鸿达分别走访北京军区空军、北京卫戍区、总政群工办等13支驻区部队，并赠送慰问品和慰问金。北京军区空军司令员江建曾中将、政委刘振来中将，北京卫戍区政委高东璐中将，全国双拥办副主任、总政群工办主任汤奋少将等首长接待。（陈文君 曹剑）

【民兵政治教育】 组织专武、民兵干部340人学习党中央、国务院、中央军委颁布《民兵政治工作规定》，参加卫戍区组织的竞答活动，前门街道荣获全国知识竞赛优秀组织奖。研究制定《东城区民兵政治教育工作规范》，编写教育提纲13课。下发《民兵政治教育资料汇编》，推动民兵政治工作依法开展。（陈文君 曹剑）

人民防空

【概况】 东城区民防局（简称区民防局），是区政府人民防空工作主管部门，是区国防动员委员会常设机构，承担区政府防灾减灾工作。设办公室、指挥通信科、工程建设管理科、防震减灾科、法制科5个科室，直属事业单位2个。

年内，贯彻落实党的十七届五中、六中全会和第六次全国人民防空会议精神，以科学发展观为指导，坚持以人为本、民防为人的宗旨，推进民防建设融合发展和转型升级。全面融入政府管理体系，提高军事斗争准备和应急防灾通信保障能力；提升精细化管理水平，加强工程建设和安全管理工作；推进民生工程，提升公共安全、防震减灾宣传教育和服务社会的水平；推进依法行政，有力促进和维护民防法制建设，完成全年工作。

单位地址：东城区东四五条172号

联系电话：84006616 邮政编码：100010（徐邓）

【防灾减灾宣传】 3月21日，联合区应急办及东华门街道办事处在皇城根遗址公园举办防灾减灾、应急避险宣传活动。就日本地震相关形势和应急避难场所用途及应急避险知识向到场的社区负责人及市民进行重点讲解。发放核辐射防护知识、防灾避险常识、地震知识、应急避难场所地图册等宣传资料1500余份。5月12日，联合区突发事件应急委员会办公室、民政局在区消防二支队开展全区“防灾减灾从我做起”主题宣传活动。现场展示民防应急指挥通信救援车和应急救援装备，向群众和学生发放各类宣传资料3000余份。副区长徐熙参加活动并讲话。7月28日，在永铁苑社区举办“7.28”唐山大地震35周年纪念宣传活动，发放地震应急避险要诀、地震知识百问百答等宣传品6种300余份。（徐邓）

【工程治理】 4月7日，召开区人防工程隐患整治工作会议，17个街道办事处主管领导及相关单位参会。全年完成47处人防工程清退工作。完成早期人防工程治理任务176处34946平方米，投入经费1800万元。（徐邓）

【领导检查】 4月7日，区人大常委会副主任生敏等17人对《中华人民共和国防震减灾法》及《北京市实施<中华人民共和国防震减灾法>办法》进行执法监督检查，并提出意见和建议。8月9日，市地下空间综合整治督导组到区督导检查地下空间综合整治情况。听取区民防局局长、区综治办副主任汇报工作，检查和平里街道地下空间。对整治工作给予肯定。（徐邓）

【应急演练】 10月12日，组织第二十四中学全校师生1200余人参加“防灾减灾、从我做起”主题教育活动。开展震后紧急疏散演练，让学生们在起震车内体验地震时的状况，展示自救互救的技能，并演练应急避难场所的设置和帐篷搭建等科目。市地震局、市红十字会、市999急救中心等部门领导及本区中小学校领导160人观摩示范展示。市红十字会、市地震局有关领导出席活动。（徐邓）

【依法行政】 全年行政处罚13起，其中重大处罚2起，罚款总额9.54万元，无行政诉讼和行政复议案件。完成人防工程行政许可24处，其中使用许可10处，拆除报废许可4处，改造许可1处，竣工认可9处，核发使用证7处。（徐邓）

【民防应急指挥通信建设】 全区实施街道民防指挥宣教中心建设规划，中心建成后兼备应急指挥系统，视频会议系统和宣传展览等多种功能，完成安定门、景山、崇文门外、东花市、龙潭、朝阳门、东直门7个街道建设。新建社区民防宣传站61个，全区总数131个，超额完成60%社区建设宣传站的目标。新装防空警报器6台，区防空警报器维护检查完好率100%。（徐邓）

【廉政建设】 组织执法人员观看中纪委拍摄的《一个明星区长的堕落轨迹》。3月23日，召开党风廉政建设工作专题会议，结合民防工作实际，就贯彻落实上级党风廉政建设工作有关要求进行研究，讨论通过《民防局2011年纪检监察工作计划》，调整党风廉政建设责任制领导小组成员。（徐邓）

武警六支队

【概况】 中国人民武装警察部队北京市总队第一师第六支队（简称武警六支队），前身为中国人民解放军北京卫戍区警卫第二师六团，1999年2月，北京市总队体制编制调整后，改编为中国人民武装警察部队北京市总队第一师第六支队。下设司令部、政治处、后勤处，下辖多个建制大队及多个建制中队。主要驻守以东城为主的多个城区，担负辖区内多个重要目标执勤任务。

年内，完成以执勤和处理突发事件为中心的各项任务，支队连续5年被评为先进支队。152篇新闻稿件被《解放军报》等媒体刊发，新闻报道工作位居全师前列。

单位地址：东城区府学胡同甲1号
联系电话：64034411－34624　邮政编码：100007　（齐天亮）

【部队首长调研】　武警部队司令员王建平，副司令员薛国强、戴洪生，副政委王长河，参谋长牛志忠等到支队驻地、执勤点检查指导工作，慰问一线执勤官兵。2月至11月总队长魏哲带领总队机关首长到支队检查指导工作10余次。　（齐天亮）

【完成秩序维护安全警卫任务】　完成大型宗教活动、烟花燃放、国庆重要活动、各类路线勤务以及重大节日、群众活动中社会秩序维护任务1000场次，完成全国人大、政协两会、中央重要会议等安全警卫勤务任务。期间处置扒窃斗殴等各类执勤目标及社会安全稳定突发情况300余起。勤训轮换任务在师考核评比中名列第一。　（齐天亮）

【双拥共建工作】　与62个区属单位、学校建立共建关系，开展国防教育13场次，受教育群众、学生2万余人。与43所中小学成立少年军校，军训学生5000余人次，其中史家小学、府学小学、十四条小学等5所少年军校被评为首都先进少年军校。在区设立5个便民服务站，成立18个便民服务小分队，采取定点服务、上街服务和上门服务相结合的形式为驻地群众提供理发、修理、医疗等义务服务。与驻区内孤寡老人和部分残疾人100余人结成帮扶对子，长年帮助清整卫生、料理家务，节日慰问。1人获《京华时报》举办的年度"平凡的良心"奖，支队被评为北京市基层双拥工作示范单位。

（齐天亮）

【提升后勤保障】　修订完善《财务管理规定》，严格季度经费审计。召开伙食管理现场会，培训等级厨师57人，军需股被总队表彰为军需物资管理先进单位。开展枪弹专项治理，升级改造兵器室和数字化枪柜联管联控系统，确保枪弹绝对安全。全年动用车辆1.58万余台次，安全行车76万余公里。

（齐天亮）

东城区政法、军事机构负责人

区人民法院院长	董建中（10月免）
	孟　祥（12月任）
区人民检察院检察长	殷　健
市公安局东城分局局长	谢世龙
政　委	滕　健
市公安局公安交通管理局东城交通支队	
支队长	张　经
政　委	刘石钢
中国人民解放军北京市东城区	
人民武装部党委第一书记	杨柳荫
部　长	左海星
政　委	张凤亮
区公安消防一支队支队长	张桂涛
政　委	李学东
区公安消防二支队支队长	李　文
政　委	武爱华
天安门地区公安分局局长	武顺发
政　委	刘贵方（8月免）
武警六支队支队长	艾　均
政　委	常　宏

综合经济管理

经济改革和社会发展

【概况】 东城区发展和改革委员会(简称区发展改革委),是负责全区国民经济和社会发展统筹协调、经济体制改革综合协调的区政府工作部门。设办公室、人事监察科(党务办公室)、发展规划科、国民经济综合科、固定资产投资科、资源节约与环境保护科、价格收费管理科、经济体制改革科、能源监察科(东城区电力管理办公室)、法规科(东城区重大项目稽察办公室)10个内设机构。区发展改革委所属东城区物价检查所(简称区物价检查所),主要负责辖区内价格监督检查、管理工作,对价格违法行为实施行政处罚,受理有关价格方面的举报、投诉,提供价格服务、进行价格政策宣传、接受价格咨询等工作。区物价检查所设综合科、案件复审科、医疗和药品价格检查科、收费检查科、价格检查科、市场检查科、社会监督科7个内设机构。东城区价格认证中心,系区发展改革委所属全额拨款事业单位。其职责和工作内容为:对本行政区域内司法和行政执法机关在司法和行政执法过程中涉及的涉案财产进行价格鉴定;在规定时间内出具具有法律效力的涉案财产价格鉴定结论书。

年内,完成各项工作指标,地区生产总值完成1322亿元,同比增长8.1%;区财政收入完成122.29亿元,增长19%;社会消费品零售额实现691.28亿元,增长18.5%;全社会固定资产投资完成175.24亿元;城镇居民人均可支配收入34625.66元,增长12.8%;全区主要经济指标均完成或超额完成计划,区域经济保持平稳快速增长。完成《东城区"十二五"期间节能规划》编制,下发全区各单位。制定区国民经济动员年度工作计划,完成纳入保障体系重点企业经营情况调查。重新修订编写年度物资保障应急预案,强化应对突发事件对物资供应保障力度。开展军用物资应急采购供应商推荐工作,完成资质鉴定和组织申报等相关工作。

单位地址:东城区东打磨厂街3-1号
联系电话:64079927 邮政编码:100062 (袁萍 贾巍)

【处置价格异常情况】 3月16日,在超市出现百姓抢购食用盐现象后,及时启动应急预案,检查人员迅速到辖区内各超市,调查了解食盐销售情况,第一时间将检查结果向各级有关领导和上级部门汇报。从17日至市场平稳近2个月时间内,物价所不间断出动检查人员,对市场食盐价格进行检查,对个别商家高于国家定价,扰乱市场销售食用盐行为严肃处理。同时,实施市场检查应急备班制度,加强值班和举报电话值守,提高应急处置能力,确保价格举报途径畅通,快速处理价格投诉,妥善化解价格矛盾。 (赵克强)

【节能宣传周】 6月11日,在南馆低碳示范园启动东城区年度节能宣传周,活动以"节能我们行动,低碳新生活——我为绿色北京做贡献"为主题。国家发改委副主任徐宪平、副市长洪峰、区领导徐熙等出席活动,并与社区居民互动。宣传周期间,组织开展节能宣传进社区、进校园、进机关和进企业"四进"活动。 (金晶)

【节能指标分解】 9月上旬,年度节能指标分解部署工作完成。责任部门包括全区13个职能部门和17个街道,节能指标根据"条块分割"的原则,以全区386家公共机构和222家年能耗量在1000吨标准煤以上的重点用能单位,将用能指标按照行业归口,分解至相关委办局或街道。 (金晶)

【节能工作培训会】 10月30日,节能工作培训会。13个职能部门和17个街道节能目标分解责任主体参加。市节能环保中心、市发改委、区统计局有关负责人及节能服务公司专家和区用能单位代表,就能源政策与形势、统计知识、节能成功经验进行讲座。 (金晶)

【与外区合作】 制定"东城、怀柔两区合作"年度工作计划,在公共服务、产业发展、生态建设和城市功能分解疏散4个方面开展合作。通过相关对口部门努力和工作,两区在公共就业服务、拓展旅游市场、开展商业交流、推进产业园区共建方面,取得成效,在政府主导、市场化运作原则下,逐步扩大合作范围和合作深度,促进区域生产要素和资源优势互补和合理流动。 (么姣佼)

【编制区"十二五"规划纲要】 起草《东城区国民经济和社会发展第十二个五年规划纲要》,经区人代会(临时)第二次会议审议通过。印制500册"十二五"规划纲要、编写并印刷1万册"十二五"规划纲要解读,发全区各单位。举办"十二五"专项规划编制工作培训班,通过网络、《新东城报》等专题宣传报道"十二五"规划纲要。制定《东城区"十二五"规划纲要折子工程》并印发全区各单位,将"十二五"规划纲要主要目标和任务分解到具体责任部门,确保"十二五"规划稳步

实施。 (刘素萍)

【规划体系建设】 制定《东城区规划体系建设年规划工作方案》并印发全区各单位,将各项规划编制任务分解落实到各相关单位,明确规划编制责任及具体时间要求。全年共编制完成规划和行动计划72项,细化区未来的发展定位、战略目标、空间布局、产业发展、社会事业以及城市建设和管理等各个方面重点任务和发展路径,形成总规划、"十二五"规划、"三个东城"行动计划等三大体系,引领区域科学发展规划体系基本建立。 (刘素萍)

【推进医改工作】 完成上年医改考核评估工作,起草《东城区深化医药卫生体制改革2011年主要工作任务责任分解书》并印发全区各单位。完成国家医改中期评估相关工作,组织区卫生局、财政局等部门,按期、准确填报医改中期评估报表。完成"北京医改在基层"等宣传活动,展示东城区医改工作成效。 (刘素萍)

【固定资产投资】 累计完成固定资产投资175.2亿元,完成市政府下达固定资产投资任务。投资结构方面,市政交通、房地产开发及公益民生等项目投资支撑明显,分别为44%、28%及18%。投资布局方面,东二环高端服务业发展带及王府井商业发展带是主要投资聚集区,"两带"完成投资111亿元,占68%。投资主体方面,企业投资占主导地位,完成投资104.3亿元,占64%。政府投资完成58.7亿元,中央和市级投资同比分别下降56%和34%,区级投资上升92%。 (李春)

【保障房融资】 争取政策性贷款,拓宽融资渠道,支持区域重点建设。保障房融资取得成效,为朝阳区豆各庄一号地块和通州区两站一街E5、E6地块,东城区旧城保护定向安置房项目,争取公积金贷款额度77.54亿元,缓解区定向安置房建设融资压力。 (李春)

【项目委托咨询评估】 年内,完成全区51个政府投资项目可行研究、初步设计概算、决算等评估事项51项,涉及投资逾20.49亿元,核减资金12.6亿元。 (崔爽)

【校舍安全工程】 通过科学评审,加强协调调度,提高审批效率,在最短时间内完成全年24校25个项目的立项批复,支持区中小学校校舍安全工程。 (崔爽)

【为重点工程争取资金】 年内,完成东城区正义路南延南段、阳平会馆南路、体育馆西路北段、革新南路4条微循环道路立项批复,争取市发展改革委补助资金2.98亿元。累计争取市发展改革委资金11.49亿元,支持区钟鼓楼广场整治、天坛东里北区1-8号搬迁、正义路南延南段等重点项目建设。 (朱江)

【能源审计】 首批能源审计项目即北京饭店、北京第六医院、区人大政协办公楼、史家小学、革新里小学能源审计工作全面启动,通过加大政府引导和支持力度,加强对用能单位能源利用效率诊断评估,挖掘重点用能企业降耗空间和节能潜力。 (金晶)

【低碳合作项目调研】 抓住中瑞合作项目契机开展课题研究。确定低碳物业管理和低碳社区2个重点合作项目。以中国海油大厦为范例,完成低碳物业管理模式调研,形成案例分析报告。多次深入民安社区,针对低碳社区建设开展前期座谈,搭建低碳社区指南框架。 (金晶)

【节能专业服务机构】 按照公开征集、自愿申请、现场答辩、专家评审的选拔环节,根据专家评审组的综合评分排名,从12家候选机构中择优选出前7家,组建东城区节能专业服务机构库,为区提供规划编制、能源审计、节能诊断、电力讲座、能耗估值等专业服务。 (金晶)

【绿色东城行动计划】 针对《绿色东城行动计划(2011—2015年)》,按季度和年度,对全区42个职能部门绿色行动计划落实情况,进行协调督办,以"低碳城区建设"为专题向区委常委会和区政府常务会汇报。 (金晶)

【节能初审】 全年,完成校舍安全系列工程等节能初审项目63个,其中能耗自报量为9390吨标准煤,经专业评估调整,实评量为6370吨标准煤;完成人艺扩建等节能专篇评估项目5个,能耗自报量为10195吨标准煤,经评估,实评量为10165吨标准煤。 (金晶)

【电力迎峰度夏】 根据夏季电力供需形势和特点,召开东城区年度电力迎峰度夏前期工作部署会。对电力迎峰度夏工作提出具体要求:各部门要高度重视,相互配合,全力做好电力迎峰度夏前期各项基础保障工作;结合本区夏季高峰期供需情况,加强与供电部门联系,确保度夏期间电力运行平稳有序;制定迎峰度夏、有序用电的工作保障方案;推进实施"一户一表"改造工作,确保居民安全用电。按照"属地管理区域调控、重点单位保障优先、促进节电移峰"的工作原则和区电力迎峰度夏前期工作部署会的工作要求,编制东城区本年电力"迎峰度夏"运行保障方案。合理安排调控负荷,严格推行四级调控;深入开展节电移峰工作;启动夏季电力应急预案,保障电网安全运行。通过对244个用电单位采取调控措施,调控负荷为7.5万千瓦,确保迎峰度夏工作任务的完成。 (张金生)

【电力安全检查】 年内,区领导徐熙带队,与区安监管理局、东城消防一、二支队等部门,在春节、国庆节前,对北新桥、天坛等处变电设施和电力安全运行进行专项检查。重点检查变电设施安全值守、应急预案以及消防设施配备情况。针对变电站院内杂草、落叶较多等问题,提出整改意见,要求节日期间变电设施安全保障措施要细化,要落实岗位、落实到具体负责人,确保输变电设施安全运行。 (张金生)

【节电移峰活动】 组织节能专家,深入全区开展“进企业、进社区、进公建、进机关、进学校”,开展用电检查和节能服务,“促节电、促移峰”。进企业,到北京同仁堂股份公司等重点工业企业,对电力设备进行能源诊断,挖掘能耗下降空间,引导企业推行节能改造。进公建、进机关,到北京饭店、北京国际饭店、政府机关等地,加强温度控制,评估空调、动力、照明设备的运行效率,提出节能建议。进社区、进学校,到民安社区、东四九条小学等地,开展形式多样节能宣传和电力安全检查,普及节电知识,提高用电高峰期间节能意识。活动中向社区居民和学生分发节电宣传手册300册。 (张金生)

【电力突发事件管理】 编制《东城区电力突发事件应急预案》,规范电力突发事件等级分类,确定不同等级突发公共事件启动程序,明确各相关单位职责。通过整合现有电力突发事件紧急处置资源,建立分工明确、责任到人、优势互补、常备不懈的电力突发公共事件保障体系。采取多项措施确保高考期间电力设施安全平稳运行。前期本着“早动手、早准备、早部署、早落实”工作原则,重点对区内高考考点架空线路的树线矛盾、设备缺陷和沿线走廊情况进行巡查,对存在的隐患提出整改要求。高考期间,按相关要求安排20名专业人员在涉及考点的变电站、开闭站和高考考点电力设施等地值守。安排应急抢修人员在架空线路集中区域现场值班。安排10名专业人员对重点线路开展不间断特巡。(张金生)

【煤炭管理】 北京市天坛煤厂公司、金泰汇通公司通过煤炭经营资格年度年检,取得煤炭经营许可;定期对煤炭进货、销售、储煤量和价格等方面进行监测,并将监测数据上报。 (张金生)

【调整机动车停车场收费标准】 贯彻落实市发改委《关于调整本市非居住区停车场白天收费标准的函》和《关于本市停车收费管理有关问题的通知要求》文件精神,对292家持有《机动车停车场备案证》的非居住区停车场,重新核准收费标准。同时,在政府网站更新停车场地址、经营单位、类型、车位数等相关信息,方便社会查询监督,随着停车场数量变化及时更新停车场相关信息。 (师佳媛)

【行政事业单位收费许可证年审】 开展上年行政事业收费许可证年审工作。全区收费许可证总数511个(正本192个、副本319个),应参加年审192个,实际年审行政事业性收费单位192个,年审率100%。年审合格率100%。上年度因行政区划调整、收费项目变化,新核发收费许可证200个(正本59个、副本数141个),撤销收费许可证29个。 (师佳媛)

【市场价格监测】 为保证市场价格秩序稳定,加强每日市场价格监测。结合市“菜篮子”工程建设,合理调整监测网点,增设多个价格监测定点单位。共监测221品种涉及居民副食品、成品油、液化气、房地产、日用消费品、居民服务价格等,上报监测数据5万个,为政府把握市场及价格动向,提供详实可靠的市场信息。 (师佳媛)

【建立增收入　降价格协调小组】 牵头成立“增收入　降价格”综合调控协调小组,制定工作方案,组织召开“增收入、降价格”综合调控协调会议,将各项任务分解到位,明确职责。建立联系人制度,日报和周报制度,确保“增收入、降价格”政策措施落实到位。 (师佳媛)

【零售终端减免工作】 为保证蔬菜、生肉价格平稳降低,由区发展改革委牵头,区商务委负责制定社区经营菜市场蔬菜、生肉摊位费和超市经营蔬菜、生肉摊位进场费减免办法;结合实际情况,最终确定对26家规范化社区菜市场摊位费和部分区属生活型超市16家门店进场费减免,时间从11月20日至下年1月31日减免2.5个月,涉及金额300万元。 (师佳媛)

【临时展览门票价格调整】 按照《关于旅游参观点临时展览门票价格的规定》,做好地坛公园和龙潭公园春节庙会、地坛公园书市、龙潭公园灯会期间,临时展览门票价格的核定和价格备案工作。 (师佳媛)

【查处价格违法案件】 全年,查处价格违法案件43件,实行经济制裁37.17万元,其中没收非法所得2.65万元,退款18.13万元,罚款16.39万元,上缴财政19.04万元。经济制裁额居于首位的是机动车停车收费案件,经济制裁总金额12.74万元,占经济制裁总金额的34.27%。,案件数居首位的也是机动车停车收费案件,共计20件,占案件总数的46.51%。 (赵克强)

【价格专项检查】 年内,对30个行业进行收费和价格专项监督检查和治理。其中涉及到国家机关单位行政性收费检查,教育、医疗等事业性收费检查,水、电、气、热等重要商品价格检查;房屋中介、机动车停车收费、驾校收费等专项检查。开展以整治、规范市场价格秩序、价格行为为重点的专项检查;加大对重要节假日、重大政治活动、突发事件及市场价格波动时期的价格监控及对群众生活必需品价格的监督检查工作。 (赵克强)

【价格服务进万家】 开展各种形式的价格服务,推进“价格服务进万家”活动,使价格法律法规深入人心。抓好价格政务公开及宣传工作,新世界商场、红桥市场、王府井商业街、崇外商业街以及物美超市,发放“价格欺诈行为,防范与提示”和明码标价有关规定等宣传材料3000份,提高消费者对商业欺诈行为的辨别能力和防范意识。通过活动,健全企业内部价格管理制度。 (赵克强)

【价格举报咨询】 全年,受理价格举报咨询594件,其中价格举报269件(上级部门交办66件、区发改委及其他部门转办41件、受理来电157件、来信2件、来访3件),价格咨询325件,办结590件,办结率99.33%。在办理的举报件中,无问题

31件,无法核实4件,纠正20件,立案查处3件。经济制裁金额2594元,其中罚款2495元,没收违法所得91.30元,退还多收价款7.70元。协调解决90件,退款187元。（赵克强）

【价格鉴定】 全年,接受东城分局涉案财产价格鉴定委托800件,总鉴定金额1295.3万元,办结率100%,差错率、复核率为零。（王有才）

【办理提案议案】 全年,办理人大代表议案、建议和政协委员提案15件,办结率100%,满意率100%。（袁萍）

人力资源·社会保障·机构编制工作

【概况】 东城区人力资源和社会保障局(简称区人力社保局,对外可使用东城区公务员局名称开展工作)。区人力社保局是负责本区人力资源和社会保障工作的区政府工作部门。主要职责贯彻执行国家、北京市关于人力资源和社会保障方面的法律、法规、规章和政策,拟订本区人力资源和社会保障事业发展规划;根据有关法规政策,制定本区工作措施,并组织实施和监督检查。其职能主要包括:人力资源,就业工作;机关、事业单位工作人员工资福利,负责公务员综合管理,机关、事业单位工作人员招考录用、年度考核和行政奖励,事业单位人事制度改革,专业技术人员管理、继续教育和职称评聘工作,高层次专业技术人才选拔、培养,人事人才智力工作的国际交流与合作,军队转业干部,社会保险工作,劳动合同等方面的管理、指导与服务,同时,在本部门职责范围内加强为驻区中央单位、市属单位、驻区部队和区域内企事业单位的服务。东城区机构编制委员会办公室(简称区编办)。区编办是东城区机构编制委员会(简称区编委)的常设办事机构,在区编委的领导下负责本区行政管理体制和机构改革以及机构编制日常管理工作,既是区委的工作机构,同时也是区政府的工作机构,列入区委序列,与区人力资源和社会保障局合署办公。其职能主要包括:贯彻落实中央和北京市有关机构编制管理的法规、规章和政策,起草本区机构编制管理的规定和办法,管理本区的机构编制工作。拟订本区行政管理体制和机构改革的总体方案,协调区委、区政府各部门的职能配置及调整工作,协调区委、区政府各部门与街道之间的职责分工,审核报批区委、区人大、区政府等机关的机构设置,核定处级机关的内设机构,管理本区行政编制总额,拟订本区事业单位管理体制和机构改革方案,核定本区机关及事业单位处、科级领导职数,审核相当处级事业单位的职能配置、机构设置和人员编制,负责本区事业单位法人的登记管理工作和业务指导,负责相关方面的执法检查,机构编制系统组织的业务培训工作,区属议事协调机构和临时机构的审核、批复和备案等。区人力社保局(编办)设28个内设机构(其中区人力社保局25个,区编办3个),17个事业单位。实有在职干部544人,其中局机关168人,事业单位376人。

年内,人力社保工作覆盖205个社区、2.5万余家企业。社会保险参保人数120万,社保基金数额往来242.80亿元。就业援助、社会保障、劳动关系协调、人才队伍建设、公务员管理、收入分配制度改革、人事制度改革、机构编制工作和自身队伍建设等工作取得进展。

单位地址:东城区什锦花园胡同26号(中心区)
联系电话:64077128　邮政编码:100007（李响）

【就业援助】 1月11日,举办就业援助进家入户,帮扶送岗解决困难——年度区就业援助月主题宣传启动会。26家单位提供岗位864个,350余名失业人员参加,110余人达成就业意向,发放宣传材料560余份。此次活动,是对区内家庭贫困的未就业高校毕业生和登记失业1年以上人员、零就业家庭人员、低保就业困难人员、残疾登记失业人员、残疾人高校毕业生、家庭贫困和1户多残家庭中残疾人进行就业援助的活动,采取组织专业人员走家入户,“送岗位、送政策、送指导、送技能、送温暖”等形式,保证就业困难人员实现就业,零就业家庭人员就业稳定,残疾失业人员优惠政策落实到位。年内,开发社区就业岗位2.76万个,安置失业人员1.89万人,登记失业人员就业1.70万人,就业率72.15%,城镇登记失业率为0.95%,零就业家庭保持动态为零。（李响）

【职业介绍服务】 1月,联合区残联、民政局走访就业困难人员家庭534户,登记困难人员574人,组织招聘会24场,帮助312名就业困难人员实现就业。1月至9月,联合密云河南寨镇、平谷区、房山区城关街道等地举办“城乡手拉手”活动,组织企业近百家,提供空岗信息3200个,达成意向680人次。2月至4月,举办“促进有序流动,帮您成功就业”为主题的“春风行动”,在北京站和10个街道社保所设立“来京务工人员信息监测”工作服务站,安排值班220人次,服务宣传9万人次,发放资料2万份,促成外来务工人员2000余人次实现就业。2月至5月,配合全市做好首都钢铁总公司停产职工岗位推荐工作,共发送信息15次,提供35家企业近3000条信息,同时赴石景山开办专场招聘会3场。5月,举办“民企招聘周”活动,举办6场招聘会和4堂指导课,组织310家企业提供就业岗位信息10754条,签订就业意向人数652人次。7月,举办拥军专场招聘会,武警中队、驻军部队军嫂43人参加,达成意向22人。大学生就业服务月期间,举办12场专场招聘会,其中专场招聘会5场,深入街道综合招聘会7场,组织用人单位107家,提供就业岗位信息2100余条,发放宣传材料5600余份,750名高校毕业生进行求职登记,380人初步达成意向。全年,提供低碳、环保和文化创意等诸领域绿色就业岗位2079个,其中直接性绿色就业岗位1078个,间接性绿色岗位1001个。从事绿色就业岗位302人,其中从事直接性绿色就业岗位128人,间接性绿色岗位184人。（李响）

【高层次人才队伍建设】 1月,与区委组织部、区名人协会在区文化馆多功能厅举办"东城区慰问高级专家及高技能人才相声专场演出"。开展高级专家选拔推荐工作,组织专业技术人才参加北京市享受政府特殊津贴人选的选拔推荐,1名中学教师获上年享受国务院政府特殊津贴。组织开展优秀人才培养资助工作,经有关部门推荐、专家评审和征求领导小组成员意见,教育、卫生、文化、体育等系统的学术技术带头人,驻区高新技术企业、区属企业中高层次专业技术人员和高技能人员,共计22项个人项目、4个集体项目获得审批资助。整合完善原两区高级专家数据库,高层次专业技术人才信息,为政府决策提供服务。（李响）

【街道内设机构设置】 3月10日,以区委、区政府名义正式制定并印发《东城区街道内设机构设置方案》。3月24日,区委组织部召开街道内设机构设置工作部署会,对《东城区街道内设机构设置方案》落实工作,进行具体布置和说明。（李响）

【党政群机关机构调整设置】 3月15日,《北京市东城区党政机构调整设置方案》经市委、市政府批准正式印发,同时,市编委关于区人大、区政协内设机构、政府派出机构和执法机构、群众机关、民主党派机关机构调整设置的通知也正式印发。根据市委、市政府和市编委文件,区编办起草《关于东城区党政机构设置的通知》,以区委、区政府的名义印发;以区编委文件形式转发市编委关于区人大、区政协内设机构、政府派出机构和执法机构、群众机关、民主党派机关机构调整设置通知;新组建的农工党、致公党、九三学社、台盟4个民主党派东城区委员会,经市编办批准,7月4日印发成立通知。（李响）

【教育培训】 3月28日至4月15日,举办区第二期公务员科级任职培训班,29家单位的50名科级干部参加培训。4月9日,举办年度军队转业干部岗前培训班,46名军转干部参加培训。7月11日,区科级领导干部创新能力专题研修班开班,为期一周,参加培训81人。公务员初任培训班,新录用公务员171名参加培训。10月17日,公务员科级任职培训班,21个单位的38名新任职科级公务员参加培训。11月7日,事业单位新招聘人员初任培训班,区属27家事业单位74名新招聘人员参加培训。（李响）

【离退休人员津补贴】 3月,制定区划调整后的绩效管理奖金和年终一次性奖金发放办法,对当年退休、调人调出等特殊情况的发放办法作出详细规定,在职人员调整津补贴的同时,退休人员也相应调整退休补贴标准。全年退休人员共增加退休补贴2次。1月,完成机关、事业单位离退休人员,按退休时职务和年龄增加离退休补贴工作;12月,完成事业单位按职务增加补贴工作。涉及机关事业单位离退休人员3.20万余人。（李响）

【公务员年度考核】 4月,完成上年度区公务员考核奖励备案工作。参加考核6731人,其中处级及以上人员943人,科级及以下人员5788人;未参加考核人员14人(按规定,病事假累计超过半年以上的人员不参加本年度考核)。科级及以下评定优秀等次1121人,称职等次4386人,不称职1人,未定等次280人。获三等功180人,获嘉奖1127人。按照市委组织部、市人力社保局要求,奖金标准固定,具体为:嘉奖人员800元;记三等功人员1500元。（李响）

【民办职业技能培训学校管理】 5月和11月,先后组织33家民办培训学校进行北京市人力资源市场信息系统职业技能培训子系统使用培训,讲授数字证书办理、使用、维护及系统操作方法。开展民办培训学校校长培训。11月底,组织30家民办培训学校校长学习社会力量办学相关政策及职业技能鉴定工作流程,开展"加强职业道德建设,弘扬北京精神"专题研讨及"促进与服务就业、为区域发展做贡献"主题交流,参观顺义职业培训基地,交流教学管理经验、办学模式,学习顺义区以职业培训引领就业工作的成功经验。全年完成56所民办培训学校许可证换发工作。通过验收小组审核换发申请材料、实地验收学校办学情况、在系统中录入民办校基础信息,为民办学校颁发办学许可证,学校名称中原崇文区变更为东城区,办学许可证重新编号。开展2期"职业技能培训子系统使用培训"。（李响）

【就业服务】 10月21日,在东直门清水苑社区召开网格化管理服务工作推进会。将网格助理员的工作内容、标准、流程等以文件形式下发到各街道、社区,落实到网络中,以网络形式将社区工作站人力资源和社会保障工作固定下来。全区17个街道社保所、200个社区搭建589个公共就业服务网格,通过网格化实现就业的达到83%。（李响）

【家政服务】 成立发展家政服务业工作领导小组,下设办公室(设在区人力资源和社会保障局)。根据家政服务业发展实际,形成联动机制,依法加强对家政服务企业的指导和监管。全国最大家政服务企业杭州三替服务集团北京分公司,作为人力社保部在北京的唯一试点于10月14日入驻区,提供家政服务就业岗位120个,帮助500余家庭解决实际困难,培育各类型家庭服务机构300余家,其中家政服务法人企业50家,家政服务机构管理人员1000余人,在岗家政服务员约2.50万人(含实行员工式管理的职工2000余人)。（李响）

【社会保险服务】 出台《东城区优抚对象医疗保障暂行办法》,对优抚参保人员纳入基本医疗保险报销范围269人的医疗费用给予补助,共计97万元(人均2940.47元)。对2178家单位23万余名退休人员养老待遇进行调整,人均普涨208.95元,调整后月平均退休金水平为2216.11元。为24.19万名离、退休人员办理资格认证,对未认证的3748人停发待遇,共追(退)回多领养老金211.60万元。社保经办机构实现五险收缴"一窗式"办理,设立社保经办"大户室",实行网上预约服务,推行社保业务网上申报工作,开通网上申报单位1.36万户,完成率83.5%,超过市中心下达的50%指标。（李响）

【创业孵化园】 在区"崇外都市馨园创业孵化园"注册企业达212家,注册资本总额2.85亿元,1-9月上缴税款170万元。注册企业中,失业人员、复员转业军人、毕业大学生自主创业共93家。帮助2950人实现自主创业,就业5650人。（李响）

【创业者组织】 创业者俱乐部已有会员1387人,会员企业436家、街道分部7个、俱乐部成为创业者信息咨询、资源交流、互通有无的平台,在完善创业帮扶及后续服务,提高创业成功率方面,起到创业带动就业倍增效应。（李响）

【职业技能培训】 将职业培训工作纳入区社会保障和就业工作领导小组统筹协调,明确区发改委、区财政局、区国资委等10家成员单位在职业培训工作中的职责。建立职业培训社会监督机制,确保有培训愿望的失业人员100%参加培训。共培训城镇失业人员4926人,其中,职业技能培训4430人,培训合格率99.3%;创业培训496人,培训合格率99.6%。培训外来农民工406人,培训合格率93.1%。制定实施《东城区职业培训补贴资金管理实施细则》,严格资金审批程序,引入第三方审计,共拨付职业培训补贴资金156.06万元。落实"京十条"精神全面推行企业职工培训,启动"百名技师激励计划"、"首席技师工作室项目"。还组织开展职业技能竞赛,203家企事业单位1267人参加了比赛,279人取得职业资格等级证书,选拔高技能人才61人,其中技师14人。（李响）

【劳动鉴定】 通过医疗机构解决缠访、疑难案件。加大医疗专家培训力度,举办3期培训、交流会,举办眼科、骨科业务培训,聘请有经验医疗专家介绍鉴定工作。建立专家会审制度,聘请5名不同科别、医疗水平高且熟悉劳动能力鉴定业务的高级专家,实行疑难案件会审制度。全年为932人进行劳动鉴定,其中因病劳动鉴定197人,达到完全丧失劳动能力166人,工伤鉴定735人。其中达到伤残等级500人,致残率66.2%,配置辅助器具25人,延长停工留薪期30人,工伤直接导致其他疾病17人。（李响）

【职业技能鉴定】 组织全国统一鉴定考试2次,现场资格审核报名1.38万人,涉及企业人力资源管理师、企业培训师、心理咨询师、理财规划师等13个职业,参加考试人数1.39万人、组织考场479个。组织开展市级鉴定123批,246场次,鉴定合格率83%,委派督导263人次。完成鉴定总人数2.75万人,其中初级3151人,中级8126人,高级1956人。（李响）

【人力资源市场】 全年区各公共就业服务机构举办各类型招聘洽谈会184场,共有3698家单位进入人力资源市场招聘,累计提供就业岗位15.76万个,同比减少6365个,降幅为3.88%。2.22万名求职者进入市场进行求职登记,同比减少2245人,降幅为9.17%。与上年同期相比,区人力资源市场供需总量同比增减幅度均在10%以内,基本保持平稳态势。同期,区内各公共就业服务机构对进入人力资源市场登记求职者推荐4.84万人次,推荐率达217.78%;2.45万人通过市场实现就业,同比减少6467人,降幅为20.89%;推荐成功率为50.6%,其中失业人员9084人,约占总量的37.09%,同比减少2016人,降幅为18.16%;"4050"人员3886人,约占总量的15.87%。区人力资源市场总供给量为2.22万人,总需求量为15.76万人,求人倍率为7.09,市场结构向性矛盾依然突出。（李响）

【社会保险基金】 推进社会保障由"制度覆盖"向"人群覆盖"转变。社会保险累计征缴123.23亿元,同比增长28.64%;累计支付119.58亿元,同比增长38.90%,收支大体平衡,略有节余。各项社会保险收缴率98%。（李响）

【养老保险补缴与退休审批】 做好养老保险补缴资格审核工作,建立由养老保险、社保稽核、劳动监察、基金监督等部门组成的联动机制,规范养老保险补缴流程,严格审批程序,审批养老保险补缴资格825个单位2089人。做好退休审核工作,核准退休并已按月领取养老待遇1.01万人,同比增长14.23%,其中办理特殊工种提前退休2221人、占总数21.9%。（李响）

【公费医疗改革】 举办专场培训会,培训机关事业单位医疗专管员,讲解医保政策。妥善解决环卫服务一中心、二中心参加公费医疗改革问题,对116家单位的426名合同制工人身份进行核对,细致审档梳理,清理临时工11人。1月1日起,东城区原公费医疗人员全部纳入基本医疗保险,涉及人员5.96万人,其中在职3.23万人,退休2.72万人,分别占总人数的54.25%和45.75%。（李响）

【医保费用控制】 制定《关于加强医疗保险费用管理工作的实施方案》《东城区医师约谈制度》《东城区医疗保险重点工作情况通报制度》《东城区定点医疗机构医保服务医师制管理办法(试行)》《东城区医疗保险违规行为查处办法》等制度,为抑制医疗费用过快增长、杜绝不合理支出提供政策支持和管理依据。将制度落实与具体业务环节相互对应、衔接,形成医疗保险费用管理工作费用监督稽查机制、费用增长预警机制、医师诊疗约束机制、违规行为曝光机制、医疗机构培训机制,约谈医保主任10人次,医师11人次,调离岗位7人,暂停医保处方权8人。与区卫生局共同成立医疗保险费用管理领导小组,组织定点医疗机构工作会12场。针对不同级别定点医疗机构,因地制宜、分级管理。下发《预警通知书》26份,延缓支付医疗费用超总量控制指标的定点医疗机构6家,延缓支付347.54万元。（李响）

【工伤认定】 简化工伤申请、受理、认定程序，初审前移，及时调查取证，采取“先调解，再调查”方式，引导单位协助受伤职工办理申请手续，从而缩短工伤认定时限。受理工伤认定申请1405件，进行工伤认定1316件。开辟农民工工伤认定绿色通道，使受伤的农民工能够在第一时间享受到工伤保险待遇。送往工伤康复医院进行康复治疗的工伤职工58人，完成任务指标的171%。 (李响)

【劳动关系协调】 开展农民工劳动合同签订“春暖行动”现场政策咨询活动，印制劳动合同宣传材料3万份，举办各类现场政策咨询活动50余场次，参加各项政策咨询活动人数共计1.76万人次。年初制定下发《东城区全面推行小企业劳动合同制度实施专项行动计划实施方案》，在全区1099户30人以下小企业开展劳动管理情况调查，涉及职工1.38万人，劳动合同签订率92.24%。不断扩大集体合同制度覆盖面。完善特殊工时制度行政许可程序，复核率不低于30%。区抽检劳动合同监控企业2127家。被抽检的企业中，劳动合同签订人数共计8.92万人，劳动合同签订率92.61%，劳动合同续订率93.30%。 (李响)

【劳动监察】 全年处理因劳资纠纷引发的群体性突发事件16件，涉及劳动者640人，责令用人单位支付工资438.6万元。实施“两网化”建设，在原有城市管理网格基础上，建立“东城区人力资源和社会保障网格化管理服务平台”，形成以区劳动监察部门为指挥核心、街道劳动监察部门为基础、社区服务站为工作平台、318名劳动保障协管员和589名社区网格助理员为依托的全覆盖劳动监察管理体系。开展“春节”前农民工工资支付、节假日加班工资支付、人力资源市场秩序等10次专项执法检查活动，累计检查用人单位1846户次，涉及劳动者6.01万人。书面审查用人单位892户，涉及劳动者1.78万余人。开展“劳动用工规范一条街”工作，每个街道选择1个重点街、区，并做好已经纳入规范街、区劳动用工管理情况的“回头看”检查工作，规范一条街已经达到88条，涉及单位3711个，职工5.13万人。受理举报投诉案件767件，时效内结案率达100%。 (李响)

【调解仲裁】 强化区总工会、区人力社保局、区司法局、区法院、区信访办五方联动机制作用，落实全区劳动争议前置预防和前置调解工作，实现将争议化解在企业、化解在基层、化解在萌芽状态。对人数众多、社会影响力较广、矛盾隐患较大案件，及时通报情况，努力达成共识，避免矛盾升级和扩大。健全疑难案件研讨、法院联席会、案件旁听观摩制度，提高劳动人事争议仲裁员庭审驾驭、沟通协调等能力。受理劳动人事争议仲裁案件3699件，同比下降12.6%（集体案件141件，同比减少15.57%）；审结3354件，结案率90.7%；调解方式结案1803件，调解率53.8%。 (李响)

【劳动者权益维护】 改造接访大厅，优化办理程序，信访咨询接待、劳动监察、社保稽核受理举报投诉职能“前台”性工作纳入一站式服务。创建“三位一体”接访工作模式，与区信访办和区法院等部门多次沟通，妥善解决建工大地公司拖欠职工工资和社会保险问题，补缴社会保险650余万元，为260人发放生活费及社会保险自行还欠费用780余万元。重大节假日期间，召开11次矛盾排查会，发现隐患，及时汇报，及时研讨处理。未发生重大群体越级访，共接待来信来访1.27万件，比上年同期下降11.61%；来访1.22万件，比上年同期下降13.76%。 (李响)

【公务员考试】 按照市局“一次考试，两次调剂”工作要求，招考工作优先满足人员缺口大、工作任务重的单位，全年累计招考公务员292人（含法检系统26人），招考人数居各区县之首。 (李响)

【科级职位竞聘上岗】 印发《东城区党政群机关科级领导职务竞争上岗工作实施办法（试行）》和《东城区科级非领导职务任职工作程序》。科级领导干部选拔100%采用竞争上方式，执行中严格监督，并全程监督指导面试环节，共有130名干部通过竞争上岗走上科级领导岗位。规范科级非领导职务晋升程序，共晋升科级非领导人数300余人。 (李响)

【公务员转任实行两科联审】 为各单位人事部门印发政策汇编及工作程序等文件，公务员转任工作实行两科联审的制度，确保公务员调任、转任工作的手续完备，促进工作的完善，完成调任11人，转任160余人。 (李响)

【事业单位考核】 2月，完成区属事业单位年度考核工作，参加考核人员共计2.48万人，考核优秀等次3624人，优秀比例14.62%；合格等次2.09万人，合格比例占84.32%；基本合格等次21人；不合格等次12人；未定等次229人。 (李响)

【人事信息系统管理】 完成原东城与原崇文两库整合工作，并全面推行网上核职工作，在工作中及时汇总问题并向市人力社保局提供针对核职模块的众多建议，促进系统的完善。 (李响)

【技术职务备案】 完成区属教育、卫生等系统专业技术人员审批备案1676人。其中教育系统备案副高级238人、中级378人、助理级386人、员级6人；卫生系统备案正高级14人、副高级34人、中级193人、助理级229人、员级126人；其他专业序列备案副高级10人、中级32人、初级30人。 (李响)

【人事人才考试】 完成市考试中心下达的17个人事考试项目、40个科目（场次）考试任务，安排考点158个，考场3001个，使用监考员6000人次，考务工作人员790人次，为19.3万人次提供考试服务，无考生投诉、无试卷丢失、无泄密事件发生。 (李响)

【工资管理】 加强精细化管理，统一审批程序，设计电子版工资变动模板，确保工资核定的准确性。实行工资分类管理，根据实际情况，对级别工资、工作津贴变动等逐一审批，对级别工资档次、薪级工资变动等进行备案。加强工资业务指导,对各单位反映的难点疑点问题专题研究。共计审批备案全区机关事业单位工作人员正常晋升工资10918人次,其中,机关晋升级别工资3233人,晋升级别工资档次、岗位工资495人,变动工作津贴2274人;事业单位晋升薪级工资4916人,审批调入、职务变动、新录用人员工资1450余人次。 (李响)

【事业单位绩效工资】 推进其他事业单位实施绩效工资工作,细致研究各单位上报数据,详细了解工资发放项目及经费来源情况。10月,为300余家事业单位下发总额核定单,12月,落实托底线,年人均绩效工资低于4.8万元的事业单位统一增加至4.8万元。完善义务教育学校实施绩效工资工作,加强政策执行力度,研究特殊问题,逐步完善配套政策。12月,对义务教育学校月人均核增300元绩效工资,解决加值班费问题。落实公共卫生与基层医疗事业单位实施绩效工资工作。12月,公共卫生与基层医疗事业单位月人均核增300元绩效工资。 (李响)

【军转安置管理】 军转安置计划160人,实际接收档案122份。为378名自主择业军转干部发放年度冬季取暖费共计72.21万元。落实企业军转干部解困政策,为13名生活困难的企业军转干部办理社会保险补助审核,申领社会保险补助12.19万元,平均每人每月申领社会保险补助781.51元。办理家属随军手续35人,其中干部身份24人,工人身份11人。 (李响)

【机构调整设置】 下半年,党政群机关机构调整设置工作完成后,工作重心转入各部门"三定"工作。区编办研究起草《东城区区属机关"三定"工作方案》,报经区编委会审议同意后组织实施。9月6日,组织召开区属机关"三定"工作动员部署大会。会议由区委常委、常务副区长徐熙主持,区委常委、区委组织部部长吴松元部署《东城区区属机关"三定"工作实施方案》,市编办副主任刘国玲对"三定"工作给予指导,区委副书记、区长牛青山出席会议并讲话。9月16日,组织召开区属机关"三定"工作培训会,会议对"三定"工作实施方案、"三定"规定模板进行讲解和说明,并结合具体工作实际进行答疑。 (李响)

【事业单位法人年检】 全年办理事业单位法人年检579家,并派专人上门服务、现场办公,为区教委158家事业单位办理年检手续;办理设立登记11家,变更登记214家,注销登记18家,遗失补领登记2家,出具法人登记查询证明12份。 (李响)

统　计

【概况】 东城区统计局、东城区经济社会调查队(以下简称"东城局队"),是负责东城区统计调查和国民经济核算工作的职能部门。主要职责负责搜集、整理、汇总、公布全区基本统计资料,提供统计服务,进行统计分析、预测和监督,完成区域内重大国情国力普查任务,组织实施区域内经济社会专项统计调查,进行统计分析及数据质量检查和评估工作,宣传贯彻统计法律法规,检查和监督统计法律法规执行情况,查处统计违法行为,负责统计业务培训和指导区域内各级统计机构和人员进行统计工作。东城局队有19个内设机构、17个街道统计所,实有在职干部178人,其中局队机关125人,统计所53人。

年内,东城局队获第二次全国R&D资源清查领导小组办公室授予的"第二次全国R&D资源清查先进集体"称号,获国家统计局授予的"2006—2010年全国统计法制宣传教育先进单位"称号,获北京市第六次全国人口普查领导小组办公室、北京市人力资源和社会保障局、北京市统计局、国家统计局北京调查总队授予的北京市第六次全国人口普查先进集体称号,获东城区政府授予的年度东城区经济社会发展突出贡献单位称号,获首都精神文明建设委员会授予的首都文明单位标兵称号,获北京市统计局、国家统计局北京调查总队授予的年度北京市政府统计局系统专项调查工作先进单位荣誉称号和网络信息优胜奖,获中国统计出版社授予的年度《中国统计》发行先进单位称号,获中国信息报社授予的上年至本年度中国信息报统计宣传工作先进单位称号,获数据杂志社授予的年度数据杂志社通联工作先进单位称号。

单位地址:东城区金宝街52号
联系电话:65265552　邮政编码:100005 (罗虎)

【居民家庭用水情况调查】 1月,完成城镇居民家庭用水情况调查。调查涉及16个街道,39个社区,270户居民家庭。 (罗虎)

【调研同仁堂股份有限公司】 3月9日,市统计局副局长王军一行到北京同仁堂股份有限公司调研,与公司相关负责人围绕中医药产业标准界定、企业经营状况、市场预期等问题进行交流,参观同仁堂亦庄基地生产线、检测中心和展厅,了解企业生产线工程流程、质量控制措施、产量产值、生产效率、市场销售等各方面情况。 (罗虎)

【中医药产业统计分类标准研究】 年初,东城局队启动实施中医药产业统计分类标准研究工作,于7月末形成一系列研究成果,其中区中医药产业统计分类标准研究的工作报告,对中医药行业统计工作有主要指导作用,8月,开展城镇住户粮油消费调查工作。 (罗虎)

【开展多项统计调查】 4月,开展区组织工作满意度民意调查。调查共涉及区属106家党政机关和企事业单位,调查样本总计1604人。5月,完成非公有制企业人才资源状况抽样调查工作;完成辖区内中央和地方所属40余家会展举办单位和会展场馆专项调查工作,通过严把数据填报、数据审核和数据上报三道关,保证调查数据质量。6月,完成城镇居民食品安全民意调查工作;结合区实际,通过有效实施调查核实、流程跟踪和多重审核机制,完成影视动画和网络游戏调查;完成对全区商务楼宇基本情况调查。 (罗虎)

【文明城区复查迎检调查】 5月至8月,东城局队开展东城区文明城区测评民意调查、区未成年人思想道德建设工作测评调查,其中区文明城区测评民意调查共涉及样本700个,区未成年人思想道德建设工作测评调查共涉及样本210个。 (罗虎)

【城镇居民食品安全民意调查】 6月,针对食品安全状况备受各界关注的现状,为了解居民对食品安全问题的看法和评价,为相关管理部门决策提供参考依据,按照市局总队的部署要求,东城局队开展了北京市城镇居民食品安全民意调查工作,通过把握培训、督导、审核三环节,确保高质量完成调查任务。 (罗虎)

【新入职人员培训】 6月,东城局队以加强统计能力建设为重点,以"奉献青春、忠诚统计"为主题开展了新入职人员培训。通过组织新入职人员参观国家统计局统计资料馆,举办专题报告会,开展青年论坛等系列活动,提高青年干部的统计职业道德和核心业务能力。 (罗虎)

【群众安全感调查】 6月,东城局队在东城区17个街道的75个社区和王府井、北京站2个地区进行群众安全感问卷调查。区划调整后首次在全区17个街道范围内统一开展的调查,共抽取调查样本1630户,其中居民1500户,商户130户。 (罗虎)

【共产党员献爱心捐款活动】 7月,开展共产党员献爱心活动,募集捐款资金7530元,共产党员、积极分子124人参加捐款活动,其中1名退休党员一次性捐款3000元。对捐赠金额和参与捐赠的党员、群众进行公示。 (罗虎)

【编制统计指标数据处理规范】 7月,东城局队编制《东城局队主要统计指标数据处理规范》,对主要统计指标数据处理规范进行梳理,着力规范数据处理相关内容,保证统计数据质量。 (罗虎)

【编印年度统计报告】 7月,东城局队编印完成《年度东城区经济发展统计报告》。该报告汇集12篇统计分析报告,从全区经济运行情况、固定资产投资、消费品市场、居民收支、产业结构、就业形势和工资水平等方面反映年度区域经济、主要指标以及重点产业的发展状况,反映区经济运行情况和特点,为领导和相关部门了解情况、进行决策提供依据和参考。 (罗虎)

【编印主要统计指标简介】 7月,东城局队编印《东城区主要统计指标简介》。简介涉及地区生产总值、社会消费品零售额、固定资产投资、城镇居民可支配收入、在岗职工平均工资等10类指标,并对指标进行全面解读。 (罗虎)

【统计从业资格考试】 9月18日,全国统计从业资格考试东城考区开考。东城考区安排4个考点,报考人数2211人,占全市总报考人数的9.8%。其中报名参加《统计基础知识与统计实务》考试1328名,实考人数905人,参考率68.1%;报名参加《统计法基础知识》考试2147名,实考人数1605人,参考率74.8%。 (罗虎)

【新版统计信息网上线运行】 10月下旬,新版东城统计信息网正式上线运行。新版东城统计信息网在版面设计、栏目架构、信息质量和网站互动性等方面都有提升,使网站成为面向社会发布统计信息、解读统计数据以及普及统计知识的平台和窗口。 (罗虎)

【媒体领导调研统计工作】 11月24日,中国信息报社副总编辑彭嘉陵一行到东城局队调研基层统计工作。在乐天马特超市崇文门店,实地观看采价员手持采价器,采取代表规格品价格,并了解数据上报、规格品选择、价格折算等相关细节;在王府井百货集团,了解企业在统计机构设置、统计工作开展、以及统计成果应用等方面的情况。 (罗虎)

【新版OA系统上线运行】 12月上旬,东城局队新版OA系统正式上线试运行。该系统信息共享功能有效整合各类资源,建立12个一级栏目、39个二级栏目,实现局队机关和街道统计所之间信息共享。OA系统通过流程运转功能实现审批流程化、无纸化、规范化,建立收文、发文、审核等覆盖各业务网上审批流程。 (罗虎)

【人口抽样调查】 东城局队组织开展年度人口抽样调查工作,完成全区15个街道,31个调查社区,62个调查小区的人口抽样调查任务。全区人口迁移流动、区域分布和规模结构变化情况,为实现"国际化、现代化新东城"建设目标,解决人口资源环境矛盾提供决策依据。其间,国家统计局人口和就业司司长冯乃林、北京市统计局巡视员顾兖州参加东四奥林匹克公园举办的以"诚信开展人口调查　利国利民和谐发展"为主题宣传日活动。《北京日报》《北京晚报》、北京电视台、北京人民广播电台记者参加活动。 (罗虎)

【人口普查数据发布与资料开发】　东城局队发布《东城区年度第六次全国人口普查数据公报》,编印《东城区第六次全国人口普查资料汇编》,对外提供数据4275笔,并开发普查数据资料,完成人口发展趋势和预测,人户分离现状、特征及对策,外来人口流动、分布、就业现状分析等6项重点课题和11个一般性课题。　(罗虎)

【低碳产业统计分类标准研究】　东城局队低碳产业统计分类标准研究取得成果,形成《北京市低碳产业统计分类标准研究》报告。通过到联飞翔有限公司等低碳环保企业调研,与区产促局、北京大学某单位进行共同研究,市统计局能源处、服务业处形成东城区低碳服务业统计分类标准。填补低碳产业在统计分类标准上的空白,推动统计方法理论研究和统计工作发展。　(罗虎)

【常规统计监测】　通过对主要经济和社会指标定期监测,定期发布工业、投资、商业、能源、旅游、住宿、人口、居民生活、物价水平等方面的统计指标和数据,客观、详实的反映东城区经济社会发展运行情况,为政府决策与社会管理提供依据和参考。　(罗虎)

【统计年报工作】　年末,组织相关人员到朝阳区建国门外统计所及门头沟局队就年报工作进行学习交流,安排统计所和调查单位的年报工作,规范基层业务,召开数据质量评估会,自主研发在线实时审核系统,强化数据质量过程控制,完善年定报相关规章制度,强化责任,加强督导检查,完善考核机制,确保年报工作顺利开展。在全市统计年报评比中,东城局队全市排名第三。　(罗虎)

【统计执法】　以"提高法制工作水平,树立东城统计执法新形象"为目标,加大统计执法力度,全年共对587家单位进行执法检查,超额完成全市下达的360家执法任务。　(罗虎)

【法制主题学习实践活动】　举办"提高统计依法行政能力"法制主题学习实践活动,开展旁听法庭审判,各类统计业务讲座等活动,提高局队干部统计依法行政能力。　(罗虎)

【统计普法活动】　开展"个十百千"统计普法活动。创建"一个"以"普及统计知识、服务大众"为主题的统计普法流动宣传站,于7月至12月轮流在全区17个街道办事处大厅进行巡回展示。局队普法小分队深入到辖区统计调查单位集中的中粮、中煤、宝景等"十个"大型商务楼宇,以座谈、讲座、送法等形式开展有针对性现场普法,并听取调查单位对统计工作的意见和建议,组织辖区统计执法中存在问题的"百家"单位负责人和统计人员开展普法专题培训,进一步规范了调查对象的统计行为。组织专人编印年度依法统计读本,发放7000册。读本涵盖统计"六五"普法主要内容、常用统计知识、统计执法案例以及加强统计基础工作等方面须知,为调查单位依法开展统计工作提供帮助。　(罗虎)

产业和投资促进

【概况】　东城区投资和产业促进局(简称产促局)和东城区金融服务办公室(副处级,简称区金融办),2009年设立。产业投资促进局是负责本区产业和投资促进工作的政府工作部门,设办公室、产业发展科、投资促进科、中小企业发展科,编制22人,实有18人;金融服务办是负责本区金融产业发展相关工作的区政府部门,内设金融发展科和金融服务科,编制9人,现有5人。

单位地址:东城区金宝街52号621-1室

联系电话:65259078　邮政编码:100005　(张宜)

【企业减负工作调研】　8月25日,市企业减负工作办公室会同市工商局、市质监局、市审计局、市纠风办一行6人到区调研中小企业减负工作。区产促局会同区工商联、私个协组织12家不同行业、较具代表性的中小企业参加调研。调研采取座谈和企业问卷调查相结合的方法,主要涉及企业是否存在乱收费、加重企业负担及相关惠企政策落实情况等问题。区产促局介绍区企业减负工作和惠企政策落实情况,市减负办对区企业减负工作给予肯定。　(张宜)

【产业政策宣传】　9月8日,在东城图书馆召开东城区新兴产业政策宣传大会,200家企业和区内相关单位、各街道办事处有关负责人参加会议。会议介绍区产业发展导向、新兴产业政策要点及兑现程序,并现场答疑。对符合条件企业采取补贴、贴息、资助、匹配等多种方式给予资金扶持。区产促局组织相关单位和各街道办事处,通过电话、传真、网站等方式,向全区1400家企业宣传新兴产业政策及政策兑现流程。　(张宜)

【投资促进活动】　组织策划并参与王府井品牌节品牌和项目推介洽谈会签约仪式暨闭幕式,第十四届京港洽谈会东城专场活动,第二届、第三届投资北京洽谈会等大型投资促进活动等5次。宣传区资源优势、产业发展定位方向及相关优惠政策等,树立东城品牌形象、提升各界对东城关注度,促进企业到东城投资发展。　(张宜)

【绿色金融建设】　与东二环建管办合作,完成《东二环新兴产业金融功能区及绿色金融中心》专项规划制定工作，落实专项规划各项内容，加强绿色金融对新兴产业的金融支持力度。加强绿色低碳企业引进工作，成功引进法国BV检验检测集团、英利储能公司、盛世博扬能源服务公司等6家低碳服务企业。以北京绿色金融协会落地东城为契机，加强低碳产业项目、投资机构、咨询中介机构、标准制定机构、碳交易市场买家、银行、保险等机构聚集。在“关于鼓励银行业金融机构在东城区对绿色企业加强金融服务的意见”等政策支持下，民生银行东单支行成为北京地区首家绿色企业金融服务中心，该中心对10余家涉及文化艺术、大气污染治理、土壤修复、水处理、清洁能源、环保产品制造等绿色、低碳企业发放支持贷款，授信额度20亿元，实际发放贷款10亿元。

（张宜）

【金融服务民生】 11月17日，落实《中共北京市委市政府关于促进首都金融业发展的意见》《北京市社区基本公共服务指导目录（试行）》等文件精神，使社区居民就近享受到多项便民缴费服务，区金融办和区社会办联合开展“三通”便民缴费终端机布放工作，“一卡通、一网通、一费通”。“三通”便民缴费工程由市金融局和市社会办牵头，组织相关部门成立工作机构，督促安装工作于年末检查验收。北京银联商务有限公司负责“三通”平台的运营维护及业务与渠道接入，北京市小帮手服务中心是社区便民自助缴费终端安装的实施单位。区17个街道安装“小帮手”便民缴费终端机205台，实现每个社区都能享受到“三通”工程的金融生活便利。

（张宜）

【金融安全宣传】 12月5日，金融安全知识进社区宣传活动在景山街道魏家社区开展。区金融办、区行政服务中心主办，景山街道魏家社区、工商银行王府井支行等单位协办。通过多种形式将金融安全知识大众化、普及化，增强社区居民的风险防范意识与风险识别能力。活动现场发放金融安全知识宣传材料200册，讲解如何防金融诈骗、识别假币、购买理财产品等知识，受到社区居民欢迎。（张宜）

工商行政管理

【概况】 北京市工商行政管理局东城分局（简称东城工商分局），有干部职工540人，平均年龄46岁，其中，公务员编制452人、事业编73人、工人15人。东城工商分局设部门41个，其中，机关科室21个、工商所12个、检查站1个、事业单位7个。

年内，以建设良好市场生态环境为统领，开展“争创建设年”活动，通过改革、创新、增速、融合，引入社会管理理念，完成各项工作任务，在全市工商系统评比中名列第三名。东城工商分局被市工商局授予本年度先进单位，分局登记科被评为全国巾帼文明岗，东城消协被授予全国消费维权先进集体。

单位地址：东城区东四北大街267号

联系电话：64033742　邮政编码：100007　（杨悦）

【外商投资企业监管】 年初，根据市工商局部署，东城分局设立外商投资企业监督管理科。制发《外商投资企业（机构）档案管理办法》《外资企业违反登记管理法规案件查办规程》《市场主体网格监管系统应用管理办法（试行）》《外商投资企业层级网格管理办法（试行）》等7项制度、规程。区内登记外商投资企业（分支机构）、常驻代表机构5221户，占全市外商投资企业总量的9.87%，其中外商投资企业1780户，港澳台投资企业1255户，外国企业常驻代表机构2186户。开展外资主体虚数清理和打击“两虚一逃”（含注册资本逾期缴付），规范违反产业政策、常驻代表机构登记事项行为等工作，清理吊销企业978户，查办外商投资企业违法违规案件37件，罚没款79.06万元。（杨悦）

【队伍建设】 东城工商分局在年检验照、三级平台服务、食品安全等重点岗位，严格执行检查。开展26项“阳光工商”主题实践活动，并将“政风行风建设”细化为7类15项16条，树立爱岗敬业模范、消保维权标兵等先进典型，开展“十佳经济卫士”、“十佳网格责任人”评选活动。（杨悦）

【市场主体准入】 按照立足东城区经济战略发展要求，把好市场准入关，畅通准入服务渠道。建立“预约、现场自主选择”，“电话预约3日成功”和“现场申请即来即办”便捷准入途径。设置战略性新兴产业“办照一站通”服务窗口，由专人全程跟踪服务。截至年末，东城区市场主体存量6.97万户。其中内资企业1.12万户，私营企业28.16万户，外资企业（含代表机构）4284户，个体工商户2.60万户。（杨悦）

【拓宽服务渠道】 设立经济区情“公示牌”、经济“风向标”，引导投资方向，对辖区经济形势、变化、热点进行预测，制定《促进经济结构调整推动产业发展高端化实施意见》，助推辖区产业调控.选取30家个体工商户，开展转型升级改造项目试点，依据《东城区住所证明审核程序管理办法》，加强住所管理，严格准入制度。（杨悦）

【商务楼宇监管】 东城区有各类商务楼宇208座，登记各类经济主体16.2万户，占区经济主体总量的23.92%。其中内资企业1.23万户，个体工商户544户，外商投资企业（含机构）3276户。在辖区楼宇中，登记主体存量150户以上的27座，

100户~150户的28座,登记主体在50户以下的103座。完善楼宇监管服务机制,出台《关于落实商务楼宇管理工作的实施意见(试行)》《东城区企业集中办公区设立与管理办法》《企业集中办公区考核评价办法》指导性文件,对商务楼宇入驻企业认领率、匹配率、巡查到位率、交换信息核实率等指标,均提出详细要求,明确区属相关部门协调沟通职责。（杨悦）

【消保维权】 通过12315中心、消协组织、“三地四区市”维权平台、消费顾问团、消费纠纷人民调解委员会和“12315·北京·东城消费维权网”,构建消费维权网络,通过电话投诉、实地投诉、短信投诉、视频投诉和在线办理投诉等方式,扩展维权空间,丰富消保维权工作形式。东城工商分局首创的消费纠纷人民调解委员会工作机制,调动多元社会力量参与消费纠纷调解,提升消费维权效能和公信力,为实现人民调解、行政调解、司法调解相互衔接、互助互利作出有益尝试。全年办结消费者投诉3239件,为消费者挽回经济损失263万元,为120位消费者执行小额消费纠纷先行赔付4.16万元。（杨悦）

【创建便民工商工作站】 分析区域特点,创立“1048”(即10分钟找到一个工商工作站;搭建宣传、服务、信息、协作4个平台;提供工商法规宣传、解读服务消费维权便捷受理;经营主体准入;居民生活需求;食品安全检测及信息;商品质量监测信息;社区合法经营宣传引导;和谐社区共建8项服务。)工商工作站工作目标体系。截至年末,建有固定工商工作站108个,网上工商工作站57个,流动工商工作站2个,通过“12315·北京·东城消费维权网”,“政民互动、政风监督、在线投诉调解、短信视频投诉”等栏目,实现12315行政执法体系社区和重点商业企业的全覆盖,成为一种便民、利民的消费纠纷解决新途径。（杨悦）

【食品安全监管】 健全“政府、街道、社区”三级监管组织机构网,明确“条”和“块”工作任务,推行《流通领域食品安全监管九项制度》,在社区设立食品安全监督员,举办社区食品安全讲座28场、受众3500人参加,督促指导4个老旧市场进行升级改造,为31个农副产品市场全部配备食品检测设备。全年,核发食品流通许可证2779份,完成食品检测3022例,办结违法案件89件,罚没款262.95万元。在劣质烤鸭案件查办工作中,发挥区属职能部门联动机制,配合检察机关支持起诉5人。（杨悦）

【商品质量监管】 抽检商品16大类244组,结合季节、区域性特点,针对重点商品、重点对象,对炉具、电动自行车、轮胎、纸制品和消防器材,展开专项整治。为转变封闭、单向性市场监管模式,组建红盾志愿者服务队,针对流通领域商品质量监管,开展红盾志愿者服务实践活动,督促企业履行社会责任,提高市民消费水平。（杨悦）

【维护交易秩序】 加大对虚假宣传、不正当有奖销售行为“两虚一逃”等危害市场秩序行为监管力度,建立“东城区打击传销监管机制”和“北京市中东部四区工商分局打击传销规范直销工作联动机制”。查办涉及食品、医疗、药品、保健品、知识产权等严重损害群众利益、危害市场经济秩序经济违法行为。全年办理行政处罚案件3331件,罚没款2440.44万元,同比提高110.56%。建立“网格化监管巡查工作机制”和“经济户口管理效能评估机制”,通过4类16项指标,实现经济户口数据目标化管理。（杨悦）

【电子商务监管】 利用“电子商务监控平台”,加强网上巡查,对6312个网站实施有效监控,开展网站企业网上巡查1.18万次,实施行政指导2000件,查找涉网案件线索49件,罚没款28.21万元。对新兴媒体广告、网络广告、博客、网游、电子信箱等各种网络载体,进行实时监测。全面监测页面悬浮广告、弹出窗口广告、视频广告等广告类型,立案查处网络虚假宣传广告案件3起,罚款16.6万元;实施行政告诫5起,送达行政提示16份。（杨悦）

【商标监管】 截至年末,东城区有注册商标3.21万件,同比增长26%。其中中国驰名商标18件,占全市总量15.65%;北京市著名商标48件,占全市总量9.28%。引导企业进行商标注册和申报认定驰名、著名商标,组织51家企业,开办中国驰名商标、中华老字号、北京市著名商标战略论坛暨品牌经济发展研讨会。完成10件商标的著名商标复审和6件商标培育申报工作。推行商标授权经营制度和商标质押工作,查办商标违法案件114件,查扣各类侵权商品1.49件,实现商标质押贷款100万元。（杨悦）

【广告监管】 全年监测各类广告35.66万条。检查、清理、规范各类户外广告8394块。查办违法广告案件153件,收缴罚没款401.94万元。行政约见200次,下发责令改正120份,叫停各类违法广告2128条次。利用互联网、手机短信平台等现代信息技术手段,构建开放互动广告监管信息化活动平台,通过短信平台,以群发短信形式,向辖区230家报社、杂志社及广告公司相关负责人,发送广告审查提示。（杨悦）

【合同监管】 制定《拍卖会前、会后备案制度》《拍卖档案管理制度》《拍卖公司年检要求》制度。将拍卖酒的行为,纳入食品流通监管范畴,向拍卖酒类的拍卖公司颁发《食品流通许可证》。拟定“自由行合同”、“铁路货运代理合同”、“庙会场地租赁合同”和“小区停车位租赁合同”4类合同文本,其中“自由行合同”和“铁路货运代理合同”文本,已经市工商局审核通过投入试用。全年,备案经纪人1007户,备案率94.91%;办理动产抵押登记6件,主债权额6.45亿万元;查办合同欺诈类案件7件,不公平格式条款2件,在全市查办首起网络拍卖违法案件。（杨悦）

【有形市场监管】 制定《商品交易市场食品流通许可现场核查规范》和《“相对”驻场式工作方案》。全区有市场63个,全年清理空壳市场6个,完成东花市南里、北剪子、金宝、兆军盛4个市场的升级改造。在辖区农副产品市场内,抽取食品样品88组,涉及21类,抽检合格率92%。全区31个农副产品市场中,建立三级食品安全自检实验室市场9个,配备食品快速检测设备市场22个。 (杨悦)

【协会与学会工作】 区消协开展消费维权工作,推进"三地四区"维权网络的运行,消费顾问团工作成效显著。协调建立消费纠纷人民调解委员会,私营个体协会完成选举换届工作,服务私营个体经济,搭建融资服务平台,组织区中小企业扶持项目申报。工商学会围绕分局工作部署开展调研,向市工商局推荐上报调研文章58篇。 (杨悦)

质量技术监督

【概况】 东城区质量技术监督局(简称区质监局),内设机关党委、办公室、法制科、产品质量监督管理科、食品生产监督管理科、计量科、标准化科、特种设备监察科和稽查队。行政编制41人,机关工勤编制6人,行政执法专项编制8人。直属事业单位的组织机构代码管理中心编制8人,计量检测所编制50人,特种设备检测所编制42人。区质监局负责区内宣传、贯彻、实施有关质量技术监督工作方针、政策及法律、法规、规章。负责区内产品质量日常监督检查工作;受理产品质量问题举报、投诉、调解质量纠纷;查处质量违法行为,打击假冒伪劣违法活动。负责对有关产品质量监督检验机构的管理、监督质量评审活动。负责推进名牌战略组织实施工作,推进质量认证工作。负责一般产品质量事故调查,依法监督管理工业产品生产许可证制度和安全认证制度实施。负责标准化工作监督、管理。组织和监督国家标准、行业标准、地方标准和企业标准贯彻实施。查处违反"标准化法"行为。负责组织机构代码工作和计量监督、管理工作。查处计量违法行为,规范、监督商品计量行为,调解计量纠纷,组织仲裁检定。负责锅炉、压力容器、压力管道、电梯等特种设备安全监察工作。负责特种设备事故调查处理,依法查处违法行为。承办市质量技术监督局及区政府交办其他事项。

全年开展执法活动1253起,出动执法人员3381人次,办理执法案件40起,罚没金额5.4万元。执法活动完成任务率100%,结案案件完成任务率100%。受理投诉举报案件55起,解决55起。

单位地址:东城区和平里五区甲12号
联系电话:84220417 邮政编码:100013 (高然)

【扶贫济困】 年初,对社区困难党员、捐资助学"一帮一"学生,开展走访慰问送温暖活动。组织献爱心捐款活动2次,捐款4000元。 (高然)

【计量日活动】 5月20日,在和平里小区举行主题为"计量检测、健康生活"世界计量日宣传服务活动,为消费者提供计量咨询、检测及法律宣传等服务。现场发放宣传材料500份,免费检测眼镜18副、置放体重秤19台。 (高然)

【特种设备安全宣传与监察】 6月,以"安全责任、重在落实"为主题,在新怡家园小区,开展特种设备安全知识进社区宣传活动,接待咨询60人次,发放宣传材料200份。年内,出动监察人员958人次。监督检查使用单位418家次、检查设备2532台,下发《特种设备安全监察意见指令书》29份,监督存在问题单位进行整改,整改率100%。加强对重点单位和人员密集场所影响面大、涉及公共安全的特种设备如电梯、自动扶梯、压力容器、游乐设施以及液化石油气等日常监察,督促使用单位定期开展应急演练,加大对16家风险源单位隐患排查力度。开展电梯运行安全检测管理信息平台物联网应用示范工程建设工作,确定132家单位的2000台电梯,作为远程监测系统试点设备,并开展试点工作。 (高然)

【专项整治】 9月,按照市、区两级"打四黑、除四害"打防管控一体化专项行动要求,在辖区生产领域开展严厉打击整治制售有毒有害和假冒伪劣食品、工业产品等"黑作坊"与"黑工厂",依法打击惩处"无生产许可证"违法生产加工行为行动。开展电线电缆企业执法检查、食品生产加工企业使用食品添加剂情况专项检查,参加取缔无证无照加工制作盒饭黑作坊联合行动。 (高然)

【电梯安全检查】 12月,根据市安委会和市质监局要求,联合区安监局、区住建委、区房管局等部门,召开安全生产"护航"联合行动部署会,向老旧电梯居民小区管辖街道,发放《居民住宅电梯安全隐患自查表》,要求电梯使用及维保单位开展安全自查。对居民小区电梯设备使用情况进行安全大检查。 (高然)

【控制大气污染】 落实北京市控制大气污染措施折子工程,制定控制大气污染工作方案和应急预案。加强型煤质量监管工作,型煤质量市级监督抽查合格率继续保持100%的水平。 (高然)

【工业产品质量监管】 以生产企业风险评估试点工作为切入点,探索科学监管和属地监管新模式,核实全区工业产品生产企业的数量和规模,建立企业质量电子档案,完成36家工业产品生产许可证获证企业年度自查报告的审核工作。 (高然)

【食品质量安全监管】　以“高频次”抽样检验和定期巡查等方法,加大对食品添加剂使用管理情况监管,开展小麦粉、桶装水、烤鸭、地沟油等专项治理行动。结合全国食品安全整顿工作评估考核迎检任务,按照食品企业分类分级管理情况区分监管重点,增强风险较高企业的风险识别防控意识。落实投诉举报案件通报制度,联合多部门严厉查处无证无照生产加工行为。　(高然)

【食品安全监督员进企业】　开展“质检邀您看企业,食品安全大家行”活动,联合区食品办组织街道40名社区食品安全监督员,参观北京稻香村有限责任公司等食品生产企业,增强社区监督员关注食品生产企业的热情,构筑食品安全监督社会网络。　(高然)

【计量监督管理】　计量部门开展计价秤统配统管工作,完成1家集贸市场62台计价秤的统一配置,对已完成统配统管菜市场的计价秤,加强监管力度。组织区内餐饮单位20家、超市20家,创建诚信计量示范单位,建立“以经营者自我承诺为主、政府部门推动为辅、社会各界监督”三位一体的诚信计量运行机制。加强医疗计量器具电子档案建设,为22家二级以上医院、3家卫生防疫单位建立电子档案,对168家医疗单位计量器具实现动态管理。督促7家市级重点用能单位,对能源计量检测调理。开展全区供热计量改造工作,为企业调整发展模式、节能降耗创造条件。　(高然)

【标准登记注册】　全年审核企业标准文本272个,办理执行标准登记60起,办理标准修改37起,废止企业标准200个,提供标准编写、备案、登记注册、标准信息查询、商品标识标注等咨询700起。指导帮助8家单位17项标准,获技术标准修订补助资金133万元。　(高然)

【公共服务标准化示范区建设】　加强与涉及公共事业管理、行政管理和城市管理3个领域,13个示范项目建设工作团队协调合作,发挥北京大学、北京市标准化研究所等机构研究咨询功能,完成调查摸底、专业培训、梳理事项、再造流程等任务,建立并通过总标准体系和13个分标准体系。8月,以96分(满分100分)成绩,通过专家评审组考核验收,东城区成为国家级城市公共服务标准化示范区。推进东城区网格化社会服务管理标准化建设,初步完成标准体系搭建、指导性文件、制度规范和工作流程的梳理及培训工作。　(高然)

【行政执法责任制】　制定行政执法责任制目标分解方案,将责任目标落实到具体部门及行政执法人员,明确执法主体,落实执法责任,接受监督考核。严格行政执法程序,规范行政执法行为,强化有权必有责、用权受监督的意识,加大学法、用法、普法工作力度。组织执法人员学习《行政处罚程序规定》《行政强制法》等法规制度。在立案案件初期审核阶段,对呈报案件,初审发现的问题,及时通过网络数据平台与有关部门沟通,使案件从证据、程序、适用法律等方面更加规范。　(高然)

【组织机构代码证书】　全年办理组织机构代码证书1.56万套,制作IC卡1.11万张,注销组织机构代码证书634套,为283家企业办理开工告知1.80万台件,为124家企业办理标准备案292个,完成行政服务中心效能监察考核1.80万家。　(高然)

【技术机构检验检测】　计量检测所(北片)强检计量器具3.50万台(件),计量检测所(南片)强检计量器具1.24万台(件)。特种设备检测所(北片)检测特种设备6413台(辆),特种设备检测所(南片)检测特种设备3992台(辆)。　(高然)

【党风廉政建设】　纪律教育月期间,通过党性分析、对照检查、参观警示教育展览和召开民主生活会等方式,强化党员主体意识和立党为公、执政为民的理念。学习《中国共产党党员领导干部廉洁从政若干准则》,全员逐级签订《党风廉政建设责任书》,开展领导干部廉洁自律自查自纠以及公务用车和小金库专项治理工作。召开特邀监察员和党风廉政监督员、行风监督员座谈会,对廉洁自律、依法办事、服务态度、办事效率等方面情况进行测评,测评满意度100%。　(高然)

审　计

【概况】　东城区审计局是负责全区审计工作的区政府工作部门,受区政府和市审计局双重领导。主要职责:依照《中华人民共和国宪法》和《中华人民共和国审计法》有关规定,审计监督区年度财政预算执行情况,区政府重点投资建设项目,区行政事业单位财务收支,区属国有企业及国有控股企业资产负债损益情况,区行政事业单位处级领导干部和国有企业及国有控股企业领导人员的经济责任履行情况等,对区政府和市审计局负责并报告工作。设14个科室,全额拨款事业单位1个,干部职工74人。

年内,完成审计项目42个,查出被审计单位违规金额4659万元,管理不规范金额31371万元,核减投资额11432万元。提交审计专题、综合性报告和信息简报134篇,采用91篇(次);提出审计建议84条,被审计单位制定整改措施和规章制度26份。

单位地址：东城区天坛东路甲7号
联系电话：67052535　邮政编码：100061
（肖雅莉）

【预算执行审计】　注重把握原东城、原崇文管理的特点与差异，积极开展了11项预算执行审计，涉及22套账，查出财政支出核算不实、决算草案编报不实、资产核算不实等主要问题金额30799万元。在预算执行审计工作中，应用计算机辅助审计技术，财务数据统一采集，运用自行开发的程序模块转换应用于AO审计系统，提升审计效率与质量。区人大（临时）常委会认为审计工作报告详实、规范，所提出的审计建议针对性强，有利于促进预算管理规范化、进一步提高预算管理水平和财政资金使用效益。（肖雅莉）

【经济责任审计】　坚持立足于审、着眼于帮，防范、规范并举，深化经济责任审计。一是从宣传教育入手，对区处级领导干部进行经济责任、廉政纪律、审计程序的培训，警示领导干部的经济责任风险，强化审计治“未病”的功能。二是从基础入手，规范并实施了经济责任审计文书格式、评价内容、公示方式、报告框架等，为客观公正地评价被审计人员的经济责任和防范审计风险提供了基础保障。全年共完成经济责任审计16项，查出主要问题金额3478万元。审计工作，不仅为干部管理部门管理干部、教育干部提供了参考依据，也为监督领导干部进一步正确履职、廉洁从政发挥作用。（肖雅莉）

【政府投资建设项目审计】　开展了“水一户一表”、“煤改电”、“东四六条”等4项政府投资建设项目审计；对4个单位2008—2010年投资100万元以下的小型建设工程进行了重点检查。审计中紧扣财政资金运行轨迹，财政资金运用到那里，审计监督就跟进到那里，确保财政资金安全。通过审计监督保障了政府政策的落实和建设资金支出的真实合法。与此同时，全力规范政府投资审计的程序和方法，坚持依法行政、依法审计原则，积极努力地为开展政府投资审计工作创造了良好的外部审计环境。审计在防范政府投资风险、实现政府投资目标发挥作用的同时，坚守了审计的客观性和独立性。（肖雅莉）

【专项资金审计】　开展3项专项资金审计和8项专项资金审计调查，审计专项资金总额84572万元。审计（调查）查出主要问题金额1753万元。在审计中着重把握“维护民生、完善制度、提升效益”三大主题，重点关注政策措施的落实到位、政策目标的实现；重点关注制度、措施的有效执行，促进制度更加完善，更加符合发展需要，发挥修复作用；重点关注资金的效益、效果，通过审计分析、评价，推动资金运行质量的不断提升、促进资金使用的效益、效果的最佳化。东城区文化创意产业发展专项资金绩效审计调查结果，促进区政府出台了《东城区关于促进文化创意产业发展办法》。（肖雅莉）

【审计管理】　结合区划调整的特点，重点从三方面开展了工作。一是开展了全区一级预算单位财政财务管理情况的审计调查，涉及单位87个，重点了解财政财务管理制度建立和执行情况，针对审计发现的问题及时提出审计意见，促进各单位规范了管理。同时，各科室也基本掌握管辖单位合并后的整体情况，为进一步加强审计监督奠定基础。二是开展国有及国有控股企业资产管理状况的审计调查，全面系统地了解区国有企业的基本状况、政府与企业的关系，摸清管理形式等，为区政府制定更加符合区情的国有企业发展策略措施提供依据。三是通过参与专项治理、专项检查等工作更加积极地发挥审计作用。（肖雅莉）

【内部审计】　区划调整后，重新建立全区内审联系库，制定《2011年度东城区内审工作指导意见》；召开区属21个行政事业单位和17个街道内部审计工作交流会；采取通报审计中发现的普遍性、代表性问题的形式，促进各单位自查自纠；通过发放审计刊物和编印“东城内审”宣传材料开展内部审计宣传。（肖雅莉）

【业务管理】　一是结合贯彻落实审计准则，全面开展制度建设。修订业务制度，出台审计业务文书模板，进一步规范审计文书的种类、内容和格式。结合贯彻中央两办通知，统一规范经济责任审计文书格式、审计评价框架、报告发放范围等等。二是强化审计业务会机制，所有审计报告做到“经审计业务会审定后签发”。三是加大培训力度，集中组织全体审计干部学习审计准则、经济责任审计规定、进一步加强审计工作意见以及行政强制法等内容。四是推进信息化建设，部署应用“现场审计实施系统”（AO2011），组织京OA应用培训并试运行，通过应用促进审计工作流程以及项目记录更加规范。（肖雅莉）

【队伍建设】　一是以领导班子建设为龙头，建设学习型领导集体，注重班子党风廉政建设，认真贯彻落实民主集中制。二是建设学习型审计机关，严格落实干部理论学习制度。三是不断完善人才培养机制，选送干部参加培训，鼓励干部参加职称考试，有4人取得了中、高级审计师职称。四是坚持正确用人导向，调动干部工作积极性。五是加强干部廉政教育，落实廉政责任制，深化廉政风险防控工作。六是以开展创先争优活动和庆祝建党90周年系列活动为载体，加强机关党组织建设。七是抓好自身资金资产管理、安全保卫和后勤、政务公开、文秘督办等工作，确保依法行政及全局工作的安全及正常运转。（肖雅莉）

烟草专卖

【概况】 东城区烟草专卖局(公司)成立于1998年3月,根据北京市区化调整工作要求,上年9月17日,原东城、崇文两区局(公司)合并,新东城区局(公司)正式成立。设办公室(安保科)、人事劳资科(政工科)、财务科、法制科、专卖监督管理科(专卖稽查支队、内部专卖管理监督科)、营销网建科。本局为烟草专卖行政主管机关,依法负责行政辖区的烟草专卖管理工作,在行政辖区内对烟草制品实行专卖专营。组织关系隶属于区机关工委。

年内,销售各类卷烟47701.1箱,出动执法检查5551人次,立案185起,查获各类违法卷烟424.13万支,总案值358.86万元。按照"卷烟上水平"战略任务及"严格规范、富有效率、充满活力"的总体要求,结合辖区实际,坚持"工作求精、管理求严、效果求实、团队求和"工作目标,完成年工作任务。局合唱团在纪念建党90周年红歌比赛中获二等奖,局党支部被东城区机关直属工委评为本年先进基层党支部,局足球队取得"中国娇子杯"足球邀请赛冠军,烟草局被区委交通安全委员会评为本年交通安全先进单位。

单位地址:东城区东直门外察慈2号

联系电话:84559981　邮政编码:100027　(吴晔昊)

【集中整治】 根据市局工作要求,分别开展春节期间集中整治、"亮剑"集中整治、"五部门联合打击非法回收烟酒行为"专项行动,"中秋、国庆"集中整治及"四部门联合打击假冒卷烟和规范卷烟市场"专项行动,重点开展对辖区内繁华街区、旅游景区和重点大街等重点地区的集中治理,有效治理辖区内公开摆卖、假、私、非卷烟问题,净化了卷烟市场。

(吴晔昊)

【依法行政及普法宣传】 "3.15"维权日、"5.15"打击和防范经济犯罪宣传日,开展"法律进机关"、"法律进社区"、"法律进企业"等系列活动,在东直门社区、崇西社区设立了法律知识宣传栏,在联华快客、京烟零售等企业积极开展普法宣传,宣传"12313"举报电话和举报奖励政策,发放宣传资料2000份。年内,以"一法一规定"、"两高"司法解释和《行政强制法》为重点,开展零售客户集中普法宣传教育6次,《行政强制法》专题培训5次,组织零售客户旁听公开审理的涉烟犯罪刑事案件,拓宽普法渠道。(吴晔昊)

【打击网络涉烟犯罪】 5月6日,参与破获"5.07"销售假烟网络案件。经过连续一个多月的蹲守,在北京市烟草专卖局专卖处的统一指挥和北京市公安局通州分局配合下,与通州、西城烟草联合行动,破获一个贩卖假烟网络,共刑事拘留8人,涉案卷烟483.86万支,价值218万元,控制涉案车辆4台,查获涉案窝点5个,成功打掉以夏轲为首的贩假售假涉烟犯罪团伙。为市局专卖查办"7.29"网络涉烟犯罪案件提供重要线索。协助查办西城"9.09"网络涉烟犯罪案件。

(吴晔昊)

【行政许可工作】 年内,新办许可证129户,变更88户,延续679户,注销188户。辖区内有许可证2238户。所有许可事项均实现公开规范实时办理,行政许可案卷评卷优秀率达到100%,许可证有效率达到100%。(吴晔昊)

【案卷评查】 烟草专卖局继续加强对办证人员的业务培训,不断总结经验,行政许可案卷制作水平进一步提高。在案件审理中引用法律条款准确,事实清楚,证据确凿,行政处罚正确率、办案准确率都达到了100%。案卷文书使用规范,装订整齐。法制部门对行政处罚案卷的审查率达到100%。严格遵守重大案件集体讨论决定制度,全年未发生行政复议和行政诉讼案件。(吴晔昊)

【执法检查】 全年开展集中整治行动6次,出动执法检查5551人次,立案185起,查获各类违法卷烟424.13万支,总案值358.86万元,案件移送率、案件抄备率、处罚案卷和许可案卷评查优秀率均达到100%。(吴晔昊)

【大要案查办】 全年查办5万元以上大要案29起,其中5~10万元案件21起,10~20万元案件4起,20~50万元案件4起,涉烟犯罪案件9起。抓获犯罪嫌疑人14人,刑事拘留14人,判刑3人。卷宗移送率100%,抄备率100%。(吴晔昊)

【联合办案】 同工商部门联合执法4次,出动执法人员76人次,其中工商出动10人次、烟草出动66人次、检查经营户68户,取缔无证户17户,警告教育35户次,整顿7户,查处非法回收广告牌5块,灯箱广告3块,宣传教育46人次;立案8起,其中烟草立案5起,涉案卷烟11.2万支,案值14.56万元;工商立案3起。(吴晔昊)

【联合执法机制建设】 召开2次由区政法委牵头,法院、检察院、公安分局、工商分局、烟草等部门参加的打击涉烟犯罪暨整顿规范卷烟市场秩序联席会议。联合东城公安分局、工商分局、质监局组织开展"四部门"联合执法行动,分别与东城公安分局、工商局、法院、检察院进行协调,确保联合执法工作顺利开展。(吴晔昊)

【内部监督】 全年预警946个,预警处理完成率100%,处理优秀率100%,监督检查工作到位,整改落实到位,大户率得

到有效控制。（吴晔旻）

【涉烟案件座谈会】 与区法院召开2次涉烟案件座谈会，就涉烟犯罪案件量刑问题、真品卷烟处理及执行问题、三方协议签订问题、辖区卷烟市场管理中面临的新形势以及存在的新问题交换意见，对各自工作中存在问题进行探讨和分析。区法院有关领导对“两高司法解释”、“刑法第八修正案”进行解释和说明，并结合实际案件审判对烟草执法办案、日常监管、许可证办理、三方协议签订等工作，提出建议和意见。同时，结合个案查办情况重点对非法经营烟草专卖品的犯罪认定和定罪量刑标准问题展开专项研究，并对下一步工作的开展达成共识。（吴晔旻）

【市场营销情况】 全年共销售各类卷烟4.77万箱，同比增长3.05%；实现销售收入9亿元，同比增长17.48%；实现单箱销售额2.21万元，同比增长14.01%；实现利税1.73亿元，同比增长17.07%。（吴晔旻）

【教育培训】 制定下发年度教育培训计划，强化管理，确保培训到位，完成各类内部培训76次、443.5学时，参加培训2263人次。建立“小教员”队伍，挖掘内部潜力，丰富培训形式和内容。加强专销一体化培训机制，提升专卖、营销队伍的知识层面，取长补短，提升工作效率和工作质量。坚持“计划有督办、上课有内容、参训有记录、效果有评价”的“四有”教育培训标准，确保培训取得良好效果。（吴晔旻）

【职工论坛】 开展3次“立足岗位建功立业”论坛活动，组织来自不同岗位的干部职工结合自身工作实际进行交流发言，在企业内部形成“比、学、赶、帮、超”的氛围，发挥优秀职工和青年职工的作用，相互学习，提升干部职工工作能力和个人素质，推动各项工作开展，增强企业凝聚力。（吴晔旻）

【领导班子建设】 按照市局（公司）党组要求，东城烟草局党组以“三讲”教育，推动领导班子思想融合、工作配合，实现班子团结风正，带动全局工作的顺利开展和年度工作任务超额完成。（吴晔旻）

【企业文化建设】 以“新东城、新起点、新变化”为主题，制定《东城烟草2011年度企业文化建设计划》，抓好企业文化建设总体推进。在各楼层设置宣传板、形象墙、形象展示牌、党员寄语等标识，拓宽宣传形式。开展“党风廉政建设宣传月”、“企业社区结对共建”、“资助贫困学生”、“读一本好书”等活动，创新党建工作。关心职工生活，召开女工、青年职工、党员和离退休人员座谈会，听取职工意见和建议，提升其参与管理意识。（吴晔旻）

【文体活动】 组织职工参加各类文体活动，参与青年演讲比赛、毽球比赛、红歌大赛、游泳比赛、运动会、娇子杯足球赛等文体活动，展现职工积极向上、勇争第一的精神风貌，推动各项工作开展。（吴晔旻）

【公益活动】 响应区直机关工委号召，在全体员工中开展“博爱在京城”捐助活动，捐款112人，筹集善款1820元。响应区政府“扶贫助学”号召，组织干部职工开展“扶贫助学”捐款5770元。本局在资助3名贫困学子完成学业基础上，同共建单位签订助学协议，助贫困学子1名。（吴晔旻）

国有资产监督管理

【概况】 东城区人民政府国有资产监督管理委员会（简称区国资委），是区政府直属特设机构，主要职责：贯彻落实国家、北京市关于国有资产监督管理方面的法律、法规、规章和政策，制定相应制度、规定并组织实施；根据区政府授权，依照《中华人民共和国公司法》《中华人民共和国企业国有资产法》等法律、法规履行出资人职责；承担监督所出资企业国有资产保值的责任，负责企业国有资产基础管理，建立和完善国有资产保值增值的考核办法，对所出资企业国有资产保值增值情况进行监管；指导推进区国有及国有控股企业改革和重组，推进现代企业制度建设，完善公司治理结构，加快区国有经济布局和结构战略性调整，推动国有资本更多地投向关系区域经济发展的重要行业和关键领域；通过法定程序对所出资企业负责人进行任免、提名推荐、考核并根据其经营业绩进行奖惩，制定所出资企业负责人薪酬管理办法并组织实施，建立符合市场经济体制和现代企业制度要求的选人用人机制，完善经营者激励和约束制度；按照有关规定，代表区政府向所出资企业派出监事会，负责所派出监事会日常管理工作；负责组织所出资企业上交国有资本收益，参与制定国有资本经营预算制度和收支管理办法，按照有关规定负责所出资企业国有资本经营预算决算草案编制和执行工作；组织协调所出资企业人才工作和经营管理人员教育培训工作等。编制41名，设主任（党委副书记）1名、党委书记（副主任）1名、党委副书记1名、副主任4名、纪委书记1名，科级领导职数9正8副。内设行政办公室、审计监督科（董事会、监事会办公室）、资产管理科、统计评价（预算）科、企业发展科、人力资源科、党委办公室、组织宣传科和从事监察科9个科室。

年内，区国资委以推动国有经济科学发展为主题，以加快转变经济发展方式为主线，以落实东城区国有经济“十二五”发展规划为重点,以创新的精神和一流的标准,加大国有资源整合力度,加快国有经济结构调整,大力推进国有企业改革,有效加强国资监管,做强做大做精国有企业,充分发挥国有企业在区域经济社会发展中的服务、引领和带动作用,圆满完成了各项任务指标,获得了东城区纪念中国共产党成立90周年主题党日活动最佳活动奖、“博爱在京城”募捐工作优秀组织奖、东城区社会治安综合治理先进单位、东城区安全生产先进单位。

单位地址:东城区北花市大街14号

联系电话:67196908 邮政编码:100062 (马梁耘)

【探索历史文化保护发展新模式】 以区属北京东方文化资产经营公司为平台,与北控集团开展合作,经多轮洽谈,达成一致,双方共同出资成立历史文化保护与发展基金管理公司,通过在海内外发行债券、设立基金、信托项目等多种形式募集资金,定向用于区历史文化保护区保护建设项目。共同出资成立建设运营公司,负责文保区内项目建设和运营,从融资、建设、运营管理等方面进行合作。10月26日,区政府与北控集团签署历史文化名城保护与文化发展战略合作框架协议。 (马梁耘)

【组建天街控股集团有限公司】 11月3日,北京天街置业发展有限公司、北京前门天市置业发展有限公司、北京大前门投资经营有限公司、北京广崇房地产综合开发有限责任公司、北京大都市街贸易发展有限公司5家企业整合而成的北京天街控股集团有限公司揭牌成立。整合后的天街控股集团,为前门历史文化展示区搭建起集投资、建设、运营管理为一体的平台,将更好推动该地区经济、社会文化可持续全面发展。 (马梁耘)

【编制国有经济发展规划】 立足东城国资实际,编制完成《东城区“十二五”时期国有经济发展规划》,形成国企改革发展思路,提出将区属国有企业打造成资源配置合理、主业优势突出、法人治理结构完善、运营管理科学的具有较强市场竞争力的企业集团,并明确任务措施。 (马梁耘)

【国有经济资源整合】 将区国资委所出资企业由15家减少6家。通过资源整合、股权重组等方式,实施资源整合涉及到31家企业,使资源向重点产业和优势企业集中,增强区属国有企业市场竞争力。 (马梁耘)

【举办中华民族艺术珍品文化节】 举办第四届中华民族艺术珍品文化节,通过以清代帝王生活侧影展、中国非物质文化遗产技艺现场演等展览,以及专家鉴宝、北京礼物推介等多种形式文化活动,展示东城区“首都文化中心区,世界城市窗口区”魅力。以珍品馆和“北京礼物”旗舰店为平台全年共举办展览20次。 (马梁耘)

【设立中关村新媒体版权基金】 区属北京东方信达资产经营总公司与北京中关村创业投资发展有限公司合作成立北京厚德雍和新媒体版权基金投资有限公司,设立首期资金2亿元的国内第一支项目权益类基金“中关村新媒体版权基金”,推动文化创意产业健康发展。 (马梁耘)

【参与中央及市属企业重组合作】 区属国有企业与6家国有企业开展合作。除与北控集团合作外,还与北京中关村创业投资发展有限公司合作成立中关村新媒体版权基金公司;与首旅集团合作成立晨钟暮鼓置业有限责任公司,推进钟鼓楼建设项目;与北京市国有资产经营公司合作开发隆福寺项目达成意向;王府井百货与北京东方奥天资产经营有限公司合作重组在推进;与工美集团成立合作公司,推动“北京礼物”品牌经营及旗舰店建设。 (马梁耘)

【推动国企上市】 以东方信达资产经营公司为平台,推动吴裕泰茶业股份有限公司改制上市,与中介机构签定服务协议,完成资产核查。同时,组织2家企业做上市前基础准备工作。

【建立国资监管制度】 梳理39项监管制度和49项内部管理制度,完成东城区国资监管制度汇编并下发实施,实现国资国企监管制度化。 (马梁耘)

【国有资本经营预算管理工作】 与区财政局共同研究制定《东城区国有资本经营预算管理办法》及《东城区企业国有资本收益收缴管理办法》。开展国资系统实施国有资本经营预算的前期调研,掌握国资系统上缴经营收益底数,并编制预算支出,实行国有资本经营预算制度化管理。 (马梁耘)

【建立区属国有资源信息系统】 与区信息中心协调,借助东城区地理空间基础共享平台,建立完成区属国有资源电子信息管理系统,对国有资源实现数字化管理。 (马梁耘)

【企业经营业绩考核】 以经济指标完成情况为重点,结合专项工作、重点项目进展情况,对企业负责人进行年度业绩评价,依照考核结果,确定企业负责人薪酬标准,并完成兑现;进一步完善修订《企业负责人经营业绩考核暂行办法》和《企业负责人薪酬管理暂行办法》,与考核企业签订年度经营业绩责任书,注重对发展战略、资源整合、股权调整、经济指标等重点工作考核。 (马梁耘)

【企业财务预决算管理】 建立企业年度财务决算管理制度,形成企业财务决算编报、审核、分析和整改等系列工作规范。规范财务预算编报工作流程,改进预算指标基础上,合理确定年度企业预算指标。 (马梁耘)

【完善公司法人治理结构】 加强董事会建设,建立董事会年度工作报告制度;加强监事会工作,探索由国资委科室人员在完成本职工作情况下,作为监事会主席和监事派到企业,向6家一级企业外派监事会主席和监事12名,国资委直接出资企业董事长均不再兼任总经理,法人治理结构进一步

完善。 （马梁耘）

【产权登记年检】 东城区共计有186户国有企业、国有控股企业和国有参股企业参加上年度企业国有资产产权登记年度检查，全年完成新设登记14家，变动登记31家，注销登记6家。截至上年底，产权登记涉及国有资本金39.76亿元，国有法人资本金29.12亿元，国有资产总额68.15亿元。

（马梁耘）

【安全维稳及信访】 坚持安全维稳工作一把手负责制，深化国资系统安全维稳工作机制，开展矛盾纠纷排查化解工作，深化信访代理制和领导接访制，全年国资系统无非正常集体访，无新的重大重复上访户。建立企业安全生产责任制，召开企业安全生产工作会议，建立自下而上安全生产责任体系，制定《东城区国资系统安全生产应急预案》，实现企业安全生产管理工作规范化。建立安全维稳信息上报机制，确保信息及时上报。加强企业安全生产和矛盾隐患排查化解，实行动态监测管理。组织企业进行安全生产培训及消防技能演练，加大安全教育宣传力度。 （马梁耘）

【基层党组织建设】 新建2个临时党委和临时纪委，调整8个企业党组织建制和14个党组织隶属关系，将国资委党委管理的直属党组织由29个调整为12个。完成区属国有企事业单位各级党组织和纪委换届选举工作。完成区国资委系统出席中共东城区第十一次代表大会代表选举工作。

（马梁耘）

【争先创优工作】 组织召开国资委系统争先创优活动推进会，开展党员演讲、征文比赛等系列活动，召开国资委系统纪念建党90周年大会，举办"沐浴党关怀、弘扬老字号"主题党日活动。各基层党组织领导核心作用和党员先锋模范作用得到进一步发挥。 （马梁耘）

【党风廉政建设】 严格执行党风廉政建设责任制，贯彻落实国有企业领导人员廉洁从业若干规定，规范廉洁从业行为；深入开展国资系统各企业"小金库"和公务用车专项治理活动，开展对各种庆典会、研讨会、论坛等活动专项清理工作；深化廉政风险防控管理，建立国资委系统风险防控项目库，明确风险环节、主要风险点、风险等级、责任部门；推进廉洁文化进企业活动，开展以"抒正气，扬清风"为主题的廉政书画作品征集展评活动，将优秀作品汇编印制成册。（马梁耘）

北京东方信达资产经营总公司

【概况】 北京东方信达资产经营总公司（简称东方信达），成立于2002年，是经区政府授权、由区国资委直接监管的专门从事经营性国有资产管理的综合性资产经营公司。东方信达注册资本10亿元，投资各类企业21家，其中独立法人企业20家，包括全资企业3家，控股企业7家，参股企业10家；另有非独立法人企业1家。主要集中在文化金融、商业流通、房地产开发与物业经营及教育产业等领域。

年内，根据"十二五"规划和区总体规划制定东方信达《2011—2015年总体发展战略》。以建设有影响力的资产管理和资本运营公司为目标整合资源、优化布局、强化管理，完成年度预算指标和各项工作任务。截至年末资产总额56.65亿元，负债总额45.51亿元，所有者权益11.14亿元，其中少数股东权益2.36亿元，归属于总公司的所有者权益8.78亿元。实现主营业务收入6.55亿元，利润总额6407.75万元，净利润4578.01万元，上交各项税收6382.26万元。年内，东方信达系统获集体荣誉10余项，其中吴裕泰被评为中国优秀特许加盟品牌，获"年度中国茶行业百强企业"第7名，吴裕泰茉莉花茶制作工艺被认定为国家级非物质文化遗产。永安复星获中国医药商业协会和中国医药商业协会连锁药店分会颁发的"上年度中国药品零售连锁百强企业"证书，在药品零售连锁百强企业排名中列第80名。"永安堂"被商务部认定为第二批中华老字号。

单位地址：东城区南竹杆胡同6号北京INN 3号楼8层
联系电话：64227041－8106 邮政编码：100010 （周琼）

【文化金融板块】 年内，新投资项目2个，其中北京中关村新媒体版权基金（简称新媒体版权基金）注册成立；北京国华文创担保文化有限公司，完成出资。新媒体版权基金成立后，采购影视剧48部，动画片106部，发行《娘家的故事3》等热播剧目3部，组建当年即实现盈利，成为国内最具竞争力的动漫新媒体版权采购运营商之一。版权交易中心实现各类版权挂牌项目2100项，版权交易额10亿元，推出限量收藏品发行流转平台和数字版权云分发平台2种新交易模式。通过一系列举措，逐步形成涵盖版权价值评估、版权交易监管、文化创意专业担保、文化产业小额贷款、文创项目集合信托等内容的文化金融服务产业链条。 （周琼）

【商业流通板块】 通过扩规模、调结构、抓管理、促改革，提高经营效益，保持稳步发展，注册成立北京吴裕泰茶文化有限公司。吴裕泰提升企业经营管理水平，加快店铺开发速度，扩大连锁规模，新增签约店铺52家；打造体验式服务模式，建立迎宾制度、最佳服务实践机制等管理制度，服务质量提升；坚持向品牌要影响力，开展"吴裕泰茶文化庙会"、"茶香进社区"等茶文化创意活动，实现经济效益和社会效益。发展电子商务，网络销售额增长。永安复星做好王府井回迁网点"北京宫"开业前筹备工作，完善内部经营管理机制，加大资源整合力度，理顺批发与零售的经营管理体系，提高资源利用效率。 （周琼）

【房地产开发和物业经营】 寻找开发项目，打造代建品牌，探索房产经营新模式，提高物业服务水平，提升整体竞争力。东方信达地铁5号线项目完成竣工验收；东方置地、王府井置业完成代建项目33项，竣工面积14.4万平方米。东方置地东雍创业谷获第二届"北京十大新京味旅游名片"称号。王府井置业世纪大厦物业出租率100%，东方祥泰联合中国东方演艺集团创办"青蓝剧场"。房产分公司都季商务快捷酒店在全市2000家经济型酒店网络评选中名列第三。

(周琼)

【新兴产业领域】 推进中医药产业发展平台建设,组织召开第二批"十病十药"项目征集会、专家评审会、推介会和交易会,达成初步合作意向36项。配合区产促局和区国资委开展中医药健康产业基金论证工作。以东方祥泰为平台,扩大教育产业规模,北京市外国语学校竣工并交付使用,《〈弟子规〉新解》教材推广至北京、深圳、西安、河南等省市公办学校。探索以北京信达科维节能技术有限公司为试点的低碳节能领域,信达科维完成入资。 (周琼)

【企业管理】 加强领导班子建设,选举新一届党委委员、纪委委员,增加董事会成员1名,增聘副总经理2名,提升决策力和执行力。制定《产(股)权管理暂行规定》,完善权属企业股东会、董事会决策机制,全年研讨权属企业股东会、董事会各类议题60项。加强全面预算管理,及对预算执行情况的跟踪分析,编制国有资本经营预算,开展专项审计,制定信息化平台建设方案。建立以激励约束为核心的高管人员管理体系。提名、任免权属企业国有股权代表26人次。加强高管和员工队伍学习和培训。 (周琼)

【党建工作】 注重党建工作与企业重点工作结合,开展以"站在新起点,开创新局面,我来做表率"为主题的党员公开承诺活动,系统内24个党组织承诺事项80个,252名党员承诺事项683个。党风廉政建设责任制向基层企业推进,总公司与各企业、各企业与基层企业分别签订《党风廉政建设责任书》,高管人员履行"一岗双责",定期完成述职述廉,定期执行党风廉政建设责任制情况书面报告,接受民主评议,全年召开党委会17次,讨论议题119项。 (周琼)

北京东方文化资产经营公司

【概况】 北京东方文化资产经营公司(简称东方文化),成立于2001年,成立之初净资产4824.64万元,年内账面净资产13.47亿元,总资产64.7亿元。东方文化秉承"恢弘民族精神,传播优秀文化"经营理念,以区域产业政策为依托,以发展文化产业、繁荣文化经济为己任,致力于推动区域文化产业发展。以推动文化产业发展为中心,打造文化项目建设与文化项目经营两大平台,构筑以文化旅游为核心,文化地产为基础,文化金融为动力的三大业务板块体系。三大产业板块各具特色,又相互促进,相互补充,实现文化地产与文化旅游的有机结合,产业与文化金融有效对接,形成高品位文化产业发展格局。

年内,北京王府井旅游观光车服务有限公司被授予区消费者满意单位称号,皇城食府获东城区巾帼文明岗称号,北京北方佳苑饭店有限责任公司获王府井十大品牌企业称号及王府井知名企业奖,公司党委被评为区先进基层党组织,北京东方文化资产经营公司党委书记、董事长获中国创意产业杰出贡献大奖,北京四联美发美容有限责任公司1名员工被授予北京市商业服务中华传统技艺技能大师称号。全年东方文化累计实现主营收入3.57亿元,利润总额7585.74万元,净资产收益率6.79%。

单位地址:东城区王府井西街9号5层

联系电话:65281128 邮政编码:100006 (杨楠)

【权属企业动态】 1月24日,北京东方康泰房地产开发经营有限责任公司年度第二次董事会通过康泰公司权属企业东方泰海公司的股权转让事项。3月7日,北京东方康泰房地产开发经营有限责任公司工会组织召开年度工会委员会暨经审委员会第一次会议。3月7日,北京东方康泰房地产开发经营有限责任公司取得三级房地产开发企业资质证书。3月30日,北京东方文化置业集团有限公司成立并取得企业法人营业执照。4月11日,北京雍和园投资发展有限公司三届一次股东会通过公司年度经营计划、本年财务预算及上年财务决算方案。5月5日,北京东方文化置业有限公司一届二次股东会决定将北京东方文化置业有限公司更名为北京东方文化置业集团有限公司。5月18日,北京东方文化置业集团有限公司一届三次股东会决定公司董事会、监事会人员构成。9月8日,北京东方容和物业管理有限责任公司召开专题职代会,审议通过公司《福利制度》和《培训制度》修改草案。10月10日,北京东方文化置业集团有限公司颁布关于《财务预算管理办法》等25项规章制度。10月16日,北京东方文化置业集团有限公司工会组织职工赴云南、陕西、安徽学习考察。

(杨楠)

【电视剧《香格里拉》开播发布会】 5月4日,北京东方文化经济发展集团有限公司权属企业北京大华环球影视文化发展有限公司投资出品的民族史诗电视剧《香格里拉》在北京梅地亚举行开播发布会,并于5月6日晚10点30分在CCTV1播出。 (杨楠)

【主办全国戏剧文化奖展演活动】 5月11日,由北京东方文化资产经营公司等单位主办,北京东方文化经济发展集团有限公司承办的"全国戏剧文化奖·2011小剧场优秀戏剧展演季"举行新闻发布会。历时2个多月的展演季共有36部剧目、10多个戏曲剧种、130场演出相继在区小剧场演出,观众人数达5万多人次。同时,颁发10部作品原创剧目大奖,12部作品优秀剧目奖,以及编剧金奖、导演金奖等其它单项奖。

(杨楠)

【出品电视连续剧《水浒》】 8月2日,北京大华环球影视文化发展有限公司投资出品的80集大型古装电视连续剧《水浒》在东方、山东、天津、安徽卫视开始首轮上星播出。

(杨楠)

【赴台演出】 9月8~14日,北京东方松雷音乐剧发展有限公司出品的音乐剧《爱上邓丽君》到邓丽君的故乡台湾演出,参加了年度京台文化节,在台北国父纪念馆连演5场。

(杨楠)

【领导调研】 市、区领导8次到公司调研、考察地下空间安全、钟鼓楼广场等项目。特别对玉河项目建设进行调研。9月16日，区长牛青山、区委书记杨柳荫等领导分别对玉河项目建设进行调研。 （杨楠）

【第二届“创意点亮北京”文化艺术周】 9月22～28日，由北京东方文化经济发展集团有限公司承办的第二届“创意点亮北京”文化艺术周活动在地坛公园举办。此次艺术周由东城区人民政府主办，上百家文化创意企业、17家文化创意产业集聚区共同参与。文化集团权属企业佳苑饭店承包28日500人冷餐会用餐服务接待工作，活动举办7天，共接待游客约10万人次。 （杨楠）

【音乐剧《爱上邓丽君》获奖】 11月23日，北京东方松雷音乐剧发展有限公司音乐剧《爱上邓丽君》获“第十一届广东省艺术节”优秀剧目特别奖和优秀表演奖、编剧奖等8项大奖。 （杨楠）

北京东方祥泰投资管理公司

【概况】 北京东方祥泰投资管理公司，成立于2006年3月。公司出资人为北京东方信达资产经营总公司，注册资本金2000万元，权属企业17家，经营业务为投资管理、技术开发、技术培训和企业管理咨询，有职工371人。

年内，总收入3601.71万元，上缴税金286.48万元，国有资产保值增值率为104.4%，为区教育系统补充教育经费2680.46万元。继续管理着未转入国资委系统和未改制的校办企业，并代表校办企业进行法律诉讼，聘用会计事务所对企业进行资产评估和审计。

单位地址：东城区报房胡同82号

联系电话：64032966　邮政编码：100010 （沈梦溪）

【创办青蓝剧场】 青蓝大厦创办青蓝剧场。6月，青蓝剧场与中国东方演艺集团举行驻场签约仪式，7月起，中国东方演艺集团创作的《东方世纪行》世界风情音乐会在青蓝剧场驻场演出。 （沈梦溪）

【重组景山英才教育发展公司】 与景山学校合作，重组景山英才教育发展公司。该公司承担教育图书（以景山学校实验教材为主）的编辑出版、印刷发行工作，承担推广景山学校教材，并推广景山学校教材试验学校的工作，承担推广“数字景山”远程网络教育的工作。 （沈梦溪）

【开设三品美术馆】 在普度寺开设三品美术馆，开展立足文化、公益性质的会展活动。开展由文化部和阿塞拜疆共和国文化旅游部共同主办的“阿塞拜疆文化展”、由中国国家画院书法篆刻院学术支持的“经藏——全国书法名家写经展”等多项文化活动。 （沈梦溪）

【学校后勤社会化】 推进学校后勤社会化工作，在北京市第一中学、府学胡同小学、曙光小学、帽儿胡同小学、东城区特教学校、北京市第一幼儿园、北京市第七幼儿园、北京市第一幼儿园海晟分园、大方家回民幼儿园等9家单位开展。 （沈梦溪）

【学生保险稳步推进】 北京联合保险经纪公司（UIB）东城分公司为平台，开展中、小学和师生规避、分散风险的校方责任险、学生意外伤害险为主要险种的中介服务。校方责任险覆盖83所公办校，69058名在校生全部参保。年内，办理校方责任险业务多起。学生平安保险共出险1066起，其中住院195起，其余871起为意外伤害，意外伤害中；发生于校内的569起，约占65%。赔付金额总计约85万元。 （沈梦溪）

北京崇远投资经营公司

【概况】 北京崇远投资经营公司（简称崇远公司），是区国资委授权的国有资产监管运营企业，代表区国资委行使国有资产出资者权力。6月，公司组建党委。9月，公司组建新董事会、监事会、领导班子，完善法人治理结构。公司设规划发展部、财务管理部、审计统计部、人事管理部、资产管理部和行政办公室、党委办公室。公司党委系统有党组织20个，权属控股参股企业73家。全年实现营业收入7.52亿元，利润总额3402万，净资产收益率1.66%。

单位地址：东城区崇文门外大街新怡家园甲3号B座5层

联系电话：67170397　邮政编码：100061 （张剑）

【弘扬老字号品牌】 7月15日，公司党委系统19家党组织100多名党员群众，参加区国资委系统“沐浴党关怀　弘扬老字号”主题党日活动。便宜坊集团所属都一处烧麦制作技艺第八代传承人，现场展示“都一处”烧麦制作过程；大北公司所属大北照相高级摄影师，展示高科技相机拍摄长度为13.5米合影照，用老照片讲述企业的发展历程；珐琅厂景泰蓝制作技艺代表性传承人介绍景泰蓝从制胎、掐丝、点蓝、磨光、镀金全部制作过程，展现产品设计精湛技艺。通过技艺展演，进一步提高企业品牌知名度。 （聂倩）

【制度建设】 10月28日，增设发展部。充实管理人员，建立公司网站，加强信息管理。成立公司管理制度修订领导小组，新建、修改各项制度80余项。 （张剑）

【完善考核体系加强业绩考核】 10月，公司制定推行新的《薪酬管理及经营业绩考核办法》，进一步完善考核体系。新的考核办法统一对权属企业进行考评，考核内容更加细化、量化，企业效益，管理责任完成程度与负责人收入挂钩。此办法对公司系统企业经济效益平稳增长和实现国有资产保值增值，起到一定作用。全年收缴企业分红801万元，上缴给国资委国有资产收益460万元。 （张剑）

【资产重组】 办理接收北京制帽厂全部净资产和北京市鞋帽工业联合公司17.04%国有权益相关手续。调研后批准核销北京制帽厂库存坏账。将持有北京广崇房地产综合开发有限责任公司2088万元股权,无偿划转给北京天街置业发展有限公司;将持有北京天街置业发展有限公司750万元股权,无偿划转给区国资委。(张剑)

【目标化管理】 公司下达所属各企业主要经营指标,与企业签订《经营考核责任书》,并通过走访各企业,对经营指标完成进行督促;通过召开经营指标会、出具月度分析报告等,对指标完成进行指导。(张剑)

北京建远投资经营有限公司

【概况】 北京建远投资经营有限公司(简称建远公司),成立于2004年,是区国资委授权负责国有资产监管、运营、管理的国有独资有限责任公司,按照"两级授权、三级管理"的国有资产管理模式,代表区国资委对授权范围内企业的国有资产行使出资人职责,对所授权及出资的国有资产进行监管、经营、改革改制、优化资源配置、投资融资等。公司主要监管投资企业涉及房地产开发、市政工程建设、商业文化、建筑、物业管理等行业。公司党委、工会、团委组织健全,董事会、监事会、经营层等法人治理结构完善,经营公司、实体企业管理关系明晰。公司以保障性住房建设、市政工程建设和环境建设、商业文化为核心板块,以国有资产产权关系、监管关系为纽带,通过"管人管事管资产"相结合,使公司各企业成为一个紧密整体。

年内,总资产123.95亿,净资产9.07亿。

单位地址:东城区天坛路55号

联系电话:67075339　邮政编码:100062　(金莹)

【股权转让】 年初,完成所持北京市房地产交易中心有限责任公司10.64%股权转让工作。10月,按照区国资委调整全区国有资产布局的整体安排,公司持有的北京广崇房地产综合开发有限责任公司79.5%的股权、北京大前门投资经营有限公司80%的股权,无偿划转给北京天街控股集团有限公司。支持天街公司完成组建。(金莹)

【公司整合】 2月,区国资委将原北京崇远投资经营公司持有的建远公司100万股权划转至国资委,并为建远公司增资,公司注册资本由4400万元增加至1.6亿万元,公司性质变更为国有独资有限责任公司,区国资委为单一股东。下半年,完善建远公司法人治理结构,公司董事会成员增至5人,其中国资委委派4人,职工大会选举职工董事1人;监事会5人,其中国资委委派3人,职工大会选举职工监事2人;经区国资委批准,公司董事会聘任新的经营层,总经理1人,副总经理4人。年末完成相关工商变更登记等工作。(金莹)

【市政基础设施建设】 5月,刘家窑路取得市发改委立项批复,正义路南延南段、革新南路、体育馆西路北段区发改委立项,市发改委进行资金批复并给予总造价30%的补助,第一笔补助资金2.5亿元。年内,建新市政工程公司承担的市政基础设施建设取得进展。在施道路为东西四块玉路,完成自来水、电力工程的招投标和开工手续,雨污水管道、燃气管线、上水管线、电信管道完成全部工作量的90%,热力管线完成全部工作量的50%,电力管道完成工作量的20%。(金莹)

【组织建设】 6月29日,召开第一届党员代表大会,选举产生党委委员7人、纪委委员5人。经区国资委党委批准,建远投资公司党委成立。同步完成基层党组织隶属管理关系的调整,公司党委直管1个党总支和3个支部,即:正阳恒瑞置业公司党总支部(下设9个党支部)、建远投资经营有限公司党支部、红桥市场有限责任公司党支部、北京建新市政工程管理有限公司党支部,有党员281人。10月,完成工会组织调整工作。工会由15家基层工会组织组成,涵盖建远系统各级企业,会员1063人。10月28日,召开团员大会,选举第一届团委委员5人。团委下辖5个基层团支部,团员55人。(金莹)

【保障性住房建设】 正阳恒瑞置业公司通过房地产开发企业一级资质年检,其担负的弘善家园定向安置房项目、通州"两站一街"E5、E6地块东城区安置房项目等保障性住房建设取得进展。正阳公司承建的弘善项目,年内竣工面积45.09万平方米,累计竣工面积约达103.46万平方米。12个住宅组团中已经完成9个住宅组团11个标段及中学、小学和幼儿园的建设任务。年内安置2200户居民入住,累计安置5200户。通州两站一街E5、E6地块东城区对接安置房项取得该项目规划设计方案规划意见复函、规划建设用地许可证、立项等前期手续。正阳公司与住房公积金管理中心签订总额为40亿元的贷款协议,其中15亿元资金到位。年底,向市国土资源局支付30亿元全部土地补偿费。(金莹)

【商业文化创意板块】 红桥市场有限公司探索"以文兴商、商旅结合"的发展模式,提升旅游商品的文化内涵,打造"百家特色店",引进知名品牌,丰富市场业态,提高和完善市场经营、消费环境的软硬件水平,创建绿色、平安、诚信、和谐市场。红桥市场"京城珍珠第一家"特色商业品牌优势彰显,全年接待外国游客106万人次,珍珠成交量196吨。天元时尚商业文化有限公司与元隆大厦南段产权方达成南区租赁协议,破解制约大厦全面开业的难题,天元时尚生活艺术馆实现整体经营。(金莹)

【安全生产工作】 调整安全生产领导小组,各单位认真修订安全生产应急预案,采取展板宣传、实战演练、邀请消防安全管理部门培训等方式,落实安全生产工作。并结合节日及特殊时期安全生产要求、对施工现场、地下空间、人员密集场所、窗口单位等,排查隐患,监督整改措施落实。将安全生产作为重要的否定性指标进行考核。(金莹)

【党风廉政建设】 制定《廉政风险防范管理工作手册》,明确领导干部落实廉政风险防控管理的责任分工。与各级领导干部签订《党风廉政建设责任书》,明确责任范围、内容、目标

和责任追究,重申"一岗双责",层层分解落实党风廉政责任。（金莹）

【干部管理】 制定《干部选拔任用管理办法》,明确在干部选拔任用过程中把好领导班子集体讨论关、征求职工意见关、干部任职公示关、纪委任前廉政谈话关、年终职工民主测评关等工作程序,并对新任职中层干部实行1年试用期制度。干部实现任用、交流、考核等工作程序化、规范化。（金莹）

集体经济管理

北京市东集兴业经贸有限责任公司

【概况】 北京市东集兴业经贸有限责任公司(简称东集公司),主营针纺织品、百货、五金交电、食品、日用杂品、副食品、烟酒、工艺美术品、民用建材、医疗器械、信息咨询、饮食服务、物业管理、房屋出租、酒店娱乐、自产商品、通讯设备等。

年内,加大改革力度,强化企业经营管理和民主管理,创新工作模式,经济效益稳步提升。依法、依规、平稳地解决了控股企业的群体违法事件。各项收入3293.15万元,实现净利润446.89万元。

单位地址:朝阳区安华西里一区26号楼3层
联系电话:64274716 邮政编码:100011（赵家慈）

【党建工作】 "七一"前夕公司党委,开展主题党日活动,80名党员和积极分子,参观冀热察挺进军司令部旧址和被评为"中国历史文化名村"的爨底下村,接受革命传统教育,就地召开庆祝建党90周年大会,表彰2009—2011年先进基层党组织3个、优秀共产党员7名和优秀党务工作者2名,党员重温入党誓。组织学习胡锦涛总书记的"七一"讲话,以答题形式进行检验。在"共产党员献爱心"捐款活动中,共有104名党员和积极分子捐款7470元,公司党委被和平里街道工委评为共产党员献爱心捐款先进单位。被区委组织部和社工委评为非公企业党建工作示范点。为庆祝建党90周年,世纪新安公司举办了庆"七一"专题演讲会,9名党员和1名积极分子先后登台演讲,回顾党的90年风雨历程,畅谈自己对党的认识;振新商贸公司组织党员到革命老区接受传统教育;建国兴业、景山双盛、退管中心支部组织党员观看了《建党伟业》。

（陈桂兰）

【法制教育】 8月,财务人员法律法规培训,学习《会计法》,通过对控股企业群体违法事件中财务人员违法行为的剖析,使参训人员受到了一次很好的法制教育。10,开展学法知识竞赛,共8个公司11支代表队参赛,竞赛活动达到预期的效果。（陈桂兰）

【厂务民主管理】 公司、各控股公司进行工资集体协商。9月,首次签订覆盖绝大部分控股企业的区域性工资专项协议和女职工专项保护协议,10月,公司及部分控股公司续签集体合同,使民主管理和职工权益保障走上法制化轨道。

（赵家慈）

【董事会工作】 董事会严格遵循议事规则,按时召开例行会议,坚持每半年审议一次公司经营工作报告、监事会关于经济指标完成情况及预算执行情况的审计报告、公司财务运行报告。批准公司年度财务收支预、决算方案和重点工作目标及经营考核指标,明确全年的重点工作任务。依法依规完成了控股企业群体违法事件的后期整改工作,在调控经营、强化监管、纠正偏差、稳定队伍、凝心聚力、提升效益等方面发挥重要作用。（赵家慈）

【房产经营】 建国兴业公司调整妆帝大楼租赁结构和模式,逐层进行装修、改造,改善经营环境,促进收益增加。通过调整零散租户增收5万元,同时,调整供暖费收取方法,节约支出6.5万元。世纪新安公司将80余处经营用房细化分类,实行分区负责制,将管理责任落实到人。定期走访商户,及时听取商户的意见和建议,做到及时掌握房屋使用第一手资料。注重捕捉房产管理的相关政策和信息,及时运用到管理中,实现房产的动态跟踪管理,保证房产安全性和租金稳定性,租赁收益按期到账率达到100%。年内,景山双盛公司强化房产常态化管理,续签租赁合同租金普涨5%以上,彻底解决1家改制企业10年租金未调整的问题,经反复谈判,使其协议租金增长55%。房屋出租率及租金收缴率均达到100%。广联物业公司充分利用朝阳工商局新开通的"住所证明管理平台",为凯基伦大楼内10余家承租商户取得营业执照提供便捷服务,改变租金收取办法,确保全年租金收入目标的实现。振新商贸公司规范房屋租赁管理,房租标准实行动态增长机制。（陈桂兰）

【市场管理】 东华门美食坊夜市坚持源头把关,对市场上待制、待售食品及原料实行索证索票制度,杜绝非正规渠道的原料流入市场,确保制、售食品安全。隆福寺早市设立了农副产品检测室,配备专用设备和专门人员,每月抽查16批次的蔬菜水果,检测其农药残留、有害物质含量等项指标,并报工商局备案,确保消费者购物安全。同时,按照工商部门要求,重新制作场界牌,为场内商户办理营业执照,做到一户一照,亮照经营。为商户定制专用工服和胸卡,达到“三统一”标准。 (赵家慈)

【出租汽车公司管理】 景山出租汽车公司规范工作流程,修改完善岗位责任制,管理人员实行按月绩效考核,各项指标细化到队,并实行微机管理,使企业对运营把控更加科学、快捷,促进企业效益提高。新中出租汽车公司年内更新40部车辆,全部为双班运营,执行新的生产定额。双班运营指标实际投产率达到90%以上,全年利润较上年增长23%,创历史新高,在行业“百日竞赛”中获“优胜”奖杯。 (赵家慈)

【退休退养职工管理】 完成退休退养职工“身份认定”工作,把煤火费,生活补贴发至职工。应诉供暖费用诉讼案18起,解决有关职工切身利益问题。组织60名退休职工疗养。 (赵家慈)

【安全生产】 公司继续贯彻落实《关于安全生产(经营)确保企业稳定的奖惩制度》,把安全工作放在重要位置,将各项责任落实到人,防范措施落到实处。坚持日常检查与重点检查相结合,逢重大节日或重要敏感时期都要对治安、消防、食品、交通、水、电、气等方面进行安全大检查,不放过任何隐患,对查出的问题限期整改,并跟踪复查,直到合格为止。全年未发生重大安全事故。 (陈桂兰)

【信访排查】 落实领导包案制度,信访干部耐心细致化解矛盾。召开6次信访专题会,受理来信、来访6件次,年底全部办结;全年开展4次矛盾排查,化解矛盾隐患,确保公司生产安全稳定。 (隆彬)

【工会工作】 在“两节”期间,对609户困难党员、困难职工、退休退养职工走访、慰问,发放慰问金和慰问品19.67万元;“三八”节为女职工体检45名;为特困劳模申请救助金、把劳模权益落实到位;组织职工参加区总举办的摄影比赛、公益大讲堂、庆祝“建党90周年征文活动”及女工趣味运动会;发放饮料和防暑用品,为一线职工“送清凉”;解决职工困难,送去金秋助学款,资助职工子女完成学业。 (隆彬)

【民主评议】 成立“民主评议领导小组”,制定《实施办法》。被评议的干部,在大会上述职,采取座谈、量表测评等多种形式,征求职工意见和评价。18名领导干部参加评议,评优秀率100%领导12名,民主评议促进党风廉政建设。 (陈桂兰)

公司机构负责人

东方信达资产经营总公司

董事长、党委书记	贺　征
总经理	邹宜凡

东方文化资产经营公司

董事长、党委书记	李　桦
总经理	张玉玲

北京东方祥泰投资管理公司

董事长、党委书记	蒋政军
总经理	鲁天龙

北京崇远投资经营公司

董事长、党委书记	王振淮
总经理	李　力

北京建远投资经营有限公司

董事长、党委书记	陈　艳
总经理	栾永良

东集兴业经贸有限责任公司

董事长、党委书记	李　增
总经理	黄满泉

工商·旅游·对外经济

工业企业

北京金漆镶嵌有限责任公司

【概况】 北京金漆镶嵌有限责任公司(以下简称金漆公司),其前身北京金漆镶嵌厂是1956年建厂的国有企业,2005年3月改制为有限责任公司。注册地址为东直门内南小街18号楼14号。生产经营项目:传统漆器、古典家具、室内装饰及木雕根雕石雕等其他工艺品。具备室内装饰设计和施工国家甲级资质,并被北京市工商局评为"守信企业"。年销售收入近4000万元。本公司金漆镶嵌髹饰技艺,被列入国家级非物质文化遗产保护名录。

年内,金漆镶嵌公司完成工业增加值同比增长7.6%,完成产品销售额同比增长6.7%,上缴税金同比增长27.3%,实现利润同比增长67.7%,职工年人均收入同比增长16.3%。

单位地址:朝阳区小红门乡红寺村40号

联系电话:67671153　邮政编码:100164　(刘丹)

【非遗文化庙会】 1月16日至2月18日,金漆镶嵌公司举办"第三届金漆镶嵌非遗文化庙会"活动。本届庙会安排抽奖活动,还增加全国漆器行业赈灾义卖活动。收集20多家漆器专业委员会成员单位,捐赠300件作品。包括著名漆艺专家和国家级工艺美术大师名家作品。"义卖、义拍"筹得善款20万元,直接捐赠给受灾地区。(刘丹)

【拍卖会】 4月9日,由金漆镶嵌公司创办的北京天宝楼文化经纪有限责任公司联合翰海拍卖公司首次推出"燕京八绝·非物质文化遗产传承人·大师工艺精品"拍卖会专场。代表着北京传统工艺"燕京八绝"的大师精品走向市场,走向收藏界是首次尝试,也是工美行业整体进入市场化运作的一次活动。14件上拍的工艺精品均由非物质文化遗产传承人制作,其中有8件作品成交。(刘丹)

【恢复漆器专业委员会活动】 中国工艺美术协会漆器专业委员会于1992年在四川成都召开成立大会,金漆镶嵌公司当选主任委员单位。4月17日,中国工艺美术协会在扬州召开了第二届漆器专业委员会换届大会,选举北京金漆镶嵌有限责任公司董事长兼总经理担任漆器专业委员会主任委员,选举扬州漆器厂厂长等12人担任副主任委员,还选举30人担任委员。(刘丹)

【漆器精品展】 4月28日,由中国工艺美术学会、中国工艺美术协会、北京工艺美术行业协会、北京室内装饰协会、北京市工商联装饰行业商会共同主办,北京金漆镶嵌有限责任公司承办的"非遗保护文化创意发展年"系列活动之一的"国家级非物质文化遗产项目——第二届仿复制历朝历代漆器精品展"活动在京举行。仿复制漆器精品50件(套)参展,本次参展作品在总结第一批仿复制经典作品经验的基础上,复制手法更加精湛,选料更加精细、名贵,最大程度的保留了原作的风貌和神韵,有效保护和延长了珍稀艺术品的生命。此项活动得到了各级领导、专家学者、漆器同行、以及广大市民的赞许,取得了良好社会效益和经济效益。展览持续到10月28日。(刘丹)

【编辑非物质文化遗产保护丛书】 4月,金漆镶嵌公司完成了《非物质文化遗产保护丛书——北京金漆镶嵌》一书的书稿,该书详尽阐述了"金漆镶嵌髹饰技艺"的历史渊源、文化内涵、艺术风格、制作手法及材料工具等,为非物质文化遗产的传承、保护和研究,提供了一部兼具专业性、权威性和史料性的重要文献。(刘丹)

【产品获奖】 4月,在扬州举办的中国漆器艺术精品展上,金漆镶嵌公司的精工矫嵌屏风《花香凝萃》、彩绘贴金屏风《兰闺雅集》分别获"百花漆花杯"金奖,仿复制《历代漆器作品系列》获"百花漆花杯"银奖,玉件镶嵌屏风《梅兰竹菊》获"百花漆花杯"铜奖。在浙江举办的非物质文化遗产博览会上,金漆镶嵌公司的《平金开黑漫八方龙纹捧盒》获银奖。12月,在第五届北京工艺美术展上,金漆镶嵌公司《紫漆边嵌玉石花卉宝座屏风》获"工美杯"银奖,漆画屏风《丽人行》《御制髹漆海水龙纹颤断顶箱大柜》分别获"工美杯"铜奖。(刘丹)

【艺术精品展】 8月28日,金漆镶嵌公司与北京燕京八绝文化发展有限公司、北京天宝楼文化经纪有限责任公司联合举办"盛世天宝·北京'燕京八绝'艺术精品展"系列活动。该活动首批推出的玉雕大师张铁成和王建的近50件艺术精品,既有大师珍藏的早年间作品,也有近年新作,在展览中首次亮相。作品题材广泛、形式多样、工艺精湛,蕴含了深厚的中华民族玉器文化,展览持续到10月底;10月16日,金漆镶嵌公司作为中国工艺美术协会漆器专业委员会主任委员单位,成功举办中国漆画艺术精品展开幕式活动。全国政协副主席、台盟中央主席林文漪,文化部副部长赵少华,中国工艺(集团)公司副总经理、中国工艺美术协会常务副理事长张红,清华大学美院教授、中国工艺美术学会漆艺专业委员会会长乔十光等领导出席开幕式并讲话,全国漆器界的专家、大师及各界嘉宾近400人参加活动。展览以著名漆画艺术家乔十光先生不同时期作品为代表,同时,还汇集全国各界具有影响力的漆艺、漆画艺术家罗慧先、梁远、周剑石等名家作品近200幅。 (刘丹)

【产品研发】 国外博物馆对中国漆器的馆藏,是中国历朝历代漆器精品重要组成部分。金漆镶嵌公司在总结第一批、第二批仿复制漆器经典作品经验基础上,实施第三批"仿复制海外遗珍漆器精品"研发生产任务。此举得到有关领导部门高度评价,北京市文化局非遗保护中心并对此进行推广。

(刘丹)

北京市珐琅厂有限责任公司

【概况】 北京市珐琅厂有限责任公司,前身为北京市珐琅厂,创建于1956年1月,郭沫若题写厂名。该厂是全国景泰蓝行业中唯一的一家中华老字号。是生产经营景泰蓝规模最大、最具权威的专业企业。是集景泰蓝研发制作、工艺展示、精品欣赏、个性定制为一体生产和经营性企业。是北京市重点外事接待单位。是国家级非物质文化遗产——景泰蓝制作技艺保护传承基地、生产性保护示范基地和工艺美术院校实训基地。企业占地面积2.33公顷,建筑面积2.43万平方米。

年内,实现销售收入3200万元,实现税金440万元,在足额上缴120万元国有资产占用费后,实现利润280万元。国有资产保值增值率124.17%。公司分2次为全体员工每人上调浮动工资500元,为一线生产制作职工增加岗位津贴100元,对新录入员工提高伙食补贴标准、增加工龄补贴,员工收入稳中有升。股东上年度分红比例30%。景泰蓝产品销售逐渐由以常规产品为主发展到以高端商务礼品、收藏品、大件精品、建筑装饰工程为主。企业从经营实际需要出发,调整生产布局和产品结构,根据合同要求,分门别类安排生产,确保订单如期履约。加大对高、精、尖产品研发力度。公司领导班子进行改选,成立新的董事会。企业被文化部评定为首批国家级非物质文化遗产—景泰蓝制作技艺生产性保护示范基地,北京市纳税A级企业,公司董事长获市优秀职工之友称号并获市总工会颁发的"首都劳动奖章"。

单位地址:东城区永定门外安乐林路10号

联系电话:67211677 邮政编码:100075 (张莉)

【景泰蓝装饰工程】 年初,公司承接华西村龙希国际大酒店景泰蓝装饰工程。工程包括设计制作直径180厘米的《聚宝盆》、总高180厘米的《福禄万代》2件主题精品、60层金会所总统套房门景泰蓝装饰垭口22套和门拉手40套。在制作过程中,各部门协同,攻克一系列技术难关,解决在生产制作、运输安装中诸多难题,9月25日顺利组装完成,在华西建村50周年庆典活动中,成为一道风景,展示出景泰蓝独特魄力,受到中央领导、华西人民及社会各界的赞誉。年内,企业为大庆市某高档会所制作迄今为止单幅面积最大、人物最复杂、色彩最丰富的中式风格装饰画——《红楼十二钗》《太白醉酒图》。此会所由中国古建设计院专家设计,要求景泰蓝艺术壁画挂在会所主客厅及餐厅。作品精准度要求高,工期紧,为如期履约,公司上下齐努力,合理调度,加班加点,圆满完成了目标任务。企业承接望京昆泰嘉豪五星级酒店67.2平方米室外喷水池工程。该工程设计造型不规则、多圆角圈型结构,且首次与大理石做大跨度衔接,组装难度增加,因装饰纹样单元大,在生产制作过程中,不仅润色难度大,且易造成崩蓝。公司各部门的密切配合,多工种协同会战,设计、制作层层把关,使项目如期竣工。年内,还为私人别墅等进行多处不同风格、不同造型的景泰蓝室内装饰,包括佛堂、书房、玄关天花、餐厅天花和藻井、隔扇门饰门套、卫生间洗手盆拉手、庭院中凉庭内整套装饰、超大型景泰蓝火锅等。从设计、制作到安装,攻克多个技术难关,客户对珐琅厂技术实力认可,工程质量满意。 (张莉)

【钱氏景泰蓝作品展】 6月8日,由北京非物质文化遗产保护中心、北京工艺美术协会、北京市珐琅厂有限责任公司主办"首届钱氏景泰蓝作品展"。文化部非遗司,中国工艺美术协会,北京工艺美术行业协会,市、区商委,区国资委、区民委、区文委,崇远投资经营公司等领导出席开幕式,北京电视台、《北京日报》、新浪网等20家新闻媒体给予宣传报道。展会期间直接销售额200万元。首届钱氏景泰蓝作品展向社会展示的是著名京珐品牌。 (张莉)

【创新与营销】 年内,参加中国工艺美术协会、北京非物质文化遗产保护中心、北京老字号协会主办的上海、天津、浙江老字号展会、中国工艺美术大师作品暨国际艺术精品博览会、北京第六届文博会、中工美内销订货会、春秋两季进出口商品交易会、北京国际佛教用品展等展会,并取得多项荣誉。在第十二届西博会上,《游》系列获金奖;在金凤凰创新产品设计大赛上,《纸巾盒、果盘》系列获银奖;在第六届文博会、第五届北京工艺美术展上,《小聚宝盆》系列获特别金奖。在首届北京非物质文化遗产代表性传承人作品拍卖会上,《盖碗型瓶》,以5万元拍卖价格成交;《连年有余》3件套及《荷梦》系列3件套,拍出13.5万元高价;《福星瓶》及《荷塘月色》4件套,分别以5.2万元和4万元的拍价拍出;当代传统工艺大师非遗项目传承人优秀作品拍卖会上,《太平有象》作品以12万元拍出。 (张莉)

【智能温控天然气大炉建成】 为满足景泰蓝大件产品制作增加的需求,公司在南广场西侧建造1台景泰蓝行业最大天然气烧焊活大炉。此炉长3米、宽2米、深3米,由燃气、温控、炉体、吊车系统组成,最大可以烧制直径2.2m大瓶或$3m^2$景泰蓝平面、半平面产品。在设备改造过程中,动力部根据需要设计制作烧活用吊车、机架等设备和配套设施。烧活大炉的建成,是企业调整整体战略需求,为今后大件产品烧制创造必要条件。
（张莉）

北京剧装厂

【概况】 北京剧装厂于1956年1月成立,在职职工58人,离退休职工284人。是国内剧装行业规模最大的国有企业,民族产品定点厂家,曾为梅兰芳等众多艺术家量体裁衣,在文艺界有较高知名度。近年来,企业产品从单一戏剧产品向大型庆典活动、影视剧、旅游设施、宗教用品、户外广告、文物复制等领域拓展,擅长完成难度高、批量大、时间紧的业务。为北京奥运会开、闭幕式等大型活动、国庆60周年庆典活动以及众多影视剧制作大批服装和道具,为故宫等各级博物院(馆)复制大批国宝级绣品类文物。同时,努力开拓旅游市场,开发工业旅游,吸引外国宾客到厂体验制作乐趣,北京剧装厂的剧装戏具制作技艺于2008年被国务院批准为国家级非物质文化遗产。

年内,接待10批150多名外宾。完成工业总产值1104.3万元,销售收1186.3万元,实现税利190.9万元。

单位地址:东城区西半壁1号

联系电话:67020742　邮政编码:100050　（孙晓华）

【复制梅派剧目服装和道具】 9月,经市文化局专家组会审,北京市非物质文化遗产博物馆复制京剧梅(兰芳)派代表剧目服装和道具精品的方案,得到市文化局非遗保护中心认可,签订协议。此次复制精品包括点翠凤冠、梅派宫装、鱼鳞甲、斗篷、彩鞋、双剑等。其中梅派宫装的面料极为考究,部分面料及绣线需定染定强,所需金线也要专人手捻。
（孙晓华）

【产值销售突破1000万元】 生产经营取得建厂60年来最好成就,产值和销售历史性地突破1000万元。在文化演出市场对演出服装和道具需求增加的情况下,努力工作解决所有急难问题,满足用户不同需求,确保各批次任务交工工期。在完成工作中,新职工受到锻炼,传统技艺得到传承。完成工业总产值1104.3万元,同比提高67.89%;销售收1186.3万元,同比提高59.02%;实现利税190.9万元;同比提高53.7%;社会贡献总额437.8万元,同比提高21.59%。
（孙晓华）

北京市工艺木刻厂有限责任公司

【概况】 北京市工艺木刻厂有限责任公司始建于1956年,生产各种木雕装饰、牌匾、木雕礼品、工艺木座、仿古家俱。有北京市一、三级工艺美术大师、工艺美术师和高级技师5人,从事工艺美术专业技术及经营人员26人。公司生产的"北京木雕小器作"为市级非物质文化遗产保护项目。先后为钓鱼台国宾馆、人民大会堂香港厅、江西厅及北京饭店、四川饭店、全聚德烤鸭店等制作室内木雕装饰及家具;1996年,完成江泽民主席为十一世班禅驻锡地扎什轮布寺题写的《护国利民》金匾;2008年,为北京奥运会会徽"中国印·舞动的北京"制作精美紫檀宝盝。

年内,在中国玉(石)器第六届百花奖和北京第五届工艺美术展上,作品翡翠《江山如此多娇》获金奖;在庆祝建党90周年盛世天工——国家博物馆木雕精品展上,《红木黄杨奥运如意》和《柱形红木嵌黄杨多宝格》获银奖。

单位地址:朝阳区龙爪树宋家楼1号

联系电话:86-10-87675285　邮政编码:100164　（詹文静）

【创作建党90周年献礼作品】 6月,完成翡翠作品——《江山如此多娇》。翡翠《江山如此多娇》是歌颂中国共产党、歌颂祖国和人民的一件具有思想性、艺术性、观赏性的当代翡翠艺术珍品。该作品高65厘米,宽116厘米,厚28厘米,重280公斤。
（詹文静）

北京象牙雕刻厂有限责任公司

【概况】 北京象牙雕刻厂有限责任公司,前身为北京象牙雕刻厂,创建于1958年5月。2002年末,企业改制,更名为北京库鹏象牙雕刻有限公司,2008年7月,恢复老厂名北京象牙雕刻厂有限责任公司。上年区划调整,转为崇外街道管辖。公司是经国家林业局批准生产经营象牙制品企业,牙雕产品以北派皇家宫廷艺术为主导,以人物、山水、花卉、鸟兽为见长,以高雅、庄重、古朴、大气为艺术特点。现有国家级工艺美术大师4人,市级工艺美术大师10人,高级技师27人。

年内,大师们创作的多种作品。在第十二届中国工艺美术大师作品暨国际艺术精品博览会上,国家级工艺美术大师孙森和高级技师线元恺作品《仕女》《老北京街景》获金奖、《八仙如意》获银奖,在第四十六届全国工艺美术展上,《四季花瓶》获金奖,74岁的老艺人杨春和创作的《靠背佛》获银奖,《婴戏图》获铜奖。在大连奢侈品展上,《和谐颂》获特别金奖,《八十七神仙卷》获金奖,《多臂观音》获银奖。公司以"产品艺术化、品种多元化、经营市场化、管理职业化、职工利益最大化"为指导思想,以"创精品、抓品种、促传承、增效益"为经营方针,经营业绩超额完成年度任务目标。全年完成工业总产值1379万元,销售收入963万元,实现利税325万元。

单位地址:东城区国瑞北路52号

联系电话:67011742　邮政编码:100062　（邵艺卉）

北京玻璃研究院

【概况】 北京玻璃研究院成立于1960年(原北京玻璃研究所),是专业从事光电功能材料研究、开发和生产的高科技企业,隶属于北京一轻控股有限责任公司。有职工147人,其中专业技术人员73人。总占地面积5.36万平方米,建筑面积2.70万平方米,净资产1411万元。北京玻璃研究院是北京市企业技术中心、北京光电材料及器件研发基地,通过了ISO9000和GJB9001B质量管理体系认证。50多年来,北京玻璃研究院先后承担并完成了大量的国内国际科研任务和重大国防军工配套任务,累计获得各类科技奖励140多项,其中国家级奖励12项,自主研发的高科技产品广泛应用于航空、航天、兵器、核工业、船舶、电子等军用和民用领域,用于神州五号、六号和七号飞船及国防重点核技术项目等关键配套材料及部件,为国民经济建设和国防建设发展做出重要贡献。主要产品大致分为5个系列:光学晶体与闪烁晶体,特种光纤及光纤器件,光学薄膜与镀膜材料,特种玻璃与光学玻璃,红外窗口与测温元器件。其中光学晶体、闪烁晶体、红外光纤、保偏光纤、封接玻璃、玻璃润滑剂、紫外光学镀膜、窄带滤波片等的技术水平居国内领先地位。根据科研开发和产业化经营需要,本院设置的主要研究和生产部门有人工晶体、特种光纤、特种玻璃、光学薄膜、红外视窗5个事业部,并设有科技质量部、生产经营部、财务部、党群行政部、综合事务部等职能管理部门。2008年入驻中关村科技园区·通州园光机电一体化产业基地,建成集研发、孵化、制造、贸易、科技服务于一体,具有较高技术创新能力和可持续发展能力的现代科技企业。

年内,营业收入2864万元,上缴税金186万元。

单位地址:东城区红桥东大地1号

联系电话:81508388　邮政编码:100062　(赵丽媛)

【参加美国西部光电展】 1月,以氟化物晶体为主的红外光学晶体及器件和保偏光纤为主的特种光纤产品及器件等系列产品在美国旧金山Photonics West 2012展会上展出。(赵丽媛)

【国标GB/T 7962.11－2010发布】 1月,由北京玻璃研究院起草的中华人民共和国标准《GB/T 7962.11－2010无色光学玻璃测试方法 第11部分:可见折射率精密测试》正式发布,自5月1日起实施代替GB/T 7962.11－1987。(赵丽媛)

【参展国内光电展览会】 3月,组织参展《2011慕尼黑上海激光光电展展览会》;6月,组织参展BMIE2011第三届中国军用激光与光电技术交流展示会;9月,组织参展CIOE2011第十三届中国国际光电博览会和EP China 2011第八届上海国际电力设备及技术展览会;11月,组织参展SIOE2011上海国际精密光学展。(赵丽媛)

【获科学技术进步奖】 10月,北京玻璃研究院科研项目"大体积氟化钡晶体的研制"获得中国轻工业联合会科学技术进步奖三等奖。(赵丽媛)

【通过GJB9001B－2009质量管理体系认证】 12月,北京玻璃研究院通过GJB9001B－2009质量管理体系认证,代替GJB9001A－2001指导人工晶体及制品、光学纤维及制品、特种玻璃和特种陶瓷涂层材料及制品、光学薄膜及制品的设计开发的生产和服务过程。(赵丽媛)

商业　服务业企业

东城区商务委员会

【概况】 东城区商务委员会(简称区商务委),是主管辖区国内外经济贸易和对外经济合作工作的区政府工作部门。

年内,区实现社会消费品零售额691.3亿元,同比增长18.5%,增速位居全市16个区县首位,商业服务业、商务服务业占GDP比重达29.49%。全年新设外商投资企业138家,其中合资16家,独资122家。实现合同外资9.4亿美元,同比上升18.7%;实现实际利用外资5.5亿美元,同比上升3.1%,位居全市第三;实现进出口额155.2亿美元,同比增长14.2%;外资企业区级税收达到25亿元,占区财政收入的20.6%。新增住友化学、山田电机2家跨国公司地区总部,跨国公司地区总部累计达14家,位居全市第二。制定区"十二五"时期商业服务业发展规划、特色商业街区发展规划、崇外商圈建设发展规划。年内,举办多次商业促销活动,岁末购物周活动,总销售额达3.27亿元;第二届"崇外商圈"购物季活动,销售额2亿元;美食文化节、国际美食节,活动销售9000余万元;以夜市为代表的特色商业街消夏节活动,拉动客流和营业收入比平日增长50%以上。获市商务委颁发的"年度促消费贡献突出单位"和"年度北京市利用外资先进单位"奖项。在北京市烹协开展的北京餐饮企业(集团)50强、餐饮门店100强和北京餐饮十大品牌评选中,区15家企业入选50强,20个门店入选100强,3个品牌入选十大品牌。完成1家特级餐厅复评和23家一级企业年检工作。完成《美食东城专刊》制作和出版。全年向上争取财政支持资金3868万元,用于特色街、老字号、民生工程、家政服务、家电以旧换新、服务外包等商业、商务发展项目。

单位地址:东城区永内东街中里13号

联系电话:67116188　邮政编码:100050　(张忠旭)

【创新蔬菜流通模式】 推进区菜篮子工程,创建蔬菜直营店模式,建立10家天镇蔬菜直营店,分别位于东直门、东华门、东四、朝阳门、建国门、崇外、龙潭、天坛、体育馆路和永外10

个街道所辖地区,近50万常住居民受益。天镇蔬菜直营店使山西省天镇县蔬菜生产基地与北京蔬菜消费大区的蔬菜零售终端,通过政府间战略合作协议形式实现直接对接,减少流通环节,降低流通成本,实现惠民富农目标,解决卖难买贵问题。天镇蔬菜直营店面积在300平方米~400平方米之间,辐射半径在2公里~3公里左右,主要经营品种包括蔬菜、水果、杂粮和天镇农特产品,其中蔬菜销售面积达50%以上。从赢利点看,天镇菜店坚持蔬菜无利润经营,水果、杂粮低利润经营,其他农特产品中等利润经营原则。大众菜根据每周价格监测,直营菜店的白菜、土豆等8种平均价格比周围的规范化社区菜市场便宜30%以上,比周边大中型超市便宜40%左右。该模式在全市范围内得到示范性推广,受到国务院和市领导的关注。新建和改造4家规范化社区菜市场。新建"崇远万家+新发地"直营菜店13家,全区此类模式菜店达到22家。 (张忠旭)

【推进社区商业体系建设】 推社区商业标准化、体系化、普及化,使社区商业发展有本、有源、有"规"。在全国范围内率先制定《东城区社区商业建设标准体系》,提前完成为民办实事折子工程。确定区家政服务培训主体企业,指导建立富平家政服务培训基地,培训并验收家政人员1041名。完善再生资源回收体系建设,建立21个再生资源回收网点,在全市区县再生资源回收体系建设综合评分获第一名。区再生资源回收主体企业——北京天龙天天洁再生资源回收利用有限公司获全市首批示范企业称号。 (张忠旭)

【商务规划】 贯彻落实"规划也是生产力"、"没有规划不决策、规划不超前不实施"的理念,出台《东城区商业设施开业运营过程中相关问题的意见》,指导新开业商业设施的招商与建设规范。 (张忠旭)

【宣传老字号】 东城区17个老字号品牌被商务部定为第二批中华老字号企业,全区中华老字号品牌已达41个。组织老字号企业赴台参加特色周活动,便宜坊集团与台湾餐饮机构签署《关于共同组建都一处(台湾)股份公司合作意向书》。组织参加中华老字号博览会,东城区有10个老字号品牌分别获不同奖项。与前门大街管委会举办中华老字号前门论坛,扩大区老字号知名度。 (张忠旭)

【培育特色商业街】 加大对特色商业街区支持力度,全面培育、提升、改造特色街区。举办王府井国际品牌节主题论坛,提升王府井影响力。鲜鱼口老字号美食街、台湾会馆商务区和五道营休闲胡同成功申报为市级特色商业街区。组织特色商业街参加北京商业街橱窗展示大赛,5家企业获优秀奖,鲜鱼口老字号美食街被授予全国第一条"中华老字号商业街"称号。制定《簋街环境整治和业态品质整体提升工作实施方案》,完成簋街消费者行为调查专题调研报告,推进簋街商业信息化系统建设,42家门店安装快速订餐实施反馈系统。获得800万元市级资金支持。

(张忠旭)

【开拓国际市场】 支持中小企业开拓国际市场,完成东城区18家公司34个项目初审工作,审核项目资金56.4万元;扶持服务外包企业,完成年度中央支持承接国际服务外包业务专项发展资金5家企业428万元初审工作,联合区财政局完成年度市级服务外包发展配套资金1家企业304万元初审工作。 (张忠旭)

【引企促税】 崇文商务大厦作为区级企业集中办公区平台,注册企业累计达到688家,注册资金81亿元,实现区级税收2.59亿元。企业集中办公区楼宇经济基础进一步加强,入驻企业数量增加、质量提升,服务管理体系进一步完善,政企良性互动,涵养税源工作进一步系统化、规范化。 (张忠旭)

【加大行业安全生产监管】 以隐患排查治理为主线,与防火、地下空间整治等工作相结合,对重点地区、重点单位、重点部位实施重点监控,对监管企业进行不间断督促检查。作好节日期间客流掌控及疏导,建立企业安全生产档案,开展商务行业安全生产检查。全年累计检查、复查企业633家次,出动检查人员1296人次。实施行政处罚3起,处罚金额1.50万元人民币。 (张忠旭)

【对口帮扶工作】 与内蒙古集宁区、新疆和田地区、山西临猗县、北京平谷区南独乐河镇开展对口帮扶,已引进内蒙古集宁区10余家优质农产品品牌的近百种商品,完成新疆和田地区特产商店选址工作。 (张忠旭)

北京王府井百货(集团)股份有限公司百货大楼

【概况】 北京市百货大楼是中华人民共和国成立后北京建造的第一座大型百货零售商店,被誉为"新中国第一店"。1955年9月开业,1991年成立北京百货大楼集团,1993年进行股份制改造,1994年北京王府井百货(集团)股份有限公司在上海证券交易所上市,1999年新建北部商业楼,2000年王府井百货和东安集团公司实现资产重组,成立北京王府井东安集团有限责任公司。2004年2月,百货大楼进行内部升级改造,4月对外营业。2007年11月,北厦青春馆正式对外营业。2009年7月至上年9月,百货大楼进行内部改造调整,9月重张开业。经营面积10万平方米,地上8层、地下2层,汇集国内外知名品牌,经营奢侈品、国际精品、国际化妆品、黄金珠宝、时装、鞋类、运动品牌、家居家电、时尚配件等商品。百货大楼售货员张秉贵是全国著名劳动模范,大楼前广场立有其半身铜像,陈云在基石上题词:"一团火精神光耀神州"。2007年12月19日,该建筑经市政府批准,列入《北京优秀近现代建筑保护名录(第一批)》。

年内,百货大楼通过创新经营,提升管理水平,开源节流,提高企业运行质量和盈利能力,实现销售23.1亿元,实现5亿元快速增长。随着企业营销战略推进,商品结构优化提升,具有购物中心元素"时尚精品"百货定位目标初步实现。百货大楼获得上年度百货店百强企业、上年度诚信示范单位、共产党员献爱心捐赠证书、第二届北京王府井国际品牌节王府井十大品牌企业、上年度绿色通道工作突出单位、本年度北京市单位内部安全保卫工作集体三等功。

单位地址:东城区王府井大街255号

联系电话:65223388　邮政编码:100006　(李旭升)

【领导调研】　1月30日,市国资委党委副书记赵林华一行,到百货大楼慰问柜台一线员工,集团公司董事长、百货大楼领导陪同到全国劳模王涛,市劳模田玉梅、张朝和柜台,向他们致以节日的慰问,询问工作和服务情况。3月11日,东城公安分局、东城区消防支队领导到百货大楼检查安全工作,查看"两会"安全工作情况。4月21日,市国资委"国有企业反腐倡廉工作成效、难点及对策选择课题"调研组一行8人,到百货大楼进行调研。8月31日,全国政协经济委员会"加强现代流通体系建设,促进市场平稳运行若干问题"专题组成员一行,到百货大楼考察。　(李旭升　孙辰晨)

【管理季成果】　3月30日,百货大楼历时5个月的"管理季"活动结束。商店召开成果发布暨经验交流会。全面梳理商店现行制度,结合企业发展需要,修订、增加、废止相关文件,共梳理文件379个,修订文件115个,新增51个,废止30个。　(李旭升)

【社会公益】　6月4日,百货大楼组织16名爱心会员与8名商店青年志愿者,携手开展"爱心感动——走进太阳村"活动,商店为太阳村捐赠食用油18桶、大米15袋,捐赠衣物3箱、图书2箱。9月,向对口支援的宁夏进行冬季物资捐赠活动,捐赠大衣、皮衣、羽绒服等衣物257件。　(李旭升)

【张秉贵纪念馆】　9月23日,北京市第一座商业劳动模范纪念馆——张秉贵纪念馆,在北京市百货大楼正式揭幕开馆。市总工会党组书记、副主席曾繁新,区领导杨柳荫、牛青山、赵林华、夏树军及中国财贸烟草工会商贸工作部部长王小华到会,王府井百货集团各级领导出席。张秉贵亲属、徒弟及王府井百货在京门店的全国和市劳动模范参加揭幕仪式。张秉贵纪念馆是王府井百货打造先进企业文化和企业品牌形象的力作。展馆共展出有关图片113幅,实物69件。国庆节期间,参观者2.6万人。　(李旭升)

【党建活动】　商店在全体党员中开展岗位创新、四强四优、争先创优和佩戴党徽上岗等活动。引导党员以实际行动庆祝建党90周年,争创一流业绩、展示党员风采。活动期间,全店229名在岗党员,提出创新课题和措施262条。开展"向党寄心语"活动、绣党旗活动、征文活动,组织观看电影《建党伟业》,开展党内先进评选活动,并隆重召开"七一"庆祝暨表彰大会。组织"党史知识竞赛",普及党建党史知识,宣传和歌颂党的丰功伟绩,受到党员、干部和员工欢迎。开展"共产党员献爱心"活动,激发党员乐于奉献、助人为乐精神。237名党员、50名积极分子、404名群众参加,募集善款1.99万元。　(李旭升)

【装修改造工程】　商店进行5层办公区装修、热力站迁移、北厦博士帽修缮、西配楼拆建和办公区迁移,以及涉及百货大楼附属楼4层、5层和北厦3楼至6楼调整区域商装改造等工程。采取有效措施,组织安全检查、隐患排查和施工验收。按照既定工程实施推进计划和商品经营结构调整计划,按时、保质、安全完成各项工作。　(李旭升)

北京王府井百货集团股份有限公司东安市场

【概况】　北京王府井百货(集团)股份有限公司东安市场(简称东安市场),隶属于北京王府井百货(集团)股份有限公司,因其临近皇城东安门故名东安市场。始建于清光绪二十九年(1903年),也是京城20世纪最早出现的一座商贸市场,京城历史最悠久的著名老字号商场。历届国家领导人都非常重视东安市场,周恩来、万里、邓小平、杨尚昆、江泽民、朱镕基、贾庆林等先后到东安市场视察。东安市场位于王府井大街138号,北京市百货大楼对面,总建筑面积1.60万平方米。其中经营区域位于新东安大厦,D区B1－L3有4个楼层,商品经营面积8238平方米,D区L4－L6层电影院建筑面积4963平方米。

年内,东安市场对顾客满意度调研2次,顾客满意率98.3%。东安市场落实集团工作部署,结合商场实际,在破解难题中抢抓机遇,提升企业核心竞争力。全年工作围绕"加强特色化经营,提升运营质量"经营战略,在经营质量提升、营销工作创新、人性化服务管理、和谐企业建设、加强人才培养等方面取得较好的成果。

商场地址:东城区王府井大街138号

电话总机:65282211　邮政编码:100006　(刘爽)

【特色营销】　寻求自身突破,创建有特色营销。风筝节—春色'筝'先是亮点,作为年度东安市场自创开场节,连续举办3年,第三届首推室内风筝。小巧精致、操作简易,不受场地限制的小风筝,以健康、环保、低碳的休闲方式吸引众多媒体和顾客关注。荷花节—水乡风情进金街。最具夏季特色营销重点,荷花节打造"白洋淀鱼鹰飞进王府井金街"理念,将白洋淀原生态文化景观移植至东安市场正门前。原生态鱼鹰、渔船、渔翁,具有地域特色歌舞节目,吸引北京众多顾客来到东安市场,提升荷花节特色营销品牌效应。扇子节—文化契合受关注。扇子节是东安市场首次举办即成功的一个自创特色节日,凭借百年东安丰厚文化底蕴与具有独特内涵的扇文化相结合。东安市场与中国扇子艺术协会合作,推出近百款扇子,并用1.5米实物挂扇配合云纹主题的特色宣传,扇子节的推出,吸引众多媒体关注,电视台采访,网站转载率提高。花灯节—民间习俗巧结合。配合中秋赏花灯主题,举办花灯节。商场一层东通道,悬挂彩色花灯;专柜摆放红色台式花灯;地下1层主通道,吊挂形状各异彩色花灯;中秋月饼展卖区悬挂花灯和灯谜。手表珠宝节——网络营销新亮点。东安市场与知名团购网站"团购王"合作,用"顾客线上购买、线下体验"形式,推出3.9元购买手表珠宝节4权独享;市场微博也开展线上线下营销活动,珠宝节有奖转贴互动活动被网民追捧,粉丝们踊跃参与。 (刘爽)

【创新营销宣传】 市场改变传统宣传,自创营销节日宣传亮点,以媒体为纽带,节约成本获得更好效果。如北京电视台《特别关注》《生活面对面》《北京您早》等栏目,《北京晚报》《北京青年报》等均播报市场营销活动。年初,开展的"和田特色产品进京过大年活动",央视《新闻联播》予以报道。5月中旬,市场官方微博注册后注重内容可读性,融进生活常识、休闲娱乐多种内容,适时发布营销活动信息,如:苹果、时尚珠宝新品发布、产品展示、介绍等。主题营销活动中,采取发布营销信息、转贴、评论、抽奖等互动活动。 (刘爽)

【管理升级】 东安内网是比较先进、实用的信息网络平台。此平台,不断深化管理应用,梳理各项经营管理工作,管理水平快速提升。该网经完善和补充,涵盖市场经营、管理的各方面,让市场工作便捷高效、顺畅有序。建立4个审批系统,管理效能显著。 (刘爽)

【强化服务销售管理】 年内,以小品演示、模特走秀、PK、交流互动、经验介绍、技能演示、拓展游戏等多种形式开展主题班前会55次。开"连带销售"经验交流会。组织整个连带销售链条人员,按管理的经理层面、搜集整理的主管层面、实施操作的导购员层面分别进行经验交流,强化导购员的连带销售意识,提高连带销售技能。开展"连带销售优秀案例"评选活动。每月由销售部负责搜集本部门好的连带销售案例,形成文字材料并进行整理、分析,提炼出连带服务案例的精华所在,并上报参评;由评选小组在网上进行公开评分,获选的案例由东安市场统一给予奖励,连带销售优秀案例评选活动充分调动大家参与的热情,优秀案例以及案例总结的质量大幅提升。优秀案例学习推广。在东安市场卖场管理部的"交流空间"板块上传优秀案例,安排销售部对全场获奖的连带销售案例组织全员学习交流,互相启发,不断提高连带销售意识和连带销售的服务技能。 (刘爽)

【注重培养后备干部】 根据集团《后备人才培养方案》,组织后备人员参加培训、岗位实践锻炼,设置岗位"见习"职务,提高后备干部实际能力。培养年轻干部,提供成长空间与发展平台。安排岗位锻炼,注重培养,发现问题及时指导沟通,促进健康发展。重视新进大学生培养,让大学生列席参加各类会议和各类综合、专业性培训,岗位轮岗实践、指定层级指导人等活动,使他们快速融入企业,尽快成为企业发展中坚力量。 (刘爽)

【安全管理】 部门正职签署《安全目标责任书》,落实安全责任制。已发生安全问题部门进行追责,与负责人年终奖励挂钩,严重安全问题,要追究责任人经济和法律责任。完善和修订安全制度,突发应急预案,强化全员安全意识,在全场范围内开展消防演练活动8次,提高全员消防安全能力。聘请东单交通队专职民警进行交通安全培训,专项教育培训活动7次,724人参加。加强安全工作日常检查,发现问题及时整改,形成自上而下,自下而上,层层把关,逐级负责安全管理格局,做到安全检查不断线,隐患整改不拖延。实施《安全管理标准》,建立安全管理长效机制,通过技防和人防,确保企业安全。 (刘爽)

中国北京同仁堂(集团)有限责任公司

【概况】 中国北京同仁堂(集团)有限责任公司(简称同仁堂集团),是市政府授权经营国有资产的国有独资公司,以中药为主业,集科工贸、产供销为一体的大型中药企业集团。拥有十大子公司及两院,其中北京同仁堂股份有限公司(简称同仁堂股份)和北京同仁堂科技发展股份有限公司(简称同仁堂科技)是2家上市公司,北京同仁堂健康药业股份有限公司(简称健康药业)、北京同仁堂商业投资发展有限责任公司、北京同仁堂国药有限公司(简称同仁堂国药),北京同仁堂药材有限公司等8家为中外合资及股份制公司,1家研究院和1家中医医院。业务涉及中药材种植及饮片加工,中成药、普通营养食品、保健食品、传统滋补品、生物制品及化妆品的生产销售、科研开发、出口贸易等方面。年可生产24个剂型1000余个产品,拥有75条通过国家GMP认证的生产线。

年内,同仁堂集团落实"北京同仁堂'十二五'发展规划",以构建六大二级集团为主线,推进"专业化、规模化、集团化"进程。落实重点项目建设,加快产业布局调整,转变经济增长方式,向科技要效益。拓展海外市场,扩大同仁堂海外影响力。克服不利因素影响,增强应对市场变化和抵御风险能力。围绕市场需求,加强品种群建设,促进销售上量,更新换代主销品种,增加产品附加值,提升利润空间。销售收入、实现利润第15年连续两位数增长,集团整体投资回报率和出口创汇创历年最高。职工人均增资四级,收入稳步提高,增强企业凝聚力。弘扬企业文化,承担社会责任,积极参与公益活动。全年无重大安全、质量事故。截至年末,同仁堂集团资产总值140亿元,同比增长17%;全年实现销售收入163亿元,同比增长26%;利润总额13.16亿元,同比增长26%;实现利税20亿元,同比增长12%;工业总产值79.6亿元,同比增长19%;出口创汇3392万美元,同比增长21%。年内集团3个集体分别被全国总工会和北京市总工会授予荣誉称号。其中同仁堂健康赛特购物中心同仁堂专柜获全国工人先锋号称号,同仁堂股份同仁堂药店获首都劳动奖状称号,同仁堂药材公司(亳州)饮片有限责任公司获北京市工人先锋号称号。

单位地址:东城区兴隆街52号

联系电话:67171755 邮政编码:100062 (葛冰)

【重点项目签约】 1月4日,北京·亦庄7个重大项目集中签约,市委书记刘淇,市委副书记、市长郭金龙出席签约仪式。7个项目多属战略性新兴产业,其中同仁堂集团拟投资50亿元建设集生产、制造、物流、销售于一体的同仁堂中药现代化产业园,建成后年产值和销售收入可达200亿元。副市长苟仲文在签约仪式上指出,新签约的重大项目,对于进一步提升产业发展水平、增强发展活力、推进产业结构调整、加快建设南部高技术制造业和战略性新兴产业聚集区具有重大意义。 (葛冰)

【中关村旗舰店开业】 2月16日,同仁堂中关村旗舰店开业。该店秉承北京同仁堂优良传统,通过中医坐堂与药品零售结合,产品推广与文化传播并重,特色服务与产品多元化相依托,为北京西北地区市民提供优质高效的服务。同仁堂集团党委书记、董事长,总经理等出席并剪彩。北京电视台、《北京日报》等13家新闻媒体参加。 (葛冰)

【获全国巾帼建功标兵称号】 3月31日,全国工商联"巾帼建功"颁奖活动在同仁堂集团召开。评选通过自下而上推荐,优中选优评审,同仁堂集团副总经理丁永铃荣获巾帼建功标兵称号。全国政协副秘书长宋北杉,全国工商联,全国妇联,同仁堂集团党委书记、董事长等领导出席会议。

(葛冰)

【领导调研】 4月8日,中央政治局委员、市委书记刘淇,卫生部党组书记、副部长张茅,市长郭金龙等领导,到中关村科技园区大兴生物医药产业基地,视察北京同仁堂中药现代化产业园等重点项目建设情况。在听取同仁堂产业园项目规划建设情况汇报后,刘淇指出,医药企业要加强自主创新,加大新产品开发力度,不断丰富产品种类,提高科技含量,努力打造北京的医药产业品牌。国家食品药品监督管理局、国家中医药管理局领导,市领导吉林、李士祥、赵凤桐、苟仲文,市政府秘书长孙康林,市相关委办局,大兴区领导,同仁堂集团领导陪同视察。5月18日,全国政协副主席白立忱就创新监管体制机制,确保食品药品安全工作到同仁堂集团调研,参观同仁堂股份亦庄生产基地基本药物电子监管码自动生产线、手工包装线,蜜丸传统手工生产展示线,听取同仁堂集团负责人汇报落实基本药物电子监管的实施情况。食品药品安全监管调研组成员、同仁堂集团总经理陪同。6月18日,国家卫生部副部长、中医药管理局局长王国强视察北京同仁堂(澳大利亚)有限公司悉尼药店。王国强参观悉尼药店岗位柜台和中医诊室,听取公司负责人汇报,仔细询问同仁堂在澳大利亚的发展、成药入口、医师配备和中医师行医等情况。并肯定同仁堂在澳大利亚市场宣传推广中医药文化、开展中医医疗服务、经营名优特中药产品,为当地病患者提供优质中医药服务等工作。中国驻悉尼总领馆、国家中医药管理局、香港特别行政区卫生署、甘肃省卫生厅领导陪同调研。11月4日,市人大常委会主任杜德印到同仁堂国药公司进行调研。参观同仁堂国药公司总部,听取同仁堂海外发展情况及未来发展规划汇报。他指出,面对激烈市场竞争,同仁堂不仅要加快海外业务开拓,更要注重本土化人才选拔、培养及储备。同仁堂集团及北京同仁堂国药公司领导出席。12月10日,市委常委、常务副市长吉林到同仁堂集团调研。视察同仁堂研究院科研开发和同仁堂博物馆建设工作,在听取企业负责人汇报后指出,同仁堂未来发展要落实"三个坚持",即坚持以质量为根,保质量谋发展;坚持强化管理,进一步保护和提升品牌;坚持术业有专攻,把医药为核心的产业链延长,并尝试与国资系统兄弟单位资源共享,共同发展。市国资委党委书记、主任,副主任,同仁堂集团党委书记、董事长,总经理等陪同调研。 (葛冰)

【入选中医药文化宣传教育示范基地】 同仁堂集团发挥自身优势,深入挖掘中医药文化内涵,采用多种方式科学传播中医药文化。5月13日,同仁堂集团等4单位入选北京市中医管理局公布的首批北京中医药文化宣传教育示范基地名单。 (葛冰)

【中医医院通过二级医院验收】 上半年,北京市中医管理局专家评审组按照《医疗机构基本标准》和《2010年二级中医医院管理年活动检查评估细则》要求,采取听汇报、查阅资料、实地检查评估的方式,对北京同仁堂中医院的规模、管理、医疗护理质量、技术水平、中医药特色、医疗服务功能、医疗设备设施、药剂管理等方面进行评审。5月27日,北京同仁堂中医院获得北京市中医管理局批准,正式成为二级中医医院。 (葛冰)

【与北京银行签订战略合作意向】 7月7日,中国北京同仁堂(集团)有限责任公司与北京银行签署全面战略合作协议,重点支持北京同仁堂中药现代化产业园建设。根据协议,北京银行将向同仁堂集团提供意向性授信额度50亿元,并将提供包括融资授信、账户结算、"现金优管家"、短期融资券、中期票据承销发行、投资理财、"资金快链"等全方位的金融服务。双方在中药基础性研究、中药材规范化规模种植、中药材成药生产及销售等领域进一步加强合作,充分发挥各自优势,全力推动首都生物医药产业发展。 (葛冰)

【参加驻港企业座谈会】 7月18日,北京市委副书记、市政协主席王安顺召开驻港企业座谈会。同仁堂集团公司董事长参加座谈。在听取同仁堂海外发展历程介绍后,王安顺指出,大陆企业要利用香港经济发展的重要平台,进一步解放思想,转变观念,以经济效益为核心,健康快速发展。(葛冰)

【获全国模范劳动关系和谐企业称号】 8月15日,人力资源和社会保障部、中华全国总工会、中国企业联合会、中国企业家协会、中华全国工商联合会在北京人民大会堂召开全国构建和谐劳动关系和谐企业与工业园区先进表彰暨经验交流会,同仁堂集团获"全国模范劳动关系和谐企业"称号。会上,同仁堂集团领导作为北京市劳动关系和谐单位唯一代表,做了"打造善待文化发展百年老店"的典型发言。

(葛冰)

【中东首家同仁堂旗舰店开业】 10月18日，中东首家同仁堂旗舰店在阿联酋迪拜开业。该店秉承北京同仁堂优良传统，通过中医坐堂与药品零售结合，产品推广与文化传播并重，服务多元化与产品多元化相依托，为当地民众提供优质高效的服务。阿联酋副总统、迪拜酋长夫人、中国驻阿联酋大使馆商务参赞、驻迪拜总领事、阿联酋卫生部部长、同仁堂集团副总经理、北京同仁堂国药公司总经理等出席并剪彩。新华社、中央电视台等新闻媒体参加开业庆典。 （葛冰）

【革命老区光明行活动】 11月16日，北京同仁堂革命老区光明行——走进房山大型公益活动，在北京同仁堂中医医院启动。该活动旨在帮助生活在革命老区贫困白内障患者重见光明。同仁堂集团出资50万元为首批130多名房山区贫困白内障患者进行免费手术治疗。北京市政协副主席沈宝昌，秘书长闫仲秋，市卫生局、市医管局、市中医局领导，房山区政协主席等出席启动仪式。 （葛冰）

【止渴养阴胶囊批量生产】 12月16日，同仁堂股份研制的用于治疗Ⅱ型糖尿病的新药——“止渴养阴胶囊”投入批量生产，标志着北京市中医药“十病十药”首批新药生产正式启动。北京市副市长丁向阳，市卫生局、市中医局、市药监局、东城区、同仁堂集团有关领导及中央电视台、北京电视台、《北京日报》等媒体参加。止渴养阴胶囊是同仁堂集团下属同仁堂股份研制的第6类中药新药，是中成药复方新药。该药具有益气养阴、滋肾健脾的功能，对于气阴两虚、脾肾不足导致的Ⅱ型糖尿病疗效较好。 （葛冰）

【中医药大师命名仪式】 12月16日，在同仁堂集团举行“北京同仁堂第二批大师命名”仪式。命名并嘉奖8名同仁堂中医大师、3名同仁堂中药大师、1名同仁堂中医药传承大师、1名同仁堂民间技艺传承大师。宣布《关于高益民、于葆墀等13人命名大师的决定》并颁发聘书。该项活动旨在弘扬中医药大师高尚医德医风，传承同仁堂中医药文化和培养中医药人才。市政协、市委组织部、市中医管理局、市国资委等有关领导出席大会。 （葛冰）

【通过24项质量认证】 北京同仁堂集团通过国内GMP（药品生产质量管理规范）、GSP（药品经营质量管理规范）、QS（食品质量安全）等各项质量认证24项。其中同仁堂股份公司制药厂丸剂、口服液、胶囊剂，同仁堂股份药酒厂酒剂，同仁堂制药有限公司丸剂、颗粒剂，同仁堂科技公司制药厂软胶囊剂通过GMP复验，获药品GMP认证证书。北京同仁堂参茸有限公司新东安药店、北京同仁堂天津药店有限公司富力城店、北京同仁堂连锁药店有限责任公司朝外和天通苑药店等18家获GSP认证证书，健康药业茶制品和代用茶、饮料（固体饮料）通过QS认证。 （葛冰）

【大陆外经营】 同仁堂国药完成大陆外资产重组工作，逐步形成大陆外整体管理平台。中成药出口创汇3392万美元，同比增长21%，蝉联全国中药行业第一。营业收入2.83亿港币，同比增长47%；实现利润7700万港币；拥有12家大陆外公司，在大陆外17个国家和地区共有64家零售终端，资产总额达到4.7亿港币。 （葛冰）

中国医药保健品股份有限公司

【概况】 中国医药保健品股份有限公司（简称中国医药），是在上海证券交易所挂牌的国有控股上市公司（股票简称：“中国医药”，证券代码：600056），其控股股东为中央直接管理的国有骨干企业中国通用技术（集团）控股有限责任公司。公司秉承“关爱生命、追求卓越”核心理念，致力于医药产业发展和人类健康事业，努力打造中国医药行业旗舰企业。中国医药已建立起以国际贸易、医药工业、医药商业3大板块为支撑的科工贸一体化协同发展产业格局，经营范围涵盖天然药物、医药化工、医疗器械、综合贸易四大领域，经营形态涵盖种植加工、研发生产、商业流通、国际贸易、技术服务等医药产业全产业链条。

年内，中国医药获上年度中国医药保健品进口五强企业称号，公司员工1人被评为2006—2010年全国法制宣传教育先进个人。

单位地址：东城区光明中街18号
联系电话：67107218　邮政编码：100061 （马静）

【天山制药并购项目】 7月28日，中国医药新控股企业——新疆天山制药工业有限公司第43届董事会在乌鲁木齐召开，中国医药完成天山制药投资并购项目。天山制药是中国第一家甘草精加工企业，也是国内最大甘草制品企业。 （马静）

【6小时完成应急药品调动】 8月23日，甘肃陇西县发生一起集体中毒事件。根据工信部指令，公司及时启动应急响应工作机制，向甘肃省卫生厅调运解毒药物。相关工作人员放弃周末休息，6小时完成药品调运任务。甘肃省卫生厅及陇西县第二人民医院对公司工作效率及职工工作责任感给与赞扬。 （马静）

【增资扩股】 公司通过引进战略投资者方式对广东美康万特医药有限公司进行增资扩股，成立广东美康大光万特医药有限公司，新公司在产品资源、经营网络、经营资质、人才队伍等方面得到强化，进一步巩固公司在广东地区医药商业优势地位。 （马静）

【签署医疗物资合作项目】 公司与委内瑞拉卫生部成功签署价值9亿美元的医疗物资合作项目，该项目为中国与委内瑞拉两国在医疗卫生领域单笔签约金额最大项目，标志着公司在传统贸易业务转型及海外市场拓展方面取得突破。 （马静）

【完成援外供货任务】 完成援塞拉利昂、赞比亚、卢旺达、肯尼亚和埃塞俄比亚医院医疗设备供货任务。为非洲援建医院项目是2006年胡锦涛主席在中非合作论坛北京峰会上,代表中国政府宣布对非经贸合作的重要内容。中国医药承担其中10家医院医疗设备供货任务。 (马静)

中国全聚德(集团)股份有限公司北京全聚德前门店

【概况】 中国全聚德(集团)股份有限公司北京全聚德前门店(简称全聚德前门店),是中国全聚德(集团)股份有限公司下属企业。

年内,前门店的餐位因二期工程的启动,减少40个,是近10年经营中餐位最少的一年。同时,前门地区二期工程进入攻坚时段,前门店周边经营环境变得更为不利经营。集团公司围绕经营中心工作和首旅集团提出的"中国服务"工作要求,结合集团公司5年发展战略规划,抓好创收、创利、安全和职工队伍建设,完成全年各项工作任务。前门店完成全国"两会"代表、国台办先后18批570名重要客人宴请和肯尼亚国民委员会主席卡夫契、世界旅游业理事会主席大卫·思科斯尔等重要贵宾参观及用餐接待;抽调4名技术骨干,完成对郑州直营店技术支持;选派26名员工,参加"北京市第二届职工职业技术大赛",10名选手获金奖,2名获银奖。前门店再次获全国文明单位,顾客满意度98%,安全生产实现"零事故",企业发展和谐稳定。

单位地址:东城区前门大街30号

联系电话:67011397 邮政编码:100051 (李璐婕)

【营销推介宣传】 1月6日,落实全聚德集团"五节联庆"营销精神,带动春节期间营业创收,举行"兔年年夜饭"推介活动。并以"点击'全聚德'起源店'兔年年夜饭'关键词"为主题,精心布置菜品推介展台,以"分子菜肴"、"网络抢订"和"互动狂欢"3项主打内容,举行媒体推介活动,全方位宣传新春年夜饭,热动春节营销市场。各报纸、电视、网络媒体,累计报道74篇次。其中北京卫视《特别关注》《北京您早》和《首都经济报道》,《北京日报》《北京晨报》《北京青年报》《北京晚报》《人民日报》《法制晚报》《京华时报》《北京商报》《劳动午报》等报刊报道14篇次;新华网(英文版)、人民网(英文版)、环球时报网(英文版)、千龙网、凤凰网、搜狐网、新浪网、中国网络电视台等网络报道58篇次;《燕赵晚报》《哈尔滨日报》《宁波日报》《郑州日报》《汴梁晚报》等外埠媒体也对此次推介活动给予大篇幅转载报道。 (李璐婕)

【老店腊八送温情】 1月11日,为答谢消费者对老店的厚爱,特意在腊八节当日为宾客准备由十几种原料精心熬制的腊八粥,工作人员带粥走出店门,走上前门大街,1864名宾客免费品尝。活动现场除游客之外,周围商户和附近社区居民一起品尝到老店腊八粥,许多老北京人和游客称赞全聚德,仍保持老传统。 (李璐婕)

【京味美食品鉴会】 1月30日,由市旅游局、市商委区政府联合举办的"吃在北京—在北京过年 享京华美食"春节活动之京味美食品鉴会,在前门店一楼餐厅举行。市旅游领导及市、区领导与180名中外宾客一起品尝京味美食。前门店展现出精湛厨艺,提高全聚德知名度。 (李璐婕)

【新菜品推介宣传】 2月28日,以"全聚德美食之都、美食世界风"为主题,在老铺餐厅举行"牵手世界、华彩美馔"第一季度"日韩系列"创新菜品媒体推介活动。各报纸、电视、网络媒体予以报道39篇次。其中北京卫视、《中国食品报》等电视、报刊报道12篇次,新华网(英文版)、中国日报网、等网络报道28篇次。 (李璐婕)

【团员之星评选】 3月3~20日,前门店团委开展以"让团旗更鲜艳"为主题的"团员之星"评选活动,树立青年先进典型,落实全聚德集团公司团委创先争优活动精神。评选以带头坚定信念、刻苦学习、爱岗敬业、弘扬正气为标准,9名团员被评选为年度"团员之星"。前门店团委号召团干部和全体团员学习先进,在一线管理、服务、技术等各个岗位,发挥团员作用。 (李璐婕)

【获市级文物保护单位称号】 3月7日,经市政府批准,全聚德前门店"老门面墙"被正式认定为北京第八批市级文物保护单位。前门店"老门面墙",始建于光绪二十七年(1901年),迄今已有110年历史,它被正式认定为"北京第八批市级文物保护单位",在社会上掀起全聚德品牌热潮。中央电视台新闻频道《共同关注》、北京卫视、《北京晚报》、新华网、中国文化遗产网等全国多家媒体,进行报道,累计宣传61篇次。其中《北京日报》以《第八批共31处市级文物保护单位公布前门全聚德借9米老墙入选》为题,进行整版报道,《北京晨报》以《全聚德老墙成市级文物:从门面变文物 磨难百年》为题,进行半版宣传报道。 (李璐婕)

【147周年店庆活动】 7月11~17日,为庆祝"全聚德"品牌创建147周年,以"品味历史·品味经典 感恩回馈·携手百年"为主题,开展"全聚德"现存最早"老菜单"首次亮相、"怀旧经典菜品"展卖周等,并免费发放天下第一楼清凉扇1196把、送消渴茶水千余杯等活动。前门店选取其中"珍贵'老菜单'重回故里 印记老北京餐饮故事"的老菜单展示活动为新闻点,引起顾客和媒体关注。各报纸、电视、网络媒体报道91篇次。 (李璐婕)

【党团建设】 10月13日,前门店组织部分党员、团员和入党积极分子共33人,参观在中山公园举办的"纪念辛亥革命100周年"主题展览。开展"党在我心中"系列主题教育活动,做好"学习型党组织"创建工作和创先争优活动,团组织年内举办"学习双百人物 继续光荣传统 立足岗位奉献 践行中国服务"演讲比赛,通过参观展览,举办党史知识竞赛、团员演讲比赛等活动,提高对党的认识,增强党员意识,将党建教育成果转化到实际工作中,企业不断发展。10月19日,为推进"学习型团组织"建设工作,前门店工会和团委5名一线员工经过所在团支部推荐，参加此次比赛，另有入党积极分子、年度团员之星和群众代表共25人参与。前门店组织一线员工学习有关材料，以赛促学，交流思想，加深理解。（李璐婕）

【温情服务】 前门店在餐厅服务岗位开展以“我身边的顾客需求”为主题服务讨论活动，结合顾客需求，提出16个方面108项“温情服务”措施，其中12条20项措施，在餐厅予以公示。以推行“温情服务”措施为契机，前门店时刻关注顾客需求，不断总结经验，充实内容，提升服务水平。（李璐婕）

北京东华服装有限责任公司

【概况】 年内，公司提出“管理、服务、指导、监督、协调、沟通、交流”的企业管理方针。确立“服务大众，价格适中，销售为王，错位竞争”的经营策略。继续发挥房产优势，稳定租金收入；利用资金优势，投资理财产品；开展民间贷款，提高资金效率。制定、修改管理制度11项，进一步规范企业行为。全年实现营业收入7375万元，上缴各项税费1286万元。

单位地址：东城区什锦花园胡同43号

联系电话：01064041068　邮政编码：100007（岑泰）

【送温暖活动】 春节前，开展送温暖慰问活动。公司高层管理人员和基层单位党、政、工领导对困难员工、孤寡户、病号、离退休干部、劳模、统战对象及生活困难党员共43人发放生活用品和慰问金约计1.5万元。前往景山街道什锦花园社区慰问企业捐资助学联系户，送去学习用具和慰问金。（聂仲杰）

【党务工作会】 3月23日，公司党委召开党务工作会，基层党支部书记和党委部门人员共11人参加。总结上年党委工作和布置本年工作计划，传达景山街道党务工作会精神，与基层各单位签订本年党风廉政建设责任书，向基层汇报上年党费缴纳使用情况。（聂仲杰）

【基层党支部换届改选】 5月，党委提出基层党支部改选工作意见和具体安排，所属7个基层党支部按要求和规定程序完成换届选举工作。（聂仲杰）

【纪念建党90周年系列活动】 6月至7月，党委组织全体党员开展征文、演讲、参观、唱响红歌、党员献爱心等活动。在“党旗在我心中”征文活动中，党员56人参与。5人代表公司参加景山街道工商联联合党委组织的演讲并获奖。机关党支部还组织全体员工开展以“公司发展变化、先进人物形象、员工工作生活”为主题的摄影比赛。在建党90周年党员献爱心活动中党员捐款1410元。1名离休干部上缴特殊党费1000元。（聂仲杰）

【表彰奖励先进】 6月，在党员中开展评选2009—2010年度先进党支部、优秀共产党员、优秀党务工作者活动。经过全体党员推荐评选，评出东城区优秀党务工作者1名，景山街工委系统先进党组织1个（东华联合党支部），景山街道工商联优秀共产党员7名，优秀党务工作者2名，公司级优秀共产党员10名、优秀党务工作者2名。公司党委被评为东城区非公有制经济组织党建创新“五个好”示范点。党委对优秀个人和集体进行表彰奖励。（聂仲杰）

【推进无纸化办公】 利用公司局域网及管理人员电子邮箱，公司所有文件都在网络中传阅，实现无纸化办公，节约办公费用。（岑泰）

【获“老字号”称号】 在王府井第二届国际品牌节中，建华分公司被评为王府井十大中华老字号，华女公司被评为王府井知名中华老字号。（岑泰）

【组建北京东百安物业管理有限公司】 为作好北京饭店二期工程商业综合楼回迁后物业管理工作，公司与王府井女子百货、王府井医药公司协商，三家企业分别出资15万元、25万元、10万元，成立北京东百安物业管理有限公司，注册资本50万元，于11月在东城工商局注册登记。（岑泰）

【党组织建设】 党委选送2名新书记参加区委组织部举办的党支部书记岗位知识培训，接收2名积极分子为预备党员，为一名预备党员办理按期转正，4名新党员参加景山街工委组织的庆祝建党90周年入党宣誓仪式。（聂仲杰）

【党风廉政建设】 公司党委认真落实中纪委有关廉政教育的工作部署和要求。与6个基层班子签订《党风廉政建设责任书》，落实廉政责任。各支部通过学习收看违规违纪人员案例资料进行警示教育，贯彻落实和严格遵守有关制度法规，落实公司各项规定，支持工会推行“厂务公开”活动。（聂仲杰）

【老干部工作】 公司党委定期听取老干部生活和身体情况汇报，及时提出解决问题的措施办法，为老干部办理“生活小帮手”通讯工具。及时进行健康体检，公司领导经常走访慰问老干部，坚持给每位离休老干部过生日，组织他们春游，经常保持电话联系，对年老和患病的人员及时到家中或医院看望慰问。（聂仲杰）

北京永安复星医药股份有限公司

【概况】 北京永安复星医药股份有限公司（简称永安复星医药公司），注册资本1.5亿元，经营项目：销售中西成药、中药材、医疗器械、生物化学药品消毒剂、保健用品、医药原料、食品、计划生育用品等。公司有北京永安堂医药连锁有限责任公司和北京王府井医药商店有限责任公司控股子公司。有职工460人，其中具有各类专业技术职称254人，占员工总数的55.22%。

年内，公司实现主营业务收入1.65亿元，完成全年预算指标的96.36%;实现利润总额901.9万元、净利630.3万元,分别完成全年预算目标的100.1%和95.5%。经营现金流、综合毛利率、存货周转天数等项均完成预算目标。在扩大经营、紧缩开支基础上适度提高职工收入水平,并实现人工成本加大当期消化。5月,永安堂连锁公司获中华人民共和国商务部第二批认定的"中华老字号"企业。6月,永安堂连锁公司党支部获区国资委系统先进基层党组织称号,王府井医药商店工会主席获区国资委系统优秀党务工作者称号,永安堂连锁公司1名党员获区优秀共产党员称号。9月,王府井医药商店有限责任公司获王府井知名企业称号,永安堂连锁公司百草药店评为王府井十大老字号,品牌企业。

单位地址:东城区什锦花园胡同43号

联系电话:64015011 邮政编码:100007 (何向阳)

【年度第一次股东会】 4月27日,召开公司年度第一次股东会。会议审议通过上海复星医药投资有限公司原派驻董事胡雪峰职务由沈朝维接任的建议,审议通过上年工作总结和本年工作计划报告,审议通过年度监事会报告,审议通过上年度财务决算和本年度财务预算报告,审议通过上年公司利润分配方案,审议通过对董事长、总经理上年度经营业绩的考核意见,审议通过对企业负责人上年度绩效考核意见,审议通过公司对外短期投资建议方案。 (何向阳)

【参观平西抗战纪念馆】 6月10日,公司党委组织全体党员到平西抗日战争纪念馆参观学习。并举行了新老党员重温入党誓词活动。 (何向阳)

【制定公司发展规划】 9月,制定公司(2012—2014年)企业发展规划,提出主要任务是:在推进企业资产重组以医药流通本业为主导,适度发展医药连锁规模和非药经营,提高企业盈利能力;发挥经营网点和资金充裕优势,提高资产存量的最大效益;实施规范和标准化管理,发挥全面预算管理监控作用;适时进行企业经营架构调整,在创新和规范经营中寻求发展。 (何向阳)

【调整网点格局开发利用】 公司将经营网点格局调整作为开发资源效益重点,从规范经营和降低费用入手,10月将原芳草药房重新调整归属于永安堂连锁公司,理顺零售经营管理体系。对原芳草药店和经营事业部经营场所进行资产配置调整,将交道口宽街药店划出部分场地归经营事业部使用,适当缩减原芳草药店场地规模,装修改造后院部分用房划归其使用,腾出约1200平方米建筑面积可用作整体出租。 (何向阳)

【百强企业】 公司上年度在中国药品零售连锁百强企业排名中列第80名,获中国医药商业协会和中国医药商业协会连锁药店分会颁发"年度中国药品零售连锁百强企业"证书。 (何向阳)

北京东方奥天资产经营有限公司

【概况】 北京东方奥天资产经营有限公司(简称东方奥天公司),按照区委、区政府、区国资委发展规划和工作部署,坚持"创新、营销、改革、发展"工作方针,抓经营、强管理、促发展。

年内,实现主营业务收入4.95亿万元,同比增长5.32%。利润总额2520万元,同比增长4.73%。国有资本保值增值率105.54%。完成国资委下达的全年预算目标,实现企业经济效益平稳增长。

单位地址:东城区韶九胡同19号

联系电话:85115220 邮政编码:100006 (张慧兴 李烁)

【节日营销】 元旦、春节期间,公司整体策划并组织实施"红红火火过大年,喜福不断迎新春"主题促销活动,突出民俗、喜庆的节日特色,实现销售3392万元。"金九银十"和黄金周期间,公司组织举办"多彩金秋 真情回报"为主题的第二届购物节,活动期间实现销售2527万元。 (张慧兴 李烁)

【主要会议】 1月12日,公司召开第一届第一次职工代表大会,154名职工代表参加,区总工会领导到会并讲话。会议听取并审议《深入贯彻调整组建方案,全面推进企业改革和发展》工作报告、《2010年公司业务活动经费使用情况的报告》,审议并通过公司《关于对违规违纪员工处理的暂行规定》,选举产生职工董事、职工监事。1月12日~13日,公司召开经济工作会,进行全年重点工作部署,各主管领导对工作分别提出要求。签订绩效目标、党风廉政、综合治理和计划生育责任书。6月16日,在东城区图书馆多功能厅,召开公司党员代表大会,选举产生公司党委第一届委员会委员7名,纪委委员5名。公司党委、纪委分别召开第一届第一次会议。7月12~13日,公司召开半年工作会,总结上半年工作,部署下半年任务。董事长总结发言强调要加强职员责任心和素质能力,确保企业经济效益平稳增长。 (张慧兴 李烁)

【领导调研】 3月22日,副区长朴学东到公司调研,国资委主要领导陪同。朴学东听取工作情况汇报,对公司工作给予肯定,并就经济工作和企业改革,提出具体要求。 (张慧兴 李烁)

【制度建设】 4月28日,公司组织编制的党风廉政、诫免制度、支部建设、首席员工等第二批管理制度14项,经董事会第七次会议审定,汇编成册,并印发各部室、各企业,并分别组织培训和实施。 (张慧兴 李烁)

【主题实践活动】 庆祝建党90年,在党员中开展"争当时代先锋,打造战斗堡垒"、"亮身份 践承诺 当先锋 展风采"、"红歌献给党"等系列主题实践活动。组织部分党员干部,前往遵义、延安、遵化董存瑞纪念馆,进行继承革命传统教育。"七一"前夕,召开全系统优秀党员表彰大会,对获区先进党组织称号的利生商厦党支部、获区国资系统优秀党务工作者称号的儿童商店党支部书记、获公司系统优秀共产党员称号的27名优秀共产党员予以表彰。　（张慧兴　李烁）

【拜登品尝"姚记炒肝"】　8月18日，在中国访问的美国副总统拜登，在美国驻华大使骆家辉陪同下，到位于鼓楼东大街331号的公司网点——"姚记炒肝"店，品尝老北京小吃，并与店员、顾客合影。　（张慧兴　李烁）

【利生商厦店庆】　在利生商厦建店90周年之即，商厦举办为期一年的"周周有惊喜，周周抽好礼"品牌冠名周主题促销活动。9月、12月，与厂家联手先后举办李宁品牌与中国羽毛球队、红双喜品牌与乒乓球世界冠军和球迷见面互动及现场签售活动。　（张慧兴　李烁）

【盛锡福老字号】　盛锡福拓展老字号品牌经营，发挥资源优势，加大出口业务。年内，创出15大类300款新品，全部进广交会。开发老字号授权经营，实现授权经营店13家。

（张慧兴　李烁）

【经营结构调整】　公司所属部分经营企业，进行经营结构和商品结构调整。利生商厦对店内20个品牌专柜进行调整、店面装修，实施多品牌错位经营。改造商厦门头及电子广告宣传橱窗，及时发布促销信息和广告宣传。儿童商店调整办公区扩大经营面积400平方米，地下一层由原来羽绒服卖场调整为婴幼儿用品商场，全力打造高档次婴幼儿品牌旗舰店。王府井食品商场调整装修商场外立面结构，美化商场门面、改善购物环境。　（张慧兴　李烁）

【出租餐饮网点管理】　公司针对出租餐饮网点收益低，安全隐患多的现状，研究制定《关于加强出租网点经营餐饮业的管理规定》《关于餐饮网点调整和升级改造的意见》，并根据企业发展规划，进行资源配置调整，理顺管理关系，满足企业改制需要。先后对19处网点重新进行资产整合，对8家不具备规定条件的餐饮网点完成转向经营，对64户到期续约网点调整租金标准。全年增加租金收入158万元。

（张慧兴　李烁）

【项目工程】　和平里安和市场项目规划调整方案通过论证，设计方案通过专家审评会。市发改委、区发改委对计划立项进行论证，对土地出让进行评估；与园林、消防等部门沟通，做好设计招投标前期工作。成立5人维稳工作小组，妥善处理与周边居民关系，完成经济补偿和房屋置换等工作。

（张慧兴　李烁）

【企业改制与转划】　同升和鞋店根据企业现状，研究制定"品牌发展战略，提升企业活力"改制思路，通过招商引资，与具有一定资金实力、热衷于京城老字号发展企业为合作伙伴；盛锡福帽业有限责任公司，针对2000年企业改制后遗留的产权、债务等问题，重新拟定股权重组方案，通过招商寻找合作伙伴；儿童商店在区国资委直接领导和参与下，稳步推进改制工作。12月13日，根据区国资委《关于国资系统资产整合工作安排》，公司所属红光照相器材商店，无偿划转给东方文化资产经营公司，完成交接手续。

（张慧兴　李烁）

【人才培养】　经过推荐、考核、公示、党委讨论决定等程序，33人被确认为企业正副职后备干部。对中层以上领导干部、企业后备干部进行观念素质、高效团队意识培训4次，组织读书交流13次，并进行干部轮岗交流和大学生招聘工作。

（张慧兴　李烁）

【城乡共建活动】　公司开展"以城带乡，城乡共建"活动，首都文明单位王府井食品商场、商贸连锁公司德昌厚食品店、新中国儿童用品商店、云龙公司安定门宾馆，分别与怀柔区长哨营满族乡、怀柔区桥梓镇峪口村、怀柔村九度河黄岗村签订共建协议，达成产销意向，合作资金156.7万元。

（张慧兴　李烁）

【安全稳定工作】　公司先后出台《安全检查管理办法》《安全生产应急救援预案》《进一步加强信访排查调处工作意见》等文件；组织专题培训、定期排查隐患、开展联合检查。全年组织各类安全检查6247店次，投入资金100万元改造更新设施设备，督办整改安全隐患203起。做好信访排查调处工作，全年未出现群体性事件。　（张慧兴　李烁）

【提高职工待遇】　公司在经济效益稳步增长的同时，加大最低工资标准调整幅度，在岗职工平均工资收入同比增长18%。坚持走访慰问困难职工，全年发放各类困难补助款10.4万元。为2600名职工办理"在职职工住院医疗互助合作保险"，其中138人次获得保险理赔金额19.5万元，组织在岗职工1498人次进行身体健康检查。举办登山、书法、征文、歌咏比赛等文娱活动，丰富干部职工文化生活。

（张慧兴　李烁）

北京稻香村食品有限责任公司

【概况】　自公元1895年金陵人郭玉生南菁北迁、落户前门观音寺，北京"稻香村"已在京城薪火相传悠悠百年。现改制为食品有限责任公司的"北京稻香村"。有120家连锁店；一个物流配送中心；400多个销售网点和独具特色的社区连锁店体系；一个占地200亩、建筑面积14万平方米的现代化生产基地，生产糕点、肉食、速冻食品、月饼、元宵、粽子等特色食品，共16大类600多个品种。坚持"承中华智慧，融现代精神，弘扬中国食品文化，为社会创造价值"的核心理念，在继承"前店后厂、自产自销"传统经营模式基础上，探索出"一体两翼、工商互动"的事业发展模式。2005年作为示范企业，在全国传统糕点行业率先通过最新标准ISO22000食品安全管理体系的认证。2008年，被指定为北京奥运会食品供应商，在产品质量管控方面达到国际水平。2010年1月，北京稻香村检测中心在全国焙烤行业率先通过国家认可委实验室CNAS认可,实施了从原辅料采购到产品出厂的全程质量监测。北京稻香村曾荣获全国食品工业优秀企业、北京市著名商标、中国食品工业百强企业、重点行业(糕点)十强企业、北京十大商业品牌金奖、北京质量奖、北京知名品牌、首都劳动奖状、全国五一劳动奖状、全国模范劳动关系和谐企业等多项荣誉。

年内,是北京稻香村发展的战略执行转型年。按照公司转型年的路线、指导思想和任务要求,以提高洞察力、规划力、执行力为目标,以商业模式战略创新、团队系统高效执行为重心,按照年初制定的关键绩效目标系统推进实施,各项工作都取得成果。全年共生产3万吨糕点、1.3万吨熟食,完成产值13.7亿元。销售收入38亿元,同比增长35%;上缴税金1.8亿元。

单位地址:东城区东直门内大街19号

联系电话:64003102 邮政编码:100007 (王越娜)

【"幸福一家人"新年 Party】 为答谢客户朋友对北京稻香村的关心与支持,搭建相互交流平台,1月3日下午,北京稻香村诚邀100个幸福家庭相聚北京国际饭店紫金大厅,与来自国家京剧院、人艺、北京京剧院、空政文工团、武警文工团的艺术家们共同欢度"幸福一家人"新年party。100个幸福家庭与北京稻香村人共聚一堂。 (王越娜)

【年度工作会】 3月7~8日,公司在昌平召开工作研讨会,中高层以上及部分管职人员共170人与会,8个部门代表作了交流发言,公司领导作《在战略和执行的主题下实现2011年的绩效目标》主题报告。7月7~8日,在昌平召开半年工作会,中高层以上及部分管职人员共171人与会。会议增加了Q&A现场交流环节。会前向各参会人员收集工作中遇到的问题,由做得较好的部门进行现场交流。会上,公司领导作《抓住机遇期,迎接大发展》报告。10月14~15日,公司在顺义召开中秋暨四季度工作研讨会,中高层以上及部分管职人员共190人参加会议。总结中秋产销情况,部署四季度重点工作,公司领导作《完成公司战略规划,做好四季度的工作》报告,强调在追求提高生产的同时重视企业文化建设,增强管理团队凝聚力。 (王越娜)

【质量管理创新】 5月11~13日,公司喜洋洋、求实、美好时代3个QC小组参加"北京移动杯"暨北京市第五十八次质量管理小组成果发表会,这是公司第二次参加市级QC发布会,3个参会小组均获得北京市优秀质量管理小组的荣誉称号。 (王越娜)

【获北京质量奖】 4月8日,上年度北京质量奖、北京知名品牌颁奖典礼在首都大酒店举行。经相关行业协会、权威质量专家的严格评审,北京稻香村食品有限责任公司获上年度北京质量奖;"三禾"牌糕点、"稻香村"牌熟肉制品获得北京知名品牌称号。 (王越娜)

【企业文化手册发布】 4月21日,"传承文化·分享感动"北京稻香村《企业文化手册》发布暨首届感动人物颁奖典礼在北京国安剧院举行。公司高管领导向员工代表颁发企业文化手册。公司领导讲话,希望员工能以感动人物为榜样,以企业文化为魂魄,在工作中实现企业和每个人的价值。 (王越娜)

【获全国"五一"劳动奖状】 4月28日,东城区庆祝"五一"国际劳动节暨表彰先进大会上,授予北京稻香村食品有限责任公司全国"五一"劳动奖状和首都劳动奖状荣誉,北京稻香村领导代表获奖单位发言。4月28日下午,全国总工会副主席、书记处书记陈豪在北京人民大会堂宣读《中华全国总工会关于表彰"全国五一劳动奖状"的决定》,北京稻香村食品有限责任公司是东城区唯一获此殊荣的集体。 (王越娜)

【经理人俱乐部成立】 7月30日,"在一起—北京稻香村经理人俱乐部成立仪式暨年度健康经理人活动"在昌平区九华山庄举行。北京稻香村原料供应商代表、经销商代表、包装设计公司代表、加盟系统代表等共计260余人参加,共同庆祝北京稻香村经理人俱乐部的成立。会上,公司领导致辞表示,北京稻香村一直把加盟系统、经销系统、上下游合作伙伴当成一家人。 (王越娜)

【职代会】 12月27日,公司第二届职工代表大会第四次会议暨年度工作会议在公司总部召开。会议审议通过《年度工作报告》《工会工作总结报告》。 (王越娜)

【拓展企业销售渠道】 企业本年度就开业10家连锁店,截至年底,连锁店数量达到120家。已形成直营店、加盟店(含社区店)和经销商3个销售通路。公司对不同渠道制定不同政策进行激励和管控,有计划地扩大本市及外埠商超的销售,开发北京远郊区县专卖店,本着立足北京,辐射周边市场的原则拓宽销售渠道。 (王越娜)

【提升产品质量】 以提升产品质量安全保障能力为中心,以增产扩销,支持销售为重点,推进全年工作开展。公司自制产品各项市场监督抽检涉及12类、157个样本,没有不合格记录。食品检测中心通过国家认证认可委监督审核,自检项目基本覆盖食品产销全过程,产品质量安全水平进一步提高。全年共开发新产品14个,完成质量技术改造项目42个。食品厂北厂建设已竣工,部分投入使用。 (王越娜)

【文化建设】 完成新版《企业文化手册》。新手册在企业文化内容设计上采用一棵大树的结构,各部分内容是一个有机的整体,所有文化观念都是公司经营管理实践经验和体悟的总结升华。召开文化手册的发布和对感动人物的表彰大会,组织村人村语征集活动和企业文化案例故事会。 (王越娜)

北京吴裕泰茶业股份有限公司

【概况】 北京吴裕泰茶业股份有限公司,2005年8月26日成立。其历史可以追溯到1887年(清光绪13年),新中国建立前称吴裕泰茶栈,解放后称吴裕泰茶庄,“文革”时期更名为“红日茶店”。改革开放30多年来,吴裕泰获得新的发展。

年内,新开连锁店49家,截至年末,公司连锁店为264家。吴裕泰茉莉花茶窨制技艺,被确认为国家级非物质文化遗产。孙丹威被确定为“第三批北京市级非物质文化遗产项目代表性传承人”。在第109届广交会上公司茶商品,受到广泛赞誉和关注。北新桥店被全国总工会授予全国“五一”巾帼标兵岗称号。公司被中国连锁经营协会评为上年至本年度中国零售业优秀特许加盟品牌;获得中国商业联合会、中国商报社颁发的中国绿色零售贡献奖;被中国商业企业管理协会、中国财贸轻纺烟草工会全国委员会授予全国和谐商业企业;被全国职工职业道德建设指导协调小组授予全国职工职业道德建设先进单位。在中国茶叶学会举办的第九届“中茶杯”全国名优茶评比中,公司“散装精品茉莉花茶王”产品获特等奖,“散装茉莉针螺”获一等奖。在《精品购物指南》精品传媒集团主办的“活力2012精品大赏”活动中,获得品牌影响力大奖。团总支被团市委授予“和谐北京·温暖之都两节送温暖”突出贡献集体。公司获北京市国家税务局、北京市地方税务局联合颁发的纳税信用A级企业证书。被非物质文化遗产保护中心评为非物质文化遗产保护工作先进集体。公司党总支被区国资委党委授予先进基层党组织称号。

单位地址:东城区交道口东大街4-17号

联系电话:84049766(总机)　邮政编码:100007　(赵连颇)

【非遗项目传承人出访】 1月4~13日,被授予“区非物质文化遗产项目”优秀传承人孙丹威,作为茶业行业老字号代表,随副总理李克强出访德国和英国。访问期间,参加国际经贸活动,分别与欧盟、德国、英国茶叶委员会和国际茶叶委员会负责人及茶商,就中国茶叶产业发展形势、中欧茶叶贸易现状进行交流;就年度在杭州召开的国际茶业大会暨茶产品交易会与德、英两国合作事宜进行磋商。英、德两国茶叶协会主席均表示,国际茶业大会是世界一流会展,将依据双方合作协议组团赴杭州参会。(赵连颇)

【为员工送温暖】 春节前夕,吴裕泰公司慰问在职(内退)员工400名,退休职工300名。领导走访慰问困难员工、困难党员和离退休干部。为3个特困家庭从区工会争取到困难补助每人1000元。从区红十字会为2名患大病员工,争取到每人1万元补助。(赵连颇)

【茶文化庙会】 1月22日,公司年茶文化庙会启动仪式在王府井店举行。中国茶叶流通协会、市茶叶协会、区商务委、区国资委等有关领导出席。有东瀛第一刀之称的日本陶艺大师吉川先生在茶壶上雕刻“百年吴裕泰”,市书法协会秘书长田伯平现场书写,著名雕塑家张大生雕塑一个兔雕,太极茶人银汉晴表演太极茶道。(赵连颇)

【创作话剧宣传茶文化】 1月25日,公司与惠量国学共同策划、创作的话剧《看茶》,在东城区方家胡同46号上演。该话剧演绎中国茶文化,反映出现代人茶文化的理解与追求。公司领导及员工观看话剧并与演职人员合影留念。(赵连颇)

【领导考察】 1月30日,商务部商贸服务管理司司长郧建凯,到王府井店指导工作,对吴裕泰公司春节推出的系列创新活动给予肯定。(赵连颇)

【新茶发布会】 4月13日,吴裕泰与观复博物馆,携手茶文化产品推广新闻发布会在观复博物馆举行。观复博物馆馆长马未都和公司总经理讲话。公司与观复博物馆联合开发并向市场推出首款产品:茶禅一味。(赵连颇)

【电子杂志上线】 4月18日,吴裕泰年度春茶节开幕式暨《茗鉴》电子杂志上线发布会,在王府井店二楼举行。中国茶叶流通协会会长王庆、北京市茶叶协会会长白文祥,市商务委流通发展处、区国资委、信达总公司领导到会,王庆、白文祥和公司领导先后讲话。公司高管和部门负责人参加会议。开幕式最后,王庆会长按键,吴裕泰电子杂志《茗鉴》正式在苹果ipad上线。(赵连颇)

【党建工作】 7月1日,公司党总支召开庆祝中国共产党成立90周年暨先进党支部、优秀党务工作者、优秀共产党员表彰会。表彰先进党支部1个;优秀党务工作者3名;优秀共产党员4名。雍和宫小学学生现场表演茶艺,党员们重温入党誓词,会后,观看电影《建党伟业》。10月28日,公司党总支召开换届选举会,5名党员当选吴裕泰党总支委员,并召开党总支第一次全体会议,选举总支部书记,副书记。(赵连颇)

【职业技能竞赛】 7月19日,公司组织24名员工参加东城区职工职业技能大赛,竞赛项目包括理论考试、包茶叶包、商品陈列、产品介绍、条形码知识,经过一天比赛,24人全部合格。7月27日,公司有关部门联合,在配送中心生产组举办“首席拼茶工”评选比赛,1名员工获吴裕泰公司“首席拼茶工”称号,并获年内每月增100元的工作奖励。(赵连颇)

【对外交流】 7月27日,英国皇家御用茶川宁品牌的第十代传人——斯蒂芬·川宁先生到吴裕泰参观,双方就茶文化、饮茶习惯、产品合作等问题交流。川宁先生及一行品尝公司明星产品茉莉花茶,公司向贵宾展示王府井店的多款产品,川宁先生对茶爽及特色茶味冰激凌感到意外并喜欢。川宁先生带来一款为纪念上海世博会而特别调配的“川宁世博茶”请大家品尝。(赵连颇)

【铸铜雕塑宣传茶文化】 9月27日,公司专门制作的2组铸铜雕塑《茶舞心扬》和《裕泰茗香》,在前门大街吴裕泰店门前亮相。(赵连颇)

【成立茗韵学堂】 9月28日,召开区团委与吴裕泰公司联合举办的"茗韵学堂"启动仪式大会。团区委副书记和公司董事长出席并讲话。成立"茗韵学堂"旨在向团员、青年传播茶文化,普及茶叶知识。

【公司广告登陆央视】 10月1日,吴裕泰公司广告首次登陆中央电视台,在"中国财经报道"和"中文国际"两个频道陆续播出。 (赵连颇)

【全国加盟商大会】 12月11日,公司在北京召开上年度全国加盟商大会,来自全国各地200名加盟商参加。会上,介绍吴裕泰未来5年发展思路,下年店铺开发计划及营运支持计划。对本年度5个优秀加盟商、5个优秀加盟店、5个成长卓越单店进行表彰。举办"如何提高单店经营业绩论坛"。北京凡佳诗管理顾问公司作"建立相互理解,相互支持的加盟关系"演讲,中国茶叶流通协会秘书长吴锡端作下年中国茶叶行业发展趋势报告。 (赵连颇)

北京便宜坊烤鸭集团有限公司

【概况】 北京便宜坊烤鸭集团有限公司(简称便宜坊集团),是国有控股餐饮集团。制定集团"二五"规划,期限为2011—2015年。发展战略采取以直营店为主。以加盟店为辅,向现代化、规模化、连锁化、精细化、流程化经营转型,提炼经营技术,创新特色菜肴,提升品牌价值,实施多元化发展方式,加速对外扩张,壮大规模培育,发展重点品牌,加大租赁及产品收入。

年内,实现营业收入27,991万元,同比增加7714万元,增长率为38.04%;实现税前收益1181万元,同比增加670万元,增长率为131.07%,达到年预算1000万元的118.12%。新开便宜坊直营店1家、加盟店2家,天兴居直营店2家、锦芳直营店1家、力力直营店1家。集团获全国商业3.15荣誉企业、全国商业质量效益型先进企业,入选北京上年度50强餐饮企业(集团),旗下便宜坊食府、便宜坊安华店、便宜坊新世界店、便宜坊航天店、便宜坊幸福店、都一处方庄店进入北京上年度100强餐饮门店行列。集团技术副总经理、行政总厨孙立新获北京市商业服务业中华传统技艺技能鲁菜制作大师称号。公司获北京购物季促消费活动创新企业称号。便宜坊、都一处、锦芳和功德林被北京市商务委员会评为特色餐饮名店。

单位地址:东城区永定门内东街中里15号
联系电话:67020584 邮政编码:100050 (程玉玲)

【天兴居老字号重张开业】 1月,天兴居鲜鱼口店在鲜鱼口店美食街原址重张开业。天兴居是商务部首批认定"中华老字号"。重张开业的天兴居经营炒肝继续保持"肝香肠肥,味浓不腻,稀稠适度,吃蒜不见蒜"的产品特色。12月20日,天兴居玉蜓连锁店开业。 (程玉玲)

【两岸美食合作】 2月12~18日,市台商投资服务中心、北京海峡两岸民间交流促进会共同主办"台湾·北京特色美食周"活动在台湾高雄元宵灯会艺术节举行。集团旗下的都一处和锦芳2个品牌参加,有10个品种产品集中售卖。5月10~20日,集团2名管理人员前往台湾与当地商人进行合作开店洽谈,在台湾高雄地区开办"都一处烧麦店",双方签订《合作意向书》。10月9~26日,集团与台湾香格里拉远东国际大饭店举办"焖炉烤鸭美食节",集团派出6人代表团进行技艺展示与合作洽谈业务,向台湾同胞介绍便宜坊焖炉烤鸭技艺,台湾同胞更加了解专利烤鸭的特点并受到欢迎,带动两岸饮食文化交流。 (程玉玲)

【第一届美食文化节技能赛活动】 4月22日,由东城区商务委员会主办,东城区商业联合会、东城区饮食行业协会协办,便宜坊集团承办的第一届"美食东城"美食文化节餐饮服务技能大赛,在便宜坊大厦隆重举办。区34家餐饮企业的54名选手报名参加本届技能大赛,其中,便宜坊集团共有11家企业21名选手参赛。 (程玉玲)

【中华老字号】 5月25日,中华人民共和国商务部第二批中华老字号授牌,便宜坊集团旗下北京都一处餐饮有限公司力力豆花庄(注册商标力力)和北京壹条龙清真餐饮有限公司锦芳小吃店(注册商标锦芳)为"中华老字号"。 (程玉玲)

【评为"非遗"保护先进集体】 6月10~15日,"东城区非物质文化遗产保护成果大展"在中华民族艺术珍品馆举行。便宜坊集团被评为东城区非物质文化遗产保护工作先进集体,都一处烧麦技艺传承人被评为"优秀传承人"。展会上,集团的"便宜坊焖炉烤鸭技艺"、"都一处烧麦制作技艺"、"天兴居炒肝制作技艺"在老字号展区亮相。 (程玉玲)

【餐饮行业协会第五届会员大会】 7月20日,北京市餐饮行业协会召开第五届会员大会,进行换届选举。集团董事长当选北京市餐饮行业协会副会长,集团总经理当选北京市餐饮行业协会副秘书长。便宜坊集团获北京餐饮行业协会颁发"特殊贡献奖"。 (程玉玲)

【便宜坊旗舰店鲜鱼口开业】 9月6日,便宜坊鲜鱼口店原址重张开业,营业面积6700平方米。采用清朝皇家建筑风格,有四进三的两套院,跃层垂花联廊和石雕铜壶滴漏等景观,再现便宜坊饮食的悠久历史和发展进程。全店分为地上两层和地下一层,设宴会和散客大厅、21个包间,可同时容纳800人就餐,为鲜鱼口美食街最大餐饮服务场所。菜品特色上延续鲁菜精髓,搭配各大菜系精品;服务拓展上传承并创新老北京餐馆服务"六鸣堂"特色方式。 (程玉玲)

【优秀员工巡回演讲】 9月、10月,便宜坊集团开展"上半年绩效考评优秀员工内部巡回演讲"活动。组织17家直营店优秀员工代表,到集团总部、各直营店进行巡回演讲20场,讲述在企业中成长的经历与感受,听讲观众达3430人次。 (程玉玲)

【领导考察】　10月19日，原国务院副总理曾培炎，全国政协副主席、中国工程院院长徐匡迪，中国人民解放军副总参谋长、上将熊光楷，原建设部部长汪光焘等领导，到便宜坊鲜鱼口店考察，区领导杨柳荫、牛青山陪同。曾培炎等领导对便宜坊集团发展现状给予肯定，并对老字号品牌经营与管理提出希望：继续保持良好的经营理念，研究更多具有便宜坊特色美味佳肴，为客人提供高质量服务。11月18日，国务院副秘书长兼国务院管理局局长焦焕成到便宜坊鲜鱼口店视察，对集团发展给予肯定。（程玉玲）

【入选中国饭店协会副会长单位】　10月31日至11月2日，中国饭店协会召开第四届会员代表大会。便宜坊集团被推选为中国饭店协会副会长单位，集团董事长当选副会长，集团获第三届中国饭店协会功勋会员单位称号。11月1日，便宜坊鲜鱼口店承办中国饭店协会第四届会员代表大会欢迎宴会，中国饭店协会会长韩明，及来自全国各地800余代表参加宴会，对鲜鱼口店特色菜品、服务及接待流程给予高度评价。（程玉玲）

【员工技能大赛】　12月5～22日，便宜坊集团组织员工技能大赛。集团7个职能部门、2个事业部、所属17家直营店共1283名员工参加。参赛内容为：理论考核，涉及品牌历史及企业文化、规章制度、重点工作和基本素质；专业技能考核，对管理人员进行岗位专业知识（国家政策法规条例、预算数据与分析）、本岗位下年专项工作计划考核，对直营店员工进行专业技能综合考评。（程玉玲）

北京大北服务有限责任公司

【概况】　北京大北服务有限责任公司（简称大北公司），成立于2002年6月，主要经营：照相、饭店、洗浴、洗染、商务会馆等5个行业业务，注册资金1500万元。有职工377人，在岗职工231人。下设5个子公司：北京大北照相有限责任公司、北京圆中原照相有限责任公司、北京御华旅店有限责任公司、北京兆隆洗染有限公司、北京天坛南里温泉康乐城有限公司；4个分公司：永定门饭店、惠达商务会馆、四块玉商务会馆、崇文门第二旅馆；1个合作企业：北京新世界贝尔特酒店。

年内，完成营业收入2910万元，实现利润210万元。公司制定企业5年发展规划，完成基层党支部换届选举工作，完成工会换届选举工作。公司获区级精神文明单位，北京市共青团“达标创优”竞赛活动组织奖，东城区国资委财务工作先进单位。

单位地址：东城区安乐林路69号
联系电话：67261945　邮政编码：100075　（甘华生）

【文明共建活动】　1月20日，公司与平谷区金海湖林场举行“友好单位文明共建活动”，活动中，两家单位交流工作体会并规划未来共建项目，公司向林场职工赠送图书和体育用品。（甘华生）

【黄金周营销】　春节“黄金周”期间，针对市场形势和节日需求新特点，组织开展节日营销工作，实现营业收入50.3万元，同比增长11.6%，为新年度经营工作打下良好基础。（甘华生）

【完成全国“两会”拍照】　3月上旬，大北照相馆承担为全国人大、政协两会拍摄团体合影照。两会期间，共为21个省级人大代表团、1个工作小组拍照服务，拍照23场次，收入共计21.9万元。（甘华生）

【董事会监事会换届选举】　4月2日，公司分别召开第十一、十二次股东大会，选举产生新一届董事会、监事会组成人员；会议审议批准董事会上年度工作等10个报告，并通过相关决议。（甘华生）

【党委纪委换届选举工作】　6月10日，公司召开第十五次全体党员大会，听取和审查《中共北京大北服务有限责任公司第十三届委员会工作报告》《中共北京大北服务有限责任公司第七届纪律监察委员会工作报告》《关于党费收缴、使用和管理工作情况的报告》，选举产生中共北京大北服务有限责任公司第十四届委员会委员7名、第八届纪律检查委员会委员5名，选举产生出席北京崇远投资经营公司党员代表大会代表20名。（甘华生）

【消防安全比赛获奖】　6月17日，永定门饭店代表大北公司参加东城区国资委组织的“消防平安行动”安全演练比赛。参赛队共计12支，区国资委系统各级领导到场观摩。此次比赛，公司所属永定门饭店获“消防平安行动”安全演练比赛优秀奖。（甘华生）

【纪念建党90周年活动】　6月29日，公司在永定门饭店召开纪念中国共产党成立90周年大会，回顾党的历史、歌颂党的领导、祝贺党的生日，表彰公司先进党支部和优秀共产党员。（甘华生）

【规范企业规章制度】　为进一步明确公司各个岗位工作人员职责、内容和标准，强化责任意识、确保工作质量，按照“严格治企、依法治企”原则，在充分听取意见和建议基础上，下半年重新修订、编制《企业规章制度文件汇编》。12月1日，公司印发给所属企业执行。（甘华生）

北京天润金百投资集团有限责任公司

【概况】　北京天润金百投资集团有限责任公司为区属国有控股企业，注册资本8000万元，有控股子公司5家，授权委托管理的子公司1家，参股子公司6家。

年内，完成公司党组及所属党支部的换届选举工作。实现主营业务收入7882.52万元，完成计划的101.68%；实现利润总额1371.85%,完成计划指标的112.45%。公司有职工86人,在职职工31人;离退休职工1474人。6月9日,公司党委召开党员大会,选举产生新一届党支部委员会、纪律检查委员会。召开各党(总支)支部书记专题会议,对支部换届选举工作进行部署,公司党委领导全部参与各党(总支)支部的党员工作,8月,所属5个党(总支)支部完成换届选举工作。

单位地址:东城区崇外大街9号

联系电话:67082858　邮政编码:100062　(姜婴娲)

【**推进工资集体协商**】 6月17日,召开第一届第十二次职工代表大会,公司工会与企业签订以工资分配为核心内容的《集体合同》和《工资专项协议书》。此工作征求群众意见,民主协商,稳定劳动关系,维护职工利益,促进企业和谐发展。(姜婴娲)

【**系列教育活动**】 公司采取多途径学习方式,在各党(总支)支部、青年活动小组中,学习胡锦涛总书记在建党90周年大会上的重要讲话。组织20名党员和党员积极分子,参加“一切为了人民”—北京市纪念中国共产党成立90周年展览。参加区国资系统庆“七一”文艺汇演和“共产党员献爱心”捐款活动。召开“向党说句心里话”座谈会及纪念建党90周年会,表彰先进基层党组织、优秀共产党员和优秀党务工作者。(姜婴娲)

【**“一带一”活动**】 10月,中层正职中开展“一带一”活动,就是管理人员对培养对象传、帮、带,开专题研讨会,强化责任意识,人力资源优化,人才队伍建设在日常工作中得到推进。(姜婴娲)

【**元隆大厦重新开业**】 北京元隆丝绸股份有限公司落实区政府有关部门、区国资委关于元隆大厦经营结构调整工作部署,打造新文化产业聚集区,与合作方洽商,10月20日,与北京天元时尚商业文化有限公司签订协议书。10月28日,元隆大厦重新开业。(姜婴娲)

【**干部任免**】 12月2日,经崇远公司党委会研究,并报区国资党委同意,李力任公司党委书记,免去其党委副书记职务。闫广亮任公司党委副书记,免去党委书记职务。12月28日,公司第三届董事会第七次会议审议并决议:解聘李力公司总经理职务,聘任闫广亮为公司总经理。(姜婴娲)

【**质量体认证审核**】 前门化工公司通过完善企业管理制度,查找经营、管理、服务等各项流程中薄弱环节,针对存在问题制定整改措施,保证质量管理体系在企业管理发挥作用。12月,通过IS09001质量管理体系认证审核,使企业管理水平和市场竞争力得到提升。(姜婴娲)

【**创建自有品牌**】 前门化工原料有限公司与上海树脂厂联营,既确保产品质量,又能生产加工“前门化工”品牌的环氧树脂、固化剂、稀释剂等环氧系列产品。完成产品包装及标识设计,创建以环氧树脂为主的企业自有品牌。(姜婴娲)

北京工美凤凰旅游艺术品集团有限公司

【**概况**】 北京工美凤凰旅游艺术品集团有限公司(简称凤凰旅游集团),是集物业、旅游、商贸、工业为一体的股份制企业集团。集团以经营写字楼、物业管理、旅游项目、进出口业务、工艺礼品及旅游相关配套项目为主。占地面积2公顷,建筑面积4万平方米。企业注册资本5000万元,有职工148名,离退休职工994名。集团下属北京京城百工坊艺术品有限公司开发经营的“百工坊”项目,成为北京传统工艺美术保护基地,展示工艺美术大师和技艺“活”的博物馆,非物质文化遗产保护传承聚集地和市青少年学生校外教育基地,传统手工艺体验、交流、培训中心。集团全年经营收入1027万元、上缴税金132万元。

单位地址:东城区龙潭湖北侧路1号

联系电话:67111381　邮政编码:100061　(李由)

【**文化艺术交流**】 1月5日,百工坊的剪纸、面塑、毛猴、火绘葫芦、真丝手绘5名民间艺术大师,在北京市邮票公司举行的《辛卯年》特种邮票首发仪式上,为兔年特种邮票首发进行传统手工技艺表演。大师们精湛的技艺使与会者产生极大兴趣,纷纷参与互动环节。11月4日上午,区当代北京史研究会、会长等一行18人,到百工坊考察调研。重点听取在非遗保护传承工作中历史、现状及未来发展情况,到国家级、市级传承项目的工艺坊与传承人交流,询问传承项目存在的困难与问题,在赞叹传承人精湛技艺和传统手工艺博大精深的同时,呼吁全社会应关心和保护民族传统文化,把祖辈留下的技艺世世代代传承下去。龙潭街道工委及百工坊领导陪同考察调研。(李由)

【**辛卯年“非遗”展**】 2月16~20日,百工坊举办“新春非物质文化遗产传承项目技艺交流大展”,是新东城区成立后首次集中展示“非遗”项目。共有118项各级非物质文化遗产项目、70余名国家及市级非遗传承人优秀作品参展。市、区有关领导出席开幕式。5天展会接待参观者1万余人次。(李由)

【**领导调研**】 3月15日,区委书记杨柳荫到百工坊参观调研,集团公司董事长、总经理汇报百工坊非遗保护传承和民间传统手工艺文化交流传播工作。杨柳荫对百工坊工作给予充分肯定,并希望在全面实施东城区总体发展规划的起始之年有新的作为。(李由)

【**特色工艺培训班**】 3月23日、6月7日,全国台联台湾少数民族传统手工艺培训班,在京城百工坊举办2期。来自台湾10个少数民族的30名学员参加培训班,百工坊结合学员自身特点,对教学内容与形式进行调整,学员除学习风筝、中国结、泥塑、丝网花、印章篆刻、面塑等6种传统手工技艺,还参加市场营销讲座与市场考察,全国台联会长梁国扬参加开班活动。 (李由)

【一堂“中国课”】 8月2日,百工坊接待第二批应国家主席胡锦涛邀请,来华参加夏令营活动120名俄罗斯中小学生。学生们分成不同学习课堂,学习中国传统技艺,6名工艺大师手把手教他们如何拿毛笔、折纸、和泥、揉面、串绳、糊风筝。3个小时学习实践中,学生们了解中国的传统文化,用自己的双手制作出喜爱的工艺品。俄罗斯代表团团长马尔佐耶夫说,孩子们是和平的使者,他们的友谊是中俄两国的未来。9月1日上午,区委常委金晖到百工坊参观,走访真丝手绘、京绣、雕漆、玉雕、料器、内画、剪纸等工艺坊,并与工艺美术大师进行交流,了解他们生活、工作情况,询问非遗传承困难和问题。龙潭街道工委书记、办事处主任及百工坊领导陪同参观。 (李由)

【“非遗”技艺讲座进校园】 11月11日,百工坊5位“非遗”传承人和民间手工艺大师,应邀参加清华美院团委与北京大学SIFE联合举办的“传统手工艺设计艺术家讲座”活动。传承人和民间手工艺大师结合传承项目特点,讲解“非遗”项目的历史、保护传承与发展及工艺的技术流程,解答提出的专业疑问,并现场进行料器、面塑、毛猴、火绘葫芦、木版年画的技艺展示。“非遗”传承人和民间手工艺大师走进清华高等学府,与大学生们进行零距离接触,激发学子保护弘扬民族传统文化的热情,开拓设计思路和创意空间。清华美院、百工坊领导出席讲座活动。 (李由)

【举办拍卖会】 12月6日,百工坊举办首届当代传统工艺大师及“非遗”传承人优秀作品拍卖会。拍卖会汇集60余名南北不同流派大师作品,还有年青一代代表性作品参拍,已故大师钱美华的作品成为孤品。参拍的200余件作品,工艺精湛、用料考究,有些是濒临失传的独门绝技,堪称为国宝级艺术品。拍卖会还推出一批工美行业多年旧藏品,为喜爱艺术品收藏者提供难得机遇。 (李由)

北京华江文化发展有限公司

【概况】 北京华江文化发展有限公司(简称北京华江文化),是集研发、设计、生产、销售为一体的国际文化创意产业公司。致力于国内外大型政治、体育、文化旅游活动纪念品以及动漫衍生商品等相关特许项目经营。在伦敦、新加坡、南京、香港等城市设有子公司。文化创意是华江发展的核心竞争力,华江文化从“中国制造”向“中国创造”迈进。2008年,成功运营奥运会特许经营项目,取得业绩和跨越式发展,并获得“伦敦2012年奥运会”徽章独家特许经营权,是唯一获得伦敦奥运会特许权的中国企业。华江还是广州2010年亚运会徽章及非贵金属类特许生产、贵金属类特许生产、特许零售商,中国奥委会2009—2012年全品类特许经营商,国际奥委会奥林匹克博物馆金属类特许经营商,第一届新加坡2010年世界青少年奥林匹克运动会全品类独家特许经营商,“北京礼物”特许运营商之一,南京2014年青奥会多品类特许经营商,2013—2016年美国奥委会金属类别特许经营商等。

单位地址:东城区崇文门外大街9号正仁大厦1段4层

联系电话:67082233 邮政编码:100062 (解玉婧)

【建造奥林匹克体育文化园】 3月18日,经中国奥委会批准,由北京华江文化投资建造的“奥林匹克体育文化园”,在顺义区空港经济技术开发区金马工业园区正式开工,国际奥委会副主席、中国奥委会副主席于再清,北京奥运城市发展促进会副会长王伟、蒋效愚,北京市相关单位领导,顺义区地方政府领导,部分国家驻华使节,体育、艺术、文化领域知名人士近百名嘉宾及各大新闻媒体,参加奠基仪式。“奥林匹克体育文化园”是以奥林匹克体育文化为主题的产业园区,占地面积3万平米。 (解玉婧)

【伦敦奥运会特许产品中国首发】 8月24日,中国奥委会主办的“伦敦2012年奥运会特许产品中国首发”新闻发布会,在国家体育总局举办,伦敦奥运特许商品正式在国内销售。经过华江2年努力,与国际奥委会、伦敦奥组委、中国奥委会签署四方协议,实现全类别销售奥运特许商品。 (解玉婧)

【领导调研】 9月3日,市委书记刘淇,市委副书记、市长郭金龙等到华江调研,对华江公司给予高度评价,鼓励华江公司为北京文化创意产业多做贡献。 (解玉婧)

百荣投资控股集团有限公司

【概况】 百荣投资控股集团有限公司(简称百荣集团),成立于2001年8月,注册资金8000万元,是投资商业地产、高速公路、化工物流、金融服务等多领域的大型企业集团。下属企业有:百荣世贸商城管理有限公司、湖北随岳南高速公路有限公司、舟山世纪太平洋化工有限公司、鼎能置业开发有限公司、百荣物业管理有限公司、百荣河北投资有限公司、百荣易成担保有限公司、百荣盛世广告有限公司、金源百荣投资有限公司等子公司。集团在为子公司提供资金、资源、人才、管理和文化支持的基础上,致力于促进子公司成为行业领先企业,并使集团战略布局向国际化推进。经过几年来快速发展及对多个投资项目的成功运作,集团形成多元化战略格局。

年内,完成区人大代表选举工作,1名公司领导当选区人大代表。

单位地址:东城区永定门外大街101号

联系电话:67279008 邮政编码:100077 (袁薇)

【涿城服装产业基地建立】 5月30日,河北省国土资源厅下发《关于下达2011年第一批省工业聚集区、高新技术开发区、经济技术开发区重点建设项目和环首都绿色经济圈建设项目用地计划的通知(冀国土资函[2011]498号)》,百荣涿州服装产业基地项目正式列入"环首都绿色经济圈建设项目",并取得首期用地指标280近20公顷。百荣工业园(服装产业基地)位于河北省涿州市东仙坡镇,总规划用地252.4公顷,实际用地230.93公顷(约合3463.95亩),拟建设成集服装设计研发、生产加工、商贸物流、展览展示、商务休闲等于一体的综合型工业基地。 (袁薇)

【签约郑州CSD项目】 11月28日,百荣集团与世纪金源集团共同投资的"郑州市CSD国际时尚商贸中心项目"正式签约。该项目总投资260亿元,位于郑州市二七新城大学路以东,南四环以南,京广(郑平)路以西的区域,横跨二七区和管城区,占地约200公顷,总体建筑面积600万平方米,建设周期7年,是一个包括大型商业、物流、写字楼、酒店、医院、学校、高档住宅等在内的大型城市综合体。

(袁薇)

百荣世贸商城市场管理有限责任公司

【概况】 百荣世贸商城市场管理有限责任公司(简称百荣世贸商城),由百荣投资控股集团投资建立,公司作为百荣集团的全资子公司,负责百荣世贸商城和百荣国际小商品城的运营与管理。商城位于南中轴路与南三环路交汇处,总建筑面积60万平方米,总投资30余亿元。其中一期于2004年4月29日开业,主体建筑共8层,地上6层、地下2层,集服装、针织品批发、零售、出口于一体,是华北地区超大规模的服装、针织品交易基地和品牌加盟中心,设童装、羽绒服、男装、女装、裤装、羊毛(绒)衫、皮草、运动服、文胸、内衣、睡衣、床上用品、小商品等区域;二期国际小商品城于2008年4月30日开业,主体建筑共10层,地上8层、地下2层,经营化妆品、日化洗涤用品、美容美发用品、钟表、眼镜、五金电器、不锈钢餐具、通讯器材、箱包、玩具、工艺礼品、日用百货等商品。商城拥有200余部高档自动滚梯、观光梯、货梯及3000余个标准停车位,设有智能化消防系统、大型中央空调系统、保安自动监控系统、电子信息系统、物流配送系统。同时,还可提供电子商务交易平台,工商、税务一站式服务,会员商户培训计划和商务拓展考察计划。商城成功建成华北地区最大的童装批发基地和玩具、箱包皮具采购中心,国内最大的羽绒服集散基地,国内精品男装、写字间、运动休闲广场。商城服装批发业务辐射全国并走向国际市场,东欧、西亚、俄罗斯及蒙古是主要外销地。商城已成为国内著名品牌加盟中心和品牌运营中心。

年内,商城被中国百货商业协会评为全国日用工业品重点市场;被中国市场学会批发市场发展委员会评为"全国重点示范市场商圈龙头市场";在第七届中国商品市场峰会上被评为中国百强商品市场和省外浙商十大反哺功勋市场。

单位地址:东城区永定门外大街101号

联系电话:87802323 67279068 邮政编码:100077 (袁薇)

【打造毛绒玩具专区】 2月26日至3月8日,百荣华北玩具采购中心对毛绒类玩具商户进行调整,经过精心培育,市场规模和经营状况有不断发展,打造出第一个品类细分区——百荣毛绒玩具专营区。调整涉及商铺76间,分内部调整和外部招商两个层面。3月18日,毛绒专区正式营业。百荣玩具整体竞争力和影响力得到提升。 (袁薇)

【举办消夏购物节】 7月9日,百荣消夏购物节之"买就送"活动在百荣华北花卉工艺品采购中心北区中厅开幕。包括"买就送礼""模特时尚秀""玩具酷玩族""奖学子"和"有口福"等多个活动项目。消费者在购物中,还可参加奖学子竞赛,观看表演,品尝特色美食。8月21日,购物节活动结束。

(袁薇)

【创商城独特发展模式】 商城不断丰富的商品品类、方便周到的一站式购物服务有效的经营模式探索和逐渐完善的管理体系,形成强大的消费集聚效应,同时形成小商品分销的完整产业链条,走出自己独特的发展模式,使小商品分销领域影响力和竞争力得到增强。 (袁薇)

【塑造商城品牌形象】 11月9日,百荣世贸商城在第七届中国商品市场峰会上被评为中国百强商品市场和省外浙商十大反哺功勋市场。此次峰会由国家工商行政管理总局和浙江省人民政府联合主办,以"转型与振兴"为主题。全国500多个知名市场的负责人到场,共同研究探讨中国商品市场发展的新形态、新途径、新思路。在电子商务中,百荣商城创新市场服务,塑造市场品牌,逐步增强市场竞争力,打造线上市场并使其与商品交易有形市场相结合,寻求商品市场的"升级换代",为商品流通创造新的增长点。 (袁薇)

北京李宁体育用品有限公司

【概况】 李宁公司成立于1990年,2004年6月,在香港上市,李宁公司业绩连续6年保持高幅增长,2009年,市值达83.87亿人民币。1998年,建立中国第一家服装与鞋产品设计开发中心,率先成为自主开发体育用品公司。2004年8月,香港设计研发中心成立,负责设计李宁品牌服装产品。2008年1月,李宁集团美国设计中心在美国俄勒冈州波特兰市投入运营,进行鞋类产品高端技术研发、人体学科研究和专业运动鞋设计、开发、测试工作。李宁公司长期致力于体育事业发展,先后与NBA、ATP等国际顶级赛事和组织结为战略伙伴。公司还积极承担社会责任,资助希望小学、援建灾区、关爱艾滋孤儿,并长期支持提高贫困地区体育教育事业的"一起运动"公益培训项目。

年内,公司店铺总数达到8156间,遍布全国1800多个城市,在东南亚、中亚、欧洲等地区也拥有多家销售网点。

单位地址:通州BDA国际企业大道光机电一体化基地兴华5街8号

联系电话:86800169 邮政编码:101111 (潘媛媛)

【"一起运动"项目在洛阳培训】 4月21日,洛阳新安县上百名体育教师参加李宁公司和中共扶贫基金会共同举办“一起运动”全国体育师资培训公益培训。启动仪式后，参与教师即在北京体育大学专家指导下开始接受培训。为期3天，内容涵盖篮球、羽毛球和田径项目。这是李宁公司连续第5年启动该项目，该项目通过帮助农村体育教师提高业务技能，有效地推动贫困地区中小学体育教学发展。　（潘媛媛）

【捐赠奥林匹克博物馆纪念砖】　7月26日，李宁公司捐赠国际奥委会奥林匹克博物馆纪念砖揭幕仪式在瑞士洛桑举行。这是首家向洛桑奥林匹克博物馆捐赠的中国体育用品公司。国际奥委会主席罗格、李宁公司董事长李宁，以及李宁签约运动员鲍威尔、伊辛巴耶娃和张怡宁出席捐赠仪式，并共同在伦敦奥运会一周年倒计时前日，启动奥运倒计时。

（潘媛媛）

【建立环保标准化联合路线图】　11月19日，李宁公司与阿迪达斯集团、C&A、H&M、耐克集团、彪马集团联合发布“2020年供应链体系有害化学物质零排放联合路线图”。这项计划为全球成衣和鞋类制造行业的环境保护建立示范标准。本路线图包含实现该目标具体承诺和时间。承诺包括：立即共同向所有供应商沟通有害化学物质零排放使命；2011—2013年期间针对垂直整合主要材料供应商开展试点项目，以求更好地掌握有害化学物质应用范围及零排放范围；验证9大类有害或难降解化学物质目前未被使用；下年底提出建立成衣制造业使用化学物质清单；公开披露基于此路线图承诺试点项目和调研成果；定期公开报告基于此路线图承诺项目进程。　（潘媛媛）

北京动向体育发展有限公司

【概况】　北京动向体育发展有限公司成立于2002年4月，是意大利知名运动品牌Kappa在中国大陆及澳门地区的独家代理公司。公司由上海李宁体育用品有限公司和北京佳利风体育发展有限公司共同出资设立，主营Kappa品牌服装、鞋和运动器材等，包括其设计开发、生产、销售及品牌推广。借助Kappa品牌在世界范围内强大市场推广资源和良好品牌形象，动向体育通过准确市场定位，差异化产品创新，适合中国市场营销策略，取得快速发展。动向体育所倡导的运动时尚理念使得Kappa品牌以时尚、运动、性感及品味的品牌个性在众多运动品牌中保持突出位置，成为时尚体育用品行业潮流引领品牌。动向集团已成为获得Kappa品牌在中国大陆及澳门地区所有权。2005年初，根据经营战略部署，公司又与具有百年历史的欧洲最大运动服装生产商——L-Fashion公司成功签署合作协议，独家代理其Rukka品牌系列产品在中国大陆的生产和销售。主营滑雪服、摩托车服、高尔夫系列、时尚系列、全能系列等5大系列。公司设立人力资源部、行政部、财务部、产品规划部、设计部、技术部、生产部、推广部、销售部、信息部、国际业务部等部门。

单位地址：北京经济技术开发区景园北街2号21楼

联系电话：67821447　邮政编码：100178　（潘媛媛）

北京格格旗袍有限公司

【概况】　北京格格旗袍有限公司成立于1994年6月，公司集设计、生产、连锁销售于一体，占地面积1.1万平方米，后勤、仓储、用房3000平方米，根据市场需求，下设批量订单生产流水线车间，量体订做单件裁缝车间，精品缝制车间，传统工艺手工制作车间，员工300多人，年生产能力达18万件套。公司逐步建立起科学经营管理体系，从产品研发、工艺和生产技术、物流配送到销售终端管理，形成完整工作流程和制度。具有较强产品研发能力，拥有专业设计师，每年推出300个以上新款以满足市场需求，年生产能力万件（套）以上。公司注重企业基础管理建设，通过ISO9001质量管理体系认证，具备现代服装企业雏形。公司打造的“格格”中式服装品牌，产品定位于旗袍及中式服装、服饰系列，致力于中式服装研究、开发和创新。主要产品有各式旗袍、婚庆装、中式时装、中式休闲装、高档礼服等，面料选材精良，造型优美，做工精细，赢得消费者喜爱，市场占有率稳步上升。格格以特许加盟经营模式分别在北京、吉林、山东、山西、辽宁和黑龙江等地成立办事处，开设50多家品牌自营旗舰店。

单位地址：大兴区西红门福纬路4条北8号

联系电话：60291119　邮政编码：100076　（潘媛媛）

北京中欣安泰投资有限公司

【概况】　中欣安泰是多元化投资企业，成立于2002年12月，注册资本4000万元人民币。集团核心业务领域是电子支付、黄金珠宝经营和金融投资业务，同时，还拥有酒店、高尔夫运营等相关产业。集团实行董事会领导下总裁负责制，董事会审批年度经营计划由总裁负责执行和实施。集团设有发展部、人力资源部、市场部、信息技术部、财务部、工程部及总经办等职能部门。有员工近350名，其中管理人员70名。下属：北京中欣银宝通商业服务有限公司、北京中欣高球通电子商务有限公司、中欣安泰商务服务有限公司（大连）、中欣金宝通控股有限公司（上海）、北京中欣典当有限公司、北京中欣戴斯酒店等6家企业，以及中欣国际（美国）酒店管理有限公司、中欣国际（香港）酒店管理有限公司、玛西亚（亚洲）有限公司等3家合资公司。

单位地址：东城区珠市口东大街14号

联系电话：67077777　邮政编码：100050　（潘媛媛）

【消防安全培训】　7月11～13日，集团保安部组织全体员工开展消防安全培训。培训课上，保安部负责人通过分析案例、讲解理论、实际操作演示，向公司员工详细介绍消防法律法规，介绍常见火灾发生主要原因及预防措施、火灾种类及正确处理方法、火灾现场正确逃生要领、消防器材正确使用方法、火灾现场正确逃生要领、消防器材正确使用及维护保养等消防知识。同时，针对集团办公楼不同场所消防安全日常管理提出要求。通过培训，员工提高消防安全意识，增强火灾防范责任感，掌握基本消防和灭火知识。　（潘媛媛）

【安全生产知识竞赛】 7月28日,由物业中心安保部、工程部和中欣银宝通销售部4名员工组成的集团公司代表队,代表天坛街道参加区安全生产知识竞赛。取得小组第一,并进入决赛,在决赛中获总分第四。竞赛在东直门街道办事处举行,有17支代表队参加。来自区各街道和企业的100多名观众观看比赛。 (潘媛媛)

北京宏源餐饮管理有限公司

【概况】 北京宏源餐饮管理有限公司是一家综合性清真餐饮企业,成立于2004年4月,主要经营项目为特色涮肉、羊蝎子火锅及高、中、低档清真系列菜。公司有7家分店,分别为宏源南门涮肉城、满朋轩餐厅、宏源河边店、宏源日坛店、宏源朝阳路店、宏源后海店、宏源西湖串店,1家物流中心和1家养殖中心,分别位于东城区、西城区、朝阳区和河北涿州,总营业面积万余平方米,员工700余人。企业先后被评为先进企业、一级餐厅、特级酒家、中华名火锅等,并获公示进货渠道奖,赢得新世纪金秋美食节宴会银奖。宏源企业已通过ISO9001:2000国际质量管理体系认证以及HACCP食品安全管理体系(ISO/DIS22000)认证。

年内,公司参加由北京烹饪协会组织评选的"引领时代风采竞放"上年度北京五十强餐饮企业(集团)、百强餐饮门店、北京十大餐饮品牌颁奖盛典,宏源公司获上年度北京五十强餐饮企业,下属南门涮肉总店获上年度北京百强餐饮门店。

单位地址:朝阳区南杨庄101甲14号

联系电话:87369190 邮政编码:100023 (潘媛媛)

【员工技术技能大赛】 年度员工技术技能比赛,从各店的初赛到公司决赛,历时2个月,4月13日结束。7个比赛项目岗位上的员工90%以上参加初赛。各店领导对此项工作重视,工会认真组织,各岗位员工积极参加。为掌握规范技术要领,提高技能熟练程度,有的员工休息时间切磋、演练、研试新品,体现出对提高技术技能的重视和创新精神,各店选送的36名选手,经过3个多小时角逐,日坛店获团体一等奖,朝阳路店获团体二等奖,后海店获团体三等奖。 (潘媛媛)

【非公经济组织党建"五个好"示范点】 11月24日,在区委组织部、区委社会工委召开的东城区非公有制企业党建工程提升部署会上,公司党支部被确定为非公经济党建"五个好"示范点。年内,公司党支部按照《东城区非公有制经济组织党建"五个好"示范点创建标准》,在天坛街道工委的领导和帮助下,结合开展创先争优活动,通过各种有效的活动和学习,充分发挥党组织团结、领导作用和党员先锋模范作用,保证了企业的健康发展。 (潘媛媛)

【工资集体协商】 公司与员工签订集体全同和工资协议书,认真听取职工代表对《工资协议书》草案中个别岗位工资调整方案的建议,并进行协商,采纳代表建议。一线员工工资涨幅在15%左右,比例超过企业利润增长幅度。宏源公司按照区关于推进工资集体协商3年行动计划要求,进一步规范工资集体协商,使工资协商成为稳定企业劳动关系有效形式,协商过程中充分体现双方沟通,真正建立起企业内部分配规范秩序,保障双方利益均衡发展。 (潘媛媛)

旅 游

【概况】 东城区旅游局(简称区旅游局),是负责区旅游行业管理和旅游产业发展的区政府工作部门。内设办公室、规划发展科、旅游促进科、行业管理科和安全监管科5个科室,下设东城区旅游咨询服务中心1个事业单位。为区直属正处级行政单位。旅游局有34人,其中公务员21人,事业编制人员13人。全区有旅游企业709家,包括:A级旅游景区(点)11家,其中5A级景区点2家,即故宫、天坛公园;4A级景区点5家,即孔庙和国子监博物院、中山公园、龙潭公园、北京市规划展览馆、明城墙遗址公园;3A级景区点3家,即南锣鼓巷、前门大街景区、南新仓。2A级景区1家,即劳动人民文化宫。二星级以下宾馆饭店18家,其中包括二星级17家、一星级1家;非星级住宿企业627家。

年内,区旅游局获年度区直机关工委先进基层党组织;年度北京市东城区五四红旗团支部;东城区办理人大代表建议、政协提案工作先进单位;中国十大魅力会议目的地;年度首届中国旅游竞争力百强区称号;第三届中国会议产业大会授予"会议促进奖;年度全区安全生产先进单位;年度红十字应急救护培训工作优秀组织奖。

单位地址:东城区金宝街52号9层

联系电话:65133305 邮政编码:100005 (刘一)

【区旅游协会成立】 1月18日,东城区旅游协会正式成立,并召开第一届会员大会。选举产生会长、常务副会长、副会长、秘书长等协会组织机构负责人,聘请名誉顾问4名。选举产生东城区旅游协会常务理事会和监事会成员,审议通过《北京市东城区旅游协会章程》。吸收会员单位82家,其中会议旅游14家,景区景点14家,星级饭店22家,旅行社9家,旅游商业18家,文化娱乐5家。 (刘一)

【皇城国际文化旅游节】 4月8日,年度皇城文化国际旅游节,在世界文化遗产—天坛祈年殿开幕。国家旅游局副局长祝善忠,北京市副市长丁向阳,市旅游委主任鲁勇,区领导杨柳荫、牛青山,亚太旅游协会(PATA)主席锡林等领导出席开幕式。冯远征等7名有影响人士成为“皇城文化推广志愿者”。旅游节期间,与亚太旅游协会(PATA)合作,在国际舞台上深度推介东城旅游资源;推出“爱上东城十大理由”主题旅游线路和“在东城区必须做的十件事”等旅游产品;开展旅游商业文化活动40项,采取优惠促销措施60项;举办“魅力新东城”摄影比赛,收到参评作品5000幅;开通旅游节专题网页和官方微博,策划“中轴线的清晨——微行动”,发布消息300条,粉丝人数1.7万人。5月8日活动结束,历时1个月。 （刘一）

【队伍建设】 抓好党建工作及旅游专业知识培训,全年培训500多人次。参加区初任培训2人次,围绕创先争优活动,加强党团组织建设。开展以党员公开承诺为主要内容主题实践活动,在七一和国庆期间开展歌咏比赛、主题党日和走访慰问活动。完善制度建设,落实特邀监察员和党风廉政监督员制度,坚持定期召开党员思想状况分析会。贯彻落实干部选拔任用“一报告两评议”制度,理顺进人、晋升、培训机制。制定科级干部考核办法,开展科级干部测评。全年旅游局选拔招聘公务员2名,接收博士挂职锻炼1名。开展“皇城文化国际旅游节”品牌活动;研究推进北京中轴旅游线项目,打造以国学、国医为主题的文化旅游品牌项目;开发商务旅游、会议旅游等高端旅游产品以北京礼物旗舰店为载体,做大做强特色旅游商品,发挥旅游业宣传东城、拉动消费双重作用。落实“保增长、促发展”任务,旅游接待人数和旅游综合收入均实现10%增长。全年,旅游接待人数7471万人次,同比增长19.7%;旅游综合收入514亿元,同比增长21%。 （刘一）

【旅游示范区建设】 以旅游示范区建设为核心,实现产业升级新突破。制定《关于全面推进东城旅游示范区建设的意见》,提出“336”工程,并与“十二五”旅游发展规划相结合,制定《东城区促进现代服务业发展改革示范区旅游产业发展建设总体策划和项目》《中轴路老北京文化旅游功能区旅游产业发展建设总体策划和项目实施方案》,争取市级产业扶持基金3000万元,用于扶持旅游示范区和重点产业项目建设。 （刘一）

【文化旅游外宣活动】 借助亚太旅游协会组织平台,运用市场化手段,融合文化、商业、媒体等元素,宣传皇城文化旅游项目。组团参加日本、美国、法国、德国、比利时、英国、台湾、澳门等国家和地区各类展会和活动,全方位、多视角地推介东城旅游资源。其中区组团随市外宣办赴日开展的“魅力北京”文化旅游外宣活动,大规模旅游宣传促销,在日本取得重大反响,受到国家旅游局、市外宣办好评,并以此成为旅游与外宣融合的成功范例。 （刘一）

【旅游管理】 完成旅游等级评定复核、旅游服务质量提升、旅游公共服务建设、旅游标准化试点、为民办实事、假日旅游、培训等工作。推进诚信建设,规范和完善旅游标识标牌,增强区域旅游功能。截至11月,完成辖区内5家3A级以下旅游景区复核工作,配合市旅游委完成6家3A级以上景区的复核检查工作。组织区内26家一、二星级饭店总经理及星级内审员进行《旅游星级饭店的划分与评定》(2010版)的宣贯培训。10月至12月,对辖区内的26家一、二星级饭店,开展重新评定工作,配合市旅游委完成三星级以上饭店重新评定工作。评定申报首批10户“北京人家”特色四合院酒店正式挂牌。向区内10家A级景区发放轮椅74台,无线讲解器100套,安全标示牌530块。 （刘一）

【信息公开】 编制年度信息公开工作报告,公开政府信息115条,主要涉及规划计划类信息、行政职责类信息和业务动态类信息。全文电子化率100%。 （刘一）

【旅游咨询】 围绕“提高服务满意度”主题,坚持公益服务宗旨,实施主动服务,健全旅游咨询体系、推进旅游咨询宣传服务。王府井和前门大街咨询站被市旅游委咨询服务中心授予优秀旅游咨询服务站称号。截至11月,旅游咨询服务中心接待游客22.90万人次。其中电话咨询1.12万人次,现场咨询21.78万人次。发放宣传资料15.01万份。 （刘一）

【黄金周假日旅游服务】 根据区假日旅游工作领导小组部署,在各职能部门和各旅游企业的共同努力下,假日旅游市场平稳有序。未发生重大旅游安全事故,实现“安全、秩序、质量、效益”四统一目标。春节期间,协调市交通管理局、市地铁运营总公司、市公交公司等单位,对雍和宫大街实施交通管制,确保雍和宫旅游安全。 （刘一）

对 外 经 济

【概况】 东城区对外经贸工作,由区商务委主管。

年内,新大陆外商投资企业138家,其中合资16家,独资122家。实现合同外资9.4亿美元,同比上升18.7%;实现实际利用外资5.5亿美元,同比上升3.1%,位居全市第三;实现进出口额155.2亿美元,同比增长14.2%;外资企业区级税收达到25亿元,占区财政收入的20.6%。新增住友化学、山田电机2家跨国公司地区总部,跨国公司地区总部累计达14家,位居全市第二。（张忠旭）

【加强社团管理】 5月16日至6月8日,中国国际贸易促进委员会东城区支会、中国国际商会东城区商会、北京市东城外商投资企业协会和东城区商联会分别召开成立大会暨年一届会员大会,选举产生了新一届领导机构,审议通过章程聘请顾问。整合换届促进社团商务发展,发挥商务社团在政企之间的桥梁纽带作用。（张忠旭）

【开拓国际市场】 支持中小企业开拓国际市场,完成东城区18家公司34个项目初审工作,审核项目资金56.4万元;扶持服务外包企业,完成年度中央支持承接国际服务外包业务专项发展资金5家企业428万元初审工作,联合区财政局完成年度市级服务外包发展配套资金1家企业304万元初审工作。（张忠旭）

东城区工商企业单位负责人

北京金漆镶嵌有限责任公司
董事长、总经理　柏德元
北京市珐琅厂有限责任公司
董事长　衣福成
北京剧装厂
厂长　石金栓
党支部书记　刘彦春
北京市工艺木刻厂有限责任公司
董事长、党总支书记　曹海平
总经理　曹利华
北京象牙雕刻厂有限责任公司
党总支书记　洪　燕
董事长、总经理　肖广义
北京玻璃研究院
院长　甄西合
党支部书记　杨双涛
北京王府井百货(集团)股份有限公司百货大楼
党委书记、总经理　周　晴
北京王府井百货(集团)股份有限公司东安市场
党委书记　王文杰
总经理　张建国
中国北京同仁堂(集团)有限责任公司
董事长、党委书记　殷顺海
总经理　梅　群
中国医药保健品股份有限公司
董事长、总经理　张本智
党委书记　张力伟
中国全聚德(集团)股份有限公司北京全聚德前门店
党总支书记　李陆英
总经理　寇向利
北京东方奥天资产经营有限公司
董事长、党委书记　李宗范
总经理　孙志家
东华服装有限责任公司
董事长　林建华
党委书记　赵连河
总经理　林文浔
北京永安复星医药股份有限公司
董事长、党委书记、总经理　杨静森
北京稻香村食品有限责任公司
董事长、党总支书记、总经理　毕国才
北京吴裕泰茶业股份有限公司
董事长、党总支书记　刘海燕
总经理　孙丹威
北京便宜坊烤鸭集团有限公司
董事长、党委书记　刘东亮
总经理　赵育贤
北京大北服务有限责任公司
董事长、党委书记　王金海
总经理　许仲林
北京天润金百投资集团有限责任公司
党委书记　闫广亮
董事长、总经理　李　力
北京工美凤凰旅游艺术品集团有限公司
董事长　轩少平
党委书记　李　由
总经理　李　莹
百荣投资控股集团有限公司集团
董事长　蒋柏荣
党总支书记　宋树新
北京市东城区烟草专卖局(公司)
局长、经理、党组书记　张　建

财税·金融

财　政

【概况】 东城区财政局(简称区财政局),是区政府综合经济管理部门,内设行政科室26个、直属事业单位10个,有干部职工213人。主要职能:负责全区财政收支、财税政策、财政监督、行政事业单位国有资产管理、财务会计管理等工作。

年内财政收入完成122.29亿元,增长19%,完成年度预算的111.8%;区级公共财政预算支出完成135.87亿元,为年度预算的93%,同比增长17.6%。

单位地址:东城区东直门外新中街2号
联系电话:64153614　邮政编码:100027　(张洋)

【财政收入】 财政收入:增值税6.89亿元,同比增收9854万元,增长16.7%。营业税52.86亿元,同比增收9.43亿元,增长21.7%。企业所得税24.27亿元,同比增收2.71亿元,增长12.6%。城市维护建设税10.15亿元,同比增收4.15亿元,增长69.2%。教育费附加收入2.55亿元,增收1.04亿元,增长69%。城镇土地使用税8092万元,同比增收356万元,增长4.6%。土地增值税4.97亿元,同比减收130万元,下降0.3%。房产税13.16亿元,同比增收2.01亿元,增长18%。印花税4.19亿元,同比增收6637万元,增长18.8%。车船使用税1.65亿元,同比增收3213万元,增长24.1%。国有资源有偿使用收入3015万元,同比增收1143万元,增长61.1%。罚没收入3531万元,同比增收2142万元,增长154.2%。行政事业性收费收入1303万元,同比减少1.33亿元,下降91.1%。其他收入52万元,同比减少8283万元,下降99.4%。基金收入1.27亿元,同比增收2495万元,增长24.4%。　(张洋)

【财政支出】 财政支出:一般公共服务支出12.41亿元,国防支出820万元,公共安全支出9.36亿元,教育支出28.82亿元,科学技术支出9221万元,文化体育与传媒支出2.82亿元,社会保障和就业支出28.11亿元,医疗卫生支出8.58亿元,节能环保支出2.16亿元,城乡社区事务支出25亿元,农林水事务支出136万元,交通运输支出2.5亿元,资源勘探电力信息等事务支出4848万元,商业服务业等事务支出5947万元,住房保障支出4.89亿元,国土资源气象等事务支出3万元,粮油物资储备管理事务支出2318万元,其他支出8.9亿元,政府性基金预算支出12.73亿元。

(张洋)

【财政体制平稳运行】 执行市与首都功能核心区财政管理体制,加强项目基础管理,加快资金支出进度,提高资金使用效率,落实支出责任,坚持核心区的功能定位。梳理统一街道事权和支出责任,制定新的区、街财政管理体制,出台《东城区区街财政管理体制改革方案》《关于街道税源建设奖励审核认证实施细则》等配套制度,专题培训17个街道有关领导和具体工作人员,建立街道事业发展支出正常增长机制和街道税源建设激励机制,保障街道事业发展和履行职能的资金需求,区、街两级上下联动的组收格局得到进一步完善和发展。　(张洋)

【完善预算管理机制】 完成下年预算编制工作,明确细化部门预算编制方式、编制标准和编报程序,突出预算编制的科学性、精细性、统筹性和效益性。完善基础资料数据库指标体系,扩大指标采集范围和内容,加大部门预算与各项财政改革的衔接,为实现财政资金闭环管理机制打下基础。

(张洋)

【改革国库集中支付制度】 全区实行国库集中支付制度改革单位342家,纳入国库集中支付制度改革资金70亿元。全面梳理财政国库管理制度和业务流程,扩大财政授权支付和直接支付范围,强化预算执行监控,提高预算执行效率和资金使用效益。推进财政集中支付改革,东花市等7个街道和区机关事务管理服务中心纳入授权支付改革范围。做好事业单位离退休人员工资统发准备工作,拓宽财政授权支付和直接支付范围。完善公务卡管理办法和公务卡支持系统,在部分街道和区机关事务管理服务中心推广试行公务卡,对区财政专户进行全面清理,同时做好街道所属专户清理整顿工作。　(张洋)

【监管政府采购】 开展公务车辆专项治理工作,扩大政府采购规模,提高公开招标比重,严格编制和执行政府采购预算。发挥政府采购政策功能作用,支持优先采购节能环保产品。本年完成政府采购预算7.59亿元,较上年同期增加6938.70万元,增长10.06%;实际采购金额7.46亿元,节约资金1318.17万元。　(张洋)

【国有资产管理】 制定《东城区行政事业单位国有资产管理

办法》《东城区行政事业单位国有资产处置实施细则》。培训508家预算单位资产动态管理工作人员,完成资产动态管理系统合并升级工作,深化资产管理信息化工作。完善行政事业单位国有资产集中公开处置及电子废弃物无害化处置机制,优化资产集中处置流程,规范进场交易细节,加强拍卖收益管理。 (张洋)

【财政监督】 全程跟踪检查拨付预算单位的专项资金。完成757户行政事业单位、社会团体及国有企业的"小金库"专项治理复查工作,确保财政资金安全。复查面100%。 (张洋)

【增长教育经费】 教育经费总投入37.08亿元,比上年增长17.6%。主要用途:安排2亿元,用于校舍抗震加固改造等;安排6.27亿元用于改善办学条件,安排4.42亿元建立学校深度联盟机制。 (张洋)

【加强会计管理】 加强会计人员继续教育和从业资格管理。依托北京会计网会计从业资格管理操作系统,办理调入、调出、丢证补证等持证人员网上申请事项。组织会计从业资格考试10.8万人,全国会计专业技术资格(初级)考试3320人。开展代理记账业务的机构进行网上报备。 (张洋)

【重点项目支出】 厉行节约,调整和优化支出结构,控制预算追加,压缩一般性支出,强化预算硬约束,强化财政资金安全管理,统筹发挥资金合力,支持区域经济社会发展,重点保障教育、卫生、文化、维护社会稳定和各项社会保障政策性资金需要。安排资金支持举办绿色金融论坛、王府井国际品牌节、前门历史文化节、申报联合国国际花园城市和新东城文化艺术节、"创意点亮北京"等大型文化活动。安排经费,推进"国家中医药发展综合改革试验区"建设,促进中医药行业"七位一体"综合发展。设立历史文化名城保护专项资金,促进历史文化传承发展轴建设和文物修缮。支持旧城房屋修缮、对接安置房建设等为民办实事工程。安排资金支持"网格化管理"、城市管理综合执法运行模式,体现新东城、新标准、新形象,提升城市精细化管理水平。 (张洋)

税 务

国家税务

【概况】 东城区国家税务局(简称区国税局),是为主管全区国家税收工作的行政机构,实行垂直领导的管理体制,由北京市国家税务局直接领导。有单位43个,其中内设机构14个,直属机构2个(其中稽查局内设10个机构),事业单位3个,派出机构(税务所)14个。干部职工总数:731人。管辖各类纳税单位和个人4.90万户及28个集贸市场。

年内,推进"规范基础年"活动,集思广益调思路,全力以赴保增长,立足本职抓服务。组织各项收入755.6亿元,其中:组织海关代征收入444亿元;组织国内税收收入311.3亿元,完成全年计划的135.4%;组织地方级税收收入68亿元,完成全年计划的114.6%;组织区级税收收入28.3亿元,完成全年计划的100.1%。

单位地址:东城区东四礼士胡同133号

联系电话:65133585 邮政编码:100010 (周洁兰)

【组收措施】 依法组收,推进税收收入与经济协调发展。①全面科学分解计划,加强收入目标考核。在考虑税源转移因素和特殊情况的前提下,按原东城、崇文和直属3个部分考量税收收入基数,并以各组收单位上年实际完成的税收收入和区级收入为基础,合理确定任务基数和计划增长率。继续采用超大税源户计划单列方式,将税收收入计划全额、及时、科学、有效地分解到税政科室和各管理所,加强岗位责任制考核,促进税收收入与时间进度保持同步。②强化收入预测报告制度,加强收入预测管理。在保证月度税收预测质量的前提下,要求各组收单位强化季度税收收入预测,不定期组织各组收单位进行半年度、年度税收预测,关注重点税源企业经营形式和财务指标变化情况。进一步加强预测数据质量的考核,保证收入预测工作精细、准确。③深化税收经济分析,把握组收工作主动权。密切关注经济、政策因素及突发性事件对税收收入的影响,认真分析各税种、行业的增减趋势,并根据具体情况走访重点税源企业。强化税收政策效应分析,重点加强新政策对未来时期税收收入的影响分析。加强收入完成情况与收入计划的对比分析,及时调整组收工作思路和措施。④实行企业分类管理,加强重点税源监控。将纳入重点税源管理的企业按税收贡献率进行划分,从确保税收收入总量、调整税收收入结构、强化日常管理三个方面,加强重点税源监控。坚持局领导与直接组收单位定期联系制度和重点税源企业联系走访制度,及时解决企业涉税问题。通过定期走访了解企业的经济、收入动态情况,开展税收税源状况分析,提供决策依据。 (周洁兰)

【税源管理】 做好机构调整后税源管理相关工作,对原崇文国税局900户欠缴税金、488户多缴税金及市国税局迁入的原直属分局180户欠缴税金、1509户多缴税金进行逐笔核对，保证会计核算的准确性。逐户清理欠税企业，加强欠税管理，年内区国税局综合申报率99.18%，比上年同期增长0.53%；清理欠税246笔，入库税额2440万元；清理滞纳金2077笔，入库金额6137万元。扩大网上申报、网上认证、电子缴税等覆盖范围，加大IC卡申报转向网上申报的推广，推行税控收款机网上报税。完成5058户纳税人的税控收款机推行工作。加强和规范自印发票管理，将日常检查与季度检查相结合，堵塞征管漏洞。协助公安、检察院等机关做好日常发票真伪鉴定工作，查询发票6204份，出证169份。

（周洁兰）

【纳税评估】 在流转税评估方面，加强信息比对，利用评估软件中"管理员模块"提示的信息，强化预警分析，开展自上而下的专项评估和自下而上的自主评估。在企业所得税评估方面，发挥评估税务所和稽查部门的作用，通过评估软件分析查找企业涉税疑点，坚持案头分析为主，实地核查为辅，找准评估切入点，有效开展纳税评估。全年对1271户次企业进行增值税专项评估和自主评估，补缴增值税157.5万元。对19户广告企业和117户微亏企业进行所得税纳税评估，扭亏企业30户，入库税款及滞纳金144.9万元，调增应纳税所得额843.7万元。

（周洁兰）

【纳税服务】 完善办税服务厅服务功能，优化办税流程，精简涉税资料，安装自助办税终端系统，继续在办税服务厅设立咨询导税岗，现场引导纳税人高效办理涉税业务。统一规范部门标识，印制纳税服务监督卡，制作温馨提示展板，通过问卷调查、电话回访等方式，征询纳税人意见、建议。落实纳税服务投诉受理处理制度和税收政策反馈机制。组建税收志愿者服务小组，耐心解答纳税人的涉税问题；协同东城地税局、东城公安分局经侦支队在北京站联合开展打击发票违法犯罪宣传活动；联合区民政局、残联，加大对福利企业的税收政策宣传；组织开展出口企业、重点税源企业、文化创意和高新技术企业政策宣传辅导会；走进企业，走进校园，走进市场，大力普及税收法律知识。加强与新闻媒体的沟通联系，宣传月期间，有7篇稿件被市级以上新闻单位采用、14篇信息被市国税局采用。

（周洁兰）

【所得税管理】 编制汇算清缴指南，坚持内培外宣，完成上年度企业和非居民企业所得税汇算清缴工作。为方便纳税人，减轻直属二分局工作压力，在管理职责已经转出的情况下，承担代表处上年第四季度企业所得税申报征收工作，接受申报5147户次。统一修订减免税和资产损失工作流程，落实各项税收优惠政策。受理审批资产损失77户，税前扣除金额7.9亿元。支持文化转制企业发展，办理退税22户，退税额1.1亿元。做好非营利组织认定及核定征收工作，认定非营利组织30户，核定征收2980户。对104户企业实行按月预缴，加强企业所得税预缴管理。运用退税软件比对，简化手续，及时办理汇算清缴退税648户，退税额13.58亿元。

（周洁兰）

【税收法制建设】 开展日常税收执法检查和专项执法检查工作。按照全面自查、重点抽查、总结整改、考核评比四个阶段，组织实施税收执法专项督察工作。编写《税收法制工作简报》，拓宽税收法制宣传渠道。做好税收执法管理信息系统疑点信息库推行工作，严把申辩调整关，规范基层税收执法工作。集中法律、财税专业人才，成立税收法律服务小组。审理重大税务案件6件，审查一般程序处罚案件59件，简易程序处罚案件913件。

（周洁兰）

【税务稽查】 在市国税局"一级稽查"模式下，提升稽查效率。撤销举报中心，进一步明确稽查各科室职责，确保工作衔接扎实有序。利用征管信息数据，探索科学选案有效途径，逐步提高选案针对性和准确率。深化专项检查、专项整治工作，实行案件分类管理、三级督办，坚持集体会审制度，有计划、有步骤地开展对餐饮业、广告业、废旧物资业、资本交易项目等企业的检查以及打击制售假发票和非法代开发票专项整治活动。全年查补入库稽查收入1.04亿元。

（周洁兰）

【廉政建设】 制定《东城国税局2011年反腐倡廉建设工作任务分解表》，贯彻廉政责任制，逐级层层签订《党风廉政建设责任书》，落实"一岗双责"。修订《内控机制建设工作手册》，将内控机制建设和风险防范工作融入到税收执法和行政管理的重要环节。制作《廉政教育学习文件汇编》，开展警示教育、每季案例剖析等系列活动。依托执法监察子系统，开展执法监察和效能监察，完善两权（税收执法权，行政管理权）监督，源头预防。发挥兼职监督员、特邀监察员的作用，开展基层科所（窗口单位）民主评议活动，推进政风行风建设。

（周洁兰）

【信访工作】 每月最后一个星期二为局长接待日，面对面听取群众的意见和建议，妥善解决干部的思想疑惑和工作、生活中的难题，将矛盾化解在萌芽、化解在基层。坚持实行全局季排查和重点时期排查的工作措施，将群众工作的关口前移，重心下移，从源头预防信访问题的产生。全年无信访案件发生。

（周洁兰）

【内部管理】 ①补充完善《东城区国家税务局规范基础工作电子手册》，落实规范基础年工作部署，不断提高政务管理和税收执法管理效能。②严格落实政府信息公开工作，落实审查责任，严格审查程序，保证内容准确，防止失泄密问题的发生。主动公开政府信息333条。③配合市国税局做好内、外网网站改造工作。④认真学习保密制度和保密知识，完成各项宣传、检查工作，严格管理机要文件。⑤对本年度产生的580件文件进行认真核对、整理、组件，完成本年度文书档案纸质和电子归档工作。⑥从计算机网络管理、信息安全管理、设备维护、数据应用等方面着手，规范信息化工作。⑦做好本年度财务决算工作。严格审批手续，规范政府采购管理。强化对各类固定资产的动态管理，提高固定资产的使用效率。⑧提高后勤服务的有效性和机关为税收一线服务的质量,确保公务车辆、饮食卫生安全,保证全局干部身心健康。⑨做好干部职工和离退休人员的医药报销工作。一方面与社保部门沟通协调,争取社保部门的配合;另一方面采集基本数据,收集审核各种单据,做好干部职工特别是老干部的工作,确保医疗保险落实到位。⑩以市局巡视组检查工作为契机,梳理税收执法和财务管理工作,按照市局的意见、建议,不断完善本局基础工作,提高财务水平。⑪按照总局、市局相关工作要求,认真落实综合业务办公用房购建工作。

(周洁兰)

地方税务

【概况】 东城区地方税务局(简称区地税局)隶属北京市地方税务局(简称市地税局),设18个职能科室、1个稽查局(内设11个科)、23个税务所、1个机关后勤服务中心、1个地方税务学会。有干部职工712人。管辖各类纳税单位5.75万户(正常户)。主要职责:贯彻执行国家法律、法规和各项经济、税收政策,组织地方税收收入,维护和规范税收秩序,促进国家经济持续、快速、健康发展。

年内,强化干部队伍建设,加大教育力度,累计培训岗位人员1563人次。围绕建党90周年开展系列主题教育活动和纳税服务放心示范岗活动,提高干部队伍素质。完成地方一般预算收入232.5亿元,完成年度计划任务213亿元的109.25%,比上年同期增收33.9亿元,增幅17.05%。完成区级一般预算收入92.6亿元,比上年同期增收16.8亿元,增幅22.16%。

单位地址:东城区安定门外西滨河路18号院首府大厦6座

联系电话:64515797　邮政编码:100011　(胡然)

【税收宣传】 4月8日,全国第20个税收宣传月,结合雍和科技园的产业发展特色和经济税收发展特点,联合区国税局、中关村科技园区雍和园管委会共同举办"科技引领创新税企共谋发展"为主题的税收宣传活动。与驻区文化创意、高新技术企业座谈,宣讲税收政策,向纳税人征求意见,现场解答涉税问题。中海油能源发展股份有限公司、歌华文化发展集团、北京演艺集团等12家企业代表参与活动。4月18日,以第八届金鱼池社区文化节为平台,深入社区开展税法宣传活动。发放宣传资料千余份,解答纳税人咨询60余人次。区领导杨柳荫、牛青山到场慰问税务干部。4月22日,联合公安分局、区国税局在北京站设立宣传点,开展以"严厉打击发票违法犯罪,维护首都社会经济秩序"为主题的大型宣传活动。展示宣传图片、展板,现场解说、发放发票知识宣传资料,向市民普及发票基础知识、发票真伪的鉴别方法、有关发票的法律法规等,发放宣传资料千余份。9月5日,区地税局局长带领相关科室所干部到中国国药集团北京分公司进行修改后个人所得税法的宣传和辅导。与企业员工座谈,了解企业近期个人所得税的申报情况以及遇到的问题,对工薪所得的范围及其相关的减免项目、年终奖的计算方法等问题进行一一解答,向企业赠送《新个人所得税法手册》等相关税法宣传资料。

(胡然)

【规范税收业务制度】 年内,完成税收征管业务和税源户合并,对税收管理员平台进行整合、升级,实现征管数据的融合、统一。重新修定全局征收管理考核办法,将原有27项考核通报指标精简到19项。完善税收征管制度及流程,以新征管流程为框架,对票证业务流程、税务登记、纳税申报、税款征收、零散税源管理、个体工商户管理等事项进行整合、规范,统一完善征管业务工作制度。强化组收工作机制,统一全局税收预测分析口径,制作税收预测分析模板。强化局领导、科室、税源管理所直至税收管理员纵向层级管理,征、管、评、查和税政等部门协同共管的组收机制。局领导坚持深入企业进行调研和宣传,推进固税和稳税工作。定期召开税收分析会,分析税收动态。抓重点行业、重点税源,采取把控税务登记源头信息、清理异地税源、排查疑点税源等举措,做到税收预测分析与及时制定征管措施相联动,落实征管措施与组织税收收入相联动。规范税政业务管理模式,以税收业务管理规范化、专业化和细化分类管理为目标,统一税收业务管理模式,制定《调整土地增值税管理模式工作的实施方案》《统一印花税监督代售单位管理模式工作的实施方案》,统一货运企业发票管理,对二手房交易窗口进行整合。完善纳税评估工作机制成立纳税评估所,建立纳税评估科、纳税评估所和税源管理所相互配合的评估机制。开展对无税申报纳税人以及广告业的专项评估工作,对2009年企业所得税汇算清缴中涉及不征税收入和业务招待费扣除项目的纳税进行评估。全年评估企业1.1万户,评估入库税款4.2亿元。清理1994年建局以来形成的文件857个,确定现行有效81个,全文废止776个。全年通过首都之窗政府信息公开窗口和门户网站主动公开依法行政信息44条。规范行政行为,形成规章制度体系,围绕人、财、物管理,制定《东城区地方税务局科级领导干部问责暂行规定》,整合、梳理、规范《局长办公会议事规则》《保密工作制度》《财务人员岗位工作职责》等90项管理制度。制定规范地税税务人员职业操守,提出"勤、勉、诚、信、廉、谨"六字理念,制定《东城区地税局公务员职业操守》,印制涉及156个职位的工作手册单行本,使全局干部职业操守理念和岗位职责具体化,形成具有东城地税特色的税务干部职业操守理念和行为规范标准。

(胡然)

【打击发票违法犯罪活动】 成立打击发票违法犯罪活动领导小组,对7户相关企业发票使用情况进行立案稽查,查处非法发票295份,互相提供疑点发票223份。其中1户按市地税局要求与国税局开展交互式检查。互相提供疑点发票223份。

(胡然)

【税务稽查】 重新梳理和细化稽查工作流程,初步制定和形成统一的稽查业务规范。根据"案随人走,案结事了,责任人负责到底"的原则,完成上年底以前稽查未结案件清理工作,清理积案222件,入库合计2212.21万元。全年稽查立案405件,全部结案,受理协查案件76件,办结73件,对外发出协查16件,受理并办结国际情报交换1件。共计入库税款1.1亿元。

(胡然)

【个人所得税新政策】 印发宣传材料2万份,走访企业、调查问卷,抓好政策咨询解答,化解矛盾。对涉及重点行业、特殊人群的个人所得税新政执行问题及时研究,及时向市地税局反馈。初步预测,个人所得税新政减税2.6亿元,直接惠及纳税人25万人。 (胡然)

【存量房评估试点】 国家实施土地价值计入房产税计税原值政策,及时制定存量房交易税收征管工作实施方案和征纳矛盾处理应急预案。检查窗口落实新政准备情况,及时研究新政出台后出现的问题。成立负责培训、指导和督促的专题小组,确保新旧政策衔接过渡。全年净增税款7059万元。 (胡然)

【代收工会经费残保金】 建立与区总工会联系通道,确定工会经费税务代收的管理机构,配合区总工会进行费源户的调查及宣传工作。在纳税服务大厅设置自助申报电脑及打印机,全年代收工会经费5440.21万元,缴款率98.11%。与区残联建立联合代征工作保障制度和工作沟通协调机制,齐抓共管。代征1.9亿元,完成全年计划的107.3%。 (胡然)

【纳税服务厅建设】 在办税服务厅设置办税服务区、咨询辅导区、自助办税区、休息等候区和综合服务区,设立纳税服务引导台。制作办税服务厅涉及征管类、企业所得税类、个人所得税类和地方税类四大类业务所需74张表格模板。制作《办税服务大厅服务规范手册》《办税服务大厅行为规范手册》《办税服务大厅制度规范手册》,统一服务标识、服务模式。办税服务厅通过国家税务总局和市地税局的验收。 (胡然)

【交互式纳税服务网站】 遵循"精简、统一、效能"的工作原则,完成新东城地税局外网网站改版工作。改版后外网网站年访问量130余万次,在网上为纳税人答疑18次,宣传税收政策42人次。以外网和热线反馈为依托,完善纳税服务反馈机制和纳税人需求处理机制,畅通纳税人投诉、举报和建议渠道。全年受理各类投诉33件,做到件件有回复,件件促整改。 (胡然)

【廉政和行政执法风险防范】 依托税收管理员工作平台(2.1版),开发税种核定和异常信息监控的预警功能,对享有审批权、管理权、检查权的重点部门、重点岗位、重点人员,进行事前、事中、事后的全程监督,杜绝越权操作和越级审批,规避执法风险和廉政风险。健全和完善《廉政风险防范管理工作方案》《廉政风险防范管理实施细则》等相关制度45项,确定风险点205个,绘制风险防控图(表)96幅,制定防控措施306条,基本覆盖征、管、评、查、人、财、物等七大工作领域,初步建立起监督检查、考核评估、纠错整改、责任追究等运行机制。 (胡然)

金 融

中国工商银行股份有限公司北京东城支行

【概况】 中国工商银行股份有限公司北京东城支行(简称工行东城支行),辖营业室1个、大型综合网点支行10个、非大型综合网点和独立网点6个,从业人员571人。

年内,在支行行长绩效考核中,分行排名第10位,获北京分行创建"四好领导班子"先进集体、"2011年经营绩效十佳支行"多项荣誉。中间业务实现本外币中间业务收入同比增长21.8%。

单位地址:东城区东四十条24号
联系电话:84020260 邮政编码:100007 (沈航)

【贷款业务】 调整结构,引导业务高质态增长。法人本外币各项贷款余额同比增长6.6%。人民币法人贷款时点余额、一般法人客户贷款、小企业贷款余额同比分别增加13.2%、85.86%、327.85%。支行个人贷款余额同比增加8.69%,个贷余额、个人房屋抵押贷款与经营贷款投放额均位列北京分行系统第二。 (沈航)

【存款业务】 本年人民币对公存款时点余额比上年下降15.66%,人民币储蓄存款余额比上年增长11.95%;外币储蓄存款余额比上年增长43.84%。 (沈航)

【创百佳示范网点】 树立品牌,争创"百佳网点"。深入推进服务标准化规范化进程,强化服务培训与督导、检查与考核,提高基层负责人和一线员工投诉应急处置能力,力求网点投诉现场解决。东四支行从软硬件两个层面加大服务工作力度。成为中国银行业文明规范服务北京市唯一一家"百佳示范网点"。 (沈航)

【内控管理】 提升风险和案件防范管理水平,强化两个责任制建设,落实内控和案防制度。创建特色丰富活动载体,把内控合规建设纳入常态化、规范化轨道,全年无案件发生,保持内控一类行管理水平。

(沈航)

【企业荣誉】 支行获中国银行协会工行总行等多项荣誉:“年度经营绩效十佳支行”、“年度个人金融业务十佳支行”、“年度法人理财最佳客户拓展团队”、“年度中型客户信贷营销工作先进单位”、“外汇结算、外汇中间、外汇授信新开户、账户贵金属四项业务十佳支行”、“年度外汇综合贡献奖”、“运行管理先进集体(一等奖)”、“内控检查工作组织奖”、“科技管理先进集体(二等奖)”等;在总行年度考核评比中,获“经营管理支行信息工作综合奖”、“经营管理支行网讯工作先进单位二等奖(分行排名第6名)”、“总行网讯信息采用突出贡献集体二等奖”,以及资讯平台工作先进单位称号。(沈航)

中国工商银行股份有限公司北京崇文支行

【概况】 中国工商银行股份有限公司北京崇文支行(简称工行崇文支行),有正式职工560人,柜员制合同工38人,劳务人员76人,下辖综合网点16个。

年内,落实国家宏观调控政策,应对各种挑战,稳中求进坚持在创新中促转型,在调整中谋发展,各项业务平稳发展。

单位地址:东城区永定门外大街86号
联系电话:87205462　邮政编码:100075
(钟丽)

【营销存款】 扩大存款规模,加大重点业务、新兴业务营销。存款余额较上年增长43.89亿元,对公存款实现增量15.73亿元;储蓄存款新增26.24亿元。对公存款,以客户为中心完善存款营销服务机制,强化资源整合,巩固和拓展客户关系,抓住机构业务大户,强化高层营销和源头营销,综合利用法人理财、现金管理、资产托管、企业年金、电子银行精品业务、代理金交所企业用金和个性化金融解决方案等增值服务全力竞争重点项目。储蓄存款,实行“抓源头、扩高端”的揽储策略,强化客户结构优化对储蓄存款的支撑作用,推进代发工资、第三方存管和公积金联名卡等业务,拓市场抢规模,抓住储蓄存款增长的源头。(钟丽)

【营销贷款】 把准信贷政策,确保信贷业务健康发展。发展个人贷款、一般法人贷款净增、小企业贷款、国内贸易融资、国际贸易融资、有贷户净增、投行收入、信贷资金托管收入等多项业务。小企业贷款净增长1.50亿元,户数33户,贷款综合收益率10%。为北京天街置业发展有限公司发放3亿元固定融资贷款,为北京奔驰汽车有限公司C级和E级车扩产及研发中心建设提供银团贷款16.2亿元。为城建道桥开立国内信用证3000万元,为其上游企业办理议付3000万元。(钟丽)

【人力资源管理】 以协同、服务业务发展为目标,实现人力资源管理由服务保障向业务伙伴转型,优化资源配置结构。深化干部任用制度,完善干部培养选拔机制。提聘干部14人,交流9人。开展网点业务管理岗位后备干部竞聘,选拔10名后备干部。实施员工年度晋升,层级聘任与转聘工作,职务转聘28人,等级晋升13人,档次晋升357人,构建全行统一的绩效管理体系。组织培训,人均参与培训29期次,12.23天,管理类人员平均参训16.93天,销售类人员平均参训11.53天,专业类人员平均参训13.42天,运行类人员平均参训11.92天,客服类人员平均参训10.74天。参加远程教育人数635人次,资格性培训人数366人次。(钟丽)

【风险管理】 将风险管理注入业务流程,开展重点领域专项检查,做好风险分类、客户监测、信息补录等工作,有效管控各类风险,增强内部控制和案防工作,内控综合评价各项指标保持一级行序列,全年无案件事故发生。坚持业务发展与风险防范统筹兼顾,对10个风险点所涉及业务种类按专业进行分工,监控各部室、网点所主管和经办业务,防控涉房类贷款、小企业贷款和贸易融资风险,审慎开展业务,保证信贷资产质量稳定。可控风险暴露水平低于分行平均水平,全年未发生一笔重大业务差错及“零触发”风险事件,比上年降低24.76%,可控风险暴露水平比上年下降17.78%。(钟丽)

【提升服务品质】 提升一线服务品质,促进服务可视化系统、客户评价系统、客户投诉管理系统有机结合。依托网点布局优化项目成果,提升渠道竞争力。新建财富管理中心2家,离行式自助银行2家,网点综合化率保持100%,自助渠道分流率为76.16%。建立贵宾理财中心9家,理财网点5家,中高端网点占比70%,打造与地区发展相匹配的多类型、立体化、全功能营业网点体系。压降服务投诉,各部门组织配合,年内实现“零”投诉目标。(钟丽)

【企业文化建设】 发挥党团工会组织整体合力,推动“和谐银行”建设。增强人文关怀,尊重人、理解人、关心人、引导人。加强与普通员工交流,把握员工思想动态,开展社会主义核心价值理念和荣辱观教育,增强团队向心力和凝聚力。开展全员文化培训,发挥企业文化“引领发展、塑造形象、凝聚人心、创造价值”作用,成为推动企业创新发展内在动力。完善职代会和行务公开制度,化解矛盾,增强员工归属感和向心力。(钟丽)

【所属营业网点】 体育馆路支行(体育馆路甲11号)、崇文门外大街支行(崇文门外大街90号)、马家堡支行(丰台区马家堡东路18号)、左安门支行(朝阳区潘家园南里27号楼商业13号)、枣苑支行(东花市枣苑小区1号裙房)、新世界支行(东打磨厂街2号)、大都市支行(珠市口东大街4号)、夕照寺支行(光明中街66号)、广渠门支行(东花市南里东区15号楼一层)、天坛东路支行(天坛东路74号一层南侧101、102、103单元)、百荣世贸支行(永定门外大街101号A区一层)、龙潭支行(左安门内大街110号左安漪园小区5号楼首层)、琉璃井支行(安乐林路甲69号首层)、永定门分理处(永定门外大街86号)、南站支行(丰台区开阳路1号瀚海花园大厦首层)。东花市支行(东城区东花市北里西区23号楼B

座一层北侧)。 (钟丽)

中国工商银行股份有限公司北京王府井支行

【概况】 中国工商银行股份有限公司北京王府井支行(简称工商银行王府井支行),原称中国工商银行北京市王府井支行,2000年8月1日成立,工商银行实行股份制改革后变更为现名称。设11个部室,4个二级部室及11个网点支行(金街支行、北京站支行、东长安街支行、东四南支行、新东安支行、禄米仓支行、华润大厦支行、电信大楼支行、灯市口支行、中电财支行、东华门支行)、2个分理处(台基厂分理处、东交民巷分理处)和1个储蓄所(朝南所)。工作人员575人。经营范围:办理本外币存款、贷款、结算、汇兑、外汇、个人金融、银行卡业务、各类理财业务及金融代理业务。

年内,加快经营转型和结构调整,业务产品线各项业务发展平衡,业务结构进一步优化,资产余额561.18亿元。各项贷款余额105.25亿元;支行负债余额551.09亿元。各项存款余额533.59亿元。中间业务收入比上年同期增加7468万元,同比增长32.57%。截至年末,贷款利息收入占总收入25.21%,比上年同期增长2.07亿元。上存收入占总收入的59.64%。账面利润同比上年增长1.6亿元。王府井支行所属新东安网点支行本年度荣获工商银行北京分行个人金融“百佳网点”、北京分行“劳动竞赛先进集体”荣誉称号。

单位地址:东城区金宝街18号
联系电话:65270666 邮政编码100008 (赵敏)

【机构业务】 调整工作思路,细化基础工作,坚持稳固存量客户、拓展关联客户、挖转新增客户的客户营销宗旨,锻炼机构营销队伍,年末时点达到362.31亿元,增长38.95亿元,年末日均达到327.82亿元,同比增长12.82亿元;全年销售法人理财产品404亿元,法人理财业务日均规模66.27亿元,规模以上新开户累计96户,实现中间业务收入3515.41万元;累计新开结算账户2418户,实现企业年金账管费收入10.1万元。 (赵敏)

【信贷业务】 拓宽信贷客户基础、完善产品体系、推进信贷业务转型。一是信贷规模扩张,本外币贷款余额突破100亿元,人民币有贷户97户,较2009年初翻两番;二是品种结构趋于合理,信贷规模扩张的同时,注重对房地产贷款和流动资金贷款的控制,发展贸易融资产品。贸易融资余额27.3亿元,占流动资金贷款比重超过80%,占全部人民币贷款比重47%,房地产贷款占比降至10%左右;三是信贷结构调整初见成效。支持中小企业发展,拓展中小企业信贷市场。全年小企业贷款余额3.3亿元。四是加强核心产品房抵类贷款营销力度,全年累计发放5.58亿元,是上年发放量的552%。 (赵敏)

【个人金融业务】 贯彻大联动大营销经营策略,调动行内外资源,公私联动拓展客户,实现预期发展目标:人民币储蓄存款年增21.5亿元,个金“1+4”指标实现175亿元,比上年同期增长80%;个人中间业务收入7505万元,比上年同期增长15%;中间业务收入持续同比增长,外汇“1+1”储蓄存款及外汇理财年增1775万美元,新增代发工资单位户数675户,比上年同期增长66%;累计发放灵通卡63574张,理财金挖掘率79%,比上年同期增长4个百分点。 (赵敏)

【国际业务】 拓宽业务渠道、创新业务品种、扩大客户资源。国际结算量完成383642万美元,比上年增加48825万美元,单证业务量完成119696万美元,比上年增加22082万美元,结售汇业务量完成257396万美元,比上年增加95958万美元;居北京分行外汇业务综合排名前列。 (赵敏)

【中间业务】 把握市场发展机遇,拓展各类中间代理业务,全年中间业务收入比上年增长32.57%。其中人民币结算收入同比增长5.32%,银行卡业务收入同比增长25.45%,中间业务收入总量额排名分行系统第十一位。 (赵敏)

【信用卡业务】 利用王府井商业中心地域优势,发展信用卡业务。年内,新发展标准版信用卡3.7万余张,信用卡保有量29万余张。新发展交通卡1.8万张,银行卡收单业务保持全行领先地位。新签信用卡特约商户182家,与上年同比增长42%。新安装商户刷卡POS机526台,特约商户交易额近101.6亿元,比上年增长22%。本年顺利投产首单银医卡合作项目,9月9日北京协和医院银医合作项目,正式投产上线,实现协和医院一期项目的远程挂号结算功能。全年银行卡业务收入分行系统排名第一、信用卡业务综合贡献分行系统排名第三。 (赵敏)

【企业文化建设】 坚持企业文化建设,“工于至诚,行以致远”是王府井支行的“魂”。领导班子创新求变,塑造具有行业特色的企业文化——依靠人、尊重人、关心人、培育人、成就人,打造一支精锐团队、建立一套良性机制、弘扬一种进取精神、强化一种市场意识、营造一个和谐融洽的工作环境,带动存款规模、盈利能力、内部管理全面升级。员工用微笑迎接客户,用真情感动客户,用真心帮助客户,赢得广大客户信赖和支持。 (赵敏)

中国建设银行股份有限公司北京东四支行

【概况】 中国建设银行股份有限公司北京东四支行(简称建行北京东四支行),设综合部、客户部、营业部和海油支行,有长期劳动合同人员128人。

年内,实现拨备前利润5.78亿元,本外币全口径存款时点余额542.88亿元,对公存款时点余额507.75亿元,实现中间业务净收入9991.9万元,被首都慈善公益组织联合会,授予“商界彩虹心”称号。

单位地址:东城区美术馆后街8号
联系电话:51997807　邮政编码:100010　(谷琛婷　赵金婕)

【公司业务】　存款工作夯实客户基础,拓展客户资源,开展"拓百户争百佳"活动。成功营销中交地产、中华联合财产、北控置业等亿元重要客户,存款最高时点达595.28亿元,新增219.66亿元。(谷琛婷　赵金婕)

【个人业务】　巩固客户基础,拓宽客户数量,增加中间业务收入,提高产品覆盖度和使用率,优化盈利结构。储蓄存款时点余额14.46亿元,个人中间业务净收入1643.11万元,计划完成率86.85%。(谷琛婷　赵金婕)

【企业文化】　投身社会公益活动,强化服务的创新性、参与性和公益性。与团河监狱联合开展"反腐倡廉、合规从业"警示教育活动,与红丹丹教育文化交流中心合作开展盲人志愿服务,与打工子弟学校开展的"爱心帮助孩子、读书筑建未来"共建活动,为员工参加公益、服务社会提供平台,培养员工服务他人、回报社会的奉献精神。(谷琛婷　赵金婕)

中国农业银行股份有限公司北京东城支行

【概况】　中国农业银行股份有限公司北京东城支行(简称农行东城支行),1990年成立,设7个部门、1家营业部、12家二级支行(东四北支行、青年湖支行、和平里东街支行、东直门支行、建国门支行、健德支行、惠新里支行、长安支行、交道口支行、东单支行、奥园支行、银街支行),在册员工324人。

全年,存款增长16%,储蓄存款增长15%,同业存款增长160%,中间业务收入增长3%;实现国际业务结算量同比翻一番,拨备后利润增长27%;人均创利水平增长18%。完成网点劳动组合优化工作,施行客户经理、运营副主管和中层干部竞聘,加强岗位培训,提高员工队伍素质。

单位地址:东城区金宝街58号华丽大厦
单位电话:65281870　邮政编码:100005　(李欣)

【资产业务】　优化客户结构,夯实发展基础,创新工作思路,实现业务经营提升。各项贷款新增13%,优质客户较上年增加17%,占法人客户贷款总额的99.5%。资产客户结构维持良好,个人优质客户资产较上年增长22%,个人贷款不良率较上年下降0.5%。(李欣)

【负债业务】　各项存款日均增长9%,对公存款日均增长6%,同业存款日均增长11%,储蓄存款日均增长16%。(李欣)

【零售业务】　推进零售业务发展,加强交叉营销和深度营销,实现客户规模横向发展,客户质量和贡献纵向提升。私人银行客户存款余额较上年增长28%,有效目标客户占全部个人客户11.2%,较上年提高3.6%。建设电子渠道,发展各项电子银行业务,银行卡收单中间业务收入较上年增长71.64%。(李欣)

【内控管理】　完善基础管理,建立客户体系,明确核心客户群和分层管理;建立营销体系,落实首席客户经理制;完善考核体系,实现岗位考核全覆盖;建设保障体系,提升运营管理和信贷风险控制水平;完善队伍建设体系,提高整体管理水平。加强风控体系建设,加强干部员工思想教育,推进案件专项治理,层层落实安全责任制,提高反洗钱工作质量。(李欣)

中国农业银行股份有限公司北京崇文支行

【概况】　中国农业银行股份有限公司北京崇文支行(简称农行崇文支行),有员工284人,下辖营业网点14个。

年内,不断优化业务流程和资源配置,调整业务结构和经营模式,全面推动业务转型和网点转型,实现业务发展和转型新突破。

单位地址:东城区珠市口东大街1号新阳商务楼A座
联系电话:67092480　邮政编码:100062　(李金辉)

【人才机制建设】　加强对部门和网点人才培养工作。举行会计主管公开竞聘,选拔政治素养强、业务素质高、群众基础好年轻的员工,注入业务队伍。开展客户经理(产品经理)岗位竞聘,选拔一批业务素质高、营销能力强的年轻员工补充支行前台部门;重视对大学生培养,做好他们职业生涯规划工作,重视职业心理教育和引导,选拔高学历年轻员工进入岗位发挥作用。(李金辉)

【调整网点布局】　优化网点布局,完善和增强网点功能,10月1日新建开业营业网点"中国农业银行股份有限公司北京富力支行"。(李金辉)

【考核机制建设】　支行制定"综合业绩考核办法"、"工资总额分配办法"、"网点二次分配指导意见"、"关于调整部分产品及加工资考核分配的通知"等办法,突出绩效指标考核导向,指导网点细化岗位考核和工资二次分配,逐步减弱计价工资项目及标准,实现计价工资首次下调。明确各岗位考核目标和绩效工资岗位系数,提升绩效考核力度,指导网点将计价工资分配与绩效指标、基础任务挂钩,实现个人营销行为与网点整体发展有效统一。(李金辉)

【推进个人业务发展】　确立立足本区域,以客户为中心的零售业务发展方向。抓核心业务指标,即储蓄、个贷和信用卡。完善零售业务日常管理体系,建立涵盖个人金融、个人贷款、电子银行等零售业务综合月报、周报制度,建立个金月度例会和个贷月度例会,注重数据分析和项目讨论。重视客

户管理,开展客户活动。推进个贷业务由业绩中心向效益中心转型。 (李金辉)

中国银行北京崇文支行

【概况】 中国银行股份有限公司北京崇文支行(简称支行),有职工492人,营业网点20个。

年内,贯彻总、分行战略发展方针,落实总、分行“调结构、扩规模、防风险、上水平”工作方针,推进网点转型,提升支行整体工作效能,巩固和扩大客户群为基础,吸收本外币存款,扩大中间业务收入。抓基层,打基础,鼓励新产品推广和自主创新,加快发展,完成分行下达的各项任务指标,实现各项业务及内部管理持续健康发展。

单位地址:东城区广渠门内大街47号雍贵中心A座1-4层
联系电话:87550606　邮政编码:100062 (阴媛)

【负债业务】 多渠道寻找业务契机,保持负债业务稳步发展。通过营销实现多笔大额金融机构存款,金融机构类客户时点存款取得突破。个人金融板块以理财产品、基金、保险、代发薪为突破口,从源头拓宽资金来源,储蓄存款多元化发展。 (阴媛)

【资产业务】 按照分行“调结构、扩规模”工作思路,稳定巩固资产业务。公司金融板块资产业务在客户资质上优中选优、稳定巩固客户关系、优化授信客户结构。年内贷款余额保持上年水平,客户储备及存量授信客户数量提升明显。国际结算进一步扩大贸易融资规模,金融机构居分行领先地位。个人金融板块一是实现批量公积金放款,保持公积金贷款整体优势。二是实现以一手房业务为主,循环贷款、组合贷款、质押贷款和二手房贷款为辅的全产品业务规模。三是完成“零售贷款同城操作中心”模式转变,简化零贷相关操作手续,规范放款流程风险管理。 (阴媛)

【中间业务】 统筹规划、积极部署,中间业务收入快速增长。公司金融板块,金融机构,国际结算和资金业务产生中间业务收入效果明显,国内结算和公司窄口中间业务收入稳定发展。个人金融板块,拓展出国金融服务、保险销售、贵金属销售等业务和产品,保持基金业务优势,收入水平位居分行前列。 (阴媛)

【客户群构建】 深化客户群构建和管理工作。优化客户结构,加强基础客户和中高端客户群建设,强化源头营销职能,批量拓展基础客户。通过柜员、大堂经理、理财经理联动挖掘优质客户,增加中高端客户数量。巩固客户基础,带动各项业务稳步发展。 (阴媛)

【内控管理】 本着“发展是硬道理、内控是硬约束”原则,从严治行、科学治行,营造内控文化氛围,强化风险与内控管理。建立全员主动参与、职责分工明确的支行内部控制体系。业务职能部门实施精细化管理,管理者督促落实基层内控管理措施,员工自觉遵守规章制度;强化内控交流,传导职能。推行综合柜员制、国际收支上收申报、甄别集中上收可疑交易的业务流程整合工作,开展常规检查、专项检查、整改跟踪、非现场监控、流程梳理等各种形式业务监督,增强内控防范。 (阴媛)

【金融服务】 开展“品牌窗口有我、精诚服务为您”、“为民服务创先争优”的理念,开展质量月活动,创建金融服务氛围,提高服务水平。规范员工仪容仪表、文明用语、推进行业标准化建设。提倡“领导为员工服务、二线为一线服务、全行为客户服务”的理念。选拔文明优质服务标兵,创建文明优质示范岗和示范单位,辖内一线网点均达到优秀级别。 (阴媛)

【队伍建设】 健全支行等级柜员定期评定、动态调整机制,鼓励员工争先进位;注重专业骨干队伍建设,实现公司客户经理、账户经理制。完善理财客户经理、大堂客户经理、业务经理准入退出机制和绩效考核制度。推进专业队伍健康发展。 (阴媛)

【营业网点】 中国银行股份有限公司北京崇文支行营业部(北京市东城区广渠门内大街47号雍贵中心A座)、中国银行股份有限公司北京劲松支行(北京市朝阳区劲松五区518号楼)、中国银行股份有限公司北京方庄支行(北京市丰台区芳城园一区16号楼)、中国银行股份有限公司北京崇文门支行(北京市东城区东交民巷2号)、中国银行股份有限公司北京双井支行(北京市朝阳区东三环中路16号京粮大厦一层)、中国银行股份有限公司北京现代城支行(北京市朝阳区建国路88号现代城A区S栋2201、2202)、中国银行股份有限公司北京恒基中心支行(北京市东城区建国门内大街18号楼)、中国银行股份有限公司北京龙潭湖支行(北京市东城区龙潭路乙3号)、中国银行股份有限公司北京崇外大街支行(北京市东城区崇外大街44号)、中国银行股份有限公司北京大北窑支行(北京市朝阳区东三环中路39号建外SOHO南办公楼B座1单元0101号)、中国银行股份有限公司北京松榆里支行(北京市朝阳区松榆里37号)、中国银行股份有限公司北京潘家园支行(北京市朝阳区东三环南路25号)、中国银行股份有限公司北京东大桥路支行(北京市朝阳区东大桥路8号尚都国际中心A座102、103号房)、中国银行股份有限公司北京东花市支行(北京市东城区东花市大街98号)、中国银行股份有限公司北京光华东路支行(北京市朝阳区西大望路1号1-2层)、中国银行股份有限公司北京广渠门支行(北京市朝阳区天力街1号楼-9)、中国银行股份有限公司北京针织路支行(北京市朝阳区建国路93号院8号楼)、中国银行股份有限公司北京前门大街支行(北京市东城区前门大街91号)、中国银行股份有限公司北京西花市支行(北京市东城区崇文门外大街18号国瑞城F1-26)。中国银行股份有限公司北京百子湾支行(北京市朝阳区东四环中路82号金长安大厦A座一层102、103、105号)。 (阴媛)

人保东城公司

【概况】 中国人民财产保险股份有限公司北京市东城支公司(简称东城支公司),以转型推动发展,以发展引领转型为工作重点,积极推进销售队伍人力资源改革,实现保费业务的稳步发展,综合竞争力显著提升。

全年实现保费收入3.9亿元,实现利润3.2亿元,上缴税款2.14亿元。履行社会责任,成立专业团队,上门为区部分国家机关办理机动车保险。深入贯彻合规经营理念,成立合规专项工作组,配合市保监局和市审计局,宣导依法合规经营,对自身业务进行全面自查,进一步完善内控制度和风险管理水平,保障业务的健康发展,降低合规风险,满足监管要求,维护市场的经营秩序。

单位地址:东城区王家园胡同16号阳光国际大厦5层

联系电话:65548700　邮政编码:100027　(李楠)

【理赔服务】 理赔服务进行"电网销速递理赔"、"一张纸一小时"、"掌上人保"改革,保户能够更加便捷快速得到赔付。在东城区奥士凯集团公司火灾事件中,多次与保险公估公司及上级公司协商,最终确定赔款300余万元,帮助受灾保户度过难关。(李楠)

金融及保险机构负责人

中国工商银行股份有限公司东城支行	
行长兼党委书记	苗鸿祥
中国工商银行股份有限公司崇文支行	
行长兼党委书记	高　平
中国工商银行股份有限公司王府井支行	
行长兼党委书记	郭　俊
中国建设银行东四支行	
行　　长	王新立
中国农业银行东城支行行长兼党委书记	张　艳
中国农业银行崇文支行行长兼党委书记	段宝峰
中国银行崇文支行行长兼党委书记	张　娅
中国人民财产保险股份有限公司东城支公司	
经理兼党支部书记	宋玉森

城 市 建 设

建 设 管 理

【概况】 东城区住房和城市建设委员会(简称区住建委),是区政府负责建设行政管理的工作部门,暂设办公室、纪检监察科、组织人事科、财务科、名城科、重点办、法制科、招标办、行政审批科、施工科、工程科、信访办、节能科13个内设机构。下属区建筑行业管理处、建设工程质量监督站、住房保障服务中心、历史文化保护办公室。原崇文区建筑行业管理处(内设办公室、建设工程质量监督站、建设工程安全监督站)、崇文区建设工程发包承包交易中心6个事业单位。主要职能:编制全区年度工程建设开复工、竣工计划;负责建设工程施工许可证核发(初审);本区的工程建设管理,属地范围内建筑业的行业管理;对本区的建设工程项目招标、投标,建设工程质量和市政工程质量,工程建设施工现场,外地进京施工队伍及建筑市场施行监督、管理;负责区域内的建筑市场监督执法工作。

年内,名城保护有序推进。成立历史文化名城保护工作委员会,组建专家顾问组;制定《东城区历史文化名城保护工作实施方案》。设立每年1亿元名城保护专项资金;编制名城保护五年规划。在全市率先设立名城保护专项资金,明确提出"十二五"期间每年安排1亿元用于名城保护工作。全年办理来信、来访、来电1245件,排查、调处3件。化解"桥苑艺舍"项目62户被拆迁居民的安置房问题,安惠东里1号院1-4号楼房屋产权转移问题,新中街一至四条的居民反映回迁房未能按期入住问题。办复人大代表建议政协委员提案27件。

单位地址:东城区花市枣苑10号
联系电话:67051078　邮政编码:100062　(陈朝阳)

【法制工作】 实施行政处罚39起,处罚金额249.46万元。受理依法申请政府信息公开事项6起,全部依法按时办结。对行政许可、管理和服务事项和行政处罚事项所涉及的32部法规,具体行政执法权91项重新梳理,细化到条款项目,完成构建法制工作平台数据信息基础工作。办理民事诉讼1件、行政诉讼2件。25名行政执法人员全部通过行政处罚资格考试,对具有执法资格的66名人员实行动态管理,并与行政执法情况链接。 (陈朝阳)

【建筑企业动态监管】 资质专项核查13家建筑企业,合格5家,不合格6家,联系不到2家。对整改后仍不达标的6家企业上报市住建委进行行政处理,依法撤回企业资质证书。对申请新设立企业资质的6家企业进行实地现场核查。重点核查企业办公场所、主要负责人及厂房、机械设备等情况。为区建筑企业办理安全生产考核合格证书续期650册。

(陈朝阳)

【工程质量监督】 质量监督新注册工程108项,建筑面积84.8万平方米,竣工工程95项,建筑面积110.5万平方米。监督在施工程132项,建筑面积397.4万平方米。重点监督质量问题整改落实情况,突出监理对工程质量过程控制作用,开展8次专项执法检查,2730次巡回检查。集中治理突出问题,主要检查冬天雨天施工工程、深基坑及结构工程、教育工程、校舍安全工程质量。消除各类质量隐患3412项。发出《责令改正通知书》81份,实施简易处罚33起,立案处罚13起,处罚金额19万元。 (陈朝阳)

【工程安全监督】 落实网格化监管,强化危险性较大的分部分项工程管理,查处事故责任企业和人员,开展安全生产月活动,有针对性地开展施工安全专项检查,及时消除隐患。集中整治施工现场消防安全和复工前生产安全。至6月,开展深基坑支护和起重机械专项执法检查,组织在施项目相关管理人员培训,同供电部门组织工地关于安全用电相关知识的培训及检查;同食品卫生部门对在施工地夏季工地食品、防疫安全全方位检查等。全年,发生安全生产事故3起,死亡3人。 (陈朝阳)

【建筑行业劳务管理】 总承包单位108家,专业及劳务分包207个7343人,全年用工量2.1万人。严格检查劳务队伍进场手续合法性。每月检查劳务分包队伍进场资格,对专业分包、劳务分包队伍和农民工人数普遍检查,对重点工程、校安工程、保障房工程,细致排查,出具"月统计报表",检查工程项目劳务管理保障体系建立和运行情况。检查劳务分包合同订立、备案和履约情况;劳务作业人员备案及普法维权培训情况,项目部劳务管理基础资料建立、留存情况。执行劳务合同履约监管,以劳务单位网上填报为基础,纠正分包企业不合规操作,运用《北京市建筑业企业违法违规行为执法手册》中对劳务管理的11条行政处理、行政处罚措施,督促劳务单位自我管理、自我约束,规范用工行为。积极配合协

调解决劳务突发或群体性事件,全年处理劳务突发事件8起。（陈朝阳）

【既有建筑节能改造】 全年既有建筑节能改造居住建筑54万平方米、公共建筑23.7万平方米。改造102栋住宅楼45.56万平方米。公共建筑完成节能改造24万平方米。（陈朝阳）

【起重机械设备登记】 办理起重机械使用登记46台,其中塔吊16台,施工升降机21台,物料提升机9台;为8家企业办理起重机械编号登记33台,其中塔吊19台,施工升降机5台,物料提升机9台。（陈朝阳）

【施工许可现场踏勘】 施工许可现场踏勘64项,建筑面积27.19万平方米,其中:新建工程9项,面积为8.1万平方米;装修工程53项,面积为19.01万平方米;市政道路2项,为373.58米。（陈朝阳）

【名城保护】 完成《历史文化传承发展轴保护和发展规划》《历史文化传承发展轴专项规划》《东城区"十二五"时期历史文化名城保护与发展规划》《东城区"十二五"期间历史风貌保护和发展及旧城改造发展规划》。确定三类名城保护重点项目,即十大保护项目、十项文物保护修缮工程和十项会馆保护利用工程。十大文保项目基本完成5项:鲜鱼口美食街修缮整治、玉河北区风貌保护、南锣鼓巷市政改造、雍和宫柏林寺周边修善整治及孔庙国子监周边修缮整治规划编制。天坛周边修缮整治项目居民搬迁启动,筹备钟鼓楼环境整治房屋征收工作;外城东南角楼(左安门角楼)复建方案得到市政府同意,完成曹雪芹故居纪念馆设计方案,设计完成前门月亮湾景观建设项目规划。十项文物保护修缮工程已完成欧美同学会、美国使馆旧址、方家胡同15号院修缮;清末自来水厂旧址、前鼓楼苑7号院、9号院、地坛宰牲亭油饰、国祥胡同2号、钟鼓楼修缮、明城墙遗址西段抢险获得区名城保护专项资金及市文物修缮资金支持,年内办理相关手续。十项会馆保护利用工程中晋翼会馆、贵州会馆和吉州会馆修缮完成;安徽旌德会馆、广东惠州会馆及平镇会馆3800多万元修缮资金到位;江西庐陵会馆、湖北黄安会馆、广东粤东会馆居民动迁工作未完成,湖北会馆迁建工程将由合作方实施。设立名城保护专项资金,"十二五"期间每年安排1亿元用于名城保护工作。区政府审议通过《东城区历史文化名城保护专项资金使用管理办法(试行)》和《2011年名城保护专项资金计划安排》。年内安排专项资金8600余万元,其中:钟鼓楼、左安门角楼复建等文物及有价值建筑修缮8项,4700万元;广东惠州会馆等会馆保护利用3项,3400万元;规划编制460万元。（陈朝阳）

【招投标监管】 完成招投标、直接发包项目158项,建设规模154.9万平方米,中标金额8.27亿元。按投资类型划分,政府投资109项,造价5.93亿元;国有投资23项,造价1.42亿元;社会投资26项,造价0.92亿元。按招标方式划分,公开招标105项,造价7.2亿元,邀请招标7项,造价0.7亿元;直接发包46项,造价0.37亿元。在日常招投标监管中,从招投标进度、施工合同动态落实监管责任。建立分工合理、职责明确、相互监督工作机制,全年招投标工作零投诉。（陈朝阳）

【办理行政许可管理事项】 办理行政许可事项和行政管理事项1148件,其中,办理建筑工程施工许可证核发(初审)74项,办理建设工程安全备案74件,建设工程质量监督注册74件。建筑企业资质审批和企业资质变更123件、审批建筑工程夜间施工4件、办理招标方式抄报155件,办理建设工程竣工验收备案121件,办理建筑节能专项验收备案61件,办理二级建造师注册和证书变更242件,建筑拆除工程备案2项,建设工程材料采购备案158件,房地产开发企业资质等级核定与资质证书变更60件。受理事项按时办结率为100%,申办人员现场评价满意率100%,为企业和群众提供各种咨询服务2300余次。（陈朝阳）

【专项资金缴费】 对房建工程项目征收两项基金46.67万元。包括征收新型墙体材料专项基金7项43.66万元,征收散装水泥专项基金7项3.01万元。（陈朝阳）

【汛期应急工作】 应急值守保证值班电话通讯畅通,800兆电台、IP视频会议系统处于运行状态,市、区住建委应急平台保持24小时在线及时接受报送网上文件,值守人员随时准备应对突发事件。汛前,制定防汛抢险预案。汛期成立8支2500人抢险应急队,储备麻袋3000条,编织袋3000万条,砂石料5000立方米,远程探照灯30只,抢险救灾机械车辆19台。（陈朝阳）

建 设 工 程

公建工程

【概况】 年内,受理、初审及决定竣工验收备案的公建工程16项,投资6.49亿元,面积19.04万平方米。

【广渠门外危改工程】 A区工程位于广渠门外南街。A9西侧地下室、非配套商业及托老所建筑面积8090平方米,地上5层,地下3层,檐高23.9米,工程造价350.34万元,2007年11月15日开工,1月27日竣工;A5非配套商业楼建筑面积2739平方米,地上4层,檐高23.9米,工程造价118.61万元,2008年1月22日开工,1月27日竣工;A1写字楼建筑面积2.47万平方米,地上20层,檐高80米,工程造价1070.73万元,2008年1月22日开工,6月14日竣工;A7非配套商业建筑面积1.52万平方米,地上3层,地下3层,檐高15米,工程造价657.63万元,2007年9月19日开工,6月14日竣工。均为框架剪力墙结构。北京鑫阳房地产开发有限公司建设,北京市建筑设计研究院设计,江苏省建工集团有限公司施工,北京华清技科工程管理有限公司监理。C区工程,位于东城区广渠门外南街。C1非配套商业楼建筑面积1746平方米,地上6层,框架剪力墙结构,檐高23.9米,工程造价297.76万元,2007年12月10日开工,1月17日竣工;C4回迁医院建筑面积6520平方米,地上6层,地下3层,框架剪力墙结构,檐高23.9米,工程造价901万元,2008年3月1日开工,1月17日竣工。北京鑫阳房地产开发有限公司建设,北京市建筑设计研究院设计,北京城建二建设工程有限公司施工,北京方恒基业工程咨询有限公司监理。 (赵琳艳)

【北京二中食堂出入口工程】 3月11日竣工。位于内务部街13号,建筑面积4871平方米,地上1层,地下1层,框架结构,地上高度3.9米,地下高度-8.5米,工程造价3262.9万元。上年3月31日开工,区教育委员会建设,北京阳光建筑设计事务所设计,北京天恒建设工程有限公司施工,北京宏远工程建设管理有限责任公司监理。 (赵琳艳)

【前门地区商业新建工程】 C5地块地下、地上商业新建工程,地下建筑面积6256.94平方米,地下2层,高度-13.03米,工程造价2070.47万元,2009年8月15日开工,8月23日竣工;地上建筑面积3490平方米,地上2层,框架结构,檐高11.8米,工程造价2567.2万元,上年7月15日开工,1月24日竣工。北京天街置业发展有限公司建设,北京建工建筑设计研究院设计,中国建筑第二工程局有限公司施工,北京市工程咨询公司监理。建成后地下2层为车库和设备用房,地下1层和地上为餐饮用房。 (赵琳艳)

【大江胡同商业新建工程】 C12地块地下、地上商业新建工程,地下2层,建筑面积2327.61平方米,建筑高度-13.38米,工程造价1061.94万元;地上3层,建筑面积2654.62平方米,檐高11.9米,工程造价1211.14万元。框架结构。于上年6月20日开工,1月24日竣工。建成后地下2层为车库,地下1层为厨房、餐厅,地上主要用途为餐饮、商业。C6地块地下、地上商业新建工程,地下商业新建工程建筑面积1.14万平方米,地下2层,高度-13.23米,工程造价6862.2万元,2009年12月25日开工,8月23日竣工;地上商业新建工程建筑面积6607.68平方米,地上3层,檐高12米,框架结构,工程造价3964.61万元,2009年12月25日开工,3月24日竣工。建成后地下2层为车库,地下一层为厨房、展厅和会议,地上用途为餐饮、商业。B11地块商业新建工程,建筑面积1.33万平方米,地上2层,檐高9.8米,地下2层,高度-13.63米,框架结构,工程造价7980.62万元。2009年12月25日开工,3月24日竣工。建成后地下2层为车库,地下1层及地上为商业用房。B10地块商业新建项目,建筑面积4981平方米,地上2层,檐高8米,地下2层,高度-13.38米,框架结构,工程造价2988.6万元。2009年12月25日开工,3月24日竣工。建成后地下2层为车库,地下1层及地上为商业用房。B12地上商业新建工程,建筑面积5155.12平方米,地上2层,檐高9米,工程造价2441.82万元;地下商业新建工程建筑面积1.05万平方米,地下3层,高度-16.43米,工程造价4981.9万元。框架结构,2009年12月25日开工,8月23日竣工。建成后地下2、3层为车库、人防,地下1层和地上为商业用房。大江胡同商业新建工程由北京天街置业发展有限公司建设,北京建工建筑设计研究院设计,中国建筑第二工程局有限公司施工,北京市工程咨询公司监理。 (赵琳艳)

【鲜鱼口街商业新建工程】 B9地块商业新建工程,建筑面积4607.42平方米,地上3层,檐高12米,地下2层,高度-13.83米,框架结构,工程造价2763.65万元。上年6月11日开工,3月24日竣工。北京天街置业发展有限公司建设,北京建工建筑设计研究院设计,北京房地集团有限公司施工,北京英诺威建设工程管理有限公司监理。建成后地下为车库、厨房、餐厅,地上为餐饮。B6地块商业新建工程,建筑面积3590.46平方米,地上2层,檐高10.78米,地下2层,高度-13.3米,工程造价1902.98万元;B8地块商业新建工程,建筑面积8014平方米,地上2层,檐高8米,地下2层,高度-12.93米,工程造价4235.67万元。均为框架结构,上年9

月28日开工,6月20日竣工。北京天街置业发展有限公司建设,北京建工建筑设计研究院、中国建筑科学研究院设计,北京崇建工程有限公司施工,北京双圆工程咨询监理有限公司监理。建成后地下2层为车库,地下1层及地上为商业用房。 (赵琳艳)

【松林里小区商业中心】 位于松林里,建筑面积3191.96平方米,地上3层,地下1层,框架结构,檐高15米,地下高度-5.7米,工程造价380.51万元。2009年11月20日开工,6月24日竣工。北京中海豪峰房地产开发有限公司建设,北京通宸建筑设计有限责任公司设计,中国建筑第五工程局有限公司施工,北京五环建设监理公司监理。建成后地下1层为厨房及设备用房,地上1、2层为餐厅,3层为健身房,屋面为露天游泳池。 (赵琳艳)

【北新桥地区商业用房】 工程位于北新桥路口东北、东南,建筑面积8443平方米。C区商业用房地上2层,地下1层,檐高8.95米;D1区商业用房地上2层,地下1层,檐高10米;D2区商业用房地上1层,檐高3.15米;D3区商业用房地上1层,檐高3.75米。框架结构,工程造价3221.8万元。2009年7月15日开工,6月16日竣工。北京东方信达资产经营总公司建设,北京城建设计研究总院有限责任公司设计,江苏中兴建设有限公司施工,北京英诺威建设工程管理有限公司监理。建成后为商业用房。 (赵琳艳)

【教育用房翻改建工程】 位于内务部街22号,建筑面积3350平方米。地上2层,地下1层,檐高9.38米,地下高度-4.8米。框架结构,工程造价1428.8万元。上年3月30日开工,7月8日竣工。区教育委员会建设,中国建筑东北设计研究院有限公司设计,北京东兴建设有限责任公司施工,北京宏远工程建设管理有限责任公司监理。建成后为教育用房。 (赵琳艳)

【一师附小教育用房】 位于桃杨路7、9号,建筑面积2.43万平方米。地下连体建筑,包括学生集体宿舍,地上4层,檐高14.2米,地下1层,高度-2.7米;北教学楼,地上4层,檐高17.1米,地下1层,高度-3.6米;南教学楼综合楼,地上4层,檐高18米,地下1层,高度-3.6米;礼堂地上2层,檐高10.8米,地下1层,高度-3.6米;门卫地上1层,檐高4.2米;操场出入口地上1层,檐高3.3米;锅炉房地上1层,檐高4.7米;其他地下1层,高度-4米;地下2层,高度-8.9米;其他地上面积21平方米,连廊(建筑高度5.4米,首层架空)、烟囱等。框架结构,工程造价6146万元。2009年7月20日开工,8月4日竣工。区教育委员会建设,北京天鸿圆方建筑设计有限责任公司设计,北京大龙建设集团有限公司施工,北京佳德建设监理有限责任公司监理。建成后为教育用房。 (赵琳艳)

【前门大街保护整治项目】 工程位于前门大街及东片地区。建筑面积6256.94平方米,地下2层,高度-13.03米,框架结构,工程造价2070.47万元。2009年8月15日开工,8月23日竣工。北京天街置业发展有限公司建设,北京建工建筑设计研究院设计,中国建筑第二工程局有限公司施工,北京市工程咨询公司监理。建成后地下2层为车库和设备用房,地下1层为餐饮用房。 (赵琳艳)

【雍和宫桥西商业用房】 工程位于雍和宫桥西南角。建筑面积4347.89平方米,分南北AB区和C区,地下1层,地上1层,檐高3.3米,框架结构,工程造价2017.04万元。2009年11月7日开工,10月31日竣工。北京东方信达资产经营总公司建设,北京城建设计研究总院有限责任公司设计,北京中宏基建筑工程有限责任公司施工,北京英诺威建设工程管理有限公司监理。建成后为地铁5号线雍和宫站出站口周边过渡性商业用房。 (赵琳艳)

【地铁14号线】 地铁14号线区内有3座车站、4段区间,长4千米,全部为地下站,永定门外站与规划8号线换乘。年内推进陶然桥站、永定门外站拆迁进度,筹备安乐林站拆迁工作。陶然桥站需拆迁居民楼5幢,居民254户,其中红线内142户。完成用地红线内住宅拆迁116户,红线外住宅协议搬迁76户。完成非住宅拆迁三个单位,其中两个单位进行移建。马家堡东路路西开工。永外站20户居民纳入西革新里危改项目中。 (陈朝阳)

住宅工程

【概况】 受理、初审及决定竣工验收备案的住宅工程4项,面积20.79万平方米,投资3.37亿元。其中:商品房2项,投资4602.6万元;经济适用房2项,投资2.91亿元。

(赵琳艳)

【新中街商品住宅楼】 新中街1号住宅楼,建筑面积1.55万平方米,框支剪力墙结构,地下1层,地上10层,局部11层,檐高30.9米,工程造价1800万元。2007年10月15日开工,4月7日竣工。北京安盛华泰房地产开发有限公司建设,北京龙安华诚建筑设计有限公司设计,北京城乡建设集团有限责任公司施工,北京博建工程监理有限公司监理。建成后地下为人防、车库,1-2层为商业、办公用房,3-11层为商品住宅。 (赵琳艳)

【管村2号商品住宅楼】 位于永外管村32号院,建筑面积1.63万平方米。住宅楼面积9965.44平方米,剪力墙结构,地下2层,地上12层,檐高34.95米;配套用房面积6346.56平方米,框架结构,地下2层,地上7层。工程造价2802.6万元。2008年9月25日开工,5月3日竣工。北京交运通正运输有限责任公司建设,北京中天建中工程设计有限责任公司设计,四川星星建设集团有限公司施工,北京云湖工程监理站监理。建成后地下2层为人防,地下1层为自行车库和设备用房,地上为住宅和配套商业。

(赵琳艳)

【朝内危改经济适用房】 朝内危改小区101号楼南三单元，建筑面积6673.56平方米，地下2层，地上9层，檐高25.8米。剪力墙结构，2005年4月8日开工，2007年2月7日竣工验收，1月14日竣工验收备案。工程造价867.5万元。北京住总房地产开发有限责任公司建设，清华大学建筑设计研究院设计，北京住总集团有限责任公司施工，北京光华建设监理有限公司监理。建成后为危改回迁房，共3个单元，90户。 （赵琳艳）

【弘善家园经济适用房】 13～18号住宅楼由六塔组成的联塔建筑，建筑面积16.94万平方米，地下3层，地上除裙房外，其它为退层形式，13～15号楼4层以下为裙房，檐高16.65米；16～18号楼2层以下为裙房，檐高8.85米；13号楼为18、20、23层，檐高54.3米、59.7米、68.1米；14号楼10～11层，檐高33～35.7米；15号楼为11、15、18层，檐高35.7米、46.5米、54.6米；16号楼为25、28层，檐高71.9米、80米；17号楼11层，檐高34.1米；18号楼为24、27、28层，檐高69.2米、77.3米、80米。框架剪力墙结构，2007年7月18日开工，6月3日竣工，工程造价2.82亿元。北京正阳恒瑞置业公司建设，北京保利达工程设计有限责任公司设计，北京大龙建设集团有限公司施工，建研凯勃建设工程咨询有限公司监理。建成后地下3层为住宅停车，地下2层为公建停车，地下1层为自行车库和商业，地上裙房为商业，其它为经济适用房回迁住宅。 （赵琳艳）

市政工程

【概况】 推进5条道路建设，其中东西四块玉路完成各专业管线施工，刘家窑路取得立项批复和建设用地规划许可证，正义路南延南段，革新南路，体育馆西路北段，区发改委立项批复。受理、初审及决定竣工验收备案市政工程1项，投资1479万元。 （陈朝阳）

【龙潭路道路工程】 全长1197米，红线宽30米，一幅路，主路宽21米。2006年4月1日开工，上年4月15日竣工，1月10日竣工验收备案。工程造价1479万元，北京建新市政工程管理有限公司建设，北京市市政工程设计研究总院设计，北京场道市政工程有限公司施工，北京佳德建设监理有限责任公司监理。该道路西起天坛东路，向东经东四块玉路，体育馆西路、幸福中路及京山铁路，终于左安门大街。 （赵琳艳）

地区建设管理

王府井地区建设管理

【概况】 王府井地区建设管理办公室（简称王府井建管办），是全额拨款事业单位，有工作人员40余人，设行政办公室、商业发展部、组织人事部、综合管理部、项目工程部等，主要职责：研究制定王府井商业区建设管理和发展的有关规划、规定和措施并组织实施；协调工商、公安、交通等部门对王府井商业区实施综合管理；优化王府井商业区经济发展环境，整合商业区商业各类资源，统计分析运营指标，促进经济发展；会同有关部门办理王府井商业区市政基础设施建设立项、可行性报告方案设计、开工建设等事宜；会同有关部门审定王府井商业区户外各项活动等。

年内，贯彻科学发展观，继续实施品牌战略和增量调整战略，提升服务质量。举办第三届“金街过大年”活动和中国澳门特别行政区、和田地区等地区在王府井大街举办的各项活动，完成王府井商业发展带发展规划编制和地区规划发展、综合管理、内部建设等项工作。接待日本、韩国、美国、法国等多国代表团进行商业和经济交流。

单位地址：东城区王府井大街柏树胡同40号

联系电话：65274688　邮政编码：100006

（谢庆东）

【金街过大年活动】 上年12月26日至2月17日，举办第三届“金街过大年”活动。活动与首届全国年货节结合，通过店内店外结合、文商结合，突出传统商业文化特色。沿街摆放灯光装饰卡通兔造型、悬挂金街过大年的路旗，展出由19组三角展架组成的年画展。在王府井百货大楼前广场搭建一个直径10米、高8.5米的巨型灯笼祈福灯。祈福灯整体造型秉承中国传统的天圆地方理念，边长12米、高1.4米的四方形底座象征一年四季，24个灯箱底座采用著名传统剪纸十二生肖图案装饰（两组），象征一年二十四节气，配上金边勾勒出的国花牡丹图案，吉祥富贵，庄重大气。经过世界纪录协会认证，王府井祈福灯“创世界纪录协会世界上最大的红灯笼世界纪录”，并获得世界纪录证书。 （谢庆东）

【中国示范商圈】 6月26日，中国城市商业网点建设管理联合会授予王府井“中国重点示范都市商圈”称号。打造中国重点示范都市商圈，旨在促进城市商业健康有序发展，提高各级商圈建设管理水平，推动建立“布局合理、定位科学、发展有序、作用突出”的城市商圈发展格局。中国城市商业网点建设管理联合会通过严格的评价认定标准，确立首批授予中国重点示范都市商圈全国共有5家。 （谢庆东）

【国际品牌节】 9月3～5日，举办第二届北京王府井国际品牌节。本届国际品牌节注重活动内容与内涵创新,扩大品牌商参与面,中央有关部委、市政府、中国农业银行总行、中国商业联合会领导出席,体现品牌节的高端化。多个驻华使节代表、5个国际友好区的代表团、7个外国商会和国际组织、数十个跨国公司的代表、知名商业顾问和专家出席,体现出品牌节的国际化。品牌节期间,超级名车方阵,盛装骑士方阵和大型巡游花车,登台亮相,国际明星到场,体现品牌节的时尚化与节庆化。东城区获"2011中国十大品牌城市"荣誉,北京王府井国际品牌节获"全国著名品牌文化节庆活动"奖牌,王府井的企业获得"十大品牌事件"、"十大中华老字号"、"十大品牌企业"、"最受欢迎的十大商品品牌(商标)"等奖项。(谢庆东)

【产业和市场援疆新举措】 11月27日,"新疆和田玉枣进京上市仪式"在王府井步行街举行。活动推出的和田玉枣是新疆向外供应的第一批和田玉枣,是新疆生产建设兵团农十四师回馈首都对口援助的真情体现,是继北京援疆特色产品王府井店开张营业之后,"产业援疆、市场援疆"的又一重要举措。(谢庆东)

【编制发展规划】 11月完成,在区发改委指导下牵头王府井商业发展带发展规划的编制工作。成立由相关部门参加规划编制工作领导小组,与北京市规划院共同组成规划编制课题组,开展规划研究编制工作。在走访调研、数据收集、材料整理、研究分析的基础上,编制形成商业发展带发展规划初稿,征询专家和相关部门意见,编制完成《王府井商业发展带发展规划》。(谢庆东)

【美国大品牌签约王府井】 12月6日,美国第二大时装品牌Forever21在王府井与北京新东安有限公司签约。北京市副市长程红、美国洛杉矶市市长AntonioVillaraigosa、北京市投资促进局局长周卫民、商务委员会副主任阎小彦、副区长朴学东及有关人员出席签约仪式。Forever21是美国最受青少年欢迎的大众时尚品牌,目前已发展为全球性连锁企业。(谢庆东)

东二环建设管理

【概况】 东城区东二环交通商务区建设管理办公室(简称东二环建管办),是全额拨款事业单位,有工作人员17人,设行政管理部、规划发展部、商务信息部、协调服务部等,主要职责为商务区入驻企业提供服务、协调,编制商务区发展规划等。

年内,围绕全区发展战略,坚持规划为前提,建设为重点,发展为根本总体思想,完成项目建设、招商引税、结构调整、区域规划、经济监测等工作,编制完成《东城区东二环高端服务业发展带专项规划》《东城区"十二五"期间东二环新兴产业金融功能区发展及绿色金融中心建设规划》。商务区经济持续保持快速增长全年实现税收131.59亿元,比上年同期增长64.56%,总税收破百亿元大关;实现区级收入23.31亿元,较上年同期增长29.14%。办复区人大代表建议、政协委员提案3件。

单位地址:东城区东扬威街11号
联系电话:84063473 邮政编码:100007
传真电话:84062584
(尹兰英)

【商务区物业联盟会】 2月14日,召开商务区物业联盟上年度总结表彰会,中油阳光物业等15家成员单位,区文明办、爱卫会、房管局,东直门街道办事处等有关政府职能部门负责人出席。授予中油阳光物业等12家物业公司优秀物业奖;授予东方文华国际置业有限公司等5家企业优秀管理奖。(马启贤)

【应急救护培训】 4月7日,与区红十字会在来福士大厦联合举办东二环地区应急救护知识培训活动。讲授现场应急救护措施,45人参加。5月12日,结合全国第三个"防灾减灾日"组织中石油等12家物业联盟成员单位及中铁55局东直门项目部等3家施工企业,宣讲防灾减灾、应急、避险知识,提高商务区企业防灾减灾能力。(马启贤)

【区领导调研】 5月4日、5月25日、8月22日、11月30日,区领导徐熙、周永明、金晖先后到商务区调研,了解查看国盛中心开业准备情况、推进东直门外新中街地区开发和五矿集团入驻商务区进展情况,实地察看东直门交通枢纽3个在建项目建设情况。要求做好三方面工作:①加大税源服务力度,巩固现有税源,稳增新税源;②加大产业结构调整力度,做好高端产业引进工作;③发挥商务区优势,规划好商务区建设。(尹兰英)

【低碳节能交流会】 6月16日,在中青旅大厦开展"节能我行动,低碳新生活"主题活动。召开区重点用能单位节能经验交流会。中青旅、中海油、北京工美集团等20余家单位参加。活动中,中青旅、中海油、中国移动北京分公司等分别作节能经验汇报,为全区实现节能指标,开创低碳生活起到推动作用。(马启贤)

【重点企业交流】 9月27日,东二环建管办负责人向34家重点企业集中介绍商务区经济发展情况及未来规划设想。推动商务区产业结构调整,吸引更多符合产业政策的优质企业落户商务区,促进楼宇经济发展。产促局负责人讲解区促进楼宇经济发展等相关优惠政策。区行政服务中心、产促局、工商局、地税局、国税局、统计局和相关街道办事处负责人与与会企业就各自经营发展中遇到的问题及今后商务区发展设想等进行交流。(马启贤)

【联谊活动】 11月2日,举办第二届东二环重点企业青年联谊会活动,加强各总部企业之间沟通与联系。中国移动北京有限公司、中国人保财险北京分公司、北京首开集团、兴业银行、北京银行、东方集团和城市电视等多家重点企业,北新桥街道办事处等政府部门70余名青年参加。12月27日,组织区域内重点企业青年代表在蜂巢剧场观看经典话剧，开启“文化先锋—东二环小剧场话剧体验周”活动。期间，中石油、中国五矿集团、中青旅、北京人保、北京移动、凯德置地、诺基亚西门子等区域内重点企业百余名青年代表参加。

（马启贤）

【产业结构调整】 提前介入楼宇招商引企工作，引进符合区主导产业政策的优质企业入驻。商务区核心产业结构趋向合理，总部企业的支撑作用明显，新兴产业金融功能区的定位更加确立。已入驻总部企业33家，入驻60余家下属子公司和一批中下游高端服务业。总部企业税收实现区级收入10.12亿元，占区级收入的43.44%，同比增长17.10%。金融业法人单位由“十五”末期的15家增加到66家。金融业实现区级收入3.57亿元，占区级收入15.32%，列区级收入第四位，比上年同期的2.99亿元增加5800万元，增加19.40%。

（马启贤）

【企业入驻商务区】 2244家企业入驻商务区55座重点楼宇，实现三级税收47.07亿元，占商务区税收总额60.92%，完成区级收入19.11亿元，占商务区区级收入总额的82.04%，成为商务区经济增长的重要载体。（马启贤）

前门大街建设管理

【概况】 前门大街管理委员会（简称前门管委会），是区政府派出机构，2009年9月30日成立。负责前门商业区的综合管理和促进该地区经济发展工作。主要职责：制定前门大街商业区建设、管理和发展有关规划、规定和措施；协调有关部门实施治安、交通、安全、环境、卫生等综合管理；负责前门文化创意产业集聚区建设、发展，争取政策和资金支持；负责重大活动核准，并监督实施；负责对外宣传、联络和重要信息发布；负责组织相关部门对商业区运营实施监督管理，规范企业经营秩序；指导招商工作，对入驻企业进行管理，提升商业业态，优化布局，促进区域经济发展；会同有关部门实施对公共设施管理，并督促落实；承担社会经济信息、咨询和建议收集工作，组织相关部门对商业运营情况进行统计、监测、分析，指导商业区业主委员、行业协会发展。

年内，编制完成《前门历史文化展示区十二五期建设发展规划》《前门历史文化展示区产业发展规划》，做好铛铛车南延前期准备工作，前门地区交通组织调研工作。实现销售总收入13亿元，接待游客5000万人次，日均接待客流约13万人次。

单位地址：东城区珠市口东大街19号

联系电话：67018526　邮政编码：100051（王璨）

【上元灯会】 2月15～17日，在前门大街举办上元灯会。灯会有舞龙舞狮、皇帝观灯、戏曲演唱、魔术、杂技、吆喝叫卖等走街表演。区领导杨柳荫等参加。大街北口两盏巨型“盛世走马灯”、八面鼓灯以及整条大街的万盏灯彩同时亮起，当日大街人流量约80万人，中央和北京电视台等媒体进行直播报道。上元灯会由点灯仪式、赏灯游艺、走街表演三项活动组成。被列为市非物质文化遗产。（王璨）

【前门台湾夜市】 7月12日至年底在台湾文化商务区举办。夜市增置灯海、休闲座椅、花车等景观布置，每日有电音三太子常规表演，傍晚在阿里山广场设乐团演出，街道中设31个花车摊位，经营台湾特色商品。期间，日均客流1.4万人次。

（王璨）

【前门商会】 8月5日，前门商会召开第一届会员大会。审议通过章程，选举会长、副会长、监事长、秘书长及常务理事，聘请名誉会长。商会通过开展信息咨询服务、市场推广调研、对外交流与协作、展览展评、代理服务等业务，团结、帮助、引导、教育会员遵守职业道德，提升企业形象，推动前门区域持续发展。区领导朴学东等出席。（王璨）

【前门历史文化节】 8月7～16日举办第二届前门历史文化节。期间，举办中华老字号发展前门论坛、天街亮宝会。“前门商贾文化变迁”图片展等活动，通过挖掘、整理老字号展示老字号不同历史阶段的发展状况和商业文化。前门历史文化节是打造首都文化中心区文化品牌活动之一，是展示前门文化、展示东城文化和首都文化的重要平台。（王璨）

【老字号发展论坛】 8月9日，举办中华老字号发展前门论坛。区领导徐熙、金旭、朴学东、郭瑞敏、冯藏淑、刘忠胜、赵亚洲等出席，徐熙致辞，指出要注重推动老字号品牌的聚集，明确保留、恢复、引进、扶植的发展思路，积极树立中华民族品牌在前门大街的主体地位；注重实施民族老字号的扶持政策，在全区范围内率先建立老字号发展基金，已经落户前门地区的35家老字号企业均享受不同类型的扶持，优惠总额达6000美元；注重古都老字号发展基础，形成完善的基础设施，营造和老字号相符的商业发展氛围，对前门地区和老字号的发展有重要作用。论坛活动邀请专家学者以在新环境下如何提升老字号品牌价值、诚信——老字号传统文化之魂为主题，提出“老树发新芽的挑战”进行主题演讲，提出文化的发展思路，阐述老字号文化新时代意义。（王璨）

【刘老根会馆】 8月16日开业，牛青山致辞，杨柳荫等揭幕。宋祖英、成龙、章子怡、张柏芝、白岩松、崔永元、朱军、赵忠祥、冯巩、范伟、李宁、王楠等现场助阵。刘老根会馆由赵本山创建，位于前门小江胡同，占地面积一万余平方米，比邻剧场“刘老根大舞台”。会馆由快乐餐厅和四合院区组成。在京重点打造东北文化展现东北二人转近三百年的发展历程。

（王璨）

【建设项目】 完成鲜鱼口街和台湾文化商务区收尾工程；完成B2、B3等6个地块约5.9万平方米工程建设；完成前门西区地下工程6万平方米，其中建成地下智能化停车场约3万平方米。

（王璨）

【修缮会馆和四合院】 完成广东惠州会馆、平镇会馆和安徽旌德会馆人口疏散、方案设计,取得修缮资金。做好晋翼会馆、乾泰寺等文保单位保护利用前期准备工作,探索建设符合现代生活需求的新型四合院,完成大江胡同两处四合院试点建设工作。 (王瑑)

【制定前门东区修缮方案】 制定前门东路西侧修缮方案,规划东侧15个地块以西兴隆街和大江胡同为界,分A、B、C三个区域,A区完成现状调研,B区完成三版初步方案,C区完成初步方案。 (王瑑)

【改造市政基础设施】 改造前门东区18条胡同市政设施,长5485米,升级改造排水系统,更新老旧上水管线,新铺低压燃气管线。完成382户煤改清洁能源和正义路南延以西1411户居民电表改造工程。 (王瑑)

【商业区业态调整】 推进重点区域招商引资工作。进行业态调整。补充商户,提高商户出租率。优化服务环境,为入驻企业提供优质高效服务。全年,新增商户53家,更换商户25家。 (王瑑)

【鲜鱼口街开街】 鲜鱼口街形成于明朝正统年间,有570多年历史。现在的鲜鱼口街东至前门东路与西兴隆街相接,西至前门大街,全长225米。鲜鱼口街占地面积2.1公顷,规划总建筑面积5.67万平方米,其中,地上面积2.48万平方米,地下一层商业面积1.28万平方米,地下二层面积1.91万平方米(主要用于地下停车)。5月8日,在鲜鱼口街地标建筑转角楼前举行鲜鱼口街开街仪式。区领导杨柳荫宣布鲜鱼口老字号美食街开街,牛青山等致辞,极具民族传统文化特色的京剧、舞狮踩街、京味吆喝等进行表演。街区商家展现的各式招幌、牌匾、抱柱楹联、文化志牌和以"鱼"为元素的牌楼、砖雕、井盖、城市家具、路灯以及黄金麻石铺装的水纹鱼鳞状路面等供游人观看。8月7日,鲜鱼口老字号美食街被中国商业联合会中华老字号工作委员会授予"中华老字号商业街"称号,鲜鱼口街成为国内第一条被正式命名的中华老字号商业街。 (王瑑)

【服务平台信息化建设】 完善3D虚拟购物街平台,启动"移动智慧步行街区"建设,完成前门历史文化展示区高速无线网(TD-LTE/WLAN/TD)建设,启动手机导游导购项目。全国智能运输系统标准化技术委员会(简称ITS标委会)定为"面向出行者交通信息服务的移动终端应用"国际标准及相关国家标准首个试点。 (王瑑)

【协管监督】 发挥商业运营秩序协管力量,负责对前门大街商业运营秩序进行协助监督管理。协管员发现处理各种问题4.35万件,其中:协管员为游客提供类似指路、拾遗等服务帮助30938次;发现并劝阻不文明行为、无照游商行为、发现大街市政设施损坏现象、制止扰乱商业经营秩序等问题12603起,保障大街正常运营。 (王瑑)

【综合管理】 落实门前三包责任制,驻街企业全部签署"门前三包"责任书。加大地区常态管理,实施公安、工商、城管、消防等部门综合执法,加大对辖区内各类违法行为打击力度。综合执法,将各部门日常管理工作融入到综合执法中。建立前门大街商户消防档案84份(占商户总数的95%),规范地区消防工作。确保前门地区安全,维护社会安全稳定。实现各类安全生产事故"零指标"。 (王瑑)

【接待工作】 全年接待154批,4422人。其中境外8批201人。包括蒙古国总理及夫人一行、日本东京都区市町村议会友好代表团、CIBTM、韩国首尔市钟路区代表团、意大利切塞纳市代表团、日本东京都新宿区代表团、国际友好商会大会等;中央直属单位8批60人。包括中联部、中国贸促会等,市级单位30批852人。包括市委党校、市人大常委会、市公安局、市烟草局、市台联等;外省、市单位40批1571人。包括广州市委、天津市政协、拉萨市人大常委、和田市财政局、广州惠洲市龙门县等;市区级单位58批1438人;社会单位10批300人。 (王瑑)

龙潭湖体育产业园

【概况】 东城区龙潭湖体育产业园建设发展办公室(简称园区办),是区政府特设临时机构,统筹协调龙潭湖体育产业园规划建设发展工作。

年内,编制完成龙潭湖体育产业园中长期(2011—2030年)发展规划及龙潭湖体育产业园"十二五"规划;申报中关村国家自主创新示范区取得阶段进展;完成北京国际体育交流中心一期主体工程。开展关于体育产业产权交易的相关研究和筹备工作。办复人大代表建议1件,政协委员提案2件。

单位地址:东城区珠市口东大街4号南2楼2层
联系电话:67074575 邮政编码:100062 (姜鸣)

【申报国家自主创新示范区】 园区范围内58公顷用地(不含龙潭湖三湖)被正式纳入中关村国家自主创新示范区,相关文件上报国家有关部门审批。 (姜鸣)

【国际体育交流中心】 国际体育交流中心项目,东至龙潭西湖,南至长青南路,西至天坛东侧路,北至东西四块玉路。用地面积7.8公顷,建筑面积13万平方米,分A、B、C、D四个片区,进行两期建设,一期建设D地块,占地2公顷,地上局部5层地下3层,建筑面积6.6万平方米,年内,完成主体结构。 (姜鸣)

危旧房改造

【概况】 东城区危旧房改造办公室(简称危改办),是区政府派出机构,设综合管理科、危改管理科、项目管理科。

年内,推进西革新里等地区项目搬迁工作,完成“东城区人口疏解工作的现状分析与对策探讨”课题。松林里幼儿园、广外南街环卫、骨科医院3处公共服务配套设施交用。前门东片等6个项目2071户居民入住弘善家园。抓好保障性住房和对接安置房建设筹措工作,解决具体项目进展的主要矛盾,推动各项目进展。落实信访代理和“三访”工作,维护社会稳定。针对天坛周边危旧房现状提出在“十二五”期间全面改造该地区简易楼的工作思路、主要目标、重点任务和保障措施,征求相关部门意见,完成《东城区“十二五”期间天坛周边危旧房屋改造专项规划》。

单位地址:东城区幸福大街32号
联系电话:67189824　邮政编码:100061
(路辉)

【办理保障房项目前期手续】 豆各庄和通州两站一街项目前期手续办理年内取得重大进展。豆各庄项目取得发改委立项、土地预审、规划条件、规划意见复函等;两站一街项目取得发改委立项、土地预审、规划条件、规划意见复函、规划许可证等手续。(路辉)

【遗留地块入市准备】 完成东花市三期北侧遗留地块项目搬迁工作,完善土地整理、结案、费用评估等相关手续,完成入市前相关准备工作。(路辉)

【筹措外迁安置用房】 向市申请一批王四营限价商品房房源用于旧城人口疏解,调配给所需项目;申请弘善家园回迁房用于人口疏解与定向安置,调配其中一部分用于钟鼓楼广场整治等项目。(路辉)

规划管理

【概况】 北京市规划委员会东城分局(以下简称东城规划分局),是北京市规划委员会派出机构。编制46名,行政编制31名,行政执法专项编制15名,设8个科室1个执法队,即办公室、综合业务科、规划科、建设用地管理科、建设工程管理科、市政交通工程管理科、法制科、纪检监察科、规划监察执法队;2个下属事业单位,即北京市东城区规划信息中心、北京市崇明规划信息服务中心。主要职责:负责组织区城市规划建设问题研究,参与研究经济和社会发展规划,协调城市规划与近期和年度建设计划衔接工作;参与起草和修订本市规划方面地方性法规、规章草案和技术规范;负责组织区分区规划、控制性详细规划及重要地区城市设计编制和修订的管理工作;编制局部地区选址方案;负责区行政区域范围内建设项目规划管理工作,按照职责权限核发规划意见书、建设用地规划许可证和建设工程规划许可证;负责区域内取得规划许可证的建设项目规划监督管理,对违反规划管理法律、法规行为进行查处;负责东城区范围内测量标志管理工作;负责区的地名规划和地名命名、变更等管理工作;承办北京市规划委员会和区委、区政府交办的其他事项。

年内,编制完成《前门铛铛车南延规划方案》《孔庙、国子监周边修缮整治设计方案》《东城区“十二五”时期地下空间开发利用规划》。《原崇文区院落修缮改造工程研究》《原东城区私房原翻原建规划审批研究》分获市规划委调研成果二等奖和三等奖。完成广渠门外南小街、广和里西路、广和里北街三条道路命名工作。

单位地址:东城区和平里五区甲19号楼
联系电话:84225641　邮政编码:100013
(周志雄　王桂荣)

【领导调研】 1月27日至11月4日,市人大常委会、市规划委有关负责人先后到区就地铁线路、地下空间商业开发、民族文化遗产保护与传承,党风廉政建设等工作进行调研。曾培炎、徐匡迪、汪光焘、熊光楷等老同志到前门参观历史文化展示区。(周志雄　王桂荣)

【规划审批】 核发建设项目选址意见书1项,建筑面积3000平方米;规划条件6项,建筑规模4153.11平方米;规划意见复函8项,建筑面积44.89万平方米;建设用地规划许可3项,许可用地面积9.70万平方米;建设工程规划许可283项,许可建筑面积15.00万平方米;市政工程规划许可10项,规划长度1542.5米。(周志雄　王桂荣)

【规划监督】 完成建设工程竣工验收102件,面积54.84万平方米;建设工程规划验线10件,建筑面积13.43万平方米;

查处各类违法建设157处。（周志雄　王桂荣）

【规划办理重点工程项目】　先后办理前门西区B5、B7、B14、B15、B16、G6、G9等地块地下空间的规划审批手续，总建筑面积7.65万平方米。办理东南二环滨河路休闲森林公园《建设用地规划许可证》。核发玉河南区一期规划设计方案审查意见，建筑面积1.49万平方米(地上建筑面积0.7万平方米)，规划验收北京第一师范学校附属小学项目，竣工面积2.45万平方米。完成东城区文化活动中心项目建设工程规划许可证，建筑规模4.28万平方米。核发"钟鼓楼北京时间博物馆"规划设计方案审查意见复函。项目占地0.57公顷，建筑面积1.08万平方米，地上1层，地下3层，建筑布局为传统四合院形式，用以展示全国各地钟鼓楼建设和岁时文化等。通过规划审查豆各庄一号地的旧城保护定向安置房项目设计方案。用地面积10.16公顷，建筑面积25.34万平方米，地上19.00万平方米、地下6.34万平方米，配有幼儿园、小学、卫生医疗及残疾人托养所等公共服务设施。（周志雄　王桂荣）

国土资源管理

【概况】　原北京市国土资源局东城分局、原北京市国土资源局崇文分局区划调整后，设置北京市国土资源局东城分局(简称"市国土局东城分局")，是市国土局负责该行政区域内土地与矿产资源行政管理的派出机构。设办公室、综合科、地籍科、国土资源利用科、重点工程科、财务科、政工科、执法监察科和纪检监察科9个职能科室。行政编制40人，其中：党组书记1人，局长1人，副局长4人，纪检监察副处级领导职数1名；科级领导职数9正8副，工勤编制8人。下设北京市土地整理储备中心东城区分中心、北京市东城区土地权属登记事务中心、北京市东城区土地利用事务中心3个事业单位。编制40人。

年内，全面履行国土资源管理职责，完成既定工作计划和上级部署的各项任务，发挥国土资源管理在促进全区城市建设和经济发展中的作用。完成编制"十二五"土地利用规划工作，做好绿色审批通道，确保重大项目实施。加强党风廉政建设，制定相关制度，建立廉政风险项目库。调研报告"东城区土地闲置问题研究"获市土地协会征文二等奖，编写"工作手册"建立有效工作机制。

单位地址：东城区东直门内大街3号(北片)
东城区南小市口街10号(南片)
联系电话：84061496(北片)　67128789(南片)
邮政编码：100007(北片)　100062(南片)　（谢伟　薛守娥）

【土地供应】　完成年度土地供应计划，2011—2015年度土地供应计划的编制及上报工作，在列用地项目实行规范化管理，加强计划执行情况的监督检查。土地供应计划建议安排用地项目15宗18.43公顷。实现供地4宗：崇文门菜市场、王府井国际品牌中心、北京时间博物馆和东城区文化活动中心，供地总面积5.53公顷。（谢伟　薛守娥）

【土地储备开发】　完成金天坛美食城、原崇文区少年宫、109中学、崇文门菜市场4个项目的收储工作。完成和平里南街、文章胡同东口、定安里3个项目的土地一级开发工作，(东交民巷29、31号院项目基本完成)。彭庄、金鱼池二期西2个在施项目，分别完成拆迁量的61%、85.7%。年内完成开发投资2亿元，拆迁居民100户。土地储备开发资金，没有发生违规使用和逾期还贷的问题。（谢伟　薛守娥）

【土地利用】　完成14个建设项目用地预审，面积29.63公顷。完成2个划拨项目的用地批复，面积1.56公顷。完成1个项目的划拨决定书审批，面积0.55公顷。14个项目的用地征求意见向区发改委函复。（谢伟　薛守娥）

【批后监管】　通知涉嫌闲置和违约用地的59宗项目用地的开发单位完成所有闲置项目用地的现场踏勘，建立台账，上交相关材料和情况说明。召开2次闲置用地企业座谈会，涉及46宗闲置地，约谈7家开发建设单位，涉及27宗闲置地，了解闲置原因，宣讲法规政策，督促开工建设。年内，天街(B－2、B－3、B－6、B－8)4宗地、玉河项目北区4宗地、燕京大厦、忠实里一区3号楼等10个闲置项目开工建设，皇都艺术中心、新裕商务楼、天街B－5、玉河南区10宗地、桥苑艺舍等14个闲置项目具备开工条件。总结归纳闲置地清理工作，分析闲置地形成原因，针对性地提出对策建议，撰写《东城区闲置土地清理专项工作报告》，为领导决策提供依据。（谢伟　薛守娥）

【地热资源管理】　辖区22眼地热井，涉及16个地热开发单位。经检查，除人民美术出版社因为多年未缴纳矿产资源补偿费、没有泵房的原因未通过年检外，其余15个地热开发单位通过年检。完成本年度地热资源统计数据库系统数据的填报工作。（谢伟　薛守娥）

【地籍管理和土地登记】　健全土地登记的各项制度，完成原东城区、崇文区地籍管理信息系统合并工作，各类型土地登记所需模块均上线运行，实现"电子办公、实时更新、实时查询、实时统计"四大功能。制定《东城区成套住宅土地登记工作方案》。完成全区2.09万宗地的地毯式摸排工作,全面掌握各类型宗地的基本情况。完成各类型土地登记1218件,其中大业主土地使用权登记166件,小业主土地使用权登记536件,大业主抵押登记78件、抵押注销登记69件,小业主抵押登记193件、抵押注销登记176件。完成地籍调查确认单58件、土地权属审查告知单30件。完成上年档案数字化2161卷,27.85万页,完成本年档案数字化654卷,9.56万页。 (谢伟 薛守娥)

【依法行政】 制定《年度推进依法行政落实行政执法责任制工作计划》《年度法制宣传教育工作计划》,完成“阳光执法”活动方案,开展行政许可案卷、行政服务案卷的规范自查工作。组织“4·22世界地球日”、“6·25全国土地日”、“12·4法制宣传日”主题宣传活动,开展法制知识答卷活动,走进社区普法宣传2次,发放宣传资料6000余份,宣传纪念品3000余份。 (谢伟 薛守娥)

【行政服务窗口建设】 贯彻落实市国土局业务受理“五统一”工作规范,开展“创建先锋窗口、争当服务标兵”活动,履行服务承诺制度,4项行政许可事项实现网上办公。被区行政服务中心授予“2011年度突出贡献窗口”荣誉称号。 (谢伟 薛守娥)

【信访和信息公开工作】 完善信访和信息公开工作机制,开通信访网上办公系统,拓宽沟通渠道,制定群体性上访事件应急处置预案,健全矛盾纠纷化解机制。年内,开展4次矛盾纠纷排查,接待群访13批、1000余人次,受理信访申请165件,受理依申请信息公开701件,全部办复。主动信息公开60余件次。 (谢伟 薛守娥)

【党建工作】 制定党建工作计划、中心组学习计划、领导干部调研课题计划、处级领导讲党课计划。党组中心组扩大学习讲座10次,完成调研报告10篇,讲党课3次。开展“创先争优”、创建学习型机关专项行动;开展“党心连民心、亲情进万家”走访慰问活动。走访慰问7户困难家庭,15名困难党员、干部职工,发放慰问品和慰问金9000元。开展“博爱在东城、帮扶在社区”和“共产党员献爱心”捐款活动,捐款9910元。发展4名新党员,培养9名入党积极分子。 (谢伟 薛守娥)

房地产开发与建筑业企业

【概况】 截至年底,全区建筑业企业270家。按资质等级分,施工总承包企业51家(其中一级13家,二级16家,三级22家),专业承包企业212家(其中一级23家,二级34家,三级155家),劳务分包及特种专业企业7家;按行业类别分,房屋建筑企业31家,市政施工企业20家,设备安装企业26家,装饰装修企业105家,其他企业88家;按企业经济类型分,国有企业17家,集体企业15家,私营企业2家,港澳台企业9家,外商企业8家,有限责任企业219家。

东城区建筑业企业一览表

(单位:家)

	资质类别	一级	二级	三级	合计
总承包	房屋建筑	10	8	9	27
	机电安装	1	1		2
	通信工程	1			1
	市政公用	1	7	11	19
	公路工程			1	1
	电力工程			1	1
小计		13	16	22	51
专业承包	装饰装修	14	22	69	105
	消防	7	2	4	13
	电信		1	2	3
	隧道工程		1		1
	送变电			12	12
	体育场地设施		3	6	9
	地基基础	1	1		2
	建筑防水		1	1	2
	园林古建		2	1	3
	爆破与拆除			5	5
	机电安装		1	23	24
	城市照明			7	7
	钢结构			1	1
	无损检测			1	1
	建筑智能化			7	7
	建筑幕墙			4	4
	环保工程			7	7
	防腐工程	1		1	2
	电子工程			1	1
	起重设备			1	1
	特种专业	不分级2			2
小计		23	34	155	212
劳务分包			2	不分级5	7
总计		36	52	182	270

(程贵学)

北京东方置地投资发展有限公司

【概况】　北京东方置地投资发展有限公司(简称东方置地公司),由原北京市东城区住宅建设开发公司重组改制而成,为北京东方信达资产经营总公司直属管理的国有控股的专业化房地产开发企业。经营范围:投资管理、房地产开发、商品房销售、房屋租赁、物业管理、信息咨询、园林绿化、家居装饰设计等,为房地产开发资质二级企业、ISO9001:2000质量管理体系认证企业、厂务公开民主管理体系基础工作首个认证企业、市房地产业协会会员单位、区重点企业、区政府投资建设项目代建单位机构库首批入选企业。

年内,完成开复工面积10.63万平方米,竣工面积6.46万平方米。主营收入1.03亿元,利润总额1678.46万元,缴纳各项税费827.20万元。年度国有资产保值增值率109.04%,净资产收益率为8.76%。“借鉴质量管理体系,推进党建工作创新”工作被评为区基层党建工作创新项目,获区国资委系统先进基层党组织共6项先进单位称号。

单位地址:东城区安德里北街乙20号

联系电话:84129632　邮政编码:100011　　(徐杰夫)

【职工代表大会】　2月17日召开二届五次职代会,审议通过《牢固树立发展机遇意识、经济效益意识,以实际行动继续保持公司健康、持续、良好的发展态势》工作报告、年度财务预决算报告等事项。8月,召开二届六次职代会,听取审议《关于上半年各部门工作完成情况的报告》《实干、思考、创新,确保下半年各项工作顺利完成》等报告,明确下半年工作思路。　　(徐杰夫)

【燕厦物业】　公司投资控股企业——北京燕厦物业管理有限公司,经营物业管理面积100万平方米,全年利润比上年同期增长14.47%。　　(徐杰夫)

【代建工程】　为区政府投资项目代建单位,相继完成市二中地下食堂及南校工程、妇幼保健院、鼓楼中医医院、公安分局、八校十五栋教学楼加固改造工程。职工大学、22中、165中、65中、市第一幼儿园等开复工项目19个,面积10.06万平方米。竣工项目15个,6.46万平方米。区文化馆改建工程获“全国建筑装饰行业示范工程奖”。　　(徐杰夫)

【自主项目开发】　深化地坛体育中心改造项目设计方案。与新加坡国浩公司签订新中街片区规划项目合作协议,推进前期工作。与中关村建设公司签订北苑养老院北侧地合作开发协议,完成北苑养老院项目精装修工程。　　(徐杰夫)

【东雍创业谷】　东雍创业谷作为公司新型写字楼物业,是区总体发展战略而推出的文化创意地产项目,从招商引资、环境布置、配套服务、减免税收费方面为租户提供全方位服务。年内出租率接近100%,租金收入首次超500万元,获“第二届新京味旅游名片”称号和政府专项扶持资金。　　(徐杰夫)

【质量管理体系】　质量管理坚持按照PDCA循环持续改进质量管理工作。对《质量手册》进行换版,编写完成《质量管理体系工作流程图》。改进年计划、月计划编写方式及考核管理方式,召开公司管理年会,明确工作内容。启动公司发展战略管理研究,提交公司决策部门进行决策。　　(徐杰夫)

【人力资源管理】　制定《员工主管管理办法(试行)》《绩效考核办法》、重新评估《员工薪酬管理办法》,完善规章制度。组织各类学习培训36次,765人次。形成《代建项目超投资研究报告》《公司典型案例汇编》等学习、研究成果。　　(徐杰夫)

【企业文化建设】　树立“创造广阔空间,共享阳光生活”的企业愿景,践行“共识、共赢、共好”的企业价值观,党政工团共同行动,开展为职工“送温暖”活动,慰问生病职工,对困难职工给予生活补助。参与各层次、各系统的推优、评优工作,对优秀部室、五佳管理者和十佳员工进行表彰。组织职工带薪休假、开展健康向上文体活动。　　(徐杰夫)

【安全管理】　重视作好安全管理工作,定期开展安全检查,组织安全生产知识培训。5月份起安全工作进行“台账式”管理,各部室有详细、准确、统一的管理台账,同时利用一体化管理信息系统,设置专项流程,每月将各部门安全隐患管理台账进行汇总,报送总经理审批,并送公司全体高管传阅。　　(徐杰夫)

北京东兴建设有限责任公司

【概况】　北京东兴建设有限责任公司(简称东兴建设公司),是施工总承包一级资质建筑施工企业,有职工477人,设11个基层单位。

年内,注重精细化管理,抓精品工程。开复工面积35.19万平方米,其中新开工面积13.24万平方米,竣工面积21.95万平方米。增加注册资本金,获市结构长城杯金质奖、银质奖各一项,全年完成产值3.37亿元,实现经营利润1243.98万元,缴纳税费1562.24万元。投入2万余元为418名职工医疗互助保险续保。

单位地址:东城区礼士胡同75号

联系电话:64156699　邮政编码:210010　　(孙丽娟)

【职工代表大会】　1月10~11日,召开二届四次职代会。审议通过《把握形势新变化新特点,坚定地走科学发展之路,努力保持企业经济平稳较快发展》《坚持安全发展,落实安全责任,促进公司精细化和标准化工作的开展》《上年财务预算执行情况和本年财务预算的报告》《关于上年业务招待费使用情况的报告》《关于上年集体合同履约情况的报告》《贯彻法规制度,完善企业管理,构建稳定劳动关系报告》《关于厂务公开工作情况的报告》《职工监事述职报告》《对上年度业务招待费使用情况的内部审计报告》等八项工作报告。会议表彰企业优秀员工及十佳项目经理。　　(孙丽娟)

【董事会股东会】 1月13日，召开第三届第五次董事会。研究通过《上年财务预算执行情况和本年财务预算的报告》《上年企业利润分配方案》，决定提交股东会审议。同日召开第十八次股东会。审议通过《董事会工作报告》《监事会工作报告》《上年财务预算执行情况和本年财务预算的报告》和《上年企业利润分配方案》。 （孙丽娟）

【管理体系认证】 7月15～16日，北京东方纵横认证中心对公司质量、环境、职业健康安全管理体系有效性和适宜性进行第二次监督审核。对技术质量部、工程部、安保部、体系办、财务部、亦庄X38搬迁房项目部、小屯学校教学楼项目部进行全面审核，全部通过审核，并颁发保持通知书和认证标识。 （孙丽娟）

【职代会联席会】 9月2日、9月23日、12月1日分别召开二届职代会第二次、三次、四次联席会议，审议通过《职工代表大会实施细则》《职代会专门工作委员会通则》《职代会代表履职细则》《职工监事履职细则》《劳动管理办法》《劳动合同管理办法》《工资管理办法》《社会保险管理办法》《职工教育管理办法》《劳动争议调解工作规则》《关于企业实行综合计算工时工作制和不定时工作制的申请说明书》《企业实行综合计算工时工作制和不定时工作制申报表》《企业补充医疗保险办法》等有关制度办法，形成联席会议决议予以通过。 （孙丽娟）

【企业文化发布会】 12月27日，公司召开企业文化表述语发布会。公司及员工代表33人参加。会上，公司8位员工代表对企业文化表述语进行释义和演讲。企业文化表述语概括分为7个方面，即：企业口号——立木为信，业精于勤；企业宗旨——为客户创精品，为员工创平台，为股东创效益；企业精神——艰苦奋斗创业，铸造精品创优，传承感悟创先，追求卓越创新；团队意识——讲原则求同存异，重协作同心同德；经营理念——诚信，务实，创新，高效；安全理念——规范操作让自己安全，遵章守纪保他人安康；行为理念——诚实做人，用心做事。会议认为，表述语概况并体现公司的文化内涵，是公司发展几十年来文化的积淀和结晶。 （孙丽娟）

【金湖国际度假村工程】 北京金湖国际度假村商务办公酒店工程，地下二层地上五层。建筑高20米，框架结构，建筑面积2.95万平方米，集商务、酒店、娱乐、休闲于一体的多功能酒店。建设单位北京金湖国际度假村，北京华茂中天建筑设计有限公司设计、北京北辰监理有限公司监理、北京东兴建设有限责任公司负责施工，2009年11月30日开工，12月31日竣工。获市结构长城杯工程金质奖。 （孙丽娟）

【轻轨L2线定向安置工程】 轻轨L2线通州段两站一街定向安置房项目，北区工程A2－4地块小学教学楼工程，地上四层，建筑高度16.2米，框架结构，建筑面积1.03万平方米。建设单位北京星湖投资开发公司，北京中联环建文建筑设计有限公司设计、市潞运建设工程监理服务中心监理、北京东兴建设有限责任公司负责施工，上年6月15日开工，本年11月30日竣工。获市结构长城杯工程银质奖。 （孙丽娟）

【芍药居配套工程】 朝阳区太阳宫芍药居配套学校及幼儿园是集教学楼、综合楼、风雨操场、宿舍、幼儿园、办公楼于一体的九年一贯制学校，其装修工程面积3.80万平方米。建设单位区住宅发展中心，北京亚瑞建筑设计有限公司设计、北京英诺威建设工程管理有限公司监理、北京东兴建设有限责任公司负责施工，5月10日开工，10月23日竣工。 （孙丽娟）

筑邦建设有限责任公司

【概况】 年内，学习实践科学发展观，调整工作思路，挖掘潜力，寻找活源，组织生产。走出去，开拓外埠建筑市场，完成全年生产任务。开复工面积4.21万平方米，竣工面积1256平方米，完成产值4636.6万元，缴纳各种税收218.4万元。

单位地址：东城区东四三条67号

联系电话：64041224 64560218 邮政编码：100010 （蔺心亮）

【董事会股东会】 1月7日，召开第31次董事会（信函），讨论通过处于负债经营的装饰工程处歇业的报告。9月21日，召开第32次董事会。审议通过《董事会和执行层2009—2010年工作报告》《公司上年财务报告》。9月28日，股东会召开二届4次会议，25名股东（含法人）参加。审议通过《董事会和执行层2009—2010年工作报告》《监事会2009年至2010年工作报告》《公司上年财务报告》《监事会对公司上年财务报告的审查报告》《股东会第二届第4次会议决议》。同日，股东会召开三届1次会议，28名股东（含法人）参加。通过并签署了《北京筑邦建设有限责任公司章程修正案》（第6号）《股东会第三届第1次会议决议》。 （蔺心亮）

【党建工作】 4月11日，党总支委员会召开会议，讨论通过《党总支上年工作总结及年度工作要点》，总支书记与各支部书记签订《年度公司党风廉政建设责任书》。党员、入党积极分子参加公益活动，捐款1425元，衣物67件。党总支被区委授予东城区上年至本年度非公企业党建工作示范点。 （蔺心亮）

【增设京外机构】 6月7日，北京筑邦建设有限责任公司宁夏分公司成立，是公司为拓宽市场，发展生产的一项举措。公司部门以上领导36人参加。公司董事长对宁夏分公司成立后如何开展业务及公司相关部门如何对宁夏分公司进行管理提出要求，宣布该分公司经理的决定。12月，该公司承建的吉运88城市花园东库工程竣工，建筑面积1256平方米，框架结构，地上一层，4月开工，12月竣工。 （蔺心亮）

【集体资产管理协会】 11月30日，召开第三次会员大会，

182 名会员参加。讨论通过《北京筑邦建设有限责任公司集体资产管理协会第二届理事会监事会工作报告》《北京筑邦建设有限责任公司集体资产管理协会章程修正案(第1号)》选举产生第三届理事会、监事会。理事会由9人组成,监事会由3人组成。 (蔺心亮)

住宅发展中心

【概况】 东城区住宅发展中心(简称区住宅发展中心),原为东城区芍药居开发建设领导小组,职责是领导小区开发建设工作。1995年12月,更名为北京市东城区住宅小区开发建设办公室,正处级全民所有制事业单位,人员编制45名,经费自收自支。2001年3月,更名为"北京市东城区住宅发展中心",主要职能:受区政府委托履行统筹、协调、组织全区实行危改与房改相结合危旧房改造工作。2009年3月,将区市政工程建设中心职能和资产划转该中心,划转后的中心职能是受区政府委托,履行统筹、协调、组织危改与房改相结合的危旧房改造工作,实施保障性住房建设、市政基础设施建设及改造工作;全面负责芍药居住宅小区的开发建设和管理工作。编制45人。设计划科、规划科、工程科、综合科、市政科等8个科室。经费自收自支。

年内,完成区政府岗位目标管理责任制工作,芍药居教育设施工程全面完工,中小学按期开学。海运仓、东四、民安、交东、育什五片危改安置居民1.71万户,建设回迁安置用房165.04万平方米,化解拆迁安置、工程质量维修等突出的信访266件,办结诉讼案件5件。

单位地址:东城区地安门东大街58号

联系电话:84035375　邮政编码:100009 (李斐)

【芍药居小区工程】 上年5月25日小区教育配套(人大附中项目)开工建设。项目包括综合楼、教学楼、宿舍楼、风雨操场、幼儿园、地下车库六个单体工程。6月30日,中小学教学楼主体完成,11月25日,小区教育配套设施取得规划合格通知书。中小学开学。年内,芍药居小区建筑面积124.2万平方米,居民1.3万户。交东屿物业公司进行管理。(李斐)

【豆各庄定向安置房】 取得规划意见复函和建设用地预审手续,完成勘察设计招标和环评手续办理。项目规划用地40公顷,建筑面积157万平方米,其中地上建筑面积112万平方米,地下建筑面积45万平方米。规划住宅1.36万套。

(李斐)

【胡同市政改造】 南锣西市政改造工程中11条胡同建设长度2546米,需拆迁居民及商业(产籍户)40户。采取货币结合房屋安置的方式,完成拆迁总进度62.5%。10条胡同市政改造工程除拆迁路段外全部完工。 (李斐)

【22条胡同市政工程改造完工】 22条胡同、电信线路入地工程、局部污水管道工程和道路路面工程等搬迁工作顺利完成,基础设施改造工程于12月完成竣工验收。 (李斐)

北京崇文·新世界房地产发展有限公司

【概况】 北京崇文·新世界房地产发展有限公司(简称崇新公司),1993年8月成立,是香港新世界中国地产有限公司与原崇文区城市建设开发公司组建的京港合作企业,注册资本2.25亿美元。主要对崇文门外大街1号、5号、6号地旧城改造、房地产开发、商品房销售及建成的商场、公寓、写字楼等进行租赁经营管理。有员工262人。已完成开发建设项目有:新世界中心一期、新景家园、新裕家园、新怡家园等,累计完成开发面积126万平方米。已竣工项目中,新世界中心曾获北京市90年代十大建筑称号。公司连续9年获"崇文区50强企业"称号。

全年实现销售收入2.94亿元,租赁收入1.23亿元。公司在力求创新、追求卓越的同时,注重履行社会责任,缴纳各项税金1.82亿元。获市国税局、地税局联合颁发的纳税信用A级企业奖牌及证书。

单位地址:东城区崇文门外大街9号正仁大厦10层

联系电话:67088989　邮政编码:100062 (郭文辉)

北京崇裕房产开发有限公司

【概况】 北京崇裕房产开发有限公司(简称崇裕公司),1993年3月成立,是香港新世界中国地产有限公司与北京兴隆置业有限公司组建的京港合作企业,公司注册资本1.72亿美元,主要从事房地产开发、商品房销售及建成的商场、公寓、写字楼经营管理。已完成的开发项目有:新世界中心二期、新世界家园、正仁大厦、新成文化大厦、新阳商务楼等,总建筑面积42.8万平方米。

全年实现销售收入5321.83万元,租赁收入5015.59万元,缴纳各项税金7843.35万元。公司连续9年获区50强企业,获市国税局、地税局联合颁发的纳税信用A级企业奖牌及证书。

单位地址:东城区崇文门外大街9号正仁大厦10层

联系电话:67088989　邮政编码:100062 (郭文辉)

中国新世界电子有限公司

【概况】 中国新世界电子有限公司(简称新电公司),1993年6月成立,是香港新世界发展有限公司与原电子工业部4家企业、原崇文区城市建设开发公司共同组建的京港合作企业,公司注册资本5720万美元,主要从事建造北京新世界中心及建成的商场、公寓、写字楼的租赁经营管理。

全年实现销售收入8273万元,租赁收入5536万元,缴纳各项税金3320万元。公司连续9年获区50强企业,获市国税局、地税局联合颁发的纳税信用A级企业奖牌及证书。

单位地址:东城区崇文门外大街9号正仁大厦10层

联系电话:67088989　邮政编码:100062 (郭文辉)

北京新康房地产发展有限公司

【概况】 北京新康房地产发展有限公司(简称新康公司),1999年4月成立,是香港新世界中国地产有限公司与原崇文区城市建设开发公司组建的京港合作企业,注册资本1200万美元,主要从事房地产开发业务。在亦庄开发建设新康家园居住小区,建筑面积22万平方米。

单位地址:东城区崇文门外大街9号正仁大厦10层

联系电话:67088989　邮政编码:100062　（郭文辉）

北京天街控股集团有限公司

【概况】 北京天街控股集团有限公司(简称天街公司),是前门地区项目投资、建设、运营管理的国有独资企业,下属7个子公司,承担前门历史文化展示区工程建设、招商运营、物业管理、电子商务、餐饮管理等职能。注册资本金12亿元,账面总资产127亿元,净资产50亿元,预估资产400亿元。前门地区项目西起珠宝市、粮食店街,东至新革路,北起前门月亮湾、前门东大街,南至珠市口东大街,占地面积98公顷,规划建筑面积160万平方米。

年内,组织开展各项文化活动,成立前门商会,完成招商面积2万平方米。前门大街获"北京特色商业街","中国著名商街","中国环境艺术奖(综合类)—最佳范例奖"等多项称号。

单位地址:东城区珠市口东大街19号

联系电话:67060876　邮政编码:100051　（秦瑞刚）

【北京天街控股集团揭牌】 11月3日上午,举行揭牌仪式。区领导牛青山,常卫,徐熙等出席。牛青山高度评价天街公司成立八年取得的成绩,肯定前门大街、鲜鱼口以及大江胡同、小江胡同的修缮整治工程。要求天街公司在整合后的工作深入贯彻落实党的十七届六中全会精神,践行北京精神,在前门历史文化展示区的建设中取得新的成绩。（秦瑞刚）

【工程建设】 启动6个地块建设,建筑面积5.2万平方米,地上2.2万平方米,地下3万平方米;完成前门智能化地下停车场一期工程建设,建设面积3万平方米;完善5900平方米各类道路的铺装及景观工程;完成18条胡同长5500米的市政升级改造,完成正义路南延以东区域内的1411户"一户一表"供电改造工程。（秦瑞刚）

【招商运营】 截至年底,招商面积10万平方米。5月8日,鲜鱼口老字号美食街开市,进驻以老字号为主的品牌企业,签约商户31家。市商务委认证鲜鱼口街为"特色商业街",中国老字号工作委员会认证为全国唯一"北京老字号餐饮街"。鲜鱼口被市政府公布为北京25片历史文化重点保护区之一。是前门大街及东片修缮整治项目的重要组成部分,鲜鱼口街两侧建筑面积5.6万平方米,两侧建筑为修缮保护的小体量、小开间的历史风貌商业店铺。"刘老根大舞台"拓展为本山传媒(北京)影视演艺基地、美食会馆。（秦瑞刚）

北京住总第六开发建设有限公司

【概况】 北京住总第六开发建设有限公司(简称住总六公司),是国家房屋建筑工程施工总承包一级、建筑装修装饰专业承包一级、机电设备安装工程专业承包一级、市政公用工程施工总承包二级、钢结构工程专业承包二级、地基与基础工程专业承包二级资质的大型施工企业,注册资金1.07亿元,净资产1.50亿元。有房地产开发、机电安装、机械租赁等控股子公司3个,参股公司1个,在济南、烟台、银川、天津、宁城设有分公司。公司集施工、房地产开发、多元经营为一体。年开复工面积135.3万平方米、年产值13.5亿元、年竣工107.4万平方米。公司有50余年的施工经历,参加过人民大会堂、中国美术馆、毛主席纪念堂、亚运村公寓、首都机场业务楼及北京热电厂、内燃机总厂等重点工程建设。先后完成劲松、西罗园、东花市、望京高校、金鱼池等几十个住宅小区和天桥商场、山西大厦、警察学院、温特莱酒店等公共建筑和阳光100、紫竹花园、鹏丽、棕榈泉等高档外销公寓施工任务;在京外承建济南阳光100、西藏大学、海南省委办公楼等工程;在海外承建阿拉伯农业发展组织总部大厦、毛里求斯国家体育场、西萨摩亚国家体育场、体育馆等工程。先后获得詹天佑奖1项,鲁班奖3项,国家优质工程奖6项,北京市长城杯奖80项,北京市优质工程奖9项。被国务院发展研究中心、建设部、国家统计局列入"全国500家最大经营规模和最佳经济效益建筑业企业"及"房屋建筑业行业100家最大经营规模企业"行列。获全国五一劳动奖状、全国建筑业500强、全国先进建筑施工企业、全国工程建设质量管理优秀企业、全国职工职业道德建设十佳单位、全国守合同重信用企业、首都文明单位标兵、北京市质量管理先进单位、北京市用户满意企业、北京质量效益型企业、北京企业100强等称号;并作为唯一的建筑企业荣获北京国有企业"十大名企"称号。公司贯彻推行ISO9001、ISO14001、OHSMS18001及ISO10012国际标准,建立质量、环境、安卫、计量管理体系,率先通过"三标一体"认证。公司重视企业文化建设,坚持"视今天为落后"的企业理念,树立"精、严、细、实、好、快"的企业作风,完成"做一件事情,创一次辉煌"的品牌战略、奉行"建房人永远想着住房人"的企业宗旨和"创人类文明,建绿色家园"的环保方针。

年内,承建的回龙观住宅楼工程、鲁谷西区住宅楼工程、万年花城住宅楼工程、北医服务楼工程、地铁四号线马家堡车辆段工程竣工。正在施工工程有京水工程、天竺新家园工程等项目。

单位地址:东城区龙须沟北里1号

联系电话:65112677　传真电话:65112677

邮政编码:100050　（赵璠）

【回龙观住宅楼工程】 位于昌平区回龙观镇朱辛庄,保障性用房(两限房),建筑面积11.16万平方米,2009年6月20日开工,4月15日竣工,钢筋混凝土剪力墙结构,底商结构形式为框架结构。回龙观工程的配套用房工程,包含锅炉房及配电室两项施工项目,建筑面积767平方米。为钢筋混凝土框架结构。（赵播）

【鲁谷住宅楼工程】 在施工程,1号楼建筑面积3万平方米,地下9180平米,全现浇结构,地上25层,地下3层。鲁谷西区2号、3号、4号、5号住宅楼工程建筑面积4.32万平方米,地下1.13万平方米,全现浇结构,地上27层,地下3层。（赵播）

【万年花城工程】 为市樊家村危改(万年花城)住宅楼,在施工程。建筑面积3.05万平方米,地下面积6358平方米。地下二层,地上12~15层,建筑高度为43.2米。剪力墙结构,抗震设防烈度为8度。人防地下室的抗力等级为5级,防化等级为丙级。墙体为承重钢筋混凝土结构,内隔墙采用90厚陶粒混凝土条板或200厚空心陶粒混凝土砌块,管井隔墙为100厚陶粒混凝土砌块,阳台上隔墙为100、150厚加气块混凝土条板。地下室防水工程防水等级一级,抗渗标号为S8。万年花城11号住宅楼建筑面积为4.89万平方米,地上面积4.13万平方米,地下面积7510平方米,4、5、7、8号住宅楼地下1层,地上15层,地下一层配套机电用房,地上是住宅。6号住宅楼地下2层,地上6~9层,地下二层人防层,平时人员活动用房及设备用房,战时人员掩蔽所,地下一层配套机电用房。（赵播）

【地铁4号线工程】 位于马家堡,在施工程。地铁4号线马家堡车辆段,南北长832米,东西宽336米,占地面积28.80公顷,包括段内生产用房及辅助用房、段内生活用房、全线生产服务用房和全线地铁公安用房4个子项目,含停车库、架临修库、列检库、司乘公寓等大小共30个单位工程。车辆段内市政工程施工范围包括:给水、消防、中水、热力、雨污水、通信管线,轨行区基础施工、电力隧道、道路等施工项目。（赵播）

开发及建筑企业单位负责人

北京东方置业投资发展有限公司
- 董事长、总经理、党委书记　张　跃

北京东兴建设有限责任公司
- 董事长、党委书记　张建忠
- 总　经　理　韩　威

北京筑邦建设有限责任公司
- 董事长、党支部书记　陈小虎

北京崇文·新世界房地产发展有限公司
- 董　事　长　陈　艳
- 总　经　理　陈子荣

北京崇裕房产开发有限公司
- 董　事　长　马艳荣
- 总　经　理　陈子荣
- 党支部书记　蔡建伟

中国新世界电子有限公司
- 董事长、总经理　陈子荣

北京新康房地产发展有限公司
- 董　事　长　陈　艳
- 总　经　理　陈子荣
- 党支部书记　蔡建伟

北京天街置业发展有限公司
- 董　事　长　田　耘

北京住总第六开发建设有限公司
- 董事长、党委书记　谢夫海
- 总　经　理　靳国忠

城 市 管 理

城市管理监督

【概况】 东城区城市管理监督中心(简称区城管监督中心),挂北京市东城区公共安全指挥中心(简称区公共安全指挥中心)牌子,负责城市管理监督与评价和公共安全信息处理及日常指挥协调工作。人员编制83名,事业编39名,聘用城市管理监督员500名。设办公室、调研科、宣传科、监察科、监督考评科、综合协调科、公共安全指挥科、运行管理科、业务培训科、监督员督察科、监督员管理科、行财科、组织人事科、呼叫台、案件派遣等科室,其中监督员管理科下设5个中队,17个分队。主要职责:负责组织建立城市管理电子信息系统,研究拟定城市管理监督与评价办法,建立科学完善的监督评价体系;负责城市管理中出现各种问题的现场信息和处理结果信息的采集、分类、处理和报送,随时掌握城市管理现状、出现问题和处理情况;实施对本区城市管理全方位、全时段实时监控;负责各类城市管理信息整理、分析,对城市管理状况以及有关部门和责任人履行城市管理职责情况进行监督考核评价;负责领导和管理城市管理监督员队伍,负责城市管理监督员的配置、招聘、培训、考核及日常管理;负责组织城市管理信息传递系统、处理系统的日常维护与管理,建立城市管理工作电子台账,实施信息管理。

年内,办复人大代表建议、政协委员提案各1件,完成网格平台贯标改造、公共安全87项标准体系文本编号等项工作。9月,区城管中心获“国家级城市公共服务标准化示范区示范窗口单位”称号,公共安全指挥中心获“东城区标准化示范区建设窗口单位”称号。

单位地址:东城区钱粮胡同3号

联系电话:84044955 邮政编码:100010 (周皓宇)

【网格化城市管理】 网格化城管信息平台接报各类城市管理问题25.33万件,立案处理15.79万件,结案15.37万件,结案率97.37%。电话举报756件,立案336件,结案287件,结案率85.42%。 (周皓宇)

【城管新模式特别服务】 “13910001000”是城市管理新模式特别服务号码,全年接收受理电话举报998件,立案518件,不处理480件,不属于受理范围14件,其中立案案卷已结案375件。年内,接待参观、学习新模式47批次,700人次,其中局级以上领导18人次,外宾参观2批。 (周皓宇)

【突发事件处理】 设监督员、值班长、中心办公室、主管领导四级信息报送环节,由突发公共事件信息工作领导小组和领导小组办公室按照突发公共事件信息报送工作流程负责上报。上报突发事件信息193件。 (周皓宇)

【协调解决疑难案件】 协调解决疑难案件54件,其中涉及市属疑难案件10件,区属44件,涉及8大类24小类问题。疑难案件主要包括,大类中市容环境类14件,占26%、公用设施类10件,占19%、施工管理类18件,占33%、小类中施工废弃料14件,占26%。全年召开重大疑难案件协调会1次、现场会1次,处理疑难案件3件,其余为日常协调案件。 (周皓宇)

【评价体系】 制定对街道综合执法组专项考核办法,实行分层次考核,联合17个街道、3个地区完成全区重点大街管控级别和功能分类统计工作,将全区2314个网格划分为3个管控等级,精细考评指标。全年召开3次城市管理专业部门联席会,编发《东城区城市管理监督工作通报》12期、《东城区城市管理监督专报》12期、《东城区城市管理监督工作年报》1期。 (周皓宇)

【基础数据更新】 与市级平台共完成3次网格基础数据更新工作。新增部件2825个,删除474个;新增兴趣点192个,删除487个。截至11月底,全区城市部件总数为45.77万个,兴趣点总数为4.57万个。 (周皓宇)

【公共安全信息管理平台建设】 完成公共安全87项标准体系编写工作。制定《公共安全信息管理平台二期工程建设方案》,将平台使用部门用户扩展到各街道办事处、地区管理处及相关部门,开发、建成公共安全公众举报平台,改进完善平台运行程序。 (周皓宇)

【监督员队伍建设】 从思想、业务能力、自身管理和制度建设上全方位、多角度地开展监督员队伍建设。对监督员、督察员和流管办监督员分3批开展军训,参训率98%以上。开展监督员“百日”作风纪律整顿,进行自查互查,明确改进方向。加大督察队建设力度,根据阶段性工作任务和要求,采取经验交流、业务研讨、工作总结、工作汇报等以会代训形式对督察员进行自主培训,提高督察工作质量和效率。探索和完善考勤考绩、请销假、骨干选拔和任用、督察员进出机制、督察流程、走访慰问、装备管理等管理制度。举办"监督员班长论坛",就工作标准、专项普查、数据质量、绩效考评、福利待遇、工具装备等问题进行讨论。制定《监督员考核评价办法》。通过考核较为综合地评定监督员个人素质和工作状态。提高监督员的信息采集质量,每月错误量占全部上报任务比例从1.48%下降到0.60%。制定《监督员自行处理标准(试行)》,监督员全年自行处理非法小广告、暴露垃圾、非装饰性树挂等轻微问题3.8万件,占监督员上报城市管理问题任务的16%。 (周皓宇)

城市综合管理

【概况】 东城区城市综合管理委员会(简称区城管委),挂北京市东城区城市环境建设委员会办公室(简称区环建办)和北京市东城区交通委员会牌子(简称区交通委),行政在编人员85名。内设办公室、综合执法督查考核科、市容管理科、市政设施科等6个科室,辖区节约用水办公室等8个事业单位。北京市东城区爱国卫生运动委员会办公室(简称区爱卫会)设在区城管委。负责全区城市综合管理、城市环境建设综合协调和市政基础设施、公用事业、市容环境卫生管理、城市环境综合整治、统筹协调区交通发展和管理工作。

年内,开展"精细管理美化市容"、环境秩序"灭死角"、百日整治"春风行动"、"夏季攻势"、"秋风行动"等环境秩序专项整治。完成朝阳门南小街、安定门内等大街胡同市政设施改造,环境市容综合提升工程。开展停车专项治理百日活动,整治"四大类"违规广告牌匾等各项活动。巩固"国家卫生城区"成果,推进建设健康城区,获"健康北京建设贡献奖"。全区78%社区获健康社区称号。开展秋冬季灭鼠及夏季灭蚊蝇活动、城市清洁系列活动;巩固全区医疗卫生机构控烟禁烟成果,3所高校达到无烟高校标准。

单位地址:东城区东花市大街2号

联系电话:67073700 邮政编码:100062 (程佳)

市政环境市容管理

【概况】 东城区城市环境建设委员会办公室设在区城管委(简称区环境建设办),年内,开展环境建设、环境秩序整治、景观布置工作。完成重大节日活动夜景照明、景观布置。组织各类专项整治行动20次,查处环境秩序违法行为18.2万起,清理临时搭建窝棚、房屋420平方米。整治违规广告牌匾2029处,规划和提升12条主要大街公共服务设施。完成重点大街综合提升工程,实施外立面装饰7500平方米,铺装步道1万平方米。维修养护路面10.5万平方米,胡同雨污水改造2.2公里。完成7个老旧小区、2条道路、18个街巷胡同整治工程。完成63个居住小区垃圾分类达标建设任务,处理餐厨垃圾5700余吨。 (程佳)

【夜景照明】 春节期间,完成景观照明布置验收平安大街夜景照明一期工程。维修改造前三门大街夜景照明设施,分区域采用与明城墙材质相互呼应的仿古石材灯具和代表中国传统文化梅兰竹菊铁艺镂空式宫灯,前三门大街更换绿地草坪灯具260套。建设完成景观照明远程控制系统,实现电脑定时、远程操作、全时段智能控制。 (刘然)

【环境秩序整治】 3月16日起,开展"春风行动"、"夏季攻势"、"秋风行动"环境秩序百日整治行动。期间出动执法力量20余万人次,集中执法430余起;设宣传站点135个,宣传告诫2.3万人;查处无照经营、非法小广告、非法运营、露天烧烤、夜施扰民、违法建设等违法行为18.2万起。获市"百日整治行动"优秀组织奖。推进"灭死角"整治工作,完成41处挂账点位销账工作。开展北京南站周边联合整治行动,成立环境整治工作领导小组,制定《北京南站地区(东城区界)环境秩序长效管理工作方案》,建立长效管理机制。重点整治私搭乱建窝棚、环境脏乱现象,出动执法人员1773人次,保安430人次,保洁人员470人次,各类车辆152台次,清理临时搭建窝棚、房屋147处420平方米;清运垃圾195车。10月9日,在地坛西门广场举办"北京市优美居住小区、街巷胡同评选"巡展活动。首都环境建设办、文明办、全区17个街道等主要负责人出席。组织宣传活动15次,市民参与网络投票与纸质投票,收集纸质选票12万张,电脑投票参与20余万人次。交通小区、清水苑小区、新怡小区、东四块玉南街4号院小区入选北京市环境优美居住小区;东打磨厂大街、东交民巷、国子监街、龙潭西里街、南锣鼓巷、史家胡同入选北京市环境优美街巷胡同。 (惠静 赵冰蕾)

【扫雪铲冰】 11月4日,召开"东城区2011年扫雪铲冰和冬季供热工作动员会",区领导王中华、毛炯出席,34家扫雪铲冰指挥部成员单位相关领导参加。扩展扫雪铲冰支援单位范围,建立联动机制,动员各系统下属单位支援扫雪铲冰。开通短信指挥平台,提高应急响应速度。及时清除积雪和雪堆,黑雪和黑冰及时运到指定的消纳场地。 (宋婉鑫)

【整治广告牌匾】 完成"九横八纵"56条主要大街户外广告、牌匾标识登记编号。整治材质低劣、破损、存在安全隐患、仿古建筑屋顶破坏文保区风貌“四大类”违规广告牌匾2029处。完成朝阜路、前三门、长安街等3条市级重点大街，平安大街、东华门大街等13条区级重点大街广告牌匾提升工程，规划整治广告牌匾1221处。 （刘然）

【市政道路设施维护】 完成区管市政道路修补3.3万平方米，疏通区管市政设施管线1.8万延米，掏挖雨水口5604座。完成20条区管道路10.5万平方米维修养护工程。完成27条胡同2.2公里雨污水专项改造工程，协调线缆权属单位，实施36条主次干道40公里架空线入地。清理废弃线杆397根。 （刘杰）

【整治老旧小区街巷胡同】 完成7个老旧小区、2条道路、18个街巷胡同整治工程，实施墙面粉饰5.4万平方米，墙面贴砖6000平方米，门窗油饰1.2万平方米，道路铺装2.1万平方米，绿化设施1600平方米，整治广告牌1500平方米，清理废弃杂物3.5吨，设置栏杆座椅晾衣架，加装雨搭、防水、遮阳板改造自行车棚等。 （刘杰）

【重点大街提升工程】 完成朝阳门南小街、安定门内大街综合提升工程，优化基础设施，进行绿化布置，合理增设自行车停放区，实施外立面装饰7500平方米，砖雕装饰42块，新建大理石立面800平方米，铺装步道1万平方米。 （蔺腾）

【市级精品大街验收】 以“皇城文化、书香之气、风格一致、总体协调”环境提升理念，建设精品大街。协调区园林绿化局街道办事处等相关单位开展环境软硬件整治行动，改善环境建设面貌，提升大街整体环境水平。10月14日，道路达标专家验收组，检查验收鼓楼东大街、东四北大街、东四南大街、东华门大街和前三门大街等5条市级精品大街道路达标工程。全部为优秀。 （赵冰蕾）

【公共设施管理】 完成12条主要大街公共服务设施维护整治。检查调整电话亭话机功能问题80余件、排查话机1500余部、拆除话机82部。更换上账报刊亭亭体208处，装饰变电箱面积4684平方米，拆除功能缺失城市导向牌30余处。登记编号步行者导向牌51处。登记备案区早餐车128处，实现样式统一、地点固定、按时撤点。 （刘然）

【前三门朝阜路提升工程】 实施前三门、朝阜路、长安街环境整体提升工程，达到“城市道路环境景观十条标准”，即道路断面符合规划、通行路面质量良好、沿街建筑整洁美观、广告牌匾安全规范、道路绿化效果良好、公共服务设施设置规范、灯光照明亮丽完好、道路秩序井然有序、环境卫生干净整洁、环境管理全面落实。确定以整治建筑外立面、拆除更换不符合规划各类广告牌匾、规范交通秩序、绿化美化、完善公用服务设施为主11项整治任务。改造广告牌匾131余处、1995平方米，安装变电箱木质格栅1600平方米，拆除密度设置不合理电话亭69组，维护功能缺失话机172台，更换沿街功能缺失城市向导牌。 （赵冰蕾）

【垃圾分类及处理】 63个居住小区3.5万户居民垃圾分类达标，经第三方验收全部合格。发放分类垃圾桶5157个、家庭用10升垃圾桶6.89万个、10升垃圾袋688.7万个，垃圾分类运输车40辆。7月20日，河北大厂再生资源利用基地开始试运行。区统一收集的餐厨垃圾，进行沥水脱油等前期处理后外运至大厂基地，进行深度资源化处理，处理餐厨垃圾5700余吨，生产饲料添加剂300余吨。9月16日，和平里林调小区341名垃圾分类指导员上岗。成立垃圾分类文艺宣传巡回演出队，开展多种形式宣传活动，发放宣传品10万余件、宣传手册17万册。3个街道，8个社会单位，42名个人获市市政市容贡献奖。11月，启用北京游乐园南门区落叶打包站点，统一收集处理区环卫中心、各街道、各单位收集的冬季落叶，通过机械挤压后，打包外运至河北大厂再生资源利用基地进行资源化处理，处理打包落叶4.44万包，2586吨。 （宋婉鑫）

交通管理

【概况】 东城区交通委（简称区交通委），3月18日成立，设在区城管委。主要职责：负责区交通工作宏观指导，加强调查研究，综合分析区交通工作情况；统筹区交通发展和管理工作，研究审议区交通发展综合规划、缓解交通拥堵措施等重大事项和重要政策。

年内，开展停车专项治理百日活动、停车服务季主题活动。检查机动车停车场232个，完成8项缓解交通拥堵工程和26条胡同“单行单停”试点工作，创建14条三级管理停车示范街，新增备案停车场32家，完成停车场年度换证453个，办理办结小客车指标申请2534份。 （程佳）

【停车专项治理】 4月至6月，开展“以严重危害交通安全和交通秩序，群众反映强烈的10大停车违法行为”为重点内容的停车专项治理百日活动。成立专项联合检查整治小组，检查、指导区停车场调价执行情况。出动检查人员305人次，检查机动车停车场232个，依法行政处罚私自打折、自定收费标准和不标明价格机动车停车场5家。粘贴《违法停车告知单》5.53万张。9月，组织相关执法部门成立专项检查组，检查停车场秩序、经营状况及停车收费人员规范收费等，纠正、查处停车价格调整实施过程中出现的违规行为。组织占道停车公司进行占道停车场收费人员培训、考试，检查21家停车公司88个占道停车场，发现并督促停车企业限时整改不规范经营行为12起。 （刘宁）

【居住区停车管理】 制定《东城区居住区周边停车管理暂行办法》，协调占道停车管理公司办理居民优惠停车证。对优惠停车证明的车辆，占道停车场按照居住区停车收费标准进行收费，收申请材料1203份，经审核，向1147名符合条件居民发放《停车证明》。规范胡同停车秩序，缓解胡同交通拥堵状况，畅通道路“微循环”，实现“微交通”。完成13个街道办事处26条胡同“单行单停”试点工作。胡同单侧设置花箱等物防设施，实现单侧停车。发放停车证明，社区志愿工作者引导,制作温馨提示,悬挂提示性标牌,协调交管部门,加强巡查设有禁停标识路段及胡同,达到“单行单停”要求。

(刘宁)

【停车示范街区】 创建王府井、长安街等14条三级管理停车示范街,完善交通设施、整合科技设备,增设违规停车监控探头54处、禁停标志207面、隔离护栏3000米、人行步道桩34个,增加停车泊位150个。(刘宁)

【静态交通管理】 审核领取备案证的停车场482个。新增备案停车场32家,车位5954个。完成停车场年度换证453个。实地调查17个街道停车场1899个,停车位15.6万个;绘制路侧占道、立交桥下、公建配建、路外公共、居住小区、单位大院、其他等7个类型停车场平面图。完成自行车接驳工程180个公共自行车租赁网点选址和自行车服务系统项目(5000辆规模自行车)建设招标工作。完成崇雍大街1740组不锈钢、烤漆铸铁两种新型自行车停车支架安装。

(刘颖)

【小客车指标申请】 小客车指标申请窗口办结小客车指标申请2534份,其中个人新购车辆申请1268份,个人更新车辆申请230份,个人信息变更申请88份。单位新购车辆申请117份,单位更新车辆申请100份,单位信息变更业务申请48份。窗口发放宣传材料6000余份,接受电话咨询近万次。

(刘颖)

公共事业管理

【概况】 区防汛、燃汽保障、供暖、节水等工作机构设在城管委,负责有关公共事业的各项工作。年内开展迎汛、防汛、安全宣传,组建149支抢险队伍,确保全区度汛。供暖保障工作正常运行。开展燃气安全主题宣传、百日整治活动,入户检查5.4万户。完成老楼通气2337户,改造35栋楼避雷设施。创建节水型单位24家、小区10个,向全区4412家单位下发用水计划指标1956万立方米。开展水务普查工作,选拔普查员109名和普查指导员99名,举办水务普查宣传活动。(程佳)

【防汛工作】 汛期,制定防汛工作预案,检查全区防汛准备情况,开展防汛演习、安全迎汛宣传,发放“汛期预警信号”展板49套,安全度汛手册2.4万余份。汛前组建149支4003人的抢险队伍,检查房屋223万平方米,伐除、修剪危险树木500余株,民防局出动1200余人次检查全区785处23万平方米早期人防工程。处理防空隐患工程2286平方米。汛期建立值班和领导带队制度,出现险情“先抢险后分责任”。区领导毛炯等靠前指挥及时排除王府井某工地基坑护壁渗水,天坛等地区道路滞水124间房屋漏雨,17处抵洼院进水等多处险情。发送汛情戒备短信1.2万余条,启动黄色预警2次,蓝色预警24次,处理树木倾倒等各类险情1000余起。

(阳辉)

【燃气安全整治】 在全区17个街道及所属200个社区成立燃气安全专项工作组,入户检查5.42万户,发放宣传手册7万余份,免费更换燃气软管3540根,对无法维修户,发放告知单6238份。发现隐患157处,当场改正101处,依法拘留违法人员43人,临时查封23家,责令停止使用44家,下发责令改正通知书14份。(王亮)

【供暖工作】 全区有供暖锅炉336座,其中燃汽锅炉房205座、燃油锅炉房97座,电蓄供热锅炉房28座,地热锅炉房1座,液化石油锅炉房10座。居民供暖面积865.16万平方米。组织供暖单位检查维修供暖设备,完成全区供暖单位锅炉普查和供暖季任务,保障区居民冬季正常生活需要。老旧供热管网设施改造工程合格率达100%。协助完成暖网改造工程,改造长度2.36万延米。供暖期间接受居民投诉1073件其中属市热力集团800余件,其余全部答复解决。(王亮)

【节水工作】 创建节水型单位24家、小区10个。5月,检查25家建筑工地、16家洗车站点、7户洗浴中心用水、节水情况。6月至9月,开展“整治非指定区域游泳、垂钓、违规洗车百日行动”,整治二环护城河非法垂钓现象,规范全区洗车站点12处。严格用水指标,调查区4412家单位用水情况,核定下达用水计划指标1956万立方米,实际用水1523万立方米全年节约用水150万立方米。4月至10月,向超计划用水单位发出预警通知5590户次,超用水户117户,收加价水费30.37万元。实施“一户一表”改造工程,区财政出资6142万元为平房居民1.8万户安装水表。平房居民实现一户一表7.8万户。为居民家庭免费换装节水龙头1500余个。协助单位、学校雨水工程2个(崇文小学、体育馆小学),因地制宜修建雨水利用工程。组织街道通过板报、橱窗、发放宣传品等形式开展节水宣传,向居民发放宣传资料2.5万余份,宣传品1.2万余件。(阳辉)

【水务普查】 成立水务普查领导小组,制定工作方案,从辖区各单位、居民社区选拔普查员109名和普查指导员99名。区城管委、园林绿化局、水普办和安定门街道等领导和部分社区居委会主任参加水务普查第二阶段宣传活动。悬挂宣传横幅20条,摆放宣传展板40块、发放宣传折页2000份、宣传画400张、环保袋3000个、水普宣传教材800本。(程佳)

爱国卫生管理

【概况】 东城区爱国卫生运动委员会办公室(简称区爱卫办),设在区城管委。主要职责:发动群众参与、组织、协调部门共同履行社会卫生工作职责和任务;监督检查卫生效果评价。

年内,巩固“国家卫生城区”成果,建设健康城区,获“健康北京建设贡献奖”。9个社区通过市爱卫会“健康社区”考核验收,全区“健康社区”157个。“爱国卫生红旗单位”72个。开展秋冬季灭鼠及夏季灭蚊蝇活动,全年病媒生物密度控制在国家规定的标准之内。(马灵)

【爱国卫生月】 5月,全国第23个爱国卫生月。进行3次环境卫生综合检查,区、街组织各种活动23次。驻区中央、国家、市各级机关单位,驻区部队,区属各机关单位、社区居民等2.5万人参与城市清洁活动。清理绿地卫生16.3万平米,清洁楼门院1006个、清除楼道堆积物1052处,清理卫生死角和蚊蝇滋生地247处,清运大件废弃物、渣土等垃圾约2.5吨;出板报123块,悬挂横幅41条,发放禁烟宣传品5000余张,禁烟法规2000余张。 (马灵)

【公共场所禁烟】 区爱卫办先后17次对全区范围内的网吧、餐馆、学校、交通枢纽及机关单位等13类公共场所督导检查,巩固全区医疗卫生机构控烟禁烟成果,3所高校达到无烟高校标准。全年,检查公共场所单位1.1万个,不合格81个,劝阻吸烟445人次,合格率99.26%,行政处罚16个单位。制作并下发禁烟标示牌9000个,下发禁烟监督员胸牌1000个。"世界无烟日"组织各街道、社区及单位开展以"远离烟草,珍惜生命"为主题的系列宣传活动。 (马灵)

【夏季灭蚊蝇】 召开夏季灭蚊蝇培训工作会议,17个街道、4个地区及相关单位35人参加。区爱卫办组织发放灭蚊蝇药品,开展"消灭蚊蝇、保护健康"城市清洁日活动,清除积水,减少蚊蝇滋生地;对1.62万个雨水口,1.72万个污水口,10.77平方公里绿地喷洒和投放灭蚊蝇药物。下发喷雾器812台、灭蚊蝇药370公斤、灭蚊幼药1150公斤。对32个居民社区,2000个楼门(院),2000个雨水井,34个餐饮单位,20座公厕,10座垃圾楼进行灭蚊蝇灭蟑专项检查。 (马灵)

【灭鼠防病】 天坛、永外地区先后发现2例流行性出血热患者。区爱卫办2次紧急召开各街道及有关部门会议,部署灭鼠工作,申请灭鼠经费,联系药厂,加班以最快速度把鼠药发放到辖区各街道、社区及驻街单位。全年发放鼠药蜡块8吨,原粮毒饵2吨,警示旗6万面,粘鼠板1700张,毒饵站3000个。 (马灵)

【四害密度监测】 17个街道开展4次鼠密度监测、5次蝇密度监测、8次蟑密度监测,均低于国家标准。鼠密度监测:外环境监测建筑工地3400延长米、公共绿地3400延长米、河湖两岸3400延长米,鼠迹均为0;单位居民区院内3400延长米,鼠迹6处,密度为0.18/100延米。室内监测408个单位,布放粘鼠板3400张,粘捕19只,密度为0.006只/张。蟑密度监测:餐馆306个,居民家庭306个,宾馆饭店153个,医院153个,单位食堂153个,食品制售或商场153个,1224户次。布放粘蟑纸9180张,粘捕369只,密度为0.04只/张。蝇密度监测:室外330处,其中公厕85个,垃圾中转站85个,居民一楼楼道160个,发现成蝇57只,密度为0.17只/一视野;室内采用粘捕法,监测单位330个,其中餐馆160个,农贸市场85个,单位食堂85个,粘捕77只,密度为0.2只/条。 (马灵)

【城市清洁日】 开展月末城市清洁日活动12次。发放宣传品11万余份,广泛动员全区单位职工、居民37余万人次参与,累计清洁楼门院7400余个,清理楼道堆积物9000余处,清除卫生死角5345处,清运垃圾渣土400余吨。 (马灵)

城市管理监察

【概况】 东城区城市管理监察大队(简称区城管大队),是国家行政执法机关,行使14类职能行政处罚权300余项。编制553人,在编执法人员492人。设办公室、政工科、纪检监察科、法制科、督察科、指挥中心、宣传科、人事教育科、信访科、装备财政科等10个科室,4个直属分队和北京站、王府井、前门大街、北京南站4个地区分队,17个街道分队。

年内,完成春节庙会,全国和市、区两会,五一、十一、中高考、王府井品牌节、国际马拉松赛等207个重大活动周边环境保障工作。开展"春风行动"、"夏季攻势"和"秋风行动"三个百日专项整治行动,确保辖区总体环境秩序平稳良好。全年查处各类环境违法行为18.16万起,制作案卷1288件,罚款26.36万元,拆除违法建设283处,1.53万平方米,拆除大型户外广告6块,户外牌匾1128块。办复人大代表建议、政协委员提案23件,各类信访案件814件,非紧急救助案件610件,网上主动公开本单位信息63条。慰问困难群众30余户,赠送慰问品价值4000余元。募捐活动2次,捐款19181元。收到群众赠送锦旗55面、表扬信42封,表扬类短信35条。

单位地址:东城区老钱局胡同甲14号
联系电话:85120652 邮政编码:100005 (李敏)

【节日期间环境整治】 元旦期间,出动执法队员935人次、车辆268车次,查处无照经营60起,罚款900元。告诫教育违法相对人33人次,检查门前三包单位870家,查处非法小广告19起,没收1250张;规范店外经营37起;受理热线举报74件。春节期间,重点保障地坛、龙谭庙会周边环境秩序,出动执法力量1887人次,保安60人次,车辆612车次,取缔无照经营1233起,劝阻告诫93人次,查处非法小广告95起,检查门前三包单位4507家,清除垃圾渣土及大件废弃物6吨,检查施工工地15个,受理热线举报51件。救助街头流浪乞讨人员13人,开展"城管城市文明加油站活动",百余名队员和志愿者参加,发放宣传材料5000余份。清明节期间,出动执法人员1308人次,执法车辆500车次。查处无照经营4起,罚款300元。查处无照经营丧葬、祭扫用品3起,没收冥币2.02万余张。查处焚烧冥币、祭品6起。五一期间,出动执法人员963人次,车辆339车次,检查街区568条。查处无照经营129起,罚款500元,查处非法张贴小广告84起,没收小广告2250张。查处店外经营139起。设置4个点位开展城管城市文明加油站活动,参与志愿服务48人次,服务市民游客2300人次,悬挂横幅132条,发放宣传材料1500份。国庆节期间出动执法队员2755人次,保安员200人次,执法车辆781车次,查处各类违法行为6881起。其中:查处无照经营591起,罚款1000元;查处小广告209起,没收小广告3万余张;规范门前三包5645起,责令改正店外经营436起;暂扣三轮车23辆、自行车4辆、小商品1433件,协助公安收缴管制刀具18把,受理各类举报413起。 (李敏)

【领导慰问调研】 1月17日、3月1日、3月11日,区领导杨柳荫、牛青山、吴松元、冯熙分别到区城管大队检查工作,了解人员编制、基本情况、执法难点等问题。3月24日,市政协领导吴玉华等到区城管大队调研。5月7日,市委书记刘淇接见"见证重生"博客笔会成员。 (李敏)

【扫雪铲冰】 开展扫雪铲冰活动5次,出动队员2889人次,车辆870车次,动员社会力量3.36万人次,检查主要大街977条,规范门前三包单位2.26万家。 (李敏)

【高考环境保障】 出动城管队员2060人次,车辆513车次,查处无照经营133起,罚款400元,暂扣三轮车7辆,水果200余斤,查处非法散发小广告64起,没收小广告9800张,清除小广告15处。规范门前三包3779起,检查施工工地199起次,发放城管法规宣传品600余份,协助公安交通等部门劝阻违规行人1000余人次。 (李敏)

【长安街沿线环境管控】 出动执法队员3624人次,1352车次。查处非法小广告85起,劝离非法散发小广告73起,没收非法小广告4.37万张。救助非法散发小广告的未成年人45人,查处无照经营213起,罚款710元,劝离无照经营102起,劝离流浪乞讨人员4人,教育劝导183人,保证长安街沿线环境秩序。 (李敏)

【停车场管理】 出动执法力量1987人次,执法车辆491车次,检查机动车和非机动车停车场151家,查处非法停车收费1起,先行登记保存收费单据1本,检查收费人员36人,对停车场内停车秩序混乱、工作人员和收费人员未佩戴明显标志的行为责令改正40起。 (李敏)

【专项整治行动】 开展三个百日专项整治行动,"春风行动"。出动执法人员1.45万人次、执法车辆5014车次。查处无照经营1493起,罚款4960元,查处非法运营66起,暂扣车辆22台,查处非法出版物4起,取缔店外经营237起,查处非法张贴、散发小广告445起,收缴小广告4.09万张,罚款2■元。救助流浪乞讨人员及未成年人13人次、告知52人次"夏季攻势"。出动执法人员2.2万人次,执法车辆7196车次,查处各类违法行为5.15万起,罚款8万元。查处无照经营6598起,罚款3.77万元,损坏环境181起,罚款2564元,破坏园林绿化16起,破坏市容环境43081起,罚款1.44万元,违章占道232起,违规建设203起,浪费用水7起,违规停车11起,损坏市政设施25起,城市河湖野游垂钓25起,施工现场违规管理306起,罚款1万元,检查违法旅游景点50起,规范限养16起,查处"黑车"52起,罚款1.35万元,告知劝导救助人员50起,拒绝救助50起。查处非法散发小广告651起,罚款1803元,没收小广告18.95万张,上报非法小广告停机台账管理系统162条,停机37条,录入率100%。其中:固话号码12个,手机号码150个;本地电话120个,外地号码42个。"秋风行动"。出动执法人员9567人次、执法车辆578车次。检查门前三包4809起,查处无照经营613起,罚款6070元,取缔非法散发小广告266起,没收9347张。 (李敏)

【信息宣传】 发新闻报道151条,城管执法公益宣传活动106次,悬挂宣传横幅264条。报市城管执法局调研文章10篇,信息300条,采用92条。报区信息263条,采用102条,其中13条信息被市委《北京信息》和市政府《昨日市情》采用。"城管队员义务指路"、"巾帼文明岗",被多家媒体转载。启动"您身边的城管"主题宣传日暨"96010服务与沟通热线"。 (李敏)

【执法装备】 完成市局96310热线举报系统并网工作,办理96010群众举报服务热线和87257906热线过户、移机,升级改造21台车载取证设备。购买执法记录仪459台。(李敏)

北京站地区管理

【概况】 北京市北京站地区管理处是北京市人民政府派出机构，由东城区代管。负责北京站地区的综合管理，组织协调北京站地区的公安、工商管理、城市管理、园林绿化、市政市容、环境卫生等各项工作。设两室三科，直属单位有：东城区城市管理监察大队北京站分队、北京站地区环卫所。

年内，坚持"抓队伍、打基础、谋和谐、促发展"工作思路，打造平安和谐有序的首都窗口地区，实现"大事不出、小事减少、管理严格、秩序良好"的工作目标。在全市"百日整治"系列活动中被评为"先进地区"，连续12年杜绝消防火灾事故。在区组织的纪念建党90周年歌咏比赛中获一等奖。

单位地址：东城区北京站东街6号金谷琪珑大酒店4层
联系电话：85267207　邮政编码：100005

（郑一萍）

【社会管理综合执法组】 1月18日，成立北京站地区社会管理综合执法组。由北京站城管分队、北京站派出所、北京站公安段、交通执法一大队、建国门工商所、区卫生防疫等部门派驻10人组成。主要职责对地区环境秩序问题进行综合执法。4月26日，组织有关部门和单位对站区秩序全面清理整治。出动各方人员近60人，执法车辆4台。清理站区喊客、倒票、无照经营、流浪乞讨等各类扰序人员21人，由北京站派出所进行审查处理，其中无照经营14人、流浪乞讨6人、救助1人。清理杂物2吨。6月，开展"黑车"专项治理，会同派出所、公安段、市执法一大队联动进行，出动执法人员11人，执法车2辆。规范无序停车7辆，查处"黑摩的"2辆，对相对人予以告诫、核录并进行批评教育。 （郑一萍）

【春运暑运专运】 1月19日至2月28日春运期间，到发站旅客920万人，同上年持平。其中发送旅客448万人，下车472万人，高峰日发送旅客16万人。采取三项措施：①增设2个临时售厅和20个检票口，启动12部网络购票自助取票机，缩短旅客等候时间。②组建7支应急分队处理各类突发情况预留2个候车室作为临时应急场所，确定丁香小学为大型应急疏散场地。③开通北京站至北京西站摆渡大巴，解决旅客乘车需求，开通北京站官方微博，实时发布春运信息。7月1日至8月31日暑运，累计发送982万人。日均15.8万人，同比增幅131万人。高峰日，上车18.5万人。完成各级专运警卫任务700余次。 （郑一萍）

【党员义务指路岗亭】 1月26日，在北京站广场东侧揭牌。市、区有关领导及部门负责人出席揭牌仪式。建立义务指路岗亭，有利于建设北京站地区良好环境秩序，发挥党员服务品牌示范作用。 （郑一萍）

【世界无烟日宣传活动】 5月31日，第24个"世界无烟日"，针对地区人员流动大的特点，开展"世界无烟日"宣传活动。组织部分职工到广场向过往旅客发放禁烟宣传材料1000余份，宣传公共场所全面禁烟规定。 （郑一萍）

【区领导调研】 6月21日，宋甘澍到地区调研，部署秩序整治工作，提出三点要求：①按现有情况，制定一个适合地区常态化管理模式工作机制，加强日常管理维护，保持常态化管理工作正常运转；②集中时间开展站区综合执法，加大对流浪乞讨、残疾人讨要等扰序现象打击力度和开展救助行动；③结合近期媒体曝光"黑心鸭"、无照经营和游商集聚等问题，开展综合执法，保持站区良好环境秩序。

（郑一萍）

环境卫生

环境卫生服务一中心

【概况】 东城区环境卫生服务一中心（简称环卫一中心），原为东城区环境卫生服务中心，区划调整后更名。是区政府直属全额拨款事业单位，在编正式职工1277人，临时工1668人。设12个科室，下属10个基层单位，负责原东城区区域内113条大街、8座立交桥、25座过街天桥335万平方米道路和50万平方米绿地的清扫保洁工作，负责963座公厕的保洁、维修、翻改建和48座密闭式垃圾清洁站的管理工作。

年内，制定《东城区"十二五"时期环卫事业发展规划》。专业检查干路7213条次、公共卫生间1736座次、密闭式清洁站510座次，清除非法小广告7213条次。

单位地址：东城区小雅宝胡同34号

联系电话:64032275 邮政编码:100005 (刘晓寅)

【领导调研】 2月1日、4月29日,区领导杨柳荫、牛青山、冯熙、徐鸿达等先后到中心慰问一线职工。2月2日(除夕),市委书记刘淇、市长郭金龙到机扫队慰问一线职工,市领导李士祥、梁伟、刘敬民、苟仲文,市政府秘书长孙康林陪同。9月30日,区领导杨柳荫、牛青山、冯熙、徐鸿达等到王府井所慰问一线职工。 (刘晓寅)

【环境应急保障】 春节期间,出动1.52万人次,车辆719辆次,清运烟花爆竹残屑341.33吨,清运地坛庙会垃圾138.3吨。元宵佳节,出动各类车辆69辆次,815人次清运烟花爆竹残屑45吨。国庆期间,出动工力1.39万人次、车辆2400余辆次,清运垃圾6400余吨、粪便4100余吨,清除小广告1.57万张,处理网格案卷32件。全年,保障各种环境保障、领导视察路线保障56次。 (刘晓寅)

【扫雪铲冰】 雪季,出动职工2200余人次、车辆346辆次、各类机械设备436台次,使用融雪剂563吨,完成扫雪铲冰任务。 (刘晓寅)

【新工艺清扫保洁】 通过调整工力和作业模式,道路清扫保洁新工艺作业范围扩大,综合覆盖面85%。实行生活垃圾全程密闭式收运,生活垃圾无害化处理率100%。全年,清运垃圾31.14万吨、粪便17.17万吨。对99家单位、簋街32家商户实行厨余垃圾清运。 (刘晓寅)

【维修改造公厕】 维修公厕1.3万余座次。主要大街、重点景区安装50块公厕指示牌。223座固定二类以上公厕安装LED发光标识牌。187座二类以上公厕实施无障碍改造。200个危险粪井进行翻建。完成100座达标公厕外墙挂板安装工作。 (刘晓寅)

【改造设施设备】 改造10座密闭式垃圾清洁站,更换60个铁质集装箱全部为不锈钢箱体。更换180余个果皮箱,660个果皮箱重新喷漆。核实造册398辆环卫专业作业车辆的基础数字,准备接收纯电动环卫车。 (刘晓寅)

【信访工作】 接待群众来电、来访109次,办理上级转发群众来信6封,办理全国和北京市信访网,市、区长信箱,市非紧急救助网咨询、投诉、建议等220件次,办复人大代表建议、政协委员提案5件。 (刘晓寅)

环境卫生服务二中心

【概况】 东城区环境卫生服务二中心(简称区环卫二中心),原为崇文区环境卫生服务中心,区划调整后更名。区政府直属全额拨款事业单位,负责原崇文区区域内环境卫生作业和服务工作。设党委办公室、行政办公室、业务科等7个科室。下设五所、一站。在职职工540人,退休职工747人,离休干部5人,非在编职工723人。主要职责承担主要大街、干路部分绿地的清扫保洁,生活垃圾、粪便清运,公厕保洁维护、小广告清理等工作。

年内,加强专业作业管理,探索环卫专业管理新模式。加大投入,购置一批铲冰除雪、专业作业等环卫车辆设备,新建、改建环卫基础设施。完成扫雪铲冰、防汛排涝、落叶清理等季节性工作以及春节、国庆、全国人大、政协"两会"等重要节日和重要活动期间的环卫保障任务。完成除四害、城市清洁日、环境综合整治等工作任务。保洁主要大街47条,清扫保洁作业面积199.05万平方米,管理密闭式清洁站32座,管理公厕413座,其中二类标准公共卫生间52座,达标公厕188座,三类公厕173座。干路机扫率、洒水降尘覆盖面、垃圾粪便无害化处理率保持100%,道路保洁新工艺作业率达到92%。全年收运生活垃圾15.39万吨,抽运粪便11.86万吨,清理小广告140余万张。环卫专业作业排名城六区第一。环卫三所参加市市政市容系统第一届有限空间作业大比武,获二等奖。举办主题党日活动全体党员重温入党誓词。获区主题党日活动"最佳原创奖"。选举出席区第十一次党代会代表3名。改善职工待遇,完成环卫职业危害岗位补助工作,职工纳入公费医疗改革范围。

单位地址:东城区天坛路7号

联系电话:67120965 邮政编码:100061 (何淑梅)

【领导慰问】 春节、五一、十一,区领导杨柳荫、牛青山、冯熙、徐鸿达等,慰问节日期间坚守工作岗位的环卫干部职工,并送来慰问品。区领导对节日期间放弃休息的广大环卫干部职工表示感谢,希望大家继续发扬优良传统,艰苦奋斗,努力工作,创造更加优美的环境。 (何淑梅)

【下属事业单位更名】 7月19日,区环卫二中心所属事业单位更名,原北京市崇文区环境卫生服务中心一队、二队、三队、四队更名为"北京市东城区环境卫生服务二中心一所、二所、三所、四所";"北京市崇文区环境卫生经济开发管理中心"更名为"北京市东城区环境卫生服务二中心经济开发管理所";"北京市崇文区环境卫生服务中心材料站"更名为"北京市东城区环境卫生服务二中心材料站"。 (何淑梅)

【全员培训】 制定培训计划,组织全员培训。分期分批就作业规范、职业道德、安全生产等方面对职工进行培训1000余人次。组织近两年参加工作的新职工入职培训。参观时传祥纪念馆,中心领导授课,进行光荣传统、基本情况、安全生产教育培训。组织专项培训。结合工作,组织劳动用工培训、国有资产管理培训、档案管理培训、党务知识培训、信息宣传培训等。全年培训23期,1600余人次。 (何淑梅)

【基础建设】 采购10台小型抛雪机、8台小型扫雪机和清洁站洗地机等作业设备,修缮32座达标公厕、29座三类公厕、6座二类卫生间,改造10座密闭式清洁站,新接收密闭式清洁站及环卫工作站1处,修缮6座清洁站,更换不锈钢集装箱56个,油饰铁质集装箱30个。 (何淑梅)

环 境 保 护

【概况】 东城区环境保护局(简称区环保局),是依法监督管理辖区内环境保护工作的行政主管部门。设行政科室8个(办公室、综合规划科、法制宣教科、纪检监察科、污染减排科、环境影响评价科、环境监理科、辐射安全监管科),科级事业单位6个(东城区环保监察队一队、二队,环保监测一站、监测二站,机动车尾气排放管理一站、二站)。主要职责:贯彻落实国家和市关于环境保护的法律、法规、规章和政策,建立健全环境保护工作制度,并负责监督、检查和协调实施;组织编制区环境保护规划和计划,负责环境形势综合分析;负责区环境问题的统筹协调和监督管理,组织协调环境污染事故和生态破坏事件的调查处理,参与突发环境事件的应急处置;承担落实区污染减排目标的责任,制定主要污染物排放总量控制计划并监督实施,实施排污许可证制度;督查、督办、核查有关部门、单位污染物减排任务完成情况;实施环境保护目标责任制,负责总量减排考核并上报;负责本辖区环境污染防治的监督管理和污染源日常监督管理;组织实施水体、大气、土壤、噪声、光、恶臭、固体废物、化学品、机动车等污染防治工作;负责环境监察,组织开展环境保护执法检查;负责限期治理、排污申报登记、排污收费等制度实施;参与促进清洁生产,按管理权限审批建设项目环境影响评价文件,负责建设项目主体工程与环境保护设施同时设计、同时施工、同时投产使用的监督管理,负责建设项目竣工环境保护验收;负责本辖区辐射安全监督管理,参与辐射环境事故应急处置,按权限对废弃放射源、放射性废物处置进行监督管理;负责区环境监测工作,制定环境监测工作制度和规范,组织实施环境质量监测和污染源监督性监测;组织环境保护宣传教育工作,推动社会组织和公众参与环境保护;开展环境保护科研工作,推动环境保护科研成果和技术应用。为驻区中央单位、市属单位、驻区部队和区域内企事业单位服务。承办区政府交办其他工作。

全年实施北京市控制大气污染措施,办理建设项目环境保护审批492项,办理建设项目环境保护验收87项,完成服务类项目85项,依法征收排污费1.2万元,对1348家污染源进行排污申报登记。办理群众来信811件,办复人大代表建议1件,政协委员提案2件。

单位地址:东城区东四六条甲17号
联系电话:64043663 邮政编码:100007 (马春华)

【环境应急处理】 10月31日,发现安定门外西河沿5号楼东侧化学试剂随意倾倒,立即启动应急响应,组织监察队、监测站赶赴现场调查。经检测,该物质为透明水晶状,中性,无味,无腐蚀性。现场通知有关部门进行处理。消除安全隐患。开展区域环境风险评估,确定可能出现风险的3类污染源:加油站泄露污染地下水、放射源发生意外事故产生人员误照和土方施工出现不明物体。经确定出现风险的污染源等级均为低。安全检查废弃危险化学品。筛选出有可能使用危险化学品单位58家,逐一单位摸清产生废弃危险化学品种类和数量,制定环境风险防范应急预案,落实消纳处置废弃危险化学品单位,明确各单位相关负责人、联系方式。对全区中学实验室进行抽查,掌握废弃化学品种类、数量和消纳途径。 (马春华)

【环境质量】 实施治理大气污染措施,完成市政府控制大气污染各项任务,全区工业企业污水、废气等污染物达标排放率保持100%,东四子站、天坛子站完成空气质量二级和好于二级天数达75%指标,分别为283天和286天,完成比率分别为77.5%和78.4%。可吸入颗粒物(PM10):东四、天坛子站自动监测可吸入颗粒物年均值分别为0.112毫克/立方米,0.112毫克/立方米。二氧化氮:东四、天坛子站年均值分别为0.065毫克/立方米,0.062毫克/立方米,低于国家环境空气质量二级年均值标准限值(0.080毫克/立方米)。二氧化硫:东四、天坛子站年均值分别为0.034毫克/立方米,0.026毫克/立方米,低于国家环境空气质量二级年均值标准限值(0.060毫克/立方米)。降尘:全区降尘量年均值为7.1吨/平方公里·月,低于本年度标准限值(清洁区7.0+7.0=14.0吨/平方公里·月)。噪声:区域环境噪声平均值为53.1dB(A)。道路交通噪声平均值为67.9dB(A)(公里路长计权LeqdB(A)),道路平均车流量为3598辆/小时。工业企业废水、废气稳定达标率、二级以上医院医疗废水排放达标率和燃油、燃气锅炉烟气排放达标率均为100%。 (马春华)

【环境统计年报】 环境统计年报纳入环统范围工业企业24家,确定11家工业企业为年度环境统计对象。环境统计数据顺利通过逻辑校验、合理性校验和检查,通过环统会审,完成工业源及环境管理数据库上报。 (马春华)

【污染物总量减排】 "十二五"期间考核污染物总量减排指标由两项增加为二氧化硫、氮氧化物、化学需氧量和氨氮4项。二氧化硫和氮氧化物在"十一五"945吨和7010吨基础上分别削减20%和13%。全年搬迁平房燃煤户1798户,减煤1798吨,削减二氧化硫15.66吨,削减率1.62%。淘汰老旧机动车6304辆,削减氮氧化物218.21吨,削减率3.12%。完成市政府下达的1%和2%的年减排计划。 (马春华)

【污染源数据动态更新】 调查5家重点工业污染源、80家非重点污染源,完成工业污染源数据的动态更新。调查核实第三产业生活源4142个。全区有规模以上生活源(不含医院)

2759个,比2007年减少253个,下降8.4%。 (马春华)

【信访工作】 全年接群众来信811件,其中,反映大气污染329件,反映噪声污染464件,反映水污染5件,反映固体废物污染1件,反映其他污染12件。重要信件领导阅批率100%,信访答复率100%,信访按时办结率100%。被市局《12369情况日报》列为优秀办理件21件。全年没有出现市、区级集体访和重复集体访、没有出现重点地区非正常个访和集体访。 (马春华)

【环保宣传】 全年,组织各类环保宣教讲座6场,听讲人数242人次;开展各类环保宣传活动7次,展出展板12块,发放科技宣传材料1.4万余份。"六·五"世界环境日,联合区城管委等部门在簋街开展"倡导绿色餐饮·提升簋街品质"主题宣传活动。区领导毛炯等参加。现场发放环保宣传资料1000余份。向绿色志愿者演示机动车尾气遥测车工作原理,讲解机动车尾气污染危害。在安定门街道举办第七届"首都高校环境文化周"。来自首都各高校近50名学生在宝钞胡同宝钞苑外墙现场涂鸦表演,以环保、绿色、低碳为主题创作十余幅作品,以环保涂鸦形式宣传绿色生活理念。(马春华)

【流动污染源监管】 严格机动车定期检验,全年淘汰老旧机动车1.32万辆。路检路查、入户检查和专项检查机动车48.98万辆(其中遥测34.49万辆,路查11.46万辆、夜查5092辆、入户检查2.37万辆、检测厂倒查1500辆)。处罚384辆超标排放机动车。处罚加油站1.1万元。 (马春华)

【油气回收监管】 加强油气排放达标监管,消减挥发性有机物污染,对辖区内全部13家加油站每月进行2次全面巡查。督促企业完善油气回收装置运行、添加油品清洁剂等内部管理规范、制度与机制。全年巡查加油站185站次,处罚1家加油站,罚金1万元。对2家加油站下达限期整改通知。

(马春华)

【行政处罚】 全年环境行政处罚案件435件,金额13.31万元,检查4268辆大型客车尾气排放和货运车辆尾气排放。查处超标车132辆、违反限行规定71辆、无环保标志车7辆、闯禁行车72辆、交交通部门依法处理。处罚违规公交车38辆,召开现场会,分析超标原因,提出改进措施。检查施工车辆688辆,施工机械50余台(套)。处罚4辆地铁重型排放超标专项作业车。核查信访举报超标车23辆,依法处罚10辆。 (马春华)

【辐射安全行政许可】 对辐射工作单位报送的申请材料,采取核查在前、受理在后方式,即先对辐射工作单位的申报材料和项目现场进行核查,核查通过后再进入内网系统受理项目,以验收标准进行审批,确定辐射工作单位的放射防护屏蔽、警示标识、防护用品、规章制度等防护措施按要求建成或落实到位后,方可进行受理。全年接到各类辐射安全行政许可、备案事项100件,办结61件、申报材料不符要求暂未受理30件、项目不具备受理条件退回5件,未办结4件。其中辐射类建设项目审批17件,办结2件、未受理13件、退回2件;辐射安全许可证相关手续21件,办结5件、未受理11件、退回3件、未办结2件;放射性同位素备案62件,办结54件、未受理6件,未办结2件。 (马春华)

【辐射安全监管】 全区有辐射工作单位124家,其中涉源单位21家,放射源349枚;射线装置单位103家,射线装置485台(套)。全年,检查辐射工作单位140家次,出动人员290人次,检查包括各类密封放射源349枚、各类开放性场所18处、各类射线装置485台(套),要求辐射工作单位建立监测制度,每年至少监测一次,不具备监测资质可委托有资质监测机构进行监测。督促辐射工作人员持证上岗,督促辐射工作单位完善应急预案,并要求流程上墙。7月12日,联合公安分局、区卫生局组成联合执法小组对市计量检测科学研究院、北京妇产医院等涉源单位进行闲置废弃放射源清查。逐枚核对在用放射源及含源仪器,检查放射源库及其他库房,未发现闲置废弃放射源。适时进行应急演练,建立处置突发环境事件领导机构,确定应急处置工作人员,做好应急设备、器材日常保养,提高应对突发环境事件指挥协调和快速处置能力。 (马春华)

【电子行业VOC检查】 筛查27家工业企业,现场检查6家工业企业,经查航天35所有VOC排放,该单位收集、治理设施完备,运行正常,要求该单位定期对相关净化控制装置进行维护保养,确保污染物达标排放。 (马春华)

【污染源监控中心】 全区535台锅炉以及3000余家污染源单位数据纳入污染源监控中心平台,更新数据3967家次,实现工地管理,工业、生活污染源、辐射放射源、建设项目审批验收、信访投诉与监测等环境管理自动化、信息化。实现上万条监测和管理数据实时汇总分析。 (马春华)

【控制扬尘污染】 巡查54家建筑工地。出动1500人次,检查各类工地840个次,限期整改5家,移送违法情况9件。区扬尘办对重点地区、土方工地等检查9次,落实冲洗车轮、出入口道路清扫及土堆覆盖等控制扬尘污染措施。启动空气质量应急保障9次。 (马春华)

园 林 绿 化

【概况】 东城区园林绿化局(简称区园林绿化局),是负责本区园林绿化工作的政府工作部门,在编职工810人,设办公室等8个科室。辖绿化一队、绿化二队、地坛公园、青年湖公园、柳荫公园、南馆公园、龙潭公园、龙潭西湖公园、北京明城墙遗址公园、永定门地区公园、园林市政服务中心11个基层单位。全区绿地面积1079.37公顷,人均绿地面积11.23平方米,人均公园绿地面积5.97平方米,绿地率25.79%,绿化覆盖率为31.33%。全年游人量1937.77万人次。主要职责:制定并组织监督实施园林绿化发展规划、计划及绿化美化工作;组织、协调区内重大活动及重要节日的绿化美化及环境布置工作;指导和监督检查全区绿地、树木的养护管理工作及园林绿化资源保护管理;负责区园林绿化的行业管理,监督和指导区管公园的管理和服务工作;承担区绿化委员会日常工作;负责全民义务植树、绿地认建认养、花园式单位社区创建等活动的宣传发动、组织协调、监督检查和评比表彰工作。

年内,完成扩大改造绿地面积26.02万平方米,其中新建绿地4.02万平方米,改造绿地22万平方米。完成屋顶绿化2.13万平方米、垂直绿化2280延米。北二环机场高速联络线公园绿地建设工程(东城段)获中国风景园林学会颁发的年度"优秀园林绿化工程奖"金奖;东南二环护城河城市休闲公园、平安大街绿化改造工程、丰和园小区基础设施改造项目被市园林绿化企业协会评为精品工程和优质工程;地坛园外园被评为市精品公园。

单位地址:东城区东直门内北中街甲1号

联系电话:64041796　邮政编码:100007　　(刘珍莲)

【领导调研】 1月6日,区领导杨柳荫、夏树军等到南馆低碳生活示范园调研,参观示范园内各项高新低碳技术,听取情况汇报。杨柳荫要求:要将南馆低碳生活示范园打造为东城区乃至北京市的一座低碳教育主题公园,既能够满足游人娱乐休闲的需要,又能够起到宣传教育、普及低碳知识的作用。要拓宽展览形式,从老百姓需求出发,增加更多低碳技术项目,打造低碳教育基地。要结合区功能定位,按照一流的标准,进一步提升水平。4月14日副市长夏占义参观东南二环护城河城市休闲公园,查看南护城河河坡绿地改造,听取项目建设情况的汇报,询问绿化建设经费投入情况。夏占义指出,城市绿化建设需要拓宽发展思路,加大投资力度,提高建设水平。同时也要做好与水务部门、工联公司等相关单位的协调工作,确定绿地权属单位,落实建设养护责任,共同促进城市绿化建设的发展。4月29日,中央政治局委员、北京市委书记刘淇,市委副书记、市长郭金龙等,到龙潭公园时传祥纪念馆调研。区领导牛青山等陪同。7月4日,16个区县领导检查东城区景泰城市休闲公园绿化工程。　　(刘珍莲)

【园林文化活动】 2月2~9日,举办第二十六届地坛、第二十八届龙潭春节文化庙会。接待中外游人200余万人次,外宾5千余人,近60家中外新闻媒体对庙会进行了报道。地坛、龙潭庙会突出文化、公益主题。地坛庙会首次举办京城名医馆健康养生讲堂,邀请京城名医馆的知名中医讲授养生知识。龙潭庙会举办"首届龙潭(国际)冰雪嘉年华"品牌活动。为市民提供低碳、非遗、公益、文化、体育、游艺等100余项活动和400余场精彩演出。市委宣传部,市文化局、旅游局等单位主办的"第六届北京春节庙会、灯会、文化活动"评选活动,第二十六届地坛、第二十八届龙潭春节文化庙会分别获非遗展示奖和文化魅力奖。　　(刘珍莲)

【绿化工作会】 3月10日,区绿化委员会第一次全体会议召开。区绿化委员会主任、区长牛青山出席,区园林绿化局局长做《立足新起点把握新机遇推动绿化美化工作再上新水平》工作报告。会议讨论通过区本年和"十二五"时期绿化美化工作计划及上年度绿化美化先进单位、积极分子评选结果。牛青山提出绿化工作要求:一要有新认识。二要有新标准,三要有新突破。3月29日,召开街道绿化工作会。部署2011年街道绿化美化工作任务,毛炯代表区政府与街道签订本年度绿化美化目标管理责任书。　　(刘珍莲)

【明城墙梅花文化节】 3月15日至4月15日,举办北京市第六届赏梅会暨第四届北京明城墙梅花文化节。梅花文化节以"赏梅花古楼新春品城垣悠久文化"为主题,注重传承梅花精神,展现历史文化资源,突出"生态、文化、和谐"三大元素。　　(刘珍莲)

【"柳"文化节】 4月3~25日,柳荫公园首届"柳"文化节在公园东门文化广场开幕,以"赏柳荫湖光春色,品柳韵文化精深"为主题。将公园低碳、环保、田园野趣的风格与柳文化巧妙契合,突出公园柳文化特色,弘扬中国古典文化以及绿色生态理念。举办"咏柳"诗会、"柳"书画摄影作品展等多种柳文化活动。　　(刘珍莲)

【全民义务植树活动】 本年是全民义务植树活动30周年,首都全民义务植树活动27周年。4月2日,区领导杨柳荫、冯熙、驻区解放军、武警官兵、市民代表等到23个绿化宣传和义务劳动点参加义务植树劳动,种植油松、银杏等100余株。在景泰城市休闲公园社会义务植树点,接待对外经贸大学绿色协会、自行车协会会员和市民植树2000余人次。进行绿地清理、苗木补植、树木浇水等活动。当天,地坛公园、明城墙遗址公园设置植树日宣传主会场,向广大市民宣传植树绿化、法律法规等知识,发放《北京市绿化条例》《美国白蛾防治折页》等宣传材料。全区植树1.7万株,养护树木13万株,清扫绿地26万平方米,悬挂宣传横幅200条,发放宣传材料10万余份。 (刘珍莲)

【地坛书市】 4月15日,春季书市在地坛公园开幕。40多家新华书店设立"红色经典图书销售专柜",汇集了红色历史传记和文化史学等专著近百种,300余家单位参展,4月25日闭幕。秋季书市9月9日至9月19日举行。图书种类达20余万种。接待读者30万人。第八届北京青年学习节暨北京冬季书市11月25日至12月5日举行。冬季书市围绕"践行北京精神、传承中华文明"主题,宣传"爱国、创新、包容、厚德"的北京精神。开展"书知北京精神"系列活动,设立"北京精神"图书展销专柜,展示各类图书。300余家单位参展,图书种类30余万种。 (刘珍莲)

【重点工程建设】 改造南馆低碳生活示范园工程,4月20日竣工。用地2.96公顷,其中绿化改造面积900平方米。改造工程内容包括道路防滑改造、新增户外低碳互动项目和低碳雕塑、完善全园绿化及其他基础设施等。园内绿化配置以增加乔木为基调,辅以灌木为主要观赏树种,种植乔、灌木1790余株,竹子900棵,攀援植物340余棵,绿篱1万余棵,花卉2.5万余盆,立体绿化植物800余盆。玉河北区景观工程10月竣工。面积1.1万平米,其中绿化面积6500平米,铺装面积4500平米。栽植乔木225株、灌木379株、花卉1122平米、色带671平米、草坪925平米、水生植物1760平米。重现玉河"水穿街巷、绿树成荫"的历史风貌。10月21日,市委书记刘淇、市长郭金龙等视察玉河风貌保护工程。景泰城市休闲公园一期工程,位于南二环景泰桥和永定门桥之间,面积6.96公顷,长1000米,分景泰新韵、古井思源、林间弈趣、桃杨争辉和燕墩晨曦五个景区。上年8月开工,包括新植乔灌木、花卉、地被、草坪绿化及基础设施配套服务设施工程等。至年底,栽植乔木2100余株,栽植灌木和攀援植物1.9万余株,色带、宿根及应时花卉5.9万株、草坪3.1万平方米,形成乔灌木、绿篱、地被和草坪多层次多色彩的植物结构。 (刘珍莲)

【地坛中医药健康文化节】 5月13~15日在地坛公园举行。市中医管理局、区政府主办的第四届北京中医药文化宣传周暨第三届地坛中医药健康文化节,以"健康、文化、创新"为主题。活动期间举办"中医药非遗文化展示"、"中医药健康社区体验"、"中医药精品图书荟萃"等主题活动。27家中医、中西医结合专家为市民提供专业义诊咨询;著名中医药养生专家为市民做健康科普讲座;近百家单位推出500余种中医药相关产品展示展卖。 (刘珍莲)

【第四届龙潭端午文化节】 6月4~6日在龙潭公园举行。期间,举办端午祭、龙舟赛、"祈福纳吉"放河灯、诵读表演、民俗讲座等八项民俗活动,倡导民俗体育文化和健康生活理念。区领导赵中原、毛炯、刘忠胜等出席。端午节文化祭祀仪式表演汉代端午节祭祀场景,祭祀人员身着汉服,行净坛礼、献祭、行祭天礼、鸣钟、击鼓龙舟表演赛等。接待游客7.2万余名。 (刘珍莲)

【节日花卉布置】 迎接建党90周年和国庆62周年,在重点道路、桥区、公园、河岸等地区进行地栽花卉和花坛、花堆的布置。摆放17组立体花坛,利用地栽花卉形成"一环、一轴、多节点"的布置格局,栽摆花卉300余万株盆,其中王府井东北角花坛主题为《祝福生日》,长约25米、宽约15米、高8.8米;东单西北角花坛主题为《光辉历程》,长约25米、宽约20米、高10米;地坛南门立体花坛主题为"革命火种代代传",长10米,宽2.5米,高3.5米。 (刘珍莲)

【第六届龙潭灯会】 9月9~18日在龙潭公园举行。以"光辉岁月,魅力东城"为主题,园内设置90组不同规模的灯组,其中水上灯组12处,陆地灯组21处,内容包括"祖国颂","二龙戏珠"、"千里共婵娟"、"嫦娥奔月"等。灯会期间,举办"龙潭映月中秋诗会"、袁督师庙广场文艺演出、非物质文化遗产展览展示和《幻境极光》冰上杂技等文化活动。本届灯会接待中外游客25万余名。 (刘珍莲)

【主干路网建设】 完成全区"九横八纵"主干路网绿化景观提升工程,绿化改造平安大街、二环路、台基厂、崇文门外大街、南二环辅路等道路10.5万平方米。种植乔木812株,灌木6.99万株,绿篱色带1.74万平方米,宿根及时令花卉48.8万盆,草坪4.38万平米。 (刘珍莲)

【公共绿地建设】 完成燕墩、桃园公园改造,补植各类花灌木、彩色叶树木、常绿类植物,增加群落层次,丰富季相变化;完成景泰城市休闲公园一期工程和玉河城市休闲公园北段工程建设。完成内蒙古大厦、北新桥地铁出站口、环保局、神华大厦等停车场的绿化美化。 (刘珍莲)

【树木绿地认建认养】 与门头沟、房山区多个乡镇携手共建,发动社会各界参与树木绿地认建认养。引导市民从"植绿"向"管绿"、"护绿"转变。全年全区接待3家社会单位、563名个人参加树木绿地认养,认养绿地1.48万平方米,树木690株。 (刘珍莲)

【绿化养护管理】 利用网格化管理模式,规范各个阶段的养护措施,健全检查和考核机制,制定完善街道绿化考核管理办法和居住区养护管理检查评比办法,加强对居住区和单位庭院绿化建设管理的指导和检查。截至年底,全区特级绿地58处,特级、一级绿地总数140处,超过专业养护面积70%。严格园林绿化行政许可制度,防范侵占群众绿化利益的不法行为,严格执行危险性林木有害生物日报告、零报告和特殊情况及时报告等疫情报告制度。全年,有白蛾监测点800个,设置美国白蛾性剂诱捕器800余个,释放周氏啮小蜂2.8亿头。完成古树抢修复壮55株,排查汛期危险隐患树木,未发生树木重大险情。 (刘珍莲)

【公园景观维修养护】　完成地坛公园中医药文化养生园建设二期工程、南馆公园低碳生活示范园完善提升工程、青年湖公园水上世界维修改造工程、明城墙遗址公园东便门明城墙西段抢险加固工程、角楼映秀景观提升工程。完成永定门地区24节气公园河湖湖畔、永内大街、中轴北大地3处绿地改造;区内11个精品公园全部达到特级养护标准。

（刘珍莲）

天坛公园

【概况】　北京市天坛公园管理处(简称天坛公园),隶属于北京市公园管理中心,全民所有制事业单位,承担保护天坛,合理利用其文化价值,组织、接待、参观、游览等项管理职能。设职能科室12个,队级建制12个。职工906人(在岗从业人员867人,其中管理人员96人,专业技术人员329人,技术工人442人)。天坛始建于明永乐十八年(1420年),是明清帝王祭天祈谷的场所,是中国现存规模最大、形制最完整的古代祭天建筑群,也是世界上最大的祭天建筑群。1918年正式作为公园对公众开放;1961年3月,被国务院公布为首批全国重点文物保护单位;1998年12月,联合国科教文组织世界遗产委员会将"天坛——北京的皇家祭坛"列入世界遗产名录;2005年被国家旅游局评为国家首批AAAAA级旅游景区;2008年被评为"全国文明风景旅游区示范单位"。天坛历史坛域面积273公顷,现管辖面积210.2公顷,古建筑面积25187平方米,绿地面积183公顷,古树3562株,绿化覆盖率84.37%。

年内,游客接待量2419万人次,其中本市游客量1638万人次。完成外事接待任务37批429人。完成中国旅游日主题活动启动仪式、第六届北京公园节主题活动启动仪式。完成公园安全保障应急指挥调度系统建设,整合报警、消防、巡更、广播、人数统计、GPS定位等在用或在研系统应用于一体,体现管理的智能化、信息化水平。完成第七届天坛春节文化周活动、丹陛桥东区景观提升工程、改造面积4万多平方米。完成"2012北京新年倒计时庆典暨北京旅游推广活动"。经国家旅游局批准,天坛公园成为全国首批创建旅游标准化试点单位。年内,还承办协办市有关单位在公园举办的"北京市旅游标准体系建设座谈会"、"市公园管理中心科技周"、"北京市名园分会成立"、"皇城文化国际旅游节"、中国旅游日主题活动"第六届北京公园节"等十多项活动。

单位地址:东城区天坛东里7号(天坛公园管理处)

联系电话:67013021　邮政编码:100061　（王蕾）

【获十六届亚运会火炬】　1月10日,广州2010亚运会组委会赠与天坛公园亚运会火炬——"潮流"。"潮流"火炬总长度72厘米,总重量1.3千克。"潮流"火炬外层主体色为木棉红到中国红的过渡,既体现广州风情,又反映国家形象。截面造型从方形过渡到圆形,象征着"天圆地方"。　（王蕾）

【市总工会慰问劳模】　1月21日,市总工会领导曾繁新等一行到公园慰问全国先进工作者李文凯、北京市先进工作者张红媚。听取天坛公园情况介绍,与先进人物进行交谈,询问他们的工作、学习、生活情况。　（王蕾）

【春节文化周活动】　2月3~7日9时30分,以"礼节华夏迎福祉、乐和万邦奏太平"为主题的第七届天坛春节文化周开幕式在天坛公园丹陛桥具服台前举行,区领导朴学东与有关方面负责人出席。文化周活动包括祭天仪仗表演、乐舞表演、文化展览、节日商品销售等项内容。本届春节文化活动在仪仗表演、环境布置、创办模式、商业服务、宣传力度、安全保障、服装道具管理、游客参与项目开发等都有所创新,祭天仪仗表演增加画角、龙鼓乐器、群臣撞肩礼等演出内容。演出阵容增加至313人,新增保暖靴、保暖手套300余套。在举办"中国礼乐文化"展、"节日风俗"展"绿色出行逛公园,低碳游园过春节"宣传活动的基础上,南门新增高2.4米、长120米的大驾卤簿大型画卷式展板;西部增置商业网点100余个。获市第六届北京春节庙会·灯会·文化活动非遗展演奖。　（王蕾）

【区领导调研】　3月21日,区领导杨柳荫、夏树军、朴学东等带领区有关部门负责人到天坛公园调研。察看北门多媒体咨询、视讯、购票帮助服务系统和神乐署景区,观看神乐署中和韶乐演出。杨柳荫指出:公园独创的多媒体服务应该推广,神乐署中和韶乐的演出专业,应让游客游览祈年殿、回音壁等古代建筑后,多来神乐署体验中和韶乐的感受,应多举办一些群众文化活动,让游客了解天坛丰富的文化内涵。　（王蕾）

【绿化养护】　为防古树蛀干害虫,3月24日在古柏集中区域及周边放置诱虫饵木1800根,古弱树药剂封干1500余株,对部分古树开坑浇水。阔叶树干绑泥环300余株防治草履蚧。修剪麦冬草3万平方米,冷草打孔15万平方米,野生地浇水10万平方米,清理绿地树叶10车。　（王蕾）

【音乐专家观摹中和韶乐展示】　3月31日,中国艺术研究院音乐所原所长、中国艺术研究陆军舞蹈研究所研究员一行10余人观摹中和韶乐展示。与神乐署乐队进行交流。对演出服装、演出技巧、舞台规模等提出见解和建议,表示神乐署能将雅乐文献资料通过表演的形式再现是一种令人震惊的事情,非遗文化的传承工作艰巨意义非凡。　（王蕾）

【世界遗产专家参观考察】　4月14日,国际古迹遗址理事会世界遗产顾问米歇尔先生、国家文物局遗产保护专家郭旃等一行5人参观考察圜丘、回音壁、祈年殿等景区,对文物保护管理工作表示肯定,米歇尔表示:"天坛的建筑很美、景色很优美、祈年殿的彩画很漂亮、回音壁很神奇。"　（王蕾）

【展示月活动】　4月19日,在皇乾殿北侧的公园古树文化及生物多样性科普展示月开幕,展期40天。以古树文化展示为主,以寻古树集印章为"亮点"。九棵名古树附近设印章处,游客集齐9个特色印章作为纪念具有收藏价值。活动全程播放保护古树及生物多样性的大型幻灯播放片,购展架50个,配置双面展板110张。此次活动游客满意率调查将以往的综合调查改为绿化卫生类专项调查,游客对公园整体绿化、卫生满意率为98%。 (王蕾)

【接待外宾参观】 5月6日,奥地利总理维尔纳·法伊曼一行40人抵公园参观,总理先生表示非常喜欢天坛。不仅喜欢天坛绿树环抱的自然环境,更喜爱天坛悠久的祭祀文化。当讲解员讲到5月是个很特别的月份时,(因为总理先生的生日也是5月)法伊曼总理频频点头,称赞公园的工作做得细致并在参观结束后,留言:"中奥建交40周年,非常感谢中国和奥地利之间友好的关系"。 (王蕾)

【西天门至北天门内坛墙修缮】 上年9月14日开工,内坛墙及坛门的修缮工程总体规划逐年逐段修复,恢复其历史原貌。5月16日竣工。内坛墙Q1~Q5段修缮工程为西天门至北天门迤东约40米处长度1032米,工程投资1200万元。墙帽全部挑顶修缮,揭除现有墙帽,按原制恢复木椽杆、挂檐板、垫板、望板,重新砌筑金刚墙,恢复削割瓦绿琉璃剪边瓦面及琉璃正脊、垂脊。墙身基本维持现状,表面酥碱超过30mm的砖体剔补,其余墙面砖清理保护。清理墙面后做粗糙灰缝,按原制重新勾抹。地面根据坛墙周边地势标高分段错台铺墁仿城砖散水。工程由市文物建筑保护设计所设计,京房修一建筑工程有限公司施工,华林源工程咨询有限公司监理。工程质量经设计单位、建设单位、监理单位、施工单位共同验收,满足设计要求,达到国家规范及标准要求。

(王蕾)

【"中国旅游日"活动】 5月19日,国家旅游局、市政府主办,以"美丽北京欢迎您"为主题的中国旅游日主题活动(北京)启动仪式在天坛祈年殿前举行。中央政治局委员、国务院副总理王岐山、国务院副秘书长毕井泉、市长郭金龙及国家旅游局局长邵琪伟等出席。丁向阳主持,郭金龙、邵琪伟分别致辞。京旅游志愿者代表宣读《天坛宣言》,以志愿者身份向全世界发出邀请,并向与会领导赠送旅游志愿者徽章。王岐山揭晓"中国旅游日"标志。王岐山等参观图书推广、5A级景区现场推介、旅游咨询、"北京礼物"及民间手工艺现场展示表演等展区,并与现场游客交谈,看望慰问一线员工。丹陛桥上的巨型地书表演。回音壁上,青年志愿者的笑脸和北京中英文图案,向世界发出北京欢迎您的邀请。 (王蕾)

【送月季进社区】 6月3日,举办第三届北京月季文化节"花卉进社区月季送万家"活动。天坛公园向天坛东里南社区的居民代表获赠200盆月季花和200册《天坛月季》折页。公园月季栽培技术人员解答居民们提出关于如何养好月季的诸多问题。200多名居民参加活动。 (王蕾)

【"公园主题日"健身活动】 由北京市第八届全民健身体育节组委会主办,市社会体育管理中心、天坛公园管理处、北京武术院和市武术运动协会承办的全民健身体育节"公园主题日"健身暨"北京传统武术展示"活动,7月3日,在公园东北外坛小广场的东侧圆形广场上举行。活动汇集八卦掌、三皇炮捶、六合拳、少林八法、形意拳、查拳、通背拳、戳脚翻子等八个优秀拳种研究会的习练者百余人进行表演,本次传统武术展示活动旨在展示传统武术精髓、弘扬传统武术精神、传播传统武术文化,融交流展示、互动体验、科学指导为一身,满足人民群众的精神文化需求,提供传统而科学的健身方式。 (王蕾)

【丹陛桥东区景观工程】 7月11日开工,9月12日完成投资2.16万元。铺装透水砖13991平方米,树池围牙及盖板2000平方米,安装1.2米高钢质围栏409.55平方米,种植二月兰31888.06平方米,整理绿化用地31888.06平方米,移植侧柏13株、油松29株、黑枣1株。同时铺装广场10个,建设道路9条,打通防火通道,安装路椅90把,放置果皮箱40个。北京世纪经典园林绿化有限公司施工。 (王蕾)

【复查全国文明风景旅游区】 7月14日,首都文明办等21家市委、办、局组成测评组,到公园检查三年来创建全国文明风景旅游区工作情况。听取公园三年来的创建工作汇报,分三组查阅文档材料,实地检查北门门区服务,体验智能化服务系统,参观祈年殿景区,进行游客问卷调查汇报。测评组指出:天坛公园对创建工作认识高,思路清晰,规划明确,全园动员,广泛参与,围绕中心,服务大局,创建活动有特色、有亮点,并注重细节,在全市乃至全国的公园行业中起到了引领和示范作用。公园成为全国首批创建旅游标准化试点单位。 (王蕾)

【消防演练】 9月27日,在祈年殿举行景区火灾报警、游客救助疏散及扑灭祈年殿大火等3项科目演练。出动消防车8辆、消防官兵60余人、公园消防人员40余人,用时10分钟。北京电视台、新华社等20余家媒体进行现场报道。公园对拟应用的GPS人员定位系统进行测试。 (王蕾)

【标准化终期验收评估】 11月8日,市旅游标准化工作小组对公园标准化试点工作终期验收评估,对公园旅游标准化工作进行全面检查。听取公园负责人进行标准化工作汇报。工作小组认为天坛公园标准化工作比较扎实、结合实际,希望在下一步的实施过程中,能够将标准固化,落实到具体工作中。要把标准化作为品牌建设的基本保证,有针对性的加大培训力度。 (王蕾)

【新年倒计时庆典】 12月31日午夜,中央政治局委员、市委书记刘淇,市领导郭金龙、王安顺、吉林、李士祥、鲁炜等,与首都各界群众和中外游客一起在倒计时声中迎来2012年。天坛圜丘"天时区",被无数灯彩光柱点亮,变成一个巨大的虚拟时钟。23时45分时,"人和区"——祈年殿上演以北京精神为主题的北京旅游3D视频秀,23时55分,"地利区"——丹陛桥上,960名自行车手开始骑行,为蓄电池储能。23时59分,60秒倒计时开始。刘淇、郭金龙、王安顺和吉林、李士祥、鲁炜、傅政华、丁向阳、蒋效愚等同大家一起开始倒计数。“10、9、8……3、2、1!”新年钟声敲响！全场欢声雷动，万花筒喷洒出新年祝福，大红的祈愿灯升起，把人们美好的心愿和祝福带向空中。祈年殿上演出体现人文、科技、绿色理念的“三大北京主题”3D视频秀。市委市政府有关部门领导以及首都各界群众代表、中外游客数千人出席庆典活动。

（王蕾）

【安全应急指挥系统】 年内，完成智能指挥中心建设。系统以全高清显示为核心，实现高质量动态图像和高分辨率静态图像显示。整合报警、消防、巡更、广播、人数统计、GPS定位等在用或在研系统应用于一体，较全面的功能突出体现公园管理智能化、信息化水平。初步构建管理一级指挥监管、护园队等部门二级监控、重点部位人员三级巡查的安保构架，辅以GPS定位、电子巡更等技术手段，形成人防、技防、物防三位一体的安保体系。

（王蕾）

【外事接待服务】 根据接待对象的不同级别、人数、时间、服务需求等个性化要求制定多套完备接待方案，着眼于每个服务细节，环环相扣无缝链接，为参观宾客提供全程优质服务。全年完成外事接待任务37批429人。其中一级接待任务1批40人，二级接待任务4批40人，三级接待任务9批104人，其他重要外事接待任务23批245人。

（王蕾）

房屋管理

【概况】 东城区房屋管理局(简称区房管局)，挂区政府住房保障和改革办公室、东城区人民政府房屋征收办公室牌子，是负责本区房屋行政管理、住房保障、住房制度改革及房屋征收与补偿工作的区政府部门管理机制。在编人员227人(公务员编98人、工勤编8人，事业编121人)。设职能科室24个，事业单位10个。

年内，贯彻落实科学发展观，履行房屋行政管理职能，完成各项工作任务。

单位地址：东城区育群胡同21号

联系电话：64041939　邮政编码：100010　（韩云升　焦志清）

【住房保障】 全年获廉租住房资格家庭934户，经适房资格家庭1621户，限价房资格家庭3286户。组织首次实物廉租房选房，1627户廉租房家庭入住。完成第一批1394套公租房摇号工作。（韩云升　焦志清）

【住房制度改革】 完成住房补贴发放工作。涉及职工4万多人，资金26亿元。全区117家单位进行房改售房、调房工作。出售、调整住房2024套22.05万平方米。归集售房款1.8亿元，公共维修基金0.46亿元，审批21家单位支取售房款和房改售后专项维修资金0.14亿元。（韩云升　焦志清）

【房屋征收】 开展房屋征收与补偿政策学习和调研。拟定征收申请、暂停公告、委托合同、征收补偿协议、征收方案等几十项格式文本。制定征收工作各项程序、流程、工作办法草案。启动钟鼓楼广场恢复整治项目征收程序，完成征收申请初审工作。（韩云升　焦志清）

【房屋登记】 为老弱病残孕和现役军人等特殊群体、及其它特需服务对象提供各类便民服务50余起。开展新景家园小区、东花市大街2号院、白桥大街24号等13个小区院的房屋所有权证换工作。全年受理房产登记2.77万件，建筑面积1399.44万平方米。网签服务窗口签合同1836件，建筑面积15.61万平方米。15人获得登记官资格，通过率位列全市第3名。（韩云升　焦志清）

【拆迁管理】 全年32个在施项目完成拆迁总户数2647户，建筑面积14.05万平方米。受理裁决申请148件，做出行政裁决74件。综合检查在拆工地18次，现场咨询、指导60余次。（韩云升　焦志清）

【交易管理】 办理房地产经纪机构及分支机构备案53件，注销45件。执法检查开发企业销售16件，行政处罚1件；执法检查房地产经纪行业102件，下发整顿改正行政处理44件，行政处罚2件。受理房地产经纪机构网上投诉130件、开发企业房屋销售网上投诉14件，全部按时处理。

（韩云升　焦志清）

【物业管理】 制定《东城区贯彻落实〈北京市物业管理办法〉实施方案》，培训17个街道办事处社区工作者，各物业公司主要负责人及项目负责人。对各物业项目进行物业费收支情况公示检查、物业服务合同备案检查、物业服务企业报告违法建设、违法经营情况检查以及有限空间作业、高层建筑消防情况检查。对违法违规的1家物业企业实施行政处罚，5家物业企业实施行政处理。（韩云升　焦志清）

【普通地下室管理】 全区在网管理的普通地下室1639处，建设面积389万平方米。年内，会同区相关部门分两阶段对318处挂账的普通地下室进行联合检查验收。验收合格213处，完成自查105处，消除一批安全隐患。（韩云升　焦志清）

【防汛工作】 汛前,开展房屋防汛宣传,发放房屋安全检查工作通知1.7万份。制定房屋防汛预案,组建房屋防汛抢险队5支(60人),配备房屋防汛抢险物资,加强房屋防汛应急演练,完成标准租私房修缮工作。汛中,强化应急指挥,加强对重点房屋排查、巡视,巡视平房1.6万间建筑面积23.9万平方米,楼房598幢;抢修平房2207间建筑面积3.3万平方米,楼房88幢;疏通排水25处。保证住房用房安全。

(韩云升 焦志清)

【信访工作】 开展纠纷排查,化解信访矛盾,妥善处理各类问题。全年受理群众来信2500余件,接待来访4000余人次,领导批示120余件,全部办复。办复人大代表建议与政协委员提案33件。

(韩云升 焦志清)

【法制工作】 制定依法行政考核制度和工作实施方案,培训执法资格人员,具有执法资格人数133人。全年受理案件137件,实施行政处罚4起,罚没金额4万元。

(韩云升 焦志清)

【房屋测绘鉴定】 完成测绘2281件建筑面积181.94万平方米。房屋安全鉴定并出具房屋安全鉴定报告654份,面积48.3万平方米。

(韩云升 焦志清)

房屋土地经营管理

房屋土地经营管理一中心

【概况】 原东城区房屋土地经营管理中心,区划调整后,为东城区房屋土地经营管理一中心(简称区房地一中心),属全民所有制自收自支事业单位。设23个企、事业单位。干部、职工1290余人。设党委工作部、教育培训部、武装保卫部、审计财务部、劳动人事部、房产经营部、修缮工程部、策划投资部、工会、综合办公室、纪检监察室、数据资料室、研究室、信访督查室。主要职能及经营范围:原东城区域内直管公房的经营管理、房屋修建、修缮服务、物业管理、房地产经营开发、危旧房改造、房屋置换及交易中介服务、拆迁服务、电梯、水泵、供暖等设备的运行管理。

年内,落实一岗双责、行政监察工作,政府信息公开、政民互动平台工作有序开展,平稳运行,常态化管理,确保所管房屋住用安全。办复人大代表建议、政协委员、民主党派提案9件。

单位地址:东城区美术馆东街甲24号

联系电话:64026854 邮政编码:100010

(王浩亮)

【防汛工作】 汛期,实现"不塌房、不伤人、少漏雨、少投诉"的工作目标。雨中出动2626人次,巡查平房10115间,楼房169栋,接报修电话749个。处理平房漏雨965间,占全部房屋的1.6%。6月23日首次强降雨,出动备勤人员357人次,巡查房屋1171间,苫盖房屋88间,雨后修缮漏雨房屋139间。

(王浩亮)

【供暖工作】 供暖期间,出动维修检修人员2564人次,维修和入户测温806次,实现"按时点火率、室温达标率、设备完好率"三项百分之百标准。胡家园智能化节能锅炉房改造项目获"区科学技术一等奖"。供暖管线外网更新改造完成14个小区老旧供热管网改造工程,惠及居民3100户,供热面积19.9万平方米。20处锅炉房全部按期进入供暖试运行期。11月8日,副市长刘敬民和市市政市容委、市供热办相关负责人视察胡家园小区锅炉房试供暖情况,对供暖准备情况给予肯定。

(王浩亮)

【直管公房经营管理】 全年直管公房租金收缴率99.34%。办理居民更名346户、居民分户19户、商企用房开业90户、翻建变动260户,其他变动562户。完成西河沿、中国社会科学院及东直门外拆迁项目166户居民售房工作。安全检测59处避雷设备,10处直管公房高层楼水泵供水全部取得饮用水合格证,所管直管公房33部电梯全部取得特种行业合格证,电梯运行服务采用科学化管理模式,完成直管公房电梯安装监控施工工程。完成区实物廉租住房常营乡、大红门、宋家庄等5个项目1934套廉租房的接管及廉租户入住工作。

(王浩亮)

【修缮服务】 完成直管公房安全普查,平房73919间(含中式楼1726.5间),楼房417栋。查出安全隐患及时抢修加固。辖区十个分中心的房屋安全检查工作质量、抢修加固质量、房屋完损等级评定,经中心验收,全部合格。完成大修工程197间,中修工程附檩1786根、附柁34架,附换柱209根、墩接柱121根,拆砌墙160间,瓦房屋面整修853间。通过城市网格管理平台,解决和处理案卷369件,结案率为100%。

(王浩亮)

【物业管理】 坚持以评促建,落实质量管理体系,强化基础管理工作。海运仓、民安、甘水桥等危改回迁小区及芍药居经济适用房小区,运转平稳。完成廉租房项目验收接管并顺利入住,管理廉租房面积10万平方米入住居民2277户。

(王浩亮)

【信访工作】　受理群众来信、来访、来电2438件940批1685人次:受理群众来访368件940批1685人次,办结286件;受理市、区信访办、市建委等部门转信745件、一中心接信69件;受理市、区政府便民电话、便民热线网1256件,全部办结。全年化解各类矛盾纠纷208件、涉及居民2136人,为群众办实事125件,收到表扬信、锦旗45件。　（王浩亮）

【法律事务工作】　协助基层单位通过司法部门办理各类案件109起,其中:行政诉讼案件24起,结案19起;民事诉讼案件84起,结案50起;仲裁案件1起,未结案;发生一起行政败诉案件。办理涉及取暖费、房屋租金、物业管理费的简单诉讼案件158起。收缴完成48.8万元,起诉回收直管公房8.5间。受理机关及各基层单位合同类咨询以及各类法律事务咨询300余件。与上年发生诉讼案件相比案件发生率下降25%。　（王浩亮）

房屋土地经营管理二中心

【概况】　原崇文区房屋土地经营管理中心,行政区划调整后,更名为东城区房屋土地经营管理二中心(简称区房地二中心),是区政府所属正处级事业单位。下属16个直属事业单位,在职职工931人。主要职能及经营范围:负责授权原崇文区区域内直管公房的保值工作,直管公房租赁、经营和租金收缴,直管公房及设备设施的修缮、维护,物业小区的经营管理。组织直管公房的雨季防汛抢险以及房屋修缮,并接受委托负责私房的修缮和防汛工作。负责直管公房的集中供暖,并接受委托为社会供暖单位维修供暖设备、代管、代烧等。经营水暖设备的安装、大修和维修更新业务。接受政府委托,对危旧房改造进行筹划、实施和建设,承担危改开发项目的房屋拆迁和接受建设用地单位委托进行房屋拆迁,负责拆迁工地房屋的拆除清运。承揽房屋装饰工程和拆迁咨询业务,承建和修缮工业及民用建筑,承建水暖电气安装及其他业务。设机构13个:党委工作部、纪检监察室、工会、行政办公室、财务审计部、资产管理部、人力资源部、直管公房营运部、物业部、房屋修缮与设备维修部、生产和设备安全管理部、企划开发部、多种经营部。

年内,完成房屋修缮投资3991.42万元。翻挑危破平房238.5间3372平方米。楼房大修5栋2778平方米。平房木结构加固127间,墙体整修85间,屋面整修18109间。新做下水107处1419米。楼房屋面修补漏雨354栋。督促私房主和自管房单位落实房屋修缮资金,安排私房和单位自管房修缮,保证存在严重安全隐患的私房平安度汛,实现"少塌房、不死人、安全度汛"目标。投资122.85万元为西四块玉59号楼新接燃气管线,加装壁挂炉采取自供方式解决此楼供暖问题。全年接水电报修919件,其中上下水抢修563件,电路抢修356件。办理市非紧急救助中心、市长电子邮件、区长电子邮件、市转、区转群众来信770封(件),接到群众来电240人次,接待群众来访126人次,全部按时办结,结案率达100%。办结人大代表、政协委员建议和提案11件。

单位地址:东城区光明西街绿景苑4号楼
联系电话:67165801　传真:67165802
邮政编码:100061　（张璇）

【房屋和设备安全检查】　2月,7个房管分中心65名职工组成25个查房小组,用2728个工作日对全区直管公房及附属设备进行安全普查和完损等级评定。检查直管公房121.31万平方米(包括已售出楼房8695套50.91万平方米),其中平房22391间33.59万平方米,楼房374.5幢87.72万平方米。评定结果显示直管公房完好房1.78万平方米,占1.5%,比上年减少0.057万平方米;基本完好房16.55万平方米,占13.6%,比上年减少2.02万平方米;一般破损房72.47万平方米,占59.7%,比上年增加2.28万平方米;严重破损房30.62万平方米,占25.2%,比上年减少4.7万平方米。　（张璇）

【防汛工作】　汛期,建立防汛指挥系统,制定责任制度,开展房屋及设备安全检查,制定修缮计划。做到思想、组织、物资、措施四落实。降雨期,严格防汛值班制度,组织8支(123人)防汛抢险队伍。出现暴雨预警时,加强值班,对危险房屋及时抢险。雨后,各管修单位分片包干、死盯死守,对辖区内房屋进行安全巡视、防汛抢险、应急事件处置,其中重点房屋、重点院落、重点部位专人24小时看守,做到中雨后按规定入院检查,大雨或连阴雨随时到住户家中查房,重点房屋着重抓好漏雨房屋的修复工作,复查面达95%以上。实现"少塌房、不死人、安全度汛"工作目标。　（张璇）

【解危排险】　解危排险项目包括祈年大街路西、粉厂胡同东侧、天坛东里北区。祈年大街路西搬迁工程,涉及居民2119户,已动迁居民1673户,完成79%。粉厂胡同以东侧解危排险项目,涉及居民131户,已动迁居民98户,动迁74.81%。天坛东里北区1~8号简易楼解危排险工程涉及居民111户,已动迁居民15户,动迁13.51%。　（张璇）

【建筑节能改造】　对草厂头条7号,西四块玉59号楼,光明18、19、25号楼,光明西里9、10号楼,光明1、2号楼,幸福北里23~26、28、30号楼,革新里2号楼,西革新里110号院1~5号楼,西革新里122、124号楼,琉璃井东街1号楼,定安里7、8号楼,杨家园西里3号楼,琉璃井路83号楼,天坛东里南区1~5号楼等,进行节能改造施工,改造项目包括外墙保温、屋面保温、更换单元门、更换门窗。通过公开招投标市崇华建筑工程有限公司、北京大龙建设集团有限公司施工,北京中环工程建设监理有限责任公司监理。　（张璇）

科技·文化·教育

科 技

【概况】 东城区科学技术委员会(东城区知识产权局)(简称区科委),有公务员编制12人、工勤编制1人,事业编制3人。内设科室4个,即:办公室、科学技术管理科、科学技术普及科、专利管理科。

年内,按照创一流标准要求,围绕建设国际化、现代化新东城目标,落实科技北京行动计划,完成全年各项工作任务。技术交易稳步增长,输出技术2022项、成交额54.83亿元,其中技术交易额53.93亿元。新增北京市科普教育基地4家,即:正阳门科普教育基地(中国铁道博物馆)、南馆公园、东城区图书馆、孔庙和国子监博物馆。

单位地址:东城区东四十一条83号

联系电话:64041867　邮政编码:100007　(李岩)

【社区服务科技应用示范区】 1月7日,在东花市街道召开社区服务科技应用示范区工作研讨会。东花市街道承担"社区服务科技应用示范区"项目,通过专家组验收。　(李岩)

【企业家协会换届选举大会】 1月24日召开,选举北京晶珠医药企业管理有限公司总经理李方瑞为新一届会长,北京意达利技术开发有限责任公司梁珮瑄为新一届监事长,北京航星科技有限公司总经理刘海等11人为新一届副会长。会后,区产促局、中关村科技园区雍和园管委会负责人分别介绍有关产业政策。区科委领导就如何开展协会工作提出要求。　(李岩)

【工作会】 2月15日,召开全体干部科技工作会。总结上年工作,部署本年主要任务。会上,各科室与委领导签订工作任务责任书,围绕专利申请、高新技术企业、技术合同登记三大指标体系进行讨论。4月14日,召开知识产权领导小组工作会,会议通过"东城区知识产权领导小组成员单位名单",部署"保护知识产权宣传月"活动。副区长王红兵肯定工作成绩,提出要加强宣传提高知识产权意识,将知识产权工作常态化;运用好文化资源和创新资源,以知识产权促进重点产业创新发展,推动知识产权工作融入东城发展大局;完善知识产权联动机制,将知识产权落到实处,做出亮点。区文委、工商分局等15个单位主管领导参加。　(李岩)

【领导调研】 3月3日,王红兵到区科委调研,听取工作汇报后,肯定科委工作。4月7日,市科委主任闫傲霜、副主任郑焕敏带队到区考察、调研。区领导杨柳荫、牛青山,常卫等陪同。先后参观东二环银河SOHO、南馆公园后,召开座谈会,听取能源产业发展等重点工作汇报。闫傲霜认为现代化、国际化建设需要创新驱动,东城区有大量创新资源和科技需求,适合发展研发、设计相关产业,科技应发挥作用。并表示市科委会在技术、专家、经费等方面给予东城支持。4月20日,市科委电子信息与装备制造处副处长带专家一行6人到区科委调研,区信息办、发改委负责人参加。4月21日,市科委有关领导,到南馆公园调研,就北京市科普教育基地认定、科技成果转化与南馆公园的结合、科技元素的丰富等问题进行座谈,区园林局等有关部门负责人参加。5月3日,市知识产权局副局长周砚一行3人到北京联飞翔科技股份有限公司调研,区科委领导陪同。5月4日,区领导常卫一行到科委调研,听取科技工作汇报,肯定区科委在高新技术、科技指标上居全市前列的业绩后,提出希望。5月11日,市知识产权局王淑贤副局长一行到区知识产权局调研"十七个一专项工程"实施情况,"牵手单位"北京路浩知识产权代理有限公司、北京邦信阳知识产权代理有限公司领导参加。区科委和"牵手单位"分别汇报对接工作后,提出合作建议,并就如何推进区知识产权工作进行研讨。　(李岩)

【专项培训会】 3月31日、4月1日,举办东城区科技政策法规专项培训会,高新技术企业、科技企业家协会会员单位、科技孵化器及在孵企业等单位近百名负责人参加。邀请市科委专家分别就北京市自主创新产品认定、中小企业创新基金政策、国家高新技术企业认证及复核有关问题进行解读,并进行相关政策辅导。　(李岩)

【知识产权宣传月活动】 4月15日,在国际版权交易中心与区知识产权局、法院、雍和园管委会联合举行第三届"知产雍和行"活动启动仪式暨4.26知识产权宣传月大型宣传活动。区领导赵中原、金旭、王红兵、刘忠胜及知识产权领导小组成员单位、中关村知识产权促进局、中国互联网协会、文化创意产业企业80名代表参加。市知识产权局副局长潘新胜、区领导王红兵在启动仪式上致辞。活动中为"中国互联网协会调解中心雍和园工作站"揭牌,启动中文在线"爱看书"平台。与会领导和嘉宾还参加"保护知识产权、促进创新发展"户外宣传活动。宣传月活动期间,举办商标战略论坛暨品牌经济发展研讨会、"我因南锣(五道营)而生存南锣(五道营)因我而发展"主题宣传活动、地坛书市知识产权宣传系列活动、"北京市无假冒商标示范商场"授牌仪式,还围绕"践行司法为民、落实司法公开、促进司法规范、维护司法公正"理念,举办知识产权司法保护系列宣传活动。并开展专题培训、户外宣传、论坛研讨、展示交流等活动。宣传月中,开展13类50项活动,发放宣传材料2万份,全区500家企业、近万名群众参加。 (李岩)

【企业认证辅导会】 4月15日举办,10家科技企业参加。2008年第一批认定的高新技术企业于年内复核,为提高申报和复核质量,邀请有关专家就高新技术企业认证条件、程序进行解读,并就高新技术企业认证中有关自主知识产权、技术合同登记、企业成长性等相关问题进行探讨和答疑。 (李岩)

【课题立项论证会】 5月19日,市科委组织相关专家对区科委申报"景泰蓝工艺提升与创新"课题进行立项论证。会议由北京生产力促进中心副主任孙勇主持。会上,由故宫博物院为组长的专家组对项目承担单位和课题组进行质询,听取"景泰蓝工艺提升与创新"课题组关于立项申请情况报告。通过论证,专家组成员一致认为该课题任务目标明确、考核指标具体、技术路线合理、经费预算基本合理,具有可实施性,建议立项,尽快实施。 (李岩)

【科技立项工作会】 7月20日召开,获计划立项的39个项目单位负责人、项目负责人50人参加。会上,科技计划项目承担单位介绍情况,通报本年项目征集、立项和评审情况,宣读立项通知,与同仁堂、中文在线、区法院代表签订项目任务书,并对企业进行项目申报和实施培训。 (李岩)

【复审培训班】 7月27~28日,举办高新技术企业资格复审工作培训班。30家高新技术企业主管人员参加。 (李岩)

【科普工作研讨培训会】 12月15日召开,各街道主管领导及科普干部50人参加。会议对"北京市创新型科普社区"考评工作进行安排。天坛街道、和平里街道柏林社区作典型发言,介绍开展科普工作经验和创建新型科普社区做法。区科委领导从4个方面向与会者提出要求。 (李岩)

【专利申请授权】 区专利申请量和授权量增长,全年,专利申请5400件,专利授权2785件。质量较高的发明专利申请2390件,发明专利授权655件。为辖区70家企事业单位及个人开具证明499份,减缓专利申请各项费用88.11万元。 (李岩)

【科技项目】 全年征集区级科技项目107项,确定34家单位申报的科研项目为本年科技计划项目(重点科技项目19个、软课题15个),获科技资金支持149万元。区网格化社会服务平台研发与示范应用项目获市科委资金支持462.38万元。"景泰蓝工艺提升与创新"项目240万元,已进入实施阶段。完成东城区科技资源共享、科技成果转化服务体系建设项目建设,完成东城区社区科技创新服务站建设课题方案研究报告,完成东二环能源科技城、南馆公园低碳生活示范园提升建设的重点项目调研。 (李岩)

【时尚创意产业基地建设】 与百荣世贸商城联合承担市科技计划项目"科技促进北京(永外)时尚创意产业基地建设"通过市科委专家验收。该项目是2008年立项的重点项目,经过3年建设、运营,构建成面向商城、商位、商户的综合性电子商务平台、面向顾客的智能查询系统、智能监控系统、人车智能引导系统、服装设计资源共享系统和多功能展示系统,形成以智能导购、电子商务、高端会展为一体的现代商业服务模式。 (李岩)

【科普工作】 在北京市第四批科普基地命名中,中国铁道博物馆(正阳门馆)、北京市口腔健康教育与促进基地,被命名为北京市科普基地。东城区有北京市科普基地16家。 (李岩)

科技园区雍和园

【概况】 中关村科技园区雍和园管理委员会(简称雍和园管委会),是区政府派出机构,是雍和园的统筹协调和管理服务部门,承担东城区文化创意产业促进办公室工作。有公务员编制22人,内设科室5个。下设东城区文化创意产业促进中心,负责搭建和完善园区公共服务体系,有事业编制5人。

年内,加强党组织建设,开展创先争优活动,完善园区管理体系、建设重点项目、落实和完善扶持政策、搭建服务体系、人才队伍建设。发挥区文促办职能作用,坚持创新引领文化发展,抓住文化资源保护利用、文化产业布局规划,推动文化创意产业发展,完成全年各项工作任务。第二届"十大新京味旅游名片"评比中,雍和园胡同创意工厂、南新仓、尚8创意园等获第二届"十大新京味旅游名片"。

单位地址:东城区青龙胡同1号歌华大厦A座1606室

联系电话:59260100 邮政编码:100007 (蒋欣)

【调研活动】 3月16日,区政协经济科技委员会一行10人,到雍和园园区考察区文化创意产业发展情况。听取雍和园管委会情况介绍,讨论"首都文化中心区"建设、"十二五"期间东城文化创意产业问题。调研组先后考察中文在线、天脉聚源和国际版权交易中心等重点企业,了解文化传媒、文化版权等区重点行业发展现状和最新趋势,提出几点意见。6月7日,市委宣传部副部长张淼到雍和园调研文化创意产业情况,走访国际版权交易中心、光线传媒股份有限公司、中文在线公司和天脉聚源传媒科技公司等文化创意企业,听取区文化创意产业发展情况汇报。张淼肯定东城文化创意产业工作,提出要考虑文化发展差异性,探索文化金融创新,梳理优势资源,促进文化创意产业快速发展。7月9日,市领导刘淇,鲁炜及市有关部门领导,到东城就"深化文化体制改革,加快推动文化建设”主题调研。察看天脉公司多点触摸展示、海量电视实时录制与采集、新媒体政务电视系统研发应用情况、询问公司发展中的困难,勉励大家不断创新,努力占领科技创新制高点,推动首都文化创意产业发展,区领导杨柳荫、牛青山、夏树军陪同调研。11月23日,市工商联党组副书记郑默杰,市发改委副主任张远、市工商联副主席郑勇男等一行9人,到雍和科技园区企业—北京联飞翔科技股份有限公司,调研非公经济企业转型发展工作。调研组观看联飞翔公司企业宣传片,听取转型工作汇报,肯定联飞翔公司在转型过程中的成绩,就公司发展提出指导性意见。(蒋欣)

【首尔代表团参观雍和园】 5月19日,以韩国首尔特别市瑞草区区长陈翼喆为团长的政府代表团到雍和园参观,雍和园管委会向代表团介绍雍和园产业发展布局特点、重大产业项目及园区建设和对企业相关扶持政策,双方还就海外归国人才引进政策、企业入园优惠政策、法律援助等问题进行探讨。代表团参观天脉聚源、中文在线等园区优秀企业。(蒋欣)

【“知产雍和行”活动】 4月15日,在国际版权交易中心,与区人民法院、知识产权局联合主办第三届“知产雍和行”活动启动仪式暨“4·26”知识产权宣传月活动。市知识产权局副局长潘新胜、区领导赵中原、金旭、王红兵、刘忠胜及有关单位负责人及40家区属版权机构、文化创意企业代表出席。活动现场,雍和园管委会、区法院与中国互联网调解中心签署“雍和园企业知识产权纠纷调解服务平台战略合作协议”。中国互联网协会调解中心雍和园工作站成立,调解中心进驻雍和园。(蒋欣)

【获专利促进资金】 4月25日,中关村知识产权推进大会暨中关村知识产权行动宣言签署仪式在国家会议中心举行。186家中关村企业2063项专利,获中关村上年度专利促进资金支持。雍和园企业北京联飞翔科技股份有限公司、北京中科雍和医药技术有限公司分别有1项和2项专利获该资金支持。(蒋欣)

【北京国际电影季签约】 4月26日,举行首届北京国际电影季——电影洽商签约仪式,7个签约项目中东城区签约2个项目。其中北京中关村影视新媒体版权基金签约2亿元、北京光线传媒有限公司与北京银行签署《四大名捕》授信项目金额1.2亿元。市、区有关领导出席签约仪式。(蒋欣)

【雍和园科技企业获奖】 5月18日,在中国国际展览中心举办第十四届中国(北京)国际科技产业博览会,东城区13家高科技企业参加。展览依托“数字东城、人文东城、绿色东城”,采用立体、互动和新颖手段,展示“国际化、现代化新东城”的文化与科技相融创新环境及科技产业的进步和发展。雍和园管委会被授予“中国自主创新园区先锋奖”。(蒋欣)

【亮相第四届数博会】 7月6~8日,由新闻出版总署、科技部、工信部等主办,雍和园区企业中文在线承办第四届中国数字出版博览会在北京举行。数博会以“传统与现代融合、内容与技术共生”为主题,中文在线推出的“电子书包”受到与会参观者关注和好评。(蒋欣)

【文化创意产业】 9月15日,杨柳荫实地察看人民美术印刷厂“胡同里的创意工厂”产业发展运行情况,中关村雍和航星园企业NeTQin网秦发展情况,航星厂“十二五”发展规划情况,中油瑞飞信息技术有限公司和弘成教育集团发展情况后,在北广传媒城市电视会议室召开雍和文化创意集聚区详细规划及文化创意产业发展调研座谈会。(蒋欣)

【创意点亮北京活动】 9月22日,年度北京国际设计周重要单元——“设计之旅”活动与“创意点亮北京”文化艺术周在地坛公园开幕。市、区领导参加启动仪式。以地坛公园为主会场的“创意点亮北京”文化艺术周活动,由“国际灯光设计秀”、“青年艺术100——当代艺术展”、“盛大版权天地”、“数字娱乐嘉年华”、“低碳小车创意秀”和“创意市集”六大板块组成。游客们在地坛公园内赏灯、淘货、秀车、看大片、欣赏艺术作品,从各个维度感受创意生活。“设计之旅”活动则将组织创意园区、品牌企业、科研院所等百余个首都设计地标面向公众开放,让设计理念、产品走入生活。(蒋欣)

【文化博览会】 11月10日,为期4天的北京文化创意产业博览会在中国国际展览中心开幕,4号馆东城区展厅以区域历史文化资源和产业资源为核心,展示东城区文化产业发展的格局和面貌。区领导杨柳荫、夏树军、朴学东出席开幕式并视察东城展厅,会展吸引观众5万人。东城展场获组委会颁发最佳展示奖、最佳组织奖。(蒋欣)

【扶植文化产业发展】 11月11日,在歌华大厦举行“东城区文化创意产业发展专项资金”政策兑现会。区领导冯熙、吴松元、朴学东及市文促中心、中关村科技园区管委会、全区文化创意企业和集聚区代表300人参加。兑现会上,94家优秀区属文化创意企业124个项目获表彰、奖励,奖励金额3900万元。东城区向北京人民艺术剧院、中央戏剧学院等单位发放戏剧演艺专项扶持资金2000万元,东城区用于支持文化产业发展的政府扶持资金6000万元。(蒋欣)

科协工作

【概况】 东城区科学技术协会(简称区科协),是东城区科技工作者的群众组织,是中共东城区委领导下的人民团体,是党和政府联系科技工作者的桥梁和纽带,是推动科学技术事业发展的重要力量。有公务员编制8人,工勤编制1人。有基层学会(协会)32个、会员2万人。

年内,求真务实,不断创新,发挥科协组织团体、智力优势,团结、依靠科技工作者,开展决策咨询、学术研究与交流、科学知识普及、科技成就宣传、科普平台建设、科普工作者培训、科技工作者联谊等工作,完成区科协全委会确定的工作任务。撤销原崇文财政会计学会、理科科协。原崇文档案学会、园林学会、医学会与原东城相应学会合并为新东城区档案学会、园林学会、医学会。

单位地址:东城区东四十一条 83 号
联系电话:64033034 邮政编码:100007 (李海曼)

【工作会议】 1 月 27 日,召开东城区科协(临时)委员会第一次常委会。主席、副主席、常委 27 人参加。区领导章冬梅、朴学东出席会议。会议选举增补王春雷为东城区科协(临时)委员会委员、常务委员、副主席。听取东城区科学技术协会上年工作总结和工作计划要点。审议通过东城区科协第一次代表大会召开时间和主要议程、代表产生办法和名额分配方案、委员候选人推选办法和名额分配方案。审议通过《关于制定东城区科协实施北京市科学技术协会实施〈中国科学技术协会章程〉细则管理办法"的建议》。副区长章冬梅肯定区科协在融合资源、团结科技工作者等工作,并提出几点要求。3 月 31 日,召开基层科协工作会,所属街道科协、学会及企业科协 33 个单位 50 人参加。通报年度工作情况,部署区科协第一次代表大会代表和委员候选人推选工作,布置科技周、信息等专项工作。会议部署区一大换届选举工作,特别对候选人资格、名额、具体要求、产生办法、报送时间等事项做明确要求,确保各单位准确、及时、高效完成。11 月 30 日,召开街道科协工作会,全区 17 个街道科协主席、主管科长、科普专干等 45 人参加。会议回顾东城区科协系统工作,各基层单位从组织建设、科普活动、特色活动等方面分别汇报工作,有关领导部署下步工作并提出 3 点意见。12 月 1 ~2 日,组织各学会、协会和企业科协召开科学协会工作研讨会。辖区 15 个学会、协会和企业科协理事长、主席、秘书长参加。会上总结本年全区科学协会工作,传达《中国科协"八大"会议精神》,就下年科学协会工作做出部署。参会人员进行座谈交流。 (李海曼)

【第一次代表大会】 6 月 9 日召开,全区各领域和行业科技工作者代表 213 人参加。市科协、区主要领导、各人民团体负责人出席大会。区科协主席作题为《贯彻落实科学发展观,团结带领广大科技工作者,为建设国际化、现代化新东城做出新贡献》工作报告。审议通过东城区科协(临时)委员会工作报告和东城区科协管理办法。代表 213 人采取无记名投票方式,选举产生东城区科协第一届委员会委员 85 人。在一届一次全委会、常委会上选举产生东城区科协第一届委员会主席 1 人,常务副主席 1 人,副主席 14 人,秘书长 1 人及常委会委员 14 人。 (李海曼)

【领导调研】 3 月 18 日,区领导常卫到区科协调研。听取工作汇报,了解基本情况,并提出要求。6 月 28 日,全国政协常委齐让及 5 名委员,中国科协有关领导李志刚、高勘、李晓亮等,市政协科委有关领导一行 19 人,到东花市街道枣园社区调研社区居民科学素质工作。区领导宋甘澍等陪同,参观 1500 平方米社区科普图书室、活动室、社区博物馆等科普活动场所和设施,领导们在插花培训现场与绢花大师进行交谈。召开座谈会听取区科协常务副主任关于社区科普工作汇报。各级领导肯定东城区社区科普工作对和谐社会建设、人口科学素质等方面做出成绩。对社区科普工作的发展提出建议。 (李海曼)

【科技周活动】 5 月 14 ~20 日,举办"携手建设创新型国家—提高科学素质,建设世界城市"东城科技周活动。14 日,在龙潭公园举行科技周启动仪式,市科协党组副书记景晓东、副区长宋甘澍、区政协副主席孙占军等出席。中国实验动物学会等 5 家国家级单位,北京造船工程学会等 24 家市属单位,区医学会等 12 家区属单位参加。启动仪式上,各参与单位开展科普宣传、专家义诊、科普展览、科普咨询、知识问答等活动,内容涉及中医养生保健、保护生态环境、科学营养膳食、眼病筛查与防治、文物的修复与保护、科普大篷车科普互动游戏、安全合理用药、参与低碳生活等,展出科普展板 600 块,发放资料 5 万份。科技周期间,工作人员 1000 人参与,面向社区居民、青少年和机关干部,开展科普活动 300 项,其中重点活动 20 项、受益群众 30 万人次,科普进社区 120 次,发放宣传材料、手册 10 万(份),科普报告、讲座、研讨会 220 场 2 万人次参加,组织科普展览 20 场 10 万人次参加,组织参观活动 20 次 2000 人次参加,组织咨询活动 20 场 13 万人次参加。主要媒体报道本单位活动 100 篇。 (李海曼)

【科普之夏活动】 7 月 9 日,在南馆公园,举办东城区"第十三届北京科普之夏活动"启动仪式。1000 名居民参加,活动以地震、火灾为主要科普宣传内容,利用展墙、模型、视频音频、模拟体验设备、互动等多种形式,传播防灾减灾知识。通过模拟体验及防灾减灾警示片,使居民掌握防灾减灾自救互救基本方法与技能。活动期间各街道围绕"保障食品安全服务民生需求"主题,开展近百项活动。区科协对重点活动提供经费支持。8 月底,科普之夏活动结束。 (李海曼)

【全国科普日】 9 月 20 日,在天坛街道举办东城区"全国科普日"主会场——"博物馆进社区"活动。首都博物馆、北京自然博物馆、中国农业博物馆、中国电影博物馆、北京市规划展览馆、北京市教学植物园、东城区崇文青少年科技馆和《大自然》杂志社等 9 家单位参加。活动以展板、实物展品、宣传品等形式,展示博物馆特色,使居民不出社区,就看到京城博物馆,让科普知识和理念真正走到每个百姓身边。活动中,为社区居民放映科普电影。区、街道有关领导、百姓 500 人参加,科普志愿者 20 人参与服务,展出展板 50 余块,发放宣传材料 1000 余份。 (李海曼)

【科技下乡活动】 11 月 10 日,为延庆县香营村送去价值 3 万元电教设备和科普图书。东城区、延庆县相关人员参加。通过座谈、参观科普基地,与延庆县科协搭建沟通交流工作平台,为开展科技下乡工作、支持新农村建设提供经验。 (李海曼)

【社区科普益民计划】 社区科普益民计划,通过市科协验收和检查。组织实施年度社区科普益民计划工作,表彰奖励社区9个、科普活动场馆2个、优秀科普宣传员26名。为社区配送科普图书、建设数字科普视窗等设施。完成下年社区科普益民计划申报工作。区科协,东华门、东花市街道获北京市社区科普益民计划组织工作先进集体,3名获先进个人。

(李海曼)

【开展青少年科技教育】 组织参加第26届全国青少年科技创新大赛、第17届北京中小学生自然科学知识竞赛、北京青少年科技后备人才培养计划、明天小小科学家申报等市级以上青少年科技竞赛及科技活动,组织第十一届东城区青少年机器人竞赛、10场青少年科普报告会、青少年后备人才项目调查、东城区青少年科技创新大赛等区级活动。选拔推荐20名优秀青少年参加市科协举办"青少年后备人才培养计划",走进国家重点实验室,在著名科学家指导下进行研究性学习。组织部分教师观摩第26届全国青少年科技创新大赛、举办教师培训和学术交流活动,提高科技辅导教师能力和水平。与区信息办、妇联、教委联合开展"东城区数字生活技能大赛"活动,16个家庭代表队参赛。

(李海曼)

【学术交流】 推荐区医学会3名选手参加第12届北京青年学术演讲比赛,其中2名选手入围参加决赛,是唯一晋级决赛的区级学会组织。决赛选手获二等奖、优秀奖各1名。区科协组织所属团体参加第12届中国青年科技奖候选人推荐工作。组织13个学会参加北京学会和研究会第4届学术年会征文活动。参加北京公众科学素质大赛并取得优秀奖。

(李海曼)

教　　育

【概况】 中共东城区委教育工作委员会、东城区教育委员会(简称两委),有公务员159人、工勤10人,事业单位169个、编制1.84万人。有科室32个,其中教工委6个、教委26个。有托幼园所51所,其中市立园23所、街道园9所、社会办园16所、民办园3所,收托幼儿1.24万人,教职工2086人,其中专任教师1187人。北京市示范园14所,市级早教示范基地21个。小学63所,1418个教学班,毕业7827人、招生8601人、在校生4.65万人。教职工4206人,其中专任教师3545人。小学入学率100%,巩固率100%,毕业及格率100%。中学43所,其中初中7所、高中5所、完全中学29所、九年一贯制学校2所。教学班1265个,其中初中684个、高中581个。毕业1.42万人,其中初中7934人、高中6303人。招生1.42万人,其中初中8088人、高中6152人。在校生4.39万人,其中初中2.46万人、高中1.93万人。教职工6359人,其中专任教师4369人。初中入学率100%,巩固率100%。工读学校1所,教学班5个,在校生91人、招生54人、毕业48人。特教学校2所,在校生278人。校外教育单位8所,教职工288人。中小学教师学历合格率100%,高级专业技术职务教师1131人,其中小学41人,初、高中1090人。职业高中8所,其中独立设置校3所、职普联合设校3所、民办2所,开设专业40个,教学班227个。招生1631人,毕业1925人,在校生6052人。教职工838人,其中专任教师445人。专任教师学历合格率100%,高级专业技术职务145人。成人高等教育学校4所,开设专业57个,教学班266个,在校生6049人。教职工218人,其中专任教师130人。年内,成人教育学校完成职业教育培训6061人次。中、小学校舍占地总面积156.48万平方米,建筑面积136.66万平方米,图书馆藏书512.47万册,固定资产总值28.5亿元。全年教育经费投入42.94亿元,其中国拨经费37.51亿元、自筹经费5.43亿元。

年内,落实国家和北京市中长期教育改革和发展规划纲要,提高教育教学质量,坚持优质均衡发展,实施精品特色发展战略,完成教育教学等各项工作。召开"90年党旗指引新东城学子腾飞"、"五四"表彰会及"我们共同成长——党是阳光我是花""六一"表彰会。表彰市、区三好学生、礼仪小标兵1.37万人,先进集体238个。获北京市中小学生科学建议奖2个、提名奖4个,北京市金鹏科技奖3个,金帆奖2个、银帆奖5个。北京市第31届瞭望杯团体总分第1名,全国机器人大赛一等奖2个,全国天文奥林匹克竞赛一等奖1个,全国职业院校技能大赛一等奖2个。学生29人成为北京青少年科技创新学院2011级"翱翔计划"学员。10月13日,启动国家级综合改革实验区项目。74所中小学校成为国家级基础教育综合改革实验项目学校,推进7个国家级实验项目。11月,区教委在北京市"推进城区义务教育学校均衡发展实验"和"高中特色发展实验"项目年度研讨会上做经验交流。

单位地址:东城区夕照寺中街19号

联系电话:67182655　邮政编码:100061

(李银娅)

【特殊教育】 1月5日,召开中学特殊教育工作会。表彰特殊教育征文获奖教师,听取一六五、东直门中学,五十中学分校发言,传达全国随班就读工作研讨会精神、布置阶段工作。60名特教工作负责人、教师参加。1月17日,第二十期特殊教育培训班结课。部分中、小、幼125名特殊教育教师参加培训,通过理论学习、开展主题实践活动等形式,重点体验感统训练培训。提高特殊教育师资水平,全面落实"全覆盖"、"零拒绝"教育目标。9月26日,第21期特殊教育理论培训班开班,历时10周,62所教学单位110名学员。培训主题涉及障碍学生特点及教育策略、支持性教育理念、随班就读个别化教育计划、课堂教学有效策略及评价等。12月5日，举行“走进特殊教育学校”主题研讨交流活动。与会人员全程参与智障学生生活适应课《认识干果》和听障学生作文课《我的同学》现场教学和说课。研讨中，参会人员肯定特殊教育教师对障碍学生的“爱心、耐心、细心、关心”、注重补偿学生缺陷等做法。（杨学银　李银娅）

【民族教育】 1月7日，青海省黄南州政府与东城区政府有关领导到汇文中学看望黄南班藏族学生。学校介绍黄南班办学、生活情况，学生代表汇报在京学习体会、收获。两地领导鼓励学生并提出希望。4月6日，市政协委员一行到北京二中、新鲜胡同小学、二幼调研少数民族师生清真餐情况。听取各校情况汇报，参观学校食堂和操作间，肯定3所学校清真餐供应工作。9月，开展小学“省下1元零用钱，捐出1本好字典”活动。62所小学捐赠字典3.52万本，配送到西部少数民族地区学生手中。举行东城区第五届中小学民族团结教育周，活动中原崇文区回民小学正式更名为东城区回民实验小学，举办“民族校园文化”论坛，共话民族团结教育，喜迎国庆。参观回民实验小学“民族风情园”，各小学德育干部、师生代表和宁夏、唐山等地民族学校师生800人参加。（李芳　李银娅）

【职业与成人教育】 1月，教委职教科与研修中心对北京国际职业教育学校、北京现代职业学校、一七九中学德育工作进行专项视导。视导组对各校分别观摩3节德育课，听取德育工作汇报，召开任课教师代表、学生代表座谈会，查看德育工作档案，对各校提出指导意见。1月21～22日，召开职业教育工作会，听取《迈向2020年的北京职业教育》专题报告和职业教育工作汇报及7所职业学校经验介绍，部署年度工作要点，各校干部、职教教研人60人参加。3月11～12日，召开职业学校课程改革培训交流会，听取《行动导向教学法在新课改中的应用》和《当前职教走势和职教课改探析》专题报告，听取10个课改专业课例展示和交流，4所职业学校干部、教师代表80人参加。6月12日，举行东城区中等职业学校学生数学、计算机知识竞赛，全区4所职业学校学生220人参加。竞赛分别评选出一、二、三等奖。（覃玉玲　李银娅）

【学前教育】 3月，北京市第二幼儿园、新中街幼儿园被评为第七批北京市示范幼儿园，东城区市级示范园增至14所。召开幼儿园招生工作座谈会，围绕幼儿园发展中的困惑、缓解入园难的方法及如何完善东城教育服务体系、建立公平机制进行座谈，幼儿园园长代表11人参加。在“六一”国际儿童节之际，两委对辖区街道园、单位园及民办园加大投入力度，向12所单位自办园、3所街道园赠送1万元慰问金，向2所民办园赠送1万元教具。7月8日，召开0～3岁婴幼儿早期教育促进大会，听取幼儿家庭早期教育情况、需求调查及项目实施方案解读。听取办事处、幼儿园代表做《充分利用社区资源开展“新计划”早教活动》和《创新早教模式，普惠社区百姓》主题发言。市区领导、专家、街道负责人和早教基地园园长100人参加。10月28日，召开幼儿园园长专题培训会，就“政府采购与资产管理”、“教育收费规范管理”做专题培训，全区幼儿园园长65人参加。11月12～30日，区教委有关科室分4组，分别对18所单位园、街道园、民办园进行考核。（张健玲　李银娅）

【青少年科技教育】 5月22日，在东城区崇文青少年科技馆，举办东城区中小学生电子技术比赛。7所中学、10所小学160名学生参赛，评出一、二、三等奖。6月，在区青少年科技馆，举行航海建筑模型普及赛，38所学校1408人参赛。设无线电遥控舰船绕标、电动直线自航舰船、静态舰船外观评比和建筑模型场景模型等17个比赛项目，经过角逐，评出一等奖160人、二等奖190人、三等奖204人。6月，在奥林匹克森林公园与区青少年科技馆和北京观鸟会联合主办“首届北京市东城区中小学生观鸟赛”，中学、小学队各10队80人参加比赛。比赛中，队员们团结协作一同寻鸟、观鸟并记录种数，在观鸟活动中增长知识、亲近自然、享受乐趣。最终评出一、二、三等奖各2队。10月28日，举办第31届科技节，主题为“低碳生活创造未来”。34所中小学参与科技成果展示，分“未来智能、生命探秘、星空求索、模型天地、科幻世界、创意畅想”6个板块，体验科技奥秘。开幕式上聘请高等院校、科研院所专家25人成为东城区少年科学院专家导师团成员，二中、汇文中学，史家、光明小学等23所学校为科技教育基地校。（李银娅）

【社区教育】 10月19～25日，举办全民终身学习活动周。开展市民教育系列讲座、市民业余棋类比赛、中老年市民计算机应用能力培训等学习活动，免费发放社区教育系列教材、市民教育读本和《东城区市民终身学习记录卡》。表彰市民学习之星12个、市民学习品牌5个、优秀市民学习指导教师72个，启动东城区第二届“清风墨韵”市民书法绘画展。新建前门—崇外—东花市市民学习基地、龙潭—体育馆路市民学习基地、天坛—永外市民学习基地。全区有市民学习基地8个、市民学习中心2个、数字化学习室10个，开设近百种课程、1210节课时4.64万人次参加。举办市民计算机培训199次7914人次参加。（陈月　李银娅）

【民办教育】 年内，有民办教育机构231所。完成218所学校年检、换证工作。12月14～15日，召开民办学校校长培训会，研讨围绕教育特色发展、依法办学政策解析、安全管理等议题，表彰翔宇中学，炳文、京水、学而思优质培训教育学校，表彰东城区第二文化馆文化艺术、民族教育2所特色培训学校和先进个人9人，宣布17所建校30年学校名单。市教委、区有关领导、专家及全区民办学校校长210人参加。至年末，受理民办教育行政许可事项61件次，其中设立3件次，变更举办者12件次、学校名称13件次、校长21件次、地址8件次，终止4件次，全部予以审批许可并办结完毕。（陈月　李银娅）

【人才建设】 1月6日，举行首届初中中青年教师教学技能大赛，评选出一等奖120名、二等奖150名、三等奖114名。

设语文、数学、英语、思想品德、劳动技术等14个学科，分初、复、决赛3个阶段，全区2600名初中中青年教师参赛，384名选手进入复赛。3月11日，召开第三届“东兴杯”小学青年教师教学基本功培训与展示活动总结表彰会。会议表彰获奖教师，总结培训与展示活动，对教师队伍建设提出意见，听取一师附小、校尉胡同小学获奖教师发言。活动历时3个月，全区555名工作5年以下青年教师，涉及所授12个学科。经过初、复、决赛，获一等奖96名、二等奖146名、三等奖172名。3月11～13日，举办以“履职尽责，创新发展”为主题新任书记校长培训班。分别做专题讲座、经验交流，听取区教委有关科室做工作职责讲解和答疑，24名新任书记和校长参加。9月8日，举行东城区教育家成长工程启动仪式。崇文、史家胡同小学，广渠门中学、北京二中校长分别作主题发言，就“什么是教育”、“怎样理解教育”、“校长怎样做教育”等进行交流与探讨。11月25日，举行全国教书育人楷模石利颖“真爱点亮心灵，智慧相伴成长”事迹报告会。会议肯定石利颖教育教学成就，要求全体教育工作者向石利颖学习，为东城和首都教育事业做贡献。教育部，市委教工委、教委，区有关领导出席。各区、县教育系统教师代表800人参加。11月29～30日，开展第四届中学班主任基本功大赛，评出一等奖18名、二等奖20名。全区38所中学40岁以下38名班主任参赛，涉及14个学科，设初赛、决赛，决赛设情景问答、命题演讲、魅力展示等环节。大赛为中青年班主任成长搭建平台，提高教师教学基本功，促进教师专业发展。　（李银姬）

【体育卫生】　1月7日，举行中小学跳绳踢毽比赛。49所中、小学3219名学生参加。十一中分校、文汇、一零九中学获中学组团体总分前3名，金台、板厂小学，和平里二小获小学组团体总分前3名。同日，召开中小学卫生工作会，听取一六六中学，东高房、景泰、和平里四小经验交流，提出要求。区卫生局、疾病预防控制中心、卫生保健所及中、小、幼121个单位230名干部、校医参加。4月16～17日，举行阳光体育东城区中小学生田径运动会。开幕式7000名中小学生参加，以“拥抱阳光”为主题，分为“朝气蓬勃”、“英姿飒爽”、“多彩多姿”、“爱我中华”、“展翅飞翔”5个篇章，展示学生操、特色体育等项目。教育部、国家体育总局、市教委、市体育局、区政府领导及两委领导出席开幕式。90所中、小学1500人次参加8个组别81个竞赛项目，汇文、五十、一零九中学获高中团体总分前三名；汇文、五十、文汇中学获初中甲组团体总分前三名；五十、文汇、汇文中学获初中乙组团体总分前三名；一师附小，培新、体育馆路小学获小学组前三名。6月，年度“奥运城市杯”东城区中小学校园足球联赛结束。22所学校24支代表队参加，经过80场角逐，五十四、五十五、景山学校获中学组前三名；安外三条、地坛、府学胡同小学获小学组前三名；五十四中学、地坛小学学生被评选为本次比赛最佳射手；五十四中学、培新小学教师被评为最佳裁判员；景山学校、五中分校，安外三条、地坛小学教师被评为优秀教练员；五十四中学、安外三条小学教师被授予突出贡献奖。10月24～25日，承办首届全国中小学体育教学改革北京论坛。论坛主题：“增进体育教师的教学基本功和教学能力，提高体育课教学质量”。听取经验介绍，观摩东城区200名体育教师体育技能展示及二中、广渠门中学、一师附小、府学胡同小学四节体育课展示。教育部、市教委、中国教育学会、中国中学生体育协会领导和专家出席。全国23个省、自治区、直辖市教育系统200名教师代表参加开幕式。

（单聪　李银姬）

【教学工作】　1月20日，召开中学毕业年级质量分析会，通报初三、高三教学质量监控情况，听取一七一、广渠门中学树立与时俱进的教育观，用先进教育理念引领学校工作报告。会议从教育观念指导办学行为、教育措施尊重规律重在细节落实等方面统一思想认识。教研员、各高中校长、高三教学副校长、年级组长180人参加。3月11日，召开以“强化管理减负增效提升质量”为主题的小学教学质量分析会，通报上学年至本学年度东城区小学质量监控情况。听取革新里、和平里第四小学“聚焦育人根本，促学校科学内涵发展，努力提升学生综合素养”经验介绍。针对教学管理、教师培训等工作提出实效性建议。市、区领导，各中、小学校长、干部300人参加。5月，在一七一中学举办东城区教学副校长“走进学校”系列活动，区教委、各中学教学副校长40人参加。活动中一七一中学推出高中英语、化学，初中数学、地理、物理5节展示课，校长介绍学校课堂教学改革思路。7月，开展小学教学干部大讲堂系列活动，举办“加强课程管理，推进三级课程整体建设”培训讲座，小学教学、课程建设主管干部100人参加。　（李银姬）

【课程改革】　1月10日，召开“构建评价共同体，奏响青春美丽的乐章”高中学生综合素质评价工作总结交流会。听取二十五、五十五、六十五中学，工美附中教师和学生发言。200名教师代表参加。9月16日，召开“普通高中综合实践活动课程实施途径与方法研究”总结表彰会。表彰10个先进集体、58名先进个人，听取六十五、广渠门、一七一、汇文中学经验介绍，推出由北京教育出版社出版发行的东城区普通高中综合实践活动课程实施途径与方法研究成果集——《且行且思，且行且歌》，回顾、展示东城区推进高中综合实践活动课程具体工作和成效。11月2～15日，中学课改联络员调研20所高中学校课程多样化情况，了解以课程为载体推进培养模式多样化及促进学校特色形成方面的经验。通过召开调研预备会，回收教学校长、教师、学生问卷1766份，撰写调研报告，对高中课程归纳总结，对课程改革中的问题做科学分析，对各校开展实验项目、促进办学特色发展进行指导和规划。11月至12月，举办第七届小学课改培训月走进学校系列展示活动，深化课程改革，固化品牌项目，推出典型经验。课改培训月采取市级专项展示、区级专题研讨、高校专家培训方式，走进定安里、板厂、光明、青年湖、史家小学，为26所学校50校次提供展示平台，做现场研究课39节、主题发言15次、专家点评8次、专家报告1次。市区有关领导，全区1500名小学书记、校长、教师参加。　（李银姬）

【教育工会工作】　1月11日，工会召开第一届委员会第一次常委(扩大)会,区教工委领导,工会第一届委员会常委参加。会议讨论教育工会工作计划,对全年工作提出3点要求:围绕大局、把握方向;搭建平台、挖掘潜力;建章立制、规范行为。5月,教育系统代表队在区体育比赛中,五十五、一七一中学,工美附中、崇文小学组成教育系统代表队获东城区"区长杯"长跑比赛冠军。由五十、五十四、一七一、广渠门中学,史家分校、一幼等18名教师组成教育系统代表队获东城区首届干部职工羽毛球比赛团体亚军。提升教师队伍文化素质和艺术素养,展现教师风采,正式成立东城区教师合唱团,少年宫书记袁强任团长,汇文中学特级声乐教师海倩文任艺术指导,北京市金帆合唱团许德昌任指挥。合唱团成员由中、小学教师组成。6月,在教育系统组织迎接中国共产党建党90周年活动,开展主题征文评选、"五月的鲜花"文艺汇演、"我运动、我参与、我快乐"等活动,中、小学教师代表参加。6月28日,在广渠门中学组织教育系统职工"三对三"篮球赛,全区46个单位66支代表队参加。二十二、广渠门、五十五中学分别获男子组冠、亚、季军,广渠门、龙潭中学分别获女子组亚军、季军。9月18日,教育工会组织70名单身女教师参加市妇联、市民政局主办"爱从这里起航"交友联谊活动,为年轻女教师与武警北京总队官兵搭建一个相识、相知的平台,受到教师们好评。（崔蕾　李银娅）

【德育工作】 1月19日,召开小学德育干部培训会,制定、解读《东城区小学区级三好学生和先进集体评选办法》,全区小学德育干部60人参加。2月,召开小学德育干部论文评选总结表彰会,表彰一等奖9篇、二等奖18篇、三等奖28篇。5月,开展全区小学"我爱新东城"优秀班会评选活动。班主任1406人,学生4万人,通过初评、复评,推选出特等奖3人、一等奖15人、二等奖61人、三等奖359人。表彰会上,观摩史家胡同小学班会录像《胡同新声》,分司厅、革新里小学做经验交流,北京市教育学院做《精心策划主题班会—班主任的责任》专题培训。5月,在东城区少年宫天地剧场,举行"道德的传承:文明北京·爱涌东城——全国道德模范与身边好人现场交流活动",中央及市、区有关领导,全国道德模范代表及观众1000人参加。前门、史家、东四七条小学学生参加活动,前门小学学生现场诵读弘扬中华民族传统美德的经典篇章《弟子规》,史家小学阳光公益社、东四七条小学红领巾打气队少先队员2人,向全国小学生发出"从小事做起,学习道德模范,争做身边好人,做传承中华民族道德的文明小使者"倡议。5月,在五十五中学,召开"九十年党旗指引新东城学子腾飞"东城区中学五四表彰会。市、区有关领导、全国社会公益大使濮存昕,学生、家长、教师代表500人参加。会上,为"三好学生"、"优秀干部"、"特优生"、"先进集体"颁奖。两委向中、小学生发出倡议书。6月8日,前门小学学生30人,代表全市社区文明小使者在国家大剧院参加"做文明有礼的北京人——市民高雅艺术殿堂文明行"启动仪式,并向广大市民发出文明观赏倡议。组织开展"青春e彩光荣绽放"数字夏令营活动,对中、小学生进行爱党爱国爱社会主义教育,丰富中、小学生假期生活,让"东城区数字德育网"成为学生喜爱、老师关注、家长放心的绿色空间。9月16日,召开中学德育干部工作会,对中学德育工作提出要求,解读德育工作计划,全区中学德育校长、主任50人参加。12月8日,来自内蒙古、江苏、海南、青海、新疆等地全国中、小学德育工作经验交流会代表20人,到东城参观考察。参观北京二中,听取学校办学理念、学校文化情况汇报,走进课堂听课,与师生交流。现场观摩二中分校、汇文一小师生在博物馆开展的"蓝天工程"、"社会大课堂"活动课程。（李银娅）

【领导调研】 1月25日,市政协主席王安顺,统战部部长牛有成到一六六中学慰问。王安顺对新的办学特色给予高度评价,市领导闫仲秋、李伟,刘建参加,区领导杨柳荫、徐鸿达、夏树军、毛桂芬等陪同。2月17日,国家体育总局、教育部领导到广渠门中学调研北京市青少年足球工作。国家体育总局局长刘鹏、副市长刘敬民、教育部体卫艺司司长杨贵仁、市体育局局长李颖川、市教委副主任郑萼、区领导宋甘澍参加,区教委、体育局领导陪同。广渠门中学汇报学校在开展校园足球工作中取得的成绩及反思,市回民学校、大兴区第一职业学校、海淀区彩和坊小学和延庆县康庄中心小学分别发言。3月10日,区人大副主任郭瑞敏、李蔼君到东城区回民小学调研,区政协、民族宗教委员会有关负责人30人陪同。参观学校民族博物馆,听取校长关于学校校园文化建设、特色校本课程建设工作汇报,提出加强学校基础设施建设、加大特色课程开发力度等建议。3月16日,区领导杨柳荫、牛青山,常卫、毛桂芬到第二中学、汇文第一小学调研,视察第二中学新建学生地下餐厅,参观汇文一小校园,听取关于汇文一小改建工作情况汇报。区领导肯定两校办学成绩,就学校改扩建工作提出:要统筹协调、科学规划,把学校改建工程与"建设现代化、国际化新东城"相结合,建设高水平、有特色的品牌学校。3月22日,副区长毛桂芬到和平里、建国门、安定门街道调研幼儿园建设问题。3个街道办事处主任分别对辖区内幼儿园结构及发展现状做专题汇报,区教委有关领导陪同。5月24日,市领导王安顺、洪峰、沈宝昌等率市政协港澳委员70人到史家胡同小学、十一中学视察东城区教育情况,市教委领导、区有关领导陪同。听取史家胡同小学做和谐教育成果汇报和十一中学做学习型学校特色建设介绍,市、区领导参观两所学校校园。5月26日,洪峰到东城区调研校舍安全工程实施情况,市教委副主任何劲松、住建委副主任张农科,副区长毛桂芬等陪同,市领导肯定东城校安工程工作。"六一"儿童节,市委教工委书记赵凤桐到花市·大地幼稚园看望慰问师生,市、区领导姜沛民、杨柳荫,毛桂芬陪同。观看幼儿陶泥作品和软式曲棍球赛,参与幼儿棋类游戏,向孩子们赠送节日礼物。8月29日,教育部基础教育一司司长高洪一行到东城区调研区域义务教育均衡发展工作,教育部、区有关领导陪同。东城区学校深度联盟一长执两校、学区轮值主席制度、蓝天工程延展等符合区情区况的措施与效果得到教育部肯定。9月,教师节,团市委副书记杨海滨到新鲜、史家胡同小学看望、慰问青年教师,与师生共同欢庆教师节。在新鲜胡同小学与师生共同参与互动游戏,在史家胡同小学与校领导、师生代表交谈。11月22日,牛青山到景山学校调研,周永明、颜华,区教委相关委办局及街道领导参加。景山学校介绍学校办学特色和教育改革基本情况,区教委介绍学校推进城市基础教育改革中的作用,提出本区域教育空间规划初步设想。牛青山肯定该校在推进城市基础教育改革中取得的成绩。　(李银娅)

【交流合作】 1月至3月、7月至9月,组织多学科骨干教师赴澳大利亚悉尼大学、英国伍斯特大学接受国际化教育理念培训,组织校级干部赴美国加州长滩大学接受教育管理、教育管理者领导力培训。培训中注重针对性和实效性,体验式、互动参与式培训,提高教师教育教学理念更新,深化教育改革、提升学校办学品质。12月22日,启动东城区—集宁区区域合作远程教育项目,北京二中与集宁二中签署教育合作与交流协议,利用远程教育资源实现两地同课、资源共享。内蒙古乌兰察布市集宁区和东城区有关领导出席启动仪式。双方区教育局签署《教育交流合作框架协议》,推进两区教育合作,东城区选派优秀干部、教师54人赴集宁讲学,集宁区校长4人到东城中、小学挂职培训、小学教师20人到区教育研修学院和部分小学参观、听课。全年,接待30个国家和地区151个政府及教育代表团3400人。派出团组74批次,教师265人、学生533人赴26个国家和地区开展国际教育交流互访。景山学校与日本作新学院、二十五中学与日本体育大学附属茌原高级中学正式签署姊妹校友好交流协议。

(安欣　李银娅)

【安全工作】 2月1日,召开教育系统安全工作会,各科(部)长及教育系统直属单位主要负责人200人参加。会议传达市、区安全工作精神,提出春节期间做好安全工作的要求。5月、8月,分别召开安全工作会,通报大兴区旧宫镇火灾事故及安全事故相关情况,传达区委、区政府安全工作会议精神,部署学校消防安全工作。分别组成15个、21个安全工作检查组,对各校进行拉网式安全大检查。检查施工工地消防安全,监控室、食堂等重点部位安全管理,节日期间校园安全稳定及值班等工作。11月23日,召开区教育系统校车运营管控工作会,7个使用校车单位主管领导参加。会上总结校车运营管控情况,通报对校车检查中的问题,提出4点要求。24日,召开安全工作会,各单位保卫干部160人参加,会议总结工作,通报部分单位安全检查中的问题,重点部署消防及交通安全工作,提出8点要求。同日,召开东城区教育系统交通安全委员会成立大会暨第一次全体会,教育系统安委会成员单位173人参加。会议宣读成立东城区教育系统交通安全委员会决定,明确安委会人员组成及其职责,传达市、区有关加强校车管控工作精神,提出要求。　(程桂生　李银娅)

【团队工作】 3月,召开教育系统共青团、少先队干部大会,两委领导,全系统200名共青团、少先队干部参加。布置上学期至本学年度第二学期共青团、少先队工作要点,提出工作要求,表彰上年度市中学优秀活动项目、最佳主题团队活动和优秀工作论文。5月,在东城少年宫天地剧场,举行区"领巾飘飘表红心歌儿声声颂党情——喜迎建党90周年东城区少先队主题歌会",全区55所小学3000名少先队员参加比赛。教育系统代表109名参加共青团北京市东城区第十次代表大会。教育系统团教工委副书记、五中团委书记、和平里第四小学大队辅导员、汇文中学学生当选新一届共青团东城区委委员,广渠门、五十四中学团委书记当选为候补委员。　(胥丹丹　李银娅)

【创先争优活动大会】 4月19日在广渠门中学召开,教育系统有关领导、各校负责人400人参加。会议传达市、区深入推进创先争优活动大会精神,并对近一阶段教育系统开展创先争优活动情况进行总结。汇文中学、景山学校、光明小学党总支,地坛小学党支部做大会交流发言。　(李银娅)

【教育工作会议】 4月21日,召开东城区教育大会。听取《实施精品特色战略,建设国际化、现代化教育首善区》主题工作报告,提出工作要求。区相关委办局、街道办事处有关领导,教育系统各单位党政一把手800人参加。9月20日,在东直门中学,召开东城区教育系统书记校长会,教育系统各部门负责人、校长、教师500人参加。会议请市教委做《校长信息化领导力》专题报告,部署近期重点工作,提出4点要求。10月13~14日,召开上学年至本学年度教育工作会,会议主题"落实规划,深化改革,发展特色,提高质量"。听取《未来五年东城教育基本战略和主要任务》主题报告,举行东城区国家级基础教育综合改革实验区项目启动仪式、新增学区和学校联盟签约仪式,举办中、小学,职教3个主题分论坛,通报综合督导评价情况。有关单位及相关人员300人参加。　(胥丹丹　李银娅)

【学区及学校联盟工作论坛】 7月7日,举办"'十二五'开局谋发展,'学区化'管理促均衡"学区及学校联盟工作论坛,总结学区建设经验,部署工作重点,启动"校区制"试点。论坛决定:在原有5个学区基础上,新建第6个学区,即"东花市—崇文门—前门"学区,含16个单位,实现优质教育资源共享。启动"校区制"试点,新建汇文校区,含汇文中学、汇文一小试点校。新增6对深度联盟学校,以示范校带动普通校、两校强强联合、走读校与全寄宿校联盟等多种形式,探索育人模式。教育系统40人出席。　(李银娅)

【纪检监察】 4月,召开东城区教育系统党风廉政建设工作会。区纪委书记周京生,区党风廉政建设监督员、区教育系统人大代表、政协委员、民主党派代表、教育系统代表600人参加。会议学习贯彻中央纪委十七届六次全会和市、区党风廉政建设工作会精神,总结上年工作,部署本年教育系统反腐倡廉工作。5月,落实市、区规范教育收费、治理教育乱收费情况,两委由37人组成联合检查组,分4队对27所中学、21所小学进行春季教育收费检查。9月26~29日,联合检查组,对58所中、小学、幼儿园秋季教育收费情况进行专项检查,首次把幼儿园收费情况纳入检查范围,经查,各中、小、幼儿园收费行为规范。　(赵俊生　李银娅)

【教育新闻中心】 10月27日成立,举行《东城教育新闻》开潘纪念研讨活动。市委教工委、教育新闻中心,区委宣传部、新闻中心、朝阳等6个区教育新闻中心负责人,以及相关单位负责人和通讯员500人参加。（胡雅婷　李银姬）

【金帆艺术团】　11月4日,新增7所学校获批北京市学生金帆艺术团承办校。分别为东城区广渠门中学管乐团、一零九中学管乐团、景山学校舞蹈团、地坛小学话剧团、革新里小学话剧团、史家胡同小学合唱团和府学小学行进管乐团。（李银姬）

【国际教育学院】　12月28日成立。陶西平发贺信表示祝贺,市、区有关领导为学院揭牌。听取国际交流与合作工作报告和基础教育国际交流与合作讲座。（安欣　李银姬）

教育督导室

【概况】　东城区人民政府教育督导室(简称教育督导室),有主任1名、副主任3名,专职督学10名、兼职督学21名、见习督学1名。

年内,学习国家和北京市中长期教育改革和发展规划纲要及市区"十二五"教育发展规划,围绕区委、区政府"实施精品特色战略,建设国际化、现代化教育首善区"总体工作思路,以提高教育质量为核心,以改革创新为动力,坚持依法督导,突出教育督导针对性与实效性,促进办学水平和教育质量提升,完成全年各项工作任务。

单位地址:东城区金鱼胡同10号

联系电话:65275189　邮政编码:100006　（李菊）

【综合评价工作】　1月18日,召开综合评价工作动员培训会。5月9日至6月29日,组成15个评价工作组,以"检查、引领、服务"为宗旨,公平、公正为原则,对147个教育单位开展综合评价工作。听取单位汇报,与干部、教师、学生访谈,进行学生、家长问卷,查阅档案资料,实地考察,按行政相关部门、街道社区对辖区内中、小、幼、职教打分等方式汇总、集中。完成综合评价工作。（李菊）

【督导队伍建设】　4月2日,区政府召开年度教育督导工作会,副区长毛桂芬代表区政府向30位新一届专、兼职督学颁发聘书。完成新一届督学队伍组建工作。（李菊）

【督政工作】　4月2日,召开区督导工作会,印发《关于对相关委办局、街道办事处落实教育法律、法规及实施素质教育职责情况开展督导工作的通知》,调整、完善《东城区政府职能部门教育执法职责和实施素质教育职责分解》条目,收集、整理、编辑《东城区落实教育执法职责和实施素质教育职责自查报告汇编》(47个单位)。9月至11月,督导室领导带领全体干部到东花市、天坛、永定门外、崇文门外、前门、龙潭、体育馆路街道办事处和区体育局、司法局、妇联10个单位进行落实教育法律法规和实施素质教育职责情况督导,通过审议自查报告、听取单位汇报、召开科室座谈会、查阅相关资料、到社区实地考察,召开社区干部、居民代表座谈会等方式,完成落实教育法律法规和实施素质教育职责情况的督导,并在综合分析后形成督导意见。（李菊）

【调研督导】　7月15日,市教育督导室副主任一行9人到东城进行为期1天的社区教育随访督导,副区长毛桂芬参加,区教委主任代表东城区作自评报告。市督导组观看社区教育专题片,查阅相关档案资料后,到社区学院参观数字化学习室,了解数字化学习平台建设情况,到朝阳门街道观看"扎染工艺"、"风筝制作"、"计算机培训"等市民学习课程,并就社区教育发展进行座谈,提出建设性意见。开展多样化和特教专项调研,11月8~16日,区教育督导室对培新、定安里、府学胡同、黑芝麻胡同等小学文化建设进行专项调研。（李菊）

【教育执法检查】　10月,按照市教育督导室教育执法检查要求,制定工作方案,结合3项检查重点内容进行责任分解,并完成《北京市教育执法检查东城区自查报告》。（李菊）

【专项调研】　10月13~20日,对二十四、一七一、广渠门、十一中4所中学高中校本课程多样化实施情况进行调研督导。调研探索高中校本课程办学模式多样性、课程设置合理性、课程管理有序性、教学效果有效性情况,调研后形成区高中校本课程多样化调研报告。11月24~25日,到2所特教学校开展办学特色调研,对如何突破普通教育办学模式及教学内容、方法,发挥特教学校在培养残疾学生方面的潜能问题进行研讨。（李菊）

【工程督导验收】　12月,完成33所小学规范化建设督导验收。开展小学规范化建设工程验收工作,第一阶段,对学生和学生家长进行问卷调查;第二阶段,进入验收学校,听取校长汇报、进班听课、对学校干部及教职工访谈、考察硬件达标情况、查阅相关资料。（李菊）

【督导科研】　12月,召开市、区级课题启动会。年内,组织教育系统参加北京市教育评价与督导研究会"十二五"课题申报,完成申报课题21项,经市级课题专家评审组审批,确认准予立项课题20项,其中景山学校《北京景山学校九年一贯制学生发展性德育评价体系的研究与试验》,被确定为研究会"十二五"市级重点课题。（李菊）

文　　化

【概况】 东城区文化委员会(简称区文委),有公务员编制85人,实有72人;事业单位14个,事业编制529人,实有328人。内设科室10个,即:党委办公室、行政办公室、人事科、监察科、财务科、群众文化科、文物保护科、演艺科、行政审批科、市场管理科。区文委行政执法队设:办公室、第一执法分队、第二执法分队、第三执法分队。

年内,实施文化精品打造工程,展现新首都文化中心区、世界城市窗口区文化魅力。实施文化遗产保护工程,"戏剧东城"发展工程,阳光审批、执法工程。文化市场规范、有序、健康发展,完成全年各项工作任务。

单位地址:东城区崇外大街7号正仁大厦二段

联系电话:67091091　邮政编码:100062　　(吴洁莎)

【工作会议】 1月6日,召开东城区文化娱乐场所"春节、两会"安全稳定工作大会,辖区文化娱乐场所法定代表人和负责人240人参加。1月17日,召开城区印刷经营单位安全生产工作大会,全区印刷企业法人代表、负责人60人参加。区文委与辖区50家印刷经营单位签订《北京市东城区印刷复制企业安全管理责任书》。2月19日,召开年度工作会,文委主任作题为《抓住机遇 整合资源 强化优势 全面推动东城区文化大发展大繁荣》工作报告。区领导赵中原、王红兵出席。2月22~24日,与区工商行政执法队、公安分局联合召开东城区加强全国"两会"期间文化娱乐场所规范经营和安全工作大会,辖区文化娱乐场所法人220人参加,会上下发《加强全国"两会"期间文化娱乐场所规范经营和安全工作的通知》。2月25日,召开东城区加强全国"两会"期间出版物市场安全生产和规范经营工作大会,辖区音像、图书经营单位法人和负责人170人参加,会上部署工作,并与400家出版物经营单位签订年度东城区出版物经营单位安全规范经营责任书。5月24日,市第三次文化馆评估工作小组,到区崇文文化馆进行现场评估。市文化局公共文化事业发展处处长,专家组成员、北京文化艺术活动中心主任助理,区有关领导参加。专家组认为崇文文化馆有特色,出租房屋已收回,增加为百姓服务面积,非遗展室内容充实。评估组对评估中发现的问题提出整改意见。　　(吴洁莎)

【领导考察调研】 1月27日,副市长蔡赴朝带队到康络上网服务有限公司进行安全检查,区领导常卫、赵中原、毛桂芬等陪同。2月23日,副区长王红兵到文委调研。区文委领导分别汇报文物、文化、戏剧产业等方面工作情况。3月9日,市文物局副局长王丹江带领局文保处、安全督察处、博物馆处、法规处等部门负责人到区调研文物工作,现场察看明城墙西段破损情况,听取区文委各口负责人关于今年文物重点工作的汇报。4月29日,国家文物局局长单霁翔、副局长童明康带队,调研中轴线申报世界文化遗产事宜,中国古迹遗址理事会主席郭旃、市文物局局长孔繁峙、清华大学教授吕舟、副区长宋甘澍及市、区有关部门人员陪同。单霁翔肯定中轴线申遗工作,强调申遗工作的重要性。6月14日,市人大常委会会主任杜德印,副主任刘晓晨率队到钟鼓楼调研古都风貌保护工作,实地考察鼓楼风貌保护情况,对东城区历史名城风貌保护工作予以肯定,区领导牛青山、周永明等陪同调研。9月29日,副市长鲁炜带队对东城三联书店、孔庙和国子监博物馆等处安全工作进行检查,孔繁峙、新闻出版局局长冯俊,区领导杨柳荫、常卫、赵中原、夏树军、朴学东陪同。鲁炜对文化市场的发展提出要求。　　(吴洁莎)

【特色文化活动】 1月27日,在北京国际饭店会议中心举行东城区驻区单位新春团拜会。最高人民法院张常韧、文化部部长助理高树勋,驻区中央部委、市属机关、事业单位、大型企业、医疗机构、驻京办事处代表及原东城区老领导出席。区委书记杨柳荫、区长牛青山,区四套班子领导及有关人员500人参加。2月3~7日,在东城区第一文化馆举办第21届新春游乐会。游乐会演出"佳节同庆,文化共享"为主题的30项节目,其中来自市内34支群众性文艺团队上千名演员参加广场舞蹈大赛,赠送门票2000张,向群众免费书写发放对联500副、"福"字300幅,文化部社会文化司文化馆处副处长、北京文化艺术活动中心主任路斌、区人大副主任金旭、副区长毛桂芬及有关部门负责人及游客1.2万人参加。北京电视台等20家新闻媒体进行宣传报道。4月18日,第八届金鱼池社区节开幕,社区节以"深情颂党恩、和谐金鱼池"为主题,历时7天。区领导出席开幕式,人艺3部话剧《龙须沟》《金鱼池》《万家灯火》演员再聚金鱼池。6月10日,首届"同仁堂"杯民间工艺美术大赛获奖作品展开幕,展出48类65项1138件作品,参赛者数百人,评出金奖、创新奖、传承奖、银奖、铜奖、新苗奖、鼓励奖7项103个获奖作品。6月16日,在风尚剧场与法国大使馆文化语言合作中心共同主办第六届"中法文化之春"新马戏艺术节。法国大使馆专员柯立业为艺术形式作简短介绍,全场观众392人共同欣赏首演剧目"IETO"。6月21日。在风尚剧场,举办杨善洲先进事迹报告剧《心中绿洲》首演仪式。杨柳荫、冯熙、徐鸿达、常卫、毛桂芬等区领导,人艺副院长崔宁、著名编剧梁秉与全区党员代表400人观看首场演出。《心中绿洲》在风尚剧场连演10场,4000人观看留言500条。12月17日,在东城区第二文化馆,与市文化艺术活动中心联合举办第三届北京快板邀请赛。中国曲艺家协会快板艺术委员会会长,中国曲艺家协会快板艺术委员会副会长,中国曲艺家协会研究部主任,中国曲艺家协会副会长,快板沙龙主席等担任本次比赛评委。

北京、天津、河北、武汉等地选送优秀选手100人参加,年龄最小的选手7岁。（吴洁莎）

【节庆文化活动】 2月2～9日,举办“民族、民间、民俗”为主题的第二十六届地坛春节文化庙会,接待各界游客114万人次,有60家中外新闻媒体进行报道。2月2～9日(大年三十至正月初七),在龙潭公园,举行第二十八届春节龙潭湖庙会,围绕庆祝建党90周年和非物质文化遗产保护两大主题,开幕启动仪式演出主题鲜明,来自全国各地8支花会队伍为大家呈献将传统文化和现代文化融和一体的精彩节目。启动仪式运用高科技信息传输技术,将开幕式视频画面,实时传输到设在地坛的主会场,感受到龙潭和地坛的喜庆气氛。设立非物质文化遗产展示专场,展示景泰蓝、雕漆、金漆镶嵌、盛锡福、绢人、料器等18个项目。组织杂技专场,由河北沧州新宏杂技团奉献16场杂技表演,吸引游客数千人观看。组织曲艺演出专场,为观众奉献16场演出。龙潭庙会获“文化魅力奖和非遗展示奖”。（吴洁莎）

【文物保护与修缮】 3月15日,市文物局安全督查处对东城钟鼓楼文物保管所落实文物法律法规、安全硬件设施建设及运行情况、用火用电及线路改造情况、安全制度与应急预案制定和演练落实情况等进行检查。8月11日,区文委文物科对太庙后院、皇史宬南院、孚王府、宁郡王府、清海军部陆军部5处长期存在安全隐患文保单位进行安全检查。发现存在消防器材过期、数量不达标,消防井覆盖面积不达标,文保院内堆放杂物,房顶有杂草;居民居住私搭乱建现象严重、用电不规范;出租房屋人员流动性大,房管部门对居住人情况掌握不清。下发7份隐患整改通知书,要求相关单位3个月内整改,将情况及时反馈。全区有三级文保单位164项,其中全国重点文物保护单位28项,占全市98项的28.6%;市级78项,占全市255项的31%;区级58项,普查登记项目188项。有历史文化保护区18.5片,占全市的43%。（吴洁莎）

【百姓周末大舞台】 5月至10月,完善公益性惠民演出,开展“百姓周末大舞台”演出活动。演出团体每周末在地坛、玉蜓市民公园上演文艺节目。有中国杂剧团、中国评剧院、北京曲剧团、北京歌剧舞剧院等10个专业演出团体,演出内容有综艺演出、折子戏、中外名曲音乐会、儿童剧、杂技等。演出52场、观众近1万人次,受到群众欢迎。（吴洁莎）

【公益电影放映】 7月1～2日,举办数字电影放映员培训班,请北京世纪东方数字电影院有限公司技术人员对区第一文化馆、东图会议中心、地坛公园管理处、钟鼓楼文保所、各街道放映队负责人和放映员40人进行培训,并对放映中技术问题进行讲解。庆祝建党90周年,东城区第一文化馆从7月11～28日,每天在一层大厅公益放映2场优秀国产电影,周边社区百姓和未成年人600人次观看。与五道营社区共同组织“五道营青少年红色电影之旅”专场放映活动。全年放映公益电影1409场,观众5.44万人次。（吴洁莎）

【行政执法检查】 文化市场检查出动执法人员1686人次,检查文化经营单位2000家次。办结文化执法行政处罚案件48件,罚款12.6万元,没收违法所得531元,收缴非法音像制品5460张、盗版图书2965本、盗版地图57份。受理文化市场各类举报案件40件,回复40件。9人次被评为“办案能手”,4人获“办案标兵”称号。10月11日,市文化市场行政执法总队书记带队检查东城文化市场管理工作,对北京地坛麦乐迪娱乐有限公司等6家单位和新世界商场周边游商进行检查。开展东城区整治非法卫星电视接收设施专项行动、两会保障专项行动、文化市场有限空间专项执法检查、全区文化娱乐场所安全月活动、游艺娱乐场所专项整治行动、小剧场演出专项执法检查、书市保障行动、东城区文物系统火灾隐患排查整治等专项整治系列活动。（吴洁莎）

【文化市场管理】 全年,办理行政许可397件,其中新审批368件、变更29件。新审批歌舞娱乐场所2家、游艺娱乐场所5家、营业性演出315件、出版物零售许可26件、音像制品零售许可18件,营业性演出场所备案1件、文艺表演团体1家。年末,文化市场有各类经营单位808家,其中歌厅122家、网吧91家、音像店205家、游艺厅22家、演出场所27家、演出团体59家、营业性电影放映单位12家、出版物零售企业270家。（吴洁莎）

【戏剧建设】 东城区有艺术类剧场26个、座位1.47万个,其中北京人民艺术剧院、国家话剧院、中国戏剧学院是中国顶级的艺术团体及院校。有艺术表演团体51个,上演的剧目在大麦网、中演票务通、春秋永乐3大票务营销统计中,占北京90%的市场份额。5月10日,在中央戏剧学院实验剧场,举办“第二届北京南锣鼓巷戏剧节”开幕式,牛青山致开幕词,市文联党组书记朱明德、艺术家代表蓝天野、王晓鹰、卡珞琳等分别致辞。中宣部文艺局副局长梁鸿鹰、文化部产业司司长刘玉珠、市委宣传部常务副部长陈启刚、市文化局局长降巩民、区委书记杨柳荫共同触摸激光球,启动本届北京南锣鼓巷戏剧节。区四套班子领导,驻区艺术院、团领导,来自英国、以色列、荷兰等国艺术家等嘉宾200人出席。开幕式后,到场嘉宾与观众500人一同观看开幕大戏《哥本哈根》。戏剧节期间演出国内外优秀剧目40部,12个剧场180场次演出,观众3万人。（吴洁莎）

【非物质文化遗产保护工作】 年内,天坛传说、葡萄常料器、风筝制作技艺(北京风筝制作技艺)、吴裕泰茉莉花茶制作技艺、青铜器修复及复制技艺、中国传统书画装裱修复技术等6个项目入选第三批国家级名录。姚承光、李连贵、滑树林、茅子芳、吴中凤、孙丹威等6名传承人被评定为第三批北京市级代表性传承人。至年末,全区名录项目有118个,其中27个项目入选国家级非物质文化遗产名录,52个项目入选北京市级非物质文化遗产名录。命名126名区级非物质文化遗产项目代表性传承人,其中18名被命名为国家级代表性传承人,53名被命名为北京市级非物质文化遗产项目代表性传承人。东城区非遗项目和代表性传承人在北京市均名

列前茅。　(吴洁莎)

故宫博物院

【概况】　年内,贯彻落实胡锦涛总书记"七一"重要讲话和党的十七届六中全会精神,完成文化遗产监测系统 V1.0 建设工作,院档案室历史档案影像扫描,《奏案》《奏销档》全文录入工作。开展2012 年度系统 V2.0 的需求调研工作。全年接待购票观众1400 万人次,票款收入6.5 亿元。

单位地址:东城区景山前街4 号

联系电话:65132255　邮政编码:100009　(朱鸿文)

【交流与合作】　3 月,香港康文署署长冯程淑仪一行,与故宫博物院就香港回归15 周年在港举办物展及今后合作等议题进行会谈,约定下年至2017 年,每年举办一项展览,同时开拓与香港文化机构联系。6 月,故宫博物院首批专家组应香港城市大学中国文化中心邀请前往香港,主讲"走进故宫——观察明清帝王的生活"系列讲座。故宫博物院到澳门艺术博物馆举办"山水正宗——王时敏、王原祁'娄东派'绘画精品展","玉貌清明——故宫珍藏两宋瓷器精品展"。10 月30 ~31 日,在故宫召开本年"兰亭国际学术研讨会",台北故宫博物院副院长冯明珠带领台北故宫工作人员参加。全年举办和参加各类涉外展览15 项,其中9 月26 日参加赴法国卢浮宫"重扉轻启——明清宫廷生活文物展",是故宫博物院首次在卢浮宫展示中华文化遗产。赴美国展出"乾隆花园古典家具与内装修设计展",30 万人次参观。赴日本展出"地上的天宫展"虽因日本遭遇地震而延期举办,但展出受到欢迎。11 月,赴夏威夷檀香山展出"紫禁城山水画精品展",是配合年度亚太经合组织首脑会议而举办的重要文化活动。　(朱鸿文)

【古建筑保护】　4 月29 日,按照文化部确定在"五一"前端门划转给故宫的批示,故宫博物院与国家博物馆正式签署端门划转协议书,正式收回端门区域。5 月11 日,召开故宫修缮工程专家咨询委员会第七次全体会议,通报古建维修项目及维修计划。12 月,成立故宫世界文化遗产监测中心,与市气象局合作,在上驷院完成故宫自动气象站设备安装,以监测故宫气象(温度、湿度、风速、风向、降水量、气压、总辐射量)状况。年内开工修缮、维修慈宁花园、建福宫区、英华殿区、大高玄殿乾元阁、延禧宫内灵沼轩、东华门等工程,慈宁宫、御史衙门区已竣工。倦勤斋保护修复纪录片修改完成。乾隆花园项目,符望阁内檐硬木装修保护修复工作已完成60%。　(朱鸿文)

【科研与出版】　6 月9 日,紫禁城出版社正式更名为故宫出版社。改企后的故宫出版社,报送的《故宫经典》系列、《明代宫廷史研究丛书》等12 种图书选题,被列入"十二五"国家重点图书出版规划项目。古建保护《故宫古建筑保护工程实录——武英殿》第一册出版,同时进行清宫匾联、英华殿修缮与保护、明代紫禁城布局变迁、故宫彩画的调查研究和保护等科研课题。年内,有14 个院级科研课题批准立项,完成"中国古代治玉工艺研究"等3 项课题。故宫博物院国家自然科学基金项目立项取得进展,获批准立项3 项。推进大型出版项目《故宫百科全书》《故宫博物院院刊》《紫禁城》按期编辑出版。组织5 期学术讲座,6 期学术沙龙,科研课题项目与故宫学研究交流会,举办业务人员培训班、文博专业英语口语培训班。与中国艺术研究院联合培养硕、博士工作,故宫博物院第二届研究生7 人毕业。全年出版图书167 种,其中合作项目24 种。《明永乐宣德文物特展》获上年度"北人杯"质量大奖,《故宫博物院藏品大系》"玉器编""雕塑编""珐琅编"在第十二届优秀美术图书"金牛杯"评奖中获荣誉奖。　(朱鸿文)

【非物质文化遗产保护】　8 月,故宫博物院"青铜器修复及复制技艺"、"古书画临摹复制技艺"列入第三批国家级非物质文化遗产名录项目。完成"传统木器家具修复技术"、"传统文物囊匣制作技术"、"古代钟表传统修复技术"、"传统漆器修复技术"、"中国传统镶嵌修复技术"5 项传统技艺申报材料准备工作。　(朱鸿文)

【安全管理】　年内,发生斋宫展品失窃案。案发后故宫博物院进行"弘扬故宫精神强化责任意识"主题教育活动。对展品失窃、宋代哥窑瓷器损伤中涉及的责任人进行行政处罚,警示教育全体职工。组织职工分4 批265 人到斋宫现场实地查看作案过程,回顾和反思封门检查中存在问题,教育职工牢记教训。开展"技防"、"物防"隐患排查和整治工作,在斋宫室内加装3 种不同类型报警器,在室外连廊、大门、院墙设置周界报警,室内、外加装监控摄像机并配有阵列式红外灯作为摄像机辅助光源,在诚肃殿西耳房控制机柜区域加装报警及监控设备。投资90 万元对29 个区域机加装备用UPS 电源。投资27 万元,在原有监控设备基础上对故宫3 个停车场增装夜视摄像机,对进出所有车辆实施监控,消除夜间监控盲区。修定城墙周界防范设计方案,追加经费200 万元,在城墙上新装3 道激光对射报警器及夜视激光摄像机。新增设封门检查巡更系统触点374 个点,配备触摸棒98 个。对所有安全防控不达标展厅进行门窗玻璃、地板、展柜重新改造。制定《故宫博物院职工工作卡使用管理规定》《各夜班岗位人员巡检制度》等多项规定。全年组织封门演习42 次。7 月2 日起,实行自南往北单向参观新规定。　(朱鸿文)

【文物保管】　全年对文物库房抽查8 次,确认文物保存符合院藏品管理制度要求。将防震工作确定为故宫博物院重要任务。上年文物清理工作结束,本年开始编写验收报告简本,落实文物清理各项后续工作,进行文物简目编定和《故宫博物院藏品大系》编辑工作。协调长年外借文物续借、清理工作。年内,接收捐赠作品14 件,其中黄苗子郁风夫妇捐赠作品10 件、台湾胡淼荣先生捐赠翡翠作品2 件。　(朱鸿文)

【文物科技保护】　开展白蚁防治、虫害防治、《七佛说法图》展室环境整治、X 射线无损检测、纺织品保护、中美乾隆花园保护合作项目材料科技分析、古陶瓷科研基地科研等工作。配合赴国(境)外展览、国内各地展览、院内展览及院藏文物抢救性修复除尘及囊匣制作377件。（朱鸿文）

【举办多项展览】 全年赴国内博物馆展览13个,引进展览7个。院内举办展览有:武英殿书画馆“历代书画展”第二轮次的一、二、三期陈列展览,“浙江青瓷精品及火烧山窑考古发掘成果展”、“黄苗子郁风书画艺术展”、“百年好合——胡焱荣翡翠艺术展”及年度重点展览“兰亭特展”、“兰亭珍拓展”8个展览。其中兰亭展展出故宫珍藏虞世南、褚遂良和冯承素等历代书法家摹本和临本,更有首次亮相乾隆皇帝所集《兰亭八柱》帖、西晋陆机《平复帖》、东晋王珣《伯远帖》。兰亭展每天观众达2000人。（朱鸿文）

【公众服务】 开展接待新疆生产建设兵团“老战士走进北京”活动,来京务工人员子女700人参加以“寻宝”为主题的故宫知识课堂,与北师大附中合作开展“故宫校本课”系列教育活动,与中国宋庆龄基金会共同主办“孩子,圆你故宫梦”活动。在中央民族大学举办2次“永远的故宫”系列讲座。（朱鸿文）

【信息化建设】 通过加快信息化建设,推动故宫博物院公共文化服务事业。年内,推进院内管理信息系统建设,完成固定资产管理系统、预算管理系统——预算编报子系统、薪资管理、经营网络管理系统等上线工作。网站全年访问量192万人次,总点击数4.7亿次,制作网上展览17个。完成《数字故宫》宣传片。开展与首都机场合作《文化国门—故宫印象》展示项目。完成《故宫专家讲国宝》系列视频片4集片子前期拍摄制作。《龙孩儿守故宫》动画片项目,6月1日起在太和门开始播放第1、2集。制作第五部虚拟现实(VR)作品《延禧宫》第一期数据。虚拟现实演播厅接待185场、4157人次。（朱鸿文）

故宫博物院负责人

故宫博物院党委书记、院长:郑欣淼

医药卫生·体育

卫　生

【概况】　东城区卫生局(简称区卫生局),是区政府职能部门,负责全区卫生事业管理工作。区卫生系统有单位44个,编制7668人,其中行政机构3个、公务员编制281人、实有257人,医疗机构单位28个、事业编制6877人、实有5015人,公共卫生机构及其他单位13个。全区有医疗机构519个,其中营利性机构197个、非营利机构322个。卫生技术人员(含中央、市属医院,不包括部队医院)2.21万人,其中执业(助理)医师8692人、注册护士数8764人。实有床位1万张。平均每千名常住人口拥有卫生技术人员24.08人,执业(助理)医师9.46人,注册护士9.53人,床位10.90张。全年生命统计,出生7217人,出生率7.53‰,人口自然增长率1.13‰;死亡6138人,死亡率6.40‰。人均期望寿命为86.18岁,其中:男性84.06岁、女性88.32岁。因病死亡6079人,占死亡总人数99.04%。死因顺位前10位依次为:恶性肿瘤、心脏病、脑血管病、呼吸系统疾病、消化系统疾病、内分泌营养及代谢疾病、损伤中毒、神经系统疾病、传染病、泌尿生殖系统疾病。

年内,坚持预防为主、中西医并重的卫生方针,把改善公共卫生和基本医疗服务作为重点,探索公立医院改革。加快卫生人才培训、信息化和卫生法制建设。落实政府职责,依法行政,强化监督管理,落实医改阶段性目标,推进"十二五"规划实施。完成《东城区"十二五"时期卫生事业发展规划》编制工作,完成文明城区复验工作,确保不发生重大食源性、生活饮用水中中毒事件和重大传染性疾病暴发与流行,甲乙类传染病发病率控制在400/10万以下。承担大型活动公共卫生保障任务26次(驻会保障8次、巡回保障18次)48人次。全年门诊1850.19万人次、急诊86.33万人次、观察室留观20.80万人次、危重症抢救(门诊、病房)2.63万人次,入院26.16万人次,出院26.16万人次。病床使用率85.14%,治愈率63.57%,好转率32.26%,死亡率1.23%。全年住院手术14.63万例。在第二届"北京健康之星"评选活动中,7人获北京市"健康之星"称号,"健康之星"人数在全市排名第一。

单位地址:东城区东四十一条83号

联系电话:64040302　邮政编码:100007　(赵鹏)

【国家中医药改革试验区建设】　2月6日,国务院副总理李克强,国家中医药管理局局长王国强分别对新华社"关于东城区'试验区'工作扩大中医影响缓解社区居民看病难、看病贵"报道做出批示。2月19日,"试验区"建设委员会办公室,组织召开"首届京沪国家中医药发展综合改革试验区建设合作论坛",区政府与上海浦东新区政府签署"试验区"建设合作框架协议书。在地坛公园分别举办"第四届北京中医药文化宣传周暨第三届地坛中医药健康文化节"和"第二届北京中医药膏方节"活动,8万余群众参加。完成地坛公园中医药养生文化园二期改造,建成39个中医药特色健康管理社区。被国家中医药管理局确定为"国家基本公共卫生服务项目中医药服务试点地区",高血压、糖尿病项目和中医药养生保健服务机构准入试点的组长单位及健康教育项目副组长单位。和平里医院被北京市中医管理局批准转建三级中西医结合医院。与北京中医药大学附属东直门医院合作成立中医适宜技术培训基地。组建中医药科普知识专家宣讲团,编写中医养生读本和宣传材料。组织申报并获批社区中医慢病管理模式研究等多个专项课题,获课题经费800万元、美金5.4万元。在国家级期刊上发表《北京市东城区国家中医药发展综合改革试验区建设模式初探》和《国家中医药发展综合改革试验区中医药文化建设的四重境界》等论文。12月21日,新华社、中央电视台、《人民日报》等对东城区"试验区"进行全方位报道。经东城区编办批准,成立"试验区"建设委员会办公室,编制《东城区"十二五"期间国家中医药发展综合改革试验区建设及医药产业发展规划》。(赵鹏)

【卫生改革】　完成卫生监督机构、动物卫生监督机构整合,完成精神卫生资源、社区卫生服务管理中心整合,朝阳门医院转型为社区卫生服务中心。落实基层医疗卫生机构清理化解债务工作,完成国务院医改中期评估工作及改革各项任务。被市医改办评为社区卫生工作优秀第一档、医改创新工作第二档,获医改激励资金662.5万元。北京电视台、《北京日报》《北京青年报》多家新闻媒体进行采访报道。　(赵鹏)

【社区卫生】　制定《关于进一步推进东城区社区卫生服务体系建设的意见》,突出网格化社区卫生服务特色,全区有5个社区卫生服务中心、57个社区卫生服务站,社区医务人员1208人。164支家庭医生式服务团队签约管理居民10.92万户30.03万人,其中重点人群12.61万人,家庭医生式服务社区居民签约率列全市第一,建立居民个人电子健康档案76.09万份,列全市第一,居民对社区卫生服务满意度为全市第一。为60岁以上无社会养老保障老人1952人进行免费体检。规范管理高血压患者5.44万人、糖尿病患者2.12万人。开展慢病防治、预防保健、传染病防治、残疾人康复、中医养生等健康教育活动908次,社区居民6万人次参加,对1.4万人进行中医体质测评,培养家庭保健员1100人。开展社区卫生服务试点工作和创建示范社区卫生服务中心活动。体育馆路社区卫生服务中心通过卫生部及市卫生局专家复核,获"全国示范社区卫生服务中心"称号。完成东花市社区卫生服务中心改扩建工程,新建前门社区卫生服务站。(赵鹏)

【疾病控制】 全年乙类传染病报告发病率为230.51/10万,无甲类等重大传染病疫情发生,保持传染病低发水平,加强重点传染病防控,及时规范处置各类传染病疫情。对外来务工人员免费接种流脑和麻疹疫苗,为60岁以上老人及中、小学生免费接种流感疫苗7.71万人。加大艾滋病防控力度,开展高危人群干预。做好结核病人报告、转诊、追踪工作,确保结核防治全面达标。(赵鹏)

【精神疾病防治】 全区有精神病人5322人,进行家庭护理教育2376人次,康复活动31次。开展以"承担共同责任,促进精神健康"为主题宣传活动,普及普通人群心理健康知识,提高精神疾病预防知识知晓率,对重性精神病患者统一登记建档。为贫困精神病人免费发放药品,免费用药4690人次,投入经费29万余元。(赵鹏)

【学校常见病监测】 加强学生常见病监测,为监测点学校学生体检1.3万人,学生贫血患病率为0.92%;视力不良率为71.78%,其中小学生54.07%、中学生82.30%、职业高中学生76.03%;龋齿患病率为19.07%,其中小学生为9.38%、中学生为22.96%、职业高中学生为28.55%;营养不良率为18.11%,其中小学生为14.28%、中学生为19.24%、职业高中学生为25.81%;学生肥胖率为20.96%,其中小学生为21.30%、中学生为20.03%、职业高中学生为24.35%。针对学生营养不良、超重和肥胖,开展"快乐十分钟"、体育卫生监督等活动,控制超重、肥胖率的增长。开展学校控烟、健康教育和健康促进、急救知识培训、传染病症状监测调查、教学环境检测等工作。(赵鹏)

【慢病防治】 实施慢性病患者分级分层规范化管理。规范管理高血压患者5.44万人、高血压控制率60.83%;规范管理糖尿病患者2.12万人、血糖控制率62.09%。开展慢病防治、残疾人康复、中医养生等健康教育活动908次,惠及社区居民6万人次。(赵鹏)

【计划免疫工作】 实施扩大国家免疫规划策略,基础免疫规划疫苗接种率100%。推进规范化门诊验收和取消纸质卡验收工作,对5168名外来儿童进行强化查漏补种调查,未发现漏管儿童。完成133个单位外来务工人员流脑A+C疫苗4382针次、麻疹4344针次接种工作。完成免费流感疫苗接种7.7万人,其中在校学生5.05万人、60岁以上京籍老人2.65万人。对辖区免疫门诊、学校、托幼园所督导104次。(赵鹏)

【公共卫生监测】 完成公共场所检测755户,检测样品1.22万件合格1.14万件,合格率93.50%;二次供水检测302户,检测样品740件、合格723件,合格率97.70%。开展《职业病防治法》宣传活动,全区有职业病危害因素用人单位89家,监督检查覆盖率100%。检测放射医用诊断设备18台,对辖区48户单位进行个人剂量检测542人次,未发现超剂量照射。(赵鹏)

【卫生监督】 全区有餐饮服务单位4668户,监督检查1.18万户次。有二次供水单位468户,监督检查963户次;有公共场所1340户,监督检查1819户次,监督率100%。开展严厉打击餐饮服务环节食品中违法添加非食用物质和滥用食品添加剂专项工作,发放张贴宣传品4000套。完成409家自制火锅底料、自制饮料、自制调味料餐饮单位备案、公示工作。签订、公示食品安全承诺书3451份。开展打击地沟油非法提炼加工使用行为、餐饮服务环节"瘦肉精"、餐饮服务环节酒类质量安全等专项行动。(赵鹏)

【专项检查】 开展打击非法行医,对辖区医疗机构及其他机构(如美容院、专卖店等)开展监督检查853户次。对协和、天坛医院等辖区各医疗机构临床输血质量进行血液安全专项检查,对问题较多个别医院做重点督查,确保安全用血。对辖区325家医疗机构进行医疗废物监督检查,对存在问题进行现场指导,责令限期整改。(赵鹏)

【公共卫生监督】 全年接到群众公共卫生投诉举报785件,其中餐饮服务78.60%、医疗服务13%、公共场所占7.3%、生活饮用水占1.1%。投诉举报处理率100%,回复率100%,满意率100%。对卫生监督人员执法培训4次,400人次参加。(赵鹏)

【妇幼卫生保健】 管理孕产妇7144人,产后访视6984人,产后访视率97.76%,孕产妇死亡1例,新生儿死亡率2.07‰。抢救危重孕产妇229例,全部成功。新生儿疾病免费筛查和0~6岁儿童免费体检的人群范围扩展到常住人口,新生儿疾病免费筛查1.09万人。管理儿童2.82万人,儿童保健覆盖率98.2%,5岁以下儿童死亡率3.05‰,婴儿死亡率2.63‰。为适龄学生免费窝沟封闭1.15万人。对43家托幼园所卫生保健工作进行统一管理。开展适龄妇女宫颈癌、乳腺癌免费筛查工作,宫颈癌筛查1.13万人、乳腺癌筛查1.16万人,确诊宫颈癌4人、乳腺癌15人,做到早发现、早诊断和早治疗。为363人免费发放叶酸。婚前医学检查率6.18%,婚前卫生指导率100%。(赵鹏)

【医疗工作】 开展医院管理年、医疗质量万里行、三好一满意创建活动。开展抗菌药物临床应用专项整治,与9家二级医院签定《抗菌药物临床应用专项整治活动责任书》,开展督查,边整边改。完成34家医疗机构“麻醉药品、第一类精神药品购用印鉴卡”换发工作。落实“优质护理服务示范工程”活动,推进优质护理服务,辖区二级医院开展24个优质护理服务病房。举办“5.12”国际护士节庆祝活动,表彰优秀护理工作者。全面启动“三好一满意”活动(即:质量好、服务好、医德好、群众满意),落实“三好一满意”活动24项措施。完成一、二级医院20家单位督导检查工作。 (赵鹏)

【血液管理】 辖区无偿献血13.26万人次,医疗机构用血56944单位,其中成分用血5.69万单位。采血超出医疗机构用血132%(7.57万单位),为北京市血液保障做出贡献,被评为全国无偿献血先进单位和北京市无偿献血先进单位。 (赵鹏)

【对口支援】 与平谷、昌平区卫生局签订对口支援协议,对两区的14家乡镇卫生院进行对口支援。与内蒙乌兰察布市集宁区、新疆和田墨玉县对口支援。派出医务人员参加“同心·共铸中国心2011西藏行大型志愿服务活动”,接收3名青海省医师进修,对口支援赠款1.21万元,赠物折款3.33万元。 (赵鹏)

【医学教育】 举办区级继续医学教育项目350项,1176讲18.81万人次参加。选派15人参加市卫生局年度区、县级医院专业骨干培训,选送3名社区技术骨干,参加市级全科医学骨干培养,选送二级医院急诊骨干医师10人参加中法急救培训中心高级模拟人专项培训。年内招收临床大学本科及以上毕业生40人,全部送到三级医院参加规范化培训。51名社区卫生服务人员,通过北京市社区岗位培训考试,取得岗位培训合格证。完成中医全科医师岗位培训54人。 (赵鹏)

【科研工作】 完成市、区级科研项目22项,市级以上期刊发表论文210篇,8家医院15个项目被列为区科技计划项目,获资助资金15万元。 (赵鹏)

【财务管理】 全年,财政补助收入投入6.89亿元,其中离退休经费投入2.97亿元,卫生事业投入3.92亿元。全系统收入21.68亿元,支出22.14亿元。医疗设备总资产4.37亿元。 (赵鹏)

药品监督管理

【概况】 北京市药品监督管理局东城分局(简称药监分局),是北京市药品监督管理局设在东城区负责本行政区域内药品、医疗器械、保健食品、化妆品监督管理工作的派出机构。有公务员编制37人、工勤7人。下设区药品稽查办公室,公务员编制20人;区药品检验所,事业编制17人。内设职能科室8个:办公室、监察科、法规科、药品安全监管科、特药科、医疗器械监管科、保健食品化妆品监管科、市场监管科。主要职责对辖区药品、医疗器械、保健食品、化妆品生产和经营企业的产品质量进行监督管理,负责区域内有关药品、医疗器械、保健食品、化妆品法律法规及规章制度的宣传、贯彻、实施,药品、医疗器械、保健食品、化妆品生产、经营企业的日常监督管理,药品市场的监督管理及处方药、非处方药管理办法的具体实施,医疗机构制剂的初审和精神药品、放射性药品、毒性药品、麻醉药品及特种药械监督管理,药品、医疗器械不良反应监测、上报,药品、医疗器械产品广告监督管理工作。

年内,受理行政许可及服务类事项902件,其中药品类216件、医疗器械438件、保健食品232件。查处涉药违法案件受理207件,其中药品152件、医疗器械30件、化妆品11件、保健食品14件。市局交办案件48件,经调查立案70件、结案63件。罚没43.34万元,没收物品折合人民币7.88万元。监督过期药品销毁2次8吨。案件办理过程未出现行政复议和行政诉讼,参案卷全部为优秀。全年完成药品抽验978件,经检验不合格8件,抽验合格率为99.1%;完成医疗器械抽验48件,抽样28个品种,抽验合格率为93%;完成保健食品抽验24件,抽验合格率为100%;化妆品抽验55件,不合格4件,抽验合格率为92.7%。

单位地址:东城区东四北大街什锦花园胡同7号

联系电话:64029590 87194247 邮政编码:100007 (胡俊武)

【领导调研】 1月5日,市商委副主任闫小彦、副区长朴学东及市食品办督查考核组各成员单位领导,对北京同仁堂参茸有限责任公司东安药店进行食品安全督查考核,重点查看市药监局试运行的“保健食品电子监管系统”相关功能,对保健食品产品登记备案及追溯功能开发给予肯定。3月4日,副区长毛桂芬在区卫生局、产促局有关领导陪同下到药监分局调研。肯定药监分局工作,提出要求并视察博士伦、中国医保等重点企业。9月29日,副区长宋甘澍带领景山、建国门、东华门街道领导一行7人,到药监分局调研,看望、慰问一线工作人员,听取药监分局百千万工程创建工作进展情况及节日期间药品市场安全保障工作汇报。11月23日,副区长颜华到药监分局调研,分局领导就“三品一械”监管工作、“11.9打四黑除四害”案件查办和药品安全百千万工程建设工作进行专题汇报。颜华肯定分局工作规范严谨,队伍和谐团结,执法有力监管到位，提出今后工作要围绕“三个结合”，即：与东城区规划结合，促进辖区医药产业发展；与百姓关注焦点和需求结合，努力解决群众关心的热点、难点问题；与未来发展结合，树立科学执政理念，以科学监管手段促进药监工作。（胡俊武）

【宣传展示活动】 1月12日，在4家知名三甲医院开展“打击非法收售药品”宣传活动。讲解药品外包装外流的危害性，在医疗机构显著位置张贴“禁止从事非法收售药品和禁止利用社保卡非法牟取利益”的宣传告示，利用电子屏向就诊群众和过往路人做宣传，对医疗机构周边非法收售药品及外包装行为进行检查。3月11～14日，启动化妆品批发市场专题宣传咨询活动，在美博城、世纪天鼎美容美发市场、百荣世贸商城三大化妆品批发集散地，举办“化妆品法律法规宣传咨询活动”，宣传咨询600人次，发放宣传材料1500份。通过现场为消费者答疑解惑，实物对照，法条解析等方式，提高经营者对索证索票重要性以及产品外包装如何辨别夸大宣传、虚假宣传、权益保护等方面的认识。利用天坛街道文体中心，建立“安全用药”宣传展区，设立展品柜，提供宣传材料和关于非药冒药、保健食品非法添加、假劣药品等相关展品。9月6日，在天坛、东华门街道开展安全用药宣传活动。活动分室内、室外两个会场，受到居民欢迎。（胡俊武）

【特殊药品监管】 截至3月22日，完成特药日常监督81户次，其中经营企业监督75户次，达到市药监局提出的按月或按季巡查要求。年内，成立特药科，负责辖区特殊药品监管工作。北京市唯一1家麻醉药品和第一类精神药品全国性批发企业及3个区域性批发企业全部注册在辖区，特药经营企业24家。三级医疗机构9家，使用《麻醉药品和第一类精神药品购用印鉴卡》单位36家，美沙酮口服液药物维持治疗门诊2家，特药使用单位200家。提出“抓大顾小，科学监管”工作原则和“一全二联三强”工作思路，“抓大”即重点做好对麻醉药品和第一类精神药品全国性及区域性批发企业的监管，“顾小”即在做好对全国性及区域性批发企业监管的同时，兼顾其他涉及特药经营企业和使用单位的监管，“科学监管”即利用现场监管之外的网络监管方式。“一全”即对涉及特药的业务领域实施监管全覆盖，“二联”即工作中注重与卫生行政管理部门及公安部门联合，“三强”即强化对生产、流通、储运及使用重点环节监管，强化对重点岗位人员培训，强化对特药盲区监管。完成辖区全部特药经营监管相对人和大部分使用相对人数据库，做到底数清情况明。（胡俊武）

【销毁过期药品】 5月4日，集中销毁假劣药品、医疗器械、保健品、化妆品及过期药品3.34吨。被销毁物品主要来自专项行动、日常执法工作中罚没，开展“清理家庭小药箱”活动，从社区、街道回收，区药检所检验药品产生的部分废液和过期留样药品。（胡俊武）

【专项检查】 6月11日，对辖区旅游景点周边药品零售企业进行专项检查，内容包括进货渠道、资质留存、进销存票据、是否悬挂证照及监督举报电话，是否有店内私设诊所、拉客的行为等。检查中未发现销售无批准文号的内部制剂和假劣药品、私设诊所等违法违规行为。6月29～30日，对辖区所有有中药饮片经营范围药品零售企业进行监督检查，检查100家企业，其中零售连锁59家、零售单体41家，并对8家企业经营金银花进行抽验，检查中未发现供货渠道不明等违法违规行为。要求没有中药饮片经营范围企业对药食同源定型包装饮片进行自查。（胡俊武）

【百千万工程建设】 6月14日，举行“落实药品安全百千万工程建设药品安全员聘任大会”，会上，药监分局领导介绍《东城区落实药品安全“百千万工程”建设实施方案》，方案要求利用3年时间，完成“药品安全百千万工程”建设，即在辖区创建5个药品安全示范街道、在生产经营企业中评选出39家质量管理示范企业、聘用培养764名药品安全员。市药监局领导初云海、区领导毛桂芬出席，辖区200名药品三级社会监督网成员参加。（胡俊武）

【执法监督检查】 8月23日，由市药监局组成的执法监督检查组对东城药监分局2008年以来执法监督工作进行全面检查。东城分局对原药监东城分局、原药监崇文分局2008年至上年10月期间，新药监东城分局上年11月至本年6月期间，行政处罚和监督检查工作向检查组进行全面汇报。检查组查阅相关制度、处罚案卷、专项档案、抽验文书、日常监督记录，对相关人员进行现场提问。经过检查，肯定东城药监分局执法监督工作，对今后执法监督工作提出建议。（胡俊武）

【合理用药知识进社区】 8月24日，在东华门街道办事处智德社区，开展“为民服务创先争优——合理用药知识讲座”，宣传、解答群众关心热点问题。宣传咨询是“结对共建为民服务创先争优”活动的重要内容，是深化全国安全用药月和开展“药品安全大讲堂”活动中面向百姓公益活动。（胡俊武）

【专项打击违法活动】 11月9日，与东城公安分局联合开展“11·9”打四黑除四害突击检查行动，打四黑：严厉打击整治制售有毒有害和假冒伪劣食品、药品的“黑作坊”，严厉打击整治制售假冒伪劣生产生活资料的“黑工厂”，严厉打击整治收赃销赃的“黑市场”，严厉打击整治涉黄涉赌涉毒的“黑窝点”。除四害：依法打击惩处严重危害人民群众生命健康，严重危害青少年身心健康，严重危害百姓财产安全，严重危害公共安全和社会诚信的违法犯罪分子。对东城、丰台两区制售假药窝点进行连续50小时清查，端掉窝点5个，查扣药品19车（车辆为载重4吨卡车），抓获嫌疑人21人，刑事拘留12人。现场对20种可疑药品进行抽样送检。查扣药品530种，货款193.88万元。查扣邮售药品快递单据1900张，调取电脑记录显示，上年9月起邮售药品金额409.59万元。此次行动是与公安部门历经百天拼搏，联手开展打四黑除四害专项行动中有史以来查处涉案金额最大的涉刑移送案件。北京市“打四黑除四害”打防管控一体化专项行动至12月30日结束,出动执法人员700人次,检查企业400家次,发放宣传材料近万份。（胡俊武）

【药品安全整治】 年内,国务院六部局药品安全专项整治工作检查组,到东城北京医药股份有限公司检查药品安全专项整治工作情况,市药品监督管理局局长丛骆骆一行陪同。药监分局领导向检查组汇报东城区药品安全专项整治工作情况,北京医药股份有限公司负责人从企业执行各项法律法规情况、特殊药品管理状况、社区药品配送安全及企业发展等方面,进行汇报。检查组重点对医股药品冷库进行现场检查,对企业全程冷链管理满意,肯定对医股基本实现药品全程可追溯管理。通过检查,认为东城区药品安全专项整治工作坚持注重责任落实、协调配合、机制创新、科学发展取得成效,并提出几点意见。（胡俊武）

【开通药品稽查微博】 北京市东城区药品稽查办公室利用新浪微博,开通“北京东城药品稽查办”官方微博,向民众宣传“三品一械”安全使用常识及相关法律法规知识,解答民众关于“三品一械”方面疑难问题等,沟通渠道通达民意。（胡俊武）

【打击非法行医违法活动】 在打击整治游医、“黑诊所”等非法行医行为中,开展为期10天的专项检查,检查涉嫌非法行医场所6处,其中关停2处、查抄非法经营行医工具场所1处、收缴各种非法行医宣传板5块、各类无合格证及说明书药物若干,查扣医疗设备1套,移交工商部门、卫生监督所处理各1起。（胡俊武）

体　育

【概况】 东城区体育局(简称区体育局),是区政府主管辖区体育工作的行政职能部门。有公务员编制40人,设7个科室,即:行政办公室、党委办公室(监察科)、群众体育科、体育法制科、体育竞训科、人事财审科、体育产业发展科。有下属事业单位15家,其中全额拨款单位5家,即:社会体育管理一中心、社会体育管理二中心、第一体育运动学校、第二体育运动学校、青少年业余体校。差额拨款单位3家,即:天坛游泳运动中心、天坛网球运动中心、天坛体育活动中心。自收自支单位7家,即:东单体育中心、地坛体育中心、地坛体育馆、天坛体育服务中心、区后勤服务中心、区体育培训中心、东城区体育科学研究所。在编正式职工329人。

年内,围绕建设“国际化、现代化新东城”工作大局,推进区公共体育服务体系建设,促进区体育事业发展。有体育产业法人单位455家,形成以龙潭湖体育产业园为龙头,中部有东单体育中心,北有地坛体育中心、地坛体育馆,南有东城区全民健身中心、国家体育总局训练局健身中心为总体框架的体育健身休闲网络新格局。全年培训社会体育指导员614人,完成体质测试1万人,合格率88%,建立健康测试档案2万人次。为体校三大球、游泳等项目运动员进行体能测试,为2所体校运动员近2000人建立科学选材人才库。区体育局被国家体育总局确定为国家级“全民健身示范城区”试点单位,获年度“全国全民健身活动优秀组织奖”和“全国百城千村健身气功交流展示活动最佳展示奖”称号。

单位地址:东城区和平里中街18号

联系电话:64261982　邮政编码:100013（周春香）

【领导调研】 1月19日,国家体育总局群体司副司长刘国永一行3人到东城区就创建国家级“全民健身示范城区”进行调研。2月17日,国家体育总局局长刘鹏、副局长蔡振华、副市长刘敬民,教育部体卫艺司司长杨贵仁、市体育局局长李颖川,副局长李晋康、市教委副主任郑萼到广渠门中学调研北京市青少年足球工作。3月11日,南京市体育局一行16人到区体育局就加强全民健身工作进行交流座谈。6月17日,李颖川一行7人,到东城调研竞技体育工作,实地查看地坛体育中心综合馆、区体育运动学校体操馆、北京女子柔道训练馆,为北京时代天佑青少年高尔夫球俱乐部揭牌。7月15日,市体育局副局长王艳霞,到东城区就公园露天游泳场经营管理和对外开放情况进行调研。8月23日,区领导金旭率区人大教科文卫30人,到区体育局对青少年体育后备人才培养及体教结合工作情况开展调研。12月21日,世界国际跳棋联合会主席哈里·奥腾及夫人到第十一中学参观访问,参加“智力运动进校园”国际跳棋活动,世界冠军亚历山大·施瓦茨曼与学校选手20人进行国际跳棋车轮大战。12月28日,副区长许汇到区体育局调研,听取全民健身示范区和奥林匹克·体育生活化社区建设情况汇报。（周春香）

【全民健身活动】 4月23日,在青年湖公园,举行“区长杯”长跑比赛,区领导常卫、金旭、朴学东、宋甘澍出席开幕式,来自驻区单位55支代表队200名运动员参加比赛。5月5日,在东单体育中心,举行区第五届“和谐杯”乒乓球比赛启动仪式,市、区领导常卫、宋甘澍、刘忠胜、王艳霞等出席,全区17个街道、10个系统、5个地区主管领导、体育干部及东华门街道赛区运动员代表200人参加。6月25日,在全民健身体育中心,举行区全民健身体育节启动仪式,国家体育总局青少司司长郭建军、市、区有关领导李颖川、吴京汨、杨柳荫、牛青山、冯熙、徐鸿达等出席,17个街道、10个系统、5个地区2000人进行大型团体操表演。8月13日,在地坛体育馆举行北京市健身秧歌、健身腰鼓大赛暨东城区残疾人“体育健身进家庭”启动仪式,53支区县组代表队和86支社会组代表队2500人参赛。8月至12月,在地坛体育馆,举办区第二届青年体育节,武术比赛,第一届中老年人趣味运动会,干部、职工羽毛球邀请赛等群众体育活动,17个街道、32个社区代表队、35个参赛队伍分别参加各项比赛,参赛人员达1100人。全民健身活动有20万群众参加,举办各类标志活动400项、特色活动5000项,10万人次参加全民健身“快乐周末”比赛活动。(周春香)

【体育赛事】 5月28日至6月12日,在东单体育中心足球场,举办本年“奥运城市杯”东城区中、小学校园足球赛,全区22所学校24支代表队参加。7月2~13日,在东单体育中心篮球场,举行耐克街头篮球争霸赛、耐克杯“五人制”足球比赛、耐克篮球之夜等比赛,全市几十支篮球队、足球队参赛。7月9日,地坛体育中心与北京国安足球俱乐部,联合举办青少年守门员训练营活动。(周春香)

【安全工作】 6月16日,在青年湖公园水上世界,举办体育场馆夏季安全工作暨青年湖公园救生演练现场会,全区体育经营单位负责人100人参加。9月7日,召开体育经营单位安全工作会。与区安监局、公安分局、卫生监督所、消防支队开展联合检查,举办体育经营单位负责人业务知识培训,对个别单位开展电话咨询、现场辅导等一对一服务。(周春香)

【创建全民健身示范城区】 7月1日,召开创建“全民健身示范城区动员大会,举行东城区全民健身体育中心落成揭牌仪式。年内,制定“东城区全民健身实施计划”、“东城区创建全民健身示范城(区)工作方案”。全民健身组织网络覆盖全区,形成各级各类1200个体育团队为基础的三级组织网络,有法人体育社团18个、单项协会9个、晨晚练站点526个、社会体育指导员4000人。全民健身经费投入1346万元,区群众体育事业经费达到人均14.6元,体育设施面积人均1.2平方米。有区级全民健身体育活动中心1个、街道文体中心12个、全民健身工程257个。全年,编发《全民健身简讯》34期,编辑发行《东城全民健身》报纸12期,编印发放社区体育工作实用手册、东城区全民健身工作经验汇编。(周春香)

【体育舞蹈及首届国际舞蹈赛】 7月9日,在地坛体育馆,举行中国体育舞蹈公开赛,19个省、市、自治区及香港特别行政区50个代表队参赛,国家体育总局社会体育指导中心主任胡建国、副主任张怡,总政宣传部副部长陈招娣及市、区有关领导王艳霞、宋甘澍等出席开幕式,600对选手参加7个组别14个项目比赛。9月24日,在地坛体育馆首届中国北京国际舞蹈公开赛开幕,中国奥委会副主席胡家燕、副市长刘敬民、国际体育大会主席海因·威尔布鲁根、世界体育舞蹈联合会主席卡洛斯·费雷泰格、国际奥委会体育部部长克里斯托夫·杜比、亚洲体育舞蹈联合会主席鹈飼庆司,国家体育总局、市、区主要领导出席开幕式,25个国家70对选手参赛,是北京市举办的最高水平国际体育舞蹈大赛。(周春香)

【体育设施对外开放】 发布《东城区学校(单位)体育文化设施向社会开放管理办法》,拨款500万元对开放学校(单位)给以资金扶持,为257套全民健身工程、62所学校、32家社会单位、10座公园健身场所及设施统一购买公众责任保险。15所学校获“北京市学校体育设施向社会开放先进单位”称号。(周春香)

【第七届全运会上获奖】 东城区代表团参加第七届全国城市运动会13个项目比赛,获乒乓球女子双打、自行车男子场地全能2枚金牌,柔道男子无差别级、女子步枪三姿、女子飞碟双向3枚银牌,游泳女子100米仰泳、柔道女子52公斤级、女子双人10米跳台3枚铜牌,获代表团体育道德风尚奖。(周春香)

【青少年体育】 全区有44所体育项目传统校、28家青少年体育俱乐部,其中5所学校被国家体育总局和教育部共同命名为“国家级体育传统项目学校”,13所学校获“上年度至本年度北京市先进体育传统项目学校”称号。全年报送市体育局一级运动员21名,审批二级运动员110名。2所体校有1832名运动员完成系统注册,向市级体校输送73名运动员。举办10项东城区“阳光体育”赛事,组织全区体育项目传统学校参加12项市级传统项目学校比赛。完成北京市青少年篮球、游泳、体操、摔跤、柔道5项锦标赛,承办北京市青少年业余体校羽毛球锦标赛、篮球锦标赛(女子组),比赛中获羽毛球锦标赛男子、女子甲组团体第一名,女子乙组团体第一名成绩,获女子篮球锦标赛甲、乙、丙3个组别第一名成绩。(周春香)

【场馆建设】 年内,天坛游泳馆、天坛网球馆、国家高水平体育后备人才基地综合训练馆、天坛体育活动中心田径场、足球场先后完成升级改造并投入使用。区全民健身体育中心落成揭牌。区体育文化中心项目进行前期专项调研、概念设计。(周春香)

社 会 生 活

民 政

【概况】 东城区民政局(简称区民政局),是区政府管理有关社会行政事务的职能部门,负责社会救助与福利、基层民主政治建设、服务军队和国防建设、专项社会行政事务管理等方面工作。内设15个行政科室,工作人员64人。事业单位29家,编制296人,工作人员218人。

年内,完成区政府折子工程、为民办实事项目和各项民政工作任务。在市民政系统争先创优评比中,区民政局被评为北京市民政工作绩效管理考评优秀单位;连续第6次被评为全国双拥模范城。年初,为1300余地退人员调整、补发生活补贴1700万元。截至12月底,为787名老人送祝福。组织编制首都功能核心区调整后的新版东城区行政区划图。根据区属各部门不同工作需要,分别编制1:13000和1:9000两种比例尺版本3500张。

单位地址:东城区幸福大街32号

联系电话:84012469 邮政编码:100061 (董蕾)

【慈善救助】 1月,开展“双千户送温暖”活动,对区10名品学兼优的在校大学生救助5万元。区慈善协会东四分会“十元慈善”募捐救助活动募集善款1173.68元。联合北京市慈善协会走访慰问13个街道的24户因大病致贫家庭,送去救助款30万元。举办“凝聚爱心,情暖京城”慈善爱心卡发放活动,294户特困群众领取爱心卡。7月,开展“共产党员献爱心”捐赠活动,单位479个、党员63129人、群众7962人捐款1770259.8元。举办“携手梦想,放飞希望”助学活动,给317户符合救助标准家庭,发放救助金31.7万元。区慈善协会全年接收捐款7573.68元。接待流浪乞讨人员求助856人,救助849人。处理网格3403件。 (董蕾)

【社会救助】 以“无社会救助盲点”为目标,落实各项社会救助政策。1月1日,城市低保标准从家庭月人均430元上调为480元;7月1日,城市低保标准从家庭月人均480元上调为500元。截至12月,全区有低保对象及生活困难补助人员9714户、17452人,累计支出救助资金9508.06万元。全年新增低保及生活困难补助对象519户、778人。6164户、8335人享受粮油帮困补贴,发放补贴金411.22万元。低保、低收入等享受医疗救助人员2188人次,支出救助资金528.71万元。为296人办理临时救助,发放救助资金94.58万元。享受供暖救助5336户,支出救助资金285.69万元。享受高等教育新生入学救助184人,支出教育救助资金81.99万元。 (董蕾)

【扶贫济困送温暖】 春节期间,联合区人力资源和社会保障局、残联、红十字会等9个职能部门和17个街道办事处,对低保对象、优抚对象、劳动模范、失业人员等23类对象、2.87万人和10家节假日坚守一线的企业职工走访慰问,支出慰问金1000.66万元。全年3次为辖区内低保对象5.41万人发放一次性生活补贴1162.04万元。 (董蕾)

【双拥工作】 春节、“八一”期间,区领导走访慰问驻区部队,并进行座谈,区、街召开军政座谈36次,为驻区部队和优抚对象赠送慰问金及慰问品500余万元。6月23日,举办“颂歌献给党”双拥专场红歌会,全区军民500余人参加演出。协调区教委办理部队干部子女入学35人,协调区人力资源和社会保障局组织随军家属就业服务月活动。举办军地两用人才中式厨师培训班,“七一”期间,组织驻区部队10个单位、100余名党员开展便民服务活动,接受医疗咨询60人、体检110人、理发20人,修理电器10件、磨刀60把。向驻区部队发放拥军社会化服务手册——《东城区社会组织服务资源手册》。9月27日,举行社会组织拥军服务进军营活动启动仪式,10个社会组织为11支驻区部队提供心理健康知识普及等11项服务。11月17日,举办第七届“双拥杯”乒乓球邀请赛。年内,完成争创全国双拥模范城“六连冠”。 (董蕾)

【接收捐赠工作】 4月和10月,2次“送温暖、献爱心”活动募集捐款1185787.42元,(“春风送暖”活动募集捐款1139742.42元,“冬衣送暖”活动募集捐款46045元、衣被84685件)。截至10月底,日常接收捐款146565元,物资5776件,价值55950元。 (董蕾)

【殡葬管理】 建立东城区殡葬联合执法单位联席会制度,清明节期间,联合执法组对全区11家医院太平间集中执法检查,全年审批符合无丧葬补助居民丧葬补贴待遇人员707人,发放丧葬补贴353.5万元。 (董蕾)

【养老机构建设】 7月1日,社会办养老机构——东城区长青养老院接收老人,新增床位300张。7月,确定长青养老院为本区定点福利机构。审批低保老人11人入住定点养老机构。成立养老机构星级评定领导小组及专家组。区三和老年公寓和北京市东篱老人乐园获二星级认定,其余3家机构获一星级认定。北苑区级养老院装修改造工程完工。全区有养老服务机构9家,床位885张。其中区级养老院1家,街道级3家,社会力量办5家。 (董蕾)

【孤儿保障工作】 11月,向孤残儿童发放一次性临时生活补贴4600元。全年向26名社会散居孤儿和视同孤儿事实上无人抚养儿童发放基本生活费37.14万元。协调房管局落实孤儿成年后的住房保障工作。 (董蕾)

【社区建设】 制定《东城区关于建立社区多元参与机制的工作意见》《东城区关于进一步推进社区居民会议常务会议建设的意见》,编制《东城区社区服务站服务标准》。4个街道和76个社区被评为市级和谐社区建设示范单位。公开招考100名社区工作者,其中,30岁以下的98人;本科学历的38人,研究生以上学历的54人;党员及预备党员62人。每个社区配有心理健康辅导员1人。 (董蕾)

【居家养老服务】 制定《关于开展养老(助残)餐桌、托老(残)所规范化建设试点工作的通知》《关于实施95周岁以上老年人补助医疗制度的通知》《东城区居家养老(助残)服务单位管理规定(暂行)通知》《东城区居家养老(助残)券管理使用补充规定(暂行)通知》《关于进一步加强我区养老(助残)精神关怀服务工作的指导意见》。按照国家标准制定和实施《东城区居家养老服务的通用基础标准体系》和《东城区居家养老服务标准体系》。向3.01万名80周岁以上老年人和特殊老年人发放居家养老(助残)服务券3395余万元;签约居家养老服务商490家,其中养老(助残)餐桌255个,非餐饮类服务商235家;建立托老(残)所190家;发放"小帮手"电子服务器1270部;为独居老人免费安装居家养老智能电话1429部,安装紧急医疗救助呼叫器("一按灵")1182部;推选市级"孝星"501名,表彰区级"孝星"499人。为402家居家养老服务单位更换"北京市东城区养老(助残)定点单位"铭牌;完成养老(助残)餐桌示范化建设27家、托老所27家。为65岁以上老年人办理优待卡9373张;为3411名90岁以上老年人发放高龄津贴398万元;为163名95岁以上老人报销补助医疗56余万元。为1541名无社会保障老年人进行包括20余项生化指标在内的免费体检等。 (董蕾)

【福利生产与福彩发行】 全区有福利企业18家,职工665人,其中残疾职工269人。完成销售及营业收入3.5亿余元,利税总额1467.35万元,上缴税款1165.31万元,实际退税298.63万元。18家福利企业通过年度审核认证。根据《北京市用人单位安排残疾人就业岗位补贴暂行办法》,为福利企业残疾职工审核发放残疾人就业岗位补贴94万余元。核发精残职工安置补贴13万元。"两节"期间向区福利企业残疾职工"送温暖"15万余元。区电脑福利彩票销售2.15亿元,即开票销售达到5614.15万元。 (董蕾)

【优抚安置】 全区有残疾军人815人,烈属516人,享受定期抚恤补助因公牺牲军人遗属6人、病故军人遗属46人、老复员军人28人,参战退役人员10人,优抚对象1893人。定期享受抚恤补助优抚对象122人免费参加医疗保险,全年为优抚对象二次报销医疗费79.10万元。办理一次性抚恤金75人,发放抚恤金921.3万元。提高义务兵优待金标准至2.8万元。全年接收复转军人248人,其中复工复学32人,政府推荐92人,自谋职业124人。委托区职业技术学校、燕鹏丰硕学校等4家培训机构,免费提供计算机操作、软件测试工程师、电工等15项技能培训。 (董蕾)

【军队离退休干部服务管理】 全年,接收安置军队离退休干部112人。落实军休干部生活补助补贴4124万元,军休干部增资11.8万元,落实军粮差价及服装费约44万元,落实护理费、丧葬费143.8万元;春节走访军休干部152人,为军休干部1986人发放慰问金。 (董蕾)

【社会组织管理与服务】 全区有社会组织552家,其中社会团体207家,民办非企业单位245家。完成行政许可113项,其中社会团体成立和筹备成立7项,变更登记15项,注销登记6项;民办非企业单位85项,其中成立登记13项,变更登记69项,注销3项。全年区社会组织和社区社会组织开展各类服务项目近1000余项。组织区巧娘工作室发展协会、区健身操舞协会等16家社会组织开展"送文化、送服务"进军营活动。向国旗护卫队赠送社会学、哲学等价值1万元的300余册图书。北京市青少年法律与心理咨询服务中心等社会组织以及社区社会组织利用市民中心平台开展200余场公益活动,受益1万余人次。两个中心为北京社会生活心理卫生咨询服务中心提供专项资金扶持13万元。 (董蕾)

【见义勇为权益保护】 全区有见义勇为人员136人。依法确认见义勇为人员1名,并给予奖励费4000元。为9名享受低保的见义勇为人员发放全年困难生活补助,每人2000元;根据伤残等困难见义勇为家庭的需求,办理一年的家政服务卡。组织见义勇为人员外出疗养。走访慰问困难见义勇为人员20人(次),市、区两级发放救助资金10余万元。组织见义勇为人员观看文艺演出1场,为见义勇为人员更换公园年票,并办理国航购票优待证。 (董蕾)

【婚姻登记管理】 全年办理结婚登记1.47万对,离婚登记2960对,补领婚姻证件1824件。 (董蕾)

【民政信访】 全年,受理群众来信72件,其中上级部门转办信件45件、群众来信25件,接待信访群众85人次;矛盾纠纷预测排查3次,排查出矛盾纠纷30件;处级领导阅批信72件,参与接待的处级领导30人次。来信结办率100%。

(董蕾)

居民生活

【居民收入】 2011年居民人均家庭总收入38716元，比上年增加3448元，同比增长9.8%。人均可支配收入34626元，比上年增加3941元，同比增长12.8%。人均借贷收入26107元，比上年减少78元，同比下降0.3%。在人均家庭总收入中，工资性收入24739元，占人均家庭总收入的63.9%，比上年增加152元，同比增长0.6%。经营净收入747元，占人均家庭总收入的1.9%，比上年减少144元，同比下降16.1%。财产性收入600元，占人均家庭总收入的1.5%，比上年减少19元，同比下降3.0%。转移性收入12630元，占人均家庭总收入的32.6%，比上年增加3459元，同比增长37.7%。

（吴静）

【居民支出】 居民人均家庭总支出29682元，比上年增加1294元，同比增长4.6%。人均借贷支出35097元，比上年增加1975元，同比增长6.0%。在人均家庭总支出中，消费性支出为23813元，占人均家庭总支出的80.2%，比上年增加1617元，同比增长7.3%。购房与建房支出186元，占人均家庭总支出的0.6%，比上年增加131元，同比增长237.9%。人均转移性支出2178元，占人均家庭总支出的7.3%，比上年减少140元，同比下降6.0%。人均社会保障支出3441元，占人均家庭总收入的11.6%，比上年减少250元，同比下降6.8%。（吴静）

【食品支出】 居民家庭人均购买食品支出7768元，比上年增加239元，同比增长3.2%，低于人均消费支出增幅4.1个百分点。其中：购买粮油类支出829元，同比增长4.8%；肉禽蛋水产品类支出1607元，同比增长10.0%；蔬菜类支出586元，同比下降4.3%；调味品支出137元，同比增长5.5%；糖烟酒饮料类支出884元，同比增长2.9%；干鲜瓜果类支出762元，同比增长1.8%；糕点、奶及奶制品类支出704元，同比下降0.3%；其他食品支出85元，同比增长8.1%；饮食服务支出2174元，同比增长1.5%。本年恩格尔系数32.6%，与上年相比下降1.3个百分点。（任羽利）

【衣着支出】 居民家庭人均购买衣着支出2300元，比上年增加49元，同比增长2.2%。其中：购买服装类支出1648元，同比增长2.5%，人均购买服装11件；鞋类支出540元，同比下降0.1%，人均购鞋3双。其他衣着用品、衣着材料和支付衣着加工服务费共计支出113元，同比增长8.6%。

（任羽利）

【家庭设备用品及服务支出】 居民人均家庭设备用品及服务支出1746元，比上年增加207元，同比增长13.5%。其中：人均购买耐用消费品支出为814元，比上年增加131元，同比增长19.1%；床上用品支出135元，同比增长21.8%；家庭日用杂品支出639元，同比增长13.3%；家庭服务支出104元，同比下降12.1%。（李兴阔）

【医疗保健支出】 居民家庭人均用于医疗保健方面的支出为1730元，比上年增加3元，同比增长0.2%。其中：购买药品支出813元，同比下降0.5%；滋补保健品支出322元，同比下降0.5%；医疗费支出493元，同比下降3.8%；购买医疗、保健器具和其他医疗保健支出共102元，同比增长38.7%。（李兴阔）

【交通和通信支出】 居民家庭人均用于交通和通信方面的支出为3538元，比上年增加453元，同比增长14.7%。其中：交通类支出（包括购置家庭交通工具、购买车辆用燃料及零配件、交通工具服务支出和交通费）2353元，同比增长30.9%。其中，购置家庭交通工具支出1040元，同比增长133.9%；支付交通费505元，同比下降3.2%。通信类支出（包括购置通信工具和支付通信服务费用）1185元，同比下降8.0%。其中，购置通信工具支出269元，同比增长2.0%；通信服务费用支出916元，同比下降10.6%。（魏瑶）

【教育文化娱乐支出】 居民家庭人均用于教育和文化娱乐方面的支出3549元，比上年增加54元，同比增长1.6%。其中：用于购置文化娱乐用品的支出1188元，比上年增加130元，同比增长12.2%；用于文化娱乐服务方面的支出1361元，比上年减少35元，同比下降2.5%；支付各种教育费用1000元，比上年减少40元，同比下降3.9%。（魏瑶）

【居住支出】 居民家庭人均居住支出2110元，比上年增加489元，同比增长30.1%。其中：住房支出1050元，比上年增加425元，同比增长68.0%；水电燃料及其他支出979元，比上年增加119元，同比增长13.8%；居住服务费支出（包括：物业管理费、住房维修服务费等用于住房的服务费用）80元，比上年减少55元，同比下降40.8%。（任飞平）

【居民能源与水的消耗支出】 居民家庭人均水支出121元，比上年减少1元。人均电支出556元，比上年增加107元；人均罐装液化石油气消费支出35元，比上年增加14元；人均管道天然气消费支出137元，比上年减少36元；人均煤炭消费支出19元，比上年增加8元。（任飞平）

【居民储蓄】 居民家庭人均存入储蓄款34127元，比上年增加2223元,同比增长7.0%;人均提取储蓄存款25779元,比上年减少173元,同比下降0.7%;存款比取款多8348元。2011年居民人均储蓄性保险支出257元,购买有价证券30元,归还住房贷款144元。 (吴非)

【主要耐用消费品拥有量】 年内,每百户居民平均购买大件生活消费品的数量为:洗衣机9台,电冰箱7台,空调器10台,淋浴热水器8台,彩色电视机15台,家用电脑(整机)13台,摄像机2架,照相机6架。每百户居民主要大件生活消费品拥有量为:家用汽车26辆,洗衣机101台,电冰箱104台,微波炉90台,空调器173台,淋浴热水器91台,彩色电视机147台,家用电脑110台,组合音响22套,钢琴5架,摄像机25架,照相机96架,各种健身器材5套,固定电话96部,移动电话220部。 (吴非)

计划生育

【概况】 东城区人口和计划生育委员会(简称区人口计生委),是区政府职能部门,负责全区人口和计划生育工作,下设药具管理站。区计划生育协会(简称区计生协)是协助政府动员群众参与人口和计划生育工作社会团体。设办公室、宣传教育科、政策法规科、流动人口服务管理科、调研协调科、计划生育协会、生殖健康技术指导中心、计划生育药具管理站8个科室。

年内,在"构建统筹解决人口问题体制框架、加强区域人口问题研究、落实重点改革任务、深化综合改革、开展阳光计生行动、拓展优质服务、促进家庭和谐幸福"等方面取得成效,自主研发的全区人口网格化管理与服务系统,将人口计生工作融入到网格,构建全方位人口计生服务管理网格化信息工作平台。

单位地址:东城区美术馆后街12号

联系电话:84048378 邮政编码:100010 (王承岩)

【元旦春节走访慰问】 1月10日,区人口计生委开展"送《福》亲情牵手家庭"活动。为全区46户牵手家庭送去《大"福"字年历》和米、面、油、鸡蛋、木耳、蘑菇等年货。"亲情牵手户"均为独生子女伤残或死亡,且在生活上有困难需要帮助的家庭,全区现有46户。区计生委与这些家庭建立亲情牵手关系,组织近百名"亲情帮扶志愿者"根据需要开展日常上门服务,节日送温暖等活动。 (王承岩)

【领导调研】 4月21日,市人口计生委常务副主任徐捷到东直门街道调研全员人口信息库建设、网格化实有人口管理和服务系统及以"住宅"为载体人口规模预测研究等工作。徐捷重视和关注东城区在"大人口"和"小人口"工作方法、思路、理念和模式上的创新,详细了解社区网格化管理的工作内容、方式、经费运转、居民服务项目、人员信息采集等内容。5月10日,国家人口计生委有关部门负责人郭震威、市人口计生委副主任丁勇到东直门街道、东花市街道,就网格化社会服务管理创新工作和新时期人口计生工作专题调研。郭震威提出:完善统筹解决人口问题的工作机制;增强服务理念;从机构、人力资源配置等方面整合深化社区工作;发挥工作队伍网络和全员人口信息库优势,做好人口信息采集、变更及网格核查工作,完善人口信息发布和人口管理与服务体制改革。5月25日,中国计划生育协会副会长苗霞就生育关怀基金情况和独生子女伤残、死亡家庭养老服务项目到区调研。希望与东城区建立长期联系,共同做好独生子女伤残、死亡家庭养老服务工作。6月21日,市人口计生委副主任耿玉田到区计划生育生殖健康指导中心校验并指导工作。认为中心工作规范严谨,工作流程合理,体现以人为本、以家庭为中心服务理念,宣传教育特色突出,覆盖人群广泛,达到国家和北京市校验标准。 (王承岩)

【独生子女素质教育】 5月14日,与市青少年法律与心理咨询服务中心联合举办"爱心伴你成长——东城区关怀独生子女素质教育系列活动成果展",市人口计生委副主任彭彧华及团市委有关部门领导出席活动。彭彧华观后表示:"亮心计划"是一个投入小,效果好的"生育关怀"小项目,培训时间短,但对孩子们一生却起着至关重要的作用,希望家长与孩子们共同成长。全年举办培训12期,360余名青少年参加培训。2000余个家庭受益。 (王承岩)

【孕期教育】 6月19日,举办"准爸爸训练营","准爸爸"们穿着特制孕妇装,体会上床、翻身、系鞋带动作给孕期妻子带来的种种辛苦。区人口计生委举办的"准妈妈俱乐部"实行免费孕妇教育,已列入政府为民办实事工程。2007年开办以来,有1万余人次接受系列培训。中央电视台、北京电视台对活动进行报道。 (王承岩)

【女性健康知识讲座】 7月5日,区开展"流动人口女性健康知识讲座"。讲座由社区卫生站站长主讲,区内的30多名流动人口育龄女青年听课。站长结合青年女性的特点,就乳腺癌的自我筛查、痛经的预防和女性关心的穴位美容等内容进行介绍。参加讲座的流动人口女青年表示:讲座是一堂解渴的"女性健康"课。感谢计生部门给予她们的关心关爱,让她们感受到了"第二故乡"的温暖。 (王承岩)

【举办“女孩手工作品”展示】 7月6日,区组织“女孩手工作品展”。60余件十字绣、绘画和手工艺作品参加展示,这些作品出自36名11到16岁的女孩之手。展现了女孩们心灵手巧、热爱生活和高雅的情趣、积极向上的精神风貌。展示吸引200多名市民参观。 (王承岩)

【培训工作】 7月8~14日,举办全员流动人口信息系统社区应用培训班,全区205个社区计生主任和社区服务站信息录入人员450人分9批参加培训。培训内容,一是对北京市全员流动人口信息系统操作步骤讲解和演示。二是对北京市全员流动人口信息系统在流动人口计划生育服务与管理工作中信息采集、信息登记、信息维护、信息协查、信息通报具体应用;各项工作任务操作流程,工作考核标准和方法提出的具体要求。9月14~20日,举办全员人口信息系统培训,17个街道、205个社区计生工作人员参加培训。培训分为讲解、案例练习、问题答疑3个步骤,解决社区计生干部遇到的问题。9月28日,举办计划生育药具发放网络运维实施方案暨计划生育药具管理与发放服务平台操作系统培训会,17个街道计生科长、药具干部及部分社区药具干部参加培训。针对区计划生育避孕药具发放网络布局、管理运维机制建立、宣传服务工作要求及目标管理评估等内容,解读《东城区计划生育药具发放网络服务管理实施方案》,讲解药具管理与服务网络系统操作规程并现场答疑。12月15日,区计划生育生殖健康技术指导中心与区商业联合会携手举办消防安全知识培训。参加培训的有中心工作人员和办公楼内各单位领导及相关人员。 (王承岩)

【世界人口日系列活动】 7月11日是第22个世界人口日,区计生协与东华门街道计生协联合开展“流动的协会、流动的家、关爱女孩你我她”系列宣传活动。区人口计生委、计生协及东华门街道领导参加。 (王承岩)

【计划生育免费药具进药店】 8月3日,区人口计生委在区药品监督管理局召开“计划生育免费药具进药店座谈会”,辖区内10家药店负责人以及区药具站全体人员参加座谈会。区人口计生委领导与各药店负责人就“计划生育免费药具进药店”工作的可行性、可操作性、免费发放网点的运维、免费发放药具的质量监督及群众使用免费药具后的后续等问题进行讨论,达成共识。 (王承岩)

【育龄群众生殖健康调查】 8月25日,与中国医学科学院、中国协和医科大学北京协和医院在中国移动通信北京分公司多功能厅联合召开生殖健康进机关暨东城区育龄群众生殖健康现况调查项目启动仪式。调查了解区育龄妇女生殖健康现状。在启动仪式现场,中国移动北京公司120名育龄妇女填写调查表。该项目是国家级“十二五”科研项目的子项目,项目的产出惠及区育龄群众。 (王承岩)

【研讨社区“生命蓝岛”工作】 8月26日,区人口计生委组织街道计生办、社区卫生服务中心(站)负责人研讨社区计划生育技术服务——“生命蓝岛”工作。结合区网格管理的优势,强化社区“生命蓝岛”的服务职责和服务内容,率先在全市推出街道层面的计划生育技术服务阵地建设,即在社区卫生服务中心建立“生命蓝岛”,按照“六统一”原则进行管理使区计划生育技术服务网络进一步健全,工作做到联心、联手、联动,服务做到倾心、倾情、倾力。“生命蓝岛”作为计卫联手在社区开展计划生育技术服务的品牌,得到市人口计生委和卫生局的认可。区人口计生委、卫生局相关领导、街道计生办科长、社区卫生服务中心主任、社区卫生服务站站长120余人参加会议。 (王承岩)

【聘任政风行风监督员】 9月14日,举行政风行风监督员聘任大会。本届监督员20人,从区人大代表、区政协委员、社会知名人士、机关干部、流动人口等方面选聘产生,任期2年,行使人口计生领域政风行风监督权。 (王承岩)

【举办征文演讲活动】 9月22日,区人口计生委与区教委在北京市第177中学联合举办“青春健康伴我行——我的青春故事”征文演讲及表彰活动。市人口计生委宣教处和区人口计生委领导出席并致词,区中学生代表、人口计生干部代表300余人参加。7名演讲者分别代表家长、教师和学生,以“青春健康”为主题,结合自身经历,围绕“温暖集体 成长动力”、“青春之路 良师为伴”、“阳光青春 快乐成长”、“青春之路益友相随”、“生命阳光 呈现关爱”、“我是会合作的”、“青春之花在社会实践中绽放”7个选题演讲。区人口计生委与区教委于5月联合启动“青春健康伴我行——我的青春故事”征文演讲活动,为期三个月的活动吸引全区各中学的上万名中学生积极参与,各校推荐优秀稿件千余篇,经区专家审核推荐200余篇参与全市评奖。 (王承岩)

【药具管理与发放平台操作培训】 9月28日,区人口计生委召开“计划生育药具发放网络运维实施方案暨计划生育药具管理与发放服务平台操作系统培训会”,17个街道的计生科长、药具干部及部分社区药具干部参加培训。培训会针对区计划生育避孕药具发放网络布局、管理运维机制建立、宣传服务工作要求及目标管理评估等内容详尽解读区下发的《东城区计划生育药具发放网络服务管理实施方案》。聘请开发区计划生育药具管理与服务网络系统的技术公司,讲解《东城区计划生育药具管理与服务网络系统的介绍及操作规程说明》并现场答疑。 (王承岩)

【启动宝贝计划工程】 12月7日,由市人口计生委、计生协主办,区人口计生委、计生协承办的市“宝贝计划工程”(0~3岁)早期教育启动仪式在区举行。中国计生协、中国人口福利基金会、市人口计生委、计生协、市教委、市卫生局等部门领导出席,16区(县)人口计生工作者代表100余人参会。启动仪式由彭彧华主持,副区长颜华致词。市人口计生委主任刘志为获本市“宝贝计划工程”市级早教示范基地的东城区授牌,赠送10万元启动发展资金和5万元早教教具。启动仪式后,与会人员参观早教基地。 (王承岩)

【流动人口纳入网格管理】 东城区是市社会管理创新综合试点区,全面推行网格化社会服务管理模式,构建区、街、社区和工作网格“四级”服务管理工作机制。区人口计生委探索人口计生网格化管理新模式,将流动人口计划生育6项任务纳入网格化管理。将管辖地域的205个社区划分为589个社会管理网格,由专门网格工作人员对社区实施24小时动态管理。 (王承岩)

【0~3岁早期教育现状与需求调查】 年内,区0~3岁早期教育现状与需求调查 启动。主要针对0~3岁幼儿童家长及看护人,采用定性深访与定量研究相结合方式,推估和描述全区总体情况,掌握0~3岁早期教育现状和家长在早期教育方面的需求,为科学实施早教工程奠定基础。 (王承岩)

老龄工作

【概况】 东城区老龄工作委员会办公室(简称区老龄办),承担协调、推动老龄事业发展规划落实和维护老年人合法权益的保障工作,指导、监督和检查全区老龄工作,贯彻执行市政府和市业务主管机构关于老龄工作的各项政策规定。区老龄委成员单位47个,区老龄办与区民政局老龄科协调办公。全区有60周岁及以上户籍老年人21.7万人,占总人口的22.5%,其中,80岁及以上高龄老年人5万人,占老年人口的23.2%。在区居住百岁老人59人,其中女性37人,年龄最长者106岁。纯老年人家庭人口2.08万人。

年内,制定《东城区“十二五”时期老龄事业发展规划》,建立居家养老(助残)标准化服务体系,打造东城区居家养老(助残)服务新模式。召开区老龄工作会议,部分委办局、17个街道老龄工作者90余人参加。召开居家养老工作会议,制定出台东城区居家养老服务5个规范性文件。召开95岁以上高龄老年人医疗补助培训会议。完成市政府绩效管理工作专项检查组对区居家养老服务工作的检查。完成区绩效考评专家组对老龄工作经费保障机制的评估考核。与人力社保局协同进行居家养老(助残)员招聘情况调查。召开“孝星”命名大会暨重阳节庆祝活动,举办区第一届中老年趣味运动会。全年编发东城《老龄工作信息》12期、《老龄工作简报》11期。全区有街道老年人协会4个,社区老年人协会190个,会员1.6万人。

单位地址:东城区幸福大街32号
单位电话:64035912 邮政编码:100061 (王玉萍)

【慰问活动】 元旦、春节和重阳节期间,区领导杨柳荫、牛青山等除夕夜参加“亲情陪伴大年夜”活动,到东直门敬老院看望慰问老人;赵中原看望全国道德模范、“京城活雷锋”、市“孝星”孙茂芳,看望全国道德模范、“指路大王”谢亮。区老龄办举办春节(电影)团拜会,近千名老年人及“孝星”和“为老服务先进单位”代表出席。重阳节区红十字协会赴刘家店镇敬老院、千家店敬老院慰问孤寡老人,到朝阳门医院看望住院老人,看望“感动东城十大公德人物”、“北京十大志愿者”张振华老人。

(王玉萍)

【文体活动】 6月,举办纪念中国共产党成立90周年老年书画、摄影、手工艺品展览,收集17个街道、200余个社区、600名老年人作品400余件,其中,80岁以上老年创作者36人,参展年龄最长者99岁,近千名老人观展。10月,组织老年文艺专场,400余名老年人观看歌舞音乐剧《罗丝湖》。11月,会同区体育局、民政局,举办区第一届中老年趣味运动会。设8个个人项目、3个多人项目,17个街道和涉老单位23个队、380余人参加。区门球协会(1987年成立)有会员队100个、会员近1000人,有裁判员77人,教练员68人,建门球场地20余块,举办各种赛事389次,参赛人数13.8万人。在市级以上大型赛事共获得冠军37次、亚军35次、季军43次。2001年在中国香港特别行政区第三届亚洲城市门球邀请赛中取得第六名。接待日本、韩国门球队60余批次、近千人访问。全区有各类老年人社团组织526个、5.63万人。

(王玉萍)

【老年教育】 全区老年大学设31个教学班,有1500余人次参加学习,结业学员560人次。年内进行教学改革,按照创研、高级、中级、初级班“金字塔”架构模式,合并同类专业创研班,加大初级班数量。开办东城老年大学网站。全区有不同类别老年学校149所,在校学员1.83万人次。 (王玉萍)

【老年福利服务设施】 全区有养老服务机构9家,其中政府办4所,民办5所,床位885张。老年病医院1个,床位251张。有老年活动站(中心、室)203个,全年参加各类活动4.63万人。 (王玉萍)

【居家养老(助残)服务】 居家养老服务实现“九有”(吃饭有餐桌、托老有床位、活动有中心、精神有关怀、养生有中医、家政有热线、管理有专人、呼叫有帮手、残疾有扶助)工作目标。制定《关于开展养老(助残)餐桌、托老(残)所规范化建设试点工作的通知》《关于实施95周岁以上老年人补助医疗制度的通知》《东城区居家养老(助残)服务单位管理规定(暂行)通知》《东城区居家养老(助残)券管理使用补充规定(暂行)通知》《关于进一步加强我区养老(助残)精神关怀服务工作的指导意见》规范性文件。实施《东城区居家养老服务的通用基础标准体系》和《东城区居家养老服务标准体系》,引导居家养老标准化服务。编写《东城区居家养老(助残)服务指南》,向17个街道有需求的4.7万老年人和残疾人发放。同时启动养老服务星级评定工作。开展对9个街道养老餐桌、托老(残)所规范化建设工作大检查。市老龄检查组到清水苑社区老年餐桌、永铁苑老年活动中心、东直门街道养老服务一条街等地对居家养老规范建设进行检查。老年关爱中心为老人提供日间照料、休闲娱乐低偿或无偿服务。配餐中心由社会组织经营,全年无休送餐,老人满意率达88.2%。居家养老网点包括家政服务、餐饮、家电修理日常服务内容,每月定期举办"快乐老人赶大集"活动。宣传长廊集中展示老人爱好培训班教学成果,开展居家旧货置换活动。北京电视台对东直门街道老年配餐中心进行专访,在市养老工作大会上作题为《充分发挥社区服务功能,力争为老服务零距离》的发言,京内外单位和国际友人到此学习考察。北广传媒制作的电视专题片《九养关怀　久久关爱》,对永外街道、前门街道和东花市街道进行宣传。区"敬老月"活动领导小组会议,制定区敬老月活动方案。全年向符合条件的80周岁及以上老年人和特殊老年人3.01万人发放居家养老(助残)服务券,发放居家养老券3389万元,建立养老助残餐桌255家,托老(残)所190家,签约居家养老服务商235家。完成养老(助残)餐桌示范化建设27家、托老所示范化建设27家。发放"小帮手"电子服务器4598台,有居家养老(助残)员55名,评选命名市、区两级"孝星"1001人,市级"为老服务先进单位"50家。为独居老人免费安装居家养老智能电话1429部。百岁老人医疗补助制度从百岁以上扩大到95岁以上,为163人次95岁以上老人报销补助医疗费55万元。

(王玉萍)

【老年优待工作】 全区有A级景区11家,景区无障碍设施齐全,在门区设置可供残疾人、老年人免费使用的轮椅。建立老年人健康档案16万份。老年人持区居民健康卡到社区卫生机构就医享受免收挂号费和诊疗费,享受每年1次免费物理体格检查。各社区卫生机构在街道、社区、老年公寓、居民家中开展以老年保健、慢病管理、中医养生为内容的健康教育讲座93场次,受益居民3089人次。社区卫生机构实行社区卫生服务首诊制。全年为老年人诊疗104万人次,为老年人出诊1.8万人次。为孤寡、空巢老人建立社区护理病历1823份,为8003名老人提供出诊入户处置。为有远程会诊需求的老年人进行网上预约,开展远程会诊服务2人次。社区站对辖区内患慢性病的老人进行细化管理,开展"冠心病病人及高危人群中西医结合防治一体化"干预活动。为4588名老人进行了免费接种流感疫苗,为17个街道1866名无社会养老保障老人进行体检。为符合条件的65岁以上老年人办理老人优卡12.98万张,为3432名90岁以上老年人发放高龄津贴。

(王玉萍)

【调查研究】 全国老龄办、国家统计局和市、区领导分别到区调研居家养老(助残)服务工作和"九养"工作,对街道养老设施规模、床位情况、护理员配备、无障碍设施、规章制度、就餐专区、服务内容等考评验收。到区召开居家养老(助残)员座谈会,征求编写《北京市居家养老(助残)员岗位培训教材》建议意见,17个街道、20余名居家养老(助残)员代表参加。对517名老年人、40名老龄工作者和49名养老(助残)员进行问卷调查。天津市和平区、内蒙古呼伦贝尔市、重庆市武侯区老龄工作考察团,到东直门、龙潭街道考察居家养老服务工作。

(王玉萍)

百岁老人

序号	姓名	性别	年龄(岁)	原职业	住地
1	崔淑英	女	103	工人	安定门街道
2	杨公素	男	101	外交官	安定门街道
3	吴兰江	女	100	无	安定门街道
4	赵泽梅	女	100	无	东华门街道
5	白梅彦	女	101	无	东华门街道
6	张有梅	女	103	无	东华门街道
7	贾立敏	女	100	退休工人	东华门街道
8	曾竹韶	男	103	中央美院退休教师	东华门街道
9	董秀荣	女	100	无	东华门街道
10	刘桂华	女	103	无	东直门街道
11	李　忠	男	103	无	东直门街道
12	刘桂亭	女	101	无	东直门街道
13	陈苜莉	女	102	无	交道口街道
14	孟　茹	女	102	无	交道口街道
15	蒲允芝	女	101	无	交道口街道
16	赵健民	男	101	副部长	交道口街道
17	赵秀英	女	104	无	北新桥街道
18	尹士奎	男	102	退休工人	北新桥街道
19	郭云芳	女	100	无	北新桥街道
20	訾安春	男	100	退休	北新桥街道
21	盛　苗	女	104	无	和平里街道
22	朱玉芬	女	103	无	和平里街道
23	李秀贞	女	101	无	和平里街道
24	张　斌	男	100	工人	和平里街道
25	张应洁	男	100	牧师	和平里街道
26	方玉英	女	103	无	景山街道
27	马殷氏	女	101	无	景山街道
28	闵文庆	男	101	工人	景山街道
29	周有光	男	105	语言学家	朝阳门街道
30	李鸿恩	男	100	工人	朝阳门街道

（续表）

序号	姓名	性别	年龄（岁）	原职业	住地
31	周景兰	女	101	无	东四街道
32	韩 芹	女	101	无	东四街道
33	齐 民	女	104	工人	建国门街道
34	尤淑芬	女	102	无	建国门街道
35	武景山	男	101	退休工人	建国门街道
36	杨骏发	男	101	外交人员服务局英语翻译	前门街道
37	陈逸飞	女	100	无业	前门街道
38	何秀女	女	100	无业	前门街道
39	刘王氏	女	102	无业	崇外街道
40	张书林	男	101	电线厂工人	崇外街道
41	钱武英	女	101	无业	崇外街道
42	孙采苹	女	100	无业	崇外街道
43	孙以栋	男	100	无业	崇外街道
44	武从贵	女	100	无业	东花市街道
45	王洪升	男	100	无业	东花市街道
46	唐马氏	女	101	无业	龙潭街道
47	王慧如	女	100	无业	龙潭街道
48	徐佩霞	女	101	无业	体育馆街道
49	叶宗鲁	男	100	无业	体育馆街道
50	彭芳珍	女	100	无业	体育馆街道
51	傅漪泉	男	106	售货员	天坛街道
52	赵李氏	女	102	无业	天坛街道
53	张书廷	男	100	无业	天坛街道
54	赵新良	男	100	无业	天坛街道
55	孟宪均	男	104	无业	永外街道
56	胡秀贞	女	102	无业	永外街道
57	宋明珍	女	100	无业	永外街道
58	郑浩然	男	100	无业	永外街道
59	眭红青	女	100	无业	永外街道

残疾人事业

【概况】 东城区残疾人联合会(简称区残联),是区委区政府领导下的残疾人群众团体组织。设办公室、组联就业部、康复宣文部。下辖4个全额拨款正科级事业单位:区残疾人就业服务中心、区残疾人服务一中心、区残疾人服务二中心、区残疾人职业康复中心。

年内,完成区和街道残联换届工作。制定《东城区残疾人事业“十二五”时期发展规划》。区残联被评为全国残疾人工作先进单位、全国残疾人体育工作先进单位和全国精残亲友协会工作优秀奖。全年办证残疾人3.16万人,审批残疾人生活补助、个体保险补贴及发放居家服务券1.07万人、2188万元。接待来访来信243人次,接案答复率100%。

单位地址:东城区夕照寺街绿景苑小区4号楼

联系电话:64009475　邮政编码:100061　　（李大名　田鹏）

【换届工作】 2月至5月,完成17个街道残联第六次代表大会换届选举工作。5月31日,区残疾人联合会第一次代表大会在京东宾馆召开。选举出81名委员组成新一届区残联主席团,通过《关于东城区残疾人联合会第五届主席团工作报告的决议》。中国残联、市残联和区主要领导出席大会并讲话,164名代表参加。　　（李大名　田鹏）

【领导调研】 3月17日,区领导周京生到区残疾人职业康复中心调研。6月10日,中国残联体育部副主任到东直门街道温馨家园考察指导工作。7月1日、8月11日、11月4日,市残联领导先后3次到区残疾人职业康复服务中心调研。参观温馨家园各功能室和京港康复中心,并与温馨家园学员进行交流。10月,江苏省无锡市残联一行40余人到区交流考察残疾人工作。　　（李大名　田鹏）

【全国助残日】 5月13日,在崇文门新世界商场门前举办主题为“改善残疾人民生,保障残疾人权益”的第二十一次全国助残日宣传展示活动,群众近1000人参观,近100人体验残疾人康复器具等设施设备。　　（李大名　田鹏）

【文体竞赛获奖】 6月28日,在市残疾人文化艺术周中,区残疾人代表获书法篆刻类一等奖1名、二等奖1名、三等奖5名,征文比赛三等奖3名。7月13日,区残疾人乒乓球运动员沈继良获北京体育“世纪十佳”运动员称号。7月18日,夏伯渝代表中国残疾人出征,在意大利举行的首届世界残疾人攀岩锦标赛上,获双小腿瘫痪组难度和速度双料冠军,赢得两块金牌。9月6日,第八届全民健身体育节——北京市全民健身优秀项目评选活动中,本区的“轮椅舞蹈”获最佳人气奖,“太极柔力球”获优秀奖。12 月 8 日,区残疾人文体团队代表本市为参加国际残奥委会会议的 110 个组织、100 余个国家和地区的 350 名代表展示轮椅舞蹈、柔力球、太极拳、空竹、健身操。国际残奥会主席菲利普·克雷文先生与轮椅舞蹈演员进行交流,并合影留念。 (李大名 田鹏)

【台商捐赠轮椅】 7 月 30 日,两岸爱心姐妹联谊会向区残疾人捐赠轮椅仪式在台湾会馆举行。台商爱心人士和受赠残疾人及家属 100 余人参加活动。 (李大名 田鹏)

【网格化管理】 区残联融入网格化社会服务管理体系,将 3.2 万名残疾人的 20 项基础信息与网格化管理数据库对接,并将残疾人组织体系有机融入,实现残疾人工作管理手段、服务方式创新发展。 (李大名 田鹏)

【无障碍建设】 全年为 500 户家庭改造无障碍设施,为 796 户聋人家庭配装可视闪光门铃。引进先进声波设备,对区残疾人活动中心的盲人影院升级改造,建成无障碍影院。区政府网站“数字东城”建成无障碍门户网站,促进信息交流无障碍服务。 (李大名 田鹏)

【康复服务】 全年为 112 名视力残疾人提供康复服务,对 1062 名有需求的听力残疾人进行致聋基因筛查,为 678 名贫困精神病人提供免费服药。辅助器具免费配发 379 件,发放补贴 31 件,发放小型易耗辅具 800 件。推广辅具适配评估进社区活动,为 200 余名重残人进行专业辅具服务综合评估,对有需求残疾人免费进行辅具个性化改造。 (李大名 田鹏)

【就业服务】 全年安置就业 372 人,培训 537 人。完成就业保障金征缴工作,审核单位 3.72 万家,征缴保障金 1.92 亿元,核定 703 家用人单位超比例安置奖励和岗位补贴 1364 万元。 (李大名 田鹏)

街　道

东华门街道

【概况】 东华门街道办事处是区政府派出机构。位于东城区中西部,东起崇文门内大街、东单北大街、东四南大街,西至天安门广场西侧、中山公园西缘、故宫西墙、景山前街东段,南邻前门东大街、崇文门西大街,北靠五四大街、东四西大街。面积5.35平方千米,街巷90条,社区居委会12个。户籍人口6.42万人,流动人口2.6万人。中央、市、区属单位600个,商企单位2600个。有公务员编制112人,工勤编制10人,事业编制44人。

年内,坚持以首都政治中心区为立足点,推进社会管理方式和民生保障工作创新,加大城市综合管理力度,完善社区组织建设,深化区域经济服务,制定《关于开展弘扬传承践行"北京精神"教育实践活动的决定》。经街道党员代表大会无记名投票,差额选举产生出席东城区第十一次党代会代表11人。选举产生街道第一届科协协会委员32人。完成区人大代表换届选举工作。召开街道残疾人联合会会议,换届选举产生街道残联第六届主席团委员17人。开展流动人口执法检查11次,计划生育率达到99%。经区评估小组评估街道社保所晋升四星级。全年实现税收2.75亿元。

单位地址:东城区东安门大街55号

联系电话:65130245　邮政编码:100006　（刘利成）

【春节团拜会】 1月21日,举办第九届东华门地区新春团拜会。最高人民检察院副检察长苏泽林,民革中央副主席何丕洁,民政部副部长姜力,街道党、政领导同驻地中央、市属部队,医院,学校,宗教场所及300个企事业单位546名代表参加。　（刘利成）

【群众文化活动】 4月,以"和谐东华首善街区颂歌献给党"、"和谐东华大舞台"为主题,开展艺术节系列活动。7月,举办消夏纳凉系列活动,居民4000人参加。建党90周年主题党日合唱活动,2400名社区党员、积极分子参加。东华门地区第二十五届文化艺术节期间,举办第五届"和谐杯"乒乓球系列活动、全民健身体育节、"和谐东华首善街区"千人太极拳等活动。南池子社区举办"玉兔闹元宵,花灯映文明"活动。韶九社区在皇城根遗址公园组织居民、小朋友70人,开展"文明清明、绿色祭扫"活动。组织首善文化大讲堂100场,社区居民社会各界万人参与。12个社区结合自身特色,开展主题讲座。　（刘利成）

【社区教学点】 5月27日,全国各省、市、区180名基层党组织书记分3组到南池子社区教学点参观学习。中组部组织一局副局长李丰,党员教育中心副主任雷光华,市委组织部副部长刘宇辉,区、街有关领导参加。南池子社区负责人介绍针对居民多元化需求,提出"以创新促自治,以服务促和谐"工作理念,培育自治组织,形成居民自我管理、自我服务模式,通过亲情服务"6S"工作法,建立注重亲情关怀,联系群众工作机制,提高居民参与社区建设热情。　（刘利成）

【党建工作】 6月30日,召开庆祝中国共产党成立90周年暨表彰大会,表彰先进基层党组织、优秀共产党员和优秀党务工作者125名,200名党员参加。开展"共产党员献爱心"捐献活动,1354名党员捐款6.67万元。制定党务公开实施方案。9月,组织14个调查评议组,对9个系统33个单位廉政建设、依法办事、服务环境等进行无记名民主测评,收到意见建议65条,分类归纳,反馈被评单位落实整改追踪督查。构成街道工委、社区党委、网格党组织、党小组四级社区党建网络体系,地区37个网格、37个党支部、97个党小组,覆盖1882名党员。完成2207家非公有制经济组织摸底调查,建立电子数据库完成统计分析和情况汇总。　（刘利成）

【社会保障】 全年受理保障性住房申请387份,廉租房合同签订155份;12月,设立公共租赁住房受理窗口,对申请公租房家庭进行受理、审核和配租。完成新增登记失业人员759人,实现就业851人,4050就业困难人员灵活就业489人、自谋职业114人。社区岗位开发1131个,安置失业人员966人次,完成登记失业人员就业率72.56%,控制登记失业率为0.36%。建立街道级康复服务指导站1个,基层社区康复站3个,各类康复医疗点5个,接受康复服务残疾人40人。为98名残疾人办理生活补助,为残疾人及残疾人子女发放扶残助学工程款5万元,为残疾人提供法律援助和救助案件20宗。全年为5680人次发放养老服务券,为3173名老人发放高龄津贴32.72万元,为95户低保、低收入家庭申办爱心卡,每卡可到爱心超市免费领取400至650元物品。　（刘利成）

【居民自治活动】 调动居民参与社会管理。南池子社区成立民间自治调解组织"仁和堂",由社区老主任、楼门长、社区积极分子、律师和志愿者组成,分到4个网格中,使自治调解与网格化管理实现有机融合,调解纠纷成功率达95%。智德社区"爱心互助会"、台基厂社区"一对一帮扶志愿服务组织"解决居民实际困难,提高居民参与社会管理积极性。

(刘利成)

【社区建设】 年内,街道与辖区单位、社区签订平安责任书。社会单位和社区技防设施建设项目投资197.35万元,安装摄像头、防盗门等物技防设施180个。创建平安社区12个、平安单位97个。开展"以城带乡、城乡共建"活动,巩固与延庆县西屯村共建成果,加强信息沟通,深化文明社区创建,开展以楼道文化、楼道和谐、楼道平安、楼道洁净为标志的"文明楼道"活动,推选5个首都文明社区,南池子社区接受全国文明社区的复查。以"窗口"行业为重点,开展职业道德建设和诚信教育。

(刘利成)

【社会治安综合治理】 全年新登流动人口8760人,出租房屋120间,通过网格力量,开展出租房屋内治安和安全隐患排查,保障流动人口合法权益。开展流动人口执法检查38次,发现并整改安全隐患110个。对重点地区、主要大街进行集中巡视检查,查处影响市容环境秩序,各类违法行为910起,落实城管"人盯车巡"制度,减少违法行为。对240处普通地下室和人防工程开展摸底调查,进行基础信息采集,录入于北京市民防局地下空间管理系统平台,对挂账的46处地下空间进行清理整治,排除安全隐患。落实消防安全"四个能力"建设,检查各类经营单位1062家,发现并整改安全隐患489个,移送消防支队处理19件。完成100个简易消防水喉安装、全部通过检查验收,为12个社区居委会配备GXB背负式细水雾灭火装置,请专业人员对社区专管人员进行安全操作培训。全年无重大火灾发生。

(刘利成)

【信访排查工作】 坚持处级领导接访,每天4名处级领导轮流到政务大厅接待群众来访,现场联系相关科室、职能部门协调解决问题。坚持处级领导和科级干部下社区制度。全年,受理信访件316件、化解298件、化解率94.3%,接待来访476批件次,同比下降7.03%,初访化解率100%,未新增信访问题。组织落实社会矛盾排查17次,其中集中排查5次、组织社区工作站排查22次,排查各类矛盾纠纷47起(件)、化解43起(件)、化解率98%以上。

(刘利成)

【环境整治】 实施东华门大街环境整治工程,更换广告237处、拆除不规范广告15处,对沿街69个门牌进行修缮。增加大街夜景照明,获年度中国景观类照明金奖。全年清理各社区大件废弃物及积压垃圾杂物31车150吨,集中处理城管各类积压网格案件6403件,清运渣土1618吨,清理非法小广告4.5万张、喷涂723处,更换、维修垃圾桶、垃圾箱308个,34个单位、小区实现垃圾分类,参与垃圾分类4.84万人。查处无照经营6410起、罚款2.7万元,清理店外经营460处,驱逐摩的违章停车5750辆次,处罚黑车运营行为13起罚款3.4万元。

(刘利成)

【群团工作】 全年,完成工会建会单位276家,新增会员7800人。完成30家新增非公企业和新社会组织建团支部工作,成立"书堂"市级社区青年汇和"韶九社区绿之梦工作坊",开展"首都科学讲堂"讲座、"低碳灯笼秀"、"阳光菜园"等活动,资助贫困学生,更新"阳光学子"信息库。开展关爱女性健康、维护妇女权益、关注女性就业等专项活动。组织社区居民"家庭建档"活动。

(刘利成)

景山街道

【概况】 景山街道办事处是区政府派出机构。位于东城区西部,东起东四北大街、与东四街道办事处相连,西至景山东街、景山后街、地安门内大街东侧,南起东四西大街、五四大街、与东华门街道办事处为邻,北至地安门东大街、张自忠路、与交道口街道办事处为界。面积1.62平方千米,有户籍人口1.78万户3.43万人,社区居委会8个,其中规模最大的隆福寺社区2704户6040人、规模最小的吉祥社区1030户1800人。有大街5条、胡同84条,大、中小学校6所,街属幼儿园1所,医院2所,影剧院3座,银行、储蓄所4所。有公务员编制110人,事业单位3个、编制28人。有科室18个,其中工委部门6个、办事处部门12个。城管监察分队1个、司法所1个(司法局垂直管理),统计所1个(统计局垂直管理)。城管分队搬迁至什锦花园胡同24号院办公。景山东街社区新办公地点:沙滩后街47号院,建筑面积190.8平方米。钟鼓社区新办公地点:嵩祝院北巷41号院,建筑面积193.6平方米。

年内,立足全区"首都文化中心区,世界城市窗口区"总体定位,以"四个景山"建设为行动目标,完成全年各项工作。8月至11月,东城区第十五届人大换届选举工作,经宣传、选民登记、推荐确定代表候选人、投票选举4个阶段,经2.27万选民投票,选举出席东城区人民代表大会代表16人。召开"大景东"地区和美后大街保护与发展规划专题研讨会,与区住建委研讨景山历史文化保护区和各级文物资源发展。筹建经济发展科,走访驻街单位及重点税源单位,建立基础台账。启动地区公建资源调查,开展企业办公区规范化建设。引进印花税995万元。

单位地址:东城区美术馆东街1号
联系电话:64041147　邮政编码:100010　（齐欣）

【工会工作】　两节期间,各级工会走访慰问地区非公企业困难劳模、困难职工63人,发放慰问品慰问金2.5万元。5月,组织困难职工免费体检。“六一”儿童节为困难职工子女配眼镜。8月,街道总工会筹集6000元帮扶资金,走访慰问2户困难职工家庭。收到录入企业工会经费(筹备金)费源信息采集上报表310份,新建会186家、新增工会会员2100人,总会员4874人。会员信息采集4550人,采集率93.3%。街道建会总覆盖法人企业306家,建会总覆盖地区单位495家。已签订综合性集体合同9份,覆盖企业495家、职工4874人。签订女职工权益专项集体合同9份,覆盖企业495家,女职工2466人。（齐欣）

【社会保障】　1月,走访慰问辖区困难群众、残疾人3020人次,发放慰问金、慰问品折合人民币63.68万元。审核新申请低保家庭21户33人,经核查、复审取消低保家庭76户157人。审核申请医疗救助111人次、救助金额25.61万元。审核申请清洁能源自采暖、燃煤采暖补助172户12.99万元。审核申请临时救助3人1.5万元,为5人办理临时救助款3200元。为大学生16人办理助学款5.49万元。为3048人次生活困难残疾人发放补贴49.08万元,为483人次发放三险补贴64万元,为1529人次发放助残券18.49万元,为183名拥有机动轮椅车残疾人发放燃油补贴7.2万元。（齐欣）

【住房保障】　1月,组织第十一批王四营限价房75户家庭选房工作。4月,组织第一批廉租房115户家庭选房工作。6月,组织第十二批王四营限价房摇号登记工作,经过筛选,符合参加摇号资格家庭309户。8月,组织摇号摇中43户。全年限价房发表388份、受理184户、上报173户、备案通过134户;经济适用房发表130份、受理54户、上报65户、备案通过55户;经济适用房改限价房8人;廉租房发表156份、受理44户、上报42户、备案通过57户;新签续签合同254份。（齐欣）

【文体活动】　3月,在皇城遗址公园举办健步行活动,社区居民代表300人参加。4月,在一六五中学开展“缅怀革命先烈,歌颂伟大的党”清明诗歌会,街道领导干部、社区居民代表84人参加。5月底,在织染局小学举办“2011年健康幸福景山街道首届残疾人运动会”,辖区残疾人代表100人,参加16个大项目、31个小项目比赛。8月,在皇城根遗址公园举办庆“八一”科普消夏纳凉晚会,街道领导干部、驻区单位代表、社区居民500人参加。11月11日,街道文化志愿者曹灿老师,在区文化馆风尚剧场举办从艺60年专场演出,辖区有关领导、部门,各单位及社区居民400人参加。12月3日老兵艺术团举行建团10周年文艺汇演,驻区单位等各界代表1000人参加。12月,在区文化馆风尚剧场,友谊之声合唱团承办景山街道“幸福之声”新年音乐会,社区居民代表400人参加。2个社区成为体育生活化社区。（齐欣）

【党建工作】　组织党员、积极分子500名,参观“一切为了人民—北京市纪念中国共产党成立90周年展览”,举办“颂歌献给党”大型红歌文艺汇演和“党旗在我心中”演讲比赛。组织新老党员到狼牙山进行“缅怀先烈,重温入党誓词”教育活动。走访慰问困难党员、老党员,发放慰问金5.64万元。组织非公党员,开展“缅怀五四先驱,非公经济志愿者服务进家庭”活动。开展庆“七一”暨纪念分会联合党支部成立一周年表彰会,表彰11个基层党组织、20个党建活动组、41名党员。开设机关“干部讲坛”,实现地区党建工作互动共融,发挥“红色E站”景山党建博客作用。（齐欣）

【信访工作】　办理市、区两级信访代理128件,接待来访群众180人次,开展矛盾纠纷排查2次,确定信访重点人11人、重点事项3件。受理各类民间纠纷160起、调解成功158起,成功率99%。办理派出所转办案件19件,提供法律咨询151件。司法调解,受理各类民间纠纷937起,调解成功927起,调解成功率为99%;接待各类法律咨询889件、解答199件;办理派出所转件40件,开展矛盾排查化解7次。（齐欣）

【就业工作】　新开发就业岗位1485个、新增就业915人。低保人员就业21人、失业率0.88%、失业人员再就业率74.03%。为失业人员260人办理灵活就业、发放社保卡1525张。检查各类用人单位731次、涉及劳动者5374人;检查劳动合同2321份、依法补签791份;接待来访来电426人(次)、举报投拆4起全部结案;为劳动者追回工资16.14万元、涉及57人。（齐欣）

【综合整治】　投资100万元,拆除美术馆东街、美术馆后街、北河沿3条主要大街违法占路广告灯箱9处、整改53处、面积396平方米。北河沿大街粉刷墙面2900平方米,油饰门窗1500平方米,更换修理门头16处。建起200米长老北京风情展示橱窗70块。对东皇城根北街及三眼井、汪芝麻、魏家、协作等5条胡同进行街巷门窗修整、广告牌匾更换、门楼墙面修整粉刷。综合行政执法2515人次,查处各类问题3548起、罚款8700元。网格A类案件处理857件,网格案件处理6046件,“12345”非紧急救助结案190件。对800家“四小”企业摸底登记,15处挂账地下室通过验收。受理各类群众举报199起,拆除违法建设14处、面积485.88平方米。开展“脉冲行动”打击黑车专项整治工作。（齐欣）

【城市建设】　建成景山康健阳光家园,面积630平方米,用于残疾人教育、培训、就业。利用人防地下工程,建立“宣教指挥中心和安全教育基地”,面积600平方米,半年接待参观者2300人。投资500万元对魏家幼儿园进行升级改造。为解决消防车对狭窄胡同院落施救火灾困难问题,投资25万元为8个社区居民院安装108个简易消防水喉。（齐欣）

【计划生育】　办理生育第一个子女“生育服务证”393件、

"北京市独生子女父母光荣证"141 件。新生儿入户 392 件,发放《育儿百科》250 本、叶酸片 342 瓶。发放独生子女父母奖励费 6.38 万元,独生子女父母年老时一次性奖励 87 人 8.7 万元。独生子女意外伤残、死亡一次性经济帮助 2 例 1 万元,新申请独生子女伤残(死亡)特别扶助金 14 人。为流动人员办理"流动人口婚育证明"2 件,生育第二个子女审批手续 21 件,报销低保人员和流动人口计划生育手术费 2 人 840 元。 (齐欣)

【社区建设与服务】 与北京方腾胜达商贸有限公司签订合同,解决钟鼓、景东社区办公用房问题。4 月,完成对社区居委会人员培训工作,招聘网格助理员 30 人、社区专职工作者 4 人。5 月,组织辖区"送温暖、献爱心"活动、捐款 4.7 万元。母亲节前夕,组织地区 34 个单位及居民为贫困母亲捐款 2.29 万元。10 月,开展"冬衣送暖"主题捐赠活动,接收捐赠衣被等 296 包 6717 件、捐款 640 元。为 40 户 70 岁以上空巢高龄老人安装"一按灵",为 60 岁以上老人办理老年证 198 人、65 岁以上老年人办理老年优待卡 412 人,为残疾人办理残疾证 117 人,为 80 岁以上高龄老人 97 人和重度残疾人 13 人发放小帮手服务器。"96156"便民热线信息录入 800 条。提供居家养老(助残)服务 5.14 万人次 130.88 万元,其中养老服务 4.36 万人次 113.73 万元、助残服务 7848 人次 17.16 万元。全年举办 4 次社区便民联盟大市场活动。 (齐欣)

交道口街道

【概况】 交道口街道办事处是区政府派出机构。位于东城区西北部,东起东四北大街、西至地安门外大街、北起鼓楼东大街、南至地安门东大街和张自忠路。面积 1.47 平方千米,有大街 5 条、胡同 42 条,社区居委会 7 个。户籍人口 1.95 万户 6.39 万人,常住居民 5.37 万人,流动人口 1.02 万人。有中央、市、区属单位 90 家,商业企业 220 家。大、中、小学校 7 所,幼儿园 2 所。社区服务中心 1 个,社区卫生服务站 2 个,全科医生工作室 4 个。国家级文物保护单位 3 个、市级文物保护单位 15 个、区级文物保护单位 8 个。辖区内除交东小区外均处于北京市 40 片历史文化风貌保护街区之列。13、60、104、107、118、612、758 等路公交车经过辖区。现有公务员编制 86 人、工勤编制 8 人,事业单位 5 个、编制 44 人。现有科室 25 个,其中党工委 13 个、办事处 12 个。

年内,完成党代会代表、人大代表、政协委员换届选举工作,选举产生区党代表 10 人、人大代表 16 人,推荐区政协委员候选人 3 人。完成全国文明城区复查迎检工作。制定《关于促进交道口街道文化发展的意见》,在街道设立文化发展专项资金,扶持文化遗产保护和文化事业、文化产业发展。引进 2 家注册资金 1000 万元以上企业。落实南锣鼓巷业态升级补偿机制,发挥南锣鼓巷商会作用,规范街区经营管理秩序。开展鼓楼东大街业态调研,组织统计专项调查和年报培训,完成各项工作任务。

单位地址:东城区雨儿胡同乙 15 号

联系电话:64033210 邮政编码:100009 (陈何苗)

【计生工作】 春节、"十一"、中秋等节日,走访慰问困难家庭。向流动人口发放节日大礼包 350 份,举办流动人口"鸿雁传情"一封家书演讲比赛,收到家书 210 篇。开展"生殖健康进机关"活动,在街道、法院、中央警备团分别开展健康讲座。对辖区 0~3 岁 1000 户家庭进行问卷调查,为建立早教机构提供各种数据,为后期早教机构建立提供依据。组织学生进行法制宣传绘画比赛。 (陈何苗)

【领导调研】 6 月 14 日,区长牛青山到南锣鼓巷调研社区用房项目,实地察看项目现场,听取进展情况汇报、提出要求。8 月 5 日,国家、市统计局,市商委领导 14 人,到南锣鼓巷参观红宝鼎、创口贴 8、秦唐府 7 号院等商户,听取商户企业负责人讲述品牌发展过程和经营状况。9 月 5 日,南京市白下区区委常委汪祥明等一行 16 人,到南锣鼓巷参观考察,听取南锣鼓巷历史风貌保护工作与街、区经济发展情况介绍,研究探讨文物保护区如何发展经济等问题。9 月 16、20 日,牛青山分别带队调研玉河风貌保护项目,实地察看施工现场,听取项目施工方关于玉河工程项目进展情况汇报,实地察看福祥桥、通惠河遗址、玉河庵、詹氏旧居、曲桥水榭等地。9 月 27 日,浙江省桐乡市常务副市长张林洪一行 35 人,对南锣鼓巷规划建设管理情况进行教学考察,重点参观红宝鼎、创可贴 8、涵珍园等特色店铺,听取街道有关人员介绍。10 月 20 日,市委第一巡视组到南锣鼓巷参观调研,查看红宝鼎、前鼓楼苑 7 号院,过客酒吧等特色商业网点,听取街道主管领导对南锣鼓巷近年来升级改造情况汇报,巡视组肯定南锣鼓巷建设发展成就。10 月 21 日,市领导刘淇调研玉河遗址景观修复情况。郭金龙,吉林、李士祥、鲁炜、陈刚等沿玉河沿岸查看"水穿街巷"历史景观和明清风格建筑,听取东方文化资产经营公司董事长关于重建玉河遗址,恢复古都风貌,改善周边居民生活环境等情况汇报。10 月 23 日,拉萨市副市长陈文一行参观考察南锣鼓巷,查看南锣鼓巷创意文化商铺及特色四合院院落,听取办事处领导关于南锣鼓巷升级改造情况介绍,市商委副主任李薇薇陪同。10 月 27 日,住建部、国家文物局"名城名镇名村"检查组检查南锣鼓巷、玉河风貌保护情况,检查组由全国历史文化名城保护专家委员会、国家文物局、城市规划设计研究院专家15人组成，实地查看南锣鼓巷、帽儿胡同及玉河，听取东城区在历史风貌保护方面情况汇报，查阅历史文化名城保护相关文件，提出意见。10月30日，江苏省南通市崇川区党政考察团参观南锣鼓巷，考察团由南通市崇川区区委书记吴旭带队，重点考察南锣鼓巷文化创意产业发展现状，参观秦唐府四合院酒店、创可贴8、过客餐吧等特色店铺。11月17日，全国人大常委会委员石秀诗带队考察玉河、南锣鼓巷地区，听取街道关于旅游产业发展情况汇报，市人大常委会副主任吴世雄、副市长丁向阳及市、区有关领导陪同。　（陈何苗）

【文化休闲街建设】　10月15日，举办年度南锣鼓巷发展座谈，邀请5名专家学者探讨南锣鼓巷发展。举办第六届南锣鼓巷胡同节、第三届南锣鼓巷文化发展论坛和消夏节等特色文化活动。对南锣鼓巷网站进行升级改版，聘任、培训首批胡同居民讲解员。分9个篇章，编印《南锣鼓巷建设发展（2006—2010年）纪实画册》，收录216张照片，涉及南锣鼓巷今昔对比、领导视察、文物古迹、获奖等内容。联合区城管、工商所、税务所对南锣鼓巷主街周边16条胡同进行全面检查，更新商户台账，查出无照商家29户、共用营业执照商家39户。年内，接待参观考察人员120批次。获联合国人居署、亚洲人居环境学会颁发的“亚洲都市景观奖”，在第五届“北京影响力”评选活动中获“影响百姓生活十大品牌”大奖。　（陈何苗）

【党建工作】　制定街道《关于“三重一大”事项集体决策实施办法》等项制度，推进党务公开、政务公开和居务公开。对辖区8个基层站、所、队和5所学校开展行风评议，对3个折子工程开展5次督查，对公务用车、“小金库”等开展专项治理。完成区委巡视组巡视工作，根据反馈意见制定出4方面18项整改措施。创新基层党建工作，实施网格化管理，将7个社区划分成22个网格，形成覆盖辖区全部党员、“支部建在网格上”的党建新模式。全年组织710人次老干部参加各种各类活动26次，走访慰问215人次，解决老干部个性化问题10件。本年新录用机关公务员9人，招聘社区专职工作者和网格助理员26人。全年在市、区媒体刊发新闻110余篇，其中新闻稿《“四合院”代表大会》被《北京日报》头版刊载。　（陈何苗）

【群团工作】　开展工会经费（筹备金）税务代收工作。成立南锣鼓巷联合工会，召开第一次会员代表大会，提前实现非公企业建会、区域性集体合同、女职工特殊权益专项保护合同、工资集体协商4个100%，被区总工会评为优秀工会组织。团工委在“两新”组织中新建团支部11个。妇联开设社区工艺坊，落实区为民办实事项目，完成20户居民“家庭建档”工作。　（陈何苗）

【风貌保护】　成立街道风貌保护领导小组及专家顾问组，完成《南锣鼓巷保护与发展模式研究》报告，制定《关于促进交道口街道文化发展的意见》。参与“中轴线申遗进社区”活动，启动“胡同—四合院身份证工程”，对150处文化遗产进行深度挖掘并整理成册。采用“微循环”方式对4处院落进行置换，完成财神庙历史景观恢复工程。　（陈何苗）

【城市管理】　集中拆除胡同地锁500处，对5处在施在建违法建设责令停工并拆除，完成11处早期人防工程回填。加强危险树木调查、管护工作，全年修剪树木190棵。围绕“做文明有礼的北京人，燃气安全从我做起”主题，在7个社区开展燃气安全宣传教育活动，张挂“液化石油气安全操作规程”40张，发放液化石油气居民用户须知3000张，入户宣传3000人次。制定“煤改电”补助发放工作方案，加强“煤改电”电费补助复审力度，完成2111户居民煤改电数据上报、审查及发放工作。　（陈何苗）

【环境整治】　完成5条大街牌匾整治工程，涉及张自忠路、地安门东大街一期140处，二期提升工程65处，交东、交南大街167处，鼓东大街230处。安装牌匾510块，拆除广告牌匾800处，拆除违章广告450处，拆除商户乱设灯箱125处，粉刷墙面150处，纠正与地区风貌不符店面颜色26处。整治、绿化玉河周边环境，对南锣地区16条胡同、东片主要胡同进行整治和修缮，安装牌匾510块，拆除不规范违章广告、商户乱设灯箱1325处。第二十三个爱国卫生月活动和12个月月末城市清洁日活动，组织除四害工作24次，发放各类药品、器械4000份，利用每月开展月末清洁日活动，清除蚊蝇孳生地126处。　（陈何苗）

【社会保障】　全年检查用工单位190家，涉及职工500人，补签劳动合同40份，追发工资1000元。发低保金499户968人368.69万元，粮油补贴363户458人16.5万元。做好社会救助工作，医疗救助43户11.01万元，临时救助7户3.50万元，救助往届本科生15人1.5万元，救助大学新生2人8000元。做好爱心家园的物资发放工作，确定105户帮困对象、救助266人次，发放米、油3150公斤，发放日用品及服装4628件折人民币2.65万元，募集衣被棉服3000套发往灾区。全年失业人员就业1034人，困难人员就业659人，失业人员就业率79.54%，城镇登记失业率实际控制为0.67%，推荐就业成功386人。两节期间走访慰问特困残疾人22人、送慰问金1.26万元，为贫困大、中学生18人发放助学款1.4万元，为符合条件的384人次办理生活补助金73.46万元，落实九养政策，为符合条件125人次办理居家养老（助残）券，对贫困残疾人免费配发25件辅助器具，为192人发放残疾人机动车燃油补贴7.6万元。残联完成换届选举工作。　（陈何苗）

【网格化管理】　年内，街道网格化社会服务管理创新工作信息系统平台全面上线。以网格为单位，为社区居民提供一系列服务。7个社区、22个网格报送民情日志1.86万条、业务事件4341条，其中涉及流动人口服务管理事件18件、矫正帮教事件11件。累计办理各种社会服务事项936件，矛盾纠纷调解217件，开展综合执法检查62次，处理社会治安防控类

事件7起,完成社区矫正31件次。（陈何苗）

【地下空间专项整治】　组织相关部门、各社区多次召开工作部署会及专题培训,完成34处人防工程和72处普通地下室,106处地下空间信息数据采集工作,做好建筑物编码采集、网格编码图绘制、基础数据倒装等工作。联合城建科、公共安全、消防支队、派出所等部门,对32处地下空间,进行定期检查,完成11处普通地下空间验收工作。（陈何苗）

【综治维稳】　加强南锣鼓巷及周边地区治安防控和压发案工作,区级挂账的"高发案社区"鼓楼苑社区成功摘帽。完成交东小区安防监控设施建设,成立"向日葵"社区工作站,落实对涉毒人员管控。加强社区矫正工作,实现"三无一减少"管控目标。建立文明城区复查迎检工作组织体系,将辖区违法建设、渣土和大件废弃物进行清理,对南下洼子等周边菜市场进行集中整治,完成北京市和中央测评组检查。（陈何苗）

【社区建设】　制作"交道口街道便民服务圈"地图,包含公共服务、地区常用电话、行政事业单位、文物保护单位、社区网格划分图、便民商业服务圈、居家养老助残服务圈、医疗卫生服务圈、文化教育服务圈、金融服务圈、交通服务圈及各社区便民商业设施等十大类,涵盖整个交道口地区50家行政事业及文物保护单位、30条公交线路、1500家商铺网点、10家代收代缴网点、7个社区居委会等所有居民衣食住行、办事服务需要的资讯,以地图形式呈现出来。为辖区16户80岁以上空巢老人家庭联系安装"一按灵"紧急医疗救援呼叫器,组织大型文体活动200次,组织热心公益的低龄、健康老人定期走访本社区内高龄、孤寡、困难老人,引导社区志愿者与空巢老人一对一签订助老爱心协议,结成长期固定帮扶对子。举办"四合院里闹花灯"、"七夕乞巧节"等民俗活动,北京电视台《特别关注》栏目进行全程报道。承办第二届北京南锣鼓巷戏剧节,演出180场次。提高社区工作者专业化水平,有36人取得证书占32%。公开招聘网格助理员23人,完善科学考评体系,建立社区工作者人才库,健全评价体系,完善激励机制。

（陈何苗）

安定门街道

【概况】　安定门街道办事处是区政府派出机构。位于东城区西北部,北起北二环,南至鼓楼东大街,东起雍和宫大街,西至旧鼓楼大街,辖区在古都风貌保护区和故宫缓冲区内。面积1.76平方千米,有大街3条、胡同69条。户籍人口2.2万户5.52万人,常住人口4.99万人、流动人口9774人。中央单位10个、市属23个、区属27个,企业500家。有国家级文物保护单位2个,市、区级8个,32处历史遗存。中、小、幼13所。安定门地区地域狭小,人口密度大,85%房屋为老旧平房,居住环境较差,呈现"三多、三少、一突出"的特点,即:贫困残疾人多,生活稳定的少;住房条件紧张的多,居住宽松的少;无业失业的多,就业机会少;贫困残疾人及重病低保人员就医问题突出。有公务员编制102人,工勤编制8人,事业编制31人。

年内,坚持"文化强街"、"两区一街"发展战略,以民生事业为根本,以社区建设为基础,完成街道残联第六届换届选举工作,专题报道"快乐元宵节,缤纷五道营"主题活动,安内大街拆迁等重点工作。加强公共服务体系建设,举办地区第二届"钟鼓楼杯"象棋比赛、以"魅力安定门,颂歌献给党"为主题的第二十五届文化艺术节、第二届北京孔庙国子监国学文化节系列活动。全年接待来信、来访214批次,处级领导干部接访20人次。组织实施"六五"普法规划,开展宣传300次,调解纠纷471起,成功率95%。

单位地址:东城区安定门内大街方家胡同19号

联系电话:64066979　邮政编码:100007

（杨沁诗）

【社会保障】　1月,通州半壁店经济适用房选房,61户家庭参加。4月,廉租房实物配租选房,151户家庭参加选房。8月,限价房摇号,361户家庭参加,获选房资格有61户家庭;公共租赁性住房有380户家庭登记;接待各类住房申请2500人次。发放各类表格620份,受理487户,其中经济适用房表格170份、受理110户、上报122户、市备案通过81户;限价房用房表格320份、受理250户、上报288户、市备案通过151户;廉租房用房表格130份、受理127户、上报141户、市备案通过70户。完成登记失业人员就业率为82.43%,开发岗位200个;城镇登记失业人员失业率控制在0.49%,登记失业人员就业1048人,就业620人,就业困难人员就业率为80.83%;推荐396名失业人员参加免费技能培训,开发社区就业岗位2291个,安置失业人员1239人;空岗信息采集4107个,职业指导3749人次,职业介绍推荐成功就业376人。"送温暖、献爱心"社会捐助10.43万元,"一带一"扶贫济困收帮带款1.74万元。为136名民政退休人员办理生活补助补发139万元,为95名军休人员办理增加生活补助106万元,为见义勇为7人发放慰问金1.14万元,办理爱心卡112个,新办理社会散居孤儿1人,补发社会散居孤儿基本生活费7000元。发放最低生活保障金327.30万元。发放清洁能源自采暖补贴和煤火费5.4万元。办理老年证159个、65岁老年优待证264个、居家养老服务券1536人、90岁以上老人补贴190人。办理爱心卡112个,发放低保金330.13万元。征缴残疾人就业保障金311.86万元,安置残疾人113人。劳

动合同签订率为100%。（杨沁诗）

【禁限放工作】 春节燃放烟花爆竹期间，发放宣传资料2万份，悬挂横幅20幅，张贴禁放、限放标志300张，黑板报18块，受教育群众5000人次。出动各方力量4886人次，其中干部191人次、警力171人次、城管106人次、社区2682人次、内部保安1736人次、宣传巡逻车76台次。确保地区安全无事故。（杨沁诗）

【领导考察】 2月13日，北京市城管执法局领导到街道考察扫雪铲冰工作，看望和慰问奋战在扫雪铲冰一线社区"铃铛扫雪队"志愿者、城管队员及驻地部队战士，区领导毛炯参加。6月10日，市人大内司委"首都公共文明建设"专项调研组到街道调研社会公共文明工作，听取街道情况汇报后，到国子监街、为民服务大厅、区防震减灾宣教中心、五道营胡同进行实地考察。6月14日，市人大主任杜德印，副主任刘晓晨率市人大常委会调研组到街道专题调研古都风貌保护工作，考察钟鼓楼风貌保护情况，肯定历史名城风貌保护工作，区长牛青山等陪同。6月29日，杨柳荫、牛青山，夏树军、毛炯等领导考察安内大街拆违工作，杨柳荫肯定安内大街拆违工作做法符合实际，具有示范作用，值得推广，提出确保安内大街拆违任务按期完成要求。7月14日，市教委有关部门到街道检查帮扶落实情况，听取街道帮扶资金使用、综治硬件设施配备、综治课题开展和志愿服务相关情况，就下一步帮扶落实工作进行探讨。7月26日，区领导刘云斋考察社会服务管理创新工作，并提出围绕"人"的核心开展社会化服务工作，全面掌控地区社会稳定情况，立足群众开展服务工作。8月12日，副区长宋甘澍到街道检查指导全国文明城区迎检工作，听取街道情况汇报后，到第六医院、头条社区进行实地检查。8月18日，美国副总统拜登游览钟鼓楼周边，到"姚记炒肝"品尝老北京特色小吃。8月30日，区领导金晖到街道调研，实地参观国子监街、五道营胡同、街道为民服务大厅、方家46号创意产业园，听取街道建设及发展情况汇报，提出意见。9月30日，牛青山到安定门实地察看街道社会服务管理综合指挥分中心、公共服务大厅和公共安全教育基地，听取街道关于地区发展规划、钟鼓楼民俗旅游区建设构想和安内大街拆违整治工作情况汇报。牛青山提出：要继续推进孔庙、国子监、钟鼓楼的保护工作，与全区总体发展战略规划、"十二五"规划和街道区域发展规划进行对接。10月26日，市委书记刘淇等领导围绕"贯彻落实中央全会精神，推动首都文化大发展大繁荣"主题，到孔庙国子监调研，市领导李士祥、鲁炜、陈刚、陈平等一同调研。10月27日，市旅游局副局长宋宇，考察五道营文化休闲街区旅游产业发展情况，听取旅游产业发展情况汇报，实地参观朋坐西厨堂、葡萄院儿西餐厅、藏红花、45号院等特色店后，提出要在街、区旅游产业发展中增设公共活动空间，副区长朴学东陪同考察。同日，国家民政部社区建设司副司长王金华到街道调研社区建设工作，了解社区规范化建设和网格化服务管理新模式等工作，提出东城区发挥首都中心城区的示范引领作用，创新社区建设工作多出经验、出亮点、树品牌，提升社区居委会工作水平，宋甘澍陪同。（杨沁诗）

【妇联工作】 9个社区利用"妇女之家"开展"三八"庆祝活动，方家46号妇女工作站举办女性创业先锋论坛。开展"三八"妇女维权周活动，邀请社区法律志愿者进行法律知识讲座、法律咨询等活动。开展一系列送温暖活动，走访慰问各类妇女196人次，送去慰问金、慰问品3万元；"关爱母亲，真情援助"活动中募得善款2万元。开展街道第五届"好邻居"评比活动，做好家庭建档工作，对9个社区18户家庭建立家庭档案，其中3户家庭档案在区档案局进行展示。（杨沁诗）

【社区青年汇建设】 4月19日，刘淇到方家46号社区青年汇就社区青年汇建设、共青团参与服务社会管理创新等工作进行专题调研，刘淇肯定创业青年通过青年汇途径回报社会、服务青年的做法，勉励社区青年汇探索青年组织自身建设，凝聚社区青年群体，带动更多青年人投身于社区公益事业。方家46号社区青年汇内商家每周举办主题沙龙、音乐演出、即兴戏剧适合青年人特点的主题活动，地区及全市青年人汇聚至此，全年举办各类主题活动80场，3000名青年参加。（杨沁诗）

【城市建设与管理】 4月，开展义务植树节活动，单位、居民800人参加，重要节日，主要地区摆放各种花卉盆栽1500株。抓好人防工程专项治理，回填人防工事1处，对9处正在使用的人防工事进行20次常规检查、安全整治。组建3支防汛抢险队伍，做好汛前检查。5月，启动为期3个月违法建设专项治理工作，协调20个部门确保拆违现场秩序，妥善处理人员安置等，拆除32处违法建设面积2480平方米。6月10日，在国子监街44号举行联合防汛演习。完成煤改电报销审核工作，全年为2893户居民报销低谷电电费241.64万元。新建具有综合指挥、应急处理和综治维稳等多项功能的街道社会服务管理综合指挥分中心，建筑面积720平方米，已投入使用，街道综治办、创新办、流管办、610办及公共安全办公室进驻办公。9个社区居委会建立24个网格、综合台账。年内，补栽树木500棵、花卉600株，对1900棵树木分3次进行除虫打药，防止美国白蛾对树木的侵害。汛前修剪树木88棵，伐除险树16棵，汛期排查险树2450棵，抢险53处。（杨沁诗）

【社会治安综合治理】 5月8日，在国子监街开展节水宣传周活动，开展第一次全国水务普查工作。成立街道城市环境建设委员会，落实环境整治工作。开展百日整治活动，没收黑摩的1辆、黑三轮车7辆、查处无照经营173起、查处小广告窝点11个、没收小广告2.12万张。对钟库胡同12号、大经厂胡同21号2处垃圾堆放点进行清理。利用网格化社会服务管理体系，调查地区24个网格内地下空间，确定整治重点20处，排查整改北锣鼓巷54号等地下空间和人防工程问题。开展广告牌匾整治工作，拆除牌匾96块、改造牌匾31块，面积626.5平方米。全年接收、处理施工管理、市容环境卫生等各类案件1.1万件，办结率100%。开展消防安全专项行动、食品安全专项整治,检查地区中小型企业、个体经营者及宾馆等各类单位247家。做好3个重点地区和一个高发案社区整治工作,组织矛盾排查4次、联合执法3次。建立"向日葵"禁毒工作站,为地区123名吸毒人员建立档案。下发用水指标145家单位。(杨沁诗)

【孔庙国子监国学文化节】 9月10日,在孔庙大成殿前广场与市、区有关单位联合举办第二届孔庙国子监国学文化节开幕式。原中国文联党组书记高运甲等市、区主要领导,中文在线总裁童之磊,中国社会科学院文学研究所党委书记刘跃进,孔子文化传播中心主任李智等专家学者,东城区优秀教师、学生、社区居民、驻区旅行社代表及新闻媒体记者参加。本届文化节以"国学圣地德化天下人文北京和谐世界"为主题,历时20天。先后举办教师节拜师仪式,大成礼乐、太极拳表演,非物质文化遗产展示,国学主题书画展,明清状元书画艺术展等多项国学精品文化活动。9月28日,第二届北京孔庙国子监国学文化节闭幕。(杨沁诗)

【党建工作】 完成中共东城区第十一次党代表选举工作。开展争创"五个好"基层党组织和"五带头"优秀共产党员争先创优活动,开展民主评议党员、党员承诺、征文、演讲比赛等活动。开展红色电影放映活动,与钟鼓楼文保所合作,在各社区巡回播放红色经典电影,760名党员干部参加。开展"忆党史、赞辉煌、谈感想、作贡献"主题征文活动,上报稿件105篇。开展"传承历史,创先争优,建设新东城我当先锋"主题演讲比赛活动,210名党员群众参加。召开地区庆祝建党90周年大会,评选表彰16个"先进党组织"、30名"优秀共产党员"、15名"优秀党务工作者"、11个"党员先锋岗"、12个"优秀党员服务品牌"。五道营社区党委、国子监社区党委被评为"五星级社区党组织"。开展"共产党员献爱心"募捐活动,1230名党员、群众参加,捐款3.82万元。(杨沁诗)

【学习型街道建设】 组织开展安定门国子监中学市民学习中心第六期学员招生工作,招收学员76人。举办茶艺表演、英语、绘画、合唱等市民教育活动,组织社区舞蹈队、合唱团、太极拳队、京剧队等50支团队定期开展活动。参加区体育节开幕式表演及各项比赛、科普宣传等活动、丰富精神文化生活。与国子监民间流动图书馆,开展让社区充满墨香、充满书声为主题书香社区工程。在9个社区设立流动图书站,向社区居民、驻区部队和辖区施工工地赠书3次,发放各类图书3000本,价值60000元。(杨沁诗)

【发展区域经济】 与园区管委会、产促局等部门配合,吸引优质企业入驻辖区,全年引进重点企业2家(北京丹蒙艺术投资有限责任公司和北京中科新视界数字科技有限公司),注册资金1000万以上企业19家、500万以上10家、100万以上企业28家。帮助企业申请市区专项资金和优惠政策,协助光线传媒、网尚文化等4家企业申请区级创意资金500万元。落实财政国库管理制度改革,完善财务、固定资产管理制度。强化街道服务经济发展职能,促进区街合力发展,加强税源建设和协税护税,建立街道税源建设激励机制,实现区域经济社会协调发展。1至3季度地区税收1.31亿元,地方、预算收入9571万元。(杨沁诗)

【社区建设与服务】 推进社区网格党组织建设,在9个社区24个网格建立网格党支部,完善以精细化管理和服务为目标的4级管理体系,对网格党支部书记、党务工作者进行专题培训,规范各项规章制度,坚持例会工作制度,提高党务工作水平。年内,社区服务站为居民办理26.86万件,涉及居民服务36类102项。"96156"热线录入信息1283条,接单1465件,服务满意率100%。文体活动中心提供各项活动2145人次。全年招募志愿者1297人,组织各种服务活动400次,惠及居民1.4万人。打造一刻钟便民服务圈,居民在一刻钟内能就近享受到日常生活便利的目标。完成创建宝钞南"中医药示范社区"、分司厅社区"健康之家"建设任务。完成红十字会急救知识培训工作。(杨沁诗)

【计划生育】 与地区17家单位签订《人口与计划生育目标管理责任书》。上报新生儿357人,落实各类奖励政策,办理一胎《生育服务证》(含随父入户)457例、二胎《生育服务证》(含随父入户)20例、独生子女父母光荣证210例、发放独生子女父母一次性奖励费10万元,节日慰问贫困独生子女家庭404户。组织"救助贫困母亲、建设幸福家庭"和"生育关怀行动"捐款5508元。(杨沁诗)

北新桥街道

【概况】 北新桥街道办事处是区政府派出机构。位于东城区东北部,东至东二环路,南至平安大街,西至东四北大街、雍和宫大街,北至北二环路。面积2.62平方千米,主要大街5条、胡同84条,设社区居委会16个。户籍人口2.88万户7.76万人,流动人口2.07万人,外籍人口727人,归国华侨130人。有中央单位82个,市属单位74个,区属单位67个,武警中队1个,私民营企业3536个,商务楼宇15座,中、小、幼8所,医院3所,社区卫生站4个,公交场站1个,地铁出入口11个及俄罗斯大使馆。辖区有著名的商业特色餐饮街—"簋街"、雍和宫(全国第一批重点文物保护单位)、柏林寺、北新仓、通教寺、梁启超故居等重点文物保护单位,北京市第一座以中水造景的生态水景园—南馆公园,稻香村、吴裕泰等

“中华老字号”知名企业，中石油，中青旅，北京移动等大型企业总部。有公务员编制127人，工勤编制8人。设科室22个，其中工委内设机构6个、办事处内设机构12个，群团机构4个。事业单位4个，编制26人。

年内，在文明城区建设中，实施精细化、常态化管理，达到中央文明委测评组、首都文明办的入户调查及实地考察标准。获全国社区服务工作示范街道。在区人大代表选举工作中，完成8个选区3.7万选民登记，推荐、确定正式代表候选人29人，依法民主投票选举出新一届区人大代表21人，投票率97.8%。加强制度建设，修改完善74项规章制度，制定《北桥街道工作制度汇编》。完成机构调整，明确部门职责和任务，推进廉政风险防范管理，制定工作方案，编印《廉政风险防范管理工作手册》在全区推广学习。全年，在国内外新闻媒体发稿448篇，出版《北新桥风采》22期。

单位地址：东城区东直门内北小街草园胡同6号

联系电话：64043994　邮政编码：100007　（王潇）

【**低碳生活示范园**】　1月6日，杨柳荫等区领导到南馆公园调研低碳生活示范园。听取区“建设低碳城区，实现绿色发展”行动计划落实情况。6月11日，区节能宣传周在南馆低碳示范园启动，国家发改委副主任徐宪平，副市长洪峰等领导到南馆低碳示范园与社区居民参与“中水回用放养金鱼”等互动活动，区领导徐熙参加活动，街道主要负责人陪同。（王潇）

【**文体活动**】　开展社区群众性文体活动，举办元宵灯会、端午文化节、中秋文化节、红歌专场演出、文化艺术节、和谐杯乒乓球赛等活动和13场健康大课堂讲座，为居民群众提供文体服务4000次。（王潇）

【**社区建设**】　辖区形成社区党建、社区自治、社区服务“三位一体”工作格局，获全国城区社会工作示范街道荣誉；民安、海运仓社区获首都特色精品社区荣誉；九道湾、北官厅、前永康社区获东城区五星级社区党组织荣誉；民情日记工作法、智能化数字新民安获区优秀基层党建创新项目奖；民安智能低碳社区建设初见成效，被市发改委确定为低碳社区跟踪试点单位。年内，组织社区工作者进行全员培训，参加职业证书考试，招聘40名网格助理员。加强社区民主自治，用社区公益金48万元，支持开展社区公益服务活动，好邻居信息服务网、闲置物品交换大集、义务指路队、商居自管会、胡同议事会等一批社区服务品牌受居民群众欢迎。培育和发展社会组织120家、会员3731人，开展活动1.4万次。依托“心手相牵”志愿服务指导中心和志愿服务网站，开展服务5万次。社区注册志愿者8804人，位居东城区第一位，获北京市社区志愿服务组织突出贡献奖。推行“四个一”服务承诺，社区服务站办理居民事务15.6万件，解决群众问题777件、办结率100%。（王潇）

【**领导考察**】　3月，杨柳荫一行10人到簋街调研。提出要在更高层次上规划建设簋街，更大规模发挥簋街名片效应，力争1至2年内使簋街形象提升，成为更有文化、特色、品质的京城餐饮街。6月2日，市环保宣教中心主任张宝森、副区长毛炯出席街道“倡导绿色餐饮提升簋街品质”——东城区“六五世界环境日”主题宣传活动，通过开展“拒绝使用一次性餐具”、“控制油烟污染专项整治”、“少开一天车”等宣传活动，进一步提升簋街环境和业态品质。12月14日，副市长刘敬民一行10人到簋街调研餐厨垃圾收运清理工作，实地到餐馆查看垃圾收运工作流程，牛青山等领导陪同。（王潇）

【**社会治安综合治理**】　9月19日，杨柳荫到行政服务大厅调研，在矫正对象谈心室，察看矫正对象心理辅导工作，了解“对两类人员特殊帮教”等工作情况，在礼堂察看普法大讲堂法律讲座情况。建立“红袖标”按岗守望、社区巡防队定点巡逻、警力车巡步巡相结合的社会治安防控网络，将重点人管控、流动人口和出租房屋服务管理、刑解释放和社区服刑人员服务管理、地下空间隐患排查等工作全部纳入网格化管理，设立簋街治安巡逻执法站，有“守望岗”486个、治安志愿者2787人。街道行政服务大厅设立“人民调解”、“法律大讲堂”等专项服务岗位，化解矛盾。（王潇）

【**经济发展**】　发展金融、服务业、文化产业为重点的楼宇经济，这类经济占区域经济总量的24%。鼓励、扶持文化创意产业，天海商务大厦、藏经馆11号、东雍创业谷、人美工场、圣唐古驿等胡同文化创意产业聚集区建设形成规模。海运仓中、小企业服务中心引入48家税源企业。定期监测分析15座商务楼宇内1100家企业的注册、经营、纳税等情况，在企业运营过程中协助争取政策支持和项目扶持等有效措施，推动区域经济发展。（王潇）

【**城市建设与管理**】　开展环境秩序百日整治“春风行动”、违法建设拆除、治理黑车“脉冲行动”等专项整治活动。办理城市管理网格案件6290件，查处各类违法行为256起，拆除违法建筑772平方米。开展主要大街环境整治规范工程和崇雍大街(北新桥段)亮丽工程，重新规划主要大街公共服务设施，安装192块规范广告牌匾，通过综合整治，实施九道湾市政道路改造、北中街1号楼供暖改造、平房户居民歌华有线光缆入地工程。在2条胡同开展机动车单停单行试点工作。完成88条胡同、5条大街便道日常清扫保洁工作，获市级环境卫生先进单位。在12个单位、14个小区推广垃圾分类，获市级垃圾分类先进单位。网格化社会服务管理信息系统启动，记录民情日志8.76万件，开展网格走访服务2328件，处理网格事件329件，其中矛盾纠纷113件、流动人口管理88件、矫正帮教128件。（王潇）

【**信访工作**】　全年代理信访案件70件，化解68件，解决5名长期上访重点人信访问题，提高信访代理办结率。以社区代理方式，及时解决大批群众身边事，实现“四抓四减少”工作目标。信访总量、市级访、区级访数量均分别下降20%、40%、50%。（王潇）

【社会保障】 全年就业安置1709人,就业率为70.97%,失业率控制在1.12%。40岁至50岁困难人员就业1125人,城镇登记失业率1.04%,推荐成功1277人。职业指导4766人,社区开发就业岗位3134个,安置失业人员1755人。技能培训459人,带动就业620人,创建充分就业10人,绿色就业25人。落实各项社保政策,为2342名低保人员发放低保金1230万元、粮油帮困款49万元。受理三种政策性保障用房及公共租赁住房756户。检查733家用工单位,补签劳动合同400份,处理劳动纠纷、群体讨薪事件27起,解决拖欠工资、补偿金、工程款等91万元。完成天海大厦内93家企业、员工1680人调查登记工作,稳定劳务双方的劳动关系。

(王潇)

【人口和计划生育】 全年,办理《生育服务证》707个,新生儿入户登记手续641个,计划生育率97.5%。发放叶酸和育儿百科570人,办理《独生子女父母光荣证》194个,第一个子女随父入户3人,第二个子女随父入户5人。领取独生子女费49人。存档育龄人员登记1260人,流动人口婚育证明13人,独生子女年老时一次性经济奖励187人。完成独生子女伤残家庭142人和独生子女死亡家庭特别扶助62人的申请、登记及年审审核工作。

(王潇)

【党建工作】 年内,102个党组织2500名党员,完成承诺事项3520件。举办地区红歌大赛、学习党史知识、征文比赛演讲、追寻红色足迹、红色讲坛等系列活动。召开庆祝中国共产党成立90周年表彰大会,表彰20个先进基层党组织、60名优秀共产党员、10名优秀党务工作者,并有18个先进集体和个人获区级表彰。完成全国文明城区复查迎检工作,

(王潇)

【群团工作】 新建工会215家,建立健全劳动关系预警网络,推进工资集体协商,构建和谐劳动关系。推进非公企业团建工作,现非公企业建团28家,建立"我的北新桥我的团"微博群团支部。加强社区"妇女之家"建设,推进五好文明家庭创建活动。开展职业技能大赛、青少年综合素质特训营、拓展训练、巧娘十字绣比赛等活动。 (王潇)

东四街道

【概况】 东四街道办事处是区政府派出机构。位于东城区东中部。东起东二环路西侧,西至东四北大街,北起平安大道东四十条,南至朝内大街北侧。面积1.53平方千米,有大街4条、胡同31条,设社区居委会8个。户籍人口2.25万户4.44万人。有公务员编制78人,工勤编制6人,事业编制32人。设13个部门,即:党工委办公室、组织人事部、工委宣传部、社会治安综合治理办公室、党群工作办公室、纪委(监察)、办事处办公室、城市综合管理办公室、公共事务管理办公室、民政事务管理办公室、公共安全管理办公室、社区建设工作办公室、财政科。

年内,完成全国文明城区复查迎检,建党90周年,东城区第十五届人大代表换届选举等各项工作。各社区建立、完善居民代表常务会制度,居民民主自治向更深层次发展。创新社会服务和社会管理,加强社会治安综合治理基础工作,化解社会矛盾和不稳定因素,维护地区政治稳定、社会安定。全年,新闻报道343篇,其中平面媒体114篇、网络媒体217篇、广播电视报道12条。发行《东四奥林匹克社区》报45期45万份。财政收入6945万元。

单位地址:东城区东四五条170号

联系电话:64044922 邮政编码:100010 (李慧慧)

【领导调研】 1月13日,越南河内市内务局副局长黎文久率市文化体育管理干部一行19人,参观东四奥林匹克社区体育文化中心。1月24日,市领导刘淇、吕锡文、丁向阳,在区领导杨柳荫、牛青山等陪同下,看望81岁优秀老党员、离休干部刘家宸。2月11日,团市委副书记姜泽廷等慰问街道社区青年汇,区有关领导陪同。2月14日,市民政局局长吴世民到街道调研社区民主自治建设工作,区领导及有关部门负责人陪同。3月2日,区人大副主任费文勇到街道专题研讨区人大换届选举工作并检查指导。4月6日,朝阳区委书记陈刚、区长程连元、区委常委陈宏志、谢莹、副区长赵全保等领导在杨柳荫、牛青山陪同下到六条社区参观、指导社会服务管理创新和社区民主自治工作。5月12日,在东四奥林匹克社区公园,开展第41个做文明有礼的北京人——年度"周四垃圾减量日暨绿色社区月活动走进东城区东四奥林匹克社区"活动,首都文明办副主任卜秀均、市市政市容委副主任陈玲及市、区领导王智玲、孙尧,毛炯等出席。8月11日,区领导常卫、金晖等检查街道、南门仓社区居委会全国文明城区复查实地考核指标落实情况。 (李慧慧)

【城市建设与管理】 1月,完成4栋520户居民天然气通气工程。7月,完成平房"煤改电"地区清洁能源补助发放工作,补助金额72万元。成立7个应急抢险小分队,做好抢险物资、人员力量调配工作,前期修剪树木200棵、伐除危险树木8棵,新做下水道4处61.1平方米,检查房屋1170间,苫盖、治理漏雨房等36间。年内,铺设朝阳门北小街步道4000平方米、盲道2000米,对东四十条、东四北大街及北小街沿街24个电箱进行围挡安装和装饰,完成仓南胡同5号院步道

250平方米铺装改造、六条32号院雨搭修复及平安大街东四段4座楼宇、东四北大街2条主要干道两侧夜景照明工程。

（李慧慧）

【群团工作】 新增建会企业296家，组建率197%；新增会员3062人，职工入会率90%；费源信息采集单位504家；劳务派遣公司组建工会6家。3月，召开东四街道第二届职工代表大会二次会议，审议通过《东四街道地域性集体协商工资协议书》《东四街道地域性女职工特殊权益专项集体合同》。826家单位8597人签订地域性集体协商工资协议书和女职工劳动保护合同，签订率达到90%。建立健全街道、社区、企业三级劳动关系预警网络，实现建会企业劳动争议调解组织全覆盖，调解员52人持证上岗。为11家企业职工547人办理互助保险，7人得到赔付2万元。会员信息采集8531人，为136家单位职工2965人办理京卡·职工互助服务卡。组织参加市、区总工会通用能力培训125人次。在地区团员青年中开展“学党史知总规明团情”主题教育活动。在农民工子女中开展“星光自护小卫士培训”，300人次参与。组建“太阳花”小记者队伍。“京城小雷锋”志愿服务团队开展活动30次，服务600人。“流动人口子女博物馆学理财”被评为团市委“两节送温暖”优秀青年活动项目。组织地区居民、驻区单位为北京市妇女儿童基金会捐款8050.7元。评选“好邻居、和谐家庭、双合格好家长”80人。开展“和谐家庭”和“双合格”家长评选活动，获区级“和谐家庭”8户、“双合格”家长4人。获“首都平安示范家庭”1户。推荐妇女代表7人参加第十二次东城区妇女代表大会。（李慧慧）

【社区文化活动】 4月2日，在东四奥林匹克社区体育文化中心与区委宣传部、文明办、文化委、民政局联合主办，清明节“忆家训、谈家风、促和谐”系列活动之“思先人、讲孝道、知事理”主题活动，市文化局、非物质文化遗产评审委员会等领导20人出席，社区居民100人参加。5月13日，东四奥林匹克社区大舞台开幕，首次对外公布社区大舞台主题曲《大家一起来》，国家文化部党组成员高树勋、市文化局、市残联及区有关领导出席，社区居民200人观看演出。5月至10月，社区大舞台演出19场，各界群众6200人次参加。8月8日，北京市“全民健身日”，在东四奥林匹克社区公园，举办工间操展示活动，辖区居民、企业单位、武警战士等500人参加。12月2日，在保利大厦，举行以传承与创新“北京精神”引领东四文化建设为主题的东四文化讲坛，民政部、市文联、市文化局、区领导及1名人艺一级编剧出席，辖区企业、社区居民代表170人参加。（李慧慧）

【党建工作】 5月，组织35名入党积极分子参观国家博物馆，进行党史知识和光荣传统教育。建党90周年开展“先进基层党组织”、“奉献与四好党员”等“百优”表彰活动，“七一”前表彰95名先进典型。开展建党90周年主题征文活动、“党旗飘扬在社区”宣传服务日活动，为1100名居民提供党建知识宣传、法律咨询、医疗服务和便民利民服务。向各基层党组织发放各种学习材料1600份，党员电教播放光盘318盘。设置网格党支部25个，推广商务楼宇“五站合一”工作模式。8个社区党组织与907名党员签订《责任书》，党员认岗定责。投资5万元制作“一个闲不住的共产党员”暨六条社区老党员刘家辰先进事迹宣传片。（李慧慧）

【社区建设与服务】 5月、8月分别为六条、豆瓣社区各增加办公用房面积50平方米和40平方米。7月27日，召开“东四街道社区居民会议常务会制度研讨会”，将居民自治体系纳入服务管理网格化，把社区常务会成员纳入网格，编写《社区居民会议常务会使用手册》，制作《社区居民会议常务会》宣传片。对社区内文化团队进行重新登记整合后，有8支街道级群众文化团队，9月28日，在红剧场表演《红旗颂》。年内，公开招考社区工作者26人。（李慧慧）

【网格化管理】 3月，建立东四街道社会服务管理综合指挥分中心。7月，电视监控、政务网、IP视频会议系统、社区服务、应急指挥5个系统整合后接入分中心，“一办四组”办公室到位。8个社区划分25个工作网格，配备网格管理员、助理员、支部书记。7月1日，首批招录22名网格助理员正式到社区开展工作。完成社会服务管理信息系统1.0、2.0和2.4版本运行。全年上报网格事件5040件，民情日志5.20万件。（李慧慧）

【计划生育】 9月23日，举办东四奥林匹克社区第九届人口文化节暨六条社区计生协会活动展示。审核办理生育第一个子女《生育服务证》385例、第二个子女《生育服务证》34例、《独生子女父母光荣证》173例，受理非婚生育行政复议1例，发放独生子女父母年老时一次性奖励114例。新增独生子女伤残家庭特别扶助13人，独生子女死亡家庭特别扶助2人。“幸福工程”慈善平台募集善款2.13万元。（李慧慧）

【维稳工作】 全年，处理群众来信187件、来访513件，处理突发事件和化解重大矛盾纠纷17起，处理重复市、区越级群体访11件。调解各类纠纷545件，成功528件，成功率97%。采集600家用工单位情况信息，处理投诉举报案件12件金额2万元，处理工地集体讨薪群体事件6起800人510万元，劳动仲裁调解2件。完成春节期间烟花爆竹安全管理工作。推进社会消防安全“防火墙”工程建设。加大隐患排查治理力度，对“四小”单位、出租房屋、大杂院、普通地下室等场所出动检查380人次，检查单位1200个次，发现、整改隐患80个。（李慧慧）

【社会保障】 年内，接待用工单位350家，开发社区就业岗位955个，安置失业人员862人。失业人员自主创业133人，带动就业340人。职业指导2214人次，培训失业人员179人，推荐失业人员就业286人。办理助老慈善医疗卡47人次，发放低保金583.33万元，办理新增低保22户36人，经核查停发低保61户135人。办理低保人员医疗救助89人，救助往届大学生13人。为贫困地区“送温暖献爱心”募集善款14.49万元。春节前，为47名残疾军人发放残疾抚恤金34.2

万元,为3名享受定补人员发放定期抚恤补助款4.76万元,为12名退伍军人发放安置生活补助款3.46万元,为1228人办理居家养老服务券111.32万元,发放高龄津贴12.66万元。安装“一按灵”55户,办理老年证242个,办理优待卡284个。有各类残疾人1355人,残疾人温馨家园2个,发放残疾人生活补贴2434人38.7万元,办理残疾人助残券130人次15.39万元,享受残疾人保险补贴160人91.48万元,944个单位缴纳残疾人保障金、安置残疾人就业。发经济适用房申请表1884份、受理931户、上报区922户、市备案通过778户;限价商品房申请表1182份、受理778户、上报区767户、市备案通过710户;廉租住房申请表645份、受理483户、上报区470户、市备案通过434户,本年新签93户、续签221户。 (李慧慧)

【环境整治】 与辖区单位、商户880家签订市容环境卫生责任书。接收、处置东城区网格信息平台下发案件3061件、结案率100%,考评为A级。为居民小区配置垃圾分类指导员18人,南门仓A、B区19栋楼,2300户7000人实现生活垃圾分类。开展城市环境秩序百日整治专项行动,出动2500车次、4200人次进行巡视检查,检查“门前三包”单位1.08万家。接A类举报2600起、办结率85%。落实朝阳门北小街及东四十条部分沿街户外广告牌匾整治,走访350家单位,清理违规广告宣传品102处,拆除违规户外广告灯箱55块,拆除重新制作安装户外广告75块。 (李慧慧)

【社区服务中心】 与8家服务商签订居家养老服务协议。为居家养老服务对象提供服务4.25万人次,为困难群体提供服务538人次,并发放生活用品。“96156”社区公共服务平台和本街道小呼叫热线,受理居民有偿服务380次,咨询服务2730次。组织社区志愿者开展以“爱心普撒夕阳红,与空巢老人手牵手”为主题的居家养老社区志愿者活动,志愿者与高龄空巢老人结成“一对一”帮扶。东四奥林匹克社区体育文化中心图书馆10余种报刊、30余种杂志、3万余册图书免费对读者开放,免费为社区居民播放电影82场,1000人次,免费为社区团队提供活动场地279次,为社区居民提供民间手工艺品编织室、残疾人编织室等,残疾人温馨家园提供活动场地192次。接待外宾12次,接待国内宾客及市、区领导参观11次、329人次。 (李慧慧)

朝阳门街道

【概况】 朝阳门街道办事处是区政府派出机构。位于东城区东部,北起东四街道、南至建国门街道、东起朝阳门立交桥、西至东华门、景山街道。面积1.24平方千米,设社区居委会9个,户籍人口1.67万户4.5万人。主要大街4条、胡同23条。主要商业区为东四南大街,有商业网点100个,其中有经营纺织品三友商场、珠宝为主三利德珠宝城。辖区内驻有国务院新闻办公室、人民出版社等中央单位,北京市商务委员会、新闻出版局等市属单位。有医院1所,大专院校1所,北京二中、史家胡同小学等中小学校6所。有公务员编制102人,工勤编制16人。内设机构16个,其中党工委科室7个、办事处科室9个。事业单位3个、编制31人。

年内,开展创先争优活动,加强创新社会管理,加大城市综合管理力度,与回民幼儿园共同启动朝阳门街道“心计划”社区亲子行动。通过整合地区教育资源,提供学前教育公共服务。完成全国文明城区复查迎检和区人大换届选举各项工作。在维护地区安全稳定基础上,推动街道经济和各项事业发展。被评为全国社区教育示范街道,中国成人教育协会颁发奖牌。

单位地址:东城区朝内南小街西水井胡同3号
联系电话:65129256 邮证编码:100010 (龚新宇)

【信访工作】 元旦、春节、两会重点时期,开展矛盾排查5次。年内,受理群众信访207件,其中来访144批次216人次,来信63件,网上办件54件,非紧急救助191件。街道各基层人民调解组织调解矛盾纠纷221件,同比下降40.27%。年内,调解、解决各类问题406件,调解成功率达97%。 (龚新宇)

【助残工作】 “两节”、“助残日”期间,走访慰问91户残疾人家庭,送慰问款、慰问品折合人民币5.04万元。丰富残疾人文体生活,对680名残疾人进行辅助器具需求登记,发放辅助器具16件,为19户残疾人家庭申请无障碍改造,为40户免费安装闪光门铃。完成47名听力残疾人“致聋基因筛查”采血工作。对720名劳动年龄段残疾人开展为期3个月就业状况调查,安置就业21人,职业培训38人,审核460人次,办理各类补助83.64万元。 (赵小娜)

【经济工作】 1月至10月,引进25家税源企业。配合东朝工商所完成企业年检工作,对引进200家税源企业进行年检,清理20家未按合同执行的企业。对50个重点企业开展融资调查问卷活动,组织专题座谈研讨会。帮助南京银行朝阳门支行在辖区落户。协调物业、工商、地税、城管等部门,解决朝阳门支行内外装修、广告设置、网络连线等问题。 (龚新宇)

【党建工作】 4月,鸿安大厦建立党总支和“北京华夏盛世劳动服务公司”党支部。内务、竹杆2个社区被评为东城区社区党建工作五星级社区。在处级干部中签订《北京市党员领导干部遵守〈廉政准则〉承诺书》，在科级干部中开展《党风廉政建设责任制》《北京市行政问责办法》主题学习，组织网上答卷活动。向全体党员干部发放《廉政准则》读本，开辟《朝阳门》报专版，举办专家党风廉政专题讲座，完善规章制度《朝阳门街道制度汇编》，收纳56项制度。制作《朝阳门街道业务工作流程手册》《朝阳门街道廉政风险防范管理工作手册》，查找机关各科室职能、制度机制风险点和机关、社区岗位职责风险点138个。加强监督检查，开展民主评议窗口部门、基层站所工作。接受区审计局对2008—2010年度，政府投资小型建设工程管理情况专项检查，出台《朝阳门街道建设工程管理暂行办法》。加强基础工作，制定朝阳门街道工委党务公开“1+5”系列文件，健全党务公开各项基本制度。建立公开栏、电子触摸屏、党情民情意见箱等8个街道党务公开平台。设立社区党务、居务公开栏，实行党务、政务、事务、居务一体公开。开展建党90周年主题活动，推广鸿安大厦楼宇党建工作模式，基层党建工作实现“两新”组织党建工作全覆盖。推广内务社区信息化服务党员群众工作模式，完成建立网格党总支部18个、党支部44个、党小组98个，制定网格党支部工作职责。推进南小街、东四南大街商会建立党组织工作。（赵小娜）

【统战工作】　6月，召开协调劳动关系三方工作会。7月29～31日，组织20名会员、企业负责人赴山西五台山参观考察。制定《朝阳门街道统战工作先进社区考核办法》，组织社区检查评比。全年走访慰问名人、遗属和生活困难的统战人士76户，送去慰问金、慰问品6万元。做好工商联分会工作，开展分会活动。开展会员企业联谊会制度，搭建企业间沟通交流平台。开展“双千户家庭送温暖”活动，做好工商联换届工作。开展“朝阳门街道归侨、侨眷俱乐部”特色活动，做好区侨联第一次代表大会换届选举工作。（赵小娜）

【社区文化活动】　9月19日，街道举行社区体育健身项目展示活动，9个社区200名体育爱好者进行体育健身项目展示。扶持社区文化团队，构建群众文化活动“一十百”格局，即：打造1个全区文化品牌，扶持10支精品团队，建设100支社区文体团队。巩固特色品牌新春音乐会、民俗文化庙会等，加强海燕口琴乐团、蓝天戏剧社、华风合唱团等团队建设，海燕口琴乐团等4个文艺团队获东城区街道优秀品牌团队称号。制定“一街一品”群众体育品牌活动计划，确定“朝阳门街道社区体育健身项目展示活动”为街道品牌活动。（龚新宇）

【社区建设】　加强社区规范化建设，抓好社会工作者队伍建设，组织学习社区居委会、社区服务站26项管理制度。举办社区工作者取证培训班，提高社区专职工作者待遇。抓服务站建设，落实《朝阳门街道社区服务站工作手册》，明确各类人员职责，重申各项规章制度。学习21项公共服务办事流程、48项服务站工作职责。（龚新宇）

【社会保障】　全年，发放廉租房申请表73份、受理46户、上报市备案通过45户；发放经济适用房申请表125份、受理56户、上报市备案通过48户；发放限价商品房申请表269份、受理162户、上报市备案通过134户。为低保家庭503户972人发放低保金445万元，为356户424人发放粮油帮困17.4万元。提供医疗救助89人次、报销15.7万元。开展“送温暖，献爱心”捐赠活动，捐得善款5.7万元、衣被5844件。北京INN是开展劳动用工规范一条街试点单位。年内对30家单位进行规范，涉及用工628人，解决拖欠工资举报5件，为65人追回工资30万元。为143名军工地退人员兑现增长工资，重点优抚对象实行医疗减免。全年发放义务兵优待金27万元，伤残军人抚恤金25万元。为1257名老人发放价值151.1万元“养老助残券”，办理老年证246个、优待卡493个，发放津贴15.8万元，报销医疗费1.41万元。免费发放智能电话200部，配发“小帮手”电子服务器61台，安装“一按灵”68部。辖区内有人被评为北京市“孝星”、23人评为东城区“孝星”，街道被评为北京市养老机构建设先进单位。开展职业指导1345人次，技能培训失业人员169人次，实现创业32人，带动就业307人，开发岗位823个，安置困难人员就业198人次，城镇登记失业率控制在0.66%以内，保证辖区社会保障覆盖到位。街道社保所通过五星社保所验收。（龚新宇）

【计划生育】　与38家驻地中央、市、区属单位，10个计划生育综合治理部门签订《年度计划生育目标管理责任书》。开展送技术、送药具、送生殖健康知识的“三送”活动，为9个社区配备药具展示包，发放避孕药具5000盒，完成日常数据更新工作，建立全员人口数据库。在世界人口日、男性健康日举办文艺演出、健康讲座、知识竞赛等活动。每月按网络版要求对机内1.14万张卡片进行逻辑审核，审核1人多卡156张，建卡片304张。清理身份证重、错、缺位82人。上报出生331人，计划生育率为98%，办理生育服务证364个，超龄注销500人，为120人办理独生子女证、85人发放一次性奖励。（赵小娜）

【社区服务】　新增代办、小型出租、家庭搬运等服务，完善地区“1510便利生活服务圈”项目，逐步实现服务规范统一、流程统一、标准统一的目标。与山西天镇县绿泽园食品有限公司，联合在芳嘉园胡同24号建立200平方米农超对接便民蔬菜直营店。与新发地食品有限公司，联合在本司胡同44号建立20平方米便民蔬菜站。为享受居家养老助残服务的老人和残疾人提供5.61万人次服务，回收服务券12.61万张104万元。（龚新宇）

【环境整治】　检查各类单位1000家（次），整改80个（处），清查社区居民自建自住彩钢板房442间。对60家单位下达行政执法通知单和限期整改单，对21家单位实施行政处罚19.5万元，拘留5人，封停5家。做好春节期间“禁限放”工作，集中行动4次出动3600人次，实现地区119火警（情）“零”指标，被评为“区烟花爆竹安全管理先进单位”。做好防汛重点部位排查工作,对房屋、树木进行安全检查,确定500处房屋、4处人防工事、70棵危树为重点防汛部位,相关部门及时进行处理。解决大方家胡同22号国槐倾倒,礼士胡同43号院内古树树干出现开裂问题,实现安全平稳度汛。年内,完成50部社区简易消防栓安装,对社区治保主任、积极分子、网格助理员51人进行社区简易消防栓使用演练培训。

(龚新宇)

【城市管理】 全年,粉刷史家、内务等4条胡同墙面2917米,门楼176座,铁、木门475座,窗户543个,空调护栏106处,铺设防水砖575.5平方米,修复雨棚65处。开展东四南大街、朝内南小街、朝内大街沿街广告牌匾专项整治工作,一期、二期重新安装户外广告牌匾260块,整治大方家社区自管绿地,补种大叶黄杨1300棵、泡桐3棵,在朝内南小街,沿街两侧1600米和胡同口重要节点悬挂彩灯,完成实施“亮丽工程”任务。与519家单位、商户签订《市容环境卫生责任区告知书》,对24条胡同实行全日保洁,垃圾清运率达到98%以上,对胡同内130个垃圾箱进行更换,拆除小牌坊胡同38号院内自建房、朝内南小街沿线商户二层轻体430平方米。全年网格化城市管理接收案件6150件、市下派20件、电话举报100件,经协调、沟通,回退案件150件,完成120件,评价等级为A级,平均分数98分,结案率99.8%。 (龚新宇)

建国门街道

【概况】 建国门街道办事处是区政府派出机构。位于东城区中部,北起禄米仓、干面胡同,南至崇文门东大街,东临二环路,西至崇文门内大街。面积2.66平方千米,有大街8条、胡同72个。设社区居委会10个,户籍人口2.18万户5.92万人。有中央所属单位222个、市属89个、区属50个、非公有制企业1268个,商业网点286个、饮食服务网点224个。有小学4所、中学2所、中等职业学校1所。有全国重点文物保护单位3个、市文物保护单位7个、区文物保护单位6个,其中有蔡元培故居、朱启钤宅、宁郡王府等名人故居。有公务员编制126人、工勤编制16人、事业编制39人,设科室23个。

年内,推进区域化党建,加快社会服务管理体系建设。完成新一届人大选举工作,9月街道成立人大选举工作分会,经4个阶段工作,依法选举产生区人大代表22人。通过党员代表大会差额选举产生出东城区第十一次党代表大会代表11人。建立工会294个、净增会员7000个,录入费源单位763家。

单位地址:东城区赵堂子胡同16号

联系电话:65126891 邮政编码:100005 (毛一帆)

【文化建设】 2月4日,在社区服务中心举办以“欢乐祥和迎党庆鞭打春牛进社区”为主题的第五届风车迎春文化活动。区领导徐鸿达、宋甘澍、金旭等出席,第七届全国人大代表、民俗专家赵书等嘉宾及街道、单位、社区居民、中小学生200人参加。3月22日,与国家大剧院联合举办“打开歌剧之门”专题讲座,中央音乐学院作曲家郝维亚教授讲解歌剧的发展、每个时期的代表人物及作品。5月23日,在恒基中心举办第五届“和谐杯”乒乓球擂台赛。6月17日,在北京之夜举办庆祝中国共产党成立90周年表彰大会暨“红歌献给党”红色专场演出。区人大副主任李力及有关部门负责人出席。 (毛一帆)

【接待外省市交流考察】 2月28日、4月29日、8月1日、8月3日、9月26日,银川市副市长李卫东一行、重庆市渝中区人大一行15人、山东省临沂市政法委一行9人、邯郸市综治办领导5人、广西壮族自治区凭祥市委政法委11人等外省市考察团,分别到街道调研社会服务管理创新、网格化综合指挥中心等工作。区及街有关领导陪同。 (毛一帆)

【领导调研】 3月2日,副区长周永明带队到建国门地区调研。实地查看泡子河西巷20、22、24号院房屋情况,第二开关厂旧址厂房使用情况,毛家湾胡同周边环境及中国社会科学院拆迁项目地块,了解街道信访代理制的落实和实施情况。3月9日,市委全国“两会”安保和维稳工作督察组在市信访办有关领导陪同下,到东总布社区督察全国“两会”安保和维稳工作,区委有关部门领导陪同。3月22日,副区长毛桂芬率队到街道调研幼儿园建设情况。5月13日,副市长刘敬民率市经济信息化委员、市监察局、首都发展股份有限公司、中国联通北京分公司等有关领导,考察建国门地区北京市非紧急救助服务中心。7月21日,副市长鲁炜、市委宣传部副部长陈冬到东单106路南行站慰问公共文明引导员,送去茶叶等防暑降温物品。8月2日,区委书记杨柳荫率队到街道检查全国文明城区复检迎检情况,查看赵堂子胡同、金宝街沿街环境、秩序及宣传情况,并查看机关场所、市民学校,区领导常卫、赵中原、金晖、夏树军及相关部门负责人参加。8月5日,首都综治办领导腾盛萍、苗林、许继汇到苏州社区调研网格化社会服务管理创新工作,区领导刘云斋、宋甘澍陪同。滕盛萍肯定街道社会服务管理网格各种力量配备完善,指出网格工作人员要注意加强沟通协作,切实在网格内解决问题,畅通民意反馈渠道。8月18日,区领导金晖及有关部门负责人先后到蔡元培故居、大雅宝社区,视察文物修缮保护和社区服务站标准化建设工作;视察街道网格化社会服务管理指挥分中心。提出街道要在现有成果基础上,结合传统工作方法与现代化管理手段，强化领导包片等制度，把力量下沉到社区。9月6日、18日，区人大主任冯熙、副主任费文勇分别到街道调研区人大代表选举分会工作，听取选举分会各阶段工作汇报，实地查看外交部街居民单位选区、北京邮区中心局选区和选民榜张贴情况，肯定街道选举分会前期选区划分、选民登记、代表资源摸查等工作。提出下一阶段选举工作要求。10月13日，副区长王中华一行走访建国门地区重点企业北京日报社，向日报社送去慰问金，与日报社领导就提升对驻地企业的服务质量、加强政府与企业之间的联系进行座谈。11月10日，市领导王安顺一行到街道社会服务管理综合指挥分中心调研，实地查看街道社保大厅、社会服务管理综合指挥分中心，听取街道工委书记关于街道社保大厅"多点受理、网络支撑、后台联动、一口办复"工作汇报。市委、市政法委、市社会工委、首都综治办等领导参加，区有关领导及有关部门负责人陪同。（毛一帆）

【社区建设与服务】 5月，社区心理健康服务站正式成立，为各社区3171人提供心理健康服务，进行心理健康讲座25场，受益845人。全年招录大学生社区工作者4人，社区网格助理员30人。在岗社区工作者有33人考取助理社工师、9人考取社工师。截至年底，街道社区社会组织达167家，会员5479人。为地区居民提供公共服务2万人次、文体活动服务1.2万人次。为地区10户困难家庭申请医疗救助10万元。完成老年饭桌建设，实现地区老年饭桌全覆盖，解决地区老年人吃饭难问题。针对地区800名空巢老人，全面开通街道呼叫响应服务支撑系统。搞好社区卫生，清理卫生死角35处，开展社区绿化、修剪2条胡同141棵树，外交部街社区通过花园式社区验收。（毛一帆）

【党建工作】 6月17日，召开地区庆祝建党90周年表彰大会，表彰20个先进基层党组织、100名优秀共产党员、20名优秀党务工作者。投入10万元建立党员志愿服务团队示范窗口——北京站党员义务指路亭。成立9个网格党总支、42个网格党支部（含3个非公党支部），明确网格党组织书记、党员职责。开发地区党建三维信息系统，建立处级领导包网格、党员承诺在网格等长效机制，全面实现党组织网格化动态管理。举办"红歌献给党"专场演出活动、"唱响建国门，颂歌献给党"主题活动和"我身边的优秀共产党员"群众推荐活动。组织学"七一"讲话、读中共党史、讲英雄故事、观红色电影、访革命圣地系列活动。（毛一帆）

【信访工作】 坚持党政一把手接访制度和处级领导干部代理制度，全年受理群众来信281件、来访168批（次）215人次，排查出矛盾纠纷17件，代理信访案件6件。街道与社区两级调委会调解各类矛盾纠纷221件，其中10个社区130件，签订调解协议书1份，联合调解室调解91件，签订调解协议书91份。（毛一帆）

【网格化社会服务管理创新】 街道31个网格报送事件1.24万件，社会服务民情日记1.82万件。网格化社会管理后，地区实现火情、警情双下降，火情由上年的6起降为4起，各类警情由上年240起降至160起。全年接待全国各省市调研社会服务管理考察团队50批次400人次。（毛一帆）

【社会保障】 培训失业人员221人，推荐失业人员成功就业401人，开发岗位3248个。社区安置就业人员1261人，空岗采集4738个，职业指导2378人次，实现创业164人，带动就业332人；登记失业人员就业832人，城镇登记失业人员就业率82.7%；就业困难人员就业496人，就业困难人员就业率81.85%；城镇登记失业人员失业率0.35%；认定"零就业家庭"2户，全部安置脱零。完成经适房登记135户、受理104户、备案107户；限价房登记334户、受理292户、备案278户；廉租房登记66户、受理70户、备案79户。为困难户申请医疗救助67户12万元，临时救助1人5000元。为地区100户困难家庭重新申请、更换"爱心家园捐助卡"，每年每户救助400－650元物品。春节前，为地区低保户发放每人300元慰问金。为低保户、低收入家庭往、应届大学生申请救助45户6万元。组织56人参加"高危致聋人群基因筛查"工作。为30户肢体残疾人家庭进行无障碍改造；为听力残疾人43人发放可视闪光电子门铃；为视力残疾人14人申请电脑语音读屏软件。向10名残疾人子女发放助学金2.58万元。（毛一帆）

【计划生育】 与辖区中央、市、区属单位签订3种流动人口计划生育管理责任书306份，计划生育率99.3%。办理新生儿入户登记457人，二孩审批18人。免费为地区育龄妇女发放叶酸片2406瓶，《育儿百科》423本，筛查卡403份。节日走访慰问计划生育家庭25户，送去慰问品、慰问金3.68万元。在中国农业银行组织初级急救员培训70人。为159个计划生育家庭449人办理意外伤害保险，保额7380元。募集捐款4.94万元，用于生育关怀基金、幸福工程及"博爱在京城"等项目。（毛一帆）

【安全检查】 制作《建国门生活》安全知识宣传专刊，入户发放2万份，发放预防煤气中毒宣传材料6000份。与相关责任部门签订消防安全责任书630份，与辖区居民签订《预防煤气中毒责任书》3300份。出动3.59万人/次，入院、入户、入单位1633个楼门院、1.25万户，检查临建房屋489处，查出电线老化、出租房存在问题61处，清运杂物、大件堆积物等600车次。进行私房翻建登记13户，协调处理西总布胡同68号、大羊毛胡同2号私房翻建出现的问题。配合市政市容委进行热力管线改造，配合区住建委进行楼房自来水管检测工作，上报14栋楼210户。春节燃放烟花爆竹期间，出动检查人员4980人次、治安巡逻14.89万人，清理可燃物1938车。（毛一帆）

【人防工程治理】 人防工程治理回填工事22处，治理面积5711平方米，投入金额199.89万元。完成36处人防地下室民防信息系统录入工作。

（毛一帆）

【防汛工作】 修订《街道防汛工作预案》,组建8支200人抢险队,对10个社区主任、有关抢险队负责人进行培训。防汛期间检查直管公房4684间、楼房27栋、标准租私房71.5间,发放房屋安全检查通知书1000份。对8个在施工工地和6处拆迁项目地进行安全达标检查,汛期直管公房大修25间、中修201间,标准租私房维修16间。 (毛一帆)

【社区服务中心】 为居民提供书画、舞蹈、图书等各类活动室及健身多功能厅。有注册志愿者6399人,各种志愿服务团队70支、服务项目60个。组织大中型文化、教育、娱乐活动10场,小型活动20场3000人次参加,观看群众1.5万人次,投入经费10万元。全年乒乓球室接待各种赛事活动40场5000人次,舞蹈教室接待2430人次,音乐教室接待3570人次,书画室接待2100人次,多功能厅接待1万人次。图书馆接待读者9000人次、借还图书6415册次、入藏图书1000册。举办各类讲座18场,获北京市文化局"千场讲座组织奖"、"全民读书活动组织奖",在"一卡通"服务中获"办理读者卡最多成员馆"称号。 (毛一帆)

东直门街道

【概况】 东直门街道办事处是区政府派出机构。位于东城区东部偏北,东二环路以东。东起春秀路、工体西路与朝阳区三里屯街道相接,西至东二环路与东四街道、北新桥街道相邻,南起潘家坡胡同、吉市口八条北侧与朝阳区朝外街道交界,北至香河园北街、柳芳南里与朝阳区左家庄街道、和平街街道相接。面积2.2平方千米,社区居委会10个,户籍人口2.44万户4.6万人,暂住人口1.8万人。少数民族28个2207人,其中以回族、满族和蒙古族为主。有国家文化部、国家文物局、国家医药管理局、中华全国归国华侨联合会、华夏出版社、健康报社等中央、市、区单位72个。有公务员编制83人(不含城管分队14人),工勤6人。设13个科室:工委办、组织人事部、宣传部、社会综合治理办公室、党群办、纪律检查工作委员会、办事处办事处、公共安全办、财政科、城市综合管理办公室、公共事务管理办公室、民政科、社区建设办公室。事业单位4个,即:社会保障事务所、社区服务中心、环卫所、绿化队,编制38人。

年内,以"践行科学发展观、建设现代东直门"为主题,以社会服务管理创新工作为重点,推进地区经济、社会、政治、文化建设。完成人大换届选举工作,全地区登记选民3.5万人、参加投票选民3.44万人,投票率98.15%,选举产生东城区第十五届人大代表16人。引进企业14个,代收代缴房产税税款764万元。获"北京市先进基层党组织"、"全国先进基层党组织"称号。

单位地址:东城区新中街66号

联系电话:65920199　邮政编码:100027 (罗喜成　熊婧宇)

【综治维稳工作】 8月12日,在全市"构建网格化社会面防控体系、维护首都安全稳定"现场会作经验介绍。建立391个防控点位,对780名治安巡逻志愿者实现实名制管理。组建"平安东直门"社会面防控力量,建立治安防范打击网、治安巡逻网、内部保卫网和社区群防群控网。更新地区重点人员工作台账,开展流动人口及出租房屋管理试点工作,核查、登记流动人口800名,出租房300套。完成重大节日及敏感时期地区安保任务。全年组织各类应急演练3次,应急处置能力不断提高。 (罗喜成　熊婧宇)

【党建工作】 在街道社会服务管理信息平台,设立"区域化党建"模块,实现党建信息实时动态管理,推进网格化党建,发挥党组织和党员在社会服务管理中的作用。实现商务楼宇"五站合一",开展非公经济党组织"五个好"示范点创建活动,扩大非公党组织覆盖面。举办基层党务工作者业务培训班,编印《基层党建工作手册》,规范对党务工作的业务指导。监察街道建设项目工程、保障性住房政策落实,完成小型工程项目清理、"小金库"专项治理和"三公经费"使用管理情况的自查工作。获"北京市先进纪检监察组织"称号。 (罗喜成　熊婧宇)

【社会服务管理】 社会服务管理信息平台化解矛盾纠纷355起,上报各类事件2597件,办结率达99.4%。印制《东直门街道网格运行规范指南》《东直门街道网格工作应知应会手册》。周永康、刘淇等中央、市、区领导先后到街道视察调研。河北、上海、江苏、陕西、青海、甘肃、山东、吉林等外省市及本市有关部门122批1835人次到街道参观考察。中央党校中青班、国家行政学院司局干部培训班、中组部基层党组织负责人培训班到街道进行现场教学。中央电视台《新闻联播》《焦点访谈》栏目、北京电视台《特别关注》和《首都经济报道》栏目进行相关报道。 (罗喜成　熊婧宇)

【信访工作】 完善信访工作机制,落实领导干部接访、处理群众信访制度。依托市长信箱等5个网络平台,加大协调重点信访问题的督查、化解力度。全年受理来信来访100件213人次,信访率同比下降21%,全部妥善解决。 (罗喜成　熊婧宇)

【社会保障】 为450户880人办理低保,为低保家庭发放节日慰问金3.72万元。开展"送温暖、献爱心"社会捐助活动,募集衣物折合人民币17万元。调解劳动纠纷14起,结案率100%。做好保障性住房日常审批和管理工作,办理保障性住房申请231户。登记失业人员实现就业646人,完成全年指标106.6%,城镇失业率控制在0.78%。

（罗喜成　熊婧宇）

【社区建设】　为社区统一制作“三牌”:职责吊牌、桌牌、工作牌,设立标识墙,提出“依法、公开、高效、便民”口号。采取以会代训形式,加强对社区工作者业务、法律知识等培训。完成下年第八届社区居委会选举前期调研工作。实施社区自治“6631”工程。有社区组织87家,会员总数3596名。

（罗喜成　熊婧宇）

【安全生产】　对辖区商品、市场、工地、社会旅馆、小餐饮等单位进行安全生产大检查。开展“消防安全隐患排查整治攻坚行动”,宣传群众3290人,组织联合执法检查32次,出动专业执法及社会力量430人次,排查整治各类火灾隐患87处,涉及单位27家。完成279家企业安全生产隐患信息采集和自查自报工作。（罗喜成　熊婧宇）

【城市管理】　开展第23个爱国卫生月活动。完成文明城区复检工作。全面清除街巷卫生死角,确保环境干净、整洁,实行街巷清扫承包责任制,责任到人。开展垃圾分类工作,新创建垃圾分类示范小区3个,对辖区内200家注册餐饮企业日产厨余垃圾情况摸底调查。开展对重点地区、部位、时段市容环境秩序整治。开展“脉冲行动”、百日整治“春风行动”,打击扰乱环境秩序违法行为。年内,打击非法运营行动58次,查处黑车10辆,暂扣摩的5辆。查处无照经营580起,拆除违章建设17处354平米、拆除彩钢板12处2388平方米、拆除违法建设5处167平方米。没收广告牌68块、非法小广告1.27万张,整治广告牌匾31处。配合公安、交通、工商等部门开展专项检查活动40次,消除社会管理安全隐患。全年接到区城市网格和街道社会服务管理网格案件4260件,其中:城管3233件、城综188件、环卫218件、绿化570件、公共安全90件,结案率达99%。处理综合执法督导案件30件,处理回复人民来信来访案件29件。加强街道绿化养护工作管理,病虫害控制率100%。筹措资金500万元完成胡家园小区绿化改造工程,开展“花园式街道”创建活动。（罗喜成　熊婧宇）

【文化体育活动】　宣传街道非遗项目,组织普天同乐民俗表演队参加妙峰山庙会展演。举办“和谐杯”乒乓球比赛,“东直门地区保龄球大奖赛”。做好奥林匹克体育生活化社区创建工作。发展3个创新型科普社区。举办以“提高科学素质、创建文明社区”为主题的科普周活动,倡导低碳生活、科学生活。与区社区教育学院、东城职大合作建立电脑网络教育基地,打造东直门教育品牌。完成北京市对东城区教育督导十一五教育工作材料汇编工作。为流动人口子女上学办理借读证101人。（罗喜成　熊婧宇）

【群团工作】　新增建会企业235家、会员4000人。推进工会会费以税代缴工作,完成工会采集700家。推进工资集体协商制,开展集体合同签订备案工作。加强工会组织自身建设,开展各项活动提高职工素质和经济技术创新能力。做好妇女维权工作,解决贫困妇女、孤残贫困儿童群体实际问题。建立红色港湾姐妹驿站。成立新一届街道团工委。开展“青年汇”活动,举办“青春榜样课堂”启动仪式。

（罗喜成　熊婧宇）

和平里街道

【概况】　和平里街道办事处是区政府派出机构。位于东城区最北端,东起东土城路西侧、远东仪表公司、国家林业局东墙,南至北护城河中心线,西起人定湖北巷、旧鼓楼外大街,北至青年沟路、北京第三机床厂南墙、柳荫公园北墙,整个辖区呈“凸”字形。面积5.02平方千米,有社区居委会26个,大街18条、胡同12条、地下通道4条、过街天桥9座。常住人口4.02万户11.21万人,流动人口2.05万人。少数民族32个5454人。有中华人民共和国人力资源和社会保障部、国家林业局、解放军总政治部、第二勘察设计院等中央、市、区单位3818个。有公务员编制123人,工勤编制9人。设14个科室:党工委办公室、组织人事部、纪检监察科、工委宣传部、党群工作办公室、社会治安综合治理办公室、办事处办公室、财政科、城市综合管理办公室、社区建设办公室、民政事务管理办公室、公共事务管理办公室、公共安全管理办公室、城管监察分队。事业单位3个,即:社保所、社区服务中心、环卫所,事业编制41人。

年内,加强工委督查和行政效能监察,抓各项工作落实,完成和平里商务新区规划编制,推进社会服务,保障民生,救助各类困难群体。完成区人大换届选举工作,5.87万选民参加,投票率98.2%,选出和平里地区人大代表29人。完成文明城区复查迎检工作,加强党的建设,提高领导班子和干部队伍素质。7月1日,社区服务中心迁址:和平里东街民旺南胡同甲18号。

单位地址:东城区和平里六区5-1
联系电话:84221886　邮政编码:100013

（陈珊）

【社区建设】　1月7日,召开“年度公益金管理使用工作会”,公布调整后的《和平里街道社区公益金审核领导小组名单》《和平里街道关于进一步规范社区公益事业专项补助资金使用管理实施细则》。街道公益金经费使用实行项目管理,各社区根据自身工作活动申报项目,公益金的使用体现专款专用、公开公正和勤俭节约的原则。和平里街道社会服务管理综合指挥分中心成立,街道综合治理办公室、公共安全管理办公室、信访办、城管分队合署办公。3月至5月,录用110名网格助理员,到各社区工作,5月30日召开“网格工作大会”,网格助理员正式上岗。7月15日,专业社工岗位项目“社区心灵家园·服务社区工作者”正式启动。8月至10月,开展培训活动,15个社区176名工作者参与调研,团体心理培训26个社区109名社区工作者参加。年内,社区工作者沙龙成功举办大学生社工参观实践、社工职业资格水平考试经验分享等活动,500人次参加。不定期组织基本技能培训,考取社会工作职业资格证书6人。（陈珊）

【党建工作】　1月15日,举行亿万利达大厦商务楼宇“五站合一”启动仪式,社会领域党建、团建、妇建、工建、社会公共服务体系正式进入亿万利达、中联、中煤、煤机大厦,皇城国际中心、隆和写字楼等商务楼宇。在78个网格建立党支部,形成“四纵三横”特色网格党建工作模式。选举产生出席中共东城区第十一次代表大会的13名党代表。6月10日,举办庆祝建党90周年“魅力新东城颂歌献给党”第六届红歌会,辖区各单位、社区党员、群众参加。6月21日,在东城区少年宫天地剧场,举行庆祝中国共产党成立90周年暨表彰大会。7月5日,在地坛公园举行“党旗增辉和平里红色地图放荣光”纪念中国共产党成立90周年主题党日活动。2000名党员参观纪念中国共产党成立90周年图片展。（陈珊）

【城市建设与管理】　1月28日,组织机关干部、社区工作者、志愿者70人,在七区社区参加全市第一个城市清洁日活动。1月至2月,探索“大城管”城市管理新格局,建立街道“三位一体”即综合执法组、城管分队、环卫所,社区居委会、网格、志愿者,大街管委会、小区物业公司、社会单位的三位一体城市环境管理工作体系。3月,开展全国水务普查工作,调查安德路、东河沿2个社区20户居民。3月至4月,投资20万元,完成西河沿12号楼绿地改造。4月2日,地区组织200人参加以“全民参与,共建共享”为主题的第27个首都全民义务植树日活动。4月,发放灭鼠药100公斤、鼠盒300个、建立鼠饵站500处,志愿者800人参加。对地下管道、农贸市场、水沟边等进行投放,并实时监控、及时补药。5月9日,组织第二十个城市节水宣传周活动,设节水宣传站4个,发放宣传材料2000张,参加居民3000人次。5月至6月,街道组织相关科室、大街管委会、物业单位、社区居委会进行培训,提出“整合资源、科学管理、强化职能”,打造和全面推行城市精细化管理的新模式。6月至8月,与区住建委完成48栋1970年至2000年竣工住宅楼入户供水管线的调查、检测、评估工作,完成10栋楼管线喷涂工作。（陈珊）

【和平里商务新区】　2月9日,根据《北京市东城区空间发展战略规划(2011—2030年)》,提出建设“和平里商务新区”发展规划。5月,街道成立和平里商务新区规划编制顾问组。6月1日,召开“和平里商务新区”规划编制工作领导小组第一次会议,规划编制工作正式启动,课题小组分别走访调研国家林业局、区国土局、中金集团等职能部门及驻区重点企业、环球贸易等商务楼宇。12月7日,通过《和平里商务新区专项规划(2011—2030年)》,并印发全区。（陈珊）

【综合治理】　为17个小区居民家庭发放家用分类容器2.05万个、内配塑料袋204.52万个,发放垃圾分类宣传材料4万册、无纺布书包及鼠标垫2万个,制作展板17套,17个小区通过垃圾分类达标验收。组织综合整治100次,出动人员3406人次、车辆1154台次,查扣三轮车(含电动三轮车)66辆、机动车2辆、马车1辆、黑摩的6辆,没收广告牌89块、灯箱42个、小商品26包、蔬菜水果2011千克、音像光盘1275张(套)、非法书籍1079本、烧烤工具11套、火炉12个、煤气罐8个、桌椅104张,罚款1.10万元。拆除违规广告16块148平方米,更新改造广告32块405平方米,重新喷漆粉饰5处301平方米,协调确认7处。（陈珊）

【住房保障】　开展经济适用房、廉租房入户调查、评议、公示、审核上报工作。发限价房核定表5917户、受理3839户、上报区3463户、经市备案通过3216户,8次摇号选房692户。发经济适用房核定表3265户、受理1356户、上报区1305户、经市备案通过1056户,3次摇号选房216户。发廉租房核定表400户、受理225户、上报区203户、经市备案通过189户,实物配租二次、选房91户(含公租房选房),享受廉租补贴109户。（陈珊）

【劳动保障】　开展规范劳动用工一条街工作,对800个单位进行劳动合同签订率调查,对建筑工地进行检查重新登记、建立台账,涉及农民工2000人。检查用工单位500户、涉及职工1万人,受理举报11件,结案率100%,为劳动者追回拖欠工资117万元。“劳动用工规范一条街工程”工作获市先进称号。（陈珊）

【社会保障】　新办核发残疾人证186个,为334名残疾人发放残疾人机动轮椅车燃油补贴13.30万元,为75名听力残疾人进行携带致聋基因检测筛查和配装可视闪光门铃,为特困残疾人112人申请免费配发辅助器具,为部分残疾人发放生活补助、三险补贴、居家助残服务券、城乡养老保险缴费补贴200万元。组织残疾人参加各种职业技能培训,19人取得职业资格证书,31人实现就业。审核4088个单位按比例完成安排残疾人就业工作,完成街道残疾人联合会第六次代表大会换届选举工作。对低保特困、重点两牢人员进行临时、扶贫、医疗救助48人14.7万元,发放大学生扶贫救助14人1.40万元。节日期间,慰问、补助困难家庭500户15.7万元,慰问优抚人员、烈军属、复员退伍及伤残军人208人12.5万元。全年捐款9.84万元,捐赠各种物资4300件。为380

名老人办理、发放服务券4.25万元，为50名90岁以上老人发放高龄津贴7600元，为324名60岁以上老人办理老年证，为542名65岁以上老年人办理优待证。为老人办理“小帮手”电子服务器46台，安装“一按灵”140部，老人用智能电话200部。地区60人被评选为市级“孝星”。接收社会化退休人员501人，办理失业转退休76人。为退休人员办理医药费报销700人次1912万元，为城镇居民报销医疗费713人次212.8万元，支付失业保险金、失业人员医疗补助204万元。发放各类社保卡3250张。新增低保27户，发放低保金475户759人334.5万元。安置失业人员就业1423人、困难人员就业707人，职业指导2576人次。（陈珊）

【信访及普法】 开展各类法律知识宣讲78场次，举办专题法制讲座23场，知识答卷9次2500人参与。法律培训10次，发放宣传材料8000份，提供法律咨询150人次。制定“法律服务进网格”折子工程和实施方案。以司法干部、社区志愿者、专职律师组建司法力量进社区网格服务团队，开展法律服务、法律援助。组织法律讲座68场次，受教育群众3500人次，服务团队解决问题12件。协调处理二区地下车库施工扰民，上龙、西河沿危改拆迁居民回迁延期等问题，在5个社区开展“信访代理站”试点，全年排查化解矛盾纠纷41件，受理群众信访187件，处级领导参加接待61人次，一批信访历史遗留问题得到解决。

（陈珊）

【计划生育】 全地区户籍育龄人口2.63万人，流动人口2.05万人，其中流动育龄妇女3042人。出生上报人口839人，办理生育服务证932人，独生子女父母光荣证264人，办理二胎生育服务证21人，随父入户158人。办理独生子女父母一次性奖励137人，发放避孕药具90箱。上报违反计划生育政策出生人口7人，和平里地区人口计划生育率达到99.2%。（陈珊）

前门街道

【概况】 前门街道办事处是区政府派出机构。位于天安门广场东南部，东至崇文门外街道，西起西城区大栅栏街道，南至天坛街道，北起东华门街道。面积1.09平方千米，户籍人口9490户2.28万人，设社区居委会9个。有公务员编制77人、工勤编制8人，事业编制24人。内设科（部）室27个。

年内完成全国文明城区复查迎检工作，在区人大代表换届选举工作中，抽调78人组成选举工作组，划分6个选区、172个选民小组，设宣传站4个，发放各种宣传材料1万份，制作宣传横幅200条，展板100块，选举出人大代表11名，参选率99.2%。组织理论中心组学习11次，举办各类讲座、培训9场，开展学习调研活动2次。运用巡回宣讲、文艺演出等形式，举办“北京市东城区总体发展战略规划（2011—2030年）”宣讲活动7场4000人参加。构建“平安前门、和谐前门、智能前门”，加强党的建设，维护地区稳定，强化精神文明建设，推动各项工作发展。获“全国国防法规网络知识竞赛优秀组织奖”、北京市“我心中的共产党员”大赛优秀奖。

单位地址：东城区西打磨厂街62号

联系电话：65113343　邮政编码：100051　（张晗）

【城市管理】 4月，与交通队、城管委等单位联合解决前门居住区周边停车管理问题，多次召开社区居民会，听取群众意见、建议，制定《前门居住区周边停车管理实施计划》等应急预案。在正义路南沿北口、南口，西兴隆街西口设置安装固定限高栏，禁止大型车辆通行；在新革路南口设置安装可调节限高栏，以便大型特殊车辆通行。安装各式标牌22个，施划停车位450个；设立地区停车场6个，227个居民、220个机关单位有停车位，缓解地区居民停车难问题。开展“拆除违章建设，整治前门环境”活动，拆除西兴隆街、西打磨厂等41处违章建设388平方米。集中整治西打磨厂、草厂十条、草厂三条、西河沿、正义路南延等重点地区施工废弃料、卫生死角160处，修建围挡、粉饰墙面270平方米，硬化破损道路6500平方米。加强“网格化”城市管理力度，全年，接受案件1264件，结案率100%。完成绿化面积700平方米。开展除四害活动10次。开展流动人口、出租房屋调查摸底工作，地区流动人口5114人，其中居住地4762人、工作地352人，出租房屋261户。流动人口新增1105人、核销1145人、更新1318人、迁移164人。（张晗）

【民俗运动会】 8月29日，在地区文化广场举办“京韵前门民俗体育运动会”，100名居民代表参加，社区民俗爱好者展示抖空竹、抽陀螺、踢花毽等中华传统健身项目。运动会设置传统民俗体育PK台，设有滚铁环、扳手腕、撒棍、翻花绳、揣羊拐等传统民俗体育比赛项目。（张晗）

【党建工作】 调整草厂东、草厂西社区党支部为党总支，制定《前门街道推进社区网格党组织建设实施方案》，将社区划分为14个网格，一格一支部，构成街道工委、社区党组织、网格党组织、党小组4级社区党建网格体系。按网格设置绘制地区党建网格分布图，完善基础数据，调整社区党组织，配齐网格力量。开展“党员公开承诺、党建工作品牌、党建创新项目进网格”等活动，提升党建工作科学化水平。将“3+6”模式拓展到社区党建工作中，即：构建“党员教育管理、党员服务群众、群众参与共建”3类社区党建工作载体,覆盖综治维稳、家政服务、居家养老、环境卫生、就业帮扶、精神文明6项工作,形成各具特色的“社区党组织品牌”。有“民主型”前东社区党组织、“服务型”草厂西社区党组织、“文化型”草厂东社区党组织、“和谐型”大江合署办公社区。 (张晗)

【群团工作】 成立街道总工会,召开第一次代表大会,选举产生委员7人,经审委员会委员3人,女职工委员会委员5人。新增工会组织20个,涵盖单位52家、会员501人。13家企业工会完成“两批、两证、三章、一户”办理工作。审结完成41家建会企业费源信息采集工作。新签、续签集体合同8份,覆盖企业45家,职工606人,企业覆盖率达到91.84%。街道总工会有基层工会组织40个、会员1482人。7月至9月,开展“前门街道青年学习季”系列活动。对5~10岁儿童开展“爱心伴我成长”青少年暑期读书活动,对小学生开展“交通安全夏令营”活动。11月,在前门大街驻街团组织,开展“老店换新颜、青年学传承”系列活动。成立“阳光少年之家—社区青年汇”,利用QQ、微博载体相互学习、交流,丰富社区青少年活动。开展民兵整组工作,经整顿,地区6个单位在编民兵226人,其中基干民兵161人、普通民兵65人,组建基干民兵连1个、民兵排5个、应急营部1个。4月至9月,组织800人参加由国防教育办公室、国防部组织的国防法规网络知识竞赛。完成双拥模范城迎检工作,发放宣传材料800份。两节期间,走访慰问优抚对象及义务兵家属54人,发放慰问品8500元。 (张晗)

【综合治理】 调整社会服务管理综合指挥分中心机构,由街道党政一把手担任分中心主任,下设“一办四组”。上报民情日志3895件,事件台账1485件,业务流程160件,其中流动人口管理63件、社区矫正29件、矛盾调解68件。开展城市秩序百日整治行动,联合城管、工商、交通队、派出所对前门东辅路、月亮湾等重点地区非法运营、无照经营进行集中整顿18次,出动执法队员3520次、执法车辆1760车次,查处无照经营1960起,规范“门前三包”单位766次,规范户外广告、条幅82处,检查霓虹灯断亮35起,检查违法运营496起,拆除违建57个301.5平方米,结办网格310条。 (张晗)

【计划生育】 地区育龄妇女5340人,已婚育龄妇女3203人,计划生育率100%。联合同仁堂中医院,建立“社区名医堂”,为育龄群众提供中医养生保健、生殖健康咨询等服务。查验《流动人口婚育证明》421个,与用工单位、出租房主签订3种责任书352份,免费孕检144人次。做好北京市全员人口信息系统日常更新、维护。 (张晗)

【建立劳动用工一条街】 成立街道“劳动用工规范一条街”工作协调领导小组,制定劳动用工规范一条街实施方案。对新进驻的企业,印制、发放单位用工情况调查表,建立“一条街”单位台账,了解用工单位经营规模、管理模式、人员结构及企业背景情况等基础数据,涉及单位54户,其中私营企业1户、外商投资企业1户、其他企业49户、个体经营者3户,企业职工总数为507人、外地工367人,参加社会保险的321人,签订劳动合同的438人。 (张晗)

【社区服务】 为居家老人、残疾人提供服务,加强果蔬早市管理,从环境卫生、市场监管、经营文明等8个方面制定早市日常管理办法。投入专项资金购置消防器材,管理人员定岗、定位,形成长效工作机制。市场水果和蔬菜平均日销售量6万斤,日平均客流量1万人,居民满意度98%。开展孝星评比表彰,评选出市级“孝星”11人、区级“孝星”10人。 (张晗)

【社会保障】 完成123户社救对象家庭经济状况核查工作,停发38户102人,停发总户数超过目标总数30%。办理医疗救助87人次、发放医疗救助款31万元。临时救助1人次2000元。资助大学生8人次1.1万元。发放一次性生活补助658人次13万元。为低保家庭发放慰问金31万元。慰问特困家庭16户5000元。审核慈善助老医疗卡20份1万元。发放慈善爱心卡9份5000元。地区申请高龄津贴90周岁以上老人103人、百岁老人3人,发放高龄津贴12.95万元。社区劳动保障服务站每月举办1次小型招聘会,社保所每季组织1次大型招聘会。组织招聘会28场,提供岗位信息230个、1200人次,实现就业150人。开发绿色岗位21个,安置失业人员11人。社会化管理退休人员进行资格认证1876人,认证率99.7%。无保障老年人资格认证344人,认证率为99.1%。 (张晗)

【防汛工作】 完善《前门街道防汛应急预案》,成立防汛指挥部,储备防汛物资,明确紧急避难场所。提前排查危旧房屋、危树枯树、人防工事和临时避难场所。汛期抢修加固危房12间,大修房屋5间45.9平方米、拆砌山墙10道、房屋维修235间、补漏513间、做防水4000平米、疏通下水793米、抢修防空洞1处。排查地区人防工事23次17处,集中回填北芦草园81号等人防工事9处220平米,回填土方425立方米、砌砖墙47立方米、浇灌混凝土层62平米。 (张晗)

【保障房办理】 全年发放经济适用房核定表55份、受理29户、上报通过市备案27户;发放廉租房核定表44份、受理27户、通过市备案22户;发放限价商品房核定表84份、受理61户、通过市备案57户;受理公共租赁住房申请登记88户。已签定廉租合同20户、按时享受租金补贴。廉租房年审82户,其中续期80户,通过复审取消廉租房租金补贴2户。46户廉租住房中44户家庭办理选房手续。开通QQ在线咨询业务,回答百姓提出问题。 (张晗)

崇文门外街道

【概况】　崇文门外街道办事处是区政府派出机构。位于东城区东南部，北起崇文门东、西大街与东华门、建国门街道相临，南至两广路、与体育馆路街道相邻，东起南、北花市大街北段与东花市街道相连，西至北官园、戴家胡同与前门街道相接。面积1.12平方千米，大街15条、胡同6条。有社区居委会12个，户籍人口1.41万户4.97万人，其中常住人口3.48万人、流动人口1.49万人。以汉族为主，占总人口96.39%。本年人口出生率0.03‰、死亡率0.03‰，人口自然增长率0.00‰。有公务员编制77人、工勤编制8人。事业单位4个、事业编制33人。

年内，以科技强化管理，搭建信息发布平台，做好街巷胡同建设，开展市级花园式社区创建活动。完成全国文明城区复查迎检工作，做好换届选举工作，推荐选举出席东城区第十一次党代表大会代表9人，依法选举新一届东城区人民代表大会代表16人，推荐第十三届东城区政协委员3人。全年为87名独生子女伤残家庭办理申请扶助，开展行政执法检查12次，征收社会抚养费83.49万元。联系重点企业，为4050人员安置就业岗位350个。完成老旧城区改造工作，建成新景家园、新世界家园、新怡家园等一批现代化居住小区。加快商务楼宇建设，有商务楼宇17座，市场主体3196户，其中内资企业1839户、外资企业372户、个体工商户985户。税收5.85亿元，增长22.86%。上报出生294人，计划外出生1人，街道计划生育率为99.7%。在中央、市、区媒体刊登稿件350篇，电台、电视台刊登31条。

单位地址：东城区西花市南里东区14号
联系电话：67013683　邮政编码：100062　（杨强）

【崇外便民服务车】　5月19日起，在非法运营集中的“六点二线”分南北两个循环圈设立8辆免费“招手即停，即停即走”的“崇外便民服务车”，解决群众在崇外地区短途交通不便问题。5月26日，区委书记杨柳荫到街道调研，考察便民服务车运行情况。12月1日，中央电视台《新闻联播》节目对“便民服务车”进行专题报道。全年，解决公共配套服务，整治“黑摩的”非法运营、揽客现象，出资60万元。　（杨强）

【劳动监察】　全面检查整治劳动力市场、非法中介、拖欠农民工工资、社会保险、劳动合同等情况，检查149个单位，涉及职工7395人，对北京汇商务写字楼开展规范一条街工作。处理各种劳动信访案件30件，其中拖欠工资25件30人、解决拖欠工资8.89万元，合同5件5人。处理农民工讨薪突发事件4起123人，解决拖欠工资104.5万元。　（杨强）

【信访工作】　坚持处级干部包社区信访代理制，首访接待负责制，重大问题领导包案制。做好网上信访工作，做到件件有着落、事事有回音。全年街道、社区两级代理接待来电来访507人次，受理各类信访代理、反映诉求、政策咨询290件、完成278件，结案率96%。　（杨强）

【社会治安综合治理】　出资68万元改造、更新、保养部分技防设施，规范重点人员管控、安置帮教、社区矫正、人民调解等6类台账，开展“法治东城”创建活动，以社区、领导干部、青少年为重点，推进法律“三进”活动。整合社会资源，发挥联动作用，开展群防群控工作，在重大节假日期间，通过对35个网格监控值守，加强“人、地、事、物、情”动态掌控，确保地区社会面秩序安全稳定。上报各类信息7042条，重点情况60次，履行网格内工作职责，实现“人在格中，事在网中，同网同责”的网格化社会服务管理工作新格局。建立一二三四五”管理模式，即“一人主抓、二网合并、三组合作、四表汇总、五方联动”，地区网格工作提升到A级。成立地下空间综合整治工作领导小组，对72处地下空间进行清查。对安全出口堵塞、应急照明缺失、消防器材配备不齐等隐患进行整改。　（杨强）

【社区建设】　实现社区服务全覆盖。改善社区办公环境和条件，12个社区统一配备办公器材，安装ADSL上网，建立电子邮箱，推进社区网络化办公。西花市南里西区社区、崇文门西大街社区，被评为“东城区学习型社区创建工作先进单位”。开展文化艺术节、建党90周年、北京精神等主题宣传活动，举办书法绘画展、心理调试与食品安全讲解、元宵灯会、原创文艺作品汇演、社区文化艺术节等多项活动。开展“做文明有礼的东城人，垃圾减量垃圾分类从我做起”主题宣传活动，全年举办各类活动200场次、居民3000人次参加。　（杨强）

【社会保障】　落实居家养老各项惠民政策，133位90岁以上老人享受高龄津贴、为1380名享受养老助残人员兑换养老助残券154万元、为60岁以上老人办理“老年人优待证”174个、为65岁以上老人办理“老年优待卡”324张，为110辆残疾摩托车发放燃油补助4.28万元、为102名残疾人办理重残补助、为130名残疾人办理大病医疗、为73名残疾人办理养老保险，各类社会捐助2万元、捐物5190件。为高龄老人开展敬老服务月活动，推出市、区级寿星30位。灵活就业980人，开发就业岗位828个，解决拖欠工资8.89万元。对257户362名低保人群建台账、基础档案。700户家庭享受住房保障政策，123户居民参加限价房摇号认购。　（杨强）

【城市管理】 出动执法人员2000人次、执法车辆460车次,处理无照游商126起、查处散发非法小广告25起、没收小广告2237张、没收盗版光盘2400张、没收非法出版物398本、收缴"黑摩的"47辆、拆除违法建设56平方米。开展各类城市清洁日活动,发放宣传材料1200份,清除卫生死角24处,清理堆物堆料15吨、绿地6600平米,2.3万人次参加。

(杨强)

【党建活动】 建党90周年,组织辖区党员、群众开展主题演讲比赛、党旗传递、党建知识竞赛、红色记忆展、红歌大赛、党员电教播放月等活动85场次,14名新党员入党宣誓,表彰20个先进基层党组织、100名优秀共产党员、30名优秀党务工作者。崇西、崇东、新世界家园、国瑞城社区分别与国家电网、同仁堂集团、最高人民法院牵手共建,对千户居民开展"实事承诺"。 (杨强)

东花市街道

【概况】 东花市街道办事处是区政府派出机构。位于东城区东南部,东至朝阳区双井街道,南起龙潭、体育馆路街道,西至崇文门外街道,北起建国门街道。面积2.05平方千米,设社区居委会8个,户籍人口1.5万户5.5万人、流动人口1.9万人。有中央、市属单位28家,区属单位63家,驻京办事处5家。中学3所、小学4所、幼儿园3所,社区卫生服务站3个。有国家级文物保护单位东南角楼、袁崇焕祠,市级文物保护单位隆安寺等。有公务员编制78人、工勤编制6人、事业编制35人。

年内,推进网格化社会服务管理创新工作,运用网格化社会服务管理体系,全面推进街道各项事业发展,按照区委、区政府总体部署和要求,组织人大代表接待选民活动5次、收集问题50项涉及群众3000人。解决白桥大街及远洋德邑C座西侧路段占道停车问题,完成区人大代表换届选举东花市地区选举分会工作,选出区人大代表17人。在统一战线服务社会管理全国交流研讨会北京社会领域统战工作现场观摩活动中作工作汇报。街道办事处被评为全国社区教育示范街道,中国成人教育协会颁发奖牌。

单位地址:东城区东花市北里西区3号楼

联系电话:67188640 邮政编码:100062 (杨颖慧 解启明)

【文卫体工作】 完成"两节"送温暖救助金、物资发放工作,为地区6名大病人员申请红十字会博爱助困项目经费。开展博爱在京城募捐工作。组织73人参加红十字初级急救培训,22人参与献血。完成北里西区社区申报优秀科普社区工作。社区博物馆全年接待群众800人、学生500人、领导300人,日本京都议会代表团、台湾高雄市里长代表团及各地区游客120人。5月16日,举办"共创东城新辉煌——东城区'总规'宣传文艺演出东花市街道巡演"。全年开展文体活动500次。推出红色电影、爱国电影等电影放映活动,放映87场居民3915人观看。完成地区部分特色资源申报国家及市级非物质文化遗产项目工作。 (杨颖慧 解启明)

【非公企业党建工作】 1月26日,在党建工作中开展"推进网格党建助力企业发展"为主题的非公企业党建研讨活动。参观西柏坡,举行"弘扬西柏坡精神促进企业新发展回顾光辉历程重温入党誓词"主题教育活动。7月至9月,开展"构筑新型党建格局推动企业科学发展"社会领域党建工作座谈会。北京天成天龙投资咨询有限责任公司党委、北京万维医药有限公司党支部、远洋德邑商务楼宇联合党支部获"东城区非公有制经济组织党建五个好示范点"称号。

(杨颖慧 解启明)

【综合治理】 春节期间,烟花爆竹管理工作实现辖区无火灾、无火情、无人员伤亡三零指标,开展宣传教育32场次,发放横幅142条、展板213块、宣传画90套。全国"两会"期间,投入2.7万人次参与社会面防控工作,每天发动各类安保力量1800人次,其中公安警力61人次、专职巡防队员363人次、治安志愿者800人次、其他各类防控力量660人次。创建"向日葵"社区办公室,建立社区康复台账及社区禁毒工作台账。排查辖区内高危人员、管控型出租房屋,发放宣传材料7018份,涉及9350人,出动327人次,检查出租住人地下空间95处,流动人口2300人。6月16日,通过区流动人口管理办公室检查验收。9月26日,正式开展出租房屋代征税工作。11月,在西忠实里地区开展"温暖一号"宣传教育活动,出动人员60人次,悬挂横幅4条、展板8块、发放各种宣传材料500张,检查出租房300间,与外来人口签订责任书320份。组织对老旧小区堆物堆料重点清理,对四害易发场所开展专项治理。发放鼠药200斤,灭蟑药物4000套,喷洒蚊蝇消杀药品20箱。开展集中清理活动26次,动员发动社区志愿者4000人次,清除卫生死角7处,清理堆物堆料133处、垃圾126车。组织禁烟工作检查13次,发展单位禁烟检查员200名,免费发放禁烟标识牌、桌牌500个。全年接区城市管理监督中心派发案卷1385件,全部按期结案。清理小广告20万张、生活垃圾4500吨。在枣苑等社区、12家餐饮单位、3家党政机关开展厨余垃圾分类回收工作,招聘垃圾分类指导员29名,实现全年地区公共垃圾减量100吨。

(杨颖慧 解启明)

【蟠桃宫庙会】 4月7~8日,举办社区文化节暨蟠桃宫庙会,“千龙网”为庙会开幕式做全程直播,《人民日报》、新华社、北京电视台、等17家媒体报道。《新东城报》刊载蟠桃宫庙会专版报道。区领导冯熙、赵中原、徐熙、谢世龙、宋甘澍、刘忠胜等出席开幕式。（杨颖慧　解启明）

【领导调研】 4月13日,十一届全国政协副主席、中共中央统战部部长杜青林到社会服务管理综合指挥分中心调研社会领域统战网格化工作。市统战部部长牛有成、常务副部长闵克、区领导杨柳荫,徐鸿达、邵鹏、夏树军等陪同。5月10日,全总副主席陈豪,市总工会主席梁伟、副主席曾繁带领相关部门负责人到工会服务站调研、指导工作,区领导牛青山、宋甘澍等陪同。5月23日,巴基斯坦国家管理学院代表团一行9人在中国对外友协干部陪同下,访问参观社会服务管理指挥分中心。8月23日,日本东京都区市町村议会友好代表团一行11人到东花市街道考察交流工作,区人大副主任李力及有关部门负责人陪同。9月3日、29日,市领导刘淇、郭金龙等分别到花市社区文化服务中心视察基层文化建设,到东花市辖区内乐家菜市场检查节日期间市场食品安全管理和市场供应情况。市委常委李世祥,区领导杨柳荫、牛青山、夏树军、朴学东、王中华等陪同。10月27日,中组部干部三局局长喻云林、中华全国总工会党组成员段敦厚等在市总工会党组书记曾繁新、区总工会主席张晓林等陪同下,到东花市街道就街道工会开展“三好两争”创先争优活动进行调研。12月16日,北京市政府专家顾问团专家、北京航空航天大学教授等到东花市街道就社会服务管理综合指挥分中心平台建设项目进行评审验收。（杨颖慧　解启明）

【国防教育】 4月28日,开展《国防教育法》实施10周年宣传活动,200人参加,发放宣传材料1000份。6月至9月,花市国防教育基地接受国家国防教育办公室、卫戍区等部门领导检查指导。完成基干民兵274人的编制任务。完成全年民兵单位军事训练和政治教育,参训率100%。对辖区适龄青年104人进行兵役登记,为部队输送兵员7人。开展国防教育宣传,更新网站内容3000项。街道武装部被评为“北京市基层国防教育先进单位”。（杨颖慧　解启明）

【安全生产】 6月,组建成立公共安全管理办公室,制定专项行动工作方案,与8个社区书记签订安全生产责任书,社区与辖区单位签订安全生产责任书。全年组织安全生产宣传活动7次,印发各类宣传材料8000份,制作横幅100条,受教育人数达2万人次。完成辖区224处地下空间调查核实、38家单位整治,对地区100家“四小”单位和224处地下空间进行12次专项隐患排查行动。对辖区61家餐饮企业、24家食堂、10家食品加工和代加工企业进行日常监督。（杨颖慧　解启明）

【经济工作】 9月6日,在全区率先成立地区经济发展委员会。走访辖区企业,建立政府与企业沟通交流平台。建立辖区企业集中办公区,注册企业18家,注册资金9200万元。全年引进企业24家,注册资金3.11亿元,街道税收同比增长17%。年末,在辖区进行税务登记企业975家,同比增长21%;有税户达715户,同比增长15%。（杨颖慧　解启明）

【党风廉政制度化】 签订112份党风廉政责任书。建立《2011年东花市街道廉政风险防范管理项目库》,把中小工程建设和“三重一大”作为重点防控项目。机关党员干部105人查找思想道德风险点201条,制定防控措施225条;查找岗位职责风险点199条,制定防控措施219条。社区95人查找出思想道德风险点103条,制定防控措施114条;查找岗位职责风险点123条,制定防控措施130条。街道查找制度机制风险点81条,制定防控措施93条。8个社区查找制度机制风险点27条,制定防控措施34条。（杨颖慧　解启明）

【城市建设】 组织实施北花市大街、南小市口街环境整治和东花市大街立体绿化等三项工程,栽植乔木85株、灌木2万株、草本5万株、草皮500平方米。购置防腐木花箱40个,更换种植土150立方米,改造、新建矮墙1500延米,安装不锈钢、铁艺护栏1500延米,安装座椅5处、垃圾桶2处、景观小品1处。对北里东区等3个小区、东花市中街等2条街巷进行升级改造,改造路面8处1000平方米,改新建花池4处200平方米,安装铁艺护栏50延米,清理堆物堆料90车,改造小区大门1处、便民库房1处。拆除违法建设9处430平方米,整治广告牌匾100平方米,拆除违规地锁50个。组织辖区2万人次参与义务植树3000株,加强现有树木日常管护,释放周氏啮小蜂5000蛹,施药作业400人次,养护树木2万株、绿地4万平方米,重大节假日摆放花卉5万株。砍伐危、死树木20株,修剪树木100株。南小市口、北花市大街新增绿地300平方米,改造绿地1500平方米,栽植各类乔灌木1500株、草本花卉3万株、草皮200平方米。（杨颖慧　解启明）

【民防工作】 对辖区79处15.8万平米人防工程进行调查摸底,绘制地下人防工程分布图。对用于居住的24处人防工程开展重点调查,完善一户一档建立工作。与区人防工事开发服务中心联合清理3处人防工程。安装2处防空警报器。（杨颖慧　解启明）

【社区建设服务】 制定21项管理制度,健全完善《社区制度汇编》。印制发放社区服务站办理事项告知单8.4万份。招录大学生10人、网格助理员13人,完成初任培训,组织社区干部培训及新春团拜会。拨付办公经费13.3万元,公益金107.6万元用于社区建设。编印12期社区工作动态《社区之声》。整理社区小型工程建设,确定建设项目12项,完成自行车棚修建3处、基础设施改造5处、社区电子公益宣传栏安装6个。组织开展社区活动1574场次,参与居民9.41万人次。组织社区志愿者5400人开展服务活动。在社区服务工作中,举办以“粽叶飘香话端午志愿服务献爱心”为主题志愿者包粽子、送粽子服务活动、“中秋传爱心敬老送健康”为主题知识讲座、“健康养生舒心长寿”为主题秋季养生健康讲座、“在您身边十万小时”大型社区公益项目暨“长征路上的爱心图书馆”活动、以“全民消防、生命至上”为主题消防安全培训会等多项活动，辖区志愿者800人参加、受益居民4000人。为60岁以上老年人办理老年证285张，为65岁以上老年人办理优待卡411张，发放老龄及高龄津贴13万元，为3970名70岁以上老人提供低偿理发服务。为213名80岁以上老人办理居家养老服务券，为134名90岁以上高龄老人开展祝寿活动。确定忠实里、广外南里社区2处便民菜站为东城区便民服务项目点。 （杨颖慧 解启明）

【社会保障】 为1378人发放居家养老服务券，为119名90岁以上老人发放高龄津贴13万元，为空巢老人安装“一按灵”应急呼叫器90部，为65岁以上老人购置“小帮手”智能服务器58部。累计发放低保金和粮油帮困款380.49万元，办理医疗救助94人14.66万元，临时救助11人2.25万元。为在册军工、地退38人，发放退休费49.89万元，补发生活补贴48.76万元，手工报销医药费5.04万元。为8名见义勇为人员发放慰问金8400元。开展“送温暖献爱心”捐赠活动，收到全地区捐赠衣被4773件、捐款4.42万元。完成462户保障性住房申请、受理、初审等工作，其中廉租房25户、经济适用房58户、限价房102户、经济适用房转限价房7户、公共租赁房270户。组织公共租赁房、廉租房、限价房家庭摇号各1次。84户廉租房、114户经济适用房家庭入住。38户家庭配售限价房。完成171户申请家庭人员、财产、收入、基本信息、保障房类型变更工作。重新复核122户廉租家庭、63户经适房家庭、191户限价房家庭的档案资料。完成跨区协查42户。检查企业188家，涉及劳动者4924人。妥善解决16起劳动争议投诉举报案件，为17名劳动者追回工资及各类押金2.81万元。配合区监察大队处理春节、“两会”期间3起因工资纠纷引发突发事件，为191名劳动者追回工资115万元。开展宣传活动6次，接待政策咨询400人次，发放各类宣传材料2000份。确定“崇东及南、北花市大街”为“用工规范一条街”工程示范地区。为5名知青办理落户回京手续。全年开发就业岗位814个，失业人员实现就业719人，为1684人提供就业服务。组织小型招聘会25场，一对一个性化指导1152人，就业成功139人。实现创业98人，带动就业314人，辖区登记失业率1.05%，登记失业人员就业率70.01%。街道退休人员服务对象2446人，组织疗养活动70人，组织观看电影、文娱节目活动20次600人参加。组织健康讲座4场400人参加。办理退休人员社保卡服务745件。为退休人员医疗报销110万元。完成辖区各类退休、退养、福利养老金人员认证9238人。为47名失业人员办理申请退休手续。受理、发放社会保障卡2271张。报销医疗费89万元。为872人办理社会保险补贴业务。 （杨颖慧 解启明）

【计划生育】 接待政策法规咨询7380人次，发放独生子女父母光荣证113件、独生子女父母一次性奖励费25例。对流动人口计生执法130例，查验婚育证450例。组织地区孕情普查4100人。签订流动人口责任书322份。新增夭折、伤残独生子女家庭特别扶助14人。计划生育家庭意外伤害保险92例。为幸福工程募集捐款6250.4元。举办生殖健康知识讲座4次300人参加。召开东花市地区计生工作会，与综合治理部门、辖区单位、社区签定责任书37例，签定指导书8例。培训计生工作者5次。 （杨颖慧 解启明）

【信访工作】 全年接待来访(不含市、区接访)274件次339人次，涉及问题112件，协调化解103件，化解率92%。办理市长信箱来信83件、区长信箱来信15件、非紧急救助来信191件、市信访综合办公系统来信29件，市区转信5件。 （杨颖慧 解启明）

【群团工作】 新增非公企业110家、会员1205人。完成建会台账及数据库采集更新工作，做好走访慰问、帮扶款发放工作。举办职工新春茶话会3场、协管员联欢活动2场、职工素质教育大讲堂1场，组织企业职工参与素质教育课程培训90人次，接待参观考察5批次、1000人。工资集体合同、女工专项、工资专项签订率93%以上。团工委新建28家“两新”团组织和2家社区青年汇，完成街道团组织格局创新工作。走访慰问9名品学兼优的困难家庭学生。举办8场星光自护讲座，200人参加。推进网格化团建工作，开展“龙潭庙会”志愿服务、学雷锋、文明城区复检交通站点志愿服务等20次团员青年活动。在创建活动中成为首批“团建百强街乡”，被评为全市团建标兵，获团市委下拨专项活动资金。开展“践行北京精神展示巾帼风采建设和谐花市”为主题庆三八系列活动、“传递真情、温暖万家”为主题特困单亲母亲送温暖活动。 （杨颖慧 解启明）

【网格化指挥平台】 在网格化管理中，辖区自主研发的街道网格化指挥平台系统，完成一期工程，10万条“人、地、物、组织”等基础数据入库，并通过市级专家组评审验收。为26个网格配备专职助理员，做到“一网格一助理”，试点使用PDA移动终端。接待来自全国25个省、市、区195批次1200人次参观考察。 （杨颖慧 解启明）

龙潭街道

【概况】 龙潭街道办事处是区政府派出机构。位于东城区东南部，东起护城河西岸、隔河与朝阳区相望，南至左安门护城河与朝阳区、丰台区接壤，西起幸福大街、京广铁路与体育馆路街道相连，北至广渠门内大街与东花市街道分界。面积3.06平方千米，社区居委会15个，户籍人口2.02万户5.52万人，流动人口1.44万人。有中央、市、区及无主管单位1485个，主要大街5条，立交桥2座，辖区内有龙潭公园、北京教学植物园和袁督师庙、夕照寺等文物保护单位。有公务员编制90人，工勤编制6人，事业编制49人。

年内，开展创先争优、纪念建党90周年主题教育活动。加大城市管理和社区建设力度，启动幸福北里21楼解危排险工程，完成光明中街、夕照寺街“亮点工程”改造项目。接待受理群众来信、来访、来电3490件，无重大上访事件。市领导刘淇、郭金龙先后视察金台夕照会馆、龙潭公园时传祥纪念馆，区领导杨柳荫调研走访京城百工坊和光明北里社区服务站。组建东城区人民代表大会选举委员会龙潭地区分会，地区划分为11个选区，经选民登记、产生初步候选人、民主协商确定正式候选人、正式投票选举4个阶段，选民24302人、参加投票24007人，投票率98.79%，依法选举产生东城区第十五届人民代表大会代表23人。社区工作者大专以上学历127人，取得社工职业资格19人。获“全国工会系统‘五五’普法先进单位”、“北京市千家为老服务示范单位”、“北京市环境卫生工作先进街道”等称号。

单位地址：东城区光明23楼

联系电话：67120375　邮政编码：100061　（金燕娇）

【民政工作】 元旦、春节期间，走访慰问城市低保家庭307户，发放补贴18.6万元。建立低保对象管理机制，加大对低保边缘群体救助力度，为310户低保家庭416人发放低保金236.76万元。与51家居家养老服务定点单位签订协议，办理老年证248人、老年优待卡428人，发放居家养老服务券237.47万元。4月28日，召开街道残联第六次代表大会，选举产生东城区残疾人联合会第一次代表大会代表9人、主席团委员3人。为223名重残无业残疾人发放养老助残券，为245名办理残疾人生活补助，为120名残疾人办理残疾证。建立听力障碍预防与康复工作模式，向区残联申报残疾人家庭75户无障碍改造计划。（金燕娇）

【社会治安综合治理】 1月至11月，报送民情日志8.44万条，事件台账1484条。建立网格化社会服务管理“1+W”工作模式，将133项涉及服务管理工作纳入网格。全面运行网格化信息系统，推行“每日讲评”制度，完成龙潭北里西社区物技防建设达标工作，为辖区内103处监控探头制作统一警示牌。成立公共安全管理办公室，组织安全生产专项检查1725次，整治各类安全隐患562处。开展各类安全生产宣传教育活动850次，举办各类演习、主题宣传站19次，受教育群众4万人次，华城社区获“全国综合减灾示范社区”称号。推行流动人口和出租房屋基础信息在线直采直录，成立金龙潭园菜市场和北空招待所2处新居民互助服务站。（金燕娇）

【社区建设】 4月至8月，开展全国文明城区复查工作，集中清理堆物堆料，发放各种宣传材料12万份，制作主题环保购物袋、扇子各4万件。查处各种违章352起，清理楼房200栋、平房院落40个，拆除违章建设80平方米，清理小广告残标1700条，清运堆物堆料及垃圾渣土185吨。完成夕照寺、安化楼社区办公用房装修，幸福家园、培新街、幸福楼社区用房申报工作。启动夕照寺、光明北里、华城社区居民会议常务会试点工作，开展社区公益性活动（项目）150项，打造“阳光易屋”、“百姓剧场”等特色社区品牌项目，光明北里社区被评为北京市十大魅力社区。招录、补录5批社区工作者和网格助理员57人，开展“自身建设实打实、服务群众面对面、共建和谐心贴心”主题教育活动。（金燕娇）

【群团工作】 8月，完成集体合同签订单位384家，签订率91.6%。工会走访辖区500家单位，新入会企业120家、新会员3020人，实现辖区建筑类企业、律师事务所、劳务派遣公司等全部建会。举办18次专场律师讲座，解决劳动争议案2件。新办职工互助保险702人。坚持“党建带团建”，加强团组织建设，设置编外副书记3人、编外委员11人。举办以“辛亥革命110周年”为主题的征文演讲活动，组织地区青年参加“1980阳光俱乐部”心理调适等6项活动。15个社区挂牌成立“妇女之家”。举办“姐妹情深共享和谐”春节慰问仪式，组织社区青少年向20名空巢老人拜年送“福”字。开展“恒爱行动”暨爱心毛衣捐赠活动，《法制晚报》《京华时报》北京电视台等数十家媒体进行报道。左安浦园社区1户家庭被评为首都和谐家庭标兵。（金燕娇）

【党建工作】 开展地区窗口单位和服务行业为民服务创先争优活动，组织基层党支部书记开展微型党课宣讲46场，为群众办好事实事1200件。实行“网格化党建模式”，划分网格党总支1个、党支部42个、党小组170个，覆盖2654名党员。接转北京亿隆实业公司党支部，成立北京大宝饭店党支部。培养积极分子7名，发展党员5名，预备党员转正13名。召开地区党员代表大会，选举区第十一次党员代表大会代表9名。15个社区党组织与区国税局、外事办、审计局等党组织签订共建协议。光明北里社区党委被评为北京市社会领域先进基层党组织，左安浦园社区“情暖五色土”获市优秀基

层党建创新项目。 (金燕娇)

【经济工作】 推进企业服务规范体系建设，落实领导定期联系重点单位制度，为企业送政策300次，帮助解决实际困难45件，开展服务70次。成立经济发展科，达成初步合作意向12项。地区纳税人3168户、税户2199户，完成税收收入5.23亿元，增幅30.19%。区及收入2.07亿元，增幅27.21%。 (金燕娇)

【社会保障】 受理廉租房申请85户、经济适用房87户、限价商品房225户、公共租赁房131户。完成劳动用工规范一条街工作，规范企业8家涉及职工200人，劳动合同签约率98%，社会保险缴纳率98%。创建"物业管理联系会议制度"，在光明北里社区开展"和谐劳动关系社区"创建工作。日常巡察企业148家次，专项执法检查5次，涉及职工5991人次。处理投诉举报案件21件，解决工资、加班费纠纷等21.59万元。 (金燕娇)

【城市建设与管理】 成立环境建设委员会，完成龙潭北里五条、六条，光明北里、板厂南里、火桥北里等小区3.01万平方米的道路硬化铺装、绿化美化工作。整治无照经营、非法小广告，出动执法人员2324人次、车辆580台次，查处无照经营868起、露天烧烤56起，清理非法小广告1.9万张。查处非法露天餐饮经营场所34处，解决夜间施工扰民36起，清理户外广告牌匾73处，规范条幅标语19处、霓虹灯50处，拆除违法建设12处5873平方米。 (金燕娇)

【计划生育】 办理一胎生育服务证584个、二胎生育服务证31个，计划生育家庭意外伤害保险1482份。创办《龙潭人口时报》，向居民免费发放。实施0至3岁儿童早教计划，联合光明幼儿园，在龙潭北里东社区成立第一家免费"早教乐园"。通过语音电话、自办报刊、健康讲座、网格走访，构建起"四位一体"服务网络。 (金燕娇)

【文体活动】 成立秧歌、合唱、舞蹈等5支社区文化队，组织"家庭烹饪"、"无土栽培"等16场文化信息共享工程讲座。开展元宵兔子灯会、端午邻里粽子节、七夕赛巧汇等系列传统文化传播活动，举办夏日文化广场、"庆祝建党90周年暨五月的鲜花"红歌会、电影公益放映月等品牌活动。打造社区书画院、居民唱红歌、优秀科普社区等项目，形成"一社区一特色"文化格局。

(金燕娇)

体育馆路街道

【概况】 体育馆街道办事处是区政府派出机构。位于东城区东南部，东起幸福大街、幸福东街和京广铁路，西至磁器口大街、天坛路、天坛东路与天坛街道为临，南起玉蜓桥、京广铁路与丰台区接壤，北至广渠门内大街。面积1.84平方千米，街巷58条，社区居委会10个，户籍居民1.62万户4.56万人。有国家体育总局、中国棋院、红桥市场、天坛饭店等重点单位，中、小、幼5所，特殊教育学校1所，医院3所，社区卫生服务中心1个、服务站2个，南岗子天主教堂、法华寺区级文物保护单位2个。有公务员编制87人、工勤编制3人，设科室23个。事业单位4个、编制30人。

年内，以体育文化休闲街道建设为着力点，加强地区经济和环境建设，推动民生改善和社会事业发展，维护社会和谐稳定，提高党建科学化水平。完成全国文明复查迎检工作。召开街道党员代表大会，选举产生出席东城区第十一次党代会代表10人。完成区人大代表换届选举工作，辖区划分8个选区、设9个投票站、11个流动票箱，选民2.53万人、参加投票2.5万选民，参选率98.8%。新当选人大代表20人参加东城区第十五届人民代表大会第一次会议，提出议案1件、建议12件。在工商联体育馆路街道分会的12家企业，为100户困难家庭捐款3.86万元。

单位地址:东城区体育馆西路1号

联系电话:67199622 邮政编码:100061 (于洁)

【残联工作】 4月20日，完成残联换届选举工作。10月14日，街道康复职培中心正式落成。为残疾人发放辅助器材21件，提供转介租赁服务46次，为211人发放机动轮椅车燃油补贴8.28万元，为33户听力残疾人发放闪光门铃，为14户视力残疾人发放电脑读屏软件，为285人发放"九养"券，为300人办理"残疾人生活补助"，为45人办理"残疾人社会保险补贴"。对辖区听力残疾人112人及家属进行致聋基因筛查，安置13人就业，征缴"残保金"650万元。 (于洁)

【经济建设】 9月，成立经济发展科，走访12座商务楼宇，汇总452家企业基本信息，建立商务楼宇台账。设立企业孵化园区，为中小企业提供入驻、纳税、奖励、迁离等一站式服务，引入企业18家。扶持文化创意产业企业，为3家企业争取专项扶持资金75万元。 (王宪

【社会治安综合治理】 9月，成立公共安全管理办公室。开展防火、安全生产、预防煤气中毒安全隐患排查整治工作，投入60万元为社区购置10台细水雾灭火器、2600支干粉灭火器和1100个灭火箱。举办"安全生产月"主题活动，获年度

"北京市安全生产月优秀组织奖"。走访326家"六小"生产经营单位,核查2500家地区注册生产经营单位,建立基础信息台账。开展8次全地区全行业安全大宣传活动,与企业联合举办消防、安全生产演练、宣传活动。做好烟花爆竹销售点、禁放点、燃放点审查、设置工作。建立106处地下空间及人防工程基础台账。成立食品安全工作领导小组,加强对各类餐饮企业的食品卫生检查和专项执法。做好地区安全防范工作,为平房区住户更换风斗、安装防撬锁。投入11万元,安装、维修探头18处,安装探头标识95处。为法华南里、东玉北街社区44个单元门691户居民安装楼宇对讲设施。开展社会服务管理创新工作,达到"一办四组"集中办公要求,配齐网格助理员等七种力量,制定街道网格化社会服务管理创新工作手册及分中心职责、制度,制作街道及各社区网格管理平面图,完成网格信息系统调试、运行工作。（于洁）

【社区建设与服务】　10月,街道社区服务中心被北京市民政局批准为东城区首家"银铃婚姻家庭俱乐部"试点单位,并成功争创北京市和谐社区建设示范街道。法华南里、长青园、东玉北街、东厅4个社区争创为北京市和谐社区建设示范社区。法华南里社区代表东城区接受市规范化社区建设验收,获得好评。制定《体育馆路街道社区公益事业专项补助资金使用管理办法》《体育馆路街道关于社区财务管理意见》,建立财务管理小组和民主监督小组,对财务收支情况进行有效管理与监督。在双玉中街2、3号楼附近修建2处自行车停车棚,为东四块玉59号楼居民安装天然气供暖设施,建设山西天镇农超对接直营菜站,得到群众认可。登记在册社区志愿者3800人。规范服务流程,合理布局服务网点,保证96156社区服务热线正常运行。（于洁）

【党建工作】　庆祝建党90周年,举办"传承历史,创先争优,建设新东城我当先锋"主题征文演讲比赛,"光荣绽放我的金像"红色经典照片展等多项活动。组织社区党委书记10人到东直门街道5个社区挂职锻炼,加强南、北片交流和学习。摸查辖区内非公企业和商务楼宇党员情况,做好街道干部考核、测评和培训等工作。由6人组建《北京市东城区总体发展战略规划(2011—2030年)》宣讲团,开展专场宣讲6场,社区宣讲65场,驻街单位宣讲11场,受众1.2万人。落实党风廉政建设责任制,签订党风廉政建设责任书54份。开展党务公开工作,街道、社区12个党组织制定党务公开目录5类286项。组织开展民主评议基层站、所工作。（于洁）

【国防工作】　完成民兵整组工作。结合辖区单位特点,科学合理调整民兵建制,落实连级建制3个、排级建制2个、班级建制2个,整编民兵352人。规范民兵各类档案资料。创新国防教育内容、方法和形式,利用街道网站、《虹桥报》、宣传厨窗等开展大型宣传教育活动3次,出版报、墙报800块,发放宣传材料3000份,开展国防教育知识答卷活动。完成兵役登记和征兵工作,适龄青年8人被批准入伍。（于洁）

【群团工作】　新建工会组织289家,发展会员2184人。支出各类帮扶款物12万元,调解劳动争议案件9件,为职工追回拖欠工资2万元。聘用工资集体协商指导员100人,地区工资专项集体合同覆盖建会单位483家职工3360人。开展各类职工文体活动。与16家建会单位签订特惠商户合作协议。实现10个社区团组织全覆盖,新增非公经济组织和社会组织的团组织19家。加强青少年思想政治教育,开展"学党史知总规明团情"讲座、中外朋友共话党史交流座谈、举办"倾听青年社区工作者"主题团日等活动。组织520人次志愿服务,在永生小学开展农民工子女志愿服务活动36次,组织青少年460人开展自护培训宣传7次。召开地区妇联执委会,推选妇女代表8人参加区第十二次妇女代表大会。走访慰问贫困单亲母亲36人,发慰问金1.96万元。组织辖区企业单位与贫困家庭学生10人结成帮扶对子。（王宪）

【城市管理】　开展绿化美化工作,新增红桥天雅大厦屋顶绿化面积8000平方米。完成体育馆西路南段、金天坛绿化改造,龙潭西里地区绿化升级,地区绿化面积35.6万平方米。法华南里社区被评为"首都绿化美化花园式社区",东四块玉南街4号院被评为首都"环境优美居住小区",龙潭西里街被评为首都"环境优美街巷胡同"。网格工作按期结案4056件、结案率96%,网格评分A类。开展城市清洁日和无烟日活动。回填早期人防工事6000米,汛期抢险7处。完成东四块玉南街延长线,天坛东里行道两条单行单停胡同、街巷试点工作。接受市、区各项卫生检查40次,组织保洁员清理卫生死角100处,清理小广告1000条,开展月末清洁日活动12次。投资300万元开展环境整治工作,绿化改造1468.9平方米、道路铺装1048.5平方米、整修道路街巷3000平方米。落实区"321"打防管控一体化治理黑车专项行动工作,加大门前三包责任制检查力度,拆除账内、外违法建设60处796平方米,投资6万元拆除、改造广告牌匾10处,投入9万元提升网格案件处理力度。（王宪）

【社会保障】　民政工作筹得善款3.4万元、棉衣被4439件。发放低保金739.5万元、春节慰问金41.5万元,走访困难群众485户。为6户低保家庭实施住院治疗押金减免2.8万元。开展劳动保障监察工作,日常巡查单位151家,对节假日加班工资支付等问题专项检查6次,处理投诉举报案件4起,为劳动者追回拖欠工资5629元。调解敬业里工地工资拖欠问题1起,涉及农民工8人3万元。开发就业岗位4208个,安置失业人员794人,再就业率60%,失业率控制在1.99%。组织642人参加再就业培训,实现灵活就业348人。为居民报销医药费93万元,发放社保卡2359张。举办红桥天雅珠宝等多场招聘会,提供就业岗位203个,现场达成就业意向72人。（王宪）

【保障房办理】　发放住房政策宣传材料8000份,受理保障性住房家庭申请385户,获得配租或配售资格家庭353户。与廉租房申请家庭签订租金补贴协议216户,入住廉租房家庭145户。参加限价房摇号家庭229户,其中54户家庭中签并完成选房。完成公租房认租家庭928户,其中参加公租房

首次摇号配租家庭 267 户、中签家庭 132 户。街道获“北京市住房保障工作先进单位”称号。（王宪）

【计划生育工作】 完成各类计划生育行政审批 581 件,发放独生子女父母奖励费 17 万元。建立完善全员流动人口数据库和导库工作,流动人口入库率 85% 以上。启动 0～3 岁婴幼儿家庭早期教育促进项目,开展早期教育和早教机构问卷调查。开展流动人口新春联欢会等系列活动。获“北京市计划生育协会工作先进单位”、“北京市计划生育协会红旗单位”称号。（于洁）

【文教卫体】 建设 1500 平方米街道文化活动中心,设立多功能活动室,为社区居民免费提供文体活动场所,有 19 支文体团队到中心活动。举办第二届社区体育文化节,组织开幕式文艺演出、全民健身运动会、环湖接力赛等文体活动,3 万人参加。开展“共叙和谐邻里情争做文明东城人”迎新春系列活动。建党 90 周年,放映红色经典影片 25 场次。组织“区长杯”环湖接力赛、“和谐杯”乒乓球赛、“阳光杯”东西城围棋友谊赛等活动,获北京市第八届全民健身体育节先进单位称号。开展健康知识大讲堂活动,讲课 36 次,开展中医知识培训 4 次,为适龄妇女 1300 人开展免费两癌筛查。完成街道科协换届选举工作,开展科普之夏、科技周、全国科普日等科普活动。组织红十字博爱在京城募捐活动,救助、慰问大病困难居民 80 人次,开展初级急救员培训 1 期。为流动人员适龄儿童办理借读手续 121 件。（于洁）

【信访工作】 全年接待群众来访 199 批次、246 人次,处理群众来信 65 件,街道代理解决疑难问题 58 件,社区代理解决群众身边小事 402 件,处理市非紧急救助服务案情 243 件,有效化解群众矛盾。（于洁）

天坛街道

【概况】 天坛街道办事处是区政府派出机构。位于东城区西南部,北起珠市口东大街,南至永定门护城河边、永定门东街,东起磁器口大街、天坛东侧路,西至前门南大街、天桥大街。面积 4.03 平方千米,有街巷 70 条,其中主要大街 7 条,设社区居委会 16 个。户籍人口 1.97 万户 6.44 万人,其中常住人口 5.57 万人、流动人口 8705 人。有中央单位 22 个、市属 37 个、区属 117 个,非公有制企业 597 个、商业网点 60 个、饮食服务 75 个。区域内有世界文化遗产天坛公园,市级文保单位金台书院、正阳桥疏渠记碑,区级文保单位药王庙、顺源镖局旧址、老字号元隆顾绣绸缎行。有公务员编制 91 人、工勤编制 8 人。内设机构 25 个,其中党工委内设机构 7 个、办事处内设机构 13 个、群团机构 4 个、人民武装部 1 个。

年内,实现政治活动共做、活动设施共用、公益事业共创、党务人才共享、困难群体共助的“五共”党建格局,获东城区党建创新项目先进奖,被评为北京市党建创新项目。完成文明城区复查迎检、东城区第十一次党代表换届选举等各项工作。在《人民日报》《北京日报》等发稿 198 篇。编辑出版《天坛报》17 期。为金鱼池社区节发稿 39 条,《人民日报》《北京晨报》《北京晚报》等 13 家媒体对第八届金鱼池社区节进行报道。

单位地址:东城区西草市街 74 号

联系电话:67021429　邮政编码:100050　（孙怡）

【文卫工作】 5 月 18 日,建成天坛街道文体中心,总面积 1100 平方米,内设:健身房、综合活动室、图书馆、博物馆等多个功能室,接待群众 3000 次,开展各类活动 100 次,成为群众文化活动重要阵地和展示舞台。举办全民健身体育节,获“北京市第八届全民健身体育节”先进单位奖,举办天坛街道首届“社区趣味运动会”,《北京青年报》《京华时报》等多家媒体报道。完成首批示范街道创建工作。获“北京市药品安全示范街道”称号。（孙怡）

【区域经济】 8 月 5 日,成立经济发展科。组织地区重点纳税企业定期召开座谈会。召开发展经济服务企业恳谈会,建立处级干部分片负责、联系扶植地区企业定点联系制度,并以工委文件形式出台发展经济服务企业的十条意见。招商 85 户,注册资金 5.69 亿元,税收 2 亿元。（孙怡）

【群团工作】 建立职工书屋,加大职工帮扶工作力度。推进工资集体协商工作,19 家企业单独签订工资集体协商协议,签订区域性工资集体协商协议 15 份,覆盖企业 72 家。已建工会 181 家会员 3284 人,其中新建工会 65 家会员 1029 人。接收、发放援助款物达 2 万元,受益困难妇女 41 人次。召开“天坛街道机关团支部换届选举大会”,选举产生新一届团支部委员。（孙怡）

【计划生育】 发放独生子女父母各项奖励费 24.21 万元,独生子女伤残、死亡家庭特别扶助对象 109 人次。打造“手拉手健康工程”,开展“四送”活动。组织“幸福工程”捐款 4.57 万元（孙怡）

【城市建设】 完成重点环境建设工程审核工作,开展永内东街东里小区改造,红庙街路口绿化,永内大街变电站西侧拆违、整修,金鱼池中街路面整修,金鱼池西街路面改造,西草市街环境整治6项工程。开展冬季灭鼠、灭蟑行动,积极落实全国水利普查准备工作。开展预防煤气中毒、确保燃气安全使用主题宣传活动,摆放宣传展板20块、悬挂横幅32条。完成天坛周边优质商务楼宇调查摸底工作。（孙怡）

【综治信访工作】 组织实施永内大街变电站西侧拆违、集中整治金鱼池中街、彩钢板消防隐患专项整治等执法活动,累计拆除各种违法建筑67处1507平米。全年出动900人次参加、执法车辆400台次,清理非法游商500起,暂扣游商经营物品2600件。开展多次"脉冲行动",劝离、告诫非法人力三轮车、电动车、摩的300辆。金鱼池西区接受社区高发案销账检查验收。开展禁毒宣传咨询活动,出黑板报30块、悬挂横幅60条、发放宣传材料2000份,受教育群众2500人。开展宣传咨询活动,以金鱼池中区为主宣传点,在各社区设分宣传点。全面推行"信访代理制",全年受理群众来信、来访581件(批),其中受理12345便民电话255件,群体访保持在零状态。信访总量、重访量比上年分别下降43%、44%。矛盾纠纷化解率、初访按期办结率、疑难积案化解率提高7%、3%、1.5%。（孙怡）

【社区工作】 制定《天坛街道社区工作者绩效考核管理办法》,重新修订社区管理制度。招录网格管理员,培训33名网格助理员。组织开展社区大讲堂和"社区文明小使者"评选活动,80名中小学生被评选为"社区文明小使者"。启动以"春风送暖"为主题募捐月活动,为灾区、贫困地区群众捐款9.77万元。开展"冬衣送暖"主题捐赠活动,募集棉衣被3241件。（孙怡）

【社会保障】 贯彻落实北京市"九养"政策,为地区1759名老人发放居家养老服务券34.95万元,为90岁高龄老人发放高龄津贴20.46万元、报销医疗费5万元,为60岁以上老年人办理老年证265张,为65岁以上老年人办理优待证396张。开展"知孝、行孝、扬孝"孝星与空巢老人游园活动。新增2家餐饮服务商,1家"绿色蔬菜供应站",天坛地区服务商增至22家。落实和实施残疾人各项政策,全年发放各种补贴122万元,安装闪光门铃63户。召开天坛街道残疾人联合会第六次代表大会。对辖区内112名残疾人进行听力筛查。发放军烈属定补8.51万元,发放抚恤金15.94万元,开展"四进军营"特色拥军共建活动。处理拖欠农民工工资突发事件,为农民工追发被拖欠工资5万元。做好住房保障工作,组织符合条件的家庭参加选房活动。举办就业援助月专场岗位供需见面会,就业技能培训,失业人员招聘会。（孙怡）

永定门外街道

【概况】 永定门外街道办事处是区政府派出机构。位于东城区西南部,北起永定门城楼跨南二环滨河路,南至木樨园及南三环路一线,东起丰台蒲黄榆,西至北京南站。面积3.33平方千米,主要大街11条、胡同街巷208条、过境公交线30条。设社区居委会20个,有平房院1060个、简易楼25栋、楼房287栋,物业小区37个。户籍人口4.51万户8.46万人。辖区内有法人单位1510家,其中企业1397家、机关5家、事业单位48家、社会团体28家、民办非企业单位8家、其他组织机构24家。有公务员编制105人、工勤编制3人,设科室24个。事业单位4个,编制34人。

年内,以科学发展观为指导,加强地区经济和环境建设,维护社会治安。抓好党建工作,在区人大换届选举工作中选出人大代表25人。成立区政协永外街道活动小组。调整机关机构设置,合并组织部和人事部,增设公共安全管理办公室、经济发展科。做好征兵工作,为部队输送新战士11人,基干民兵整组数量538人,100%完成任务。完成残联换届选举工作,职康站康复效果显著。

单位地址:东城区安乐林路85号

联系电话:67221207　邮政编码:100075　（王刚）

【社会保障】 5月,对402户794人进行北京市低保家庭经济状况核查工作,发放救助金额1135万元。调整居家养老服务对象,实现居家养老全覆盖,发放养老助残券289万元,居家养老服务单位兑换金额277万元。与42家服务单位签订居家养老服务协议,首次提出搭建"老年生活服务圈"。6月,成立永外慈善分会,制定相关规章制度。规范社保所职位代理、首问负责、一次性告知、限时办结及办件公开等16项规章制度。推行一站式、登门式、全程式就业服务方式,结合社会服务管理创新,在网格内设立失业人员动态管理网,开通社区就业信息发布直通车。全年开发就业岗位1955个,安置失业人员1730人,办理灵活就业及自主创业575人。建立解决群体性讨薪突发事件工作组,受理投诉举报案件10起,涉及农民工108人,追缴拖欠工资50万元。受理限价房申请家庭248户、经济适用住房申请家庭175户、廉租住房申请家庭161户,进行公共租赁住房意向登记496户。（王刚）

【社区建设】 9月,富莱茵社区代表东城区参加北京市健康社区复检工作,通过验收。深化群众性精神文明创建活动,完成中央文明委复检任务。加强社区服务站建设与管理,对13个社区服务标准体系进行梳理。引进优秀人才参与社区各项建设。指导松林里、桃园社区开展北京市健康社区争创工作。安乐林社区以"365服务"项目为主题,获北京市魅力社区称号。以“一街道一品牌，一社区一特色”为目标，启动社区文化教育体育品牌创建工作，开展“永定情怀”文化节、“北京新市民大课堂”。扶持、培育“永铁群艺会”“天天和蕴社”等一批社区特色品牌。（王刚）

【经济建设】 完成《永外现代商贸区专项规划》，明确未来20年永外地区将构筑成“一轴、一核、两区、多点”的新空间格局。自主招商引进企业20家，推介、设置、咨询等方式引导区域内企业转型升级。对8家成规模商务楼宇、32家纳税重点企业入户宣传，与地区9家有关文化创意产业公司进行交流洽谈，完善住所证明审核和管理中的相关流程及操作办法，为12家企业开具住所证明。完成区级地方一般预算收入3.18亿元，同比增长45%，街道税收8478万元，同比增长13%。（王刚）

【城市管理】 推进桃园南街10号院、安乐林17号至20号楼、车站路6号院老旧小区改造工程，对杨家园路南段、景泰西里1号路开展单行单停试点工作。与地区人防使用人签订安全管理责任书76份，检查人防空间182次，下发整改通知97份。完成400家企业用水指标核定、发放。开展城市清洁日活动12次，发动单位职工、居民7.1万人次，清理街巷1020条次、卫生死角128处、绿地7.45万平方米、堆物堆料180吨。推进宝华里、宝华家园、彭庄、地铁十四号线、西革新里5处居民拆迁、搬置工作，西革新里搬迁项目完成93.2%。年度环境卫生考评在区域中排名第六。全年收到锦旗9面、表扬信165封。（王刚）

【计划生育】 年内，有新生儿597人，计划生育率达99.5%。办理生育服务证486人、婚嫁随父入户163人、市区内随父入户136人、《独生子女父母光荣证》243人、流出人员婚育证明6人。获“北京市计划生育工作红旗单位”和“北京市人口计生系统先进集体”称号，被北京市总工会授予“工人先锋号”称号。（王刚）

【社会治安综合治理】 建立社会服务管理综合指挥分中心，开展安全燃放、禁毒、消防、预防煤气中毒等各类宣传活动30次，出动宣传人员1600人，受教育群众6万人。组织网格助理员系统培训48次3216人次。加强物技防设施建设，完成街道社会服务管理指挥分中心、应急指挥中心、综治维稳中心建设，对136个“守望岗”实行群防群治力量实名制，落实责任人、防控力量和措施。全年出动11.4万人次群防群治。开展北京南站、百荣世贸商城周边环境整治。查处违法现象5312次，拆除违法建设853平方米，制作一般程序案件22件，罚没款6900元。成立地区食品安全委员会。对38处普通地下室进行自查整治，出动560人次，涉及流动人口5357人次，排查各类安全隐患45处。（王刚）

【党建工作】 与非公企业建立温馨联系卡，实现商务楼宇“五站合一”全覆盖。举办“党旗映永外，先锋展风采”纪念建党90周年大会，表彰市、区、街级先进党组织、优秀共产党员。提出“三四三”区域化党建模式，成为区委区域化党建工作调研内容。完成地区党员代表推选工作，选举产生区第十一次党员代表大会代表13名。永铁苑、安乐林被评为区级“五星级社区党组织”，永铁苑社区获区级“党员电教播放示范点”称号，百荣集团先锋党员项目获区创新项目，街道社会领域党建网先后获优秀党建网站、创先项目奖项。（王刚）

【群团工作】 成立街道总工会，加大基层工会建会力度，辖区有324家工会，发展会员9402人。推进“两新”团组织建设，在18家非公企业中建立团组织。开展五四主题团日和志愿服务活动。在20个社区建立“妇女之家”，多种形式庆祝“三八”国际妇女节。（王刚）

东城区街道工委及办事处负责人

东华门街道工委书记	朱宪一(1月免)
	袁燕生(1月任)
办事处主任	陈本宇
景山街道工委书记	赵明杰
办事处主任	郭立峰(8月免)
	冯建国(8月任)
交道口街道工委书记	李铁生(9月免)
	严　岩(女,9月任)
办事处主任	张恩东
安定门街道工委书记	张长有
办事处主任	石　勇
北新桥街道工委书记	武建军
办事处主任	张　伟
东四街道工委书记	袁燕生(1月免)
	赵凌云(女,1月任)
办事处主任	王品军(9月免)
	王　磊(回族,10月任)
朝阳门街道工委书记	王中华(8月免)
	周　彤(8月任)
办事处主任	倪紫剑(9月免)
	陈志坚(10月任)
建国门街道工委书记	王　红(女)
办事处主任	高　琦
东直门街道工委书记	汤钦飞
办事处主任	肖　刚
和平里街道工委书记	王小英
办事处主任	严　岩(女,9月免)
	王品军(9月任)
前门街道工委书记	罗少杰(9月免)
	隗冬燕(女,9月任)

办事处主任　张　玮
崇文门外街道工委书记　白京涛
办事处主任　肖利明(9月免)
马振星(10月任)
东花市街道工委书记　暴　剑(8月免)
李评修(女,8月任)
办事处主任　许利平
龙潭街道工委书记　杜　娟(女)
办事处主任　赵茂杰(10月免)
体育馆路街道工委书记　毕博闻(满族)
办事处主任　王　森
天坛街道工委书记　郝　斌
办事处主任　赵秋洁(女,满族)
永定门外街道工委书记　韩焕岭
办事处主任　李光升

人　　物

全国(含系统)先进集体及先进个人

先进集体

全国工人先锋号
东城公安分局东城区拘留所女子看管队
全国先进基层党组织
北京市东城区东直门街道工委
全国文明单位
北京市东城区地方税务局
北京市广渠门中学
北京市东城区天坛街道金鱼池中区社区
北京市东城区东华门街道南池子社区
全国五一劳动奖状
北京稻香村食品有限责任公司
全国妇联先进集体
北京市东城区妇联
全国检察系统宣传工作先进单位
北京市东城区人民检察院
全国检察系统纪检监察工作先进集体
北京市东城区人民检察院纪检监察处
全国法院系统立案窗口建设先进单位
北京市东城区人民法院
全国法制教育先进区
北京市东城区
全国法制教育先进单位
东城区统计局
全国财政法制宣传教育先进集体
北京市东城区财政局
第二次 R & D 资源清查先进单位
东城区统计局
全国教育系统关心下一代工作先进集体
北京市东城区教委
全国十大先进慈善企业
华夏董氏兄弟商贸集团
全国中医药文化建设先进集体
北京市东城区卫生局
全国残疾人体育工作先进单位
北京市东城区残联
全国残疾人工作先进单位
北京市东城区残联
全国健身活动先进单位
北京市东城区体育馆路街道
全国双拥模范城
北京市东城区

先进个人

全国纪检监察系统先进工作者
李　薇
民革中央机关工作先进个人
董　骛
中国致公党中央先进个人
李满英
全国五一劳动奖章获得者
王　欢　杨永强
全国先进团干部
屈杰伟
全国政法系统优秀共产党员
魏　磊　段　勇　张增耀
徐增坤
全国公安系统全能教官
王颖卓
全国检察系统纪检监察工作先进个人
孟　峰
全国法院系统先进个人
郭月清
全国政法系统网络工作先进个人
孙　莹
全国交通系统先进个人
焦春雨　任永杰
全国价格监督检查先进个人
张雄英　丁利君
全国财政系统法制教育先进个人
陈　虹
全国金融系统金融服务先进个人
包鸿雁
全国体育业余训练先进个人
韩仲元　李　洁　杨　可
全国卫生系统五五普法先进个人
张　明
全国中医药文化先进个人
杨金生　赖南沙
全国教书育人先进楷模
石利颖
全国教育系统职业道德建设先进个人
洪　伟
世博会知识产权保护专项行动先进个人
李　丹
第二次全国 R&D 资源清查先进个人
孙连海

北京市（含系统）先进集体及先进个人

先进集体

北京市纪念建党90周年先进单位
东城区委宣传部
东城区文联
北京市调查研究工作先进单位
东城区
北京市老干部工作先进集体
东城区教委
首都文明单位标兵
东城区统计局
首都文明街道
体育馆路街道
建国门街道
和平里街道
首都文明社区
长青园社区
东玉北街社区
双玉南街社区
法华南里社区
前门东大街社区
智德社区
黄图岗社区
灯市口社区
王府井社区
正义路社区
广渠门北里社区
忠实里社区
大雅宝社区
干面社区
禄米仓社区
赵家楼社区
安德路社区
六铺炕社区
人定湖社区
化工社区
黄寺社区
总政社区
东河沿社区
林调社区
上龙社区
兴化社区
北京市社会工委系统先进党组织
东直门街道清水苑社区党委
安利北京日用品有限公司党委
和平里街道地坛社区党委
建国门街道东总布社区党委
交道口街道菊儿社区党委
龙潭街道光明北里社区党委
前门街道前东社区党委
崇文门外街道崇东社区党委
东华门街道南池子社区党委
北京市社会工委社区党建品牌建设先进社区
安定门街道五道营社区“社区志愿服务”
景山街道钟鼓楼社区“家和万事兴群众调解之家”
东华门街道韶九社区“共驻共建”
东四街道东四六条社区“社区自治”
东直门街道十字坡社区“社区党员议事监督会”
体育馆路街道长青园社区“社区服务”
崇文门外街道工委“社区信访代理工作法”
东直门街道工委“支部建在格上”
东城区社会工委“社区建设星级考评、商务楼宇五站合一”
北京市社会建设信息工作先进单位
东城区委社会工委
东城区社会办公室
民进北京市委信息工作先进单位
民进东城区委
民进北京市委组织建设先进单位
民进景山学校支部
民进二中分校支部
民进五中支部
民进北京二十七中支部
九三学社北京市委信息工作先进集体
九三学社东城区委
九三学社中国药品生物检定所支社
九三学社东城综合支社
首都劳动奖状
北京稻香村食品有限责任公司
北京市东城区环境卫生服务二中心
安利（中国）日用品有限公司北京分公司
北京市“工人先锋号”
北京正阳恒瑞置业公司弘善事务部
东城区东四街道社会保障事务所
东城区永定门外街道计划生育办公室
东城区人民法院未成年人案件审判庭
东城区房屋土地经营管理二中心龙潭分中心水电维修段
东城区渣土消纳管理综合维修班
北京市五四红旗团委
东城区机关团工委
北京市第六医院内科团支部
北京乙十六餐饮有限公司团支部
北京市共青团信息工作先进单位
共青团东城区委
北京市共青团中学信息工作先进单位
东城区教委团委
北京市教委关心下一代工作先进集体
东城区教委
北京市文联信息工作先进集体
东城区文联
北京市安全生产先进单位
东城区朝阳门街道
北京市档案信息工作先进集体
东城区档案局（馆）
北京市管道基站宽带建设先进集体
东城区东华门街道
北京市政法系统五好党支部
东城区东直门派出所党支部
东城区检察院控申处党支部
公安消防一支队故宫中队党支部
东城区人民法院民三庭党支部
北京市人民满意的政法单位

北京市交通管理局帅府园大队

北京市秩序整治先进地区

北京站地区

北京市铁路护路联防工作先进单位

北京站地区管理处

北京市公安系统先进集体

东城公安分局治安处置大队

东城公安分局看守所

东城公安分局崇文门派出所

东城公安分局北京站派出所

东城区拘留所女子看管队

北京市公安系统五好党支部

东城公安分局东直门派出所党支部

东城公安分局天坛派出所党支部

东城公安分局看守所党支部

东城公安分局东花市派出所党支部

故宫消防中队党支部

北京市公安局3.18案破案工作先进集体

东城公安分局侦破4.01系统网络诈骗案专案组

北京市公安局“两节一会”先进集体

东城公安分局刑侦支队重案队

东城公安分局内保支队

东城公安分局东华门派出所

东城公安分局永外派出所

东城区消防一支队王府井中队金街服务队

北京市公安局先进联合调解室

东城公安分局东花市派出所调解室

东城公安分局东直门派出所调解室

东城公安分局北新桥派出所调解室

东城公安分局交道口派出所调解室

北京市国家安全工作先进集体

东城区东直门街道

东城区东四街道

东城区景山街道

北京市交通安全先进集体

东城区人民法院

东城区建国门街道

东城区崇文门外街道

北京市消防工作先进集体

东城区东花市街道

北京市检察院系统先进集体

东城区检察院反贪污贿赂局

东城区检察院公诉处

东城区检察院法律政策研究室

东城区检察院侦察监督处

东城区检察院检查技术处

东城区检察院控告申诉检察处

东城区检察院法警大队

北京市人民法院系统先进党支部

东城区人民法院民三庭党支部

北京市人民法院系统先进集体

东城区人民法院

东城区人民法院立案一庭

东城区人民法院执行一庭

北京市人民法院年鉴工作先进单位

东城区人民法院

北京市人民法院案例工作先进单位

东城区人民法院

北京市人民调解工作先进集体

东城区朝阳门街道调委会

东城区北新桥街道调委会

东城区和平里街道调委会

东城区东四街道东四六条社区调委会

东城区龙潭街道左安蒲园社区调委会

东城区前门街道草场西社区调委会

北京市法制教育先进集体

东城区交道口街道

北京市国防教育先进单位

东城区东花市街道

北京市第六次全国人口普查工作先进单位

东城区和平里街道

东城区第六次全国人口普查办公室

北京市劳动规范工程先进集体

东城区龙潭街道

东城区天坛街道劳动科

东城区北新桥街道

东城区和平里街道

北京市内部审计先进集体

东城区审计局内审指导科

东城区天坛街道财政科

东城区景山街道财政科

北京市第三次全国R&D资源清查先进集体

东城区建国门街道统计科

北京市统计工作先进单位

东城区统计局、调查队

北京市利用外资先进单位

东城区商务委员会

北京市再生资源增值税审核先进集体

东城区财政局

中国工商银行北京分行劳动竞赛先进集体

工行北京分行王府井支行

工行北京分行新东安网点支行

中国工商银行北京分行外汇业务先进集体

工行北京分行王府井支行

北京市结构长城杯工程金奖

北京东兴建设有限责任公司

北京市住房保障工作先进单位

东城区体育馆路街道

东城区北新桥街道

北京市城管监督先进集体

东城区城管监督中心建国门分队

北京市防汛抗旱先进集体

东城区防汛办公室

北京市环境卫生先进街道

东城区体育馆路街道

东城区龙潭街道

东城区东花市街道

东城区北新桥街道

北京市春运工作先进集体

北京站地区管理处

北京市垃圾分类先进街道

东城区北新桥街道

北京市爱国卫生红旗单位

国家林业局

北京市健康社区

东城区大方家社区

东城区新鲜社区

东城区竹杆社区

东城区头条社区

东城区青龙桥社区

东城区龙潭北里社区

东城区幸福社区

东城区松林里社区

东城区桃园社区

首都美化绿化先进单位

东城区园林绿化局

东城区东花市街道

东城区崇文门外街道

东城区城市综合管理委员会

首都全民义务植树先进单位

东城区东花市街道

东城区和平里街道

东城区财政局

东城区民政局

东城区妇联

北京市科协信息工作先进集体

东城区科协

北京市科普惠民工作先进集体

东城区科协

东城区东花市街道

北京市学前教育先进单位

东城区卫生局

北京市文物安全和执法工作先进单位

东城区文化委员会

北京市疾病预防控制工作先进集体

东城区卫生局

北京市卫生统计工作先进单位

东城区卫生局

北京市决算报表编制工作先进单位

东城区卫生局

首都卫生系统文明单位

东城区卫生局

北京市无偿献血先进单位

东城区卫生局

东城区前门街道

东城区体育馆路街道

东城区人民法院

北京站地区管理处

北京市体育健身先进单位

东城区体育馆路街道

东城区景山街道

东城区天坛街道

北京市先进居委会

东城区体育馆路街道法华南里社区居委会

东城区前门街道前门东大街社区居委会

东城区东花市街道南里社区居委会

东城区天坛街道金鱼池社区居委会

东城区建国门街道赵家楼社区居委会

东城区建国门街道大雅宝社区居委会

北京市扶残助残先进集体

东城区残联

北京首汽有限公司

北京康达五州医疗器械中心

北京协和方通闭症康复中心

北京市双拥工作先进单位

东城区建国门街道

北京市老龄机构建设先进单位

东城区民政局

东城区北新桥街道

北京市敬老爱老先进单位

东城区建国门街道

北京市民政工作先进单位

东城区民政局

先进个人

北京市优秀共产党员

李学玲　魏　磊

北京市纪念建党 90 周年宣传工作先进个人

李淑霞

北京市政治思想工作先进个人

刘　星

北京市理论宣讲先进工作者

潘兴伟

北京市党务工作先进个人

杨立新　张欣惠

第三届首都道德模范

车亚华

首都精神文明建设奖

庄则平　刘立新　杨立新

岳慧青　王　红　王德芳

孙艺军　孙　迎　牛贵勤

王中平　林祖祥　李勇泉

吴湘舟　陈慧华　王敬发

程永涛　包铁军　刘双平

白承续　许光前　李克民

童建红　杨立萍　段　勇

北京市老干部工作先进个人

张建文

北京市社会建设信息工作先进个人

曲书才

北京市社会建设先进党务工作者

李桂珍　申士军　张健玲

孙秀清　郭　华　张欣惠

王　勤　宋莉筠　韩宝利

北京市社会系统优秀共产党员

曹建军　任和成　李建华

范奇伟　王凌翰　郑大焕

王艳平　戴忠义　郝凤琴

北京市先进纪检监察干部

李　薇　王海明

北京市纪检监察系统案件查办工作先进个人

李富秋

九三学社北京市委参政议政先进个人

王广州　李　静　王林旭

朱岩石　陈步一　班宇侠

阎冠和　德永华　王钢力

方　玉　吕　西　朱建平

孙美平　杜丽燕　肖新月

何　冯　汪丽娅　宋镇豪

张　静　夏连宝　高　萍

隋一秀　程锦锥

首都劳动奖章获得者

李金善　郑　辉　耿英建

吴华侠　魏　磊　王义宁

邓益民　陈鑫江　兰永辰

李建东　郑秀英　刘肆仁

马　龙　黄亚兰

北京市职工互助保障工作先进工作者

刘　锐

北京市共青团两节送温暖先进个人

齐晶云

北京市先进团干部

朱　颖　韩亚军　曾　翔

辛　嫾

北京市共青团信息工作先进个人

齐晶云　韩亚军

北京市三八红旗手

杨立新

首都和谐家庭标兵

林玉琪　李　璞

首都和谐家庭

徐玉荣　刘志杰　吴志红

张俊显　郑　维　王秀珍

潘秀茹　颜双强　邓福林

张会然　骆进理　裴秀兰

徐惠珍

首都平安示范家庭

刘连宝　李文兰　田忠林

郭恩培　王铁树　刘志杰

汤传英　王留临　窦中峰

赵国华　王孝国　包德万

姜永强　赵居美　梁玉芝

北京市文联信息工作先进个人

刘　菁

北京市档案信息工作先进个人

晏春辉

北京市政法系统群众心目中的好党员

韩广义

北京市政法系统优秀共产党员

魏　磊

北京市政法系统人民满意的政法干警

任永杰

北京市公安局“两节一会”先进个人
孙静幽 史为民 梁建新
杨洪伟 白 石 陈小林
樊京山 赵志刚 刘 强
侯祥伟 程俊彬
北京市公安局先进女民警
王艺儒 马 佳 王海燕
沈凤云
北京市公安局机关先进个人
魏 磊 王依军 王 锐
恩 玮
北京市公安局优秀共产党员
韩广义 李 峥 来 宁
北京市公安局爱民模范
魏 磊 王依军 王 玮
李长春
北京市公安局联合调解室先进个人
周佩福 毛宝英 于东海
李秀华
北京市分安局复转军人先进个人
张廷栋 王旭东 左从元
马金铭 苑春山 胡东民
孙酒硕 韩广义
北京市公安局3.18案破案工作先进个人
许 东
北京市国家安全工作先进个人
高洪雷
北京市交通安全先进个人
牛燕秋
北京市检察院系统先进个人
李京龙 王京媛 刘德响
朱海燕 韩爱丽 高 峰
周友军 张 华 段 勇
林 琳 高紫光 崔建楠
宋林生 刘 政
北京市法院系统先进个人
郭月清 叶 欣
北京市法院系统优秀法官
马晓宇 岳秀玲 王 磊
刘志云 易 晨 陈 新
王 黎
北京市人民防空先进个人
李文双
北京市民防信息先进个人
靳继君
北京市人民调解工作先进个人
毛宝英 张 胜 冉翠微
连 艳 高瑞元 刘爱明
北京市五五普法宣传教育工作先进个人
程 艳 岳慧青
北京市爆竹安全管理工作先进个人
单 诚
首都能源运行保障工作先进个人
王 涛
北京市第六次全国人口普查工作先进个人
于 玥 陈 虹 刘 钢
张京明 齐小燕 潘兴伟
刘晶云
北京市卷烟打假先进个人
甄 静
中国工商银行北京分行先进客户经理
李振京 焦惠玲 王金堂
李 悦 吴 捷
中国工商银行北京分行劳动竞赛先进个人
段 斌 申 悦 鲍 辉
胡 婧 郧慧敏 张艳英
中国工商银行北京分行先进大堂经理
刘秀敏
中国工商银行北京分行巾帼先进个人
宋玉红
北京城市管理监督先进个人
马晓玫 李 振 谢贺岗
柴卫东 谷玉华 何大明
黄 源 李保平 李新华
马国琴 宋世捷 吴玉杰
席密林 阎秀荷 朱传芳
王永亮 王淑娇 成善志
北京市环境秩序整治先进个人
范 民 肖华强 张鹤龄
张庆山 惠 静 张晓东
张 威 王德瑞 王永慧
陈 永
北京市防汛抗旱先进个人
牛江震 王培智
首都环境建设先进个人
董作行 王 冰 宋世辉
曹 鹏 韩 江 刘宝霞
于滋涛 何武红 蒋召顺
曲 震 阎丽娜 周毓庆
孙长江 许利平 何寒冰
戎开悦
北京禁止吸烟工作先进个人
张丽宁
北京市垃圾分类先进个人
王思思 赵冰蕾 李文玲
李 昕 张 京 周毓庆
李 刚
北京市春运工作先进个人
芦永良 贡东旺 李 楠
郑洪德
首都绿化积极分子
孟庆慧 刘 娜 王贺彪
赵 岩 宋志红 刘可昌
程围青 杨燕飞 杜 平
吴元成 杨 升 栾英麟
牛 震 田 宇 丁启兰
李 奇 谢 涛 冯 伟
徐 丰 张 敬
北京市科普惠民工作先进个人
万延伟
北京市科协工作先进工作者
王雪凤
北京市文物安全工作先进个人
李继宝 李承刚 汪 源
北京市无偿献血先进个人
李国春 李 悦 魏进华
张 波 张 娜
北京市疾病预防控制工作先进个人
刘 峰 石 颖
北京市体质监测先进个人
王 楠
北京市体育工作先进个人
王福国
北京市先进居委会主任
刚亚杰 张欣惠 吴 琼
北京市扶残助残先进个人
单 臻 葛红伟 郝江英
北京市残疾人自强模范
陈 燕 关 艳 林海燕
金 毅
北京市残疾人工作先进个人
从艳梅 王洪杰 张东华
王宝锁 王 欣
北京市老龄工作先进个人
张 洋 白 贵
北京市民政工作先进个人
刘延红 焦吉艳 徐 静
陈伶俐

统 计 资 料

表1－1　　东城区国民经济主要指标

指　　标	单　位	2011年	2010年	±%
一、地区生产总值合计	万元	13397237	12235966	9.5
按隶属关系分组				
中央单位合计	万元	4785742	5243325	－8.7
市属单位合计	万元	1645740	673410	144.4
区属单位合计	万元	634842	601481	5.5
按行业分组				
第二产业	万元	579349	558087	3.8
工　业	万元	284070	252695	12.4
建筑业	万元	295279	305392	－3.3
第三产业	万元	12817888	11677879	9.8
交通运输、仓储和邮政业	万元	266884	248018	7.6
信息传输、计算机服务和软件业	万元	1647919	1460380	12.8
批发和零售贸易业	万元	1879919	1507284	24.7
住宿和餐饮业	万元	515159	479220	7.5
金融业	万元	2450485	2332811	5.0
房地产业	万元	798029	942701	－15.3
租赁和商务服务业	万元	1604209	1523917	5.3
科学研究、技术服务和地质勘察业	万元	1353973	1184775	14.3
水利、环境和公共设施管理业	万元	55085	54942	0.3
居民服务和其他服务业	万元	70063	57009	22.9
教　育	万元	297155	248292	19.7
卫生、社会保障和社会福利业	万元	451975	395000	14.4
文化、体育和娱乐业	万元	528644	439691	20.2
公共管理和社会组织	万元	898389	803839	11.8
二、从业人员情况				
全区从业人员平均人数	人	573951	526014	9.1
全区从业人员期末人数	人	583026	553471	5.3
全区在岗职工平均工资	元	93600	80701	16.0
三、零售额				
全区社会商品零售额	万元	6912796	6450100	18.5
消费品市场总数	个	38	44	－13.6
1、综合市场	个	22	21	4.8
2、专业市场	个	16	23	－30.4
消费品市场成交情况	万元	452108	435578	3.8
1、综合市场	万元	24126	26189	－7.9
2、专业市场	万元	427982	409389	4.5

表1-2 东城区国民经济主要指标

指　　标	单　位	2011年	2010年	±%
四、固定资产投资				
全社会固定资产投资总额	万元	1752414	1807278	1.9
其中:城镇固定资产投资	万元	1122680	1176311	0.2
房地产开发	万元	629734	630967	5.0
五、居民生活				
人均可支配收入	元	34626	30684	12.8
人均消费性支出	元	23813	22196	7.3
恩格尔系数	%	32.6	33.9	-1.3个百分点
六、外经、外贸				
利用外资签订协议额	亿美元	9.4	7.95	18.7
实际利用外资额	亿美元	5.5	5.36	3.1
七、财政收入	万元	1222920	1027895	19.0
其中:区级各项税收	万元	1189491	986633	20.6
财政支出	万元	1358744	1155905	17.5
八、企业经营情况				
1、全区企业营业收入	万元	117460291	99138265	18.5
其中:中央单位	万元	81729132	58324888	40.1
市属单位	万元	7105752	4730671	50.2
区属单位	万元	772495	859525	-10.1
2、全区企业利润总额	万元	37624445	42471925	-11.4
其中:中央单位	万元	39588410	32672932	21.2
市属单位	万元	40975	294696	-86.1
区属单位	万元	28358	80205	-64.6
3、全区企业应缴税金总额	万元	4396271	3533168	24.4
其中:中央单位	万元	1465553	1431086	2.4
市属单位	万元	510744	414157	23.3
区属单位	万元	36734	67765	-45.8
九、工　业　规模以上工业总产值(现价)	万元	1065346	665747	60.0
主营业务收入	万元	2273399	740367	207.1
利润总额	万元	293704	65579	347.9
应缴税金	万元	156357	55812	180.2
其中:应交增值税	万元	67391	41736	61.5
主营业务税金及附加	万元	67937	4700	1345.5
应交所得税	万元	21030	9375	124.3
十、建筑业				
具有资质的建筑业企业总产值	万元	4317116	3503438	23.2
主营业务收入	万元	5105737	4478520	14.0
利润总额	万元	218281	190153	14.8
应缴税金	万元	158091	146916	7.6
其中:应交增值税	万元	3880	367	956.7
主营业务税金及附加	万元	130309	118505	10.0
应交所得税	万元	23901	28044	-14.8

表1－3　　东城区国民经济主要指标

指　　标	单　位	2011年	2010年	±%
十一、信息传输、计算机服务和软件业				
主营业务收入	万元	3263874	2861444	14.1
利润总额	万元	733569	672604	9.1
应缴税金	万元	284304	251553	13.0
其中:应交增值税	万元	10731	4585	134.0
主营业务税金及附加	万元	95579	77386	23.5
应交所得税	万元	177995	169582	5.0
十二、批发和零售业				
主营业务收入	万元	44343747	27823441	59.4
利润总额	万元	1693373	888969	90.5
应缴税金	万元	1301366	614986	111.6
其中:应交增值税	万元	933408	371198	151.5
主营业务税金及附加	万元	87291	48509	79.9
应交所得税	万元	280667	195279	43.7
十三、住宿和餐饮业				
主营业务收入	万元	2005919	1658630	20.9
利润总额	万元	81995	66411	23.5
应缴税金	万元	144597	117813	22.7
其中:应交增值税	万元	1578	1383	14.0
主营业务税金及附加	万元	108999	85602	27.3
应交所得税	万元	34021	30828	10.4
十四、金融业				
营业收入	万元	33216707	37745136	－12.0
利润总额	万元	28027130	34599207	－19.0
应缴税金	万元	1208072	1160359	4.1
其中:主营业务税金及附加	万元	7612	193998	－96.1
应交所得税	万元	1200460	966361	24.2
十五、房地产业				
主营业务收入	万元	2381231	2742959	－13.2
利润总额	万元	319768	590465	－45.8
应缴税金	万元	313698	412688	－24.0
其中:应交增值税	万元	431	332	30.0
主营业务税金及附加	万元	217196	250150	－13.2
应交所得税	万元	96071	162207	－40.8
十六、租赁和商务服务业				
主营业务收入	万元	14658579	13184139	11.2
利润总额	万元	5742957	4689501	22.5
应缴税金	万元	428278	397517	7.7
其中:应交增值税	万元	43101	11914	261.8
主营业务税金及附加	万元	192085	142460	34.8
应交所得税	万元	193092	243143	－20.6

注:1、GDP为市局、总队反馈初步数据,最终数据以普查公报为准。
2、固定资产投资统计口径为“项目建设地”原则。
3、固定资产投资、社会消费品零售额增速均为可比口径。

表 2　全社会固定资产投资基本情况　单位:万元

项　　目	2011 年	2010 年
总　　计	1752414	1807278
一、按隶属关系分		
中　央	354436	341115
市　属	220619	588422
区　属	1177359	877741
二、按建设种类分		
城镇固定资产投资	1122680	1176311
房地产开发	629734	630967
三、按经济类型分		
国有经济	629598	916510
外商及港澳台投资经济	409430	406051
其他经济	713386	484717

注:固定资产投资统计口径为“项目建设地”原则。

表 3　规模以上工业企业生产情况

项　　目	工业总产值(当年价格)(万元)	工业销售产值(当年价格)(万元)
总　　计	1065345.6	1003315.0
按登记注册类型分		
内资	559177.6	500482.4
国有	50009.1	48624.7
有限责任公司	233714.2	220937.9
股份有限公司	238609.7	195985.4
私营	36844.6	34934.4
港澳台商投资	74000.0	73534.2
与港澳台商合资经营	74000.0	73534.2
外商投资	432168.0	429298.4
中外合资经营	350072.9	347545.1
外资企业	82095.1	81753.3
按行业类别分		
石油和天然气开采业	29800.6	29310.4
农副食品加工业	34918.2	34893.3
饮料制造业	4590.8	4237.6
纺织业	1400.0	1680.0
纺织服装、鞋、帽制造业	45883.9	40477.0
皮革、毛皮、羽毛(绒)及其制品业	2635.4	2634.5
家具制造业	47320.0	47577.0
印刷业和记录媒介的复制	2010.1	2010.1
化学原料及化学制品制造业	3695.0	4162.6
医药制造业	201626.7	159049.9
金属制品业	4280.3	4280.3
通用设备制造业	3160.3	2882.0
专用设备制造业	70240.7	70240.7
通信设备、计算机及其他电子设备制造业	251713.7	251713.7
仪器仪表及文化、办公用机械制造业	226819.1	222912.0
工艺品及其他制造业	129493.2	119496.3
电力、热力的生产和供应业	5757.6	5757.6

表 4　全区具有资质等级的建筑业企业基本情况

项　　目	建筑业总产值(万元)	其中:装修装饰产值(万元)
总　　计	4317116	591337
登记注册类型		
内资	4021629	460387
国有	359623	10075
集体	7735	2516
股份合作	1900	1787
国有独资公司	735740	63383
其他有限责任公司	2604863	303809
私营有限责任公司	311111	78342
私营股份有限公司	657	475
港澳台商投资	256468	123818
与港澳台商合资经营	19559	19361
港澳台商独资	236909	104457
外商投资	39019	7133
中外合资经营	31464	6610
外资企业	7555	523
隶属关系		
中央	2839671	149615
市	562561	157850
区(县)	23325	11164
街道	5	0
其他	891555	272709
按行业类别分		
房屋和土木工程建筑业	3618376	340122
房屋工程建筑	1467240	336202
土木工程建筑	2151136	3920
建筑安装业	427693	8009
建筑装饰业	271048	243207

表 5　旅游业综合情况　单位:万元

	2011 年	2010 年	±%
营业收入	5144503	4252974	21.0
住宿业	786123	680766	15.5
旅游区点	243160	216741	12.2
旅行社	1416051	1086451	30.3
旅游餐饮	493710	416658	18.5
旅游商业	1877526	1584507	18.5
旅游交通	327933	267852	22.4

表 6　社会消费品零售额　单位:万元

项　　目	2011 年
社会消费品零售额	6912796
其中:限额以上单位零售额	6565841
其中:餐饮业	530947
批发业	1625829
零售业	4182702
住宿业	226363
限额以下单位及个体零售额	248058
商品交易市场零售额	98897

表7　　限额以上批发零售企业商品分类销售情况

项　　目	商品销售总额(万元)
类　值　合　计	51991881
按类值分	
1. 粮油、食品、饮料、烟酒类	8445636
(1)粮油、食品类	7459574
其中:粮油类	6368111
肉禽蛋类类值合计	45449
水产品类	23652
蔬菜类	3963
干鲜果品类	18864
(2)饮料类	148737
(3)烟酒类	837325
其中:酒类	578933
2. 服装、鞋帽、针纺织品类	1645350
(1)服装类	1093698
(2)鞋帽类	268344
(3)针纺织品类	283308
3. 化妆品类	198458
4. 金银珠宝类	2385889
其中:黄金及饰品、铂金饰品类	2286625
5. 日用品类	904891
其中:洗涤用品类类值合计	128279
儿童玩具类	25066
6. 五金、电料类	63164
7. 体育、娱乐用品类	3039410
8. 书报杂志类	436571
9. 电子出版物及音像制品类	29551
10. 家用电器和音像器材类	399568
11. 中西药品类	3805905
其中:西药类	2797667
中草药及中成药类	520347
12. 文化办公用品类	1209745
13. 家具类	67722
14. 通讯器材类	3243755
15. 煤炭及制品类	12799270
16. 木材及制品类	220452
17. 石油及制品类	1287390
18. 化工材料及制品类	3205870
其中:化肥类	2397
19. 金属材料类	2509582
20. 建筑及装潢材料类	13052
21. 机电产品及设备类	2651052
22. 汽车类	935259
其中:汽车配件类	59038
23. 种子饲料类	115712
24. 棉麻类	554960
25. 其他类	1823667

表 8　东城区居民家庭生活调查情况

指标名称	单位	2011 年	2010 年	±%
一、家庭总收入	元/人	38716.23	35267.84	9.8
其中:可支配收入	元/人	34625.66	30684.48	12.8
(一)工资性收入	元/人	24739.01	24586.72	0.6
(二)经营净收入	元/人	747	890.77	-16.1
(三)财产性收入	元/人	599.87	618.51	-3.0
(四)转移性收入	元/人	12630.35	9171.84	37.7
二、家庭总支出	元/人	29682.18	28388.14	4.6
其中:消费性支出	元/人	23813.17	22195.99	7.3
1. 食品	元/人	7767.95	7528.76	3.2
2. 衣着	元/人	2300.4	2251.19	2.2
3. 居住	元/人	2109.77	1621.19	30.1
4. 家庭设备用品及服务	元/人	1746.3	1538.89	13.5
5. 医疗保健	元/人	1730.22	1726.98	0.2
6. 交通和通信	元/人	3538.13	3085.27	14.7
7. 教育文化娱乐服务	元/人	3549.14	3494.78	1.6
8. 其他商品和服务	元/人	1071.27	948.92	12.9
三、人均住房建筑面积	平方米	21.74	22.71	-4.3
恩格尔系数	%	32.6	33.9	-1.3 个百分点

表 9　居民家庭平均每百户耐用消费品拥有量

项　目	单　位	2011 年	2010 年
摩托车	辆	1.97	2.35
助力车	辆	11.40	10.47
家用汽车	辆	26.10	29.44
洗衣机	台	101.32	102.18
电冰箱	台	103.73	104.52
彩色电视机	台	146.71	153.14
家用电脑	台	109.65	110.57
组合音响	套	21.93	27.61
摄像机	架	25.00	23.27
照相机	架	95.61	110.09
钢琴	架	5.48	5.53
其它中高档乐器	件	4.82	7.22
微波炉	台	90.13	93.47
空调器	台	172.81	179.95
淋浴热水器	台	91.23	91.95
消毒碗柜	台	7.46	9.17
健身器材	套	5.48	7.58
固定电话	部	95.61	103.67
移动电话	部	219.74	236.35

表 10－1

常住人口百岁表

年龄	总人数	男	女	年龄	总人数	男	女
合计	624687	307940	316747	50 岁	10863	5479	5384
0 岁	4518	2354	2164	51 岁	11526	5779	5747
1 岁	4504	2347	2157	52 岁	12737	6446	6291
2 岁	4667	2417	2250	53 岁	11725	5883	5842
3 岁	4729	2411	2318	54 岁	14582	7163	7419
4 岁	4737	2359	2378	55 岁	13148	6485	6663
5 岁	3832	2036	1796	56 岁	12740	6249	6491
6 岁	3172	1630	1542	57 岁	12959	6322	6637
7 岁	3633	1891	1742	58 岁	11932	5756	6176
8 岁	2161	1093	1068	59 岁	10623	5204	5419
9 岁	3098	1593	1505	60 岁	10050	4950	5100
10 岁	3006	1530	1476	61 岁	8765	4394	4371
11 岁	3402	1733	1669	62 岁	8036	4052	3984
12 岁	3465	1807	1658	63 岁	6264	3186	3078
13 岁	3136	1595	1541	64 岁	5800	2896	2904
14 岁	3652	1912	1740	65 岁	5467	2744	2723
15 岁	3589	1846	1743	66 岁	5007	2431	2576
16 岁	3742	1866	1876	67 岁	4130	2029	2101
17 岁	3809	1925	1884	68 岁	3691	1842	1849
18 岁	3964	2009	1955	69 岁	4014	1948	2066
19 岁	4660	2325	2335	70 岁	4158	1938	2220
20 岁	4117	2010	2107	71 岁	4173	1884	2289
21 岁	5737	2884	2853	72 岁	4488	1976	2512
22 岁	6906	3445	3461	73 岁	4637	1939	2698
23 岁	8113	4103	4010	74 岁	4897	2051	2846
24 岁	9598	4718	4880	75 岁	5022	2202	2820
25 岁	9599	4697	4902	76 岁	4925	2161	2764
26 岁	10509	5124	5385	77 岁	4903	2147	2756
27 岁	11116	5559	5557	78 岁	4604	2072	2532
28 岁	12943	6443	6500	79 岁	4406	2082	2324
29 岁	14684	7339	7345	80 岁	3871	1827	2044
30 岁	14128	7053	7075	81 岁	3567	1646	1921
31 岁	11199	5661	5538	82 岁	3560	1608	1952
32 岁	10495	5365	5130	83 岁	3056	1430	1626
33 岁	9967	5058	4909	84 岁	2729	1194	1535
34 岁	8634	4269	4365	85 岁	2253	1021	1232
35 岁	7400	3773	3627	86 岁	2158	996	1162
36 岁	6943	3396	3547	87 岁	1796	824	972
37 岁	6897	3453	3444	88 岁	1648	737	911
38 岁	8160	4063	4097	89 岁	1353	586	767
39 岁	8972	4403	4569	90 岁	1180	527	653
40 岁	8657	4331	4326	91 岁	977	466	511
41 岁	8906	4444	4462	92 岁	740	329	411
42 岁	9148	4575	4573	93 岁	614	273	341
43 岁	10555	5156	5399	94 岁	543	234	309
44 岁	8263	3971	4292	95 岁	377	176	201
45 岁	6381	3108	3273	96 岁	320	139	181
46 岁	7769	3903	3866	97 岁	265	113	152
47 岁	9416	4737	4679	98 岁	221	93	128
48 岁	15187	7654	7533	99 岁	155	57	98
49 岁	16602	8389	8213	100 岁以上	555	211	344

备注:表 10－1 系原东城区

表 10－2

常住人口百岁表

年龄	总人数	男	女	年龄	总人数	男	女
合计	339344	169085	170259	50 岁	6286	3229	3057
0 岁	2598	1361	1237	51 岁	7393	3798	3595
1 岁	2449	1274	1175	52 岁	8429	4350	4079
2 岁	2398	1203	1195	53 岁	7558	3892	3666
3 岁	2337	1224	1113	54 岁	9026	4573	4453
4 岁	2372	1214	1158	55 岁	8078	4046	4032
5 岁	1764	906	858	56 岁	7697	3866	3831
6 岁	1474	767	707	57 岁	7505	3791	3714
7 岁	1618	821	797	58 岁	6954	3416	3538
8 岁	948	451	497	59 岁	6606	3229	3377
9 岁	1204	635	569	60 岁	6078	3027	3051
10 岁	1316	679	637	61 岁	5292	2719	2573
11 岁	1398	713	685	62 岁	4795	2493	2302
12 岁	1548	778	770	63 岁	3366	1770	1596
13 岁	1349	688	661	64 岁	3138	1663	1475
14 岁	1618	830	788	65 岁	2820	1447	1373
15 岁	1718	847	871	66 岁	2689	1396	1293
16 岁	1808	904	904	67 岁	2262	1117	1145
17 岁	2055	1051	1004	68 岁	1915	973	942
18 岁	2065	1015	1050	69 岁	2040	946	1094
19 岁	2583	1311	1272	70 岁	2138	1004	1134
20 岁	2051	1005	1046	71 岁	2203	969	1234
21 岁	3054	1569	1485	72 岁	2395	987	1408
22 岁	3796	1931	1865	73 岁	2593	1003	1590
23 岁	4373	2240	2133	74 岁	2914	1098	1816
24 岁	4999	2527	2472	75 岁	3077	1328	1749
25 岁	4752	2416	2336	76 岁	3180	1371	1809
26 岁	4654	2330	2324	77 岁	3264	1460	1804
27 岁	5101	2570	2531	78 岁	3119	1487	1632
28 岁	6017	3034	2983	79 岁	2864	1243	1621
29 岁	7271	3638	3633	80 岁	2385	1156	1229
30 岁	7012	3495	3517	81 岁	2326	1046	1280
31 岁	5644	2782	2862	82 岁	2221	1012	1209
32 岁	5086	2546	2540	83 岁	1948	925	1023
33 岁	4655	2349	2306	84 岁	1758	829	929
34 岁	4018	2028	1990	85 岁	1441	703	738
35 岁	3458	1761	1697	86 岁	1365	653	712
36 岁	3100	1562	1538	87 岁	1162	557	605
37 岁	3029	1526	1503	88 岁	1025	513	512
38 岁	3579	1761	1818	89 岁	893	427	466
39 岁	4016	2064	1952	90 岁	684	297	387
40 岁	3933	1997	1936	91 岁	545	246	299
41 岁	4067	2046	2021	92 岁	449	214	235
42 岁	4407	2154	2253	93 岁	371	171	200
43 岁	5214	2536	2678	94 岁	313	150	163
44 岁	4273	2156	2117	95 岁	289	134	155
45 岁	3355	1723	1632	96 岁	212	108	104
46 岁	4496	2297	2199	97 岁	168	83	85
47 岁	5729	2927	2802	98 岁	138	69	69
48 岁	9539	4914	4625	99 岁	101	38	63
49 岁	10280	5382	4898	100 岁以上	298	125	173

备注:表 10－2 系原崇文区

表 11 －1 常住人口变动情况统计表

项目			上月末实有	增加							
				计	市外迁入	出生	市内移动			本管界转化	其他
							区	县	本区、县他所		
非农业	户数		217531	2848	237	34	1605	27	559		386
非农业	人数	计	620427	24406	5353	5390	10881	117	2642		23
非农业	人数	男	305959	11895	2497	2817	5241	48	1279		13
非农业	人数	女	314468	12511	2856	2573	5640	69	1363		10
农业	户数		0								
农业	人数	计	0								
农业	人数	男	0								
农业	人数	女	0								

项目			减少								本月增减比较	本月末实有
			计	迁往市外	死亡	市内移动			本管界转化	其他		
						区	县	本区、县他所				
非农业	户数		3012	24	233	2139	7	438		171	－164	217367
非农业	人数	计	21717	679	2151	16192	40	2641		14	2689	623116
非农业	人数	男	10632	350	1052	7922	21	1279		8	1263	307222
非农业	人数	女	11085	329	1099	8270	19	1362		6	1426	315894
农业	户数										0	0
农业	人数	计									0	0
农业	人数	男									0	0
农业	人数	女									0	0

备注:表 11 －1 系原东城区

表 11 -2

常住人口变动情况统计表

项目			上月末实有	增加							
				计	市外迁入	出生	市内移动			本管界转化	其他
							区	县	本区、县他所		
非农业	户数		125563	2664	89	5	2046	48	259		217
	人数	计	335495	10932	1118	2969	5911	117	814		3
		男	167290	5348	565	1544	2788	56	394		1
		女	168205	5584	553	1425	3123	61	420		2
农业	户数		12								
	人数	计	22								
		男	12								
		女	10								

项目			减少								本月增减比较	本月末实有
			计	迁往市外	死亡	市内移动			本管界转化	其他		
						区	县	本区、县他所				
非农业	户数		1846	14	168	1382	2	186		94	818	126381
	人数	计	8342	152	1254	6095	22	814		5	2590	338085
		男	4162	111	650	2987	16	394		4	1186	168476
		女	4180	41	604	3108	6	420		1	1404	169609
农业	户数										0	12
	人数	计	1		1						-1	21
		男	1		1						-1	11
		女									0	10

备注:表 11 -2 系原崇文区

主要统计指标解释

一、地区生产总值 是一个地区所有常住单位在一定时期内生产活动的最终成果。从价值形态看,是所有常住单位在一定时期内所生产的全部货物和服务价值超过同期投入的全部非固定资产货物和服务价值的差额,即所有常住单位的增加值之和。

二、规模以上工业企业 指年主营业务收入2000万元及以上的工业法人单位。

三、有资质等级的建筑业企业 指具有建筑业施工总承包、专业承包、劳务分包资质的建筑业法人单位。

四、固定资产投资额 是以货币形式表现的、在报告期内建造和购置固定资产的价值量以及与此有关费用的总和。是反映固定资产投资规模、结构和发展的综合性指标,又是观察工程进度和考核投资效果的重要依据。固定资产投资额按性质分:(1)房地产开发业投资额;(2)城镇固定资产投资额。

五、城镇固定资产投资 指城镇各种登记注册类型的企业、事业、行政单位及个体户进行的计划总投资在500万元及以上的建设项目投资。

六、房地产开发投资 指房地产开发企业在建的房屋建设工程和正在开发的土地开发工程所完成的投资。

七、社会消费品零售额 指各种经济类型批发零售业、餐饮业和其他行业对城乡居民、社会集团的消费品零售额的总和。这个指标反映通过各种渠道向居民和社会集团供应的生活消费品总量,是研究人民生活水平、社会购买力、货币流通等问题的重要指标。

八、实际利用外资 指利用外资协议(合同)的实际执行金额。包括现汇,实物和双方同意计价投资的劳务,技术等无形资本。

九、居民人均可支配收入 指调查户可用于最终消费支出和其他非义务性支出以及储蓄的总和,即居民家庭可以用来自由支配的收入。是家庭总收入扣除交纳的个人所得税、个人交纳的社会保障费以及调查户记账补贴后的收入。计算公式为:

可支配收入=家庭总收入-交纳个人所得税-个人交纳的社会保障支出-记账补贴

十、工资性收入 指就业人员通过各种途径得到的全部劳动报酬,包括所从事主要职业的工资以及从事第二职业、其他兼职和零星劳动得到的其他劳动收入。

十一、居民人均消费性支出 指调查户用于本家庭日常生活的全部支出,包括食品、衣着、居住、家庭设备用品及服务、医疗保健、交通和通信、教育文化娱乐服务、其他商品和服务八大类等。包括用于赠送的商品或服务。

十二、耐用消费品 指价值比较高、消费期较长的家用电器和家庭设备。

十三、期末从业人员 指在本单位工作并取得劳动报酬或收入的期末实有人员数。期末从业人员包括在各单位工作的外方人员和港澳台方人员、兼职人员、再就业的离退休人员、借用的外单位人员和第二职业者。但不包括离开本单位仍保留劳动关系的职工。

十四、在岗职工平均工资 指企业、事业、机关单位职工在一定时期内平均每人所得的货币工资额。它表明一定时期职工工资收入的高低程度,是反映职工工资水平的主要指标。

计算公式:职工平均工资=报告期实际支付的全部职工工资总额/报告期全部职工平均人数

十五、现价工业总产值 指采用报告期内不含增值税(销项税)的产品实际销售价格计算的,工业企业在报告期内生产的工业最终产品和提供工业劳务活动的总价值量。

十六、现价工业销售产值 指采用报告期内不含增值税(销项税)的产品实际销售价格计算的,工业企业在本年内销售的本企业生产的工业产品或提供工业性劳务价值的总价值量。

十七、建筑业总产值 是以货币表现的建筑业企业在一定时期内生产的建筑产品和服务的总和。包括建筑工程产值、设备安装工程产值、其他产值三部分内容。

十八、主营业务收入 指企业经营主要业务所取得的收入总额。此项目应根据会计的"主营业务收入"、"商品销售收入"等科目的本期累计发生额填列。执行2006年《企业会计准则》企业,如果未设置该科目,则以营业收入发生额代替填列。

十九、利润总额 指企业在生产经营过程中各种收入扣除各种耗费后的盈余,反映企业在报告期内实现的亏盈总额,包括营业利润、补贴收入、投资净收益和营业外收支净额。根据会计"利润表"中的对应指标的本期累计数填列。

二十、营业利润 指企业从事生产经营活动所取得的利润,即主营业务收入减主营业务成本和主营业务税金及附加,加上其他业务利润,减去营业费用、管理费用、财务费用后的金额。本指标根据会计"利润表"中对应指标填列。执行2006年《企业会计准则》企业,同样根据会计"利润表"中对应指标直接填列。

二十一、应交所得税 指企业按税法规定,应从生产经营等活动的所得中缴纳的税金。

二十二、商品销售总额 指对本企业以外的单位和个人出售的商品金额(包括售给本单位消费用的商品,含增值税)。该指标反映批发和零售业在国内市场上销售商品以及出口商品的总量。

附　　录

中共北京市东城区委主要文件目录

中共北京市东城区委主要文件

东发〔2011〕1号　中共东城区委东城区人民政府关于印发《北京市东城区空间发展战略规划(2011—2030年)》的通知
东发〔2011〕2号　中共东城区委关于实施"凝聚工程"深入推进基层党建工作创新的意见
东发〔2011〕3号　中共东城区委印发《中共东城区委常委会关于"三重一大"事项集体决策的实施办法》的通知
东发〔2011〕4号　中共东城区委东城区人民政府印发《关于贯彻落实〈中共北京市委北京市人民政府关于贯彻落实《中共中央国务院关于加强和改进新形势下工商联工作的意见》的实施意见〉的具体措施》的通知
东发〔2011〕5号　中共东城区委东城区人民政府关于印发《北京市东城区人才发展战略规划(2011—2030年)》的通知
东发〔2011〕6号　中共东城区委东城区人民政府关于印发《"人文东城"行动计划(2011—2015年)》的通知
东发〔2011〕7号　中共东城区委东城区人民政府关于表彰2011年春节、全国"两会"维稳安保工作先进单位的决定
东发〔2011〕8号　中共东城区委印发《关于进一步完善同民主党派、无党派人士合作共事的若干制度》的通知
东发〔2011〕9号　中共东城区委关于印发《中共东城区委纪念中国共产党成立90周年活动方案》的通知
东发〔2011〕10号　中共东城区委东城区人民政府关于优化经济发展环境的意见
东发〔2011〕11号　中共东城区委关于在创先争优活动中进一步推进区域化党建工作的意见
东发〔2011〕12号　中共东城区委东城区人民政府关于进一步深化教育改革建设国际化、现代化教育首善区的意见
东发〔2011〕13号　中共东城区委关于进一步加强和改进党委(党组)中心组学习的实施意见
东发〔2011〕14号　中共东城区委东城区人民政府关于印发《"数字东城"行动计划(2011—2015年)》的通知
东发〔2011〕15号　中共东城区委东城区人民政府关于印发《东城区维护安全稳定工作方案》的通知
东发〔2011〕16号　中共东城区委东城区人民政府关于东城区党政机构设置的通知
东发〔2011〕17号　中共东城区委关于加强新形势下党建带团建工作的意见
东发〔2011〕18号　中共东城区委关于认真学习贯彻胡锦涛同志在庆祝中国共产党成立90周年大会上的讲话的通知
东发〔2011〕19号　中共东城区委关于实行党务公开的意见
东发〔2011〕20号　中共东城区委东城区人民政府关于印发《东城区信息化发展战略(2011—2030年)》的通知
东发〔2011〕21号　中共东城区委关于进一步深化网格化社会服务管理全面推进社会建设的实施意见
东发〔2011〕22号　中共东城区委东城区人民政府关于"十二五"时期统筹解决区域人口问题的指导意见
东发〔2011〕23号　中共东城区委东城区人民政府关于印发《东城区人才发展专项资金使用管理办法(试行)》《东城杰出人才奖评选表彰办法(试行)》的通知
东发〔2011〕24号　中共东城区委东城区人民政府转发《中共东城区委宣传部、东城区司法局关于在全区开展法制宣传教育的第六个五年规划》的通知
东发〔2011〕25号　中共东城区委东城区人民政府关于进一步加强安全生产工作的实施意见
东发〔2011〕26号　中共东城区委关于做好北京市出席党的十八大代表推荐提名工作的通知
东发〔2011〕27号　中共东城区委东城区人民政府关于印发《北京市东城区全民健身实施计划(2011—2015年)》的通知

中共北京市东城区委办公室主要文件

东办发〔2011〕1号　中共东城区委办公室东城区人民政府办公室印发《关于切实加强春节期间烟花爆竹安全管控工作组织领导的意见》的通知
东办发〔2011〕2号　中共东城区委办公室东城区人民政府办公室关于领导干部外出报备有关事项的通知

东办发〔2011〕3号	中共东城区委办公室东城区人民政府办公室关于印发《东城区全国“两会”期间安全稳定工作方案》的通知
东办发〔2011〕4号	中共东城区委办公室关于印发区委2011年工作目标责任制(折子工程)的通知
东办发〔2011〕5号	中共东城区委办公室关于印发《区委常委会2011年议题计划》及《区委常委会2011年议题计划任务分解表》的通知
东办发〔2011〕6号	中共东城区委办公室关于印发《北京市东城区贯彻执行<北京市建立重大事项社会稳定风险评估机制的实施办法>(试行)的实施意见(试行)》的通知
东办发〔2010〕7号	中共东城区委办公室东城区人民政府办公室关于成立北京市“2.19”维稳指挥部东城区分指挥部的通知
东办发〔2010〕8号	中共东城区委办公室东城区人民政府办公室印发《东城区关于进一步加强信访代理工作的意见》的通知
东办发〔2011〕9号	中共东城区委办公室关于印发《区人大(临时)二次会议代表建议、区政协(临时)二次会议民主党派(团体)和委员提案办理工作目标责任制(折子工程)》的通知
东办发〔2011〕10号	中共东城区委办公室印发《东城区关于推进干部教育培训改革(2010—2020年)的意见》的通知
东办发〔2011〕11号	中共东城区委办公室东城区人民政府办公室关于贯彻落实《中共北京市委、北京市人民政府关于进一步加强审计工作的意见》的通知
东办发〔2011〕12号	中共东城区委办公室东城区人民政府办公室关于印发《东城区文明交通行动实施方案(2011—2015年)》的通知
东办发〔2011〕13号	中共东城区委办公室东城区人民政府办公室关于印发《2011年东城区贯彻落实党风廉政建设责任制推进惩治和预防腐败体系建设主要任务分工》的通知
东办发〔2011〕14号	中共东城区委办公室东城区人民政府办公室关于印发《东城区开展党政机关公务用车问题专项治理工作的实施办法》的通知
东办发〔2011〕15号	中共东城区委办公室东城区人民政府办公室关于印发《东城区开展清理和规范庆典、研讨会、论坛活动工作的实施意见》的通知
东办发〔2011〕16号	中共东城区委办公室印发《东城区关于实行党务公开工作的实施细则》的通知
东办发〔2011〕17号	中共东城区委办公室东城区人民政府办公室印发《东城区构建社会矛盾多元调解体系实施意见》的通知
东办发〔2011〕18号	中共东城区委办公室东城区人民政府办公室印发《东城区关于贯彻落实<北京市党政密码工作“十二五”规划>的实施意见》的通知

北京市东城区人民政府主要文件目录

北京市东城区人民政府主要文件

东政发〔2011〕1号	北京市东城区人民政府批转区人口计生委关于2011年人口和计划生育工作要点的通知
东政发〔2011〕2号	北京市东城区人民政府关于印发《东城区依法行政考核办法(试行)》的通知
东政发〔2011〕3号	北京市东城区人民政府转发《北京市人民政府关于进一步加强企业安全生产工作有关文件》的通知
东政发〔2011〕5号	北京市东城区人民政府关于印发《东城区第一次水务普查方案》的通知
东政发〔2011〕6号	北京市东城区人民政府关于饶景东等三名同志任免职的通知
东政发〔2011〕7号	北京市东城区人民政府关于冯洪荣等四名同志任免职的通知
东政发〔2011〕8号	北京市东城区人民政府关于印发《东城区促进中小企业发展鼓励措施》的通知
东政发〔2011〕9号	北京市东城区人民政府关于印发《东城区培育新兴产业发展鼓励措施》的通知
东政发〔2011〕11号	北京市东城区人民政府关于苏广交等五名同志任免的通知
东政发〔2011〕12号	北京市东城区人民政府关于张俊定等两名同志任职的通知
东政发〔2011〕15号	北京市东城区人民政府关于东城区商业设施招商开业运营过程中有关问题意见的通知
东政发〔2011〕16号	北京市东城区人民政府关于魏慧明等两名同志任免职的通知
东政发〔2011〕19号	北京市东城区人民政府关于印发《东城区规划体系建设年工作方案》的通知

东政发〔2011〕22 号　北京市东城区人民政府关于刘登科同志免职的通知
东政发〔2011〕23 号　北京市东城区人民政府关于实施东城区突发事件总体应急预案的决定
东政发〔2011〕24 号　北京市东城区人民政府关于印发《东城区行政事业单位国有资产管理办法》的通知
东政发〔2011〕25 号　北京市东城区人民政府关于印发《促进文化创意产业发展办法》的通知
东政发〔2011〕26 号　北京市东城区人民政府关于赵宏花等十七名同志任免职的通知
东政发〔2011〕27 号　北京市东城区人民政府关于进一步加强行政规范性文件管理工作的通知
东政发〔2011〕28 号　北京市东城区人民政府关于高嗣羡等两名同志任免职的通知
东政发〔2011〕30 号　北京市东城区人民政府关于印发《东城区住所证明审核程序管理办法》的通知
东政发〔2011〕31 号　北京市东城区人民政府关于陈军义等四十六名同志任免职的通知
东政发〔2011〕35 号　北京市东城区人民政府关于印发《东城区政府投资建设项目管理暂行规定》的通知
东政发〔2011〕36 号　北京市东城区人民政府关于李峰等十三名同志任免的通知
东政发〔2011〕38 号　北京市东城区人民政府关于印发《进一步加强和改善行政执法工作实施意见》的通知
东政发〔2011〕39 号　北京市东城区人民政府关于郭立峰等十二名同志任免职的通知
东政发〔2011〕40 号　北京市东城区人民政府关于暴剑等七名同志任免职的通知
东政发〔2011〕43 号　北京市东城区人民政府关于许双乐等两名同志免职的通知
东政发〔2011〕44 号　北京市东城区人民政府关于调整区安全生产委员会组成人员及有关事项的通知
东政发〔2011〕45 号　北京市东城区人民政府关于吕学英同志任职的通知
东政发〔2011〕46 号　北京市东城区人民政府关于印发《进一步推进东城区社区卫生服务体系建设意见》的通知
东政发〔2011〕48 号　北京市东城区人民政府关于王磊等六名同志任免职的通知
东政发〔2011〕49 号　北京市东城区人民政府关于张忠华等八名同志任免职的通知
东政发〔2011〕50 号　北京市东城区人民政府关于印发《贯彻实施〈中华人民共和国行政强制法〉工作方案》的通知
东政发〔2011〕51 号　北京市东城区人民政府关于印发《东城区历史文化名城保护专项资金管理暂行办法》的通知
东政发〔2011〕52 号　北京市东城区人民政府关于马宇鹏等五名同志免职的通知
东政发〔2011〕54 号　北京市东城区人民政府关于印发《进一步提升邮政普遍服务水平实施意见》的通知
东政发〔2011〕55 号　北京市东城区人民政府转发《北京市人民政府关于进一步加强职业培训工作的意见》的通知

北京市东城区人民政府办公室主要文件

东政办发〔2011〕1 号　北京市东城区人民政府办公室关于调整东城区人口和计划生育领导小组成员名单的通知
东政办发〔2011〕2 号　北京市东城区人民政府办公室转发《东城公安分局关于成立东城区大型群众性活动综合协调小组工作意见》的通知
东政办发〔2011〕3 号　北京市东城区人民政府办公室转发《东城公安分局关于东城区宣传贯彻市大型群众性活动安全管理条例整体工作方案》的通知
东政办发〔2011〕4 号　北京市东城区人民政府办公室关于印发《东城区 2011 年在直接关系群众生活方面拟办的重要实事》的通知
东政办发〔2011〕6 号　北京市东城区人民政府办公室关于调整区长副区长工作分工的通知
东政办发〔2011〕9 号　北京市东城区人民政府办公室关于集中开展消防平安行动实施方案的通知
东政办发〔2011〕14 号　北京市东城区人民政府办公室关于抓紧完成以部门名义制发的行政规范性文件清理工作的通知
东政办发〔2011〕15 号　北京市东城区人民政府办公室转发《市政府办公厅关于进一步加强本市孤儿保障工作意见》的通知
东政办发〔2011〕17 号　北京市东城区人民政府办公室关于印发《东城区"十二五"突发事件应急体系发展规划》的通知
东政办发〔2011〕18 号　北京市东城区人民政府办公室关于印发《东城区学校（单位）体育文化设施向社会开放管理办法》的通知
东政办发〔2011〕19 号　北京市东城区人民政府办公室关于印发《东城区落实药品安全百千万工程建设实施方案》的通知
东政办发〔2011〕21 号　北京市东城区人民政府办公室关于开展年度人口抽样调查工作的通知
东政办发〔2011〕22 号　北京市东城区人民政府办公室关于陈之常、王中华、颜华同志分管工作的通知
东政办发〔2011〕23 号　北京市东城区人民政府办公室转发《区防火委关于清剿火患战役暨消防平安二号行动工作方案》的通知

学校及幼儿园(所)

幼儿园(所)

校　名	地　址	电　话
北京市第一幼儿园	东四北大街汪芝麻胡同19号	64041825
北京市第一幼儿园附属实验园	青年沟路小黄庄7号楼	84275712
北京市第一幼儿园海晟分园	东直门外十字坡东小街1号	84532164
北京市第二幼儿园	北新桥三条38号	64035990
北京市第三幼儿园	中山公园内	66025200
北京市第五幼儿园	夕照寺街3号	67123410
北京市第五幼儿园分园	法华南里33楼	67161804
北京市第七幼儿园	宝钞胡同23号	64045040
东城区东四五条幼儿园	东四五条41号	64040197
东城区东华门幼儿园	北河沿大街149号	65254467
东城区分司厅幼儿园	分司厅胡同57号	64046854
东城区新中街幼儿园	东直门外胡家园小区24号楼	64602141
东城区华丰幼儿园	和平里六区21楼	84220194
东城区大方家回民幼儿园	朝内南小街后芳嘉园3号楼	65223556
东城区东棉花胡同幼儿园	东棉花胡同20号	64075246
中国人民解放军总政治部幼儿园	安德里北街21号	66792164
东城区卫生局第三幼儿园	和平里民旺园甲7号	64212216
商务部幼儿园	台基厂三条2号	65247694
市自来水集团东直门幼儿园	东直门北大街甲4号	64651577
东城区卫生局第一幼儿园	锡拉胡同19号	65251975
北京鸿运达物业管理有限责任公司第一幼儿园	旧鼓楼外大街62号	62360237
国家林业局幼儿园	和平里七区21号楼	64212759
中国人民解放军空军后勤部蓝天幼儿园	北锣鼓巷99号	64012330
中国民用航空局机关幼儿园	地安门拐棒胡同2号	64005028
国家安监管理局机关服务中心幼儿园	和平里九区甲3号	64279017
冶金幼儿园	安定门外安德路47号	84121118
财政部幼儿园	西扬威胡同12号	64040708
北京军区总医院幼儿园	东直门内草原胡同58号	64007738
东城区安定门大经厂幼儿园	大经厂胡同55号	64045445
东城区景山魏家幼儿园	魏家胡同19号	64040406
东城区世纪贝贝自然教育艺术幼儿园	青年湖西里4号院甲1号	84122026
北京市艾毅幼儿园	东湖别墅D座102	84511381
东城区第二幼儿园	广渠门内大街31号	67116076
东城区崇文第三幼儿园	幸福北里甲12号	67115628
东城区光明幼儿园	光明楼甲25号	67116906
东城区回民实验幼儿园	东花市北里东区12号楼	67192709
东城区安乐幼儿园	永外杨家园路10号	67212868
东城区永东幼儿园	永内东街中里23号	67025321
东城区永定门幼儿园	永外车站路12号	83107043
东城区崇文幼儿园	法华南里甲14楼	67155731
东城区前门幼儿园	东花市北里西区9号	67115191

北空育翔幼儿园	板厂南里 11 号	66911719
中共北京市委机关幼儿园	光明路 1 号	67147356
东城区红湖幼儿园	龙潭北里三条 3 号	67151869
东城区西草市幼儿园	西草市东街 60 号	67022454
东城区景山黄化门幼儿园	黄化门大街 8 号	64044510
东城区交道口兴华幼儿园	后鼓楼苑 36 号	64032157
东城区北新桥北新幼儿园	北新胡同三巷 3 号	64040289
东城区和平里一区幼儿园	和平里一区甲 4 号楼院	84222019
东城区和平里街道柏林托儿所	民旺一区甲 18 号	64215045
化工幼儿园	兴化东里 28 号	64212890
北京市大地实验幼儿园	东花市北里西区 9 号	67115191

小　　学

校　名	地　址	电　话
东城区和平里第一小学	和平里中街甲 21 号	84216218
东城区和平里第二小学	和平里民旺南胡同 20 号	64211804
东城区和平里第三小学	和平里兴化路 9 号	84279923
东城区和平里第四小学	和平里交林夹道	64211026
东城区和平里第九小学	和平里七区 20 号楼	64213889
东城区安外三条小学	安外上龙北巷 3 号	84132605
东城区青年湖小学	安外安德里北街 20 号	84126076
东城区师范学校附属小学	安定门外东河沿乙 7 号	64263926
东城区地坛小学	和平里九区甲 2 号	64254434
东城区分司厅小学	鼓楼东大街小经厂 2 号	64041261
东城区北锣鼓巷小学	安定门内千福巷 5 号	64040770
东城区方家胡同小学	方家胡同 17 号	64014841
东城区黑芝麻胡同小学	黑芝麻胡同 11 号	64045815
东城区府学胡同小学	府学胡同 65 号	64045995
东城区帽儿胡同小学	帽儿胡同 17 号	64067114
东城区东四十四条小学	东四十四条 100 号	64031726
东城区史家小学分校	北门仓胡同 1 号	84070081
东城区北新桥小学	东直门北大街乙 2 号	64649199
东城区雍和宫小学	藏经馆胡同 27 号	64045703
东城区曙光小学	东直门外铜厂子胡同 8 号	64169554
东城区西中街小学	东直门外十字坡东里 10 号	64172386
中央工艺美院附中艺美小学	东外胡家园小区 20 号	64677028
东城区东四七条小学	东四七条 31 号	64043873
东城区东四九条小学	东四九条 67 号	64043778
东城区回民小学	朝内大街 124 号	65225008
东城区美术馆后街小学	美术馆后街 57 号	64043310
东城区什锦花园小学	美术馆后街 48 号	64042123
东城区东高房小学	沙滩北街东高房胡同 13 号	64032310
东城区织染局小学	水簸箕胡同甲 5 号	64032065
东城区校尉胡同小学	校尉胡同 8 号	65252652
东城区灯市口小学	灯市口北巷 14 号	65250582
东城区北池子小学	北池子大街 46 号	65251287

东城区东交民巷小学	台基厂大街14号	85113399
东城区春江小学	南水关胡同60号	65252712
东城区新鲜胡同小学	新鲜胡同36号	65279841
东城区史家胡同小学	朝阳门内北小街南弓匠营2号	64065588
东城区西总布小学	西总布胡同19号	65231053
东城区新开路东总布小学	新开路胡同55号	65251340
东城区遂安伯小学	金宝街65号	65252953
北京市汇文第一小学	丁香胡同7号	65241994
东城区特殊教育学校	安外小黄庄路一区16号楼	84276190
东城区前门小学	西河沿甲211号	67016684
东城区忠实里小学	广渠门外忠实里南街乙58号	67783273
北京市崇文小学	花市枣苑小区12号	67177019
东城区回民实验小学	东花市大街99号	67122965
东城区花市小学	东花市北里西区1号	67182946
东城区新景小学	西花市南里西区7号楼	87186763
东城区板厂小学	板厂南里7号	67121969
北京光明小学	光明路甲12号	67123839
东城区培新小学	幸福巷4号	67111890
东城区永生小学	永生巷6号旁门	67120198
东城区体育馆路小学	法华南里21号	67122559
东城区精忠街小学	精忠街11号	67021505
东城区金台书院小学	东晓市街203号	67011700
东城区天坛东里小学	天坛东里内8号	67057864
东城区天坛南里小学	天坛南里西区16号	67001473
东城区景泰小学	永定门外杨家园路10号	67212156
北京第一师范学校附属小学	永定门外桃杨路7号	87921075
东城区革新里小学	永定门外管村5号	67222093
东城区宝华里小学	永定门外沙子口路63号	87298912
东城区定安里小学	定安里26号	67212203
东城区新怡小学	新怡家园9号	67086196
东城区培智中心学校	体育馆西路23号	67020405

中　　学

校　名	地　址	电　话
北京市第一中学	宝钞胡同甲12号	64043280
北京市第二中学	内务部街15号	65255945
北京市第二中学分校	南竹杆胡同81号	65279032
北京市第五中学	细管胡同13号	64068564
北京市第五中学分校	鼓楼东大街152号	64039651
北京市第十一中学	金鱼池西街1号	67025059
北京市第十一中学分校	天坛南里14号	67024119
北京市第二十一中学	交道口北三条57号	64043394
北京市第二十二中学	交道口东大街77号	64042225
北京市第二十四中学	外交部街31号	85111090
北京市第二十五中学	灯市口大街55号	65257525
北京市第二十七中学	东华门大街智德前巷11号	65255586

北京市第五十中学	夕照寺街13号	67173905
北京市第五十中学分校	永定门外安乐林路14号	87264492
北京市第五十四中学	和平里六区9号	84221682
北京市第五十五中学	新中街12号	64164252
北京市第六十五中学	北河沿大街115号	65251745
北京市第九十六中学	崇文门西小街3号	65114904
北京市第一零九中学	幸福大街43号	67121405
北京市第一一四中学	西革新里114号	67271674
北京市第一一五中学	天坛东路13号	67018618
北京市第一二五中学	崇内后沟胡同乙2号	65246227
北京市第一四二中学	和平里中街43号	64219035
北京市第一六五中学	育群胡同45号	64004843
北京市第一六六中学	灯市东口同福夹道3号	65255651
北京市第一七一中学	和平里北街8号	64212702
北京市第一七七中学	安定门外青年湖南街23号	84121145
北京市国子监中学	国子监街26号	64041183
中央工艺美术学院附属中学	东直门外小街甲27号	64686672
北京市东直门中学	东直门内北顺城街2号	64014988
北京市和平北路学校(一贯制)	安外大街168号	64200141
北京景山学校	灯市口大街53号	65252555
北京市前门外国语学校	前门东大街甲14号	67024402
北京市崇文门中学	东花市北里西区5号	67182515
北京市文汇中学	忠实里东区9号楼	87757385
北京汇文中学	培新街6号	67117375
北京市广渠门中学	白桥大街甲1号	67126226
北京市龙潭中学	板厂南里3号	67147725
北京市东城区工读学校	顺义后沙峪古城村裕民大街11号	80484523
北京市翔宇中学	东直门北大街甲2号	84111886
北京阳光情中学	开发区天宝北街甲2号	67895748

职业高中

校　名	地　址	电　话
北京市东城区古城职业高中	顺义后沙峪古城村裕民大街11号	80484523
北京国际职业教育学校	南河沿大街19号	65253392
北京市国际美术学校	东直门外小街甲27号	64686672
北京市育人中等职业学校	黄化门街5号	84242284
北京百年农工子弟职业学校	大方家胡同芳嘉园8号	64790701
北京市第一七九中学	左安蒲园4号	67125384
北京现代职业学校	永定门东街7号	67014116
北京市卫生学校	天坛南里12号	67026904

高等院校

校　名	地　址	电　话
中国协和医科大学	东单三条9号	65295962
中央戏剧学院	东棉花胡同39号	64043885

首都医科大学中医药学院	东四十条27号	64045305
北京联合大学师范学院	安定门外外馆斜街5号	64211158
北京市财贸管理干部学院	东四礼士胡同41号	65592215
北京市东城区职工业余大学	朝阳门外潘家坡1号	65520824
北京广播电视大学东城分校	朝阳门外潘家坡1号	65520824
北京玄宇艺术研修学院	黄化门街5号	64014405
北京市东城区职工大学	板厂南里5号	67153071
北京广播电视大学崇文分校	板厂南里5号	67153071

医 疗 机 构

单位名称	地　址	电　话
卫生部北京医院	东单大华路1号	85132114
中国医学科学院北京协和医院	帅府园1号	65295810
首都医科大学附属北京同仁医院	东交民巷1号	58269911
首都医科大学附属北京天坛医院	天坛西里6号	67098334
首都医科大学附属北京口腔医院	天坛西里4号	67099050
首都医科大学北京妇产医院	骑河楼17号	85976699
北京中医医院	美术馆后街23号	52176677
北京中医药大学东直门医院	海运仓5号	84013212
北京市疾病预防控制中心	和平里中街16号	64407008
北京市第六医院	交道口北二条36号	64035566
北京市普仁医院	崇外大街100号	67117711
北京市和平里医院	和平里北街18号	64212297
北京市隆福医院(东城区老年病医院)	美术馆东街18号	64040116
北京市鼓楼中医医院	豆腐池胡同13号	64069506
东城区第一妇幼保健院	交道口南大街136号	64040066
东城区第二妇幼保健院	法华南里25号楼东侧	67122966
东城区建国门医院	后赵家楼胡同9号	65256218
东城区东外医院(东城区精神卫生保健院)	东直门外察慈小区7号楼	64681578
东城区口腔医院	交道口东大街4－28号	64072906
	东四北大街490号	64043465
	雍和宫大街53号	64058596
东城区第一人民医院	永外大街130号	67212233
东城区崇文口腔医院	东花市北里西区24号楼	67120052
东城区结核病防治所	和平里北街18号	64298123
东城区皮肤性病防治所	东直门内大街184号	64010046
东城区急救站	安内中绦胡同甲2号	64035289
东城区疾病预防控制中心	北兵马司胡同5号	64040807
东城区疾病预防控制南部分中心	西晓市街16号	67021006
东城区卫生局卫生监督所	安定门内永恒胡同甲6号	64047699
东城区卫生教育中心	和平里民旺园甲7号	64299932
东城卫生防病咨询服务站	天坛南里12号	65114353
北京市东四中医医院	东四六条甲62号	84049919
北京同仁堂中医医院	西打磨厂街46号	67638686
北京王府井医院	柏树胡同23号	85120766
北京崇文中方中医医院	定安里27号	67281924

东城区精神病防治院	驹章胡同 43 号	67120019
崇文健康教育所	西晓市街 16 号	67028393
东城区卫生学校	东城区天坛南里 12 号	67060309
东城区动物卫生监督所	东城区珠市口东大街 12－14 号	67025989
东城区卫生科技开发中心	东城区东晓市街 109 号	67061605

社区卫生服务机构

名　称	地　址	电　话
东城区朝阳门医院	东四南大街灯草胡同 31 号	65138019
东城区社区卫生服务管理中心	朝阳门内大街 192－1 号	65125503
东城区朝阳门社区卫生服务中心	东四南大街灯草胡同 31 号	65138019
东城区东花市社区卫生服务中心	国瑞城小区中区底商 48 号	67118044
东城区龙潭社区卫生服务中心	光明 25 楼	67111096
东城区体育馆路社区卫生服务中心	驹章胡同 43 号	67120019
东城区天坛社区卫生服务中心	天坛路甲 91 号	67074337
东城区永定门外社区卫生服务中心	蒲黄榆二里 2 号院	67020979
东华门多福巷社区卫生服务站	东四南大街报房胡同 45 号	65127470
东华门街道韶九社区卫生服务站	韶九胡同 22 号	65240100
东华门街道台基厂社区卫生服务站	台基厂大街台基厂二条 3 号	65126450
东华门街道甘雨社区卫生服务站	西堂子胡同 15 号	65240060
东华门街道东华门社区卫生服务站	南河沿大街磁器库南巷 1 号	65597833
景山街道魏家社区卫生服务站	魏家胡同 55 号	84032330
景山街道宽街社区卫生服务站	美术馆后街 12 号	64006540
交道口街道交东社区卫生服务站	土儿胡同 10 号楼	84046916
交道口街道圆恩寺社区卫生服务站	前圆恩寺胡同 28 号	64072317
安定门街道五道营社区卫生服务站	安定门内大街永康胡同 9 号	64012290
安定门街道花园社区卫生服务站	安定门内花园东巷 25 号	64013430
安定门街道安定门社区卫生服务站	豆腐池胡同 13 号	64007169
北新桥街道海运仓社区卫生服务站	海运仓小区南颂年 3 号楼	84073206
北新桥街道青龙社区卫生服务站	东直门北小街青龙胡同甲 1 号	64027190
北新桥街道北新桥社区卫生服务站	东直门大街 184 号	64053216
北新桥街道民安社区卫生服务站	民安 14 号楼	84078626
北新桥街道十三条社区卫生服务站	东四十三条 32 号	64053927
东四街道东四社区卫生服务站	东四北大街东四六条甲 62 号	64017470
东四街道南门仓社区卫生服务站	朝阳门北小街南门仓 4 号楼	84068240
东四街道东四三条社区卫生服务站	东四三条 45 号	64006790
朝阳门街道朝内头条社区卫生服务站	朝内大街 203 号	64015610
朝阳门街道大方家社区卫生服务站	小牌坊胡同 30 号	85111691
朝阳门街道内务社区卫生服务站	内务部 73 号	65136054
建国门街道苏州社区卫生服务站	苏州胡同 120 号	65124640
建国门街道外交部街社区卫生服务站	东堂子胡同 24 号	65281974
东直门街道东直门社区卫生服务站	东直门外察慈小区 7 号楼	64610470
东直门街道清水苑社区卫生服务站	清水苑小区 4 号－2－107	64611494
东直门街道十字坡社区卫生服务站	东直门外十字坡西里 10 号楼北	64161320
东直门街道新中街社区卫生服务站	新中街四条乙 20 号	64165425
东直门街道王家园社区卫生服务站	新中街西街 12 号	65519556

和平里街道安德路社区卫生服务站	安外青年路南街11号	84130209
和平里街道安德里社区卫生服务站	安德里北街21号	84127060
和平里街道和平里社区卫生服务站	和平里北街18号西门	64215168
和平里街道和平里中街社区卫生服务站	和平里六区六号一层	84220399
和平里街道交通社区卫生服务站	交林夹道甲2号	64213430
和平里街道青年湖社区卫生站	青年湖东里9号楼北	84112543
和平里街道小黄庄社区卫生服务站	小黄庄前街2院3楼	84282143
和平里街道东河沿社区卫生服务站	东河沿甲7号	64205058
崇文门外街道都市馨园社区卫生服务站	兴隆都市馨园13号楼D102－103	67021437
崇文门外街道新景家园社区卫生服务站	西花市大街62、64号	87186099
东花市街道铁辘轳把社区卫生服务站	东花市大街33号	67120077
东花市街道忠实里社区卫生服务站	忠实里西区7号楼1层106	67118044
东花市街道东花市南里社区卫生服务站	东花市南里东区13号楼107－108	87103147
龙潭街道左安门社区卫生服务站	左安浦园1号楼旁平房	87198967
龙潭街道龙潭北里社区卫生服务站	夕照寺街35、37号	67183342
龙潭街道幸福家园社区卫生服务站	幸福家园19号楼1101、1102号	67111096
体育馆路街道长青园社区卫生服务站	长青园16号楼迤南	67120567
体育馆路街道法华寺社区卫生服务站	体育馆西路1号	67133157
天坛街道天坛南里社区卫生服务站	永内东街西里11号	67073468
天坛街道天坛东里社区卫生服务站	天坛东里中区12楼西门旁	67010624
天坛街道金鱼池社区卫生服务站	金鱼池小区西区13楼1单元	67023088
永定门外街道东革新里社区卫生服务站	东革新里40号	87265202
永定门街道外望坛社区卫生服务站	永定门外桃杨路二条2号	51335257
永定门外街道富莱茵社区卫生服务站	沙子口路72号富莱茵小区9－1－101	87817703
永定门外街道景泰西里社区卫生服务站	景泰西里西区8号楼底商	67222060

东城公安分局派出所

名称	地址	电话
东城区东四派出所	东四四条77号	84081552
东城区东直门派出所	新中街9号	84081554
东城区安外大街派出所	地坛西门外	64213026
东城区建国门派出所	金宝街69号	84081550
东城区安定门派出所	豆腐池胡同11号	84081156
东城区朝阳门派出所	朝阳门南小街121号	84081551
东城区北新桥派出所	西羊管胡同10号	84081553
东城区东交民巷派出所	东交民巷甲9号	65129302
东城区东华门派出所	锡拉胡同8号	65253779
东城区和平里派出所	和平里中街六区5号	84081555
东城区交道口派出所	板厂胡同7号	84081557
东城区景山派出所	什锦花园33号	84081558
东城区北京站派出所	盔甲厂胡同4号	65132281
东城区王府井大街派出所	菜厂胡同5号	84081561
东城区东方广场派出所	王府井大街218－1号	85118110
东城区隆福寺派出所	隆福广场B座2层	84081560
东城区东花市派出所	东花市北里西区2号楼	67189133
东城区前门派出所	草厂九条8号	67022491

东城区天坛派出所	珠市口东大街甲18号	67022125
东城区龙潭派出所	光明西街3号	67116335
东城区前门大街派出所	长巷二条1号	67021005
东城区永外派出所	永外大街88号	67211189
东城区体育馆路派出所	西厅胡同43号	67122619
东城区天坛公园派出所	天坛西里甲1号	67021104
东城区崇文门派出所	国瑞城中区9号楼	67112012

驻区公证处

名称	地址	电话
北京市东方公证处	安定门外大街168号	84217035
北京市信德公证处	珠市口东大街3号4层	67124408

驻区律师事务所

名称	地址	电话
北京市策略律师事务所	朝阳门内大街SOHO10层1001室	85197758
北京市方耀律师事务所	安定门东大街28号1号楼C单元710	64096553
北京市观峰律师事务所	东直门外小街甲2号9层902号	84478988
北京市韩慧律师事务所	东城区新中街68号135	52195217
北京市嘉宋律师事务所	建国门内大街金成建国5号827室	51296373
北京市昊凯律师事务所	新世界中心写字楼B座1109－1112室	67085553
北京市合森律师事务所	建国门北大街8号华润大厦1007B单元	85192868
北京市朗新律师事务所	东中街29号东环广场B座写字楼5层5G	64181023
北京市联法律师事务所	建内大街18号恒基中心一座22层	65180808
北京市龙谷律师事务所	东城区藏经馆胡同2号	51006338
北京市普贤律师事务所	建国门内大街18号恒基中心办三,1002	65176246
北京市施融律师事务所	鼓楼外大街56号教师大厦809	84129410
北京市尚权律师事务所	广渠家园名敦道大厦2号楼1507	51262080
北京市尚赢律师事务所	永定门内中街东里9—172287	59229976
北京市王培亮律师事务所	王家园胡同10号金泰商之苑大厦219	52831956
北京市英政律师事务所	东直门南大街9号华普花园D座803	67109951
北京市元昊律师事务所	朝内大街188号鸿安国际商务大厦B座1202	65235981
北京市魏启学律师事务所	北三环东路36号环球贸易中心C栋16层	58257186
北京市张玉卿律师事务所	东城区广渠家园4号楼2104室	87513227
北京市兆实律师事务所	安定门外东河沿乙9号	65258535
北京市正大律师事务所	东城区东交民巷27号旁门	67612001
北京市子英律师事务所	东城区西滨河路9号中成大厦1005	61740307
北京市德达律师事务所	王府井世纪大厦A811G、A811H	65263067
北京市邵和明地律师事务所	雍和大厦A座509	13801160575
北京市大悦国纲华辰律师事务所	海运仓1号海运仓国际大厦602	84041996
北京市卓纬律师事务所	东方广场东方经贸城中六层1A－2室	13810284661
北京市安律律师事务所	新世界家园2号楼	65140912
北京市翱翔律师事务所	朝内大街188号鸿安国际商务大厦A座601	65170813
北京市奥东律师事务所	安定门东大街28号雍和大厦东楼B座507室	64097155
北京市秉源律师事务所	安德里北街甲17号(三秀涵雅305室)	84124573

北京市博圣律师事务所	安外大街11号(华府景园C座403)	84122481
北京市采信律师事务所	王府井大街99号A512	65267550
北京市创世律师事务所	新中街68号聚龙花园8号楼804	65510006
北京市大成律师事务所	东内南大街3号国华投资大厦写字楼12层	58137799
北京市大正－国都律师事务所	东直门外大街48号东方银座B座6G	84549254
北京市德克律师事务所	东交民巷28号红都商务会馆A座401	65140217
北京市地平天成律师事务所	和平里东街18号林11楼首层4门	64200855
北京市鼎昊律师事务所	朝阳门内南小街6号楼302	65281828
北京市鼎尚律师事务所	建国门北大街5号11层1126	65170355
北京市东方公益律师事务所	沙滩北街15号社会科学院法学所院内	84035495
北京市东方恒信律师事务所	朝内大街188号鸿安国际商务大厦c座602	65181255
北京市东方昆仑律师事务所	东四十条甲22号南新仓国际大厦A507、508	64096552
北京市东卫律师事务所	朝阳门北大街8号富华大厦D3B	65542826
北京市铎声律师事务所	府学胡同甲1号4009室	64016667
北京市法准律师事务所	东直门南大街9号华普花园D座602	84094244
北京市方略律师事务所	鼓楼外大街45号工人出版社8层	82081700
北京市孚晟律师事务所	王府井大街99号世纪大厦A6222	85189170
北京市富睿康道律师事务所	王府井大街99号世纪大厦A702室	65280089
北京市冠腾律师事务所	朝阳门内大街298号622	56290686
广东安华理达北京分所	东长安街1号东方广场西三办公楼707	85151326
广东圣天平北京分所	国华投资大厦311	58199538
北京市贵银律师事务所	东直门大街9号华普花园B座2401	51551382
北京市国宏律师事务所	东长安街1号东方经贸城西－807室	85189889
北京市国乐律师事务所	建国门赵堂子胡同2号楼205、206室	65138768
北京市国理律师事务所	沙滩北街15号法学研究所南楼二层	64069888
北京市国钦律师事务所	广渠门外南街A8商品住宅楼19层1904室	57793799
北京市海维律师事务所	东四十条甲22号南新仓商务大厦A座603	51665728
北京市汉坤律师事务所	东长安街东方广场C1座9层	85255500
北京市航舵律师事务所	建国门内大街七号光华长安大厦2座1118室	65185686
北京市昊方律师事务所	朝阳门南小街22号楼5单元204	85870325
北京市恒方永圆律师事务所	东长安街6号137、141100740	51019879
北京市恒盈律师事务所	崇文门西大街9号北京紫金宾馆2A房间	65265707
北京市衡蓝律师事务所	海运仓一号国际大厦一层919－A	84646488
北京市泓清律师事务所	东方银座A座17D	51396267
北京市华澳律师事务所	东中街29号29－2南写字楼五层504	64152296
北京市华龙律师事务所	府学胡同甲一号4001　100007	64046956
北京市汇佳律师事务所	雍和大厦C座7层709	64097966
北京市嘉宋律师事务所	建国门内大街金成建国5号827室	51296373
北京市鉴杜律师事务所	崇文门西大街7号	65125885
北京市金德律师事务所	东直门南大街14号保利大厦写字楼12层B座	65512727
北京市金开律师事务所	朝阳门北大街8号富华大厦D座14层G室	65542868
北京市金颐律师事务所	东直门内草园胡同35号	65127681
北京市京博律师事务所	朝阳门北大街8号富华大厦	65546271
北京市京昌律师事务所	交道口北2条20号	64047987
北京市京德律师事务所	安定门东大街28号雍和大厦A座808	64097493
北京市京工律师事务所	安定门外大街189号天鸿宝景1508	64401097
北京市久瑞律师事务所	安定门东大街28号立骏(雍和)大厦1号楼12层	84195380
北京市君合律师事务所	建国门北大街8号华润大厦20层	85191300

北京市君致律师事务所	朝阳门北大街乙 12 号天晨大厦 909	65518581
北京市凯锐律师事务所	朝内大街 190 号建地写字楼 4 层	65140734
北京市宽信律师事务所	建国门南大街乙 1 号金龙温泉公寓 1110 房间	65594012
北京市旷博律师事务所	朝内北小街二号凯龙大厦 503 室、205 室、206 室	84045112
北京市立方律师事务所	东四十条甲 22 号南新仓国际大厦 A1105	64096099
北京市立天律师事务所	东直门南大街 9 号华普花园 A－201	84094991
北京市联法律师事务所	建内大街 18 号恒基中心一座 22 层	65180808
北京市六合金证律师事务所	安定门东大街 28 号	64097055
北京市陆通联合律师事务所	朝阳门东水井胡同 5 号楼北京 INN 大厦	65544518
北京市马林江律师事务所	恒基中心一座 1705	85910091
北京市普贤律师事务所	建国门内大街 18 号恒基中心办二 517	65176246
北京市润禾律师事务所	东中街 58 号美惠大厦	65546660
上海江三角北京分所	东直门外大街 48 号东方银座大厦 c 栋 23－H	84476762
上海锦天城律师事务所	长安街 1 号东方广场 cl 座六层	85230688
上海嘉华律师事务所	西滨河路 9 号中成集团大厦 10 层 1012	84132941
北京市尚公律师事务所	长安俱乐部三层	65288888
北京市尚荣信律师事务所	安定门东大街 28 号雍和大厦 F 座 802A 座 802	84195130
北京市盛法律师事务所	东直门内海运仓胡同 1 号海运仓国际大厦一层 5－012 室	85809826
北京市世嘉律师事务所	朝阳门北大街 8 号富华大厦 D 座 14A	65543621
北京市四方律师事务所	王府井大街 277 号好友世界商场写字楼 2406	65124415
北京孙中伟律师事务所	王府井大街 277 号 2503 室	65221448
北京市天济律师事务所	朝阳门外大街 8 号富华大厦 A 座 11 层 J 室	65546647
北京市天澜律师事务所	东水井胡同 5 号楼 A801	58643259
北京市天伦怡达律师事务所	王府井大街 172 号丹耀大厦 712	65590128
北京市天睿律师事务所	朝阳门北大街 17 号人保大厦 6 层	58151199
北京市天同律师事务所	东交民巷 28 号红都商务会馆 B 座 3 层	51669666
北京市天宇律师事务所	东交民巷 27 号旁门 100006	65241973
北京市天咨律师事务所	东直门外小街甲 2 号正东国际大厦 A 座 25I	84479588
北京市万企律师事务所	安定路 20 号 1 号楼 303	68711130
北京市维诗律师事务所	建国门内大街 7 号光华长安大厦 1009 号	65101010
北京市玺恒律师事务所	前门东大街 3 号首都大酒店 303、304、305	84478165
北京市新能源律师事务所	首都大酒店 415	68928883
北京市信利律师事务所	建内大街 18 号恒基中心一座 609－611	65186980
北京市颐合律师事务所	建内大街 7 号光华长安大厦 2 座 1910	65178866
北京市亿嘉律师事务所	朝阳门北大街 38 号	85112986
北京市易理律师事务所	王府井大街 176 号	65545498
北京市毅弘律师事务所	建国门内贡院 6 号 E 座 7 层 100005	65186611
北京市寅嘉律师事务所	东直门门南大街 9 号华普花园 C902	84094429
北京市雍鼎律师事务所	安定门东滨河路 3 号院 8－301	51026267
北京市雍泽律师事务所	雍合家园 5 号楼 703100013	51026630
北京市永邦律师事务所	东中街 58 号美惠大厦 C－602	65546677
北京市永凯律师事务所	交道口东大街 4 号楼 2 层 211	64062264
北京市元昊律师事务所	朝内大街 188 号鸿安国际商务大厦 B 座 1202	65235981
北京市远望律师事务所	朝内大街 99 号 107 室	84031646
北京市展达律师事务所	东中街 9 号东环广场 B 座写字楼 5 层 5Q	64156655
北京市中地律师事务所	分司厅 17 号院 3－5－001 号	84091288
北京市中广承平律师事务所	东花市南里富贵园一区 3 号楼 4－101	51662369
北京市中鸿律师事务所	东长安街 10 号长安大厦之综合大厦 704 室	65251878

北京市中凯律师事务所	安德路甲61号红都商务会馆6层B1－616	64522110
北京市中鹏律师事务所	朝阳门北大街8号富华大厦D座18层	65544858
北京市中瑞律师事务所	北三环东路36号环贸中心B栋1805室	58257666
北京市中天智通律师事务所	新中街68号聚龙花园7号楼4N	65526880
北京市中闻律师事务所	东直门南甲3号居然大厦18楼	51783535
北京市中誉威圣律师事务所	建内大街7号光华长安大厦1座818	65171299
北京市中勉律师事务所	崇外大街3号新世界中心写字楼A座903室	51296080
北京市中唐律师事务所	东交民巷28号红都商务会馆a203	65128795
北京市众贺律师事务所	交道口北头条5号	84019684
北京市众一律师事务所	东四十条甲22号南新仓国际大厦A座502	64096085
北京市重华律师事务所	张自忠路3号	85868086
北京市纵横律师事务所	东长安街12号纺织工业局347、345	85229377
北京王海平律师事务所	王府井大街2号华侨大厦三层303A室	13910006958
北京市资略律师事务所	安外大街2号安贞大厦2005	65128725
北京市渡象律师事务所	雍和大厦D座1201	84195448
上海九州丰泽律师事务所	东长安街1号东方广场经贸城E1803	85183285
广东广大北京分所律师事务所	东长安街1号东方广场C1座601室	85870068
北京市慎默律师事务所	东长安街33号北京饭店C座2209	85009211
北京市高思律师事务所	东长安街1号东方广场经贸城东三办1003室	85181133
北京曹圣明律师事务所	安定门外东后巷28号商务部研究院1号楼423室	67589792
北京市观道律师事务所	东方银座D座19D	84549481
广东唯杰律师事务所	安定门外大街189号宝景大厦1804	64401431
北京市君永律师事务所	安定门外大街2号安贞大厦1101室	64482400
北京市安衡律师事务所	天坛东路72号万福大厦	67184788
北京市百度律师事务所	龙潭路甲3号翔龙大厦C23室	67158618
北京市包诚律师事务所	左安溪园2号楼5单元1703号	67180166
北京市包律师律师事务所	东花市北里西区24号楼宝润苑C座1212号	67186046
北京市博颢律师事务所	光明路11号天玉大厦608室	51902336
北京市施融律师事务所	鼓楼外大街56号教师大厦809	84129410
北京市德律珩律师事务所	左安门内大街左安漪园1号楼5单元101室	87197602
北京市德政律师事务所	光明路11号天玉大厦605室	51902058
北京市鼎基律师事务所	广渠门南小街领行国际1号楼2单元2201室	67180389
北京市董人友律师事务所	忠实里西区5号楼803室	87749023
北京市逢时律师事务所	龙潭路乙3号伟图大厦507室	67110422
北京市国晟律师事务所	夕照寺16号院(华城)2号楼2单元302	87184008
北京市国泰世良律师事务所	广渠门南小街领行国际1号楼2单元701－702室	67111263
北京市翰佳律师事务所	广渠门南水关甲7号华威国际公寓1302室	67151166
北京市昊凯律师事务所	崇外大街3号北京新世界中心写字楼B座1109室	67085553
北京市浩都律师事务所	崇外大街3号新世界中心公寓1019室	67084599
北京市浩林律师事务所	夕照寺街14号富瑞苑公寓5号楼10－A	67104976
北京市泓天律师事务所	广渠门北里36号院3－1－302	51231620
北京市泓韵律师事务所	广渠门内大街16号中国环境新闻出版大厦910－911	67112939
北京市金博大律师事务所	西花市南里东区2号楼底商7－11单元15、17号	87189569
北京市金韬律师事务所	兴隆都市馨园9号楼2－241	87643731
北京市雷盾城律师事务所	东花市北里西区宝润苑A－403	59105858
北京李雅琼律师事务所	永定门外大街86号4号楼418	13671171218
北京刘安元律师事务所	东花市大街花市枣苑3号楼2004室	13366336678
北京刘松涛律师事务所	广渠门内大街80号通正国际大厦912室	51696633

北京市普诚律师事务所	东兴隆街58号513室	67091471
北京市秦华律师事务所	崇外大街5号新世界太华公寓B座515	67081171
北京市勤道律师事务所	广渠门内白桥大街22号北京市工商联大厦712	67186802
北京市沁润源律师事务所	忠实里南街甲6号楼远洋德邑A座909号	87758360
北京市融商律师事务所	光明东路1号办公楼A座5层室	67080211
北京市融泰律师事务所	崇外大街甲3号写字楼6层623、625室	67083356
北京市时信律师事务所	广渠门内大街80号通正国际大厦1016室	51655033
北京市双利律师事务所	广渠门内大街16号环境新闻出版大楼10层	67167813
北京市泰明律师事务所	广渠门内大街36号幸福家园1－5－1402#	67126363
北京市同一源律师事务所	广渠门内大街80号通正国际大厦10层1007室	67060988
北京市现代律师事务所	东打磨厂街7号宝鼎中心B座1001室	67083101
北京市欣然律师事务所	东兴隆街56号北京商界A723	67016878
北京市泽和律师事务所	东花市南里富贵园1区9号7－901室	67166713
北京市中北律师事务所	前门东大街4号楼6门101、102、103号	65288769
北京市中通策成律师事务所	绿景馨园13号楼605－609	67192880
北京市中政律师事务所	幸福大街甲39号德惠写字楼B座111	67146613
北京市宝鼎律师事务所	王府井大街201号凯旋国际酒店7118	59458911
北京市正义律师事务所	东交民巷29号	65247544
北京市志德律师事务所	和平里兴化路甲9号	84095359
北京市健强律师事务所	朝阳门东水井胡同11号A308	13801390261
北京市甲子律师事务所	东四十条富华大厦D座8E	65547796
北京市星林律师事务所	东长安街10号长安大厦七层709室	57160178
北京市乾理律师事务所	东长安街33号北京饭店6050	65232365
北京市金沃律师事务所	朝阳门北大街8号富华大厦D座9层B－C	65545039
北京市长歌律师事务所	领行国际1号楼2单元708室	67118247
北京市达奥律师事务所	广渠门南小街领行国际3号楼1单元23层2301	67156446
广东德法理律师事务所	崇外大街新怡家园甲3号六层610、612室	67091903
北京市京一律师事务所	天坛东里乙48号北京爱华宾馆6002室	84477697
北京市誉明律师事务所	东直门外大街乙36号海晟国际公寓26楼1座1603	15901161941
北京市天用律师事务所	北三环东路37号	84109598

东城区司法所

名 称	地 址	电 话
和平里司法所	和平里6区5号	84226063
安定门司法所	方家胡同19号	64067183
交道口司法所	雨儿胡同乙15号	64029694
景山司法所	美术馆东街1号	84017954
东华门司法所	东安门大街55号王府世纪5层	65248621
东直门司法所	新中街一条67号	64165479
北新桥司法所	民安街14号楼	64034116
东四司法所	东四六条17号	64001548
朝阳门司法所	西水井3号114室	65125881
建国门司法所	朝内南小街18号楼	65142699
前门司法所	前门东小街甲2号	67016543
崇文门外司法所	西花市南里东区14号	67010401
东花市司法所	东花市北里中区甲25号楼301室	67818642

天坛司法所	西草市东街66号	67025835
体育馆司法所	体育馆西路1号321室	67199645
龙潭司法所	龙潭社区服务中心203、207	67166372
永定门外司法所	永外安乐林路85号	67227507

文物保护单位

全国重点文物保护单位

名称	时代	地址	公布年份
正阳门及箭楼	明、清	天安门广场南侧	1988
北京城东南角楼	明	崇文门东大街9号	1982
北京大学红楼	民初	五四大街29号	1961
天安门	明	天安门广场	1961
人民英雄纪念碑	1958年	天安门广场内	1961
故宫	明、清	景山前街4号	1961
天坛	明	永定门内大街路东	1961
智化寺	明	禄米仓胡同5号	1961
国子监	明	国子监街15号	1961
北京孔庙	元、明、清	国子监街13号	1988
雍和宫	清	雍和宫大街12号	1961
皇史宬	明、清	南池子大街136号	1982
古观象台	明	东裱褙胡同2号	1982
太庙	明、清	东城区东长安街	1988
社稷坛	明、清	东城区西长安街	1988
崇礼住宅	清	东四六条63、65号	1988
北京鼓、钟楼	明、清	钟楼湾临字9号	1996
可园	清	帽儿胡同9号	2001
孚王府	清	朝阳门内大街137号	2001
柏林寺	元、清	戏楼胡同1号	2006
地坛	明、清	安定门外大街	2006
京师大学堂分科大学旧址	清	安德里北街21号	2006
清陆军部和海军部旧址	清	张自忠路3号	2006
孙中山行馆	民国	张自忠路23号	2006
协和医学院旧址	清、民国	帅府园胡同1号	2006
亚斯立堂	清	后沟胡同丁2号	2006
袁崇焕墓和祠、袁崇焕庙	清初	东花市斜街52号、左安门内龙潭路8号	2006
东交民巷建筑群	近代	东交民巷地区	2001
包括:奥匈使馆旧址	1910年	台基厂头条3号	
比利时使馆旧址	1910年	崇文门西大街9号	
东方汇理银行	1917年	东交民巷34号	
法国使馆旧址	1910年	东交民巷15号	
花旗银行旧址	1914年	东交民巷36号	
日本公使馆旧址	1886年	东交民巷21、23号	
日本使馆旧址	1909年	正义路2号	
意大利使馆旧址	1910年	台基厂大街1号	
英国使馆旧址	1910年	东长安街14号	

正金银行旧址	1910 年	正义路甲 4 号	
法国兵营	清	台基厂三条 3 号	
国际俱乐部	1912 年	台基厂大街 8 号	

北京市文物保护单位

名　称	时　代	地　址	公布年份
毛主席纪念堂	1977 年	天安门广场	1979
毛主席故居	民国	吉安所左巷 8 号	1979
文天祥祠	明	府学胡同 63 号	1979
东四清真寺	明	东四南大街 13 号	1984
普度寺大殿	清	普庆前巷 35 号	1984
嵩祝寺及智珠寺	清	嵩祝院北巷 4 号 6 号、嵩祝院 23 号	1984
宣仁庙	清	北池子大街 2 号	1984
凝和庙	清	北池子大街 46 号	1984
和敬公主府	清	张自忠路 7 号	1984
于谦祠	明、清	西裱褙胡同 23 号	1984
老舍故居	现代	丰富胡同 19 号	1984
茅盾故居	现代	后圆恩寺胡同 13 号	1984
旧宅院（婉容故居）	清	帽儿胡同 35 号、37 号	1984
礼士胡同四合院	清	礼士胡同 129 号	1984
内务部街四合院	清	内务部街 11 号	1984
后圆恩寺胡同四合院	民国	后圆恩寺胡同 7 号、9 号	1984
国祥胡同四合院	清	国祥胡同甲 2 号	1984
循郡王府四合院	清	方家胡同 13 号、15 号	1984
府学胡同四合院	清	府学胡同 36 号、交道口南大街 136 号	1984
国子监街	元、明、清	国子监街	1984
明北京城城墙遗迹	明	崇文门东	1984
南新仓	明、清	东四十条 22 号	1984
北新仓	明、清	北新仓胡同甲 16 号	1984
禄米仓	明、清	禄米仓胡同 71 号、73 号	1984
原中法大学	民国	东皇城根北街甲 20 号	1984
中华圣经会旧址	民国	东单北大街 21 号	1984
顺天府学	明、清	府学胡同 65 号	1984
京师大学堂建筑遗存	清、民国	沙滩后街 55 号、59 号	1984
福建汀州会馆北馆	始建于明	前门长巷二条 48 号	1984
阳平会馆戏楼	始建于元	前门小江胡同 34、36 号	1984
新革路 20 号四合院	民国初年	崇外新革路 20 号	1984
隆安寺	建于 1454 年	白桥南里 3 号	1984
金台书院	建于 1750 年	天坛东晓市 203 号	1984
正阳桥疏渠记方碑	建于 1797 年	天桥红庙街 78 号	1984
燕墩	始建于元代	永定门外大街 31 号	1984
大慈延福宫建筑遗存	明	朝内大街 203 号	1990
西堂子胡同四合院	清	西堂子胡同 25、29、31、33 号	1990
东堂	清	王府井大街 74 号	1990
北京大学地质馆旧址	1934 年	沙滩北街 15 号	1990
北京饭店中期建筑	1917 年	东长安街 33 号	1990

1946 年中共代表团驻地	民国	南河沿大街 1 号	1995
淳亲王府	清	东长安街 14 号	1995
孑民堂	1947 年	北河沿大街甲 83 号	1995
法国邮政局旧址	1910 年	东交民巷 19 号	1995
圣弥厄尔教堂	1904 年	东交民巷甲 13 号	1995
帽儿胡同四合院	清	帽儿胡同 11 号	1995
美国使馆旧址	1903 年	前门东大街 23 号	1995
荷兰使馆旧址	1909 年	前门东大街 11 号	1995
帽儿胡同四合院	清	帽儿胡同 5 号	2001
美术馆东街四合院	清	美术馆东街 25 号	2001
拱门砖雕及四合院	民国	东棉花胡同 15 号	2001
前鼓楼苑胡同四合院	清	前鼓楼苑胡同 7 号、9 号	2001
鼓楼东大街四合院	民国	鼓楼东大街 255 号	2001
宁郡王府	清	北极阁三条 71 号、新开路胡同 94 号	2001
陈独秀旧居	民国	箭杆胡同 20 号	2001
京奉铁路正阳门东车站旧址	1906 年	前门大街北端东侧	2001
僧王府	清	板厂胡同 30 号、32 号、34 号 炒豆胡同 77 号	2003
黑芝麻胡同四合院	清	黑芝麻胡同 13 号	2003
琦园花园	清	秦老胡同 35 号	2003
沙井胡同四合院	清	沙井胡同 15 号	2003
前永康胡同四合院	清	前永康胡同 7 号、9 号	2003
皇城墙遗址	明、清	天安门东侧、景山东街等	2003
原麦加利银行	清末	东交民巷 39 号	2003
总理各国事务衙门建筑遗存	清	东堂子胡同 49 号	2003
恒亲王府	清	朝阳门内大街	2003
协和医院住宅群	清	外交部街 59 号、北极阁三条 26 号	2003
北京大学女生宿舍	1935 年	沙滩北街乙 2 号	2003
花市火神庙	建于 1568 年	崇外西花市 113 号	2003
东皇城根南街 32 号宅院	清	东皇城根南街 32 号宅	2011
大清邮政总局旧址	清	小报房胡同 7 号	2011
史家胡同 51、53、55 号宅院	清、民国	史家胡同 51、53、55 号	2011
顺天府大堂	明	东公街 9 号	2011
魏家胡同 18 号宅院	民国	魏家胡同 18 号	2011
全聚德烤鸭店门面	民国	前门大街 30 号	2011
北平电话北局旧址	民国	东皇城根大街 14 号	2011
欧美同学会	清	南河沿大街 111 号	2011
蔡元培故居	民国	东堂子胡同 75 号	2011
北总布胡同 2 号宅院	民国	北总布胡同 2 号	2011
清末自来水厂旧址	清	东直门外香河园 3 号	2011

东城区文物保护单位

名　称	时　代	地　址	公布年份
杨昌济旧居	民国	豆腐池胡同 15 号	1984
通教寺	明	清针线胡同 19 号	1984
惠王府	清	富强胡同 3 号	1984

吉安所	清	吉安所右巷8号	1984
朱启钤旧宅	清	赵堂子胡同3号	1984
段祺瑞宅	民国	仓南胡同5号	1984
东兴隆街52号四合院	清	东兴隆街52号	1984
花市清真寺	明	西花市30号	1984
夕照寺	清	夕照寺中街13号	1984
田汉故居	民国	细管胡同9号	1986
欧阳予倩故居	民国	张自忠路5号	1986
梁启超故居	清	北沟沿胡同23号	1986
僧格林沁祠堂	清	地安门东大街47号	1986
东外清真寺	(1988年移建于此)	东直门外察慈小区6号	1986
当铺旧址	清	门楼胡同3号、5号	1986
黄米胡同四合院	清	黄米胡同5号、7号、9号	1986
旧宅院	清	菊儿胡同3号、5号寿比胡同6号	1986
桂公府	清	芳嘉园胡同11号、新鲜胡同40号	1986
雨儿胡同四合院	清	雨儿胡同13号	1986
板厂胡同四合院	清	板厂胡同27号	1986
东四六条四合院	清	东四六条55号	1986
东四四条四合院	清	东四四条5号	1986
东四五条四合院	清	东四五条55号	1986
东四八条四合院	清	东四八条71号	1986
富强胡同四合院	清	富强胡同6号甲6号、23号	1986
什锦花园四合院	清	什锦花园胡同19号	1986
东总布胡同旧宅院	清	东总布胡同53号	1986
法华寺碑	明	多福巷胡同44号	1986
傅恒征多川碑	清	沙滩北街15号,北京石刻艺术博物馆	1986
慧仙女校碑	清	南吉祥胡同21号,现存北京石刻艺术博物馆	1986
文昌庙碑	清	帽儿胡同21号院内	1986
皇帝敕谕碑	明	帽儿胡同21号院内	1986
慧照寺碑	明	东四十三条19号	1986
宝和店碑	明	灯市口北巷7号,现存北京石刻艺术博物馆	1986
皇帝敕谕碑	明	柏树胡同21号,现存钟鼓楼文物保管所	1986
法华寺	明	法华寺街65、67号	1989
安乐禅林	明	安乐林路63号、琉璃井8号	1989
药王庙	1627年	天坛东晓市101号	1989
天主教堂	1910年	永生巷6号	1989
三一八烈士纪念碑	1926年	龙潭培新街6号	1989
奋章胡同四合院	1928年	奋章胡同53号	1989
玉河遗址	元、明、清	东不压桥胡同南口至帽儿胡同西口	2009
东安门遗址	明	东安门大街西口	2009
贝子宏昨府	清	大取灯胡同9号	2009
承恩公志钧府	清	大佛寺东街2、4、6号	2009
正白旗觉罗学建筑遗存	清	新鲜胡同36号	2009
镶黄旗官学建筑遗存	清	后圆恩寺胡同甲20号	2009
莲园	清	红岩胡同19号及新鲜18号	2009
宏恩观	元、明、清	豆腐池胡同21、23号及张旺胡同2、4号	2009
翠花胡同27号四合院	民国	翠花胡同27号	2009
朝阳门内大街头条203号近代建筑群	民国	朝阳门内大街头条203号	2009

朝阳门内南小街439号近代建筑	民国	朝阳门内南小街439号	2009
朝阳门内大街81号近代建筑	民国	朝阳门内大街81号	2009
贝满女中建筑遗存	清	灯市口大街55号	2009
同福夹道4号近代建筑	民国	同福夹道4号	2009
东堂子胡同4、6号近代建筑	民国	东堂子胡同4、6号	2009
原北京大学图书馆	民国	北河沿大街甲83号	2009
菊儿胡同7号近代建筑	民国	菊儿胡同7号	2009

(东城区文化委员会提供

北京市历史文化保护区

一、景山前街

该保护区位于故宫紫禁城筒子河与皇家园林景山之间,全长740米。明清时,景山与故宫之间建有北上门、北上东门、北上西门。1931年各门拆除辟路,划分三段:中为景山前街,东为景山东前街,西为三座门大街,1965年统一定名为景山前街。

二、景山后街

该保护区位于景山公园北侧,东起景山东街,西至景山西街,中与地安门内大街相连,全长482米。元代为大都御苑;明清为皇城。临街南侧古建筑是清乾隆年间所建寿皇殿,为清代皇家供奉先祖神像之所。街北东、西两侧建国后建设的办公楼,屋顶采用中国传统建筑坡屋顶形式,立面为传统建筑形式的装饰,与南侧景山相互呼应、衬托,形成对景,是保持古都历史风貌的范例。

三、景山东街

该保护区位于景山公园东侧,全长546米。街旁明代曾设有司礼监、都知监、印绶监等衙署。因西邻景山,清末称景山东大街,1956年定现名。街两侧绿树成荫。街东有清光绪二十四年(1898年)开办的中国第一所大学——京师大学堂。吉安所左巷8号是毛泽东1918年在北京时住过的地方。

四、五四大街

该保护区东起东四西大街,西至景山前街,全长740米。1965年曾定名汉花园大街,后改为五四大街。街北侧为北京大学"红楼"。1919年5月4日的游行队伍,即从"红楼"北边的广场集合出发,1947年被命名为"民主广场"。陈独秀、李大钊、鲁迅、蔡元培、胡适等革命先辈和文化巨匠曾在此任教。共产党北京小组诞生于此。"红楼"内现保存李大钊工作室。"红楼"在中国近代史上具有重要地位和作用。街东段北侧的中国美术馆是二十世纪五十年代著名大型文化设施。现在"红楼"为新文化运动纪念馆。

五、南池子　六、东华门

该保护区位于北京皇城内,故宫东南侧,北起东华门大街,南至长安街,西临筒子河、劳动人民文化宫、东接东黄城根南街,总用地面积34.5公顷。该地区处于喧闹的王府井商业街与森严僻静的故宫城墙之间,独特的城市环境造成地段内具有传统风貌的居住街区的独特建筑环境。

七、北池子

该保护区紧邻紫禁城东侧,规划范围东以东黄城根南街为界,西以筒子河为界,北至五四大街,南邻东华门大街,东与东黄城根北街相连,总用地面积39.22公顷。该地区传统居住区的特色构成故宫一侧较为幽静的居住环境,其灰色宁静的形式更有益衬托、表现宫城的宏伟气度。就北京旧城整体而言,其低矮、平缓、匀质的建筑格局也是风貌构成的重要组成部分。

八、东交民巷

该保护区位于天安门东侧,东接崇文门内大街,南临前门东大街,西至天安门广场东侧,北面东长安街,总用地面积62.84公顷。该地区建筑多为西式风格。现以机关办公为主,兼有办公与居住的混合使用形态,在整体上保持了历史文化街区原有的异域风貌特色,在老城区的传统建筑文化基调中独显特质。

九、东四三至八条

该保护区位于朝阳门内大街以北、东四十条以南、东四北大街以东、朝阳门北小街以西。包括整个头条至九条广大地区,总用地面积65.70公顷。该地区是典型传统的四合院落为主的居住性成片街区,从"一进院"到"四进院"都有留存,风貌与质量相当完好,是展示传统四合院的极佳场所。

十、雍和宫-国子监

该保护区位于旧城东北部,西至安定门内大街、北至北二环、东至东直门北小街西侧的育树胡同、炮局头条、后永康北条、东城煤炭一厂和华侨饭店用地东边界、南至北新桥三条、方家胡同,总占地面积约74公顷。该地区是北京旧城内重要寺庙建筑和重要文物集中的街区,包括国子监、孔庙、国子监街、雍和宫、柏林寺等。

十一、南锣鼓巷

该保护区位于北京北中轴东侧，四至为地安门外大街、平安大街、地安门东大街、鼓楼东大街，总占地面积83.80公顷，该地区是北京最老的街区之一。与元大都同期建成，现仍保持了传统的胡同结构和大量的传统四合院，是目前北京旧城保存最完整、四合院最集中的地区。

十二、北锣鼓巷

该保护区南至鼓楼东大街，北至车辇店、净土胡同，西至什刹海保护区东界，东至安定门内大街，总占地面积约45.27公顷。该地区与什刹海、南锣鼓巷、国子监等3个历史文化保护区相邻，是皇城的重要背景，也是保护旧城整体风貌和沿中轴线对称格局不可缺少的地段。

十三、张自忠路北

该保护区南至张自忠路，北至香饵胡同，东至东四北大街、西至交道口南大街，总占地面积约为42.11公顷。该街区集中了和敬公主府、段祺瑞执政府旧址、孙中山逝世纪念地、欧阳予倩故居等多家文物保护单位。

十四、张自忠路南

该保护区南至钱粮胡同，北至张自忠路，东至东四北大街，西至美术馆后街，总占地面积约62.81公顷。该区域处于皇城与东四三条至八条保护区之间，胡同格局完整，有马辉堂花园等文物保护单位。

十五、新太仓

该保护区南至东四十条，北至东直门内大街，东至东直门内南小街，西至东四北大街，总占地面积约56.88公顷。该区域胡同格局完整，有梁启超旧居、当铺遗址区级文物保护单位。

十六、东四南

该保护区南至干面胡同，北至前炒面胡同，东至朝内南小街，西至东四南大街，总占地面积约34.32公顷。该区域是以典型传统四合院落为主的居住性成片街区，风貌与质量相当完好，是展示传统四合院的极佳场所。有礼士胡同129号院；内务部街11号院；史家胡同51、53、55号四合院等文物保护单位。

十七、皇城

该保护区是北京旧城整体保护的重点区域，包括景山地区、北池子、南池子。内含紫禁城、太庙、社稷坛、北海、中南海及14片第一批历史文化保护区，占地面积约6.8平方公里。

十八、鲜鱼口

该保护区西至前门大街，北至经西打磨厂、长巷四条路东至西兴隆街，东至草场十条，南至薛家湾胡同、北芦草园胡同、青云胡同、得丰东巷、得丰西巷、小席胡同、大席胡同。规划用地36.245公顷，净用地面积32.47公顷，现状总建筑面积26.5万平方米（不含私搭乱建的建筑），规划总建筑面积44.5万平方米。鲜鱼口地区是以居住功能为主的街区，居住用地面积26.81公顷，占整个保护区的73.96%。

十九、什刹海（钟鼓楼属此片，东城占半片）

该保护区位于北京旧城中轴线北部，属东城区的部分四至为草厂胡同一线以西、旧鼓楼大街以东、鼓楼东大街以北、北二环以南，总占地面积26.96公顷。

非物质文化遗产

国家级非物质文化遗产名录

（共27项）

名称	类别	名称	类别
便宜坊焖炉烤鸭技艺	传统技艺	盛锡福皮帽制作技艺	传统技艺
全聚德挂炉烤鸭技艺	传统技艺	金漆镶嵌	饰 技 艺
景泰蓝制作技艺	传统技艺	象牙雕刻	传统美术
雕漆技艺	传统技艺	北京玉雕	传统美术
都一处烧麦制作技艺	传统技艺	北京绢花	传统美术
月盛斋酱（烧）牛（羊）肉制作技艺	传统技艺	剧装戏具制作技艺	传统美术
京作硬木家具制作技艺（龙顺成）	传统技艺	北京宫灯	传统美术
北京料器	传统技艺	围棋	传统体育、游艺与杂技
东来顺涮羊肉制作技艺	传统技艺	象棋	传统体育、游艺与杂技

名称	类别
同仁堂中医药文化	传统医药
智化寺京音乐	传统音乐
古书画临摹复制技艺	传统技艺
青铜器修复及复制技艺	传统技艺
中国传统书画装裱修复技术	传统技艺
葡萄常料器	传统技艺
天坛传说	民间文学
风筝制作技艺(北京风筝制作技艺)	传统技艺
吴裕泰茉莉花茶制作技艺	传统技艺

市级非物质文化遗产名录

(共52项其中国家级27项)

名　称	类　别
壹条龙清真涮肉制作技艺	传统技艺
厨子舍清真菜民间宴席制作技艺	传统技艺
北京花丝镶嵌制作技艺	传统技艺
北京豆汁制作技艺(锦馨)	传统技艺
绒布唐	传统技艺
红都中山装制作技艺	传统技艺
京式旗袍制作技艺	传统技艺
北京蒙镶	传统技艺
王氏装裱技艺	传统技艺
泥人张彩塑(北京支)	传统美术
北京补花	传统美术
北京绢人	传统美术
北京木雕小器作	传统美术
北京绒花(绒鸟)	传统美术
北京刻瓷	传统美术
北京扎彩子	传统美术
内画鼻烟壶制作技艺	传统美术
毛猴制作技艺	传统美术
意拳	传统体育、游艺与杂技
北京杠箱	传统舞蹈
天坛神乐署中和韶乐	传统音乐
老北京叫卖	传统音乐
前门的传说	民间文学
花市元宵灯会	民俗
数来宝	曲艺

区级非物质文化遗产名录

(共118项其中国家级27项市级52项)

名　称	类　别
天兴居炒肝制作技艺	传统技艺
正阳楼螃蟹宴	传统技艺
中国结技艺	传统技艺
样式雷烫样技艺	传统技艺
蒙镶制作技艺	传统技艺
天字号首饰套件制作技艺	传统技艺
毛绣制作技艺	传统技艺
锦芳元宵制作技艺	传统技艺
老正兴寿桃制作技艺	传统技艺
都一处炸三角制作技艺	传统技艺
全聚德全鸭席制作技艺	传统技艺
北京金鱼培育技艺	传统技艺
北京金漆镶嵌髹饰技艺	传统技艺
西德顺爆肚王爆肚制作技艺	传统技艺
金糕张金糕制作技艺	传统技艺
白魁烧羊肉制作技艺	传统技艺
面人曹面人制作技艺	传统技艺
面人汤面人制作技艺	传统技艺
风车制作技艺	传统技艺
万隆合青铜器制作技艺	传统技艺
压金银丝嵌宝技艺	传统技艺
庆林春茉莉小叶花茶制作技艺	传统技艺
都一处马莲肉制作技艺	传统技艺
京绣(于美英)	传统美术
北京骨刻	传统美术
北京剪纸(徐阳)	传统美术
北京真丝手绘	传统美术
北京火绘葫芦	传统美术
北京传统风筝(王廼新)	传统美术
北京面人(彭小平)	传统美术
北京传统风筝(张世德)	传统美术
北京面人(张俊显)	传统美术
北京纸扎花灯	传统美术
北京彩蛋	传统美术
金马派风筝	传统美术
京绣制作技艺	传统美术
内画鼻烟壶制作技艺	传统美术
竹刻	传统美术

人物剪纸(张秀兰)	传统美术	南庆仁堂中药制济方法	传统医药
琢玉(印章)	传统美术	千芝堂中药炮制技术	传统医药
京绣制作技艺	传统美术	长春堂闻药	传统医药
京绣	传统美术	崇文门的传说	民间文学
常氏中幡圣会	传统体育、游艺与杂技	北京的传说	民间文学
众友同心中幡圣会	传统体育、游艺与杂技	藏头诗	民间文学
白猿通背拳	传统体育、游艺与杂技	鞭打春牛	民俗
宋氏形意拳	传统体育、游艺与杂技	家训格言	民俗
老北京冰嬉	传统体育、游艺与杂技	来今雨轩红楼饮食文化	民俗
同聚公乐云车老会	传统舞蹈	普天同乐开路圣会	民俗
花棍舞词	传统舞蹈	雍和宫密宗金刚驱魔神舞	民俗
北京绢人	传统美术	前门上元灯会	民俗
群英同乐小车圣会	传统舞蹈	拉洋片	曲艺
掌礼司太狮老会	传统舞蹈	牛骨数来宝	曲艺

非物质文化遗产代表性传承人名单

国家级非物质文化遗产代表性传承人名单

（共18人）

姓　名	类　别	公布时间
孙　森	象牙雕刻	2007
王树文	象牙雕刻	2007
钱美华(已故)	景泰蓝制作技艺	2007
张同禄	景泰蓝制作技艺	2007
文乾刚	雕漆技艺	2007
卢广荣	同仁堂中医药文化	2007
金霭英	同仁堂中医药文化	2007
关庆维	同仁堂中医药文化	2007
田瑞华	同仁堂中医药文化	2007
张本兴(已故)	智化寺京音乐	2008
宋世义	玉雕(北京玉雕)	2009
金铁铃	北京绢花	2009
邢兰香	料器(北京料器)	2009
种桂友	家具制作技艺(京作硬木家具制作技艺)	2009
孙　颖	剧装戏剧制作技艺	2009
白永明	烤鸭技艺(便宜坊焖炉烤鸭技艺)	2009
满运来	牛羊肉烹制技艺(月盛斋酱烧牛羊肉制作技艺)	2009
李金善	盛锡服皮帽制作技艺	2009

市级非物质文化遗产代表性传承人名单

（共53人其中国家级18人）

姓　名	类　　别	公布时间
马元良	北京宫灯	2008
柴慈继	象牙雕刻	2008
张　錩	泥人张彩塑(北京支)	2008
崔　洁	北京补花	2008
常　虹	北京葡萄常	2008
郭石林	北京玉雕	2008
钟连盛	景泰蓝制作技艺	2008
费保龄	北京扎燕风筝制作技艺	2008
舍增泰	厨子舍清真菜民间宴席制作技艺	2008
程淑美	北京花丝镶嵌制作技艺	2008
唐玉婕	绒布唐工艺	2008
万　紫	金漆镶嵌髹饰技艺	2008
马启斌	盛锡服皮帽制作技艺	2008
阎瑞环	红都中山装制作技艺	2008
胡庆学	智化寺京音乐	2008
黄荣贵	北京杠箱	2009
赵树昌	北京宫灯	2009
张志平	北京玉雕	2009
李博生	北京玉雕	2009
柳朝国	北京玉雕	2009
李春珂	象牙雕刻	2009
戴嘉林	景泰蓝制作技艺	2009
米振雄	景泰蓝制作技艺	2009
殷秀云	雕漆技艺	2009
舍源泰	厨子舍清真菜民间宴席制作技艺	2009
柏德元	金漆镶嵌髹饰技艺	2009
李　侃	京式旗袍传统制作技艺	2009
陈立新	东来顺涮羊肉制作技艺	2009
赵小刚	同仁堂中医药文化	2009
姚承光	意拳	2010
滑树林	北京绢人	2010
茅子芳	北京刻瓷	2010
李连贵	北京扎彩子	2010
吴中凤	北京蒙镶	2010
孙丹威	吴裕泰茉莉花茶窨制工艺	2010

区级非物质文化遗产代表性传承人名单

（共126人其中国家级18人市级53人）

姓 名	类 别	公布时间
孙忠喜	群英同乐小车圣会	2010
陈起环	拉洋片	2010
时贵新	牛骨数来宝	2010
黄 勇	众友同心中幡圣会	2010
王玉书	白猿通背拳	2010
田秋生	老北京冰嬉	2010
刘建华	象牙雕刻	2010
栾燕军	象牙雕刻	2010
员向阳	北京玉雕	2010
姜文斌	北京玉雕	2010
蔚长海	北京玉雕	2010
杨连根	北京玉雕	2010
滑树玲	北京绢人	2010
崔 欣	北京绢人制作技艺	2010
杨利平	北京扎燕风筝制作技艺	2010
张宏岳	泥人张彩塑（北京支）	2010
崔比德	北京补花	2010
徐汶静	北京绢花	2010
郭燕青	北京宫灯	2010
翟玉良	北京宫灯	2010
石金栓	京绣	2010
蔡志伟	北京绒花（绒鸟）	2010
王华安	北京骨雕	2010
徐 阳	北京剪纸（徐阳）	2010
续 清	北京真丝手绘	2010
季 顺	北京火绘葫芦	2010
王廼新	北京传统风筝（王廼新）	2010
彭小平	北京面人（彭小平）	2010
张世德	北京传统风筝（张世德）	2010
张俊显	北京面人（张俊显）	2010
邱志刚	北京纸扎花灯	2010
刘锦茹	北京彩蛋	2010
耿鸿国	北京木雕小器作	2010
马慕良	北京木雕小器作	2010
杨宝忠	琢玉（印章）	2010
张秀兰	人物剪纸（张秀兰）	2010
于美英	京绣（于美英）	2010
边溪良	竹刻	2010
萧掌华	毛猴制作技艺	2010
高东升	内画鼻烟壶	2010
郑旭晔	内画鼻烟壶（郑旭晔）	2010
吕铁智	金马派风筝	2010

邱贻生	毛猴制作技艺	2010
吴华侠	都一处烧麦制作技艺	2010
安全来	月盛斋酱(烧)牛(羊)肉制作技艺	2010
刘更生	京作硬木家具制作技艺	2010
张　颜	剧装戏具制作技艺	2010
刘　宇	北京料器	2010
刘　星	北京料器	2010
耿英建	景泰蓝制作技艺	2010
李　静	景泰蓝制作技艺	2010
李佩卿	景泰蓝制作技艺	2010
陈继凯	景泰蓝制作技艺	2010
衣福成	景泰蓝制作技艺	2010
李志刚	雕漆技艺	2010
赵占强	中国结技艺	2010
于正勋	样式雷烫样技艺	2010
张景民	蒙镶制作技艺	2010
马秀峰	天字号首饰套件制作技艺	2010
萧掌柜	毛绣制作技艺	2010
赵洪泉	庆林春茉莉小叶花茶制作技艺	2010
潘德珠	压金银丝嵌宝技艺	2010
孟宪忠	万隆合青铜器制作技艺	2010
王国华	风车制作技艺	2010
汤　岭	面人汤面人制作技艺	2010
刘荫茹	面人曹面人制作技艺	2010
杨广佳	白魁烧羊肉制作技艺	2010
王　欣	西德顺爆肚王爆肚制作技艺	2010
王　旭	王氏装裱技艺	2010
殷顺海	同仁堂中医药文化	2010
陆建国	同仁堂中医药文化	2010
梅　群	同仁堂中医药文化	2010
范永利	普天同乐开路圣会	2010

东城区街道社区居委会

东华门街道

居委会名称	管辖户数	主　任	联系电话	办公地址	邮　编
银　闸	2000	熊　英	65260112	北河沿大街141号	100006
东　厂	2264	郑雅丽	65277860	东厂北巷甲4号-1	100006
多福巷	3524	宫肇美	65288453	多福巷甲22号	100010
智　德	2002	李勤英	65288454	北池子大街60号	100006
黄图岗	2011	刘美玉	65260155	东厂胡同乙14号楼1-111	100006
灯市口	1610	周彦茹	65260103	灯市口大街14号楼后平房	100006
韶　九	1215	吴祥明	65260105	锡拉胡同21号	100006
甘　雨	2100	邓家珉	65260097	甘雨胡同2号	100006
南池子	3305	刘立新	65288449	缎库胡同18号	100006
王府井	3205	叶建华	65260154	煤渣胡同11号	100005

正义路	2273	张健玲	65248476	东交民巷32号	100006
台基厂	2179	郭晓彤	85112057	台基厂二条3号	100005

景　山　街　道

居委会名称	管辖户数	主　任	联系电话	办公地址	邮　编
隆福寺	2704	王永红	84014007	崔府夹道5号	100010
魏　家	2833	李玉霞	84018582	什锦花园胡同甲15号	100007
汪芝麻	1634	张颖娟	84017307	南剪子巷40号	100007
皇城根北街	2710	司淑敏	84018656	东黄城根北街20号	100010
吉　祥	1030	虞　宏	84017693	西吉祥胡同2号	100009
黄化门	2336	高建荣	84017928	黄化门街8号	100009
钟　鼓	2080	刘美英	84018563	嵩祝院北巷41号	100009
景山东街	2513	贾　伟	84018627	沙滩后街47号	100009

交　道　口　街　道

居委会名称	管辖户数	主　任	联系电话	办公地址	邮　编
交　东	2788	杨春茹	64027593	土儿胡同10号楼	100007
大　兴	2666	李京兰	64079116	北吉祥胡同13号	100007
府　学	3096	陶　聪	64070445	中剪子巷17号	100007
菊　儿	2536	李　媛	64061129	菊儿胡同21号	100009
南锣鼓巷	3199	王凌翰	64013341	前圆恩寺胡同28号	100009
鼓楼苑	4159	孟立新	64017898	前鼓楼苑胡同10号	100009
福　祥	3500	李　娜	64043395	福祥胡同11号	100009

安　定　门　街　道

居委会名称	管辖户数	主　任	联系电话	办公地址	邮　编
交北头条	2392	段淑彦	64048329	交北头条76号	100007
国子监	2800	南静明	64068513	官书院胡同40号	100007
五道营	3349	赵金颖	64068350	永康胡同5号院	100007
分司厅	2948	王玉莲	64067692	小经厂8号	100009
花　园	3285	赵亚华	64067702	谢家胡同40号	100009
宝钞南	2571	王志鲜	64066617	琉璃寺8号	100009
北锣鼓巷	2013	王明芳	64067517	北锣鼓巷5号旁门	100009
钟楼湾	3329	尤秀荣	64067668	草厂北巷51号	100009
国　旺	2682	张明生	64067076	国祥胡同13号	100009

北　新　桥　街　道

居委会名称	管辖户数	主　任	联系电话	办公地址	邮　编
草　园	1419	段红霞	64000855	草园胡同12号	100007
二　条	1955	何秀英	64066547	雍和宫大街165号	100007
前永康	1703	张志华	64040317	北新胡同三巷3号	100007
藏经馆	1444	于锦秋	64004112	戏楼一巷25号	100007
青　龙	1560	赵金兰	64000858	青龙胡同3号	100007

炮　局	1406	陈　燕	64044977	炮局胡同甲56号	100007
民　安	3164	吴治民	64027404	民安14号楼	100007
小　菊	1809	刘素欣	64020638	大菊胡同16号	100007
十三条	1929	王荣华	64027569	东四十四条7号	100007
门　楼	1699	左向萍	64027400	东四十三条32号	100007
十二条	1236	曾兰馨	64006598	东四北138号	100007
板　桥	1546	程淑仙	64062872	西门仓胡同甲2号	100007
九道湾	1426	曹建军	64044893	九道湾西巷1号	100007
海运仓	2413	佟爱香	84073272	南颂年3号楼	100007
北官厅	1744	李桂珍	84064928	北官厅3号楼1－102	100007
北新仓	2398	胡进贤	84072141	东直门内大菊10号楼	100007

东　四　街　道

居委会名称	管辖户数	主　任	联系电话	办公地址	邮　编
东四二条	1896	罗淑云	64059534	东四北大街460号	100010
东四五条	2117	吴炳光	64025799	东四四条43号	100010
东四六条	3335	李　玲	64003490	东四六条45号	100007
东四七条	3050	刘桂芬	64043699	东四北大街303号	100007
东四八条	2594	刘志颖	64053134	东四八条139号	100007
总　院	3870		64043799	朝内北小街2号	100700
南门仓	2652	郎海鹏	84045399	罗家大院1号二层	100010
豆　瓣	3460	穆　芳	84045893	豆瓣1号楼西侧	100010

朝　阳　门　街　道

居委会名称	管辖户数	主　任	联系电话	办公地址	邮　编
史　家	1432	纪秀慧	65285569	史家胡同21号	100010
内　务	1595	曹　荣	65257583	内务部街73号	100010
演　乐	2126	乔艳萍	65234043	演乐胡同59号	100010
礼　士	1059	赵博言	65287374	礼士胡同121号	100010
朝　西	1635	晏焕静	65122956	前拐棒胡同17号	100010
新　鲜	2932	王学军	65254679	新鲜胡同63号	100010
大方家	2106	于春明	65232084	小牌坊胡同甲48号	100010
竹　杆	2686	郑红强	65275801	西水井胡同6号	100010
朝内头条	2401	任美华	64040087	朝内大街97号	100010

建　国　门　街　道

居委会名称	管辖户数	主　任	联系电话	办公地址	邮　编
干　面	1558	李晓康	65592011	干面胡同37号	100005
外交部街	3108	高晓霞	65130474	外交部街甲20号	100005
西总布	3655	马红兵	65253781	西总布胡同19号	100005
禄米仓	2684	贾玉芹	65253698	禄米仓胡同42号楼	100005
大雅宝	1702	李　颖	65254005	南小街18－29号南侧	100005
赵家楼	1812	汤秀丽	85115993	小羊宜宾胡同5－2号	100005
东总布	1503	张小庄	65139944	东总布胡同38号	100005

苏　州	1946	郭　华	65139239	苏州胡同 79 号	100005
崇　内	2198	吴鸿逸	65278171	西镇江胡同 25 号	100005
站　东	1953	杨石敏	65134974	柳罐胡同甲 2 号	100005

东直门街道

居委会名称	管辖户数	主　任	联系电话	办公地址	邮　编
工人体育馆	2856	赵慧兰	65523201	新中西街 12 楼 1 单元	100027
新中西里	1365	姜春燕	64165148	新中西里 10 楼	100027
东　环	1655	冯小荣	64166798	东直门南大街甲 2 号楼	100027
十字坡	1189	王　华	64151418	新中街 5 号	100027
新中街	1574	孙爱华	64165396	新中街四条乙 20 号	100027
东外大街	1322	韩秀花	64170442	春秀路 17 号楼旁平房	100027
胡家园	2183	王大军	64675276	东外小街 10 号	100027
清水苑	1041	宋淑贤	64653698	北大街甲 6 号院 1 号楼	100028
东外大街北	1470	关丽清	64673576	察慈小区 8 号楼一层北门	100028
香河园北里	416	冯贺生	64616394	香河园北里华夏出版社	100028

和平里街道

居委会名称	管辖户数	主　任	联系电话	办公地址	邮　编
交　通	765	张　健	64292535	和平里东街 10 号	100013
林　调	966	司立芝	64289228	和平里东街 12 号平房	100013
民　旺	2515	张玉兰	64294689	和平新城 29 号楼	100013
柏　林	1350	谢凤华	84214137	和平里东街 11 号	100013
六　区	1206	宋国华	84214298	和平里中街 7 号楼	100013
五　区	2187	王静艳	84212114	和平里五区 3 号楼 6－02	100013
二　区	1764	李素清	84221986	和平里中街 3 号院 1 号楼	100013
七　区	2353	张军红	64228347	和平里七区 3 号楼平房	100013
化　工	682	鞠苏华	64291097	兴化东里 23 号楼地下一层	100013
兴　化	2748	孙秀清	64289631	兴化西里 8 号楼前平房	100013
小黄庄	2493	赵跃桀	84286550	小黄庄一区 13 号楼	100013
安贞苑	894	李经荣	64441201	安定路 20 号院北五楼	100029
地　坛	1994	沈　清	64226182	地坛北里 9 号楼一层	100013
东河沿	1578	张桂苓	64255840	安外东河沿乙 6 号楼	100011
西河沿	1936	杨晓明	84116346	安外西河沿 18 号楼后平房	100011
上　龙	1722	邓益民	84114230	安外上龙西里 29 号楼平房	100011
安德路	813	陈　静	84133562	安德路 47 号院 5 号楼	100011
冶　金	950	张明花	84131081	安德路 55 号楼	100011
青年湖	1452	杨青华	84136505	青年湖东里 9 号楼北侧	100011
六铺炕	1181	王爱芝	62014792	安德路乙 61 号	100011
安德里	1299	张　莉	84110223	六铺炕甲 7 号楼	100011
人定湖	971	陈　雨	62013450	安德里北街甲 25 号	100011
总　政	2272	任　霞	66794475	安德里北 21 号	100011
黄　寺	791	刁双法	66740841	黄寺大街甲 1 号 4－3－1	100011
新建路	786	郑成富	84112941	安外大街 3 号院	100011
青年湖北里	969	李　薇	84123475	黄寺大街 2 号院	100011

前　门　街　道

居委会名称	管辖户数	主　任	联系电话	办公地址	邮　编
前门东大街	1163	景月宏	67013876	东大街甲12楼	100051
草厂东	1600	董毓红	67018442	薛家湾胡同27号	100051
草厂西	1507	张丽鑫	67026674	草厂十条35号	100051
大　江	825	陈　军	67011810	北芦草园81号	100051
冰窖厂	585	陈　军	67011810	北芦草园81号	100051
鲜鱼口	806	陈　军	67011810	北芦草园81号	100051
青　云	1172	陈　军	67011810	北芦草园81号	100051
打磨厂第一	1303	陈　军	67011810	北芦草园81号	100051
打磨厂第二	529	陈　军	67011810	北芦草园81号	100051

崇文门外街道

居委会名称	管辖户数	主　任	联系电话	办公地址	邮　编
崇文门东大街	1632	付丽丽	67176503	崇文门东大街12－2号	100062
崇文门西大街	1050	兰凌燕	65594948	崇文门西大街4号楼	100051
国瑞城东区	1093	李影丽	67169260	国瑞城东区1号楼	100062
国瑞城中区	1772	王玉强	67188748	国瑞城中区1号楼	100062
国瑞城西区	3002	刘金杰	67168950	国瑞城中区3号楼	100062
西花市南里东区	2516	冯永刚	87186861	西花市大街30号	100062
西花市南里西区	2614	景桂敏	87186871	西花市大街102号2层	100062
西花市南里南区	3270	樊明峰	67152721	新景西区10号楼	100062
新怡家园	1510	霍淑义	67010793	新怡家园1－1－67号	100062
新世界家园	2603	崔文英	67092050	新世界家园内会所	100062
兴隆都市馨园	2748	刘　燕	67050080	都市馨园白衣庵	100062
大　桥	1230	孙建荣	67062438	北京汇606	100062

东花市街道

居委会名称	管辖户数	主　任	联系电话	办公地址	邮　编
东花市北里东区	3381	马　林	67126577	东花市北里东区13号楼	100062
东花市北里西区	2128	李淑红	67126901	东花市大街61号楼	100062
花市枣苑	2608	刘志琴	67164745	东花市枣苑10号楼	100062
东花市南里	4783	杨立新	67132160	东花市南里三区1号楼	100062
东花市南里东区	4776	张欣惠	87101221	南里东区13号楼	100062
广渠门北里	2857	刘京华	67155386	广渠门大街7号院	100062
忠实里	5378	佘　红	67785089	忠实里西区7号楼	100062
广渠门外南里	4054	白淑君	67750681	广渠家园11－2	100062

龙　潭　街　道

居委会名称	管辖户数	主　任	联系电话	办公地址	邮　编
左安浦园	2536	王艳平	87197554	左安门内大街73－1	100061
左安漪园	1722	刘　娜	87196358	左安漪园3号楼1单元	100061

火桥北里	940	刘淑云	67136614	火桥北里 6 号楼	100061
龙潭北里东	1342	逯素芬	67118537	龙潭北里 5 条 4 号楼	100061
龙潭北里西	1108	孙来喜	67111151	龙潭北里一条 3 号楼	100061
板厂南里	1200	马长友	67169188	板厂南里 6 号楼	100061
华　城	1796	郝丽霞	87185281	华城社区 3－6－B2	100061
绿景苑	1924	井惠清	87190302	绿景馨园 11－2 单元	100061
夕照寺	1862	程秋菊	67113495	夕照寺西里甲 3 号	100061
光明北里	1386	邢东伶	67176270	光明 13 楼北侧	100061
光明南里	1025	董瑞玲	67171328	光明 41 楼北平房	100061
幸福家园	1798	龚　平	67171327	幸福家园 21 楼 1 层	100061
安化楼	4035	陈莉霞	67171326	培新街 9 号院 1 号楼	100061
幸福楼	1831	洪　印	67112844	幸福北里 12 楼 1 层	100061
培新街	896	朱兴海	67176170	培新街乙五号院 3 号楼	100061

体育馆路街道

居委会名称	管辖户数	主　任	联系电话	办公地址	邮　编
西　利	1070	刘秀兰	67143019	西厅胡同 47 号	100061
西　唐	2306	杜进萍	67111265	西唐街 37 号	100061
葱　店	2821	刚亚杰	67112483	葱店西街 111 号	100061
东　厅	2800	陈淑凤	67121608	延庆街 5 号	100062
国家体育总局	1534	闫丽娜	67114632	体育馆路 13 号院内	100061
法华南里	2359	田立萍	67126846	法华南里甲 8 楼	100061
南岗子	1804	王世杰	67113397	南岗子街 58 号	100061
双玉南街	1113	肖祥健	67127173	东四块玉南街甲 11 楼	100061
东玉北街	1463	毛沪花	67121091	双玉中街 2 号楼 1 层	100061
长青园	1537	孙树梅	67129646	长青园 3 号楼 1 门 101 号	100061

天　坛　街　道

居委会名称	管辖户数	主　任	联系电话	办公地址	邮　编
西园子	1571	马英乾	67015471	西园子一巷 7 号	100062
东晓市	1934	杨志娟	67014035	西园子一巷 7 号	100062
金鱼池中区	1533	宋莉筠	67023463	金鱼池中区 22 楼	100050
金鱼池西区	1551	边春燕	67014028	金鱼池西区 1 号楼	100050
金鱼池东区	698	张　军	67021600	金鱼池东区 11 号楼	100050
红庙街	1734	周雅楠	67014147	山涧口一巷 32 号	100050
西草市	2050	赵伯良	52171091	西草市街 52 号	100050
西里北区	1567	左　铭	67016113	天坛复康南里胡同内	100050
永内大街	1588	王瑞珍	67024191	天坛南里西区 20 号楼	100050
永内东街东里	1513	吴　琼	67012416	永内东街东里 6 号楼	100050
永内东街中里	1592	王国庆	52171598	永内东街中里 7 号楼	100050
永内东街西里	1549	黄　刚	67012478	永内东街西里 5 号	100050
东里南区	1538	何洪伟	67025209	天坛东里南区 4 号楼	100061
东里北区	2161	李雪琴	67022681	天坛东里中区 1 号楼	100061
东市场	815	黄秋霞	67029738	东市场 7 巷甲 1 号	100050
东半壁街	1840	刘长娟	67011720	大市胡同 5 号	100050

永定门外街道

居委会名称	管辖户数	主　任	联系电话	办公地址	邮　编
彭　庄	1014	夏素明	51332951	东竣路12号南面	100069
松林里	1396	郑　毅	87923706	中海紫御1-19底商	100077
永建里	764	胡志竹	87923881	西滨河路8号院8号楼	100077
永铁苑	1433	刘秀敏	51332982	永铁苑7-112	100077
西革新里	2820	侯广库	51333031	西革108院2号楼19底商	100077
革新里	2014	郑晓丽	51333053	东革新里40号院	100077
革新西里	1929	玉　军	51333061	西革124号院	100077
管　村	2293	单秀玲	51333091	建予园3号楼底商	100077
桃　园	1383	叶淑荣	51233087	桃园南街10号院	100075
民主北街	3738	王宗生	51076550	民主北街109号	100075
桃杨路	2429	刘桂珍	52172716	郭庄二条12号	100075
杨家园	2302	玉　艳	52172736	琉璃井东街2-6-101	100075
李　村	2936	吴　晶	52172772	李村东里7号楼	100075
琉璃井	2372	张亚芬	51076552	琉璃井南里61号	100075
天天家园	2486	陈玉兰	51076556	沙子口路20号	100075
安乐林	2633	韩　艳	52172796	景泰西里西区8号楼底商	100075
富莱茵	1980	张慧敏	51076631	富莱茵13号楼109室	100075
景　泰	3193	客丽平	52172786	景东小区5-6-001	100075
宝华里	3313	杨桂英	51076635	宝华里44号旁门	100075
定安里	2673	刘贵亭	52172791	定安里6号楼前	100075

内 容 索 引

说 明

- 本索引为主题索引，又称内容分析索引，主题词（标目）以《北京东城年鉴》（2012年卷）正文出现的专业名词、名词词组、机构名、地名为主。
- 综述、大事记、专文、特载、统计资料、人物、附录等类目内容不在索引范围内。
- 本索引按汉语拼音音序排列，首字相同时，则以第二字排序，依此类推。以数字、字母、符号开始的主题词，排在最前。
- 本索引的文字部分为标目，标目之后的数字表示所在页码范围（地址项）。

符号

A

B

C

D

F

G

H

J

K

L

M

N

P

Q

R

S

T

W

X

Y

Z